D1306932

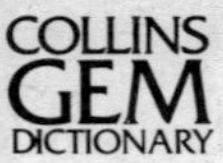

FRANÇAIS • ITALIEN
ITALIEN • FRANÇAIS

FRANCESE • ITALIANO
ITALIANO • FRANCESE

Ettore Zelioli
François Baruchello
avec/con
Giovanna Ferraguti

édition entièrement refondue
edizione completamente riveduta

Collins
London and Glasgow

Mondadori
Milano

Hachette
Paris

première édition/prima edizione 1984

sixième réimpression/sesta ristampa 1989

ISBN 0 00 458581 X

---

ouvrage réalisé par/realizzato da

LEXUS

Printed in Great Britain
Collins Clear-Type Press

INTRODUCTION

L'usager qui désire comprendre et lire l'italien trouvera dans ce dictionnaire un vocabulaire moderne et très complet, comprenant de nombreux composés et locutions appartenant à la langue contemporaine. Il trouvera aussi dans l'ordre alphabétique des abréviations, des sigles et des noms géographiques choisis parmi les plus courants.

L'usager qui veut s'exprimer dans la langue étrangère trouvera un traitement détaillé du vocabulaire fondamental, avec de nombreuses indications le guidant vers la bonne traduction et lui montrant comment l'utiliser correctement.

INTRODUZIONE

Questo dizionario offre a chi deve leggere e comprendere il francese una nomenclatura dettagliata e aggiornata, con vocaboli e locuzioni idiomatiche parlate e scritte della lingua francese contemporanea. Vi figurano anche, in ordine alfabetico, i più comuni nomi di luogo, le sigle e le abbreviazioni.

A loro volta, quanti hanno la necessità di esprimersi in francese trovano in questo dizionario una trattazione chiara ed essenziale di tutti i vocaboli di base, con numerose indicazioni per una esatta traduzione ed un uso corretto e appropriato.

ABREVIATIONS		ABBREVIAZIONI
adjectif	**a**	aggettivo
abréviation	**ab(b)r**	abbreviazione
adverbe	**ad**	avverbio
administration	**ADMIN**	amministrazione
aviation	**AER**	aeronautica
adjectif	**ag**	aggettivo
agriculture	**AGR**	agricoltura
administration	**AMM**	amministrazione
anatomie	**ANAT**	anatomia
archéologie	**ARCHEOL**	archeologia
architecture	**ARCHIT**	architettura
astrologie	**ASTROL**	astrologia
astronomie	**ASTR**	astronomia
l'automobile	**AUTO**	l'automobile
adverbe	**av**	avverbio
aviation	**AVIAT**	aeronautica
biologie	**BIOL**	biologia
botanique	**BOT**	botanica
consonne	**C**	consonante
chimie	**CHIM**	chimica
cinéma	**CINE**	cinema
commerce	**COMM**	commercio
conjonction	**conj, cong**	congiunzione
construction	**CONSTR**	edilizia
cuisine, art culinaire	**CULIN, CUC**	cucina
devant	**dav**	davanti a
déterminant: article, adjectif démonstratif ou indéfini etc	**dét, det**	determinativo: articolo, aggettivo dimostrativo o indefinito etc
domaine juridique	**DIR**	diritto
économie	**ECON**	economia
construction	**EDIL**	edilizia
électricité, électronique	**ELEC, ELETTR**	elettricità, elettronica
exclamation	**excl, escl**	esclamazione
féminin	**f**	femminile
langue familière (! emploi vulgaire)	**fam(!)**	familiare (! da evitare)

chemin de fer	**FERR**	ferrovia
emploi figuré	**fig**	figurato
finance, banque	**FIN**	finanza, banca
physique	**FIS**	fisica
physiologie	**FISIOL**	fisiologia
photographie	**FOT**	fotografia
géographie	**GEOGR**	geografia
géologie	**GEOL**	geologia
géométrie	**GEOM**	geometria
informatique	**INFORM**	informatica
invariable	**inv**	invariabile
domaine juridique	**JUR**	diritto
grammaire, linguistique	**LING**	grammatica, linguistica
locution	**loc**	locuzione
masculin	**m**	maschile
mathématiques	**MAT(H)**	matematica
médecine	**MED**	medicina
météorologie	**METEOR**	meteorologia
masculin ou féminin, suivant le sexe	**m/f**	maschile o femminile, secondo il sesso
domaine militaire	**MIL**	lingua militare
musique	**MUS**	musica
nom	**n**	sostantivo
navigation, nautisme	**NAUT**	nautica
adjectif ou nom numérique	**num**	numerale (aggettivo, sostantivo)
péjoratif	**péj, peg**	peggiorativo
photographie	**PHOT**	fotografia
physique	**PHYS**	fisica
physiologie	**PHYSIOL**	fisiologia
pluriel	**pl**	plurale
politique	**POL**	politica
participe passé	**pp**	participio passato
préfixe	**préf, pref**	prefisso
préposition	**prép, prep**	preposizione
psychologie, psychiatrie	**PSYCH, PSIC**	psicologia, psichiatria
quelque chose	**qch, qc**	qualcosa
quelqu'un	**qn, qd**	qualcuno
chemin de fer	**RAIL**	ferrovia

religion	**REL**	religione
nom	**s**	sostantivo
enseignement, système scolaire et universitaire	**SCOL**	insegnamento, sistema scolastico e universitario
singulier	**sg**	singolare
sujet (grammatical)	**suj, sog**	soggetto (grammaticale)
techniques, technologie	**TECH, TECN**	termine tecnico, tecnologia
télécommunications	**TEL**	telecomunicazioni
typographie	**TIP**	tipografia
télévision	**TV**	televisione
typographie	**TYP**	tipografia
voyelle	**V**	vocale
verbe	**vb**	verbo
verbe intransitif	**vi**	verbo intransitivo
verbe pronominal	**vr**	verbo riflessivo
verbe transitif	**vt**	verbo transitivo
zoologie	**ZOOL**	zoologia
marque déposée	®	marca depositata
indique une équivalence culturelle	≈	introduce un'equivalenza culturale

TRANSCRIPTION PHONETIQUE

TRASCRIZIONE FONETICA

CONSONNES		CONSONANTI
poupée	p	*padre*
bombe	b	*bambino*
tente thermal	t	*tutto*
dinde	d	*dado*
coq qui képi	k	*cane che*
gag bague	g	*gola ghiro*
sale ce nation	s	*sano*
zéro rose	z	*svago esame*
tache chat	ʃ	*scena*
gilet juge	ʒ	
	tʃ	*pece lanciare*
	dʒ	*giro gioco*
fer phare	f	*afa faro*
valve	v	*vero bravo*
lent salle	l	*letto ala*
	ʎ	*gli*
rentrer rare	R	
	r	*rete arco*
femme maman	m	*ramo madre*
non nonne	n	*no fumante*
agneau vigne	ɲ	*gnomo*
travelling	ŋ	
hop!	h	
yeux paille pied	j	*buio più*
nouer oui	w	*uomo guaio*
lui huile	ɥ	

VOYELLES — VOCALI

NB. La messa in equivalenza di certi suoni indica solo una rassomiglianza approssimativa.

La mise en équivalence de certains sons n'indique qu'une ressemblance approximative.

ici vie lyre	i	*vino idea*
jouer été	e	*stella edera*
lait jouet merci	ɛ	*epoca eccetto*
plat amour	a	*mamma*
bas pâte	ɑ	
le premier	ə	
beurre peur	œ	
peu deux	ø	
or homme	ɔ	*rosa occhio*
mot eau gauche	o	*mimo*
genou roue	u	*utile zucca*
rue urne	y	

NASALES		VOCALI NASALI
matin plein	ɛ̃	
brun	œ̃	
sang an dans	ɑ̃	
non pont	ɔ̃	

DIVERS — VARIE

* per il francese: indica 'h' aspirata

ˈ pour l'italien: précède la syllabe accentuée
nella trascrizione francese: 'h' aspirata

LA PRONONCIATION DE L'ITALIEN

Voyelles

Les voyelles **e** ou **o** faisant partie d'une syllabe accentuée peuvent être prononcées soit ouvertes [ɛ], [ɔ] soit fermées [e], [o] selon l'usage régional. La transcription phonétique des mots qui contiennent ces voyelles n'apparaît qu'au cas où il y aurait d'autres difficultés de prononciation.

Consonnes

c suivi de 'e' ou 'i' se prononce *tch*.

ch se prononce *k*.

g suivi de 'e' ou 'i' se prononce *dj*.

gh se prononce comme 'g' dans 'gare'.

gl suivi de 'e' ou 'i' se prononce généralement comme 'li' dans 'pilier', sauf dans quelques rares cas (tels que 'gl' dans 'glicine').

sc suivi de 'e' ou 'i' se prononce comme 'ch' dans 'chat'.

z se prononce '*ts*' ou '*dz*' selon l'usage régional.

Dans ce dictionnaire la transcription phonétique des mots contenant les consonnes mentionnées ci-dessus figure en entier.

NB. Toutes les consonnes doubles se prononcent séparément: par ex. 'tutto' se prononce 'toutt-to'.

ITALIANO - FRANCESE
ITALIEN - FRANÇAIS

A

a *prep (a + il* = **al,** *a + lo* = **allo,** *a + l'* = **all',** *a + la* = **alla,** *a + i* = **ai,** *a + gli* = **agli,** *a + le* = **alle)** à; **ai nostri giorni** de nos jours; **oggi ~ otto** aujourd'hui en huit; **alla svelta** en vitesse; **correre ~ precipizio** courir de toutes ses jambes; **~ colori** en couleur; **abita ~ casa mia** il habite chez moi; **lavora alla...** il travaille chez...; **mangia due volte al giorno** il mange deux fois par jour; **mille lire al litro** mille litres le litre.

a'bate *sm* abbé.

abbacchi'ato, a [abbak'kjato] *ag* abattu(e).

abbagli'ante [abbaʎ'ʎante] *ag* éblouissant(e); **~i** *smpl* (AUTO) phares.

abbagli'are [abbaʎ'ʎare] *vt* éblouir; *(fig: affascinare)* fasciner;

ab'baglio *sm (fig: errore)* bévue *f*, gaffe *f*; **prendere un abbaglio** commettre une bévue.

abbai'are *vi* aboyer.

abba'ino *sm* lucarne *f*.

abbando'nare *vt* abandonner; quitter; *(trascurare: bambino)* délaisser; **~rsi** *vr* s'abandonner; *(fig)* se livrer.

abban'dono *sm* abandon; **in ~** à l'abandon.

abbas'sare *vt* baisser; *(calare: bandiera)* descendre; **~rsi** *vr (chinarsi)* se baisser; *(livello dell'acqua, etc)* baisser, diminuer; *(fig: umiliarsi)* s'abaisser; **~ la cresta** *(fig)* rabaisser le caquet; **~ i fari** (AUT) se mettre en code.

ab'basso *escl:* **~ il re!** à bas le roi!

abba'stanza [abba'stantsa] *av* assez; *(alquanto, molto)* pas mal de; **averne ~ di qc/qd** en avoir assez de qch/qn.

ab'battere *vt* abattre; **~rsi** *vr* s'abattre; *(fig: scoraggiarsi)* se décourager.

abba'zia [abbat'tsia] *sf* abbaye.

abbece'dario [abbetʃe'darjo] *sm* abécédaire.

abbel'lire *vt* embellir.

abbeve'rare *vt* abreuver; **abbevera'toio** *sm* abreuvoir.

abbiccì [abbit'tʃi] *sm inv* alphabet; *(principi elementari)* abc.

abbi'ente *ag, sm/f* aisé(e), riche; **i non ~i** les pauvres.

abbi'etto, a *ag* = **abietto.**

abbiglia'mento [abbiʎʎa'mento] *sm* habillement; *(indumenti)* vêtements *mpl; (industria)* confection *f*.

abbigli'are [abbiʎ'ʎare] *vt* habiller, vêtir; **~rsi** *vr* s'habiller.

abbi'nare *vt* accoupler; jumeler.

abbindo'lare *vt* dévider; *(fig: ingannare)* embobiner.

abboc'care *vi (pesce)* mordre; *(fig)* se laisser prendre.

abbona'mento *sm* abonnement.

abbo'nare *vt* abonner; **abbo'nato, a** *ag, sm/f* abonné(e).

abbon'dante *ag* abondant(e).

abbon'danza [abbon'dantsa] *sf* abondance.

abbon'dare *vi (quantità)* abonder *(in, di* en); *(eccedere)* exagérer.

abbor'dabile *ag* abordable.

abbor'dare *vt* aborder.

abbotto'nare *vt* boutonner; **~rsi** *vr (fig)* être renfermé.

abboz'zare [abbot'tsare] *vt* ébaucher, esquisser; **ab'bozzo** *sm* ébauche *f;* esquisse *f; (progetto)* étude *f.*
abbracci'are [abbrat'tʃare] *vt* embrasser; *(comprendere)* comprendre; **~rsi** *vr* s'embrasser; **ab'braccio** *sm* embrassade *f.*
abbrevi'are *vt* abréger; *(cammino)* raccourcir; **abbreviazi'one** *sf* abréviation.
abbron'zante [abbron'dzante] *sm* produit solaire.
abbron'zare [abbron'dzare] *vt* bronzer; **~rsi** *vr* se bronzer; **abbronza'tura** *sf* bronzage *m*, teint *m.*
abbrusto'lire *vt* griller; *(caffè)* torréfier.
abbu'ono *sm* remise *f*, réduction *f.*
abdi'care *vi (al trono)* abdiquer *vt; (a un diritto)* renoncer à; **abdicazi'one** *sf* abdication.
aberrazi'one [aberrat'tsjone] *sf* aberration.
a'bete *sm* sapin.
abi'etto, a *ag* abject(e), ignoble.
'abile *ag* habile, adroit(e); ~ **al servizio militare** apte pour le service militaire; ~ **al lavoro** apte au travail; **abilità** *sf* habileté, adresse.
abili'tato, a *ag* qualifié(e); (*SCOL*) certifié(e); **abilitazi'one** *sf* (*SCOL*) certificat *m* d'aptitude professionnelle (C.A.P.); certificat d'aptitude professionnelle à l'enseignement secondaire (C.A.P.E.S.).
a'bisso *sm* abîme; fossé; *(marino)* abysse; **essere sull'orlo dell'~** *(fig)* être au bord du gouffre.
abi'tante *sm/f* habitant/e.
abi'tare *vt, vi* habiter; **abi'tato, a** *ag* habité(e) // *sm* agglomération *f;* **abitazi'one** *sf* habitation.
'abito *sm (vestito: da uomo)* costume; *(: da donna)* robe *f; (modo di vestire)* tenue *f;* **~i** *smpl* vêtements; **~i estivi** vêtements d'été; ~ **da sera/da lavoro** tenue de soirée/de travail.
abitu'ale *ag* habituel(le); **cliente** ~ habitué *m.*
abitu'are *vt* habituer; **~rsi a** s'habituer à, se faire à.
abitudi'nario *ag* routinier (-ère) // *sm/f (di un bar)* habitué/e.
abi'tudine *sf* habitude; **per** ~ par habitude.
abiu'rare *vt* abjurer.
abnegazi'one [abnegat'tsjone] *sf* abnégation.
abo'lire *vt* abolir; **abolizi'one** *sf* abolition.
abomi'nevole *ag* abominable.
abo'rigeno [abo'ridʒeno] *sm* aborigène.
abor'rire *vt* détester, avoir horreur de.
abor'tire *vi* avorter; *(fig)* échouer; **a'borto** *sm* avortement; *(fig)* échec.
abrasi'one *sf* abrasion; (*MED*) éraflure; **abra'sivo, a** *ag* abrasif (-ive) // *sm* abrasif.
abro'gare *vt* abroger.
A'bruzzo [a'bruttso] *sm* Abruzzes *mpl.*
'abside *sf* abside.
abu'sare *vi:* ~ **di** abuser de; **a'buso** *sm* abus *sg.*
a.c. *(abbr di* **avanti Cristo)** av. J-C (avant Jésus-Christ).
acca'demia *sf* académie; **acca'demico, a** *ag (di accademia: socio, consiglio)* académique; **consiglio accademico** conseil d'université // *sm (membro di un'accademia)* membre d'une Académie; académicien/ne *(de l'Académie Française).*
acca'dere *vb impersonale* arriver; **acca'duto** *sm* événement.
accalappi'are *vt* attraper; *(fig)* mettre le grappin sur *(fam);* **farsi** ~ se faire avoir.
accal'care *vt* entasser; **~rsi** *vr* s'entasser, se presser.
accal'darsi *vr* s'échauffer.

accalo'rarsi *vr* s'animer, s'enflammer.
accampa'mento *sm* camp; *(di turisti, etc)* campement.
accam'pare *vi* camper // *vt (fig: motivi)* prétexter, avancer; ~**rsi** *vr* s'installer.
accani'mento *sm* acharnement.
acca'nirsi *vr* s'acharner; **acca'nito, a** *ag (odio, gelosia)* acharné(e); *(lavoratore, fumatore)* endurci(e).
ac'canto *av* à côté; ~ **a** *prep* à côté de, près de.
accanto'nare *vt* mettre de côté; *(fig: problema)* laisser de côté.
accaparra'mento *sm* accaparement.
accapar'rare *vt* accaparer; ~**rsi** *vr (fig: simpatia, voti)* s'attirer; *(posto, lavoro)* s'assurer.
accapigli'arsi [akkapiʎ'ʎarsi] *vr* s'empoigner; *(fig: litigare)* se disputer.
accappa'toio *sm* peignoir.
accappo'narsi *vr (fig: pelle)* avoir la chair de poule.
accarez'zare [akkaret'tsare] *vt* caresser; *(fig: lusingare)* flatter.
acca'sarsi *vr* se marier; *(mettere su casa)* s'installer.
accasci'are [akkaʃ'ʃare] *vt* accabler; ~**rsi** *vr (cadere al suolo)* s'affaler; *(fig: avvilirsi, abbattersi)* se décourager.
accatto'naggio [akkatto'naddʒo] *sm* mendicité *f*.
accat'tone, a *sm/f* clochard/e, mendiant/e.
accaval'lare *vt (gambe)* croiser; *(maglia)* rabattre; ~**rsi** *vr (sovrapporsi)* se chevaucher; s'embrouiller.
acce'care [attʃe'kare] *vt (anche fig)* aveugler; ~**rsi** *vr (divenire cieco)* devenir aveugle.
ac'cedere [at'tʃedere] *vi:* ~ **a** accéder à, avoir accès à.
accele'rare [attʃele'rare] *vt* accélérer; *(affrettare: il passo)* hâter // *vi* (*AUTO*) accélérer; **accele'rato, a** *ag* accéléré(e) // *sm* (*FERR*) omnibus *sg*; **accelera'tore** *sm* (*AUTO, TECN*) accélérateur; **accelerazi'one** *sf* accélération.
ac'cendere [at'tʃɛndere] *vt* allumer; *(fig: discussione)* provoquer; ~ **il motore** (*AUTO*) mettre le contact; ~**rsi** *vr (luce)* s'allumer; *(fiammifero)* prendre feu; *(fig: viso)* rougir; **accen'dino** *sm*, **accendi'sigaro** *sm* briquet.
accen'nare [attʃen'nare] *vt* évoquer; *(abbozzare)* esquisser; (*MUS*: *un motivo)* donner les premières notes de // *vi (fare cenno)* faire signe; ~ **a** *(riferirsi a)* faire allusion à; **ac'cenno** *sm (cenno)* signe; *(fig: allusione)* allusion *f*.
accensi'one [attʃen'sjone] *sf* allumage *m*; **chiavetta di** ~ (*AUTO*) clé de contact.
accen'tare [attʃen'tare] *vt* accentuer.
ac'cento [at'tʃɛnto] *sm* accent.
accen'trare [attʃen'trare] *vt* centraliser; ~**rsi** *vr (radunarsi)* se concentrer.
accentu'are [attʃentu'are] *vt* accentuer, souligner; ~**rsi** *vr (aumentare)* s'aggraver, s'accentuer.
accerchi'are [attʃer'kjare] *vt* encercler.
accer'tare [attʃer'tare] *vt* vérifier; ~**rsi** *vr* s'assurer, vérifier.
acces'sibile [attʃes'sibile] *ag* accessible; *(prezzo)* abordable; *(fig: idea, concetto)* accessible, compréhensible.
ac'cesso [at'tʃɛsso] *sm (anche fig)* accès *sg*.
acces'sorio, a [attʃes'sɔrjo] *ag (secondario)* accessoire; ~**i** *smpl* accessoires.
ac'cetta [at'tʃetta] *sf* hache.
accet'tabile [attʃet'tabile] *ag* acceptable.
accet'tare [attʃet'tare] *vt*

accepter; ~ **una sfida** relever un défi; **accettazi'one** *sf* acceptation; *(locale di servizio pubblico)* réception; **ac'cetto, a** *ag (gradito, caro: cosa)* bien accueilli(e), apprécié(e); (: *persona)* bien vu(e).
acchiap'pare [akkjap'pare] *vt* attraper; *(fam)* épingler.
acci'acco, chi [at'tʃakko] *sm (malanno)* ennui.
acciaie'ria [attʃaje'ria] *sf* aciérie.
acci'aio [at'tʃajo] *sm* acier.
acciden'tale [attʃiden'tale] *ag* accidentel(le).
acciden'tato, a [attʃiden'tato] *ag* accidenté(e).
acci'dente [attʃi'dɛnte] *sm* accident; *(fam: colpo apoplettico)* attaque *f;* **mandare un ~ a qd** envoyer qn au diable; **non si capisce un** ~ on n'y comprend rien; **quell'~ del professore** ce maudit *o* satané professeur; **pigliarsi un ~** attraper une maladie; **mi venga un ~ se ...** que je sois pendu si ...; **~i!** *(fam)* zut!, mince!
ac'cidia [at'tʃidja] *sf* paresse.
accigli'ato, a [attʃiʎ'ʎato] *ag* renfrogné(e).
ac'cingersi [at'tʃindʒersi] *vr:* **~a** *(prepararsi a)* s'apprêter à; *(stare per)* être sur le point de.
acciuf'fare [attʃuf'fare] *vt* attraper épingler *(fam)*.
acci'uga, ghe [at'tʃuga] *sf* anchois *m*.
accla'mare *vt* acclamer; **acclamazi'one** *sf* acclamation.
acclima'tare *vt* acclimater; **~rsi (a)** *vr (abituarsi a)* s'acclimater (à).
ac'cludere *vt* inclure; **ac'cluso, a** *pp di* **accludere** // *ag* inclus(e), ci-joint *av*.
accocco'larsi *vr* s'accroupir.
accogli'enza [akkoʎ'ʎɛntsa] *sf* accueil *m*.
ac'cogliere [ak'koʎʎere] *vt* accueillir; *(approvare: proposta)* approuver, accepter.
accol'larsi *vr* supporter; *(responsabilità)* assumer, endosser.
accol'lato, a *ag (abito, scarpa)* montant(e).
accoltel'lare *vt* poignarder.
acco'mandita *sf* commandite; **società in ~** société en commandite.
accomia'tarsi *vr* prendre congé.
accomo'dare *vt* réparer; *(ironico):* **ora ti accomodo io!** je vais te montrer de quel bois je me chauffe!; **~rsi** *vr (sedersi)* s'asseoir; entrer; **'prego, si accomodi!'** 'je vous en prie, asseyez-vous *o* entrez!'.
accompa'gnare [akkompaɲ'ɲare] *vt* accompagner; **~rsi a** *o* **con** se joindre à, accompagner; (*MUS*) s'accompagner; **~ con lo sguardo** *(fig)* suivre du regard; **~ la porta** fermer la porte doucement.
accomu'nare *vt* rapprocher.
acconcia'tura [akkontʃa'tura] *sf* coiffure.
ac'concio, a [ak'kontʃo] *ag (parola, mezzo)* approprié(e).
accondi'scendere [akkondi'ʃɛndere] *vi:* **~ a** consentir à, céder à.
acconsen'tire *vi:* **~à** consentir à, accepter *vt*.
acconten'tare *vt (persona)* contenter, satisfaire; **~rsi di** se contenter de.
ac'conto *sm* acompte, arrhes *fpl*.
accoppia'mento *sm* accouplement; (*TECN*) couplage.
accoppi'are *vt* accoupler; **~rsi a** *o* **con qd** s'accoupler à *o* avec qn.
accorci'are [akkor'tʃare] *vt*, **~rsi** *vr* raccourcir.
accor'dare *vt* concilier; (*MUS, LING, intervista)* accorder; **~rsi** *vr* se mettre d'accord; **ac'cordo** *sm* accord, entente *f;* (*MUS*) accord; **d'accordo!** *(affermazione fam)* d'accord!; **andare d'accordo con qd** bien s'entendre avec qn; **siamo d'accordo** c'est entendu.

ac'corgersi [ak'kordʒersi] *vr:* ~ **di** s'apercevoir de.
accorgi'mento [akkɔr'dʒimento] *sm* mesure *f;* précaution *f.*
ac'correre *vi* accourir.
ac'corto, a *pp di* **accorgersi** // *ag* avisé(e), prudent(e); **stare** ~ faire attention.
acco'stare *vt* rapprocher, approcher; *(: persona)* aborder; (*AUTO*) garer; (*NAUT*) accoster; *(socchiudere: imposte, uscio)* entrouvrir; ~**rsi a** *(fig: arte, idea, partito)* se (r)approcher de; ~**rsi ai Sacramenti** fréquenter les sacrements.
accovacci'arsi [akkovat'tʃarsi] *vr* se blottir.
accoz'zaglia [akkot'tsaʎʎa] *sf* ramassis *m; (cose)* fouillis *m.*
accredi'tare *vt* accréditer; (*FIN*) créditer.
ac'crescere [ak'kreʃʃere] *vt (ricchezza, capitale)* augmenter, accroître; *(fig: cultura)* élargir; ~**rsi** *vr* augmenter, s'agrandir; **accresci'mento** *sm* accroissement, augmentation *f.*
accucci'arsi [akkut'tʃarsi] *vr* se coucher.
accu'dire *vi:* ~ **a** s'occuper de.
accumu'lare *vt* accumuler, entasser; **accumula'tore** *sm* accumulateur; **accumulazi'one** *sf* accumulation.
accura'tezza [akkura'tettsa] *sf (diligenza)* soin *m.*
accu'rato, a *ag (persona)* consciencieux(-euse); *(lavoro)* soigné(e).
ac'cusa *sf* accusation; **sotto l'**~ **di** (*DIR*) sous l'inculpation de; **la pubblica** ~ (*DIR*) le ministère public.
accu'sare *vt* accuser; inculper; ~ **ricevuta di una lettera** (*COMM*) accuser réception d'une lettre.
a'cerbo, a [a'tʃɛrbo] *ag* vert(e), pas mûr(e).
'acero ['atʃero] *sm* érable.
a'cerrimo, a [a'tʃɛrrimo] *ag* implacable.
a'ceto [a'tʃeto] *sm* vinaigre.
A.C.I. *sm (abbr di Automobile Club d'Italia)* ≈ A.C.F. (Automobile Club de France).
acidità [atʃidi'ta] *sf* acidité; (*MED: di stomaco)* aigreurs *fpl.*
'acido, a ['atʃido] *ag* acide, aigre // *sm* (*CHIM*) acide.
'acino ['atʃino] *sm (uva)* grain.
'acne *sf* (*MED*) acné.
'acqua *sf* eau; *(fam)* flotte; ~**e** *sfpl (distesa: mare, lago)* eaux; ~ **a catinelle** *o* **a dirotto** à verse *o* à seaux; **rottura delle** ~**e** (*MED*) perte des eaux; ~**e nere/luride** (*TECN*) eaux d'égout/sales; ~**e territoriali** (*POL*) eaux territoriales; ~ **in bocca!** bouche cousue!; **è** ~ **passata** c'est du passé; **aver l'**~ **alla gola** avoir le couteau sous la gorge; **la barca fa** ~ *(fig)* les affaires vont mal; **navigare in cattive** ~**e** *(fig)* marcher sur des charbons ardents; **fare** ~ (*MAR*) faire eau.
acqua'forte, *pl* **acqueforti** *sf* eau-forte.
ac'quaio *sm* évier.
acqua'ragia [akkwa'radʒa] *sf* térébenthine.
ac'quario *sm* aquarium; **l'A**~ (*ASTROL*) le Verseau.
acqua'santa *sf* eau bénite.
acqua'vite *sf* eau-de-vie.
acquaz'zone [akkwat'tsone] *sm* averse *f.*
acque'dotto *sm* aqueduc.
acque'rello *sm* aquarelle *f.*
acque'rugiola [akkwe'rudʒola] *sf* bruine, crachin *m.*
acquie'tare *vt* calmer, apaiser; ~**rsi** *vr (calmarsi)* se calmer.
acqui'rente *sm/f* acquéreur *m,* acheteur/euse.
acqui'sire *vt* acquérir.
acqui'stare *vt* acheter; *(fig: stima, fama)* gagner; **ac'quisto** *sm* achat.
acqui'trino *sm* marécage.

acquo'lina *sf:* **avere/far venire l'~ in bocca** en avoir l'eau à la bouche.
acqu'oso, a *ag* aqueux(-euse).
'acre *ag* âcre.
a'crobata, i *sm/f* acrobate; **acroba'zia** *sf* acrobatie.
acu'ire *vt* aiguiser, aviver.
a'culeo *sm* aiguillon; dard.
a'cume *sm* perspicacité *f*, finesse *f*.
a'custica *sf* acoustique.
a'cuto, a *ag* aigu(ë); *(fig: freddo)* intense; *(: desiderio)* vif(-ive).
adagi'are [ada'dʒare] *vt* coucher, étendre; **~rsi** *vr (sdraiarsi)* se coucher, s'allonger.
a'dagio [a'dadʒo] *av (piano)* lentement; *(con cura)* doucement // *sm* (*MUS*) adagio; *(proverbio)* adage.
adatta'mento *sm* adaptation *f*.
adat'tare *vt* adapter; *(: vestito)* ajuster; **~rsi a** s'adapter à, s'habituer à; *(essere adatto)* convenir à, aller avec; **a'datto, a** *ag* indiqué(e), approprié(e); *(momento)* bon(ne); *(persona)* indiqué(e).
addebi'tare *vt* (*FIN*) débiter (un compte d'une somme); *(fig: erreur)* imputer, attribuer; **gli sono state addebitate le spese di manutenzione** il a supporté les frais d'entretien.
adden'sare *vt* épaissir; **~rsi** *vr* s'épaissir; *(nuvole)* s'amonceler.
adden'tare *vt* mordre.
adden'trarsi *vr:* **~ in** *(foresta)* s'enfoncer dans; *(fig)* pénétrer, s'engager dans.
ad'dentro *av:* **~ in** *(fig)* au courant; **essere molto ~ nella questione** connaître à fond la question.
addestra'mento *sm (di animali)* dressage; *(di persone)* entraînement, formation *f*.
adde'strare *vt (animali)* dresser; *(persone)* former.
ad'detto, a *ag:* **~ a** *(destinato)* préposé(e) à, chargé(e) de // *sm/f (incaricato)* employé/e; (*POL, COMM*) attaché/e; **vietato l'ingresso ai non ~i ai lavori** entrée interdite aux personnes étrangères aux travaux.
ad'dio *sm* adieu.
ad'dirsi *vr:* **~ a** convenir à, aller bien à.
addi'tare *vt* montrer du doigt; *(fig)* indiquer.
addi'tivo *sm* additif.
addizio'nare [addittsjo'nare] *vt* additionner; **addizi'one** *sf* addition.
addob'bare *vt* décorer; **ad'dobbo** *sm* décoration *f*.
addol'cire [addol'tʃire] *vt* sucrer; *(fig: ingentilire)* adoucir; **~rsi** *vr (fig: carattere)* s'adoucir.
addolo'rare *vt* faire de la peine à, chagriner; **~rsi per** avoir de la peine pour.
ad'dome *sm* abdomen.
addomesti'care *vt* apprivoiser.
addormen'tare *vt* endormir; **~rsi** *vr* s'endormir; *(gamba, braccio)* s'engourdir.
addos'sare *vt:* **~ a** adosser à; **~rsi** *vr (appoggiarsi)* s'adosser; **~rsi una responsabilità** assumer une responsabilité; **~ la colpa a qd** mettre une erreur sur le dos de qn.
ad'dosso *av:* **avere ~** *(vestito)* porter; **avere molti soldi ~** avoir beaucoup d'argent sur soi; **mettersi ~ il cappotto** se mettre le manteau; **~ a** *prep* sur; *(contro)* contre; **mettere le mani ~ a qd** *(fig)* lever la main sur qn, toucher qn; **la macchina è andata ~ al muro** la voiture est rentrée dans le mur; **dare ~ a qd** *(fig)* se jeter sur qn *(fam)*; **stare ~ a qd** être toujours derrière le dos de qn.
ad'durre *vt* fournir; **~a pretesto qc** prendre qch pour prétexte.
adegu'are *vt* conformer, adapter; *(stipendio)* rajuster; **~rsi** *vr* s'adapter; **adeguato, a** *ag* convenable;

adeguato a qui convient à; *(stipendio)* proportionné à.
a'dempiere, adem'pire *vt* accomplir; *(promessa)* remplir.
ade'renza *sf* adhérence; **~e** *sfpl* *(relazioni)* relations.
ade'rire *vi:* ~ **a** adhérer a, coller à; *(fig: seguire: corrente politica)* adhérer à; *(: opinione)* se rallier à; *(: acconsentire a: richiesta)* accéder à; **adesi'one** *sf* adhésion; *(fig)* accord *n;* **ade'sivo, a** *ag* adhésif(-ive), collant(e) // *sm* *(materiale)* adhésif; *(etichetta)* autocollant; **nastro adesivo** ruban adhésif.
a'desso *av* maintenant, à présent; *(tra poco)* dans un instant, tout de suite; **per** ~ pour l'instant; **sono stato da lui** ~ j'étais chez lui il y a un instant; **da** ~ **in poi** dorénavant, désormais.
adia'cente [adja'tʃɛnte] *ag* voisin(e), contigu(ë).
adi'bire *vt (destinare: locale):* ~ **a** utiliser comme, destiner à.
adi'rarsi *vr* se fâcher; ~ **con** *o* **contro qd per qc** se mettre en colère contre qn *o* se fâcher avec qn pour qch.
a'dire *vt* (DIR) saisir, recourir à.
'adito *sm (entrata)* accès *sg;* **dare** ~ **a una speranza/un sospetto** *(fig)* faire espérer/soupçonner.
adocchi'are [adok'kjare] *vt* repérer.
adole'scente [adoleʃ'ʃɛnte] *ag, sm/f* adolescent(e); **adole'scenza** *sf* adolescence.
adom'brare *vt* ombrager; *(fig: nascondere)* voiler, cacher; **~rsi** *vr* se vexer; *(cavallo)* être ombrageux.
adope'rare *vt* employer, utiliser; **~rsi per** *(darsi da fare)* se dépenser pour, se prodiguer pour.
ado'rare *vt* adorer; **adorazi'one** *sf* adoration.
ador'nare *vt* orner.
adot'tare *vt* adopter; **adot'tivo, a** *ag* adoptif(-ive); **adozi'one** *sf* adoption.
adri'atico, a, ci, che *ag* adriatique; **l'A~** *sm (mare)* l'Adriatique *f.*
adu'lare *vt* flatter.
adulte'rare *vt* falsifier, frelater.
adul'terio *sm* adultère.
a'dultero, a *ag, sm/f* adultère.
a'dulto, a *ag, sm/f* adulte.
adu'nanza [adu'nantsa] *sf* réunion; *(persone adunate)* assemblée.
adu'nare *vt* réunir; (MIL) rassembler; **~rsi** *vr* se rassembler; **adu'nata** *sf* (MIL) rassemblement *n.*
a'dunco, a, chi, che *ag* crochu(e).
a'ereo, a *ag* aérien(ne) // *sm (abbr di* **aeroplano**) avion; **aero-di'namico, a, ci, che** *ag, sf* aérodynamique; **aero'nautica** *sf* aéronautique; **Ministero dell'Aeronautica** ministère de l'Air; **aero'plano** *sm* avion; **aero-'porto** *sm* aéroport; **aerospazi'ale** *ag* aérospatial(e).
'afa *sf* chaleur accablante.
af'fabile *ag* affable.
affaccen'darsi [affattʃen'darsi] *vr:* ~ **intorno a qc/qd** s'activer à qch/autour de qn; **affaccen'dato, a** *ag* affairé(e), occupé(e).
affacci'arsi [affat'tʃarsi] *vr* se montrer; *(di edificio)* donner.
affa'mare *vt* affamer; **affa'mato, a** *ag* affamé(e).
affan'nare *vt* essouffler; *(fig)* tourmenter, tracasser; **~rsi** *vr (fig)* se donner du mal; **af'fanno** *sm* essoufflement; *(fig)* anxiété *f;* **affan'noso, a** *ag* haletant(e); *(fig: ricerca)* fébrile; difficile.
af'fare *sm* affaire *f;* **è negli ~i** il est dans les affaires; **ministro/ministero degli A~i esteri** ministre/ministère des Affaires étrangères; **affa'rista, i** *sm (peg)* affairiste.
affasci'nare [affaʃʃi'nare] *vt* fasciner, charmer; *(sog: cosa)* séduire.

affati'care *vt* fatiguer; **~rsi per qc/a fare qc** se fatiguer pour qch/à faire qch.
af'fatto *av*: **non ci penso ~** je n'y pense pas du tout; **non sono ~ d'accordo** je ne suis absolument pas d'accord.
affer'mare *vt* affirmer; **~rsi** *vr* s'affirmer; **affermazi'one** *sf* affirmation; *(successo, vittoria)* succès *m*.
affer'rare *vt* attraper, saisir; *(fig: comprendere)* saisir; **~rsi a** s'accrocher à, s'agripper à; **~ l'occasione** sauter sur l'occasion.
affet'tare *vt* couper en tranches; *(ostentare)* affecter; **affetta'trice** *sf* machine à découper.
affet'tivo, a *ag* affectif(-ive).
af'fetto *sm* affection *f*; **affettu'oso, a** *ag* affectueux(-euse).
affezio'narsi [affettsjo'narsi] *vr*: **~a** *(legarsi d'affetto a)* s'attacher à.
affezi'one [affet'tsjone] *sf* affection.
affian'care *vt* mettre à côté de; *(employé)* adjoindre; **~rsi a** se placer aux côtés de.
affia'tarsi *vr* bien s'entendre.
affibbi'are *vt (fig: rifilare)* refiler *(fam)*; *(: dare)* flanquer; **~ un soprannome a qd** affubler qn d'un sobriquet.
affida'mento *sm* confiance *f*; **fare ~ su** compter sur; **dare ~** inspirer confiance.
affi'dare *vt* confier; **~rsi a** se fier à, s'en remettre à.
affievo'lirsi *vr* s'affaiblir.
af'figgere [af'fiddʒere] *vt* publier, afficher; *(manifesto)* coller.
affi'lare *vt* aiguiser; **~rsi** *vr (dimagrire)* s'effiler.
affili'are *vt*: **~ qd a** *(setta, associazione)* affilier qn a; **~rsi a** s'affilier à.
affi'nare *vt* aiguiser, affûter; *(fig: vista, ingegno)* affiner; **~rsi** *vr* s'affiner.
affinché *cong* pour que, afin que.
af'fine *ag* voisin(e), semblable; **affinità** *sf inv* affinité.
affio'rare *vi* émerger; *(fig)* affleurer.
affissi'one *sf* affichage *m*; **divieto d'~** défense d'afficher.
af'fisso, a *pp di* **affiggere** // *ag* affiché(e), collé(e) // *sm* (LING) affixe.
affit'tare *vt* louer; **af'fitto** *sm (importo)* loyer; *(contratto)* location *f*.
af'fliggere [af'fliddʒere] *vt* affliger; **~rsi** *vr* s'affliger; **af'flitto, a** *pp di* **affliggere** // *ag, sm/f* affligé(e).
afflosci'arsi [affloʃ'ʃarsi] *vr* se dégonfler; *(persona)* s'affaisser; *(fig: perdere coraggio)* se dégonfler.
afflu'ente *sm* affluent.
afflu'enza *sf* affluence.
afflu'ire *vi* se jeter, se déverser; *(giungere in gran quantità: merci, persone)* affluer; **af'flusso** *sm* affluence *f*.
affo'gare *vt* noyer // *vi* se noyer.
affol'lare *vt* remplir; **~rsi** *vr* se presser.
affon'dare *vt* enfoncer; *(nave)* couler.
affran'care *vt* affranchir; *(corrispondenza)* timbrer, affranchir; **~rsi da** se libérer de; **affranca'tura** *sf* affranchissement *m*.
af'franto, a *ag* exténué(e), épuisé(e); *(moralmente)* accablé(e), effondré(e).
af'fresco, schi *sm* fresque *f*.
affret'tare *vt* hâter, presser, activer; **~rsi** *vr* se dépêcher; **~rsi a** s'empresser.
affron'tare *vt* affronter, faire face à; **~rsi** *vr* s'affronter.
af'fronto *sm (ingiuria)* outrage, affront.
affumi'care *vt* enfumer; *(alimenti: carni, pesce)* fumer.
affuso'lato, a *ag* fuselé(e).

a'foso, a *ag* étouffant(e).
Africa *sf* Afrique; **africano, a** *ag, sm/f* africain(e).
afrodi'siaco, a, ci, che *ag, sm* aphrodisiaque.
a'genda [a'dʒɛnda] *sf* agenda *m.*
a'gente [a'dʒɛnte] *sm* agent.
agen'zia [a'dʒɛntsja] *sf* agence; ~ **di collocamento** agence de placement; ~ **pubblicitaria** agence de publicité.
agevo'lare [adʒevo'lare] *vt* faciliter.
agganci'are [aggan'tʃare] *vt* accrocher; *(vestito)* agrafer.
agghiacci'are [aggjat'tʃare] *vt* *(fig: inorridire per lo spavento)* glacer, pétrifier.
aggiorna'mento [addʒorna'mento] *sm* mise *f* à jour; *(rinvio)* ajournement; **corso d'**~ cours *sg* de recyclage.
aggior'nare [addʒor'nare] *vt* mettre à jour; *(rinviare: seduta)* ajourner; ~**rsi** *vr* se tenir au courant, se mettre à jour.
aggi'rare [addʒi'rare] *vt* tourner autour de, contourner; *(evitare: ostacolo)* éviter; ~**rsi** *vr* errer; rôder *(peg)*; **il prezzo s'aggira sul milione** le prix s'élève à environ un million.
aggiudi'care [addʒudi'kare] *vt* adjuger; ~**rsi** *vr* remporter.
aggi'ungere [ad'dʒundʒere] *vt* ajouter; ~**rsi** *vr* s'ajouter; **aggi'unto, a** *pp di* **aggiungere** // *ag* adjoint(e).
aggiu'stare [addʒus'tare] *vt* arranger; *(riparare)* réparer; ~**rsi** *vr* s'arranger; **t'aggiusto io!** *(fig: minaccia)* je vais t'arranger!
agglome'rato *sm* agglomération *f*; (*TECN*) aggloméré.
aggrap'parsi *vr*: ~ **a** s'accrocher à, s'agripper à; *(fig: attaccarsi a: illusione)* se cramponner à.
aggra'vare *vt* aggraver; ~**rsi** *vr* s'aggraver.
aggrazi'ato, a [aggrat'tsjato] *ag* gracieux(-euse).
aggre'dire *vt* agresser, attaquer.
aggre'gare *vt* agréger, associer; ~**rsi** *vr* se joindre à; **aggre'gato, a** *ag* associé(e) // *sm* (*MAT*) ensemble; (*GEOL: di cristalli*) agrégat.
aggressi'one *sf* agression; ~ **a mano armata** attaque à main armée.
aggres'sivo, a *ag* agressif(-ive).
aggres'sore *sm* agresseur.
aggrot'tare *vt* froncer.
aggrovigli'are [aggroviʎ'ʎare] *vt* emmêler, embrouiller; ~**rsi** *vr* s'embrouiller.
aggru'marsi *vr* se coaguler.
agguan'tare *vt* saisir, attraper.
aggu'ato *sm* guet-apens *sg*, embuscade *f*; **in** ~ *(fig)* aux aguets.
agi'ato, a [a'dʒato] *ag* aisé(e).
'agile ['adʒile] *ag* agile.
'agio, *pl* **agi** ['adʒo] *sm* aise *f*; **gli** ~**i** *smpl (ricchezze)* le bien-être, le confort; **mettere qd a proprio** ~ mettre qn à son aise.
a'gire [a'dʒire] *vi* agir; *(comportarsi)* se conduire; *(funzionare)* fonctionner; **agisce negativamente su di me** il produit sur moi un effet négatif.
agi'tare [adʒi'tare] *vt* agiter; *(fig: turbare: mente, animo)* exciter; ~**rsi** *vr* s'agiter; *(fig: emozionarsi)* s'agiter, s'exciter; **agitazi'one** *sf* agitation, effervescence; **essere/mettersi in agitazione** *(fig)* être/se mettre dans un état d'agitation.
'aglio ['aʎʎo] *sm* ail.
a'gnello [aɲ'ɲɛllo] *sm* agneau.
'ago, *pl* **aghi** *sm* aiguille *f.*
ago'nia *sf* agonie; *(fig: stato di angoscia)* angoisse.
ago'nistico, a, ci, che *ag* de compétition; *(fig: spirito, attività)* combatif(-ive).
agoniz'zare [agonid'dzare] *vi* agoniser.

agopun'tura *sf* acupuncture *o* acuponcture.
a'gosto *sm* août.
a'grario, a *ag* agraire; *(che riguarda l'agricoltura)* agricole // *sf* propriétaire *n* terrien; exploitant *m;* **scuola ~a** école agricole; **riforma ~a** réforme agraire.
a'gricolo, a *ag* agricole.
agricol'tore *sm* agriculteur.
agricol'tura *sf* agriculture.
agri'foglio, gli [agri'fɔʎʎo] *sm* houx *sg.*
'agro, a *ag* aigre, acide // *sm* (CUC): **verdura all'~** légumes *npl* en salade (assaisonnés à l'huile et au citron); **~ romano** campagne *f* romaine.
a'grumi *smpl* agrumes *mpl.*
aguz'zare [agut'tsare] *vt* tailler en pointe; **~ la vista** *(fig)* bien ouvrir les yeux; **~ gli orecchi** dresser l'oreille; **aguz'zino** *sm* bourreau; **a'guzzo, a** *ag* pointu(e), acéré(e).
'aia *sf* cour; **menare il can per l'~** *(fig: guadagnare tempo)* tourner autour du pot.
Aia *sf:* **l'~** la Haye.
ai'rone *sm* héron.
aiu'ola *sf* plate-bande.
aiu'tante *sm/f* aide, assistant/e; (MIL) adjudant *m;* **~ di campo** aide de camp.
aiu'tare *vt* aider; *(assecondare: digestione, progresso)* faciliter; **~rsi** *vr* se servir, s'aider.
ai'uto *sm* aide *f; (aiutante, chi coadiuva)* aide *m/f,* assistant; **~!** à l'aide!; **~ chirurgo** assistant du chirurgien.
aiz'zare [ait'tsare] *vt* exciter, pousser.
'ala, *pl* **ali** *sf* aile; (SPORT: *calciatore)* ailier *m;* **~ destra/sinistra** (SPORT) aile droite/gauche.
ala'bastro *sm* albâtre.
'alacre *ag* dynamique, actif(-ive).
a'lano *sm* danois *sg.*
a'lare *sm* chenet // *ag (dell'ala: apertura)* alaire.
a'lato, a *ag* ailé(e).
'alba *sf* aube.
'albatro *sm* albatros *sg.*
albeggi'are [albed'dʒare] *vb impersonale* commencer à faire jour; **albeggia** l'aube se lève.
albera'tura *sf* mâture.
alberga'tore, trice *sm/f* hôtelier/-ère, patron/ne.
alberghi'ero, a [alber'gjɛro] *ag* hôtelier(-ère).
al'bergo, ghi *sm* hôtel; **dare ~** donner l'hospitalité; **~ diurno** bains publics *mpl.*
'albero *sm* arbre; (NAUT) mât; **~ maestro** (NAUT) grand mât; **~ a gomito** (AUTO) vilebrequin; **~ della cuccagna** mât de cocagne.
albi'cocca, che *sf* abricot *m.*
albi'cocco, chi *sm* abricotier.
'albo *sm* tableau; *(registro professionale)* ordre; **iscriversi all'~ dei medici** s'inscrire à l'ordre des médecins.
'album *sm* album; **~ da disegno** bloc à dessin; *(da colorare)* album à dessiner.
al'bume *sm* albumen; (CUC) blanc d'œuf.
albu'mina *sf* albumine.
'alce *sm* élan.
alchi'mia [alki'mia] *sf* alchimie; **alchimista, i** *sm* alchimiste.
al'colico, a, ci, che *ag* alcoolique // *sm (vino, liquore, etc)* alcool, boisson *f* alcoolique.
alcoliz'zato, a [alkolid'dzato] *ag, sm/f* alcoolique.
'alcool *sm* alcool.
al'cova *sf* alcôve.
al'cuno, a *(dav sm:* **alcun** + C, V, **alcuno** + *s impura, gn, ps, pn,* x, a: *dav sf* **alcuna** + *C,* **alcun'** + *V) det* aucun(e); **~i, ~e** *pl* quelques // *pron pl:* **~i/e** quelques-uns/-unes, certains/certaines.
alfa'beto *sm* alphabet.
alfi'ere *sm* porte-drapeau;

(SCACCHI) fou.
al'fine *av* enfin.
'alga, ghe *sf* algue.
'algebra ['aldʒebra] *sf* algèbre.
Algeria *sf* Algérie; **algerino, a** *ag, sm/f* algérien(ne).
ali'ante *sm* planeur.
'alibi *sm inv* alibi.
alie'nare *vt* aliéner; **~rsi qd** s'aliéner qn; **alie'nato, a** *ag* aliéné(e) // *sm (malato)* aliéné; **alienazi'one** *sf* aliénation.
ali'eno, a *ag:* **~ da** étranger(-ère) à, opposé(e) à.
alimen'tare *vt* alimenter; *(fig: aumentare: speranze)* entretenir // *ag (dell'alimentazione)* alimentaire // *smpl:* **un negozio di ~i** un magasin d'alimentation; **alimentazi'one** *sf* alimentation.
ali'mento *sm* aliment, nourriture *f;* **~i** *smpl* (DIR) pension *f* alimentaire.
a'liquota *sf* taux *m;* (DIR) quotité.
ali'scafo *sm* hydrofoil.
'alito *sm* haleine *f;* **~ di vento** souffle de vent.
all. *(abbr di* **allegato)** ann., annexe(s).
allacci'are [allat'tʃare] *vt* lacer; *(due località)* relier; (TECN: *luce, gas)* brancher; *(fig: amicizia)* nouer.
allaga'mento *sm* inondation *f.*
allar'gare *vt* élargir; *(aprire: gambe, braccia)* écarter; *(fig: conoscenze, ricerche)* étendre.
allar'mare *vt* alarmer, inquiéter; **al'larme** *sm* alarme *f;* (MIL: *segnale)* alerte *f;* **allarme aereo** alerte aérienne; **dare l'allarme** donner l'alarme; **cessato allarme** fin *f* de l'alerte.
allat'tare *vt* allaiter.
alle'anza [alle'antsa] *sf* alliance.
alle'arsi *vr* s'allier; **alle'ato, a** *ag, sm/f* allié(e).
alle'gare *vt* joindre, inclure; (DIR: *citare, addurre)* invoquer, produire; **alle'gato, a** *ag* joint(e), inclus(e) // *sm (documento unito)* pièce *f* jointe, annexe *f.*
allegge'rire [alleddʒe'rire] *vt* alléger; *(fig: confortare, alleviare)* soulager; **~rsi** *vr* devenir plus léger.
allego'ria *sf* allégorie.
alle'gria *sf* gaieté.
al'legro, a *ag* gai(e), joyeux(-euse); *(fam: un po' brillo)* éméché(e) // *sm* (MUS) allegro.
allena'mento *sm* entraînement.
alle'nare *vt* entraîner; **~rsi** *vr* s'entraîner.
allen'tare *vt* desserrer; *(fune)* détendre, relâcher; **~ un ceffone** *(fam)* flanquer une gifle; **~rsi** *vr* se relâcher; *(meccanismo)* se desserrer.
aller'gia [aller'dʒia] *sf* allergie; **al'lergico, a, ci, che** *ag* allergique.
alle'stire *vt* organiser; *(rappresentazione teatrale)* monter; (MIL) équiper; *(fiera: stand)* installer.
allet'tare *vt* allécher.
alleva'mento *sm* élevage.
alle'vare *vt* élever.
allevi'are *vt* alléger; *(mitigare: dolori, pene)* soulager.
alli'bire *vi* rester interdit/stupéfait.
allie'tare *vt* égayer.
alli'evo *sm* élève; **una squadra di ~i** (SPORT) une équipe de cadets.
alliga'tore *sm* alligator.
alline'are *vt* aligner; **~rsi** *vr* s'aligner.
al'locco, chi *sm* hulotte *f* // *sm/f (fig: persona sciocca, balorda)* sot/te.
allocuzi'one [allokut'tsjone] *sf* allocution.
al'lodola *sf* alouette.
alloggi'are [allod'dʒare] *vt* héberger, loger // *vi* habiter; **al'loggio** *sm* logement; **vitto e alloggio** le vivre et le couvert.
allonta'nare *vt* éloigner;

(mettere, tenere lontano: pericolo) écarter; *(mandare via)* renvoyer; **~rsi** *vr* s'éloigner; *(assentarsi)* s'absenter; **~rsi dalla retta via** s'écarter du droit chemin.
al'lora *av* alors, à ce moment là // *cong* dans ce cas, alors; *(ebbene)* et alors; **di ~, d'~** *(di quel tempo)* de ce temps-là; **da ~** depuis lors, depuis ce temps-là.
al'loro *sm* laurier; **riposare/dormire sugli ~i** *(fig)* se reposer/s'endormir sur ses lauriers.
'alluce ['allutʃe] *sm* gros orteil.
allucinazi'one [allutʃinat'tsjone] *sf* hallucination.
al'ludere *vi*: **~ a** faire allusion à.
allu'minio *sm* aluminium.
allun'gare *vt* allonger; *(protendere, distendere)* tendre; *(diluire)* allonger; **~rsi** *vr* grandir; *(sdraiarsi)* s'allonger; **~ le mani** *(fig)* chaparder *(fam)*.
allusi'one *sf* allusion.
alluvi'one *sf* inondation.
alma'nacco, chi *sm* almanach.
al'meno *av* au moins; du moins.
a'lone *sm* halo.
Alpi *sfpl*: **le ~** les Alpes.
alpi'nista, i, e *sm/f* alpiniste.
al'pino, a *ag* alpin(e) // *sm* (*MIL*) chasseur alpin.
alqu'anto *av* un peu, pas mal, quelque peu.
alta'lena *sf* balançoire; *(fig: successione alterna)* suite de hauts et de bas.
al'tare *sm* autel; **portare all'~** *(sposare)* conduire à l'autel.
alte'rare *vt* altérer; *(deteriorare)* abîmer; *(mente: turbare)* troubler; **~rsi** *vr* s'altérer.
al'terco, chi *sm* dispute *f*.
alter'nare *vt* alterner; **~rsi** *vr* se succéder, se relayer; **alterna'tivo, a** *ag* alternatif(-ive) // *sf* alternative; **non ci sono alternative** il n'y a pas le choix.
alterna'tore *sm* alternateur.
al'terno, a *ag*: **a giorni ~i** (*AMM*) à jours alternés.
al'tezza [al'tettsa] *sf* hauteur; *(statura)* taille; *(di acque: profondità)* profondeur; *(fig: idoneità)* hauteur, niveau *m*; *(titolo)* altesse; **essere all'~ di** *(presso, vicino a)* être à la hauteur de; **altez'zoso, a** *ag* hautain(e).
alti'tudine *sf* altitude.
'alto, a *ag* haut(e); *(statura)* grand(e); *(temperatura, pressione)* élevé(e); *(profondo: acque)* profond(e); *(acuto, forte: suono)* fort(e); *(caro: prezzo)* élevé(e); *(stoffa)* large // *sm* haut // *av (tirare, mirare)* haut; **il palazzo è ~ 20 metri** l'immeuble a 20 mètres de hauteur; **il tessuto è ~ 70 cm** le tissu a 70 cm de largeur; **ad ~a voce** à haute voix; **in ~** en haut; **dall'~ in basso** de haut en bas; **gli ~i e i bassi** *(della fortuna, etc)* les hauts et les bas; **l'~a Italia** l'Italie du Nord; **in ~ mare** en haute mer; **~a moda** haute couture.
alto'forno *sm* haut-fourneau.
altopar'lante *sm* haut-parleur.
altret'tanto, a *ag* autant de // *pron* autant // *av* autant; *(con ag o av)* aussi; **'grazie, ~!'** 'merci, pareillement!'
altri *pron inv* quelqu'un d'autre; *(frase negativa)* personne d'autre; **d'~** d'autrui.
altri'menti *av* autrement.
'altro, a *ag* autre; *(restante)* autre, qui reste; **l'~ giorno/ieri** avant-hier; **l'~ anno** l'année dernière; **domani l'~** après-demain; **quest'~mese** le mois prochain // *pron* autre; *(uno in più)* encore un(e) // *sm* autre chose; **gli ~i** les autres; **aiutarsi l'un l'~** s'aider les uns les autres; **l'uno e l'~** l'un et l'autre; **per ~o** du reste, par ailleurs; **tra l'~** entre autres; **pensavo a tutt'~** je pensais à tout autre chose; **è tutt'~ che giusto** c'est loin d'être

juste; **ci mancherebbe** ~ il ne manquerait plus que ça; **non faccio ~ che studiare** je ne pense qu'à étudier; **più che** ~ surtout; **senz'** ~ sans aucun doute; **sei contento?** - ~ **che!** es-tu content?-et comment!

al'tronde *av*: **d'**~ d'ailleurs.

al'trove *av* ailleurs.

al'trui *ag inv* d'autrui.

al'tura *sf* hauteur; **navigazione d'**~ (*NAUT*) navigation hauturière.

a'lunno, a *sm/f* élève.

alve'are *sm* ruche *f*; **città-**~ (*fig*) cité-dortoir *f*.

al'zare [al'tsare] *vt* lever; (*sollevare*) soulever; (*CARTE*) couper; (*sopraelevare*) surélever; (*fig: prezzi*) hausser; (*: voce*) élever; ~**rsi** *vr* se lever; (*crescere*) grandir; (*aumentare*) s'élever; ~ **il gomito** (*fig*) lever le coude; **al'zata** *sf*: **alzata di spalle** haussement *m* d'épaules; **votare per alzata di mano** voter à mains levées; **alzata d'ingegno** idée de génie.

a'mabile *ag* aimable; (*vino: dolce*) moelleux(-euse).

a'maca, che *sf* hamac *m*.

amalga'mare *vt* (*mescolare*) amalgamer.

a'mante *ag* qui aime // *sm/f* (*chi ha relazione amorosa*) amant *m*/ maîtresse *f*.

a'mare *vt* aimer; ~**rsi** *vr* s'aimer.

ama'rena *sf* griotte.

ama'rezza [ama'rettsa] *sf* amertume.

a'maro, a *ag* amer(-ère) // *sm* digestif; **masticare** ~ avaler des couleuvres.

ambasce'ria [ambaʃʃe'ria] *sf* ambassade.

ambasci'ata [ambaʃ'ʃata] *sf* ambassade; **ambascia'tore, trice** *sm/f* ambassadeur/drice.

ambe'due *ag inv* les deux // *pron inv* tous (toutes) les deux.

ambien'tare *vt* acclimater; (*inserire, circostanziare*) situer; ~**rsi** *vr* s'adapter; **ambi'ente** *sm* milieu; (*vano, locale*) pièce *f*; (*PSIC*) ambiance *f*; **protezione dell'ambiente** protection de l'environnement.

ambiguità *sf inv* ambiguïté.

am'biguo, a *ag* ambigu(ë).

am'bire *vt* ambitionner, convoiter // *vi*: ~ **a fare qc** ambitionner de faire qch.

'ambito *sm* domaine, cadre, sphère *f*.

ambizi'one [ambit'tsjone] *sf* ambition, aspiration; **ambi'zioso, a** *ag* ambitieux(-euse), désireux (-euse).

'ambra *sf* ambre *m*.

ambu'lante *ag* ambulant(e) // *sm* (*venditore*) marchand ambulant.

ambu'lanza [ambu'lantsa] *sf* ambulance.

ambula'torio *sm* dispensaire.

amenità *sf inv* charme *m*; (*sciocchezza*) sottise.

a'meno, a *ag* agréable, amusant(e).

America *sf* Amérique; **americano, a** *ag, sm/f* américain(ne).

ame'tista *sf* améthyste.

ami'chevole [ami'kevole] *ag* amical(e); (*DIR*) amiable, à l'amiable; **constatazione** ~ (*AUTO*) constat *m* à l'amiable.

ami'cizia [ami'tʃittsja] *sf* amitié; ~**e** *sfpl* (*amici, conoscenze*) amis *mpl*, relations.

a'mico, a, ci, che *sm/f* ami/e; (*fig: amante*) petit/e ami/e; ~ **del cuore/ intimo** ami intime; **un consiglio da** ~ un conseil d'ami.

'amido *sm* amidon.

ammac'care *vt* cabosser; (*di persona*) faire un bleu; ~**rsi** *vr* être cabossé; se faire un bleu; **ammacca'tura** *sf* bosse; (*di persona*) contusion, bleu *m*.

ammae'strare *vt* dresser; (*persona: istruire*) éduquer.

ammai'nare *vt* amener; ~ **la bandiera** amener les couleurs.
amma'larsi *vr* tomber malade; **amma'lato, a** *ag, sm/f* malade.
ammali'are *vt* envoûter, ensorceler; **ammalia'tore, trice** *ag, sm/f* charmeur(-euse), ensorceleur (-euse).
am'manco, chi *sm* trou, déficit.
ammanet'tare *vt* passer les menottes à.
ammas'sare *vt* amasser, entasser; *(radunare)* rassembler; ~**rsi** *vr* se rassembler, s'amasser; **am'masso** *sm* amas *sg, tas sg*.
ammat'tire *vi* devenir fou; **far ~ qd** rendre fou qn.
ammaz'zare [ammat'tsare] *vt* tuer; ~**rsi** *vr* se tuer.
am'menda *sf* amende.
am'messo, a *ag* admis(e), accepté(e) // *sm* admissible; ~ **che** en admettant que.
am'mettere *vt* admettre; *(riconoscere: fatto)* reconnaître.
ammic'care *vi* faire un clin d'œil.
ammini'strare *vt* administrer; **amministra'tivo, a** *ag* administratif(-ive); **amministra'tore, trice** *sm/f* administrateur/trice; **amministratore di condominio** syndic de copropriété; **amministrazi'one** *sf* administration.
ammiragli'ato [ammiraʎ'ʎato] *sm* amirauté *f*.
ammi'raglio [ammi'raʎʎo] *sm* amiral.
ammi'rare *vt* admirer; **ammira'tore, trice** *sm/f* admirateur/trice; **ammirazi'one** *sf* admiration.
ammis'sibile *ag* admissible; (DIR) recevable.
ammissi'one *sf* admission.
ammobili'are *vt* meubler.
am'modo, a modo *av, ag inv* comme il faut.
ammo'niaca *sf* ammoniaque.
ammoni'mento *sm* avertissement; *(correzione severa)* réprimande *f*.
ammo'nire *vt* mettre en garde; *(correggere)* réprimander, reprendre.
ammon'tare *vi*: ~ **a** s'élever à // *sm (somma, importo)* montant.
ammonticchi'are [ammontik'kjare] *vt* amonceler.
ammorbi'dire *vt* assouplir; *(viande)* attendrir; *(beurre, cire)* ramollir; *(fig: addolcire)* estomper, adoucir.
ammorta'mento *sm* amortissement.
ammortiz'zare [ammortid'dzare] *vt* amortir; **ammortizza'tore** *sm* amortisseur.
ammucchi'are [ammuk'kjare] *vt* entasser, accumuler; ~**rsi** *vr* s'entasser.
ammuf'fire *vi* moisir.
ammutina'mento *sm* mutinerie *f*.
ammuti'narsi *vr* se mutiner.
ammuto'lire *vi* devenir muet.
amne'sia *sf* amnésie.
amni'stia *sf* amnistie.
'amo *sm* hameçon; *(fig)* piège; **prendere qd all'~** prendre qn au piège.
a'more *sm* amour; **fare l'~/all'~ con qd** faire l'amour avec qn; **per ~ o per forza** de gré ou de force; **andare d'~ e d'accordo** s'entendre à merveille; **amo'revole** *ag* tendre, affectueux(-euse).
a'morfo, a *ag* amorphe.
amo'roso, a *ag* affectuex(-euse); *(d'amore)* amoureux(-euse) // *sm/f (fam)* amoureux/euse.
ampi'ezza [am'pjettsa] *sf* grandeur; largeur; *(di vestiti)* ampleur; *(abbondanza, ricchezza)* étendue, abondance; ~ **di vedute** largeur de vues.
'ampio, a *ag* vaste, grand(e); *(abbondante: abito)* ample, large.
am'plesso *sm* union *f* sexuelle.

ampli'are *vt* élargir, agrandir; **~rsi** *vr* s'agrandir.
amplifi'care *vt* amplifier; **amplifica'tore** *sm* amplificateur.
am'polla *sf* burette, flacon *m*.
ampol'loso, a *ag* ampoulé(e), guindé(e).
ampu'tare *vt* amputer; **amputazi'one** *sf* amputation.
anabbagli'anti [anabbaʎ'ʎante] *smpl* (AUTO) feux de croisement, codes.
a'nagrafe *sf* registre *m* d'état civil; *(ufficio)* bureau *m* d'état civil.
analfa'beta, i, e *ag, sm/f* analphabète.
a'nalisi *sf inv* analyse; **in ultima ~** *(concludendo)* en dernier ressort; **ana'lista, i, e** *sm/f* analyste.
analiz'zare [analid'dzare] *vt* analyser.
analo'gia, gie [analo'dʒia] *sf* analogie.
a'nalogo, a, ghi, ghe *ag* analogue.
'ananas *sm* ananas *sg*.
anar'chia [anar'kia] *sf* anarchie; **a'narchico, a, ci, che** *ag* anarchique // *sm/f* anarchiste.
ana'tema, i *sm* anathème.
anato'mia *sf* anatomie; *(fig: analisi minuta)* épluchage *m;* **ana'tomico, a, ci, che** *ag* anatomique.
'anatra *sf* canard *m* (*f* cane).
'anca, che *sf* hanche.
'anche *cong* aussi, en outre; *(perfino)* même; **vengo anch'io** je viens moi-aussi; **~ se** même si.
an'cora *av* encore.
'ancora *sf* ancre; **salpare l'~** lever l'ancre; **~ di salvezza** *(fig)* ancre de salut; **anco'raggio, ggi** *sm* ancrage, mouillage.
anco'rarsi *vr* jeter l'ancre; *(fig)* s'accrocher.
anda'mento *sm* cours *sg*, marche *f*.
an'dante *ag* ordinaire // *sm* (MUS) andante.
an'dare *sm (l'andatura)* allure *f*, démarche *f* // *vi* aller; *(meccanismo: funzionare)* marcher; *(strada: condurre)* mener, conduire; *(vendersi facilmente)* se vendre; *(aver corso legale: moneta)* valoir; *(essere di moda)* être à la mode; **~a** *(essere adatto a)* aller *o* convenir à; **non mi va di lavorare** je n'aime pas travailler; **il suo comportamento non mi va** son comportement ne me plaît pas; **questo compito va fatto subito** ce devoir doit être fait tout de suite *o* il faut faire tout de suite ce devoir; **~ a monte** *(fig)* tomber à l'eau; **~ in bestia** *(fig)* se fâcher; **~ di mezzo** en faire les frais; **andarsene** s'en aller; **~ di pari passo** con aller au même pas que; **~ a picco** couler; **~ a male** s'abîmer; **~ a donne** courir les filles; **come va?;** comment ça va? **ne va della nostra vita** notre vie est en jeu; **a tutto ~** *(fig)* énormément; **a lungo ~** *(fig)* à la longue; **an'data** *sf* aller *m;* **biglietto di sola andata** billet d'aller simple; **un'andata e ritorno** un aller (et) retour.
anda'tura *sf* démarche; (SPORT: *passo, ritmo)* allure, train *m;* (NAUT allure; **fare/forzare l'~** mener/forcer le train.
an'dazzo [an'dattso] *sm (peg):* **hai preso un ~ che non mi piace** tu as pris des habitudes que je n'aime pas.
andirivi'eni *sm* va-et-vient *m*, allées et venues *fpl*.
'andito *sm* vestibule, couloir.
an'drone *sm* passage, entrée *f*.
a'neddoto *sm* anecdote *f*.
ane'lare *vi:* **~ a** aspirer à.
a'nelito *sm* désir.
a'nello *sm* bague *f;* (TECN) bague *f*, anneau; *(di guarnizione)* joint; *(di catena)* maillon.
ane'mia *sf* anémie; **a'nemico, a, ci, che** *ag* anémique.
a'nemone *sm* anémone *f*.
aneste'sia *sf* (MED) anesthésie.

anestetiz'zare [anestetid'dzare] *vt* anesthésier.
an'fibio, a *ag, sm* amphibie.
anfite'atro *sm* amphithéâtre.
an'fratto *sm* anfractuosité *f.*
an'gelico, a, ci, che [an'dʒɛliko] *ag* angélique.
'angelo ['andʒelo] *sm* ange; ~ **custode** (*REL, fig*) ange gardien.
anghe'ria [ange'ria] *sf* vexation.
an'gina [an'dʒina] *sf* angine.
angli'cano, a *ag* anglican(e).
ango'lare *ag* angulaire.
'angolo *sm* angle; *(di strada, luogo appartato)* coin; **calcio d'~** (*CALCIO*) corner.
an'goscia, sce [an'gɔʃʃa] *sf* angoisse; **angosci'oso, a** *ag* angoissant(e).
angu'illa *sf* anguille.
an'guria *sf* pastèque.
an'gustia *sf* anxiété; *(fig: mancanza di mezzi)* gêne, misère.
angusti'are *vt* angoisser, inquiéter; **~rsi per** se préoccuper de.
an'gusto, a *ag* étroit(e); *(fig: meschino)* borné(e).
'anice ['anitʃe] *sm* anis *sg.*
'anima *sf* âme; **volere un bene dell'~ a qd** aimer qn de tout son coeur; **la buon'~ di mio zio** mon pauvre oncle.
ani'male *ag* animal(e) // *sm* animal.
ani'mare *vt* animer; **animazi'one** *sf* animation; **anima'tore, trice** *sm/f* animateur/trice.
'animo *sm* âme *f; (coraggio)* courage; *(mente)* esprit; **~!** courage!; **avere in ~ di fare qc** avoir l'intention de faire qch; **fare qc di buon/mal ~** faire qch de bon cœur/à contre cœur; **perdersi d'~** se laisser abattre; **animosità** *sf* animosité; **ani'moso, a** *ag* courageux (-euse), fougueux(-euse).
'anitra *sf* = **anatra.**
annacqu'are *vt* mouiller, diluer.
annaffi'are *vt* arroser; **annaffia'toio** *sm* arrosoir.
an'nali *smpl* annales *fpl.*
an'nata *sf* année.
annebbi'are *vt (fig)* brouiller, troubler; **~rsi** *vr* se troubler.
anne'gare *vt* noyer // *vi (morire affogato)* se noyer; **~ i dispiaceri nel vino** noyer son chagrin dans le vin.
anne'rire *vt* noircir // *vi* se noircir.
an'nessi *smpl (di edificio)* dépendances *fpl;* **~ e connessi** *(fig)* tenants et aboutissants.
annessi'one *sf* annexion.
an'nettere *vt* rattacher.
annichi'lare, annichi'lire [anniki'lare, anniki'lire] *vt* annihiler, anéantir; **~rsi** *vr* s'anéantir.
anni'darsi *vr* nicher, se nicher.
annien'tare *vt* anéantir.
anniver'sario, a, ri, rie *ag, sm* anniversaire.
'anno *sm* an, année *f;* **frequentare il 3° ~ di università** être en 3e année d'université; **~ accademico** année *f* universitaire; **oggi compie 20 ~i** aujourd'hui elle a 20 ans; **~i fa** il y a des années.
anno'dare *vt* nouer; **~rsi** *vr* nouer; *(sog: capelli)* s'emmêler.
annoi'are *vt* ennuyer; **~rsi** *vr* s'ennuyer.
anno'tare *vt* marquer, noter; **annotazi'one** *sf* note.
annove'rare *vt* énumérer; *(includere)* inclure.
annu'ale *ag* annuel(le).
annu'ario *sm* annuaire.
annulla'mento *sm* annulation *f; (posta)* oblitération *f.*
annul'lare *vt* annuler; **~ una marca da bollo** oblitérer un timbre fiscal.
annunci'are [annun'tʃare] *vt* annoncer; **annuncia'tore, trice** *sm/f* annonciateur/trice; (*TV*) présentateur/trice; **l'Annuncia-**

zi'one *sf* l'Annonciation; **an'nuncio, ci** *sm* annonce *f; (fig: previsione)* signe; **annunci economici** petites annonces *fpl.*
'annuo, a *ag* annuel(le).
annu'sare *vt* sentir; (di animali) flairer; ~ **tabacco** priser.
anoma'lia *sf* anomalie, irrégularité.
a'nomalo, a *ag* anormal(e), irrégulier(-ère).
a'nonimo, a *ag, sm* anonyme.
anor'male *ag, sm/f* anormal(e); **anormalità** *sf inv* anomalie, irrégularité.
'ansa *sf* anse; *(fiume)* boucle.
ANSA *sf (abbr di Agenzia Nazionale Stampa Associata)* ≈ A.F.P. (Agence France Presse).
'ansia, ansietà *sf* anxiété, inquiétude.
ansi'mare *vi* haleter, souffler.
ansi'oso, a *ag* anxieux(-euse), inquiet(-ète).
antago'nismo *sm* antagonisme, conflit; **antago'nista, i** *sm* antagoniste.
an'tartico, a, ci, che *ag* antarctique; **l'A~** *sm* l'Antarctique.
antece'dente [antetʃe'dente] *ag* précédent(e), antérieur(e); **~i** *mpl* antécédents.
ante'fatto *sm* antécédents *mpl.*
antegu'erra *sm* avant-guerre *mf.*
ante'nato *sm* ancêtre.
an'tenna *sf* antenne.
ante'prima *sf* avant-première.
anteri'ore *ag* antérieur(e).
antia'ereo, a *ag* antiaérien(ne).
antibi'otico, a, ci, che *ag, sm* antibiotique.
anti'camera *sf* antichambre, vestibule *m;* **quest'idea non mi è passata nemmeno per l'~ del cervello** *(fig)* cette idée ne m'a même pas effleuré.
antichità [antiki'ta] *sf inv* antiquité.
antici'clone [antitʃi'klone] *sm* anticyclone.
antici'pare [antitʃi'pare] *vt* anticiper, avancer; (SPORT) précéder, devancer; **anticipazi'one** *sf* anticipation; *(notizia)* annonce; **anticipazione bancaria** (FIN) avance bancaire; **an'ticipo** *sm* avance *f.*
an'tico, a, chi, che *ag* ancien(ne); **l'~a Roma** la Rome antique; **all'~a** à l'ancienne.
anticoncezio'nale [antikontʃettsjo'nale] *sm* contraceptif.
an'tidoto *sm* antidote.
Antille *sfpl:* **le ~** les Antilles.
an'tilope *sf* antilope.
anti'pasto *sm* hors-d'œuvre.
antipa'tia *sf* antipathie; **anti'patico, a, ci, che** *ag* antipathique // *sm/f* personne *f* antipathique.
an'tipodi *smpl* antipodes.
antiquari'ato *sm (commercio)* commerce d'antiquités; **oggetto di ~** antiquité *f;* **antiqu'ario** *sm* antiquaire.
antiqu'ato, a *ag* désuet(-ète), vieilli(e).
anti'settico, a, ci, che *ag, sm* antiseptique.
an'titesi *sf* antithèse; *(fig: contrasto)* contradiction.
antolo'gia, 'gie [antolo'dʒia] *sf* anthologie.
'antro *sm* antre, caverne *f.*
antro'pofago, a, gi, ghe *ag, sm/f* anthropophage.
antropolo'gia [antropolo'dʒia] *sf* anthropologie.
anu'lare *ag, sm* annulaire; **raccordo ~** (AUTO) bretelle *f* (d'une autoroute).
'anzi *av* au contraire; *(piuttosto)* ou plutôt; **è giovane, ~ giovanissimo** il est jeune, que dis-je *o* même très jeune.
anzianità [antsjani'ta] *sf* âge *m* avancé; (AMM: *tempo trascorso nel lavoro)* ancienneté.
anzi'ano, a [an'tsjano] *ag* âgé(e);

(*AMM*: *da tempo in una carica, un lavoro)* ancien(ne) // *sm/f* personne *f* âgée; **gli A~i** les Anciens.
anzichè [antsi'ke] *cong* au lieu de.
anzi'tutto [antsi'tutto] *av* surtout.
apa'tia *sf* apathie; **a'patico, a, ci, che** *ag* apathique.
'ape *sf* abeille.
aperi'tivo *sm* apéritif.
a'perto, a *ag* ouvert(e); **all'~, all'aria ~a** en plein air.
aper'tura *sf* ouverture; **~ visiva** étendue du champ de vision.
'apice ['apitʃe] *sm* sommet; *(fig)* comble; sommet; apogée.
apicol'tore *sm* apiculteur.
a'polide *ag, sm/f* apatride.
apoples'sia *sf* apoplexie.
a'postolo *sm* apôtre.
a'postrofo *sm* apostrophe *f.*
appa'gare *vt* satisfaire; *(calmare)* apaiser.
appai'are *vt* appareiller, accoupler.
ap'palto *sm* adjudication *f,* appel d'offre.
appan'nare *vt* embuer; *(fig: offuscare)* troubler, brouiller; **~rsi** *vr* s'embuer; *(fig)* se brouiller.
appa'rato *sm* apparat; (*POL, ANAT, TECN*) appareil; **~ scenico** (*TEATRO*) mise *f* en scène.
apparecchi'are [apparek'kjare] *vt* préparer, mettre (la table).
appa'recchio [appa'rekkjo] *sm* appareil.
appa'rente *ag* apparent(e).
appa'renza [appa'rɛntsa] *sf* apparence; *(aspetto)* aspect *m;* **in** *o* **all'~** en apparence.
appa'rire *vi* apparaître, surgir; *(sembrare)* paraître, sembler; *(spuntare: sole, luna)* pointer; *(risultare)* ressortir; **appari'scente** *ag* voyant(e); **apparizi'one** *sf* apparition.
apparta'mento *sm* appartement.
appar'tarsi *vr* se mettre à l'écart, s'isoler.
apparte'nere *vi:* **~ a** appartenir à; *(spettare a)* revenir à.
appassio'nare *vt* passionner; **~rsi a** se passionner pour; **appassio'nato, a** *ag* passionné(e); **appassionato di musica** amateur de musique.
appas'sire *vi* se flétrir, se faner.
appel'larsi *vr:* **~ a** s'en remettre à, faire appel à; (*DIR*): **~ contro** faire appel contre.
ap'pello *sm* appel; (*SCOL: esami)* session *f.*
ap'pena *av (a fatica)* à peine; **sono ~ le nove** il n'est que neuf heures; **dammene ~ un goccio** donne-m'en juste une goutte; **sono ~ arrivato** je viens d'arriver // *cong:* **non ~ ho finito ci vado** dès que *o* aussitôt que j'ai fini j'y vais.
ap'pendere *vt* accrocher, suspendre; *(fig: impiccare)* pendre; **~rsi** *vr* s'accrocher.
appen'dice [appen'ditʃe] *sf* appendice *m;* **romanzo di ~** roman-feuilleton.
appendi'cite [appendi'tʃite] *sf* appendicite.
Appennini *smpl:* **gli ~** les Appennins; **appenninico, a** *ag* des Appennins.
appesan'tire *vt (anche fig)* alourdir; **~rsi** *vr* s'alourdir.
appe'tito *sm* appétit; *(impulso, stimolo)* soif *f;* **appeti'toso, a** *ag* appétissant(e), alléchant(e); *(fig: che desta desiderio)* attirant(e).
appia'nare *vt* aplanir.
appiat'tire *vt* aplatir; **~rsi** *vr* s'aplatir, se plaquer.
appicci'care [appittʃi'kare] *vt* coller; *(fig: attribuire)* affubler; **~rsi** *vr* se coller.
appigli'arsi [appiʎ'ʎarsi] *vr* s'agripper, s'accrocher; **~ a** *(fig)* s'accrocher à; **ap'piglio** *sm* prise *f; (fig: occasione, pretesto)* prétexte.
appiso'larsi *vr* s'endormir.
applau'dire *vt, vi* applaudir;

ap'plauso *sm* applaudissement.
appli'care *vt* appliquer; **~rsi a** s'appliquer à.
appoggi'are [appod'dʒare] *vt* appuyer; *(posare)* poser; *(fig: sostenere)* soutenir; **~rsi a** s'appuyer à; *(fig: a un amico)* compter sur; **ap'poggio** *sm* soutien; *(fig: aiuto, protezione)* appui.
ap'porre *vt* apposer; *(aggiungere: clausola)* insérer.
appor'tare *vt* causer, provoquer; **~ una modifica/una correzione a qc** modifier/corriger qch.
ap'posito, a *ag* approprié(e), spécial(e).
ap'posta *av* exprès.
appo'stare *vt* poster; **~rsi** *vr* se poster.
ap'prendere *vt* apprendre; **appren'dista i, e** *sm/f* apprenti/e.
apprensi'one *sf* appréhension; **appren'sivo, a** *ag* anxieux(-euse).
ap'presso *av (dopo)* plus tard, par la suite // *prep:* **~a** à côté de, près de.
appre'starsi *vr:* **~ a** s'apprêter à, se préparer à.
apprez'zabile [appret'tsabile] *ag* remarquable; *(valutabile)* appréciable.
apprez'zare [appret'tsare] *vt* apprécier.
ap'proccio [ap'prɔttʃo] *sm* premier contact; **tentare un ~** *(fig)* faire des avances.
appro'dare *vi* aborder; *(fig: ottenere un risultato)* aboutir; **ap'prodo** *sm* accès *sg*, abord.
approfit'tare *vi:* **~ di** tirer profit de.
approfon'dire *vt* approfondir.
appropri'ato, a *ag* approprié(e), adéquat(e).
approssi'marsi *vr:* **~ a** s'approcher de.
approssima'tivo, a *ag* approximatif(-ive).
appro'vare *vt* approuver; **approvazi'one** *sf* approbation.
approvvigiona'mento [approvvidʒona'mento] *sm* approvisionnement, ravitaillement.
approvvigio'nare [approvvidʒo'nare] *vt* approvisionner, ravitailler; **~rsi di** se ravitailler en.
appunta'mento *sm* rendez-vous.
appun'tare *vt* fixer, épingler; *(annotare)* noter; **ap'punto** *sm* note *f*; *(fig: rimprovero)* remarque *f* // *av (proprio)* justement; **per l'appunto!, appunto!** précisément!
appu'rare *vt* vérifier.
apribot'tiglie [apribot'tiʎʎe] *sm inv* ouvre-bouteille, décapsuleur.
a'prile *sm* avril.
a'prire *vt* ouvrir; **~rsi** *vr* s'ouvrir; *(spaccarsi)* se fendre; **~rsi a** *(confidarsi)* s'ouvrir à; se confier à; **apri'scatole** *sm inv* ouvre-boîtes.
'aquila *sf* aigle *m*.
aqui'lone *sm* cerf-volant.
arabo, a *ag, sm/f* arabe.
a'rachide [a'rakide] *sf* arachide.
ara'gosta *sf* langouste.
a'raldica *sf* héraldique.
a'raldo *sm* héraut.
a'rancia [a'rantʃa] *sf* orange; **aranci'ata** *sf* orangeade; **a'rancio** *sm* oranger; *(colore)* orange // *ag inv (colore)* orange.
a'rare *vt* labourer; (*NAUT*) chasser.
a'ratro *sm* charrue *f*.
a'razzo [a'rattso] *sm* tapisserie *f*.
arbi'traggio [arbi'traddʒo] *sm* arbitrage.
arbi'trare *vt* arbitrer.
arbi'trario, a *ag* arbitraire.
ar'bitrio *sm* volonté *f*; *(abuso, sopruso)* abus *sg*; **libero ~** libre arbitre.
'arbitro *sm* arbitre.
ar'busto *sm* arbuste.
'arca *sf* arche.
ar'caico, a, ci, che *ag* archaïque.
ar'cangelo [ar'kandʒelo] *sm* archange.
ar'cano, a *ag* mystérieux(-euse),

énigmatique // *sm* mystère, énigme*f.*
ar'cata *sf* arcade.
archeolo'gia [arkeolo'dʒia] *sf* archéologie; **arche'ologo, gi** *sm* archéologue.
ar'chetto [ar'ketto] *sm* (*MUS*) archet; (*TECN*) arceau.
archi'tetto [arki'tetto] *sm* architecte; **architet'tura** *sf* architecture.
ar'chivio [ar'kivjo] *sm* archives *fpl.*
arci'ere [ar'tʃere] *sm* archer.
ar'cigno, a [ar'tʃiɲɲo] *ag* hargneux(-euse); *(ostile)* hostile.
arci'pelago, ghi [artʃi'pelago] *sm* archipel.
arci'vescovo [artʃi'veskovo] *sm* archevêque.
'arco *sm* arc; (*ANAT*) arcade *f;* **strumenti ad ~** (*MUS*) instruments à cordes.
arcoba'leno *sm* arc-en-ciel.
arcu'are *vt* arquer; **~rsi** *vr* se cambrer.
ar'dente *ag* ardent(e), brûlant(e); *(fig)* intense; **occhi ~i di febbre** yeux luisants de fièvre.
'ardere *vt, vi* brûler.
ar'desia *sf* ardoise.
ar'dire *vi* avoir le courage de, oser; **ar'dito, a** *ag* hardi(e), audacieux (-euse); **un complimento ardito** un compliment osé.
ar'dore *sm* ardeur *f.*
'arduo, a *ag* ardu(e), rude.
'area *sf* surface; *(zona)* zone; *(terreno)* terrain *m.*
a'rena *sf* arène; *(sabbia)* sable *m.*
are'narsi *vr* échouer.
areo'plano *sm* = **aeroplano.**
'argano *sm* treuil.
argente'ria [ardʒente'ria] *sf* argenterie.
argenti'ere [ardʒen'tjere] *sm* orfèvre.
ar'gento [ar'dʒento] *sm* argent; **avere l'~ vivo addosso** *(fig)* avoir du vif-argent dans les veines.
ar'gilla [ar'dʒilla] *sf* argile.
'argine ['ardʒine] *sm* berge *f; (fig)* frein.
argomen'tare *vi* argumenter.
argo'mento *sm* sujet; *(pretesto)* prétexte; *(prova per sostenere la propria tesi)* argument.
argu'ire *vt* déduire.
ar'guto, a *ag* brillant(e), subtil(e); *(spiritoso)* spirituel(le).
ar'guzia [ar'guttsja] *sf* finesse, esprit *m; (battuta, frase spiritosa)* boutade.
aria *sf* air *m;* (*MUS*) air *m;* **camminare col naso in ~** marcher le nez en l'air; **far castelli in ~** construire des châteaux en Espagne; **mandare all'~ qc** flanquer qch par terre; **un discorso campato in ~** un propos sans queue ni tête.
'arido, a *ag* aride.
arieggi'are [arjed'dʒare] *vt* aérer.
ari'ete *sm* bélier; **l'A~** (*ASTROL*) le Bélier.
a'ringa *sf* hareng *m.*
'arista *sf* échine de porc.
aristo'cratico, a, ci, che *ag* aristocratique.
aristocra'zia [aristokrat'tsia] *sf* aristocratie.
arit'metica *sf* arithmétique.
arlec'chino [arlek'kino] *ag inv* arlequin(e) // *sm* arlequin.
'arma, i *sf* arme; **essere alle prime ~i** *(fig)* faire ses premières armes; **chiamare alle ~i** (*MIL*) appeler sous les drapeaux.
ar'madio *sm* armoire *f;* **un ~ a muro/a specchi** un placard/une armoire à glace.
armamen'tario *sm* équipement; *(fig)* attirail.
arma'mento *sm* armement.
ar'mare *vt* armer; (*NAUT*) armer, gréer; (*EDIL*) renforcer; **~rsi** *vr* s'armer; **ar'mata** *sf* (*MIL*) armée; **arma'tura** *sf* armature; (*EDIL*) charpente, échafaudage *m;* (*MUS*) armature; *(corazza)* armure.

armi'stizio [armi'stittsjo] *sm* armistice.
armo'nia *sf* harmonie; **ar'monico, a, ci, che** *ag* harmonique; *(fig: ben proporzionato)* harmonieux(-euse); **armoni'oso, a** *ag* harmonieux(-euse).
armoniz'zare [armonid'dzare] *vt* harmoniser.
ar'nese *sm* outil; *(fig: oggetto non determinato)* machin, truc; **essere male/bene in ~** être mal/bien mis.
'arnia *sf* ruche.
a'roma, i *sm* arôme; **~i** *smpl (spezie)* aromates, épices *fpl*
aro'matico, a *ag* aromatique.
'arpa *sf* (*MUS*) harpe.
ar'peggio [ar'peddʒo] *sm* arpège.
ar'pia *sf (anche fig)* harpie.
arpi'one *sm* harpon.
arrabat'tarsi *vr* se donner du mal.
arrabbi'are *vi:* **far ~** mettre en colère; **~rsi** *vr* se mettre en colère, se fâcher; **arrabbi'ato, a** *ag* enragé(e); *(di persona: incollerito)* en colère, fâché(e).
arrampi'carsi *vr* grimper.
arrangi'are [arran'dʒare] *vt* arranger; *(aggiustare)* retaper; **~rsi** *vr* se débrouiller, s'arranger.
arre'care *vt* causer, provoquer.
arreda'mento *sm* ameublement, décoration *f.*
arre'dare *vt* meubler; **ar'redo** *sm* décoration *f;* **gli arredi sacri** les objets du culte.
ar'rendersi *vr* se rendre; *(fig: non opporre più resistenza)* céder.
arre'stare *vt* arrêter; **~rsi** *vr* s'arrêter; **ar'resto** *sm* arrêt; *(cattura)* arrestation *f;* **essere/mandare agli arresti** être/mettre aux arrêts.
arre'trare *vt, vi* reculer.
arric'chire [arrik'kire] *vt* enrichir; **~rsi** *vr* s'enrichir.
arricci'are [arrit'tʃare] *vt* friser; *(vestito)* froncer; **~ il naso** faire la grimace.
ar'ringa *sf* (*DIR*) plaidoirie; *(discorso)* harangue.
arrischi'arsi [arris'kjarsi] *vr:* **~ a fare qc** se risquer *o* se hasarder à faire qch; **arrischi'ato, a** *ag* risqué(e).
arri'vare *vi* arriver; *(fig: riuscire)* arriver, réussir; **~ a** *(livello, grado, etc)* atteindre; **non ci arrivo** *(fig: non capisco)* je n'y arrive pas.
arrive'derci [arrive'dertʃi] *escl* au revoir!
arrive'derla *escl (forma di cortesia)* au revoir!
arri'vista, i, e *sm/f* arriviste.
ar'rivo *sm* arrivée *f.*
arro'gante *ag* arrogant(e).
arro'lare *vt* = **arruolare.**
arros'sire *vi* rougir.
arro'stire *vt* rôtir; griller; **~rsi** *vr* se rôtir.
ar'rosto *ag* rôti(e) // *sm* rôti; **più fumo che ~** *(fig)* plus de bruit que d'effet.
arro'tare *vt* aiguiser; *(investire con un veicolo)* renverser.
arroto'lare *vt* enrouler.
arroton'dare *vt* arrondir.
arruf'fare *vt* ébouriffer, emmêler.
arruggi'nire [arruddʒi'nire] *vt* rouiller; **~rsi** *vr* se rouiller.
arruola'mento *sm* engagement.
arruo'lare *vt* (*MIL*) recruter; **~rsi** *vr* s'engager.
arse'nale *sm* arsenal; *(fig: ammasso di oggetti)* bazar, fouillis *sg.*
ar'senico *sm* arsenic.
'arso, a *pp di* **ardere** // *ag* brûlé(e); *(arido)* sec(sèche), desséché(e); **ar'sura** *sf* chaleur torride.
'arte *sf* art *m.*
ar'tefice [ar'tefitʃe] *sm/f* artisan/e, auteur/trice.
ar'teria *sf* artère.
a'rtico, a, ci, che *ag* (*GEOGR*) arctique.
artico'lare *ag* (*ANAT*) articulaire

// *vt* articuler; *(fig: piegare: gamba)* plier; *(: suddividere)* diviser.
ar'ticolo *sm* article.
Artide *sf*: **l'~** l'Arctique *m*.
artifici'ale [artifi'tʃale] *ag* artificiel(le); *(fig: non spontaneo)* affecté(e), forcé(e).
arti'ficio [arti'fitʃo] *sm* moyen, procédé; *(astuzia)* ruse *f*; **fuochi d'~** feux d'artifice; **artifici'oso, a** *ag* artificiel(le).
artigia'nato [artidʒa'nato] *sm* artisanat.
artigi'ano, a [arti'dʒano] *ag* artisanal(e) // *sm/f* artisan/e.
artiglie'ria [artiʎʎe'ria] *sf* artillerie.
ar'tiglio, i [ar'tiʎʎao] *sm* griffe *f*.
ar'tista, *pl* **i, e** *sm/f* artiste; **ar'tistico, a, ci, che** *ag* artistique.
'arto *sm* membre.
ar'trite *sf* arthrite.
ar'zillo, a [ar'dzillo] *ag* fringant(e).
a'scella [aʃ'ʃɛlla] *sf* (*ANAT*) aisselle.
ascen'dente [aʃʃen'dɛnte] *ag* ascendant(e) // *sm* *(fig: influenza)* emprise *f*; **~i** *(parenti)* ascendants.
ascensi'one [aʃʃen'sjone] *sf* ascension.
ascen'sore [aʃʃen'sore] *sm* ascenseur.
a'scesa [aʃ'ʃesa] *sf* montée; **~ al trono** intronisation; **~ al potere** ascension au pouvoir.
a'scesso [aʃ'ʃɛsso] *sm* abcès *sg*.
'ascia, *pl* **asce** ['aʃʃa] hache.
asciugaca'pelli [aʃʃugaka'pelli] *sm* sèche-cheveux.
asciuga'mano [aʃʃuga'mano] *sm* serviette *f*.
asciu'gare [aʃʃu'gare] *vt* essuyer, sécher; **~rsi** *vr* s'essuyer, se sécher; **asci'utto, a** *ag* sec (sèche); *(fig: magro)* maigre; **restare a bocca asciutta** *(fig)* rester les mains vides; **essere all'asciutto** *(fig)* être fauché.
ascol'tare *vt* écouter; **ascolta'tore, trice** *sm/f* auditeur/trice; **a'scolto** *sm* écoute *f*; **essere/stare in ascolto** être/rester à l'écoute; **dare** *o* **prestare ascolto** prêter attention.
a'sfalto *sm* asphalte, goudron.
asfis'sia *sf* asphyxie.
Asia *sf* Asie; **asiatico, a** *ag*, *sm/f* asiatique.
a'silo *sm* asile; (*SCOL*): **~ (infantile)** école *f* maternelle; **~ nido** crèche *f*.
'asino *sm* âne; *(fig: di persona)* ignorant, imbécile.
'asma *sf* asthme *m*.
'asola *sf* boutonnière.
a'sparago, gi *sm* asperge *f*.
asperità *sf* aspérité; *(fig: difficoltà)* difficulté.
aspet'tare *vt* attendre; **~ qd al varco** attendre qn au tournant; **~rsi** *vr* s'attendre; **non me l'aspettavo** je ne m'y attendais pas; **aspetta'tiva** *sf* attente; (*AMM*) disponibilité; **chiedere un anno di aspettativa** demander une mise en disponibilité d'un an; **essere in aspettativa** se mettre en disponibilité.
a'spetto *sm* aspect, apparence *f*; *(punto di vista)* aspect, point de vue; **sala d'~** salle d'attente.
aspi'rante *ag* aspirant(e) // *sm/f* candidat/e.
aspira'polvere *sm inv* aspirateur.
aspi'rare *vt* aspirer // *vi*: **~ a** *(anelare a)* aspirer à; **aspira'tore** *sm* aspirateur.
aspi'rina *sf* aspirine.
aspor'tare *vt* emporter; (*MED*) enlever, extirper.
a'sprezza [a'sprettsa] *sf* âpreté; *(clima)* rudesse; *(fig: ton, caractère)* aigreur.
'aspro, a *ag* âpre; *(limone)* aigre; *(clima, fig)* rude, dur(e); *(superficie)* rugueux(-euse).
assaggi'are [assad'dʒare] *vt*

goûter; **as'saggio** *sm* dégustation *f*; *(piccola quantità)* petit peu; *(campione)* échantillon.
as'sai *av* beaucoup; *(nei superlativi)* bien, très; *(a sufficienza)* assez.
as'salto *sm* assaut, attaque *f*.
assassi'nare *vt* assassiner; **assas'sinio** *sm* assassinat; **assas'sino, a** *ag, sm/f* assassin(e).
'asse *sm* axe // *sf (tavola di legno)* planche; ~ *f* **d'equilibrio** (*SPORT*) poutre; ~ *f* **da stiro** planche à repasser.
assedi'are *vt* assiéger; *(fig: importunare)* assaillir; **as'sedio** *sm* siège.
asse'gnare [asseɲ'ɲare] *vt* attribuer; *(premio)* décerner; *(somma)* allouer; *(destinare)* affecter; *(tempo)* accorder.
as'segno [as'seɲɲo] *sm* chèque; **riscuotere/girare un** ~ toucher/endosser un chèque; **libretto degli** ~**i** chéquier; ~ **a vuoto** chèque sans provisions; ~**i** *mpl* **familiari** allocations *fpl* familiales; **contro** ~ contre remboursement.
assem'blea *sf* assemblée.
assen'nato, a *ag* raisonnable, judicieux(-euse).
as'senso *sm* consentement, approbation *f*.
as'sente *ag* absent(e); *(fig: distratto)* distrait(e); **as'senza** *sf* absence.
asses'sore *sm* adjoint.
assesta'mento *sm* tassement; *(fig: sistemazione)* arrangement.
asse'stare *vt:* ~ **un colpo** assener un coup; ~**rsi** *vr* s'arranger; (*GEOL*) se tasser.
asse'tato, a *ag* assoiffé(e).
as'setto *sm* assiette *f; (fig: tenuta)* tenue *f*.
assicu'rare *vt* assurer, garantir; ~**rsi** *vr* s'assurer; **assicurazi'one** *sf* assurance.
assidera'mento *sm* coup-de-froid.
as'siduo, a *ag* assidu(e).
assi'eme *av* ensemble // *prep:* ~ **a** avec.
assil'lare *vt* harceler, obséder; **as'sillo** *sm* hantise *f*, idée *f*.
assimi'lare *vt* assimiler.
as'sise *sfpl* assises; **Corte d'A~** Cour d'Assises.
assi'stente *sm/f* assistant/e.
assi'stenza [assi'stɛntsa] *sf* assistance.
as'sistere *vt* assister; *(aiutare)* aider // *vi:* ~ **a** *(essere presente)* assister à.
'asso *sm* as *sg;* **piantare in** ~ **qd** laisser qn en plan; **avere l'**~ **nella manica** avoir tous les atouts dans son jeu.
associ'are [asso'tʃare] *vt* associer; *(unire)* unir, allier; ~**rsi a** (*COMM*) s'associer à; *(fig: al dolore, al lutto)* participer à; **associazi'one** *sf* association; **quota di associazione** cotisation; **associazione a** *o* **per delinquere** association de malfaiteurs.
assogget'tare [assoddʒet'tare] *vt* asservir, soumettre; ~**rsi a** se soumettre à.
asso'lato, a *ag* ensoleillé(e).
assol'dare *vt* (*MIL*) recruter, engager.
as'solto, a *pp di* **assolvere.**
asso'luto, a *ag* absolu(e).
assoluzi'one [assolut'tsjone] *sf* absolution.
as'solvere *vt* (*DIR*) acquitter; (*REL*) absoudre; *(compito, dovere)* remplir, accomplir.
assomigli'are [assomiʎ'ʎare] *vi:* ~ **a** ressembler à.
asso'pirsi *vr* s'assoupir.
assor'bente *ag* absorbant(e); **carta** ~ papier *m* buvard // *sm:* ~ **igienico** (*MED*) serviette *f* hygiénique.
assor'bire *vt* absorber.
assor'dare *vt* rendre sourd.
assorti'mento *sm* assortiment, choix *sg*.

assor'tito, a *ag* assorti(e); varié(e).
as'sorto, a *ag* absorbé(e).
assottigli'are [assottiʎ'ʎare] *vt* amincir; *(ridurre)* diminuer, réduire; *(fig: acuire)* affiner; **~rsi** *vr* s'amincir; *(ridursi)* se réduire.
assue'fare *vt* habituer, accoutumer; **~rsi a** s'habituer à, s'accoutumer à.
as'sumere *vt* embaucher; *(responsabilità)* assumer, endosser; *(contegno, espressione)* prendre; **as'sunto, a** *pp di* **assumere** // *sm (tesi)* thèse *f*.
assurdità *sf* absurdité.
as'surdo, a *ag, sm* absurde; **dimostrazione per** ~ démonstration par l'absurde.
'asta *sf* baton *m; (metodo di vendita)* vente aux enchères; **bandiera a mezz'~** drapeau *m* en berne; **~ indicatrice** (*TECN*) jauge; **le ~e degli occhiali** les branches des lunettes; **salto con l'~** (*SPORT*) saut à la perche.
a'stemio, a *ag* qui ne boit pas d'alcool // *sm/f* personne *f* qui ne boit pas d'alcool.
aste'nersi *vr:* ~ **da** s'abstenir de; **astensi'one** *sf* abstention.
aste'risco, schi *sm* astérisque.
asti'nenza [asti'nɛntsa] *sf* abstinence.
'astio *sm* hargne *f*, rancune *f*.
a'stratto, a *ag* abstrait(e) // *sm* abstrait.
'astro *sm* astre; *(fig: persona di primo piano)* vedette *f*; **astrolo'gia** *sf* astrologie; **astro'nauta, i, e** *sm/f* astronaute; **astro'nave** *sf* astronef *m*; **astrono'mia** *sf* astronomie; **astro'nomico, a, ci, che** *ag* astronomique; **a'stronomo** *sm* astronome.
a'stuccio [as'tuttʃo] *sm* étui; trousse *f*.
a'stuto, a *ag* malin(e).
a'stuzia *sf* ruse; *(stratagemma)* astuce.
ate'ismo *sm* athéisme.
A'tene *sf* Athènes.
'ateo, a *ag, sm/f* athée.
a'tlante *sm* atlas *sg*.
a'tlantico, a, ci, che *ag* atlantique; **l'A~** *sm* l'Atlantique.
a'tleta, *pl* **i, e** *sm/f* athlète; **a'tletica** *sf* (*SPORT*) athlétisme *m*.
atmo'sfera *sf* atmosphère; *(fig: situazione ambientale)* ambiance; **atmo'sferico, a, ci, che** *ag* atmosphérique.
a'tomico, a, ci, che *ag* atomique.
'atomo *sm* atome.
'atrio *sm* entrée *f*, hall; (*ANAT*) oreillette *f*.
a'troce [a'trotʃe] *ag* atroce; **atrocità** *sf inv* atrocité.
attacca'mento *sm* affection *f*, attachement.
attacca'panni *sm inv* portemanteau.
attac'care *vt* attacher; *(appendere)* accrocher; *(assalire)* attaquer; *(iniziare)* commencer; *(fig: contagiare)* transmettre // *vi (aderire)* coller; **~rsi** *vr* attacher, se coller; *(trasmettersi per contagio)* s'attraper; *(afferrarsi)* s'accrocher; *(fig: affezionarsi)* s'attacher; **non attacca!** cela ne prend pas!; **~ discorso/lite** engager une conversation/commencer à se disputer; **at'tacco, chi** *sm* attaque *f*; (*MED*) crise *f*, attaque *f*; *(punto di unione)* point d'attache; (*SCI*) fixation *f*.
atteggia'mento [atteddʒa'mento] *sm* attitude *f*.
atteggi'arsi [atted'dʒarsi] *vr:* ~ **a** prendre des airs de, jouer le.
at'tendere *vt* attendre // *vi:* ~ **a** s'occuper de.
atte'nersi *vr:* ~ **a** s'en tenir à.
atten'tare *vi:* ~ **a** attenter à, porter atteinte à; **atten'tato** *sm* attentat.
at'tento, a *ag* attentif(-ive); **stare ~** faire attention.
attenu'ante *sf* (*DIR*) circonstance atténuante.

atten'uare *vt* atténuer, adoucir; ~**rsi** *vr* s'atténuer.
attenzi'one [atten'tsjone] *sf* attention; ~**i** *sfpl (premure)* attentions.
atter'raggio [atter'raddʒo] *sm* atterrissage.
atter'rare *vt* renverser // *vi* (AER) atterrir.
atter'rire *vt* terrifier.
atte'stato *sm* attestation *f.*
'attico, ci *sm* ≈ duplex.
at'tiguo, a *ag* contigu(ë), voisin(e).
attil'lato, a *ag* collant(e).
'attimo *sm* instant.
atti'nente *ag:* ~ **a** relatif(-ive) à, concernant.
atti'rare *vt* attirer.
atti'tudine *sf* disposition; *(atteggiamento)* attitude.
atti'vare *vt* activer.
attività *sf inv* activité; (FIN) actif *m.*
at'tivo, a *ag* actif(-ive); (FIN) rentable // *sm* (FIN) actif.
attiz'zare [attit'tsare] *vt* attiser.
'atto *sm* acte, action *f;* (DIR, TEATRO) acte; *(fig: dimostrazione)* geste; **fare ~ di andarsene** faire mine de s'en aller; **mettere in ~** mettre à exécution, réaliser; **all'~ pratico** en pratique.
at'tonito, a *ag* stupéfait(e).
attorcigli'are [attortʃiʎ'ʎare] *vt* entortiller; *(avvolgere intorno a qc)* enrouler; ~**rsi** *vr* s'entortiller.
at'tore, trice *sm/f* acteur/trice; (DIR) demandeur/deresse.
at'torno *av* tout autour; *(nei dintorni)* dans les alentours // ~ **a** *prep* autour de; **levarsi qd d'~** se débarrasser de qn.
attra'ente *ag* attrayant(e).
at'trarre *vt* attirer; **attrat'tiva** *sf* attrait *m.*
attraver'sare *vt* traverser.
attra'verso *prep* à travers; *(tramite)* par l'intermédiaire de.
attrazi'one [attrat'tsjone] *sf* attraction.
attrez'zare [attret'tsare] *vt* équiper; ~**rsi** *vr* s'équiper; **attrezza'tura** *sf* équipement *m;* **at'trezzo** *sm* outil, ustensile; **attrezzi** *smpl* (SPORT) agrès ; **carro attrezzi** dépanneuse *f.*
attribu'ire *vt* attribuer.
attu'ale *ag* actuel(le); **attualità** *sf inv* actualité.
attu'are *vt* réaliser; ~**rsi** *vr* se réaliser.
attu'tire *vt* amortir, étouffer; *(fig)* calmer; ~**rsi** *vr* diminuer.
au'dace [au'datʃe] *ag* audacieux (-euse), hardi(e); *(provocante)* insolent(e), provocant(e); **au'dacia** *sf* audace, hardiesse; *(insolenza)* toupet *m (fam).*
audiovi'sivo, a *ag* audio-visuel(le) // *sm* audio-visuel.
audi'torio, audi'torium *sm* auditorium.
audizi'one [audit'tsjone] *sf* audition; **fare un'~ a qd** faire passer une audition à qn.
augu'rare *vt* souhaiter; ~**rsi** *vr* espérer, souhaiter; **au'gurio** *sm (presagio)* augure; **fare gli auguri a qd** présenter ses vœux à qn; **tanti auguri!** tous mes *o* nos vœux!
'aula *sm* salle *f.*
aumen'tare *vt, vi* augmenter; **au'mento** *sm* augmentation *f; (crescita)* accroissement.
au'reola *sf* auréole.
au'rora *sf* aurore.
ausili'are *ag, sm/f* auxiliaire.
au'spicio [aus'pitʃo] *sm* augure; **sotto l'~ di** *(fig)* sous les auspices de.
austerità *sf* austérité.
au'stero, a *ag* austère.
Au'stralia *sf* Australie; **australi'ano, a** *ag, sm/f* australien(ne).
'Austria *sf* Autriche; **au'striaco, a** *ag, sm/f* autrichien(ne).
autenti'care *vt* (DIR) authentifier, certifier, légaliser; **au'tentico, a, ci, che** *ag* authentique; vrai(e).
au'tista, i *sm* chauffeur.

autoade'sivo, a *ag* autocollant(e) // *sm* autocollant.
autobiogra'fia *sf* autobiographie.
auto'carro *sm* camion.
au'tografo, a *ag, sm* autographe.
auto'linea *sf* ligne d'autobus.
au'toma, i *sm* automate.
auto'matico, a, ci, che *ag* automatique // *sm (bottone)* bouton-pression.
auto'mezzo *sm* véhicule.
auto'mobile *sf* automobile, voiture.
autono'mia *sf* autonomie; **au'tonomo, a** *ag* autonome.
autop'sia *sf* autopsie.
auto'radio *sf inv* autoradio *m*.
au'tore, trice *sm/f* auteur/trice, créateur/trice; **quadro d'~** tableau de maître.
auto'revole *ag* influent(e), qui fait autorité.
autori'messa *sf* garage *m*.
autorità *sf inv* autorité.
autoriz'zare [autorid'dzare] *vt* autoriser; **autorizzazi'one** *sf* autorisation.
autoscu'ola *sf* auto-école.
auto'stop *sm* autostop; **autostop-'pista,** *pl* **i, e** *sm/f* auto-stoppeur/euse.
auto'strada *sf* autoroute.
auto'treno *sm* camion à remorque, poids lourd.
autove'icolo *sm* véhicule.
au'tunno *sm* automne.
avam'braccio, *pl (f)* **cia** *sm* (*ANAT*) avant-bras *sg*.
avan'guardia *sf* avant-garde.
a'vanti *av* en avant // *sm inv* avant // **andare/venire ~** avancer/approcher; **andare ~ e indietro** marcher de long en large; **portare ~ qc** avancer qch; **mandare ~ la ditta** faire marcher l'entreprise; **essere ~** *(tempo)* avancer; **essere ~ con gli anni** être avancé en âge; **mettere le mani ~** *(fig)* prendre ses précautions; **~!** entrez!; **non si può andare ~ così** on ne peut continuer ainsi; **~ Cristo** avant Jésus-Christ; **d'ora in ~** dorénavant.
avanza'mento [avantsa'mento] *sm* avancement.
avan'zare [avan'tsare] *vt (fig: domanda)* présenter; *(: promuovere)* monter en grade // *vi* avancer; *(rimanere)* rester; **avan'zata** *sf* avance, progression; **a'vanzo** *sm* reste; **avanzo di galera** gibier de potence; **averne d'avanzo** *(fig)* en avoir assez.
ava'ria *sf* avarie.
ava'rizia [ava'rittsja] *sf* avarice.
a'varo, a *ag, sm* avare.
a'vena *sf* avoine.
a'vere *sm* (*FIN*) avoir; **~i** *smpl (ricchezza)* biens; **il dare e l'~** (*FIN*) le débit et le crédit // *vt, vb ausiliare* avoir; **~ da mangiare/bere** avoir à manger/boire; **~ da fare qc** avoir à faire qch; **~ a che fare con qd/qc** avoir affaire avec qn/qch; **quanti ne abbiamo? ne abbiamo dieci** quel jour sommes-nous? nous sommes le dix; **averne fin sopra i capelli** en avoir par-dessus la tête; **avercela con qd** s'en prendre à qn, en vouloir à qn.
avia'tore, trice *sm/f* aviateur/trice.
aviazi'one [avjat'tsjone] *sf* aviation.
avidità *sf* avidité.
'avido, a *ag* avide.
'avi *smpl* ancêtres.
avo'cado *sm (albero)* avocatier; *(frutto)* avocat.
a'vorio *sm* ivoire.
avv *abbr di* **avvocato.**
avvalla'mento *sm* vallonnement, creux *sg*.
avvalo'rare *vt* confirmer.
avvantaggi'are [avvantad'dʒare] *vt* avantager, favoriser; **~rsi** *vr* profiter.
avvelena'mento *sm* empoisonnement.

avvele'nare *vt* empoisonner; **~rsi** *vr* s'empoisonner.
avve'nente *ag* agréable, charmant(e).
avveni'mento *sm* événement.
avve'nire *vi* arriver, se passer // *sm* avenir.
avven'tarsi *vr:* ~ **su** *o* **contro qd/qc** s'élancer sur qn/qch.
avven'tato, a *ag* imprudent(e), irréfléchi(e); *(precipitoso)* hasardé(e).
av'vento *sm* avènement, venue *f;* **l'A~** (*REL*) l'Avent.
avven'tura *sf* aventure.
avventu'rarsi *vr* s'aventurer.
avventuri'ero *sm* aventurier.
avventu'roso, a *ag* aventureux (-euse).
avve'rarsi *vr* se réaliser.
av'verbio *sm* adverbe.
avver'sare *vt* contrarier.
avver'sario, a *ag, sm* adversaire.
avversi'one *sf* aversion.
avversità *sfpl* adversité *sg,* malheur *m.*
av'verso, a *ag* hostile.
avver'tenza [avver'tɛntsa] *sf* avis *m,* avertissement *m; (cautela)* précaution; **~e** *sfpl* instructions, mode *m* d'emploi.
avverti'mento *sm* avertissement.
avver'tire *vt (avvisare)* avertir, prévenir; *(percepire)* percevoir.
av'vezzo, a [av'vettso] *ag:* ~ **a** habitué(e) a.
avvia'mento *sm* acheminement; *(fig: studio, carriera)* orientation *f; (: lavoro, trattativa)* commencement, mise *f* en route; (*AUTO*) démarrage; **motorino di** ~ démarreur.
avvi'are *vt* acheminer; (*ECON*: *impresa)* mettre sur pied, lancer; *(mettere in moto: motore)* faire démarrer, mettre en marche; *(fig: trattativa)* engager; **~rsi** *vr* se diriger; **~rsi a** *(fig: carriera)* commencer; *(: conclusione: sog: dibattito)* aller vers.
avvicina'mento [avvitʃina'mento] *sm* approche *f.*
avvici'nare [avvitʃi'nare] *vt* approcher, rapprocher; *(trattare con: persona)* s'approcher de; **~rsi a** (s')approcher de; *(fig: esser simile)* se rapprocher de.
avvili'mento *sm* accablement, découragement.
avvi'lire *vt* démoraliser, abattre; **~rsi** *vr* se décourager.
avvinaz'zato, a [avvinat'tsato] *ag, sm/f* ivrogne.
av'vincere [av'vintʃere] *vt (fig: interessare, attrarre)* fasciner, captiver.
avvinghi'are [avvin'gjare] *vt* serrer; **~rsi a** s'accrocher à.
avvi'sare *vt* avertir, prévenir;
av'viso *sm* avertissement; *(notizia)* avis *sg.*
avvi'tare *vt* visser.
avviz'zire [avvit'tsire] *vi* se faner, se flétrir.
avvo'cato, essa *sm/f* (*DIR*) avocat *(f* femme-avocat); **buongiorno,** ~ **Rossi** bonjour, maître Rossi.
av'volgere [av'voldʒere] *vt* enrouler; *(avviluppare)* envelopper; **~rsi** *vr* s'enrouler; **avvol'gibile** *ag* qui peut s'enrouler; **cinture avvolgibili** (*AUTO*) ceintures à enrouleur // *sm* store.
avvol'toio *sm* vautour.
azi'enda [ad'dzjɛnda] *sf* entreprise, établissement *m;* ~ **agricola** exploitation agricole.
azi'one [at'tsjone] *sf* action; *(movimento)* marche, mouvement *m;* **azio'nista,** *pl* **i, e** *sm/f* actionnaire.
azzan'nare [attsan'nare] *vt* saisir entre ses crocs.
azzar'darsi [addzar'darsi] *vr:* ~ **a** oser, se risquer à.
az'zardo [ad'dzardo] *sm* risque; **gioco d'~** jeu de hasard.
azzuf'farsi [attsuf'farsi] *vr* se bagarrer.

az'zurro, a [ad'dzurro] *ag* bleu(e) *m* // *sm* bleu // *sm/f* (*SPORT*) membre de l'équipe nationale italienne.

B

bab'beo, a *ag, sm* idiot(e), bêta.
'babbo *sm (fam)* papa.
bab'buccia, ce *sf* babouche; *(pantofola)* pantoufle.
ba'bordo *sm* (*NAUT*) bâbord.
ba'cato, a *ag* véreux(-euse); *(fig)* taré(e).
'bacca, che *sf* (*BOT*) baie.
baccalà *sm* morue *f*; *(fig: persona stupida)* andouille *f*.
bac'cano *sm* vacarme.
bac'cello [bat'tʃɛllo] *sm* (*BOT*) cosse *f*.
bac'chetta [bak'ketta] *sf* baguette; **obbedisce a ~** *(fig)* il obéit au doigt et à l'œil.
baci'are [ba'tʃare] *vt* embrasser; **è stato baciato dalla fortuna** *(fig)* la chance lui a souri; **baciato dal sole** baigné de soleil; **~rsi** *vr* s'embrasser.
baci'nella [batʃi'nɛlla] *sf* cuvette.
ba'cino [ba'tʃino] *sm* bassin; (*NAUT*) bassin, cale *f*.
'bacio ['batʃo] *sm* baiser.
'baco, chi *sm* ver; **~ da seta** ver à soie.
ba'dare *vi*: **~ a** *(occuparsi di)* s'occuper de; **~ di/a** *(far attenzione a)* faire attention à, veiller à; **non ~ a spese** ne pas regarder à la dépense; **bada ai fatti tuoi!** occupe-toi de tes affaires!
ba'dile *sm* pelle *f*.
'baffo *sm* moustache *f*; **leccarsi i ~i** *(fig)* s'en lécher les babines; **ridere sotto i ~i** *(fig)* rire dans sa barbe.
bagagli'aio [bagaʎ'ʎajo] *sm* (*AUTO*) coffre; (*FERR*) fourgon.
ba'gaglio [ba'gaʎʎo] *sm* bagage; **deposito ~i** consigne *f*.
bagat'tella *sf* bagatelle.
bagli'ore [baʎ'ʎore] *sm (luce)* lueur *f*.
ba'gnante [baɲ'ɲante] *sm/f* baigneur/euse.
ba'gnare [baɲ'ɲare] *vt* mouiller; *(innaffiare)* arroser; *(lambire)* baigner; **~rsi** *vr* se baigner;
ba'gnino *sm* maître-nageur;
'bagno *sm (immersione)* bain; *(locale)* salle *f* de bains; **fare il bagno** *(al mare)* se baigner; *(nella vasca)* prendre un bain; **mettere a bagno** faire tremper.
'baia *sf* (*GEOGR*) baie.
baio'netta *sf* baïonnette.
balau'strata *sf* balustrade.
balbet'tare *vi* bégayer // *vt* bégayer; *(lingua)* baragouiner; *(scusa)* bredouiller.
balbuzi'ente [balbut'tsjɛnte] *ag* bègue.
bal'cone *sm* balcon.
baldac'chino [baldak'kino] *sm* baldaquin.
bal'danza [bal'dantsa] *sf* assurance; fierté.
'baldo, a *ag* hardi(e), vaillant(e).
bal'doria *sf* fête, foire *(fam)*; **far ~** faire la fête *ou* la foire.
ba'lena *sf* (*ZOOL*) baleine.
bale'nare *vi (venire in mente all' improvviso)* traverser l'esprit; **gli balenò un sospetto** un soupçon lui traversa l'esprit; **ba'leno** *sm* éclair; **lo faccio in un baleno** je le fais en un éclair.
ba'lestra *sf* arbalète.
'balia *sf* nourrice; **~ asciutta** nourrice sèche.
ba'lia *sf*: **in ~ di qd/qc** à la merci de qn/qch; **essere in ~ di se stesso** être livré à soi-même.
'balla *sf (di merci)* balle; *(di paglia)* botte; *(fandonia)* blague, bobard *m (fam)*.
bal'lare *vi, vt* danser; **bal'lata** *sf* ballade; **balle'rino, a** *sm/f* danseur/euse // *sf (scarpa)* ballerine;

bal'letto *sm* ballet; **'ballo** *sm* *(danza)* danse *f; (festa)* bal; **un ballo in maschera** un bal masqué; **essere in ballo** *(fig)* être en jeu; **mettere/tirare in ballo qd/qc** *(fig)* mettre en cause qn/qch.
ballot'taggio [ballot'taddʒo] *sm* (*POL*) ballottage.
balne'are *ag* balnéaire.
ba'locco, chi *sm* jouet.
ba'lordo, a *ag* drôle, bizarre.
'balsamo *sm* baume.
'Baltico *sm:* **il (mar)** ~ la (Mer) Baltique.
balu'ardo *sm* rempart, bastion.
'balza ['baltsa] *sf (luogo scosceso)* escarpement *m; (di stoffa)* volant *m*.
bal'zare [bal'tsare] *vi* sauter, bondir; ~ **agli occhi** *(fig)* sauter aux yeux; ~ **in piedi** se lever d'un bond; **'balzo** *sm* bond; **cogliere la palla al balzo** *(fig)* saisir la balle au bond.
bam'bagia [bam'badʒa] *sf* ouate; **vivere nella** ~ *(fig)* vivre dans du coton.
bam'bina *ag, sf vedi* **bambino.**
bambi'naia *sf* bonne d'enfants, nurse.
bam'bino, a *ag* enfantin(e) // *sm/f* enfant; *(maschio/femmina)* garçon/ fille.
bam'boccio [bam'bɔttʃo] *sm* poupon; *(pupazzo)* poupée *f* de chiffon; *(fig: ingenuo)* grand bébé.
'bambola *sf* poupée.
bambù *sm* bambou.
ba'nale *ag* banal(e).
banalità *sf inv* banalité.
ba'nana *sf* banane; **ba'nano** *sm* bananier.
'banca *sf* banque.
banca'rella *sf* étalage *m*.
ban'cario, a *ag* bancaire // *sm* *(impiegato)* employé de banque.
banca'rotta *sf* banqueroute, faillite.
ban'chetto [ban'ketto] *sm* festin, banquet.
banchi'ere [ban'kjɛre] *sm* banquier.
ban'china [ban'kina] *sf* (*NAUT, FERR*) quai *m; (di strada)* accotement *m;* (*EDIL*) poutre; ~ **non transitabile** (*AUTO*) bas-côté *m* non stabilisé.
'banco *sm* banc; *(banca)* banque *f; (di bar, negozio)* comptoir; *(al gioco)* banque *f;* **sotto** ~ *(fig)* en cachette; **consumazione al** ~ consommation au comptoir.
banco'nota *sf* billet *m* de banque.
'banda *sf* bande; (*MUS*) fanfare; *(lato, parte)* côté *m*, part.
banderu'ola *sf* girouette.
bandi'era *sf* drapeau *m;* **alzare** ~ **bianca** *(fig)* hisser le drapeau blanc; **mutar** ~ *(fig)* tourner casaque; **battere** ~ **italiana** (*NAUT*) battre pavillon italien.
ban'dire *vt (annunciare)* annoncer, publier; *(esiliare, fig: accantonare)* bannir.
ban'dito *sm* bandit.
bandi'tore *sm* *(nelle aste)* commissaire-priseur; *(fig: divulgatore)* propagateur.
'bando *sm (pubblico annuncio)* avis *sg; (condanna all'esilio)* bannissement; **metter al** ~ *(fig)* mettre au ban; ~ **agli scherzi** *(fig)* blagues à part; ~ **alle chiacchiere** assez bavardé.
'bar *sm* bar.
'bara *sf* cercueil *m*.
ba'racca, che *sf* baraque; **piantar** ~ **e burattini** *(fig)* tout laisser tomber; **mandare avanti la** ~ boucler le budget.
bara'onda *sf* cohue, pagaille.
ba'rare *vi* tricher.
'baratro *sm* gouffre.
barat'tare *vt* troquer; **ba'ratto** *sm* troc.
ba'rattolo *sm (di metallo)* boîte *f; (di vetro)* pot, bocal.
'barba *sf* barbe; **farsi la** ~ se raser; **farla in** ~ **a qd** *(fig)* à la barbe de qn.

barbabi'etola *sf* betterave; ~ **da zucchero** betterave à sucre.
bar'barico, a, ci, che *ag* barbare.
bar'barie *sf* barbarie; *(atto crudele)* cruauté.
'barbaro, a *ag* barbare.
barbi'ere *sm* coiffeur (pour hommes).
bar'bone *sm* caniche; *(vagabondo)* clochard.
bar'buto, a *ag* barbu(e).
'barca *sf* (*NAUT*) bateau *m;* **barcai'olo** *sm (pilota)* batelier, passeur; *(noleggiatore)* loueur de bateaux.
barcol'lare *vi* chanceler.
bar'cone *sm* barge *f*, péniche *f*, ponton.
ba'rella *sf* civière, brancard *m.*
ba'rile *sm* baril, fût.
ba'rista *sm/f* barman/barmaid.
ba'ritono *sm* baryton.
bar'lume *sm* lueur *f.*
ba'rocco, a, chi, che *ag, sm* baroque.
ba'rometro *sm* baromètre.
ba'rone *sm* baron.
'barra *sf* barre.
barri'care *vt* barricader; **~rsi** *vr* se barricader; **barri'cata** *sf* barricade.
barri'era *sf* barrière; **fare la** ~ (*SPORT*) faire le mur.
ba'ruffa *sf* bagarre; **fare ~ con qd** se bagarrer avec qn.
barzel'letta [bardzel'letta] *sf* histoire drôle.
ba'sare *vt* baser, fonder; **~rsi su** *(fatti, prove)* se baser sur, se fonder sur.
'basco, a, chi, che *ag, sm* basque.
'base *sf* base; **in ~ a** sur la base de; **rientrare alla** ~ *(fig)* rentrer chez soi.
ba'sette *sfpl* pattes, favoris *mpl.*
ba'silica, che *sf* basilique.
ba'silico *sm* basilic.
'basso, a *ag* bas(se); *(statura)* petit(e); *(luce)* faible // *sm (parte bassa)* bas *sg; (MUS)* basse *f* // *av* bas.
basso'fondo, *pl* **bassifondi** *sm* (*GEOGR*) bas-fond; **~i** *smpl (fig: malavita)* bas-fonds.
bassorili'evo *sm* bas-relief.
'basta *escl* assez!, ça suffit!
ba'stardo, a *ag* bâtard(e).
ba'stare *vi* suffire // *vb impersonale:* **basta che chieda/ chiedere** il suffit qu'il demande/de demander.
basti'mento *sm* navire, bâtiment.
basto'nare *vt* frapper, battre à coups de bâton; ~ **di santa ragione** rosser, rouer de coups.
ba'stone *sm* bâton; ~ **da passeggio** canne *f;* **mettere il ~ tra le ruote** *(fig)* mettre des bâtons dans les roues.
bat'taglia [bat'taʎʎa] *sf* bataille.
bat'taglio [bat'taʎʎo] *sm (di campana)* battant; *(di porta)* marteau, heurtoir.
battagli'one [bataʎ'ʎone] *sm* bataillon.
bat'tello *sm* bateau.
bat'tente *sm (di porta)* battant, ventail; *(martelletto)* marteau, heurtoir.
'battere *vt* battre; *(chiodo)* taper sur; *(superare: concorrenza)* battre, vaincre; *(carne)* aplatir // *vi (bussare)* frapper; *(cœur, pluie)* battre; *(fig: insistere)* insister; **~rsi** *vr* se battre; **~rsela** décamper; ~ **le mani** applaudir; ~ **le ore** sonner les heures; ~ **il marciapiede** *(fig)* faire le trottoir; ~ **a macchina** taper à la machine; ~ **in testa** (*AUTO*) cogner; ~ **la fiacca** tirer sa flemme; **in un ~ d'occhio** en un clin d'œil; ~ **i denti** claquer des dents.
batte'ria *sf* batterie; (*SPORT*) épreuve éliminatoire.
bat'terio *sm* bactérie *f.*
bat'tesimo *sm* baptême.

battez'zare [batted'dzare] *vt* baptiser; ~ **con il nome di** baptiser du nom de.
batticu'ore *sm (palpitazione)* battement de cœur; *(fig: ansia)* inquiétude *f.*
batti'mano *sm* applaudissement.
batti'panni *sm* tapette *f.*
batti'stero *sm* baptistère.
batti'strada *sm inv (di pneumatico)* bande *f* de roulement; (SPORT) celui qui est en tête.
'battito *sm (pulsazione)* battement; ~ **in testa** (*AUTO*) cognement.
bat'tuta *sf (dattilografia)* caractère *m,* (*MUS*) mesure; (*TEATRO*) réplique; *(operazione: di caccia, polizia)* battue; (*SPORT: tennis)* service *m; (frase spiritosa)* boutade; **errore di** ~ *(dattilografia)* faute di frappe.
ba'ule *sm* malle *f;* (*AUTO*) coffre.
'bava *sf* bave; *(di vento)* brise légère, souffle *m* de vent.
ba'vaglio [ba'vaʎʎo] *sm* bâillon; **mettere il** ~ **a qd** *(fig)* bâillonner qn.
'bavero *sm* col, collet; **prendere qd per il** ~ *(fig)* prendre qn au collet.
ba'zar [bad'dzar] *sm inv* bazar.
baz'zecola [bad'dzekola] *sf* bagatelle, babiole.
bazzi'care [battsi'kare] *vt, vi* fréquenter.
beati'tudine *sf* béatitude.
be'ato, a *ag, sm/f* bienheureux (-euse), heureux(-euse); ~ **te!** tu as bien de la chance!
bec'caccia, ce [bek'kattʃa] *sf* bécasse.
bec'care *vt* prendre avec le bec; *(briciole)* picorer; *(fig: prendere: raffreddore)* attraper; ~**rsi** *vr (fig: bisticciarsi)* se chamailler.
beccheggi'are [bekked'dʒare] *vi* (*NAUT*) tanguer.
bec'chino [bek'kino] *sm* fossoyeur.
'becco, chi *sm* bec; **chiudi il** ~! ta gueule! *(fam);* **non avere il** ~ **di un quattrino** ne pas avoir un sou; **mettere il** ~ **in qc** *(fig)* se mêler de qch, fourrer son nez dans qch.
be'fana *sf vieille femme qui, selon la légende, apporte des cadeaux aux enfants sages et du charbon aux méchants à la veille de l'Epiphanie; (festa dell'Epifania)* Epiphanie; *(fig: donna brutta)* vieille sorcière.
'beffa *sf* farce, blague; **farsi** ~**e di qd** se moquer de qn; **bef'fardo, a** *ag* railleur(-euse), moqueur(-euse); **bef'fare** *vt* berner, brimer; **beffarsi di** se moquer de.
'bega, ghe *sf* ennui *m,* histoire.
'begli ['bɛʎʎi], **'bei, bel** *ag vedi* **bello.**
be'lare *vi* bêler; *(fig: piagnucolare)* pleurnicher.
'belga, i, ghe *ag, sm/f* belge.
'Belgio ['bɛldʒo] *sm* Belgique.
bel'lezza *sf* beauté.
belli'coso, a *ag* belliqueux(-euse).
bellige'rante *ag, sm* belligérant(e).
'bello, a *ag (dav sm* **bel** *+C,* **bell'** *+V,* **bello** *+ s impura, gn, pn, ps, x, z, pl* **bei** *+C,* **begli** *+s impura etc o V)* beau(belle); *(buono, opportuno)* bon(ne) // *sm* beau // *sf (persona, gioco)* belle // *av:* **fa** ~ il fait beau; **dirne delle belle** *(fig)* en conter de bonnes; **un bel niente** rien du tout; **è una truffa** ~**a e buona!** c'est une véritable escroquerie!; **è bell'e finita** c'est bel et bien fini; **sul più** ~ au plus beau moment; **l'hai fatta** ~**a** tu as fait du joli.
'belva *sf* fauve *m; (fig: persona)* brute.
belve'dere *sm inv (luogo panoramico)* belvédère.
benchè *cong* bien que, quoique.
'benda *sf* (*MED*) bande; *(per coprire gli occhi)* bandeau *m.*
ben'dare *vt* bander.
'bene *av* bien; *(completamente, affatto):* **è ben difficile** c'est très

difficile // *ag inv:* **gente** ~ les gens *mpl* bien // *sm* bien; *(affetto)* amour, affection *f;* ~**i** *smpl (averi)* biens; **un uomo/una donna per** ~ un homme/une femme comme il faut; **ti sta** ~! c'est bien fait pour toi!; ~ **o male** vaille que vaille; **gli è andata** ~ il a eu de la chance; **volere un** ~ **dell'anima a qd** beaucoup aimer qn; **fare qc per** ~ faire qch avec soin.

bene'detto, a *ag* bénit(e); ~ **ragazzo!** sacré garçon!

bene'dire *vt* bénir; **mandare qd a farsi** ~ *(fig)* envoyer qn au diable; **benedizi'one** *sf* bénédiction.

benedu'cato, a *ag* bien élevé(e).

benefat'tore, trice *sm/f* bienfaiteur/trice.

benefi'cenza [benefi'tʃɛntsa] *sf* bienfaisance, charité.

bene'ficio [bene'fitʃo] *sm* bienfait, avantage; (DIR) bénéfice; **con** ~ **d'inventario** sous bénéfice d'inventaire.

be'nefico, a, ci, che *ag* bénéfique.

bene'merito, a *ag* qui a bien mérité, méritant(e).

be'nessere *sm* bien-être; *(agiatezza)* aisance *f.*

bene'stante *ag, sm/f* nanti(e).

bene'stare *sm inv* autorisation *f,* approbation *f.*

benevo'lenza [benevo'lɛntsa] *sf* bienveillance.

be'nevolo, a *ag* bénévole, bienveillant(e).

be'nigno, a [be'niɲɲo] *ag* bienveillant(e), indulgent(e); (MED) bénin (bénigne).

benin'teso *av* bien entendu.

bensì *cong* mais plutôt.

benve'nuto, a *ag* bienvenu(e) // *sm* bienvenue *f;* **dare il** ~ **a qd** souhaiter la bienvenue à qn.

ben'zina [ben'dzina] *sf* essence; **fare** ~ prendre de l'essence; **benzi'naio** *sm* pompiste.

'bere *vt* boire; **darla a** ~ **a qd** *(fig)* faire marcher qn; **se l'è bevuta** *(fig)* il a marché.

ber'lina *sf* (AUTO) berline.

Ber'lino *sf* Berlin *m.*

ber'noccolo *sm* bosse *f;* **avere il** ~ **degli affari** *(fig)* avoir la bosse des affaires.

ber'retto *sm* béret.

bersagli'are [bersaʎ'ʎare] *vt* tirer sur; *(fig: perseguitare)* harceler, tourmenter.

ber'saglio [ber'saʎʎo] *sm* cible *f;* **colpire il** ~ *(fig)* tirer dans le mille.

be'stemmia *sf* blasphème *m,* juron *m.*

bestemmi'are *vt* blasphémer, jurer.

'bestia *sf* bête, animal *m;* **le** ~**e** *pl* le bétail; **andare in** ~ *(fig)* se mettre en colère; **besti'ale** *ag (brutale)* terrible, atroce; **un freddo bestiale** un froid de canard; **besti'ame** *sm* bétail, bestiaux *mpl.*

'bettola *sf (peg)* gargote.

be'tulla *sf* bouleau *m.*

be'vanda *sf* boisson.

bevi'tore, trice *sm/f* buveur/euse.

be'vuta *sf:* **fare una** ~ **fra amici** boire un verre entre amis.

bi'ada *sf (foraggio)* avoine.

bianche'ria [bjanke'ria] *sf* linge *m;* ~ **intima** lingerie.

bi'anco, a, chi, che *ag* blanc(blanche); *(pulito)* propre // *sm (colore)* blanc // *sm/f (di pelle bianca)* blanc/blanche; **in** ~ **e nero** en noir et blanc; **mangiare in** ~ manger sans sauce; **una notte in** ~ une nuit blanche.

biasi'mare *vt* blâmer; **bi'asimo** *sm* blâme.

'Bibbia *sf* Bible.

'bibita *sf* boisson.

biblio'teca *sf* bibliothèque; **bibliote'cario, a** *sm/f* bibliothécaire.

bicarbo'nato *sm* bicarbonate.

bicchi'ere [bik'kjɛre] *sm* verre.

bici'cletta [bitʃi'kletta] *sf* bicyclette.
bidè *sm* bidet.
bi'dello, a *sm/f (di scuola)* appariteur *m; (inserviente)* huissier *m*.
bi'done *sm* bidon; ~ **della spazzatura** poubelle *f;* **fare un ~ a qd** *fam)* poser un lapin à qn, rouler qn.
bien'nale *ag (che dura due anni)* biennal(e), de deux ans // *sf (manifestazione)* biennale.
bi'ennio *sm* période *f* de deux ans.
bi'etola *sf* bette.
bifor'carsi *vr* bifurquer.
biga'mia *sf* bigamie.
bighello'nare [bigello'nare] *vi* traîner, paresser; *(girellare senza scopo)* flâner, vagabonder.
bigiotte'ria [bidʒotte'ria] *sf* bijou *m* fantaisie; *(negozio)* bijouterie.
bigli'ardo [biʎ'ʎardo] *sm vedi* **biliardo.**
bigliette'ria [biʎʎette'ria] *sf* guichet *m*.
bigli'etto [biʎ'ʎetto] *sm (cartoncino)* carte *f; (per viaggi, spettacoli, etc)* billet, ticket; *(banconota)* billet de banque; ~ **d'auguri/da visita** carte *f* de vœux/de visite.
bigo'dino *sm* bigoudi.
bi'gotto, a *ag, sm/f* bigot(e).
bi'lancia, ce [bi'lantʃa] *sf* balance.
bilanci'are [bilan'tʃare] *vt* équilibrer; *(pareggiare)* balancer; *(valutare)* peser, mesurer.
bi'lancio [bi'lantʃo] *sm* (COMM) bilan; ~**preventivo** budget; **controllo del** ~ contrôle budgétaire; **faire il ~ di** *(fig)* faire le bilan de.
'bile *sf* bile; **crepare dalla** ~ *(fig)* crever de rage.
bili'ardo *sm* billiard.
'bilico *sm* équilibre instable.
bi'lingue *ag* bilingue.
bimbo, a *sm/f* bébé *m*, enfant.
bimen'sile *ag* bimensuel(le).
bime'strale *ag (che dura due mesi)* bimestriel(le).
bi'nario *sm* (FERR) rail; *(due binari)* voie *f; (piattaforma)* quai; ~ **morto** voie *f* de garage; **rimettere sul giusto** ~ *(fig)* remettre sur le droit chemin.
bi'nocolo *sm* jumelle *f*, jumelles *fpl*.
bio'chimica [bio'kimika] *sf* biochimie.
biodegra'dabile *ag* biodégradable.
biogra'fia *sf* biographie.
biolo'gia *sf* biologie.
bio'logico, a, ci, che, *ag* biologique.
bi'ondo, a *ag* blond(e) // *sm (colore)* blond // *sm/f (persona)* blond/e.
bir'bante *sm* vaurien, fripon.
biri'chino, a [biri'kino] *ag* espiègle; *(malizioso)* coquin(e) // *sm/f (monello)* coquin/e, polisson/ne.
bi'rillo *sm* quille *f*.
'birra *sf* bière; **a tutta** ~ *(fig)* à toute allure; **birre'ria** *sf* brasserie.
'bis *escl, sm inv* bis *sg;* **chiedere il ~ a qd** bisser qn.
bisbigli'are [bisbiʎ'ʎare] *vi, vt* chuchoter; **bis'biglio** *sm* chuchotement, murmure; *(diceria)* potin, commérage; **bisbi'glio, ii** *sm* chuchotement.
'bisca, che *sf* maison de jeu; tripot *m (peg)*.
'biscia, sce ['biʃʃa] *sf* couleuvre.
bi'scotto *sm* biscuit.
bise'stile *ag* bissextile.
bi'slungo, a, ghi, ghe *ag* oblong (-gue).
bi'snonno, a *sm/f* arrière-grand-père /-grand-mère; ~**i** *smpl (antenati)* arrière-grands-parents.
biso'gnare [bizoɲ'ɲare] *vb impersonale* falloir.
bi'sogno [bi'zoɲɲo] *sm* besoin; nécessité *f; (povertà)* indigence *f;* ~**i** *smpl (necessità corporali)* besoins; **c'è bisogno di pane** il faut du pain; **biso'gnoso, a** *ag* nécessiteux(-euse), qui a besoin // *sm/f (povero)* indigent/e.

bi'stecca, che *sf* bifteck *m*, steak *m*; ~ **al sangue** bifteck saignant.
bisticci'are [bistit'tʃare] *vi*: ~**rsi** *vr* se disputer, se quereller; **bi'sticcio** *sm* dispute *f*; *(gioco di parole)* jeu de mots.
'bisturi *sm* bistouri.
bi'sunto, a *ag* graisseux(-euse), crasseux(-euse).
'bitter *sm inv (aperitivo)* bitter.
bi'vacco, chi *sm* bivouac.
'bivio *sm* bifurcation *f*.
'bizza ['biddza] *sf* caprice *m*.
biz'zarro, a [bid'dzarro] *ag* bizarre.
biz'zeffe [bid'dzɛffe]: **a** ~ *av* à foison, en masse.
blan'dire *vt* apaiser, adoucir.
'blando, a *ag* léger (-ère).
bla'sone *sm* blason.
blate'rare *vi* jacasser, jaser.
blin'dare *vt* blinder.
bloc'care *vt* bloquer; *(immobilizzare)* immobiliser; *(:qc)* coincer.
'blocco, chi *sm* blocage; *(quadernetto)* bloc, bloc-notes; *(strade)* barrage; *(fig: unione, alleanza)* bloc, coalition *f*; *(grossa pietra)* bloc; **in** ~ *(fig: nell'insieme)* en bloc; **posto di** ~ barrage de police.
blu *ag inv* bleu(e) // *sm (colore)* bleu.
'blusa *sf* blouse.
'boa *sm inv* boa // *sf (galleggiante)* bouée.
bo'ato *sm* grondement, détonation *f*.
bo'bina *sf* bobine.
'bocca, che *sf* (*ANAT*) bouche; *(apertura)* ouverture, gueule; *(fam)* gueule; **in** ~ **al lupo!** bonne chance!; **boc'caccia, ce** *sf (persona: peg)* mauvaise langue; *(smorfia)* grimace.
boc'cale *ag* buccal(e) // *sm* pichet; *(di birra)* chope *f*.
boc'cetta [bot'tʃetta] *sf (bottiglietta)* flacon *m*; *(bocce, biliardo)* cochonnet *m*.
boccheggi'are [bokked'dʒare] *vi* haleter: *(agonizzare)* agoniser.
boc'chino [bok'kino] *sm* petite bouche *f*; *(di sigaretta)* fume-cigarettes; *(di strumenti musicali)* embouchure *f*.
'boccia, ce ['bottʃa] *sf (vaso)* carafe; *(palla)* boule; **gioco delle** ~**e** pétanque *f*.
bocci'are [bot'tʃare] *vt* repousser; *(colpire: bocce)* faire un carreau; *(ammaccare: AUTO)* accrocher; (*SCOL*) recaler, coller; **boccia'tura** *sf (essere respinto)* recalage *m*, échec *m*; *(ammaccatura)* accrochage *m*.
bocci'olo [bot'tʃɔlo] *sm* bouton.
boc'cone *sm* bouchée *f*; **mandar giù** ~**i amari** avaler des couleuvres.
boc'coni *av* à plat ventre.
'boia *sm inv* bourreau.
boi'ata *sf* bêtise.
boicot'tare *vt* boycotter.
'bolla *sf* bulle; (*MED*) bouton *m*, cloque; (*COMM*): ~ **di consegna** bulletin *m* de livraison.
bol'lare *vt* timbrer; *(diffamare)*: ~ **qd d'infamia** marquer qn d'infamie.
bol'lente *ag* bouillant(e).
bol'letta *sf (fattura)* quittance; (*COMM*) bulletin *m*; acquit *m*; **essere in** ~ *(senza quattrini)* être fauché.
bollet'tino *sm* bulletin.
bol'lire *vt, vi* bouillir; **bol'lito, a** *ag (cotto)* bouilli(e) // *sm* (*CUC*) pot-au-feu; **bolli'tura** *sf* ébullition.
'bollo *sm* timbre; *(fig: marchio)* marque *f*; (*AUTO*) vignette *f*.
bol'lore *sm (il bollire)* bouillon; *(fig: ardore)* feu, ardeur *f*.
bolo'gnese, i [boloɲ'ɲese] *ag, sm/f* bolonais(e).
'bomba *sf* bombe; **sei una** ~! *(straordinario)* tu es sensationnel!
bombarda'mento *sm* bombardement.
bombar'dare *vt* bombarder.
bombardi'ere *sm* bombardier.

bom'betta *sf* chapeau *m* melon.
'bombola *sf* bouteille.
bo'naccia, ce [bo'nattʃa] *sf* calme *m* plat.
bo'nifica, che *sf* assainissement *m.*
bo'nifico, ci *sm* (*ECON: abbuono*) bonification *f;* (: *trasferimento bancario*) virement, transfert.
bontà *sf inv* bonté.
borbot'tare *vi* grogner, grommeler; (*stomaco*) gargouiller // *vt* marmonner, bafouiller.
'borchia ['borkja] *sf* clou *m.*
borda'tura *sf* bordure.
'bordo *sm* bord; (*orlo*) bord, ourlet.
bor'gata *sf* (*piccolo paese*) bourgade; (*rione*) faubourg *m.*
bor'ghese [bor'geze] *ag, sm/f* bourgeois (e); **essere in** ~ être en civil; **borghe'sia** *sf* bourgeoisie.
'borgo, ghi *sm* bourg; (*quartiere*) faubourg.
'boria *sf* orgueil *m,* suffisance.
boro'talco *sm* talc.
bor'raccia, ce [bor'rattʃa] *sf* gourde.
'borsa *sf* sac *m;* (*SCOL, ECON*) bourse; ~ **nera** marché *m* noir; **avere le ~e sotto gli occhi** avoir des poches sous les yeux; **borsai'olo** *sm* pickpocket; **borseggi'are** *vt* dérober; **borsel'lino** *sm* portemonnaie; **bor'setta** *sf* sac *m* à main; **bor'sista, i, e** *sm/f* boursier/ère.
bos'caglia [bos'kaʎʎa] *sf* broussaille.
boscai'olo, boscaiu'olo *sm* bûcheron.
'bosco, chi *sm* bois; **bos'coso, a** *ag* boisé(e).
'bossolo *sm* (*MIL*) douille *f.*
bo'tanico, a, ci, che *ag* botanique // *sm* (*studioso, esperto*) botaniste // *sf* (*scienza*) botanique.
'botola *sf* trappe.
'botta *sf* coup *m.*
'botte *sf* (*di vino: recipiente*) tonneau *m;* **volta a** ~ (*ARCHIT*) voûte en berceau; **dar un colpo al cerchio e uno alla** ~ (*fig*) ménager la chèvre et le chou.
bot'tega, ghe *sf* boutique, magasin *m;* (*di artigiano, artista*) atelier *m;* **botte'gaio, a,** *sm/f* (*venditore*) commerçant/e; **botte'ghino** *sm* (*biglietteria*) guichet.
bot'tiglia [bot'tiʎʎa] *sf* bouteille; **bottiglie'ria** *sf* (*negozio*) débit *m* de boissons.
bot'tino *sm* butin.
'botto *sm* coup; **di** ~ tout à coup.
bot'tone *sm* bouton; **attaccare ~ a qd** (*fig*) tenir la jambe à qn.
bo'vino, a *ag* bovin(e) // *sm* bovin.
'bozza ['bɔttsa] *sf* (*TIP*) épreuve.
boz'zetto *sm* ébauche *f,* croquis *sg.*
'bozzolo ['bɔttsolo] *sm* (*di crisalide*) cocon.
brac'care *vt* traquer.
brac'cetto [brat'tʃetto] *sm:* **a** ~ (*sottobraccio*) bras dessus, bras dessous; **prendere qd a** ~ donner le bras à qn.
bracci'ale [brat'tʃale] *sm* bracelet; (*distintivo*) brassard; **braccia'letto** *sm* (*gioiello*) bracelet.
bracci'ante [brat'tʃante] *sm* (*AGR*) journalier.
bracci'ata [brat'tʃata] *sf* brassée; (*NUOTO*) brasse.
'braccio ['brattʃo] *sm* (*pl(f)* **~cia**: *ANAT*) bras *sg;* (*pl (m)* **~ci** : *di oggetti*) bras *sg;* (: *di edificio*) aile *f;* **bracci'olo** *sm* accoudoir.
'bracco, chi *sm* braque.
bracconi'ere *sm* braconnier.
'brace ['bratʃe] *sf* braise; **essere sulla** (*fig*)~ être sur les charbons ardents; **cadere dalla padella nella** ~ (*fig*) aller de mal en pis; **braci'ere** *sm* brasero.
braci'ola [bra'tʃɔla] *sf* (*CUC*) côtelette.
'branca, che *sf* branche; (*di arnesi*) mâchoire; (*fig*) griffe.
'branchia ['brankja] *sf* (*ZOOL*) branchie.

'branco, chi *sm (di pecore, cavalli)* troupeau; *(di lupi)* bande *f*; *(peg: di persone)* bande *f*.
branco'lare *vi* tâtonner, avancer à l'aveuglette.
'branda *sf* lit *m* de camp.
bran'dello *sm* lambeau; *(fig)* bribe *f*.
bran'dire *vt* brandir.
'brano *sm* morceau.
bra'sare *vt*(CUC) braiser.
Bra'sile *sm* Brésil; **brasili'ano, a, i, e** *ag, sm/f* brésilien(ne).
'bravo, a *ag (coraggioso)* brave; *(abile, esperto)* bon(ne), fort(e), calé(e); *(buono)* sage; **la sua ~a sigaretta** *(rafforzativo)* sa bonne cigarette; **bene, ~!** bien, bravo!; **bra'vura** *sf* habileté.
'breccia, ce ['brettʃa] *sf* brêche.
bre'tella *sf* bretelle.
'breve *ag* bref (*f* brève); *(spazio: di poca estensione)* court(e).
brevet'tare *vt* breveter.
bre'vetto *sm* brevet.
brevità *sf* brièveté.
'brezza ['breddza] *sf* brise.
'bricco, chi *sm (del latte)* pot; *(del caffè)* cafetière *f*.
bric'cone, a *sm/f* coquin/e.
'briciola ['britʃola] *sf* miette.
'briciolo ['britʃolo] *sm* petit morceau; *(fig)* brin.
briga, ghe *sf* querelle; **pigliarsi la ~ di fare qc** se donner la peine de faire qch.
brigadi'ere *sm* brigadier.
bri'gante *sm* brigand; *(fig: birbante)* coquin.
bri'gare *vi* intriguer.
bri'gata *sf* (MIL) brigade; *(allegra compagnia)* bande.
'briglia ['briʎʎa] *sf (redine)* rêne; bride; **a ~ sciolta** *(fig)* à bride abattue.
bril'lante *ag* brillant(e) // *sm* brillant.
bril'lare *vi* briller // *vt (esplodere)* faire sauter.
'brillo, a *ag* éméché(e).
'brina *sf* givre *m*.
brin'dare *vi*: **~a** boire *o* trinquer à la santé de; **'brindisi** *sm* toast; **fare un brindisi** porter un toast.
'brio *sm* brio, verve *f*, entrain; **bri'oso, a** *ag* plein(e) d'entrain.
bri'tannico, a, ci che *ag, sm/f* britannique.
'brivido *sm* frisson; *(fig: forte sensazione)* griserie *f*.
brizzo'lato, a [brittso'lato] *ag (macchiettato)* moucheté(e); *(incanutito)* grisonnant(e).
'brocca *sf* cruche.
broc'cato *sm* brocart.
'broccolo *sm* brocoli.
'brodo *sm* bouillon; **~ ristretto** consommé; **andar in ~ di giuggiole** *(fig)* boire du petit lait; **tutto fa ~** *(fig)* tout peut servir.
'broglio ['brɔʎʎo] *sm* manipulations *fpl*, manœuvres *fpl*; **~ elettorale** fraude *f* électorale.
brogli'accio [broʎ'ʎatʃo] *sm* brouillon.
bron'chite [bron'kite] *sf* (MED) bronchite.
'broncio ['brontʃo] *sm (aria cupa)* moue *f*; **tener il ~ a qd** bouder qn.
bronto'lare *vi* grogner, rouspéter; *(di tuono)* gronder // *vt* grommeler.
'bronzo ['brondzo] *sm* bronze; **avere una faccia di ~** *(fig)* avoir du culot.
bru'care *vt (sog: erbivori)* brouter.
brucia'pelo [brutʃa'pelo]: **a ~** *av* à bout portant; *(all'improvviso)* à brûle-pourpoint.
bruci'are [bru'tʃare] *vt* brûler; *(abbrustolire)* griller // *vi* brûler; **brucia'tore** *sm* brûleur; **brucia'tura** *sf* brûlure; **bruci'ore** *sm (infiammazione)* brûlure *f*.
'bruco, chi *sm* chenille *f*.
brughi'era [bru'gjɛra] *sf* bruyère, lande.
bruli'care *vi* fourmiller, grouiller.
'brullo, a *ag* dénudé(e), aride.

'bruma *sf* brume.
'bruno, a *ag (colore)* brun(e).
'brusco, a, chi, che *ag (sapore: vino)* âpre; *(persona)* brusque.
bru'sio *sm* bruissement, bourdonnement.
bru'tale *ag* brutal(e); **brutalità** *sf inv* brutalité.
'bruto *sm (persona violenta)* brute *f*.
'brutto, a *ag (persona, paesaggio, affare)* laid(e), vilain(e); *(tempo, circostanza, strada)* mauvais(e); **~a copia** brouillon *m;* **se l'è vista ~a** *(fig)* il a eu chaud; ~ **bugiardo!** *(rafforzativo)* sale menteur!; **brut'tura** *sf (sudiciume)* saleté; *(turpitudine)* laideur, horreur.
'buca, che *sf* trou *m; (avvallamento)* creux *m; (orchestra)* fosse; ~ **delle lettere** boîte aux lettres.
buca'neve *sm* perce-neige.
bu'care *vt* trouer, percer; (*AUTO*: *gomma)* crever; ~ **un biglietto** poinçonner un billet; **bu'cato** *sm* lessive *f*.
'buccia, ce ['buttʃa] *sf* peau.
bucherel'lare [bukerel'lare] *vt* trouer.
'buco, chi *sm* trou; **fare un ~ nell'acqua** *(fig)* donner un coup d'épée dans l'eau.
bu'dello *sm (pl(f)* **~a**: *ANAT)* boyau, tripe *f; (pl(m)* **~i**: *tubo, cosa sottile e lunga)* boyau; **riempirsi le ~a** *(fig)* se remplir le ventre.
bu'dino *sm* flan, crème *f* renversée.
'bue *sm* bœuf.
bu'fera *sf* tempête.
'buffo, a *ag* drôle; *(comico)* amusant(e).
buf'fone *sm (attore)* bouffon; *(burlone)* pitre, guignol.
bu'gia, 'gie [bu'dʒia] *sf* mensonge *m;* **bugi'ardo, a** *ag, sm/f* menteur (-euse).
bugi'gattolo [budʒi'gattolo] *sm* réduit, cagibi *(fam)*.
'buio, a *ag* sombre, noir(e) // *sm* obscurité *f*, noir; **tenere qd al ~ di qc** *(fig)* tenir qn dans l'ignorance de qch; **mettere al ~** *(in prigione)* mettre au trou.
'bulbo *sm* bulbe.
Bulga'ria *sf* Bulgarie; **'bulgaro, a** *ag, sm/f* bulgare.
bul'lone *sm* boulon.
buongu'staio *sm* gourmet.
bu'ono, a *(dav sm* **buon** + *C* o *V*, **buono** + *s impura, gn, pn, ps, x, z; dav sf* **buon'** + *V) ag* bon(ne); *(onesto)* brave; *(tranquillo)* sage; *(valido)* valable // *sm* (*COMM*) bon // *av:* **alla ~a** sans façon; **essere di bocca ~a** *(fig)* ne pas être difficile; **è un poco di ~** c'est un vaurien; **lavoro fatto alla ~a** travail fait à la va-vite.
buontem'pone, a *sm/f* joyeux luron *m*.
burat'tino *sm* marionnette *f*, guignol; *(fig)* fantoche.
'burbero, a *ag* bourru(e).
'burla *sf* plaisanterie; **per ~** pour rire; **bur'lare** *vt (ingannare)* tromper; **burlarsi di qc/qd** se moquer de qch/qn.
bu'rocrate *sm* bureaucrate; **buro'cratico, a, ci, che** *ag* bureaucratique; **buro'crazia** *sf* bureaucratie.
bur'rasca, sche *sf* bourrasque, orage *m*, tempête; *(fig)* orage *m;* **burra'scoso, a** *ag* orageux(-euse).
'burro *sm* beurre.
bur'rone *sm* ravin.
bus'care *vt (anche:* **~rsi**: *malanno)* attraper; (: *rimproveri)* s'attirer; (: *botte)* recevoir; **buscarne** *(fig)* prendre une raclée.
bus'sare *vi* frapper.
'bussola *sf* boussole; **perdere la ~** *(fig)* perdre le nord, être déboussolé.
'busta *sf* enveloppe; *(custodia)* étui *m*, trousse; **in ~ chiusa** sous pli cacheté; ~ **paga** feuille de paye.
busta'rella *sf* pot-de-vin *m*.
'busto *sm* buste; *(corsetto)* corset; **a mezzo ~** (*FOT*) à mi-corps.

but'tare *vt (anche:* ~ **via**) jeter; (CARTE) abattre; ~**rsi** *vr* se jeter; ~ **giù** *(scritto)* écrire; *(cibo)* avaler; *(edificio)* abattre, démolir; ~ **la pasta** plonger les pâtes dans l'eau bouillante.

C

ca'bina *sf* cabine; ~ **elettorale** isoloir *m*.
ca'cao *sm (pianta)* cacaoyer, cacaotier; *(sostanza)* cacao.
'caccia ['kattʃa] *sf* chasse // *sm inv (MIL)* chasseur; **andare a** ~ aller à la chasse; **riserva di** ~ chasse gardée; ~ **grossa** chasse aux fauves; ~ **di frodo** braconnage *m;* **battuta di** ~ partie de chasse.
cacciabombardi'ere [kattʃa-bombar'djɛre] *sm (MIL)* chasseur-bombardier.
cacciagi'one [kattʃa'dʒone] *sf* gibier *m*.
cacci'are [kat'tʃare] *vt* chasser; *(fam: tirar fuori: soldi)* sortir; *(mettere)* fourrer, mettre // *vi (andare a caccia)* chasser; ~**rsi** *vr* se cacher, se fourrer; **si è cacciato nei pasticci** *(fam)* il s'est fourré dans le pétrin; ~ **un grido** *(fig)* pousser un cri; ~ **in prigione** mettre en prison.
caccia'tore [kattʃa'tore] *sm* chasseur; ~ **di frodo** braconnier.
caccia'vite [kattʃa'vite] *sm inv* tournevis.
'cactus *sm inv* cactus *sg*.
ca'davere *sm* cadavre.
ca'dente *ag (di casa)* croulant(e), tombant(e); *(di persona)* décrépit(e); **stella** ~ étoile filante.
ca'denza [ka'dɛntsa] *sf* cadence.
ca'dere *vi* tomber; **far** ~ **la responsabilità su qd** rejeter la responsabilité sur qn; **mi è caduto di mano il bicchiere** le verre m'a échappé; ~ **lungo disteso** s'étaler de tout son long; **Natale cade di lunedì** Noël tombe un lundi; ~ **dal sonno** tomber de sommeil; ~ **dalle nuvole** *(fig)* tomber des nues.
ca'detto, a *ag, sm/f* cadet(te).
ca'duta *sf* chute; ~ **di tensione** (ELETTR) chute de tension.
caffè *sm inv* caféier; *(chicchi, bevanda)* café; *(locale pubblico)* café, bar; ~ **crudo** café vert; ~ **in chicchi** café en grains; ~ **macchiato/corretto/espresso** café crème/arrosé/express; **caffel'latte** *sm inv* café au lait; **caffet-ti'era** *sf* cafetière; *(fig: vecchia locomotiva, auto)* tacot m.
cagio'nare [kadʒo'nare] *vt* causer, occasionner, provoquer.
cagio'nevole [kadʒo'nevole] *ag* maladif (-ive).
cagli'are [kaʎ'ʎare] *vi* cailler.
'cagna ['kaɲɲa] *sf* chienne.
ca'gnesco, a, schi, sche [kaɲ'ɲesko] *ag:* **guardarsi in** ~ *(fig)* se regarder en chiens de faïence; **guardare qd in** ~ regarder qn de travers.
'Cairo *sm:* **il** ~ le Caire.
Ca'labria *sf* Calabre.
cala'brone *sm (ZOOL)* bourdon, frelon.
cala'maio *sm* encrier.
cala'maro *sm (ZOOL)* calmar.
cala'mita *sf* aimant *m*.
calamità *sf* calamité, catastrophe.
ca'lare *vt (abbassare)* baisser, abaisser; (CARTE) abattre; (MAGLIA) diminuer // *vi* descendre; *(abbassarsi, diminuire)* baisser, diminuer; *(peso)* maigrir; **al calar del sole** à la tombée de la nuit.
'calca *sf* cohue, foule.
cal'cagno [kal'kaɲɲo] *sm* talon.
cal'care *ag, sm* calcaire // *vt (premere coi piedi)* fouler; *(premere: cappello)* enfoncer; *(: con la matita)* appuyer; *(fig: mettere in rilievo)* appuyer sur; ~ **le scene** (TEATRO) monter sur les planches;

~ **le orme di** marcher sur les traces de; ~ **la mano** *(fig)* exagérer.
'calce ['kaltʃe] *sm:* **in** ~ *(in fondo alla pagina)* au bas de la page // *sf (ossido di calcio)* chaux *sg.*
calce'struzzo [kaltʃe'struttso] *sm (TECN)* béton.
calci'are [kal'tʃare] *vi (tirar calci: animali)* ruer; *(: persone)* donner des coups de pied // *vt (SPORT)* tirer, shooter; **calcia'tore** *sm (SPORT)* footballeur.
cal'cina [kal'tʃina] *sf* chaux éteinte, mortier *m.*
calci'naccio [kaltʃi'nattʃo] *sm (pezzo d'intonaco staccato)* plâtras *sg;* ~**i** *smpl (rovine)* décombres.
'calcio ['kaltʃo] *sm* coup de pied; *(di animali)* ruade *f;* (*SPORT*) football; *(di pistola, fucile)* crosse *f; (CHIM)* calcium; (*SPORT*): ~ **di punizione** coup franc; ~ **d'inizio** coup d'envoi.
'calco *sm (impronta di scultura)* moulage; *(riproduzione)* calque; (*TIP*) cliché.
calco'lare *vt* calculer, évaluer; *(tener conto di)* compter; **calcola'tore, trice** *ag (fig)* calculateur (-trice) // *sm (persona)* calculateur/trice; **calcolatore elettronico** (*TECN*) ordinateur // *sf (TECN)* machine à calculer; **calcolatrice tascabile** calculatrice de poche, calculette.
'calcolo *sm* calcul; **fare ~ su qd** compter sur qn.
cal'daia *sf* chaudière.
caldeggi'are [kalded'dʒare] *vt (fig)* soutenir, appuyer.
'caldo, a *ag* chaud(e); *(fig: entusiasta, appassionato)* chaleureux(-euse), passionné(e) // *sm (calore)* chaleur *f,* chaud; **tavola ~a** snack *m;* **lavorare a** ~ (*TECN*) travailler à chaud.
calen'dario *sm* calendrier.
'calibro *sm (anche TECN)* calibre; **i grossi ~i della politica** *(fig)* les gros bonnets de la politique.
'calice ['kalitʃe] *sm (bicchiere)* verre à pied; (*REL*) calice.
ca'ligine [ka'lidʒine] *sf* brume, brouillard *m.*
'callo *sm (MED)* cor, durillon; ~ **osseo** cal osseux; **fare il ~ a qc** *(abituarcisi)* s'habituer à qch.
'calma *sf vedi* **calmo.**
cal'mante *ag* calmant(e) // *sm* calmant.
cal'mare *vt* calmer, apaiser; ~**rsi** *vr* se calmer.
calmi'ere *sm (ECON)* prix fixe.
'calmo, a *ag* calme // *sf* calme *m.*
'calo *sm* baisse *f,* diminution *f.*
ca'lore *sm* chaleur *f.*
calo'ria *sf* calorie.
calo'roso, a *ag (fig: accoglienza)* chaleureux(-euse); *(che non teme il freddo)* qui n'est pas frileux(-euse).
calpe'stare *vt (anche fig)* piétiner, écraser; **vietato ~ il prato** défense de marcher sur la pelouse.
ca'lunnia *sf* calomnie.
cal'vario *sm* calvaire.
cal'vizie [kal'vittsje] *sf* calvitie.
'calvo, a *ag* chauve.
'calza ['kaltsa] *sf (da uomo, bambino)* chaussette; *(da donna)* bas *m;* **far la** ~ tricoter; **ferri da** ~ aiguilles *fpl* à tricoter.
cal'zare [kal'tsare] *vt (scarpe)* chausser; *(guanti)* mettre // *vi (andare bene)* chausser; *(cappello)* coiffer; ~ **a pennello** aller comme un gant; **calza'tura** *sf (scarpa)* chaussure.
calzet'tone [kaltset'tone] *sm* chaussette *f.*
cal'zino [kal'tsino] *sm* socquette *f.*
calzo'laio [kaltso'lajo] *sm* cordonnier.
calzole'ria [kaltsole'ria] *sf* cordonnerie; magasin *m* de chaussures.
cal'zone [kal'tsone] *sm (CUC: tipo di pizza)* ≈ chausson; ~**i** *smpl (pantaloni)* pantalon *m.*
camale'onte *sm* caméléon.
cambi'ale *sf (FIN)* lettre de

change, traite; ~ **in bianco** effet *m* en blanc.
cambia'mento *sm* changement.
cambi'are *vt* changer; *(sostituire)* remplacer, changer; *(scambiare)* échanger // *vi* changer; **~rsi** *vr* *(variare abito)* se changer; ~ **sistema/idea** changer de système/ d'idée.
'cambio *sm* changement; *(scambio)* échange; (*ECON*) change; (*AUTO*) boîte *f* de vitesses; changement de vitesse; *(di bicicletta)* dérailleur; **dare il ~ a qd** *(sostituire)* relayer qn, prendre la relève de qn; **il ~ della guardia** (*MIL*) la relève de la garde; **darsi il ~** se relayer; **in ~ di** à la place de, en échange de.
'camera *sf* chambre; ~ **da letto** chambre à coucher; ~ **oscura** (*FOT*) chambre noire.
came'rata, i, e *sm/f* camarade, copain/copine // *sf* *(dormitorio)* chambrée; **camera'tismo** *sm* camaraderie *f*.
cameri'ere, a *sm/f* employé/e de maison; *(al ristorante, bar)* garçon/ serveuse // *sf (in albergo)* femme de chambre; **cameriere/a!** garçon!/ mademoiselle!
came'rino *sm* loge *f*.
'camice ['kamitʃe] *sm* (*REL*) aube *f*; *(tunica per medici, etc)* blouse *f*.
cami'cetta [kami'tʃetta] *sf* chemisier *m*, blouse.
ca'micia, cie [ka'mitʃa] *sf (da uomo, da donna)* chemise; ~ **di forza** camisole de force; **uova in** ~ (*CUC*) œufs *mpl* pochés; **cami-ci'otto** *sm* blouse *f* de travail.
ca'mino *sm* cheminée *f*.
'camion *sm inv* camion; **camion-'cino** *sm* camionnette *f*.
cam'mello *sm* chameau; *(tessuto morbido)* poil de chameau.
cam'meo *sm* camée.
cammi'nare *vi* marcher; **cam'mino** *sm* *(tratto percorso)* route *f*, chemin; **mettersi in cammino** se mettre en route.
camo'milla *sf* camomille.
ca'morra *sf organisation secrète napolitaine ressemblant à la mafia.*
ca'moscio [ka'moʃʃo] *sm* chamois *sg*.
cam'pagna [kam'paɲɲa] *sf* campagne; **stare/andare in** ~ rester/ aller à la campagne; **campa'gnolo, a** *ag (di campagna)* campagnard(e) // *sf* (*AUTO*) jeep.
cam'pale *ag* de campagne; **una giornata** ~ *(fig)* une rude journée.
cam'pana *sf* cloche; **suonare le ~e a martello** sonner le tocsin/le glas; **campa'nella** *sf* *(piccola campana)* clochette, cloche; (*BOT*) campanule; **campa'nello** *sm* sonnette *f*.
campa'nile *sm* clocher.
campani'lismo *sm* esprit de clocher, chauvinisme.
cam'pare *vi* vivre; ~ **alla giornata, tirare a** ~ vivre au jour le jour; **cam'pato, a** *ag*: **discorso campato in aria** *(fig)* discours en l'air.
campeggi'are [kamped'dʒare] *vi* camper; *(risaltare)* se détacher, ressortir.
cam'peggio *sm* camping; **fare (del)** ~ faire du camping, camper.
cam'pestre *ag* champêtre.
Campi'doglio [Kampi'doʎʎo] *sm*: **il** ~ le Capitole.
campio'nario, a *ag*: **fiera ~a** foire // *sm* catalogue d'échantillons, échantillonnage.
campio'nato *sm* championnat.
campi'one, essa *sm/f* champion/ ne // *sm* (*COMM*) échantillon.
'campo *sm* champ; *(accampamento)* camp; *(spazio delimitato: sportivo, etc)* terrain; *(settore)* domaine; **i ~i** *(campagna)* la campagne; ~ **di aviazione** terrain d'aviation; ~ **di concentramento** camp de concentration; ~ **da tennis** court de tennis.

campo'santo, *pl* **campisanti** *sm (cimitero)* cimetière.
camuf'fare *vt* camoufler.
'Canada *sm* Canada; **cana'dese** *ag, sm/f* canadien(ne).
ca'naglia [ka'naʎʎa] *sf* canaille, crapule.
ca'nale *sm* canal; *(passaggio riservato)* chenal; *(fig: via, mezzo)* voie *f*; (*TV*) chaîne *f*.
'canapa *sf* chanvre *m*.
cana'rino *ag inv, sm* canari.
cancel'lare [kantʃel'lare] *vt (con la gomma)* effacer; *(con la penna)* biffer, rayer; *(disdire)* décommander, annuler; *(fig: far scomparire)* rayer, effacer.
cancelle'ria [kantʃelle'ria] *sf (in diplomazia)* chancellerie; (*DIR*) greffe *m; (materiale scrittorio)* fournitures *fpl* de bureau; **spese di ~** frais *mpl* de papeterie.
cancelli'ere [kantʃel'ljɛre] *sm* (*DIR*) greffier; (*POL, REL*) chancelier.
can'cello [kan'tʃɛllo] *sm* grille *f*.
cance'rogeno, a *ag* cancérigène.
can'crena *sf* (*MED*) gangrène.
'cancro *sm* cancer; **il C~** (*ASTROL*) le Cancer.
can'dela *sf* bougie, chandelle; (*AUTO*) bougie; **cande'labro** *sm* candélabre; **candeli'ere** *sm* chandelier.
candi'dato, a *sm/f* candidat/e.
'candido, a *ag* blanc(blanche); *(fig: puro)* candide.
can'dito, a *ag (zucchero)* glacé(e); *(frutta)* confit(e) // *sm* fruit confit.
can'dore *sm (della neve, etc)* blancheur *f*; *(fig: dell'anima, etc)* candeur *f*.
'cane *sm* chien; **fare qc da ~i** *(fig)* faire qch très mal; **un freddo ~** *(fig)* un froid de canard; **non c'è un ~** *(fig)* il n'y a pas un chat.
ca'nestro *sm* panier, corbeille *f*; (*SPORT*) panier.
cangi'ante *ag* changeant(e), chatoyant(e).
can'guro *sm* kangourou.
ca'nile *sm* chenil; **~ municipale** fourrière *f*.
ca'nino, a *ag* canin(e) // *sm (dente)* canine *f*.
'canna *sf* canne, roseau *m; (bastone, tubo)* canne; (*TECN*) tuyau *m*; **essere come ~ al vento** être comme une feuille au vent; **~ da pesca** canne à pêche; **~ da zucchero** canne à sucre.
can'nella *sf* (*CUC*) cannelle.
can'nello *sm* (*TECN*) chalumeau; *(di una pipa)* tuyau.
cannocchi'ale *sm* lunette *f*, longue-vue *f*.
canno'nata *sf* coup *m* de canon; (*CALCIO*) shoot *m*; **è una ~!** *(fig)* c'est formidable!
can'none *sm* canon; **essere un ~** *(fig: bravissimo)* être un crack *o* un champion.
can'nuccia, ce *sf (di pipa)* tuyau *m; (di penna)* canon *m; (per bere)* paille.
ca'noa *sf* canoë *m*.
'canone *sm (somma da pagare)* redevance *f*; (*REL*) canon; **~ d'affitto** loyer; **ca'nonico, a, ci, che** *ag* (*REL*) canon *m*, canonique // *sm* (*REL*) chanoine // *sf (abitazione del parroco)* presbytère *m*, cure; **canoniz'zare** *vt* (*REL*) canoniser.
ca'noro, a *ag* chanteur (-euse).
canot'taggio [kanot'taddʒo] *sm* (*SPORT*) aviron.
canotti'era *sf* maillot *m* de corps.
ca'notto *sm* canot.
cano'vaccio [kano'vattʃo] *sm* torchon; (*TEATRO, letteratura, ricamo*) canevas *sg*.
can'tante *sm/f* chanteur/euse.
can'tare *vi, vt* chanter; **cantau'tore, trice** *sm/f* compositeur-, interprète *m*; **canterel'lare** *vt* chantonner, fredonner.
canti'ere *sm* chantier.

canti'lena *sf* cantilène, rengaine.
can'tina *sf* cave; ~ **sociale** coopérative vinicole.
'canto *sm* chant, chanson *f; (poesia)* poème; **buttare in un** ~ *(fig)* jeter dans un coin; **mettere da** ~ laisser de côté; **da un** ~ **..., dall'altro** d'une part ..., d'autre part; **d'altro** ~ d'autre part, d'ailleurs.
canto'nata *sf*: **prendere una** ~ *(fig)* faire une bévue.
can'tone *sm* (*AMM*) canton; *(angolo)* coin.
can'tuccio [kan'tuttʃo] *sm* *(angolo)* coin, recoin; **starsene in un** ~ se tenir à l'écart.
ca'nuto, a *ag* blanc(blanche).
canzo'nare [kantso'nare] *vt* *(prendere in giro)* plaisanter, se moquer de.
can'zone [kan'tsone] *sf* chanson.
canzoni'ere [kantsonj'ɛre] *sm* *(raccolta di canzoni o liriche)* chansonnier.
'caos *sm inv (disordine)* chaos *sg.*
CAP *abbr m vedi* **codice.**
ca'pace [ka'patʃe] *ag* *(ampio)* vaste; *(abile)* capable; *(capiente)* d'une capacité de; **capacità** *sf* capacité, contenance; *(abilità)* compétence, capacité; **capaci'tarsi** *vr*: **capacitarsi di** se rendre compte de.
ca'panna *sf* cabane, hutte.
capan'nello *sm* groupe.
capan'none *sm* hangar.
ca'parbio, a *ag* entêté(e), obstiné(e).
ca'parra *sf* arrhes *fpl.*
ca'pello *sm* cheveu; **capel'luto, a** *ag* chevelu(e).
capez'zale [kapet'tsale] *sm* chevet.
ca'pezzolo [ka'pettsolo] *sm* (*ANAT*) mamelon.
capi'enza [ka'pjɛntsa] *sf* capacité, contenance.
capiglia'tura [kapiʎʎa'tura] *sf* chevelure.
ca'pire *vt* comprendre; ~**rsi** *vr* s'entendre.
capi'tale *ag* capital(e) // *sf (città)* capitale // *sm* (*FIN*) capital; **capita'lismo** *sm* capitalisme; **capita'lista, i, e** *ag, sm/f* capitaliste.
capi'tano *sm* capitaine.
capi'tare *vi* arriver, tomber // *vb impersonale* arriver; ~ **a proposito** tomber à point.
capi'tello *sm* chapiteau.
capito'lare *vi* capituler.
ca'pitolo *sm* chapitre; **avere voce in** ~ *(fig)* avoir voix au chapitre.
capi'tombolo *sm* culbute *f.*
'capo *sm* (*ANAT*) tête *f; (persona che comanda)* chef; *(singolo oggetto)* tête *f,* pièce *f;* (*GEOGR*) cap; **andare a** ~ *(scrivere)* aller à la ligne.
ca'pocchia [ka'pɔkkja] *sf (di fiammiferi, chiodi)* tête.
Capo'danno *sm* jour de l'An.
capo'fitto: a ~ *av* la tête la première; **gettarsi a** ~ **in un lavoro** *(fig)* se jeter à corps perdu dans un travail.
capo'giro [kapo'dʒiro] *sm* vertige.
capola'voro *sm* chef-d'oeuvre.
capo'linea, *pl* **capilinea** *sm* terminus *sg,* tête *f* de ligne.
capolu'ogo, *pl* **ghi** *o* **capiluoghi** *sm* chef-lieu.
capo'mastro, *pl* **i** *o* **capimastri** *sm* (*EDIL*) contremaître, chef de chantier.
capo'rale *sm* caporal.
capo'saldo, *pl* **capisaldi** *sm* (*MIL*) point d'appui; *(fig: fondamento)* fondement.
capostazi'one, *pl* **capistazione** *sm* chef de gare.
capo'treno, *pl* **capitreno** *o* **capotreni** *sm* chef de train.
capo'verso, i *sm* alinéa.
capo'volgere [kapo'vɔldʒere] *vt* renverser, retourner; *(fig: situazione)* bouleverser, renverser, ~**rsi** *vr* *(barca)* se renverser, chavirer; *(fig)* se renverser; **capo'volto, a** *pp di* **capovolgere.**
'cappa *sf* cape; *(del camino)*

manteau *m*, hotte.
cap'pella *sf* chapelle; (*BOT*) chapeau *m*; **cappel'lano** *sm* (*REL*) chapelain; (*MIL*) aumônier.
cap'pello *sm* chapeau.
'cappero *sm* (*BOT*: *frutto*) câpre; (*: pianta*) câprier.
cap'pone *sm* chapon.
cap'potto *sm* (*indumento*) manteau, pardessus *sg*.
cappuc'cino [kapput'tʃino] *sm* capucin; (*bevanda*) ≈ café crème.
cap'puccio [kap'puttʃo] *sm* capuchon.
'capra *sf* chèvre.
ca'pretto *sm* cabri, chevreau.
ca'priccio [ka'prittʃo] *sm* caprice, fantaisie *f*; **capricci'oso, a** *ag* capricieux(-euse).
Capri'corno *sm* Capricorne.
capri'ola *sf* cabriole.
capri'olo *sm* chevreuil.
'capro *sm* bouc; ~ **espiatorio** (*fig*) bouc émissaire.
'capsula *sf* capsule.
cap'tare *vt* (*TECN*) capter; (*fig*) comprendre.
carabini'ere *sm* (*MIL*) gendarme.
ca'raffa *sf* carafe.
cara'mella *sf* bonbon *m*.
ca'rattere *sm* caractère.
caratte'ristico, a, ci, che *ag*, *sf* caractéristique.
caratteriz'zare [karatterid'dzare] *vt* caractériser.
car'bone *sm* charbon; ~ **bianco** (*fig: energia elettrica*) houille *f* blanche; ~ **fossile** houille *f*.
carbu'rante *sm* carburant.
carbura'tore *sm* (*TECN*) carburateur.
car'cassa *sf* (*scheletro di animale*) carcasse; (*fig: vecchia macchina*) tacot *m*, guimbarde.
carce'rato, a [kartʃe'rato] *sm/f* détenu/e, prisonnier/ère.
carcerazi'one [kartʃerat'tjone] *sf* incarcération; ~ **preventiva** détention préventive.
'carcere ['kartʃere] *sm* prison *f*.
carci'ofo [kar'tʃɔfo] *sm* (*BOT*) artichaut.
car'diaco, a, ci, che *ag* cardiaque.
cardi'nale *ag* cardinal(e) // *sm* cardinal.
'cardine *sm* gond; (*fig*) pivot, charnière *f*.
'cardo *sm* (*BOT*) chardon.
ca'renza [ka'rɛntsa] *sf* carence.
care'stia *sf* disette, famine.
ca'rezza [ka'rettsa] *sf* caresse; **carez'zare** *vt* caresser.
'carica *sf vedi* **carico.**
cari'care *vt* charger; (*orologio*) remonter; ~ **d'ingiurie** (*fig*) abreuver d'injures.
carica'tura *sf* caricature.
'carico, a, chi, che *ag* chargé(e); (*orologio*) remonté(e); (*colore*) soutenu(e); (*caffè, tè*) fort(e) // *sm* charge *f*; (*azione*) chargement, embarquement; (*materiale trasportato*) cargaison *f* // *sf* charge; (*mansione ufficiale*) charge, fonction; **essere in ~a** être en fonction; **entrare in ~a** entrer en exercice; **dare la ~a a qc** remonter qch; **nave da ~** cargo *m*; **avere figli a ~** avoir des enfants à sa charge; **le spese sono a ~ suo** les frais sont à sa charge.
ca'rino, a *ag* mignon(ne), joli(e); (*gentile*) gentil(le).
carità *sf* charité; **per ~!** pour l'amour de Dieu!
car'lona: alla ~ *av* à la va-vite.
carnagi'one [karna'dʒone] *sf* teint *m*.
car'nale *ag* charnel(le).
'carne *sf* chair; (*alimento*) viande.
car'nefice [kar'nefitʃe] *sm* bourreau; **carnefi'cina** *sf* carnage *m*.
carne'vale *sm* carnaval.
car'nivoro, a *ag* carnivore // *sm* (*ZOOL*) carnassier, carnivore.
car'noso, a *ag* charnu(e).
'caro, a *ag* cher(-ère); (*bravo*)

bon(ne); *(simpatico)* sympathique // *smpl* parents // *av* cher.
ca'rogna [ka'roɲɲa] *sf* charogne.
ca'rota *sf* carotte.
caro'vana *sf* caravane.
caro'vita *sm inv* vie *f* chère.
carpenti'ere *sm* charpentier.
car'pire *vt:* ~ **qc a qd** soutirer *o* extorquer qch à qn.
car'poni *av* à quatre pattes.
car'rabile *ag (percorribile)* carrossable.
car'raio, a *ag:* **passo** ~ sortie *f* de voitures *o* de véhicules.
carreggi'ata [karred'dʒata] *sf* chaussée.
car'rello *sm* chariot; (*AER*) train; *(tavolino con le ruote)* table *f* roulante.
car'retto *sm* charrette *f; (vecchia macchina)* tacot.
carri'era *sf* carrière; **andare di gran** ~ *(fig)* aller à vive allure.
carri'ola *sf* brouette.
'carro *sm* char, chariot; ~ **bestiame** (*FERR*) wagon à bestiaux; **Gran/Piccolo** ~ (*ASTROL*) Grand/Petit chariot; ~ **attrezzi** (*AUTO*) dépanneuse *f;* ~ **armato** (*MIL*) char d'assaut, tank.
car'rozza [kar'rɔttsa] *sf (FERR)* voiture, wagon *m; (a cavalli)* fiacre *m.*
carrozze'ria [karrottse'ria] *sf* carrosserie.
carroz'zina [karrot'tsina] *sf* poussette, landau *m.*
'carta *sf* papier *m; (CUC, AMM, gioco, GEOGR)* carte; *(documento)* papiers *mpl; (da giornale)* papier journal; **fare** o **leggere le** ~**e** (*ASTROL*) faire *o* lire les cartes; ~ **assorbente** papier buvard; ~ **bollata** (*DIR*) papier timbré; ~ **di circolazione** (*AUTO*) carte grise; ~ **d'identità** carte d'identité; ~ **da parati** papier peint; ~ **vetrata** papier de verre *o* émeri; ~ **da visita** carte de visite.
cartacar'bone, *pl* **cartecar'bone** *sf* papier *m* carbone.
car'taccia, ce [kar'tattʃa] *sf (peg)* paperasse.
cartamo'neta *sf inv* papier-monnaie *m.*
carta'pesta, e *sf* papier *m* mâché, carton-pâte *m.*
car'teggio [kar'teddʒo] *sm* correspondance *f.*
car'tella *sf (MED)* fiche médicale; (*FIN*) titre *m;* (*TIP*) page; *(custodia: di cartone)* carton *m; (: di carta)* chemise; *(borsa)* cartable *m,* serviette; ~ **delle tasse** feuille d'impôts.
car'tello *sm* panneau, pancarte *f,* écriteau; *(insegna di negozio)* enseigne *f;* (*POL: alleanza fra forze affini)* cartel; **cartel'lone** *sm* affiche *f; (tabella della tombola)* tableau; **tenere il cartellone** tenir l'affiche.
carti'era *sf* papeterie.
carti'lagine [karti'ladʒine] *sf* cartilage *m.*
car'toccio [kar'tɔttʃo] *sm (contenitore di carta)* cornet; (*CUC*) papillote *f.*
cartole'ria *sf* papeterie.
carto'lina *sf* carte postale.
car'tone *sm* carton; ~**i animati** (*CINE*) dessins animés.
car'tuccia, ce [kar'tuttʃa] *sf* cartouche.
'casa *sf* maison; *(edificio)* immeuble *m,* maison; **essere in** ~ être chez soi; ~ **di pena** établissement *m* pénitentiaire, pénitencier *m;* ~ **di cura** (*MED*) maison de santé; ~ **dello studente** foyer *m* d'étudiants; **giocar in/fuori** ~ (*SPORT*) jouer sur son terrain/à l'extérieur; **fatto in** ~ (*CUC*) maison *ag inv.*
ca'sacca, che *sf* casaque.
casa'lingo, a, ghi, ghe *ag (CUC: fatto in casa)* maison *inv; (amante della casa)* casanier(-ère) // *sf* ménagère // *smpl (oggetti d'uso domestico)* articles ménagers.

ca'scare *vi* tomber.
ca'scata *sf* cascade.
ca'scina [kaʃ'ʃina] *sf* ferme.
'casco, schi *sm* casque; ~ **di banane** régime de bananes; **polizza** ~ assurance tous risques.
casei'ficio [kazei'fitʃo] *sm* fromagerie *f;* laiterie *f.*
ca'sella *sf* case; ~ **postale (CP)** boîte postale (BP).
casel'lario *sm* casier.
ca'sello *sm (AUTO)* péage.
ca'serma *sf* caserne.
ca'sino *sm (fam)* bordel.
casinò *sm inv* casino.
'caso *sm* cas; *(sorte)* hasard; (*POL*) affaire *f;* **in ~ che** au cas où; **a ~** au hasard; **per ~** par hasard; **in ogni ~, in tutti i ~i** en tous cas.
'cassa *sf* caisse; *(bara)* cercueil *m; (di orologio : da polso)* boîtier *m; (: da muro)* cage; ~ **acustica** haut-parleur *m,* baffle *m;* ~ **toracica** (*ANAT*) cage thoracique; **le ~e dello Stato** les coffres *mpl* de l'Etat.
cassa'forte, *pl* **casseforti** *sf* coffre-fort *m.*
cassa'panca, *pl* **cassapanche** *o* **cassepanche** *sf* bahut *m.*
casse'ruola *sf* casserole.
cas'setta *sf* caisse; *(di frutta, verdura)* cageot *m;* ~ **di sicurezza** (*FIN*) coffre *m;* ~ **delle lettere** boîte aux lettres; **pane a** ~ (*CUC*) pain de mie; **film di** ~ film qui fait recette.
cas'setto *sm* tiroir; *(del frigorifero)* bac.
casset'tone *sm (mobile)* commode *f;* (*ARCHITET*) caisson.
cassi'ere, a *sm/f* caissier/ère.
'casta *sf* caste.
ca'stagna [ka'staɲɲa] *sf* châtaigne, marron *m;* **prendere qd in** ~ *(fig)* prendre qn sur le fait; **ca'stagno** *sm (BOT: pianta)* châtaignier.
ca'stello *sm* château.
casti'gare *vt* punir; **ca'stigo, ghi** *sm (punizione)* punition *f;* **mettere in castigo** mettre au coin.
castità *sf* chasteté; **'casto, a** *ag* chaste.
ca'storo *sm* castor.
ca'strare *vt* châtrer, castrer.
casu'ale *ag* fortuit(e), accidentel(le).
cata'comba *sf* catacombe.
ca'talogo, ghi *sm* catalogue.
catarifran'gente [katarifran'dʒɛnte] *sm (AUTO)* catadioptre // *ag* réfléchissant(e).
ca'tarro *sm* catarrhe.
ca'tasta *sf* amas *m,* pile.
ca'tasto *sm (AMM)* cadastre.
ca'tastrofe *sf* catastrophe.
cate'chismo [kate'kizmo] *sm (REL)* catéchisme.
catego'ria *sf* catégorie; **cate'gorico, a, ci, che** *ag* catégorique, formel(le).
ca'tena *sf* chaîne; **a** ~ *(uno dopo l'altro)* en chaîne.
cate'naccio [kate'nattʃo] *sm* verrou, cadenas *sg.*
cate'ratta *sf (MED)* cataracte.
cati'nella *sf* cuvette; **piove a ~e** il pleut à verse.
ca'tino *sm* cuvette *f,* bassine *f.*
ca'trame *sm* goudron.
'cattedra *sf (mobile)* bureau *m; (SCOL, REL)* chaire; **montare in** ~ *(fig)* prendre un ton magistral.
catte'drale *sf* cathédrale.
catti'veria *sf* méchanceté.
cattività *sf* captivité.
cat'tivo, a *ag* méchant(e), mauvais(e).
cattoli'cesimo [kattoli'tʃezimo] *sm* catholicisme; **cat'tolico, a, ci, che** *ag, sm/f* catholique.
cat'tura *sf* capture; **cattu'rare** *vt* capturer.
caucciù [kaut'tʃu] *sm inv* caoutchouc.
'causa *sf* cause, raison, motif *m; (DIR)* cause, procès *m;* **intentare una ~ contro qd** poursuivre qn en justice; **fare ~ a qd** (*DIR*) porter

plainte contre qn; **per ~ tua** par ta faute; **cau'sare** *vt* causer, entraîner.
'caustico, a, ci, che *ag* (*CHIM*) caustique; (*fig: mordace*) caustique, mordant(e).
cau'tela *sf* prudence, précaution; **caute'lare** *vt* (*DIR*) protéger; **cautelarsi da** se prémunir contre; **'cauto, a** *ag* prudent(e).
cauzi'one [kaut'tsjone] *sf* (*DIR*) caution.
cav. *abbr di* **cavaliere.**
'cava *sf* carrière.
caval'care *vt* monter, chevaucher // *vi* aller/monter à cheval, faire du cheval; **caval'cata** *sf* (*passeggiata a cavallo*) chevauchée, promenade à cheval.
cavalca'via *sm inv* viaduc.
cavalci'oni [kaval'tʃoni]: **a ~** *av* à califourchon, à cheval.
cavali'ere *sm* cavalier; (*nel medioevo*) chevalier.
cavalle'resco, a, schi, sche *ag* chevaleresque.
cavalle'ria *sf* cavalerie; (*istituzione feudale*) chevalerie; (*fig: galanteria*) galanterie.
cavalle'rizzo, a *sm/f* (*EQUITAZIONE*) cavalier/ère // *sf* (*maneggio*) manège *m*.
caval'letta *sf* sauterelle.
caval'letto *sm* chevalet; (*FOT*) trépied.
ca'vallo *sm* cheval; (*SCACCHI*) cavalier; (*SPORT*) cheval d'arçon; (*dei pantaloni*) entrejambes *sg*.
ca'vare *vt* (*togliere: dente*) arracher; (*: indumento*) enlever, ôter; (*fig: parole*) tirer; **~rsela** (*fig*) se débrouiller, s'en tirer; **bisogna cavargli le parole di bocca** (*fig*) il faut lui tirer les vers du nez; **cava'tappi** *sm inv* tire-bouchon.
ca'verna *sf* caverne.
ca'vezza [ka'vettsa] *sf* licol *m*.
'cavia *sf* cobaye *m*.
cavi'ale *sm inv* caviar.
ca'viglia [ka'viʎʎa] *sf* cheville.
cavil'lare *vi* ergoter, pinailler, chicaner; **ca'villo** *sm* chicane *f*, subtilité *f*.
cavità *sf inv* cavité, creux *m*.
'cavo, a *ag* creux(-euse); (*ANAT*) cave // *sm* (*ANAT: della mano*) creux *sg*; (*TECN, grossa corda*) câble.
cavolfi'ore *sm* chou-fleur.
'cavolo *sm* chou; **non capire/dire/fare un ~** (*fig*) ne rien comprendre/dire/faire.
'cazzo ['kattso] *sm* (*fam!*) bitte *f*(*!*); **~!** merde!; **non capisce un ~** il ne pige rien du tout.
cazz'uola [kat'tswɔla] *sf* truelle.
CC *abbr di Carabineri.*
c/c (*abbr di* **conto corrente**) cc.
ce *pron, av vedi* **ci.**
cecità [tʃetʃi'ta] *sf* (*MED*) cécité.
Cecoslo'vacchia [tʃekoslo'vakkja] *sf* Tchécoslovaquie; **cecoslo'vacco, a, chi, che** *ag, sm/f* tchécoslovaque.
'cedere ['tʃɛdere] *vi* céder, faiblir, succomber; (*terreno*) s'affaisser // *vt* céder, donner; **ce'devole** *ag* (*terreno*) mouvant(e); (*fig: arrendevole*) souple, accommodant(e).
'cedola ['tʃɛdola] *sf* (*FIN*) coupon *m*.
'cedro ['tʃɛdro] *sm* cèdre.
CEE *abbr vedi* **comunità.**
'ceffo ['tʃɛffo] *sm* (*peg*) gueule *f*; **brutto ~** (*fam*) sale gueule.
cef'fone [tʃef'fone] *sm* gifle *f*, claque *f*.
ce'lare [tʃe'lare] *vt* cacher; **~rsi** *vr* se cacher.
cele'brare [tʃele'brare] *vt* célébrer; **celebrazi'one** *sf* célébration.
'celebre ['tʃɛlebre] *ag* fameux (-euse), célèbre; **celebrità** *sf* célébrité.
'celere ['tʃɛlere] *ag* rapide // *sf* (*MIL*) Police.
ce'leste [tʃe'lɛste] *ag* céleste; (*colore*) bleu clair *inv* // *sm* (*colore*) bleu clair.

celi'bato [tʃeli'bato] *sm* célibat.
'celibe ['tʃɛlibe] *ag, sm* célibataire.
'cella ['tʃɛlla] *sf* cellule; ~ **frigorifera** chambre froide.
'cellula ['tʃɛllula] *sf* cellule.
cemen'tare [tʃemen'tare] *vt* (*EDIL*) cimenter; (*fig: consolidare*) consolider.
ce'mento [tʃe'mento] *sm* ciment; (*dei denti*) cément; ~ **armato** béton armé.
'cena ['tʃena] *sf* dîner *m;* **l'Ultima C~** (*REL*) la Cène; **ce'nare** *vi* dîner.
'cencio ['tʃentʃo] *sm* chiffon, torchon; (*vestito logoro*) haillon, guenille *f.*
'cenere ['tʃenere] *sf* cendre; **le C~i** *sfpl* (*REL*) les Cendres.
'cenno ['tʃenno] *sm* signe; (*breve notizia*) aperçu, notice *f.*
censi'mento [tʃensi'mento] *sm* recensement.
cen'sore [tʃen'sore] *sm* censeur.
cen'sura [tʃen'sura] *sf* censure; **censu'rare** *vt* censurer.
cente'nario, a [tʃente'narjo] *ag, sm/f* centenaire.
cen'tesimo, a [tʃen'tezimo] *ag* centième // *sm* (*quantità*) centième; (*moneta*) centime.
cen'tigrado, a [tʃen'tigrado] *ag* centigrade.
cen'timetro [tʃen'timetro] *sm* centimètre.
centi'naio, *pl(f)* **aia** [tʃenti'najo] *sm* centaine *f.*
'cento ['tʃɛnto] *num* cent.
cen'trale [tʃen'trale] *ag* central(e) // *sf* centrale.
centra'lino [tʃentra'lino] *sm* (*TEL*) standard.
centraliz'zare [tʃentralid'dzare] *vt* centraliser.
cen'trare [tʃen'trare] *vt* centrer.
'centro ['tʃɛntro] *sm* centre.
'ceppo ['tʃeppo] *sm* souche *f;* (*pezzo di legno da ardere*) bûche *f.*
'cera ['tʃera] *sf* cire; (*lucido da scarpe*) cirage *m;* **buona/cattiva** ~bonne/mauvaise mine.
ce'ramica, che [tʃe'ramika] *sf* céramique, faïence.
'cerca ['tʃerka] *sf:* **in** *o* **alla** ~ **di** à la recherche de, en quête de.
cer'care [tʃer'kare] *vt* chercher // *vi:* ~ **di** essayer de, chercher à.
'cerchia ['tʃerkja] *sf* (*di mura*) enceinte; (*di colline*) couronne; (*di amici, conoscenti*) cercle *m.*
'cerchio ['tʃerkjo] *sm* cercle; (*struttura, attrezzo ginnico*) cerceau; (*AUTO*) jante *f.*
cere'ale [tʃere'ale] *sm* céréale *f.*
cere'brale [tʃere'brale] *ag* cérébral(e).
ceri'monia [tʃeri'mɔnja] *sf* cérémonie; **cerimoni'ale** *sm* cérémonial; **cerimoni'oso, a** *ag* cérémonieux(-euse).
ce'rino [tʃe'rino] *sm* allumette *f.*
'cernia ['tʃɛrnja] *sf* (*ZOOL*) mérou *m.*
cerni'era [tʃer'njɛra] *sf* charnière; ~ **lampo** fermeture éclair.
'cernita ['tʃɛrnita] *sf* tri *m.*
'cero ['tʃero] *sm* cierge.
ce'rotto [tʃe'rɔtto] *sm* (*MED*) sparadrap.
cer'tezza [tʃer'tettsa] *sf* certitude.
certifi'care [tʃertifi'kare] *vt* certifier.
certifi'cato [tʃertifi'kato] *sm* certificat, attestation *f;* ~ **medico/di nascita** certificat médical/acte de naissance.
'certo, a ['tʃɛrto] *ag* sûr(e), certain(e); (*indefinito*) certain(e) // *pron pl:* ~**i** certains // *av* (*anche:* **di certo**) certes, certainement; **un** ~ **non so che di bello** un je ne sais quoi de beau; ~ **che sì/no!** oui/non bien sûr!
cer'tuni [tʃer'tuni] *pron pl* certains.
cer'vello [tʃer'vɛllo] *sm* (*pl(f)* ~**a**) cerveau; (: *CUC*) cervelle *f;* (*pl (m)* ~**i**: *fig*) cerveau.
'cervo ['tʃɛrvo] *sm* cerf; ~ **volante**

(insetto, gioco) cerf-volant.
cesel'lare [tʃezel'lare] *vt* ciseler; **ce'sello** *sm (TECN)* ciselet.
ce'soie [tʃe'zoje] *sfpl* cisailles.
'cespite ['tʃɛspite] *sm* source *f* (de profit).
ce'spuglio [tʃe'spuʎʎo] *sm (BOT)* buisson, broussaille *f*.
ces'sare [tʃes'sare] *vi, vt* cesser.
'cesso ['tʃɛsso] *sm (fam)* chiottes *fpl*.
'cesta ['tʃesta] *sf* panier *m;* **ce'stino** *sm* panier, corbeille *f;* **'cesto** *sm* panier.
'ceto ['tʃɛto] *sm* classe *f*.
cetrio'lino [tʃetrio'lino] *sm* cornichon.
cetri'olo [tʃetri'ɔlo] *sm (BOT)* concombre.
cfr. *(abbr di* **confronta**) cf.
CGIL *abbr di Confederazione Generale Italiana del Lavoro.*
che *pron (relativo: soggetto)* qui; *(: oggetto)* que; *(in cui)* où; *(interrogativo, esclamativo)* que; *(ciò)* ce que; *(preceduto da prep)* quoi; **non so ~ vuoi** je ne sais pas ce que tu veux; **mi chiedo ~ ti preoccupa** je me demande ce qui te préoccupe // *ag (interrogativo, esclamativo)* quel(le), *pl* quels (quelles); **~ bel vestito!** quelle belle robe!; **~ buono!** que c'est bon! // *cong* que; **non ~ sia stupido** ce n'est pas qu'il est idiot // *av:* **dato ~** étant donné que, puisque; **dopo ~** après que; **prima ~** avant que.
cheru'bino [keru'bino] *sm* chérubin.
cheti'chella [keti'kɛlla]: **alla ~** *av* en douce, à l'anglaise.
'cheto, a ['keto] *ag* tranquille.
chi *pron (interrogativo)* qui; *(relativo: soggetto)* celui/celle qui; *(: complemento)* celui/celle que; *(indefinito):* **~ dice una cosa, ~ un'altra** l'un dit une chose, l'autre en dit une autre; **~ volesse partire me lo dica** *(chiunque)* quiconque voudrait partir est prié de me le dire.
chiacchie'rare [kjakkje'rare] *vi* causer, bavarder; *(far pettegolezzi)* jaser; **chiacchie'rata** *sf* conversation, causette; **chi'acchiere** *sfpl* bavardage *m; (pettegolezzi)* potins *mpl;* **fare due/quattro chiacchiere** faire un brin de causette; **bando alle chiacchiere!** assez causé!; **chiacchie'rone, a** *ag, sm/f* bavard(e).
chia'mare [kja'mare] *vt* appeler; **~rsi** *vr* s'appeler; **~ alle armi** *(MIL)* appeler sous les drapeaux; **chia'mata** *sf* appel *m*.
chia'rezza [kja'rettsa] *sf* clarté, limpidité.
chiarifi'care [kjarifi'kare] *vt (anche fig)* clarifier.
chia'rire [kja'rire] *vt* clarifier, éclaircir, tirer au clair; **~rsi** *vr* s'éclaircir.
chi'aro, a ['kjaro] *ag* clair(e).
chiaroveg'gente [kjaroved'dʒɛnte] *sm/f* clairvoyant/e.
chi'asso ['kjasso] *sm* tapage, vacarme; **chias'soso, a** *ag* bruyant(e).
chi'ave ['kjave] *sf* clef, clé.
chiavi'stello *sm* verrou, loquet.
chi'azza ['kjattsa] *sf* tâche.
'chicco, chi ['kikko] *sm* grain.
chi'edere ['kjɛdere] *vt* demander // *vi:* **~ di qd** demander qn, s'informer sur qn.
chi'erico, ci ['kjɛriko] *sm (REL)* clerc; **chieri'chetto** *sm* enfant de chœur.
chi'esa ['kjɛza] *sf* église.
chi'esto, a *pp di* **chiedere**.
'chiglia ['kiʎʎa] *sf (NAUT)* quille.
'chilo ['kilo] *sm (abbr di* **chilogrammo**) kilo(gramme); **chi'lometro** *sm* kilomètre.
'chimico, a, ci, che ['kimiko] *ag* chimique // *sm (professionista)* chimiste.
'china ['kina] *sf* pente; *(BOT)* quin-

quina *m;* **inchiostro di C~** encre *f* de Chine.
chi'nare [ki'nare] *vt* pencher; **~rsi** *vr* se pencher.
chincaglie'ria [kinkaʎʎe'ria] *sf* quincaillerie.
chi'nino [ki'nino] *sm (MED)* quinine *f.*
chi'occia, ce ['kjɔttʃa] *sf (ZOOL)* couveuse; *(fig)* mère poule.
chi'occiola ['kjɔttʃola] *sf* escargot *m;* **scala a ~** *(fig)* escalier *m* en colimaçon.
chi'odo ['kjɔdo] *sm* clou; *(fig)* idée *f* fixe.
chi'oma ['kjɔma] *sf* chevelure.
chi'osco, schi ['kjɔsko] *sm* kiosque.
chi'ostro ['kjɔstro] *sm* cloitre.
chirur'gia [kirur'dʒia] *sf* chirurgie; **chi'rurgo, ghi** *o* **gi** *sm* chirurgien.
chissà [kis'sa] *av* va savoir, qui sait? **~ quando tornera** Dieu sait quand il reviendra.
chi'tarra [ki'tarra] *sf* guitare; **chitar'rista, i, e** *sm/f* guitariste.
chi'udere ['kjudere] *vt* fermer; *(strada)* barrer; *(fig: discorso)* mettre fin à; **~rsi** *vr* se fermer; *(in casa, anche fig)* s'enfermer.
chi'unque [ki'unkwe] *pron (relativo indefinito)* quiconque, n'importe qui; *(seguito dal verbo essere)* qui que; quel(le) qu'il(elle); **lo dirò a ~ voglia ascoltarmi** je le dirai à n'importe qui veuille m'écouter; **~ tu sia** qui que tu sois; **~ essi siano** quels qu'ils soient.
chi'uso, a ['kjuso] *pp di* **chiudere** // *sf* écluse.
chiu'sura [kju'sura] *sf* fermeture.
ci [tʃi] *(dav lo, la, li, le, ne diventa* **ce**) *pron (complemento)* nous; *(particella impersonale)* on; *(dimostrativo: di ciò, su ciò, in ciò etc)* y; **che cosa posso far~?** que puis-je y faire?; **~ puoi contare** tu peux y compter; **non ~ capisco nulla** je n'y comprends rien // *av (di luogo)* y; **non ~ vado mai** je n'y vais jamais; **esser~** *vedi* **essere.**
C.ia *(abbr di* **compagnia)** C.ie.
cia'batta [tʃa'batta] *sf* pantoufle, savate.
ci'alda ['tʃalda] *sf (CUC)* gaufre, gaufrette.
ciam'bella [tʃam'bɛlla] *sf (CUC)* gâteau *m* en couronne; *(salvagente)* bouée de sauvetage.
ci'ao ['tʃao] *escl* salut!
ciarla'tano [tʃarla'tano] *sm* charlatan.
cia'scuno, a [tʃa'skuno] *(dav sm* **ciascun** *+ C, V,* **ciascuno** *+ s impura, gn, ps, x, z; dav sf* **ciascuna** *+ C,* **ciascun'** *+ V) det sg* chaque // *pron sg* chacun(e).
'cibo ['tʃibo] *sm* aliment, nourriture *f.*
ci'cala [tʃi'kala] *sf (ZOOL)* cigale.
cicatriz'zare [tʃikatrid'dzare] *vt* cicatriser; **~rsi** *vr* se cicatriser.
'cicca ['tʃikka] *sf (gomma da masticare)* chewing-gum *m; (mozzicone)* mégot *m;* **non valere una ~** ne pas valoir un sou.
cicci'one [tʃit'tʃone] *sm (fam: persona molto grassa)* gros lard.
cice'rone [tʃitʃe'rone] *sm (guida turistica)* cicérone, guide.
cicla'mino [tʃikla'mino] *sm* cyclamen.
ci'clismo [tʃi'klizmo] *sm* cyclisme; **ci'clista, i, e** *sm/f* cycliste.
'ciclo ['tʃiklo] *sm* cycle.
ciclomo'tore [tʃiklomo'tore] *sm* cyclomoteur.
ci'clone [tʃi'klone] *sm* cyclone.
ciclo'stile [tʃiklo'stile] *sm* machine *f* à polycopier; *(foglio ciclostilato)* polycopié.
ci'cogna [tʃi'koɲɲa] *sf* cigogne.
ci'coria [tʃi'kɔria] *sf* chicorée.
ci'eco, a, chi, che ['tʃɛko] *ag, sm/f* aveugle; **vicolo ~** impasse *f.*
ci'elo ['tʃɛlo] *sm* ciel.
'cifra ['tʃifra] *sf* chiffre *m; (somma)*

somme; **ci'frare** *vt (ricamare le cifre)* chiffrer; *(trascrivere in codice)* coder.
'ciglio ['tʃiʎʎo] *sm (bordo)* bord; *(pl(f)* **~a**: *ANAT*) cil; **senza batter ~** *(fig)* sans broncher.
'cigno ['tʃiɲɲo] *sm* cygne.
cigo'lare [tʃigo'lare] *vi* grincer.
ci'lecca [tʃi'lekka] *sf*: **fare ~** *(fig)* rater *vi*, échouer *vi*.
ci'leno, a [tʃi'lɛno] *ag, sm/f* chilien(ne).
cili'egia, gie *o* **ge** [tʃi'ljɛdʒa] *sf* cerise; **cili'egio** *sm* cerisier; *(legno)* merisier.
cilin'drata [tʃilin'drata] *sf (AUTO)* cylindrée.
ci'lindro [tʃi'lindro] *sm* cylindre; *(cappello)* haut-de-forme.
'cima ['tʃima] *sf* haut *m*, cime; *(estremità)* bout *m*; *(corda)* cordage *m*; *(NAUT)* aussière.
cimen'tare [tʃimen'tare] *vt* essayer; **~rsi in** s'essayer à, se risquer à; **~rsi con qd** se mesurer avec qn.
'cimice ['tʃimitʃe] *sf* punaise.
cimini'era [tʃimi'njɛra] *sf* cheminée.
cimi'tero [tʃimi'tɛro] *sm* cimetière.
ci'mosa [tʃi'mosa] *sf* lisière.
ci'murro [tʃi'murro] *sm* morve *f*.
'Cina ['tʃina] *sf* Chine.
'cinema ['tʃinema] *sm inv* cinéma; **cinematogra'fare** *vt* filmer; **cine'presa** *sf* caméra.
ci'nese [tʃi'nese] *ag, sm/f* chinois(e).
'cingere ['tʃindʒere] *vt* entourer.
'cinghia ['tʃingja] *sf* ceinture; *(TECN)* courroie; *(della sella)* sangle.
cinghi'ale [tʃin'gjale] *sm* sanglier.
'cingolo ['tʃingolo] *sm* chenille *f*.
cinguet'tare [tʃingwet'tare] *vi* gazouiller.
'cinico, a, ci, che ['tʃiniko] *ag, sm/f* cynique.
cinqu'anta [tʃin'kwanta] *num* cinquante; **cinquan'tesimo, a** *ag, sm* cinquantième; **cinquan'tina** *sf* cinquantaine.
'cinque ['tʃinkwe] *num* cinq; **alle ~** *(ora)* à cinq heures.
cinque'cento [tʃinkwe'tʃɛnto] *num* cinq cents // *sm*: **il C~** *(secolo)* le seizième siècle // *sf inv (AUTO)* une FIAT 500.
'cinto, a ['tʃinto] *pp di* **cingere** // *sf* enceinte.
cin'tura [tʃin'tura] *sf* ceinture.
ciò [tʃo] *pron* ceci, cela *(abbr* ça); **~ che** ce que; **~ nondimeno** néanmoins.
ci'occa, che ['tʃokka] *sf* mèche.
ciocco'lata [tʃokko'lata] *sf* chocolat *m*; **cioccola'tino** *sm* chocolat; **ciocco'lato** *sm* chocolat.
cioè [tʃo'ɛ] *av* c'est-à-dire; *(prima di un elenco)* à savoir.
ciondo'lare [tʃondo'lare] *vi* se balancer; *(barcollare)* tituber // *vt* balancer; *(testa)* dodeliner; **ci'ondolo** *sm* pendentif.
ci'otola ['tʃɔtola] *sf* bol *m*.
ci'ottolo ['tʃɔttolo] *sm* caillou; *(di fiume, mare)* galet.
ci'polla [tʃi'polla] *sf* oignon *m*.
ci'presso [tʃi'prɛsso] *sm* cyprès *sg*.
'cipria ['tʃiprja] *sf* poudre; **darsi la ~** se poudrer.
cipri'ota, i, e [tʃipri'ɔta] *ag, sm/f* cypriote.
'circa ['tʃirka] *av* environ // *prep (riguardo a)* en ce qui concerne, quant à; **a mezzogiorno ~** à midi environ.
'circo, chi ['tʃirko] *sm* cirque.
circo'lare [tʃirko'lare] *vi* circuler // *ag* circulaire // *sf (AMM)* circulaire; *(autobus)* ligne de ceinture; **circolazi'one** *sf* circulation.
'circolo ['tʃirkolo] *sm* cercle.
circon'dare [tʃirkon'dare] *vt* entourer; **~rsi di** s'entourer de.
circonfe'renza [tʃirkonfe'rɛntsa] *sf* circonférence.

circonvallazi'one [tʃirkonvallat'tsjone] *sf (strada)* boulevard *m* périphérique, boulevard *m* extérieur, ceinture.
circo'scrivere [tʃirko'skrivere] *vt* circonscrire; **circoscrizi'one** *sf* (*AMM*) circonscription.
circo'spetto, a [tʃirko'spetto] *ag* circonspect(e).
circo'stante [tʃirko'stante] *ag* environnant(e).
circo'stanza [tʃirko'stantsa] *sf* circonstance.
cir'cuito [tʃir'kuito] *sm* circuit.
CISL *abbr di* Confederazione Italiana Sindacati Lavoratori.
'ciste ['tʃiste] *sf vedi* **cisti.**
ci'sterna [tʃi'sterna] *sf* citerne.
'cisti ['tʃisti] *sf (MED)* kyste *m*.
CIT *abbr di* Compagnia Italiana Turismo.
ci'tare [tʃi'tare] *vt* citer; **citazi'one** *sf* citation.
ci'tofono [tʃi'tɔfono] *sm* interphone.
città [tʃit'ta] *sf inv* ville; *(centro storico)* cité; ~ **universitaria** cité universitaire; **C~ del Vaticano** Cité du Vatican.
cittadi'nanza [tʃittadi'nantsa] *sf* population; (*DIR*) nationalité; *(: di città)* citoyenneté.
citta'dino, a [tʃitta'dino] *ag* citadin(e), urbain(e) // *sm/f* (*DIR*) citoyen/ne; *(abitante di una città)* habitant/e; *(in contrapposizione a contadino)* citadin/e.
ci'uco, a, chi, che ['tʃuko] *sm* baudet; *(fig: persona ignorante)* bourrique *f*.
ci'uffo ['tʃuffo] *sm* touffe *f; (di capelli)* touffe *f*, mèche *f*.
ci'vetto, a [tʃi'vetto] *ag (frivolo)* coquet(te); **auto ~a** (*POLIZIA*) voiture banalisée // *sf (ZOOL)* chouette.
'civico, a, ci, che ['tʃivico] *ag (pertinente alla città)* municipal(e); (*DIR: pertinente al cittadino)* civique.
ci'vile [tʃi'vile] *ag (DIR: pertinente al cittadino)* civique, civil(e); (*AMM*) civil(e); *(cortese)* civilisé(e), poli(e) // *sm* civil.
civiliz'zare [tʃivilid'dzare] *vt* civiliser; **~rsi** *vr* se civiliser.
civiltà [tʃivil'ta] *sf* civilisation; *(fig: buona educazione)* politesse.
ci'vismo [tʃi'vismo] *sm (DIR)* civisme.
'clacson *sm inv (AUTO)* klaxon.
cla'more *sm* clameur *f*, vacarme, bruit; **clamo'roso, a** *ag* bruyant(e), retentissant(e); *(fig)* éclatant(e).
clande'stino, a *ag, sm/f* clandestin(e).
clari'netto *sm (MUS)* clarinette *f*.
'classe *sf* classe; *(categoria professionale)* catégorie; **di gran** ~ *(fig)* de grande classe.
classi'cismo [klassi'tʃismo] *sm* classicisme.
'classico, a, ci, che *ag, sm* classique.
clas'sifica *sf* classement *m;* **classifi'care** *vt* classer; *(dividere in classi)* classifier; (*SCOL: dare un voto)* noter; **classificarsi** *vr (ottenere un posto in una classifica)* se classer.
'clausola *sf* clause.
'clava *sf* massue.
clavi'cembalo [klavi'tʃembalo] *sm* clavecin.
cla'vicola *sf* clavicule.
cle'mente *ag* clément(e).
cleri'cale *ag* clérical(e).
'clero *sm (REL)* clergé.
cli'ente *sm/f* client/e; **clien'tela** *sf* clientèle.
'clima, i *sm* climat; **cli'matico, a, ci, che** *ag* climatique; **climatizzazi'one** *sf* climatisation.
'clinico, a, ci, che *ag* clinique // *sm* clinicien // *sf (casa di cura privata)* clinique.
'cloaca, che *sf* cloaque *m*, égout *m*.
cloro'filla *sf* chlorophylle.
cloro'formio *sm* chloroforme.

cm *abbr di corrente mese.*
coabi'tare *vi* cohabiter.
coagu'lare *vt (sangue)* coaguler; *(latte)* cailler; ~**rsi** *vr* se coaguler; se cailler.
coalizi'one [koalit'tsjone] *sf* coalition.
co'atto, a *ag* (DIR) forcé(e); **domicilio** ~ (DIR) résidence *f* surveillée.
coca'ina *sf* cocaïne.
'coccio ['kɔttʃo] *sm (vaso di terracotta)* terre *f* cuite; *(frammento rotto)* tesson, débris *sg.*
cocci'uto, a [kot'tʃuto] *ag* obstiné(e), têtu(e).
'cocco, chi *sm* (BOT: *pianta)* cocotier; *(: frutto)* (noix *f* de) coco; (MED) coque *f; (fam: persona prediletta)* chouchou, chéri.
cocco'drillo *sm* crocodile.
cocco'lare *vt* chouchouter.
co'cente [ko'tʃɛnte] *ag* brûlant(e), cuisant(e).
co'comero *sm* pastèque *f.*
co'cuzzolo [ko'kuttsolo] *sm* sommet.
'coda *sf* queue; *(di abito)* queue, traîne; **guardare con la ~ dell'occhio** *(fig)* regarder du coin de l'œil *o* à la dérobée.
co'dardo, a *ag, sm* lâche.
'codice ['kɔditʃe] *sm* code; **codifi'care** *vt* codifier.
coe'rente *ag* cohérent(e).
coe'renza [koe'rɛntsa] *sf* cohérence.
coesi'one *sf* cohésion.
coe'sistere *vi* coexister.
coe'taneo, a *ag* du même âge // *sm/f* personne *f* du même âge; *(della stessa epoca)* contemporain/e.
'cofano *sm* coffre.
'cogli ['koʎʎi] *prep + det vedi* **con.**
'cogliere ['kɔʎʎere] *vt (prendere: fiore, frutto)* cueillir; *(fig: approfittare)* saisir, choisir; *(: capire)* saisir; ~ **la palla al balzo** *(fig)* saisir la balle au bond; ~ **alla sprovvista/in flagrante** *(fig)* prendre au dépourvu/en flagrant délit; ~ **sul fatto** *(fig)* prendre les mains dans le sac.
co'gnato, a [koɲ'ɲato] *sm/f* beau-frère/belle-sœur.
cognizi'one [koɲɲit'tsjone] *sf* connaissance, notion.
co'gnome [koɲ'ɲome] *sm* nom (de famille).
'coi *prep + det vedi* **con.**
coinci'denza [kointʃi'dɛntsa] *sf (avvenimento)* coïncidence; (FERR, AER, *di autobus)* correspondance.
coin'volgere [koin'vɔldʒere] *vt:* ~ **qd in qc** impliquer qn dans qch.
col *prep + det vedi* **con.**
cola'brodo, cola'pasta *sm inv* passoire *f.*
co'lare *vt* (TECN: *metallo)* fondre // *vi* couler; ~ **a picco** (NAUT) couler (à pic); **co'lata** *sf* coulée.
colazi'one [kolat'tsjone] *sf (pasto del mattino)* petit déjeuner *m; (pasto del mezzogiorno)* déjeuner *m.*
'colei *pron vedi* **colui.**
co'lera *sm inv* choléra.
'colica, che *sf* colique.
'colla *sf* colle.
collabo'rare *vi* collaborer; **collabora'tore, trice** *sm/f* collaborateur/trice; **collaborazi'one** *sf* collaboration.
col'lana *sf* collier *m; (collezione: di libri)* collection.
col'lant *sm inv* collant.
col'lare *sm* collier.
col'lasso *sm* collapsus *sg.*
collau'dare *vt* essayer; *(materiali)* réceptionner; **col'laudo** *sm* essai; réception *f;* vérification *f.*
'colle *sm* col.
col'lega, ghi, ghe *sm/f* collègue.
collega'mento *sm* liaison *f.*
colle'gare *vt* unir, relier, joindre; (ELETTR) brancher; *(fig)* relier, mettre en rapport; ~**rsi con** (RAD, TV) se relier à, se mettre en communication avec.
col'legio [kol'lɛdʒo] *sm* collège,

pensionnat; *(di medici, avvocati)* ordre; *(notarile)* chambre *f;* (POL) circonscription *f;* ~ **dei professori** conseil des professeurs.
'collera *sf* colère; **col'lerico, a, ci, che** *ag* colérique, coléreux(-euse).
col'letta *sf* collecte.
collettività *sf* collectivité; **col'let'tivo, a** *ag* collectif(-ive).
col'letto *sm* col.
collezio'nare [kollettsjo'nare] *vt* collectionner; **collezi'one** *sf* collection.
colli'mare *vi* concorder.
col'lina *sf* colline.
col'lirio *sm* collyre.
collisi'one *sf* collision.
'collo *sm* (ANAT) cou; col; *(parte di abito, camicia)* col; *(di bottiglia, fiasco)* goulot; *(pacco)* colis *sg.*
colloca'mento *sm* place *f,* situation *f; (disposizione: di quadri, mobili)* rangement; **ufficio di** ~ bureau de placement; **collo'care** *vt* ranger, placer; *(dare un impiego)* placer.
col'loquio *sm* entretien, dialogue, entrevue *f;* (SCOL) conversation *f.*
col'mare *vt* remplir, combler; **'colmo, a** *ag (pieno: anche fig)* rempli(e), comble // *sm* comble; **è il colmo!** *(fig)* c'est le comble!
co'lombo, a *sm/f* colombe *f.*
co'lonia *sf* colonie; **coloni'ale** *ag* colonial(e) // *sm (chi abita una colonia)* colonial, colon; **coloniz'zare** *vt* coloniser.
co'lonna *sf* colonne.
colon'nello *sm* colonel.
co'lono *sm (coltivatore)* fermier; *(abitante di una colonia)* colon.
colo'rante *sm* colorant.
colo'rare *vt* colorer; *(disegno)* colorier; ~**rsi** *vr* se colorer; *(fig: arrossire)* rougir; **co'lore** *sm* couleur *f; (colorazione della pelle)* teint; **colo'rito, a** *ag* coloré(e); *(disegno)* colorié(e) // *sm (carnagione)* teint, coloris *sg.*
co'loro *pron pl vedi* **colui.**
colos'sale *ag* colossal(e).
co'losso *sm* colosse.
'colpa *sf* faute; (REL) péché *m;* (PSIC) culpabilité; **col'pevole** *ag, sm/f* coupable.
col'pire *vt* frapper, battre; *(bersaglio)* toucher; *(fig)* frapper; ~ **il pallone** taper dans le ballon; ~ **nel segno** frapper juste.
'colpo *sm* coup; *(emozione forte e improvvisa)* choc; **fare** ~ *(fig)* faire sensation, épater; **di** ~ tout à coup; **fallire il** ~ manquer son coup; ~ **di scena** coup de théâtre.
coltel'lata *sf* coup *m* de couteau.
col'tello *sm* couteau.
colti'vare *vt* cultiver; (MINERALOGIA) exploiter; ~**rsi** *vr* se cultiver; **coltiva'tore** *sm* agriculteur, cultivateur; **coltivatore diretto** exploitant; **coltivazi'one** *sf* culture.
'colto, a *pp di* **cogliere** // *ag* cultivé(e).
'coltre *sf* couverture; *(fig: di neve, nubi)* manteau *m.*
col'tura *sf* culture.
co'lui, co'lei, *pl* **co'loro** *pron* celui, celle, ceux *mpl,* celles *fpl.*
'coma *sm inv* coma.
comanda'mento *sm* commandement.
coman'dante *sm* commandant.
coman'dare *vt* commander; *(imporre)* ordonner; **co'mando** *sm* commandement; *(ordine)* ordre; (TECN) commande *f.*
combaci'are [kombat'tʃare] *vi* coïncider.
combat'tente *ag* combattant(e) // *sm* combattant..
com'battere *vt, vi* combattre; **combatti'mento** *sm* combat.
combi'nare *vt* combiner; *(organizzare)* organiser; *(fam: fare)* fabriquer; ~**rsi** *vr* (CHIM) se combiner; *(fig)* s'entendre; **combinazi'one** *sf* combinaison; *(caso fortuito)* hasard

m, coïncidence; **per combinazione** par hasard.
combu'stibile *ag, sm* combustible.
combusti'one *sf* combustion.
com'butta *sf (peg)*: **fare ~ con qd** être de connivence avec qn.
'come *av* comme; *(in qualità di)* en qualité de, en tant que; *(interrogativo, esclamativo)* comment // *cong (appena che, quando)* dès que, comme; ~ **arrivò si mise a lavorare** dès qu'il arriva, il se mit à travailler; ~ **sei bravo!** que tu es bon!; **non sai ~ mi dispiace** tu ne sais combien je regrette; ~ **mai?** pourquoi?; ~ **se** comme si; *vedi* **così, tanto.**
co'meta *sf* comète.
'comico, a, ci, che *ag, sm* comique // *sf (CINE)* film *m* comique.
co'mignolo [ko'miɲɲolo] *sm* cheminée *f*.
cominci'are [komin'tʃare] *vt* commencer // *vi* débuter, commencer; ~ **col fare** commencer par faire.
comi'tato *sm* comité.
comi'tiva *sf* groupe *m*.
co'mizio [ko'mittsjo] *sm* meeting.
com'media *sf* comédie; **recitare la ~** jouer la comédie; **commedi'ante** *sm/f (fig: peg: simulatore)* comédien/ne.
commemo'rare *vt* commémorer; **commemorazi'one** *sf* commémoration.
commen'tare *vt* commenter; **commenta'tore, trice** *sm/f* commentateur/trice; **com'mento** *sm* commentaire.
commerci'ale [kommer'tʃale] *ag* commercial(e); *(città, quartiere)* commerçant(e), marchand(e); **azienda ~** maison de commerce.
commerci'ante [kommer'tʃante] *ag, sm/f* commerçant(e).
commerci'are [kommer'tʃare] *vi* commercer.
com'mercio [kom'mɛrtʃo] *sm* commerce; ~ **all'ingrosso/al minuto** commerce en gros/au détail; **essere in ~** *(sog: prodotto)* être dans le commerce; **essere nel ~** *(sog: persona)* être dans le commerce.
com'messo, a *pp di* **commettere** // *sm/f (impiegato di bottega)* vendeur/euse // *sm (AMM: impiegato)* commis *sg* // *sf (COMM: ordinazione)* commande; ~ **viaggiatore** commis voyageur, représentant de commerce.
comme'stibile *ag* comestible; **~i** *smpl (generi alimentari)* comestibles.
com'mettere *vt* commettre, faire.
commise'rare *vt* plaindre.
commissari'ato *sm* commissariat; **commis'sario** *sm* commissaire; *(SCOL: membro di una commissione d'esame)* membre (d'un jury d'examen).
commissio'nario *sm* commissionnaire.
commissi'one *sf* commission; *(COMM)* commande; ~ **d'esami** jury *m* d'examen; **~i** *sfpl (acquisti)* commissions, courses; **commit'tente** *sm (DIR)* commettant.
com'mosso, a *pp di* **commuovere.**
commo'vente *ag* émouvant(e).
commozi'one [kommot'tsjone] *sf* émotion; ~ **cerebrale** *(MED)* commotion cérébrale.
commu'overe *vt* émouvoir; **~rsi** *vr* s'émouvoir.
commu'tare *vt (DIR)* commuer; *(ELETTR)* commuter.
comò *sm* commode *f*.
como'dino *sm* table *f* de nuit.
comodità *sf inv* commodité, confort *m*; **'comodo, a** *ag* commode, confortable; *(pratico)* pratique, facile // *sm*: **fare con comodo** *(senza fretta)* prendre son temps; **fare il proprio comodo** servir son propre intérêt; **mi fa/mi torna**

comodo cela m'arrange.

compae'sano, a *sm/f* compatriote.

com'pagine [kom'padʒine] *sf* équipe.

compa'gnia [kompaɲ'ɲia] *sf* compagnie; *(gruppo)* groupe *m*, bande; **com'pagno, a** *sm/f* compagnon/compagne, camarade; (*SPORT*) coéquipier/ère; (*POL*) camarade.

compa'rare *vt* comparer; **compara'tivo, a** *ag* comparatif(-ive) // *sm* comparatif.

compa'rire *vi* paraître; (*DIR*) comparaître; **com'parso, a** *pp di* **comparire** // *sf (apparizione)* apparition; (*TEATRO, CINE*) comparse *m*, figurant/e.

compartecipazi'one [kompartetʃipat'tsjone] *sf* coparticipation.

comparti'mento *sm* compartiment; (*AMM*) circonscription *f*.

compassi'one *sf* compassion, pitié; **avere ~ di qd** avoir pitié de qn; **compassio'nevole** *ag* compatissant(e); *(pietoso)* pitoyable.

com'passo *sm* compas *sg*.

compa'tibile *ag (scusabile)* admissible; *(conciliabile)* compatible.

compati'mento *sm* compassion *f*, commisération *f*.

compa'tire *vt* compatir à, avoir compassion de; **~rsi** *vr* se faire pitié.

compatri'ota, i, e *sm/f* compatriote.

com'patto, a *ag* compact(e).

compendi'are *vt* résumer; **com'pendio** *sm* résumé; abrégé, précis *sg*.

compene'trare *vt* pénétrer; **~rsi** *vr* s'interpénétrer.

compen'sare *vt (rimunerare)* rétribuer, rémunérer; *(risarcire)* dédommager; *(equilibrare)* compenser; **com'penso** *sm (paga)* rétribution *f*; *(risarcimento)* dédommagement; *(ricompensa)* récompense *f*;; **in compenso** *(d'altra parte)* en revanche.

'compera *sf* achat *m*.

compe'tente *ag* compétent(e); **compe'tenza** *sf* compétence.

com'petere *vi* rivaliser; *(fare concorrenza)* concurrencer; *(concorrere per un posto)* concourir; **~ a** (*DIR*) être de la compétence (de); **competi'tore, trice** *sm/f* concurrent/e; **competizi'one** *sf* compétition.

compia'cente [kompja'tʃɛnte] *ag* complaisant(e), obligeant(e).

compia'cenza [kompja'tʃɛntsa] *sf* complaisance.

compia'cere [kompja'tʃere] *vt* satisfaire; **~rsi** *vr*: **~rsi di** *o* **per qc** se féliciter de qch; **~rsi con** féliciter; **compiaci'uto, a** *pp di* **compiacere**.

compi'angere [kom'pjandʒere] *vt* plaindre; **compi'anto, a** *pp di* **compiangere** // *ag (persona)* regretté(e) // *sm (dolore)* douleur *f*, peine *f*.

'compiere *vt* accomplir, réaliser, achever; *(adempiere)* accomplir, remplir; **~rsi** *vr (avverarsi)* s'accomplir; **~ gli anni** fêter son anniversaire.

compi'lare *vt* remplir.

compi'tare *vt* épeler.

'compito *sm* devoir, tâche *f*; (*SCOL*) devoir.

com'pito, a *ag* poli(e).

comple'anno *sm* anniversaire.

complemen'tare *ag* complémentaire.

comple'mento *sm* complément; (*MIL*) réserve *f*.

complessità *sf* complexité.

comples'sivo, a *ag* global(e).

com'plesso, a *ag* complexe, compliqué(e) // *sm* ensemble; (*PSIC*) complexe; **in** *o* **nel ~** dans l'ensemble.

comple'tare *vt* compléter; **com'pleto, a** *ag* complet(-ète); *(fig:*

assoluto, totale) total(e).
compli'care *vt* compliquer; **~rsi** *vr* se compliquer; **complicazi'one** *sf* complication.
'complice ['kɔmplitʃe] *sm/f* complice.
complimen'tare *vt* complimenter, féliciter; **~rsi con qd per qc** féliciter qn de qch; **compli'mento** *sm* compliment; **complimenti** *smpl* félicitations *fpl; senza* **complimenti** *(fig)* sans façon.
complot'tare *vt* conspirer, comploter; **com'plotto** *sm* complot.
compo'nente *sm/f* membre *m* // *sm (ingrediente)* ingrédient; (*CHIM*) composant // *sf* (*TECN*) composante.
componi'mento *sm (SCOL)* rédaction *f*, dissertation *f*, composition *f; (poetico, teatrale)* pièce *f*.
com'porre *vt* composer; *(mettere in ordine)* arranger.
comporta'mento *sm* comportement.
compor'tare *vt* comporter, entraîner; **~rsi** *vr (agire)* se conduire, se comporter.
composi'tore, trice *sm/f* compositeur/trice.
composizi'one [kompozit'tsjone] *sf* composition; (*DIR*) règlement *m*.
com'posta *sf vedi* **composto.**
compo'stezza [kompo'stettsa] *sf* tenue; *(fig)* mesure.
com'posto, a *pp di* **comporre** // *ag* composé(e); *(capelli)* en ordre; *(persona)* bien élevé(e) // *sm (insieme)* mélange; (*CHIM*) composé // *sf (CUC)* compote.
com'prare *vt* acheter; **compra'tore, trice** *sm/f* acheteur/euse.
com'prendere *vt* comprendre; **comprensi'one** *sf* compréhension; **compren'sivo, a** *ag* compréhensif (-ive); **com'preso, a** *pp di* **comprendere** // *ag* compris(e), inclus(e).
com'pressa *sf* compresse; (*MED: pastiglia)* comprimé *m*.
compressi'one *sf* compression.
com'presso, a *pp di* **comprimere.**
com'primere *vt* comprimer.
compro'messo, a *pp di* **compromettere** // *ag* compromis(e) // *sm* compromis *sg*.
compro'mettere *vt* compromettre; **~rsi** *vr* se compromettre.
compro'vare *vt* prouver, démontrer.
com'punto, a *ag* sérieux(-euse); **compunzi'one** *sf* componction.
compu'tare *vt* calculer; **computiste'ria** *sf* comptabilité; **'computo** *sm* calcul.
comu'nale *ag* communal(e).
comu'nanza [komu'nantsa] *sf* communauté.
co'mune *ag* commun(e); *(corrente)* courant(e); *(ordinario)* ordinaire, usuel(le) // *sm* commun; (*AMM*) commune *f*, municipalité *f* // *sf* commune.
comuni'care *vt* communiquer; (*REL*) communier // *vi* communiquer; **~rsi** *vr (propagarsi)* se propager, se répandre; (*REL*) communier; **comunica'tivo, a** *ag* communicatif(-ive) // *sf:* **manca di comunicativa** il est peu communicatif; **comuni'cato, a** *ag* communiqué(e) // *sm* communiqué; **comunicazi'one** *sf* communication.
comuni'one *sf* communion; (*DIR*) communauté.
comu'nismo *sm* communisme.
comunità *sf* communauté; **C~ Economica Europea (CEE)** Communauté Economique Européenne (CEE).
co'munque *cong* quoi que, de quelque façon que // *av (in ogni modo)* quand même, de toute façon.
con *(nei seguenti casi* **con** *può fondersi con l'art. definito: con + il =* **col,** *con + gli =* **cogli,** *con + i =* **coi***)* *prep* avec; *(mezzo)* par, en; *(parti del corpo)* de; *(qualità)* à; *(condizioni atmosferiche)* par; *(nonostante)*

malgré; **lo indicò ~ il dito** il l'indiqua du doigt; **la ragazza ~ gli occhi neri** la fille aux yeux noirs; **~ un tono severo** d'un ton sévère; **parlare ~ la bocca piena** parler la bouche pleine; **~ lo scopo di studiare** dans le but d'étudier; **~ il pretesto di** sous prétexte de.

co'nato *sm (di vomito)* haut-le-cœur.

'conca, che *sf (GEOGR: bacino)* cuvette, bassin *m*.

'concavo, a *ag* concave.

con'cedere [kon'tʃɛdere] *vt* accorder; *(ammettere)* admettre; *(permettere)* permettre; **~rsi** *vr* s'accorder.

concentra'mento [kontʃentra'mento] *sm* concentration *f*.

concen'trare [kontʃen'trare] *vt* concentrer; **~rsi** *vr* se concentrer; **concentrazi'one** *sf* concentration.

concepi'mento [kontʃepi'mento] *sm* conception *f*.

conce'pire [kontʃe'pire] *vt* concevoir.

con'cernere [kon'tʃɛrnere] *vt* concerner.

concer'tare [kontʃer'tare] *vt* concerter, organiser; **~rsi** *vr* se concerter, s'accorder.

con'certo [kon'tʃɛrto] *sm* concert; **di ~** ensemble, de concert.

concessio'nario, a [kontʃessjo'narjo] *ag, sm (COMM)* concessionnaire.

concessi'one [kontʃes'sjone] *sf* concession.

con'cesso, a [kon'tʃɛsso] *pp di* **concedere.**

con'cetto [kon'tʃɛtto] *sm* idée *f*, concept; *(nozione)* notion *f; (opinione)* conception *f*.

concezi'one [kontʃet'tsjone] *sf* conception; *(di piano, programma)* élaboration.

con'chiglia [kon'kiʎʎa] *sf* coquillage *m*.

'concia, ce ['kɔntʃa] *sf (delle pelli)* tannage *m; (sostanza)* tan *m*.

conci'are [kon'tʃare] *vt* tanner; *(fig: ridurre in cattivo stato)* mettre en piteux état; **~rsi** *vr (ridursi male)* se mettre dans un piteux état; *(vestirsi male)* s'accoutrer; **~ qd per le feste** *(fig)* arranger qn drôlement.

concili'abolo [kontʃi'ljabolo] *sm* conciliabule.

concili'are [kontʃi'ljare] *vt* concilier; *(favorire)* favoriser; **~rsi** *vr (procurarsi: simpatia)* gagner, s'attirer; **~rsi con** se mettre d'accord avec; **conciliazi'one** *sf* conciliation; *(POL: concordato)* concordat *m*.

con'cilio [kon'tʃiljo] *sm* concile.

con'cime [kon'tʃime] *sm* engrais *sg*.

con'ciso, a [kon'tʃizo] *ag* concis(e).

conci'tato, a [kontʃi'tato] *ag* excité(e), agité(e), animé(e).

concitta'dino, a [kontʃitta'dino] *sm/f* concitoyen/ne; compatriote.

con'clave *sm* conclave.

con'cludere *vt* conclure; *(ottenere un risultato)* aboutir à; *(dedurre)* déduire; **~rsi** *vr* se terminer; **conclusi'one** *sf* conclusion; **conclu'sivo, a** *ag* conclusif(-ive); **con'cluso, a** *pp di* **concludere.**

concor'danza [konkor'dantsa] *sf* concordance; *(uguaglianza)* correspondance.

concor'dare *vt (convenire)* fixer, convenir de; *(LING)* accorder // *vi* concorder; *(LING)* s'accorder; **concor'dato, a** *ag* fixé(e), établi(e) // *sm (POL)* concordat; **con'corde** *ag (persone)* d'accord; *(unanime)* unanime; **con'cordia** *sf* concorde.

concor'rente *ag, sm/f* concurrent(e).

concor'renza [konkor'rentsa] *sf* concurrence.

con'correre *vi* concourir; **con'corso, a** *pp di* **concorrere** // *sm* concours *sg*.

con'creto, a *ag* concret(-ète) // *sm*: **venire al ~** en venir aux faits; **in ~**

en pratique.
concussi'one *sf (DIR)* concussion.
con'danna *sf* condamnation; **condan'nare** *vt* condamner; **condannare qd all'ergastolo** condamner qn aux travaux forcés; **condan'nato, a** *ag, sm/f* condamné(e).
conden'sare *vt* condenser; **~rsi** *vr* se condenser; **condensazi'one** *sf* condensation.
condi'mento *sm* assaisonnement, condiment.
con'dire *vt (CUC)* assaisonner.
condiscen'dente [kondiʃʃen'dɛnte] *ag* complaisant(e), accommodant(e).
condi'scendere [kondiʃ'ʃendere] *vi* condescendre; **condi'sceso, a** *pp di* **condiscendere.**
condi'videre *vt* partager; **condi'viso, a** *pp di* **condividere.**
condizio'nale [kondittsjo'nale] *ag* conditionel(le) // *sm* conditionnel // *sf (DIR)* sursis *m*.
condizio'nare [kondittsjo'nare] *vt* conditionner; **condiziona'tore** *sm (TECN)* climatiseur; **condizi'one** *sf* condition; *(aspetto esteriore)* état *m;* **essere in condizioni di** être en état de.
condogli'anze [kondoʎ'ʎantse] *sfpl* condoléances.
condo'minio *sm* (immeuble en) copropriété *f*.
condo'nare *vt (DIR)* remettre; **con'dono** *sm (DIR)* remise *f*.
con'dotta *sf vedi* **condotto.**
con'dotto, a *pp di* **condurre** // *ag:* **medico ~** *en province, médecin chargé d'une ou plusieurs communes* // *sm* conduit, canal // *sf (comportamento)* conduite; *(AMM sanitaria) territoire confié à un médecin de province.*
condu'cente [kondu'tʃɛnte] *sm* conducteur, chauffeur.
con'durre *vt* diriger; *(guidare: automobile)* conduire; *(portare: strada, fig: vita)* mener; *(fig: indurre)* amener // *vi (SPORT)* mener; **condut'tore, trice** *ag, sm/f* conducteur(-trice).
confarsi *vr:* **~ a** *(addirsi)* convenir à.
confederazi'one [konfederat'tsjone] *sf* confédération.
confe'renza [konfe'rɛntsa] *sf* conférence; **conferenzi'ere, a** *sm/f* conférencier/ère.
confe'rire *vt (attribuire: incarico, premio)* conférer, attribuer, décerner; *(fig)* donner // *vi (avere un colloquio)* conférer, s'entretenir.
con'ferma *sf* confirmation; **confer'mare** *vt* confirmer.
confes'sare *vt* avouer; *(REL)* confesser; **~rsi** *vr (REL)* se confesser; *(confidarsi)* se confier; **confessio'nale** *ag (REL)* confessionnel(le) // *sm* confessionnal; **confessi'one** *sf* confession; *(DIR)* aveu *m;* **confes'sore** *sm (REL)* confesseur.
con'fetto *sm* dragée *f*.
confezio'nare [konfettsjo'nare] *vt* confectionner; **confezi'one** *sf* confection, emballage *m*.
confic'care *vt (piantare: chiodo)* planter, enfoncer; *(fig)* enfoncer, fourrer.
confi'dare *vi:* **~ in** s'en remettre à, se fier à // *vt* confier; **~rsi con qd** se livrer à qn, se confier à qn; **confi'dente** *ag, sm/f* confident(e); **confi'denza** *sf* familiarité; *(rivelazione)* confidence; **prendere confidenza con qc/qd** se familiariser avec qch/ s'habituer à qn; **confidenzi'ale** *ag* confidentiel(le).
configu'rarsi *vr* apparaître; **configurazi'one** *sf* configuration.
confi'nare *vi (essere vicino)* confiner // *vt* reléguer, confiner; **~rsi** *vr* se confiner, s'isoler.
CONFIN'DUSTRIA *abbr f di Confederazione Generale dell'Industria Italiana.*
con'fine *sm* frontière *f*.
con'fino *sm (DIR)* relégation *f*.

confi'scare *vt* confisquer.
conflagrazi'one [konflagrat'tsjone] *sf* conflagration.
con'flitto *sm* conflit.
conflu'enza *sf* confluence; *(fig)* convergence.
conflu'ire *vi* confluer; *(fig)* converger.
con'fondere *vt* confondre, mélanger, embrouiller; **~rsi** *vr* se confondre, s'embrouiller.
confor'marsi *vr:* ~ **a** se conformer à, s'aligner sur.
confor'mista, i, e *sm/f* conformiste.
confor'tare *vt* réconforter, consoler; **~rsi** *vr* se réconforter; **confor'tevole** *ag* confortable; **con'forto** *sm (consolazione)* réconfort; *(comodità)* confort.
confron'tare *vt* comparer; **con'fronto** *sm* comparaison *f;* **in confronto a** par rapport à; **nei miei/ tuoi confronti** à mon/ton égard.
confusi'one *sf* confusion; *(turbamento)* trouble *m;* **con'fuso, a** *pp di* **confondere** // *ag* confus(e).
confu'tare *vt* réfuter.
conge'dare [kondʒe'dare] *vt* congédier; *(licenziare, anche* MIL*)* renvoyer; **~rsi** *vr* prendre congé; (MIL) terminer son service; **con'gedo** *sm (commiato)* congé; (MIL) libération *f.*
conge'gnare [kondʒeɲ'ɲare] *vt (anche fig)* arranger, monter; **con'gegno** *sm* mécanisme, dispositif.
conge'lare [kondʒe'lare] *vt* congeler; *(fig)* frigorifier; (POL, ECON, COMM: *beni, prezzi)* geler; **congela'tore** *sm* (TECN) congélateur.
con'genito, a [kon'dʒɛnito] *ag* congénital(e).
congestio'nare [kondʒestjo'nare] *vt* congestionner; **congesti'one** *sf* congestion.
conget'tura [kondʒet'tura] *sf* conjecture.
congi'ungere [kon'dʒundʒere] *vt* joindre, unir, relier; **~rsi** *vr* se rejoindre; **~rsi in matrimonio** s'unir en mariage.
congiunti'vite [kondʒunti'vite] *sf (MED)* conjonctivite.
congiun'tivo [kondʒun'tivo] *sm (LING)* subjonctif.
congi'unto, a [kon'dʒunto] *pp di* **congiungere** // *ag* joint(e) // *sm/f (parente)* conjoint/e.
congiun'tura [kondʒun'tura] *sf* conjoncture.
congiunzi'one [kondʒun'tsjone] *sf* conjonction.
congi'ura [kon'dʒura] *sf* conjuration, complot *m;* **congiu'rare** *vi* conjurer, conspirer.
conglome'rato *sm* conglomérat; (EDIL) aggloméré; *(sociale)* groupement.
congratu'larsi *vr:* ~ **con qd per qc** féliciter qn pour *o* de qch; **congratulazi'oni** *sfpl* félicitations.
con'grega, ghe *sf* bande; (REL) congrégation.
congregazi'one [kongregat'tsjone] *sf (REL)* congrégation.
con'gresso *sm* congrès *sg.*
conguagli'are [kongwaʎ'ʎare] *vt (COMM)* balancer; **congu'aglio** *sm (ECON)* différence *f.*
coni'are *vt (monete)* frapper; *(fig)* forger, créer.
'conico, a, ci, che *ag* conique.
co'nifera *sf* conifère *m.*
co'niglio [ko'niʎʎo] *sm* lapin.
coniu'gare *vt* conjuguer; **coniugazi'one** *sf* conjugaison.
'coniuge ['kɔnjudʒe] *sm/f* conjoint/e.
connazio'nale [konnattsjo'nale] *ag, sm/f* compatriote.
connessi'one *sf* liaison, relation; **con'nesso, a** *pp di* **connettere.**
con'nettere *vt* joindre, relier; (ELETTR) connecter; **quando è ubriaco non connette più** *(fig)* quand il est ivre il déraisonne.

conni'vente *ag, sm/f* complice.
conno'tato *sm (segno esteriore)* trait; **dare i ~i di qd** donner le signalement de qn.
'cono *sm* cône; *(gelato)* cornet.
cono'scente [konoʃ'ʃɛnte] *sm/f (persona conosciuta)* connaissance *f*.
cono'scenza [konoʃ'ʃɛntsa] *sf* connaissance.
co'noscere [ko'noʃʃere] *vt* connaître; **~rsi** *vr* se connaître; **conosci'tore, trice** *sm/f* connaisseur *m;* **conosci'uto, a** *pp di* **conoscere.**
conqu'ista *sf* conquête; **conqui'stare** *vt* conquérir; **conquistarsi** *vr (fig)* gagner.
consa'crare *vt* consacrer; *(imperatore, vescovo)* sacrer; **~rsi a** se consacrer à.
consangu'ineo, a *ag* consanguin(e).
consa'pevole *ag* conscient(e); **consapevo'lezza** *sf* conscience.
'conscio, a, sci, sce ['kɔnʃo] *ag* conscient(e) // *sm* conscient.
consecu'tivo, a *ag* consécutif (-ive).
con'segna [kon'seɲɲa] *sf (COMM)* remise, livraison; *(deposito)* consigne; *(MIL: ordine)* ordre *m; (punizione, anche MIL)* consigne; **conse'gnare** *vt (affidare)* remettre, livrer; *(MIL)* consigner.
consegu'ente *ag* consécutif(-ive), résultant(e) // *sm (MAT)* conséquent.
consegu'enza [konse'gwɛntsa] *sf* conséquence; **in ~ di** en conséquence de; **di ~** par conséquent.
consegu'ire *vt* obtenir; *(vittoria, premio)* remporter // *vi (derivare)* s'ensuivre, découler; **ne consegue che ...** il s'ensuit que ... .
con'senso *sm* consentement, approbation *f; (DIR)* consensus *sg.*
consen'tire *vt* consentir, permettre // *vi:* **~ a** consentir à.
con'serva *sf* conserve; **conser'vare** *vt* garder, conserver; **conservarsi** *vr* se conserver; **conserva'tore, trice** *sm/f* conservateur/trice; **conservazi'one** *sf* conservation.
conside'rare *vt* considérer, examiner; *(soppesare)* peser; **~rsi** *vr* se considérer; **considerazi'one** *sf* considération; *(stima)* estime, considération; **prendere in considerazione** faire entrer en ligne de compte; **conside'revole** *ag* considérable.
consigli'are [konsiʎ'ʎare] *vt* conseiller, suggérer; *(raccomandare)* recommander; **~rsi con qd** *(chiedere suggerimenti)* demander conseil à qn; **consigli'ere, a** *sm/f* conseiller/ère; **con'siglio** *sm* conseil.
consi'stente *ag* consistant(e).
con'sistere *vi:* **~ in qc** consister en qch; **~ nel fare** consister à faire; **consi'stito, a** *pp di* **consistere.**
conso'lare *ag* consulaire // *vt* consoler; **~rsi** *vr* se consoler.
conso'lato *sm* consulat.
consolazi'one [konsola'tsjone] *sf* consolation.
'console *sm* consul.
consoli'dare *vt* consolider; *(fig)* affermir, renforcer; **~rsi** *vr* se consolider.
conso'nante *sf (LING)* consonne.
conso'nanza [konso'nantsa] *sf* consonance.
con'sorte *sm/f* époux/se.
con'sorzio [kon'sɔrtsjo] *sm* société *f;* consortium; **~ agrario** coopérative *f* agricole.
con'stare *vi:* **~ di** se composer de, comprendre.
consta'tare *vt* constater.
consu'eto, a *ag* coutumier(-ère), habituel(le).
consue'tudine *sf* coutume, habitude.
consu'lente *ag* consultant(e) // *sm/f* conseiller/ère; **~ legale** avocat-conseil *m*.

consu'lenza [konsu'lɛntsa] *sf* consultation.
consul'tare *vt* consulter; **~rsi con qd** se consulter avec qn, consulter qn; **consultazi'one** *sf* consultation; **consul'torio** *sm* centre de planification et d'éducation familiale.
consu'mare *vt* consommer; *(logorare)* user; *(dissipare)* gaspiller; **~rsi** *vr* se consumer; **consuma'tore** *sm* consommateur; **consumazi'one** *sf* consommation; **con'sumo** *sm* consommation *f.*
consun'tivo *sm* (ECON) compte rendu.
con'sunto, a *ag* usé(e).
con'tabile *ag, sm/f* comptable; **contabilità** *sf* comptabilité.
conta'dino, a *sm/f* paysan/ne.
contagi'are [konta'dʒare] *vt* contaminer; **con'tagio** *sm* contagion *f;* **contagi'oso, a** *ag* contagieux(-euse).
contami'nare *vt* contaminer, infecter; **contaminazi'one** *sf* contamination.
con'tante *ag* comptant(e) // *sm* comptant; **pagare in ~i** payer comptant.
con'tare *vt, vi* compter; **conta'tore** *sm* compteur.
contat'tare *vt* contacter; **con'tatto** *sm* contact.
'conte *sm* comte.
conteggi'are [konted'dʒare] *vt* compter, calculer; comptabiliser; **con'teggio** *sm* compte.
con'tegno [kon'teɲɲo] *sm* allure *f;* tenue *f.*
contem'plare *vt* contempler; (DIR) prévoir.
contempo'raneo, a *ag, sm/f* contemporain(e).
conten'dente *sm/f* adversaire.
con'tendersi *vr* se disputer.
conte'nere *vt* contenir, renfermer, comprendre; *(reprimere)* contenir, contrôler; **~rsi** *vr* se contrôler; **conteni'tore** *sm* récipient.
conten'tare *vt* contenter; **~rsi di** se contenter de; **conten'tezza** *sf* contentement *m*, joie; **con'tento, a** *ag* satisfait(e), content(e).
conte'nuto *sm* contenu.
con'teso, a *pp di* **contendere** // *sf* querelle, dispute.
con'tessa *sf* comtesse.
conte'stare *vt* contester; (DIR: *notificare)* notifier.
con'testo *sm* contexte.
con'tiguo, a *ag* contigu(ë).
continen'tale *ag* continental(e) // *sm* continental.
conti'nente *sm* continent.
conti'nenza [konti'nɛntsa] *sf* sobriété; (REL) continence.
contin'gente [kontin'dʒɛnte] *ag* contingent(e) *sm* contingent.
contin'genza [kontin'dʒɛntsa] *sf* contingence; **indennità di ~** (ECON) indemnité de vie chère.
continu'are *vt* continuer, poursuivre // *vi* continuer; **continuazi'one** *sf* continuation; **continuità** *sf* continuité; **con'tinuo, a** *ag* continu(e), continuel(le); **di continuo** continuellement.
'conto *sm* compte; *(di albergo)* note *f; (di ristorante)* addition *f;* **fare il ~ di** calculer; **fare i ~i con qd** *(fig)* régler ses comptes avec qn; **fare ~ su qd/qc** compter sur qn/qch; **tener ~ di qd/qc** prendre qn/qch en considération; **a ~i fatti** tout compte fait.
con'torcere [kon'tortʃere]: **~rsi** *vr* se tordre.
contor'nare *vt* contourner; *(circondare)* entourer; **con'torno** *sm* contour; (CUC) garniture *f.*
contorsi'one *sf* contorsion.
con'torto, a *pp di* **contorcere.**
contrabbandi'ere, a *ag, sm/f* contrebandier(-ère); **contrab'bando** *sm* contrebande *f.*
contraccambi'are *vt* rendre;

contrac'cambio *sm* échange; **in contraccambio** en échange, en contrepartie.
contrac'colpo *sm* contrecoup.
contrad'detto, a *pp di* **contraddire.**
contrad'dire *vt* contredire; **~rsi** *vr* se contredire; **contraddi'torio, a** *ag* contradictoire; **contraddizi'one** *sf* contradiction.
contraf'fare *vt* imiter, falsifier, contrefaire; **contraf'fatto, a** *pp di* **contraffare**; **contraffazi'one** *sf* imitation, falsification, contrefaçon.
con'tralto *sm (MUS)* contralto.
contrap'peso *sm* contrepoids *sg.*
contrap'porre *vt* opposer; **~rsi** *vr* s'opposer; **contrap'posto, a** *pp di* **contrapporre.**
contrari'are *vt* contrarier; **~rsi** *vr* se contrarier; **contrarietà** *sf* contrariété; *(avversione)* hostilité, aversion; **con'trario, a** *ag (avverso)* contraire; *(inverso)* opposé(e) // *sm* contraire, inverse.
con'trarre *vt (obbligo, malattia)* contracter; *(muscolo)* contracter, crisper; **con'trarsi** *vr* se contracter, se crisper.
contrasse'gnare [kontrasseɲ'ɲare] *vt* marquer; **contras'segno** *sm* marque *f; (COMM)* contre-remboursement.
contra'stante *ag* contrastant(e).
contra'stare *vt* contrarier // *vi* être en contraste; **con'trasto** *sm* contraste, divergence *f*, opposition *f.*
contrat'tacco *sm* contre-attaque *f.*
contrat'tare *vt* négocier.
contrat'tempo *sm* contretemps *sg.*
con'tratto, a *pp di* **contrarre** // *sm (DIR)* contrat; **contrattu'ale** *ag* contractuel(le).
contrav'venire *vi:* ~ **a** contrevenir à, violer; **contravvenzi'one** *sf (DIR)* contravention; **elevare una contravvenzione** dresser un procès verbal *o* une contravention.
contrazi'one [kontrat'tsjone] *sf* contraction; *(ECON)* réduction.
contribu'ente *sm/f* contribuable.
contribu'ire *vi* contribuer; **con'tri'buto** *sm* contribution *f; (ECON)* cotisation *f.*
con'trito, a *ag* contrit(e).
'contro *prep, av* contre; **essere ~** être contraire; ~ **di me/te** contre moi/toi // *sm:* **il pro e il ~** le pour et le contre.
contro'battere *vt* riposter.
controfi'gura *sf (CINE)* doublure.
controfir'mare *vt* contresigner.
control'lare *vt* vérifier, contrôler; *(fig: dominare)* maîtriser; **~rsi** *vr* se maîtriser; **con'trollo** *sm (verifica)* contrôle, vérification *f; (fig: dominio)* maîtrise *f;* **control'lore** *sm* contrôleur.
contro'parte *sf (DIR)* partie adverse.
contro'pelo *av (anche* **a** ~) à rebrousse-poil.
controprodu'cente [kontroprodu'tʃɛnte] *ag* qui produit l'effet contraire.
contro'senso *sm* contresens *sg.*
contro'versia *sf (contrasto di opinioni)* controverse, discussion; *(DIR)* différend *m;* **contro'verso, a** *ag* controversé(e).
contro'voglia [kontro'vɔʎʎa] *av* à contrecœur.
contu'macia [kontu'matʃa] *sf (DIR)* contumace.
contur'bare *vt* troubler.
contusi'one *sf* contusion.
convale'scente [konvaleʃ'ʃɛnte] *ag, sm/f* convalescent(e).
convale'scenza [konvaleʃ'ʃɛntsa] *sf* convalescence.
convali'dare *vt (DIR)* valider; *(fig)* confirmer.
con'vegno [kon'veɲɲo] *sm* rencontre *f*, congrès *sg; (luogo)* lieu de rendez-vous.

conve'nevoli *smpl:* **scambiarsi i** ~ échanger des politesses.
conveni'ente *ag* avantageux (-euse).
conveni'enza [konve'njɛntsa] *sf* utilité, convenance.
conve'nire *vi* convenir; *(riunirsi)* se réunir, affluer // *vb impersonale:* **conviene fare/che** il convient de faire/que; **ne convengo** j'en conviens.
con'vento *sm* couvent.
convenzio'nale [konventsjo'nale] *ag* conventionnel(le).
convenzi'one [konven'tsjone] *sf* convention.
conver'gente [konver'dʒɛnte] *ag* convergent(e).
con'vergere [kon'vɛrdʒere] *vi* converger.
conver'sare *vi* converser, bavarder; **conversazi'one** *sf* conversation.
conversi'one *sf* conversion.
con'verso, a *pp di* **convergere.**
conver'tire *vt* convertir; **~rsi** *vr* se convertir; **conver'tito, a** *sm/f* converti/e.
con'vesso, a *ag* convexe, bombé(e).
con'vincere [kon'vintʃere] *vt* convaincre, persuader; **~rsi** *vr* se convaincre, se persuader; **con'vinto, a** *pp di* **convincere**; **convinzi'one** *sf* conviction.
convis'suto, a *pp di* **convivere.**
con'vitto *sm* collège, internat; **convit'tore, trice** *sm/f* pensionnaire.
convi'vente *sm/f* cohabitant/e.
con'vivere *vi* cohabiter.
convo'care *vt* convoquer; **convocazi'one** *sf* convocation.
convogli'are [konvoʎ'ʎare] *vt* acheminer, diriger; **con'voglio** *sm* convoi.
convulsi'one *sf* convulsion.
con'vulso, a *ag* convulsif(-ive); *(fig: agitato)* convulsé(e); *(stile, movimento)* saccadé(e).
coope'rare *vi* coopérer; **coopera'tiva** *sf* coopérative; **cooperazi'one** *sf* coopération.
coordi'nare *vt* coordonner; **coordi'nata** *sf* coordonnée.
co'perchio [ko'pɛrkjo] *sm* couvercle.
co'perta *sf* couverture; (NAUT) pont *m;* **coper'tina** *sf (di quaderno, libro)* couverture.
co'perto, a *pp di* **coprire** // *ag* couvert(e) // *sm (di tavola)* couvert.
coper'tone *sm* (AUTO) pneu; *(telo impermeabile)* bâche *f.*
coper'tura *sf* couverture.
'copia *sf (riproduzione)* copie; *(esemplare di opera stampata)* exemplaire *m;* **brutta/bella** ~ brouillon *m*/propre *m.*
copi'are *vt* recopier, copier; *(imitare)* copier, imiter.
copi'one *sm* (CINE) scénario; (TEATRO) manuscrit.
'coppa *sf* coupe; ~ **dell'olio** (AUTO) carter *m* d'huile.
'coppia *sf* couple *m;* **in** ~ deux par deux.
coprifu'oco, chi *sm* couvre-feu.
co'prire *vt* couvrir; *(occupare: carica, posto)* occuper; **~rsi** *vr* se couvrir.
co'raggio [ko'raddʒo] *sm* courage; *(sfacciataggine)* toupet, impudence *f;* **coraggi'oso, a** *ag* courageux (-euse), brave.
co'rale *ag* choral(e).
co'rallo *sm* corail.
Co'rano *sm* Coran.
co'razza [ko'rattsa] *sf* cuirasse, armure; *(di animali)* carapace; **coraz'zata** *sf* (MIL) cuirassé *m.*
corbelle'ria *sf* sottise, bêtise.
'corda *sf* corde; **dar** ~ **a qd** *(fig)* laisser dire/faire qn; **essere giù di** ~ ne pas être en forme; **tagliare la** ~ ficher le camp *(fam);* **mettere qd alle ~e** *(fig)* mettre qn en difficulté.

cordi'ale *ag* cordial(e) // *sm* cordial.
cor'doglio [kor'dɔʎʎo] *sm* douleur *f*, condoléances *fpl*.
cor'done *sm* cordon; *(del marciapiede)* bordure *f*.
coreogra'fia *sf* chorégraphie; **core'ografo** *sm* chorégraphe.
cori'andolo *sm (BOT)* coriandre *f*; **~i** *smpl (di carnevale)* confetti.
cori'care *vt* coucher; **~rsi** *vr* se coucher.
'corna *sfpl vedi* **corno.**
cor'nacchia [kor'nakkja] *sf* corneille.
corna'musa *sf* cornemuse.
'cornea *sf* cornée.
cor'netta *sf (MUS)* cornet *m* (à pistons); (*TEL*) récepteur *m*, combiné *m*.
cor'netto *sm* cornet; (*CUC: brioche)* croissant.
cor'nice [kor'nitʃe] *sf* cadre *m*, encadrement *m; (ARCHIT, GEOL)* corniche; *(fig)* cadre *m*, décor *m*.
'corno *sm (ZOOL e fig: pl(f)* **~a**) corne *f*; (*MUS*: *pl* **~i**) cor; **~a** *fpl (del cervo)* bois *mpl*; **non valere/capire un ~** *(fam!)* ne rien valoir/comprendre; **fare le ~a** *(fig)* toucher du bois; **fare le ~a a qd** cocufier *(fam) o* tromper qn; **cor'nuto, a** *ag* cornu(e); *(fam!)* cocu(e).
'coro *sm* chœur.
co'rona *sf* couronne; **~ del rosario** (*REL*) chapelet *m;* **coro'nare** *vt* couronner.
'corpo *sm* corps *sg;* **a ~ a ~** corps à corps; **~ di Bacco!** parbleu!; **cor-po'rale** *ag* corporel(le); **corpora'tura** *sf* taille, corps *m*.
corporazi'one [korporat'tsjone] *sf* corporation.
cor'poreo, a *ag* corporel(le).
corpu'lento, a *ag* corpulent(e).
corre'dare *vt* équiper; **~ una domanda dei documenti necessari** accompagner une demande des documents nécessaires; **cor'redo** *sm (attrezzatura)* matériel; *(di sposa)* trousseau.
cor'reggere [kor'rɛdʒere] *vt* corriger; réviser; *(caffè)* arroser; (*MIL*) rectifier; **~rsi** *vr* se corriger.
cor'rente *ag* courant(e) // *sm, sf* courant *m*.
'correre *vi, vt* courir.
cor'retto, a *pp di* **correggere** // *ag* correct(e); *(caffè)* arrosé(e).
correzi'one [korret'tsjone] *sf* correction.
corri'doio *sm* couloir.
corri'dore *sm (SPORT)* coureur.
corri'era *sf* autocar *m*, car m.
corri'ere *sm (diplomatico, di guerra)* courrier; *(servizio di trasporto merci)* transporteur.
corrispon'dente *ag, sm/f* correspondant(e).
corrispon'denza [korrispon'dɛntsa] *sf* correspondance.
corri'spondere *vi:* **~ a** correspondre à; *(fig)* partager, répondre à; **~ con** correspondre avec; **corri'sposto, a** *pp di* **corrispondere.**
corrobo'rare *vt* fortifier.
cor'rodere *vt* corroder, ronger; **~rsi** *vr* se corroder.
cor'rompere *vt* corrompre.
corrosi'one *sf* corrosion.
corro'sivo, a *ag* corrosif(-ive) // *sm* corrosif.
cor'roso, a *pp di* **corrodere.**
cor'rotto, a *pp di* **corrompere.**
corrucci'arsi [korrut'tʃarsi] *vr:* **~ con** se fâcher contre.
corru'gare *vt* froncer, plisser.
corruzi'one [korrut'tsjone] *sf* corruption.
'corsa *sf* course.
cor'sia *sf (AUTO: divisione di carreggiata)* voie; (*SPORT*) couloir *m; (camerone di ospedale)* salle.
'Corsica *sf* Corse.
cor'sivo *sm* italique.
'corso, a *pp di* **correre** // *ag* corse // *sm* cours *sg; (strada)* boulevard,

cours *sg;* **nel** ~ **di** au cours de, pendant.
'corte *sf* cour.
cor'teccia, ce [kor'tettʃa] *sf* écorce.
corteggi'are [korted'dʒare] *vt* courtiser.
cor'teo *sm* cortège.
cor'tese *ag* aimable, poli(e).
corte'sia *sf* courtoisie, gentillesse, amabilité.
cortigi'ano, a [korti'dʒano] *ag, sm/f* courtisan(e).
cor'tile *sm* cour *f.*
cor'tina *sf* rideau *m; (di nebbia)* nappe.
'corto, a *ag* court(e).
'corvo *sm* corbeau.
'cosa *sf (oggetto)* chose; *(fam)* machin *m,* truc *m;* ~**e** *fpl (oggetti personali)* affaires; **è poca** ~ c'est peu de chose.
'coscia, sce ['kɔʃʃa] *sf* cuisse.
cosci'ente [koʃ'ʃɛnte] *ag* conscient(e).
cosci'enza [koʃ'ʃɛntsa] *sf* conscience; **coscienzi'oso, a** *ag* consciencieux(-euse).
cosci'otto [koʃ'ʃɔtto] *sm (CUC: agnello)* gigot; *(: vitello)* cuisseau.
co'scritto *sm (MIL)* conscrit.
coscrizi'one [koskrit'tsjone] *sf (MIL)* conscription.
così *av* ainsi, comme ça; *(tanto)* si // *ag inv (tale)* tel(le), pareil(le) // *cong:* **non è** ~ **furbo come te** il n'est pas aussi malin que toi; **ero** ~ **stanco che non riuscivo a lavorare** j'étais si fatigué que je n'arrivais pas à travailler; **non avevo soldi,** ~ **non ho comprato nulla** je n'avais pas d'argent, par conséquent je n'ai rien acheté; **'come stai?' '~ ~'** 'comment vas-tu?' 'comme ci, comme ça'; **e** ~ **via** et ainsi de suite; **per** ~ **dire** pour ainsi dire.
cosid'detto, a *ag* soi-disant *inv.*
co'smetico, a, ci, che *ag, sm* cosmétique.
'cosmo *sm* cosmos *sg.*
cosmo'nauta, i, e *sm/f* cosmonaute.
cosmo'polita, i, e *ag* cosmopolite.
cos'pargere [kos'pardʒere] *vt* parsemer; *(CUC)* saupoudrer; **cos'parso, a** *pp di* **cospargere.**
co'spetto *sm* présence *f;* **al** ~ **di** en présence de, devant.
co'spicuo, a *ag* considérable.
cospi'rare *vi* comploter, conspirer; **cospira'tore, trice** *sm/f* conspirateur/trice; **cospirazi'one** *sf* conspiration.
'costa *sf* côte.
co'stante *ag* constant(e) // *sf* constante.
co'stare *vi* coûter.
co'stata *sf (CUC)* entrecôte.
costeggi'are [kosted'dʒare] *vt* côtoyer, longer.
co'stei *pron vedi* **costui.**
costellazi'one [kostellat'tsjone] *sf* constellation.
costernazi'one [kosternat'tsjone] *sf* consternation.
costi'ero, a *ag* côtier(-ère) // *sf* côte, littoral *m.*
costitu'ire *vt* constituer; ~**rsi** *vr* se constituer.
costituzio'nale [kostituttsjo'nale] *ag* constitutionnel(le).
costituzi'one [kostitut'tsjone] *sf* constitution.
'costo *sm* coût; *(fig)* prix *sg;* **a** ~ **di** au risque de; **a ogni/qualunque** ~, **a tutti i** ~**i** à tous prix.
'costola *sf* côte.
costo'letta *sf (CUC)* côtelette.
co'storo *pron vedi* **costui.**
co'stoso, a *ag* coûteux(-euse), cher(-ère).
co'stretto, a *pp di* **costringere.**
co'stringere [ko'strindʒere] *vt* contraindre; **costrizi'one** *sf* contrainte.
costru'ire *vt* construire, bâtir; **costruzi'one** *sf* construction.

co'stui, co'stei, co'storo *pron* celui- *m*, celle- *f*, ceux- *mpl*, celles- *fpl* ci/là.
co'stume *sm* coutume *f*, habitude *f*; *(indumento)* costume; *(condotta morale)* mœurs *fpl*; ~ **da bagno** maillot de bain.
co'tenna *sf* couenne.
co'togna [ko'toɲɲa] *sf* coing *m*.
co'tone *sm* (*BOT*) cotonnier; *(tessuto)* coton.
'cotta *sf* (*REL*) surplis *m*; *(fam: innamoramento)* béguin *m*.
'cottimo *sm*: **lavorare a** ~ travailler à la pièce.
'cotto, a *pp di* **cuocere** // *ag* cuit(e).
cot'tura *sf* cuisson.
co'vare *vt* couver.
'covo *sm (di animali)* tanière *f*; *(di ladri)* repaire.
co'vone *sm* gerbe *f*, meule *f*.
'cozza ['kɔttsa] *sf* moule.
coz'zare [kot'tsare] *vi*: ~ **contro** heurter, cogner; **'cozzo** *sm (di animali)* coup de corne; *(urto violento)* choc.
CP *abbr vedi* **casella.**
'crampo *sm* crampe *f*.
'cranio *sm* crâne.
cra'tere *sm* cratère.
cra'vatta *sf* cravate.
cre'anza [kre'antsa] *sf* éducation, politesse.
cre'are *vt* créer; **cre'ato** *sm* création *f*; **crea'tore, trice** *ag, sm/f* créateur(-trice); **crea'tura** *sf* créature; **creazi'one** *sf* création.
cre'dente *sm/f* croyant/e.
cre'denza [kre'dɛntsa] *sf* croyance, conviction; *(mobile)* buffet *m*, desserte.
credenzi'ale [kreden'tsjale] *ag* de créance // *sf* (*FIN*) accréditif *m*; **~i** *sfpl* lettres de créance.
'credere *vt, vi* croire; **~rsi** *vr* se croire; **cre'dibile** *ag* croyable; **'credito** *sm (attendibilità)* crédit, considération *f*; (*ECON*) crédit; (*DIR*) créance *f*; **'credo** *sm inv* credo; **'credulo, a** *ag* crédule.
'crema *sf* crème, pommade; *(lucido da scarpe)* cirage *m*.
cre'mare *vt* incinérer; **cremazi'one** *sf* incinération.
'crepa *sf* crevasse, fissure, fente; **cre'paccio** *sm* crevasse *f*.
crepacu'ore *sm* crève-cœur; **morire di** ~ mourir de chagrin.
cre'pare *vi* crever; *(spaccarsi)* se fendre.
crepi'tare *vi* crépiter.
cre'puscolo *sm* crépuscule.
'crescere ['krɛʃʃere] *vi (persone, animali)* grandir; *(pianta)* pousser; *(aumentare)* augmenter // *vt (allevare)* élever; **'crescita** *sf* croissance; *(aumento)* augmentation; **cresci'uto, a** *pp di* **crescere.**
'cresima *sf* confirmation; **cresi'mare** *vt* confirmer.
'crespo, a *ag* crépu(e).
'cresta *sf* crête; **essere sulla** ~ **dell'onda** *(fig)* être dans le vent.
'creta *sf* argile.
cre'tino, a *ag, sm/f* crétin(e).
cric *sm* (*TECN*) cric, vérin.
'cricca, che *sf* clique, bande.
crimi'nale *ag, sm/f* criminel(le).
'crimine *sm* (*DIR*) crime.
'crine *sm* crin; **crini'era** *sf* crinière; *(di cometa)* queue.
'cripta *sf* crypte.
crisan'temo *sm* chrysanthème.
'crisi *sf inv* crise.
cristalliz'zare [kristalid'dzare] *vi* cristalliser; *(linguaggio)* figer; **~rsi** *vr* se figer.
cri'stallo *sm* cristal; *(vetro)* glace *f*, vitre *f*.
cristia'nesimo *sm* christianisme.
cristianità *sf* chrétienté.
cristi'ano, a *ag, sm/f* (*REL*) chrétien(ne).
'Cristo *sm* Christ.
cri'terio *sm* critère; *(buon senso)* jugement.
'critica, che *sf vedi* **critico.**
criti'care *vt* critiquer; **'critico, a,**

ci, che *ag, sm/f* critique.
cri'vello *sm* crible.
'croce ['krotʃe] *sf* croix *sg;* **croce'figgere = crocifiggere.**
croce'via [krotʃe'via] *sm inv* croisement, carrefour.
croci'ata [kro'tʃata] *sf* croisade.
cro'cicchio [kro'tʃikkjo] *sm* carrefour.
croci'era [kro'tʃɛra] *sf* croisière; (*ARCHIT*) croisée.
croci'figgere [krotʃi'fiddʒere] *vt* crucifier; **crocifissi'one** *sf* crucifixion; **croci'fisso, a** *pp di* **crocifiggere** // *sm* crucifix *sg.*
crogi'olo, crogiu'olo [kro'dʒɔlo] *sm* creuset.
crol'lare *vi* s'écrouler, s'effondrer; *(fig)* flancher, lâcher; **'crollo** *sm* effondrement, écroulement; (*ECON*) krach.
cro'mato, a *ag* chromé(e).
'cromo *sm* chrome.
cromo'soma, i *sm* chromosome.
'cronaca, che *sf* chronique; compte rendu *m;* ~ **nera** *(giornale)* faits divers *mpl;* **fatto/episodio di** ~ fait *m* divers.
'cronico, a, ci, che *ag* chronique.
cro'nista *sm* chroniqueur.
cronolo'gia *sf* chronologie.
'crosta *sf* croûte.
cro'staceo [kro'statʃeo] *sm* crustacé.
'cruccio ['kruttʃo] *sm* souci.
cruci'verba *sm inv* mots-croisés *mpl.*
cru'dele *ag* cruel(le).
crudeltà *sf* cruauté.
'crudo, a *ag* cru(e); *(aspro: parole)* dur(e).
cru'miro *sm (peg)* briseur de grève, jaune.
'crusca *sf* son *m.*
cru'scotto *sm* (*AUTO*) tableau de bord.
'cubico, a, ci, che *ag* cubique.
'cubo *sm* cube.
cuc'cagna [kuk'kaɲɲa] *sf (fortuna)* aubaine; **albero/paese della** ~ mât/pays *sg* de cocagne.
cuc'cetta [kut'tʃetta] *sf* couchette.
cucchiai'ata [kukkja'jata] *sf* cuillerée.
cucchia'ino [kukkja'ino] *sm (da caffè)* petite cuiller *o* cuillère *f,* cuillère *f* à café.
cucchi'aio [kuk'kjajo] *sm* cuiller *f,* cuillère *f.*
'cuccia, ce ['kuttʃa] *sf (del cane)* niche; *(fig)* plumard *m.*
'cucciolo ['kuttʃolo] *sm (piccolo di animale)* petit; *(: di cane)* chiot.
cu'cina [ku'tʃina] *sf* cuisine; *(apparecchio)* cuisinière; **cuci'nare** *vt* cuisiner.
cu'cire [ku'tʃire] *vt* coudre; **cu'cito** *sm (arte)* couture *f;* **cuci'tura** *sf* couture.
'cuffia *sf (copricapo)* coiffe; *(da bagno)* bonnet *m* de bain; (*HIFI*) casque *m,* écouteurs *mpl;* **cavarsela per il rotto della** ~ *(fig)* s'en tirer de justesse.
cu'gino, a [ku'dʒino] *sm/f* cousin/e.
'cui *pron relativo* lequel *m,* laquelle *f,* lesquels *mpl,* lesquelles *fpl;* **il progetto a** ~ **accennavi** le projet auquel tu faisais allusion; **le ragazze/i libri di** ~ **ti ho parlato** les filles/les livres dont je t'ai parlé; **il quartiere in** ~ **abito** le quartier où j'habite // *ag:* **i** ~ **mariti ...** dont les maris ...; **il signore, la** ~ **figlia ho incontrato** le monsieur dont j'ai rencontré la fille.
culi'naria *sf* art *m* culinaire.
'culla *sf* berceau *m;* **cul'lare** *vt* bercer; **cul'larsi** *vr* se bercer; **cullarsi nelle illusioni** *(fig)* se bercer d'illusions.
culmi'nare *vi:* ~ **in/con** finir par, aboutir à.
'culo *sm* cul; *(fig: fortuna)* culot *(fam!).*
'culmine *sm* sommet; comble.
'culto *sm* culte.

cul'tura *sf* culture; **cultu'rale** *ag* culturel(le).
cumu'lare *vt* cumuler; **cumu-la'tivo, a** *ag* cumulatif(-ive); **'cumulo** *sm* tas *sg; (DIR)* cumul; *(METEOR)* cumulus *sg*.
'cuneo *sm* coin.
cu'ocere ['kwɔtʃere] *vt* cuire; **~rsi** *vr (cucinarsi)* se cuire, se cuisiner; **cu'oco, a, chi, che** *sm/f* cuisinier/ère.
cu'oio *sm* cuir; **tirare le cuoia** *(fam)* casser sa pipe.
cu'ore *sm* cœur; *(petto)* poitrine *f;* **avere in ~ di fare qc** avoir l'intention de faire qch; **tutto ciò gli sta molto a ~** il tient beaucoup à cela, cela lui tient beaucoup à cœur.
cupi'digia [kupi'didʒa] *sf* convoitise.
'cupo, a *ag* foncé(e); *(fig)* sombre; *(rumore)* sourd(e).
'cupola *sf* coupole, dôme *m*.
'cura *sf* soin *m; (MED: trattamento)* traitement *m;* **a ~ di** par; **cu'rare** *vt* soigner; **~rsi** *vr (MED)* se soigner; *(occuparsi di)* s'occuper de.
cu'rato *sm* curé.
cura'tore *sm (DIR)* syndic.
'curia *sf (REL)* curie.
curio'sare *vi* fureter, fouiller; **curiosità** *sf* curiosité; **curi'oso, a** *ag* curieux(-euse); *(ficcanaso)* fouineur(-euse); *(strano)* drôle.
'curva *sf vedi* **curvo.**
cur'vare *vt* courber // *vi (svoltare)* tourner; **~rsi** *vr* se courber; **'curvo, a** *ag (piegato ad arco)* courbe, penché(e); *(sotto un peso)* courbé(e) // *sf* courbe; *(di strada)* virage *m*, tournant *m*.
cusci'netto [kuʃʃi'netto] *sm* coussinet; *(di grasso)* bourrelet; *(TECN)* roulement, palier; **~ per timbri** tampon-encreur // *ag:* **stato ~** état tampon *inv*.
cu'scino [kuʃ'ʃino] *sm* coussin.
'cuspide *sf* pointe; *(di montagna)* pic *m*.
cu'stode *sm/f* gardien/ne; **cu'stodia** *sf* garde; *(astuccio)* étui *m; (TECN)* boîtier *m;* **custo'dire** *vt (anche fig)* garder; **custo'dirsi** *vr* se soigner.
'cute *sf* peau.
cu'ticola *sf* cuticule.

D

da *(da + il =* **dal,** *da + lo =* **dallo,** *da + l' =* **dall',** *da + la =* **dalla,** *da+i =* **dai,** *da + gli =* **dagli,** *da + le =* **dalle**) *prep (agente)* de, par; *(causa)* de; *(stato e moto a luogo: riferito a persone)* chez; *(provenienza, separazione)* de; *(moto per luogo)* par; *(tempo)* à partir de; *(: durata)* depuis; **~ oggi in poi** à partir d'aujourd'hui; **macchina ~ corsa** voiture de course; **una ragazza dai capelli biondi** une fille aux cheveux blonds; **un appartamento ~ 3 milioni** un appartement à 3 millions; **sordo ~ un orecchio** sourd d'une oreille; **comportarsi ~ uomo** se comporter en homme; **~ giovane, viaggiavo molto** quand j'étais jeune, je voyageais beaucoup; **l'ho fatto ~ me** je l'ai fait tout seul.
dab'bene *ag inv* honnête, comme il faut.
dac'capo, da 'capo *av* de nouveau.
dacchè [dak'ke] *cong* depuis que.
'dado *sm* dé; *(TECH)* écrou; *(CUC)* cube.
daf'fare, da 'fare *sm inv* travail; **darsi ~** se donner beaucoup de mal.
'dagli ['daʎʎi], **dai** *prep + det vedi* **da.**
'daino *sm* daim; **pelle di ~** peau de chamois.
dal, dall', 'dalla, 'dalle, 'dallo *prep + det vedi* **da.**

d'al'tronde *av* d'ailleurs, par ailleurs.
'dama *sf* dame; *(compagna di ballerino)* cavalière.
damigi'ana [dami'dʒana] *sf* bonbonne.
da'naro *sm* = **denaro.**
da'nese *ag, sm/f* danois(e).
Dani'marca *sf* Danemark *m.*
dan'nare *vt* damner; **dannazi'one** *sf* damnation // *escl* parbleu.
danneggi'are [danned'dʒare] *vt* abîmer, endommager; (*DIR*) causer des dommages à, léser.
'danno *sm* dommage; **dan'noso, a** *ag:* **dannoso (a)** nuisible (à), mauvais (pour).
Da'nubio *sm* Danube.
'danza ['dantsa] *sf* danse.
dan'zare [dan'tsare] *vt, vi* danser.
dapper'tutto *av* partout.
dap'poco, da 'poco *ag inv* *(persona)* de peu de valeur; *(questione)* sans importance.
dap'presso *av* de près.
dap'prima *av* tout d'abord, au début.
'dardo *sm* dard.
'dare *sm* (*COMM*) doit; débit // *vt* donner; *(augurare)* souhaiter // *vi:* ~ **su** donner sur; ~**rsi** *vr:* ~**rsi a** *(dedicarsi)* se consacrer à; *(: al gioco)* s'adonner à; *(consegnarsi: al nemico)* se rendre à; ~ **a intendere** faire croire; ~ **per morto** faire passer pour mort; ~ **nell'occhio** taper dans l'œil; ~**rsi per vinto** se rendre; **darci dentro** travailler dur; ~ **inizio a** commencer.
'darsena *sf* darse.
'data *sf* date.
da'tare *vt* dater // *vi:* **a** ~ **da** à dater de, à compter de.
'dato, a *ag* donné(e) // *sm* donnée *f;* ~ **che** étant donné que.
'dattero *sm* datte *f.*
dattilogra'fare *vt* dactylographier; **datti'lografo, a** *sm/f* dactylo.
da'vanti *av* devant; *(dirimpetto)* en face; (*AUTO*) à l'avant // *ag inv* de devant // *sm* devant; (*AUTO*) avant // *prep:* ~ **a** devant; *(in presenza di)* en présence de, en face de.
davan'zale [davan'tsale] *sm* rebord.
da'vanzo, d'a'vanzo [da'vantso] *av* en surplus.
dav'vero *av* vraiment; *(seriamente)* sérieusement; **per** ~ pour de bon.
'dazio, zi ['dattsjo] *sm* droit.
d.C. (*abbr di* **dopo Cristo**) ap. J-C. (après Jésus-Christ).
'dea *sf* déesse.
'debito, a *ag* qui s'impose, dû(due); *(necessario)* nécessaire // *sm* dette *f;* **in** ~**a forma** (*DIR*) en bonne et due forme; **a tempo** ~ en temps voulu; **debi'tore, trice** *sm/f* débiteur/trice.
'debole *ag* faible; **debo'lezza** *sf* faiblesse.
debut'tare *vi* débuter; **de'butto** *sm* débuts *mpl.*
deca'dente *ag* décadent(e); **deca'denza** *sf* décadence; (*DIR*) déchéance.
decaffei'nato *sm* décaféiné.
de'cano, a *sm/f* doyen/ne.
decapi'tare *vt* décapiter.
decappot'tabile *ag, sf* (*AUTO*) décapotable.
dece'duto, a [detʃe'duto] *ag* décédé(e) // *sm/f* défunt/e.
de'cenne [de'tʃɛnne] *ag* âgé(e) de dix ans; **de'cennio** *sm* décennie *f.*
de'cente [de'tʃɛnte] *ag* décent(e).
decen'trare [detʃen'trare] *vt* (*POL*) décentraliser.
de'cenza [de'tʃɛntsa] *sf* décence.
de'cesso [de'tʃɛsso] *sm* décès *sg.*
de'cidere [de'tʃidere] *vt* décider; ~**rsi** *vr:* ~**rsi (a)** se décider (à).
deci'frare [detʃi'frare] *vt* déchiffrer.
deci'male [detʃi'male] *ag* décimal(e).
deci'mare [detʃi'mare] *vt* décimer.

'decimo, a ['dɛtʃimo] *num* dizième.
de'cina [de'tʃina] *sf* dizaine.
decisi'one [detʃi'zjone] *sf* décision.
de'ciso, a [de'tʃizo] *pp di* **decidere** // *ag* décidé(e), résolu(e).
declas'sare *vt* déclasser.
decli'nare *vi* baisser // *vt* décliner; **declinazi'one** *sf* déclinaison.
de'clino *sm* déclin.
de'clivio, vi *sm* pente *f.*
decol'lare *vi* décoller; **de'collo** *sm* décollage.
decolo'rare *vt* décolorer.
decom'porre *vt* décomposer; **decomporsi** *vr* se décomposer; **decom'posto, a** *pp di* **decomporre.**
deco'rare *vt* décorer.
de'coro *sm* dignité *f;* **deco'roso, a** *ag* digne, honorable; *(adatto)* convenable.
de'correre *vi* prendre effet, courir; **de'corso** *pp di* **decorrere** // *sm* cours; (*MED*) évolution *f.*
de'crepito, a *ag* décrépit(e); *(fig)* suranné(e).
de'crescere [de'kreʃʃere] *vi* decroître; **decresci'uto, a** *pp di* **decrescere.**
de'creto *sm* décret.
'dedica, che *sf* dédicace.
dedi'care *vt* consacrer; *(intitolare: strada)* dédier; *(libro)* dédicacer; **~rsi a** *(sport, attività)* s'adonner à.
'dedito, a *ag:* **~ a** qui s'adonne à.
de'dotto, a *pp di* **dedurre.**
de'durre *vt* déduire, conclure; *(defalcare)* déduire; *(derivare)* tirer; **deduzi'one** *sf* déduction.
defal'care *vt* défalquer.
defe'rente *ag* respectueux(-euse); (*ANAT*) déférent(e).
defe'rire *vt* soumettre; (*DIR*) déférer.
defezi'one [defet'tsjone] *sf* défection.
defici'ente [defi'tʃɛnte] *sm/f* imbécile, idiot/e; (*MED*) déficient/e;
defici'enza *sf* lacune, manque *m;* (*MED*) déficience.
'deficit ['dɛfitʃit] *sm inv* déficit.
defi'nire *vt* définir; (*DIR: risolvere)* résoudre, régler.
deflazi'one [deflat'tsjone] *sf* déflation.
de'flusso *sm* écoulement; *(di marea)* reflux *sg; (volume di acqua)* débit.
defor'mare *vt* déformer; *(fig)* déformer, fausser; **~rsi** *vr* se déformer; **de'forme** *ag* difforme; **deformità** *sf inv* difformité.
defrau'dare *vt:* **~ qd di** priver qn de.
de'funto, a *ag* défunt(e) // *sm/f* mort/e.
degene'rare [dedʒene'rare] *vi* dégénérer; **degenerazi'one** *sf* dégénérescence; **de'genere** *ag* dégénéré(e).
de'genza [de'dʒɛntsa] *sf* hospitalisation.
'degli ['deʎʎi] *prep + det vedi* **di.**
de'gnare [deɲ'ɲare] *vt:* **~ qd di uno sguardo** daigner regarder qn; **~rsi** *vr:* **~rsi di** daigner.
'degno, a ['deɲɲo] *ag* digne.
degra'dare *vt* dégrader; **~rsi** *vr* s'abaisser; (*CHIM, FIS*) se dégrader.
degu'stare *vt* déguster.
'dei, del *prep + det vedi* **di.**
dela'tore, trice *sm/f* délateur/trice.
'delega, ghe *sf* délégation.
dele'gare *vt* déléguer.
del'fino *sm* dauphin.
delibe'rare *vt* délibérer (sur) // *vi* statuer, délibérer.
delica'tezza [delika'tettsa] *sf* délicatesse; *(discrezione)* tact *m;* (*CUC*) délice *m.*
deli'cato, a *ag* délicat(e); (*CUC*) délicat(e), fin(e); *(fragile)* fragile; *(fig)* sensible.
delimi'tare *vt* délimiter.
deline'are *vt* dessiner, tracer;

~**rsi** *vr* se dessiner; *(fig: precisarsi)* se préciser.
delinqu'ente *sm/f* criminel/le, délinquant/e; *(fam: briccone)* voyou *m,* canaille *f;* **delinqu'enza** *sf* délinquance.
deli'rare *vi* délirer; **de'lirio** *sm* délire.
de'litto *sm* délit.
de'lizia [de'littsja] *sf* plaisir *m; (gioia)* joie; ~**e** *fpl* délices.
dell', 'della, 'delle, 'dello *prep + det vedi* **di.**
'delta *sm inv* delta.
de'ludere *vt* décevoir; **delusi'one** *sf* déception; **de'luso, a** *pp di* **deludere.**
dema'gogo, ghi *sm* démagogue.
de'manio *sm* domaine (de l'Etat).
de'mente *ag, sm/f* dément(e); **de'menza** *sf* démence; *(fam)* stupidité.
demo'cratico, a, ci, che *ag* démocratique.
democra'zia [demokrat'tsia] *sf* démocratie.
democristi'ano, a *ag, sm/f* démocrate-chrétien(ne).
demo'lire *vt* démolir.
'demone *sm* démon, génie.
de'monio, ni *sm* démon.
demoraliz'zare [demoralid-'dzare] *vt* démoraliser; ~**rsi** *vr* se démoraliser.
de'naro *sm* argent; *(di tessuto)* denier.
deni'grare *vt* dénigrer.
denomi'nare *vt* dénommer; ~**rsi** *vr* s'appeler; **denominazi'one** *sf* nom *m;* **denominazione d'origine controllata (DOC)** appellation d'origine contrôlée (AOC).
deno'tare *vt* déceler.
densità *sf inv* densité.
'denso, a *ag* dense, épais(se).
den'tale, den'tario, a, ri, rie *ag* dentaire.
denta'tura *sf* dentition; (TECN) denture.
'dente *sm* dent *f;* **al** ~ (CUC) pas trop cuit; **mettere qc sotto i ~i** se mettre qch sous la dent; **mettere i ~i** percer ses dents; **denti'era** *sf* dentier *m;* **denti'fricio** *sm* dentifrice; **den'tista, i, e** *sm/f* dentiste.
'dentro *av* dedans, à l'intérieur // *prep* dans; ~ **di sè** en soi-même, intérieurement; **metter ~ qd** *(fig: fam)* coffrer qn.
de'nuncia, ce [de'nuntʃa] *o* **de'nunzia** [de'nuntsja] *sf* dénonciation; (DIR, AMM) déclaration; **sporgere** ~ (DIR) porter plainte.
denunci'are [denun'tʃare] *o* **denunzi'are** [denun'tsjare] *vt* dénoncer; (AMM: *redditi)* déclarer; *(fig)* montrer.
denutrizi'one [denutrit'tsjone] *sf* dénutrition, sous-alimentation.
deodo'rante *sm* déodorant.
depe'rire *vi* dépérir.
depila'torio, a, ri, rie *ag* épilatoire // *sm* dépilatoire.
deplo'rare *vt* déplorer; **deplo'revole** *ag* déplorable.
de'porre *vt* déposer; (DIR) témoigner // *vi* (DIR) déposer.
depor'tare *vt* déporter.
deposi'tare *vt* déposer.
de'posito *sm* dépôt; *(di bottiglie, etc)* consigne *f; (luogo di raccolta e conservazione)* entrepôt; ~ **bagagli** (FERR, AER) consigne *f.*
deposizi'one [depozit'tsjone] *sf* déposition.
de'posto, a *pp di* **deporre.**
depra'vare *vt* dépraver.
depre'care *vt* désapprouver.
depre'dare *vt* dévaliser.
depressi'one *sf* dépression.
de'presso, a *pp di* **deprimere** // *ag* déprimé(e); *(arretrato: zona)* sous-développé(e).
deprez'zare [depret'tsare] *vt* déprécier.
de'primere *vt* déprimer; ~**rsi** *vr* se déprimer.
depu'rare *vt* épurer.

depu'tare *vt* charger, mandater; **depu'tato, a** *o* **essa** *sm/f* député *m;* **deputazi'one** *sf* députation.
deraglia'mento [deraʎʎa'mento] *sm* déraillement.
deragli'are [deraʎ'ʎare] *vi* dérailler.
dere'litto, a *ag* délaissé(e), abandonné(e).
dere'tano *sm* derrière.
de'ridere *vt* se moquer de; **derisi'one** *sf* dérision; **de'riso, a** *pp di* **deridere.**
de'riva *sf* dérive.
deri'vare *vi, vt* dériver.
dero'gare *vi:* ~ **a** ne pas respecter; (DIR) déroger à.
der'rate *sfpl* denrées *fpl; (viveri)* vivres *mpl.*
deru'bare *vt:* ~ **qd di qc** voler *o* dérober qc à qn.
de'scritto, a *pp di* **descrivere.**
de'scrivere *vt* décrire; **descrizi'one** *sf* description.
de'serto, a *ag* désert(e) // *sm* désert.
deside'rare *vt* désirer; *(richiedere)* réclamer, demander; **farsi** ~ se faire désirer *o* attendre; **desi'derio** *sm* désir; *(bisogno)* besoin; **deside'roso, a** *ag* désireux (-euse).
desi'gnare [desiɲ'ɲare] *vt* désigner.
de'sistere *vi* renoncer, abandonner; (DIR) se désister; **desi's-tito, a** *pp di* **desistere.**
deso'lare *vt* désoler; **deso'lato, a** *ag* désolé(e); *(persona)* navré(e), désolé(e); **desolazi'one** *sf* désolation.
'despota, i *sm* despote.
de'stare *vt* réveiller; *(fig)* éveiller; *(: ammirazione)* susciter; ~**rsi** *vr* se réveiller; *(fig: nascere)* s'éveiller.
desti'nare *vt* destiner; *(a funzione, posto)* affecter, assigner; *(indirizzare)* adresser; *(stabilire)* décider; **destinazi'one** *sf* destination; *(posto di lavoro)* affectation.
de'stino *sm* destin, destinée *f; (cattiva sorte)* malchance *f.*
destitu'ire *vt* destituer.
'desto, a *ag* réveillé(e); *(fig)* éveillé(e).
destreggi'arsi [destred'dʒarsi] *vr* se débrouiller.
de'strezza [des'trettsa] *sf* habileté, adresse.
'destro, a *ag, sm/f* droit(e).
dete'nere *vt* détenir.
deter'gente [deter'dʒɛnte] *ag* détergent(e) // *sm* détergent.
deterio'rare *vt* détériorer; ~**rsi** *vr* s'abîmer, se détériorer.
determi'nare *vt* déterminer; ~**rsi a** se décider à.
deter'sivo *sm* lessive *f,* détersif.
dete'stare *vt* détester; ~**rsi** *vr* se détester.
de'trarre *vt* déduire; **de'tratto, a** *pp di* **detrarre.**
detri'mento *sm* détriment, préjudice; **a** ~ **di** au préjudice de, au détriment de.
de'trito *sm* détritus *sg.*
dettagli'ante [dettaʎ'ʎante] *sm/f* détaillant/e.
dettagli'are [dettaʎ'ʎare] *vt* détailler.
det'taglio, gli [det'taʎʎo] *sm* détail.
det'tare *vt* dicter; ~ **legge** faire la loi; **det'tato** *sm* dictée *f;* **detta'tura** *sf* dictée.
'detto, a *pp di* **dire** // *sm* dicton; ~ **fatto** aussitôt dit aussitôt fait.
detur'pare *vt* défigurer; *(fig: rovinare)* abîmer, enlaidir.
deva'stare *vt* dévaster; *(fig: deturpare: viso)* ravager; **devastazi'one** *sf* dévastation.
devi'are *vi* dévier; *(allontanarsi da)* s'écarter; *(fare una deviazione)* faire un détour; **deviazione** *sf* déviation; *(cambiamento di direzione)* déviation, détour *m,* crochet *m.*
devo'luto, a *pp di* **devolvere.**

devoluzi'one [devolut'tsjone] *sf* dévolution.
de'volvere *vt:* ~ **(a)** transmettre (à).
de'voto, a *ag* pieux(-euse); *(affezionato)* dévoué(e); *(fedele)* fidèle // *sm/f* fidèle.
devozi'one [devot'tsjone] *sf* dévouement *m;* (*REL*) dévotion.
di *(di + il* = **del,** *di + lo* = **dello,** *di + l'* = **dell',** *di + la* = **della,** *di + i* = **dei,** *di + gli* = **degli,** *di + le* = **delle**) *prep* de; *(materia)* en; ~ **corsa** en courant; **passare ~ là** passer par là; **un bambino ~ 3 anni** un enfant de 3 ans; **d'inverno** en hiver; ~ **giorno/notte** le jour/la nuit; *vedi* **più, meno,** *etc.*
dì *sm* jour.
dia'bete *sm* diabète.
dia'bolico, a, ci, che *ag* diabolique.
di'acono *sm* diacre.
dia'dema *sm* diadème.
dia'framma, i *sm* diaphragme; *(elemento di separazione)* barrière *f.*
di'agnosi [di'aɲɲozi] *sf* diagnostic *m;* **diagnosti'care** *vt* diagnostiquer.
diago'nale *ag, sf* diagonale.
dia'gramma, i *sm* diagramme.
dia'letto *sm* dialecte.
di'alogo, ghi *sm* dialogue.
dia'mante *sm* diamant.
di'ametro *sm* diamètre.
di'amine *escl* ciel!, diable!
diaposi'tiva *sf* diapositive.
di'ario *sm* journal; (*SCOL*) registre; *(memorie)* mémoires *fpl.*
diar'rea *sf* diarrhée.
di'avolo, essa *sm/f* diable/esse.
di'battere *vt* discuter, débattre; **~rsi** *vr* se débattre; **di'battito** *sm* débat; **dibat'tuto, a** *pp di* **dibattere.**
dica'stero *sm* ministère; (*REL*) congrégation *f.*
di'cembre [de'tʃɛmbre] *sm* décembre.
dichia'rare [dikja'rare] *vt* déclarer; *(proclamare)* proclamer; *(al gioco)* annoncer; **~rsi** *vr* se déclarer, se proclamer.
dician'nove [ditʃan'nɔve] *num* dix-neuf.
dicias'sette [ditʃas'sɛtte] *num* dix-sept.
dici'otto [di'tʃɔtto] *num* dix-huit.
dici'tura [ditʃi'tura] *sf* légende.
di'dattico, a, ci, che *ag* didactique, scolaire.
di'eci ['djɛtʃi] *num* dix; **die'cina** *sf* = **decina.**
di'esel ['dizɛl] *sm inv* diesel.
di'eta *sf* régime *m;* **a ~** au régime.
di'etro *av (anche* **di** ~) derrière; (*AUTO*) à l'arrière // *prep (anche* **di** ~) derrière // *sm* arrière; ~ **domanda** (*COMM*) sur demande; ~ **compenso** moyennant paiement.
di'fendere *vt* défendre; *(proteggere)* protéger; **~rsi** *vr* se défendre; *(proteggersi)* se protéger; **difen'sivo, a** *ag* défensif(-ive) // *sf* défensive; **difen'sore** *sm* défenseur; **di'feso, a** *pp di* **difendere** // *sf* défense.
difet'tare *vi* être défectueux; ~ **di** manquer de; **difet'tivo, a** *ag* défectif(-ive).
di'fetto *sm* défaut; *(fig)* faille *f;* **difet'toso, a** *ag* défectueux(-euse).
diffa'mare *vt* diffamer.
diffe'rente *ag* différent(e).
diffe'renza [diffe'rɛntsa] *sf* différence; *(scarto)* écart *m;* **a ~ di** à la différence de, contrairement à.
differenzi'ale [differen'tsjale] *sm* (*AUTO*) différentiel.
differenzi'are [differen'tsjare] *vt* différencier; **~rsi** *vr* se différencier.
diffe'rire *vt, vi* différer.
dif'ficile *ag* difficile // *sm* difficulté *f;* **difficoltà** *sf inv* difficulté.
dif'fida *sf* sommation.
diffi'dare *vi:* ~ **di** se méfier de // *vt:* ~ **qd a fare qc** (*DIR*) sommer qn de

faire qch; **diffi'dente** *ag* méfiant(e); **diffi'denza** *sf* méfiance.
dif'fondere *vt* répandre; *(divulgare)* divulguer, répandre; **~rsi** *vr* se répandre; **diffusi'one** *sf* diffusion; **dif'fuso, a** *pp di* **diffondere.**
difi'lato *av* directement, tout de suite.
difte'rite *sf* diphtérie.
'diga, ghe *sf* digue, barrage *m.*
dige'ribile [didʒe'ribile] *ag* digestible.
dige'rire [didʒe'rire] *vt* digérer; **digesti'one** *sf* digestion; **dige'stivo, a** *ag* digestif(-ive) // *sm* digestif.
digi'tale [didʒi'tale] *ag* digital(e).
digiu'nare [didʒu'nare] *vi* jeûner; **digi'uno, a** *ag* à jeun *inv* // *sm* jeûne.
dignità [diɲɲi'ta] *sf inv* dignité; **digni'toso, a** *ag* digne; *(adeguato)* correct(e).
digressi'one *sf* digression.
digri'gnare [digriɲ'ɲare] *vt:* ~ **i denti** grincer des dents.
dila'gare *vi* déborder, se répandre; *(fig: diffondersi)* se répandre.
dilapi'dare *vt* dilapider.
dila'tare *vt* dilater; **~rsi** *vr* se dilater.
dilazio'nare [dilattsjo'nare] *vt* *(pagamento)* échelonner, étaler; **dilazi'one** *sf* délai *m*, prolongation *f; (di pagamento)* échelonnement *m.*
dilegu'are *vi* dissiper; **~rsi** *vr* disparaître, s'évanouir; *(nebbia)* se dissiper.
di'lemma, i *sm* dilemme.
dilet'tante *ag, sm/f* amateur *(m); (peg)* dilettante *(m/f).*
dilet'tare *vt* charmer; **~rsi** *vr* s'amuser; **~rsi di** se délecter de.
di'letto, a *ag, sm/f* chéri(e), préféré(e) // *sm* plaisir; *(divertimento)* divertissement.
dili'gente [dili'dʒɛnte] *ag* appliqué(e), diligent(e); *(accurato: lavoro)* soigné(e); **dili'genza** *sf* diligence, soin *m; (carrozza)* diligence.
dilu'ire *vt* diluer.
dilun'garsi *vr* s'étendre.
diluvi'are *vi* pleuvoir à torrents; **di'luvio, vi** *sm* déluge.
dima'grire *vi* maigrir.
dime'nare *vt* remuer; **~rsi** *vr* s'agiter.
dimensi'one *sf* dimension; *(fig)* envergure; **~i** *pl* taille *fsg.*
dimenti'canza [dimenti'kantsa] *sf* oubli *m.*
dimenti'care *vt* oublier; **~rsi** *vr:* **~rsi di qd/qc** oublier qn/qch.
di'messo, a *pp di* **dimettere** // *ag* humble, modeste.
dimesti'chezza [dimesti'kettsa] *sf* familiarité, pratique.
di'mettere *vt* laisser sortir, renvoyer; *(di prigione)* relâcher; *(destituire)* renvoyer; **~rsi** *vr:* **~rsi (da)** démissioner (de).
dimez'zare [dimed'dzare] *vt* couper en deux; *(ridurre della metà)* réduire de moitié.
diminu'ire *vt* diminuer, réduire // *vi* baisser, diminuer; **diminuzi'one** *sf* diminution, baisse.
dimissi'oni *sfpl:* **dare/presentare** *o* **rassegnare le** ~ donner *o* présenter sa démission, démissionner.
di'mora *sf* demeure; (DIR) domicile *m.*
dimo'rare *vt* demeurer.
dimo'strare *vt* montrer; *(spiegare)* expliquer; *(provare)* prouver, démontrer; **~rsi** *vr* se montrer; *(apparire)* paraître; **dimostra 30 anni** elle paraît 30 ans; **dimostra'tivo, a** *ag* démonstratif(-ive); **dimostrazi'one** *sf* démonstration; *(manifestazione: sindacale, politica)* manifestation.
di'namico, a, ci, che *ag* dynamique // *sf* dynamique; *(svolgimento)* déroulement *m.*
dina'mismo *sm* dynamisme.
dina'mite *sf* dynamite.

'dinamo *sf inv* dynamo.
di'nanzi [di'nantsi] *av* devant, en face; ~ **a** devant.
dina'stia *sf* dynastie.
dini'ego, ghi *sm* refus *sg*.
din'torni *smpl* alentours.
'dio, *pl* **dei** *sm* dieu.
di'ocesi [di'ɔtʃezi] *sf* diocèse *m*.
dipa'nare *vt* dévider; *(fig: faccenda)* débrouiller, démêler.
diparti'mento *sm* département.
dipen'dente *ag* dépendant(e); (LING) subordonné(e) // *sm/f* employé/e; **dipen'denza** *sf* dépendance; **essere alle dipendenze di qd** être sous la dépendance de qn.
di'pendere *vi* dépendre; (AMM) dépendre, relever; **di'peso, a** *pp di* **dipendere.**
di'pingere [di'pindʒere] *vt* peindre; *(fig: colorare)* teindre; **~rsi** *vr* se peindre; *(truccarsi)* se maquiller; **di'pinto, a** *pp di* **dipingere** // *sm* peinture *f*, tableau.
di'ploma, i *sm* diplôme.
diplo'matico, a, ci, che *ag* diplomatique // *sm* diplomate.
diploma'zia [diplomat'tsia] *sf* diplomatie.
di'porto *sm*: **nautica/imbarcazione da** ~ navigation/bateau *m* de plaisance.
dira'dare *vt* espacer; **~rsi** *vr* se dissiper.
dira'mare *vt (notizia)* diffuser; **~rsi** *vr* se ramifier; *(fig: notizia)* se répandre.
'dire *sm* dire; *(discorso)* discours // *vt* dire; *(recitare: poesia)* réciter; **~rsi** *vr:* **~rsi disposto a...** se déclarer disposé à...; **a ~ il vero** à vrai dire; **così dicendo...** à ces mots...; **te lo dico io** c'est moi qui te le dis; **a quanto si dice...** d'après ce qu'on raconte... .
diret'tissimo *sm* (FERR) express *sg*.
di'retto, a *pp di* **dirigere** // *ag* dirigé(e); *(senza deviazioni)* direct(e); *(veloce)* rapide; *(di lettera)* adressé(e); *(di azione)* destiné(e) // *sm* direct.
diret'tore, trice *sm/f* directeur/trice.
direzi'one [diret'tsjone] *sf* direction.
diri'gente [diri'dʒɛnte] *sm/f* dirigeant/e, chef *m; (d'azienda)* directeur/trice // *smpl* cadres.
di'rigere [di'ridʒere] *vt* diriger; *(volgere verso)* tourner; *(indirizzare)* adresser; *(traffico)* régler; **~rsi** *vr* se diriger; *(fig)* se tourner.
diri'gibile [diri'dʒibile] *sm* dirigeable.
dirim'petto *av* en face // *prep:* ~ **a** en face de; **la casa** ~ la maison d'en face.
di'ritto, a *ag* droit(e) // *sm* droit // *av* (tout) droit.
dirit'tura *sf* ligne droite; *(fig)* droiture.
diroc'cato, a *ag* délabré(e).
dirot'tare *vt* détourner; **dirottatore/trice** *sm/f* pirate *m* de l'air.
di'rotto, a *ag:* **piovere a** ~ pleuvoir à verse; **piangere a** ~ pleurer à chaudes larmes.
di'rupo *sm* précipice.
disac'cordo *sm* désaccord; *(fig: discordanza)* désaccord, mésentente *f*.
disadat'tato, a *sm/f* inadapté/e.
disa'dorno, a *ag* nu(e); *(stile)* sévère.
di'sagio [di'zadʒo] *sm* malaise; *(fig: imbarazzo)* gêne *f*, embarras *sg;* **~i** *mpl* privations *fpl;* **essere/sentirsi a** ~ être/se sentir mal à l'aise.
disappro'vare *vt* désapprouver.
disap'punto *sm* déception *f*, désappointement.
disar'mare *vt* désarmer; (NAUT) dégréer; (EDIL) décintrer // *vi* désarmer; **disarmo** *sm* (MIL) désarmement.
di'sastro *sm* désastre.

disat'tento, a *ag* inattentif(-ive), distrait(e).
disa'vanzo [diza'vantso] *sm* déficit.
disavven'tura *sf* mésaventure.
di'scendere [diʃ'ʃendere] *vi* descendre.
di'scepolo [diʃ'ʃepolo] *sm* disciple, élève.
di'scernere [diʃ'ʃɛrnere] *vt* discerner; **discernimento** *sm* discernement.
di'sceso, a [diʃ'ʃeso] *pp di* **discendere** // *sf* descente; *(pendio)* pente.
disci'ogliere [diʃ'ʃɔʎʎere] *vt* dissoudre; **~rsi** *vr* se dissoudre; **disci'olto, a** *pp di* **disciogliere.**
disci'plina [diʃʃi'plina] *sf* discipline; **discipli'nare** *ag* disciplinaire // *vt* discipliner; *(regolare)* régler.
'disco, schi *sm* disque; ~ **da hockey** palet; ~ **volante** soucoupe *f* volante; ~ **combinatore** cadran d'appel.
discol'pare *vt* disculper.
disco'noscere [disko'noʃʃere] *vt* méconnaître; (*DIR*) désavouer; **disconosci'uto, a** *pp di* **disconoscere.**
di'scorde *ag* discordant(e), contraire.
di'scordia *sf* discorde.
di'scorrere *vi* discuter, discourir, parler; **di'scorso, a** *pp di* **discorrere** // *sm* discours *sg; (chiacchierata)* conversation *f;* **è un altro discorso** c'est une autre histoire; **pochi discorsi!** assez parlé!; **cambiar discorso** changer de sujet.
di'scosto, a *ag* éloigné(e) // *av* à l'écart // *prep:* ~ **da** loin de.
disco'teca, che *sf* discothèque.
discredi'tare *vt* discréditer; **~rsi** *vr* se discréditer.
discre'panza [diskre'pantsa] *sf* discordance.
di'screto, a *pp di* **discernere** // *ag* discret(-ète); **discrezi'one** *sf* discrétion.
discriminazi'one [diskriminat'tsjone] *sf* discrimination.
discussi'one *sf* discussion, débat *m.*
di'scusso, a *pp di* **discutere.**
di'scutere *vt* discuter; *(contestare)* mettre en doute.
disde'gnare [disdeɲ'ɲare] *vt* dédaigner; **di'sdegno** *sm* dédain.
di'sdetto, a *pp di* **disdire** // *sf (sfortuna)* malchance; (*DIR*: *di contratto)* résolution, résiliation.
di'sdire *vt* annuler; (*DIR*) résilier.
dise'gnare [diseɲ'ɲare] *vt* dessiner; **disegna'tore, trice** *sm/f* dessinateur/trice.
di'segno [di'seɲɲo] *sm* dessin; *(progetto)* projet; ~ **di legge** (*DIR*) projet de loi.
diser'tare *vt, vi* déserter.
di'sfare *vt* défaire; *(distruggere)* détruire; **~rsi** *vr* se défaire; **~rsi di** *(liberarsi di)* se débarrasser de; **di'sfatto, a** *pp di* **disfare** // *sf* défaite.
disfunzi'one [disfun'tsjone] *sf* mauvais fonctionnement *m;* (*MED*) trouble *m.*
di'sgelo [di'zdʒɛlo] *sm* dégel.
di'sgrazia [di'zgrattsja] *sf* malheur *m;* **disgrazi'ato, a** *ag* malheureux (-euse) // *sm/f* malheureux/euse; *(sciagurato)* voyou *m.*
disgu'ido *sm* erreur *f.*
disgu'stare *vt* dégoûter; *(fig)* révolter; **~rsi** *vr* se dégoûter.
disidra'tare *vt* deshydrater.
disil'ludere *vt* désillusionner, décevoir; **~rsi** *vr* perdre ses illusions.
disimpa'rare *vt* oublier.
disimpe'gnare [dizimpeɲ'ɲare] *vt* dégager; **~rsi** *vr* se dégager.
disinfet'tante *ag* désinfectant(e) // *sm* désinfectant.
disinfet'tare *vt* désinfecter.
disingan'nare *vt* détromper.

disinte'grare *vt* désintégrer.
disinteres'sarsi *vr:* ~ **di** se désintéresser de.
disin'volto, a *ag* décontracté(e); **disinvol'tura** *sf* aisance.
dislo'care *vt* déplacer.
dismi'sura *sf* démesure; **a** ~ excessivement.
disobbe'dire, *etc* = **disubbidire,** *etc.*
disoccu'pato, a *ag, sm/f* chômeur (-euse); **essere** ~ être au chômage; **disoccupazi'one** *sf* chômage *m.*
disonestà *sf inv* malhonnêteté; **diso'nesto, a** *ag* malhonnête.
disono'rare *vt* déshonorer; **~rsi** *vr* se déshonorer.
di'sopra *av* en haut, au-dessus; *(scrivendo)* plus haut, ci-dessus // *ag inv* du dessus.
disordi'nato, a *ag* désordonné(e); *(privo di misura)* démesuré(e), déréglé(e); **di'sordine** *sm* désordre.
di'sotto *av* au dessous // *ag inv* du dessous.
di'spaccio [dis'pattʃo] *sm* dépêche *f.*
dispa'rato, a *ag* disparate.
'dispari *ag* impair(e); *(impari)* inférieur(e).
disparità *sf inv* disparité.
di'sparte: in ~ *av* de côté.
dispendi'oso, a *ag* coûteux (-euse).
di'spensa *sf* garde-manger *m inv;* (DIR) dispense; (SCOL) polycopié *m; (fascicolo)* fascicule *m.*
dispen'sare *vt* distribuer; *(esonerare)* dispenser.
dispe'rare *vi:* ~ **(di)** désespérer (de); **~rsi** *vr* se désespérer; **disperazi'one** *sf* désespoir *m.*
di'sperdere *vt* disperser; **~rsi** *vr* se disperser; *(fig)* s'égarer; **dispersi'one** *sf* dispersion; **di'sperso, a** *pp di* **disperdere** // *sm/f (persona)* disparu/e.
di'spetto *sm* sale tour; *(stizza)* contrariété *f;* **fare i ~i a qd** enquiquiner qn; **fare qc per** ~ faire qch par méchanceté; **a** ~ **di** en dépit de; **dispet'toso, a** *ag* enquiquinant(e).
dispia'cere [dispja'tʃere] *vi:* ~ **a** *(disturbare)* déranger, ennuyer; *(essere sgradevole)* déplaire, être désagréable; **se non ti dispiace...** si tu permets...; **~rsi** *vr* avoir de la peine; **mi dispiace (che)** je regrette (que) // *sm* chagrin, peine *f;* **ho il** ~ **di annunciare che...** j'ai le regret d'annoncer que... .
dispo'nibile *ag* disponible; *(libero)* libre.
di'sporre *vt* disposer; *(preparare)* préparer; *(mettere in ordine)* ranger, placer // *vi* disposer; **disporsi** *vr* se disposer; *(mettersi)* se mettre; **disposizi'one** *sf* disposition; *(ordine)* arrangement *m; (volontà)* volonté; **di'sposto, a** *pp di* **disporre.**
dispotico, a, ci, che *ag* despotique.
disprez'zare [dispret'tsare] *vt* mépriser; *(disdegnare)* dédaigner; **~rsi** *vr* se mépriser; **di'sprezzo** *sm* mépris *sg.*
'disputa *sf* discussion, dispute; *(filosofica)* débat *m.*
dispu'tare *vi* discuter, débattre // *vt* disputer; **~rsi** *vr* se disputer.
dissangua'mento *sm* hémorragie *f.*
disse'care *vt* disséquer.
dissec'care *vt* dessécher; **~rsi** *vr* se dessécher; *(prosciugarsi)* se tarir.
dissemi'nare *vt* parsemer; *(fig)* jeter, semer.
dis'senso *sm* désapprobation *f; (forte opposizione)* dissension *f,* dissentiment *m.*
dissente'ria *sf* dysenterie.
dissen'tire *vi* être en désaccord (avec).
dissertazi'one [dissertat'tsjone] *sf* dissertation.
disser'vizio [disser'vittsjo] *sm*

mauvais fonctionnement.

disse'stato, a *ag* déformé(e), défoncé(e); (*ECON*) en difficulté; **dis'sesto** *sm* (*FIN*) banqueroute *f*, débâcle *f*; *(fig)* faillite *f*.

disse'tare *vt* désaltérer; **~rsi** *vr* se désaltérer.

dissezi'one [disset'tsjone] *sf* dissection.

dissi'dente *ag, sm/f* dissident(e).

dis'sidio *sm* désaccord.

dis'simile *ag* dissemblable, différent(e).

dissimu'lare *vt* dissimuler, cacher.

dissi'pare *vt* dissiper; **~rsi** *vr* se dissiper; **dissipa'tezza** *sf* dissipation; **dissipazi'one** *sf* gaspillage *m*.

dissoci'are [disso'tʃare] *vt* dissocier.

dis'solto, a *pp di* **dissolvere.**

disso'lubile *ag* soluble.

disso'luto, a *pp di* **dissolvere** // *ag* dissolu(e).

dis'solvere *vt* dissoudre, fondre; *(dissipare: nebbia, fumo)* dissiper; **~rsi** *vr* s'évanouir.

disso'nante *ag* discordant(e), dissonant(e).

dissua'dere *vt* dissuader; **dissu'aso, a** *pp di* **dissuadere.**

distac'care *vt* détacher; (*SPORT*) distancer; **~rsi** *vr* se détacher; **di'stacco, chi** *sm* détachement; (*TECN*) décollage; (*MED*) décollement.

di'stante *av* loin // *ag* éloigné(e), distant(e).

di'stanza [di'stantsa] *sf* distance.

distanzi'are [distan'tsjare] *vt* distancer.

di'stare *vi* être loin de; *(fig)* être éloigné; **distiamo 10 km da Milano** nous sommes à 10 km de Milan.

di'stendere *vt* détendre; *(stendere)* étendre; **~rsi** *vr* s'allonger, s'étendre; *(rilassarsi)* se détendre, se décontracter; *(molla)* se détendre; **distensi'one** *sf* distension, décontraction; (*POL*) détente; **di'steso, a** *pp di* **distendere** // *sf* étendue.

distil'lare *vt* distiller; **distille'ria** *sf* distillerie.

di'stinguere *vt* distinguer; **~rsi** *vr* se distinguer.

distin'tivo, a *ag* distinctif(-ive) // *sm* insigne *f*.

di'stinto, a *pp di* **distinguere** // *ag* distingué(e); *(differente)* distinct(e) // *sf* (*COMM*) bordereau *m*.

distinzi'one [distin'tsjone] *sf* distinction.

di'stogliere [dis'tɔʎʎere] *vt* détourner; **di'stolto, a** *pp di* **distogliere.**

distorsi'one *sf* distorsion; (*MED*) entorse, foulure; *(alterazione)* déformation.

di'strarre *vt* distraire; **distrarsi** *vr* se distraire; **di'stratto, a** *pp di* **distrarre**; **distrazi'one** *sf* distraction.

di'stretto *sm* circonscription *f*.

distribu'ire *vt* distribuer; *(suddivvidere)* répartir; **distribu'tore** *sm* distributeur; **distribuzi'one** *sf* distribution.

distri'care *vt* débrouiller, démêler; *(fig)* démêler; **~rsi** *vr* se tirer d'affaire.

di'struggere [di'struddʒere] *vt* détruire; **~rsi** *vr* se détruire; **distrut'tivo, a** *ag* destructif(-ive); **di'strutto, a** *pp di* **distruggere**; **distruzi'one** *sf* destruction.

distur'bare *vt* déranger; (*TEL, TV*) brouiller; **~rsi** se déranger; **di'sturbo** *sm* dérangement; (*MED*) trouble; (*TEL, TV*) brouillage.

disubbi'dire *vi* désobéir.

disugu'ale *ag* inégal(e).

disu'mano, a *ag* inhumain(e).

disu'nire *vt* désunir, diviser.

di'suso *sm*: **andare** *o* **cadere in ~** tomber en désuétude.

di'tale *sm* dé (à coudre).

'dito, *pl(f)* **'dita** *sm* doigt; ~ **del piede** orteil.
'ditta *sf* entreprise, maison.
ditta'tore *sm* dictateur.
ditta'tura *sf* dictature.
dit'tongo, ghi *sm* diphtongue *f.*
di'urno, a *ag* diurne, de jour.
diva'gare *vi* divaguer; **divagazi'one** *sf* divagation.
divam'pare *vi* éclater; *(fig: ardere)* flamber.
di'vano *sm* canapé.
divari'care *vt* écarter.
di'vario *sm* différence *f.*
dive'nire *vi* = **diventare**; **dive'nuto, a** *pp di* **divenire.**
diven'tare *vi* devenir.
di'verbio *sm* altercation *f.*
di'vergere [di'vɛrdʒere] *vi* diverger.
diversifi'care *vt* diversifier; **~rsi** *vr* se différencier.
diversi'one *sf* diversion.
diversità *sf inv* diversité, différence.
diver'sivo *sm* distraction *f.*
di'verso, a *ag* différent(e), distinct(e); **~i, e** *det pl* plusieurs.
diverti'mento *sm* passe-temps *sg,* amusement; *(MUS)* divertissement.
diver'tire *vt* amuser; **~rsi** *vr* s'amuser.
divi'dendo *sm* dividende.
di'videre *vt* diviser; *(in parti uguali)* partager; *(separare)* séparer; *(distribuire)* répartir; **~rsi** *vr* se diviser; *(separarsi)* se séparer; *(in parti uguali)* se partager; *(distribuirsi in gruppi)* se répartir.
divi'eto *sm* défense *f,* interdiction *f.*
divinco'larsi *vr* se tordre, s'agiter.
divinità *sf inv* divinité.
di'vino, a *ag* divin(e).
di'visa *sf* uniforme *m;* *(FIN)* devise.
divisi'one *sf* division; *(in parti uguali)* partage *m.*
di'viso, a *pp di* **dividere.**
'divo, a *sm/f* vedette *f,* star *f.*
divo'rare *vt* dévorer; **~rsi** *vr (fig)* être dévoré.
divorzi'are [divor'tsjare] *vi* divorcer.
di'vorzio, zi [di'vɔrtsjo] *sm* divorce.
divul'gare *vt* divulguer; *(rendere comprensibile)* vulgariser; **~rsi** *vr* se propager.
dizio'nario, ri [ditsjo'narjo] *sm* dictionnaire.
dizi'one [dit'tsjone] *sf* diction.
do *sm inv* do.
DOC *sigla vedi* **denominazione.**
'doccia, ce ['dottʃa] *sf* douche.
do'cente [do'tʃɛnte] *ag* enseignant(e) // *sm/f (SCOL: università)* professeur *m.*
'docile ['dɔtʃile] *ag* docile.
documen'tare *vt* documenter; **~rsi** *vr* s'informer.
documen'tario, a, ri, rie *ag, sm* documentaire.
documentazi'one [dokumentat'tsjone] *sf* documentation.
docu'mento *sm* document.
dodi'cenne [dodi'tʃɛnne] *ag* âgé(e) de douze ans.
dodi'cesimo, a [dodi'tʃɛzimo] *num* douzième.
'dodici ['doditʃi] *num* douze.
do'gana *sf* douane; **doga'nale** *ag* douanier(-ère); **dogani'ere** *sm* douanier.
'doglie ['dɔʎʎe] *sfpl* douleurs (de l'accouchement).
'dogma, i *sm* dogme.
'dolce ['doltʃe] *ag* doux (douce); *(zuccherato)* sucré(e); *(gradevole)* agréable; *(fig: tenero)* tendre // *sm* gâteau; *(sapore)* sucré; **~i** *mpl* sucreries *fpl,* friandises *fpl;* **dol'cezza** *sfpl* douceur; **dolcezze** *pl (fig)* plaisirs *mpl;* **dolci'umi** *smpl* friandises *fpl,* sucreries *fpl.*
do'lente *ag* endolori(e); *(fig: desolato)* désolé(e), navré(e).
do'lere *vi* avoir mal, faire mal; **~rsi**

vr: ~**rsi di** *(rammaricarsi)* regretter *o* être désolé de.
'**dollaro** *sm* dollar.
'**dolo** *sm* dol.
Dolomiti *sfpl:* **le** ~ les Dolomites.
do'lore *sm* douleur *f; (sofferenza morale)* chagrin, douleur *f;* **dolo'roso, a** *ag* douloureux(-euse).
do'loso, a *ag* dolosif(-ive), criminel(le).
do'manda *sf* demande; *(interrogazione)* question.
doman'dare *vt* demander; ~**rsi** *vr* se demander; ~ **di qd** demander des nouvelles de qn.
do'mani *av* demain // *sm* futur, avenir.
do'mare *vt* dompter; *(fig)* maîtriser.
domat'tina *av* demain matin.
do'menica, che *sf* dimanche *m;* **domeni'cale** *ag* dominical(e).
do'mestica, che *sf vedi* **domestico.**
domesti'chezza [domesti'kettsa] *sf vedi* **dimesti'chezza.**
do'mestico, a, ci, che *ag* domestique // *sm/f* employé/e de maison, *(fam)* domestique.
domi'cilio [domi'tʃiljo] *sm* domicile.
domi'nare *vt* dominer; *(fig: lingua, sentimenti)* maîtriser; ~**rsi** *vr* se dominer, se maîtriser; **dominazi'one** *sf* domination.
do'minio *sm* domination *f; (fig: campo)* domaine; *(: controllo)* maîtrise *f.*
do'nare *vt* donner // *vi* aller bien; ~**rsi** *vr* se consacrer, se donner; **dona'tore, trice** *sm/f* donateur/trice; (*MED*) donneur/euse; **donazi'one** *sf* donation.
dondo'lare *vt* balancer; ~**rsi** *vr* se balancer; *(fig: essere ozioso)* flâner; '**dondolo** *sm (fam)* balançoire *f;* **sedia/cavallo a dondolo** fauteuil/cheval à bascule.
'**donna** *sf* femme.
donnai'olo *sm* coureur (de femmes).
'**donnola** *sf* belette.
'**dono** *sm* cadeau; *(fig)* don.
'**dopo** *av* après; *(in seguito)* en suite, plus tard // *prep, cong* après; ~ **di che** après quoi; **ci vediamo** ~ à plus tard; ~ **di** après // *ag inv* suivant(e); **un anno** ~ un an plus tard *o* après.
dopodo'mani *av* après demain // *sm inv* surlendemain.
dopo'guerra *sm inv* après-guerre.
dopo'pranzo [dopo'prandzo] *av* en début d'après-midi.
doposci [dopoʃ'ʃi] *sm inv* après-ski.
doposcu'ola *sm inv* (*SCOL*) *sorte de garderie après les heures de cours.*
dopo'tutto *av* après tout.
doppi'aggio, gi [dop'pjaddʒo] *sm* doublage.
doppi'are *vt* doubler.
'**doppio, a, pi, pie** *ag* double; *(fig: falso)* faux (fausse), hypocrite // *sm, av* double.
doppi'one *sm* double.
do'rare *vt* dorer; **dora'tura** *sf* dorure.
dormicchi'are [dormik'kjare] *vi* sommeiller.
dormigli'one, a [dormiʎ'ʎone] *sm/f* dormeur/euse.
dor'mire *vi* dormir; **dor'mita** *sf* sommeil *m.*
dormi'torio *sm* dortoir.
dormi'veglia [dormi'veʎʎa] *sm inv* demi-sommeil; **stare in** ~ être à moitié endormi.
'**dorso** *sm* dos *sg;* (*SPORT: nuoto)* dos crawlé.
do'sare *vt* doser.
'**dose** *sf* dose.
'**dosso** *sm* dos-d'âne.
do'tare *vt:* ~ **di** doter de, pourvoir de; **dotazi'one** *sf* équipement *m;* (*DIR*) dotation; **in dotazione a...** (*MIL*) qui fait partie de l'équipement de... .

'dote *sf* dot; *(fig)* qualités *fpl.*
Dott. *(abbr di* **dottore***); in funzione di titolo di cortesia davanti a nome proprio* ≈ Monsieur.
'dotto, a *ag* cultivé(e) // *sm* savant; **lingue ~e** langues savantes.
dotto'rato *sm* (*SCOL: laurea)* ≈ maîtrise *f;* ~ **di ricerca** doctorat d'université.
dot'tore, essa *sm/f* docteur *m.*
dot'trina *sf* doctrine.
Dott.ssa *(abbr di* **dottoressa***); in funzione di titolo di cortesia davanti a nome proprio* ≈ Madame *o* Mademoiselle.
'dove *av* où // *cong* tandis que, alors que // *sm* lieu; **sono andato ~ stavano i miei amici** je suis allé là où se trouvaient mes amis.
do'vere *sm* devoir // *vt* devoir; **comportarsi come si deve** se conduire comme il faut.
dove'roso, a *ag* juste, convenable.
do'vunque *av* n'importe où, partout // *cong:* **ti seguirò ~ andrai** je te suivrai où que *o* partout où tu ailles.
do'vuto, a *pp di* **dovere.**
doz'zina [dod'dzina] *sf* douzaine.
dozzi'nale [doddzi'nale] *ag* ordinaire, médiocre.
dra'gare *vt* draguer.
'drago, ghi *sm* dragon.
'dramma, i *sm* drame; **dram'matico, a, ci, che** *ag* dramatique; **drammatiz'zare** *vt* dramatiser.
drappeggi'are [draped'dzare] *vt* draper; **~rsi** *vr* se draper.
drap'pello *sm* troupe *f.*
dre'naggio, gi [dre'naddʒo] *sm* drainage; (*MED*) drain.
dre'nare *vt* drainer.
driz'zare [drit'tsare] *vt* dresser; **~rsi** *vr* se dresser.
'droga, ghe *sf* drogue; **~ghe** *sfpl* épices *fpl:* **dro'gare** *vt* droguer; **~rsi** *vr* se droguer.
droghe'ria [droge'ria] *sf* épicerie.
drome'dario *sm* dromadaire.
'dubbio, a, bi, bie *ag* douteux (-euse), incertain(e); *(equivoco)* douteux(-euse) // *sm* doute; **avere il ~ che** douter que; **dubbi'oso, a** *ag* indécis(e), hésitant(e).
dubi'tare *vi* douter; *(aver paura)* craindre; *(diffidare)* se méfier; **non dubito che** je suis sûr que; **dubita'tivo, a** *ag* dubitatif(-ive).
'duca, chi *sm* duc; **du'chessa** *sf* duchesse.
'due *num* deux.
due'cento [due'tʃɛnto] *num* deux cents // *sm:* **il D~** le treizième siècle.
du'ello *sm* duel.
due'pezzi [due'pɛttsi] *sm inv* deux-pièces *m inv.*
du'etto *sm* duo.
'duna *sf* dune.
'dunque *cong* donc // *sm inv:* **venire al ~** venir au fait.
du'omo *sm* cathédrale *f,* dôme.
dupli'cato *sm* double, duplicata.
'duplice ['duplitʃe] *ag* double.
du'rante *prep* pendant.
du'rare *vi* durer; *(conservarsi)* se conserver; **du'rata** *sf* durée; **dura'turo, a, du'revole** *ag* durable.
du'rezza [du'rettsa] *sf* dureté.
'duro, a *ag* dur(e); *(fig: ostinato)* obstiné(e) // *sm* dur // *av:* **tener ~** tenir bon; **testa ~a** *(fig)* forte tête.
du'rone *sm* durillon.

E

e, *dav V spesso* **ed** *cong* et.
E. *(abbr di* **Est***)* E.
'ebano *sm* (*BOT: albero)* ébénier; *(: legno)* ébène *f.*
eb'bene *cong* eh bien.
eb'brezza [eb'brettsa] *sf* ivresse; *(fig)* enivrement *m,* ivresse.
'ebbro, a *ag* ivre.
'ebete *ag, sm/f* idiot(e).
ebollizi'one [ebollit'tsjone] *sf* ébullition.

e'braico, a, ci, che *ag* hébraïque // *sm* (*LING*) hébreu.
e'breo, a *ag* hébreu (juive) // *sm/f* juif/ive.
ecc *av (abbr di* **eccetera**) etc.
ecce'denza [ettʃe'dɛntsa] *sf* excédent *m*, surplus *m*.
ec'cedere [et'tʃɛdere] *vt* dépasser; *(esagerare)* exagérer.
eccel'lente [ettʃel'lɛnte] *ag* excellent(e).
eccel'lenza [ettʃe'lɛntsa] *sf* excellence.
ec'cellere [et'tʃɛllere] *vi* exceller; **ec'celso, a** *pp di* **eccellere.**
ec'centrico, a, ci, che [et'tʃɛntriko] *ag* excentrique.
ecces'sivo, a [ettʃes'sivo] *ag* excessif(-ive).
ec'cesso [et'tʃɛsso] *sm* excès *sg*.
ec'cetto [et'tʃɛtto] *prep* sauf; ~ **che** *cong* sauf que.
eccettu'are [ettʃettu'are] *vt* excepter.
eccezio'nale [ettʃetsjo'nale] *ag* exceptionnel(le).
eccezi'one [ettʃet'tsjone] *sf* exception.
ecci'tare [ettʃi'tare] *vt* exciter; **~rsi** *vr* s'exciter; **eccitazi'one** *sf* excitation.
ecclesi'astico, a, ci, che *ag, sm* ecclésiastique.
'ecco *av* voici, voila; **quand'~...** quand soudain...; *(dav pronomi):* **~mi!** me voici!; **~ne uno!** en voici un!; *(dav pp)* ~ **fatto!** c'est fait, ça y est; **~ci arrivati!** nous voici arrivés!
echeggi'are [eked'dʒare] *vi* résonner.
e'clissi *sf inv* éclipse.
'eco, *pl(m)* **'echi** *sm o f* écho *m*.
ecolo'gia [ekolo'dʒia] *sf* écologie.
econo'mia *sf* économie; **fare ~** faire des économies; **eco'nomico, a, ci, che** *ag* économique; *(condizioni, situazione)* financier(-ère); **annunci economici** petites annonces *fpl;* **economiz'zare** *vt, vi* économiser; **e'conomo, a** *ag* économe.
ed *cong vedi* **e.**
'edera *sf* lierre *m*.
e'dicola *sf* kiosque *m*.
edifi'care *vt* édifier, construire, bâtir.
edi'ficio [edi'fitʃo] *sm* édifice, immeuble.
e'dile *ag:* **industria ~** industrie du bâtiment; **impresa ~** entreprise de bâtiment // *sm* ouvrier du bâtiment.
edi'tore, trice *ag:* **casa/società ~trice** maison d'édition/société éditrice // *sm/f* éditeur/trice; **edito'ria** *sf* édition; **editori'ale** *ag* de l'édition // *sm* éditorial.
edizi'one [edit'tsjone] *sf* édition; **è la ventesima ~ della Fiera di Milano** c'est la vingtième Foire de Milan.
edu'care *vt* éduquer, élever; *(fig)* éduquer; ~ **qd a** habituer qn à; **educazi'one** *sf* éducation; *(buona creanza)* politesse, éducation.
effeminato, a *ag* efféminé(e) // *sm* efféminé.
efferve'scente [effervef'ʃɛnte] *ag* effervescent(e).
effet'tivo, a *ag* effectif(-ive), réel(le); **socio ~** membre actif; **ufficiale ~** officier de carrière // *sm* effectif.
ef'fetto *sm* effet; *(fig)* effet, sensation *f;* **in ~i** en effet, en réalité.
effettu'are *vt* effectuer.
effi'cace [effi'katʃe] *ag* efficace; **effi'cacia** *sf* efficacité.
effici'ente [effi'tʃɛnte] *ag* efficace; *(macchina)* qui fonctionne bien, qui a un bon rendement; **effici'enza** *sf* efficacité; *(di macchina)* rendement *m*.
ef'figie [ef'fidʒe] *sf inv* effigie.
ef'fimero, a *ag* éphémère.
effusi'one *sf (fig)* effusion, épanchement *m*.
E'geo [e'dʒɛo] *sm:* **l'~** la mer Egée.

E'gitto [e'dʒitto] *sm* Egypte *f*.
'egli ['eʎʎi] *pron m*, **'ella** *f*, **'essi** *mpl*, **'esse** *fpl (soggetto)* il *m*, elle *f*, ils *mpl*, elles *fpl*; *(complemento: pl)* eux *mpl*, elles *fpl*.
ego'ismo *sm* égoïsme; **ego'ista, i, e** *ag, sm/f* égoïste.
Egr. *abbr di* **egregio.**
e'gregio, a, gi, gie [e'grɛdʒo] *ag (nelle lettere)*: ~ **signore,...** Monsieur,... .
eguagli'anza [egwaʎ'ʎantsa] *etc vedi* **uguagli'anza** *etc*.
elabo'rare *vt* élaborer; (*INFORM*) traiter; **elaborazi'one** *sf* élaboration; (*INFORM*) traitement *m*.
e'lastico, a, ci, che *ag* élastique; *(fig: mente)* souple // *sm* élastique; *(del letto)* sommier.
ele'fante, essa *sm/f* éléphant *m*.
ele'gante *ag* élégant(e); **ele'ganza** *sf* élégance.
e'leggere [e'lɛddʒere] *vt* élire.
elemen'tare *ag* élémentaire; (*SCOL*) primaire.
ele'mento *sm* élément; *(fig: ambiente)* milieu, élément.
ele'mosina *sf* aumône.
elen'care *vt* énumérer; *(fare l'elenco)* dresser la liste de; **e'lenco, chi** *sm* liste *f*.
e'letto, a *pp di* **eleggere** // *ag* préféré(e) // *sm* élu; **eletto'rale** *ag* électoral(e); **elet'tore, trice** *sm/f* électeur/trice.
elet'trauto *sm inv* électricien-auto.
elettri'cista, i [elettri'tʃista] *sm* électricien.
elettricità [elettritʃi'ta] *sf* électricité; *(fig)* électricité, tension.
e'lettrico, a, ci, che *ag* électrique // *sm* ouvrier de l'électricité, ≈ ouvrier d'EDF.
elettriz'zare [elettrid'dzare] *vt* électriser; **~rsi** *vr* s'électriser; *(fig: eccitarsi)* s'exciter.
e'lettrodo *sm* électrode *f*.
elettrodo'mestico, a, ci, che *ag* électroménager(-ère) // *sm* appareil électroménager.
elet'trone *sm* électron.
elet'tronico, a, ci, che *ag, sf* électronique.
ele'vare *vt* élever; *(statua, multa)* dresser.
elezi'one [elet'tsjone] *sf* élection.
'elica, che *sf* hélice.
eli'cottero *sm* hélicoptère.
elimi'nare *vt* éliminer; *(espellere)* évacuer; **elimina'toria** *sf* éliminatoire.
'ella *pron vedi* **egli.**
el'metto *sm* casque.
e'logio [e'lɔdʒo] *sm* éloge; *(lode)* louange *f*.
eloqu'ente *ag* éloquent(e); **eloqu'enza** *sf* éloquence.
e'ludere *vt* éluder, éviter; ~ **la sorveglianza** tromper la surveillance.
ema'nare *vt* exhaler; *(odore: cattivo)* dégager; *(fig: leggi, decreti)* promulguer, publier // *vi* émaner, découler.
emanci'pare [emantʃi'pare] *vt* émanciper, affranchir; **~rsi** *vr* s'émanciper, s'affranchir; **emancipazi'one** *sf* émancipation; *(di uno schiavo)* affranchissement *m*.
em'blema, i *sm* emblème.
embri'one *sm* embryon.
emenda'mento *sm* correction *f*; (*DIR*) amendement.
emen'dare *vt* corriger; (*DIR*) amender; **~rsi** *vr* s'amender.
emer'genza [emer'dʒɛntsa] *sf* urgence; **di** ~ *(dispositivo)* de secours.
e'mergere [e'mɛrdʒere] *vi* émerger; *(fig: persona: distinguersi)* se distinguer; **e'merso, a** *pp di* **emergere.**
e'messo, a *pp di* **emettere.**
e'mettere *vt* émettre; (*DIR*) rendre; *(fig: esprimere)* exprimer; *(: grido)* pousser.
emi'crania *sf* migraine.
emi'grante *ag, sm/f* émigrant(e).

emi'grare *vi* émigrer.
emi'nente *ag* éminent(e), insigne.
emi'sfero *sm* hémisphère.
emis'sario *sm* émissaire.
emissi'one *sf* émission.
emit'tente *ag* émetteur(-trice) // *sf* émetteur *m*.
emorra'gia, gie [emorra'dʒia] *sf* hémorragie.
emo'tivo, a *ag* émotif(-ive), impressionable.
emozio'nare [emottsjo'nare] *vt* émouvoir, impressionner; **emozi'one** *sf* émotion.
'empio, a *ag* sacrilège; *(spietato)* cruel(le).
em'porio *sm* magasin.
emu'lare *vt* chercher à égaler.
emulsi'one *sf* émulsion.
en'ciclica, che [en'tʃiklika] *sf* encyclique.
enciclope'dia [entʃiklope'dia] *sf* encyclopédie.
endove'noso, a *ag* intraveineux(-euse).
ENEL *(abbr di Ente Nazionale per l'Energia Elettrica)* ≈ EDF.
ener'gia, gie [ener'dʒia] *sf* énergie; **e'nergico, a, ci, che** *ag* énergique.
'enfasi *sf* emphase; **en'fatico, a, ci, che** *ag* emphatique.
e'nigma, i *sm* énigme *f*; **enig'matico, a, ci, che** *ag* énigmatique.
E.N.I.T. *abbr di Ente Nazionale Italiano per il Turismo*.
en'nesimo, a *ag* énième.
e'norme *ag* énorme; **enormità** *sf inv* énormité.
'ente *sm* organisme; ~ **per il turismo** office du tourisme.
en'trambi, e *pron pl* tous (toutes) les deux // *ag* les deux.
en'trare *vi* entrer; ~ **in** *(starci)* rentrer; *(essere ammesso a: club etc)* entrer dans; **entrarci (con)** *(avere a che vedere con)* avoir qch à voir (avec); **entrarci** *(starci)* rentrer; ~ **in automobile** monter en voiture; **far ~ qc in testa a qd** enfoncer/mettre qch dans la tête de qn; **en'trata** *sf* entrée; **entrate** *fpl* (COMM) recettes, entrées; **le entrate dello Stato** les revenus *mpl* de l'Etat.
'entro *prep* dans.
entusias'mare *vt* enthousiasmer; **~rsi** *vr* s'enthousiasmer; **entusi'asmo** *sm* enthousiasme.
enume'rare *vt* énumérer.
enunci'are [enun'tʃare] *vt* énoncer.
E'olie *sfpl*: **le** ~ les Iles Eoliennes.
'epico, a, ci, che *ag* épique.
epide'mia *sf* épidémie.
Epifa'nia *sf* Epiphanie.
epiles'sia *sf* épilepsie.
e'pilogo, ghi *sm* épilogue.
epi'sodio *sm* épisode.
e'pistola *sf* épître, lettre.
e'piteto *sm* épithète *f*; *(di offesa)* injure *f*.
'epoca, che *sf* époque; **fare** ~ *(fig)* faire époque, dater.
ep'pure *cong* pourtant, et pourtant.
epu'rare *vt* épurer.
equa'tore *sm* équateur.
equazi'one [ekwat'tsjone] *sf* équation.
equ'estre *ag* équestre.
equi'latero, a *ag* équilatéral(e).
equili'brare *vt* équilibrer; **equi'librio** *sm* équilibre.
equ'ino, a *ag* chevalin(e).
equi'nozio [ekwi'nɔttsjo] *sm* équinoxe.
equipaggi'are [ekwipad'dʒare] *vt* équiper; **~rsi** *vr* s'équiper; **equi'paggio** *sm* équipage.
equipa'rare *vt* égaliser; *(confrontare)* comparer.
equitazi'one [ekwitat'tsjone] *sf* équitation.
equiva'lente *ag* équivalent(e) // *sm* équivalent.
equ'ivoco, a, ci, che *ag* équivoque; *(sospetto)* louche, douteux (-euse) // *sm* équivoque *f*, malenten-

du; **a scanso di ~i** pour éviter toute équivoque.
'equo, a *ag* équitable.
'era *sf* ère.
'erba *sf* herbe; ~ **medica** luzerne; **~e aromatiche** fines herbes; **er'baccia** *sf* mauvaise herbe; **er'boso, a** *ag* gazonné(e); **tappeto erboso** gazon *m*.
e'rede *sm/f* héritier/ère; **eredità** *sf* héritage *m*; **eredi'tare** *vt* hériter de.
ere'mita, i *sm* ermite.
ere'sia *sf* hérésie.
e'retto, a *pp di* **erigere** // *ag* droit(e); **erezi'one** *sf* (*FISIOL*) érection.
er'gastolo *sm* prison *f* à vie.
'erica *sf* bruyère.
e'rigere [e'ridʒere] *vt* ériger, construire, élever; *(fig)* ériger; **~rsi** *vr*: **~rsi a** s'ériger en, se poser en.
ermel'lino *sm* hermine *f*.
er'metico, a, ci, che *ag* hermétique.
'ernia *sf* hernie.
e'roe, i *sm* héros *sg*.
ero'gare *vt* attribuer; *(gas, acqua, etc)* distribuer.
e'roico, a, ci, che *sm* héroïque.
ero'ina *sf* héroïne.
ero'ismo *sm* héroïsme.
erosi'one *sf* érosion.
e'rotico, a, ci, che *ag* érotique.
'erpice ['erpitʃe] *sm* herse *f*.
er'rare *vi* errer, vagabonder; *(fig: con la fantasia)* divaguer; *(sbagliare)* se tromper.
er'rore *sm* erreur *f*, faute *f*.
'erta *sf*: **stare all'~** *(fig)* se tenir sur le qui-vive *o* sur ses gardes.
eru'dito, a *ag, sm/f* érudit(e), savant(e).
erut'tare *vt* vomir, cracher; **eruzi'one** *sf* éruption.
esacer'bare [ezatʃer'bare] *vt* exacerber.
esage'rare [ezadʒe'rare] *vt* exagérer, gonfler // *vi* exagérer; **esagerazi'one** *sf* exagération.
e'sagono *sm* hexagone.
esal'tare *vt* exalter; **~rsi** *vr* s'exalter.
e'same *sm* examen; *(fig: di un problema, testo)* étude *f*, examen; ~ **del sangue** prise *f* de sang; **dare un ~** (*SCOL*) passer un examen.
esami'nare *vt* examiner, étudier; (*SCOL*) interroger.
e'sanime *ag* inanimé(e).
esaspe'rare *vt* exaspérer; **~rsi** *vr* s'exaspérer; **esasperazi'one** *sf* exaspération.
esat'tezza [eza'tettsa] *sf* exactitude.
e'satto, a *pp di* **esigere** // *ag* juste; *(preciso)* précis(e).
esat'tore *sm* percepteur.
esau'dire *vt* exaucer.
esauri'ente *ag* complet(-ète); *(convincente)* convaincant(e).
esauri'mento *sm* épuisement; (*MED*) dépression *f*.
esau'rire *vt* épuiser; *(pozzo, sorgente)* tarir; **~rsi** *vr* s'épuiser; **esau'rito, a** *ag* épuisé(e); (*MED*) déprimé(e); *(hôtel, teatro)* complet (-ète).
e'sausto, a *ag (fig)* épuisé(e), à bout de forces *loc inv*.
'esca *sf* appât *m*.
escande'scenza [eskande'ʃʃɛntsa] *sf*: **dare in ~e** *(fig)* sortir de ses gonds.
escla'mare *vi* s'exclamer.
e'scludere *vt* exclure; **esclu'sivo, a** *ag* exclusif(-ive) // *sf* exclusivité.
escre'mento *sm* excrément.
escursi'one *sf* excursion; ~ **termica** (*METEOR*) amplitude.
ese'crare *vt* exécrer.
esecu'tivo, a *ag* exécutif(-ive) // *sm* exécutif.
esecu'tore, trice *sm/f* exécutant/e; ~ **testamentario** (*DIR*) exécuteur testamentaire.
esecuzi'one [ezekut'tsjone] *sf* exécution; *(messa in opera)* réalisation; **dare ~ a qc** mettre qch à exécution.

esegu'ire *vt* exécuter, effectuer; (*MUS, ordine)* exécuter.
e'sempio *sm* exemple; **fare un ~** donner un exemple; **prendere ~ da qd** prendre exemple sur qn; **esem'plare** *ag* exemplaire // *sm* exemplaire, spécimen; **esemplifi'care** *vt* illustrer (par des exemples).
esen'tare *vt* dispenser, exempter; **~rsi** *vr* s'exempter; **e'sente** *ag*: **esente da** exempt(e) *o* dispensé(e) de; **esenzi'one** *sf* exemption.
e'sequie *sfpl* obsèques.
eser'cente [ezer'tʃɛnte] *sm/f* gérant/e; *(di negozio)* commerçant/e.
eserci'tare [ezertʃi'tare] *vt* exercer; **~rsi** *vr* s'exercer; *(fare esercizio)* faire de l'exercice; **~rsi in qc/a fare qc** s'entraîner à qch/à faire qch; **esercitazi'one** *sf* exercice *m*.
e'sercito [e'zɛrtʃito] *sm* armée *f*; *(fig: moltitudine)* armée *f*, foule *f*.
eser'cizio [ezer'tʃittsjo] *sm* exercice; *(fisico)* entraînement, exercice; **fare ~** s'entraîner, s'exercer; **essere fuori ~** manquer d'entraînement; **~ pubblico** (*COMM*) établissement public.
esi'bire *vt* exhiber, montrer; **~rsi** *vr* s'exhiber; **~ in pubblico** se produire en public; **esibizi'one** *sf* exhibition.
e'sigere [e'zidʒere] *vt* exiger; *(imposte, crediti)* percevoir.
e'siguo, a *ag* exigu(e).
'esile *ag* mince.
esili'are *vt* exiler.
e'simere *vt* dispenser, libérer; **~rsi** *vr* se dispenser.
esi'stenza [ezi'stɛntsa] *sf* existence; *(vita)* vie.
e'sistere *vi* exister, y avoir; *(vivere)* exister.
esi'tare *vi* hésiter; **esitazi'one** *sf* hésitation.
'esito *sm* résultat.
'esodo *sm* exode.
esone'rare *vt* exonérer.
esorciz'zare [ezortʃid'dzare] *vt* exorciser.
e'sordio *sm* débuts *mpl*.
esor'tare *vt* exhorter.
e'sotico, a, ci, che *ag* exotique.
e'spandere *vt* étendre; **~rsi** *vr* s'étendre; (*FIS*) se détendre; **espansi'one** *sf* expansion; (*FIS*) détente.
espatri'are *vi* s'expatrier.
espedi'ente *sm* expédient.
e'spellere *vt* expulser, renvoyer; (*FIS, FISIOL*) expulser.
esperi'enza [espe'rjɛntsa] *sf* expérience; **avere ~ in qc** avoir de l'expérience dans qch; **parlare per ~** parler en connaissance de cause.
esperi'mento *sm* essai, expérience *f*.
e'sperto, a *ag* expérimenté(e) // *sm* expert; **~ di/in qc** expert en qch.
espi'are *vt* expier; *(pena)* purger; *(torto)* réparer.
espi'rare *vt, vi* expirer.
espli'care *vt* exercer.
e'splicito, a [es'plitʃito] *ag* explicite, clair(e).
e'splodere *vi* exploser, éclater // *vt* tirer.
esplo'rare *vt* explorer; (*MED*) sonder.
e'sploso, a *pp di* **e'splodere.**
espo'nente *sm/f* représentant(e) // *sm* (*MAT*) exposant.
e'sporre *vt* exposer; **esporsi** *vr* s'exposer.
espor'tare *vt* exporter.
esposizi'one [espozit'tsjone] *sf* exposition; *(racconto)* exposé *m*.
e'sposto, a *pp di* **esporre** // *ag* exposé(e); (*MED*) ouvert(e) // *sm* mémoire.
espressi'one *sf* expression.
e'spresso, a *pp di* **esprimere** // *ag* exprimé(e); *(caffè, treno)* exprès(se) // *sm (lettera, francobollo)* exprès *sg;* (*FERR, caffè*) express *sg*.

e'sprimere *vt* exprimer; **~rsi** *vr* s'exprimer.
e'spulso, a *pp di* **espellere.**
'essa *pron vedi* **esso.**
es'senza [es'sɛntsa] *sf* essence; **essenzi'ale** *ag* essentiel(le) // *sm* essentiel.
'essere *sm* individu, être // *vb ausiliare (generalmente)* être // *vb con attributo, vi* être; *(esistere)* exister, être; **è un professore** c'est un professeur; **~ d'aiuto** être une aide; **~ in dieci** être dix; **~ di** *(appartenere)* être à; **~ da** *+infinito* être à *+infinitif;* **questo lavoro è da farsi** il faut faire ce travail; **questo comportamento non è da lui** ce comportement n'est pas digne de lui; **quant'è?** *(quanto costa)* ça fait combien?; **sono le otto** il est huit heures; **esserci** y avoir; **ci sono uomini** il y a des hommes; **ci siamo!** nous y sommes!; **c'è da piangere** il y a de quoi pleurer.
'esso *pron m,* **'essa** *f,* **'essi** *mpl,* **'esse** *fpl (riferito a cosa: soggetto)* il *m,* elle *f,* ils *mpl,* elles *fpl; (: complemento)* lui *m,* elle *f,* eux *mpl,* elles *fpl.*
est *sm* est.
'estasi *sf* extase; **andare in ~** tomber en extase, s'extasier.
e'state *sf* été *m;* **d'~, in ~** en été.
e'statico, a, ci, che *ag* extatique.
e'stendere *vt* étendre; **~rsi** *vr* s'étendre; **estensi'one** *sf* extension; *(di superficie, voce)* étendue; *(sviluppo)* développement *m,* expansion.
esteri'ore *ag* extérieur(e).
e'sterno, a *ag* extérieur(e) // *sm* extérieur; (*SCOL*) externe; **per uso ~** (*MED*) pour usage externe; **all'~** à l'extérieur.
'estero, a *ag* étranger(-ère); (*POL*) extérieur(e) // *sm* étranger; (*POL*) extérieur.
e'steso, a *ag* étendu(e), vaste; **scrivere per ~** écrire en entier.
e'stetico, a, ci, che *ag* esthétique // *sf* esthétique; **este'tista** *sf* esthéticienne.
e'stinguere *vt* éteindre; *(fig: sete)* étancher, apaiser; **~rsi** *vr* s'éteindre; **e'stinto, a** *pp di* **estinguere; estin'tore** *sm* extincteur.
e'stivo, a *ag* d'été, estival(e).
e'storcere [e'stɔrtʃere] *vt* extorquer; **estorsi'one** *sf* extorsion; **e'storto, a** *pp di* **estorcere.**
estradizi'one [estradit'tsjone] *sf* extradition.
e'straneo, a *ag, sm/f* étranger(-ère).
e'strarre *vt* extraire; *(premi, numeri del lotto)* tirer (au sort); **e'stratto, a** *pp di* **estrarre** // *sm* extrait; **~ conto** (*FIN*) relevé de compte; **estrazi'one** *sf* extraction; *(sorteggio)* tirage *m.*
estre'mista, i, e *sm/f* extrémiste.
estremità *sf inv* extrémité; *(fine)* bout *m.*
e'stremo, a *ag* dernier(-ère); *(molto grande, grave, POL)* extrême // *sm* extrémité *f,* bout; *(fig)* extrême; **~i** *mpl (di una pratica)* éléments, référence *f.*
'estro *sm* inspiration *f; (capriccio)* fantaisie *f;* **e'stroso, a** *ag* fantaisiste, original(e).
estro'verso, a *ag* ouvert(e); (*PSIC*) extraverti(e).
estu'ario *sm* estuaire.
esube'rante *ag* exubérant(e).
'esule *sm/f* exilé/e.
età *sf* âge *m; (epoca)* époque, ère; **minore/maggiore ~** minorité/majorité.
'etere *sm* éther.
eternità *sf* éternité.
e'terno, a *ag* éternel(le).
etero'geneo, a [etero'dʒɛneo] *ag* hétérogène.
'etica *sf vedi* **etico.**
eti'chetta [eti'ketta] *sf* étiquette.
'etico, a, ci, che *ag, sf* éthique.

etimolo'gia [etimolo'dʒia] *sf* étymologie.
'etnico, a, ci, che *ag* ethnique.
e'trusco, a, ci, che *ag, sm/f* étrusque.
'ettaro *sm* hectare.
'etto *sm (abbr di* **ettogrammo***) centgrammes mpl // pref* hecto... .
Eucari'stia *sf* Eucharistie.
eufe'mismo *sm* euphémisme.
Eu'ropa *sf* Europe; **euro'peo, a** *ag, sm/f* européen(ne).
eutana'sia *sf* euthanasie.
evacu'are *vt* évacuer.
e'vadere *vi:* ~ **da** s'évader de, s'enfuir de; *(fig)* fuir, s'évader de, échapper à // *vt (sbrigare: pratica)* expédier, régler; ~ **la corrispondenza** faire son courier; ~ **le tasse** frauder le fisc.
evan'gelico, a, ci, che *ag* évangelique; **evange'lista, i** *sm* évangeliste.
evapo'rare *vi* s'évaporer.
evasi'one *sf* évasion; ~ **fiscale** fraude fiscale.
eva'sivo, a *ag* évasif(-ive).
e'vaso, a *pp di* **e'vadere.**
e'vento *sm* événement.
eventu'ale *ag* éventuel(le).
evi'dente *ag* évident(e), clair(e).
evi'denza [evi'dɛntsa] *sf* évidence.
evi'tare *vt* éviter.
evo'care *vt* évoquer.
evo'luto, a *pp di* **evolvere.**
e'volvere: ~**rsi** *vr* évoluer.
ev'viva *escl* hourra!; ~ **la libertà!** vive la libertè!
ex *pref* ancien(ne), ex-.
'extra *ag inv (supplementare)* supplémentaire, en supplément; *(con aggettivo)* très // *sm inv* extra; **extraconiu'gale** *ag* extra-conjugal(e).

F

fa *sm inv* (*MUS*) fa // *av (di tempo)* il y a; **dieci anni** ~ il y a dix ans.
'fabbrica *sf* fabrique, usine; **fabbri'cante** *sm* fabricant; **fabbri'care** *vt* fabriquer; *(edificare)* construire, bâtir.
'fabbro *sm* forgeron.
fac'cenda [fat'tʃɛnda] *sf* affaire; *(cosa da fare)* travail *m;* **le** ~**e domestiche** le ménage.
fac'chino [fak'kino] *sm* porteur.
'faccia, ce ['fattʃa] *sf* visage *m; (espressione)* tête; *(parte)* face; **non guardare in** ~ **a nessuno** *(fig)* n'avoir peur de personne; ~ **a** ~ face à face.
facci'ata [fat'tʃata] *sf* façade; *(di pagina)* page.
fa'ceto, a [fa'tʃeto] *ag* spirituel(le).
'facile ['fatʃile] *ag* facile, simple; *(di carattere)* accommodant(e), facile; ~ **a** *(disposto)* enclin(e) à, porté(e) à; **è** ~ **che ...** il est probable que ...; **facilità** *sf* facilité; **facili'tare** *vt* faciliter.
facino'roso, a [fatʃino'roso] *ag* violent(e).
facoltà *sf inv* faculté.
facolta'tivo, a *ag* facultatif (-ive).
'faggio ['faddʒo] *sm* hêtre.
fagi'ano [fa'dʒano] *sm* faisan.
fagio'lino [fadʒo'lino] *sm* haricot vert.
fagi'olo [fa'dʒolo] *sm* haricot; **andare a** ~ *(fam)* plaire, convenir; **capitare a** ~ tomber à pic.
fa'gotto *sm* paquet, ballot; (*MUS*) basson; **far** ~ *(fig)* plier bagage.
'falce ['faltʃe] *sf* faux *sg*, faucille; ~ **di luna** croissant *m* de lune; **fal'cetto** *sm* faucille *f*, serpette *f;* **falci'are** *vt* faucher.
'falco, chi *sm* faucon.
'falda *sf* bande; (*GEOL*) couche, nappe; *(di cappello)* bord *m; (di monte)* pied *m; (di vestito, di tetto)* pan *m;* **nevica a larghe** ~**e** il neige à gros flocons.
fale'gname [faleɲ'ɲame] *sm* menuisier.

fal'lace [fal'latʃe] *ag* trompeur (-euse).
falli'mento *sm* faillite *f*, échec; (*DIR*) faillite *f*.
fal'lire *vi* échouer; (*DIR*) faire faillite // *vt (bersaglio)* manquer, rater; **fal'lito, a** *ag* manqué(e), raté(e); qui a fait faillite // *sm/f (anche fig)* raté/e.
'fallo *sm* faute *f*, erreur *f*; (*SPORT*) faute *f*; **senza** ~ sans faute.
falò *sm* feu, feu de camp.
fal'sare *vt* fausser, déformer; **fal'sario** *sm* faussaire; **falsifi'care** *vt* falsifier, contrefaire.
'falso, a *ag* faux(fausse *f*) // *sm* faux *sg*.
'fama *sf (notizia diffusa)* bruit *m*; *(reputazione)* réputation; *(celebrità)* célébrité.
'fame *sf* faim; **fa'melico, a, ci, che** *ag* affamé(e).
fa'miglia [fa'miʎʎa] *sf* famille; **essere di** ~ *(fig)* être de la famille; **farsi una** ~ fonder un foyer.
fami'liare *ag* familier(-ère); *(della famiglia)* familial(e) // *sm* membre de la famille; **familiarità** *sf* familiarité; *(dimestichezza)* expérience; *(pratica)* pratique; **avere familiarità con qc** s'y connaître en qch.
fa'moso, a *ag* célèbre, fameux (-euse).
fa'nale *sm* (*AUTO, FERR*) feu; *(fig)* lanterne *f*.
fa'natico, a, ci, che *ag, sm/f* fanatique; ~ **di** *o* **per** fou(folle *f*) de.
fanciul'lezza [fantʃul'lettsa] *sf* enfance.
fanci'ullo, a [fan'tʃullo] *sm/f* enfant.
fan'donia *sf* blague, histoire.
fan'fara *sf* fanfare.
'fango, ghi *sm* boue *f*; *(di uno stagno)* vase *f*; **fare i** ~**i** (*MED*) faire des bains de boue; **fan'goso, a** *ag* boueux(-euse).
fannul'lone, a *sm/f* paresseux/euse.
fantasci'enza [fantaʃ'ʃɛntsa] *sf* science-fiction.
fanta'sia *sf* imagination; *(capriccio, tessuto, MUS)* fantaisie // *ag inv:* **seta/vestito** ~ soie/robe *f* fantaisie.
fan'tasma, i *sm* fantôme, esprit; (*PSIC*) phantasme *o* fantasme.
fantastiche'ria [fantastike'ria] *sf* rêverie.
fan'tastico, a, ci, che *ag* fantastique; *(eccezionale)* formidable, fantastique.
'fante *sm* (*MIL*) fantassin; (*CARTE*) valet; **fante'ria** *sf* infanterie.
fan'toccio [fan'tɔttʃo] *sm* pantin, fantoche, marionnette *f*.
far'dello *sm* fardeau.
'fare *vt* faire; *(produrre)* produire; *(mestiere)* être; (*TEATRO*: *fare una parte)* jouer; *(nominare)* nommer; **qui la strada fa angolo** ici la rue forme un coin; ~ **i piatti** laver la vaisselle; ~ **la spesa/da mangiare** faire les courses/la cuisine; ~ **benzina** prendre de l'essence; ~ **la fame** mourir de faim; **2 più 2 fa 4** 2 et 2 font 4; **non ce la faccio più** je n'en peux plus; **farla a qd** *(ingannarlo)* tromper qn; **farla finita** en finir; **fare un bagno/una doccia** prendre un bain/une douche // *vi:* ~ **per** *(essere adatto)* aller, convenir a; ~ **in modo di** essayer de, faire en sorte que; ~ **in tempo a** avoir le temps de; **faccia pure!** *(cortesia)* faites seulement!; ~ **da** *(far la parte di)* tenir lieu de // *vb impersonale* faire; ~**rsi** *vr* se faire; ~**rsi la macchina** acheter une voiture; ~**rsi avanti/da parte** s'avancer/s'écarter; ~**rsi strada** se frayer un chemin.
far'falla *sf* papillon *m*; **cravatta a** ~ nœud *m* en papillon.
fa'rina *sf* farine; **non è** ~ **del suo sacco** *(fig)* ce n'est pas de son cru.
fa'ringe [fa'rindʒe] *sf* pharynx *m*.
farma'ceutico, a, ci, che

[farma'tʃeutiko] *ag* pharmaceutique.
farma'cia, cie [farma'tʃia] *sf* pharmacie; **farma'cista, i, e** *sm/f* pharmacien/ne.
'farmaco, ci *o* **chi** *sm* médicament.
'faro *sm* phare; (*AUTO*) feu, phare.
'farsa *sf* farce, comédie.
'fascia, sce ['faʃʃa] *sf* bande; *(per la testa)* bandeau *m;* **~e** *sfpl (da neonato)* langes, couches; **fasci'are** *vt* langer; *(ferita)* bander; **fasciarsi** *vr* se bander.
fa'scicolo [fa'ʃʃikolo] *sm* dossier; *(di pubblicazione)* fascicule.
'fascino ['faʃʃino] *sm* charme.
'fascio ['faʃʃo] *sm* faisceau; *(di fiori)* gerbe *f*, bouquet; *(di carta)* liasse; (*POL*) parti fasciste.
fa'scismo [fa'ʃʃizmo] *sm* fascisme.
'fase *sf* phase; *(periodo)* stade *m;* **essere fuori** ~ *(fig)* être déphasé.
fa'stidio *sm* ennui, embêtement; *(imbarazzo)* gêne *f;* **dare ~ a qd** déranger qn; **fastidi'oso, a** *ag* ennuyeux(-euse), embêtant(e).
'fasto *sm* luxe, faste.
'fata *sf* fée; ~ **morgana** *(miraggio)* mirage *m*.
fa'tale *ag* fatal(e); **fatalità** *sf* fatalité.
fa'tica, che *sf* effort *m*, peine; (*TECN*, *stanchezza)* fatigue; **uomo di** ~ homme de peine; **fare ~ a** avoir de la peine à; **a** ~ à grand-peine; **fati'care** *vi* peiner; *(fig: stentare)* avoir de la peine à, avoir du mal à; **fati'coso, a** *ag* pénible, dur(e), fatiguant(e).
'fato *sm* fatalité *f*, destin.
'fatto, a *pp di* **fare** // *ag* fait(e); *(maturo)* fait(e), mûr(e) // *sm* fait; *(affare)* affaire *f;* **a conti ~i** *(fig)* tout compte fait; **ormai è ~a!** c'est chose faite!; **il** ~ **sta** *o* **è che** le fait est que.
fat'tore, essa *sm/f* fermier/ère // *sm (elemento costitutivo)* facteur.
fatto'ria *sf* ferme.
fatto'rino *sm* garçon de courses, coursier.
fat'tura *sf* façon, exécution; (*COMM*) facture; *(stregoneria)* envoûtement *m;* **fattu'rare** *vt* facturer.
'fatuo, a *ag* vaniteux(-euse); *(parola)* vain(e); **fuoco** ~ feu follet.
'fauna *sf* faune.
fau'tore, trice *ag, sm/f* partisan(e).
fa'vella *sf* parole.
fa'villa *sf* étincelle.
'favola *sf* conte *m*, fable; *(diceria)* histoire, commérage *m;* **essere la ~ di tutti** être la risée de tout le monde; **favo'loso, a** *ag* fabuleux (-euse), prodigieux(-euse), incroyable.
fa'vore *sm* faveur *f; (servizio)* service; **fare un ~ a qd** rendre un service à qn; **per** ~ s'il vous/te plaît; **favo'revole** *ag* favorable.
favo'rire *vt* favoriser; *(accettare)* accepter; **favo'rito, a** *ag, sm/f* favori(-ite).
fazi'one [fat'tsjone] *sf* faction.
fazzo'letto [fattso'letto] *sm* mouchoir; *(per la testa)* foulard.
feb'braio *sm* février.
'febbre *sf* fièvre; **feb'brile** *ag* fiévreux(-euse); *(fig: lavoro)* fébrile.
'feccia, ce ['fettʃa] *sf* lie.
'fecola *sf* fécule.
fecon'dare *vt* féconder; *(suolo)* fertiliser.
fe'condo, a *ag* fécond(e).
'fede *sf* foi; *(fiducia)* confiance; *(anello matrimoniale)* alliance.
fe'dele *ag, sm/f* fidèle; **fedeltà** *sf* fidélité.
'fede'rale *ag* fédéral(e).
federazi'one [federat'tsjone] *sf* fédération.
'fegato *sm* foie; *(fig: audacia)* courage, cran; **mangiarsi/rodersi il** ~ *(fig)* se faire de la bile, se faire du mauvais sang.

'felce ['feltʃe] *sf* fougère.
fe'lice [fe'litʃe] *ag* heureux(-euse); **felicità** *sf* bonheur *m*.
felici'tarsi [felitʃi'tarsi] *vr*: ~ **di** se réjouir de; *(congratularsi)*: ~ **con qd per qc** féliciter qn pour qch.
fe'lino, a *ag* félin(e) // *sm* félin.
'feltro *sm* feutre.
'femmina *sf (sesso: animale)* femelle; *(: essere umano: contrapposto a maschio)* fille; **femmi'nile** *ag* féminin(e) // *sm* (LING) féminin; **femmi'nismo** *sm* féminisme.
'fendere *vt* fendre, fissurer.
fe'nomeno *sm* phénomène.
'feretro *sm* cercueil.
feri'ale *ag* ouvrable.
'ferie *sfpl* vacances; *(uno o pochi giorni)* congé *m*.
fe'rire *vt* blesser; **~rsi** *vr* se blesser; **fe'rita** *sf* blessure.
'ferma *sf* service *m* militaire; (CACCIA) arrêt *m*.
fer'maglio [fer'maʎʎo] *sm* fermoir; *(per capelli)* barrette *f*.
fer'mare *vt* arrêter; *(fissare)* bloquer; fixer; (POLIZIA) arrêter // *vi (autobus, treno)* s'arrêter; **~rsi** *vr* s'arrêter; ~ **l'attenzione su** fixer son attention sur; **fer'mata** *sf* arrêt *m*.
fer'mento *sm* ferment; *(fig)* agitation *f*, ébullition *f*.
fer'mezza [fer'mettsa] *sf* fermeté.
'fermo, a *ag* arrêté(e); *(fig)* ferme, sûr(e) // *sm (chiusura: di cancello, etc)* fermeture *f*; (DIR) arrestation *f*; ~ **restando che** étant bien entendu que.
fe'roce [fe'rɔtʃe] *ag* féroce; *(dolore)* atroce; *(fame)* terrible; **fe'rocia, cie** *sf* férocité.
ferra'gosto *sm* le quinze août.
ferra'menta *sfpl* quincaillerie *f*.
fer'rare *vt* ferrer.
'ferreo, a *ag* de fer.
'ferro *sm* fer; (MAGLIA) aiguille *f* (à tricoter); **~i** *mpl* outils; **ai ~i** (CUC) grillé(e); **polso di** ~ poigne *f* de fer; ~ **battuto** fer forgé; ~ **da stiro** fer à repasser.
ferro'via *sf* chemin *m* de fer, voie ferrée; **ferrovi'ario, a, ri, rie** *ag* ferroviaire, de chemin de fer; **ferrovi'ere** *sm* cheminot, employé du chemin de fer.
'fertile *ag* fertile; **fertiliz'zante** *ag* fertilisant(e) // *sm (concime)* engrais *sg*.
fer'vente *ag* ardent(e), fervent(e).
fer'vore *sm* ardeur *f*, ferveur *f*.
'fesso, a *ag* idiot(e), imbécile; **far ~ qd** *(fig)* tromper *o* avoir qn.
fes'sura *sf* fente, fissure.
'festa *sf* fête; *(compleanno)* anniversaire *m*; **far** ~ faire la fête; **far la ~ a qd** *(fig)* faire son affaire à qn; ~ **danzante** bal *m*.
festeggi'are [fested'dʒare] *vt* fêter; **fe'stino** *sm* festin; **fe'stivo, a** *ag* férié(e); **riposo festivo** repos hebdomadaire; **fe'stoso, a** *ag* joyeux(-euse).
fe'ticcio [fe'tittʃo] *sm* fétiche.
'feto *sm* fœtus *sg*.
'fetta *sf* tranche; *(rotonda: di limone)* rondelle.
feu'dale *ag* féodal(e).
FF.SS. *(abbr di* **Ferrovie dello stato)** ≈ S.N.C.F.
fi'aba *sf* conte *m* de fée.
fiac'care *vt* affaiblir.
fi'acco, a, chi, che *ag* fatigué(e), las(se), faible // *sf* flemme.
fi'accola *sf* flambeau *m*.
fi'ala *sf* ampoule.
fi'amma *sf* flamme; **andare in ~e** brûler.
fiammeggi'are [fjammed'dʒare] *vi* (CUC) flamber; *(fig)* briller, flamboyer.
fiam'mifero *sm* allumette *f*.
fiam'mingo, a, ghi, ghe *ag, sm/f* flamand(e) // *sm* (ZOOL) flamant.
fiancheggi'are [fjanked'dʒare] *vt* border, longer; *(fig)* soutenir, appuyer.
fi'anco, chi *sm* côté.

fi'asco, schi *sm* fiasque *f; (fig: esito negativo)* fiasco, échec.
fi'ato *sm* souffle; **d'un ~** d'un trait, d'un coup; **avere il ~ grosso** avoir le souffle court; **prendere ~** reprendre haleine; **restare senza ~** *(fig)* en avoir le souffle coupé.
'fibbia *sf* boucle.
'fibra *sf* fibre; *(fig: costituzione fisica)* constitution.
fic'care *vt* enfoncer, mettre; **~rsi** *vr (fig)* se fourrer; **~ il naso in qc** *(fig)* fourrer son nez dans qch.
'fico, chi *sm* figuier; *(frutto)* figue *f*; **non vale un ~ (secco)** *(fam)* ça ne vaut pas un clou; **~ d'India** *(pianta)* figuier de Barbarie; *(frutto)* figue de Barbarie.
fidanza'mento [fidantsa'mento] *sm* fiançailles *fpl*.
fidan'zarsi [fidan'tsarsi] *vr*: **~ con** *o* **a** se fiancer avec *o* à.
fi'darsi *vr*: **~rsi di qd/qc** avoir confiance en qn/qch, compter sur qn/qch; **fi'dato, a** *ag* de confiance, fidèle.
'fido, a *ag* fidèle // *sm* (FIN) crédit.
fi'ducia [fi'dutʃa] *sf* confiance; **fiduci'oso, a** *ag* confiant(e).
fi'ele *sm* fiel; *(fig: amarezza)* amertume *f*.
fie'nile *sm* grenier à foin, grange *f*.
fi'eno *sm* foin.
fi'era *sf* foire, salon *m; (di paese)* kermesse; **~ campionaria** foire (internationale).
fie'rezza [fje'rettsa] *sf* fierté.
fi'ero, a *ag* farouche, cruel(le); *(orgoglioso)* fier(-ère), hautain(e).
'fifa *sf (fam)* frousse, trouille.
'figlia ['fiʎʎa] *sf* fille.
figli'astro, a [fiʎ'ʎastro] *sm/f* beau-fils/belle-fille.
'figlio ['fiʎʎo] *sm* fils *sg*; **~i** *smpl (prole)* les enfants; **~ d'arte** enfant de la balle; **~ di papà** fils à papa; **figli'occio, a, ci, ce** *sm/f* filleul/e.
fi'gura *sf* silhouette; *(disegno)* image, illustration; (GEOM) figure; **far ~** *(comparire bene)* faire de l'effet; **fare una bella/brutta ~** faire bonne/mauvaise impression.
figu'rare *vt* représenter; *(simboleggiare)* symboliser, représenter // *vi* paraître; **~rsi** *vr* s'imaginer, se figurer; **figurati!** voyons!, pensestu!, de rien!
'fila *sf* file; (CINE, TEATRO, SCOL) rang *m; (di case)* rangée; **di ~** *(senza interruzione)* à la file; **fare la ~** faire la queue.
fila'mento *sm* filament.
filantro'pia *sf* philanthropie.
fi'lare *vt* filer // *vi* filer; *(discorso)* se tenir, tenir debout; **~ diritto** *(fig)* marcher droit.
filar'monico, a, ci, che *ag* philarmonique.
fila'strocca, che *sf* comptine.
filate'lia *sf* philatélie.
fi'lato, a *ag* filé(e); *(fig: ragionamento)* cohérent(e); *(di seguito)* de suite, d'affilée // *sm* fil; **zucchero ~** barbe *f* à papa.
fila'tura *sf* filage *m; (luogo)* filature.
fi'letto *sm* filet.
fili'ale *ag (di figlio)* filial(e) // *sf* filiale.
fili'grana *sf* filigrane *m*.
film *sm* film; *(patina)* pellicule *f*;
fil'mare *vt* filmer.
'filo *sm* fil; *(fig: di voce)* filet; **~ di speranza** lueur *f* d'espoir; **per ~ e per segno** en détail; **dare del ~ da torcere a qd** donner du fil à retordre à qn; **~ di perle** rang de perles; **~ spinato** barbelé.
'filobus *sm inv* trolleybus *sg*.
fi'lone *sm* filon; *(pane)* ≈ baguette *f*, pain long; *(fig: movimento)* courant.
filoso'fia *sf* philosophie; **fi'losofo** *sm* philosophe.
'filtro *sm* filtre.
'filza ['filtsa] *sf* rang *m*, rangée; *(fig: sequela)* suite.
fi'nale *ag* final(e) // *sm* final // *sf* (SPORT) finale; **finalità** *sf* but *m*; **final'mente** *av* enfin, à la fin.

fi'nanza [fi'nantsa] *sf:* **la F~** (*POLIZIA*) ≈ la Police des douanes; **~e** *fpl* finances; **finanzi'ario, a, ri, rie** *ag* financier(-ère); **finanzi'ere** *sm* financier; (*POLIZIA*) ≈ douanier.
finché *cong* tant que; *(fino al momento in cui)* jusqu'à ce que, jusqu'au moment où.
'fine *ag* fin(e) // *sf* fin // *sm* but; **secondo ~** arrière-pensée *f;* **~ settimana** *sm inv* week-end.
fi'nestra *sf* fenêtre; **fines'trino** *sm* (*AUTO, FERR*) glace *f,* vitre *f.*
'fingere ['findʒere] *vt* faire semblant de; **~rsi** *vr (voler apparire)* se faire passer pour.
fini'menti *smpl* harnachement *sg.*
fini'mondo *sm (fig)* vacarme, pagaille *f.*
fi'nire *vt* finir, terminer // *vi* se terminer, s'achever; **è finito lo zucchero** il n'y a plus de sucre; **~ in una bolla di sapone** *(fig)* finir en queue de poisson; **finirla** *(smettere)* arrêter, cesser, en finir; **fini'tura** *sf* finissage *m;* finition.
'fino, a *ag* fin(e) // *av (spesso troncato in* **fin**: *pure, anche)* même // *prep (spesso troncato in* **fin**) jusque; **fin qui** jusqu'ici; **~ da Roma** depuis Rome; **~ da domani** dès demain; **~ dalla nascita** dès la naissance; **~ sopra i capelli** *(fam)* par-dessus la tête.
fi'nocchio [fi'nɔkkjo] *sm* fenouil; *(fam: pederasta)* pédé.
fi'nora *av* jusqu'à présent.
'finta *sf* comédie, frime; (*SPORT*) feinte; **far ~ di** faire semblant de.
'finto, a *pp di* **fingere** // *ag (cose)* faux(fausse *f*).
finzi'one [fin'tsjone] *sf* comédie, simulation; *(cosa finta)* artifice *m.*
fi'occo, chi *sm* flocon; *(di nastro)* nœud; (*NAUT*) foc; **coi ~i** *(fig)* excellent(e).
fi'ocina ['fjɔtʃina] *sf* harpon *m.*
fi'oco, a, chi, che *ag* faible.
fi'onda *sf* fronde, lance-pierres *m.*
fio'raio, a *sm/f* fleuriste.
fio'rami *smpl:* **a ~** *(tessuto, stoffa)* à fleurs.
fi'ordo *sm* fiord.
fi'ore *sm* fleur *f;* **il fior ~ della società** la crème de la société, l'élite *f;* **nel ~ degli anni** dans la fleur de l'âge; **a fior di labbra** du bout des lèvres.
fioren'tino, a *ag, sm/f* florentin(e).
fio'retto *sm* fleuret; (*REL*) petit sacrifice.
fio'rire *vi* fleurir; *(persona)* s'épanouir; *(ammuffire: vino)* moisir.
Fi'renze [fi'rɛntse] *sf* Florence.
'firma *sf* signature; *(reputazione: commerciale, artistico)* nom *m.*
firma'mento *sm* firmament.
fir'mare *vt* signer.
fisar'monica *sf* accordéon *m.*
fi'scale *ag* fiscal(e); *(fig: rigoroso)* intransigeant(e).
fischi'are [fis'kjare] *vi, vt* siffler; **fischi'etto** *sm* sifflet; **'fischio** *sm* sifflement; *(di disapprovazione)* sifflet.
'fisco *sm* fisc.
'fisico, a, ci, che *ag, sm, sf* physique // *sm/f (studioso di fisica)* physicien/ne.
fisiolo'gia [fizjolo'dʒia] *sf* physiologie.
fisiono'mia *sf* physionomie.
fisiotera'pia *sf* physiothérapie.
fis'sare *vt* fixer; *(prenotare)* retenir, réserver; **~rsi** *(fig: idea)* s'obstiner, s'entêter; **fissazi'one** *sf* fixation; *(ossessione)* obsession, idée fixe; **'fisso, a** *ag* fixe // *av* fixement.
'fitta *sf vedi* **fitto.**
fit'tizio, a *ag* fictif(-ive).
'fitto, a *ag (bosco)* touffu(e); *(nebbia)* épais(se); *(pioggia)* dru(e); *(folla)* dense; *(fig)* profond(e) // *sm (di bosco)* profondeur *f; (di tenebre)* épaisseur *f; (affitto)* loyer // *sf (dolore)* élancement *m; (fig)* coup.
fiu'mana *sf (fig)* flot *m,* torrent *m.*

fi'ume *sm* fleuve; *(piccolo)* rivière *f*; *(fig: di parole)* flots *mpl*.
fiu'tare *vt (odori)* sentir; *(animale, anche fig)* flairer; **fi'uto** *sm* flair.
fla'gello [fla'dʒɛllo] *sm* fouet; *(fig: calamità)* fléau.
fla'grante *ag* flagrant(e); **cogliere qd in ~** prendre qn en flagrant délit.
fla'nella *sf* flanelle.
'flauto *sm* flûte *f*.
'flebile *ag* faible, plaintif(-ive).
'flemma *sf* flegme *m*.
fles'sibile *ag* flexible.
'flesso, a *pp di* **flettere.**
flessu'oso, a *ag* sinueux(-euse).
'flettere *vt* fléchir, plier.
F.lli *abbr di Fratelli* ≈ Frères.
'flora *sf* flore.
'florido, a *ag* prospère, florissant(e).
'floscio, a, sci, sce ['flɔʃʃo] *ag* mou(molle *f*).
'flotta *sf* flotte.
'fluido, a *ag, sm* fluide.
flu'ire *vi* couler.
fluore'scente [fluoreʃ'ʃɛnte] *ag* fluorescent(e).
flu'oro *sm* fluor.
fluo'ruro *sm* fluorure.
'flusso *sm* circulation *f*; *(fig: di folla)* flot; *(: di tempo)* écoulement; *(: di parole*, NAUT, MED*)* flux *sg*.
flut'tuare *vi* fluctuer.
fluvi'ale *ag* fluvial(e).
'foca, che *sf* phoque *m*.
fo'caccia, ce [fo'kattʃa] *sf (dolce)* ≈ fougasse *o* fouace; *(salata) sorte de pain plat assaisonné d'huile et sel;* **rendere pan per ~ a qd** *(fig)* rendre à qn la monnaie de sa pièce.
'foce ['fotʃe] *sf* embouchure, bouche; **~ a delta/estuario** delta *m*/estuaire *m*.
foco'laio *sm* foyer.
foco'lare *sm* foyer, âtre; *(fig: casa*, TECN*)* foyer.
'fodera *sf* doublure; **fode'rare** *vt* doubler; (*CUC*) foncer.
'fodero *sm* fourreau, gaine *f*.
'foga *sf* fougue, ardeur.
'foggia, ge ['fɔddʒa] *sf* forme; *(di abito)* coupe *f*.
'foglia ['fɔʎʎa] *sf* feuille; **mangiare la ~** *(fig)* y voir clair; **fogli'ame** *sm* feuillage.
'foglio ['fɔʎʎo] *sm* feuille *f*; **~ rosa** *permis de conduire provisoire;* **~ di via** feuille de route.
'fogna ['foɲɲa] *sf* égout *m*; **fogna'tura** *sf* égouts *mpl*.
folgo'rare *vt (fulminare, anche fig)* foudroyer; *(con scarica elettrica)* électrocuter.
'folla *sf* foule.
'folle *ag* fou(folle *f*); (*AUTO*): **in ~** au point mort.
fol'lia *sf* folie; **far ~e** per qd/qc faire des folies pour qn/qch.
'folto, a *ag* épais(se); *(bosco)* touffu(e); *(numeroso)* nombreux (-euse) // *sm (di bosco)* cœur.
fomen'tare *vt* fomenter.
fonda'mento *sm* fondement; **~a** *fpl (di edificio)* fondations.
fon'dare *vt* fonder; *(fig: dar base)* baser, fonder; **~rsi su qc** se fonder *o* se baser sur qch; **fondazi'one** *sf* fondation; **le fondazioni** *sfpl* (*EDIL*) les fondations.
'fondere *vt, vi* fondre // **~rsi** *vr* fondre; (*ELETTR*) sauter; *(fig: partiti, correnti)* fusionner; **fonde'ria** *sf* fonderie.
'fondo, a *ag* profond(e); *(piatto)* creux(-euse) // *sm* fond; *(bene immobiliare*, FIN*)* fonds *sg*; **dare ~ a** *(fig)* épuiser; **in ~ a** au fond de; **andare/mandare a ~** (*NAUT*) couler; **da cima a ~** de fond en comble; **andare fino in ~** *(fig)* aller jusqu'au bout.
fo'netica *sf* phonétique.
fon'tana *sf* fontaine.
'fonte *sf* source.
fo'raggio [fo'raddʒo] *sm* fourrage.
fo'rare *vt* trouer, percer; *(pneumatico)* crever.
'forbici ['fɔrbitʃi] *sfpl* ciseaux *mpl*.

'forca, che *sf* fourche; *(patibolo)* potence.
for'cella [for'tʃɛlla] *sf (di bicicletta, motocicletta)* fourche; *(di monte)* col *m; (osso di pollo)* fourchette.
for'cina [for'tʃina] *sf* épingle à cheveux.
fo'resta *sf* forêt.
foresti'ero, a *ag, sm/f* étranger (-ère).
'forfora *sf* pellicules *fpl.*
'forgia, ge ['fɔrdʒa] *sf* forge; **forgi'are** *vt* forger; *(fig)* former.
'forma *sf* forme; **in ~ privata/ufficiale** à titre privé/officiel.
formag'gino [formad'dʒino] *sm* fromage fondu *o* à tartiner.
for'maggio [for'maddʒo] *sm* fromage.
for'male *ag* formel(le); **formalità** *sf inv* formalité.
for'mare *vt* former; **~rsi** *vr* se former; **for'mato** *sm* format; **~ tascabile** format de poche; **formazi'one** *sf* formation.
for'mica, che *sf* fourmi; **formi'caio** *sm* fourmilière *f.*
formico'lare *vi* fourmiller, grouiller; *(gamba, braccio)* avoir des fourmis; **formico'lio** *sm* fourmillement.
formi'dabile *ag* formidable.
'formula *sf* formule; *(motto)* devise; **formu'lare** *vt* formuler.
for'nace [for'natʃe] *sf* four *m; (fig: luogo caldo)* fournaise, four *m.*
for'naio *sm* boulanger.
for'nello *sm (da campeggio)* réchaud; *(di cucina: elettrodomestico)* feu; *(di pipa)* fourneau.
for'nire *vt (qc)* fournir; **~ qd di qc** munir qn de qch.
'forno *sm* four; *(panetteria)* boulangerie *f; (fig)* bouche *f.*
'foro *sm* trou; (*DIR*: *tribunale)* tribunal; *(: insieme di avvocati)* barreau.
'forse *av* peut-être; *(approssimazione)* à peu près // *sm inv:* **essere/mettere in ~** être/mettre en doute.
forsen'nato, a *ag* forcené(e).
'forte *ag* fort(e) // *av (velocemente)* vite; *(a voce alta)* fort, haut // *sm* fort; **è un ~ bevitore** c'est un grand buveur; **piatto ~** (*CUC*) plat de résistance.
for'tezza [for'tettsa] *sf (morale)* force; *(luogo fortificato)* forteresse.
fortifi'care *vt* fortifier.
for'tuito, a *ag* fortuit(e).
for'tuna *sf* sort *m; (buona sorte)* chance, bonheur *m; (eredità, averi)* fortune; **mezzi/atterraggio di ~** moyens/atterrissage de fortune; **per ~** heureusement; **aver ~** avoir de la chance; **fortu'nato, a** *ag* qui a de la chance, veinard(e) *(fam), chanceux(-euse); (incontro, caso)* heureux(-euse).
forvi'are *vt, vi* = **fuorviare.**
'forza ['fɔrtsa] *sf* force; **per ~** forcément; **per ~ di cose** par la force des choses; **a viva ~** de vive force.
for'zare [for'tsare] *vt* forcer; **for'zato, a** *ag* forcé(e) // *sm* forçat.
fo'schia [fos'kia] *sf* brume.
'fosco, a, schi, sche *ag* sombre, gris(e).
fo'sfato *sm* phosphate.
'fosforo *sm* phosphore.
'fossa *sf* fosse; **~ biologica** fosse septique; **scavarsi la ~** creuser sa propre tombe.
fos'sato *sm* fossé.
fos'setta *sf* fossette.
'fossile *ag, sm* fossile.
'fosso *sm* fossé.
'foto *sf (abbr di* **fotografia**) photo(graphie); **foto'copia** *sf* photocopie; **fotocopi'are** *vt* photocopier; **fotogra'fare** *vt* photographier; **foto-ro'manzo** *sm* roman-photo.
fra *prep vedi* **tra.**
fracas'sare *vt* fracasser; **~rsi** *vr* se fracasser; **fra'casso** *sm* vacarme, fracas *sg.*

'fradicio, a, ci, ce ['fraditʃo] *ag (marcio)* pourri(e); *(bagnato)* trempé(e); **bagnato** ~ trempé jusqu'aux os; **ubriaco** ~ ivre mort.
'fragile ['fradʒile] *ag* fragile; *(speranza)* faible.
'fragola *sf* (BOT: *frutto)* fraise; *(: pianta)* fraisier *m*.
frago'roso, a *ag* fracassant(e), retentissant(e).
fra'grante *ag* parfumé(e).
frain'tendere *vt* mal comprendre; **frain'teso, a** *pp di* **fraintendere.**
fram'mento *sm* débris *sg*, éclat; *(di opera letteraria)* fragment.
'frana *sf* éboulement *m*, écroulement *m*; **fra'nare** *vi* s'ébouler, s'écrouler.
fran'cese [fran'tʃese] *ag, sm/f* français(e).
fran'chezza [fran'kettsa] *sf* franchise.
'Francia ['frantʃa] *sf* France.
'franco, a, che, chi *ag* (COMM) franc(-che); *(leale)* franc(-che), loyal(e) // *sm (moneta)* franc; **farla ~a** *(fig)* s'en tirer; ~ **domicilio/di porto** (COMM) franco domicile/de port; ~ **tiratore** franc-tireur.
franco'bollo *sm* timbre.
fran'gente [fran'dʒɛnte] *sm (onda)* lame *f*; *(fig)* situation *f*, cas *sg*; **in questo/quel** ~ en l'occurence.
'frangia, ge ['frandʒa] *sf* frange.
frantu'mare *vt* casser; *(in mille pezzi)* briser; **~rsi** *vr* se casser, se briser; **fran'tumi** *smpl* débris, fragments; **andare/ridursi in frantumi** voler en éclats/se réduire en miettes.
'frasca, sche *sf* branche; **~e** *fpl* feuillage *m*.
'frase *sf* phrase; ~ **fatta** cliché *m*.
'frassino *sm* frêne.
frastu'ono *sm* vacarme, tapage.
'frate *sm* moine, frère.
fratel'lanza [fratel'lantsa] *sf* fraternité.
fra'tello *sm* frère.
fra'terno, a *ag* fraternel(le).
frat'tanto *av* en attendant.
frat'tempo *sm*: **nel** ~ entretemps.
frat'tura *sf* fracture.
fraudo'lento, a *ag* frauduleux (-euse).
frazi'one [frat'tsjone] *sf* (MAT) fraction; *(di comune)* hameau *m*.
'freccia, ce ['frettʃa] *sf* flèche; ~ **di direzione** (AUTO) clignotant *m*.
fred'dare *vt (ammazzare)* descendre; *(fig: entusiasmo)* refroidir.
fred'dezza [fred'dettsa] *sf* froideur.
'freddo, a *ag* froid(e) // *sm* froid; **freddo'loso, a** *ag* frileux(-euse).
fred'dura *sf* calembour *m*, boutade.
fre'gare *vt* frotter; *(fam: truffare)* rouler; *(: rubare)* piquer, faucher; **~rsi le mani** se frotter les mains; **fregarsene** *(fam!)* s'en ficher; **fre'gata** *sf* frégate; **frega'tura** *sf*: **prendere una fregatura** *(fig)* se faire avoir; **dare una fregatura a qd** rouler qn.
'fregio ['fredʒo] *sm* ornement; (ARCHIT) frise *f*.
'fremere *vi* frémir, frissonner; **'fremito** *sm* frémissement, frisson.
fre'nare *vt* freiner; *(fig: passioni)* retenir, modérer; **~rsi** *vr (fig: dominarsi)* se retenir, se maîtriser; **fre'nata** *sf* coup *m* de frein.
frene'sia *sf* frénésie; **fre'netico, a, ci, che** *ag* frénétique.
'freno *sm* frein.
frequen'tare *vt* fréquenter.
frequ'ente *ag* fréquent(e); **di** ~ souvent, fréquemment; **frequ'enza** *sf* fréquence; (SCOL) présence.
fre'schezza [fre'skettsa] *sf* fraîcheur.
'fresco, a, schi, sche *ag* frais(fraîche *f*) // *sm* frais *sg*.
'fretta *sf* hâte; **in** ~ vite, en vitesse; **in ~ e furia** en toute vitesse, dare-

dare *(fam)*; **aver ~ (di fare)** être pressé (de faire); **fretto'loso, a** *ag (persona)* pressé(e); *(lavoro)* hâtif (-ive).
fri'abile *ag* friable.
'friggere ['friddʒere] *vt* frire // *vi* frire; *(fig: rabbia)* bouillir.
'frigido, a ['fridʒido] *ag* frigide.
frigo'rifero, a *ag* frigorifique // *sm* réfrigérateur; *(fam)* frigo.
fringu'ello *sm* pinson.
frit'tata *sf* omelette; **fare una ~** *(fig)* faire une bêtise.
frit'tella *sf* beignet *m; (fig: fam: macchia di unto)* tache de graisse.
'fritto, a *pp di* **friggere** // *ag* frit(e) // *sm* friture *f*; **~ misto** *(di pesce)* friture *f*.
Fri'uli *sm* Frioul.
'frivolo, a *ag* frivole.
frizi'one [frit'tsjone] *sf* friction; (*AUTO*) embrayage *m; (fig: contrasto)* contraste *m*, heurt *m*; **schiacciare la ~** (*AUTO*) embrayer; **lasciare la ~** débrayer.
friz'zante [frid'dzante] *ag* pétillant(e), gazeux(-euse); *(vento)* piquant(e); *(vino)* mousseux(-euse); *(fig: spirito)* mordant(e).
'frizzo ['friddzo] *sm* mot d'esprit.
fro'dare *vt* frauder; **'frode** *sf* fraude.
'frollo, a *ag* tendre; *(selvaggina)* faisandé(e); **pasta ~a** pâte brisée.
'fronda *sf* branche; (*POL*) fronde; **~e** *fpl* feuillage *m*.
fron'tale *ag* frontal(e); *(scontro)* de face, de front.
'fronte *sf* front *m; (fig)* visage *m* // *sm* front; **a ~ alta** la tête haute; **testo a ~** texte en regard; **essere/trovarsi di ~** être/se trouver en face de; **di ~ a** en face de, devant.
fronteggi'are [fronted'dʒare] *vt* faire face à; *(sog: edificio)* être en face de.
fronti'era *sf* frontière.
'fronzolo ['frondzolo] *sm* fanfreluche *f*; **~i** *mpl (fig)* fioritures *fpl*.
'frottola *sf* baliverne, histoire.
fru'gale *ag* frugal(e).
fru'gare *vi, vt* fouiller.
frul'lare *vt* (*CUC*) fouetter, battre // *vi (uccelli)* s'envoler avec un battement d'ailes; **che ti frulla per la testa?** *(fig)* qu'est-ce qui te passe par la tête?; **frulla'tore** *sm* mixer *o* mixeur; **frul'lino** *sm* fouet, batteur.
fru'mento *sm* froment, blé.
fru'scio [fru'ʃʃio] *sm* bruissement.
'frusta *sf* fouet *m*; **fru'stare** *vt* fouetter; *(fig: costumi)* fustiger; **fru'stino** *sm* cravache *f*.
fru'strare *vt* frustrer, décevoir; **frustrazi'one** *sf* frustration.
'frutta *sf inv* fruits *mpl*; **essere alla ~** être au dessert; **frut'teto** *sm* verger; **frutti'vendolo, a** *sm/f* marchand/e de fruits et légumes; **'frutto** *sm* fruit; **senza frutto** *(fig)* sans résultat.
FS *(abbr di* **Ferrovie dello Stato***)* ≈ S.N.C.F.
fu *vb vedi* **essere** // *ag (defunto)* feu(e).
fuci'lare [futʃi'lare] *vt* fusiller; **fuci'lata** *sf* coup *m* de fusil.
fu'cile [fu'tʃile] *sm* fusil; **~ subacqueo** fusil sous-marin.
fu'cina [fu'tʃina] *sf* forge; *(fig: di idee)* creuset *m*.
'fuga *sf* fuite; (*CICLISMO*) échappée; (*MUS*) fugue; **prendere la ~** prendre la fuite, s'enfuir.
fu'gace [fu'gatʃe] *ag* fugace, passager(-ère).
fug'gevole [fud'dʒevole] *ag* fugitif(-ive).
fuggi'asco, a, schi, sche [fud'dʒasko] *ag, sm/f* fugitif(-ive).
fuggi'fuggi [fuddʒi'fuddʒi] *sm* débandade *f*.
fug'gire [fud'dʒire] *vi* fuir, s'enfuir, se sauver // *vt* fuir, éviter; **fuggi'tivo, a** *ag, sm/f* fugitif(-ive).
'fulcro *sm* point d'appui, pivot; *(fig)* nœud.
ful'gore *sm* éclat, splendeur *f*.

fu'liggine [fu'liddʒine] *sf* suie.
fulmi'nare *vt* foudroyer; **~rsi** *vr* *(di lampadina)* griller, brûler; **~ qd con un'occhiata** foudroyer qn du regard; **'fulmine** *sm* foudre *f; (fig)* éclair; **colpo di fulmine** *(fig)* coup de foudre; **fulmine a ciel sereno** *(fig)* un coup de tonnerre.
fumai'olo *sm* cheminée *f*.
fu'mare *vi, vt* fumer; **fu'mata** *sf* fumée; **fare una fumata** fumer; **fuma'tore, trice** *sm/f* fumeur/euse.
fu'metto *sm* bande *f* dessinée.
'fumo *sm* fumée *f;* **~i del vino/dell'alcool** vapeurs *fpl* du vin/de l'alcool; **andare in ~** *(fig)* tomber à l'eau; **vendere ~** jeter de la poudre aux yeux; **il ~ fa male** le tabac est mauvais pour la santé; **fu'moso, a** *ag (pieno di fumo)* enfumé(e); *(che fa fumo)* fumeux(-euse); *(fig)* brumeux(-euse).
fu'nambolo, a *sm/f (anche fig)* funambule, acrobate.
'fune *sf* corde; *(grossa)* câble *m*.
'funebre *ag* funèbre; *(oggetti)* funéraire; *(aspetto)* funèbre, lugubre.
fune'rale *sm* enterrement.
'fungere ['fundʒere] *vi:* **~ da** *(persona)* faire fonction de; *(cosa)* servir de, tenir lieu de.
'fungo, ghi *sm* champignon.
funico'lare *ag* funiculaire // *sf* (FERR) funiculaire *m*.
funi'via *sf* téléphérique *m*.
funzio'nare [funtsjo'nare] *vi* marcher, fonctionner.
funzio'nario, a [funtsjo'narjo] *sm/f* fonctionnaire.
funzi'one [fun'tsjone] *sf* fonction, rôle *m;* (*MAT*) fonction; **in ~ di** en fonction de, par rapport à; **fare le ~i di qd** remplacer qn; **entrare in ~** entrer en fonction, en exercice; **mettere in ~** *(motore)* mettre en marche, faire fonctionner.
fu'oco *sm* feu; **vigili del ~** pompiers *mpl;* **dare ~ a qc** mettre le feu à qch, incendier qch; **far ~** *(sparare)* faire feu; **mettere a ~** (*FOT*) mettre au point; *(fig)* faire le point sur.
fuorché [fwor'ke] *cong* sauf // *prep* sauf, excepté.
fu'ori *av* dehors, à l'extérieur; (*SPORT*) out // *prep* **abitare ~ città** habiter en dehors de la ville; **essere ~ di casa** ne pas être chez soi; **passare da ~** passer par l'extérieur; **è gente che viene da ~** ce sont des gens qui viennent de l'extérieur/des étrangers; **andare ~ Roma** sortir de Rome; **è saltato ~ il mio anello** *(fig)* j'ai retrouvé ma bague; **lasciar ~ qc/qd** oublier *o* laisser tomber qch/qn; **far ~ qd** tuer qn; **essere ~ di sè** être hors de soi; **~ luogo** hors de propos; **~ mano** loin; **~ moda** démodé(e) // *pref* hors-.
fuori'legge *sm/f inv* hors-la-loi *m inv*.
fuoru'scito, fuoriu'scito [fworu'ʃʃito] *sm* (*POL*) réfugié politique.
fuorvi'are *vt* détourner.
'furbo, a *ag* malin(e), rusé(e), futé(e) // *sm/f* malin/e.
fu'rente *ag* furieux(-euse), furibond(e).
fur'fante *sm* vaurien, canaille *f*, bandit *m*.
'furia *sf* colère; *(violenza)* fureur; **in fretta e ~** à toute vitesse; **a ~ di** *(fig)* à force de; **andare/montare su tutte le ~e** *(fig)* monter sur ses grands chevaux; **furi'bondo, a** *ag* furibond(e), furieux(-euse); **furi'oso, a** *ag* furieux(-euse).
fu'rore *sm* fureur *f*.
fur'tivo, a *ag* furtif(-ive).
'furto *sm* vol.
'fusa *sfpl:* **fare le ~** ronronner.
fu'sibile *sm* plomb, fusible.
fusi'one *sf* fusion; *(operazione di fondere)* fonte; (*DIR*) fusionnement *m*.

'fuso, a *pp di* **fondere** // *sm* fuseau.
fu'stagno [fu'staɲɲo] *sm* futaine *f*.
'fusto *sm* tronc, fût; *(di colonna)* fût; *(fam: persona)* beau gars, gaillard; *(recipiente)* tonneau, barrique *f*.
'futile *ag* futile; **futilità** *sf inv* futilité.
fu'turo, a *ag* futur(e) // *sm* futur, avenir; **in ~** à l'avenir.

G

gab'bare *vt* tromper, duper; **~rsi** *vr* se tromper.
'gabbia *sf* cage; *(fam: prigione)* taule; **~ di matti** *(fig)* maison de fous; **~ degli imputati** (DIR) box *m* des accusés.
gabbi'ano *sm (grande)* goéland; *(piccolo)* mouette *f*.
gabi'netto *sm* cabinet.
gagli'ardo, a [gaʎ'ʎardo] *ag* gaillard(e), vigoureux(-euse).
gai'ezza [ga'jettsa] gaieté.
'gaio, a *ag* gai(e), joyeux(-euse).
'gala *sf (festa)* gala *m*; **mettersi in ~** se mettre en grande toilette.
ga'lante *ag* galant(e).
galante'ria *sf* galanterie, politesse; *(complimento)* compliment *m*.
galantu'omo, *pl* **galantuomini** *sm* honnête homme.
gala'teo *sm* savoir-vivre, bienséance *f*.
gale'otto *sm (rematore)* galérien; *(ergastolano)* forçat, bagnard.
ga'lera *sf (fam: carcere)* prison; (NAUT) galère; *(fig)* bagne; **avanzo di ~** gibier de potence.
'galla *sf* (BOT) galle; **a ~** à la surface; **stare a ~** flotter; **venire a ~** *(fig)* remonter à la surface.
galleggi'ante [galled'dʒante] *ag* flottant(e) // *sm* bouée *f*; *(di pescatore: lenza)* flotteur.
galleggi'are [galled'dʒare] *vi* flotter.
galle'ria *sf* tunnel *m*; *(d'arte)* galerie; (TEATRO) galerie, balcon *m*; *(strada coperta con negozi)* arcades *fpl*; **~ del vento** *o* **aerodinamica** soufflerie.
gal'lina *sf* poule.
'gallo *sm* coq.
gal'lone *sm* galon; *(misura di capacità)* gallon.
galop'pare *vi* galoper.
ga'loppo *sm* galop.
galvaniz'zare [galvanid'dzare] *vt* galvaniser.
'gamba *sf* (ANAT) jambe; *(di animali)* patte; *(di tavolo, etc)* pied *m*; *(di lettera)* hampe; **in ~** *(fig)* dégourdi(e), débrouillard(e); **prendere qc sotto ~** prendre qch à la légère.
gambe'retto *sm* crevette *f*.
'gambero *sm (di mare)* gambas; *(di fiume)* écrevisse *f*; **camminare come un ~** *(fig)* marcher comme une écrevisse.
'gambo *sm* pied; *(di pianta)* tige *f*; *(di sedano)* branche *f*.
'gamma *sf* gamme; (FIS) gamma.
ga'nascia, sce [ga'naʃʃa] *sf* mâchoire.
'gancio ['gantʃo] *sm* crochet; *(di gonna, pantaloni)* agrafe.
'ganghero ['gangero] *sm* gond; **uscire dai ~i** *(fig)* sortir de ses gonds.
'gara *sf* compétition, concours *m*; **fare a ~** rivaliser.
garan'tire *vt* garantir.
garan'zia [garan'tsia] *sf* garantie.
gar'bato, a *ag* poli(e), aimable.
'garbo *sm* politesse *f*, gentillesse *f*; *(di un vestito, etc)* grâce *f*.
gareggi'are [gared'dʒare] *vi* rivaliser; (SPORT) s'affronter.
garga'rismo *sm* gargarisme.
ga'rofano *sm* œillet; **chiodo di ~** (CUC) clou de girofle.
'garza ['gardza] *sf* gaze.
gar'zone [gar'dzone] *sm* garçon,

commis *sg.*
gas *sm inv* gaz; **a tutto** ~ *(anche fig)* à pleins gaz; **dare** ~ (*AUTO*) accélérer.
ga'solio *sm* gas-oil, gazole.
gas'(s)are *vt* gazéifier; *(asfissiare)* gazer.
gas'soso, a *ag* gazeux(-euse).
'gastrico, a, ci, che *ag* gastrique.
gastrono'mia *sf* gastronomie.
gat'tino *sm* chaton.
'gatto, a *sm/f* chat/te; ~ **delle nevi** (*TECN*) chenillette *f* pour damer les pistes.
gatto'pardo *sm* guépard.
gau'dente *ag* joyeux(-euse) // *sm/f* fêtard(e).
ga'vetta *sf* (*MIL*) gamelle; **venire dalla** ~ *(fig)* partire de rien.
'gazza ['gaddza] *sf* pie.
gaz'zella [gad'dzɛlla] *sf* gazelle; (*POLIZIA*) *voiture de la police routière.*
gaz'zetta [gad'dzetta] *sf* journal *m*, gazette; *(fig: persona pettegola)* gazette; **G~ Ufficiale (GU)** Journal *m* Officiel (JO).
gaz'zosa [gad'dzosa] *sf (bibita)* ≈ limonade.
ge'lare [dʒe'lare] *vt, vi* geler, glacer // *vb impersonale* geler; **ge'lata** *sf* gelée.
gelate'ria [dʒelate'ria] *sf* glacier *m.*
gela'tina [dʒela'tina] *sf* (*CUC*) gelée; (*CHIM*) gélatine.
ge'lato, a [dʒe'lato] *ag* gelé(e), glacé(e) // *sm* glace *f.*
'gelido, a ['dʒɛlido] *ag* glacé(e), glacial(e).
'gelo *sm* froid, gel; **gelone** *sm* (*MED*) engelure *f.*
gelo'sia [dʒelo'sia] *sf* jalousie.
ge'loso, a [dʒe'loso] *ag* jaloux(-ouse).
'gelso ['dʒelso] *sm* mûrier.
gelso'mino [dʒelso'mino] *sm* asmin.
ge'mello, a [dʒe'mɛllo] *ag, sm/f* jumeau(-elle); ~**i** *smpl (di camicia)* boutons de manchette; **i G~i** (*ASTROL*) les Gémeaux.
'gemere ['dʒɛmere] *vi* gémir, geindre; *(cigolare)* grincer, craquer; **'gemito** *sm* gémissement, plainte *f.*
'gemma ['dʒɛmma] *sf* bourgeon *m; (pietra preziosa)* gemme, pierre précieuse; *(fig)* perle, bijou *m.*
gene'rale [dʒene'rale] *ag* général(e) // *sm* général; **generalità** *sf inv* généralité // *sfpl (dati d'identità)* identité *fsg;* **generaliz'zare** *vt* généraliser.
gene'rare [dʒene'rare] *vt* engendrer, procréer; *(causare)* entraîner, causer, provoquer; **genera'tore** *sm* (*TECN*) générateur; **generazi'one** *sf* génération; (*TECN*) production.
'genere ['dʒɛnere] *sm* genre; sorte *f;* espèce *f; (merce)* article, produit; ~**i alimentari** produits *o* denrées *fpl* alimentaires.
ge'nerico, a, ci, che [dʒe'nɛriko] *ag (vago)* général(e), vague; *(medico)* généraliste; *(non specifico)* générique; **restare nel** ~ rester vague.
'genero ['dʒɛnero] *sm* gendre, beau-fils.
generosità [dʒenerosi'ta] *sf* générosité.
gene'roso, a [dʒene'roso] *ag* généreux(-euse).
'genesi ['dʒɛnesi] *sf* genèse.
ge'netico, a, ci, che [dʒe'nɛtiko] *ag, sf* génétique.
gen'giva [dʒen'dʒiva] *sf* (*ANAT*) gencive.
geni'ale [dʒen'jale] *ag* génial(e).
'genio ['dʒɛnjo] *sm* génie; **andare a** ~ **a qd** plaire à qn.
geni'tale [dʒeni'tale] *ag* génital(e); ~**i** *smpl* organes génitaux.
geni'tore, trice [dʒeni'tore] *sm/f* père/mère; ~**i** *smpl* parents *mpl.*
gen'naio [dʒen'najo] *sm* janvier.
Genova ['dʒɛnova] *sf* Gênes.

gen'taglia [dʒen'taʎʎa] *sf (peg)* sales gens *mpl*, racaille.
'gente ['dʒɛnte] *sf* gens *mpl*; *(collettivo)* monde *m*.
gen'tile [dʒen'tile] *ag* aimable, gentil(le); **genti'lezza** *sf* gentillesse, amabilité; **fammi una gentilezza** rends-moi un service.
genuflessi'one [dʒenufles'sjone] *sf* génuflexion.
genu'ino [dʒenu'ino] *ag* vrai(e), naturel(le); *(spontaneo)* spontané(e), sincère.
geogra'fia [dʒeogra'fia] *sf* géographie; **geo'grafico, a, ci, che** *ag* géographique.
geolo'gia [dʒeolo'dʒia] *sf* géologie; **geo'logico, a, ci, che** *ag* géologique.
ge'ometra, i, e [dʒe'ɔmetra] *sm/f* géomètre *m*.
geome'tria [dʒeome'tria] *sf* géométrie; **geo'metrico, a, ci, che** *ag* géométrique.
ge'ranio [dʒe'ranjo] *sm* géranium.
gerar'chia [dʒerar'kia] *sf* hiérarchie.
ge'rente [dʒe'rɛnte] *sm/f* gérant/e.
'gergo, ghi ['dʒɛrgo] *sm* argot.
Ger'mania [dʒer'manja] *sf* Allemagne.
'germe ['dʒɛrme] *sm* germe.
germogli'are [dʒermoʎ'ʎare] *vi (seme)* germer; *(dare germogli: foglie, rami)* bourgeonner; **ger'moglio** *sm* bourgeon, pousse *f*.
gero'glifico [dʒero'glifiko] *sm* (*LING*) hiéroglyphe.
'gesso ['dʒɛsso] *sm (materiale)* plâtre; *(per scrivere)* craie *f*.
gestazi'one [dʒestat'tsjone] *sf* gestation.
gestico'lare [dʒestiko'lare] *vi* gesticuler.
gesti'one [dʒes'tjone] *sf* administration; *(di azienda)* gestion; *(di negozio)* gérance.
ge'stire [dʒes'tire] *vt* gérer.
'gesto ['dʒɛsto] *sm* geste.
ge'store [dʒes'tore] *sm (di impresa, negozio)* gérant.
Gesù [dʒe'zu] *sm* Jésus.
gesu'ita, i [dʒezu'ita] *sm* jésuite.
get'tare [dʒet'tare] *vt* jeter, lancer; **~rsi** *vr* se jeter; **~ giù** abattre; **~ in acqua** jeter à l'eau; **~rsi tra le braccia di qd** se jeter dans les bras de qn; **get'tata** *sf (di cemento, metalli)* coulée; *(diga)* jetée; **'getto** *sm (di liquido, gas)* jet; (*METALLURGIA*) coulée *f*; (*BOT*: *germoglio)* pousse *f*; **di getto** *(fig)* d'un seul jet.
get'tone [dʒet'tone] *sm* jeton.
'ghetto ['getto] *sm* ghetto.
ghiacci'aio [gjat'tʃajo] *sm* glacier.
ghiacci'are [gjat'tʃare] *vt* geler; *(fig: spaventare)* glacer; **~rsi** *vr (diventare ghiaccio)* geler; **ghi'accio** *sm* glace *f*; **cubetto di ghiaccio** glaçon; **ghiaccio nero** *(sulle strade)* verglas; **ghiacci'olo** *sm (tipo di gelato)* sucette *f* glacée.
ghi'aia ['gjaja] *sf* gravier *m*.
ghi'anda ['gjanda] *sf* gland *m*.
ghi'andola ['gjandola] *sf* glande.
ghigliot'tina [giʎʎot'tina] *sf* guillotine.
ghi'gnare [giɲ'ɲare] *vi* ricaner.
ghi'otto, a ['gjotto] *ag* gourmand(e); *(fig: bramoso)* avide; *(appetitoso)* appétissant(e); **ghiot'tone, a** *sm/f* glouton/ne.
ghiri'bizzo [giri'biddzo] *sm* lubie *f*, caprice.
ghiri'goro [giri'goro] *sm* gribouillage, gribouillis *sg*.
ghir'landa [gir'landa] *sf* guirlande.
'ghiro ['giro] *sm* loir.
'ghisa ['giza] *sf* fonte.
già [dʒa] *av* déjà; **il ministro delle Finanze, ~ ministro degli Esteri ...** le ministre des Finances, ancien ministre des Affaires étrangères ...; **~, è proprio vero!** oui, c'est bien vrai!
gi'acca, che ['dʒakka] *sf* veste; **~ a vento** anorak *m*.
giacchè [dʒak'ke] *cong* puisque, du

moment que.
gia'cenza [dʒa'tʃɛntsa] *sf (di capitale)* improductivité; *(di merce)* souffrance; **pacco in ~** paquet en souffrance; **~e** *sfpl (rimanenze)* stocks *mpl.*
gia'cere [dʒa'tʃere] *vi* être couché; *(merci)* être en souffrance; *(capitale)* être improductif; **qui giace ...** ci-gît..., ici repose...; **giaci'mento** *sm* gisement.
gia'cinto [dʒa'tʃinto] *sm* jacinthe *f.*
giaggi'olo [dʒad'dʒɔlo] *sm* iris *sg.*
giagu'aro [dʒa'gwaro] *sm* jaguar.
gi'allo ['dʒallo] *ag, sm* jaune; **romanzo/film/dramma ~** roman/film/drame policier.
giam'mai [dʒam'mai] *av* jamais.
giappo'nese *ag, sm/f* japonais(e).
gi'ara ['dʒara] *sf* jarre.
giardi'naggio [dʒardi'naddʒo] *sm* jardinage.
giardini'ere, a [dʒardi'njɛre] *sm/f* jardinier(-ère) // *sf* jardinière.
giar'dino [dʒar'dino] *sm* jardin.
giarretti'era [dʒarret'tjɛra] *sf* jarretière.
giavel'lotto [dʒavel'lɔtto] *sm* javelot.
gi'gante, essa [dʒi'gante] *sm/f* géant/e // *ag inv* géant(e); **gigantesco, a, schi, sche** *ag* gigantesque.
'giglio ['dʒiʎʎo] *sm* lis.
gilè [dʒi'lɛ] *sm* gilet.
ginecolo'gia [dʒinekolo'dʒia] *sf* gynécologie.
gi'nepro [dʒi'nepro] *sm* (*BOT: pianta)* genévrier; *(: frutto)* genièvre.
gi'nestra [dʒi'nɛstra] *sf* genêt *m.*
Ginevra [dʒi'nevra] *sf* Genève.
gingil'larsi [dʒindʒil'larsi] *vr* s'amuser; *(fig: perder tempo)* lanterner, traînasser.
gin'gillo [dʒin'dʒillo] *sm* bibelot, joujou.
gin'nasio [dʒin'nazjo] *sm les deux premières années de lycée classique en Italie.*
gin'nasta, i, e [dʒin'nasta] *sm/f* gymnaste; **ginnastica** *sf* gymnastique.
gi'nocchio [dʒi'nɔkkjo], *pl(m)* **ginocchi** *o pl(f)* **ginocchia** *sm* genou; **in ~** à genoux; **ginocchi'oni** *av* à genoux.
gio'care [dʒo'kare] *vt, vi* jouer; **~rsi** *vr:* **giocarsi la carriera/il posto** compromettre sa carrière/risquer sa place; **~ un tiro a qd** *(fig)* jouer un mauvais tour à qn; **gioca'tore, trice** *sm/f* joueur(-euse).
gio'cattolo [dʒo'kattolo] *sm* jouet.
gio'chetto [dʒo'ketto] *sm* jeu; *(fig)* truc, tour.
gi'oco, chi ['dʒɔko] *sm* jeu; **per ~** pour rire; **farsi ~ di qd** *(fig)* se moquer de qn; **fare il doppio ~** *(fig)* jouer double jeu; **giochi d'azzardo** jeux de hasard.
gio'coso, a [dʒo'koso] *ag* gai(e).
gi'ogo, ghi ['dʒɔgo] *sm (anche fig)* joug.
gi'oia ['dʒɔja] *sf* joie; *(persona)* trésor *m; (pietra preziosa)* bijou *m.*
gioielle'ria [dʒojelle'ria] *sf* bijouterie.
gioielli'ere, a [dʒojel'ljɛre] *sm/f* bijoutier(-ère).
gioi'ello [dʒo'jɛllo] *sm* bijou; *(fig)* perle *f,* bijou.
gioi'oso, a [dʒo'joso] *ag* joyeux(-euse), gai(e).
giorna'laio, a [dʒorna'lajo] *sm/f* marchand/e de journaux.
gior'nale [dʒor'nale] *sm* journal; *(diario)* journal intime; **~i** *mpl* la presse *f;* **~ radio** informations *fpl (à la radio).*
giornali'ero, a [dʒorna'ljɛro] *ag (di ogni giorno)* quotidien(ne), journalier(-ère); *(di umore)* changeant(e), lunatique // *sm/f* ouvrier (-ère) à la journée // *sm* (*SCI*) forfait.
giorna'lista, i, e [dʒorna'lista] *sm/f* journaliste.
gior'nata [dʒor'nata] *sf* journée;

vivere alla ~ *(fig)* vivre au jour le jour.

gi'orno ['dʒorno] *sm* jour; **al** ~ par jour; **al** ~ **d'oggi** aujourd'hui.

gi'ostra ['dʒɔstra] *sf (carosello)* manège *m; (torneo storico)* joute.

gi'ovane ['dʒovane] *ag* jeune; *(non stagionato: vino)* nouveau (-elle); *(: formaggio)* frais(fraîche) // *sm/f* jeune homme/jeune fille; ~**i** *mpl* les jeunes; **giova'nile** *ag (proprio della gioventù)* de jeunesse; *(aspetto)* jeune, juvénil(e); **giova'notto** *sm* jeune homme; *(fam: scapolo)* célibataire.

gio'vare [dʒo'vare] *vi:* ~ **a** être utile à, servir à; *(far bene)* faire du bien // *vb impersonale (esser utile)* être bon, être utile; ~**rsi di** se servir de, tirer profit de.

giovedì [dʒove'di] *sm* jeudi.

gioventù [dʒoven'tu] *sf* jeunesse.

giovi'ale [dʒo'vjale] *ag* jovial(e).

giovi'nezza [dʒovi'nettsa] *sf* jeunesse.

gira'dischi [dʒira'diski] *sm inv* tourne-disque.

gi'raffa [dʒi'raffa] *sf* girafe.

gi'randola [dʒi'randola] *sf* moulin *m; (fuochi d'artificio)* girandole; *(fig: persona incostante)* girouette.

gi'rare [dʒi'rare] *vt* tourner; *(percorrere)* courir, parcourir; (*FIN: assegno*) endosser // *vi* tourner; *(andare in giro)* se promener; ~ **(per) il mondo** courir le monde; ~**rsi** *vr* se tourner, se retourner.

girar'rosto [dʒirar'rɔsto] *sm* tournebroche.

gira'sole [dʒira'sole] *sm* (*BOT*) tournesol.

gi'rata [dʒi'rata] *sf* tour *m;* (*FIN*) endos *m,* endossement *m.*

gira'volta [dʒira'vɔlta] *sf* pirouette; *(di strade)* détour *m; (fig: di idee)* volte-face *m.*

gi'revole [dʒi'revole] *ag* tournant(e).

gi'rino [dʒi'rino] *sm* têtard.

'giro ['dʒiro] *sm* tour; *(periodo di tempo)* cours, espace; *(circolazione: di denaro, francobolli)* circulation *f; (ambiente losco)* milieu; **prendere in** ~ *(fig)* se moquer de; **dare un** ~ **di vite a** *(fig)* serrer la vis à; **fare un** ~ faire un tour; **andare in** ~ se promener; **essere nel/fuori dal** ~ *(fig)* être/ne pas être dans le coup; **a stretto** ~ **di posta** par retour du courrier; **nel** ~ **di un mese** dans l'espace d'un mois; ~ **d'affari** chiffre d'affaire; ~ **di parole** périphrase *f;* **giro'collo** *sm* collier; **maglione a girocollo** pull ras du cou; **gi'rone** *sm* (*SPORT*) tour; **girone di andata/ritorno** premier/deuxième tour.

gironzo'lare [dʒirondzo'lare] *vi* flâner, se balader *(fam).*

girova'gare [dʒirova'gare] *vi* vagabonder, flâner.

'gita ['dʒita] *sf* excursion.

giù [dʒu] *av* en bas, bas; **scendere** ~ descendre; **dalla vita in** ~ jusqu'à la taille; **in** ~ en bas, vers le bas; ~ **di lì, su per** ~ à peu près; **essere** ~ *(fig)* être déprimé(e), ne pas avoir le moral; **mandare/buttare** ~ **qc** *(fig)* avaler qc.

giub'botto [dʒub'bɔtto] *sm* blouson.

giubi'lare [dʒubi'lare] *vi* se rejouir.

gi'ubilo ['dʒubilo] *sm* joie *f.*

giudi'care [dʒudi'kare] *vt, vi* juger.

gi'udice ['dʒuditʃe] *sm/f* juge *m;* ~ **conciliatore** juge de paix; ~ **popolare** juré/e; ~ **istruttore** juge d'instruction.

giu'dizio [dʒu'dittsjo] *sm* jugement, avis *sg; (facoltà della mente)* bon sens; (*DIR*) sentence *f,* jugement; **a mio** ~ à mon avis; **metter** ~ *(fig)* devenir raisonnable; **rinviare a** ~ poursuivre en justice; **citare/comparire in** ~ citer/comparaître en justice; **giudizi'oso, a** *ag* sage,

judicieux(-euse).
gi'ugno ['dʒuɲɲo] *sm* juin.
giul'lare [dʒul'lare] *sm* jongleur; *(buontempone)* bouffon, clown.
giu'menta [dʒu'menta] *sf* jument.
gi'unco, chi ['dʒunko] *sm* jonc.
gi'ungere ['dʒundʒere] *vi* arriver, parvenir; **questo fatto mi giunge nuovo** ce fait me surprend *o* m'étonne; ~ **in porto** *(fig)* toucher au but.
gi'ungla ['dʒungla] *sf* jungle.
gi'unto, a ['dʒunto] *pp di* **giungere** // *ag* joint(e) // *sf (aggiunta)* rallonge; (*POL*) junte; (*AMM*) conseil *m;* **per giunta** de surcroît, en plus; ~**a regionale/comunale** conseil *m* régional/municipal; **giun'tura** *sf* jointure.
giuo'care [dʒwo'kare] *vt, vi* = **gio'care; giu'oco** *sm* = **gioco.**
giura'mento [dʒura'mento] *sm* serment.
giu'rare [dʒu'rare] *vt* jurer // *vi (prestare giuramento)* jurer, prêter serment; **giu'rato, a** *ag* juré(e), assermenté(e) // *sm/f* juré(e).
giu'ria [dʒu'ria] *sf* jury *m.*
giu'ridico, a, ci, che [dʒu'ridiko] *ag* juridique.
giurisdizi'one [dʒurizdit'tsjone] *sf* juridiction.
giurispru'denza [dʒurispru'dɛntsa] *sf* droit *m; (insieme di sentenze)* jurisprudence.
giustifi'care [dʒustifi'kare] *vt* justifier; ~**rsi** *vr* se justifier; ~**rsi di** *o* **per** s'excuser de; **giustificazi'one** *sf* justification.
giu'stizia [dʒus'tittsja] *sf* justice; ~ **è fatta** la justice est rendue; **giustizi'are** *vt* exécuter; **giustizi'ere** *sm* juge; *(carnefice)* bourreau; *(vendicatore)* justicier.
gi'usto, a ['dʒusto] *ag* juste; *(vero)* juste, exact(e); *(conveniente)* bon(ne) // *av (appunto)* justement; *(esatto, proprio)* juste // *sm (persona onesta)* honnête, juste; *(ciò che è giusto)* ce qui est juste.
glaci'ale [gla'tʃale] *ag* glacial(e); *(epoca)* glaciaire.
gli [ʎi] *det mpl vedi* **il** // *pron* lui; *(in coppia con lo, la, li, le, ne):* **gliela dò** je la lui donne *o* je la leur donne.
glice'rina [glitʃe'rina] *sf* glycérine.
gli'ela ['ʎela] *etc vedi* **gli.**
glo'bale *ag* global(e).
'globo *sm* globe.
'globulo *sm* globule.
'gloria *sf* gloire // *sm* (*REL*) gloria; **glorifi'care** *vt* glorifier; **glori'oso, a** *ag* glorieux(-euse).
glos'sario *sm* glossaire.
glu'cosio *sm* glucose.
'gnocco, chi ['ɲɔkko] *sm* (*CUC*: *grumo)* grumeau; ~**i** *mpl (: pasta)* gnocchi *pl.*
'gnomo ['ɲɔmo] *sm* gnome.
'gobba *sf* bosse.
'gobbo, a *ag* bossu(e); *(curvo)* voûté(e), courbé(e) // *sm (persona)* bossu; **restare con qc sul** ~ *(fig)* rester avec qch sur les bras.
'goccia, ce *sf* goutte; **goccio'lare** *vi* couler; *(di rubinetto)* goutter, fuire; *(di sudore)* ruisseler; **goccio'lio** *sm* égouttement continu.
go'dere *vi* jouir // *vt* profiter (de); *(gustare: spettacolo)* apprécier; *(avere)* jouir (de); ~**rsi** *vr* profiter (de); **godersela** *(divertirsi)* s'amuser; ~ **di** *(beneficiare di)* bénéficier *o* jouir de; ~ **la fiducia di qd** jouir de la confiance de qn; **godi'mento** *sm* plaisir; (*DIR*) jouissance *f.*
'goffo, a *ag* gauche, maladroit(e), empêtré(e).
'gola *sf* gorge; *(golosità)* gourmandise; **fare** ~ *(fig)* faire envie; **col cuore in** ~ *(fig)* le cœur battant.
golf *sm inv* (*SPORT*) golf; *(maglia)* tricot, pull-over, chandail.
'golfo *sm* golfe.
go'loso, a *ag* gourmand(e); *(fig)* avide.
'gomito *sm* coude.

go'mitolo *sm* pelote *f*.
'gomma *sf* caoutchouc *m; (per cancellare)* gomme; *(pneumatico)* pneu *m; (da masticare)* chewing-gum *m;* ~ **a terra** (*AUTO*) pneu à plat; **gommapi'uma** *sf* ® caoutchouc *m* mousse *o* mousse.
'gondola *sf* gondole; **gondoli'ere** *sm* gondolier.
gonfa'lone *sf* étendard.
gonfi'are *vt* gonfler; *(fig: esagerare)* grossir, enfler; ~**rsi** *vr* se gonfler; **'gonfio, a** *ag (occhi, fiume)* enflé(e), gonflé(e); *(fig: superbo)* gonflé(e); **andare a gonfie vele** *(fig)* marcher comme sur des roulettes; **gonfi'ore** *sm* enflure *f*, boursouflure *f*.
gongo'lare *vi* jubiler.
'gonna *sf* jupe.
'gonzo, a ['gondzo] *ag, sm/f* nigaud(e), niais(e).
gorgheggi'are [gorged'dʒare] *vi* gazouiller.
'gorgo, ghi *sm* tourbillon.
gorgogli'are [gorgoʎ'ʎare] *vi* bouillonner; *(fig)* gargouiller.
go'rilla *sm inv* gorille.
'gotico, a, ci, che *ag, sm* gothique.
'gotta *sf* goutte.
gover'nante *sm* (*POL*) gouvernant // *sf (di bambini)* nurse, gouvernante.
gover'nare *vt* gouverner, diriger; *(terreno, bestiame)* garder; **governa'tivo, a** *ag* gouvernemental(e); **governa'tore** *sm* gouverneur.
go'verno *sm* gouvernement; *(di casa)* direction *f*.
gozzovigli'are [gottso'viʎʎare] *vi* faire la bringue *o* la fête.
gracchi'are [grak'kjare] *vi (corvo)* croasser; *(gazza: anche fig)* jacasser; *(di altoparlante)* grésiller.
graci'dare [gratʃ'dare] *vi (rana)* coasser; *(fig)* jacasser.
'gracile ['gratʃile] *ag* frêle, délicat(e).
gra'dasso *sm* fanfaron.
gradazi'one [gradat'tsjone] *sf* nuance; *(di bevanda alcolica)* degré *m* d'alcool.
gra'devole *ag* agréable.
gradi'mento *sm* goût; **non è di mio** ~ cela ne me plaît pas.
gradi'nata *sf* escalier *m*, perron *m; (in teatro, stadio)* gradins *mpl*.
gra'dino *sm* marche *f; (fig)* échelon.
gra'dire *vt* apprécier; *(desiderare)* désirer; **voglia** ~ **i miei distinti saluti** veuillez agréer mes salutations distinguées; **gra'dito, a** *ag* apprécié(e).
'grado *sm* degré; (*MIL*) grade; *(di condizione sociale)* rang; *(condizione fisica, morale)* état; **per** ~**i** par étapes; **essere in** ~ **di** être à même *o* en mesure de.
gradu'ale *ag* graduel(le).
gradu'are *vt* graduer; **gradu'ato, a** *ag* gradué(e) // *sm* (*MIL*) gradé; **graduazi'one** *sf* graduation.
'graffa *sf* (*TIP*) accolade.
graffi'are *vt* griffer; *(intaccare)* érafler, égratigner; *(fam: rubare)* chiper; **'graffio** *sm* éraflure *f; (sulla pelle)* égratignure *f*.
gra'fia *sf* graphie.
'grafico, a, ci, che *ag* graphique // *sm (diagramma)* graphique; *(professionista)* graphiste // *sf* arts *mpl* graphiques.
gra'migna [gra'miɲɲa] *sf* (*BOT*) chiendent *m;* **crescere come la** ~ *(fig)* pousser comme la mauvaise herbe.
gram'matica, che *sf* grammaire; **grammati'cale** *ag* grammatical(e); **gram'matico, a, ci, che** *sm/f (studioso)* grammairien/ne.
'grammo *sm* gramme.
gram'mofono *sm* phonographe.
gran *ag vedi* **'grande.**
'grana *sf* grain *m; (fam: seccatura)* ennui *m*, histoire; *(fam: soldi)* fric *m*, pognon *m* // *sm inv (formaggio*

parmigiano) parmesan.
gra'naio *sm* grenier.
gra'nata *sf* grenade.
Gran Bre'tagna [gran bre'taɲɲa] *sf*: **la ~** la Grande Bretagne.
'granchio, chi ['grankjo] *sm* crabe; *(fig: errore)* bévue *f*.
'grande *(qualche volta* **gran** + *C*, **grand'** +*V) ag* grand(e); *(seguito da un aggettivo: molto)* très, bien // *sm/f* grand(e); **un grand'uomo/gran bugiardo/gran bevitore** un grand homme/gros menteur/gros buveur; **in ~** en grand; **non vale un gran che** ça ne vaut pas grand-chose; **da ~ farò il pompiere** quand je serai grand, je serai pompier; **fare il ~** jouer au grand seigneur.
grandeggi'are [granded'dʒare] *vi* dominer; *(darsi arie)* prendre des airs importants.
gran'dezza [gran'dettsa] *sf* grandeur; **in ~ naturale** grandeur nature.
grandi'nare *vb impersonale* grêler // *vi (fig)* tomber comme de la grêle; **'grandine** *sf* grêle.
grandi'oso, a *ag* grandiose.
gran'duca, chi *sm* grand-duc.
gra'nello *sm* grain; *(seme di frutta)* pépin.
gra'nita *sf (tipo di gelato) glace pilée et arrosée de sirop ou de jus de fruit.*
gra'nito *sm* granit.
'grano *sm* grain; *(frumento)* blé.
gran'turco *sm* maïs.
'granulo *sm* granule; (*MED*) granulé.
'grappa *sf* eau-de-vie, marc *m*.
'grappolo *sm* grappe *f*.
'grasso, a *ag* gras(se); *(di persona, anche fig)* gros(se) // *sm* graisse *f*; *(della carne)* gras *sg* // *av* gras; **martedì ~** Mardi gras; **diventare ~** grossir.
gras'soccio, a, ci, ce *ag* grassouillet(te), rondelet(te).
'grata *sf* grille.
gra'ticcio [gra'tittʃo] *sm* claie *f*.
gra'ticola *sf (per arrostire)* gril *m*; *(piccola grata per chiudere)* grille.
gra'tifica, che *sf* gratification.
grati'tudine *sf* gratitude, reconnaissance.
'grato, a *ag* reconnaissant(e), obligé(e); *(gradito)* apprécié(e); **essere ~ a qd di** *o* **per qc** être reconnaissant à qn de qc.
gratta'capo *sm* tracas *sg*, ennui.
grattaci'elo [gratta'tʃɛlo] *sm* gratte-ciel.
grat'tare *vt* gratter; *(grattugiare)* râper; *(fam: rubare)* barboter, piquer // *vi* gratter; **~rsi** *vr* se gratter.
grat'tugia, gie [grat'tudʒa] *sf* (*CUC*) râpe; **grattugi'are** *vt* râper.
gra'tuito, a *ag* gratuit(e).
gra'vame *sm* poids *sg*, charge *f*.
gra'vare *vt* charger, surcharger // *vi (premere col proprio peso)* peser, reposer.
'grave *ag* grave; *(pesante)* lourd(e).
gravi'danza [gravi'dantsa] *sf* grossesse.
'gravido, a *ag (di animale)* pleine; *(di donna)* enceinte; *(fig)* chargé(e), plein(e).
gravità *sf* gravité.
gra'voso, a *ag* lourd(e), pénible.
'grazia ['grattsja] *sf* grâce; *(favore)* gentillesse, plaisir *m*.
'grazie ['grattsje] *escl* merci; **~ mille!/tante!/infinite!** merci mille fois!/beaucoup!/infiniment!; **~ a** grâce à.
grazi'oso, a [grat'tsjoso] *ag* joli(e), mignon(ne); *(gentile)* aimable; *(gratuito)* gracieux(-euse).
'Grecia ['grɛtʃa] *sf*: **la ~** la Grèce; **greco, a, ci, che** *ag, sm/f* grec(grecque).
gre'gario *sm* (*MIL*) simple soldat; *(fig)* acolyte; (*SPORT*) coéquipier.
'gregge, *pl(f)* **greggi** ['greddʒe] *sm* troupeau.
'greggio, a, gi, ge ['greddʒo] *ag*

brut(e); *(di tela)* cru(e) // *sm* brut.
grembi'ule *sm* tablier; *(sopravveste)* blouse *f.*
'grembo *sm* sein; **in ~ a, nel ~ di** au sein de, dans le sein de.
gre'mire *vt* remplir, envahir; **~rsi** *vr* se remplir; **gre'mito, a** *ag* plein(e).
'gretto, a *ag* avare, radin(e) *(fam); (fig: meschino)* mesquin(e).
'greve *ag* lourd(e).
'grezzo, a ['greddzo] *ag* = **greggio.**
gri'dare *vi, vt* crier; **~ evviva/aiuto** crier bravo/au secours; **~ a squarciagola** crier à tue-tête; **'grido** *pl (m)* **i** *o pl (f)* **a** *sm* cri; *(fama)* renom.
'grigio, a, gi, gie ['gridʒo] *ag* gris(e) // *sm* gris *sg.*
'griglia ['griʎʎa] *sf* grille; *(graticola per arrostire)* gril *m;* **alla ~** (*CUC*) au gril, grillé(e).
gril'letto *sm* gâchette *f,* détente *f.*
'grillo *sm* grillon; *(fig: capriccio)* caprice, lubie *f;* **avere dei ~i per la testa** avoir des lubies.
grimal'dello *sm* rossignol.
'grinta *sf* énergie, poigne, décision.
'grinza ['grintsa] *sf* ride; *(di stoffa)* pli *m;* **non fa una ~** *(fig)* cela ne fait pas un pli.
grip'pare *vi* gripper.
gris'sino *sm* gressin.
'gronda *sf* avant-toit *m.*
gron'daia *sf* gouttière, chéneau *m.*
gron'dare *vi* ruisseler, couler; **~ di** ruisseler de.
'groppa *sf* croupe; **restare sulla ~** *(fig)* rester sur les bras.
'groppo *sm* nœud; **avere un ~ alla gola** *(fig)* avoir une boule dans la gorge, avoir la gorge serrée.
gros'sezza [gros'settsa] *sf* grosseur.
grossista, i, e *sm/f* grossiste, marchand(e) en gros.
'grosso, a *ag* gros(se); *(importante)* important(e) // *sm:* **il ~ di** le gros de; **farla ~a** en faire de belles; **dirla ~a** dire une énormité; **sbagliarsi di ~** se tromper lourdement.
grosso'lano, a *ag* grossier(-ère).
grotta *sf* grotte.
grot'tesco, a, schi, sche *ag* grotesque.
grovi'era *o* **gruvi'era** *sm o f inv* gruyère *m.*
gro'viglio [gro'viʎʎo] *sm* nœud, enchevêtrement.
gru *sf inv* grue.
'gruccia, ce ['gruttʃa] *sf* béquille; *(per abiti)* cintre *m.*
gru'gnire [gruɲ'ɲire] *vi (maiale)* grogner; *(fig)* bougonner, grogner; **gru'gnito** *sm* grognement.
'grugno ['gruɲɲo] *sm (muso del porco)* groin; *(fam: faccia)* gueule *f.*
'grullo, a *ag, sm/f* niais(e), sot(te).
'grumo *sm (di sangue)* caillot; (*CUC*) grumeau.
'gruppo *sm* groupe; (*SPORT*) peloton; **lavoro di ~** travail en équipe.
GU *sigla f vedi* **gazzetta.**
guada'gnare [gwadaɲ'ɲare] *vt* gagner; **~ tempo/terreno** gagner du temps/du terrain; **gua'dagno** *sm* gain; *(vantaggio)* bénéfice, profit; **guadagno lordo/netto** bénéfice brut/net.
gu'ado *sm* gué.
gu'ai *escl:* **~ a te!** gare à toi!
gu'aina *sf* gaine; *(di spada)* fourreau *m.*
gu'aio *sm* ennui.
gua'ire *vi* glapir, japper.
gu'ancia, ce ['gwantʃa] *sf* joue.
guanci'ale [gwan'tʃale] *sm* oreiller.
gu'anto *sm* gant.
guarda'boschi *sm inv* garde-forestier.
guarda'caccia *sm inv* garde-chasse.
guarda'coste *sm inv* garde-côte.
guarda'linee *sm inv* (*FERR*) garde-voie; (*CALCIO*) juge de

touche.
guar'dare *vt* regarder; *(custodire)* garder // *vi*: ~ **su** *o* **verso** *(esser rivolto)* donner sur; ~ **a qc** *(badare a)* faire attention à qch; ~**rsi** *vr* se regarder; ~**rsi da** *(stare in guardia)* se garder de; ~ **di buon/mal occhio** voir d'un bon/d'un mauvais œil; ~ **qd dall'alto in basso** *(fig)* regarder qn de haut en bas; ~ **a vista** garder à vue.
guarda'roba *sm inv* garde-robe; *(locale)* vestiaire; **guardarobi'era** *sf* lingère; *(in locale pubblico)* dame du vestiaire.
'guardia *sf* garde; *(individuo)* garde *m*; (*NAUT*) quart *m*; **fare la ~ a qc/qd** monter la garde à qch/qn; **stare in** ~ *(fig)* se tenir *o* être sur ses gardes; **G~ di Finanza** ≈ Police des Douanes; ~ **notturna** veilleur *m* de nuit.
guardi'ano, a *sm/f* gardien/ne.
guar'dingo, a, ghi, ghe *ag* prudent(e), circonspect(e).
guardi'ola *sf* loge; (*MIL*) guérite.
guarigi'one [gwari'dʒone] guérison; **gua'rire** *vt, vi* guérir.
guarnigi'one [gwarni'dʒone] *sf* garnison.
guar'nire *vt* garnir; **guarnizi'one** *sf* garniture; (*TECN*) joint *m*; **guarnizione dei freni** (*AUTO*) garniture des freins.
guasta'feste *sm/f inv* trouble-fête.
gua'stare *vt* abîmer; *(fig: amicizia)* gâcher; ~**rsi** *vr* se détraquer; (*AUTO*) tomber en panne; *(fig: peggiorare)* se gâter; *(rompere l'amicizia)* se fâcher, se brouiller.
gu'asto, a *ag* détraqué(e); (*AUTO*) en panne; *(di cibo)* abîmé(e), pourri(e); *(fig: corrotto)* corrompu(e), détraqué(e) // *sm* panne *f*; *(fig: corruzione)* pourriture *f*, corruption *f*.
gu'azza ['gwattsa] *sf* rosée.
guazzabuglio [gwattsa'buʎʎo] *sm* fouillis *sg*, méli-mélo.
gu'ercio, a, ci, ce [gwertʃo] *ag* qui louche; **essere** ~ loucher.
gu'erra *sf* guerre; *(fig)* conflit; **mettersi in ~ con qd** entrer en conflit avec qn; **guerreggi'are** *vi* combattre; **guerreggiare con** *o* **contro qd/qc** faire la guerre avec *o* contre qn/qch; **guer'resco, a, schi, sche** *ag* guerrier(-ère); **guerri'ero, a** *ag* guerrier(-ère) // *sm* guerrier.
guer'riglia *sf* guerrilla.
'gufo *sm* hibou; *(fig: persona)* oiseau de malheur.
gu'ida *sf* guide *m*; (*AUTO*) conduite; *(tappeto)* tapis *m*; (*TECN*) glissière, coulisse; *(fig: direzione)* tête; ~**e** *fpl* (*EQUITAZIONE*) rênes // *ag inv*: **stato/partito** ~ état/parti-guide; **scuola** ~ auto-école; **patente di** ~ permis *m* de conduire; ~ **alpina** guide *m* de montagne; **gui'dare** *vt* guider, conduire; *(dirigere)* diriger; (*AUTO*) conduire; (*SPORT*) être en tête; **guida'tore** *sm* conducteur.
guin'zaglio [gwin'tsaʎʎo] *sm* laisse *f*.
guiz'zare [gwit'tsare] *vi (pesce)* frétiller; *(fiamma)* vaciller; *(fig)* sauter, bondir; ~ **via** *(scappare)* filer.
'guscio ['guʃʃo] *sm* coquille *f*; **stare nel proprio** ~ *(fig)* rester dans sa coquille.
gu'stare *vt* goûter; *(assaporare)* savourer, déguster; **'gusto** *sm* goût; *(di gelato)* parfum; **al gusto di fragola** à la fraise; **lavorare/mangiare di gusto** travailler/manger avec goût; **prenderci gusto** y prendre goût; **togliersi il gusto di fare qc** *(fig)* se payer le luxe de faire qch; **gu'stoso, a** *ag* savoureux(-euse).
guttu'rale *ag* guttural(e).

I

i *det mpl* les.
i'ato *sm* (*LING*) hiatus.

ibernazi'one [ibernat'tsjone] *sf* hibernation.
'ibrido, a *ag, sm* hybride.
I.C.E. *(abbr di Istituto nazionale per il Commercio Estero)* ≈ Centre Français pour le Commerce Extérieur (C.F.C.E.).
i'cona *sf* icône.
Id'dio *sm* Dieu.
i'dea *sf* idée; *(pensiero, dottrina)* pensée; *(aspirazione, proposito)* intention; **neanche** *o* **neppure per ~!** jamais de la vie!
ide'ale *ag* idéal(e) // *sm* idéal; **idea'lismo** *sm* idéalisme; **idea'lista, i, e** *sm/f* idéaliste; **idealiz'zare** *vt* idéaliser.
ide'are *vt* imaginer.
i'dentico, a, ci, che *ag* identique.
identifi'care *vt* identifier; **~rsi con** s'identifier à *o* avec; **identificazi'one** *sf* identification.
identità *sf inv* identité.
ideolo'gia, 'gie [ideolo'dʒia] *sf* idéologie.
idi'oma, i *sm* idiome.
idiosincra'sia *sf* idiosyncrasie; *(fig)* répulsion, aversion.
idi'ota, i, e *ag* idiot(e); **idiozia** *sf* idiotie.
idola'trare *vt* idolatrer; *(venerare)* vénérer; **idola'tria** *sf* idolatrie; *(fig)* adoration.
'idolo *sm* idole *f.*
idoneità *sf* aptitude.
i'doneo, a *ag* apte, approprié(e).
i'drante *sm* bouche *f* d'eau; *(autobotte)* camion-citerne.
i'draulico, a, ci, che *ag* hydraulique // *sm* plombier.
idreo'lettrico, a, ci, che *ag* hydro-électrique.
i'drofilo, a *ag* hydrophile.
idrofo'bia *sf (MED)* rage.
i'drogeno [i'drɔdʒeno] *sm* hydrogène.
idrografia *sf* hydrographie.
idro'scalo *sm* hydrobase *f.*
idrovo'lante *sm* hydravion.
i'ena *sf* hyène.
i'eri *av* hier; ~ **l'altro** avant hier; ~ **sera** hier soir.
iettatore, trice *sm/f* personne qui porte malheur.
igi'ene [i'dʒɛne] *sf* hygiène; **ufficio d'~** bureau d'hygiène; **igi'enico, a, ci, che** *ag* hygiénique; *(salubre)* sain(e), salubre; *(fig: consigliabile)* recommandé(e), prudent(e).
i'gnaro, a [iɲ'ɲaro] *ag:* ~ **di** ignorant de.
i'gnobile [iɲ'ɲɔbile] *ag* ignoble.
igno'minia [iɲɲo'minja] *sf* ignominie.
igno'rante [iɲɲo'rante] *ag* ignorant(e); *(zotico, grezzo)* grossier (-ère); **igno'ranza** *sf* ignorance; *(maleducazione)* muflerie.
igno'rare [iɲɲo'rare] *vt* ignorer.
i'gnoto, a [iɲ'ɲɔto] *ag* inconnu(e) // *sm* inconnu.
il *det m* le.
'ilare *ag* hilare; **ilarità** *sf* hilarité.
Ill. *abbr vedi* **illustrissimo.**
illangui'dire *vi* s'affaiblir.
illazi'one *sf* supposition.
il'lecito, a [il'lɛtʃito] *ag* illicite // *sm:* ~ **civile** délit civil.
ille'gale *ag* illégal(e); **illegalità** *sf inv* illégalité.
illeg'gibile [illed'dʒibile] *ag* illisible.
ille'gittimo, a [ille'dʒittimo] *ag* illégitime.
il'leso, a *ag* indemne.
illibato, a *a* pur(e); *(donna)* vierge.
illimitato, a *ag* sans limites, illimité(e); **congedo** ~ congé définitif.
il'logico, a, ci, che [il'lɔdʒiko] *ag* illogique.
il'ludere *vt* tromper, leurrer; **~rsi** *vr* se faire des illusions, se leurrer.
illumi'nante *ag* éclairant(e); *(che chiarifica)* illuminant(e), lumineux (-euse).
illumi'nare *vt (anche fig)* éclairer; **~rsi** *vr* s'illuminer; *(fig)* s'épanouir; **illuminazi'one** *sf* éclairage *m;*

(luminaria) illumination.
illusi'one *sf* illusion.
illustra'tivo, a *ag* explicatif(-ive).
illustrazi'one *sf* illustration.
il'lustre *ag* illustre; **illu'strissimo** *ag titre non traduit, placé devant 'Signor', 'Presidente', etc.*
ILOR *abbr di Imposta locale sui redditi.*
imbaccuc'care *vt* emmitoufler; ~**rsi** *vr* s'emmitoufler.
imbal'laggio [imbal'laddʒo] *sm* emballage.
imbal'lare *vt (lana, cotone)* mettre en balles; *(merce, mobili; avvolgere)* emballer; ~**rsi** *vr* s'emballer; ~ **il motore** (*AUTO*) emballer le moteur.
imbalsa'mare *vt* embaumer; *(animale)* empailler.
imbandito, a *ag* dressé(e), garni(e).
imbaraz'zare [imbarat'tsare] *vt* embarrasser, gêner; **imba'razzo** *sm* embarras *sg*.
imbarbarire *vt* rendre barbare // *vi*, ~**rsi** *vr* devenir barbare.
imbarca'dero *sm* embarcadère.
imbar'care *vt* embarquer; ~**rsi** *vr* s'embarquer.
imbarcazi'one *sf (barca)* embarcation, bateau *m*; ~ **di salvataggio** chaloupe de sauvetage.
im'barco, chi *sm* embarquement.
imbas'tire *vt* bâtir; *(fig: abbozzare)* ébaucher; *(: discorso)* improviser.
im'battersi *vr*: ~ **in** tomber sur.
imbat'tibile *ag* imbattable.
imbavagli'are [imbavaʎ'ʎare] *vt* bâillonner.
imbeccare *vt (pulcini)* donner la becquée à; **imbec'cata** *sf* becquée; **bisogna sempre dargli l'imbeccata** il faut toujours tout lui dire *o* souffler.
imbe'cille [imbe'tʃille] *ag, sm/f* imbécile.
imbel'lire *vi* embellir.
imbestia'lire *vi* abrutir; **far ~ qd** mettre qn en rage.
im'bevere *vt* imbiber; ~**rsi (di)** s'imbiber (de).
imbian'care *vt* blanchir; *(muro, stanza, etc: dare il colore)* (re)peindre // *vi (diventar bianco)* blanchir.
imbian'chino [imbjan'kino] *sm* peintre en bâtiment.
imbion'dire *vi* blondir.
imbizzar'rire *vi* s'emballer.
imboc'care *vt (bambino)* nourrir à la cuillère; *(fig: suggerire)* tout souffler *o* mâcher à; *(strada: entrare)* prendre; *(corridoio, etc)* s'engager dans, enfiler; (*MUS*) emboucher.
imbocca'tura *sf* ouverture; *(ingresso)* entrée; *(di cavallo: morso)* embouchure.
im'bocco, chi *sm* entrée *f*.
imbo'scare *vt* cacher; ~**rsi** *vr* s'embusquer, se planquer; **imbo'scata** *sf* guet-apens *m*.
imbottigli'are *vt* mettre en bouteille; *(veicoli)* embouteiller.
imbot'tire *vt* rembourrer; *(vestito)* matelasser; *(panino: farcire)* garnir; *(fig: riempire)* remplir, bourrer.
imbotti'tura *sf* rembourrage *m*.
imbracci'are *vt (fucile)* épauler.
imbrat'tare *vt* salir; **imbrattatele** *sm/f inv* barbouilleur/euse.
imbrigli'are [imbriʎ'ʎare] *vt (fig)* brider; *(: forza, incendio)* contenir.
imbroc'care *vt* trouver, deviner; **imbroccarla giusta** *(fig: fam)* taper dans le mille.
imbrogli'are [imbroʎ'ʎare] *vt* embrouiller; *(fig: raggirare)* tromper; ~**rsi** *vr* s'embrouiller; ~ **le carte** mêler les cartes; **im'broglio** *sm* duperie *f*, escroquerie *f*; **imbrogli'one, a** *sm/f* escroc *m*, tricheur/euse.
imbronci'arsi [imbron'tʃarsi] *vr (tempo)* se couvrir; *(persona)* bouder; **imbronci'ato, a** *ag* boudeur(-euse); *(tempo)* maussade.

imbru'nire *vi:* **sull'~** à la tombée de la nuit.
imbrut'tire *vt* enlaidir // *vi,* **~rsi** *vr* s'enlaidir.
imbu'care *vt* mettre à la boîte (aux lettres).
imbur'rare *vt* beurrer.
im'buto *sm* entonnoir.
imi'tare *vt* imiter; **imita'tore, trice** *sm/f* imitateur/trice; **imitazi'one** *sf* imitation.
immaco'lato, a *ag* pur(e); *(candido)* immaculé(e); **I~a Concezione** Immaculée Conception.
immagazzi'nare [immagad-dzi'nare] *vt* emmagasiner.
immaginabile *ag* imaginable.
immagi'nare [immadʒi'nare] *vt* imaginer; **s'immagini!** pensez-vous!; **immagi'nario, a** *ag* imaginaire; **immaginazi'one** *sf* imagination.
im'magine *sf* image.
immalinco'nire *vt* rendre mélancolique.
imman'cabile *ag* immanquable, inévitable.
immane *ag* énorme.
immangi'abile [imman'dʒabile] *ag* immangeable.
immatrico'lare *vt* immatriculer; **~rsi** *vr* s'inscrire.
imma'turo, a *ag* pas mûr(e); *(fig)* immature; (MED) prématuré(e).
immedi'ato, a *ag* immédiat(e).
immedia'tezza *sf* rapidité, instantanéité.
immemo'rabile *ag* immémorial(e).
im'memore *ag:* **~di** oublieux (-euse) de.
im'menso, a *ag* immense.
im'mergere [im'mɛrdʒere] *vt* plonger; **~rsi** *vr* se plonger; *(sommergibile)* plonger; **~rsi in** se plonger dans.
immeri'tevole *ag* indigne.
immersi'one *sf* immersion; *(di palombaro, sommergibile)* plongée.
im'mettere *vt* introduire.
immi'grare *vt* immigrer; **immi'grato, a** *ag* immigré(e) // *sm/f* immigrant/e; **immigrazi'one** *sf* immigration.
immi'nente *ag* imminent(e).
immischi'are *vt:* **~ qd in** mêler qn dans; **~rsi in** se mêler de, s'immiscer dans.
immise'rire *vt* appauvrir.
immissi'one *sf* introduction; *(d'aria)* injection.
im'mobile *ag* immobile // *sm* (DIR: *anche:* **bene** ~) immeuble; **immobili'are** *ag* immobilier(-ère); **immobilità** *sf* immobilité; **immobiliz'zare** *vt* immobiliser.
immodestia *sf* manque *m* de modestie.
immo'desto, a *ag* prétentieux(-euse).
immo'lare *vt* immoler.
immon'dizia [immon'dittsja] *sf* saleté; *(spazzatura, rifiuti)* immondices *fpl*, ordures *fpl*.
im'mondo, a *ag* immonde; *(fig)* ignoble.
immo'rale *ag* immoral(e).
immoralità *sf inv* immoralité; *(atto)* acte immoral.
immorta'lare *vt* immortaliser.
immor'tale *ag* immortel(le); **immortalità** *sf* immortalité.
im'moto, a *ag* immobile.
im'mune *ag* exempt(e); *(tasse)* exonéré(e); (MED) immunisé(e); **immunità** *sf inv* immunité; **immuniz'zare** *vt* immuniser.
immu'tabile *ag* immuable.
immu'tato, a *ag* constant(e), inaltérable.
impacchet'tare [impakket'tare] *vt* empaqueter.
impacci'are [impat'tʃare] *vt* embarrasser, gêner; **impacci'ato, a** *ag* gêné(e), embarrassé(e); *(non disinvolto)* gauche; **im'paccio** *sm* embarras *sg*.
im'pacco, chi *sm* compresse *f*.

impadro'nirsi *vr:* **~rsi di** s'emparer de.
impa'gabile *ag* inestimable; *(faceto, singolare)* impayable.
impagi'nare *vt* mettre en pages.
impagli'are [impaʎ'ʎare] *vt* empailler; **impagliatura** *sf* rempaillage *m*.
impa'lato, a *ag (fig)* raide comme un piquet.
impalca'tura *sf* échafaudage *m*.
impalli'dire *vi* pâlir.
impalli'nare *vt* cribler de plomb.
impal'pabile *ag* impalpable.
impa'nare *vt* (*CUC*) paner.
impanta'nare *vt* réduire à l'état de bourbier; **~rsi** *vr* s'embourber.
impappi'narsi *vr* s'embrouiller.
impa'rare *vt:* **~ qc/a fare qc** apprendre qch/à faire qch; **~ a memoria** apprendre par cœur.
impareggi'abile [impared'dʒabile] *ag* incomparable, sans pareil.
imparen'tarsi *vr:* **~rsi con** s'apparenter à, s'allier à.
'impari *ag inv* inégal(e); *(dispari)* impair(e).
impar'tire *vt* donner.
imparzi'ale [impar'tsjale] *ag* impartial(e).
impas'sibile *ag* impassible.
impa'stare *vt* pétrir; *(mescolare: colori)* mélanger; *(la malta)* gâcher; **im'pasto** *sm* pâte *f; (l'impastare)* pétrissage; *(fig: miscuglio)* mélange.
im'patto *sm* impact.
impau'rire *vt* faire peur à // *vi (anche:* **~rsi**) avoir *o* prendre peur.
im'pavido, a *ag* intrépide.
impazi'ente [impat'tsjɛnte] *ag* impatient(e); **impazi'enza** *sf* impatience.
impaz'zire [impat'tsire] *vi* devenir fou; *(bussola)* s'affoler; *(maionese, salsa)* tourner; **~ per qd/qc** perdre la tête pour qn/qch.
impedi'mento *sm* empêchement; (*MED*) handicap.
impe'dire *vt* boucher; **~ a qd di fare qc** *(vietare)* empêcher qn de faire qch.
impe'gnare [impeɲ'ɲare] *vt* engager; *(occupare)* occuper; **~rsi** *vr:* **~rsi a** s'engager à; **~rsi in** s'appliquer, se mettre à.
im'pegno [im'peɲɲo] *sm* engagement; *(zelo)* ardeur *f*, soin; (*DIR*) obligation *f*.
impegolarsi *vr* se fourrer.
impel'lente *ag* urgent(e).
impen'narsi *vr* se cabrer.
impen'sato, a *ag* imprévu(e), inopiné(e).
impensie'rire *vt* inquiéter; **~rsi** *vr* s'inquiéter, se faire du souci.
impe'rare *vi* dominer.
impera'tivo, a *ag* impératif(-ive) // *sm* (*LING*) impératif.
impera'tore *sm* empereur; **impera'trice** *sf* impératrice.
imper'fetto, a *ag (incompiuto)* inachevé(e); *(non perfetto, difettoso)* imparfait(e) // *sm* (*LING*) imparfait.
imperi'ale *ag* impérial(e).
imperia'lismo *sm* impérialisme.
imperi'oso, a *ag* impérieux(-euse).
impe'rizia *sf* inexpérience.
imperma'lirsi *vr* s'offenser.
imperme'abile *ag, sm* imperméable; **impermeabilizzare** *vt* imperméabiliser.
imperni'are *vt (anche fig)* centrer.
im'pero *sm* empire.
imperscru'tabile *ag* impénétrable.
imperso'nale *ag* impersonnel(le).
imperso'nare *vt* personnifier, incarner.
imperter'rito, a *ag* imperturbable.
imperti'nente *ag* insolent(e), impertinent(e); **imperti'nenza** *sf* insolence, impertinence.
impertur'bato, a *ag* tranquille,

calme.
imperver'sare *vi* se déchaîner; *(fig: mode)* faire fureur.
'impeto *sm* impétuosité *f*, violence *f*; *(calore, foga)* élan, transport; **con** ~ avec élan, avec fougue *f*.
impet'tito, a *ag*: **camminava** ~ il marchait en bombant le torse.
impetu'oso, a *ag* impétueux(-euse).
impian'tare *vt* installer; **~rsi** *vr* s'établir.
impi'anto *sm* installation *f*.
impia'strare *vt* salir.
impi'astro *sm* (MED) cataplasme; *(fig: fam)* emplâtre.
impic'care *vt* pendre; **~rsi** *vr* se pendre.
impicciare [impit'tʃare] *vt* gêner, embarrasser; **~rsi** *vr* se mêler; **im'piccio** *sm* ennui.
impie'gare *vt* employer; *(denaro: investire)* investir; *(tempo)* mettre; **~rsi** *vr* trouver une place *o* un emploi; **impie'gato, a** *sm/f* employé.
impi'ego, ghi *sm* emploi; *(occupazione)* place *f*, emploi; (ECON: *investimento)* placement.
impieto'sire *vt* attendrir, toucher; **~rsi** *vr* s'apitoyer, s'attendrir.
impietrire *vt* pétrifier; **~rsi** *vr* s'endurcir.
impigli'arsi [impiʎ'ʎarsi] *vr* s'embrouiller, se prendre.
impi'grire *vt* engourdir // *vi* devenir paresseux.
impli'care *vt* impliquer; **implicazi'one** *sf* implication.
im'plicito, a [im'plitʃito] *ag* implicite.
implo'rare *vt* implorer; **implorazi'one** *sf* prière, imploration.
impoltro'nire *vt* rendre paresseux // *vi* devenir paresseux.
impolve'rare *vt* couvrir de poussière; **~rsi** *vr* se couvrir de poussière.
impo'nente *ag* imposant(e), grandiose.
impo'nibile *ag* imposable // *sm* assiette *f* de l'impôt.
impopo'lare *ag* impopulaire.
imporpo'rare *vt* empourprer.
im'porre *vt* imposer; *(dare: nome)* donner; **imporsi** *vr* s'imposer; ~ **a qd di fare qc** obliger qn à faire qch.
impor'tante *ag* important(e); **impor'tanza** *sf* importance; **dare importanza à qc** donner de l'importance à qch.
impor'tare *vt* importer // *vi* être important // *vb impersonale* importer; **non importa** cela n'a pas d'importance; **non me ne importa niente** je m'en moque, ça m'est égal; **importazi'one** *sf* importation.
im'porto *sm* montant.
importu'nare *vt* importuner.
impor'tuno, a *ag* importun(e) // *sm* importun.
imposizi'one [impozit'tsjone] *sf* imposition; *(fig)* contrainte.
imposses'sarsi *vr*: ~ **di** s'emparer de.
impos'sibile *ag, sm* impossible; **impossibilità** *sf* impossibilité; *(incapacità)* incapacité; **essere nell'~ impossibilità di fare qc** être dans l'impossibilité de faire qch.
im'posta *sf* impôt *m*; ~ **diretta/indiretta** impôt direct/indirect; ~ **sul valore aggiunto (IVA)** taxe sur la valeur ajoutée (T.V.A.).
impo'stare *vt (teoria)* fonder; *(programma)* établir; *(problema)* formuler; *(avviare)* amorcer, commencer; (INFORM) entrer; **impostazi'one** *sf* base; *(di problema)* formulation; *(di programma)* établissement *m*; (INFORM) introduction.
impo'store *sm* imposteur.
impo'tente *ag* impuissant(e) // *sm* impuissant; **impo'tenza** *sf* impuissance.
impoveri'mento *sm* appau-

vrissement.
impove'rire *vt* appauvrir; ~**rsi** *vr* s'appauvrir.
imprati'chire [imprati'kire] *vt* entraîner; ~**rsi** *vr* s'entraîner.
impre'care *vi* jurer.
impre'ciso, a [impre'tʃizo] *ag* inexact(e).
impre'gnare [impreɲ'ɲare] *vt* imprégner.
imprendibile *ag* imprenable.
imprendi'tore *sm* entrepreneur.
impreparato, a *ag*: **essere ~** ne pas être préparé.
im'presa *sf* entreprise; (*SPORT*) exploit *m*, performance.
impre'sario *sm* impresario.
impressio'nare *vt* impressionner; ~**rsi** *vr* s'impressionner.
impressi'one *sf* empreinte; (*fig, stampa*) impression; **fare buona/cattiva ~** faire bonne/mauvaise impression.
im'presso, a *pp di* **imprimere.**
impreve'dibile *ag* imprévisible.
imprevi'dente *ag* imprévoyant(e).
impre'visto, a *ag* imprévu(e), inattendu(e) // *sm* imprévu; **in caso d'~i** en cas d'imprévu.
imprigiona'mento [impridʒona'mento] *sm* emprisonnement.
imprigio'nare [impridʒo'nare] *vt* emprisonner.
im'primere *vt* imprimer; (*fissare*) fixer, graver.
improbo, a *ag* rude, dur(e); (*disonesto*) malhonnête.
im'pronta *sf* marque, empreinte; (*traccia*) trace; (*fig: segno caratteristico*) sceau *m*, marque.
impro'perio *sm* insulte *f*.
improprietà *sf inv* incorrection.
im'proprio, a *ag* impropre.
improvvisa'mente *av* soudain, tout à coup.
improvvi'sare *vt* improviser; ~**rsi** *vr* s'improviser.
improv'viso, a *ag* inattendu(e), imprévu(e); **all'~** à l'improviste.
impru'dente *ag* imprudent(e); **impru'denza** *sf* imprudence.
impu'dente *ag* impudent(e); **impu'denza** *sf* impudence.
impu'dico, a, ci, che *ag* impudique.
impu'gnare [impuɲ'ɲare] *vt* saisir; (*teoria*) contester; **~ una sentenza** (*DIR*) attaquer un jugement.
impugna'tura [impuɲɲa'tura] *sf* manche *m*; (*di spada, remo*) poignée.
impul'sivo, a *ag* impulsif(-ive).
im'pulso *sm* poussée *f*; (*fig: stimolo*) élan; (*spinta irriflessiva*) impulsion.
impu'nito, a *ag* impuni(e).
impun'tarsi *vr* s'arrêter net; (*fig: ostinarsi*) s'entêter, s'obstiner.
impun'tura *sf* point *m* de piqûre.
impurità *sf inv* impureté.
im'puro, a *ag* impur.
impu'tare *vt*: **~ qc a qd** imputer qch à qn; **~ qd di qc** (*DIR*) accuser qn de qch; **impu'tato, a** *sm/f* accusé/e, inculpé/e; **imputazi'one** *sf* accusation, inculpation.
imputri'dire *vi* pourrir.
in (*in* + *il* = **nel,** *in* + *lo* = **nello,** *in* + *l'* = **nell',** *in* + *la* = **nella,** *in* + *i* = **nei,** *in* + *gli* = **negli,** *in* + *le* = **nelle**) *prep* en; **vivere/andare ~ Italia** vivre/aller en Italie; **essere ~ casa** être à la maison; **andare ~ casa** rentrer; **nella Bibbia** dans la Bible; **essere/passeggiare ~ giardino** être/se promener dans le jardin; **lo farò ~ giornata** je le ferai dans la journée; **parlare ~ tedesco** parler allemand; **abito ~ piazza della Repubblica** j'habite place de la République; **nella speranza di** dans l'espoir de; **Maria Bianchi ~ Rossi** Maria Bianchi épouse Rossi; **siamo ~ quattro** nous sommes 4.
i'nabile *ag*: **~ a** inapte à.
inabilità *sf* incapacité; (*DIR*)

inhabileté.
inabis'sarsi *vr* sombrer, plonger.
inabi'tabile *ag* inhabitable.
inacces'sibile [inattʃes'sibile] *ag* inaccessible.
inaccet'tabile [inattʃet'tabile] *ag* inacceptable.
inacer'bire [inatʃer'bire] *vt* exacerber; ~**rsi** *vr* s'exacerber.
inaci'dire [inatʃi'dire] *vt (anche fig)* aigrir // *vi (diventar acido)* devenir aigre; *(latte)* tourner; *(fig)* s'aigrir.
ina'datto, a *ag* inadapté(e), inadéquat(e); *(di persona)* inapte.
inadegu'ato, a *ag* inadéquat(e), insuffisant(e).
inadempi'ente *ag* défaillant(e); **inadempi'enza** *sf* défaillance.
inaffer'rabile *ag* insaisissable.
ina'lare *vt* inhaler.
inala'tore *sm* inhalateur; ~ **d'ossigeno** (AER) masque à oxygène.
inalbe'rare *vt* hisser; ~**rsi** *vr* se cabrer.
inalte'rabile *ag* inaltérable.
inalte'rato, a *ag* inchangé(e).
inami'dare *vt* amidonner.
innammis'sibile *ag* inadmissible.
inani'mato, a *ag* inanimé(e).
inappa'gabile *ag* insatiable.
inappel'labile *ag* (DIR) sans appel.
inappun'tabile *ag* irréprochable.
inar'care *vt* cambrer; *(sopracciglia)* hausser; ~**rsi** *vr* se cambrer, se courber.
inari'dire *vt* dessécher; *(fig: personne)* endurcir // *vi* se dessécher; *(fig)* s'endurcir.
inarres'tabile *ag* inexorable.
inaspet'tato, a *ag* inattendu(e).
ina'sprire *vt* aggraver; *(suj: douleur)* exacerber; ~**rsi** *vr* s'aggraver; *(divenire, aspro: caractère)* s'aigrir; *(tempo)* devenir plus rude.
inattac'abile *ag* inattaquable.
inatten'dibile *ag* sans fondement.
inat'teso, a *ag* inattendu(e).
inat'tivo, a *ag* inactif(-ive).
inattu'abile *ag* irréalisable.
inau'dito, a *ag* inouï(e).
inaugu'rale *ag* inaugural(e).
inaugu'rare *vt* inaugurer; **inaugurazi'one** *sf* inauguration.
inavve'duto, a *sf* étourdi.
inavver'tenza *sf* distraction; *(trascuratezza)* négligence.
incagli'arsi [inkaʎ'ʎarsi] *vr* se bloquer; (NAUT) échouer; **in'caglio** *sm* écueil, obstacle.
incalco'labile *ag* inestimable.
incal'lire *vi (anche: ~rsi)* endurcir, s'endurcir // *vt* rendre calleux; **incal'lito, a** *ag (fig: peccatore, fumatore)* invétéré(e).
incal'zare [inkal'tsare] *vt (anche fig)* talonner // *vi (tempo)* presser; *(ritmo)* s'accélérer.
incame'rare *vt* (DIR) confisquer.
incammi'narsi *vr* se mettre en route.
incana'lare *vt (anche fig)* canaliser; ~**rsi** *vr* se diriger.
incancre'nire *vi (anche: ~rsi:* (MED) se gangrener.
incande'scente [inkande'ʃʃɛnte] *ag* incandescent(e).
incan'tare *vt* enchanter; *(: sog: musica, racconto: affascinare)* fasciner; *(: voix)* charmer; ~**rsi** *vr* s'extasier; *(meccanismo: fermarsi, bloccarsi)* se bloquer, se coincer.
incanta'tore, trice *ag* charmeur(-euse) // *sm/f* enchanteur/eresse.
incan'tesimo *sm* sortilège; *(fascino)* enchantement.
incan'tevole *ag* charmant(e), ravissant(e).
in'canto *sm* charme; *(meraviglia, stupore)* enchantement; **come per** ~ comme par enchantement; **all'**~ (DIR) aux enchères.
incanu'tire *vi* avoir les cheveux blancs.

inca'pace [inka'patʃe] *ag* incapable; **incapacità** *sf* incapacité.
incapo'nirsi *vr* s'obstiner.
incap'pare *vi:* ~ **in** tomber sur, rencontrer.
incappucci'are *vt* encapuchonner; *(sog: neve: ricoprire)* couvrir; ~**rsi** *vr* s'encapuchonner; *(coprirsi di neve)* se couvrir de neige.
incapsu'lare *vt (dente: rivestire)* couronner.
incarce'rare [inkartʃe'rare] *vt* emprisonner.
incari'care *vt* charger; ~**rsi** *vr* se charger; **incari'cato, a** *ag* responsable, préposé(e); **incaricato di** chargé de; **professore incaricato** chargé de cours; **incaricato d'affari** (*POL*) chargé d'affaires.
in'carico, chi *sm* charge *f; (incombenza, compito)* tâche *f;* **ottenere un ~ annuale** (*SCOL*) obtenir un poste pour la durée d'un an.
incar'nare *vt* incarner; ~**rsi** *vr* s'incarner.
incarta'mento *sm* dossier.
incar'tare *vt* envelopper.
incas'sare *vt* encaisser; *(gemma: incastonare)* enchâsser, monter; *(fiume: serrare)* endiguer.
in'casso *sm* encaissement; (*ECON*: *introito)* recette *f.*
incasto'nare *vt* sertir, enchâsser; **incastona'tura** *sf* sertissage *m,* enchâssement *m.*
inca'strare *vt* emboîter, encastrer; *(fig)* coincer; ~**rsi** *vr* s'encastrer, se coincer; **in'castro** *sm* encastrement; (*TECN*) emboîtement.
incate'nare *vt* enchaîner.
incatra'mare *vt* goudronner.
in'cauto, a *ag* imprudent(e).
inca'vare *vt* creuser; **inca'vato, a** *ag* creux(-euse).
incava'tura *sf* creusage *m,* creusement *m; (cavità)* creux *m.*
in'cavo *sm* creux *sg; (scanalatura)* rainure *f;* ~ **della manica** emmanchure *f.*
in'cedere [in'tʃɛdere] *vi* marcher majesteusement // *sm* démarche *f* majestueuse.
incendi'are [intʃen'djare] *vt* incendier, mettre le feu à; *(fig)* enflammer; ~**rsi** *vr* prendre feu; *(fig)* s'enflammer.
incendi'ario, a [intʃen'djarjo] *ag* incendiaire // *sm/f* incendiaire, pyromane.
incendio [in'tʃɛndjo] *sm* incendie.
incene'rire [intʃene'rire] *vt* brûler, réduire en cendres.
inceneri'tore [intʃeneri'tore] *sm* incinérateur.
incen'sare [intʃen'sare] *vt* encenser; *(fig)* flatter.
in'censo [in'tʃɛnso] *sm* encens *sg.*
incensu'rato, a [intʃensu'rato] *ag:* **essere ~** avoir le casier judiciaire vierge.
incen'tivo [intʃen'tivo] *sm* encouragement; *(occasione)* prétexte.
incep'pare [intʃep'pare] *vt* empêcher, entraver; ~**rsi** *vr* se bloquer.
incer'tezza [intʃer'tettsa] *sf* incertitude; *(dubbio)* doute *m; (indecisione)* hésitation, indécision.
in'certo, a [in'tʃɛrto] *ag* incertain(e); *(instabile: tempo)* instable // *sm* incertain; *(imprevisto)* risque.
inces'sante [intʃes'sante] *ag* incessant(e).
in'cesto [in'tʃɛsto] *sm* inceste.
in'cetta [in'tʃetta] *sf* accaparement; **fare ~ di qc** accaparer qch.
inchi'esta [in'kjɛsta] *sf* enquête.
inchi'nare [inki'nare] *vt* incliner, baisser; ~**rsi** *vr* se baisser, s'incliner; **in'chino** *sm* révérence *f.*
inchio'dare [inkjo'dare] *vt* clouer; ~ **(l'auto)** bloquer la voiture, freiner à mort.
inchi'ostro [in'kjɔstro] *sm* encre *f.*
inciam'pare [intʃam'pare] *vi*

trébucher.

inci'ampo [in'tʃampo] *sm* difficulté *f*, obstacle; **essere d'~ a qd** *(fig)* gêner qn.

inciden'tale [intʃiden'tale] *ag* secondaire; (LING, DIR) incident(e); *(casuale)* accidentel(le), imprévu(e); **incidental'mente** *av* accidentellement.

inci'dente [intʃi'dɛnte] *sm* accident; (DIR, *difficoltà)* incident.

inci'denza [intʃi'dɛntsa] *sf* incidence.

in'cidere [in'tʃidere] *vi:* ~ **su** peser sur // *vt* graver; (MED) inciser; *(disco, nastro: registrare)* enregistrer.

in'cinta [in'tʃinta] *ag f* enceinte.

incipri'are [intʃipri'are] *vt* poudrer; **~rsi** *vr* se poudrer.

in'circa *av:* **all'~** à peu près, environ.

incisi'one [intʃi'zjone] *sf* incision; *(disegno)* gravure; *(registrazione)* enegistrement *m*.

inci'sivo, a [intʃi'zivo] *ag (anche fig)* incisif(-ive) // *sm (dente)* incisive *f*.

in'ciso, a [in'tʃizo] *ag* gravé(e), incisé(e) // *sm* incise *f*; **per ~** incidemment, en passant.

inci'sore [intʃi'zore] *sm* graveur.

incita'mento [intʃita'mento] *sm* incitation *f*.

inci'tare [intʃi'tare] *vt* inciter.

inci'vile [intʃi'vile] *ag* sauvage, barbare; *(villano)* grossier(-ière), rustre.

incivi'lire [intʃivi'lire] *vt* civiliser; **~rsi** *vr* se civiliser.

inciviltà [intʃivil'ta] *sf* barbarie; *(maleducatezza)* grossiéreté.

inclassifi'cabile *ag* inclassable; *(fig)* inqualifiable.

incle'mente *ag* impitoyable; *(tempo)* inclément(e).

incli'nare *vt* pencher, incliner; **~rsi** *vr* se pencher; **inclinato, a** *ag* penché(e), incliné(e).

inclinazi'one *sf* inclinaison; *(attitudine, disposizione)* disposition, penchant *m*.

in'cline *ag* enclin(e).

in'cludere *vt* inclure; **inclusi'one** *sf* inclusion; **in'cluso, a** *pp di* **includere** // *ag* inclus(e).

in'cognito, a [in'koɲɲito] *ag* inconnu(e) // *sf (imprevisto)* imprévu *m;* (MAT) inconnue *f;* **in ~** incognito.

incol'lare *vt* coller.

incolon'nare *vt* mettre en colonne; **~rsi** *vr* se mettre en colonne.

inco'lore *ag* incolore.

incol'pare *vt:* **~ qd di** accuser qn de.

in'colto, a *ag* inculte.

in'colume *ag* indemne.

incolumità *sf:* **per l'~ dei passeggeri** pour la sécurité des passagers.

incom'benza [inkom'bentsa] *sf* tâche.

in'combere *vi:* ~ **su** menacer; ~ **a** incomber à.

incominci'are [inkomin'tʃare] *vt* commencer // *vi* commencer, débuter.

in'comodo *sm:* **essere d'~ (per)** déranger; **scusa l'~** excuse-moi de te déranger; **il terzo ~** l'intrus *sg*.

incompa'rabile *ag* incomparable.

incompa'tibile *ag* incompatible.

incompe'tente *ag* incompétent(e); **incompe'tenza** *sf* incompétence.

incompi'uto, a *ag* inachevé(e).

incom'pleto, a *ag* incomplet(-ète).

incompren'sibile *ag* incompréhensible.

incomprensi'one *sf* incompréhension.

incom'preso, a *ag* incompris(e).

inconce'pibile [inkontʃe'pibile] *ag* inconcevable.

inconcili'abile [inkontʃi'ljabile] *ag* inconciliable, incompatible.
inconclu'dente *ag* incohérent(e); *(inutile, vano)* inutile, vain(e).
incondizio'nato, a [inkonditts-jo'nato] *ag* inconditionnel(le); *(resa)* sans conditions.
inconfu'tabile *sf* irréfutable.
incongru'ente *ag* incohérent(e).
in'congruo, a *ag* disproportionné(e).
inconsa'pevole *ag*: ~ **di** ignorant(e) de, pas conscient(e) de.
in'conscio, a, sci, sce [in'kɔnʃo] *ag* inconscient(e) // *sm* (PSIC) inconscient.
inconsi'stente *ag* inconsistant(e).
inconso'labile *ag* inconsolable.
inconsu'eto, a *ag* insolite.
incon'sulto, a *ag* irréfléchi(e).
inconten'tabile *ag* insatiable; *(esigente)* (trop) exigeant(e).
inconti'nenza [inkonti'nɛntsa] *sf* incontinence.
incon'trare *vt* rencontrer; ~**rsi** *vr* se rencontrer.
incontra'stabile *ag* inéluctable; *(inattaccabile)* inattaquable.
in'contro *sm* rencontre *f* // *av*: ~ **à** vers; **andare** ~ **a** aller à la rencontre de; *(brutte sorprese, etc)* aller au devant de; *(per aiutare)* venir en aide à.
inconveni'ente *sm* inconvenient.
incorraggia'mento [inkorad-dʒa'mento] *sm* encouragement.
incoraggi'are [inkorad'dʒare] *vt* encourager, stimuler; ~ **à** *(persona)* pousser à.
incornici'are [inkorni'tʃare] *vt* encadrer.
incoro'nare *vt* couronner; **incoronazi'one** *sf* couronnement *m*.
incorpo'rare *vt* incorporer; *(fig: annettere)* annexer.
incorreg'gibile [inkorred-'dʒibile] *ag* incorrigibile.
in'correre *vi*: ~ **in** risquer.
incorrut'tibile *ag* incorruptible.
incosci'ente [inkoʃ'ʃɛnte] *ag* inconscient(e); **incosci'enza** *sf* inconscience.
incre'dibile *ag* incroyable.
incredulità *sf* incrédulité.
in'credulo, a *ag* incrédule.
incremen'tare *vt* augmenter; *(industria, attività)* développer.
incre'mento *sm* accroissement; *(sviluppo)* développement.
incresci'oso, a [inkreʃ'ʃoso] *ag* ennuyeux(-euse), désagréable.
incre'spare [inkre'spare] *vt* *(capelli)* plisser; *(stoffa)* friser; *(fig: sog: vento)* rider.
incrimi'nare *vt* incriminer.
incri'nare *vt* fêler; ~**rsi** *vr* se fêler; **incrina'tura** *sf* fêlure; *(fig)* faille.
incroci'are [inkro'tʃare] *vt, vi* croiser; ~**rsi** *vr* se croiser.
incrocia'tore *sm* croiseur.
in'crocio [in'krotʃo] *sm* croisement; *(stradale)* carrefour, croisement.
incrol'labile *ag* *(anche fig)* inébranlable.
incro'stare *vt* incruster; ~**rsi** *vr* s'incruster.
incuba'trice [inkuba'tritʃe] *sf* couveuse.
incubazi'one [inkubat'tsjone] *sf* incubation.
'incubo *sm* cauchemar.
in'cudine *sf* enclume.
incul'care *vt* inculquer.
incune'are *vt* enfoncer; ~**rsi** *vr* s'enfoncer.
incu'pirsi *vr* s'assombrir.
incu'rabile *ag* incurable.
incu'rante *ag*: ~ **(di)** insouciant(e) (de).
in'curia *sf* négligence.
incurio'sire *vt* intriguer; ~**rsi** *vr* être intrigué(e).
incursi'one *sf* raid *m*, incursion.
incur'vare *vt* courber; ~**rsi** *vr* se courber.

incusto'dito, a *ag* non gardé(e).
in'cutere *vt* inspirer; ~ **soggezione a qd** intimider qn.
'indaco *sm* indigo.
indaffa'rato, a *ag* affairé(e), occupé(e).
inda'gare *vt:* ~ **(su)** enquêter (sur), faire des recherches (sur).
in'dagine [in'dadʒine] *sf* recherche, enquête.
indebi'tare *vt* endetter; **~rsi** *vr* s'endetter.
in'debito, a *ag* indu(e); *(ingiusto)* immérité(e); *(illecito)* illicite; **appropriazione ~a** (*DIR*) abus *m* de confiance // *sm* indu.
indeboli'mento *sm* affaiblissement.
indebo'lire *vt* affaiblir; **~rsi** *vr* s'affaiblir.
inde'cente inde'tʃɛnte] *ag* indécent(e); *(fig)* honteux(-euse); *(: prezzo)* scandaleux(-euse); **inde'cenza** *sf* indécence; *(fig)* honte.
indeci'frabile [indetʃi'frabile] *ag* indéchiffrable.
indecisi'one [indetʃi'zjone] *sf* indécision.
inde'ciso, a [inde'tʃizo] *ag* indécis(e); *(incerto)* incertain(e).
indeco'roso, a *ag* indécent(e), inconvenant(e).
inde'fesso, a *ag* inlassable.
indefi'nibile *ag* indéfinissable.
indefi'nito, a *ag* indéfini(e).
in'degno, a [in'deɲɲo] *ag* indigne.
inde'lebile *ag* indélébile.
indemoni'ato, a *ag* possédé(e) du démon.
in'denne *ag* indemne.
indennità *sf inv* indemnité.
indenniz'zare [indennid'dzare] *vt* dédommager; **inden'nizzo** *sm* dédommagement, dommages et intérêts *mpl.*
in'dentro *av* en dedans; **all'~** à l'intérieur.
indero'gabile *ag* inévitable.
indeside'rabile *ag* indésirable.
indetermi'nato, a *ag* indéterminé(e).
'India *sf* Inde.
indiavo'lato, a *ag* déchaîné(e); *(ritmo)* endiablé(e); *(chiasso)* infernal(e).
indi'care *vt* indiquer, montrer; *(specificare)* indiquer, signaler; *(significare)* dénoter; **indica'tivo, a** *ag* indicatif(-ive) // *sm* (*LING*) indicatif; **indica'tore, trice** *ag* indicateur(-trice) // *sm* indicateur; ((*AUTO*) jauge *f;* **indicazi'one** *sf* indication.
'indice ['inditʃe] *sm* index *sg; (lancetta)* aiguille *f; (sintomo, ECON, FIS)* indice; *(percentuale)* taux *sg.*
indi'cibile [indi'tʃibile] *ag* inexprimable.
indietreggi'are [indietred'dʒare] *vi* reculer.
indi'etro *av* en arrière; **camminare all'** ~ aller à reculons; **cadere all'~** tomber à la renverse; **lasciare ~ qc** *(ometterla)* passer sur qch; **rimanere** ~ rester en arrière; **essere** ~ *(col lavoro, nello studio)* être en retard; *(orologio)* retarder.
indiffe'rente *ag* indifférent(e); **indiffe'renza** *sf* indifférence.
in'digeno, a [in'didʒeno] *ag, sm/f* indigène.
indi'gente [indi'dʒɛnte] *ag* indigent(e); **indi'genza** *sf* indigence.
indigesti'one [indidʒes'tjone] *sf* indigestion.
indi'gesto, a [indi'dʒɛsto] *ag* indigeste.
indi'gnare [indiɲ'ɲare] *vt* indigner; **~rsi** *vr* s'indigner; **indignazi'one** *sf* indignation.
indimenti'cabile *ag* inoubliable.
indipen'dente *ag* indépendant(e); **indipen'denza** *sf* indépendance.
indi'retto, a *ag* indirect(e).
indiriz'zare [indirit'tsare] *vt* adresser, envoyer; *(fig)* orienter.

indi'rizzo [indi'rittso] *sm* adresse *f*; *(fig: direzione)* tendance *f*; *(di studi)* orientation.
indisci'plina [indiʃʃi'plina] *sf* indiscipline.
indis'creto, a *ag* indiscret(-ète); **indiscrezi'one** *sf* indiscrétion.
indis'cusso, a *ag* indiscutable.
indispen'sabile *ag* indispensable.
indispet'tire *vt* agacer, irriter; **~rsi** *vr* s'irriter, se fâcher.
indi'sporre *vt* indisposer; **indisposizi'one** *sf* indisposition, malaise *m*; **indi'sposto, a** *ag* indisposé(e).
indisso'lubile *ag* indissoluble.
indis'tinto, a *ag* indistinct(e), confus(e).
indistrut'tibile *ag* indestructible.
in'divia *sf* endive.
individu'ale *ag* individuel(le).
individua'lismo *sm* individualisme.
individualità *sf inv* individualité.
individu'are *vt* localiser; *(determinare)* déterminer.
indi'viduo *sm* individu.
indi'visible *ag* indivisible; *(non separabile: amici)* inséparable.
indizi'are [indit'tsjare] *vt:* ~ **qd di** soupçonner qn de; **indizi'ato, a** *ag, sm/f* suspect/e.
in'dizio [in'dittsjo] *sm* indice.
'indole *sf* nature, caractère *m*.
indo'lente *ag* indolent(e); **indo'lenza** *sf* indolence.
indolen'zito, a [indolen'tsito] *ag* endolori(e), courbaturé(e).
indo'mabile *ag* indomptable.
indo'mani *sm:* **l'~** le lendemain.
indos'sare *vt* porter; **indossa'tore, trice** *sm/f* mannequin *m*.
in'dotto, a *pp di* **indurre** // *ag* induit(e); ~ **a** induit(e) à.
indottri'nare *vt* endoctriner.
indovi'nare *vt* deviner; **indovinato, a** *ag* bien trouvé(e) *o* choisi(e); *(riuscito)* heureux(-euse), réussi(e); **indovi'nello** *sm* devinette *f*, enigme *f*; **indo'vino, a** *sm/f* voyant/e.
indubbia'mente *av* sans aucun doute.
in'dubbio, a *ag* sûr(e).
indugi'are [indu'dʒare] *vi* hésiter; ~ **a fare qc** tarder à faire qch.
in'dugio [in'dudʒo] *sm* hésitation *f*; *(ritardo)* retard, délai; **senza ~** sans retard; **troncare gli ~i** passer aux actes.
indul'gente [indul'dʒɛnte] *ag* indulgent(e); **indul'genza** *sf* indulgence.
in'dulgere [in'duldʒere] *vi:* ~ **a** se prêter à; *(abbandonarsi)* s'abandonner à, se laisser aller à.
in'dulto *sm* (DIR) remise *f* de peine.
indu'mento *sm* vêtement.
induri'mento *sm* durcissement.
indu'rire *vt* durcir; *(fig)* endurcir // *vi (anche:* **~rsi**) s'endurcir.
in'durre *vt* pousser; *(in errore, tentazione)* induire; **~rsi** *vr* se résoudre; **ciò mi induce a pensare che ...** cela me conduit à penser que ... .
in'dustria *sf* industrie; *(operosità)* ingéniosité; **industri'ale** *ag* industriel(le) // *sm (imprenditore)* industriel; **industrializ'zare** *vt* industrialiser.
industri'arsi *vr* s'arranger (pour), faire son possible (pour).
industri'oso, a *ag* industrieux(-euse), ingénieux(-euse).
induzi'one [indut'tsjone] *sf* induction.
inebe'tito, a *ag* hébété(e).
inebri'are *vt* enivrer; **~rsi** *vr* s'enivrer.
inecce'pibile [inettʃe'pibile] *ag* irréprochable, irrépréhensible.
i'nedito, a *ag* inédit(e).
ineffi'cace [ineffi'katʃe] *ag* inefficace; **ineffi'cacia** *sf* inefficacité.

inegu'ale *ag* inégal(e).
inequivo'cabile *ag* certain(e), sans équivoque.
ine'rente *ag:* ~ **a** inhérent(e) à.
i'nerme *ag* sans défense; *(disarmato)* désarmé(e).
inerpi'carsi *vr* grimper.
i'nerte *ag* inerte; **i'nerzia** *sf* inertie.
ine'satto, a *ag* inexact(e); (*AMM: non riscosso)* non perçu(e).
inesau'ribile *ag* inépuisable.
inesi'stente *ag* inexistant(e).
ineso'rabile *ag* inexorable.
inesperi'enza [inespe'rjɛntsa] *sf* inexpérience.
ine'sperto, a *ag* inexpert(e).
inespli'cabile *ag* inexplicable.
ine'sploso, a *ag* qui n'a pas explosé.
i'netto, a *ag* inapte, incapable.
inevi'tabile *ag* inévitable.
i'nezia [i'nɛttsja] *sf* bagatelle.
infagot'tare *vt* emmitoufler; *(fig: vestire)* fagoter; ~**rsi** *vr* se fagoter.
infal'libile *ag* infaillible.
infa'mare *vt* diffamer; **infamatorio, a** *ag* diffamatoire.
in'fame *ag* infâme.
in'famia *sf* infamie.
infan'gare *vt (anche fig)* salir, couvrir de boue; ~**rsi** *vr* se salir, se couvrir de boue.
infanti'cida, i, e [infanti'tʃida] *sm/f* infanticide.
infan'tile *ag* infantile; *(immaturo: adulto, azione)* puéril(e), enfantin(e).
in'fanzia *sf* enfance; **asilo/giardino d'**~ jardin d'enfants.
infari'nare *vt* fariner.
infarina'tura *sf:* **un'**~ **di francese** de vagues notions de français.
in'farto *sm* infarctus *inv*.
infasti'dire *vt* énerver, agacer; ~**rsi** *vr* s'énerver.
infati'cabile *ag* infatigable.
in'fatti *cong* en effet.
infatu'arsi *vr:* ~ **di** *o* **per** s'enticher de; **infatuazi'one** *sf* engouement *m*.
in'fausto, a *ag* funeste.
infe'condo, a *ag* stérile.
infe'dele *ag* infidèle.
infedeltà *sf* infidélité; *(inesattezza)* inexactitude.
infe'lice [infe'litʃe] *ag* malheureux(-euse); *(mal riuscito: lavoro)* mauvais(e), raté(e).
inferi'ore *ag, sm/f* inférieur(e); ~ **a qd per qch** inférieur à qn en qch; **inferiorità** *sf* infériorité.
infermi'ere, a *sm/f* infirmier(ère).
infermità *sf inv* infirmité.
in'fermo, a *ag* infirme; *(di mente)* malade mental(e) // *sm/f* malade.
infer'nale *ag* infernal(e).
in'ferno *sm* enfer.
inferri'ata *sf* grille.
infervo'rare *vt:* ~ **qd a** inciter qn à; *(appassionare)* passionner qn à; ~**rsi** *vr* s'enflammer.
infe'stare *vt* infester.
infet'tare *vt* infecter; *(inquinare)* polluer; ~**rsi** *vr* s'infecter.
infet'tivo, a *ag* infectieux(-euse).
in'fetto, a *ag* infecte(e).
infezi'one *sf* infection.
infiac'chire *vt* affaiblir; ~**rsi** *vr* s'affaiblir.
infiam'mabile *ag* inflammable.
infiam'mare *vt (anche fig)* enflammer; ~**rsi** *vr* s'enflammer; *(fig)* s'emporter; **infiamma'torio, a** *ag* inflammatoire; **infiammazi'one** *sf* inflammation.
infia'scare *vt* mettre en fiasques.
in'fido, a *ag* douteux(-euse).
infie'rire *vi* servir; ~ **contro** s'acharner sur *o* contre.
in'figgere [in'fiddʒere] *vt* ficher, planter; ~**rsi** *vr* se ficher, se planter.
infi'lare *vt* introduire; *(filo, collana, vestito)* enfiler; *(strada, porta)* prendre; ~**rsi** *vr* se faufiler, se glisser; *(indossare)* enfiler; **non ne ha infilata una** *(fig)* il a fait tout de travers.

infil'trarsi *vr* s'infiltrer; **infiltrazi'one** *sf* infiltration.
infil'zare [infil'tsare] *vt* transpercer; *(infilare)* enfiler.
'infimo, a *ag* bas(basse).
in'fine *av* enfin, à la fin.
infinità *sf* infinité; **un'~ di** une infinité de, une foule de.
infi'nito, a *ag* infini(e) // *sm* infini; (LING) infinitif; **all'~** à l'infini.
infio'rare *vt* fleurir.
infischi'arsi [infis'kjarsi] *vr:* **~ di** se moquer de.
in'fisso *sm* châssis *sg*.
infit'tire *vt* épaissir // *vi (anche:* **~rsi**) s'épaissir.
inflazi'one [inflat'tsjone] *sf* inflation.
infles'sibile *ag* inflexible.
inflessi'one *sf* inflexion.
in'fliggere [in'fliddʒere] *vt* infliger.
influ'ente *ag* influent(e).
influ'enza *sf* influence; (MED) grippe.
influ'ire *vi:* **~ su** influencer, influer sur.
infol'tire *vt* épaissir // *vi* s'épaissir.
infon'dato, a *ag* injustifié(e).
in'fondere *vt* inspirer.
infor'care *vt* enfourcher; *(occhiali)* mettre.
infor'mare *vt* informer; *(dare un'informazione)* renseigner; **~rsi** *vr* s'informer, renseigner.
infor'matica *sf* informatique.
informa'tivo, a *ag* d'information.
informa'tore *sm* informateur.
informazi'one *sf* renseignement; *(notizia)* nouvelle, information.
in'forme *ag* informe, sans forme.
infor'nare *vt* mettre au four; **infor'nata** *sf* fournée.
infortu'narsi *vr* avoir un accident; **~ in un incidente** être blessé dans un accident; **infortu'nato, a** *ag* accidenté(e); blessé(e).
infor'tunio *sm* accident.
infos'sarsi *vr* effondrer; *(guance)* se creuser.
infos'sato, a *ag* enfoncé(e), *(guance)* creux(-euse).
in'frangere *vt (anche fig)* briser, casser; *(legge)* enfreindre; **~rsi** *vr* se briser; se casser; **infran'gibile** *ag* incassable.
in'franto, a *pp di* **infrangere** // *ag* brisé(e), cassé(e).
infra'rosso *sm* infrarouge.
infrastrut'tura *sf* infrastructure.
infrazi'one [infrat'tsjone] *sf* infraction.
infredda'tura *sf* rhume *m*, refroidissement *m*.
infreddo'lito, a *ag* transi(e) de froid.
infre'quente *ag* rare, peu fréquent(e).
infrut'tifero, a *ag (albero)* qui ne donne pas de fruits; (ECON: *conto, deposito)* improductif(-ive).
infruttu'oso, a *ag (anche fig)* infructueux(-euse).
infuri'are *vi* sévir; **~rsi** *vr* s'emporter, se mettre en colere.
infusi'one *sf* infusion.
in'fuso, a *ag* infus(e) // *sm* infusion *f*, tisane *f*.
ingabbi'are *vt* mettre en cage.
ingabbia'tura *sf* châssis *m*.
ingaggi'are [ingad'dʒare] *vt* engager.
in'gaggio *sm* engagement; *(somma)* salaire.
ingan'nare *vt* tromper; *(fig: tempo)* tuer; **~rsi** *vr* se tromper; **inganna'tore, trice** *ag* trompeur (-euse) // *sm* traître; **ingan'nevole** *ag* trompeur(-euse).
in'ganno *sm* ruse *f; (menzogna, frode)* mensonge *m;* **trarre qd in ~** tromper qn.
ingarbugli'are [ingarbuʎ'ʎare] *vt* embrouiller; **~rsi** *vr* s'embrouiller.
inge'gnarsi [indʒeɲ'ɲarsi] *vr* s'ingénier.
inge'gnere [indʒeɲ'ɲɛre] *sm* ingénieur; **~ civile/minerario/**

navale ingénieur des Ponts et Chaussées/des Mines/naval; **ingegne'ria** *sf* études d'ingénieur.

in'gegno [in'dʒeɲɲo] *sm* intelligence *f*, esprit.

inge'gnoso, a [indʒeɲ'ɲoso] *ag* ingénieux(-euse); *(astuto)* astucieux(-euse).

ingelo'sire [indʒelo'zire] *vt* rendre jaloux; ~**rsi** *vr* devenir jaloux.

in'gente [in'dʒɛnte] *ag* considérable.

ingenuità [indʒenui'ta] *sf inv* ingénuité, naïveté.

in'genuo, a [in'dʒɛnuo] *ag* ingénu(e), naif(naive).

inge'renza [indʒe'rɛntsa] *sf* intervention.

inge'rire [indʒe'rire] *vt* avaler; ~**rsi** *vr:* ~**rsi in** se mêler de.

inges'sare [indʒes'sare] *vt* plâtrer; **ingessa'tura** *sf* plâtre *m.*

Inghil'terra [ingil'tɛrra] *sf* Angleterre.

inghiot'tire [ingjot'tire] *vt (anche fig)* avaler.

ingial'lire [indʒal'lire] *vt* jaunir // *vi* jaunir, devenir jaune.

ingigan'tire [indʒigan'tire] *vt* agrandir // *vi* devenir gigantesque.

inginocchi'arsi [indʒinok'kjarsi] *vr* se mettre à genoux, s'agenouiller; **inginocchia'toio** *sm* prie-Dieu.

ingiù [in'dʒu] *av* en bas, vers le bas; **all'**~ en bas, vers le bas.

ingi'ungere [in'dʒundʒere] *vt* ordonner, sommer; ~ **a qd di fare qc** sommer qn de faire qch.

ingiunzi'one [indʒun'tsjone] *sf* ordre *m;* (*DIR*) sommation.

ingi'uria [in'dʒurja] *sf* insulte, injure; **ingiuri'are** *vt* insulter, injurier; **ingiuri'oso, a** *ag* injurieux(-euse).

inglese *ag, sm/f* anglais(e).

inglo'bare *vt* englober.

inglori'oso, a *ag* sans gloire; *(ignominioso)* honteux(-euse).

ingoi'are *vt* avaler, engloutir.

ingol'fare *vt* noyer.

ingom'brare *vt* encombrer.

in'gombro *sm* encombrement.

ingor'digia *sf* gloutonnerie, goinfrerie.

in'gordo, a *ag:* ~ **di** avide de.

ingor'garsi *vr* s'engorger, se boucher; **in'gorgo, ghi** *sm* engorgement; *(di traffico)* embouteillage.

ingoz'zare [ingot'tsare] *vt* engloutir; *(costringere a mangiare)* gaver.

ingra'naggio [ingra'naddʒo] *sm* engrenage.

ingra'nare *vi* tourner rond; ~ **la marcia** (*AUTO*) engager *o* passer la vitesse.

ingrandi'mento *sm* agrandissement; (*OTTICA*) grossissement.

ingran'dire *vt* agrandir; (*OTTICA*) grossir // *vi* s'agrandir.

ingras'sare *vt* engraisser; *(lubrificare)* graisser // *vi* grossir; **in'grasso** *sm* engrais *sg.*

ingredi'ente *sm* ingrédient.

in'gresso *sm* entrée *f.*

ingros'sare *vt, vi* grossir.

in'grosso *av:* **all'**~ en gros; *(all'incirca)* en gros, à peu près.

ingual'cibile [ingwal'tʃibile] *ag* infroissable.

ingua'ribile *ag* inguérissable.

'inguine *sm* aine *f.*

ini'bire *vt* interdire, défendre; (*PSIC*) inhiber; ~**rsi** se gêner; **inhibizi'one** *sf* défense, interdiction; (*PSIC*) inhibition.

iniet'tare *vt* injecter; ~**rsi** *vr* s'injecter; **iniet'tore** *sm* injecteur.

iniezi'one [injet'tsjone] *sf* piqûre, injection; (*TECN: di combustibile, cemento)* injection.

inimi'care *vt* rendre ennemi, brouiller; ~**rsi qd** se brouiller avec qn.

inimi'cizia [inimi'tʃittsja] *sf* inimitié.

ininter'rotto, a *ag* ininterrom-

pu(e).
iniquità *sf inv* iniquité; *(atto)* méchanceté.
i'niquo, a *ag* injuste; *(malvagio)* détestable.
inizi'ale [init'tsjale] *ag* initial(e) // *sf* initiale.
inizi'are [init'tsjare] *vi, vt* commencer, débuter; ~ **qd a** initier qn à.
inizia'tiva [initsja'tiva] *sf* initiative.
inizi'ato, a [init'tsjato] *sm/f* initié/e.
i'nizio [i'nittsjo] *sm* début, commencement; **all'~** au début.
innal'zare [innal'tsare] *vt* élever; **~rsi** *vr* s'élever.
innamo'rare *vt* rendre amoureux; **~rsi** *vr* tomber amoureux; **innamo'rato, a** *ag, sm/f* amoureux (-euse).
in'nanzi [in'nantsi] *av (luogo: avanti)* en avant; *(tempo: prima)* avant // *prep* ~ **a** devant; ~ **tutto** avant tout.
in'nato, a *ag* inné(e).
innatu'rale *ag* qui n'est pas naturel(le).
inne'gabile *ag* incontestable, indéniable.
ineggi'are *vi:* ~ **a** acclamer, célébrer.
inne'scare *vt* amorcer.
in'nesco, chi *sm* amorce *f;* (*TECN*) allumage.
inne'stare *vt* (*BOT, MED*) greffer; *(su presa di corrente)* brancher; (*AUTO: marcia*) engager.
in'nesto *sm* greffe *f;* branchement; ~ **a frizione** (*AUTO*) embrayage.
'inno *sm* hymne.
inno'cente [inno'tʃente] *ag* innocent(e); **inno'cenza** *sf* innocence.
in'nocuo, a *ag* inoffensif(-ive).
inno'vare *vt* innover; **innovazi'one** *sf* innovation; *(novità)* nouveauté.
innume'revole *ag* innombrable.
inocu'lare *vt* inoculer.
ino'dore, i *ag* inodore.
inoffen'sivo, a *ag* inoffensif(-ive).
inol'trare *vt* (*AMM: avviare una pratica)* transmettre; *(lettera)* envoyer; **~rsi** *vr* s'avancer.
i'noltre *av* en outre, de plus.
inon'dare *vt* inonder; **inondazi'one** *sf* inondation.
inope'roso, a *ag* oisif(-ive), désœuvré(e); (*ECON: capitale)* improductif(-ive).
inopi'nabile *ag* imprévisible.
inoppor'tuno, a *ag* inopportun(e).
inor'ganico, a, ci, che *ag* inorganique; *(incoerente)* incohérent(e).
inorgo'glire [inorgoʎ'ʎire] *vt* enorgueillir.
inorri'dire *vt* effrayer // *vi* frissonner d'horreur.
inospi'tale *ag* inhospitalier(-ère).
inossi'dabile *ag* inoxydable.
INPS *(abbr di Istituto Nazionale Previdenza Sociale)* ≈ Sécurité Sociale (S.S.).
inqua'drare *vt* encadrer; *(fig)* situer; (*FOT, CINE*) cadrer; **~rsi** *vr* se ranger.
inquie'tare *vt* inquiéter, tourmenter; **~rsi** *vr* se fâcher; **inqui'eto, a** *ag* agité(e); *(preoccupato)* inquiet(-ète); **inquie'tudine** *sf* inquiétude; *(causa di apprensione)* souci *m.*
inqui'lino, a *sm/f* locataire.
inquina'mento *sm* pollution *f.*
inqui'nare *vt* polluer.
inqui'sire *vt* enquêter; **inquisi'tore, trice** *sm/f* enquêteur/euse; **inquisizi'one** *sf* inquisition.
insabbi'are *vt* ensabler; *(fig)* enterrer; **~rsi** *vr* s'ensabler; *(arenarsi)* s'enterrer.
insac'cati *smpl* salaisons *fpl.*
insa'lata *sf* salade; **insalati'era** *sf* saladier *m.*
insa'nabile *ag* incurable.
insangui'nare *vt* ensanglanter.
in'sania *sf* insanité, folie.
insapo'nare *vt* savonner.

insapo'rire *vt* relever, épicer.
insa'puta *sf*: **all'~ di** à l'insu *m* de; **a mia ~** à mon insu.
insazi'abile *ag* insatiable.
inscato'lare *vt* mettre en boîte.
insce'nare [inʃe'nare] *vt* mettre en scène.
inscin'dibile *ag* inséparable.
insedia'mento *sm* installation; *(di popolo, industria)* implantation *f*; (*GEOGR*) habitat *f*.
insedi'are *vt* installer; **~rsi** *vr* s'installer.
in'segna [in'seɲɲa] *sf* emblème *m*; *(stemma)* armoiries *fpl*; *(di albergo, negozio)* enseigne; *(fig)* signe *m*.
insegna'mento [inseɲɲa'mento] *sm* enseignement.
inse'gnante [insɲ'ɲante] *ag* enseignant(e) // *sm/f* instituteur/trice; *(scuola superiore)* professeur *m*.
inse'gnare [inseɲ'ɲare] *vt* enseigner, apprendre.
insegui'mento *sm* poursuite *f*.
insegu'ire *vt* poursuivre; **insegui'tore, 'trice** *sm/f* poursuivant(e).
inselvati'chire [inselvati'kire] *vi* devenir sauvage.
insena'tura *sf* baie, crique.
insen'sato, a *ag* insensé(e).
insen'sibile *ag* imperceptible; *(nervo)* insensibilisé(e); *(persona)* insensible.
insepa'rabile *ag* inseparable.
inse'rire *vt* insérer; *(introdurre)* introduire; ((*ELETTR*) brancher; **~rsi** *vr* s'insérer.
in'serto *sm* dossier; *(pubblicitario)* encart.
inservi'ente *sm/f* garçon *m*, femme *f* de ménage.
inserzi'one [inser'tsjone] *sf* insertion; *(in un giornale)* annonce.
insetti'cida, i, e [insetti'tʃida] *ag, sm* insecticide.
in'setto *sm* insecte.
in'sidia *sf* piège *m*.
insidi'are *vt* tendre un piège à, piéger.
insidi'oso, a *ag* insidieux(-euse).
insi'eme *av* ensemble; *(nello stesso tempo)* à la fois, en même temps; **~ a** *o* **con** avec, en compagnie de // *sm* ensemble; **tutto ~** *(in una volta)* tout d'un coup.
in'signe *ag* fameux(-euse).
insignifi'cante [insiɲɲifi'kante] *ag* insignifiant(e).
insi'gnire *vt* décorer.
insin'cero, a [insin'tʃɛro] *ag* faux (fausse).
insinda'cabile *ag* inattaquable.
insinu'are *vt* insinuer; **~rsi** *vr* se glisser; **insinuazi'one** *sf* insinuation.
in'sipido, a *ag* fade.
insi'stente *ag* insistant(e); *(che dura a lungo)* persistant(e).
insi'stenza *sf* insistance.
in'sistere *vt* insister; **~ in qc** persévérer dans qch; **~ a fare qc** persister à faire qch.
'insito, a *ag* inné(e).
insoddis'fatto, a *ag* insatisfait(e).
insoffe'rente *ag* intolérant(e); **insoffe'renza** *sf* intolérance.
insolazi'one [insolat'tsjone] *sf* insolation.
inso'lente *ag* insolent(e), effronté(e); **inso'lenza** *sf* insolence.
in'solito, a *ag* insolite.
inso'lubile *ag* insoluble.
inso'luto, a *ag* non resolu(e); *(non pagato)* impayé(e).
insol'vibile *ag* insolvable.
in'somma *av* bref; donc // *escl* à la fin.
in'sonne *ag* insomniaque; **notte ~** nuit blanche.
in'sonnia *sf* insomnie.
insonno'lito, a *ag* ensommeillé(e).
insoppor'tabile *ag* insupportable.
in'sorgere [in'sordʒere] *vi* se

soulever, s'insurger; **in'sorto, a** *pp di* **insorgere** // *ag* insurgé(e), révolté(e) // *sm/f* révolté(e).
insospet'tire *vt* éveiller les soupçons de; **~rsi** *vr* avoir des soupçons.
inspi'rare *vt* inspirer; **inspirazi'one** *sf* inspiration.
in'stabile *ag* instable; **instabilità** *sf* instabilité.
instal'lare *vt* installer; **~rsi** *vr* s'installer; **installazi'one** *sf* installation.
instan'cabile *ag* infatigable; incessant(e).
instau'rare *vt* instaurer; **~rsi** *vr* être instauré, s'établir.
instra'dare *vt* acheminer.
insubordinazi'one [insubordinat'tsjone] *sf* insubordination.
insuc'cesso [insut'tʃɛsso] *sm* échec.
insudici'are [insudi'tʃare] *vt* salir; **~rsi** *vr* se salir.
insuffici'ente [insuffi'tʃɛnte] *ag* insuffisant(e); **insuffici'enza** *sf* insuffisance; **insufficienza di prove** (*DIR*) faute de preuves; **avere un'insufficienza in francese** (*SCOL*) avoir une note au dessous de la moyenne en français.
insu'lare *ag* insulaire.
in'sulso, a *ag* stupide, niais(e).
insul'tare *vt* insulter.
in'sulto *sm* insulte *f*.
insurrezi'one [insurret'tsjone] *sf* insurrection.
insussi'stente *ag* inexistant(e).
intac'care *vt* entailler; *(corrodere)* attaquer; *(fig)* nuire à.
intacca'tura *sf* entaille.
intagli'are [intaʎ'ʎare] *vt* graver; **in'taglio** *sm* entaille *f*; gravure *f*.
intan'gibile [intan'dʒibile] *ag* intouchable.
in'tanto *av* pendant ce temps, entre temps; *(però, invece)* cependant; *(resta il fatto che)* en attendant; **~ che** *cong* tandis que, pendant que.
intarsi'are *vt* marqueter; **in'tarsio** *sm* marqueterie *f*.
intasa'mento *sm* obstruction *f*; **~ del traffico** embouteillage.
inta'sare *vt* boucher, obstruer; (*AUTO*) embouteiller; **~rsi** *vr* s'obstruer.
inta'scare *vt* empocher.
in'tatto, a *ag* intact(e).
intavo'lare *vt* entamer, aborder.
inte'grale *ag* intégral(e).
inte'grare *vt* compléter; **~rsi** *vr* se compléter.
integrità *sf* intégrité.
inte'grato, a *ag* bien adapté(e).
integro, a *ag* entier(-ère), intact(e); *(retto)* intègre.
intelaia'tura *sf* montage *m*; *(telaio, struttura)* châssis *m*.
intel'letto *sm* intelligence *f*; (*FILOSOFIA*) entendement.
intelletu'ale *ag, sm/f* intellectuel(le).
intelli'gente [intelli'dʒɛnte] *ag* intelligent(e); **intelli'genza** *sf* intelligence.
intemperante *ag* intempérant(e).
intem'perie *sfpl* intempéries.
inten'dente *sm* intendant; **~ di Finanza** ≈ percepteur; **inten'denza** *sf* intendance; **Intendenza di Finanza** ≈ Perception.
in'tendere *vt* entendre; *(comprendere)* comprendre; *(avere intenzione)* avoir l'intention de, compter; **~rsi** *vr* s'entendre; **~rsi di qc** s'y connaitre en qch; **intendersela con qd** flirter avec qn.
intendi'mento *sm* intention *f*.
intendi'tore, 'trice *sm/f* connaisseur/euse.
intene'rire *vt (fig)* attendrir; **~rsi** *vr (fig)* s'attendrir.
intensifi'care *vt* intensifier; **~rsi** *vr* s'intensifier.
intensità *sf* intensité.
inten'sivo, a *ag* intensif(-ive).
in'tenso, a *ag* intense.
inten'tato, a *ag*: **non lasciare nulla di ~** tout essayer.

in'tento, a *ag* absorbé(e), occupé(e) // *sm* but, intention *f;* ~ **a fare qc** occupé à faire qch.
intenzio'nale [intensjo'nale] *ag* intentionnel(le).
intenzi'one [inten'tsjone] *sf* intention; **avere ~ di fare qc** avoir l'intention de faire qch.
interca'lare *sm* tic de langage // *vt* intercaler.
inter'cedere [inter'tʃedere] *vi* intercéder; **intercessi'one** *sf* intercession.
intercet'tare [intertʃet'tare] *vt* intercepter; **intercettazi'one** *sf,* **intercetta'mento** *sm* interception *f.*
inter'correre *vi* exister; *(tempo)* s'écouler, passer.
inter'detto, a *ag* interdit(e); *(stupido)* ahuri(e) // *sm* interdit.
inter'dire *vt* interdire, défendre; **interdizi'one** *sf* interdiction.
interessa'mento *sm* intérêt.
interes'sante *ag* intéressant(e).
interes'sare *vt, vi* intéresser; **~rsi a** s'intéresser à; **~rsi di** s'occuper de.
inte'resse *sm* intérêt.
interfe'renza *sf* interférence.
interfe'rire *vi* interférer; *(fig)* intervenir.
interiezi'one [interjet'tsjone] *sf* interjection.
interi'ora *sfpl* entrailles.
interi'ore *ag* intérieur(e).
inter'linea *sf* interligne.
interlocu'tore, 'trice *sm/f* interlocuteur/trice.
inter'ludio *sm* interlude.
intermedi'ario, a *ag, sm/f* intermédiaire.
inter'medio, a *ag* intermédiaire.
inter'mezzo [inter'mɛddzo] *sm* (*TEATRO*: *breve spettacolo)* intermède; interlude.
inter'nare *vt* interner.
internazio'nale [internattsjo'nale] *ag* international(e).
in'terno, a *ag* intérieur(e); (*MED, SCOL, MAT*) interne // *sm* intérieur; (*TEL*) poste // *sm/f* (*SCOL, MED*) interne.
in'tero, a *ag* entier(-ère); *(somma)* rond(e); *(fiducia)* plein(e).
interpel'lanza [interpel'lantsa] *sf* interpellation.
interpel'lare *vt* interpeller.
inter'porre *vt* interposer; (*DIR*) interjeter; **interporsi** *vr* s'interposer; *(intervenire)* s'entremettre.
interpre'tare *vt* interpréter; **interpretazi'one** *sf* interprétation; **in'terprete** *sm/f* interprète.
inter'rare *vt* enterrer; **~rsi** *vr* s'enterrer.
interro'gare *vt* questionner; (*DIR, SCOL*) interroger; **interroga'tivo, a** *ag* interrogatif(-ive) // *sm* doute; **interroga'torio, a** *ag* interrogateur(trice) // *sm* (*DIR*) interrogatoire; **interrogazi'one** *sf* interrogation.
inter'rompere *vt* interrompre; *(strada, rifornimenti, telefonata)* couper; *(cessare per qualche tempo)* suspendre; **~rsi** *vr* s'interrompre; **inter'rotto, a** *pp di* **interrompere.**
interrut'tore *sm* interrupteur.
interruzi'one [interrut'tsjone] *sf* interruption.
interse'care *vt* couper; **~rsi** *vr* se croiser.
inter'stizio [inter'stittsjo] *sm* interstice.
inter'vallo *sm* intervalle; (*CINE*) entracte; (*SCOL*) récréation *f.*
interve'nire *vi* assister, prendre part; *(intromettersi)* intervenir; (*MED*: *operare)* opérer.
inter'vento *sm* intervention *f;* (*MED*) opération.
inter'vista *sf* interview.
intervi'stare *vt* interviewer.
in'teso, a *pp di* **intendere** // *ag* *(convenuto)* entendu(e) // *sf* accord *m,* entente; **siamo intesi** nous

sommes d'accord, c'est entendu.
inte'stare *vt (lettera)* adresser; *(SCOL: compito)* écrire l'en-tête; *(appartamento, casa)* mettre au nom de; *(assegno)* libeller; **intestazi'one** *sf* en-tête *m; (registrazione)* inscription; *(titolo)* titre *m.*
intesti'nale *ag* intestinal(e).
inte'stino *sm* intestin.
intiepi'dire *vt, vi* tiédir.
inti'mare *vt* ordonner; ~ **l'ordine di** enjoindre de; **intimazi'one** *sf* ordre *m.*
intimidazi'one [intimidat'tsjone] *sf* intimidation.
intimi'dire *vt* intimider // *vi* s'intimider.
intimità *sf* intimité.
'intimo, a *ag* intime // *sm (persona)* intime; **nel suo ~ ...** dans son for interieur, au fond de lui ...; **i suoi più ~i collaboratori** ses plus étroits collaborateurs.
intimo'rire *vt* effrayer; **~rsi** *vr* s'effrayer.
in'tingere [in'tindʒere] *vt* tremper.
in'tingolo *sm* sauce *f.*
intiriz'zire [intirid'dzire] *vt* transir, geler // *vi* se geler.
intito'lare *vt* intituler; ~ **una strada/nave a qd** donner le nom de qn à une rue/un navire.
intolle'rabile *ag* intolerable.
intolle'ranza [intolle'rantsa] *sf* intolérance, intransigeance.
intona'care *vt* crépir.
intonaco, ci *o* **chi** *sm* crépi.
into'nare *vt* entonner; *(armonizzare: suono, colore)* accorder; **~rsi** *vr* aller bien; **intonazi'one** *sf* intonation.
inton'tire *vt* étourdir.
in'toppo *sm* obstacle.
intorbi'dare *o* **intorbi'dire** *vt* troubler; **~rsi** *vr* se troubler.
in'torno *av* autour; **~a** *prep* autour de; *(riguardo)* à propos de, sur; *(circa)* à peu près, autour de.
intorpi'dire *vt* engourdir; **~rsi** *vr* s'engourdir.
intossi'care *vt* intoxiquer; **intossicazi'one** *sf* intoxication.
intralci'are [intral'tʃare] *vt* gêner; **~rsi** *vr* se gêner.
intransi'gente [intransi'dʒɛnte] *ag* intransigeant(e).
intrapren'dente *ag* entreprenant(e).
intrapren'denza [intrapren'dɛntsa] *sf* audace, courage *m.*
intra'prendere *vt* entreprendre.
intrat'tabile *ag* intraitable; *(problema, argomento)* inabordable.
intratte'nere *vt* entretenir; **~rsi** *vr* s'entretenir.
intrave'dere *vt* entrevoir, apercevoir; *(prevedere)* prévoir, pressentir.
intrecci'are [intret'tʃare] *vt* tresser; nouer; *(dita)* entrelacer; **~rsi** *vr* s'entrelacer.
in'treccio [in'trettʃo] *sm* entrelacement; *(fig)* intrigue *f,* trame *f,* machination *f.*
in'trepido, a *ag* intrépide.
intri'care *vt* embrouiller; **~rsi** *vr* s'embrouiller.
intri'gare *vi* intriguer; **~rsi** *vr* se mêler.
in'trigo, ghi *sm* intrigue *f.*
in'trinseco, a, ci, che *ag* intrinsèque.
in'triso, a *ag* trempé(e); *(fig):* ~ **di** pétri de.
intri'stire *vi* dépérir.
intro'durre *vt* introduire; **~rsi** *vr:* **~rsi in** s'introduire dans; *(entrare furtivamente)* se faufiler dans; **introduzi'one** *sf* introduction; *(prefazione)* introduction, préface.
in'troito *sm* revenus *mpl,* recettes *fpl; (REL)* introit.
intro'mettersi *vr:* ~ **in** se mêler de; *(intervenire)* intervenir dans.
in'truglio [in'truʎʎo] *sm* mixture *f.*
intrusi'one *sf* intrusion.
in'truso, a *sm/f* intrus/e.

intu'ire *vt* avoir l'intuition de, deviner; **in'tuito** *sm* intuition; **intuizi'one** *sf* intuition.
in'umano, a *ag* inhumain(e).
inumazi'one [inumat'tsjone] *sf* enterrement *m*, inhumation.
inumi'dire *vt* humecter, mouiller; **~rsi** *vr* s'humecter, se mouiller.
i'nutile *ag* inutile; **inutilità** *sf* inutilité.
inva'dente *ag* envahissant(e).
in'vadere *vt* envahir.
inva'ghirsi *vr* s'amouracher.
invali'cabile *ag* infranchissable.
invalidità *sf* invalidité; (*DIR*) nullité.
in'valido, a *ag* invalide; (*DIR*) nul(le) // *sm/f* invalide, infirme.
in'vano *av* en vain, vainement.
invari'abile *ag* invariable.
invari'ato, a *ag* inchangé(e).
inva'sato, a *ag (fig)* possédé(e).
invasi'one *sf* invasion, envahissement *m*.
in'vaso, a *pp di* **invadere.**
inva'sore *sm* envahisseur.
invecchia'mento [invekkja'mento] *sm* vieillissement.
invecchi'are [invek'kjare] *vi, vt* vieillir.
in'vece [in'vetʃe] *av* au contraire; ~ **di** *prep* au lieu de.
inve'ire *vi:* ~ **contro** invectiver contre.
inven'tare *vt* inventer.
inventari'are *vt* inventorier.
inven'tario *sm* inventaire.
inven'tivo, a *ag* inventif(-ive) // *sf (fantasia)* imagination.
inven'tore *sm* inventeur.
invenzi'one [inven'tsjone] *sf* invention; *(immaginazione)* imagination.
inver'nale *ag* d'hiver; (*METEOR*) hivernal(e).
in'verno *sm* hiver.
inversi'one *sf* inversion; ~ **di marcia** (*AUTO*) demi-tour.
in'verso, a *ag* inverse // *sm* contraire.
inverte'brato, a *ag* invertebré(e) // *sm* invertebré.
inver'tire *vt* inverser; *(mutare: situazione)* renverser; ~ **il cammino** faire demi-tour, rebrousser chemin.
inver'tito, a *ag* inversé(e) // *sm* homosexuel, inverti.
investi'gare *vt* rechercher // *vi* enquêter; **investiga'tore, 'trice** *sm/f* enqueteur/trice, investigateur/trice; **investigazi'one** *sf* recherche, investigation.
investi'mento *sm* collision *f;* (*ECON*) investissement.
inve'stire *vt* investir; ((*ECON*) investir, placer; *(passante)* renverser; *(veicolo)* entrer en collision avec; **~rsi di** se pénétrer de.
investi'tura *sf* investiture.
invete'rato, a *ag* invétéré(e).
invet'tiva *sf* invective.
invi'are *vt* expédier, envoyer; **invi'ato, a** *sm/f* envoyé/e, correspondant/e.
in'vidia *sf* envie; **invidi'are** *vt* envier; **invidi'oso, a** *ag* envieux(-euse).
invin'cibile [invin'tʃibile] *ag* invincible.
in'vio, 'vii *sm* envoi.
invio'lato, a *ag* inviolé(e).
invipe'rito, a *ag* envenimé(e), furieux(-euse).
invischi'are [invis'kjare] *vt* engluer; *(fig)* entraîner, impliquer; **~rsi** *vr* s'engluer; *(fig)* se laisser prendre par.
invi'sibile *ag* invisible.
in'viso, a *ag* mal vu(e).
invi'tare *vt* inviter; *(allettare)* attirer; ~ **qd a fare qc** prier qn de faire qch; **invi'tato, a** *sm/f* invité/e; **in'vito** *sm* invitation *f;* (*CARTE*) appel *m*.
invo'care *vt* invoquer, implorer.
invogli'are [invoʎ'ʎare] *vt:* ~ **qd a fare** donner à qn envie de faire;

~**rsi di** avoir envie de.
involon'tario, a *ag* involontaire.
invol'tino *sm* (*CUC*) paupiette *f*.
in'volto *sm* paquet.
in'volucro *sm* enveloppe *f*, emballage.
invo'luto, a *ag* compliqué(e); (*BOT*) involuté(e).
involuzi'one [involut'tsjone] *sf* involution; *(regresso)* régression.
invulne'rabile *ag* invulnérable.
inzacche'rare [intsakke'rare] *vt* crotter.
inzup'pare [intsup'pare] *vt* tremper; ~**rsi** *vr* se tremper, se mouiller.
'io *pron* je // *sm* moi; **'vieni con noi?' 'no, ~ non vengo'** 'viens-tu avec nous?' 'non, moi je ne viens pas'; ~ **stesso** moi-même.
i'odio *sm* iode.
i'one *sm* ion.
I'onio *sm*: **lo** ~ la Mer Ionienne.
i'osa: a ~ *av* en abondance.
i'perbole *sf* hyperbole.
ip'nosi *sf* hypnose.
ip'notico, a, ci, che *ag* (*MED*) hypnotique // *sm* somnifère; **stato** ~ état d'hypnose.
ipno'tismo *sm* hypnotisme.
ipnotiz'zare *vt* hypnotiser.
ipocri'sia *sf* hypocrisie.
i'pocrita, i, e *ag* hypocrite.
ipo'teca, che *sf* hypothèque.
ipote'care *vt* hypothéquer.
i'potesi *sf inv* hypothèse.
ipo'tetico, a, ci, che *ag* hypothétique.
ippico, a, ci, che *ag* hippique // *sf* hippisme *m*; **darsi all'~a** *(fig)* changer de métier.
ippoca'stano *sm* marronnier d'Inde.
ip'podromo *sm* hippodrome.
ippo'potamo *sm* hippopotame.
'ira *sf* colère.
ira'scibile [iraʃ'ʃibile] *ag* irascible, coléreux(-euse).
'iride *sf* arc-en-ciel *m*; (*ANAT, BOT*) iris.
iride'scente [irideʃ'ʃɛnte] *ag* iridescent(e).
Ir'landa *sf* Irlande; **irlan'dese** *ag, sm/f* irlandais(e).
iro'nia *sf* ironie; **fare dell'~** faire de l'esprit.
i'ronico, a ag ironique.
IRPEF *(abbr di Imposta sul Reddito delle Persone Fisiche)* ≈ I.R.
irradi'are *vt* illuminer; *(luce, energia)* diffuser; (*FIS*) irradier // *vi* s'irradier; ~**rsi** *vr* rayonner; **irradiazi'one** *sf* rayonnement *m*; (*MED*: *terapia)* irradiation.
irraggiun'gibile [irraddʒun'dʒibile] *ag* inaccessible.
irragio'nevole [irradʒo'nevole] *ag* irraisonné(e); *(cocciuto)* déraisonnable; *(assurdo)* absurde, sans raison.
irrazio'nale [irrattsjo'nale] *ag* irrationnel(le), illogique.
irre'ale *ag* irréel(le).
irrego'lare *ag* irregulier(-ère); *(condotta)* déréglé(e); **irregolarità** *sf inv* irrégularité.
irremo'vibile *ag* ferme, inébranlable.
irrepa'rabile *ag* irréparable.
irrepe'ribile *ag* introuvable.
irrepren'sibile *ag* irrépréhensible, irréprochable.
irrequi'eto, a *ag* agité(e).
irresi'stibile *ag* irrésistible.
irreso'luto, a *ag* irrésolu(e).
irre'tire *vt* séduire.
irrevo'cabile *ag* irrévocable.
irridu'cibile [irridu'tʃibile] *ag* irréductible.
irri'gare *vt* arroser; **irrigazi'one** *sf* irrigation.
irrigi'dire [irridʒi'dire] *vt* raidir; *(fig)* durcir.
ir'riguo, a *ag (terreno)* irrigable; *(acque)* d'irrigation.
irri'sorio, a *ag (prezzi)* dérisoire; *(derisorio)* moqueur(-euse),

railleur(-euse).
irri'tabile *ag* irritable.
irri'tare *vt* irriter; **~rsi** *vr* s'irriter; **irritazi'one** *sf* irritation.
irrive'rente *ag* impertinent(e); **irrive'renza** *sf* impertinence.
irrobu'stire *vt* fortifier; **~rsi** *vr* se fortifier.
ir'rompere *vi:* **~ in** faire irruption dans.
irro'rare *vt* baigner; *(sog: sangue)* irriguer.
irru'ente *ag* impétueux(-euse).
irruzi'one [irrut'tsjone] *sf* irruption.
is'critto, a *pp di* **iscrivere** // *ag, sm/f* inscrit(e); **per ~** par écrit.
i'scrivere *vt* inscrire; **~rsi** *vr:* **~rsi a** s'inscrire à.
iscrizi'one [iskrit'tsjone] *sf* inscription.
'isola *sf* île; **~ pedonale** zone piétonne.
isola'mento *sm* isolement; *(TECN: acustico, termico)* isolation *f.*
iso'lano, a *ag, sm/f* insulaire.
iso'lante *ag* isolant(e).
iso'lare *vt* isoler; **~rsi** *vr* s'isoler.
iso'lato, a *ag* isolé(e) // *sm (edificio)* pâté de maisons.
ispetto'rato *sm* (*AMM*) ≈ Inspection *f.*
ispet'tore *sm* inspecteur.
ispezio'nare *vt* inspecter; *(bagagli)* fouiller, examiner; **ispezi'one** *sf* inspection; (*MED*) examen *m.*
'ispido, a *ag* hirsute, hérissé(e).
ispi'rare *vt* inspirer; **~rsi** *vr:* **~rsi a** s'inspirer de; **ispirazi'one** *sf* inspiration.
is'sare *vt* hisser.
istan'taneo, a *ag* instantané(e), immédiat(e) // *sf* (*FOT*) instantané *m.*
is'tante *sm* instant; **all'~, sull'~** à l'instant.
is'tanza [is'tantsa] *sf* exigence; *(domanda)* instance; **presentare un'~** introduire une instance.
is'terico, a, ci, che *ag* hystérique.
isteri'lire *vt* rendre stérile; **~rsi** *vr* devenir stérile.
iste'rismo *sm* hystérie.
isti'gare *vt* inciter, pousser; **istigazi'one** *sf* incitation.
istin'tivo, a *ag* instinctif(-ive).
i'stinto *sm* instinct.
istitu'ire *vt* instituer; *(fondare: scuola)* fonder; *(stabilire: confronto, paragone)* établir.
isti'tuto *sm* institut; *(scuola)* école *f;* (*DIR*) institution *f; (universitario)* département; **~ technico** école professionelle; **~ di credito** (*FIN*) banque *f.*
istituzi'one [istitut'tsjone] *sf* institution.
'istmo *sm* isthme.
'istrice ['istritʃe] *sm* porc-épic.
istri'one *sm* histrion.
istru'ire *vt* instruire; *(animale)* dresser; **istrut'tivo, a** *ag* instructif(-ive).
istrut'tore, 'trice *sm/f* moniteur/trice, instructeur/trice; **giudice ~** (*DIR*) juge d'instruction.
istrut'toria *sf* (*DIR*) instruction.
istruzi'one *sf* instruction; *(insegnamento)* enseignement *m;* **~i** *pl (per l'uso)* mode *m* d'emploi; **Ministero della Pubblica I~** ≈ Ministère de l'Education.
I'talia *sf* Italie; **itali'ano, a** *ag, sm/f* italien(ne).
itine'rario *sm* itinéraire.
itte'rizia [itte'rittsja] *sf* (*MED*) ictère *m,* jaunisse.
'ittico, a, ci, che *ag:* **mercato ~** marché du poisson.
Iugo'slavia *sf* Yougoslavie; **iugo'slavo, a** *ag, sm/f* yougoslave.
i'uta *sf* jute *m.*
IVA *abbr vedi* **imposta.**

L

l' *det vedi* **la, lo.**
la *(dav V* **l'**), **le** *fpl det f* la *(dav V* l'), les *fpl* // *pron* la; *(forma di cortesia)* vous // *sm inv* (*MUS*) la.
là *av* là; *(moto a luogo)* là-bas; **farsi in** ~ s'écarter; **più in** ~ *(luogo)* plus loin; *(tempo)* plus tard; **andare in** ~ avancer; **è di** ~ il est à côté; **passare di** ~ passer par là; **essere in** ~ **con gli anni** être âgé; *vedi* **quello.**
'labbro *sm (pl(f):* **labbra:** *ANAT)* lèvre *f; (pl(m):* **labbri:** *di vaso)* bord; *(: di ferita)* lèvres *fpl.*
'labile *a* passager(-ère), éphémère; *(memoria: debole)* faible, défaillant(e).
labi'rinto *sm (anche fig)* labyrinthe.
labora'torio *sm* laboratoire; *(di arti, mestieri)* atelier; ~ **linguistico** laboratoire de langues.
laboriosità *sf* difficulté; *(operosità)* activité intense.
labori'oso, a *ag* laborieux(-euse).
labu'rista, i, e *ag, sm/f* (*POL*) travailliste.
'lacca, che *sf* laque.
lacchè *sm* laquais *sg.*
'laccio ['lattʃo] *sm (nodo scorsoio)* collet; *(lazo)* lasso; *(fig: tranello)* piège; *(nastro)* ruban; *(di scarpe)* lacet.
lace'rante *ag (anche fig)* déchirant(e).
lace'rare [latʃe'rare] *vt (anche fig)* déchirer, lacérer; ~**rsi** *vr* se déchirer; **lacerazi'one** *sf* déchirure, lacération; **'lacero, a** *ag* déchiré(e); **ferita lacero-contusa** (*MED*) plaie contuse.
la'conico, a, ci, che *ag* laconique.
'lacrima *sf* larme; *(di liquido: goccia)* goutte, larme; **in** ~**e** en larmes; **lacri'mare** *vi* larmoyer, pleurer; **lacrimazi'one** *sf* larmoiement *m;* **lacri'mogeno, a** *ag, sm* lacrymogène; **lacri'moso, a** *ag* larmoyant(e), plein(e) de larmes; *(commovente)* émouvant(e), pathétique.
la'cuna *sf* lacune; **lacu'noso, a** *ag* lacuneux(-euse), lacunaire.
'ladro *sm* voleur; **al** ~! au voleur!
laggiù [lad'dʒu] *av* là-bas.
la'gnanza [laɲ'ɲantsa] *sf* plainte; *(spesso al pl)* doléances *fpl;* **la'gnarsi** *vr:* **lagnarsi (per)** se plaindre (de).
'lago, ghi *sm* lac; *(liquido sparso: anche fig)* mare *f.*
la'guna *sf* lagune.
'laico, a, ci, che *ag* laïc(laïque) // *sm/f* laïc/laïque; *(religioso non sacerdote)* frère lai/sœur laie.
'laido, a *ag* hideux(-euse), immonde.
'lama *sf* lame // *sm inv* lama.
lambic'carsi *vr:* ~ **il cervello** se casser la tête, se creuser la cervelle.
lam'bire *vt* lécher; *(acqua, fiume: bagnare)* effleurer.
la'mella *sf* lamelle; *(di metallo etc)* lame.
lamen'tare *vt* déplorer; ~**rsi** *vr* se plaindre; **lamen'tela** *sf* plainte, réclamation; **lamen'tevole** *ag* plaintif(-ive); *(destino)* lamentable, pitoyable; **la'mento** *sm* gémissement, plainte *f;* **lamen'toso, a** *ag* plaintif(-ive), dolent(e).
la'metta *sf* lame; ~ **da barba** lame de rasoir.
lami'era *sf* tôle.
'lamina *sf* lame, feuille; (*BOT*) limbe *m;* (*TECN*) lame; (*SKI*) carre; **lami'nare** *vt* laminer; *(rivestire)* plaquer; **lami'nato, a** *ag (tessuto)* lamé(e); (*TECN*) laminé(e) // *sm* laminé; **laminati** *smpl* métaux laminés; **lamina'tura** *sf* laminage *m.*
'lampada *sf* lampe; ~ **da saldatore** lampe à souder; ~ **votiva**

veilleuse, lumignon *m*.
lampa'dario *sm* lampadaire.
lampa'dina *sf* ampoule; ~ **tascabile** lampe de poche.
lam'pante *ag* flambant(e), reluisant(e); *(fig: evidente)* évident(e).
lampeggi'are [lamped'dʒare] *vi* clignoter // *vb impersonale:* **lampeggia** il y a des éclairs; ~ **con gli abbaglianti** (*AUTO*) faire un appel de phares; **lampeggia'tore** *sm* clignoteur, clignotant; **lampegg'io** *sm* éclairs *mpl* continus.
lampi'one *sm* réverbère.
'lampo *sm* éclair; **cerniera** ~ fermeture éclair // *ag inv* éclair; **guerra** ~ guerre éclair; **risolatura** ~ ressemelage *m* minute.
lam'pone *sm (pianta)* framboisier; *(frutto)* framboise.
'lana *sf laine;* ~ **d'acciaio** paille de fer; ~ **mista** laine mélangée; ~ **vergine** pure laine; ~ **di vetro** laine de verre.
lan'cetta [lan'tʃetta] *sf* aiguille.
'lancia ['lantʃa] *sf* lance; (*NAUT*) canot *m*, chaloupe; ~ **di salvataggio** canot *m* de sauvetage; ~ **di idrante** lance d'incendie.
lanciafi'amme [lantʃa'fjamme] *sm inv* lance-flammes.
lanci'are [lan'tʃare] *vt* lancer; ~**rsi** *vr* se lancer; **lanci'ato, a** *ag* lancé(e).
lanci'ere *sm* lancier.
lanci'nante [lantʃi'nante] *ag* lancinant(e).
'lancio ['lantʃo] *sm* lancement; *(salto)* saut; ~ **del disco/martello** (*SPORT*) lancer du disque/du marteau.
'landa *sf* lande.
langu'ente *ag* languissant(e).
'languido, a *ag* langoureux(-euse).
langu'ire *vi* languir.
langu'ore *sm* langueur *f;* ~ **di stomaco** creux *sg* à l'estomac.
lani'ero, a *ag* lainier(-ère).
lani'ficio [lani'fitʃo] *sm* filature *f* (de laine).
la'noso, a *ag* laineux(-euse); *(morbido)* doux(douce).
lan'terna *sf* lanterne, *(faro)* fanal *m;* (*EDIL: lucernario)* lanternon *m*.
la'nugine [la'nudʒine] *sf* duvet *m*.
lanugi'noso, a *ag* duveté(e).
lapi'dare *vt* lapider.
lapi'dario, a *ag* lapidaire.
'lapide *sf (di sepolcro)* pierre tombale; *(commemorativa)* plaque.
la'pillo *sm* lapilli *mpl*.
'lapis *sm* crayon.
lapis'lazzuli *sm* lapis-lazuli.
'lapsus *sm inv* lapsus *sg*.
'lardo *sm* lard.
largheggi'are [larged'dʒare] *vi:* ~ **di** *o* **in** être généreux/large en.
lar'ghezza [lar'gettsa] *sf* largeur; *(liberalità)* largesse, générosité.
'largo, a, ghi, ghe *ag* large; *(fig: abbondante: ricompensa)* gros(se), avantageux(-euse); *(generoso: persona)* prodigue, généreux(-euse) // *sm* large; ~ **due metri** large de deux mètres; **stare alla ~a di qd** se tenir à distance de qn; **alla ~a!** *(fam)* dégagez!
'larice ['laritʃe] *sm* mélèze.
la'ringe [la'rindʒe] *sf* larynx *m;* **larin'gite** *sf* laryngite.
'larva *sf* larve, ver *m*.
la'sagna [la'zaɲɲe] *sf* lasagne *inv*.
lasci'are [laʃ'ʃare] *vt* quitter, laisser; *(cessare di tenere)* lâcher; *(dimenticare)* laisser; *(affidare)* confier; ~ **fare qd** laisser faire qn; ~ **stare** *o* **perdere** laisser tomber; ~**rsi andare** se laisser aller; ~**rsi truffare** se laisser voler.
'lascito ['laʃʃito] *sm* legs *sg*.
la'scivo, a [laʃ'ʃivo] *ag* libidineux (-euse), lascif(-ive).
'laser ['lazer] *sm inv, ag inv* laser.
lassa'tivo, a *ag* laxatif(-ive) // *sm* laxatif.
'lasso *sm* laps *sg*.
lassù *av* là-haut.
'lastra *sf* plaque; ~ **fotografica**

plaque sensible.
lastri'care *vt* paver, daller; **lastri'cato, a** *ag* pavé(e) // *sm* pavé; **'lastrico, ci** *o* **chi** *sm* pavé; **abbandonare/ridursi sul lastrico** *(fig)* laisser/être sur la paille.
la'tente *ag* latent(e).
late'rale *ag* latéral(e); (CALCIO): **linea** ~ ligne de touche; **rimessa** ~ remise en touche.
late'rizi *smpl* briques *f pl.*
lati'fondo *sm* propriété *f* foncière.
la'tino, a *ag, sm/f* latin(e).
lati'tante *ag, sm/f qui se soustrait aux recherches de la police,* en fuite.
lati'tudine *sf* latitude.
'lato, a *ag (fig)* large // *sm* côté; *(fig: aspetto)* point de vue; **in senso** ~ au sens large.
la'trare *vi* aboyer; **la'trato** *sm* aboiement.
la'trina *sf* latrines *pl.*
'latta *sf* fer-blanc *m,* tôle; *(recipiente)* bidon *m,* boîte.
lat'taio, a *sm/f* laitier(-ère).
lat'tante *sm/f* nourrisson *m.*
'latte *sm* lait; ~ **magro** *o* **scremato** lait écrémé; ~ **secco** *o* **in polvere** lait en poudre; ~ **di bellezza** lait de beauté; **'latteo, a** *ag* lacté(e); laiteux(-euse); **latte'ria** *sf* crémerie; **latti'cini** *smpl* laitages.
lat'tuga *sf* laitue.
'laurea *sf* ≈ maîtrise; **laure'ando, a** *sm/f étudiant/e de dernière année d'université;* **laure'arsi** *vr* passer sa maîtrise; **laure'ato, a** *sm/f* diplômé(e).
'lauro *sm* laurier.
'lauto, a *ag* somptueux(-euse); *(ricompensa)* gros(se), généreux (-euse).
'lava *sf* lave.
la'vabile *ag* lavable.
la'vabo *sm* lavabo.
la'vaggio [la'vaddʒo] *sm* lavage; ~ **del cervello** lavage de cerveau.
la'vagna [la'vaɲɲa] *sf* ardoise; *(tavola: per scrivere col gesso)* tableau *m* (noir).
la'vanda *sf* lavement *m;* (BOT) lavande; **lavan'daia** *sf* blanchisseuse; **lavande'ria** *sf* blanchisserie, teinturerie.
lavan'dino *sm* évier.
lava'piatti *sm/f inv* plongeur/euse.
la'vare *vt* laver; ~**rsi** *vr* se laver; ~ **a secco** nettoyer à sec.
lava'secco *sm o f inv* teinturerie *f.*
lavasto'viglie *sm o f inv* lave-vaisselle *m.*
lava'tivo, a *sm/f* tire-au-flanc; *(scuola)* cancre *m.*
lava'toio *sm* lavoir.
lava'trice [lava'tritʃe] *sf* machine à laver.
lava'tura *sf* lavage *m.*
lavo'rante *sm/f* ouvrier/ère.
lavo'rare *vi* travailler; *(meccanismo, stabilimento, etc: funzionare)* marcher // *vt* travailler; **lavora'tivo, a** *ag* ouvrable; *(di lavoro: capacità)* de travail; **lavora'tore, trice** *sm/f* ouvrier/ère // *ag* travailleur(-euse); **lavorazi'one** *sf* travail *m; (fattura)* manufacture; **essere in lavorazione** être en chantier; **lavo'rio** *sm* travail intense.
la'voro *sm* travail; *(prodotto)* ouvrage, œuvre *f;* **andare al** ~ aller au travail; ~**i femminili** travaux d'aiguille.
'Lazio ['lattsjo] *sm* Latium.
lazza'retto *sm* lazaret.
lazza'rone, a *sm/f* fainéant/e.
'lazzo *sm* plaisanterie *f.*
le *det fpl vedi* **la** // *pron (oggetto: fpl)* les; *(a lei, a essa: sg)* lui; *(: forma di cortesia)* vous.
le'ale *ag* loyal(e); **lealtà** *sf* loyauté.
'lebbra *sf* lèpre; **lebbro'sario** *sm* léproserie *f;* **leb'broso, a** *ag, sm/f* lépreux(-euse).
'lecca-'lecca *sm inv* sucette *f.*
leccapi'edi *sm/f inv (peg)* lèche-bottes.
lec'care *vt* lécher; *(fig: adulare,*

lusingare) flatter, lécher les bottes (de qn); **~rsi le dita/ i baffi/ le labbra** se lécher les doigts/les moustaches/les babines; **lec'cata** *sf* coup *m* de langue.

'leccio ['lettʃo] *sm* chêne-vert.

leccor'nia *sf* gourmandise, friandise.

'lecito, a ['lɛtʃito] *ag* permis(e), licite.

'ledere *vt* offenser; (MED) léser.

'lega, ghe *sf* ligue, association; (POL, MIL) ligue; *(di metalli)* alliage *m; (misura)* lieue; **far ~ con qd** se coaliser avec qn; **leghe leggere** alliages légers.

le'gaccio [le'gattʃo] *sm* lacet // *ag inv:* **punto ~** point mousse.

le'gale *ag* légal(e) // *sm* avocat; **legalità** *sf* légalité; **legaliz'zare** *vt* légaliser; *(regolarizzare)* régulariser; **legalizzazi'one** *sf* légalisation.

le'game *sm* lien; *(fig: relazione)* relation *f*.

lega'mento *sm* ligament.

le'gare *vt* lier; *(prigioniero)* ligoter; *(capelli, cane)* attacher; (CHIM) allier; *(fig: collegare, congiungere)* unir // *vi:* **~ con qd** se lier avec qn; **~rsi in matrimonio** s'unir en mariage.

lega'tario, a *sm/f* (DIR) légataire.

le'gato, a *ag* lié(e); *(persona: impacciato)* empêtré(e) // *sm* (REL) légat.

lega'tura *sf* (MUS) liaison; (MED) ligature.

legazi'one [legat'tsjone] *sf* légation.

'legge ['leddʒe] *sf* loi; **studiare ~** *(giurisprudenza)* étudier le droit *m*.

leg'genda [led'dʒɛnda] *sf* légende; **leggen'dario, a** *ag* légendaire.

'leggere ['lɛddʒere] *vt* lire; **~ nel futuro** lire l'avenir.

legge'rezza [leddʒe'rettsa] *sf* légèreté.

leg'gero, a [led'dʒɛro] *ag* léger(-ère); **alla ~a** à la légère.

leggia'dria *sf* charme *m*, grâce; **leggi'adro, a** *ag* charmant(e), gracieux(-euse).

leg'gibile [led'dʒibile] *ag* lisible.

leg'gio, gii [led'dʒio] *sm* pupitre.

legio'nario [ledʒo'narjo] *sm* légionnaire.

legi'one [le'dʒone] *sf* légion; *(unità organica: dei Carabinieri)* corps *m; (fig: schiera, moltitudine)* légion, flopée; **L~ straniera** Légion étrangère.

legisla'tivo, a [ledʒizla'tivo] *ag* législatif(-ive).

legisla'tore [ledʒizla'tore] *sm* législateur.

legisla'tura [ledʒizla'tura] *sf* législature.

legisla'zione [ledʒizlat'tsjone] *sf* législation.

legitti'mare *vt* légitimer; *(fig: giustificare)* justifier; **legittimazi'one** *sf* légitimation; **legittimità** *sf* légitimité; *(validità)* validité; **le'gittimo, a** *ag* légitime.

'legna ['leɲɲa] *sf* bois *m* de chauffage; **le'gname** *sm (da lavoro, costruzione)* bois *sg*.

le'gnata *sf* coup *m* de bâton.

'legno ['leɲɲo] *sm* bois *sg; (pezzo di legno)* bout de bois; **~ compensato** contre-plaqué;

le'gnoso, a *ag* ligneux(-euse); *(fig: duro)* raide, dur(e).

le'gumi *smpl* légumes.

lei *pron f sg* elle // *pron m/f sg (forma di cortesia)* vous; **dare del ~ a qd** vouvoyer qn.

'lembo *sm* bord; *(striscia sottile: di terra)* bout, coin.

'lemme 'lemme *av* tout doucement.

'lena *sf (fig)* energie, vigueur.

'lenimento *sm* soulagement; *(ciò che lenisce)* calmant.

le'nire *vt* soulager, calmer, apaiser.

'lente *sf* verre *m;* **~ d'ingrandimento** loupe *f;* **~i a contatto** verres de contact, lentilles.

len'tezza [len'tettsa] *sf* lenteur.
len'ticchia [len'tikkja] *sf* lentille.
len'tiggine [len'tiddʒine] *sf* tache de rousseur; **lentiggi'noso, a** *ag* plein(e) de taches de rousseur.
'lento, a *ag* lent(e); *(molle)* lâche; (*MUS*) lento.
'lenza ['lɛntsa] *sf* ligne.
lenzu'olo [len'tswɔlo] *sm* drap; *(pl(f)* ~**a**) paire *f* de draps.
le'one *sm* lion.
leo'pardo *sm* léopard.
lepo'rino, a *ag* de lièvre; **labbro** ~ (*MED*) bec-de-lièvre.
'lepre *sf* lièvre *m.*
'lercio, a, ci, ce ['lɛrtʃo] *ag* crasseux(-euse), sale; **lerci'ume** *sm* crasse *f.*
lesi'nare *vt, vi* lésiner.
lesi'one *sf* lesion; *(fig)* atteinte, offense.
le'sivo, a *ag (anche fig)* préjudiciable, nuisible.
'leso, a *ag* lésé(e).
les'sare *vt* faire bouillir.
'lessico, ci *sm* lexique.
'lesso, a *ag* bouilli(e) // *sm* pot-au-feu.
'lesto, a *ag* agile; *(cosa: sbrigativo)* vite fait(e); **essere** ~ **di mano** avoir la main leste.
le'tale *ag* mortel(le); (*MED*) létal(e).
leta'maio *sm* fosse *f* à fumier; *(fig: luogo sudicio)* porcherie *f.*
le'tame *sm* fumier.
letarg'ia *sf* (*MED*) léthargie.
le'targo, ghi *sm* (*MED, anche fig*) léthargie *f;* (*ZOOL*) hibernation *f.*
le'tizia [le'tittsja] *sf* joie.
'lettera *sf* lettre; **alla** ~ à la lettre; **lette'rale** *ag* littéral(e).
lette'rario, a, ri, rie *ag* littéraire.
lette'rato, a *ag* lettré(e) // *sm/f* homme/femme de lettres.
lettera'tura *sf* littérature.
letti'era *sf* litière.
let'tiga, ghe *sf* civière, brancard *m.*
'letto[1], a *pp di* **leggere.**
'letto[2] *sm* lit; (*TECN: piano, strato)* couche *f;* **andare a** ~ aller se coucher, aller au lit; **mettersi a** ~ *(ammalato)* s'aliter; ~ **a castello** lits superposés; ~ **a due piazze** *o* **matrimoniale** grand lit.
let'tore, trice *sm/f* lecteur/trice.
let'tura *sf* lecture; *(interpretazione)* interprétation.
leucem'ia [leutʃe'mia] *sf* leucémie.
'leva *sf* levier *m;* (*MIL*) recrutement *m;* **servizio di** ~ service militaire; **far** ~ **su qd** faire pression sur qn.
le'vante *sm* est, orient; *(vento)* vent d'est.
le'vare *vt* lever; *(togliere)* retirer, enlever; *(: dente)* arracher; *(: fame, sete)* couper; ~**rsi di mezzo** *o* **dai piedi** s'écarter; ~ **di mezzo** supprimer; ~ **il fiato** couper le souffle.
le'vata *sf (di sole)* lever *m; (di posta)* levée; ~ **di scudi** *(fig)* levée de boucliers.
leva'toio *ag:* **ponte** ~ pont-levis.
leva'trice *sf* sage-femme.
leva'tura *sf* intelligence, envergure.
levi'gare *vt* polir; **levigazi'one** *sf* érosion; (*TECN*) polissage *m.*
levri'ere *sm* lévrier.
lezi'one [let'tsjone] *sf* leçon, cours *m.*
lezi'oso, a [let'tsjoso] *ag* affecté(e), maniéré(e).
'lezzo ['leddzo] *sm* puanteur *f.*
li *pron mpl* les.
lì *av* là; *(moto a luogo)* là-bas; **di** ~ **a pochi giorni** au bout de quelques jours; ~ **per** ~ sur le moment; **essere** ~ ~ **per fare qc** être sur le point de faire qch; *vedi anche* **là.**
libagi'one *sf* libation.
'libbra *sf* livre.
li'beccio [li'bettʃo] *sm (vento)* vent de sud-ouest, suroît.
li'bello *sm* pamphlet.
li'bellula *sf* libellule.
libe'rale *ag* généreux(-euse); (*POL*)

libéral(e) // *sm/f* libéral(e); **libera'lismo** *sm* (*POL*) libéralisme.
liberalità *sf* libéralité.
liberaliz'zare [liberalid'dzare] *vt* libéraliser.
libe'rare *vt:* ~ **(da)** libérer, délivrer (de); ~ **una leva** (*TECN*) dégager un levier.
libera'tore, trice *ag* libérateur (-trice) // *sm/f* libérateur/trice, sauveur *m;* **liberazi'one** *sf* libération.
'libero, a *ag* libre; ~ **di fare qc** libre de faire qch; ~ **da** libre de; ~ **arbitrio** libre arbitre; ~ **professionista** personne qui exerce une profession libérale; ~ **scambio** libre-échange; **il tempo** ~ les loisirs *mpl.*
libertà *sf inv* liberté; *(franchezza)* liberté, franchise; **prendersi delle ~ con qd** prendre des libertés avec qn.
liberti'naggio *sm* libertinage.
liber'tino, a *ag* libertin(e) // *sm* libertin.
li'bidine *sf* luxure; *(smania, capriccio)* convoitise; **libidi'noso, a** *ag* libidineux(-euse).
'libido *sf* (*PSIC*) libido.
li'braio *sm* libraire.
li'brarsi *vr (uccello)* planer.
li'brario, a *ag* des livres, du livre.
libre'ria *sf* librairie; *(stanza, mobile)* bibliothèque.
li'bretto *sm* livret; ~ **degli assegni/di risparmio** carnet de chèques/livret (de caisse) d'épargne; ~ **di circolazione** (*AUTO*) carte *f* grise; ~ **di lavoro** livret de travail.
'libro *sm* livre; *(registro)* registre.
lice'ale *ag* du lycée // *sm/f* lycéen/ne.
li'cenza [li'tʃɛntsa] *sf* licence, permis *sg; (autorizzazione: di pesca, caccia)* permis *m;* (*MIL: congedo)* permission; *(libertà, arbitrio)* liberté, hardiesse; **andare in** ~ (*MIL*) partir en permission; ~ **elementare** (*SCOL*) ≈ certificat *m* d'études primaires; ~ **media** ≈ brevet *m* d'études du premier cycle.
licenzia'mento [litʃentsja'mento] *sm* licenciement.
licenzi'are *vt* licencier, renvoyer; **~rsi** *vr* donner sa démission.
licenziosità *sf* licence.
licenzi'oso, a [litʃen'tsjoso] *ag* licencieux(-euse).
li'ceo [li'tʃɛo] *sm* lycée.
li'chene [li'kene] *sm* (*BOT*) lichen.
licitazi'one [litʃitat'tsjone] *sf* offre, enchère; (*BRIDGE: dichiarazione)* annonce.
'lido *sm* plage *f,* rivage; **il L~ di Venezia** le Lido de Venise.
li'eto, a *ag* joyeux(-euse); *(soddisfatto, contento)* content(e), heureux(-euse); *(che dà letizia: notizia)* bon(ne).
li'eve *ag* léger(-ère); *(di poco conto)* imperceptible; *(sommesso: voce)* bas(se).
lievi'tare *vi* lever, gonfler; *(fig: crescere, aumentare)* monter, augmenter.
li'evito *sm* levure *f; (naturale)* levain; ~ **di birra** levure de bière.
'ligio, a, gi, gie *ag:* ~ **a** fidèle à.
li'gnaggio *sm* lignée *f.*
'ligneo, a *ag* de bois, en bois.
'lilla, lillà *sm inv* lilas.
'lima *sf* lime.
limacci'oso, a *ag* boueux(-euse).
li'mare *vt* limer; *(fig: scritto, lavoro)* retoucher, fignoler.
lima'tura *sf* limage *m.*
'limbo *sm* limbes *pl.*
li'metta *sf* lime.
limi'tabile *ag* limitable.
limi'tare *sm* seuil, marge *f* // *vt* délimiter; *(fig: ridurre, contenere: spese)* limiter; **~rsi** *vr* se limiter; **~rsi nel mangiare/bere** manger/boire avec modération; **~rsi a** se borner à, se contenter de; **limita'mente** *av:* **limitatamente a** rela-

tivement à, dans les limites de; **limita'tivo, a** *ag* limitatif(-ive); **limi'tato, a** *ag* délimité(e); *(ristretto, angusto)* étroit(e), petit(e); *(poco dotato: persona)* borné(e); **limitazi'one** *sf* limitation.
'limite *sm* limite *f; (misura, moderazione)* mesure *f // ag inv* limite; **al ~** *(fig)* au maximum, à la limite; **~ di velocità** vitesse *f* limite.
li'mitrofo, a *ag* limitrophe.
limo'nata *sf* limonade.
li'mone *sm* (*BOT*: *pianta)* citronnier; *(: frutto)* citron.
limpi'dezza *sf* limpidité; *(di stile)* clarté; *(di voce)* clarté, sonorité.
'limpido, a *ag* limpide; *(stile: forbito)* clair(e); *(voce: sonoro)* clair(e), sonore.
'lince ['lintʃe] *sf* lynx *m.*
linci'aggio *sm* lynchage.
linci'are *vt* lyncher.
'lindo, a *ag* propre, net(te).
'linea *sf* ligne; *(taglio: di abiti)* coupe; **a grandi ~e** à grands traits; **~e di febbre** degrés de fièvre; **di ~** *(aereo, autobus, etc)* de ligne; **~ di partenza/d'arrivo** (*SPORT*) ligne de départ/ d'arrivée; **~ di tiro** *(di arma da fuoco)* ligne de tir.
linea'menti *smpl (di volto)* traits; *(fig)* lignes *f.*
line'are *ag* linéaire; *(fig: coerente, chiaro)* clair(e).
line'etta *sf* tiret *m*, trait d'union *m.*
'linfa *sf* (*ANAT*) lymphe; (*BOT*, *anche fig)* sève; **lin'fatico, a, ci, che** *ag* lymphatique.
lin'gotto *sm* lingot.
'lingua *sf* langue; **aver la ~ lunga** avoir la langue trop longue; **hai perso la ~?** tu as perdu ta langue?; **~ madre** langue maternelle; **non avere peli sulla ~** *(fig)* ne pas mâcher ses mots; **linguacci'uto, a** *ag* bavard(e), médisant(e).
lingu'aggio [lin'gwaddʒo] *sm* langage.
lingu'etta *sf* languette.
lingu'ista, i, e *sm/f* linguiste; **lingu'istico, a, ci, che** *ag* linguistique.
lini'mento *sm* liniment; *(frizione, unzione)* friction *f*, massage.
'lino *sm* lin.
li'noleum *sm inv* linoléum.
linoti'pia *sf* linotypie.
lique'fare *vt* liquéfier; *(fondere: metallo)* fondre; **~rsi** *vr* se liquéfier; **liquefazi'one** *sf* liquéfaction; *(neve)* fonte.
liqui'dare *vt* liquider; *(svendere)* solder; *(sbarazzarsi di)* se débarrasser de; *(uccidere)* exécuter; **~ un impiegato** verser à un employé l'indemnité de départ; **liquida'tore, trice** *sm/f* (*DIR*) liquidateur/trice; **liquidazi'one** *sf* liquidation; *(pagamento: della pensione)* paiement *m; (d'un employé)* indemnité (de départ); **vendita di liquidazione** soldes *mpl.*
liquidità *sf* liquidité; *(denaro contante)* argent *m* liquide.
'liquido, a *ag, sm (anche fig)* liquide.
liqui'rizia [likwi'rittsja] *sf* réglisse.
liqu'ore *sm* liqueur *f.*
'lira *sf* lire; (*MUS*: *strumento)* lyre; **uccello ~** (*ZOOL*) oiseau-lyre *m.*
'lirico, a, ci, che *ag* lyrique // *sf (poesia)* poésie, poème lyrique; (*MUS*) opéra *m.*
'lisca, che *sf* arête.
lisci'are [liʃ'ʃare] *vt (levigare)* polir; *(fig: leccare)* flatter; **~rsi** *vr (animale, persona: farsi pulito)* se bichonner, se pomponner; *(la barba)* lisser.
'liscio, a, sci, sce *ag* poli(e); *(abito)* simple; *(fig: fluido, piano)* lisse; *(bevanda)* nature, sec(sèche); **passarla ~a** *(fig)* s'en tirer à bon marché; **gli è andata ~a** il s'en est bien tiré.
'liso, a *ag* râpé(e), usé(e).
'lista *sf* bande; *(elenco)* liste; **~ delle vivande** menu *m.*

lis'tino *sm* catalogue; ~ **di borsa/ dei cambi** cours de la bourse/des changes; **di** ~ de catalogue.
lita'nia *sf* litanie.
'lite *sf* querelle.
liti'gare *vi* se disputer, se quereller; **li'tigio** *sm* litige, querelle *f*; **litigi'oso, a** *ag* querelleur(-euse); (*DIR*) litigieux(-euse).
'litografia *sf* lithographie.
lito'rale *ag* littoral(e) // *sm* littoral.
lito'raneo, a *ag* littoral(e), côtier (-ère).
'litro *sm* litre.
litur'gia, gie [litur'dʒia] *sf* liturgie.
li'uto *sm* (*MUS*) luth.
li'vella *sf* (*TECN*) niveau *m*; ~ **a bolla d'aria** niveau à bulle d'air.
livel'lare *vt (anche fig)* niveler // ~**rsi** *vr* se niveler; **li'vello** *sm* niveau // **ad alto livello** *(fig: incontro)* de haut niveau; *(: persona importante)* haut-placé(e).
'livido, a *ag* blême, livide // *sm* bleu.
li'vore *sm* haine *f*, rancune *f*.
Li'vorno *sf* Livourne *m*.
li'vrea *sf* livrée.
'lizza ['littsa] *sf*: **entrare** *o* **scendere in** ~ entrer en lice.
lo *det m vedi* il // *pron m* le.
'lobo *sm* lobe.
lo'cale *ag* local(e); *(di un paese: vino, cibo)* du pays // *sm* pièce *f*; ~ **pubblico** établissement public; ~ **notturno** boîte *f* de nuit.
località *sf inv* localité.
localiz'zare *vt* localiser; ~**rsi** *vr* se localiser.
lo'canda *sf* auberge; **locandi'ere, a** *sm/f* aubergiste.
locazi'one [lokat'tsjone] *sf* location.
locomo'tiva *sf* locomotive.
locomo'tore, trice *ag* locomoteur(-trice) // *sm* locomotive *f* électrique.
locomozi'one [lokomot'tsjone] *sf* locomotion.
'loculo *sm* niche *f* funéraire.
lo'custa *sf* locuste.
locuzi'one [lokut'tsjone] *sf* locution.
lo'dare *vt* louer.
'lode *sf* éloge *m*; **laurearsi con** ~ (*SCOL*) *passer sa maîtrise avec le maximum des points et les félicitations du jury*; **lo'devole** *ag* louable, admirable.
loga'ritmo *sm* logarithme.
'loggia, ge ['lɔddʒa] *sf (anche circolo massonico)* loge; **loggi'one** *sm* poulailler.
'logico, a, ci, che ['lɔdʒiko] *ag, sf* logique.
logora'mento *sm* usure *f*.
logo'rare *vt* user; ~**rsi** *vr* s'user; **logo'rio** *sm (anche fig)* usure *f*; **'logoro, a** *ag* râpé(e), élimé(e); *(fig: consunto, esausto)* épuisé(e).
lom'baggine [lom'baddʒine] *sf* lumbago *m*.
Lombar'dia *sf* Lombardie.
lom'bata *sf* longe.
'lombo *sm* (*ANAT*) lombes *pl*; *(fam: fianco)* flanc, rein.
lom'brico, chi *sm* lombric.
londi'nese *ag, sm/f* londonien(ne).
'Londra *sf* Londres *m*.
longevità [londʒevi'ta] *sf* longévité.
lon'gevo, a [lon'dʒevo] *ag* qui vit très longtemps.
longi'tudine [londʒi'tudine] *sf* longitude.
lonta'nanza [lonta'nantsa] *sf* distance; *(assenza)* séparation, absence; **in** ~ au loin.
lon'tano, a *ag (assente)* absent(e); *(vago, indeterminato)* vague; *(tempo: remoto)* lointain(e) // *av* loin; **da** *o* **di** ~ de loin; ~ **da** loin de; **alla** ~**a** *(in modo vago)* vaguement.
'lontra *sf* loutre.
'lonza *sf* longe, échine.
loqu'ace [lo'kwatʃe] *ag* loquace; *(eloquente)* éloquent(e); **loquacità**

sf loquacité.

'lordo, a *ag* sale; *(complessivo, non netto)* brut; **lor'dura** *sf (anche fig)* saleté.

loro *pron m/fpl* leur; *(soggetto e complemento con preposizione)* eux; *(forma di cortesia)* vous // *det* leur, leurs *pl* // *pron possessivo* le/la leur, les leurs *pl*.

'losco, a, schi, sche *ag* louche.

'loto *sm* lotus *sg*.

'lotta *sf* lutte, combat *m*.

lot'tare *vi* lutter, combattre; **lotta'tore, trice** *sm/f* lutteur/euse.

lotte'ria *sf* loterie.

'lotto *sm* lot; *(di terreno)* lotissement; *(gioco)* loto; **vincere un terno al** ~ gagner le gros lot.

lozi'one [lot'tsjone] *sf* lotion.

'lubrico, a, ci, che *ag (fig)* lubrique.

lubrifi'cante *ag* lubrifiant(e) // *sm* lubrifiant.

lubrifi'care *vt* lubrifier, graisser; **lubrificazi'one** *sf* lubrification, graissage *m*.

luc'chetto [luk'ketto] *sm* cadenas *sg*.

lucci'care [luttʃi'kare] *vi* briller, scintiller; **lucci'chio** *sm* scintillement, éclat.

lucci'cone *sm*: **avere i ~i agli occhi** avoir de grosses larmes aux yeux.

'luccio ['luttʃo] *sm* brochet.

'lucciola ['luttʃola] *sf* luciole.

'luce ['lutʃe] *sf* lumière; *(del giorno)* jour *m*; (AUTO: *faro)* feu *m*; *(corrente elettrica)* courant *m*, électricité; (TECN) ouverture, embrasure; **in buona/cattiva** ~ sous un bon/mauvais jour; **fare ~ su** *(indagare)* éclaircir *o* tirer au clair qch; **venire alla** ~ *(nascere)* venir au monde; **lu'cente** *ag* luisant(e), resplendissant(e); **lucen'tezza** *sf* brillant *m*, éclat *m*.

lu'cerna [lu'tʃɛrna] *sf* lampe (à huile ou pétrole).

lucer'nario [lutʃer'narjo] *sm* lucarne *f*.

lu'certola [lu'tʃɛrtola] *sf* lézard *m*.

luci'dare [lutʃi'dare] *vt* faire briller, cirer; (TECN: *ricalcare)* calquer; **lucida'trice** *sf (elettrodomestico)* cireuse; **lucidità** *sf* éclat *m*, splendeur; *(fig: chiarezza)* lucidité, clarté.

'lucido, a ['lutʃido] *ag* brillant(e); *(fig)* lucide // *sm (per scarpe)* cirage; *(disegno)* calque.

lu'cignolo [lu'tʃiɲɲolo] *sm* mèche *f*.

lu'crare *vt* gagner; **'lucro** *sm* profit, lucre; **lu'croso, a** *ag* lucratif(-ive).

lu'dibrio *sm* moquerie *f*; *(oggetto di scherno)* risée *f*.

'luglio ['luʎʎo] *sm* juillet.

'lugubre *ag* lugubre.

lui *pron* lui; ~ **sa cantare** lui il sait chanter; **preferisco** ~ je le préfère, lui.

lu'maca, che *sf (anche fig)* limace, escargot *m*.

'lume *sm* lampe *f*; *(fig)* lumière *f*.

lumi'naria *sf* illumination.

lu'mino *sm* veilleuse *f*, lumignon *m*.

luminosità *sf* luminosité.

lumi'noso, a *ag* lumineux(-euse).

'luna *sf* lune; **avere la** ~ *(fig)* être mal luné; ~ **nuova** nouvelle/pleine lune; ~ **crescente/calante** lune croissante/décroissante; **il mondo della** ~ la lune, les nuages; **lu'nare** *ag* lunaire.

lu'nario *sm* almanach.

lu'natico, a, ci, che *ag* lunatique.

lunedì *sm* lundi.

lun'gaggine [lun'gaddʒine] *sf* longueur.

lun'ghezza [lun'gettsa] *sf* longueur; ~ **d'onda** (FIS) longueur d'onde.

'lungi *av*: ~ **da** *(lontano da: anche fig)* loin de.

'lungo, a, ghi, ghe *ag* long(ue); // *sm* longueur *f* // *sf*: **alla ~a** à la

longue; **di gran ~a** de loin // *prep:* **camminare ~ il fiume** marcher le long du fleuve; **procedeva ~ la strada** il longeait la route; **~ il corso dei secoli** au cours des siècles; **a ~** longtemps; **più a ~** plus longuement; **andare in ~ *o* per le lunghe** traîner en longueur; **essere in ~** *(in abito lungo)* être habillé en long; **in ~ e in largo** en long et en large; **avere le mani ~e** avoir les mains crochues; **saperla ~a** en savoir long; **farla ~a** ne pas en finir.
lungo'mare *sm* bord de mer.
lu'ogo, ghi *sm* lieu; *(posizione, posto)* endroit; **in ~ di** au lieu de.
luogote'nente *sm* (*MIL*) lieutenant.
lu'pino *sm* lupin.
'lupo, a *sm/f* loup/louve.
'luppolo *sm* (*BOT*) houblon.
'lurido, a *ag* *(anche fig)* sale, crasseux(-euse).
lu'singa, ghe *sf* flatterie.
lusin'gare *vt* flatter; **~rsi** *vr* se faire des illusions; **lusinghi'ero, a** *ag* flatteur(-euse).
lus'sare *vt* luxer.
Lussem'burgo *sm* Luxembourg.
'lusso *sm* luxe; **lussu'oso, a** *ag* luxueux(-euse).
lussureggi'are [lussured'dʒare] *vi* être luxuriant(e).
lus'suria *sf* luxure; **lussuri'oso, a** *ag* luxurieux(-euse).
lu'strare *vt* faire briller, astiquer.
lustra'scarpe *sm inv* cireur de chaussures *o* de bottes.
lu'strino *sm* paillette *f.*
lute'rano, a *ag, sm/f* luthérien(ne).
'lutto *sm* deuil; **luttu'oso, a** *ag* douloureux(-euse), funeste.

M

ma *cong* mais, pourtant; **~sì che viene!** mais si il vient!; **~ che bella ragazza!** quelle jolie fille!
'macabro, a *ag* macabre.
macché [mak'ke] *escl* mais non!
macche'roni [makke'roni] *smpl* macaroni.
'macchia ['makkja] *sf* tache; *(boscaglia)* maquis *m;* **darsi/vivere alla ~** *(fig)* vivre clandestinement.
macchi'are [mak'kjare] *vt* tacher; **~rsi** *vr* se tacher; *(fig)* se salir.
macchi'etta [mak'kjetta] *sf* (*PITTURA*) pochade; *(fig: persona bizzarra)* drôle de type *m;* (*TEATRO*) caricature.
'macchina ['makkina] *sf* machine; (*AUTO*) voiture; **andare in ~** (*AUTO*) aller en voiture; (*STAMPA*) mettre sous presse; **~ fotografica** appareil *m* photographique; **~ da presa** caméra; **~ da scrivere** machine à écrire.
macchi'nare [makki'nare] *vt* manigancer.
macchi'nario [makki'nario] *sm* machinerie *f,* machines *fpl.*
macchi'nista, i [makki'nista] *sm* machiniste.
macchi'noso, a [makki'noso] *ag* compliqué(e).
mace'donia [matʃe'dɔnja] *sf* macédoine (de fruits), salade de fruits.
macel'laio [matʃel'lajo] *sm* boucher.
macel'lare [matʃel'lare] *vt* abattre; *(fig)* massacrer; **macelle'ria** *sf* boucherie; **ma'cello** *sm* abattoir; *(fig: strage)* massacre; *(fam: disastro)* désastre; **carne da ~** *(fig)* chair *f* à canon.
mace'rare [matʃe'rare] *vt* macérer; **~rsi** *vr* se ronger, se tourmenter; **macerazi'one** *sf* macération; (*TECN*) rouissage *m,* trempage *m.*
ma'cerie [ma'tʃɛrje] *sfpl* décombres *mpl,* ruines.
ma'cigno [ma'tʃiɲɲo] *sm* roc, rocher.
maci'lento, a [matʃi'lɛnto] *ag*

maigre, émacié(e).
'macina ['matʃina] *sf* meule.
maci'nare [matʃi'nare] *vt* moudre; **maci'nato** *sm* farine *f; (carne tritata)* hachis *sg*, haché.
maci'nino [matʃi'nino] *sm (apparecchio)* moulin; *(fam: veicolo malridotto)* tacot.
maciul'lare [matʃul'lare] *vt* broyer.
macrobi'otica [makrobi'ɔtika] *sf (scienza alimentare)* macrobiotique.
'madido, a *ag:* ~**(di)** moite (de).
Ma'donna *sf* Sainte Vierge.
mador'nale *ag* énorme.
'madre *sf* mère; *(matrice di bolletta)* talon *m* // *ag* mère; **ragazza** ~ mère célibataire; **casa** ~ maison mère; **scena** ~ grande scène.
madre'lingua *sf* langue maternelle.
madre'perla *sf* nacre.
madri'gale *sm* madrigale.
ma'drina *sf* marraine.
maestà *sf* majesté; **mae'stoso, a** *ag* majestueux(-euse); (*MUS*) maestoso.
mae'strale *sm (vento)* mistral.
mae'stranze [mae'strantse] *sfpl* ouvriers *mpl.*
mae'stria *sf* dextérité, habileté.
ma'estro, a *sm/f* instituteur/trice, maître/tresse d'école; *(artigiano, MUS)* maître *m;* (*SPORT*) moniteur/trice // *ag (principale)* principal(e); **strada** ~**a** grand-route; **albero** ~ (*NAUT*) grand mât; **Gran M**~ (*MASSONERIA*) Grand- Maître; ~ **di ballo** professeur de danse; ~ **di cerimonie** maître de cérémonies.
'mafia *sf* mafia; **mafi'oso, a** *sm/f* membre de la mafia.
'maga, ghe *sf* sorcière.
ma'gagna [ma'gaɲɲa] *sf* défaut, vice.
ma'gari *escl* si seulement; ~ **fosse vero!** si seulement c'était vrai!; // *av (anche, persino)* même; *(forse)* peut-être.
magaz'zino [magad'dzino] *sm* magasin, entrepôt.
'maggio ['maddʒo] *sm* mai.
maggio'rana [maddʒo'rana] *sf* marjolaine.
maggio'ranza [maddʒo'rantsa] *sf* plupart; *(superiorità numerica,* *POL)* majorité.
maggio'rare [maddʒo'rare] *vt* augmenter, relever.
maggior'domo [maddʒor'domo] *sm* majordome.
maggi'ore [mad'dʒore] *ag (comparativo: più grande)* plus grand(e); *(più vecchio: sorella, fratello)* aîné(e); (*MAT*) supérieur(e); (*MUS*) majeur; **il** ~ **(di)** *(superlativo)* le plus grand (de) // *sm/f* (*MIL*) commandant; **stato** ~ état major; **caporal** ~ caporal-chef; **andare per la** ~ être en vogue *o* à la mode; **maggio'renne** *ag, sm/f* majeur(e); **maggior'mente** *av* encore plus.
mag'ia *sf (anche fig)* magie; **'magico, a, ci, che** *ag (anche fig)* magique.
'magio ['madʒo] *sm* (*REL*) mage.
magi'stero [madʒis'tero] *sm* enseignement; **facoltà di M**~ ≈ Ecole Normale Supérieure; **magi'strale** *ag* magistral(e); **istituto magistrale** ≈ école normale; **abilitazione magistrale** ≈ certificat d'aptitude pédagogique.
magi'strato [madʒis'trato] *sm* magistrat; **magistra'tura** *sf* magistrature.
'maglia ['maʎʎa] *sf* maille; *(lavoro ai ferri)* tricot *m; (lavoro all'uncinetto)* crochet *m; (indumento)* tricot *m*, maillot *m; (di catena)* chaînon *m;* **maglie'ria** *sf (indumenti)* lingerie; *(negozio)* bonneterie; **magli'ficio** *sm* manufacture *f* de tricots.
'maglio ['maʎʎo] *sm (utensile)* maillet; (*TECN*) marteau- pilon.
ma'gnanimo, a [maɲ'ɲanimo] *ag*

magnanime.
ma'gnesia [maɲ'ɲɛzja] *sf* magnésie.
ma'gnesio [maɲ'ɲɛʒjo] *sm* magnésium.
ma'gnete [maɲ'ɲete] *sm* aimant; *(apparecchiatura)* magnéto *f;* **ma'gnetico, a, ci, che** *ag* magnétique; **magne'tismo** *sm* magnétisme; **magnetiz'zare** *vt* (*ELETTR*) magnétiser, aimanter.
magne'tofono [maɲɲe'tɔfono] *sm* magnétophone.
magnifi'care [maɲɲifi'kare] *vt* glorifier; **magnifi'cenza** *sf (sfarzo)* faste *m*, pompe; **ma'gnifico, a, ci, che** *ag* magnifique, splendide.
ma'gnolia [maɲ'ɲɔlia] *sf* magnolia *m*.
'mago, ghi *sm* magicien.
ma'grezza [ma'grettsa] *sf* maigreur.
'magro, a *ag* maigre; **mangiare di ~** faire maigre.
'mai *av* jamais; **come ~...?** comment se fait-il que ...?, pourquoi ...?; **chi/dove ~?** qui/où donc?; *vedi* **caso, se.**
mai'ale *sm* porc.
maio'nese *sf* mayonnaise.
'mais *sm inv* maïs *sg*.
mai'uscolo, a *ag* majuscule; *(fig: enorme, spropositato)* énorme.
malac'corto, a *ag* maladroit(e).
mala'fede *sf* mauvaise foi.
mala'mente *av* mal.
malan'dato, a *ag (ridotto in cattivo stato)* mal *inv* en point; *(trascurato)* négligé(e).
ma'lanimo *sm* animosité *f;* **di ~** à contre-cœur.
ma'lanno *sm* maladie *f; (disgrazia)* malheur.
mala'pena *sf:* **a ~** à grand-peine.
ma'laria *sf* malaria, paludisme *m*.
mala'sorte *sf* malchance.
mala'ticcio, a [mala'tittʃo] *ag* maladif(-ive).
ma'lato, a *ag, sm/f* malade; **malat'tia** *sf* maladie.
malau'gurio *sm* mauvais présage.
mala'vita *sf* milieu *m*, pègre.
mala'voglia [mala'vɔʎʎa] *sf* mauvaise volonté; **di ~** de mauvais gré, à contre-cœur.
mal'concio, a [mal'kontʃo] *ag* en mauvais état.
malcon'tento *sm* insatisfaction *f*.
malco'stume *sm* corruption *f*.
mal'destro, a *ag* maladroit(e).
maldi'cente [maldi'tʃɛnte] *ag* médisant(e).
maldi'sposto, a *ag* mal disposé(e).
'male, *av* mal // *sm* mal; *(danno, sventura)* malheur; **di ~ in peggio** de mal en pis; **sentirsi ~** se sentir mal; **stare ~** *(essere malato)* ne pas être bien; *(vestito, colore, etc)* aller mal; **restarci** *o* **rimanerci ~** être déçu; **andare a ~** se gâter; *(latte)* tourner; **non c'è ~** pas mal; **meno ~!** heureusement!; **aversene a ~** se fâcher.
male'detto, a *ag* maudit(e); *(fig: intollerabile)* terrible, intolérable.
male'dire *vt* maudire; **maledizi'one** *sf* malédiction; *(disgrazia)* malheur *m*.
maledu'cato, a *ag* mal élevé(e).
male'ficio [male'fitʃo] *sm* maléfice, sortilège.
ma'lefico, a, ci, che *ag (aria, cibo)* mauvais(e); *(influsso, azione)* maléfique.
ma'lessere *sm* malaise.
malevo'lenza *sf* malveillance.
ma'levolo, a *ag* malveillant(e).
mal'fatto, a *ag (anche fig)* mal fait(e).
malfat'tore, trice *sm/f* malfaiteur/trice.
mal'fermo, a *ag* branlant(e).
malformazi'one [malformat'tsjone] *sf* malformation.
malgo'verno *sm* mauvaise administration.
mal'grado *prep* malgré // *cong*

(sebbene) bien que, quoique; **mio/tuo ~** malgré moi/toi.
ma'lia *sf* maléfice *m*, envoûtement *m*; *(fig: fascino)* charme *m*.
mali'gnare [maliɲ'ɲare] *vt* dire du mal, médire; **malignità** *sf* méchanceté, malignité; **ma'ligno, a** *ag* méchant(e), mauvais(e); (*MED*) malin (*f* maligne).
malinco'nia *sf* mélancolie, tristesse, cafard *m (fam)*; (*PSIC*) dépression, déprime *(fam)*; **malin'conico, a, ci, che** *ag* mélancolique, triste.
malincu'ore: a ~ *av* à contrecœur, à regret.
malintenzio'nato, a [malintentsjo'nato] *ag* malintentionné(e).
malin'teso, a *ag* mal compris(e) // *sm* malentendu, méprise *f*.
ma'lizia [ma'littsja] *sf* malice; *(espediente)* truc *m*; *(tendenza al male)* méchanceté; **malizi'oso, a** *ag* méchant(e), malveillant(e); *(vivace, furbo: viso)* malin(e), malicieux (-euse).
malle'abile *ag (anche fig)* malléable.
mal'leolo *sm* (*ANAT*) malléole *f*.
mal'loppo *sm (refurtiva)* butin.
malme'nare *vt* frapper; *(fig: strapazzare)* malmener, maltraiter.
malnu'trito, a *ag* mal nourri(e).
ma'locchio [ma'lɔkkjo] *sm* guigne *f*.
ma'lora *sf* ruine, perte; **andare/mandare in ~** se ruiner/ruiner; **va in ~!** va-t-en au diable!
ma'lore *sm* malaise.
mal'sano, a *ag (anche fig)* malsain(e).
malsi'curo, a *ag* instable, dangereux(-euse); *(fig: incerto, dubbioso)* incertain(e).
'malta *sf* mortier *m*.
mal'tempo *sm* mauvais temps *sg*.
'malto *sm* malt.
maltrat'tare *vt* maltraiter; *(strapazzare: lingua)* écorcher.
malu'more *sm* mauvaise humeur *f*; *(insofferenza, malcontento)* mécontentement.
'malva *sf* mauve.
mal'vagio, a, gi, gie [mal'vadʒo] *ag* méchant(e); **malvagità** *sf* méchanceté.
mal'visto, a *ag* mal vu(e).
malvi'vente *sm* malfaiteur, délinquant.
malvolenti'eri *av* de mauvais gré, à contrecoeur.
'mamma *sf* maman; **~ mia!** mon Dieu!
mam'mario, a *ag* mammaire.
mam'mella *sf* mamelle, sein *m*.
mam'mifero *sm* mammifère.
mammogra'fia *sf* mammographie.
'mammola *sf* violette.
ma'nata *sf* tape.
'manca *sf*: **a destra e a ~** à droite et à gauche.
man'canza [man'kantsa] *sf* manque *m*; *(colpa, errore)* faute, erreur; **per ~ di tempo** faute de temps; **in ~ di meglio** faute de mieux.
man'care *vi* manquer; // *vt (fallire: bersaglio, colpo)* manquer, rater le coup; **~ nei confronti di qd** avoir des torts envers qn; **~ poco** s'en falloir de peu; **mancò poco che morisse** il a failli mourir; **man'cato, a** *ag* manqué(e), raté(e).
'mancia, ce ['mantʃa] *sf* pourboire *m*.
manci'ata [man'tʃata] *sf* poignée.
man'cino, a [man'tʃino] *ag* gaucher(-ère); **tiro ~** *(fig)* coup bas, mauvais tour.
'manco *av (nemmeno, neppure)* même pas; **~male!** *(fam)* heureusement!; **~ per idea!** jamais de la vie!
man'dante *sm* donneur *m* d'ordre; (*DIR*) mandant *m*.
man'dare *vt* envoyer; *(emettere: grido)* pousser; **~ a chiamare/**

prendere qd envoyer chercher/ prendre qn; ~ **giù qc** *(inghiottire)* avaler; *(fig)* digérer; ~ **via qd** *(scacciare, licenziare)* renvoyer qn, licencier qn.

manda'rino *sm (albero)* mandarinier; *(frutto)* mandarine *f; (funzionario cinese)* mandarin.

man'data *sf (scatto della serratura)* tour *m.*

manda'tario *sm* (*DIR*) mandataire.

man'dato *sm* mandat.

man'dibola *sf* mâchoire inférieure.

'mandorla *sf* amande; **'mandorlo** *sm* amandier.

'mandria *sf* troupeau *m.*

maneggi'are [maned'dʒare] *vt (anche fig)* manier; **ma'neggio** *sm (uso)* maniement; *(intrigo)* intrigue, manoeuvre *f;* (*EQUITAZIONE*) manège.

ma'nesco, a, schi, sche *ag* brutal(e).

ma'netta *sf* manette, levier *m;* ~**e** *sfpl* menottes.

manga'nello *sm* matraque *f.*

manga'nese *sm* (*CHIM*) manganèse.

mange'reccio, a, ci, ce [mandʒe'rettʃo] *ag* comestible.

mange'ria [mandʒe'ria] *sf* malversation.

mangi'are [man'dʒare] *vt* manger; *(giochi)* souffler, prendre; ~ **al sacco** pique-niquer; ~ **in bianco** manger sans sauce; **far da** ~ faire *o* préparer à manger; ~**rsi il fegato** se ronger les foies; **mangi'ata** *sf (fam)* gueuleton *m;* **mangia'toia** *sf* mangeoire.

man'gime [man'dʒime] *sm* fourrage.

'mango, ghi *sm* (*BOT*) mangue *f.*

ma'nia *sf* manie; **ma'niaco, a, ci, che** *ag* maniaque.

'manica *sf* manche; (*TECN*) tuyau *m; (fig: banda, gruppo)* tas *m,* bande; **essere di** ~ **larga** être indulgent; ~ **a vento** (*AER*) manche à air.

manica'retto *sm* bon petit plat.

mani'chino [mani'kino] *sm* mannequin.

'manico, ci *sm* manche; *(di valigia, borsa etc)* poignée.

mani'comio *sm* hôpital psychiatrique; *(fig: luogo, situazione confusa)* maison *f* de fous.

mani'cotto *sm* manchon.

mani'cure *sm/f inv* manucure.

mani'era *sf* manière, façon; (*ARTE: stile)* style *m;* **in** ~ **che/da** de manière à; **buone/cattive** ~**e** bonnes/mauvaises manières; **manie'rato, a** *ag* maniéré(e).

manifat'tura *sf* manufacture.

manife'stare *vt, vi* manifester; ~**rsi** *vr* se manifester; **manifestazi'one** *sf* manifestation; **mani'festo, a** *ag* evident(e), manifeste // *sm (foglio)* affiche *f; (documento)* manifeste.

ma'niglia [ma'niʎʎa] *sf (di porta, cassetto etc)* poignée.

manipo'lare *vt* manipuler; *(massaggiare)* masser.

mani'scalco, chi *sm* maréchal-ferrant.

'manna *sf* manne.

man'naia *sf* hache.

man'naro *ag:* **lupo** ~ loup-garou.

'mano *sf* main; *(aiuto)* coup *m* de main; **di prima/seconda** ~ neuf/ d'occasion; **man** ~ au fur et à mesure; **avere qc in** ~ *(fig)* avoir qch sous la main; **restare a** ~**i vuote** rester les mains vides; **chiedere la** ~ **di una donna** demander la main d'une jeune fille; **mettere le** ~**i avanti** *(fig)* prendre des précautions; **fatto a** ~ fait main; **disegno a** ~ **libera** dessin à main levée; **venire alle** ~**i** en venir aux mains; **una** ~ **di vernice** une couche de peinture; **fuori** ~ éloigné; ~**i in alto!** haut les mains!

mano'dopera *sf* main d'oeuvre.

ma'nometro *sm* manomètre.
mano'mettere *vt (alterare: documenti)* falsifier; *(frugare, aprire: cassaforte, etc)* forcer; *(lettera)* ouvrir; *(ledere: diritti)* violer.
ma'nopola *sf* moufle; *(impugnatura)* poignée; *(pomello di apparecchio)* bouton *m.*
mano'scritto, a *ag* manuscrit(e) // *sm* manuscrit.
mano'vale *sm* manoeuvre.
mano'vella *sf* manivelle.
ma'novra *sf* commande; (*MIL, NAUT, AUTO*) manœuvre; *(fig: maneggio)* manœuvre, manège *m;* **mano'vrare** *vt (anche fig)* manœuvrer; *(tramare, darsi da fare)* manigancer, manœuvrer.
manro'vescio [manro'veʃʃo] *sm* gifle *f.*
man'sarda *sf* mansarde.
mansi'one *sf* fonction.
mansu'eto, a *ag* doux(douce), calme.
man'tello *sm* manteau; cape *f;* (*ZOOL*) robe *f;* pelage.
mante'nere *vt* maintenir; *(promesse)* tenir; *(famiglia, moglie)* nourrir, entretenir; *(rotta, cammino)* suivre; **~rsi** *vr* se maintenir, se conserver; **manteni'mento** *sm* entretien; *(conservazione)* maintien; **mante'nuto, a** *ag (peg)* entretenu(e) // *sm* gigolo.
'mantice ['mantitʃe] *sm* soufflet.
'manto *sm* manteau; *(strato protettivo)* couche *f,* surface *f.*
manu'ale *ag* manuel(le).
ma'nubrio *sm (di bicicletta)* guidon; (*GINNASTICA*) haltère *f.*
manu'fatto, a *ag* fait(e) main // *sm* article fait main; *(opera stradale, muraria etc)* œuvre *f,* travail.
manutenzi'one [manuten'tsjone] *sf* entretien *m.*
manzo *sm* bœuf.
maomet'tano, a *ag, sm/f* mahométan(e).
'mappa *sf* carte.
mappa'mondo *sm (rappresentazione grafica)* mappemonde *f; (globo girevole)* globe.
ma'rasma, i *sm (anche fig)* marasme.
mara'tona *sf* marathon *m.*
'marca, che *sf* marque; (*MODA*) griffe; *(contrassegno, scontrino)* ticket *m;* **~ assicurativa** vignette d'assurance; **~ da bollo** timbre *m* fiscal.
mar'care *vt* marquer; *(un lingotto)* estampiller; (*MIL*): **~ visita** se faire porter malade; **mar'cato, a** *ag* marqué(e).
mar'chese, a [mar'keze] *sm/f* marquis/e.
marchi'are [mar'kjare] *vt* marquer; **'marchio** *sm* marque *f;* (*OREFICERIA*: *incisione)* poinçon *m.*
'marcia, ce ['martʃa] *sf* marche; (*AUTO*) vitesse; **far ~ indietro** (*AUTO*) faire marche arrière.
marciapi'ede [martʃa'piɛde] *sm* trottoir; (*FERR*) quai; **battere il ~** *(fig: prostituirsi)* faire le trottoir.
marci'are [mar'tʃare] *vi* marcher.
'marcio, a, ci, ce ['martʃo] *ag (anche fig)* pourri(e).
mar'cire [mar'tʃire] *vi* pourrir; *(suppurare)* suppurer; *(fig: nell'ozio, nel vizio)* pourrir, croupir.
'marco, chi *sm* mark.
'mare *sm* mer *f; (fig: quantità)* tas *sg;* **andar per ~** partir en mer; **in ~ aperto** en pleine mer.
ma'rea *sf* marée.
mareggi'ata [mared'dʒata] *sf* tempête, bourrasque.
ma'remma *sf* maremme.
mare'moto *sm* raz de marée.
maresci'allo [mareʃ'ʃallo] *sm* (*MIL*) maréchal; *(sottufficiale)* adjudant.
ma'retta *sf* mer peu agitée.
marga'rina *sf* margarine.
marghe'rita [marge'rita] *sf* marguerite.

margi'nale [mardʒi'nale] *ag* marginal(e).
'margine ['mardʒine] *sm (anche fig)* marge *f*; *(parte estrema: bosco)* lisière *f*.
ma'rina *sf* marine; *(tratto costiero)* bord *m* de mer; **mari'naio** *sm* marin.
mari'nare *vt* (CUC) mariner; ~ **la scuola** *(fig)* faire l'école buissonnière; **mari'nata** *sf* (CUC) marinade.
ma'rino, a *ag* marin(e); **colonia ~a** colonie de vacances au bord de mer.
mario'netta *sf (anche fig)* marionnette.
mari'tale *ag* marital(e).
mari'tare *vt* marier; **~rsi** *vr*: **~rsi a** *o* **con qd** se marier avec qn.
ma'rito *sm* mari.
ma'rittimo, a *ag* maritime // *smpl* gens de mer.
mar'maglia [mar'maʎʎa] *sf* marmaille, racaille.
marmel'lata *sf* confiture.
mar'mitta *sf* marmite; (AUTO) pot *m* d'échappement.
'marmo *sm* marbre.
mar'mocchio [mar'mɔkkjo] *sm (fam: bambino)* marmot, gosse.
mar'moreo, a *ag* de marbre; marmoréen(ne).
mar'motta *sf* marmotte.
Ma'rocco *sm* Maroc; **maroc'chino, a** *ag, sm/f* marocain(e).
ma'roso *sm* lame *f*.
'marra *sf* houe; (NAUT) bras *m*.
mar'rone *ag inv, sm inv* marron // *sm* (BOT) marron.
marsigli'ese *ag, sm/f* marseillais(e) // *sf*: **la** ~ la Marseillaise.
mar'sina *sf* frac *m*.
martedì *sm* mardi.
martel'lare *vt (metalli)* marteler; *(picchiare)* taper; *(fig: insistere, incalzare)* harceler, marteler; **mar'tello** *sm (utensile)* marteau; *(elemento della campana)* battant.
marti'netto *sm* vérin.
'martire *sm/f (anche fig)* martyr/e; **mar'tirio** *sm (anche fig)* martyre.
'martora *sf* martre, marte.
martori'are *vt* torturer.
marza'pane [martsa'pane] *sm* massepain.
marzi'ale [mar'tsjale] *ag (anche fig)* martial(e).
'marzo ['martso] *sm* mars *sg*.
mascal'zone [maskal'tsone] *sm* voyou, goujat.
ma'scella [maʃ'ʃɛlla] *sf* mâchoire supérieure.
'maschera ['maskera] *sf* masque *m*; *(travestimento)* déguisement *m*; (CINE, TEATRO: *inserviente)* ouvreuse; *(: personaggio)* personnage *m*; **ballo in** ~ bal masqué; **maschera'mento** *sm (contraffazione)* maquillage; (MIL) camouflage.
masche'rare [maske'rare] *vt* masquer; *(fig: mimetizzare)* camoufler; *(: celare: orgoglio, ambizioni)* cacher, masquer; **~rsi da** se déguiser en.
ma'schile [mas'kile] *ag* masculin(e).
'maschio, a ['maskjo] *ag* mâle; *(virile)* viril(e) // *sm* mâle; *(uomo)* garçon; (TECN: *per filettare)* taraud; (ARCHITETTURA) donjon.
masco'lino, a *ag* masculin(e).
'massa *sf* masse; *(di errori, sciocchezze)* tas *m*; **in** ~ en bloc.
massa'crare *vt* massacrer; **mas'sacro** *sm* massacre.
massaggi'are [massad'dʒare] *vt* masser; **mas'saggio** *sm* massage.
mas'saia *sf* ménagère.
masse'ria *sf* (AGR) ferme.
masse'rizie [masse'rittsje] *sfpl* affaires.
massicci'ata [massit'tsata] *sf* macadam *m*; (FERR) ballast *m*.
mas'siccio, a, ci, ce [mas'sittʃo] *ag* massif(-ive); *(persone)* trapu(e) // *sm (montagna)* massif.
massi'male *sm* maximum, plafond.

'massimo, a *ag* maximum, maximal(e); *(effetto, stima)* le(la) plus grand(e); (*SPORT*): **peso ~** poids lourd // *sm* maximum // *sf* sentence; *(regola)* règle, principe *m;* (*METEOR*) température maximale; **al ~** au maximum; **in ~a parte** pour la plupart; **in linea di ~a** en principe.
'masso *sm* rocher, roc.
mas'sone *sm* franc-maçon; **masso'ne'ria** *sf (associazione segreta)* franc-maçonnerie; *(fig: consorteria)* clique.
masti'care *vt* mastiquer, mâcher; *(fig: borbottare)* mâchonner; **~ amaro** *o* **veleno** *(fig)* ruminer sa colère.
'mastice ['mastitʃe] *sm* mastic.
ma'stino *sm* dogue.
masturbazi'one *sf* masturbation.
ma'tassa *sf* écheveau *m; (fig)* embrouillamini *m.*
mate'matico, a, ci, che *ag* mathématique // *sm/f (studioso)* mathématicien/ne // *sf (scienza)* mathématiques *pl.*
mate'rasso *sm* matelas *sg.*
ma'teria *sf* matière; *(argomento)* sujet *m,* question; (*SCOL*) matière, discipline; **~ grigia** (*ANAT*) matière grise; **~e prime** matières premières; **materi'ale** *ag* matériel(le); *(fig: grossolano)* grossier(-ère) // *sm* matériel; *(materia prima)* matériau; *(insieme di documenti, materiali per costruzione)* matériaux *pl.*
materia'lista, i, e *sm/f* matérialiste.
maternità *sf* maternité.
ma'terno, a *ag* maternel(le); *(terra)* natal(e).
ma'tita *sf* crayon *m.*
ma'trice *sf* matrice; (*COMM*) souche, talon *m.*
ma'tricola *sf* matricule; *(persona, numero)* matricule *m;* (*SCOL: fam)* bleu *m,* bizut *m.*
ma'trigna [ma'triɲɲa] *sf* belle-mère; *(peg)* marâtre.
matrimoni'ale *ag* matrimonial(e); *(banchetto)* de mariage, de noces; *(letto)* à deux places; **vita ~** vie conjugale.
matri'monio *sm* mariage.
ma'trona *sf (fig)* matrone.
mat'tina *sf* matin *m;* **matti'nata** *sf* matinée; **mattini'ero, a** *ag* matinal(e); **mat'tino** *sm* matin.
'matto, a *ag (anche fig)* fou *(f* folle); *(fig: fungo)* vénéneux(-euse) // *sm/f* fou/folle // *sm (tarocchi)* fou // *sf* (*CARTE*) joker *m.*
mat'tone *sm* (*EDIL*) brique *f; (fig: di cosa o persona: pesante, noiosa)* ennuyeux(-euse), assommant(e).
matto'nella *sf* carreau *m; (di biliardo)* bande; *(tipo di combustibile)* briquette.
matu'rare *vt, vi (anche fig)* mûrir; (*ECON*) fructifier; **maturità** *sf (anche fig)* maturité; (*SCOL: diploma, esame)* baccalauréat *m;* **ma'turo, a** *ag (anche fig)* mûr(e); (*SCOL*) bachelier(-ère).
mauso'leo *sm* mausolée.
'mazza ['mattsa] *sf (bastone)* gourdin *m; (martello)* masse, massue; *(da golf, hockey)* crosse; *(da cricket)* batte; **maz'zata** *sf* coup *m* de massue; *(fig)* coup *m* dur.
'mazzo ['mattso] *sm (di fiori)* bouquet; *(ortaggi)* botte *f; (insieme delle carte da gioco)* jeu; *(gruppo: di chiavi)* trousseau; *(banconote)* liasse *f.*
me *pron* moi; *(sta in luogo di* **mi** *unito a lo, la, li, le, ne)* me; **~ ne dai?** tu m'en donnes?; **dimmelo** dis-le moi; **povero ~!** pauvre de moi!
me'andro *sm* méandre.
mec'canico, a, ci, che *ag (anche fig)* mécanique // *sm (persona)* mécanicien, mécano *(fam)* // *sf* mécanique; **mecca'nismo** *sm (anche fig)* mécanisme.
me'daglia [me'daʎʎa] *sf* médaille;

medagli'one *sm* médaillon.
me'desimo, a *ag* même.
medi'ano, a *ag* médian(e) // *sm* (*SPORT*) demi.
medi'ante *prep* au moyen de.
medi'are *vt* être médiateur (dans); **media'tore, trice** *sm/f* médiateur/trice, intermédiaire; **mediazi'one** *sf* médiation.
medica'mento *sm* médicament.
medi'care *vt* soigner; **~rsi** *vr* se soigner; **medicazi'one** *sf* pansement *m*.
medi'cina [medi'tʃina] *sf (scienza)* médecine; *(farmaco, medicamento)* médicament *m*; **medici'nale** *ag* médicinal(e) // *sm* médicament.
'medico, a, ci, che *ag* médical(e) // *sm* médecin.
medie'vale *ag* médieval(e).
'medio, a *ag* moyen(ne); (*SCOL*) ≈ secondaire // *sm (dito)* médius *sg*, majeur // *sf* moyenne.
medi'ocre *ag* médiocre.
medio'evo *sm* Moyen Age.
medi'tare *vt* méditer; *(progettare)* projeter // *vi (riflettere attentamente)* méditer; **meditazi'one** *sf* méditation.
mediter'raneo, a *ag* méditerranéen(ne); **il (mare) M~** la (Mer) Méditerranée.
me'dusa *sf* méduse.
'meglio ['mɛʎʎo] *av (comparativo)* mieux; *(superlativo)* le(la) mieux // *ag inv* mieux; *(superlativo)* le(la) meilleur(e) // *sm* mieux; **alla ~** tant bien que mal; **andare di bene in ~** aller de mieux en mieux; **fare del proprio ~, fare il ~** faire tout son possible; **per il ~** pour le mieux.
'mela *sf* pomme; **~ cotogna** coing *m*.
mela'grana *sf* (*BOT*) grenade.
melan'zana [melan'dzana] *sf* aubergine.
me'lassa *sf* mélasse.
me'lenso, a *ag* bête, sot(te), stupide.
mel'lifluo, a *ag* mielleux(-euse).
'melma *sf* boue; **mel'moso, a** *ag* boueux(-euse).
'melo *sm* pommier.
melo'dia *sf (anche fig)* mélodie; **me'lodico, a, ci, che** *ag* mélodique; **melodi'oso, a** *ag* mélodieux(-euse).
melo'dramma, i *sm* mélodrame, mélo *(fam)*.
me'lone *sm* melon.
mem'brana *sf* membrane.
'membro *sm* membre.
memo'rabile *ag* mémorable.
memo'randum *sm inv* mémorandum.
'memore *ag*: **~ di** se souvenant de.
me'moria *sf* mémoire; **a ~** *(imparare, sapere)* par cœur, de mémoire; **memori'ale** *sm (raccolta di memorie)* mémorial; (*DIR*) mémoire.
mena'dito: a ~ *av* à la perfection.
me'nare *vt (portare, condurre)* mener, conduire; *(picchiare)* taper; **~rsi** *vr* se battre; **~ buono** porter bonheur.
mendi'cante *ag, sm/f* mendiant(e).
mendi'care *vt* mendier.
'meno *av, ag inv* moins // *prep* moins; *(eccetto)* sauf // *sm inv* moins; **sei ~ alto di me** tu es moins haut que moi; **è la soluzione ~ pericolosa** c'est la solution la moins dangereuse; **fa ~ cinque** *(temperatura)* il fait moins cinq; **dobbiamo decidere se accettare o ~** nous devons décider si accepter ou pas; **venire ~** *(fig)* manquer; **fare a ~ di qc/qn** se priver de qch/se passer de qn; **non potevo fare a ~ di ridere** je ne pouvais m'empêcher de rire; **in ~ che non si dica** en un instant; **~ male** heureusement.
meno'mare *vt* mutiler.
'mensa *sf* table; *(pasto, pranzo)* repas *m*; *(locale per pasti collettivi)* cantine.
men'sile *ag* mensuel(le) // *sm*

(periodico) mensuel; *(stipendio)* mois *sg*, salaire.
'mensola *sf* étagère.
'menta *sf* menthe.
men'tale *ag* mental(e).
mentalità *sf* mentalité.
'mente *sf* intelligence; *(attenzione del pensiero)* esprit *m*; **imparare/sapere qc a ~** apprendre/savoir qch par coeur; **avere in ~ qc** avoir l'intention de faire qch.
men'tire *vi* mentir.
'mento *sm* menton.
'mentre *cong (temporale)* pendant que; *(avversativa: invece)* tandis que.
menzio'nare [mentsjo'nare] *vt* nommer, mentionner.
menzi'one [men'tsjone] *sf* mention.
men'zogna [men'tsɔɲɲa] *sf* mensonge *m*.
mera'viglia [mera'viʎʎa] *sf* étonnement *m*, surprise; *(ammirazione)* émerveillement *m*; *(persona, cosa)* merveille; **a ~** à merveille; **meravigli'are** *vt* étonner, surprendre; **meravigliarsi** *vr* s'étonner; **meravigli'oso, a** *ag* merveilleux(-euse).
mer'cante *sm* marchand; **mercanteggi'are** *vt*, *vi* marchander; **mercan'tile** *ag* (COMM) commercial(e); marchand(e) // *sm (nave)* navire marchand, cargo; **mercan'zia** *sf* marchandise.
mer'cato *sm* marché.
'merce ['mɛrtʃe] *sf* marchandise.
mercé [mer'tse] *sf* merci, grâce.
merce'nario, a [mertʃe'narjo] *ag*, *sm* mercenaire.
merce'ria [mertʃe'ria] *sf* mercerie.
mercoledì *sm* mercredi.
mer'curio *sm* mercure.
'merda *sf (fam!)* merde*(!)*.
me'renda *sf* goûter *m*.
meridi'ano, a *ag* de midi, méridien(ne) // *sf* méridien *m*; *(orologio)* cadran *m* solaire.
meridio'nale *ag* méridional, du Sud.
meridi'one *sm (punto cardinale)* Sud; *(di un paese)* Midi, Sud.
me'ringa, ghe *sf* (CUC) meringue.
meri'tare *vt* mériter; **~rsi** *vr* mériter; **~rsi qc** gagner qch; **meri'tevole** *ag* digne; **'merito** *sm* mérite; *(valore)* valeur *f*; **per merito tuo** grâce à toi; **in merito a** à propos de; **meri'torio, a** *ag* méritoire.
mer'letto *sm* dentelle *f*.
'merlo *sm* merle; (ARCHIT) créneau.
mer'luzzo [mer'luttso] *sm* (ZOOL) morue *f*.
'mescere ['meʃʃere] *vt* verser.
meschinità [meskini'ta] *sf* mesquinerie.
me'schino, [mes'kino] **a** *ag* mesquin(e); *(abitazione, tenore di vita)* misérable.
'mescita ['meʃʃita] *sf* débit *m* de boissons, buvette.
mesco'lanza [mesko'lantsa] *sf* mélange *m*.
mesco'lare *vt* mélanger; *(rimestare)* remuer; *(carte da gioco)* battre; **~rsi** *vr (anche fig)* se mêler; *(confondersi)* se confondre.
'mese *sm* mois *sg*.
'messa *sf* (REL) messe; **~ in moto** (AUTO) démarrage *m*; **~ in opera** mise en œuvre; **~ in piega** mise en plis; **~ a fuoco** (FOTO) mise au point.
messag'gero [messad'dʒɛro] *sm* messager.
mes'saggio [mes'saddʒo] *sm* message; *(discorso)* discours *sg*, allocution *f*, message.
mes'sale *sm* (REL) missel.
'messe *sf (anche fig)* moisson.
mes'sia *sm inv (anche fig)* messie.
messin'scena [messin'ʃɛna] *sf (anche fig)* mise en scène.
'messo, a *pp di* **mettere** // *ag*

mis(e) // *sm (messaggero)* messager; *(comunale, giudiziario)* huissier.
mesti'ere *sm* métier.
'mesto, a *ag* triste, mélancolique.
'mestola *sf* écumoir *m; (EDIL)* truelle.
'mestolo *sm (CUC)* louche *f.*
mestru'ale *ag* menstruel(le).
mestruazi'one [mestruat'tsjone] *sf* menstruation; ~**i** *sfpl* règles.
'meta *sf* destination; *(fig: scopo)* but *m.*
metà *sf (anche fig)* moitié; *(parte mediana: del mese)* milieu *m;* **dividere qc a** *o* **per** ~ partager qch en deux; **fare a** ~ partager; **a** ~ **prezzo** à moitié prix; **a** ~ **strada** à mi-chemin; ~ **per uno** moitié-moitié.
meta'fisico, a, ci, che [meta'fiziko] *ag, sf (anche fig)* métaphysique.
me'tafora *sf* métaphore.
me'tallico, a, ci, che *ag* métallique.
me'tallo *sm* métal; **metallur'gia** *sf* métallurgie.
metalmec'canico, a, ci, che *ag* métallurgique et mécanique // *sm* métallurgiste et mécanicien, métallo et mécano *(fam).*
meta'morfosi *sf (anche fig)* métamorphose.
me'tano *sm (CHIM)* méthane.
me'teora *sf* météore *m;* **meteo'rite** *sm* météorite.
meteorolo'gia [meteorolo'dʒia] *sf* météorologie; **meteoro'logico, a, ci, che** *ag* météorologique; **il servizio** ~ la météo *f;* **meteo'rologo, a, gi, ghe** *sm/f* météorologue.
me'ticcio, a, ci, ce [me'tittʃo] *sm/f* métis/se.
metico'loso, a *ag* méticuleux (-euse).
me'todico, a, ci, che *ag* méthodique.
'metodo *sm* méthode *f.*
metra'tura *sf (di tessuto, stoffa)* métrage *m.*
'metrico, a, ci, che *ag, sf* métrique.
'metro *sm* mètre; **giudicare con il proprio** ~ *(fig)* juger d'après soi.
me'tropoli *sf* métropole; **metropoli'tano, a** *ag (traffico, territorio)* métropolitain(e) // *sf* métro *m.*
'mettere *vt* mettre, placer; *(applicare: francobollo, manifesto)* coller; *(apprendere: tende, quadri)* suspendre, poser; ~**rsi** *vr* se mettre; ~ **fame** *(fig)* donner faim; ~ **allegria** rendre joyeux; **mettiamo che abbia ragione** admettons qu'il ait raison; ~ **un compito in bella/un testo in musica** mettre au net un devoir/un texte en musique; ~ **a confronto** comparer; ~ **in chiaro** ~ au clair; ~ **in atto** réaliser; ~ **su casa** monter son ménage; ~**rsi in società con qd** s'associer avec qn; ~**rci** y mettre; ~ **a tacere qd/qc** faire taire qn/étouffer qch; ~ **via** ranger; **mettercela tutta** *(impegnarsi al massimo)* faire tout son possible.
mezza'dria [meddza'dria] *sf* métayage *m;* **mez'zadro** *sm* métayer.
mezza'luna [meddza'luna] *sf* demi-lune; *(emblema)* croissant *m; (coltello)* hachoir *m.*
mezza'nino [meddza'nino] *sm* entresol, mezzanine *f.*
mez'zano, a [med'dzano] *ag* moyen(ne) // *sm* proxénète // *sf:* **albero di** ~**a** *(NAUT)* mât d'artimon *m.*
mezza'notte [meddza'nɔtte] *sf* minuit *m; (nord)* nord *m.*
'mezzo, a ['mɛddzo] *ag* demi(e) // *av* mi-, à moitié // *sm (metà di un tutto)* demi, moitié *f; (parte centrale: di strada, etc)* milieu; *(modo per raggiungere un fine)* moyen; *(veicolo)* moyen de transport; *(FIS: spazio)* milieu // *sf* demie; **suonare la** ~**a** sonner les demies; **le nove e**

~**a** neuf heures et demie; ~**i** *smpl (possibilità economiche)* moyens; **un ~ litro** un demi-litre; **di ~a età** *(persona)* entre deux âges; **di ~a stagione** *(vestito)* de demi-saison; **a ~a voce** à mi-voix; ~**a cartuccia** *(fam)* demi-portion; **di ~** *(centrale)* du milieu; **andarci di ~** subir les conséquences; **via di ~** compromis *sg;* **levarsi** *o* **togliersi di ~** se mettre de côté; **per ~** *o* **a ~ di** au moyen de; **~ pubblico** transport public.
mezzogi'orno [meddzo'dʒɔrno] *sm* midi.
mez'z'ora, mezz'ora [med'dzora] *sf* demi-heure; **c'è un autobus ogni ~** il y a un bus toutes les demi-heures.
mi *pron (dav lo, la, li, ne diventa* **me**) me // *sm* (MUS) mi.
'mia *vedi* **mio.**
miago'lare *vi* miauler; **miago'lio** *sm* miaulement.
'mica *sf* (CHIM) mica *m* // *av:* **non ... ~** pas du tout; **~ male!** pas mal!, pas mal du tout!; **non sarai ~ offeso?** tu ne seras pas vexé par hasard?
'miccia, ce ['mittʃa] *sf* mèche.
micidi'ale [mitʃi'djale] *ag* mortel(le).
'microbo *sm (anche fig: peg)* microbe.
micro'cosmo [mikro'kɔzmo] *sm* microcosme.
mi'crofono *sm* microphone, micro.
micro'scopico, a, ci, che *ag (anche fig)* microscopique.
micro'scopio *sm* microscope.
mi'dollo *sm* moelle *f.*
mi'ele *sm* miel.
mi'etere *vt* (AGR) moissonner; *(fig: uccidere)* faucher; *(: raccogliere: successo)* récolter; **mieti'tura** *sf (anche fig)* moisson.
migli'aio [miʎ'ʎajo], *pl(f)* ~**a** *sm* millier.
'miglio ['miʎʎo] *sm* (BOT) millet, mil; *pl(f)* ~**a** *(unità di misura)* mille.
miglio'rare [miʎʎo'rare] *vt* améliorer // *vi* s'améliorer; **migli'ore** *ag (comparativo)* meilleur(e); *(superlativo)* le(la) meilleur(e) // *sm/f* meilleur/e.
'mignolo ['miɲɲolo] *sm* petit doigt.
mi'grare *vi* émigrer; **migra'tore, trice** *ag* migrateur(-trice); **migrazi'one** *sf* migration.
mila'nese *ag, sm/f* milanais(e); **cotoletta alla ~** escalope panée.
Mi'lano *sf* Milan.
miliar'dario, a *sm/f* milliardaire.
mili'ardo *sm* milliard.
mili'are *ag* milliaire.
mili'one *sm* million; *(grande quantità)* tas *sg.*
mili'tante *ag, sm/f* militant(e).
mili'tare *vi* faire son service militaire; *(fig)* militer // *ag, sm* militaire; **'milite** *sm* soldat; **il ~ ignoto** le soldat inconnu.
mi'lizia [mi'littsja] *sf* milice, armée, troupes *fpl.*
millanta'tore, trice *sm/f* vantard/e, fanfaron/ne.
'mille *ag inv* mille.
mille'foglie [mille'fɔʎʎe] *sm inv* (CUC) millefeuille.
mil'lennio *sm* millénaire.
millepi'edi *sm* mille-pattes.
mil'lesimo, a *ag, sm* millième.
milli'grammo *sm* milligramme.
mil'limetro *sm* millimètre.
'milza ['miltsa] *sf* (ANAT) rate.
mime'tismo [mime'tizmo] *sm (anche fig)* mimétisme; **mimetiz'zare** *vt* camoufler; ~**rsi** *vr* se camoufler.
'mimico, a *ag, sf* mimique.
'mimo *sm* mime.
mi'mosa *sf* mimosa *m.*
'mina *sf* mine.
mi'naccia, ce [mi'nattʃa] *sf (anche fig)* menace; **minacci'are** *vt* menacer; **minacci'oso, a** *ag* menaçant(e).
mi'nare *vt (anche fig)* miner.

mina'reto *sm* minaret.
mina'tore *sm* mineur.
mina'torio, a *ag* menaçant(e).
mine'rale *ag* minéral(e) // *sm* minéral; *(grezzo)* minerai; **mineralo'gia** *sf* minéralogie.
mine'rario, a *ag* minier(-ère); **ingegnere ~** ingénieur des Mines.
mi'nestra *sf* (*CUC*) soupe, potage *m;* **mine'strone** *sm* (*CUC*) minestrone *(soupe de légumes avec pâtes).*
mingher'lino, a [minger'lino] *ag* maigrelet(te), chétif(-ive).
minia'tura *sf* enluminure, miniature.
mini'era *sf* minière.
mini'gonna *sf* mini-jupe.
'minimo, a *ag* moindre; *(opposto a massimo)* minimum; *(molto piccolo, insignificante)* minime // *sm* minimum; (*AUTO*) ralenti; **come ~** au moins.
'minio *sm* minium.
ministeri'ale *ag* ministériel(le).
mini'stero *sm* ministère; (*REL*) sacerdoce, ministère.
mi'nistro *sm* ministre.
mino'ranza [mino'rantsa] *sf* minorité.
mino'rato, a *ag, sm/f* handicapé(e); *(mentale)* débile.
minorazi'one *sf* infirmité.
mi'nore *ag (comparativo)* plus petit(e); *(meno importante)* mineur(e); *(più giovane)* cadet(te); (*MAT*) inférieur(e); **il/la ~ (di)** *(superlativo)* le/la plus petit(e) (de) // *sm/f* (*DIR*) mineur/e.
mino'renne *ag, sm/f* (*DIR*) mineur/e.
mi'nuscolo, a *ag* minuscule.
mi'nuta *sf* brouillon *m;* (*DIR*) minute.
mi'nuto, a *ag* petit(e); *(scrittura, pioggia)* fin(e); *(corporatura)* menu(e); *(fig: lavoro, relazione)* détaillé(e), minutieux(-euse) // *sm* minute *f;* **comprare/vendere al ~** (*COMM*) acheter/vendre au détail.
'mio *m,* **'mia** *f,* **mi'ei** *mpl,* **'mie** *fpl det* mon *m o f,* ma *f,* mes *m/f pl* // *pron* le mien *m,* la mienne *f,* les miens *mpl,* les miennes *fpl;* **i miei** *(parenti)* mes parents.
'miope *ag* myope; **mio'pia** *sf* (*MED*) myopie.
'mira *sf* but *m; (balistica)* **punto di ~** point de mire; **linea di ~** ligne de mire; **prendere la ~** viser; **prendere di ~ qd** *(fig)* viser qn, harceler qn.
mi'rabile *ag* admirable.
mi'racolo *sm* miracle; **miraco'loso, a** *ag* miraculeux(-euse).
mi'raggio [mi'raddʒo] *sm* mirage.
mi'rare *vi:* **~ a** *(bersaglio, cuore)* viser; *(fig: successo, potere)* viser à, aspirer à.
mi'riade *sf* myriade.
mi'rino *sm* (*MIL*) guidon; (*FOT*) viseur.
'mirra *sf* myrrhe.
mir'tillo *sm* (*BOT*) myrtille *f.*
mi'santropo *sm/f* misanthrope.
mi'scela [miʃ'ʃela] *sf* mélange *m.*
miscel'lanea [miʃʃel'lanea] *sf* recueil *m.*
'mischia ['miskja] *sf* bagarre; (*SPORT*) mêlée.
miscre'dente *ag, sm/f* mécréant(e).
mi'scuglio [mis'kuʎʎo] *sm* mélange.
mise'rabile *ag* misérable; *(spregevole)* méprisable.
mi'seria *sf* misère; *(infelicità)* malheur *m;* **~e** *sfpl* malheurs *smpl;* **porca ~!** *(fam),* **~ ladra!** *(fam)* misère!, malheur!, nom d'un chien!.
miseri'cordia *sf* miséricorde.
'misero, a *ag (vita, persona)* misérable, pauvre; *(stipendio, salario)* maigre; *(meschino: animo)* mesquin(e).
mi'sfatto *sm* méfait.
mi'sogino [mi'zɔdʒino] *sm* (*PSIC*) misogyne.

'missile *sm* fusée *f*, missile.
missio'nario, a *ag, sm/f* missionnaire.
missi'one *sf* mission.
misteri'oso, a *ag* mystérieux (-euse).
mi'stero *sm* mystère.
'mistico, a, ci, che *ag* mystique.
mistifi'care *vt* mystifier.
'misto, a *ag* mixte.
mi'stura *sf* mélange *m*, mixture.
mi'sura *sf (anche fig)* mesure; *(taglia: abito)* taille; *(: scarpe)* pointure; *(discrezione)* modération; *(provvedimento)* disposition; **su** ~ *(abito)* sur mesure; **fuori** ~ démesurément; **di** ~ de justesse; **aver colmato la** ~ *(fig)* avoir dépassé les bornes.
misu'rare *vt* mesurer; *(abito)* essayer; *(spese, cibo)* modérer; *(fig: parole)* peser // *vi* mesurer; **~rsi** *vr (nelle spese, nel mangiare)* se modérer; **~rsi con qd** se mesurer avec qn; **misu'rato, a** *ag (carattere, parole)* modéré(e); *(di terreni)* mesuré(e).
'mite *ag* doux(douce); *(prezzo, interesse)* modéré(e), modique; **mi'tezza** *sf* douceur; *(prezzi)* modicité.
'mitico, a, ci, che *ag* mythique.
miti'gare *vt* apaiser; *(prezzi)* abaisser; *(freddo)* adoucir; **~rsi** *vr (odio)* s'apaiser; *(temperatura)* s'adoucir.
'mito *sm* mythe; **mitolo'gia, gie** *sf* mythologie.
'mitra *sf* (*REL*) mitre // *sm inv (arma)* mitraillette *f*.
mitraglia'trice [mitraʎʎa'tritʃe] *sf* mitrailleuse.
mit'tente *sm/f* expéditeur/trice.
'mobile *ag* mobile; *(bene)* mobilier (-ère); *(onda, sabbie)* mouvant(e); *(fig: mutevole)* changeant(e) // *sm* meuble; **mo'bilia** *sf* mobilier *m*, meubles *mpl*; **mobili'are** *ag* mobilier(-ère).
mobilità *sf* mobilité.
mobili'tare *vt (anche fig)* mobiliser; **mobilitazi'one** *sf* mobilisation.
mocas'sino *sm* mocassin.
mocci'oso, a [mot'tʃoso] *sm/f* morveux/euse.
'moccolo *sm (di candela)* bougie *f*; *(fam: bestemmia)* juron; *(: moccio)* morve *f*; **reggere il** ~ *(fig)* tenir la chandelle.
'moda *sf* mode; **alla/di** ~ à la mode.
mo'dale *ag* modal(e).
modalità *sf inv* modalité // *sfpl (formalità)* formalités *pl*.
mo'della *sf (indossatrice)* mannequin *m*.
model'lare *vt* modeler; *(fig: abito)* mouler; **~rsi** *vr*: **~rsi su** *o* **a** se modeler sur; **mo'dello** *sm* modèle; *(stampo, forma)* moule; *(modulo)* formulaire; *(schema)* plan; *(campione)* maquette *f* // *ag inv (scolaro, padre, azienda)* modèle; **modello di carta** (*SARTORIA*) patron.
mode'rare *vt* modérer; **mode'rato, a** *ag* modéré(e); (*MUS*) moderato; **modera'tore, trice** *ag* modérateur(-trice); **moderazi'one** *sf* modération.
mo'derno, a *ag* moderne.
mo'destia *sf* modestie; **mo'desto, a** *ag* modeste.
'modico, a, ci, che *ag* modique.
mo'difica, che *sf* modification.
modifi'care *vt* modifier; **~rsi** *vr* se modifier.
mo'dista *sf* modiste.
'modo *sm* façon *f*, manière *f*; *(mezzo)* moyen; (*LING*) mode; **~i** *smpl* manières *f*; **a suo ~, a ~ suo** à sa manière, à sa façon; **di** *o* **in ~ che** *(così da)* de manière à; **in ~ da fare qc** de manière à faire qch; **in** *o* **ad ogni ~, in tutti i ~i** de toute façon, de toute manière; **in qualche** ~ en quelque sorte; **in qualunque** *o* **ogni** ~ coûte que coûte; **per ~ di dire** pour ainsi dire; **in malo** ~ de façon

désagréable.
modu'lare *vt* moduler; **modulazi'one** *sf* modulation; **modulazione d'ampiezza/di frequenza** modulation d'amplitude/de fréquence.
'modulo *sm (documento)* document; *(schema stampato)* formulaire; (*ARCHITETTURA, MAT, TECN*) module.
'mogano *sm* acajou.
'mogio, a, gi, gie ['mɔdʒo] *ag* penaud(e), mortifié(e).
'moglie ['moʎʎe] *sf* femme.
mo'ine *sfpl* câlineries, cajoleries; *(leziosità)* grimaces, simagrées.
'mola *sf* meule.
mo'lare *vt (lame)* aiguiser; *(marmi)* meuler; *(vetro)* biseauter // *sm (dente)* molaire *f.*
'mole *sf (dimensione)* grandeur; *(imponenza)* importance; *(fig: entità, quantità)* masse.
mo'lecola *sf* molécule; **moleco'lare** *ag* moléculaire.
mole'stare *vt* molester; **mo'lestia** *sf* ennui *m;* **mo'lesto, a** *ag* agaçant(e).
'molla *sf* ressort *m;* ~**e** *sfpl (per il camino, anche fig)* pincettes.
mol'lare *vt* lâcher; (*NAUT*) larguer; *(fig: ceffone, schiaffo)* flanquer // *vi* lâcher; **fare a tira e molla** tergiverser.
'molle *ag* mou *(f* molle); *(flessibile)* flexible; *(bagnato)* trempé(e), mouillé(e).
mol'letta *sf (per capelli)* barrette; *(per panni stesi)* pince à linge; *(per zollette di zucchero)* pince à sucre.
mol'lezza [mol'lettsa] *sf* mollesse; ~**e** *sfpl* luxe *m.*
mol'lica, che *sf* mie de pain.
mol'lusco, chi *sm* mollusque.
'molo *sm* jetée *f*, quai.
mol'teplice [mol'teplitʃe] *ag* multiple; *(interessi, attività)* nombreux(-euse); **molteplicità** *sf* multiplicité.
moltipli'care *vt* multiplier ~**rsi** *vr* se multiplier; **moltiplica'tore, trice** *ag* multiplicateur(-trice) // *sm* multiplicateur; **moltiplicazi'one** *sf* multiplication.
molti'tudine *sf* foule; *(grande quantità di cose)* multitude.
'molto, a *ag* beaucoup de // *av* beaucoup; *(con ag)* très; *(con il comparativo)* beaucoup // *pron:* ~**i** *mpl* beaucoup; ~**i dicono che ...** beaucoup de gens disent que ...; **per ~ tempo, per ~e ore** pendant longtemps; **duemila lire al chilo sono ~e** deux mille lire le kilo c'est beaucoup; **i ~i libri che leggiamo** les nombreux livres que nous lisons.
momen'taneo, a *ag* momentané(e), passager(-ère).
mo'mento *sm* moment; **da un ~ all'altro** d'un moment à l'autre; **in ogni ~** à chaque instant; **al ~ di** au moment de; **per il ~** pour le moment; **dal ~ che** du moment que.
'monaca, che *sf* religieuse, soeur.
'monaco, ci *sm* moine.
mo'narca, chi *sm* monarque; **monar'chia** *sf* monarchie; **mo'narchico, a, ci, che** *ag* monarchique; *(partito, simpatizzante)* monarchiste, royaliste.
mona'stero *sm* monastère; **mo'nastico, a, ci, che** *ag* monastique.
'monco, a, chi, che *ag (mano, braccio etc)* manchot(e); *(fig: incompleto)* bancal(e).
mon'dana *sf* prostituée.
mon'dano, a *ag* (*REL*) terrestre; *(dell'alta società)* mondain(e).
mon'dare *vt (frutta)* éplucher; *(riso, grano)* monder; *(fig: anima)* purifier.
mon'diale *ag* mondial(e).
'mondo *sm* monde; *(corpo celeste)* univers *sg; (la Terra)* terre *f; (fig)* foule *f*, tas *sg;* **venire al ~** venir au monde; **andare all'altro ~** mourir, passer à l'autre monde; **persona di ~** homme/femme du monde; ~

cane/birbone/ladro! *(fam)* nom d'un chien!; **Nuovo/Vecchio M~** Nouveau/Vieux Monde.
monelle'ria *sf* espièglerie.
mo'nello, a *sm/f* polisson/ne, espiègle.
mo'neta *sf* pièce de monnaie; (ECON: *valuta)* monnaie; *(denaro spicciolo)* petite monnaie; ~ **estera** devise étrangère; ~ **legale** monnaie légale; **ripagare qd con la stessa** ~ *(fig)* rendre à qn la monnaie de sa pièce; **mone'tario, a** *ag* monétaire.
mongo'loide *sm/f* (MED) mongolien/ne.
'monito *sm* avertissement.
'monitor *sm inv* (TECN, TV) moniteur d'image.
mo'nocolo *sm* monocle.
monoco'lore *ag* d'une seule couleur; **governo** ~ (POL) gouvernement d'un seul parti.
mono'gramma, i *sm* monogramme.
mo'nologo, ghi *sm* monologue.
mono'polio *sm (anche fig)* monopole; **monopoliz'zare** *vt (anche fig)* monopoliser.
mono'sillabo, a *ag* monosyllabique // *sm* (LING) monosyllabe.
monoto'nia *sf* monotonie; **mo'notono, a** *ag* monotone.
monsi'gnore [monsiɲ'ɲore] *sm* monseigneur.
mon'sone *sm* mousson *f.*
'monta *sf* monte.
monta'carichi [monta'kariki] *sm* monte-charge.
mon'taggio [mon'taddʒo] *sm* montage.
mon'tagna [mon'taɲɲa] *sf* montagne; **andare in** ~ aller à la montagne; **monta'gnoso, a** *ag* montagneux(-euse).
monta'naro, a *ag, sm/f* montagnard(e).
mon'tano, a *ag* des montagnes.
mon'tare *vt* monter; (CUC: *panna, uova)* fouetter, battre; *(coprire, fecondare)* monter, saillir // *vi* monter; **~rsi la testa** se monter la tête; ~ **una notizia/persona** gonfler une nouvelle/une personne; ~ **in bicicletta/a cavallo** monter à bicyclette/à cheval; ~ **in collera** se mettre en colère.
monta'tura *sf* monture; *(fig: voluta esagerazione)* bluff *m.*
'monte *sm* mont; *(fig: mucchio, cumulo)* tas *sg;* **mandare a** ~ **qc** *(fig)* faire échouer qch; ~ **di pietà** (FIN) mont-de-piété.
mon'tone *sm* mouton, bélier.
montu'oso, a *ag* montagneux (-euse).
monu'mento *sm* monument.
'mora *sf* mûre; (DIR) retard; *(ammenda)* amende.
mo'rale *ag* moral(e) // *sm* moral // *sf (etica)* morale; **moralità** *sf* moralité.
morbi'dezza [morbi'dettsa] *sf (anche fig)* douceur.
'morbido, a *ag* doux(douce), mou (molle) *(fig: arrendevole)* souple.
mor'billo *sm* (MED) rougeole *f.*
'morbo *sm* maladie *f.*
mor'boso, a *ag* morbide.
mor'dace [mor'datʃe] *ag (anche fig)* mordant(e).
mor'dente *sm* (CHIM) mordant; *(fig: efficacia)* mordant, énergie *f* // *ag* vif(-ive), caustique.
'mordere *vt* mordre.
mor'fina *sf* morphine.
morfi'nomane *sm/f* (MED) morphinomane.
mo'ria *sf* grande mortalité.
mori'bondo, a *ag* moribond(e), mourant(e).
morige'rato, a [moridʒe'rato] *ag* sobre.
mo'rire *vi* mourir; **un sonno/caldo da** ~ un sommeil/une chaleur à mourir.
mormo'rare *vi* murmurer; **mormo'rio** *sm* murmure.
'moro, a *ag, sm/f (dai capelli scuri)*

brun(e); *(di carnagione scura)* basané(e); **i M~i** (*STORIA*: *musulmani)* les Maures.
mo'roso, a *ag* retardataire // *sm/f (fam: fidanzato)* petit/e ami/e.
'morsa *sf (anche fig)* étau *m.*
morsi'care *vt* mordre.
'morso *sm* morsure *f; (puntura di insetto)* piqûre *f; (boccone)* bouchée *f; (parte della briglia)* mors *sg;* **sentire i ~i della fame** avoir un creux à l'estomac.
morta'della *sf* mortadelle.
mor'taio *sm* mortier.
mor'tale *ag* mortel(le) // *sm* mortel.
mortalità *sf* mortalité.
'morte *sf* mort; *(fig: rovina, fine)* fin.
mortifi'care *vt* mortifier; **~rsi** *vr* se mortifier.
'morto, a *pp di* **morire** // *ag, sm/f* mort(e).
mor'torio *sm (fig)* enterrement.
mo'saico, ci *sm (anche fig)* mosaique *f.*
'mosca, sche *sf* mouche; **~ cieca** *(gioco)* colin-maillard *m;* **zitto e ~!** motus et bouche cousue!
'Mosca *sf* Moscou.
mo'scato *sm* muscat.
mosce'rino [moʃʃe'rino] *sm* moucheron.
mo'schea [mos'kɛa] *sf* mosquée.
mo'schetto [mos'ketto] *sm* mousqueton.
moschi'cida, i, e *ag* tue-mouches // *sm* insecticide.
'moscio, a, sci, sce ['mɔʃʃo] *ag (fig)* mou *(f* molle).
mosco'vita *ag, sm/f* moscovite.
'mossa *sf* mouvement *m; (fig: azione)* manœuvre, geste; *(nel gioco)* coup *m.*
'mosso, a *pp di* **muovere** // *ag* agité(e); *(capelli)* ondulé(e); (*FOT*) flou(e).
mo'starda *sf* moutarde.
'mostra *sf* exposition; *(ostentazione)* étalage *m;* **far bella ~ di sè** se pavaner; **mettersi in ~** se mettre en évidence.
mo'strare *vt* montrer, faire voir; *(ostentare)* étaler; *(indicare)* indiquer; **~ di** *(fingere)* faire semblant de; **~rsi** *vr* se montrer.
'mostro *sm (anche fig)* monstre; **mostru'oso, a** *ag (anche fig)* monstrueux(-euse).
mo'tel *sm inv* motel.
moti'vare *vt* motiver, justifier; **motivazi'one** *sf* motifs *mpl;* (*PSIC*) motivation; **mo'tivo** *sm* motif, raison *f; (letterario)* thème; *(disegno)* motif; (*MUS*) thème, motif.
'moto *sm* mouvement // *sf (abbr di* **motocicletta**) moto; **messa in ~** mise en route.
motoci'cletta [mototʃi'kletta] *sf* motocyclette, *(fam)* moto; **motoci'clismo** *sm* motocyclisme; **moto-ci'clista, i, e** *sm/f* motocycliste.
mo'tore, trice *ag* moteur/trice // *sm (meccanismo)* moteur; **a ~** à moteur; **~ elettrico/a combustione interna/ a reazione** moteur électrique/ à combustion interne/ à réaction.
moto'rino *sm* (*AUTO*) démarreur; *(piccola moto)* cyclomoteur.
motoriz'zato, a [motorid'dzato] *ag* motorisé(e).
moto'scafo *sm* (*NAUT*) bateau à moteur.
'motto *sm (battuta scherzosa)* boutade *f,* plaisanterie *f; (parola, frase)* devise *f.*
mo'vente *sm* mobile.
mo'venza [mo'vɛntsa] *sf* attitude, pose.
movimen'tare *vt* animer, mouvementer; **movi'mento** *sm* mouvement; *(animazione, vivacità)* animation *f.*
movi'ola *sf* moviola.
mozi'one [mot'tsjone] *sf* motion; **~ di fiducia** motion de confiance.
moz'zare [mot'tsare] *vt* couper; **~ il fiato** *o* **il respiro** *(fig)* couper le

soufflé.

mozzi'cone [mottsi'kone] *sm* mégot.

'mozzo [mɔddzo] *sm* moyeu; (*NAUT*) mousse; ~ **di stalla** valet d'écurie.

'mucca, che *sf* vache.

'mucchio ['mukkjo] *sm (anche fig)* tas *sg*.

'muco, chi *sm* (*BIO*) mucus *sg*.

mu'cosa *sf* (*ANAT*) muqueuse.

'muffa *sf* moisi *m;* (*BOT*) moisissure.

mug'gire [mud'dʒire] *vi* mugir; **mug'gito** *sm* mugissement.

mu'ghetto [mu'getto] *sm* muguet.

mu'gnaio, a [muɲ'ɲaio] *sm/f* meunier(-ère).

mugo'lare *vi (cane)* glapir, gémir; *(fig: persona)* bougonner; **mugo'lio** *sm* gémissement.

mulatti'era *sf* chemin *m* muletier.

mu'latto, a *sm/f* mulâtre/mulâtresse.

muli'nare *vt (spada)* faire tournoyer, faire des moulinets avec; *(foglie)* tourbillonner // *vi (pensieri, progetti)* tourbillonner; **muli'nello** *sm* moulinet.

mu'lino *sm* moulin.

'mulo *sm* mulet.

'multa *sf* amende, contravention; **mul'tare** *vt* faire une contravention à.

multico'lore *ag* multicolore.

'multiplo, a *ag, sm* multiple.

'mummia *sf* momie.

'mungere ['mundʒere] *vt* traire; *(fig: sfruttare, spremere)* exploiter.

munici'pale [munitʃi'pale] *ag* municipal(e).

muni'cipio [muni'tʃipjo] *sm* mairie *f,* hôtel de ville.

mu'nire *vt:* ~ **qc di** munir qch de; ~ **qd di** fournir qch à qn.

munizi'oni [munit'tsjoni] *sfpl* munitions.

mu'overe *vt (spostare)* déplacer; *(parte del corpo)* bouger, remuer; *(obiezione, critica)* soulever, exprimer; *(accusa)* porter // *vi:* ~ **contro qd** marcher contre qn; **~rsi** *vr* se mettre en marche; *(agitarsi)* remuer, bouger; *(sbrigarsi)* se dépêcher; ~ **qd a pietà** *(fig)* toucher qn de pitié.

mu'raglia [mu'raʎʎa] *sf* muraille; *(fig: difesa, barriera)* barrière, mur *m.*

muragli'one [muraʎ'ʎone] *sm* haute muraille *f.*

mu'rale *ag* mural(e).

mu'rare *vt* murer; ~ **una porta** condamner une porte; **mura'tore** *sm* maçon; **mura'tura** *sf* maçonnerie.

'muro *sm* mur; ~ **a** *sfpl* murs *mpl,* remparts *mpl;* **armadio a** ~ placard; ~ **del suono** mur du son.

muschi'ato, a [mus'kjato] *ag* musqué(e).

'muschio ['muskjo] *sm* (*ZOOL*) musc; (*BOT*) mousse *f.*

musco'lare *ag* musculaire.

'muscolo *sm* muscle; **musco'loso, a** *ag* musclé(e).

mu'seo *sm* musée.

museru'ola *sf* muselière.

'musica *sf* musique; ~ **da ballo/camera** musique de ballet/de chambre; **musi'cale** *ag* musical(e); **musi'cista, i, e** *sm/f* musicien/ne.

'muso *sm (di animale)* museau; *(peg: viso umano)* figure *f,* gueule *fam; (fig: di auto, aereo)* nez; **tenere il** ~ **a qd** *(fig)* faire la tête à qn; **rompere il** ~ **a qd** *(fam)* casser la gueule à qn.

mu'sone, a [mu'zone] *sm/f* boudeur/euse.

musul'mano, a *ag, sm/f* musulman(e).

'muta *sf* (*ZOOL*) mue; *(gruppo di cani)* meute; *(da subacqueo)* combinaison de plongée.

muta'mento *sm* changement.

mu'tande *sfpl (da uomo)* slip *m; (da donna)* slip *m;* culotte *f;* **mu-**

tan'dine *sfpl (da donna o bambino)* culotte *f;* slip *m.*
mu'tare *vt, vi* changer; **mutazi'one** *sf* changement *m;* (*BIOL*) mutation; **mu'tevole** *ag (anche fig)* changeant(e).
muti'lare *vt* mutiler; **muti'lato, a** *ag, sm/f* mutilé(e); **mutilazi'one** *sf* mutilation.
mu'tismo *sm* mutisme.
'muto, a *ag* muet(te).
'mutua *sf* mutuelle.
mutu'ato, a *sm/f* (*MED*: *assistito dalla mutua)* assuré/e.
'mutuo, a *ag (reciproco)* mutuel(le), réciproque // *sm* (*ECON*) prêt, crédit.

N

N. *(abbr di* **Nord**) N.
'nacchere ['nakkere] *sfpl* (*MUS*) castagnettes.
'nafta *sf* mazout *m.*
'naia *sf* (*ZOOL*) naja *m; (fam: MIL)* service *m* militaire.
'nailon *sm* ® nylon ®.
'nanna *sf (fam)* dodo *m.*
'nano, a *ag, sm/f* nain(e).
napole'tano, a *ag, sm/f* napolitain(e) // *sf (macchina per caffè)* cafetière napolitaine.
'Napoli *sf* Naples.
'nappa *sf (ornamento)* gland *m; (abbligliamento)* peau.
nar'ciso [nar'tʃizo] *sm* narcisse.
nar'cosi *sf* narcose; **nar'cotico, ci** *sm* narcotique.
na'rice [na'ritʃe] *sf* narine; *(di animali)* naseau *m.*
nar'rare *vt* raconter; **narra'tivo, a** *ag* narratif(-ive); **narra'tore, trice** *sm/f* narrateur/trice; *(scrittore)* écrivain *m;* **narrazi'one** *sf* narration, récit *m.*
na'sale *ag* nasal(e).
'nascere ['naʃʃere] *vi* naître; (*BOT*) pousser; *(di fiume)* prendre sa source; *(fig: guerra)* prendre naissance; **'nascita** *sf* naissance.
na'scondere *vt* cacher, planquer *(fam);* **~rsi** *vr* se cacher; se planquer *(fam);* **nascon'diglio** *sm* cachette *f;* planque *f (fam);* **nascon'dino** *sm* cache-cache; **na'scosto, a** *pp di* **nascondere** // *ag* caché(e); *(fig: immerso)* enfoui(e); **di nascosto** en cachette, en catimini.
na'sello *sm* merlan.
'naso *sm* nez, pif *(fam);* **avere ~** *(fig)* avoir du flair; **andare a ~** aller au petit bonheur *o* au pif *(fam).*
'nastro *sm* ruban; (*TECN*) bande *f;* (*METALLURGIA*) feuillard; **~ di partenza** (*IPPICA*) starting-gate.
na'sturzio [nas'turtsjo] *sm* (*BOT*) capucine *f.*
na'tale *ag* natal(e) // *sm:* **N~** Noël; **~i** *mpl* naissance *f;* **natalità** *sf* natalité; **nata'lizio, a** *ag* de Noël.
na'tante *ag* flottant(e) // *sm* embarcation *f.*
'natica, che *sf* fesse.
na'tio, a *ag* natal(e).
Natività *sf* Nativité.
na'tivo, a *ag:* **~ di ...** originaire de ... .
'nato, a *pp di* **nascere** // *ag* né(e), de naissance; **~ morto** mort-né // *sm/f* celui/celle qui est né(e).
N.A.T.O *sigla f* O.T.A.N (Organisation du Traité de l'Atlantique Nord).
na'tura *sf* nature.
natu'rale *ag* naturel(le); *(di cibo)* nature; **natura'lezza** *sf* naturel *m,* spontaneité; **natura'lista, i, e** *sm/f* naturaliste; **naturaliz'zare** *vt* naturaliser.
naufra'gare *vi* faire naufrage; *(fig)* échouer; **nau'fragio** *sm* naufrage; **'naufrago, ghi** *sm* naufragé.
'nausea *sf* nausée, mal *m* au cœur; *(fig)* dégout *m;* **nausea'bondo, a** *ag* écœurant(e), dégoutant(e); **nause'are** *vt* donner la nausée à; *(fig)*

dégouter, écœurer.

'nautico, a, ci, che *ag* nautique // *sf* (navigation de) plaisance; **negozio di ~a** magasin d'articles *mpl* nautiques.

na'vale *ag* naval(e).

na'vata *sf* (*ARCHIT*) nef.

'nave *sf* navire *m*, bateau *m*; **~ cisterna** bateau -citerne *m*; pétrolier *m*; **~ appoggio** ravitailleur *m*; **~ passeggeri** paquebot *m*; **~ spaziale** vaisseau *m* spatial.

na'vetta *sf* navette.

navi'cella [navi'tʃɛlla] *sf* (*di aerostato*) nacelle; **~ spaziale** vaisseau spacial.

navi'gabile *ag* navigable.

navi'gare *vi* naviguer; (*essere trasportato*) voyager; **navigazi'one** *sf* navigation.

na'viglio [na'viʎʎo] *sm* (*canale*) canal navigable.

nazio'nale [nattsjo'nale] *ag* national(e) // *sf* (*SPORT*) équipe nationale; **naziona'lismo** *sm* nationalisme; **nazionalità** *sf* nationalité; **nazionaliz'zare** *vt* nationaliser, étatiser.

nazi'one [nat'tsjone] *sf* nation.

NB. (*abbr di nota bene*) NB.

ne *pron, av* en; **non parliamone più** n'en parlons plus; **hai del pane? no, non ~ ho** as-tu du pain? non, je n'en ai pas.

nè cong: **non parla ~ l'italiano ~ il tedesco** il ne parle ni l'italien ni l'allemand.

ne'anche [ne'anke] *av* même // *cong* non plus, ni même; **non l'ho visto ~ io** moi non plus je ne l'ai pas vu; **non mi ha ~ visto** il ne m'a même pas vu; **~ per idea/sogno** jamais de la vie, pas le moins du monde; **~ a parlarne** pas question.

'nebbia *sf* brouillard *m*; (*leggera*) brume; **nebbi'oso, a** *ag* brumeux (-euse); embrumé(e).

neces'sario, a [netʃes'sarjo] *ag* nécessaire, indispensable // *sm* nécessaire.

necessità [netʃessi'ta] *sf* necessité; (*povertà*) besoin *m*.

necessi'tare [netʃessi'tare] *vt* nécessiter // *vi*: **~ di** avoir besoin de, falloir.

necro'logio [nekro'lɔdʒo] *sm* nécrologie *f*; (*registro dei morti*) nécrologe.

necrosco'pia *sf* autopsie.

ne'fando, a *ag* infâme.

ne'fasto, a *ag* néfaste.

ne'gare *vt* nier; (*autorizzazione*) refuser; **nega'tivo, a** *ag* négatif (-ive) // *sf o sm* (*FOT*) négatif *m*; **negazi'one** *sf* négation.

ne'gletto, a [neg'lɛtto] *pp di* **ne'gligere.**

'negli ['neʎʎi] *prep +det vedi* **in.**

negli'gente [negli'dʒɛnte] *ag* négligent(e); **negli'genza** *sf* négligence, laisser-aller.

ne'gligere [ne'glidʒere] *vt* négliger.

negozi'ante [negot'tsjante] *sm/f* négociant/e, commerçant/e.

negozi'are [negot'tsjare] *vt* (*POL*) négocier: **negozi'ato** *sm* (*POL*) négociation *f*, pourparlers *mpl*.

ne'gozio [ne'gɔttsjo] *sm* magasin; (*affare*) affaire *f*.

'negro, a *ag* noir(e); (*peg*) nègre // *sm/f* noir/e; (*peg*) nègre/esse.

'nei, nel, nell', 'nella, 'nelle, 'nello *prep +det vedi* **in.**

'nembo *sm* nuage; (*METEOR*) nimbus *sg*.

ne'mico, a, ci, che *ag* ennemi(e); (*ostile*) hostile // *sm/f* ennemi/e.

nem'meno *av, cong vedi* **ne'anche.**

'nenia *sf* rengaine.

'neo *sm* grain de beauté; (*fig: difetto*) petit défaut; (*: problema*) ennui.

'neo ... *pref* néo ...; **neo'litico, a, ci, che** *ag, sm* néolithique.

'neon *sm inv* néon.

neo'nato, a *ag, sm/f* nouveau-né(e).

nep'pure *av, cong vedi* **ne'anche.**

'nerbo *sm* nerf de bœuf; *(fig: energia)* nerf, vigueur *f;* **nerbo'ruto, a** *ag* musclé(e).
ne'retto *sm* (*TIP*) caractère gras; *(giornale)* article en caractères gras.
'nero, a *ag* noir(e) // *sm* noir; **cronaca ~a** *(giornale)* faits *mpl* divers.
nerva'tura *sf* nervure.
'nervo *sm* nerf; **far venire i ~i** *(fam)* énerver, agacer; **ner'voso, a** *ag* (*ANAT*) nerveux(-euse); *(arrabbiato)* énervé(e) // *sm:* **avere il nervoso** avoir les nerfs *mpl* en boule; **farsi venire il nervoso** s'énerver.
'nespola *sf* (*BOT*) nèfle; *(fig: colpo secco)* beigne, chataigne *(fam).*
'nesso *sm* rapport, liaison *f;* (*LING*) lien.
nes'suno, a *(dav sm* **nessun'** *+C, V,* **nessuno** *+ s impura, gn, ps, x, z; dav sf* **nessun'** *+ V) det (negativo)* aucun(e); *(positivo)* quelque // *pron (negativo)* personne; *(positivo)* quelqu'un(e); **hai ricevuto ~a notizia?** as-tu reçu quelque nouvelle?; **non c'è** ~ il n'y a personne; **hai visto ~?** as-tu vu quelqu'un?; **nessun altro** *ag* aucun autre // *pron* personne d'autre; quelqu'un d'autre; **nessun'altra** *ag* aucune autre // *pron* personne d'autre; quelqu'une d'autre; **in nessun luogo** nulle part.
'nettare *sm* nectar.
net'tare *vt* nettoyer; **net'tezza** *sf* propreté; *(di stile, etc)* netteté; **nettezza urbana** service *m* de voirie.
'netto, a *ag* net(te); *(pulito)* net(te), propre.
nettur'bino *sm* éboueur.
neurolo'gia [neurolo'dʒia] *sf* neurologie.
neu'rosi *sf* = **ne'vrosi.**
neu'trale *ag* neutre; **neutralità** *sf* neutralité; **neutraliz'zare** *vt* neutraliser.
'neutro, a *ag* neutre.
ne'vaio *sm* névé.
'neve *sf* neige.
nevi'care *vb impersonale* neiger; **nevi'cata** *sf* chute de neige.
ne'vischio [ne'viskjo] *sm* grésil, neige *f* fondue.
ne'voso, a *ag* de (la) neige; *(coperto di neve)* enneigé(e).
nevral'gia [nevral'dʒia] *sf* névralgie.
ne'vrosi *sf* névrose.
'nibbio *sm* milan.
'nicchia ['nikkja] *sf* niche.
nicchi'are [nik'kjare] *vi* hésiter.
'nichel ['nikel] *sm* (*CHIM*) nickel.
nico'tina *sf* nicotine.
'nido *sm* nid; *(fig)* nid, foyer; **asilo ~** *(di bambini)* crèche *f,* garderie *f.*
ni'ente *pron, sm* rien; **cose da ~** choses sans importance; **come se ~ fosse** comme si de rien n'était; **non ho visto ~** je n'ai rien vu // *av:* **non è per ~ vero** ce n'est pas vrai du tout; **~ affatto** pas du tout; **nient'altro** rien d'autre; **per ~** *(affatto)* pas du tout, nullement; **~ paura!** n'ayez pas peur.
nientedi'meno, niente'meno *av* rien de moins, ni plus ni moins.
'nimbo *sm* nimbe.
'ninfa *sf* nymphe.
nin'fea *sf* (*BOT*) nymphéa *m.*
ninna-'nanna *sf* berceuse.
'ninnolo *sm (giochino)* joujou; *(soprammobile)* bibelot.
ni'pote *sm/f (di zii)* neveu/nièce; *(di nonni)* petit-fils/petite-fille; **~i** *mpl (di nonni)* petits-enfants; *(di zii)* neveux et nièces.
'nitido, a *ag* net(te), limpide.
ni'trato *sm* nitrate.
'nitrico, a, ci, che *ag* nitrique.
ni'trire *vi* hennir; **ni'trito** *sm* hennissement; (*CHIM*) nitrite.
nitroglice'rina [nitroglitʃe'rina] nitroglycérine.
'niveo, a *ag* candide, pur(e).
no *av, sm inv* non; **vieni, ~?** tu viens, n'est-ce pas? **perchè ~?** pourquoi

pas?; **sì e ~** plus ou moins, environ; **un giorno sì e un giorno ~** un jour sur deux.

'nobile *ag* noble; **nobili'are** *ag* nobiliaire; **nobiltà** *sf* noblesse.

'nocca, che *sf* (*ANAT*) jointure.

nocci'ola [not'tʃɔla] *ag inv (posposto al s), sf* noisette.

nocci'olo [not'tʃɔlo] *sm* (*BOT: albero)* noisetier.

'nocciolo ['nɔttʃolo] *sm (di frutto)* noyau; (*TECN: di reattore nucleare)* cœur; *(fig)* nœud.

'noce ['notʃe] *sf* noix *sg* // *sm* (*BOT: pianta)* noyer; **~ moscata** muscade.

no'civo, a [no'tʃivo] *ag* nuisible, mauvais(e).

'nodo *sm* nœud; *(fig)* lien; **no'doso, a** *ag* noueux(-euse).

'noi *pron* nous.

'noia *sf* ennui *m;* **avere qd/qc a ~** en avoir assez de qn/qch; **dare ~ (a)** embêter, ennuyer; *(ostacolare)* gêner.

noi'altri *pron* nous-autres.

noi'oso, a *ag* ennuyeux(-euse), embêtant(e).

noleggi'are [noled'dʒare] *vt* louer; **no'leggio** *sm* location *f.*

'nolo *sm* location; **prendere/dare a ~ qc** louer qch.

'nomade *ag, sm/f* nomade.

'nome *sm* nom; *(nome proprio di una persona)* prénom; *(fig: fama)* réputation *f;* **~ d'arte** nom de théâtre, pseudonyme.

no'mea *sf* réputation.

no'mignolo [no'miɲɲolo] *sm* sobriquet, surnom.

'nomina *sf* nomination.

nomi'nale *ag* nominal(e).

nomi'nare *vt* nommer; *(citare)* citer, mentionner.

nomina'tivo, a *ag* nominatif (-ive) // *sm* (*AMM*) nom; (*LING*) nominatif.

non *av* ne ... pas // *pref* non- ; *vedi* **affatto, ancora, appena.**

nonché [non'ke] *cong* ainsi que.

noncu'rante *ag:* **~ di** insoucieux (-euse) de, insouciant(e) de; **noncu'ranza** *sf* insouciance, nonchalance.

nondi'meno *cong* cependant, pourtant.

'nonno, a *sm/f* grand-père/-mère; **i ~i** *smpl* grands-parents.

non'nulla *sm inv* rien.

'nono, a *num* neuvième.

nono'stante *prep* malgré // *cong* bien que, quoique; **ciò ~** *(tuttavia)* toutefois, cependant.

nontiscordardimè *sm inv* (*BOT*) myosotis.

nord *sm, ag inv* nord; **'nordico, a, ci, che** *ag, sm/f* nordique.

'norma *sf* règle; *(industriale)* norme; (*DIR*) loi; **a ~ di legge** aux termes de la loi.

nor'male *ag* normal(e); **normalità** *sf* normalité; **normaliz'zare** *vt* normaliser.

norve'gese [norve'dʒese] *ag, sm/f* norvégien(ne).

Nor'vegia [nor'vedʒa] *sf* Norvège.

nostal'gia [nostal'dʒia] *sf* nostalgie; **no'stalgico, a, ci, che** *ag, sm/f* nostalgique.

no'strano, a *ag* de chez nous.

'nostro, a *det* notre // *pron:* **il ~, la ~a,** *etc* ... le (la) nôtre, etc ... .

'nota *sf* note; **degno di ~** *(fig)* digne d'intérêt.

no'taio *sm* (*DIR*) notaire.

no'tare *vt* noter, remarquer.

notazi'one [notat'tsjone] *sf* notation; *(fig)* observation.

no'tevole *ag* considérable, remarquable.

no'tifica, che *sf* notification, signification.

notifi'care *vt* (*DIR*) notifier, signifier; **notificazi'one** *sf* notification, signification.

no'tizia [no'tittsja] *sf* nouvelle; **notizi'ario** *sm* (*RADIO, TV, STAMPA*) nouvelles *fpl.*

'noto, a *ag* connu(e).
notorietà *sf* notoriété.
no'torio, a *ag* notoire.
not'tambulo, a *ag* noctambule.
not'tata *sf* nuit.
'notte *sf* nuit; **peggio che andar di** ~ *(fig)* de mal en pis; **alle tre di** ~ à trois heures du matin *m;* **notte'tempo** *av* pendant la nuit.
not'turno, a *ag (servizio, riposo)* nocturne, de nuit // *sm* nocturne.
no'vanta *num* quatre-vingt-dix; **novan'tenne** *ag, sm/f* nonagénaire; **novan'tesimo, a** *ag* quatre-vingt-dixième; **novan'tina** *sf:* **una novantina di ...** environ quatre-vingt-dix ...; **la novantina** *(età)* quatre-vingt-dix ans.
'nove *num* neuf.
nove'cento [nove'tʃɛnto] *num* neuf cents // *sm:* **il N~** *(secolo)* le vingtième siècle.
no'vella *sf* conte *m.*
novel'lino, a *ag* novice, inexperimenté(e).
no'vello, a *ag* nouveau(-elle); *(sposo)* jeune.
no'vembre *sm* novembre.
novi'lunio *sm* nouvelle lune *f.*
novità *sf inv* nouveauté; *(notizia)* nouvelle.
novizi'ato [novit'tsjato] *sm* (*REL*) noviciat; *(fig: tirocinio)* apprentissage.
no'vizio, a [no'vittsjo] *ag, sm/f* (*REL*) novice; *(fig)* débutant(e).
nozi'one [not'tsjone] *sf* notion.
'nozze ['nɔttse] *sfpl* noces; mariage *m;* ~ **d'argento/d'oro** noces d'argent/d'or.
ns *(abbr commerciale di* **nostro**) notre (N.).
'nube *sf* nuage *m.*
nubi'fragio [nubi'fradʒo] *sm* inondation *f.*
'nubile *ag (di donna)* célibataire.
'nuca *sf* nuque.
nucle'are *ag* nucléaire.
'nucleo *sm* noyau; *(gruppo specializzato: MIL)* brigade *f.*
nu'dista, i, e *sm/f* naturiste.
nudità *sf inv* nudité.
'nudo, a *ag* nu(e) // *sm* nu.
'nulla *sm* rien; *(fig)* néant // *pron, av* = **niente.**
nulla'osta *sm inv* permis *sg,* autorisation *f.*
nullità *sf* nullité.
'nullo, a *ag* nul(le).
nume'rale *ag* numéral(e).
nume'rare *vt* numéroter, chiffrer; **numerazi'one** *sf* numération.
nu'merico, a, ci, che *ag* numérique.
'numero *sm* numéro; (*MAT: cifra)* chiffre, nombre; *(di scarpe)* pointure *f; (quantità)* nombre; **~i** *mpl (fig)* atouts, qualités *fpl;* **dare i ~i** *(fig)* dérailler; **nume'roso, a** nombreux(-euse).
'nunzio ['nuntsjo] *sm* (*REL*) nonce.
nu'ocere ['nwɔtʃere] *vi:* ~ **a** nuire à; **nuociuto, a** *pp di* **nuocere.**
nu'ora *sf* belle-fille, bru.
nuo'tare *vi* nager; **nuota'tore, trice** *sm/f* nageur/euse; **nu'oto** *sm* nage *f;* (*SPORT*) natation *f.*
nu'ova *sf vedi* **nu'ovo.**
nuova'mente *av* de *o* à nouveau.
nu'ovo, a *ag* nouveau(-elle); neuf(-ve) // *sf (notizia)* nouvelle; **~fiammante** *o* **di zecca** flambant *inv* neuf; **rimettere a** ~ remettre à neuf; **un vestito** ~ une nouvelle robe *o* une robe neuve.
nutri'ente *ag* nourrissant(e).
nutri'mento *sm* nourriture *f.*
nu'trire *vt* nourrir, alimenter; *(fig)* nourrir; **~rsi di** se nourrir de, s'alimenter de; **nutri'tivo, a** *ag* nutritif(-ive); nourrissant(e); **nutrizi'one** *sf (alimentazione)* nourriture; (*FISIOL*) nutrition.
'nuvola *sf* nuage *m;* **'nuvolo, nuvo'loso, a** *ag* nuageux(-euse).
nuzi'ale [nut'tsjale] *ag* nuptial(e).

O

o *(davanti V spesso* **od**) *cong* ou, ou bien.
O. *(abbr di* **Ovest**) O.
'oasi *sf inv* oasis.
obbedi'ente, *etc vedi* **ubbidi'ente**, etc.
obbli'gare *vt* obliger; **~rsi** *vr* s'engager; **obbli'gato, a** *ag* obligé(e); **obbliga'torio, a** *ag* obligatoire; **obbligazi'one** *sf* obligation; **'obbligo, ghi** *sm* obligation; devoir.
ob'brobrio *sm* horreur *f.*
obesità *sf* obésité.
o'beso, a *ag* obèse.
obiet'tare *vt* objecter, répondre.
obiettività *sf* objectivité.
obiet'tivo, a *ag* objectif(-ive) // *sm* objectif, but; (*FOT*) objectif.
obiet'tore *sm* objecteur.
obiezi'one [objet'tsjone] *sf* objection.
obi'torio *sm* morgue *f.*
o'bliquo, a *ag* oblique.
oblite'rare *vt* oblitérer.
oblò *sm* hublot.
o'blungo, a, ghi, ghe *ag* oblong (-gue).
'oboe *sm* (*MUS*) hautbois *sg.*
obsole'scenza [obsoleʃ'ʃɛntsa] *sf* obsolescence.
'oca, oche *sf* (*ZOOL*) oie; *(fig: donna sciocca)* bécasse.
occasi'one *sf* occasion.
occhi'aia [ok'kjaja] *sf* cerne *m;* **avere le ~e** avoir les yeux cernés.
occhi'ali [ok'kjali] *smpl* lunettes *fpl.*
occhi'ata [ok'kjata] *sf* coup *m* d'œil.
occhieggi'are [okkjed'dʒare] *vt* lorgner.
occhi'ello [ok'kjɛllo] *sm* boutonnière *f; (di scarpe)* œillet.
'occhio ['ɔkkjo] *sm* œil; *(vista)* vue *f;* **~!** attention! *f;* **tener d'~ qd** *(fig)* surveiller qn du coin de l'œil; **strizzare l'~** faire de l'œil à qn; **a quattr'occhi** en tête *f* à tête, à quatre yeux *mpl;* **dare all'~** *o* **nell'~** taper dans l'œil; **fare l'~ a** s'habituer à; **occhio'lino** *sm:* **fare l'occhiolino** cligner de l'œil.
occiden'tale [ottʃiden'tale] *ag, sm/f* occidental(e).
occi'dente [ottʃi'dɛnte] *sm* occident.
oc'cipite [ot'tʃipite] *sm* (*ANAT*) occiput.
oc'cludere *vt* (*MED*) occlure; **occlusi'one** *sf* obstruction; (*MED*) occlusion; **oc'cluso, a** *pp di* **occludere.**
occor'rente *ag, sm* nécessaire.
occor'renza [okkor'rɛntsa] *sf* nécessité; *(evenienza)* éventualité; **all'~** le cas échéant, au besoin.
oc'correre *vi* falloir, avoir besoin de; **oc'corso, a** *pp di* **occorrere.**
occul'tare *vt* cacher, receler; **oc'culto, a** *ag* occulte.
occu'pare *vt* occuper; **~rsi di** s'occuper de; **~rsi come** *(trovar lavoro)* prendre un emploi de; **occu'pato, a** *ag* occupé(e); **occupa'tore, trice** *ag, sm/f* occupant(e); **occupazi'one** *sf* occupation; *(impiego)* emploi *m.*
o'ceano [o'tʃeano] *sm* océan.
'ocra *sf* ocre.
OCSE *(abbr di Organizzazione per la Cooperazione e lo Sviluppo Economico)* Organisation de Coopération et de Développement Economiques (O.C.D.E.).
ocu'lare *ag* oculaire.
ocu'lato, a *ag* avisé(e), attentif(-ive).
ocu'lista, i, e *sm/f* (*MED*) oculiste.
'ode, odi *sf* ode.
odi'are *vt* haïr, détester.
odi'erno, a *ag (di oggi)* d'aujourd'hui, de ce jour; *(attuale)* actuel(le).
'odio *sm* haine *f;* **avere in ~ qc/qd** haïr *o* détester qch/qn; **odi'oso, a** *ag*

odieux(-euse), détestable.
odo'rare *vt* flairer // *vi* sentir; *(profumare)* sentir bon; **odo'rato** *sm (olfatto)* odorat; *(fiuto)* flair; **o'dore** *sm* odeur *f;* **gli odori** *smpl* (*CUC*) les aromates, les épices *fpl;* **odo'roso, a** *ag* odorant(e).
of'fendere *vt* offenser, vexer; **~rsi** *vr* se vexer, se froisser; **offen'sivo, a** *ag* blessant(e), vexant(e); (*MIL*) offensif(-ive) // *sf* (*MIL*) offensive; **offen'sore** *sm* offenseur.
offe'rente *sm/f* offrant/e.
of'ferto, a *pp di* **offrire** // *sf* offre; *(asta)* enchère; *(obolo, REL)* offrande.
of'feso, a *pp di* **offendere** // *ag, sm/f* offensé(e), vexé(e) // *sf* offense, affront *m;* (*MIL*) offensive.
offi'cina [offi'tʃina] *sf (locale di lavoro)* atelier *m;* (*AUTO*) garage *m.*
of'frire *vt* offrir; **~rsi** *vr* s'offrir; *(proporsi)* se proposer; *(occasione)* se présenter.
offu'scare *vt* obscurcir, assombrir; *(fig)* brouiller; **~rsi** *vr* s'assombrir, s'obscurcir; *(fig)* se brouiller; *(: svanire)* s'estomper.
of'talmico, a, ci, che *ag* ophtalmique.
oggettività [oddʒettivi'ta] *sf* objectivité.
ogget'tivo, a [oddʒet'tivo] *ag* objectif(-ive).
og'getto [od'dʒɛtto] *sm* objet.
'oggi ['ɔddʒi] *av* aujourd'hui, à présent // *sm* aujourd'hui; **dall'~ al domani** du jour au lendemain; **~ o mai più** maintenant ou jamais; **oggigi'orno** *av* aujourd'hui, de nos jours // *sm* aujourd'hui.
o'giva [o'dʒiva] *sf* ogive.
'ogni ['oɲɲi] *det* chaque; **a ~ costo** à tout prix; **viene ~ due giorni** il vient tous les deux jours; **in ~ luogo** en tout lieu; **~ tanto** de temps en temps; **~ volta che** chaque fois que.
Ognis'santi [oɲɲis'santi] *sm* Toussaint *f.*
o'gnuno, a [oɲ'ɲuno] *pron* chacun(e).
O'landa *sf* Hollande; **olan'dese** *ag, sm/f* hollandais(e).
oleo'dotto *sm* (*TECN*) oléoduc, pipe-line.
ole'oso, a *ag* huileux(-euse); *(che contiene olio)* oléagineux(-euse).
ol'fatto *sm* odorat.
oli'are *vt* huiler, graisser.
oli'era *sf* huilier *m.*
Olim'piadi *sfpl* (*SPORT*) Jeux *mpl* Olympiques; **o'limpico, a, ci, che** *ag* olympique.
'olio *sm* huile *f.*
o'liva *sf* olive.
oli'veto *sm* oliveraie *f;* **o'livo** *sm* olivier.
'olmo *sm* orme.
oltraggi'are [oltrad'dʒare] *vt* outrager, insulter.
ol'traggio [ol'traddʒo] *sm* outrage; **oltraggi'oso, a** *ag* outrageux (-euse), outrageant(e).
ol'tralpe *av* au-delà des Alpes.
ol'tranza [ol'trantsa] *sf:* **a ~** à outrance.
'oltre *av (più in là)* au-delà, plus loin; *(di più)* davantage, plus longtemps // *prep (di là da)* au-delà de; de l'autre côté de; *(più di: con valore temporale)* après; *(: con valore quantitativo)* plus de; **~ a** *(in aggiunta a)* en plus de; *(eccetto)* à part, en dehors de; **oltre'mare** *av* outre-mer; **oltrepas'sare** *vt* dépasser; *(colle, frontiera)* franchir.
o'maggio [o'maddʒo] *sm* cadeau, hommage; *(segno di rispetto)* hommage; **confezione ~** paquet cadeau; **in ~** gratuitement, gracieusement.
ombeli'cale *ag* ombilical(e).
ombelico, chi *sm* nombril.
'ombra *sf* ombre; *(fig)* soupçon *m.*
ombreggi'are [ombred'dʒare] *vt* ombrager; *(sfumare)* ombrer.
om'brello *sm* parapluie.

om'bretto *sm* fard à paupière.
ombroso, a *ag* ombragé(e); *(fig: carattere)* ombrageux(-euse).
ome'lia *sf* (*REL*) homélie, sermon *m.*
omeopa'tia *sf* homéopathie.
omertà *sf* loi du silence.
o'messo, a *pp di* **o'mettere.**
o'mettere *vt* omettre.
omi'cida, i, e [omi'tʃida] *ag, sm/f* homicide, meurtrier(-ère).
omi'cidio [omi'tʃidjo] *sm* homicide, meurtre.
omissi'one *sf* omission.
omogeneiz'zato [omodʒeneid'dzato] *sm* petit pot.
omo'geneo, a [omo'dʒɛneo] *ag* homogène.
omolo'gare *vt* homologuer.
o'monimo, a *ag, sm/f* homonyme.
omosessu'ale *ag, sm/f* homosexuel(le).
on. (*abbr di* **onorevole**): ~ **Rossi** M. Rossi.
'oncia, ce ['ontʃa] *sf* once.
'onda *sf* vague; (*TECN*) onde; *(dei capelli)* ondulation; (*NAUT*) lame, vague, flot *m;* **mandare in** ~ (*TV, RADIO*) transmettre, diffuser; **il programma che è andato in ~ ieri ...** le programme qui a été diffusé hier ...; **on'data** *sf* (*NAUT*) grosse vague, lame; *(fig)* vague.
'onde *cong (affinchè)* afin que, pour que.
ondeggi'are [onded'dʒare] *vi* (*NAUT*) se balancer; *(fig: muoversi come le onde)* ondoyer; *(bandiera, capelli)* flotter; *(: barcollare)* tituber; *(: essere incerto)* hésiter.
ondula'torio, a *ag* ondulatoire.
ondulazi'one [ondulat'tsjone] *sf* ondulation.
'onere *sm* charge *f;* **one'roso, a** *ag* onéreux(-euse).
onestà *sf* honnêteté.
o'nesto, a *ag* honnête.
'onice ['ɔnitʃe] *sf* onyx *m.*
onnipo'tente *ag* omnipotent(e), tout(e)-puissant(e).
onnisci'ente [onniʃ'ʃɛnte] *ag* omniscient(e).
onniveg'gente [onnived'dʒɛnte] *ag* qui voit tout.
ono'mastico, ci *sm* fête *f.*
ono'ranze [ono'rantse] *sfpl* hommages *mpl*, honneurs.
ono'rare *vt* honorer; **~rsi** *vr* s'honorer.
ono'rario, a *ag* honoraire // *sm* honoraires *mpl.*
o'nore *sm* honneur *f;* **ono'revole** *ag* honorable // *sm/f* (*POL*) deputato; **onorifi'cenza** *sf* décoration, honneurs *fpl;* **ono'rifico, a, ci, che** *ag* honorifique.
'onta *sf* honte.
ONU *(abbr di Organizzazione delle Nazioni Unite)* Organisation des Nations Unies (O.N.U.).
o'paco, a, chi, che *ag* opaque; *(di pelle, metallo)* mat(e).
'opale *sm o f* opale *f.*
OPEC *sigla f* O.P.E.P (Organisation des Pays Exportateurs de Pétrole).
'opera *sf* œuvre; *(lavoro)* travail *m; (libro, quadro, EDIL, etc)* œuvre, ouvrage *m;* (*MUS*) opéra; *(aiuto)* aide; **mano d'**~ main d'œuvre.
ope'raio, a *ag, sm/f* ouvrier(-ère).
ope'rare *vt* faire; (*MED*) opérer // *vi* agir; (*MED*) opérer, intervenir; **~rsi** *vr (verificarsi)* s'opérer, avoir lieu; **opera'tivo, a** *ag* opérationnel(le); **opera'tore** *sm* opérateur; **operatore turistico** agent de voyage; **operatore economico** *acheteur ou vendeur de biens ou services sur le marché;* **opera'torio, a** *ag* (*MED*) opératoire; **operazi'one** *sf* opération.
ope'retta *sf* opérette.
ope'roso, a *ag* laborieux(-euse).
opi'ficio [opi'fitʃo] *sm* fabrique *f*, manufacture *f.*
opini'one *sf* opinion, avis *m.*
'oppio *sm* opium.
oppo'nente *sm/f* opposant/e.

op'porre *vt* opposer; **opporsi** *vr* s'opposer.
opportu'nista, i, e *sm/f* opportuniste.
opportunità *sf inv* opportunité; *(occasione)* occasion.
oppor'tuno, a *ag* opportun(e), convenable.
opposi'tore, trice *sm/f* opposant/e.
opposizi'one *sf* opposition.
op'posto, a *pp di* **opporre** // *ag* opposé(e), contraire // *sm* opposé, contraire.
oppressi'one *sf* oppression.
oppres'sivo, a *ag (di persona)* oppressif(-ive); *(di caldo, etc)* opprimant(e), accablant(e).
op'presso, a *pp di* **op'primere.**
oppres'sore *sm* oppresseur.
op'primere *vt* opprimer; *(sovraccaricare)* accabler; *(soffocare)* oppresser.
op'pure *cong* ou, ou bien; *(altrimenti)* sinon.
op'tare *vi:* ~ **per** choisir, opter pour.
opu'lento, a *ag* opulent(e).
o'puscolo *sm* brochure *f*, dépliant.
opzi'one [op'tsjone] *sf* option.
'ora *sf (60 minuti)* heure; *(momento)* temps *m;* **è ~ di partire** il est temps de partir; **che ~ è?, che ~e sono?** quelle heure est-il? // *av (adesso)* maintenant; *(poco fa)* à l'instant // *cong* or; **~, devo dirti che ...** or, je dois te dire que ...; **~ arriverà** il va arriver; **~ ride, ~ piange** tantôt il rit, tantôt il pleure; **d'~ in avanti** désormais, dorénavant; **or ~** à l'instant.
o'racolo *sm* oracle.
'orafo *sm* orfèvre.
o'rale *ag* oral(e) // *sm* oral.
ora'mai = or'mai.
o'rario, a *ag, sm* horaire.
ora'tore, trice *sm/f* orateur/trice.
ora'torio, a *ag* oratoire // *sm* salle *f* paroissiale; (*MUS*) oratorio // *sf (arte)* éloquence.
or'bene *cong* alors, eh bien.
'orbita *sf* orbite.
or'chestra [or'kɛstra] *sf* orchestre *m;* **orche'strale** *ag* orchestral(e) // *sm/f* membre *m* d'un orchestre; **orche'strare** *vt* orchestrer.
orchi'dea [orki'dɛa] *sf* orchidée.
'orcio ['ortʃo] *sm* jarre *f.*
'orco, chi *sm* ogre.
'orda *sf* horde.
or'digno [or'diɲɲo] *sm* engin.
ordi'nale *ag* ordinal(e) // *sm* ordinal.
ordina'mento *sm* organisation *f*, ordre; *(scolastico, giuridico)* système.
ordi'nanza [ordi'nantsa] *sf* ordonnance, arrêté *m;* (*MIL*) ordonnance.
ordi'nare *vt* mettre en ordre, ranger; *(commissionare)* commander; *(prescrivere)* ordonner; ~ **a qd di fare qc** ordonner à qn de faire qch.
ordi'nario, a *ag* ordinaire, normal(e) // *sm* ordinaire; (*SCOL: di università*) titulaire d'une chaire.
ordina'tivo, a *ag* ordinateur (-trice).
ordi'nato, a *ag* ordonné(e).
ordinazi'one [ordinat'tsjone] *sf* commande; (*REL*) ordination.
'ordine *sm* ordre; (*COMM*) commande *f.*
or'dire *vt (tessere)* ourdir; *(fig: architettare)* tramer; **or'dito** *sm (di tessuto)* chaîne *f; (fig)* trame.
o'recchia [o'rekkja] *sf (fig)* oreille; **fare le ~e alle pagine** *(fig)* corner les pages.
orec'chino [orek'kino] *sm* boucle *f* d'oreille.
o'recchio [o'rekkjo], *(pl)m* **o'recchi** *o (pl)f* **o'recchie** *sm* oreille *f;* **fare ~e da mercante** *(fig)* faire la sourde reille; **suonare/cantare a ~** jouer/chanter de mémoire.
orecchi'oni [orek'kjoni] *smpl*

oreillons.

o'refice [o'rɛfitʃe] *sm* orfèvre; **orefice'ria** *sf* orfèvrerie; *(negozio)* bijouterie.

'orfano, a *ag, sm/f* orphelin(e); **orfana'trofio** *sm* orphelinat.

orga'netto *sm* (*MUS*) orgue de Barbarie.

or'ganico, a, ci, che *ag* organique; *(organizzato)* organisé(e); *(fig)* homogène // *sm* effectifs *pl*.

organi'gramma *o* **organogramma, i** *sm* organigramme.

orga'nismo *sm* organisme.

orga'nista, i, e *sm/f* organiste.

organiz'zare [organid'dzare] *vt* organiser; **~rsi** *vr* s'organiser; **organizza'tore, trice** *ag, sm/f* organisateur(-trice); **organizzazi'one** *sf* organisation.

'organo *sm* organe; (*MUS*) orgue.

organo'gramma *vedi* **organi'gramma.**

or'gasmo *sm* orgasme.

'orgia, ge [ɔrdʒa] *sf* orgie.

or'goglio [or'goʎʎo] *sm* orgueil, fierté *f*; **orgogli'oso, a** *ag* orgueilleux(-euse), fier(-ère).

orien'tale *ag* oriental(e).

orienta'mento *sm* orientation *f*.

orien'tare *vt* orienter; **~rsi** *vr* s'orienter.

ori'ente *sm* est; (*GEOGR*) orient; **l'O~** l'Orient; **Vicino/Medio/Estremo O~** Proche-/Moyen-/Extrême-Orient.

o'rigano *sm* origan.

origi'nale [oridʒi'nale] *ag* original(e) // *sm* original; **originalità** *sf* originalité, nouveauté.

origi'nare [oridʒi'nare] *vt* causer.

origi'nario, a [oridʒi'narjo] *ag* originaire; *(di provenienza)* d'origine.

o'rigine [o'ridʒine] *sf* origine; *(punto d'inizio)* source.

origli'are [oriʎ'ʎare] *vi* écouter aux portes.

o'rina *sf* (*FISIOL*) urine.

ori'nare *vi* uriner.

ori'undo, a *ag, sm/f* originaire de.

orizzon'tale [oriddzon'tale] *ag* horizontal(e).

oriz'zonte [orid'dzonte] *sm* horizon.

or'lare *vt* ourler; **orla'tura** *sf* ourlet *m*.

'orlo *sm* bord; *(orlatura)* ourlet.

'orma *sf* trace, empreinte; **calcare le ~ di qd** suivre les traces de qn.

or'mai *av* désormais; *(ora)* maintenant.

ormeggi'are [ormed'dʒare] *vt* (*NAUT*) amarrer; **~rsi** *vr* s'amarrer; **or'meggio** *sm* (*NAUT*) amarrage, mouillage; *(: corda)* amarre *f*.

ornamen'tale *ag* décoratif(-ive).

orna'mento *sm* décoration *f*, ornement.

or'nare *vt* orner, décorer; **~rsi** *vr* se parer; **or'nato, a** *ag* décoré(e); *(stile)* fleuri(e).

ornitolo'gia [ornitolo'dʒia] *sf* ornithologie.

'oro *sm* or; **gli ~i** *mpl* les bijoux.

orologe'ria [orolodʒe'ria] *sf* horlogerie.

orologi'aio [orolo'dʒajo] *sm* horloger.

oro'logio [oro'lɔdʒo] *sm* horloge *f*; *(da polso)* montre *f*, montre-bracelet *f*; **~ a pendolo** pendule *f*; **~ da tasca** montre *f* de gousset.

o'roscopo *sm* oroscope.

or'rendo, a *ag* épouvantable, horrible.

or'ribile *ag* horrible, affreux (-euse).

'orrido, a *ag* horrible, effroyable.

orripi'lante *ag* effroyable.

or'rore *sm* horreur *f*.

orsacchi'otto [orsak'kjɔtto] *sm* ours en peluche; *(animale)* ourson.

'orso *sm* ours *sg*.

or'taggio [or'taddʒo] *sm* légume.

or'tica, che *sf* (*BOT*) ortie.

orti'caria *sf* (*MED*) urticaire.

orticol'tura *sf* horticulture.

'orto *sm* potager.

orto'dosso, a *ag, sm/f* orthodoxe.
ortogra'fia *sf* orthographe.
orto'lano, a *sm/f* marchand/e de légumes.
ortope'dia *sf* (*MED*) orthopédie; **orto'pedico, a, ci, che** *ag* orthopédique // *sm* (*MED: specialista*) orthopédiste.
orzai'olo, orzaiu'olo *sm* (*MED*) orgelet.
or'zata [or'dzata] *sf* orgeat *m*, sirop *m* d'orgeat.
'orzo ['ordzo] *sm* orge *f*.
o'sare *vt* oser.
oscenità [oʃʃeni'ta] *sf inv* obscénité.
o'sceno, a [oʃ'ʃeno] *ag* obscène.
oscil'lare [oʃʃil'lare] *vi* osciller; **far ~** balancer; **oscillazi'one** *sf* oscillation; *(delle braccia, etc)* balancement *m*.
oscura'mento *sm* obscurcissement; *(in tempo di guerra)* black-out.
oscu'rare *vt* obscurcir, assombrir; **~rsi** *vr* s'obscurcir, s'assombrir; *(accigliarsi)* prendre un air sombre.
o'scuro, a *ag* sombre, noir(e); *(fig)* obscur(e); (*FOT*) obscur(e), noir(e) // *sm (ignoranza)* ignorance *f*; **tenere qd all'~** *(fig)* garder qn dans l'ignorance absolue.
ospe'dale *sm* hôpital.
ospi'tale *ag* hospitalier(-ère), accueillant(e); **ospitalità** *sf* hospitalité, accueil *m*.
ospi'tare *vt* héberger, accueillir.
'ospite *sm/f (persona che ospita)* hôte/esse; *(persona ospitata)* invité/e.
o'spizio [os'pittsjo] *sm* hospice.
'ossa *sfpl vedi* **osso.**
ossa'tura *sf* ossature; (*EDIL*) charpente; (*AER*) carcasse.
'osseo, a *ag* osseux(-euse).
ossequi'ente *ag* respectueux (-euse).
os'sequio *sm* respect; **~i** *mpl* hommages, respects; **in ~ a** conformément à; **ossequi'oso, a** *ag* respectueux(-euse).
osser'vanza [osser'vantsa] *sf* observance.
osser'vare *vt* observer; *(obiettare)* observer, remarquer; **osserva'tore, trice** *ag, sm/f* observateur(-trice); **osserva'torio** *sm* observatoire; **osservazi'one** *sf* observation; *(rimprovero)* remarque, réflexion.
ossessio'nare *vt* obséder; **ossessi'one** *sf* obsession, hantise.
os'sesso, a *ag* possédé(e).
os'sia *cong* c'est-à-dire, à savoir.
ossi'dare *vt* oxyder; **~rsi** *vr* s'oxyder.
'ossido *sm* oxyde.
ossige'nare [ossidʒe'nare] *vt* oxygéner.
os'sigeno *sm* oxygène.
'osso *sm (pl (f)* **ossa:** *del corpo umano) (pl (m)* **ossi:** *di animale)* os; **~a** *fpl (spoglie)* ossements *mpl*, os *mpl*.
osso'buco, ossibuchi *sm* (*CUC*) ossobuco.
os'suto, a *ag* ossu(e).
ostaco'lare *vt* empêcher, gêner, faire obstacle à; **o'stacolo** *sm* obstacle; (*ATLETICA, IPPICA*) haie *f*.
o'staggio [os'taddʒo] *sm* otage.
'oste, essa *sm/f* patron/ne.
osteggi'are [osted'dʒare] *vt* s'opposer à, contrarier.
o'stello *sm:* **~ della gioventù** auberge *f* de jeunesse.
osten'sorio *sm* (*REL*) ostensoir.
osten'tare *vt* étaler; *(atteggiamento)* afficher; **ostentazi'one** *sf* ostentation.
oste'ria *sf* taverne, bistrot *m*, gargote *(peg)*.
o'stessa *sf vedi* **'oste.**
o'stetrico, a, ci, che *ag* obstétrique // *sm (medico specializzato)* obstétricien // *sf (infermiera)* sage-femme.
'ostia *sf* (*REL*) hostie.

'ostico, a, ci, che *ag* difficile, dur(e).
o'stile *ag* hostile.
ostilità *sf inv* hostilité.
osti'narsi *vr* s'obstiner, s'acharner; **osti'nato, a** *ag* obstiné(e); **ostinazi'one** *sf* obstination.
ostra'cismo [ostra'tʃizmo] *sm* ostracisme.
'ostrica, che *sf* (*ZOOL*) huître.
ostru'ire *vt* obstruer, boucher; **ostruzi'one** *sf* obstruction; (*MIL*) barrage.
'otre *sm* outre *f*.
ottago'nale *ag* octogonal(e).
ot'tagono *sm* octogone.
ot'tanta *num* quatre-vingts; **ottan'tenne** *ag* octogénaire; **ottan'tesimo, a** *num* quatre-vingtième; **ottan'tina** *sf (età)* environ quatre-vingts ans; **una ottantina di** environ quatre-vingts.
ot'tava *sf vedi* **ot'tavo.**
ot'tavo, a *num, sm* huitième // *sf* (*MUS, REL*) octave; **Enrico** ~ Henri huit.
ottempe'rare *vi* obtempérer.
ottene'brare *vt* obscurcir; **~rsi** *vr* s'obscurcir.
otte'nere *vt* obtenir; *(vittoria, premio)* remporter.
'ottico, a, ci, che *ag, sf* optique // *sm* opticien.
ottima'mente *av* remarquablement, très bien.
otti'mismo *sm* optimisme.
ottimista, i, e *sm/f* optimiste.
'ottimo, a *ag (buonissimo)* très bon(ne), excellent(e); *(bellissimo)* très beau(belle).
'otto *num* huit.
ot'tobre *sm* octobre.
otto'cento [otto'tʃɛnto] *ag* huit cents // *sm inv*: **l'O~** le dixneuvième siècle.
ot'tone *sm* laiton, cuivre jaune; **gli ~i** *smpl* (*MUS*) les cuivres.
ottuage'nario, a [ottuadʒe'narjo] *ag* octogénaire.
ottu'rare *vt* obturer, boucher; **~rsi** *vr* se boucher; **ottura'tore, trice** *ag* obturateur(trice) // *sm* (*FOT*) obturateur; (*MIL: congegno delle armi da fuoco)* culasse *f*; (*TECN*) clapet; **otturazi'one** *sf* obturation; (*MED*) obturation, plombage.
ot'tuso, a *pp di* **ottundere** // *ag* (*MAT*) obtus(e); *(privo di sonorità: stanza)* mat(e); *(fig: deficiente)* borné(e), bouché(e) *(fam)*.
o'vaia, e *sf* (*ANAT*) ovaire *m*.
o'vale *ag, sm* ovale.
o'vatta *sf* ouate.
ovazi'one [ovat'tsjone] *sf* ovation, acclamation.
'ovest *sm* ouest.
o'vile *sm* bergerie *f*; *(fig)* bercail.
o'vino, a *ag* ovin(e) // *sm* ovin.
ovulazi'one [ovulat'tsjone] *sf* (*BIOL*) ovulation.
'ovulo *sm* (*ANAT*) ovule.
ov'vero *cong* c'est-à-dire.
ovvi'are *vi*: ~ **a** remédier à.
'ovvio, a *ag* évident(e), logique.
ozi'are [ot'tsjare] *vi* paresser, flemmarder.
'ozio ['ɔttsjo] *sm* oisiveté *f*; **ozi'oso, a** *ag* oisif(-ive), fainéant(e).
o'zono [o'dzɔno] *sm* ozone.

P

pa'cato, a *ag* calme, tranquille.
pac'chetto [pak'ketto] *sm* paquet; *(di carte, banconote)* liasse *f*; (*POL*) ensemble de propositions.
'pacco, chi *sm* paquet; *(da spedire)* colis *sg*.
'pace ['patʃe] *sf* paix *sg*; *(tregua)* répit *m*; *(nei giochi)* pouce! *m*; **non darsi mai** ~ ne se résigner jamais.
pacifi'care [patʃifi'care] *vt (riconciliare)* réconcilier; *(mettere in pace)* pacifier.
pa'cifico, a, ci, che [pa'tʃifiko] *ag* paisible; *(senza guerre)* pacifique;

(fig: indiscusso) incontestable // *sm:* **il P~** le Pacifique.
paci'fista, i, e [patʃi'fista] *ag, sm/f* pacifiste.
pa'della *sf* (CUC) poêle; *(per infermi)* bassin *m* hygiénique; *(fam)* tache.
padigli'one [padiʎ'ʎone] *sm* pavillon; *(di fiera)* hall.
'Padova *sf* Padoue.
'padre *sm* père; **~i** *smpl* ancêtres.
pa'drino *sm* parrain.
padro'nanza [padro'nantsa] *sf* contrôle *m*, maîtrise; *(conoscenza)* connaissance.
pa'drone, a *sm/f* propriétaire; *(datore di lavoro)* patron/ne; *(dominatore)* maître/esse; **~ di casa** maître de maison; **essere ~ di sé** être maître de soi; **essere ~ di una lingua** *(fig)* bien connaître une langue; **padroneggi'are** *vt* maîtriser; *(conoscere molto bene)* connaître à fond; **padroneggiarsi** *vr* se maîtriser, se dominer.
pae'saggio [pae'zaddʒo] *sm* paysage.
pae'sano, a *ag* paysan(ne); *(abitudini, cibo)* local(e) // *sm/f* paysan/ne.
pa'ese *sm* pays *sg;* terre *f;* village; **i P~i Bassi** *mpl* les Pays Bas.
paf'futo, a *ag* potelé(e), joufflu(e).
paga, ghe *sf* paye *o* paie, salaire *m.*
paga'mento *sm* paiement; **~ in contanti** paiement comptant; **a ~** payant(e).
pa'gano, a *ag, sm/f* païen(ne).
pa'gare *vt* payer; **non so cosa pagherei per ...** je donnerais je ne sais quoi pour ... .
pa'gella [pa'dʒɛlla] *sf* (SCOL) livret *m o* carnet *m* scolaire.
'paggio ['paddʒo] *sm* page; *(di sposa)* garçon d'honneur.
pagherò [page'rɔ] *sm* (COMM) billet à ordre, traite *f.*
'pagina ['padʒina] *sf* page.
'paglia ['paʎʎa] *sf* paille.
pagliac'cetto [paʎʎat'tʃetto] *sm (indumento: femminile)* maillot; *(: per bambini)* barboteuse *f.*
pagli'accio [paʎ'ʎattʃo] *sm* clown, guignol; *(fig)* pitre.
pagli'etta [paʎ'ʎetta] *sf* canotier *m; (paglia di ferro)* paille de fer.
pagli'uzza [paʎ'ʎuttsa] *sf* brin *m* de paille.
pa'gnotta [paɲ'ɲotta] *sf* miche; *(fig)* croûte.
pa'goda *sf* pagode.
'paio, pl(f) **paia** *sm* paire *f;* **un ~ di amici** *(fig)* quelques amis.
pai'olo, paiu'olo *sm* chaudron.
'pala *sf (attrezzo)* pelle; (TECN) pale; (ARTE) retable *m.*
palafreni'ere *sm* palefrenier.
pa'lato *sm* palais *sg.*
pa'lazzo [pa'lattso] *sm* palais *sg; (residenza privata)* hôtel particulier; *(edificio)* immeuble; *(sede di governo, etc)* ≈ hôtel; **~ di vetro** *(sede dell'ONU)* siège des Nations Unies.
pal'chetto [pal'ketto] *sm (scaffale)* rayon; (TEATRO) loge *f.*
'palco, chi *sm* loge *f; (tribuna)* estrade *f; (del boia)* échafaud.
palco'scenico, ci [palkoʃ'ʃɛniko] *sm* plateau, scène *f.*
pale'sare *vt* manifester, déclarer; **~rsi** *vr* se manifester, se révéler;
pa'lese *ag* clair(e), évident(e).
pa'lestra *sf* gymnase *m*, salle de gymnastique; (SPORT) gymnastique; *(fig)* apprentissage *m.*
pa'letta *sf* pelle; (MIL) palette; *(di capostazione, polizia)* disque *m.*
pa'letto *sm* pieu, piquet; *(chiavistello)* verrou.
'palio *sm course de chevaux dont la tradition remonte au Moyen-Age;* **in ~** *av* en jeu.
paliz'zata [palit'tsata] *sf* palissade.
'palla *sf* boule; (SPORT) balle; *(da biliardo)* bille; *(di cannone, carcerato)* boulet *m;* **~e** *fpl (fam)* couilles(!); **~canestro** (SPORT)

basket(-ball) *m*; ~**nuoto** (*SPORT*) water-polo *m*; ~**volo** (*SPORT*) volley(-ball) *m*.

palleggi'are [palled'dʒare] *vi* (*CALCIO*) s'échauffer; jongler avec la balle; (*TENNIS*) faire des balles // *vt* balancer; ~**rsi** *vr* (*fig*) se renvoyer la balle.

pallia'tivo *sm* palliatif.

'pallido, a *ag* pâle.

pal'lina *sf* petite balle; boule.

pallon'cino [pallon'tʃino] *sm* ballon.

pal'lone *sm* ballon; **avere la testa come un** ~ (*fig*) avoir la tête qui éclate; **gioco del** ~ football.

pal'lore *sm* pâleur *f*.

pal'lottola *sf* boule; (*proiettile*) balle, projectile *m*.

'palma *sf* (*BOT*: *pianta*) palmier *m*; (*ramo, segno di vittoria*) palme; ~ **da datteri** (*BOT*) dattier *m*; ~ **da cocco** cocotier *m*.

'palmo *sm* paume *f*; **restare con un** ~ **di naso** (*fig*) rester tout penaud; **conoscere una regione** ~ **a** ~ connaître une région centimètre par centimètre.

'palo *sm* poteau; (*legno appuntito*) pieu, piquet; (*EDIL*) pilotis *sg*; **dritto come un** ~ raide comme un piquet; **fare da** *o* **il** ~ (*fig*) faire le guet.

palom'baro *sm* plongeur.

pa'lombo *sm* (*ZOOL*) chien de mer, émissole *f*.

pal'pare *vt* palper, tâter; (*MED*) palper.

'palpebra *sf* paupière.

palpi'tare *vi* palpiter; **palpitazi'one** *sf* palpitation, battement *m* de cœur; **'palpito** *sm* battement de cœur; (*fig*) frémissement.

paltò *sm* manteau.

pa'lude *sf* marécage *m*, marais *m*; **palu'doso, a** *ag* marécageux(-euse).

pa'lustre *ag* palustre.

'pampino *sm* pampre.

pana'cea [pana'tʃɛa] *sf* panacée.

'panca, che *sf* banc *m*.

pan'cetta [pan'tʃetta] *sf* (*CUC*) lard *m*, bacon *m*.

pan'chetto [pan'ketto] *sm* escabeau, tabouret.

pan'china [pan'kina] *sf* banc *m*.

'pancia, ce ['pantʃa] *sf* ventre *m*, bide *m* (*fam*).

panci'otto [pan'tʃɔtto] *sm* gilet.

pan'cone *sm* madrier.

'pancreas *sm inv* pancréas.

'panda *sm inv* panda.

pande'monio *sm* vacarme.

'pane *sm* pain; **pan di Spagna** (*dolce*) pain de Gêne; ~ **integrale** pain complet.

panette'ria *sf* boulangerie; **panetti'ere, a** *sm/f* boulanger/ère.

panet'tone *sm sorte de grosse brioche avec fruits confits typique de Milan et de la Noël.*

pangrat'tato *sm* chapelure *f*.

'panico, ci *sm* panique *f*.

pani'ere *sm* panier.

pani'ficio [pani'fitʃo] *sm* boulangerie *f*.

pa'nino *sm* petit pain; ~ **(imbottito)** sandwich.

'panna *sf* crème; ~ **montata** (*CUC*) (crème) chantilly.

pan'nello *sm* panneau; (*ELETTR*) tableau.

'panno *sm* tissu; (*tipo di tessuto*) drap; (*straccio*) chiffon; (*del biliardo*) tapis *sg*; ~**i** *smpl* vêtements; **mettersi nei** ~**i di qd** (*fig*) se mettre à la place de qn.

pan'nocchia [pan'nɔkkja] *sf* épi *m*.

panno'lino *sm* (*per neonato*) couche *f*, lange *f*.

pano'rama, i *sm* panorama; **pano'ramico, a, ci, che** *ag* panoramique.

panta'loni *smpl* pantalon *sg*.

pan'tano *sm* bourbier; (*fig*) pétrin.

pan'tera *sf* (*ZOOL*) panthère; (*POLIZIA*) *voiture de la Police.*

pan'tofola *sf* pantoufle.

panto'mima *sf* pantomime; (*fig*) mimique.

pan'zana [pan'tsana] *sf* blague, bêtise.
pao'nazzo, a [pao'nattso] *ag* violacé(e).
'papa, i *sm* pape.
papà *sm* papa.
pa'pale *ag* papal(e).
pa'pato *sm* papauté *f.*
pa'pavero *sm* (BOT) pavot, coquelicot.
'papero, a *sm/f* (ZOOL) oison/jeune oie // *sf (fig: errore)* lapsus *m;* **prendere una** ~ *(fig)* faire un lapsus.
pa'piro *sm* papyrus *sg.*
'pappa *sf* bouillie; **trovare la** ~ **pronta** *(fig)* mâcher le travail à qn; ~ **reale** gelée royale; ~ **molle** *(fig)* chiffe molle.
pappa'gallo *sm* perroquet.
pappa'gorgia, ge [pappa'gɔrdʒa] *sf* double menton *m.*
'para *sf* crêpe *m.*
pa'rabola *sf* parabole.
para'brezza [para'breddza] *sm inv* (AUTO) pare-brise.
paraca'dute *sm inv* parachute; **paracadu'tista, i, e** *sm/f* parachutiste, para *(fam).*
para'carro *sm* borne *f; (di portone)* chasse-roue.
para'diso *sm* paradis *sg;* **sentirsi in** ~ *(fig)* être au septième ciel.
parados'sale *ag* paradoxal(e).
para'dosso *sm* paradoxe.
para'fango, ghi *sm* (AUTO) aile *f; (di bicicletta, moto)* garde-boue.
paraf'fina *sf* paraffine.
parafra'sare *vt* paraphraser.
para'fulmine *sm* (TECN) paratonnerre.
pa'raggi [pa'raddʒi] *smpl* parages.
parago'nare *vt* comparer; ~**rsi** *vr* se comparer.
para'gone *sm* comparaison *f.*
pa'ragrafo *sm* paragraphe.
pa'ralisi *sf* paralysie; **para'litico, a, ci, che** *sm/f* paralytique.
paraliz'zare [paralid'dzare] *vt* paralyser.
paral'lelo, a *ag, sm* parallèle.
para'lume *sm* abat-jour.
pa'rametro *sm* (MAT) paramètre; *(fig)* élément constant.
para'noia *sf* paranoïa; **para'noico, a, ci, che** *ag, sm/f* paranoïaque.
para'occhi [para'ɔkki] *sm inv* œillère *f.*
para'petto *sm* parapet, garde-corps.
para'piglia [para'piʎʎa] *sm inv* bousculade *f,* bagarre *f.*
pa'rare *vt* parer; (CALCIO) bloquer; ~**rsi** *vr* surgir, se placer.
para'sole *sm inv* parasol.
paras'sita, i, e *ag, sm* parasite.
pa'rata *sf* parade, défilé *m;* (CALCIO) arrêt *m.*
para'tia *sf* cloison.
para'urti *sm inv* (AUTO) pare-chocs.
para'vento *sm* paravent.
par'cella [par'tʃɛlla] *sf* parcelle; *(onorario)* honoraires *mpl.*
parcheggi'are [parked'dʒare] *vt* garer; *(fare le manovre di parcheggio)* se garer.
par'cheggio [par'keddʒo] *sm* (AUTO: *spazio)* parking; *(: atto)* stationnement.
par'chimetro [par'kimetro] *sm* parcmètre.
'parco, a, chi, che *ag* sobre, modéré(e) // *sm* parc.
pa'recchio, a [pa'rekkjo] *det* beaucoup de // *pron* beaucoup // *av* beaucoup, bien; **sei dimagrito** ~ tu as beaucoup maigri; ~**chi** *(molte persone)* plusieurs; **hai aspettato** ~ tu as attendu longtemps.
pareggi'are [pared'dʒare] *vt* égaliser; (ECON) équilibrer // *vi* (SPORT) égaliser, faire match nul;
pa'reggio *sm* (ECON) équilibre; (SPORT) égalisation *f,* match nul.
paren'tado *sm* famille *f.*
pa'rente *sm/f* parent/e.
paren'tela *sf* parenté.

pa'rentesi *sf* parenthèse; *(fig)* période.

pa'rere *vi* sembler, paraître; *(pensare)* dire // *vb impersonale* sembler, paraître // *sm* avis *sg*, opinion *f*; (*DIR*) dire; **fai come ti pare** fais comme tu veux.

pa'rete *sf* paroi; *(muro)* mur *m*.

'pari *ag inv* même; *(uguale)* égal(e); *(in giochi)* quitte; (*MAT*) pair(e) // *sm (titolo)* pair; *(dello stesso livello)* égal, pareil // *av*: **alla** ~ au pair; **al** ~ **di** aussi bien que; **quaranta** ~ (*SPORT*) quarante partout; **fare** ~ (*SPORT*) faire match nul; **essere** ~ (*SPORT*) être à égalité.

Pa'rigi [pa'ridʒi] *sf* Paris *m*; **pari'gino, a** [pari'dʒino] *ag, sm/f* parisien(ne).

pa'riglia [pa'riʎʎa] *sf* paire.

parità *sf* égalité; (*ECON*) parité.

parlamen'tare *ag, sm/f* parlementaire // *vi* parlementer.

parla'mento *sm* parlement.

parlan'tina *sf (fam)* baratin *m*.

par'lare *vi* parler; *(conversare)* causer, bavarder // *vt* parler; **~rsi** *vr* se parler // *sm* parler; *(linguaggio)* langage; **parla'tore, trice** *sm/f* orateur/trice; *(chiacchierone)* causeur/euse; **parla'torio** *sm* parloir.

parmigi'ano [parmi'dʒano] *sm* parmesan.

paro'dia *sf* parodie.

pa'rola *sf* parole; *(vocabolo)* mot *m*, terme *m*; **in ~e povere** *(fig)* en peu de mots; ~ **per** ~ mot à mot; **è una ~!** *(fig)* rien que ça!; **giro di ~e** périphrase *f*; **prendere in** ~ croire; **paro'laccia, ce** *sf* gros mot *m*.

par'rocchia [par'rɔkkja] *sf* paroisse.

'parroco, ci *sm* curé.

par'rucca, che *sf* perruque.

parrucchi'ere, a [parruk'kjɛre] *sm/f* coiffeur/euse.

parsi'monia *sf* parcimonie.

'parso, a *pp di* **parere.**

'parte *sf* partie; *(lato, direzione)* côté *m*; *(quantità limitata)* part; *(difesa di idee, persone)* parti *m*; (*TEATRO, compito*) rôle *m*; (*ECON*) tranche; **à** ~ à part; **lasciare/mettere da** ~ laisser/mettre de côté; **d'altra** ~ d'ailleurs; **da** ~ **di** de la part de; **la maggior** ~ **di** la plupart de; **far** ~ **di** faire partie de.

parteci'pare [partetʃi'pare] *vi* participer, prendre part // *vt (comunicare)* faire part de; **partecipazi'one** *sf* participation; *(comunicazione)* faire-part *m*; **par'tecipe** *ag*: **essere partecipe di** prendre part à, partager; **farsi partecipe di** partager.

parteggi'are [parted'dʒare] *vi*: ~ **per** prendre le parti de, se ranger du côté de.

par'tenza [par'tɛntsa] *sf* départ *m*.

parti'cella [parti'tʃɛlla] *sf* particule.

parti'cipio [parti'tʃipjo] *sm* participe.

partico'lare *ag* particulier(-ère); *(fuori dal commune)* spécial(e) // *sm* détail; (*FILOSOFIA*) particulier; **particolareggi'are** *vt* détailler; **particolarità** *sf inv* particularité, caractéristique; *(dettaglio)* détail *m*.

partigi'ano, a [parti'dʒano] *ag (di parte)* partial(e); *(dei partigiani)* partisan(e) // *sm* partisan, défenseur; *(di formazione armata irregolare)* partisan, maquisard.

par'tire *vi* partir.

par'tita *sf* partie; (*COMM*: *merce)* lot *m*; (*SPORT*) match *m*.

par'tito *sm* parti.

parti'tura *sf* partition.

'parto *sm* accouchement.

parto'rire *vt* (*MED*: *di donna)* accoucher de; *(: di animale)* mettre bas; *(fig: produrre)* engendrer.

parzi'ale [par'tsjale] *ag* partiel(le); *(di parte)* partial(e).

'pascere ['paʃʃere] *vt, vi* paître;

~**rsi** *vr (fig)* se nourrir.
pascià [paʃ'ʃa] *sm* pacha.
pasci'uto, a [paʃ'ʃuto] *pp di* **pascere** // *ag* rondelet(te), gras(se).
pasco'lare *vt* aller paître // *vi* paître, pâturer.
'pascolo *sm* pâturage; **al** ~ au pré.
'Pasqua *sf* Pâques *fpl;* **buona P**~ joyeuses Pâques; **pasqu'ale** *ag* pascal(e), de Pâques.
pas'sabile *ag* passable.
pas'saggio [pas'saddʒo] *sm* passage; *(attraversamento)* traversée *f;* (*CALCIO*) passe *f;* (*DIR*) passage, passation *f;* **mi ha chiesto un** ~ (*AUTO*) il m'a demandé de le raccompagner *o* ramener.
pas'sante *sm/f* piéton/ne // *sm (di cintura)* passant.
passa'porto *sm* passeport.
pas'sare *vi* passer; *(tempo)* passer, s'écouler // *vt* passer; *(trasmettere)* transmettre; *(oltrepassare)* franchir; *(sorpassare)* dépasser; ~**rsela bene** *(fig)* se la couler douce; ~ **(a un esame)** être reçu; ~ **di mente** oublier; ~ **di moda** être démodé; ~ **le verdure** (*CUC*) passer les légumes au tamis, mixer les légumes; ~ **di cottura/di maturazione** (*CUC*) être trop cuit/trop mûr.
passa'tempo *sm* passe-temps.
pas'sato, a *ag* passé(e); ~ **di moda** démodé(e), dépassé(e) // *sm* passé // *sf* (*CUC*) purée; *(occhiata)* coup *m* d'œil; *(di vernice)* main; **una** ~ **di** *o* **con ...** un coup de ... .
passaver'dura *sm inv* (*CUC*) moulin à légumes.
passeg'gero, a [passed'dʒɛro] *ag, sm/f* passager(-ère).
passeggi'are [passed'dʒare] *vi* se promener; **passeggi'ata** *sf* promenade.
passeg'gino [pased'dʒino] *sm* poussette *f.*
pas'seggio [pas'seddʒo] *sm* promenade.
passe'rella *sf* passerelle.
'passero *sm* (*ZOOL*) moineau.
pas'sibile *ag:* ~ **di** (*DIR*) passible de.
passi'one *sf* passion.
pas'sivo, a *ag* passif(-ive) // *sm* (*ECON*) passif; déficit.
'passo *sm* pas *sg; (transito)* passage; (*GEOGR*) col; *(fig: brano)* passage, extrait; (*AUTO*) empattement; (*CINE*) format; **a** ~ **d'uomo** (*AUTO*) au pas; **di pari** ~ du même pas; **fare due** *o* **quattro** ~**i** *(fig)* faire un tour.
'pasta *sf* pâte; (*CUC: pasta asciutta)* pâtes *fpl;* ~**e** *sfpl* pâtisserie *sg,* gâteaux *mpl;* ~ **frolla/sfoglia** (*CUC*) pâte brisée/feuilletée; **pastasci'utta** *sf* pâtes *fpl.*
pa'stella *sf* (*CUC*) pâte à beignets.
pa'stello *sm* pastel.
pa'stetta *sf* (*CUC*) pâte à beignets.
pa'sticca, che *sf* pastille.
pasticce'ria [pastittʃe'ria] *sf* pâtisserie.
pasticci'are [pastit'tʃare] *vt* gâcher; *(fig: combinare)* fabriquer.
pasticci'ere, a [pastit'tʃɛre] *sm/f* pâtissier/ère.
pa'sticcio [pas'tittʃo] *sm* (*CUC*) tourte *f; (fig: lavoro disordinato)* dégat, gâchis *sg;* **cacciarsi/trovarsi nei** ~**i** *(fig)* se fourrer/être dans le pétrin.
pasti'ficio [pasti'fitʃo] *sm* fabrique *f* de pâtes.
pa'stiglia [pas'tiʎʎa] *sf* pastille; (*MED*) comprimé *m.*
pa'stina *sf* pâtes *fpl* à potage.
'pasto *sm* repas *sg.*
pasto'rale *ag* pastoral(e).
pa'store *sm* berger; (*REL: protestante)* pasteur.
pastoriz'zare [pastorid'dzare] *vt* pasteuriser.
pa'stoso, a *ag* pâteux(-euse); *(di vino)* moelleux(-euse).
pa'strano *sm* pardessus *sg.*
pa'stura *sf* pâture; (*PESCA*) boëtte.

pa'tata *sf* (*BOT*) pomme de terre; *(fig)* patate; ~**e** *fpl* **fritte** frites; **pa'tine** *sfpl* chips; **patatine fritte** frites.
pata'trac *sm* désastre, krach.
pa'tella *sf* (*ZOOL*) patelle.
pa'tema, i *sm:* ~ **d'animo** angoisse *f.*
pa'tente *sf* permis *m; (fig: peg: qualifica)* brevet *m.*
paternità *sf* paternité.
pa'terno, a *ag* paternel(le).
pa'tetico, a, ci, che *ag* pathétique.
'pathos *sm* pathos *sg.*
pa'tibolo *sm* échafaud.
'patina *sf* couche; *(del tempo)* patine.
pa'tire *vt, vi* souffrir; ~ **il freddo** souffrir du froid; ~ **le pene dell'inferno** *(fig)* souffrir le martyre.
pa'tito, a *sm/f* fanatique, mordu/e.
patolo'gia [patolo'dʒia] *sf* pathologie; **pato'logico, a, ci, che** *ag* pathologique.
'patria *sf* patrie.
patri'arca, chi *sm* patriarche.
pa'trigno [pa'triɲɲo] *sm* parâtre.
patri'monio *sm* richesse *f,* patrimoine; (*DIR*) patrimoine; biens *mpl; (fig)* fortune *f.*
patri'ota, i, e *sm/f* patriote; **patri'ottico, a, ci, che** *ag* patriotique; **patriot'tismo** *sm* patriotisme.
patroci'nare [patrotʃi'nare] *vt* soutenir, parrainer, patroner; (*DIR*) plaider; **patro'cinio** *sm* patronage; (*REL*) protection *f;* (*DIR*) assistance *f,* défense *f.*
patro'nato *sm* patronage.
pa'trono *sm* patron.
'patta *sf:* **aver la** ~ **aperta** *(dei pantaloni)* avoir la boutique ouverte *(fam).*
patteggi'are [patted'dʒare] *vt, vi* négocier.
patti'naggio [patti'naddʒo] *sm* (*SPORT*) patinage; **fare del** ~ faire du patin.
patti'nare *vi* (*SPORT*) faire du patin, patiner; **pattina'tore, trice** *sm/f* patineur/euse; **'pattino** *sm* patin.
'patto *sm* pacte; *(condizione)* condition *f;* **a** ~ **che** à condition que.
pat'tuglia [pat'tuʎʎa] *sf* patrouille.
pattu'ire *vt* négocier; *(stabilire)* fixer.
pattumi'era *sf* poubelle.
pa'ura *sf* peur, crainte; **pau'roso, a** *ag (che fa paura)* épouvantable, effroyable; *(che ha paura)* peureux(-euse), craintif(-ive); *(fig: straordinario)* incroyable.
'pausa *sf* pause; *(riposo)* repos *m.*
pavi'mento *sm* plancher, sol; *(di piastrelle)* carrelage; *(di legno)* parquet; *(di lastre)* dallage.
pa'vone *sm* (*ZOOL*) paon.
pavoneggi'arsi [pavoned'dʒarsi] *vr* se pavaner.
pazien'tare [pattsjen'tare] *vi* patienter.
pazi'ente [pat'tsjɛnte] *ag, sm/f* patient(e); **pazi'enza** *sf* patience; **perdere la pazienza** se fâcher.
paz'zesco, a, schi, sche [pat'tsesko] *ag* fou(folle), incroyable.
paz'zia [pat'tsia] *sf* folie.
'pazzo, a ['pattso] *ag, sm/f* fou (folle); **cose da** ~**i!** c'est de la folie!
'pecca, che *sf* défaut *m.*
peccami'noso, a *ag* mauvais(e), immoral(e).
pec'care *vi* pécher; **pec'cato** *sm* (*REL*) péché; *(errore)* dommage; **è un peccato che ...** c'est dommage que...; **pecca'tore, trice** *sm/f* pécheur/pécheresse.
'pece ['petʃe] *sf* poix *sg.*
'pecora *sf* mouton *m* femelle, brebis *sg;* ~ **nera** *(fig)* brebis galeuse; **peco'raio, rai** *sm* berger; **peco'rino** *sm* (*CUC*) fromage de brebis.
peculi'are *ag* caractéristique, particulier(-ère).

pecuni'ario, a *ag* pécuniaire.
pe'daggio [pe'daddʒo] *sm* péage.
pedago'gia [pedago'dʒia] *sf* pédagogie.
peda'lare *vi* pédaler.
pe'dale *sm* pédale *f*.
pe'dana *sf (di cattedra)* estrade; (*ATLETICA*) tremplin *m*.
pe'dante *ag* pédant(e) // *sm/f* pédant/e, cuistre *m*.
pe'data *sf* coup *m* de pied.
pede'rasta, i *sm* pédéraste, pédé *(fam)*.
pe'destre *ag (fig)* banal(e), plat(e).
pedi'atra, i, e *sm/f* (*MED*) pédiatre; **pedia'tria** *sf* pédiatrie.
pe'dina *sf* pion *m*.
pedi'nare *vt* suivre, prendre en filature.
pedo'nale *ag* piéton(ne).
pe'done, a *sm/f* piéton/ne // *sm* (*SCACCHI*) pion.
'peggio ['pɛddʒo] *av* pire, plus mal // *ag inv* pire, plus mauvais(e) // *sm/f inv* pire.
peggiora'mento [peddʒora'mento] *sm* aggravation *f*.
peggio'rare [peddʒo'rare] *vt* aggraver // *vi* empirer; (*MED*) s'aggraver // *sm* aggravation *f*; **peggiora'tivo, a** *ag* péjoratif(-ive);
peggi'ore *ag* pire // *sm/f* plus mauvais(e).
'pegno ['peɲɲo] *sm* gage.
pe'lame *sm* pelage.
pe'lare *vt* peler, éplucher; *(di capelli: fam)* raser, tondre; *(fig: clienti)* plumer; ~**rsi** *vr (perdere la pelle)* peler.
pel'lame *sm* peaux *fpl*.
'pelle *sf* peau; *(pellame)* peau, cuir *m*; **avere la ~ d'oca** *(fig)* avoir la chair de poule.
pellegri'naggio [pellegri'naddʒo] *sm* pèlerinage.
pelle'grino *sm* pèlerin.
pelle'rossa, pelli'rossa, *pl* **pelli'rosse** *sm/f* peau-rouge.
pellette'ria *sf* maroquinerie.
pelli'cano *sm* pélican.
pellicce'ria [pellittʃe'ria] *sf* magasin *m* de fourrures, fourreur *m*.
pel'liccia, ce [pel'littʃa] *sf* fourrure.
pel'licola *sf* pellicule; (*FOTO, CINE*) pellicule, film *m*.
'pelo *sm* poil; *(pelliccia)* fourrure *f*; *(fig: minima frazione di tempo)* poil, cheveu; ~ **dell'acqua** fil de l'eau; **cavarsela per un** ~ *(fig)* s'en tirer de justesse; **non avere ~i sulla lingua** ne pas mâcher ses mots; **cavalcare a** ~ chevaucher à cru; **pe'loso, a** *ag* poilu(e).
'peltro *sm* étain.
pe'luria *sf* duvet *m*.
'pena *sf* peine; *(pietà)* pitié; **pe'nale** *ag* (*DIR*: *procedura)* pénal(e); *(: processo)* criminel(le); *(: certificato)* judiciaire // *sf* amende.
penalità *sf* (*SPORT*) pénalité, pénalisation; faute.
penaliz'zare [penalid'dzare] *vt* (*SPORT*) pénaliser.
pe'nare *vi* avoir du mal; *(soffrire)* souffrir.
pen'dente *ag* pendant(e) // *sm* pendentif; ~**i** *mpl (di orecchini)* pendants; **torre** ~ tour penchée; **pen'denza** *sf* pente; *(inclinazione)* inclinaison; (*DIR*) question pendante; (*ECON*) compte *m*.
'pendere *vi* pencher; (*DIR*) être pendant; ~ **da** être suspendu à, pendre à; ~ **su** *(fig)* peser sur.
pen'dio, dii *sm* pente *f*.
'pendola *sf* pendule.
pendo'lare *ag* pendulaire // *sm/f* *habitant/e de la banlieue qui fait la navette entre son domicile et son lieu de travail*.
'pendolo *sm* (*FIS*) pendule; *(di orologio)* balancier; *(peso)* fil à plomb.
'pene *sm* (*ANAT*) pénis *sg*.
pene'trante *ag* pénétrant(e).
pene'trare *vi, vt* pénétrer.
penicil'lina [penitʃil'lina] *sf*

pénicilline.
pe'nisola *sf* péninsule, presqu'île.
peni'tente *ag, sm/f* pénitent(e); **peni'tenza** *sf* pénitence; *(punizione)* punition; *(di gioco)* gage *m*.
penitenzi'ario, a [peniten'tsjarjo] *ag* pénitentiaire // *sm* pénitencier.
'penna *sf* plume; ~ **a sfera** stylo *m* à bille; ~ **stilografica** stylo *m*.
pennel'lare *vi* passer le pinceau.
pen'nello *sm* pinceau; **a** ~ *(fig)* à merveille, parfaitement; ~ **da barba** blaireau.
pen'nino *sm* plume *f*.
pen'none *sm* hampe *f*; (*NAUT*) vergue *f*.
pe'nombra *sf* pénombre.
pe'noso, a *ag* pénible; *(insoddisfacente)* lamentable.
pen'sare *vi* penser // *vt* penser; *(credere)* croire, imaginer.
pensi'ero *sm* pensée *f*; *(preoccupazione)* souci, inquiétude *f*; *(fig: dono)* attention *f*; **stare in** ~ **per qd** être inquiet pour qn; **pensie'roso, a** *ag* pensif(-ive).
'pensile *ag* suspendu(e).
pensio'nante *sm/f* pensionnaire.
pensio'nato, a *sm/f* retraité/e // *sm (istituto)* pensionnat.
pensi'one *sf* pension, retraite; *(vitto e alloggio)* pension; *(albergo)* pension de famille; (*SCOL*) pensionnat *m*, internat *m*; **andare in** ~ prendre sa retraite.
pen'soso, a *ag* pensif(-ive), soucieux(-euse).
pen'tagono *sm* pentagone.
Pente'coste *sf* Pentecôte.
penti'mento *sm* repentir, remords *sg*.
pen'tirsi *vr*: ~ **di** se repentir de; *(rammaricarsi)* regretter de.
'pentola *sf* casserole; marmite; **qc bolle in** ~ *(fig)* il y a quelque chose qui mijote.
pe'nultimo, a *ag, sm/f* avant-dernier(-ère).
pe'nuria *sf* pénurie.
penzo'lare [pendzo'lare] *vi* pendre, être ballant; **penzo'loni** *av* pendant(e), ballant(e).
pe'onia *sf* pivoine.
'pepe *sm* (*BOT*: *pianta)* poivrier; *(spezia)* poivre.
pepe'rone *sm* poivron.
pe'pita *sf* pépite.
per *prep* pour; *(attraverso, mezzo)* par; *(stato in luogo)* dans, en; *(durante)* pendant; *(causa)* à cause de, pour; *(misura, estensione)* sur, pendant // *cong* pour; ~ **terra** par terre; ~ **strada** dans la rue; ~ **forza** forcément; ~ **esempio** par exemple; **su** ~ **giù** en gros; **entrare uno** ~ **uno** entrer en par un; ~ **persona** par personne; **moltiplicare 2** ~ **2** multiplier 2 par 2; ~ **poco che sia** *(concessivo)* aussi peu que ce soit; **dieci** ~ **cento** dix pour cent; **stare** ~ **fare** aller faire.
'pera *sf* poire.
pe'raltro *av* d'autre part, d'ailleurs.
per'bene *ag inv* bien, comme il faut, respectable // *av* comme il faut.
percen'tuale [pertʃentu'ale] *sf* pourcentage *m*.
perce'pire [pertʃe'pire] *vt* percevoir; **percet'tibile** *ag* perceptible, saisissable; **percezi'one** *sf* perception.
perché [per'ke] *av, sm inv* pourquoi // *cong (causale)* parce que; *(finale, consecutivo)* pour que.
perciò [per'tʃɔ] *cong* c'est pourquoi, par conséquent, donc.
percor'renza [perkor'rɛntsa] *sf* parcours *m*.
per'correre *vt* parcourir; **per'corso, a** *pp di* **percorrere** // *sm* parcours *sg*; trajet.
per'cosso, a *pp di* **percuotere**.
percu'otere *vt* frapper; *(urtare)* percuter; **percussi'one** *sf* percussion.
'perdere *vt* perdre; *(lasciarsi sfug-*

gire) manquer, louper *(fam)* // *vi* perdre; *(serbatoio, tubo)* fuire; ~**rsi** *vr* se perdre; *(smarrirsi)* s'égarer; ~ **le staffe** *(fig)* sortir de ses gonds; ~**rsi d'animo** se démoraliser; ~**rsi in un bicchier d'acqua** se noyer dans un verre d'eau; **lasciar** ~ laisser tomber.
perdigi'orno [perdi'dʒorno] *sm/f inv* fainéant/e.
'perdita *sf* perte; *(di gas, liquidi)* fuite.
perdi'tempo *sm/f inv* fainéant/e, paresseux/euse.
perdo'nare *vt* pardonner // *vi* pardonner; ~**rsi** *vr* se pardonner.
per'dono *sm* pardon.
perdu'rare *vi* continuer, persister.
perduta'mente *av* éperdument.
per'duto, a *pp di* **perdere.**
peregri'nare *vi* pérégriner.
pe'renne *ag* éternel(le); (*BOT*) vivace.
peren'torio, a *ag* péremptoire; *(di data)* sans délai.
per'fetto, a *ag* parfait(e); *(abbigliamento, situazione)* impeccable // *sm* (*LING*) parfait.
perfezio'nare [perfettsjo'nare] *vt* perfectionner; ~**rsi** *vr* se perfectionner; **perfezi'one** *sf* perfection.
'perfido, a *ag* perfide.
per'fino *av* même.
perfo'rare *vt* perforer; **perfora'tore, trice** *ag, sm/f* perforateur (-trice); **perforazi'one** *sf (di galleria)* percement *m; (di miniera, pozzo)* forage *m;* (*INFORM, MED*) perforation.
perga'mena *sf* parchemin *m.*
perico'lante *ag* croulant(e).
pe'ricolo *sm* danger; **perico'loso, a** *ag* dangereux(-euse).
perife'ria *sf* banlieue.
pe'rifrasi *sf* périphrase.
pe'rimetro *sm* périmètre.
peri'odico, a, ci, che *ag* périodique // *sm* périodique, magazine.
pe'riodo *sm* période *f; (epoca)* époque *f.*
peripe'zie [peripet'tsie] *sfpl* péripéties.
pe'rire *vi* périr, succomber.
peri'scopio *sm* périscope.
pe'rito, a *pp di* **perire** // *sm* expert; ~ **agrario/chimico** (*SCOL*) ingénieur agronome/chimiste.
pe'rizia [pe'rittsja] *sf (abilità)* habileté; (*DIR*) expertise.
'perla *sf* perle.
perlu'strare *vt* explorer; (*MIL*) éclairer; **perlustra'tore, trice** *sm/f* explorateur/trice; (*MIL*) éclaireur *m.*
perma'loso, a *ag* susceptible.
perma'nente *ag* permanent(e) // *sf* permanente; **perma'nenza** *sf* permanence; *(soggiorno)* séjour *m.*
perma'nere *vi* rester, demeurer.
perme'are *vt* imprégner.
per'messo, a *pp di* **permettere** // *sm (autorizzazione)* permission *f; (vacanza)* congé; *(licenza)* permis *sg.*
per'mettere *vt* permettre; ~**rsi** *vr* se permettre.
'permuta *sf* (*DIR*) échange *m.*
permutazi'one [permutat'tsjone] *sf* permutation.
per'nice [per'nitʃe] *sf* (*ZOOL*) perdrix *sg.*
pernici'oso, a [pernit'tʃoso] *ag* pernicieux(-euse).
'perno *sm* pivot; axe.
pernot'tare *vi* passer la nuit.
'pero *sm* (*BOT*) poirier.
però *cong* mais; *(tuttavia)* cependant.
pero'rare *vt* plaider.
perpendico'lare *ag, sf* perpendiculaire.
perpen'dicolo *sm:* **a** ~ à pic.
perpe'trare *vt* perpétrer, commettre.
perpetu'are *vt* perpétuer.
per'petuo, a *ag* perpétuel(le).
per'plesso, a *ag* perplexe,

rêveur(-euse).

perqui'sire *vt* fouiller, perquisitionner; **perquisizi'one** *sf* perquisition, fouille.

persecu'tore, trice *ag, sm/f* persécuteur(-trice).

persecuzi'one [persekut'tsjone] *sf* persécution.

persegu'ire *vt* poursuivre.

persegui'tare *vt* persécuter; *(fig)* traquer.

perseve'rante *ag* persévérant(e); **perseve'ranza** *sf* persévérance.

perseve'rare *vi:* ~ **in** persévérer dans.

persi'ano, a *ag, sm/f* persan(e) // *sf (di finestra)* persienne.

'persico, a, ci, che *ag* persique // *sm* (ZOOL) perche.

per'sino *av* = **per'fino.**

persi'stente *ag* persistant(e).

per'sistere *vi:* ~ **in qc** persister dans qch; ~ **a fare qc** persister à faire qch; **persi'stito, a** *pp di* **persistere.**

'perso, a *pp di* **perdere.**

per'sona *sf* personne; ~**e** *fpl* gens *mpl.*

perso'naggio [perso'naddʒo] *sm* personnage.

perso'nale *ag* personnel(le) // *sm* personnel; *(corpo)* corps *sg* // *sf* (ARTE) exposition.

personalità *sf* personnalité.

personifi'care *vt* personnifier.

perspi'cace [perspi'katʃe] *ag* perspicace.

persu'adere *vt* persuader, convaincre; ~**rsi** *vr* se décider; *(capacitarsi)* croire; **persuasi'one** *sf* persuasion; *(convinzione)* conviction; **persua'sivo, a** *ag* convaincant(e); **persu'aso, a** *pp di* **persuadere.**

per'tanto *cong* donc, par conséquent.

'pertica, che *sf* perche.

perti'nente *ag* pertinent(e).

per'tosse *sf* (MED) coqueluche.

per'tugio [per'tudʒo] *sm* trou.

pertur'bare *vt* perturber; ~**rsi** *vr (tempo)* se gâter; **perturbazi'one** *sf* perturbation; (ELETTR) parasite *m.*

Pe'rugia [pe'rudʒia] *sf* Pérouse.

per'vadere *vt (fig)* pénétrer; **per'vaso, a** *pp di* **pervadere.**

perve'nire *vi* parvenir, arriver; **perve'nuto, a** *pp di* **pervenire.**

perversi'one *sf* perversion.

per'verso, a *ag* pervers(e).

perver'tire *vt* pervertir.

p. es. *(abbr di* **per esempio**) par ex.

'pesa *sf* pesage *m; (luogo)* poids *m.*

pe'sante *ag* lourd(e); *(stancante)* pénible, fatigant(e).

pe'sare *vt* peser // *vi* peser; *(essere pesante)* être lourd; *(costare fatica)* coûter; ~**rsi** *vr* se peser.

'pesca *sf (pl:* **pesche:** *frutto)* pêche; *(il pescare)* pêche; ~ **di beneficenza** loterie, tombola.

pe'scare *vt* pêcher; *(trovare)* trouver; *(: acchiappare)* pincer.

pesca'tore *sm* pêcheur.

'pesce ['peʃʃe] *sm* poisson; ~ **spada** espadon; **pesce'cane** *sm* (ZOOL) requin.

pesche'reccio [peske'rettʃo] *sm* bateau de pêche, chalutier.

pesche'ria [peske'ria] *sf* poissonerie.

pesci'vendolo, a [peʃʃi'vendolo] *sm/f* poissonnier/ère.

'pesco, schi *sm* (BOT: *albero)* pêcher.

pe'scoso, a *ag* poissonneux(-euse).

'peso *sm* poids *sg; (moneta)* peso; **sollevamento** ~**i** *mpl* (SPORT) haltères.

pessi'mismo *sm* pessimisme; **pessi'mista, i, e** *ag, sm/f* pessimiste.

'pessimo, a *ag* très mauvais(e).

pe'stare *vt* écraser, broyer; *(calpestare)* marcher sur; *(carne)* battre; *(fig: picchiare)* frapper, passer à tabac.

'peste *sf* peste.

pe'stello *sm* pilon.
pesti'lenza [pesti'lɛntsa] *sf* épidémie de peste; *(fig: fetore)* pestilence.
'pesto, a *ag (occhi)* cerné(e); *(ossa)* courbaturé(e) // *sm* (CUC: *salsa*) ≈ pistou; **buio** ~ *(fig)* noir comme dans un four.
'petalo *sm* pétale.
pe'tardo *sm* pétard.
petizi'one [petit'tsjone] *sf* pétition.
'peto *sm (fam)* pet.
petrol'chimica [petrol'kimika] *sf* pétrochimie.
petroli'era *sf* pétrolier *m*.
petro'lifero, a *ag* pétrolier(-ère).
pe'trolio *sm* pétrole.
pettego'lare *vi* potiner, jaser.
pettego'lezzo [pettego'leddzo] *sm* potin, commerage, ragot.
pet'tegolo, a *ag, sm/f* cancanier (-ère); **è un vero** ~! c'est une vraie concierge *f o* pipelette *f*.
petti'nare *vt* coiffer; *(lana)* peigner; **~rsi** *vr* se coiffer; **pettina'tura** *sf* coiffure; *(di lana)* peignage.
'pettine *sm* peigne.
petti'rosso *sm* rouge-gorge.
'petto *sm* poitrine *f; (di cavallo)* poitrail; *(di giacca, camicia)* devant; **giacca a un/doppio** ~ veste *f* droite/croisée; **petto'ruto, a** *ag (formoso)* qui a une forte poitrine; *(impettito)* qui bombe le torse.
petu'lante *ag* impertinent(e), insolent(e).
'pezza ['pɛttsa] *sf* pièce; *(straccio)* chiffon *m*.
pez'zato, a [pet'tsato] *ag* pie.
pez'zente [pet'tsɛnte] *sm/f* misérable, clochard(e).
'pezzo ['pɛttso] *sm* morceau, bout; *(elemento di un insieme,* TECN) pièce *f; (molto tempo)* bout de temps; (STAMPA) article; *(fig: persona)* espèce *f;* **andare in ~i** se briser; **fare a ~i qc** casser qch; **un bel ~ di ragazza** *(fam)* un beau brin de fille; ~ **grosso** *(fig)* gros bonnet.
pia'cente [pja'tʃɛnte] *ag* agréable, plaisant(e).
pia'cere [pja'tʃere] *vi* plaire; *(essere gradito)* aimer *vt* // *sm* plaisir; *(favore)* service; **mi piace la poesia/leggere** j'aime la poésie/lire; **quei ragazzi non mi piacciono** je n'aime pas ces garçons; **mi piace quel ragazzo** *(fisicamente)* ce garçon me plaît; ~! *(nelle presentazioni)* enchanté!; **per** ~! *(per favore)* s'il te/vous plaît!; **fare un ~ a qd** rendre un service à qn; **fammi il** ~! arrête donc!; **pia'cevole** *ag* agréable; **piaci'uto, a** *pp di* **piacere**.
pi'aga, ghe *sf* plaie.
piagni'steo [pjaɲɲis'tɛo] *sm* pleurnichement.
piagnuco'lare [pjaɲɲuko'lare] *vi* pleurnicher.
pi'alla *sf* rabot *m*.
pial'lare *vt* raboter.
pi'ana *sf* plaine.
pianeggi'ante [pjaned'dʒante] *ag* plat(e).
piane'rottolo *sm* palier.
pia'neta *sm* planète *f*.
pi'angere ['pjandʒere] *vi, vt* pleurer.
pianifi'care *vt* planifier; **pianificazi'one** *sf* planification.
pia'nista, i, e *sm/f* pianiste.
pi'ano, a *ag* plat(e), plan(e); (MAT) plan(e); (SPORT) plat(e) // *av (adagio, con cautela)* lentement, doucement; *(a bassa voce: parlare)* doucement, à voix basse // *sm* plan; *(superficie: di tavolo)* surface *f*, dessus *sg; (di edificio)* étage; *(fam: pianoforte)* piano; ~ **terra** (EDIL) rez-de-chaussée; **pian** ~ tout doucement; ~ **stradale** chaussée *f;* **strada in** ~ route *f* plate.
piano'forte *sm* piano.
pi'anta *sf* plante; *(grafico, carta topografica)* plan *m;* **in** ~ **stabile** *(fig)* en permanence; **inventato di sana**

~ inventé de toutes pièces; **piantagi'one** *sf* plantation; *(terreno)* exploitation; **pian'tare** *vt* (*AGR*) planter; *(conficcare)* enfoncer, planter; *(fig: lasciare)* laisser en plan, plaquer *(fam)*; **piantarsi** *vr* se planter; *(conficcarsi)* s'enfoncer; *(fig: lasciarsi)* se plaquer; **piantala!** *(fam)* arrête!; **piantar grane** *(fig)* faire des histoires.

pianter'reno *sm* rez-de-chaussée.

pi'anto, a *pp di* **piangere** // *sm* larmes *fpl*.

pian'tone *sm* planton; (*AUTO: asse)* colonne *f* de direction.

pia'nura *sf* plaine.

pi'astra *sf* plaque; (*HIFI*) platine à cassettes; *(moneta)* piastre.

pia'strella *sf* carreau *m*.

pia'strina *sf* plaquette.

piatta'forma *sf* plate-forme.

pi'atto, a *ag* plat(e) // *sm* plat; *(recipiente)* assiette *f*; *(della bilancia)* plateau; **~i** *smpl* (*MUS*) cymbales *fpl*; **~ fondo/piano** assiette *f* creuse/plate.

pi'azza ['pjattsa] *sf* place; *(fig: popolo)* peuple *m*; **far ~ pulita di** *(fig)* éliminer, liquider; **piazza'forte,** *pl* **piazze'forti** *sf* (*MIL*) place forte; **piaz'zale** *sm* place *f*.

piaz'zare [pjat'tsare] *vt* placer; **~rsi** *vr* se placer; (*SPORT*) se classer.

piaz'zista, i [pjat'tsista] *sm* représentant de commerce.

piaz'zola [pjat'tsɔla] *sf* (*AUTO*) emplacement *m*; (*MIL*) banquette; (*GOLF*) départ *m*.

pic'cante *ag* épicé(e), piquant(e); *(fig)* piquant(e), mordant(e).

'picche ['pikke] *sfpl* (*CARTE*) pique *m*; **rispondere ~ a qd** *(fig)* envoyer promener qn.

pic'chetto [pik'ketto] *sm* piquet; **ufficiale di ~** (*MIL*) officier de service.

picchi'are [pik'kjare] *vt* frapper, battre // *vi* frapper; **~rsi** *vr* se battre; **~ in testa** (*AUTO*) cogner; **picchi'ata** *sf* (*AER*) piqué *m*.

picchiet'tare [pikkjet'tare] *vt* tapoter; tambouriner.

'picchio ['pikkjo] *sm* pic.

pic'cino, a [pit'tʃino] *ag* petit(e); *(fig)* mesquin(e), petit(e) // *sm/f* petit/e.

piccio'naia [pittʃo'naja] *sf* pigeonnier *m*, colombier *m*; (*TEATRO*) poulailler *m*.

picci'one [pit'tʃone] *sm* pigeon.

'picco, chi *sm* pic, sommet; **andare** *o* **colare a ~** (*NAUT*) couler à pic; *(fig: andare in rovina)* échouer, s'écrouler.

'piccolo, a *ag* petit(e); *(di scarsa importanza)* petit(e), léger(-ère); *(fig: meschino)* petit(e), étroit(e) // *sm/f* petit/e; **in ~** en miniature *f*, en petit.

pic'cone *sm* pioche *f*.

pic'cozza [pik'kɔttsa] *sf* pioche; (*ALPINISMO*) piolet *m*.

pic'nic *sm inv* pique-nique *m*.

pi'docchio [pi'dɔkkjo] *sm* pou.

pi'ede *sm* pied; **in ~i** debout; **puntare i ~i** *(fig)* s'obstiner; **fatto con i ~i** mal fait; **andare coi ~i di piombo** être prudent.

piedi'stallo, piede'stallo *sm* piédestal.

pi'ega, ghe *sf* pli *m*; *(fam: andamento)* tournure.

pie'gare *vt* plier; *(inclinare)* courber; *(fig)* faire céder // *vi* plier; *(dirigersi)* tourner; **~rsi** *vr* se plier; **piega'tura** *sf* pliage *m*; **pieghet'tare** *vt* plisser; **pie'ghevole** *ag* pliant(e).

pi'ena *sf vedi* **pi'eno.**

pi'eno, a *ag* plein(e); *(sazio)* rassasié(e) // *sm* plein; *(colmo)* plénitude *f* // *sf* crue; *(fig: gran folla)* foule; **~ di debiti** couvert de dettes; **nel ~ dell'estate** *(fig)* au cœur de l'été.

pietà *sf* pitié; (*REL*) piété.

pie'tanza [pje'tantsa] *sf* (*CUC*) plat

m de résistance *o* principal.
pie'toso, a *ag (che suscita pietà)* piteux(-euse), pitoyable; *(che ha pietà)* compatissant(e).
pi'etra *sf* pierre; **pie'traia** *sf* pierraille; **pietrifi'care** *vt* pétrifier; **pietrifi'carsi** *vr* se pétrifier.
'piffero *sm* fifre, pipeau.
pigi'ama [pi'dʒama] *sm* pyjama.
'pigia 'pigia ['pidʒa'pidʒa] *sm inv* bousculade *f.*
pigi'are [pi'dʒare] *vt* presser, écraser; *(comprimere)* tasser; **pigia'trice** *sf* (*TECN*) fouloir.
pigi'one [pi'dʒone] *sf* loyer *m.*
pigli'are [piʎ'ʎare] *vt, vi* prendre.
'piglio ['piʎʎo] *sm* air.
pig'mento *sm* pigment.
pig'meo, a *sm/f* pygmée *inv; (fig: persona molto bassa)* nain/e.
'pigna ['piɲɲa] *sf* (*BOT*) pomme de pin.
pi'gnolo, a [piɲ'ɲɔlo] *ag* tatillon(ne), pointilleux(-euse).
pigo'lare *vi* pépier, crier.
pi'grizia [pi'grittsja] *sf* paresse.
'pigro, a *ag* paresseux(-euse), fainéant(e).
'pila *sf* pile.
pi'lastro *sm* pilier.
'pillola *sf* pilule.
pi'lone *sm* pylône; *(di ponte)* pilier.
pi'lota, i *sm* pilote.
pilo'tare *vt* piloter.
piluc'care *vt* picorer, grignoter.
pi'mento *sm* piment.
pinaco'teca, che *sf* pinacothèque.
pi'neta *sf* pinède.
ping-'pong [ping'pɔng] *sm inv* ® ping-pong ®.
'pingue *ag* gras(se), rondelet(te); *(fig: lauto)* gros(se); **pingu'edine** *sf* embonpoint *m.*
pingu'ino *sm* pingouin.
'pinna *sf* nageoire; (*NAUT*) aileron *m; (di gomma)* palme.
pin'nacolo *sm* pinacle.
'pino *sm* pin; **pi'nolo** *sm* pignon.
'pinza ['pintsa] *sf* pince.
pin'zette [pin'tsette] *sfpl (per sopracciglia)* pince *sg* à épiler; *(per zucchero)* pince *sg* à sucre.
'pio, a, pii, pie *ag* pieux(-euse); *(di luoghi)* saint(e).
pi'oggia, ge ['pjɔddʒa] *sf* pluie.
pi'olo *sm* pieu, piquet; *(di scala)* barreau; **scala a ~i** *mpl* échelle *f.*
piom'bare *vi* tomber sur; *(giungere)* arriver à l'improviste; *(fig: nel sonno)* sombrer dans // *vt* plomber; (*MED*) obturer; **piomba'tura** *sf* plombage *m;* (*MED*) obturation.
piom'bino *sm* plomb.
pi'ombo *sm* plomb; *(proiettile)* balle *f.*
pioni'ere, a *sm/f* pionnier(-ère).
pi'oppo *sm* peuplier.
pi'overe *vb impersonale* pleuvoir; **~ dal cielo** *(fig)* tomber du ciel; **pioviggi'nare** *vi* pleuvasser, crachiner; **pio'voso, a** *ag* pluvieux (-euse).
pi'ovra *sf* pieuvre.
'pipa *sf* pipe.
pipi'strello *sm* chauve-souris *f.*
pi'ramide *sf* pyramide.
pi'rata, i *ag, sm* pirate; **~ della strada** chauffard.
pi'rite *sf* pyrite.
piro'etta *sf* pirouette.
pi'rofila *sf* Pyrex ® *m.*
pi'roga, ghe *sf* pirogue.
pirogra'fia *sf* pyrogravure.
pi'romane *sm/f* pyromane.
pi'roscafo *sm* navire.
pisci'are [piʃ'ʃare] *vi (fam)* pisser.
pi'scina [piʃ'ʃina] *sf* piscine.
pi'sello *sm* (*BOT: pianta)* pois *sg; (: frutto)* pois *sg*, petit pois.
piso'lino *sm* petit somme.
'pista *sf* piste.
pi'stacchio [pi'stakkjo] *sm* (*BOT: albero)* pistachier; *(: frutto)* pistache *f.*
pi'stillo *sm* pistil.
pi'stola *sf* pistolet *m.*
pi'stone *sm* piston.

pi'tocco, a, chi, che *ag, sm* avare, pingre.
pi'tone *sm* python.
pit'tore, trice *sm/f* peintre/ femme-peintre; **pitto'resco, a, schi, sche** *ag* pittoresque; **pit'torico, a, ci, che** *ag* pictural(e).
pit'tura *sf* peinture.
pittu'rare *vi* peindre.
più *av, prep* plus // *ag inv (comparativo)* plus de; *(parecchio)* plusieurs // *sm inv:* **il** ~ *(la parte maggiore)* le plus gros; *(la cosa più importante)* le plus important; **i** ~ *(la maggioranza)* la plupart; **a ~ non posso** de toutes mes *(etc)* forces; **di** ~ *(maggiormente)* davantage, plus; **per di** ~ en outre; **per lo** ~ en général, dans la plupart des cas; **non c'è ~ pane** il n'y a plus de pain; **3 ~ 5 fa 8** 3 plus 5 font 8; **parlare del ~ e del meno** parler de la pluie et du beau temps.
piuccheper'fetto [pjukkepper'fetto] *sm* plus-que-parfait.
pi'uma *sf* plume; **piu'maggio** *sm* plumage; **piu'mino** *sm (del letto)* couette *f; (per cipria)* houppette *f; (per spolverare)* plumeau.
piut'tosto *av* plutôt; **mi sento ~ stanco** je me sens plutôt fatigué; **~ che** *(anziché)* plutôt que.
pi'vello, a *sm/f* débutant/e.
pizzi'cagnolo, a [pittsi'kaɲɲolo] *sm/f* charcutier/ère.
pizzi'care [pittsi'kare] *vt (anche fig)* pincer; *(cibo, sog: animale)* piquer // *vi (prudere)* démanger.
pizziche'ria [pittsike'ria] *sf* charcuterie.
'pizzico, chi ['pittsiko] *sm* pinçon; *(piccola quantità)* pincée *f; (morso d'insetto)* piqûre *f*.
pizzi'cotto [pittsi'kɔtto] *sm* pinçon.
'pizzo ['pittso] *sm* dentelle *f; (barbetta)* barbiche *f; (cima di montagna)* pic.
pla'care *vt* calmer; **~rsi** *vr* se calmer.
'placca, che *sf* plaque.
plac'care *vt* plaquer; **placcato in oro/argento** plaqué or/argent.
pla'centa [pla'tʃɛnta] *sf* placenta *m*.
'placido, a ['platʃido] *ag* placide, calme.
plagi'are [pla'dʒare] *vt* plagier; **'plagio** *sm* plagiat.
pla'nare *vi* planer.
'plancia, ce ['plantʃa] *sf* (*NAUT*) passerelle.
'plancton *sm inv* plancton.
plane'tario, a *ag* planétaire // *sm* planétarium.
'plasma, i *sm* plasma.
pla'smare *vt* modeler; *(fig)* façonner.
'plastico, a, ci, che *ag* plastique // *sm* maquette *f; (esplosivo)* plastic // *sf* plastique *m;* (*ARTE*) plastique; (*MED*) opération plastique.
plasti'lina *sf* ® pâte à modeler.
'platano *sm* platane.
pla'tea *sf* (*TEATRO*) parterre *m;* orchestre *m; (spettatori)* public *m*.
'platino *sm* platine.
pla'tonico, a, ci, che *ag* platonique; (*FILOSOFIA*) platonicien(ne).
plau'sibile *ag* plausible.
'plauso *sm* approbation *f*.
ple'baglia [ple'baʎʎa] *sf (peg)* populace, racaille.
'plebe *sf* plèbe, peuple *m;* **ple'beo, a** *ag* plébéien(ne); *(fig)* populaire // *sm/f* roturier/ère; **plebi'scito** *sm* plébiscite.
ple'nario, a *ag* plenier(-ère).
pleni'lunio *sm* pleine lune *f*.
'plettro *sm* médiator.
pleu'rite *sf* (*MED*) pleurésie; **pleu'ritico, a, ci, che** *ag* pleurétique.
'plico, chi *sm* pli.
plo'tone *sm* peloton.
'plumbeo, a *ag* plombé(e); *(cielo)* de plomb.
plu'rale *ag* pluriel(le) // *sm* pluriel; **pluralità** *sf* pluralité.

plusva'lore *sm* (*ECON*) plus-value *f.*
pluvi'ale *ag* pluvial(e).
pneu'matico, a, ci, che *ag* pneumatique // *sm* (*AUTO*) pneumatique, pneu.
po' *av vedi* **poco.**
'poco, a, chi, che *ag* peu de // *av* (*preceduto da* **un** *viene troncato in* **po'**) peu // *pron, sm* peu; **~chi/che** *pron pl* peu de gens; **ho ~ denaro** j'ai peu d'argent; **star ~ bene** ne pas aller très bien; **costare ~** ne pas coûter très cher; **un po' di vino** un peu de vin; **~ fa** *(tempo)* il y a peu de temps; **tra ~** bientôt; **c'è ~ da fare** il n'y a pas grand-chose à faire; **accontentarsi di ~** se contenter de peu de chose.
po'dere *sm* domaine, terres *fpl.*
pode'roso, a *ag* puissant(e), fort(e).
podestà *sm* podestat.
'podio *sm* podium.
po'dismo *sm* (*SPORT*) course *f.*
po'ema, i *sm* poème.
poe'sia *sf* poésie; *(componimento)* poème *m.*
po'eta, essa *sm/f* poète/femme-poète.
poe'tare *vi* écrire des poèmes, faire des vers.
po'etico, a, ci, che *ag* poétique.
poggi'are [pod'dʒare] *vt* appuyer; **poggia'testa** *sm inv* (*AUTO*) appuitête.
'poggio ['pɔddʒo] *sm* coteau, colline *f.*
'poi *av* puis, ensuite, après; *(d'altronde)* du reste, d'ailleurs; **mangia, ~ vedremo** mange, ensuite nous verrons; **lo vedrò ~** je le verrai plus tard; **d'ora in ~** dorénavant; **questa ~!** ça, par exemple!; **tu ~ ...** quant à toi ... .
poiché [poi'ke] *cong* car, parce que; *(dal momento che)* puisque.
'poker *sm inv* poker.
po'lacco, a, chi, che *ag, sm/f* polonais(e).
po'lare *ag* polaire.
'polca, che *sf* polka.
po'lemico, a, ci, che *ag, sf* polémique.
po'lenta *sf* (*CUC*) *plat à base de farine de maïs.*
'poli... *pref:* poly ...; **poli'clinico, ci** *sm* (*MED*) polyclinique *f;* **poliga'mia** *sf* polygamie; **po'ligono** *sm* polygone.
poliomie'lite *sf* poliomyélite.
'polipo *sm* poulpe; (*MED*) polype.
polisti'rolo *sm* polystyrène.
poli'tecnico, ci *sm* (*SCOL*) *université formant les ingénieurs.*
politiciz'zare [polititʃid'dzare] *vt* politiser.
po'litico, a, ci, che *ag* politique // *sm* homme politique // *sf* politique.
poli'zia [polit'tsia] *sf* police; **polizi'esco, a, schi, sche** *ag* policier(-ère); **polizi'otto** *sm* agent de police, policier; *(fam)* flic; **donna/cane poliziotto** femme/chien policier.
'polizza ['pɔlittsa] *sf* police.
pol'laio *sm* poulailler.
pol'lame *sm* volaille *f,* volailles *fpl.*
pol'lastro *sm* (*ZOOL*) poulet; *(fig)* dindon, pigeon.
'pollice ['pɔllitʃe] *sm* pouce.
'polline *sm* pollen.
'pollo *sm* poulet; *(fig)* pigeon, dindon.
pol'mone *sm* poumon; *(fig: di città)* réserve *f* d'oxygène; **polmo'nite** *sf* pneumonie.
'polo *sm* pôle; *(gioco, maglietta)* polo; *(fig)* centre.
Po'lonia *sf* Pologne.
'polpa *sf* pulpe; *(di carne)* noix *sg.*
pol'paccio [pol'pattʃo] *sm* mollet.
pol'petta *sf* (*CUC*) boulette (de viande); **polpet'tone** *sm* (*CUC*) rôti haché; *(fig: opera pesante)* navet.
'polpo *sm* (*ZOOL*) poulpe.
pol'poso, a *ag* pulpeux(-euse).
pol'sino *sm* poignet; *(bottone)*

bouton de manchette *f.*
'polso *sm* poignet; *(pulsazione)* pouls *sg; (fig)* poigne *f.*
pol'tiglia [pol'tiʎʎa] *sf* bouillie.
pol'trire *vi* paresser.
pol'trona *sf* fauteuil *m.*
pol'trone *ag* paresseux(-euse), fainéant(e).
'polvere *sf* poussière; *(frammento minutissimo)* poudre; *(fig)* ruines *fpl;* **in ~** *(cioccolato, sapone)* en poudre; **~ da sparo** poudre à canon; **polveri'era** *sf* poudrière; **polveriz'zare** *vt* pulvériser; *(cospargere)* saupoudrer; **polve'rone** *sm* nuage de poussière; **polve'roso, a** *ag* poussiéreux(-euse).
po'mata *sf* pommade.
po'mello *sm* (*ANAT*) pommette *f; (di bastone)* pommeau; *(di porta)* poignée *f.*
pomeridi'ano, a *ag* de l'après-midi.
pome'riggio [pome'riddʒo] *sm* après-midi.
'pomice ['pɔmitʃe] *sf* ponce.
'pomo *sm* pomme *f; (di sella)* pommeau.
pomo'doro *sm* tomate *f.*
'pompa *sf* pompe.
pom'pare *vt* pomper.
pom'pelmo *sm* pamplemousse.
pompi'ere *sm* (sapeur-)pompier.
pom'poso, a *ag* pompeux(-euse).
ponde'rare *vt* peser; **ponde'roso, a** *ag* pondéreux(-euse), lourd(e).
po'nente *sm* ouest; *(vento)* vent d'ouest.
'ponte *sm* pont; *(impalcatura)* échafaudage; (*MED*) bridge; **legge/governo ~** (*POL*) loi/gouvernement provisoire *o* transitoire.
pon'tefice [pon'tefitʃe] *sm* pontife.
pontifi'care *vi* pontifier; **pontifi'cato** *sm* pontificat, papauté *f;* **ponti'ficio, a, ci, cie** *ag* pontifical(e).
popo'lano, a *ag* du peuple // *sm/f* homme/femme du peuple.
popo'lare *ag* populaire // *vt* peupler; *(affollare)* remplir; **~rsi** *vr* se peupler; se remplir; **popolarità** *sf* popularité.
popolazi'one [popolat'tsjone] *sf* population.
'popolo *sm* peuple; *(affollamento)* foule *f,* monde; **popo'loso, a** *ag* populeux(-euse).
'poppa *sf* (*NAUT*) poupe, arrière *m;* (*ANAT*) téton *m,* mamelle.
pop'pare *vt* téter; **poppa'toio** *sm* biberon.
porcel'lana [portʃel'lana] *sf* porcelaine.
porcel'lino, a [portʃel'lino] *sm/f* (*ZOOL*) porcelet *m,* cochonnet *m; (fig)* petit/e cochon/ne.
porche'ria [porke'ria] *sf* saleté; *(volgarità)* cochonnerie, grossièreté; *(fig)* saloperie.
por'cile [por'tʃile] *sm* porcherie *f.*
por'cino, a [por'tʃino] *ag* porcin(e) // *sm (fungo)* cèpe, bolet.
'porco, ci *sm* (*ZOOL*) cochon; *(fig: peg: persona)* cochon, salaud.
porco'spino *sm* porc-épic.
'porgere ['pɔrdʒere] *vt* tendre; *(passare qc)* passer; *(dare)* donner; *(fig: offrire)* présenter; **~ l'orecchio** *(fig)* prêter l'oreille.
pornogra'fia *sf* pornographie; **porno'grafico, a, ci, che** *ag* pornographique.
'poro *sm* pore; **sprizzare salute da tutti i ~i** respirer la santé; **po'roso, a** *ag* poreux(-euse).
'porpora *sf* pourpre.
'porre *vt* mettre; *(collocare)* poser, placer; *(una domanda)* poser; *(fig: supporre)* mettre, supposer; **porsi** *vr* se mettre; *(problema, domanda)* se poser; **~ mano a qc** prendre qch.
'porta *sf* porte; (*SPORT*) but *m;* **a ~e chiuse** (*DIR*) à huis clos // *pref* porte ...; **portaba'gagli** *sm inv* porteur; *(di auto)* galerie *f; (di bicicletta, moto)* porte-bagages; **porta-bandi'era** *sm inv* porte-drapeau; **porta'cenere** *sm inv* cendrier; **por-**

tachi'avi *sm inv* porte-clés, porte-clefs; **porta'cipria** *sm inv* poudrier; **porta'erei** *sf inv (nave)* porte-avions *m*; **portafi'nestra,** *pl* **porte-finestre** *sf* porte-fenêtre; **porta'foglio** *sm* portefeuille; **portafor'tuna** *sm inv* porte-bonheur, mascotte *f*; **portagi'oie, portagi-oi'elli** *sm inv* coffret à bijoux.

por'tale *sm* portail.

porta'lettere *sm inv* facteur.

porta'mento *sm* allure *f*, démarche *f*.

portamo'nete *sm inv* porte-monnaie.

por'tante *ag* portant(e); (*ELETTR, cavo)* porteur(-euse).

portan'tina *sf* chaise à porteurs; *(lettiga)* brancard *m*.

por'tare *vt* porter; *(recare: cosa)* apporter; *(: persona)* amener; *(trasportare)* transporter; *(da un luogo)* ramener, rapporter; *(con sè)* emporter, emmener; *(scarpe)* chausser; *(condurre)* amener; emmener; *(fig)* entraîner; **~rsi** *vr (spostarsi)* se déplacer; *(salute)* se porter; **~rsi avanti/indietro** avancer/reculer; **~rsi sulla destra/sinistra** serrer à droite/gauche; **~ la macchina** *(fig)* conduire; **~ fuori/dentro** sortir/rentrer; **~ giù/su** descendre/monter; **~ via** emmener, emporter.

portasiga'rette *sm inv* étui à cigarettes.

porta'spilli *sm inv* coussinet à épingles.

por'tata *sf* portée; *(vivanda)* plat *m*; *(di camion)* charge utile; *(volume d'acqua)* débit *m*; *(fig)* portée, envergure.

por'tatile *ag* portatif(-ive).

por'tato, a *ag* doué(e).

porta'tore, trice *sm/f* porteur/euse.

portau'ovo *sm inv* coquetier.

porta'voce [porta'votʃe] *sm/f* porte-parole.

por'tento *sm* prodige.

'portico, ci *sm* arcade *f*.

porti'era *sf (AUTO)* portière, porte.

porti'ere *sm* concierge; (*CALCIO*) gardien de but.

porti'naio, a *sm/f* concierge.

portine'ria *sf* loge (du concierge); *(di palazzi, castelli)* conciergerie.

'porto, a *pp di* **porgere** // *sm* port; **condurre in ~ qc** *(fig)* mener à bien qch.

Porto'gallo *sm* Portugal; **porto'ghese** *ag, sm/f* portugais(e).

por'tone *sm* porte *f* cochère; porte *f* principale.

portu'ale *ag* portuaire // *sm* docker.

porzi'one [por'tsjone] *sf* part; *(quantità di cibo)* portion.

'posa *sf* pose; *(riposo)* répit *m*; *(atteggiamento)* attitude.

po'sare *vt* poser // *vi (essere fondato, anche fig)* reposer; *(atteggiarsi)* poser; **~rsi** *vr* se poser.

po'sata *sf* couvert *m*.

po'sato, a *ag* calme, posé(e).

po'scritto *sm* post-scriptum *inv*.

posi'tivo, a *ag* positif(-ive) // *sm* positif // *sf (FOT)* épreuve positive.

posizi'one [pozit'tsjone] *sf* position; **luci di ~** (*AUTO*) feux *mpl* de position, veilleuses *fpl*.

posolo'gia, 'gie [pozolo'dʒia] *sf* posologie.

po'sporre *vt* placer après; *(differire)* renvoyer, remettre; **po's-posto, a** *pp di* **posporre.**

posse'dere *vt* posséder; **posse-di'mento** *sm* propriété *f*.

posses'sivo, a *ag* possessif(-ive).

pos'sesso *sm* possession *f*; *(fig: conoscenza)* connaissance *f*.

posses'sore *sm* possesseur.

pos'sibile *ag, sm* possible; **è ~ che non venga** il se peut qu'il ne vienne pas; **possibilità** *sf inv* possibilité, opportunité // *fpl (fig)* moyens *mpl*.

possi'dente *ag, sm/f* propriétaire.

'posta *sf (ufficio postale)* poste; *(corrispondenza)* courrier *m*;

(somma) mise, enjeu *m;* **fare la ~ a qd** *(fig)* guetter qn; **po'stale** *ag* postal(e) // *sm (mezzo pubblico)* car postal.
post'bellico, a *ag* de l'après-guerre.
posteggi'are [posted'dʒare] *vt* garer // *vi* se garer; **po'steggio** *sm* parking.
postelegra'fonico, a, ci, che *ag* des postes et télécommunications // *sm* agent des postes et télécommunications.
posteri'ore *ag* postérieur(e); (*AUTO*) arrière.
posterità *sf* postérité.
po'sticcio, a, ci, ce [po'stittʃo] *ag* postiche.
postici'pare [postitʃi'pare] *vt* renvoyer, remettre.
po'stilla *sf* note.
po'stino *sm* facteur.
'posto, a *pp di* **porre** // *sm* place *f;* *(luogo)* lieu, endroit; *(carica, MIL)* poste; *(di classifica)* place *f*, rang; **a ~** *(in ordine)* en ordre; *(: di persona)* bien *inv*, comme il faut; **al ~ di** à la place de, au lieu de; **del ~** du pays; **~ di blocco** barrage.
'postumo, a *ag* posthume // **~i** *smpl* conséquences *fpl;* suites *fpl.*
po'tabile *ag* potable.
po'tare *vt* tailler.
po'tassio *sm* potassium.
po'tente *ag* puissant(e); violent(e) // *sm* puissant; **po'tenza** *sf* puissance.
potenzi'ale [poten'tsjale] *ag* potentiel(le) // *sm* potentiel.
po'tere *vi* pouvoir // *vb impersonale:* **può darsi (che)** il se peut (que) // *sm* pouvoir.
potestà *sf* puissance; pouvoir *m.*
'povero, a *ag, sm/f* pauvre; indigent(e); **~ me!** pauvre de moi!; **povertà** *sf* pauvreté, misère.
pozi'one [pot'tsjone] *sf* potion.
'pozza ['pottsa] *sf* mare.
poz'zanghera [pot'tsangera] *sf* flaque.
'pozzo ['pottso] *sm* puit.
pran'zare [pran'dzare] *vi* déjeuner; **'pranzo** *sm* déjeuner; *(banchetto)* repas *sg*, dîner.
'prassi *sf* pratique.
'pratica, che *sf* pratique; *(esperienza)* expérience; *(tirocinio)* apprentissage *m;* (*DIR*) dossier *m*, affaire; **~e** *fpl* (*AMM*) démarches.
prati'cabile *ag* practicable.
prati'cante *sm/f* apprenti/e; stagiaire; (*REL*) pratiquant/e.
prati'care *vt* pratiquer.
'pratico, a, ci, che *ag* pratique; **~ di qc** qui connaît bien qch, qui a l'expérience de qch.
'prato *sm* pré, prairie *f;* *(di giardino)* gazon, pelouse *f.*
preavvi'sare *vt* prévenir; **preav'viso** *sm* préavis *sg.*
pre'cario, a *ag* précaire, provisoire.
precauzi'one [prekaut'tsjone] *sf* précaution.
prece'dente [pretʃe'dɛnte] *sm* précédent; **prece'denza** *sf* priorité; (*AMM*) préséance.
pre'cedere [pre'tʃɛdere] *vt* précéder; *(arrivare prima)* devancer.
pre'cetto [pre'tʃɛtto] *sm* (*REL*) précepte; *(norma)* règle *f;* (*DIR*) injonction *f.*
precet'tore [pretʃet'tore] *sm* précepteur.
precipi'tare [pretʃipi'tare] *vi* tomber, s'écraser, précipiter; (*CHIM*) précipiter; *(fig)* sombrer; *(: di situazione)* se détériorer // *vt* précipiter; **~rsi** *vr* se précipiter; **precipitazi'one** *sf* précipitation; **precipi'toso, a** *ag* précipité(e); *(fig)* hâtif(-ive).
preci'pizio [pretʃi'pittsjo] *sm* précipice; **a ~** *(fig)* avec précipitation *f.*
pre'cipuo, a [pre'tʃipuo] *ag* principal(e).
preci'sare [pretʃi'zare] *vt* pré-

ciser, spécifier; **precisi'one** *sf* précision; exactitude; **pre'ciso, a** *ag* précis(e); *(esatto)* juste; *(identico)* pareil(le); **sono le 9 precise** il est 9 heures pile *o* précises.
pre'cludere *vt* barrer; *(fig)* entraver; **pre'cluso, a** *pp di* **precludere.**
pre'coce [pre'kɔtʃe] *ag* précoce.
precon'cetto, a [prekon'tʃɛtto] *ag* préconçu(e) // *sm* préjugé.
precur'sore *ag m, sm* précurseur.
'preda *sf* proie; *(bottino)* butin *m;* **in ~ a qc/qd** *(fig)* en proie de qch/qn; **preda'tore, trice** *ag* (ZOOL) prédateur, de proie // *sm/f* prédateur *m*, pillard/e.
predeces'sore [predetʃes'sore] *sm* prédécesseur.
pre'della *sf* marchepied *m.*
predesti'nare *vt* prédestiner.
pre'detto, a *pp di* **pre'dire.**
'predica, che *sf* sermon *m.*
predi'care *vt, vi* prêcher; **~ al vento** *(fig)* prêcher dans le désert.
predi'cato *sm* (LING) prédicat.
predi'letto, a *ag, sm/f* favori(-ite), bien-aimé(e).
predilezi'one [predilet'tsjone] *sf* prédilection, préférence.
predi'ligere [predi'lidʒere] *vt* préférer.
pre'dire *vt* prédire; *(annunciare)* annoncer.
predi'sporre *vt* préparer; *(prevedere)* prévoir; (MED) prédisposer; **predisporsi** *vr* se préparer; **predi'sposto, a** *pp di* **predisporre.**
predizi'one [predit'tsjone] *sf* prédiction.
predomi'nare *vi* prédominer; *(prevaler)* avoir le dessus; **predo'minio** *sm* domination *f; (supremazia)* suprématie *f*, prépondérance *f.*
prefabbri'cato, a *ag* préfabriqué(e).
prefazi'one [prefat'tsjone] *sf* préface, avant-propos *m.*
prefe'renza [prefe'rɛntsa] *sf* préférence; **preferenzi'ale** *ag* préférentiel(le).
prefe'rire *vt* préférer.
pre'fetto *sm* préfet; **prefet'tura** *sf* préfecture.
pre'figgere [pre'fiddʒere] *vt* préfixer; **~rsi** *vr* se proposer; **pre'fisso, a** *pp di* **prefiggere** // *sm* (LING) préfixe; (TEL) indicatif.
pre'gare *vt* prier.
pre'gevole [pre'dʒevole] *ag* de valeur.
preghi'era [pre'giɛra] *sf* prière.
pregi'arsi [pre'dʒarsi] *vr* avoir l'honneur de.
'pregio ['prɛdʒo] *sm* valeur *f; (di persona)* qualité *f; (merito)* mérite.
pregiudi'care [predʒudi'kare] *vt* porter préjudice à, compromettre; **pregiudi'cato, a** *sm/f* (DIR) repris/e de justice.
pregiu'dizio [predʒu'dittsjo] *sm* préjugé.
'pregno, a ['preɲɲo] *ag:* **~ di** *(fig)* imprégné de, plein de.
'prego *escl (rispondendo a chi ringrazia, invito)* je vous/t'en prie; *(per favore)* s'il vous/te plaît.
pregu'stare *vt* goûter d'avance.
prei'storico, a, ci, che *ag* préhistorique.
pre'lato *sm* prélat.
prele'vare *vt* prélever; *(sog: polizia)* appréhender.
preli'evo *sm* prélèvement, prise *f;* (FIN) retrait; (TECN) prélèvement.
prelimi'nare *ag* préliminaire, préalable // *smpl* préliminaires.
pre'ludio *sm* prélude.
pre-maman [prema'ma] *ag inv* de grossesse // *sm inv* robe *f* de grossesse.
prema'turo, a *ag* prématuré(e).
premedi'tare *vt* préméditer; **premeditazi'one** *sf* préméditation.
'premere *vt* appuyer sur, presser; *(di folla)* presser // *vi* presser, appuyer; *(fig: importare)* tenir à

cœur.

pre'messo, a *pp di* **premettere** // *sf* préliminaire *m*, préambule *m*.

pre'mettere *vt* dire d'abord; *(anteporre)* placer avant; *(fare prima)* faire d'abord.

premi'are *vt* récompenser; *(in una gara, un concorso)* décerner un prix; *(ricevere un premio)* recevoir un prix.

premi'nente *ag* prééminent(e).

'premio *sm* prix *sg*; *(ricompensa)* récompense *f*; *(vincita)* lot; (*COMM*, *indennità*) prime *f*; **licenza ~** (*MIL*) permission spéciale.

premu'nire *vt* prémunir, préparer; **~rsi** *vr*: **~rsi di** s'armer de, se munir de; **~rsi contro** se prémunir contre.

pre'mura *sf* hâte; *(riguardo)* attention, soin *m*; **premu'roso, a** *ag* empressé(e).

prena'tale *ag* prénatal(e).

'prendere *vt* prendre; *(andare a prendere)* chercher; *(portare con sé)* prendre, emporter; *(trarre: brano)* extraire; *(percepire)* prendre, toucher // *vi* prendre; **~rsi** *vr* se prendre; **~ a fare qc** commencer à faire qch; **~ per il collo qd** *(fig)* saisir qn à la gorge; **~ qc da qd** *(fig: ereditare)* tenir qch de qn; **~ il sole** se faire bronzer; **~rsi le ferie** prendre ses vacances; **~rsi gioco di qd** se payer la tête de qn; **prendersela** s'en faire; **prendersela con qd** s'en prendre à qn; **prendersela comoda** prendre son temps.

preno'tare *vt* réserver, retenir; **~rsi** *vr* s'inscrire; **prenotazi'one** *sf* réservation.

preoccu'pare *vt* inquiéter, préoccuper, tracasser; **~rsi** *vr* s'inquiéter, se préoccuper, se tracasser; **preoccupazi'one** *sf* souci *m*, préoccupation; inquiétude.

prepa'rare *vt* préparer; *(istruire)* former; *(elaborare)* élaborer; *(fig)* réserver; **~rsi** *vr* se préparer; **prepara'tivi** *smpl* préparatifs; **prepa'rato** *sm* préparation *f*; (*MED*) médicament; **prepara'torio, a** *ag* préparatoire; **preparaz'ione** *sf* préparation; *(istruzione)* formation.

pre'porre *vt* préposer; *(anteporre)* placer avant; *(fig: preferire)* préférer.

preposizi'one [prepozit'tsjone] *sf* préposition.

pre'posto, a *pp di* **preporre.**

prepo'tente *ag* tyrannique, autoritaire; **prepo'tenza** *sf* arrogance, force.

pre'puzio [pre'puttsjo] *sm* (*ANAT*) prépuce.

preroga'tiva *sf* prérogative, privilège *m*; *(fig: pregio)* qualité.

'presa *sf* prise; *(piccola quantità)* pincée; **~ in giro** *(fig)* raillerie, moquerie.

pre'sagio [pre'zadʒo] *sm* présage; *(presentimento)* pressentiment.

presa'gire [preza'dʒire] *vt* prévoir, pressentir.

'presbite *ag, sm/f* presbyte.

presbiteri'ano, a *ag, sm/f* presbytérien(ne).

presbi'terio *sm* presbytère.

pre'scindere [preʃ'ʃindere] *vi*: **~ da** faire abstraction de; **a ~ da** abstraction faite de.

pre'scritto, a *pp di* **prescrivere.**

pre'scrivere *vt* prescrire; **prescrizi'one** *sf* (*MED*) ordonnance; (*DIR*) prescription.

presen'tare *vt* présenter; *(progetto di legge)* déposer; **~rsi** *vr* se présenter; **presentazi'one** *sf* présentation.

pre'sente *ag, sm/f* présent(e); **il ~ mese/anno** ce mois/cette année-ci; **far ~** faire remarquer; **aver ~ qc/qd** avoir qch/qn à l'esprit.

presenti'mento *sm* pressentiment.

pre'senza [pre'zɛntsa] présence;

(aspetto esteriore) aspect *m*.

pre'sepio, pre'sepe *sm* crèche *f*.

preser'vare *vt* préserver.

preserva'tivo, a *ag* qui préserve // *sm* (MED) préservatif.

'preside *sm/f* (SCOL: *di scuola)* proviseur/directrice; *(: di facoltà)* doyen/ne.

presi'dente, essa *sm/f* président/e; **presi'denza** *sf* présidence; (SCOL) bureau *m* du proviseur; **presidenzi'ale** *ag* présidentiel(le).

presidi'are *vt* occuper; *(fig: difendere)* défendre; **pre'sidio** *sm* (MIL) garnison *f*; *(fig)* défense *f*.

presi'edere *vt* présider // *vi* diriger.

'preso, a *pp di* **prendere.**

'pressa *sf* (TECN) presse; *(fig: calca)* foule.

pressap'poco *av* environ, plus ou moins.

pres'sare *vt* presser, tasser.

pressi'one *sf* pression; (MED) tension; **pentola a ~** (CUC) autocuiseur *m*, cocotte minute ®.

'presso *prep* près de; *(in casa di)* chez; **ambasciatore ~ la Santa Sede** *(fig)* ambassadeur auprès du Saint Siège; **lavora ~ di noi** il travaille chez nous; **è impiegato ~ il municipio** il est employé à la mairie.

pressuriz'zare [pressurid'dzare] *vt* pressuriser.

presta'nome *sm/f inv* prête-nom.

pre'stante *ag* agréable, affable.

pre'stare *vt* prêter; **~rsi** *vr*: **~rsi a** se prêter à; **prestazi'one** *sf* performance; (DIR) prestation; (MED) soin *m*.

prestigia'tore, trice [prestidʒa'tore] *sm/f* prestidigitateur/trice.

pre'stigio [pre'stidʒo] *sm* prestige; **giochi di ~** tours de prestidigitation *f*.

'prestito *sm* prêt; *(dello Stato o enti pubblici,* LING) emprunt; **dare in ~** prêter; **prendere in** *o* **a ~** emprunter.

'presto *av* bientôt; *(in fretta)* vite; *(di buon'ora)* tôt; **fare ~ a fare qc** *(affrettarsi)* se dépêcher de faire qch; **~ o tardi** tôt ou tard; **~ detto, ~ fatto** aussitôt dit, aussitôt fait.

pre'sumere *vt* présumer; *(ritenere)* estimer; *(avere la pretesa)* prétendre // *vi*: **~ di** présumer de; **pre'sunto, a** *pp di* **presumere** // *ag* présumé(e); *(previsto)* prévu(e).

presuntu'oso, a *ag* présomptueux(-euse).

presunzi'one [prezun'tsjone] *sf* présomption.

presup'porre *vt* penser, présumer; *(implicare)* supposer.

'prete *sm* prêtre.

preten'dente *sm/f* prétendant/e.

pre'tendere *vt* prétendre; *(domandare)* demander, exiger // *vi*: **~ a** prétendre à.

pretenzi'oso, a [preten'tsjoso] *ag* prétentieux(-euse).

pre'teso, a *pp di* **pretendere** // *sf* prétention.

pre'testo *sm* prétexte, excuse *f*; **col ~ di** sous le prétexte de.

pre'tore *sm* (DIR) juge de paix.

preva'lente *ag* dominant(e); **preva'lenza** *sf* supériorité, prédominance.

preva'lere *vi* prévaloir, dominer, l'emporter; **pre'valso, a** *pp di* **prevalere.**

preve'dere *vt* prévoir, envisager.

preve'nire *vt* prévenir.

preventi'vare *vt* prévoir; *(del meccanico, etc)* établir un devis; (FIN) inscrire au budget, budgétiser; **preven'tivo, a** *ag* préventif(-ive); *(preliminare)* préalable // *sm* devis *sg*.

prevenzi'one [preven'tsjone] *sf* prévention.

previ'dente *ag* prévoyant(e); **previ'denza** *sf* prévoyance; **P~ Sociale** Securité Sociale.

previsi'one *sf* prévision.

pre'visto, a pp di **prevedere.**
prezi'oso, a [pret'tsjoso] *ag* précieux(-euse) // *sm* bijou; **fare il/la prezioso/a** *(fam)* se faire désirer.
prez'zemolo [pret'tsemolo] *sm* (*BOT*) persil.
'prezzo ['prɛttso] *sm* prix *sg*.
prigi'one [pri'dʒone] *sf* prison; **prigio'nia** *sf* captivité; **prigio-ni'ero, a** *ag, sm/f* prisonnier(-ère).
'prima *ag, sf vedi* **primo** // *av* avant; *(un tempo)* auparavant, autrefois; *(più presto)* plus tôt; *(innanzi)* d'abord // *prep:* ~ **di** avant; *(con verbo)* avant de // *cong:* ~ **che** avant que; **la sera** ~ la veille; **sulle ~e** au premier abord; ~ **di tutto** surtout.
pri'mario, a *ag* primaire; *(principale)* principal(e) // *sm* (*MED*) médecin-chef.
pri'mate *sm* primat.
pri'mato *sm* primauté *f;* (*SPORT*) record.
prima'vera *sf* printemps *m;* **primave'rile** *ag* printanier(-ère).
primeggi'are [primed'dʒare] *vi* se distinguer; *(essere il migliore)* exceller.
primi'tivo, a *ag, sm/f* primitif (-ive).
pri'mizia [pri'mittsja] *sf (fig)* nouvelle toute fraîche; **~e** *fpl* primeurs.
'primo, a *ag* premier(-ère) // *sm* premier; *(unità di misura)* minute *f; (di pranzo, cena)* premier plat // *sf* première; **ai ~i di maggio** les premiers jours de mai; **il ~ dell'anno** le jour de l'an; **~a donna** (*TEATRO*) prima donna; **~/a attore/trice** acteur/trice principal/e.
primo'genito, a [primo'dʒɛnito] *ag, sm/f* aîné(e).
primordi'ale *ag* primordial(e).
'primula *sf* (*BOT*) primevère.
princi'pale [printʃi'pale] *ag* principal(e) // *sm* patron.
princi'pato [printʃi'pato] *sm* principauté *f*.
'principe ['printʃipe] *sm* prince; **princi'pessa** *sf* princesse.
principi'ante [printʃi'pjante] *sm/f* débutant/e.
principi'are [printʃi'pjare] *vt, vi* commencer; **prin'cipio** *sm* commencement, début; *(concetto, norma)* principe; **sul principio** tout d'abord.
pri'ore *sm* prieur.
priorità *sf* priorité.
'prisma, i *sm* prisme.
pri'vare *vt:* ~ **qd/qc di** priver qn/qch de; **~rsi di** se priver de.
priva'tiva *sf* (*DIR*) monopole *m*, régie.
pri'vato, a *ag* privé(e); particulier(-ère) // *sm/f* particulier/ère.
privazi'one [privat'tsjone] *sf* privation.
privilegi'are [privile'dʒare] *vt* privilégier; **privi'legio** *sm* privilège.
'privo, a *ag:* ~ **di** sans, dépourvu de; **essere ~ di** manquer de.
pro *prep* au bénéfice de, au profit de; **~ o contro** pour ou contre; **a che ~?** à quoi bon?
pro'babile *ag* probable; **probabilità** *sf* probabilité; chance.
pro'bante *ag* probant(e).
probità *sf* probité.
pro'blema, i *sm* problème.
pro'boscide [pro'bɔʃʃide] *sf* trompe.
procacci'are [prokat'tʃare] *vt* procurer; **~rsi** *vr* trouver; *(pane, fama)* gagner.
pro'cedere [pro'tʃɛdere] *vi* avancer; *(affari)* marcher; *(fig: proseguire)* continuer; ~ **da** procéder de; ~ **a** (*DIR*) procéder à; **proce-di'mento** *sm* procédé; (*DIR: processo)* procès *sg; (: procedura)* procédure *f;* **proce'dura** *sf* (*DIR*) procédure.
proces'sare [protʃes'sare] *vt*

juger.
processi'one [protʃes'sjone] *sf* procession.
pro'cesso [pro'tʃɛsso] *sm* (*DIR*) procès *sg; (metodo)* procédé; *(svolgimento)* processus *sg*.
pro'cinto [pro'tʃinto] *sm:* **in ~ di** sur le point de.
pro'clama, i *sm* proclamation *f*.
procla'mare *vt* proclamer; *(affermare)* affirmer; **~rsi** *vr* se proclamer, se déclarer; **proclamazi'one** *sf* proclamation.
procrastinazi'one [prokrastinat'tsjone] *sf* procrastination.
procre'are *vt* procréer, engendrer.
pro'cura *sf* procuration; **P~ della Repubblica** Parquet *m*.
procu'rare *vt* procurer.
procura'tore *sm* procureur; **~ legale** avoué.
prodi'gare *vt* prodiguer, dépenser; **~rsi** *vr* se prodiguer.
pro'digio [pro'didʒo] *sm* prodige; **prodigi'oso, a** *ag* prodigieux (-euse).
'prodigo, a, ghi, ghe *ag* prodigue.
pro'dotto, a *pp di* **produrre** // *sm* produit.
pro'durre *vt* produire; **prodursi** *vr* se produire; **produttività** *sf* productivité; **produt'tivo, a** *ag* productif(-ive); *(della produzione)* de production; **produt'tore, trice** *ag, sm/f* producteur(-trice); **produzi'one** *sf* production.
pro'emio *sm* préambule.
profa'nare *vt* profaner; **pro'fano, a** *ag, sm/f* profane.
profe'rire *vt* prononcer.
profes'sare *vt* professer; *(esercitare una professione)* exercer; **~rsi** *vr* se déclarer, faire profession de.
professio'nale *ag* professionnel(le).
professi'one *sf* profession, métier *m;* **professio'nista, i, e,** *sm/f* qui exerce une profession libérale; *(esperto, SPORT)* professionnel/le.
profes'sore, essa *sm/f* professeur *m*.
pro'feta, i *sm* prophète; **profeti'zare** *vt* prophétiser.
profe'zia [profet'tsia] *sf* prophétie.
pro'ficuo, a *ag* profitable, avantageux(-euse).
profi'lare *vt* esquisser; (*TECN*) façonner; *(sartoria)* passepoiler, border; **~rsi** *vr* se profiler; *(fig)* se dessiner; **pro'filo** *sm* profil; *(fig)* aperçu; *(bordatura)* passepoil, bord; **sotto il profilo giuridico** du point de vue juridique.
pro'fitto *sm* profit.
pro'fondere *vt* prodiguer; **~rsi** *vr:* **~rsi in** se confondre en.
profondità *sf* profondeur.
pro'fondo, a *ag* profond(e) // *sm* profondeurs *fpl;* **~ 8 metri** de huit mètres de profondeur; **dal ~ del cuore** du plus profond du cœur.
'profugo, a, ghi, ghe *sm/f* refugié/e.
profu'mare *vt* parfumer // *vi* sentir bon; **~rsi** *vr* se parfumer.
profume'ria *sf* parfumerie.
pro'fumo *sm* parfum.
profusi'one *sf* profusion; *(fig: grande abbondanza)* flot *m*.
pro'fuso, a *pp di* **profondere.**
proget'tare [prodʒet'tare] *vt* projeter, envisager; (*TECN*) faire le plan de; **pro'getto** *sm* projet; (*TECN*) plan, projet.
pro'gramma, i *sm* programme; (*ECON*) plan.
program'mare *vt* programmer; (*ECON*) planifier; **programma'tore, trice** *sm/f* (*INFORM*) programmeur/euse;
programmazi'one *sf* planification; (*ECON*) plan *m;* (*INFORM*) programmation.
progre'dire *vi* avancer; *(fare progressi)* progresser, faire des

progrès.

progressi'one *sf* progression.

progres'sivo, a *ag* progressif (-ive).

pro'gresso *sm* progrès *sg*.

proi'bire *vt* interdire, défendre; **proibi'tivo, a** *ag* prohibitif(-ive); *(fig)* impossible; **proibizi'one** *sf* défense, interdiction; (*DIR*) prohibition.

proiet'tare *vt* projeter; *(buttare fuori)* éjecter; (*CINE*) passer; **proi'ettile** *sm* projectile; balle *f;* obus *sg;* **proiet'tore** *sm* projecteur; **proiezi'one** *sf* projection.

'prole *sf* enfants *mpl*, progéniture.

proletari'ato *sm* prolétariat.

prole'tario, a *ag* prolétarien(ne) // *sm* prolétaire.

prolife'rare *vi* (*BIO*) proliférer; *(fig)* se répandre.

pro'lifico, a, ci, che *ag* prolifique.

pro'lisso, a *ag* prolixe.

'prologo, ghi *sm* prologue.

pro'lunga, ghe *sf* rallonge.

prolun'gare *vt* prolonger; **~rsi** *vr* se prolonger.

prome'moria *sm inv* mémento, pense-bête *(fam)*.

pro'messa *sf* promesse; *(fig)* espoir *m*.

pro'messo, a *pp di* **promettere.**

pro'mettere *vt*, *vi* promettre.

promi'nente *ag* proéminent(e), saillant(e); **promi'nenza** *sf* protubérance.

promiscuità *sf* promiscuité.

promon'torio *sm* promontoire.

pro'mosso, a *pp di* **promuovere** // *ag*, *sm/f* (*SCOL*) reçu(e).

promo'tore, trice *ag*, *sm/f* animateur(-trice).

promozi'one [promot'tsjone] *sf* promotion; **ottenere la ~** (*SCOL*) être reçu.

promul'gare *vt* promulguer.

promu'overe *vt* promouvoir; (*SCOL*) faire passer.

proni'pote *sm/f* *(di prozii)* petit-neveu/petite-nièce; *(di bisnonni)* arrière-petit-enfant/-petite-fille.

pro'nome *sm* pronom.

pronosti'care *vt* prédire, annoncer; *(gioco, SPORT)* pronostiquer.

pron'tezza [pron'tettsa] *sf* rapidité.

'pronto, a *ag* prêt(e); *(rapido)* prompt(e), rapide; **~!** (*TEL*) allô!; **~ soccorso** (*MED*) secourisme; *(: di ospedale)* service *m* des urgences.

prontu'ario *sm* précis *sg*, manuel.

pro'nuncia [pro'nuntʃa] *etc* = **pro'nunzia** *etc*.

pro'nunzia [pro'nuntsja] *sf* prononciation; *(accento)* accent *m*.

pronunzi'are [pronun'tsjare] *vt* prononcer; **~rsi** *vr* se prononcer.

propa'ganda *sf* propagande.

propa'gare *vt* propager, diffuser; **~rsi** *vr* se propager, se répandre.

pro'pendere *vi*: **~ per** pencher pour, être favorable à; **propensi'one** *sf* penchant *m; (tendenza)* tendance; **pro'penso, a** *pp di* **propendere.**

propi'nare *vt* administrer; *(fig)* débiter.

pro'pizio, a [pro'pittsjo] favorable, propice.

pro'porre *vt* proposer; **proporsi** *vr* se proposer.

proporzio'nale [proportsjo'nale] *ag* proportionnel(le).

proporzio'nare [proportsjo'nare] *vt* proportionner.

proporzi'one [propor'tsjone] *sf* (*MAT*) proportion; *(simmetria)* proportion, équilibre *m;* **in ~ a** proportionnellement à.

pro'posito *sm* pensée *f*, intention *f; (argomento)* propos *sg*, sujet; **a ~ di** quant à, à propos de; **di ~** *(apposta)* exprès; **arrivare a ~** arriver au bon moment.

proposizi'one [propozit'tsjone] *sf* proposition.

pro'posto, a *pp di* **proporre** // *sf* proposition.
proprietà *sf inv* propriété; **proprietario, a** *sm/f* propriétaire.
'proprio, a *ag* propre // *av* précisément; bien; *(veramente)* vraiment; **è ~ quello che ho detto** c'est bien ce que j'ai dit; **è una caratteristica ~a degli uomini** c'est une caractéristique propre aux hommes.
propulsi'one *sf* propulsion.
'prora *sf* (NAUT) avant *m*.
'proroga, ghe *sf* délai *m; (di scadenza)* prorogation; *(rinnovo)* renouvellement *m*.
proro'gare *vt* proroger; *(rinnovare)* renouveler.
pro'rompere *vi* éclater; **pro'rotto, a** *pp di* **prorompere.**
'prosa *sf* prose; *(opera)* œuvre en prose; **pro'saico, a, ci, che** *ag (fig)* prosaïque.
prosci'ogliere [proʃ'ʃɔʎʎere] *vt* (DIR) acquitter; **prosci'olto, a** *pp di* **prosciogliere.**
prosciu'gare [proʃʃu'gare] *vt* assécher, dessécher; **~rsi** *vr* se dessécher; *(pozzo, sorgente)* se tarir.
prosci'utto [proʃ'ʃutto] *sm* jambon.
pro'scritto, a *pp di* **proscrivere** // *sm* proscrit.
pro'scrivere *vt* proscrire.
prosecuzi'one [prosekut'tsjone] *sf* continuation.
prosegui'mento *sm* continuation *f*, suite *f*.
prosegu'ire *vt* continuer, poursuivre // *vi* continuer.
prospe'rare *vi* prospérer; **prosperità** *sf* prosperité; **'prospero, a** *ag* prospère; *(favorevole)* favorable; **prospe'roso, a** *ag* prospère; *(donna)* plantureux(-euse).
prospet'tare *vt* exposer; *(ipotesi)* avancer; **~rsi** *vr* s'annoncer.
prospet'tiva *sf* perspective.
pro'spetto *sm* perspective *f; (facciata)* façade *f; (opuscolo)* dépliant; *(tabella)* tableau.
prospici'ente [prospi'tʃɛnte] *ag* donnant sur; **essere ~ qc** donner sur qch.
prossimità *sf* proximité; *(tempo)* approche.
'prossimo, a *ag (futuro)* prochain(e); *(vicino)* proche; **~ a** près *o* proche de // *sm* prochain.
'prostata *sf* (ANAT) prostate.
prosti'tuta *sf* prostituée; **prostituzi'one** *sf* prostitution.
pro'strare *vt* abattre; **~rsi** *vr* se prosterner.
protago'nista, i, e *sm/f* protagoniste; (TEATRO, CINE) personnage principal.
pro'teggere [pro'tɛddʒere] *vt* protéger, défendre.
prote'ina *sf* protéine.
pro'tendere *vt* tendre; **~rsi** *vr* se pencher.
pro'testa *sf* protestation.
prote'stante *ag, sm/f* protestant(e).
prote'stare *vt, vi* protester; **~rsi** *vr* se déclarer.
protet'tivo, a *ag* protecteur (-trice).
pro'tetto, a *pp di* **proteggere** // *sm/f* protégé/e.
protetto'rato *sm* protectorat.
protet'tore, trice *ag, sm/f* protecteur(-trice) // *sm (peg)* proxénète.
protezi'one [protet'tsjone] *sf* protection.
protocol'lare *ag* protocolaire.
proto'collo *sm* protocole; **carta ~** papier *m* ministre; (SCOL) copie *f*.
pro'totipo *sm* prototype, modèle.
pro'trarre *vt* prolonger; **pro'tratto, a** *pp di* **protrarre.**
protube'ranza [protube'rantsa] *sf* protubérance.
'prova *sf* épreuve; *(testimonianza,* DIR, MAT) preuve; (TEATRO) répétition; (TECN,*esperimento)* essai *m;*

(di abito) essayage *m;* **a ~ di** *(resistente a)* à l'épreuve de; **mettere qd/qc alla ~** mettre qn/qch à l'épreuve; **dar ~ di coraggio** faire preuve de courage.
pro'vare *vt* essayer; *(assaggiare)* goûter; *(sentire: dolore)* éprouver, ressentir; (*TECH*) tester; *(confermare)* prouver; *(fig: stancare)* éprouver; (*TEATRO, CINE*) répéter; **~rsi** *vr* s'essayer; **~rsi a** essayer de; **~ a fare qc** essayer de *o* chercher à qch.
proveni'enza [prove'njɛntsa] *sf* origine, provenance.
prove'nire *vi:* **~ da** venir de; *(derivare)* découler de.
pro'venti *smpl* revenu *m*, recettes *fpl;* **~ illeciti** gains illicites.
prove'nuto, a *pp di* **provenire.**
proverbi'ale *ag* proverbial(e).
pro'verbio *sm* proverbe.
pro'vetta *sf* éprouvette.
pro'vetto, a *ag* expérimenté(e).
pro'vincia, ce *o* **cie** [pro'vintʃa] *sf* province; **provinci'ale** *ag, sm/f* provincial(e) // *sf (strada)* départementale.
pro'vino *sm* (*CINE*) bout d'essai; *(campione)* échantillon, éprouvette *f.*
provo'cante *ag* provocant(e).
provo'care *vt* provoquer; **provoca'torio, a** *ag* provocant(e); **provocazi'one** *sf* provocation.
provve'dere *vi* agir; **~ a** pourvoir à, subvenir à; *(occuparsi di qc)* s'occuper de // *vt* fournir; **~rsi di** se fournir de; **provvedi'mento** *sm* mesure *f*, disposition *f.*
provvi'denza [provvi'dɛntsa] *sf* providence; **provvidenzi'ale** *ag* providentiel(le).
provvigi'one [provvi'dʒone] *sf* commission.
provvi'sorio, a *ag* provisoire, temporaire.
prov'vista *sf* provision; **~e** *fpl* provisions, réserves.
'prua *sf* (*NAUT*) avant *m.*
pru'dente *ag* prudent(e); **pru'denza** *sf* prudence.
'prudere *vi* démanger, picoter.
'prugna ['pruɲɲa] *sf* prune; **'prugno** *sm* prunier.
prurigi'noso, a [pruridʒi'noso] *ag* prurigineux(-euse).
pru'rito *sm* démangeaison *f.*
P.S. *(abbr di* **postscriptum**) P.-S.; *abbr di* **Pubblica Sicurezza.**
pseu'donimo *sm* pseudonyme.
psica'nalisi *sf* psychanalyse; **psicana'lista, i, e** *sm/f* psychanaliste; **psicanaliz'zare** *vt* psychanaliser.
'psiche ['psike] *sf* psyché.
psichi'atra, i, e [psi'kjatra] *sm/f* psychiatre; **psichia'tria** *sf* psychiatrie.
psicolo'gia [psikolo'dʒia] *sf* psychologie; **psico'logico, a, ci, che** *ag* psychologique; **psi'cologo, a, gi, ghe** *sm/f* psychologue.
psico'patico, a, ci, che *ag* psychopathique // *sm/f* psychopathe.
P.T. *(abbr di* **Posta e Telegrafi***)* P.T.T. (Postes, Télégraphes Téléphones).
pubbli'care *vt* publier; **essere pubblicato** paraître; **pubblicazi'one** *sf* publication; **pubblicazioni** *fpl (di matrimonio)* bans *mpl.*
pubbli'cista, i, e *sm/f* (*GIORNALISMO*) pigiste.
pubblicità *sf* publicité; **piccola ~** *(giornale)* petites annonces *fpl;* **pubblici'tario, a** *ag* publicitaire // *sm* personne qui travaille dans la publicité.
'pubblico, a, ci, che *ag* public (-que) // *sm* public.
'pube *sm* (*ANAT*) pubis *sg.*
pubertà *sf* puberté.
pu'dico, a, ci, che *ag* pudique.
pu'dore *sm* pudeur *f.*
puericul'tura *sf* puériculture.
pue'rile *ag* puéril(e).
pugi'lato [pudʒi'lato] *sm* boxe *f.*

'pugile ['pudʒile] *sm* boxeur.
'Puglia ['puʎʎa] *sf*: **la ~** les Pouilles *fpl*.
pugna'lare [puɲɲa'lare] *vt* poignarder.
pu'gnale [puɲ'ɲale] *sm* poignard.
'pugno ['puɲɲo] *sm* poing; *(colpo)* coup de poing; *(quantità)* poignée *f*; **tenere qd in ~** *(fig)* avoir qn bien en main; **~ di ferro** main *f o* poigne *f* de fer.
'pulce ['pultʃe] *sf* puce.
pul'cino [pul'tʃino] *sm* poussin.
pu'ledro, a *sm/f* poulain/pouliche.
pu'leggia, ge [pu'leddʒa] *sf* poulie.
pu'lire *vt* nettoyer; **pu'lito, a** *ag* propre, net(te); *(fig)* convenable; **puli'tura** *sf* nettoyage *m*; (*TECN*) polissage *m*; **puli'zia** *sf* propreté; *(pulitura)* nettoyage *m*; **fare le pulizie** faire le ménage.
'pullman *sm inv* car, autocar.
pul'lover *sm inv* pull-over, tricot.
pullu'lare *vi* pulluler.
pul'mino *sm* minibus *sg*.
'pulpito *sm* chaire *f*; (*NAUT*) balcon.
pul'sante *sm* bouton.
pul'sare *vi* battre; *(fig)* palpiter; **pulsazi'one** *sf* (*MED*) pulsation.
pul'viscolo *sm* poussières *fpl*.
'puma *sm inv* puma.
pun'gente [pun'dʒɛnte] *ag* piquant(e), pointu(e); *(fig)* piquant(e), vif(-ive).
'pungere ['pundʒere] *vt* piquer; *(pizzicare)* pincer.
pungigli'one [pundʒiʎ'ʎone] *sm* aiguillon, dard.
pungo'lare *vt* aiguillonner, piquer; *(fig)* stimuler.
pu'nire *vt* punir; **puni'tivo, a** *ag* punitif(-ive); **punizi'one** *sf* punition; (*SPORT*) coup *m* franc.
'punta *sf* pointe; *(di scarpe, dita, etc)* bout *m*; (*TECN*) foret *m*; (*CACCIA: cane*) arrêt *m*.
pun'tare *vt* appuyer; *(dirigere)* pointer; *(scommettere)* jouer, miser; (*CACCIA:sog: cane*) tomber en arrêt // *vi* se diriger; *(mirare)* viser; *(fig: fare assegnamento)* compter.
pun'tata *sf (gita)* pointe; (*MIL*) incursion; *(scommessa)* mise; *(parte)* épisode *m*; **romanzo a ~e** roman-feuilleton.
punteggi'are [punted'dʒare] *vt* pointiller; (*LING*) ponctuer; **punteggia'tura** *sf* (*LING*) ponctuation.
pun'teggio [pun'teddʒo] *sm* résultat, score.
puntel'lare *vt* étayer *(fig)*; soutenir; **pun'tello** *sm* étai; *(fig)* soutien.
pun'tiglio [pun'tiʎʎo] *sm* obstination *f*.
pun'tina *sf* (*HIFI*) tête de lecture *o* saphir *m*; **~ da disegno** punaise.
pun'tino *sm* point; **~i ~i** (*LING*) points de suspension; **a ~** à la perfection *f*.
'punto, a *pp di* **pungere** // *sm* point; *(luogo)* lieu, endroit; **alle 6 in ~** à six heures pile *o* juste; **mettere a ~** régler; **di ~ in bianco** de but en blanc; **di tutto ~** *(fig)* de pied en cap.
puntu'ale *ag* ponctuel(le); *(all'ora esatta)* à l'heure; **puntualità** *sf* ponctualité, exactitude.
pun'tura *sf* piqûre; *(dolore)* élancement *m*.
punzecchi'are [puntsek'kjare] *vt* piquer; *(fig)* taquiner.
pun'zone [pun'tsone] *sm* poinçon; *(di orologiaio)* pointeau.
'pupa *sf (anche fam)* poupée.
pu'pazzo [pu'pattso] *sm* pantin; **~ di neve** bonhomme de neige.
pu'pillo, a *sm/f* protégé/e // *sf* (*ANAT*) pupille.
purché [pur'ke] *cong* pourvu que.
'pur *cong* même si, tout en // *av* aussi, également; **dovrai ~ mangiare!** tu devras bien manger!; **pur di** *(al fine di)* pour, pourvu que; **entri ~!** entrez, donc!

purè *sm*, **pu'rea** *sf* (*CUC*) purée *f*.
pu'rezza [pu'rettsa] *sf* pureté.
'purga, ghe *sf* purge, purgatif *m;* (*TECN*) dégorgeage *m;* (*POL*) épuration, purge.
pur'gante *sm* purge *f*, purgatif.
pur'gare *vt* purger; *(pulire)* nettoyer; (*TECN*) dégorger; **~rsi** *vr* se purger; *(fig)* se laver.
purga'torio *sm* purgatoire.
purifi'care *vt* purifier; **~rsi** *vr* se purifier.
puri'tano, a *ag, sm/f* puritain(e).
'puro, a *ag* pur(e); *(semplice)* simple // *sm/f* pur/e.
puro'sangue *ag inv, sm/f (di cavallo)* pur-sang *inv; (di persona)* vrai(e).
pur'troppo *av* malheureusement.
pus *sm* pus *sg*.
pusil'lanime *ag, sm/f* lâche.
'pustola *sf* pustule.
puti'ferio *sm* vacarme; *(confusione)* pagaïe *f*.
putre'fare *vi* pourrir, putréfier; **putre'fatto, a** *pp di* **putrefare.**
'putrido, a *ag* infect(e); *(fig)* pourri(e) // *sm* corruption *f*.
put'tana *sf* putain.
'puzza ['puttsa] *sf* = **'puzzo.**
puz'zare [put'tsare] *vi* puer, sentir mauvais; *(fig)* sentir; **~ di aglio** sentir l'aïl; **ti puzza la vita?** *(fig)* tu ne tiens pas à ta peau?
'puzzo ['puttso] *sm* odeur *f*, puanteur *f*; **c'è ~ di ...** ça sent le ....
'puzzola ['puttsola] *sf* putois *m*.
puzzo'lente [puttso'lεnte] *ag* puant(e).

Q

qua *av* ici; **vieni di/in ~** viens par ici; **~ e là** ça et là; **da un anno in ~** depuis un an; **da quando in ~?** depuis quand?; **non muoverti di ~** ne bouge pas d'ici; **~ sopra/sotto** ci-dessus/-dessous; **essere più di là che di ~** *(fig)* êetre plus mort que vif; **preferisco questo libro ~** je préfère ce livre-ci.
qua'derno *sm* cahier.
qua'drangolo *sm* quadrangle.
qua'drante *sm* cadran; (*MAT, GEOGR*) quadrant; (*TECN*) équerre *f*.
qua'drare *vi (conto)* y être; *(fig)* correspondre; *(: di ragionamento)* tenir debout; **far ~ il bilancio** équilibrer le budget; **c'è qualcosa che non quadra** il y a quelque chose qui ne tourne pas rond; **qua'drato, a** *ag* carré(e) // *sm* carré; (*SPORT*) ring; **elevare al quadrato** (*MAT*) porter au carré.
qua'dretto *sm* carreau; (*ARTE*) tableau; **a ~i** *mpl (carta)* quadrillé(e); *(stoffa)* à carreaux.
quadri'foglio [kwadri'fɔʎʎo] *sm* (*BOT*) trèfle à quatre feuilles.
qu'adro *sm* tableau; (*ARTE*) toile *f*, peinture *f*, tableau; (*TECN*) panneau; (*CINE*) cadre; (*CARTE*) carreau; **~i** *mpl* (*INDUSTRIA*) cadres; **legge ~** loi-cadre.
qua'drupede *sm* quadrupède.
quadrupli'care *vt, vi* quadrupler.
qua'druplo, a *ag, sm* quadruple.
quaggiù [kwad'dʒu] *av* ici; *(in questo mondo)* ici-bas.
qu'aglia ['kwaʎʎa] *sf* caille.
qu'alche ['kwalke] *det (alcuni)* quelques *pl; (con valore indeterminato)* un(e); *(un certo)* un(e) certain(e); **da ~ parte** quelque part; **se hai ~ amico digli di venire** si tu as un ami dis-lui de venir; **in ~ modo** d'une façon ou d'une autre; **~ volta** quelquefois; **~ cosa = qualcosa; qualche'duno** *pron vedi* **qualcuno.**
qual'cosa *pron* quelque chose; **qualcos'altro** quelque chose d'autre; **~ di bello** quelque chose de beau.
qual'cuno *pron* quelqu'un; *(alcuni)* quelques uns, certains; **ho letto ~ dei suoi libri** j'ai lu quelques uns de ses livres; **qualcun'altro/a** quel-

qu'un d'autre *m*.

qu'ale *(spesso troncato in* **qual)** *det (interrogativo, esclamativo)* quel(le); *(come)* comme, tel(le) que // *pron (interrogativo, relativo: complemento)* lequel *m*, laquelle *f*, lesquels *mpl*, lesquelles *fpl; (relativo)* qui // *av (in qualità di)* en qualité de; **te lo restituirò tale e ~** je te le rendrai tel quel; **è tale e ~ suo fratello** il est comme son frère.

qua'lifica, che *sf* qualification; *(titolo)* titre *m*.

qualifi'care *vt* qualifier; **~rsi** *vr* se qualifier; *(definirsi)* se dire; **qualifica'tivo, a** *ag* qualificatif(-ive); **qualificazi'one** *sf* qualification.

qualità *sf* qualité; *(specie)* genre *m*, sorte; **in ~ di** en qualité de.

qua'lora *cong* si, au cas où.

qual'siasi, qua'lunque *det inv (prima del s)* n'importe quel(le); *(dopo il s)* quelconque; **~ libro tu legga ...** quelque livre que tu lises ...; **hai fatto male, ~ ne sia il motivo** tu as mal fait, quel qu'en soit le motif; **a ~ costo** à n'importe quel prix *o* à tout prix; **~ cosa** n'importe quoi; **~ cosa mi dica non l'ascolterò** quoi qu'il me dise je ne l'écouterai pas; **in ~ momento** à tout moment.

qu'ando *cong* quand, lorsque; *(ogni volta che)* chaque fois que; *(mentre)* tandis que, alors que; *(condizionale)* si // *av* quand; **da ~** depuis que; *(interrogativo)* depuis quand?; **fino a ~** jusqu'à ce que; jusqu'à quand?; **quand'anche** même si, quand même; **quando mai?** quand donc?

quantità *sf* quantité; *(massa)* foule, grand nombre *m*; **in ~** en abondance.

qu'anto, a *det (interrogativo)* combien de; *(esclamativo)* quel(le), que de; *(relativo: tutto quello che)* tout(e) ... que // *pron (interrogativo, esclamativo)* combien; *(relativo: ciò che)* tout(e) ce(celle) que // *av (interrogativo)* combien; *(esclamativo)* que; *(con valore relativo)* autant que; *(comparativo)*: **tanto ... ~** aussi ... que; **~i ne abbiamo oggi?** *(data)* le combien sommes-nous aujourd'hui?; **~i anni hai?** quel âge as-tu?; **in ~** *(in qualità di)* en qualité de; *(perché)* parce que; **in ~ a** quant à, en ce qui concerne; **per ~** *(sebbene)* quoique; **per ~ io sappia** autant que je sache; **~ a** quant à; **~ prima** le plus tôt possible *o* sous peu; **~ starai a Roma?** combien de temps resteras-tu à Rome?; **da ~ sei qui?** depuis combien de temps es-tu ici?; **~ più mangia, tanto più ingrassa** plus il mange, plus il grossit.

quan'tunque *cong* bien que, quoique.

qua'ranta *num* quarante.

quaran'tena *sf* quarantaine.

quaran'tesimo, a *num* quarantième.

quaran'tina *sf* quarantaine.

qua'resima *sf* carême *m*.

qu'arta *sf vedi* **qu'arto.**

quar'tetto *sm* quatuor; quartette.

quarti'ere *sm* quartier.

qu'arto, a *ag* quatrième // *sm* quart; *(persona, piano)* quatrième; *(parte di animale, luna)* quartier; **Enrico ~** Henri quatre.

qu'arzo ['kwartso] *sm* quartz.

qu'asi *av* presque // *cong (anche: ~ che)* comme si; **~ ~ me ne andrei** un peu plus et je m'en vais; **direi ~ di aver finito** je pourrais dire que j'ai fini.

quassù *av* ici (en haut).

qu'atto, a *ag* tapi(e); **~ ~** en douce.

quat'tordici [kwat'torditʃi] *num* quatorze.

quat'trino *sm* sou, rond *(fam)*; **~i** *mpl* argent *sg*, fric *sg (fam)*.

qu'attro *num* quatre; **in ~ e quattr'otto** en un tour de main; **gliene ho dette ~** je lui ai dit ce qu'il méritait; **quattro'cento** *num* quatre

cents; **il Q~** le quinzième siècle; **quattro'mila** *num* quatre mille.
qu'ello, a *(dav sm* **quel** + *C,* **quell'** + *V,* **quello** + *s impura, gn, ps, x, z; pl* **quei** + *C,* **quegli** + *V o s impura, gn, ps, x, z; dav sf* **quella** + *C,* **quell'** + *V; pl* **quelle**) *det* ce *m* (cet + *V o h muta*), cette *f*, ces *m/fpl* // *pron* celui *m*, celle *f*, ceux *mpl*, celles *fpl*; *(ciò)* ce; cela; **quel libro non mi piace** je n'aime pas ce livre; ~ **era più interessante** celui-là était plus intéressant; **fai ~ che vuoi** fait ce que tu veux; *NB: in opposizione a* **questo** *si usa il rafforzativo* -là.
qu'ercia, ce ['kwɛrtʃa] *sf* chêne *m*.
que'rela *sf* plainte.
quere'lare *vt* porter plainte contre.
que'sito *sm* question *f*; *(problema)* problème.
questio'nare *vi*: ~ **su qc** discuter de *o* sur qch.
questio'nario *sm* questionnaire.
questi'one *sf* question, problème *m*; *(litigio)* dispute; *(discussione)* discussion.
qu'esto, a *det* ce *m* (cet + *V o h muta*), cette *f*, ces *m/fpl* // *pron* celui *m*, celle *f*, ceux *mpl*, celles *fpl*; *(ciò)* ce; ceci; *NB: in opposizione a* **quello** *si usa il rafforzativo* -ci.
que'store *sm* préfet de Police.
qu'estua *sf* quête.
que'stura *sf* préfecture de Police.
qu'i *av* ici; **da ~ in avanti** dorénavant; **di ~ a domani** d'ici demain; **di ~ a poco** d'ici peu; **questa casa ~** cette maison-ci; *vedi* **qua**.
quie'tanza [kwje'tantsa] *sf* quittance, reçu *m*.
quie'tare *vt* calmer.
qui'ete *sf* calme *m*; *(pace)* paix *sg*.
qui'eto, a *ag* tranquille, calme.
qu'indi *av* ensuite // *cong* donc.
qu'indici ['kwinditʃi] *num* quinze; **quindi'cina** *sf* quinzaine.
quinqu'ennio *sm* période de cinq ans.
quin'tale *sm* quintal.
qu'inte *sfpl* (TEATRO) coulisses; **dietro le ~** dans les coulisses.
quin'tetto *sm* quintette.
qu'into, a *num* cinquième; **Carlo ~** Charles Quint.
qu'orum *sm* quorum.
qu'ota *sf* part; *(di iscrizione)* cotisation; *(ripartizione)* quote-part; *(contingente)* quota *m*; *(altitudine)* altitude; *(altezza,* IPPICA) cote; ~ **di partecipazione** (FIN) apport *m*.
quo'tare *vt* coter; *(fig)* considérer, estimer; **quotazi'one** *sf* cotation, cote, cours *m*.
quotidi'ano, a *ag* quotidien(ne) // *sm* quotidien.
quozi'ente [kwot'tsjɛnte] *sm* quotient.

R

ra'barbaro *sm* rhubarbe *f*.
'rabbia *sf (stizza, ira)* rage, colère; (MED) rage; *(violenza)* fureur.
rab'bino *sm* (REL) rabbin.
rabbi'oso, a *ag* furieux(-euse); *(tono)* rageur(-euse); *(facile all'ira)* coléreux(-euse); (MED) enragé(e).
rabbo'nire *vt* calmer.
rabbrivi'dire *vi* frissonner, frémir.
rabbui'arsi *vr (tempo)* s'obscurcir; *(fig: divenire scuro in volto)* s'assombrir.
raccapez'zarsi [rakkapet'tsarsi] *vr* s'y retrouver.
raccapricci'ante [rakkaprit'tʃante] *ag* affreux(-euse), horrible.
racca'priccio [rakka'prittʃo] *sm* horreur *f*.
raccatta'palle *sm inv* (SPORT) ramasseur de balles.
raccat'tare *vt* ramasser; *(fig: notizie)* glaner.
rac'chetta [rak'ketta] *sf* raquette; ~ **da sci** bâton *m* de ski.
racchi'udere [rak'kjudere] *vt*

renfermer, contenir; *(fig: implicare)* impliquer; **racchi'uso, a** *pp di* **racchiudere.**

rac'cogliere [rak'kɔʎʎere] *vt* ramasser; (*AGR*) récolter; *(sfida)* relever; *(mettere insieme, anche fig)* rassembler; *(collezionare)* collectionner; *(voti)* recueillir; **~rsi** *vr* se rassembler, se réunir; *(fig: concentrarsi)* se concentrer, se recueillir; **raccogli'mento** *sm* recueillement; **raccogli'tore, trice** *sm/f* ramasseur(-euse); *(collezionista)* collectionneur(-euse); *(di frutta)* cueilleur(-euse) // *sm (contenitore)* classeur; **rac'colto, a** *pp di* **raccogliere** // *ag* recueilli(e), concentré(e); *(luogo: solitario)* intime // *sm* (*AGR*) récolte *f* // *sf* (*AGR*) récolte, cueillette; *(collezione)* collection; **chiamare a raccolta** *(fig)* appeler, réunir; **suonare a raccolta** (*MIL*) sonner le rappel.

raccoman'dare *vt* recommander; *(fig)* pistonner; **~rsi** *vr* se recommander; **mi raccomando!** je t'en prie!/je vous en prie!; **raccoman'dato, a** *ag, sm/f* recommandé(e); *(fig)* pistonné(e) // *sf (lettera)* recommandée; **raccomandazi'one** *sf* recommandation.

raccomo'dare *vt* réparer, raccommoder.

raccon'tare *vt* raconter; **rac'conto** *sm* récit.

raccorci'are [rakkor'tʃare] *vt* raccourcir.

raccor'dare *vt* raccorder; **rac'cordo** *sm* (*TECN*) raccord; embout; (*AUTO, FERR*) raccordement, embranchement; **raccordo anulare** (*AUTO*) bretelle *f* d'autoroute.

ra'chitico, a, ci, che [ra'kitiko] rachitique.

rachi'tismo [raki'tizmo] *sm* rachitisme.

racimo'lare [ratʃimo'lare] *vt* ramasser.

'rada *sf* rade.

'radar *sm inv* radar.

raddol'cire [raddol'tʃire] *vt* adoucir, apaiser; *(tempo)* radoucir; **~rsi** *vr* se radoucir.

raddoppi'are *vt, vi* doubler, redoubler.

raddriz'zare [raddrit'tsare] *vt* redresser; *(rimettere)* rajuster.

'radere *vt* raser; **~rsi** *vr* se raser.

radi'ale *ag* radial(e).

radi'are *vt* rayer, radier.

radia'tore *sm* radiateur.

radiazi'one [radjat'tsjone] *sf* radiation.

radi'cale *ag* radical(e) // *sm* radical.

ra'dicchio [ra'dikkjo] *sm* chicorée *f.*

ra'dice [ra'ditʃe] *sf* racine.

'radio *ag inv* radio // *sf inv (apparecchio)* (poste *m* de) radio // *sm* (*ANAT*) radius *sg;* (*CHIM*) radium; **via ~** par radio.

radioat'tivo, a *ag* radioactif(-ive).

radiodiffusi'one *sf* radiodiffusion.

radiogra'fia *sf* radio(graphie).

radiolo'gia [radjolo'dʒia] *sf* radiologie.

radi'oso, a *ag* radieux(-euse), rayonnant(e).

'rado, a *ag* clairsemé(e); *(di tessuto)* lâche; **di ~** rarement; **non di ~** souvent.

radu'nare *vt* rassembler, réunir; **~rsi** *vr* se rassembler, se réunir.

ra'dura *sf* clairière.

'rafano *sm* raifort.

raffazzo'nare [raffatso'nare] *vt* rafistoler, retaper *(fam)*.

raf'fermo, a *ag* rassis(e).

'raffica, che *sf* rafale; *(di vento)* risée, rafale.

raffigu'rare *vt* représenter.

raffi'nare *vt* raffiner; *(fig: migliorare)* affiner; **~rsi** *vr* s'affiner; **raffina'tezza** *sf* raffinement *m;* **raffi'nato, a** *ag* raffiné(e);

raffine'ria *sf* raffinerie.
raffor'zare [raffor'tsare] *vt* renforcer; *(fig: opinione)* affermir, confirmer.
raffredda'mento *sm* refroidissement; ~ **ad acqua/ad aria** refroidissement par eau/par air.
raffred'dare *vt* refroidir, rafraîchir; ~**rsi** *vr* se rafraîchir, se refroidir; *(prendere un raffreddore)* s'enrhumer; **raffred'dore** *sm* rhume.
raf'fronto *sm* comparaison *f.*
'rafia *sf* raphia *m.*
ra'gazzo, a [ra'gattso] *sm/f* garçon/ fille *f; (giovane)* jeune; *(fam: fidanzato/a)* petit(e) ami/e; ~ **di vita** voyou; ~**i** *smpl (figli)* enfants.
raggi'ante [rad'dʒante] *ag* rayonnant(e), brillant(e).
'raggio ['raddʒo] *sm* rayon; *(fig: di speranza, etc)* lueur f.
raggi'rare [raddʒi'rare] *vt (fig: ingannare)* embobiner; **rag'giro** *sm* machination *f,* manigance *f.*
raggi'ungere [rad'dʒundʒere] *vt* rattraper, rejoindre; *(un luogo)* arriver à, atteindre; *(fig: ottenere)* gagner, parvenir à; **raggi'unto, a** *pp di* **raggiungere.**
raggomito'larsi *vr (fig)* se pelotonner.
raggranel'lare *vt* amasser.
raggrin'zare [raggrin'tsare] *vt, vi* crisper; *(vestito, stoffa)* friper; ~**rsi** *vr* se crisper; se friper.
raggrup'pare *vt* regrouper; ~**rsi** *vr* se regrouper.
ragguagli'are [raggwaʎ'ʎare] *vt* renseigner, informer; **raggu'aglio** *sm* information *f,* renseignement.
ragguar'devole *ag* important(e); *(somma: notevole)* considérable.
ragiona'mento [radʒona'mento] *sm* raisonnement.
ragio'nare [radʒo'nare] *vi* raisonner, réfléchir; ~ **di** *(discorrere)* parler de, discuter de; **ragi'one** *sf* raison; *(diritto)* droit *m;* **a** *ou* **con ragione** avec raison; **in ragione di** à raison de; **picchiare qd di santa ragione** rosser qn; **a ragion veduta** en connaissance de cause.
ragione'ria [radʒone'ria] *sf* comptabilité.
ragio'nevole [radʒo'nevole] *ag* raisonnable; *(conveniente)* convenable.
ragioni'ere, a [radʒo'njɛre] *sm/f* comptable.
ragli'are [raʎ'ʎare] *vi* braire.
ragna'tela [raɲɲa'tela] *sf* toile d'araignée.
'ragno ['raɲɲo] *sm* araignée *f.*
ragù *sm inv (CUC)* sauce *f* bolonaise.
RAI-TV [raiti'vu] *abbr di Radio televisione italiana.*
rallegra'menti *smpl* félicitations *fpl.*
ralle'grare *vt* égayer; *(qd)* réjouir; ~**rsi** *vr* se réjouir; ~**rsi con qd** *(congratularsi)* féliciter qn.
rallenta'mento *sm* ralentissement.
rallen'tare *vt, vi* ralentir; ~**rsi** *vr* ralentir, se ralentir.
raman'zina [raman'dzina] *sf* réprimande.
'rame *sm* cuivre.
ramificazi'one [ramifikat'tsjone] *sf* ramification, embranchement *m.*
rammari'carsi *vr* regretter.
rammen'dare *vt* repriser, raccommoder; **ram'mendo** *sm* reprise *f,* reprisage.
rammen'tare *vt* rappeler, se souvenir de; ~**rsi di** se souvenir de, se rappeler de.
rammol'lire *vt* ramollir; ~**rsi** *vr* se ramollir.
'ramo *sm* branche *f;* ~ **di follia** *(fig)* grain de folie; **ramo'scello** *sm* rameau.
'rampa *sf* rampe.
rampi'cante *ag (BOT)* grimpant(e).
ram'pino *sm* crochet.
ram'pone *sm* crampon; *(fiocina)*

harpon; (*ELETTR*) griffe *f*.
'rana *sf* (*ZOOL*) grenouille; *(nuoto)* brasse.
'rancido, a ['rantʃido] *ag* rance; *(fig: vecchio)* ranci(e).
ran'core *sm* rancune *f*.
ran'dagio, a, gi, gie *o* **ge** [ran'dadʒo] *ag* errant(e), vagabond(e), rodeur(-euse).
ran'dello *sm* gourdin, matraque *f*.
'rango, ghi *sm* rang.
rannicchi'arsi [rannik'kjarsi] *vr* se blottir.
rannuvo'larsi *vr* s'obscurcir, se couvrir.
ra'nocchio [ra'nɔkkjo] *sm* grenouille *f*.
'rantolo *sm* râle.
'rapa *sf* navet *m*; *(fig: ignorante)* idiot/e.
ra'pace [ra'patʃe] *ag* rapace; *(fig: avido)* avide // *sm* (*ZOOL*) rapace.
ra'pare *vt* raser; *(di animali)* tondre.
'rapida *sf vedi* **rapido.**
rapidità *sf* rapidité.
'rapido, a *ag* rapide // *sm* (*FERR*) rapide // *sf* (*GEOGR*) rapide *m*.
rapi'mento *sm* enlèvement; *(fig: estasi)* ravissement.
ra'pina *sf* vol *m*, cambriolage *m*; **rapi'nare** *vt* voler; *(un luogo)* dévaliser; **rapina'tore, trice** *sm/f* voleur/euse, cambrioleur/euse.
ra'pire *vt* kidnapper, enlever; *(fig)* ravir; **rapi'tore, trice** *sm/f* ravisseur/euse.
rappez'zare [rappet'tsare] *vt* rapiécer.
rappor'tare *vt* rapporter, comparer; *(raccontare)* rapporter; **rap'porto** *sm* rapport; (*TECN*) taux *sg*; *(legame)* liaison *f*.
rap'prendersi *vr* se coaguler; (*CUC*) s'épaissir, prendre.
rappre'saglia [rappre'saʎʎa] *sf* représailles *fpl*.
rappresen'tante *ag*, *sm/f* représentant(e).
rappresen'tanza [rapprezen'tantsa] *sf* représentation; *(gruppo di persone)* délégation.
rappresen'tare *vt* représenter; (*TEATRO*) représenter, jouer; **rappresenta'tivo, a** *ag* représentatif (-ive) // *sf* (*SPORT*) équipe; **rappresentazi'one** *sf* représentation.
rap'preso, a *pp di* **rapprendere.**
rapso'dia *sf* rapsodie.
rare'fare *vt* raréfier; **~rsi** *vr (gas)* se raréfier; *(nebbia)* se dissiper; *(folla)* diminuer; **rare'fatto, a** *pp di* **rarefare.**
rarità *sf inv* rareté.
'raro, a *ag* rare.
ra'sare *vt* raser; *(erba)* tondre; **~rsi** *vr (radersi)* se raser.
raschi'are [ras'kjare] *vt* racler, gratter.
rasen'tare *vt* raser, longer; *(fig)* frôler, friser; **~ la cinquantina** friser la cinquantaine; **ra'sente** *prep*: **rasente a** au ras de.
'raso, a *ag* ras(e) // *sm (tessuto)* satin; **volare ~ terra** voler au ras du sol *o* en rase-mottes.
ra'soio *sm* rasoir.
ras'segna [ras'seɲɲa] *sf* revue; *(enumerazione)* compte rendu *m*; *(esposizione)* exposition *f*; **~ cinematografica** festival *m* de cinéma; **passare in ~** (*MIL*) passer en revue.
rasse'gnare [rasseɲ'ɲare] *vt* présenter; **~rsi** *vr* se résigner; **~ le dimissioni** présenter sa démission; **rassegnazi'one** *sf* résignation.
rassere'narsi *vr* se détendre; *(cielo)* se rasséréner, s'éclaircir.
rasset'tare *vt* ranger.
rassicu'rare *vt* rassurer; **~rsi** *vr* se rassurer.
rasso'dare *vt* raffermir; **~rsi** *vr* se raffermir.
rassomigli'anza [rassomiʎ'ʎantsa] *sf* ressemblance.
rassomigli'are [rassomiʎ'ʎare] *vi*: **~ a** ressembler à; **~rsi** *vr* se

ressembler.
rastrel'lare *vt* ratisser; *(raccogliere con il rastrello)* râteler; **rastrelli'era** *sf* râtelier *m; (per piatti)* égouttoir; *(per bottiglie)* hérisson *m;* **ra'strello** *sm* râteau.
'rata *sf* versement *m;* **a ~e** (*COMM*) à tempérament; **rate'are, rateizzare** *vt* (*COMM*: *dividere in rate)* échelonner.
ratifi'care *sf* ratifier.
'ratto *sm* enlèvement; (*DIR*) rapt; (*ZOOL*) rat.
rattop'pare *vt* raccommoder, rapiécer; **rat'toppo** *sm* rapiéçage; *(toppa)* pièce *f.*
rattrap'pire *vt* engourdir; **~rsi** *vr* s'engourdir; *(foglia)* se ratatiner.
rattri'stare *vt* chagriner, affliger; **~rsi** *vr* s'affliger, s'attrister.
'rauco, a, ci, che *ag* rauque.
rava'nello *sm* radis *sg.*
ravve'dersi *vpr* se repentir.
ravvici'nare [ravvitʃi'nare] *vt* rapprocher; **~rsi a** *(fig)* se rapprocher de.
ravvi'sare *vt* reconnaître.
ravvi'vare *vt* raviver, ranimer; **~rsi** *vr* se ranimer.
razio'cinio [ratsjo'tʃinjo] *sm* jugement.
razio'nale [rattsjo'nale] *ag* raisonnable; *(conforme alla ragione)* rationel(le).
razio'nare [rattsjo'nare] *vt* rationner.
razi'one [rat'tsjone] *sf* ration.
'razza ['rattsa] *sf* race; *(fig)* espèce; *(pesce)* raie; **~ di stupido!** *(fam)* espèce d'idiot!
raz'zia [rat'tsia] *sf* razzia, rafle.
razzi'ale [rat'tsjale] *ag* racial(e).
raz'zismo [rat'tsizmo] *sm* racisme.
raz'zista, i, e [rat'tsista] *sm/f* raciste.
'razzo ['raddzo] *sm* fusée *f.*
razzo'lare [rattso'lare] *vi* gratter, fouiller.
re *sm inv* roi; (*MUS*) re.
reagire [rea'dʒire] *vi* réagir.
re'ale *ag* réel(le); *(da re)* royal(e) // *sm (realtà)* réel; **i~i** *mpl* les rois, les souverains; **rea'lismo** *sm* réalisme; **rea'listà, i, e** *sm/f* réaliste.
realiz'zare [realid'dzare] *vt* réaliser; (*SPORT*: *segnare)* faire, marquer; **~rsi** *vr* se réaliser; **realizzazi'one** *sf* réalisation.
realtà *sf inv* réalité.
re'ato *sm* (*DIR*) délit.
reat'tore *sm* réacteur.
reazio'nario, a [reattsjo'narjo] réactionnaire.
reazi'one [reat'tsjone] *sf* réaction.
recapi'tare *vt* remettre; **re'capito** *sm* adresse *f; (consegna)* remise.
re'care *vt* porter, apporter; *(cagionare)* causer; **~rsi** *vr* se rendre.
re'cedere [re'tʃɛdere] *vi:* **~ da un contratto** (*DIR*) résilier un contrat.
recensi'one [retʃen'sjone] *sf* critique, compte rendu *m;* **recen'sire** *vt* faire le compte rendu *o* la critique de; **recen'sore** *sm* critique.
re'cente [re'tʃɛnte] *ag* récent(e); **di ~** récemment.
recessi'one [retʃes'sjone] *sf* récession.
re'cidere [re'tʃidere] *vt* couper.
reci'divo, a [retʃi'divo] *ag, sm/f* récidiviste; **essere ~** récidiver.
re'cinto [re'tʃinto] *sm* enclos *sg,* enceinte *f;* **~ (delle grida)** (*BORSA*) corbeille *f;* **~ del peso** (*IPPICA*) pesage.
recipi'ente [retʃi'pjɛnte] *sm* recipient.
re'ciproco, a, ci, che [re'tʃiproko] réciproque.
re'ciso, a [re'tʃizo] *pp di* **recidere** // *ag* coupé(e); *(fig: tono)* tranchant(e).
'recita ['rɛtʃita] *sf* représentation; **reci'tare** *vt* réciter; (*TEATRO, CINE*) jouer // *vi* (*TEATRO, CINE*) jouer; **recitazi'one** *sf* récitation; *(dizione)* diction; **scuola di recitazione**

école d'art dramatique.

recla'mare *vi* réclamer // *vt* réclamer, exiger.

re'clamo *sm* réclamation *f.*

reclusi'one *sf* réclusion.

re'cluso, a *ag, sm/f* détenu(e), reclus(e).

'recluta *sf* (*MIL*) recrue.

recluta'mento *sm* recrutement.

reclu'tare *vt* recruter.

re'condito, a *ag* secret(-ète), caché(e).

recriminazi'one [rekriminat'tsjone] *sf* récrimination.

recrude'scenza [rekrudeʃ'ʃɛntsa] *sf* recrudescence.

redargu'ire *vt* réprimander, faire des reproches.

re'datto, a *pp di* **redigere**; **reda't'tore, trice** *sm/f* rédacteur/trice; **redazi'one** *sf* rédaction.

reddi'tizio, a [reddi'tittsjo] *ag* rentable.

'reddito *sm* revenu.

re'dento, a *pp di* **redimere.**

redenzi'one [reden'tsjone] *sf* (*fig*) affranchissement *m;* (*REL*) rachat *m,* rédemption.

re'digere [re'didʒere] *vt* rédiger.

re'dimere *vt* (*REL*) racheter; (*fig*) affranchir.

'redine *sf* rêne.

redi'vivo, a *ag, sm/f* ressuscité(e); (*fig*) revenant(e).

'reduce ['rɛdutʃe] *ag* rescapé(e) // *sm* ancien combattant; **essere ~ da** revenir de.

refe'renza [refe'rɛntsa] *sf* référence.

re'ferto *sm* (*MED*) rapport.

refet'torio *sm* cantine *f,* réfectoire.

refrat'tario, a *ag* refractaire; (*fig*) insensible.

refrige'rare [refridʒe'rare] *vt* réfrigérer; (*rinfrescare*) rafraîchir; **refrigerazi'one** *sf* réfrigération.

rega'lare *vt* donner, offrir, faire cadeau de.

re'gale *ag* (*da re*) royal(e).

re'galo *sm* cadeau, présent; (*fig: favore*) plaisir.

re'gata *sf* régate.

reg'gente [red'dʒɛnte] *ag* (*POL*) régent(e); (*LING*) principal(e) // *sm/f* régent/e; **reg'genza** *sf* régence.

'reggere ['rɛddʒere] *vt* soutenir; (*tenere*) tenir; (*sopportare*) supporter; (*dirigere*) gouverner // *vi* (*frase*) tenir debout; (*tempo*) durer; **~ alla fame/sete** résister à la faim/soif; **~ al paragone** soutenir la comparaison; **~rsi** *vr* se tenir.

'reggia, ge ['rɛddʒa] *sf* palais *m* royal; (*fig*) palais *m.*

reggi'calze [reddʒi'kaltse] *sm inv* porte-jarretelles.

reggi'mento [reddʒi'mento] *sm* régiment.

reggi'petto [reddʒi'petto], **reggi'seno** [reddʒi'seno] *sm* soutien-gorge.

re'gia, gie [re'dʒia] *sf* (*TV, CINE, etc*) mise en scène; (*fig*) direction; (*monopolio*) régie.

re'gime [re'dʒime] *sm* régime.

re'gina [re'dʒina] *sf* reine.

'regio, a, gi, gie ['rɛdʒo] *ag* royal(e).

regio'nale [redʒo'nale] *ag* régional(e).

regi'one [re'dʒone] *sf* région.

re'gista, i, e [re'dʒista] *sm/f* réalisateur/trice, metteur *m* en scène.

regi'strare [redʒis'trare] *vt* enregistrer; (*mettere a punto*) régler; (*MUS*) accorder; **registra'tore, trice** *ag* enregistreur(-euse) // *sm* (*strumento di misura*) enregistreur; (*magnetofono*) magnétophone; **registratore di cassa** caisse *f* enregistreuse; **registrazi'one** *sf* enregistrement *m;* (*regolazione*) réglage *m.*

re'gistro [re'dʒistro] *sm* registre.

re'gnare [reɲ'ɲare] *vi* régner; **'regno** *sm* règne; (*stato monar-*

chico, dominio*) royaume.
'regola *sf* règle; **a ~ d'arte** dans les règles *fpl* de l'art; **di ~** en général.
regola'mento *sm* règlement.
rego'lare *ag* régulier(-ère) // *vt* régler; *(sistemare)* régulariser; *(moderare)* modérer; **~rsi** *vr* se régler; *(limitarsi)* se limiter; *(comportarsi)* se comporter; **regolarità** *sf* régularité.
'regolo *sm* règle *f*; **~ calcolatore** règle *f* à calcul.
reinte'grare *vt* reconstituer; *(fig: persone: restituire nei diritti)* rétablir, réintégrer.
relatività *sf* relativité.
rela'tivo, a *ag* relatif(-ive); *(corrispondente)* correspondant(e); **~ a** relatif à.
relazi'one [relat'tsjone] *sf* rapport *m*, relation; *(fra persone)* liaison, rapport *m*; *(rapporto scritto, orale)* rapport *m*, compte rendu *m*; **in ~ a** par rapport à.
rele'gare *vt* reléguer.
religi'one [reli'dʒone] *sf* religion; **religi'oso, a** *ag* religieux(-euse); *(devoto)* pieux(-euse) // *sm/f* religieux/euse.
re'liquia *sf* (REL) relique; *(resto)* vestige *m*.
re'litto *sm* (NAUT) épave *f*.
re'mare *vi* ramer.
remini'scenza [reminiʃ'ʃɛntsa] *sf* réminiscence.
remissi'one *sf* rémission.
remis'sivo, a *ag* sousmis(e).
'remo *sm* rame *f*, aviron.
re'moto, a *ag* lointain(e); **passato ~** (LING) passé simple.
remunerazi'one [remunerat'tsjone] *o* **rimunerazi'one** [rimunerat'tsjone] *sf* rémunération.
'rendere *vt* rendre; *(fruttare)* rapporter; **~rsi** *vr* se rendre; **~rsi garante per qd** se porter garant pour qn.
rendi'conto *sm* compte rendu, rapport; (FIN) bilan, comptes *mpl*.
rendi'mento *sm* rendement.
'rendita *sf* rente.
'rene *sm*, *(pl (f)* **reni**) rein.
reni'tente *ag* refractaire // *sm*: **~ alla leva** (MIL) insoumis *sg*.
'renna *sf* renne *m*.
'Reno *sm* Rhin.
'reo, a *ag*, *sm/f* coupable.
re'parto *sm (di negozio)* rayon; (MIL) détachement; *(industria)* département; *(ospedale)* service; *(ufficio)* secteur; **~ di montaggio/finissaggio** atelier de montage/finissage.
repel'lente *ag (fig)* rebutant(e), repoussant(e).
repen'taglio [repen'taʎʎo] *sm* danger; **mettere a ~ qc/qd** mettre qch/qn en danger.
repen'tino, a *ag* soudain(e), subit(e).
repe'ribile *ag*: **è ~ dalle 3 alle 4** on peut le joindre de 3 heures à 4 heures; **un libro facilment ~** un livre que l'on peut trouver facilement.
re'perto *sm* pièce *f*; (MED) rapport; **~ giudiziario** (DIR) pièce *f* à conviction.
reper'torio *sm* répertoire.
'replica, che *sf* répétition; *(risposta)* réplique; (TEATRO, CINE) représentation; **repli'care** *vt* répéter; *(rispondere)* répliquer; (TEATRO, CINE) rejouer.
repressi'one *sf* répression.
re'presso, a *pp di* **reprimere.**
re'primere *vt* réprimer; (PSIC) maîtriser.
re'pubblica, che *sf* république; **repubbli'cano, a** *ag*, *sm/f* républicain(e).
repu'tare *vt* considérer, estimer; **~rsi** *vr* se considérer, s'estimer.
reputazi'one [reputat'sjone] *sf* réputation.
'requie *sf* trêve, répit *m*; *(riposo)* tranquillité.
requi'sire *vt* réquisitionner.

requi'sito *sm* qualité *f*, condition *f* requise.
requisizi'one [rekwizit'tsjone] *sf* réquisition.
'resa *sf* capitulation; *(restituzione)* retour; *(rendimento)* rendement *m;* ~ **dei conti** (*FIN*) reddition des comptes; **è il momento della ~ dei conti** *(fig)* c'est le moment de rendre des comptes.
resi'dente *ag* résidant(e) // *sm/f* résident/e.
re'siduo, a *ag* restant(e); (*FIS*) résiduel(le) // *sm* reste; (*FIS*) déchet; (*CHIM*) résidu.
'resina *sf* résine.
resi'stente *ag* résistant(e).
resi'stenza [resis'tɛntsa] *sf* résistance; *(fisica)* endurance.
re'sistere *vi* résister; *(sopportare)* endurer; **resi'stito, a** *pp di* **resistere.**
'reso, a *pp di* **rendere.**
reso'conto *sm* compte rendu.
respin'gente [respin'dʒɛnte] *sm* (*FERR*) tampon.
re'spingere [res'pindʒere] *vt* repousser; *(rifiutare)* refuser; *(bocciare)* recaler, coller *(fam)*; (*SPORT*) renvoyer; **re'spinto, a** *pp di* **respingere.**
respi'rare *vi, vt* respirer; **respira'tore** *sm* respirateur; **respira'torio, a** *ag* respiratoire; **respirazi'one** *sf* respiration; **re'spiro** *sm* souffle; (*FISIOL*) respiration *f;* **esalare l'ultimo respiro** *(fig)* rendre le dernier soupir; **trattenere il respiro** retenir son souffle; **accordare un momento di respiro** accorder un instant de répit.
respon'sabile *ag* responsable; *(colpevole)* coupable // *sm/f* responsable; **responsabilità** *sf inv* responsabilité.
re'sponso *sm* verdict; *(oracolo)* oracle.
'ressa *sf* cohue.
re'stare *vi* rester; ~ **senza fiato/di stucco/di sale** *(fig)* en avoir le souffle coupé; **~rci (secco)** y rester, y passer; **~rci male** *(offendersi)* être déçu.
restau'rare *vt* restaurer; *(fig: ristabilire)* rétablir; **restaurazi'one** *sf* (*POL*) restauration; **re'stauro** *sm* (*EDIL*) réfection *f; (quadro)* restauration *f.*
re'stio, a, tii, tie *ag* rétif(-ive); *(fig)* récalcitrant(e).
restitu'ire *vt* restituer, rendre.
'resto *sm* reste; *(denaro)* monnaie *f.*
re'stringere [res'trindʒere] *vt* rétrécir; *(fig)* resserrer; **~rsi** *vr* se rétrécir; se resserrer; **restrizi'one** *sf* restriction.
'rete *sf* filet *m; (di metallo)* grillage; *(fig: insidia)* piège *m; (: stradale, ferroviaria, di spionaggio)* réseau *m;* (*CALCIO*) but *m; (del letto)* sommier *m.*
reti'cente [reti'tʃɛnte] *ag* réticent(e).
retico'lato, a *ag* réticulé(e) // *sm* (*MIL*) barbelés *mpl; (parole crociate)* grille *f.*
'retina *sf* (*ANAT*) rétine.
re'tina *sf (per i capelli)* résille.
re'torico, a, ci, che *ag* rhétorique // *sm/f* rhétoricien/ne // *sf (arte, anche peg)* rhétorique.
retribu'ire *vt* rétribuer; **retribuzi'one** *sf* rétribution.
re'trivo, a *ag* rétrograde.
'retro *sm inv* derrière; *(di foglio, libro)* verso, dos *sg; (di negozio)* arrière-boutique *f;* **vedi** ~ voir au verso.
retro'cedere [retro'tʃɛdere] *vi* reculer; *(fig)* revenir // *vt* (*SPORT, MIL*) rétrograder.
retroda'tare *vt* antidater.
re'trogrado, a *ag* rétrograde.
retrogu'ardia *sf* arrière-garde.
retro'marcia [retro'martʃa] *sf* (*AUTO*) marche arrière.
retrospet'tivo, a *ag* rétrospectif

(-ive).

retrovi'sore *sm* rétroviseur.

'retta *sf* (*MAT*) droite; (*SCOL*) pension; **dar ~ a qd/qc** écouter qn, prêter attention à qn/qch.

rettango'lare *ag* rectangulaire.

ret'tangolo *ag, sm* rectangle.

ret'tifica, che *sf* rectification; **rettifi'care** *vt* rectifier.

'rettile *sm* reptile.

retti'lineo, a *ag* rectiligne; *(fig: coerente)* droit(e) // *sm* (*AUTO, FERR*) ligne *f* droite.

retti'tudine *sf* rectitude.

'retto, a *pp di* **reggere** // *ag* (*MAT*) droit(e); *(fig: onesto)* honnête; *(: giusto)* exact(e) // *sm* (*ANAT*) rectum.

ret'tore *sm (di università)* recteur; *(di scuola)* directeur.

reuma'tismo *sm* rhumatisme.

reve'rendo, a *ag* révérend(e).

rever'sibile *ag* réversible.

revisio'nare *vt* réviser; **revisi'one** *sf* révision; **revi'sore** *sm* réviseur.

'revoca *sf* révocation; **revo'care** *vt* révoquer.

RH *(abbr di Rhesus)* RH.

riabili'tare *vt* réhabiliter; **~rsi** *vr* se réhabiliter; **riabilitazione** *sf* réhabilitation.

rial'zare [rial'tsare] *vt (tirare su)* relever, redresser; (*EDIL: alzare di più)* rehausser, surélever; *(aumentare: prezzi)* hausser, augmenter; **~rsi** *vr* se relever, se redresser; **ri'alzo** *sm (di prezzi)* hausse *f*, augmentation *f*; *(sporgenza)* hauteur *f*; **giocare al rialzo** (*BORSA*) jouer à la hausse.

riani'mare *vt* (*MED*) réanimer; *(fig: ridar coraggio)* ranimer; **~rsi** *vr* se ranimer; **rianimazione** *sf* ranimation, réanimation.

ri'armo *sm* (*MIL*) réarmement.

rias'setto *sm (nuovo ordinamento)* réorganisation *f; (di bilancio)* redressement.

rias'sumere *vt (di impiegato)* réembaucher, rengager; *(sintetizzare)* résumer; *(riprendere un posto)* reprendre; **rias'sunto, a** *pp di* **riassumere.**

ria'vere *vt* avoir de nouveau; *(avere indietro)* récupérer; *(riacquistare: vista, etc)* recouvrer; **~rsi** *vr* revenir à soi; *(dopo uno spavento)* se remettre.

riba'dire *vt (fig)* confirmer.

ri'balta *sf* (*TEATRO*) rampe, scène; *(di mobile)* abattant *m*.

ribal'tabile *ag* escamotable.

ribal'tare *vt* renverser; **~rsi** *vr* se renverser.

ribas'sare *vt, vi* baisser; **ri'basso** *sm (di prezzi, valori)* baisse *f*, rabais *sg*; **giocare al ribasso** (*BORSA*) jouer à la baisse; **essere in ribasso** *(fig)* être en baisse.

ri'battere *vt (fig: confutare)* refuter; *(: replicare)* répliquer, riposter; (*SPORT*) renvoyer.

ribel'larsi se rebeller *o* se révolter contre; *(rifiutare di ubbidire)* s'insurger contre; **ri'belle** *ag, sm/f* rebelle; **ribelli'one** *sf* rébellion.

'ribes *sm inv* (*BOT: pianta)* groseiller; *(: frutto)* groseille *f*.

ribol'lire *vt* faire bouillir de nouveau // *vi (fermentare)* fermenter; *(fig: agitarsi)* bouillir, bouillonner.

ri'brezzo [ri'breddzo] *sm* dégoût, horreur *f*.

ribut'tante *ag* repoussant(e).

rica'dere *vi* retomber; **far ~ la responsabilità su qd** *(fig)* rejeter la responsabilité sur qn; **rica'duta** *sf* (*MED*) rechute; (*FIS*) retombée.

rical'care *vt* calquer, décalquer.

rica'mare *vt (anche fig peg)* broder; *(fig: essere pignolo)* fignoler.

ricambi'are *vt* rendre; *(amore)* partager; **ri'cambio** *sm* rechange; (*MED*) nutrition *f*; **ricambi, pezzi di ricambio** pièces *fpl* de rechange.

ri'camo *sm* broderie *f*; *(fig: opera*

d'arte) dentelle *f*.
ricapito'lare *vt* récapituler.
ricat'tare *vt* faire chanter, faire du chantage; **ricatta'tore, trice** *sm/f* maître-chanteur *m;* **ri'catto** *sm* chantage.
rica'vare *vt* tirer; **ri'cavo** *sm* produit, profit.
ric'chezza [rik'kettsa] *sf* richesse; (*ECON*) revenu *m*.
'riccio, a ['rittʃo] *ag* bouclé(e), frisé(e) // *sm* (*ZOOL*) hérisson; *(di capelli)* boucle; (*BOT*: *di castagna)* bogue *f;* ~ **di mare** oursin; **'ricciolo** *sm* boucle *f;* **ricci'uto, a** *ag* frisé(e).
'ricco, a, chi, che riche; *(fertile)* fertile; *(fig: ampio)* ample // *sm/f* riche; ~ **di** riche en.
ri'cerca, che [ri'tʃerka] *sf* recherche; *(studio)* étude; **ricer'care** *vt* rechercher, chercher; *(indagare)* rechercher; **ricer'cato, a** *ag* recherché(e); *(richiesto)* demandé(e).
ri'cetta [ri'tʃɛtta] *sf* (*MED*) ordonnance; (*CUC*) recette.
ricettazi'one [ritʃettat'tsjone] *sf* (*DIR*) recel *m*.
ri'cevere [ri'tʃevere] *vt* recevoir; *(riscuotere)* toucher; **ricevi'mento** *sm* réception *f;* **ricevi'tore** *sm (dispositivo)* récepteur; *(persona)* receveur; **rice'vuta** *sf* récépissé *m*, reçu *m; (di bolletta: gas, etc)* quittance; **ricezi'one** *sf* réception.
richia'mare [rikja'mare] *vt* rappeler; *(rimproverare)* réprimander; *(attirare)* attirer; ~**rsi a** *(riferirsi a)* se référer à, se reporter à; **richi'amo** *sm* rappel; *(rimprovero)* avertissement; *(chiamata)* appel; *(segno di rinvio)* renvoi; **uccello da richiamo** appeau.
richi'edere [ri'kjɛdere] *vt* redemander; *(chiedere indietro)* réclamer; *(chiedere)* demander; *(esigere)* exiger, requérir; **richi'esta** *sf* demande; (*AMM, DIR*) requête; **a richiesta degli interessati** à la demande des intéressés; **fermata a richiesta** (*AUTOBUS*) arrêt *m* facultatif.
'ricino ['ritʃino] *sm* ricin.
ricognizi'one [rikoɲɲit'tsjone] *sf* reconnaissance.
ricominci'are [rikomin'tʃare] *vt, vi* recommencer, reprendre; ~ **da zero** repartir à zéro.
ricom'pensa *sf* récompense; **ricompen'sare** *vt* récompenser.
riconcili'are [rikontʃi'ljare] *vt* réconcilier; ~**rsi** *vr* se réconcilier; **riconciliazi'one** *sf* réconciliation.
ricono'scente [rikonoʃ'ʃɛnte] *ag* reconnaissant(e).
ricono'scenza [rikonoʃ'ʃɛntsa] *sf* reconnaissance.
rico'noscere [riko'noʃʃere] *vt* reconnaître; *(distinguere)* distinguer; *(amettre)* admettere, reconnaître; **riconosci'mento** *sm* reconnaissance *f; (identificazione)* identification *f;* **riconosci'uto, a** *pp di* **riconoscere**.
rico'prire *vt* couvrir; *(coprire completamente)* recouvrir, revêtir; *(fig: occupare)* occuper.
ricor'dare *vt* se rappeler de, se souvenir de; *(richiamare alla memoria propria o altrui)* rappeler; *(evocare)* rappeler, évoquer // *vi* retenir; ~**rsi** *vr* se souvenir de, se rappeler (de); **ri'cordo** *sm* souvenir; *(memoria: di persona, fatto)* mémoire *f;* **foto-ricordo** photo-souvenir.
ricor'rente *ag* qui se répète; (*MED*)récurrent(e) // *sm/f* (*DIR*) appelant/e.
ricor'renza [rikor'rɛntsə] *sf* répétition; *(festività)* fête.
ri'correre *vi* se répéter; *(festa)* tomber, être; ~ **a** recourir à, avoir recours à; ~ **in** (*DIR*) se pourvoir en; **ri'corso, a** *pp di* **ricorrere** // *sm* recours *sg*.
ricostitu'ire *vt* reconstituer; (*MED*) fortifier, remonter.
ricostru'ire *vt* reconstruire;

(fatti) reconstituer; **ricostruzi'one** *sf* reconstruction; *(di un fatto)* reconstitution.

ri'cotta *sf* ≈ fromage *m* blanc.

ricove'rare *vt* hospitaliser; *(in ospedale psichiatrico)* interner; *(offrire riparo)* abriter; **~rsi** *vr* *(rifugiarsi)* s'abriter, se réfugier; **far ~ qd all'ospedale** faire hospitaliser qn; **ri'covero** *sm (rifugio)* abri, refuge; *(in ospedale)* hospitalisation *f; (in ospedale psichiatrico)* internement; *(per vecchi)* hospice.

ricre'are *vt (creare di nuovo)* recréer; *(rinvigorire)* fortifier; *(fig)* amuser; **ricreazi'one** *sf* récréation, détente.

ri'credersi *vr* changer d'avis, se raviser.

ricupe'rare *vt* récupérer; (*NAUT*: *naufraghi)* repêcher; *(: nave)* renflouer; *(fig: reinserire)* réinsérer; *(tempo)* rattraper; *(soldi, salute)* recouvrer.

ricu'sare *vt* refuser.

ridacchi'are [ridak'kjare] *vi* ricaner.

ri'dare *vt* redonner; *(restituire)* rendre; **~ una mano di vernice** *(fig)* repasser une main de peinture.

'ridere *vi* rire; **~ di** se moquer de.

ri'detto, a *pp di* **ridire.**

ri'dicolo, a *ag* ridicule.

ridimensio'nare *vt* restructurer, réorganiser; *(fig: fatto, frase)* réduire à sa juste mesure *o* à sa juste valeur.

ri'dire *vt* redire, répéter; *(riferire)* raconter; *(criticare)* redire.

ridon'dante *ag* redontant(e).

ri'dotto, a *pp di* **ridurre** // *ag* réduit(e) // *sm* (*TEATRO*) foyer; **essere mal ~** être mal en point.

ri'durre *vt* réduire; (*MAT*) ramener; **~rsi** *vr* se réduire; **riduzi'one** *sf* réduction.

riempi'mento *sm* remplissage.

riem'pire *vt* remplir; *(fig: colmare)* combler; **~rsi** *vr* se remplir; *(mangiare troppo)* se bourrer; **mi ha riempito la testa di stupidaggini** *(fig)* il m'a bourré le crâne de bêtises; **riempi'tivo, a** *ag (peg)* de remplissage // *sm (peg)* remplissage; **fare da riempitivo** servir de remplissage.

rien'tranza [rien'trantsa] *sf* renfoncement *m*, recoin *m*.

rien'trare *vi* rentrer; *(fare una rientranza)* former un renfoncement; *(esser compreso)* entrer; **ri'entro** *sm (ritorno)* retour; *(: a casa)* rentrée *f*.

riepilo'gare *vt* récapituler.

rifare *vt* refaire; *(riparare)* réparer; *(imitare)* imiter; **~rsi** *vr* *(recuperare)* se refaire, se rattraper; *(vendicarsi)* se venger; *(risalire nel tempo)* remonter à; **~rsi l'occhio** *(fig)* se rincer l'œil; **~rsi una vita** *(fig)* commencer une vie nouvelle; **ri'fatto, a** *pp di* **rifare.**

riferi'mento *sm* référence *f; (allusione)* allusion *f; (dato)* donnée *f;* **in** *o* **con ~ alla vostra lettera ...** suite à votre lettre ... .

rife'rire *vt (raccontare)* rapporter, relater; **~ qc a** *(mettere in relazione)* rapporter qch à; **~rsi a** *(alludere)* faire référence *o* allusion à, se rapporter à.

rifi'nire *vt* finir; **rifini'tura** *sf* finition, finissage *m*.

rifiu'tare *vt* refuser; **rifiuto** *sm* refus *sg; (fig: cosa, persona)* rebut; (*FIS*) déchet; **rifi'uti** *smpl (spazzatura)* ordures *fpl*.

riflessi'one *sf* réflexion; (*FILOSOFIA*) méditation; (*FIS*) réflexion.

rifles'sivo, a *ag* réfléchi(e).

ri'flesso, a *pp di* **riflettere** // *ag* réfléchi(e) // *sm* réflexe; *(luce)* reflet.

ri'flettere *vt, vi* réfléchir; **~rsi** *vr* se réfléchir, se refléter; **~rsi su** *(influire)* se répercuter sur.

riflet'tore *sm* réflecteur; *(proiet-*

tore) projecteur.
ri'flusso *sm* reflux *sg*.
ri'fondere *vt* refondre; *(fig: rimborsare)* rembourser; ~ **i danni** dédommager.
ri'forma *sf* réforme; **rifor'mare** *vt* reformer; *(formare di nuovo)* réformer; **riforma'torio** *sm* (*DIR*) maison *f* de redressement.
riforni'mento *sm* ravitaillement; ~**i** *smpl (provviste)* provisions *fpl*.
rifor'nire *vt* ravitailler, réaprovisionner; ~**rsi di qc** se ravitailler *o* se réaprovisionner de qch.
ri'frangere [ri'frandʒere] *vt* (*FIS*) réfracter; ~**rsi** *vr* se réfracter; *(suono)* se répercuter; **ri'fratto, a** *pp di* **rifrangere; rifrazi'one** *sf* (*FIS*) réfraction.
rifug'gire [rifud'dʒire] *vi*: ~ **da** *(fig)* répugner à, détester.
rifugi'arsi [rifu'dʒarsi] *vr* se réfugier; **rifugi'ato, a** *sm/f* réfugié/e; **ri'fugio** *sm* refuge, abri.
'riga, ghe *sf* raie, rayure; *(linea)* ligne; *(fila)* rang *m*; rangée; *(righello)* règle; *(di pettinatura)* raie; **mettersi in** ~ se mettre en rang; **a** ~**ghe** *(foglio, quaderno)* rayé(e).
ri'gagnolo [ri'gaɲɲolo] *sm* ruisseau.
ri'gare *vt* rayer // *vi*: ~ **diritto** marcher *o* filer droit.
rigatti'ere *sm* fripier, brocanteur.
riget'tare [ridʒet'tare] *vt* rejeter; *(vomitare)* vomir, rendre; **ri'getto** *sm* (*MED*) rejet.
rigidità [ridʒidi'ta] *sf* rigidité; (*MED*) raideur; *(fig: rigore)* rigueur.
'rigido, a ['ridʒido] *ag (non flessibile)* rigide; *(membra, etc: irrigidite)* raide; (*METEOR*) rigoureux(-euse); *(fig: inflessibile)* stricte, sévère.
rigi'rare [ridʒi'rare] *vt* retourner; **girare e** ~ tourner dans tous les sens; **gira e rigira, l'abbiamo trovato** à force de chercher nous l'avons trouvé; ~**rsi** *vr* se retourner.
'rigo, ghi *sm (linea)* ligne *f*; (*MUS*) portée *f*.
rigogli'oso, a [rigoʎ'ʎoso] *ag* exubérant(e); *(fig)* luxuriant(e); *(salute)* florissant(e); *(ricco)* riche.
ri'gonfio, a *ag* gonflé(e), enflé(e).
ri'gore *sm* rigueur *f*; (*CALCIO*) pénalty; **area di** ~ surface de réparation *f*; **a rigor di logica** en toute logique; **rigo'roso, a** *ag* rigoureux(-euse); *(severo)* sévère, stricte.
rigover'nare *vt (stoviglie)* faire la vaisselle.
riguar'dare *vt* revoir; *(fig: concernere)* regarder, concerner; ~**rsi** *vr (aver cura di sè)* se ménager.
rigu'ardo *sm (attenzione)* précaution *f*; *(considerazione)* respect, considération *f*; *(relazione)* rapport; ~ **a** quant à; **è una persona di** ~ c'est une personne digne d'estime.
rilasci'are [rilaʃ'ʃare] *vt (rimettere in libertà)* relâcher; *(documenti)* délivrer; **ri'lascio** *sm (liberazione)* mise en liberté; *(documenti)* délivrance *f*.
rilas'sare *vt* détendre, relâcher; *(fig: disciplina)* relâcher; ~**rsi** *vr* se détendre, se relâcher.
rile'gare *vt* relier; **rilega'tura** *sf* reliure.
ri'leggere [ri'lɛddʒere] *vt* relire.
ri'lento: a ~ *av* lentement, au ralenti.
rileva'mento *sm* relèvement; *(raccolta di dati)* relevé.
rile'vante *ag* important(e), considérable.
rile'vare *vt* relever; *(costatare)* constater, remarquer; *(raccogliere dati)* enregistrer.
rili'evo *sm* relief; (*TOPOGRAFIA*) relèvement; **dar** ~ **a** *o* **mettere in** ~ **qc** donner du relief à *o* mettre en relief qch; **personaggio di** ~ personnage important.
rilut'tante *ag* réticent(e), hésitant(e); **rilut'tanza** *sf* réticence, hésitation.

'rima *sf* rime.
riman'dare *vt* renvoyer; *(differire)* remettre; *(SCOL)* ajourner, recaler; **ri'mando** *sm* renvoi; **di rimando** en retour.
rima'nente *ag* restant(e) // *sm* reste; ~**i** *smpl (persone)* les autres; **rima'nenza** *sf* reste *m;* **rimanenze** *sfpl (merce residua)* stock *m.*
rima'nere *vi* rester, se retrouver; *(persistere)* persister, demeurer; **come siete rimasti?** comment vous êtes-vous mis d'accord?; ~**ci male** être déçu.
rimar'chevole *ag* remarquable.
ri'mare *vt, vi* rimer.
rimargi'nare [rimardʒi'nare] *vt* cicatriser; ~**rsi** *vr* se cicatriser.
ri'masto, a *pp di* **rimanere.**
rima'suglio [rima'suʎʎo] *sm* reste.
rimbal'zare [rimbal'tsare] *vi* rebondir, ricocher; **rim'balzo** *sm* bond, ricochet; **di rimbalzo** *(fig)* par ricochet.
rimbam'bire *vi (peg)* devenir gâteux, tomber en enfance.
rimboc'care *vt (coperta)* border; ~**rsi le maniche** *(fig)* retrousser ses manches.
rimbom'bare *vi (suoni)* retentir.
rimbor'sare *vt* rembourser; **rim'borso** *sm* remboursement.
rimedi'are *vi:* ~ **a** *(portar rimedio)* remédier à, réparer; *(mettere a posto)* arranger // *vt (fam: procurarsi)* se procurer, trouver; **ri'medio** *sm* remède.
rimesco'lare *vt (CUC)* remuer, mélanger; *(fig)* remuer; **si sentì ~ il sangue nelle vene** *(fig)* son sang ne fit qu'un tour.
ri'messa *sf* remise; *(di autobus)* dépôt; *(di aerei)* hangar *m; (COMM)* envoi *m,* livraison; *(FIN)* versement *m.*
ri'messo, a *pp di* **ri'mettere.**
ri'mettere *vt* remettre; *(vomitare)* vomir, rendre; ~ **ci** y perdre; ~**ci la pelle** y laisser la peau; ~**rsi** *vr* se remettre; ~**rsi a qd/qc** s'en remettre à qn/qch.
'rimmel *sm* ® mascara.
rimoder'nare *vt* remettre à neuf.
ri'monta *sf (SPORT)* remontée; **rimon'tare** *vt, vi* remonter.
rimorchi'are [rimor'kjare] *vt* remorquer; **rimorchia'tore** *sm (NAUT)* remorqueur; **ri'morchio** *sm (operazione)* remorquage; *(veicolo)* remorque *f.*
ri'morso *sm* remords *sg,* regret.
rimozi'one [rimot'tsjone] *sf* déplacement *m; (DIR: dei sigilli)* levée; *(da un impiego, una carica)* destitution; ~ **forzata** *(AUTO)* *enlèvement des véhicules en stationnement interdit.*
rim'pasto *sm (fig)* remaniement.
rimpatri'are *vi* retourner dans sa patrie // *vt* rapatrier; **rim'patrio** *sm* rapatriement.
rimpi'angere [rim'pjandʒere] regretter; **rimpi'anto** *sm* regret.
rimpiat'tino *sm (gioco)* cache-cache.
rimpiaz'zare [rimpjat'tsare] *vt* remplacer, substituer.
rimpicco'lire *o* **rimpiccio'lire** *vt* rendre plus petit, rapetisser.
rimpin'zare [rimpin'tsare] *vt* bourrer; ~**rsi** *vr* se bourrer, s'empiffrer.
rimprove'rare *vt* réprimander, gronder, faire des reproches à; **rim'provero** *sm* reproche, réprimande *f.*
rimugi'nare [rimudʒi'nare] *vt (fig)* remâcher, ruminer.
rimu'overe *vt* enlever; *(DIR)* lever; *(un'accusa)* retirer; *(da un impiego, una carica)* destituer; *(MIL)* dégrader.
Rinasci'mento [rinaʃʃi'mento] Renaissance *f.*
ri'nascita [ri'naʃʃita] *sf* renaissance; *(ECON)* reprise.
rincal'zare [rinkal'tsare] *vt (letto,*

lenzuola) border; **rin'calzo** *sm (rinforzo)* renfort; **rincalzi** *mpl (SPORT)* remplaçants; renforts.
rinca'rare *vt* rendre plus cher // *vi* augmenter.
rinca'sare *vi* rentrer.
rinchi'udere [rin'kjudere] *vt* enfermer, renfermer; **~rsi** *vr* s'enfermer; **rinchi'uso, a** *pp di* **rinchiudere.**
rin'correre *vt* poursuivre; **~rsi** *vr* se poursuivre; **rin'corso, a** *pp di* **rincorrere.**
rin'crescere [rin'kreʃʃere] *vi* regretter, être désolé; **rincresci'mento** *sm* regret; **rincresci'uto, a** *pp di* **rincrescere.**
rincu'lare *vi* reculer.
rinfacci'are [rinfat'tʃare] *vt* reprocher.
rinfor'zare [rinfor'tsare] *vt* renforcer; *(muscoli)* raffermir; *(edificio)* consolider // *vi (vento)* redoubler, forcir; **~rsi** *vr* se renforcer; **rin'forzo** *sm (il rinforzare)* renforcement; *(ciò che rinforza)* renfort; **rinforzi** *smpl (MIL)* renforts.
rinfran'care *vt* ranimer, rassurer; **~rsi** *vr* se rassurer.
rinfre'scare *vt, vi* rafraîchir; **~rsi** *vr* se rafraîchir; **rin'fresco, schi** *sm* rafraîchissement; *(ricevimento)* réception *f*, vin d'honneur.
rin'fusa alla ~ *av* pêle-mêle.
ringhi'are [rin'giare] *vi* grogner, gronder.
ringhi'era [rin'giɛra] *sf* balustrade, parapet *m*, garde-fou *m*.
ringiova'nire [rindʒova'nire] *vt, vi* rajeunir.
ringrazia'mento [ringrattsja'mento] *sm (atto)* remerciement; **molti ~i** *smpl* milles mercis, merci beaucoup.
ringrazi'are [ringrat'tsjare] *vt* remercier.
rinne'gare *vt* renier, répudier; **rinne'gato, a** *sm/f* renégat/e.
rinnova'mento *sm* renouvellement; *(fig: rinascita)* renouveau.
rinno'vare *vt* renouveler; *(rimettere a nuovo)* rénover; **rin'novo** *sm* renouvellement, *(rimessa a nuovo)* rénovation *f*.
rinoce'ronte [rinotʃe'ronte] *sm (ZOOL)* rhinocéros *sg*.
rino'mato, a *ag* renommé(e), fameux(-euse), célèbre.
rinsal'dare *vt* renforcer, consolider; **~rsi** *vr* se renforcer, se consolider.
rinsa'vire *vi* revenir à la raison; *(fig)* s'assagir.
rintoc'care *vi* sonner, tinter; **rin'tocco, chi** *sm* tintement, coup; **rintocco a morto** glas *sg*.
rintracci'are [rintrat'tʃare] *vt (trovare)* retrouver, joindre.
rintro'nare *vi (risuonare)* retentir, résonner // *vt (assordare)* étourdir.
rintuz'zare [rintut'tsare] *vt (fig: sentimento)* émousser, freiner; *(: accusa, assalto)* repousser.
ri'nunzia [ri'nuntsja], **ri'nuncia** [ri'nuntʃa] *sf* renoncement *m; (al trono, all'eredità)* renonciation; **rinunzi'are, rinunci'are** *vi*: **~ a** renoncer à.
rinve'nire *vt (ritrovare)* retrouver; *(scoprire)* trouver // *vi (riprendere i sensi)* reprendre connaissance; *(di cose secche)* reprendre.
rinvi'are *vt vedi* **riman'dare.**
rinvigo'rire *vt* fortifier; **~rsi** *vr* se fortifier.
rin'vio, 'vii *sm* renvoi; *(differimento)* ajournement; *(MIL)* sursis *sg*.
ri'one *sm* quartier.
riordi'nare *vt (rimettere in ordine)* ranger; *(riorganizzare)* réorganiser.
ripa'gare *vt (pagare di nuovo)* repayer; *(ricompensare)* récompenser.
ripa'rare *vt (proteggere)* protéger,

abriter; *(aggiustare)* réparer, raccommoder; (*SCOL*) repasser; *(fig: torto)* réparer, redresser // *vi:* ~ **a** remédier à, réparer à; ~**rsi** *vr (dal freddo, etc)* se protéger, se mettre à l'abri; **riparazi'one** *sf* réparation; *(DIR: risarcimento)* dédommagement *m;* **esame di riparazione** (*SCOL*) examen *m* de repêchage *m;* **ri'paro** *sm* abri; *(rimedio)* remède.

ripar'tire *vt* répartir, partager // *vi (partire di nuovo)* répartir.

ripas'sare *vi (passare di nuovo)* repasser // *vt (rivedere)* revoir, réviser.

ripen'sare *vi* repenser, penser; ~**rci** *(cambiare idea)* changer d'avis.

ripercu'otere *vt* répercuter; ~**rsi** *vr* se répercuter; **ripercussi'one** *sf* répercussion.

ri'petere *vt* répéter; (*SCOL*) redoubler; ~**rsi** *vr* se répéter, se reproduire; **ripetizi'one** *sf* répétition; *(SCOL: lezione privata)* cours *m* particulier.

ripi'ano *sm* étagère *f*, rayon.

'ripido, a *ag* raide.

ripie'gare *vt* replier // *vi* (*MIL*) se plier; *(fig)* se rabattre; **ripi'ego, ghi** *sm (espediente, rimedio)* expédient; **soluzione di ripiego** solution de rechange.

ripi'eno, a *ag (caramella)* fourré(e); (*CUC*) farci(e) // *sm* (*CUC*) farce *f*.

ri'porre *vt* replacer, remettre; *(mettere via)* ranger; *(fiducia)* placer.

ripor'tare *vt* reporter; *(portare indietro, riferire)* rapporter; *(ottenere: vittoria)* remporter; *(citare)* citer; (*MAT*) retenir; *(indicare)* indiquer; ~**rsi a qc** se reporter *o* s'en remettre à qch.

ripo'sare *vt* reposer // *vi (sostare)* se reposer; *(dormire)* reposer; ~**rsi** *vr* se reposer; **ri'poso** *sm* repos *sg;* (*TEATRO*) relâche *f;* **a riposo** *(in pensione)* à la retraite *f;* **senza** ~ sans répit.

ripo'stiglio [ripos'tiʎʎo] *sm* débarras *sg*, cagibi.

ri'posto, a *pp di* **riporre** // *ag (appartato: luogo)* caché(e), écarté(e).

ri'prendere *vt* reprendre; *(ricoominciare)* recommencer, reprendre; *(rimproverare)* reprendre, faire des reproches; (*FOT, CINE*) tourner; ~**rsi** *vr* se reprendre, se remettre; **ri'preso, a** *pp di* **riprendere** // *sf* reprise; *(da malattia, emozione)* rétablissement *m;* (*ECON*) redémarrage *m*, redressement *m;* (*TEATRO, CINE*) tournage *m;* (*FOT, CINE: immagine)* prise de vue.

ripristi'nare *vt (rimettere in uso)* remettre en état; *(restaurare)* restaurer; *(ristabilire: ordine)* rétablir; *(una legge)* remettre en vigueur.

ripro'durre *vt (copia: eseguire)* reproduire; *(stampare)* réimprimer; *(rappresentare)* représenter; ~**rsi** *vr* se reproduire; *(riformarsi)* se reformer; **riprodut'tivo, a** *ag* reproductif(-ive); **riproduzi'one** *sf* reproduction.

ripudi'are *vt* répudier; *(fig: idee, amici)* renier.

ripu'gnante [ripuɲ'ɲante] *ag* répugnant(e).

ripu'gnare [ripuɲ'ɲare] *vi* répugner.

ripu'lire *vt* nettoyer; *(pulire bene: piatto)* saucer; *(: cassetto)* gratter; *(fig: vuotare: sog: ladri)* vider *(fam)*.

riqu'adro *sm (spazio quadrato)* carré; (*ARCHIT*) panneau.

ri'saia *sf* rizière.

risa'lire *vi* remonter.

risal'tare *vi (fig: spiccare)* se détacher, ressortir; **ri'salto** *sm (sporgenza)* saillie *f*, ressaut; *(importanza)* importance *f; (contrasto)* contraste; **mettere** *o* **porre**

in **risalto qc** mettre qch en relief.
risa'nare *vt (guarire)* guérir; *(rendere, abitabile: luogo)* assainir; *(ECON)* redresser.
risarci'mento *sm* indemnisation *f*, dédommagement; *(rimborso)* remboursement; *(somma)* indemnité *f*; ~ **dei danni** dommages et intérêts *mpl*.
risar'cire [risar'tʃire] *vt* rembourser; ~ **qd di qc** *(persona)* indemniser *o* dédommager qn de qch; ~ **i danni** payer les dommages et intérêts.
ri'sata *sf* éclat *m* de rire.
riscalda'mento *sm* chauffage; *(TECN)* chauffe *f*; *(aumento di temperatura)* réchauffement.
riscal'dare *vt* chauffer; *(scaldare di nuovo)* réchauffer; *(fig: eccitare)* échauffer; **~rsi** *vr* se chauffer; se réchauffer; s'échauffer.
riscat'tare *vt* racheter; **~rsi** *vr* se racheter; **ri'scatto** *sm* rachat; *(somma)* rançon *f*.
rischia'rare [riskja'rare] *vt* éclairer; **~rsi** *vr (tempo, cielo)* s'éclaircir; *(fig: volto)* s'éclairer.
rischi'are [ris'kjare] *vt* risquer // *vi*: ~ **di** risquer de, faillir; **'rischio** *sm* risque; **rischi'oso, a** *ag* risqué(e), dangereux(-euse), périlleux(-euse).
risciacqu'are [riʃʃa'kware] *vt* rincer.
riscon'trare *vt (confrontare)* confronter; *(controllare)* vérifier; *(rilevare)* relever; **ri'scontro** *sm (confronto)* comparaison *f*; *(fig)* équivalent.
ri'scosso, a *pp di* **riscuotere** // *sf (riconquista)* rescousse, reconquête; *(insurrezione)* révolte.
riscossi'one *sf* recouvrement *m*, encaissement; *(di tasse)* perception.
riscu'otere *vt (una somma)* toucher, encaisser, percevoir; *(fig: ottenere: successo)* obtenir, recueillir; *(fig: ridestare)* tirer; **~rsi** *vr* se secouer.
risenti'mento *sm* ressentiment.
risen'tire *vt (sentire di nuovo)* réentendre; *(provare)* ressentir, éprouver // *vi*: ~ **di** se ressentir de; **~rsi** *vr (offendersi)* s'irriter, se fâcher; **risen'tito, a** *ag (offeso)* fâché(e), irrité(e).
ri'serbo *sm* réserve *f*.
ri'serva *sf* réserve; *(SPORT)* remplaçant *m*; **essere in** ~ *(AUTO)* être sur la réserve; **con** ~ **di** sous réserve de; **riser'vare** *vt* réserver; **riser'vato, a** *ag* réservé(e); *(segreto: informazione)* confidentiel(le), secret(-ète); **riserva'tezza** *sf (discrezione)* réserve, discrétion.
risi'edere *vi* résider.
'risma *sf (di carta)* rame; *(fig: genere: peg)* acabit *m*, espèce.
'riso, a *pp di* **ridere** // *sm (pl(f)* **~a:** *modo, atto del ridere)* rire; *(BOT)* riz; **riso'lino** *sm* sourire, petit rire.
ri'solto, a *pp di* **risolvere.**
risolu'tezza [risolu'tettsa] *sf* décision, résolution, fermeté.
riso'luto, a *ag* résolu(e), décidé(e).
risoluzi'one [risolut'tsjone] *sf (soluzione)* résolution, solution; *(decisione)* décision; *(DIR)* résiliation, résolution.
ri'solvere *vt* résoudre; *(una questione)* régler; *(DIR)* résilier; **~rsi** *vr*: **~rsi a fare qc** *(decidersi)* se résoudre à faire qch; **~rsi in** *(andare a finire)* se terminer en.
riso'nanza [riso'nantsa] *sf* résonance; *(fig: fama)* retentissement *m*.
riso'nare *vt, vi* = **risuo'nare.**
ri'sorgere [ri'sordʒere] *vi (REL)* ressusciter; *(rinascere)* renaître; **Risorgi'mento** *sm (STORIA)* Risorgimento.
ri'sorsa *sf* ressource.
ri'sorto, a *pp di* **risorgere.**
ri'sotto *sm (CUC)* risotto.
risparmi'are *vt* économiser, épargner; *(tempo)* gagner; *(fig: fiato, vista, etc)* ménager // *vi* faire

des économies, épargner; **~rsi di fare qc** se dispenser de faire qch; **ri'sparmio** *sm* économie *f; (denaro)* épargne *f*, économies *fpl*.

rispet'tabile *ag* respectable; *di cosa)* considérable.

rispet'tare *vt* respecter; *(osservare: festa, legge)* observer.

rispet'tivo, a *ag* respectif(-ive).

ri'spetto *sm* respect; **~ a** par rapport à; **rispet'toso, a** *ag* respectueux(-euse).

ri'splendere *vi* briller, luire, éclater; *(fig)* briller.

rispon'dente *ag* **~ a** correspondant(e); **rispon'denza** *sf* correspondance; *(ripercussione)* répercussion.

ri'spondere *vi* répondre, répliquer; *(reagire)* riposter; *(corrispondere)* correspondre; **~ di** *(essere responsabile)* répondre de; **~ di no/sì** répondre non/oui; **~ picche** *(fig)* refuser tout net; **ri'sposta** *sf* réponse, réplique; (*MED*: *di organismo)* réaction.

rissa *sf* bagarre.

ristabi'lire *vt* restaurer, rétablir; **~rsi** *vr* se rétablir.

rista'gnare [ristaɲ'ɲare] *vi* stagner // *vt (pentole)* rétamer; **ri'stagno** *sm* stagnation *f*.

ri'stampa *sf* réimpression; **ristam'pare** *vt* réimprimer, rééditer.

risto'rante *sm* restaurant.

risto'rarsi *vr* se restaurer, se reposer; **ri'storo** *sm* détente *f*, repos *sg; (fig)* soulagement; **posto di ristoro** (*FERR*) buffet; (*AUTO*) restoroute.

ristret'tezza [ristret'tettsa] *sf* étroitesse; *(fig: scarsezza)* défaut *m*, manque *m*; **~e** *sfpl (povertà)* pauvreté *sg*, besoin *m*.

ri'stretto, a *ag* serré(e), exigu(e); *(limitato)* restreint(e); *(fig)* retréci(e); (*CUC*) concentré(e); **brodo ~** consommé; **caffé ~** café express.

risucchi'are [risuk'kjare] *vt* engloutir.

risul'tare *vi* résulter; *(scaturire)* découler, ressortir; *(dimostrarsi)* se révéler; **non mi risulta che lui abbia ragione** il ne me semble pas avoir raison; **risul'tato** *sm* resultat.

risuo'nare *vt (suonare di nuovo)* rejouer // *vi* résonner, retentir.

risurrezi'one [risurret'tsjone] *sf* (*REL*) résurrection.

risuscitare [risuʃʃi'tare] *vt, vi* ressusciter.

ris'veglio [riz'veʎʎo] *sm* réveil.

ris'volto *sm (di giacca, pantaloni)* revers *sg; (di manica)* manchette *f; (fig)* implication *f; (di libro)* volet, rabat.

ritagli'are [ritaʎ'ʎare] *vt* découper; **ri'taglio** *sm (di giornale)* coupure *f; (di stoffa)* coupon, chute *f; (di metallo)* recoupe *f*; **ritagli** *mpl* **di tempo** *(fig)* moments perdus.

ritar'dare *vi* être en retard, avoir du retard, retarder // *vt* retarder; *(differire)* reculer; **ritarda'tario, a** *sm/f* retardataire; **ri'tardo** *sm* retard.

ri'tegno [ri'teɲɲo] *sm* retenue *f*.

rite'nere *vt* retenir; *(giudicare)* croire, estimer; **~rsi** *vr* se retenir, se considérer; **rite'nuta** *sf (sul salario, etc)* retenue; **ritenuta alla fonte** retenue à la source.

riti'rare *vt* retirer; **~rsi** *vr* se retirer, abandonner; *(stoffa)* rétrécir; **riti'rata** *sf* retraite; **ri'tiro** *sm* retrait; (*SPORT*: *rinunzia)* abandon; *(isolamento, anche SPORT)* retraite *f; (stoffa)* rétrécissement.

'ritmico, a, ci, che *ag* rythmique.

'ritmo *sm* rythme; *(fig)* cadence *f*.

'rito *sm* (*REL*: *norme)* rite; *(: liturgia)* cérémonie *f; (usanza)* usage; (*DIR*: *procedura)* procédure *f*.

ritoc'care *vt (correggere)* retoucher; **ri'tocco, chi** *sm* retouche *f*.

ritor'nare *vi (andare di nuovo)*

retourner; *(venire di nuovo)* revenir, rentrer; *(ridiventare)* redevenir; ~ **in sé** revenir à soi.
ritor'nello *sm* refrain.
ri'torno *sm* retour.
ri'trarre *vt (tirare indietro)* retirer; *(rappresentare)* représenter, peindre; *(descrivere)* décrire.
ritrat'tare *vt* rétracter.
ri'tratto, a *pp di* **ritrarre** // *sm* portrait.
ri'troso, a *ag* réticent(e), contraire; **a** ~ à reculons.
ritro'vare *vt* retrouver; ~**rsi** *vr* se retrouver; *(raccapezzarsi)* s'y retrouver; *(incontrarsi di nuovo)* se rencontrer; **ri'trovo** *sm* lieu de réunion.
'ritto, a *ag* droit(e), dressé(e); *(in piedi: persona)* debout *inv.*
ritu'ale *ag* rituel(le), traditionnel(le) // *sm* (*REL*) rituel.
riuni'one *sf* réunion.
riu'nire *vt* réunir, rassembler; *(riconciliare)* réconcilier; ~**rsi** *vr* se rassembler, se réunir.
riu'scire [riuʃ'ʃire] *vi* réussir; *(uscire di nuovo)* ressortir; ~ **a fare qc** réussir *o* arriver *o* parvenir à faire qch; **riesce gradito a tutti** il est apprécié par tout le monde; **riu'scita** *sf* réussite; *(buon esito)* succès *m;* **cattiva riuscita** échec *m,* insuccès *m.*
'riva *sf* rivage *m,* bord *m.*
ri'vale *sm/f* rival/e; **rivalità** *sf* rivalité.
ri'valsa *sf* revanche.
rivalu'tare *vt* (*ECON*) réévaluer; *(fig)* mieux apprécier, apprécier de nouveau.
rive'dere *vt* revoir; *(verificare)* réviser.
rive'lare *vt (svelare)* révéler, dévoiler; ~**rsi** *vr* se révéler; **rivela'tore, trice** *ag* révélateur(-trice) // *sm* (*TECN*) détecteur; capteur; (*FOT*) révélateur; **rivelazi'one** *sf* révélation.
rivendi'care *vt* (*DIR*) revendiquer, réclamer.
ri'vendita *sf* revente, magasin *m;* ~ **di sali e tabacchi** debit *m* de tabac.
rivendi'tore, trice *sm/f* revendeur/euse, détaillant/e.
riverbe'rare *vt (luce, calore)* réfléchir; ~**rsi** *vr* se réfléchir; **ri'verbero** *sm* réverbération *f.*
rive'renza [rive'rɛntsa] *sf (rispetto)* respect *m; (inchino)* révérence.
rive'rire *vt (rispettare)* respecter; *(salutare)* saluer.
river'sare *vt (fig: colpa)* rejeter; *(: sentimenti)* déverser, répandre; ~**rsi** *vr* se déverser, se répandre.
rivesti'mento *sm* revêtement.
rive'stire *vt* revêtir; *(vestire di nuovo)* rhabiller; *(ricoprire)* revêtir, recouvrir; ~**rsi** *vr (vestirsi di nuovo)* se rhabiller; ~ **uno stampo** (*CUC*) foncer un moule.
rivi'era *sf* bord *m* de mer, côte; (*IPPICA*) rivière; **la R**~ la Riviera.
ri'vincita *sf* revanche.
rivis'suto, a *pp di* **rivivere.**
ri'vista *sf* revue.
ri'vivere *vi, vt* revivre.
'rivo *sm* ruisseau.
ri'volgere [ri'vɔldʒere] *vt (domanda)* poser; *(attenzione, pensieri)* adresser; ~**rsi** *vr* s'adresser; ~ **gli occhi da qc/qd** détourner les yeux de qch/qn; **rivolgi'mento** *sm* (*POL*) bouleversement.
ri'volta *sf* révolte, émeute.
rivol'tare *vt* retourner; *(nauseare)* écœurer, dégoûter; ~**rsi** *vr (protestare, ribellarsi)* se révolter; *(rigirarsi)* se retourner.
rivol'tella *sf* révolver *m.*
ri'volto, a *pp di* **rivolgere.**
rivoluzio'nare [rivoluttsjo'nare] *vt* bouleverser.
rivoluzio'nario, a [rivoluttsjo-

'narjo] *ag, sm/f* révolutionnaire.
rivoluzi'one [rivolut'tsjone] *sf* révolution.
riz'zare [rit'tsare] *vt* dresser; *(pelo)* hérisser, **~rsi** *vr* se dresser; *(di capelli)* se hérisser; *(dopo una caduta)* se relever.
'roba *sf (possesso, bene)* biens *mpl; (masserizie)* affaires *fpl; (cosa)* chose; *(merce)* marchandise; *(con valore indeterminato)* ceci, cela; **~ da matti** *o* **da chiodi!** *(fam)* c'est inouï!, c'est de la folie!
ro'busto, a *ag* robuste, solide.
'rocca, che *sf* forteresse; *(arnese per filare a mano)* quenouille.
rocca'forte *sf* forteresse, citadelle.
roc'chetto [rok'ketto] *sm* bobine *f; (abito religioso)* roche.
'roccia, ce ['rɔttʃa] *sf* rocher *m;* (*GEOL*) roche.
ro'daggio [ro'daddʒo] *sm* rodage.
ro'dare *vt* roder.
'rodere *vt* ronger; **~rsi** *vr* se ronger; **rodi'tore** *sm* (*ZOOL*) rongeur.
rodo'dendro *sm* rhododendron.
'rogna ['rɔɲɲa] *sf* (*MED*) gale; *(fig)* ennui *m*, embêtement *m.*
ro'gnone [roɲ'ɲone] *sm* (*CUC*) rognon.
'rogo, ghi *sm* bûcher; *(incendio)* brasier.
rol'lio *sm* roulis *sg.*
'Roma *sf* Rome.
Roma'nia *sf* Roumanie.
ro'manico, a, ci, che *ag* roman(e).
ro'mano, a *ag, sm/f* romain(e); **fare/pagare alla ~a** *(fig)* payer chacun pour soi.
romanti'cismo [romanti'tʃizmo] *sm* romantisme.
ro'mantico, a, ci, che *ag* romantique.
ro'manza [ro'mandza] *sf* romance.
roman'zesco, a, schi, sche [roman'dzesko] *ag* romanesque.
romanzi'ere, a [roman'dzjɛre] *sm/f* romancier/ère.
ro'manzo [ro'mandzo] *sm* roman; **~ rosa** roman à l'eau de rose; **~ d'appendice** roman-feuilleton; **~ giallo** roman policier.
rom'bare *vi (motore)* vrombir; *(cannone, tuono)* gronder; **'rombo** *sm* grondement; *(di motore)* vrombissement; (*MAT*) losange; (*ZOOL*) turbot.
'rompere *vt* casser; *(in mille pezzi)* briser; *(fig)* rompre // *vi* rompre; **~rsi** *vr* se casser; se briser; **~ le scatole** *o* **l'anima a qd** *(fam)* emmerder qn *o* casser les pieds à qn; **~ le file** (*MIL*) rompre les rangs; **~ il ghiaccio** briser la glace; **rompi'capo** *sm (enigma)* casse-tête; **rompi'collo** *sm (persona)* cassecou; **a rompicollo** *av* au triple galop; **rompighi'accio** *sm* (*NAUT*) brise-glace; **rompi'scatole** *sm/f inv (fam)* casse-pieds, emmerdeur/euse.
'ronda *sf* ronde.
ron'della *sf* (*TECN*) rondelle.
'rondine *sf* hirondelle.
ron'done *sm* martinet.
ron'zare [ron'dzare] *vi* bourdonner.
ron'zino [ron'dzino] *sm (cavallo: peg)* canasson.
'rosa *sf* rose; *(fig: gruppo di persone)* groupe *m* // *sm, ag inv (colore)* rose; **ro'saio** *sm* (*BOT*) rosier; *(gruppo di piante)* roseraie *f.*
ro'sario *sm* (*REL*) chapelet.
ro'sato, a *ag, sm* rosé(e).
'roseo, a *ag (colore)* rosé(e).
ro'setta *sf* petite rose; *(decorazione militare, gioiello)* rosette; *(tipo di pane)* petit pain *m; (rondella)* rondelle.
rosicchi'are [rosik'kjare] ronger.
rosma'rino *sm* romarin.
'roso, a *pp di* **rodere.**
roso'lare *vt* (*CUC*) rissoler; **far ~** (*CUC*) faire revenir.

roso'lia *sf* rougeole.
rosone *sm* rosace *f*.
rospo *sm* crapaud.
ros'setto *sm* rouge à lèvres.
'rosso, a *ag* rouge; *(capelli, peli)* roux(rousse) // *sm (colore)* rouge // *sm/f (di capelli)* roux/rousse), rouquin/e; *(comunista: peg)* rouge; ~ **d'uovo** jaune d'œuf; **ros'sore** *sm (fig: vergogna)* honte *f; (macchia della pelle)* inflammation *f;* **il rossore gli salì alle guance** *(fig)* il rougit.
rosticce'ria [rostittʃe'ria] *sf* traiteur *m*, charcutier-traiteur *m*.
'rostro *sm* rostre.
ro'tabile *ag (percorribile: strada)* carrossable; **materiale** ~ (*FERR*) matériel roulant.
ro'taia *sf* ornière; (*FERR*) rail *m*.
ro'tare *o* **ruo'tare** *vi* tourner; *(volare a larghe ruote)* tournoyer; *(girare intorno a un cardine)* pivoter // *vt* pivoter; **rotazi'one** *sf* rotation; *(fig: avvicendamento)* roulement *m;* (*AGR*) assolement *m*.
rote'are *vi* tournoyer // *vt (spada)* faire tournoyer; *(occhi)* rouler.
ro'tella *sf* roulette; *(di sperone)* molette; *(di meccanismo)* roue; **gli manca qualche rotella** *(fig)* il lui manque une case.
roto'lare *vt, vi* rouler; ~ **dalle scale** dégringoler des escaliers; **~rsi** *vr* se rouler; **'rotolo** *sm* rouleau; **andare a rotoli** *(fig)* dégringoler.
ro'tondo, a *ag* rond(e) // *sf (edificio)* rotonde.
ro'tore *sm* (*TECN*) rotor.
'rotta *sf* (*AER, NAUT*) route; (*MIL*) déroute, défaite; **correre a ~ di collo** *(fig)* courir comme un dératé; **essere in ~ con qd** avoir rompu avec qn.
rot'tame *sm* débris *sg; (relitto, anche fig)* épave *f;* **~i** *smpl* **di ferro** ferraille *f*.
'rotto, a *pp di* **rompere** // *ag* cassé(e), brisé(e); *(di accordo)* rompu(e); ~ **a un lavoro** rompu à un travail; **avere le ossa ~e** *(fig)* être crevé; **per il ~ della cuffia** *(fig: cavarsela)* de justesse.
rot'tura *sf* rupture, cassure; (*MED: frattura)* fracture; ~ **di scatole** *(fam)* ennui *m*, emmerdement *m*.
ro'vente *ag* brûlant(e); *(metallo)* rouge *inv*.
'rovere *sm* (*BOT*) rouvre; *(legno)* chêne.
rovesci'are [roveʃ'ʃare] *vt* renverser; *(capovolgere)* retourner; *(fig: insulti)* déverser; *(: responsabilità)* rejeter; **~rsi** *vr* se renverser; *(fig: capovolgersi)* se retourner; **ro'vescio, sci** *sm envers sg, revers sg; (della mano)* dos *sg; (pioggia)* averse *f;* (*TENNIS*) revers *sg;* **punto rovescio** (*MAGLIA*) maille *f* à l'envers; **cadere a rovescio** tomber à la renverse; **capire a rovescio** comprendre de travers.
ro'vina *sf* ruine; *(crollo)* écroulement *m;* **~e** *sfpl (ruderi)* ruines; **andare in ~** tomber en ruine.
rovi'nare *vi (franare)* s'écrouler // *vt* abîmer, détériorer; *(fig)* ruiner; **~rsi** *vr* s'abîmer; *(fig)* se ruiner; **rovi'noso, a,** *ag* désastreux(-euse); ruineux(-euse).
rovi'stare *vt* fouiller.
'rovo *sm* (*BOT*) ronce *f*.
'rozzo, a ['roddzo] *ag* brut(e); *(fig: zotico)* grossier(-ère).
'ruba *sf:* **andare a ~** *(fig)* se vendre comme des petits pains.
ru'bare *vt* voler; ~ **sulla spesa** *(fig)* faire danser l'anse du panier; ~ **sul peso** tricher sur le poids.
rubi'netto *sm* robinet.
ru'bino *sm* rubis *sg*.
'rubrica, che *sf* rubrique; *(quadernetto)* répertoire *m;* ~ **telefonica** annuaire *m* téléphonique.
'rude *ag* rude, dur(e).
'rudere *sm (fig: persona)* ruine *f,*

épave *f;* **~i** *smpl (rovine)* ruines *fpl.*
rudimen'tale *ag* rudimentaire.
rudi'menti *smpl* rudiments.
ruffi'ano, a *ag* flatteur(-euse) // *sm* souteneur, maquereau *(fam).*
'ruga, ghe *sf* ride.
'ruggine ['ruddʒine] *sf* rouille.
rug'gire [rud'dʒire] *vi* rugir.
rugi'ada [ru'dʒada] *sf* rosée.
ru'goso, a *ag* rugueux(-euse); *(di viso)* ridé(e).
rul'lare *vi* rouler.
rul'lino *sm* (*FOT*) rouleau, film.
'rullo *sm (di tamburi)* roulement; *(arnese cilindrico)* rouleau.
'rum *sm* rhum.
ru'meno, a *ag, sm/f* roumain(e).
rumi'nare *vt* ruminer.
ru'more *sm* bruit; **rumoreggi'are** vi murmurer, gronder; **rumo'roso, a** *ag* bruyant(e).
ru'olo *sm* rôle; (*AMM: organico)* cadre; **professore di** ~ (*SCOL*) professeur titulaire; **essere di** ~ (*SCOL*) être titulaire; **far passare di** ~ (*SCOL*) titulariser.
ru'ota *sf* roue; **nave a** ~ navire *m* à aubes; ~ **anteriore/posteriore** roue avant/arrière; ~ **di scorta** roue de secours.
'rupe *sf* rocher *m.*
ru'rale *ag* rural(e).
ru'scello [ruʃ'ʃɛllo] *sm* ruisseau.
'ruspa *sf* pelle mécanique, bulldozer *m.*
rus'sare *vi* ronfler.
'Russia *sf* Russie; **'russo, a** *ag, sm/f* russe.
'rustico, a, ci, che *ag (campagnolo)* rustique; *(fig)* rude // *sm* (*EDIL*) maison *f* rustique, fermette *f.*
rut'tare *vi* roter; **'rutto** *sm* rot.
'ruvido, a *ag* rugueux(-euse), râpeux(-euse).
ruzzo'lare [ruttso'lare] *vi* dégringoler, tomber; **ruzzo'lone** *sm* culbute *f,* chute *f;* **ruzzo'loni** *av* en dégringolant.

S

S. *(abbr di* **sud**) S.
'sabato *sm* samedi.
'sabbia *sf* sable *m;* **sabbi'oso, a** *ag* sablonneux(-euse).
sabo'taggio [sabo'taddʒo] *sm* sabotage.
sabo'tare *vt* saboter.
'sacca, che *sf* besace; sac *m* de voyage; *(insenatura)* anse; (*MED*) poche.
sacca'rina *sf* saccharine.
sac'cente [sat'tʃɛnte] *ag* pédant(e), professoral(e).
saccheggi'are [sakked'dʒare] *vt* saccager, piller; **sac'cheggio** *sm* pillage.
sac'chetto [sak'ketto] *sm* sachet.
'sacco, chi *sm (contenitore)* sac; *(fam: tanto)* tas *sg;* **a** ~ (*MODA*) sac *inv;* **colazione al** ~ pique-nique; ~ **a pelo** sac de couchage; **tornar con le pive nel** ~ *(fig)* revenir bredouille.
sacer'dote [satʃer'dɔte] *sm* (*REL*) prêtre; **sacer'dozio** *sm* (*REL*) sacerdoce.
sacra'mento *sm* (*REL*) sacrement.
sacrifi'care *vt* sacrifier; **~rsi** *vr* se sacrifier; **sacri'ficio** *sm* sacrifice.
sacri'legio [sakri'lɛdʒo] *sm* sacrilège.
'sacro, a *ag* sacré(e); (*REL*) saint(e); **osso** ~ (*ANAT*) sacrum; **storia ~a** histoire *f* sainte.
'sadico, a, ci, che *ag, sm/f* sadique.
sa'dismo *sm* sadisme.
sa'etta *sf* éclair *m.*
sag'gezza [sad'dʒettsa] *sf* sagesse.
saggi'are [sad'dʒare] *vt* essayer, tâter.
'saggio, a, gi, ge ['saddʒo] *ag* sage // *sm (persona saggia)* sage; (*TECN: prova)* essai; *(campione)* spécimen, échantillon; (*LETTERATURA*) essai, étude *f; (fig:*

dimostrazione) aperçu; ~ **di ginnastica/musicale** séance *f* de gymnastique/représentation *f* musicale (de fin d'année); **dare ~ di sè** *(fig)* montrer ce qu'on vaut.

Sagit'tario [sadʒit'tarjo] *sm* (*ASTROL*) Sagittaire.

'sagoma *sf (forma esterna)* ligne, silhouette, profil *m; (modello)* gabarit *m*, patron *m; (fig)* numéro *m*, drôle de type *m*.

'sagra *sf (festa popolare)* fête, foire.

sagre'stano *sm* sacristain; **sagre'stia** *sf* sacristie.

'sala *sf* salle.

sala'mandra *sf* salamandre.

sa'lame *sm* (*CUC*) saucisson.

sala'moia *sf* (*CUC*) saumure.

sa'lare *vt* saler.

salari'ato, a *sm/f* salarié/e.

sa'lario *sm* salaire.

sa'lato, a *ag* salé(e).

sal'dare *vt* souder; *(conto, fattura)* solder; **salda'tura** *sf* (*TECN*) soudure, soudage *m;* (*MED*) soudure.

sal'dezza [sal'dettsa] *sf* solidité; *(fig)* fermeté.

'saldo, a *ag* solide; *(fig)* ferme; inébranlable // *sm* solde.

'sale *sm* sel; **non avere ~ in zucca** *(fig)* ne pas avoir de cervelle.

'salice ['salitʃe] *sm* (*BOT*) saule.

sali'ente *ag* saillant(e).

sali'era *sf* salière.

sa'lino, a *ag* salin(e) // *sf* saline; marais *m* salant.

sa'lire *vi* monter; *(aumentare)* augmenter // *vt* monter, gravir; ~ **sul tram/treno** monter dans un tramway/train; **sa'lita** *sf (azione del salire)* ascension; *(strada)* côte, montée.

sa'liva *sf* salive.

'salma *sf* corps *m*, dépouille mortelle.

'salmo *sm* psaume.

sal'mone *sm* saumon.

sa'lotto *sm* salon.

sal'pare *vi* (*NAUT*) appareiller, lever l'ancre.

'salsa *sf* (*CUC*) sauce.

sal'siccia, ce [sal'sittʃa] *sf* (*CUC*) saucisse.

sal'tare *vi* sauter, bondir // *vt* franchir, sauter; ~ **fuori** sortir; *(fig)* trouver; ~ **su** *(fig)* intervenir; ~ **di palo in frasca** *(fig)* passer du coq à l'âne; **far ~ in padella** (*CUC*) poêler, faire sauter; **che cosa ti salta in mente?** *(fig)* qu'est-ce qui te prend?

saltel'lare *vi* sautiller.

saltim'banco *sm* saltimbanque.

'salto *sm* saut, bond; (*SPORT*) saut; ~ **d'acqua** chute *f* d'eau; ~ **della quaglia** *(fig: POL)* surenchère *f;* ~ **di vento** (*NAUT*) saute *f* de vent; **fare i ~i mortali** *(fig)* faire des pieds et des mains; **fare ~i mortali dalla gioia** *(fig)* bondir de joie; **fare quattro ~i** danser.

saltu'ario, a *ag* irrégulier(-ère).

sa'lume *sm:* **~i** *mpl* charcuterie *f*, cochonaille *f:* **salume'ria** *sf (negozio)* charcuterie.

salu'tare *ag* salutaire // *vt* saluer; dire bonjour (à); *(accogliere con gioia)* acclamer; **~rsi** *vr* se saluer; **saluta tuo padre da parte mia** dis bonjour à ton père de ma part.

sa'lute *sf* santé.

sa'luto *sm (gesto)* salut; **~i** *mpl (augurio)* salutations *fpl*, hommages *mpl*, respects *mpl*.

salvacon'dotto *sm* (*MIL*) sauf-conduit, laissez-passer.

salva'gente [salva'dʒente] *sm* (*NAUT*) bouée *f*, ceinture *f* de sauvetage; *(stradale)* refuge.

salvaguar'dare *vt* sauvegarder.

sal'vare *vt* sauver; *(proteggere)* protéger, préserver; **~rsi** *vr* se sauver; **~rsi da** échapper à; *(proteggersi)* se protéger de, se défendre contre *o* de; **salva'taggio** *sm* sauvetage; **salva'tore, trice** *sm/f* sauveur/salvatrice.

'salve *escl (fam: saluto)* salut *inv.*

sal'vezza [sal'vettsa] *sf* salut *m.*

'salvia *sf* (*BOT*) sauge.

'salvo, a *ag* sauvé(e); *(scampato a un pericolo)* sauf(-ve) // *prep (eccetto)* excepté, sauf, à part; ~ **che** *cong* sauf que, excepté que.

sam'buco *sf* (*BOT*) sureau *m.*

sa'nare *vt* guérir; *(fig)* assainir.

sana'torio *sm (ospedale)* sanatorium.

san'cire [san'tʃire] *vt* sanctionner.

'sandalo *sm* (*BOT*) santal; *(calzatura)* sandale *f.*

'sangue *sm* sang; **farsi cattivo ~** se faire du mauvais sang; **al ~** (*CUC*) saignant(e); **sangu'igno, a** *ag* sanguin(e); **sangui'nare** *vi* saigner; **sangui'noso, a** *ag* sanglant(e).

sangui'suga *sf* sangsue.

sanità *sf* santé; **sani'tario, a** *ag* sanitaire // *sm* médecin; **ufficiale sanitario** *médecin habilité par la municipalité à délivrer certificats, etc.*

'sano, a *ag* sain(e); **di ~a pianta** *(completamente)* de toutes pièces.

santifi'care *vt (rendere santo qc, qd)* canoniser; *(venerare)* sanctifier.

santità *sf* sainteté.

'santo, a *(seguito da nome proprio: dav sm* **san** *+C,* **sant'** *+V,* **santo** *+s impura, gn, ps, x, z; dav sf* **santa** *+C,* **sant'** *+V) ag, sm/f* saint(e); **tutto il ~ giorno** *(rafforzativo)* toute la sainte journée.

santu'ario *sm* sanctuaire.

sanzio'nare [santsjo'nare] *vt* sanctionner; **sanzi'one** *sf* sanction.

sa'pere *vt* savoir; *(conoscere: lingua, mestiere)* connaître; *(apprendere: notizia)* apprendre // *vi* ~ **di** *(aver sapore)* avoir un goût de; *(aver odore)* sentir; **mi sa che non è vero** j'ai l'impression que ce n'est pas vrai; **~rla lunga** *(fig)* en savoir long; **sa il fatto suo** il connaît son affaire // *sm* savoir.

sapi'enza [sa'pjɛntsa] *sf* sagesse; *(sapere)* savoir *m.*

sa'pone *sm* savon; **sapo'netta** *sf* savonnette.

sa'pore *sm* saveur *f,* goût; **sapo'rito, a** *ag* savoureux(-euse), qui a du goût, relevé(e).

saraci'nesca [saratʃi'neska] *sf (di negozio)* rideau *m;* (*TECN*) vanne.

sar'casmo *sm* sarcasme.

Sar'degna [sar'deɲɲa] *sf* Sardaigne.

sar'dina *sf* (*ZOOL*) sardine.

'sardo, a *ag, sm/f* sarde.

sar'donico, a, ci, che *ag* sardonique.

'sarto, a *sm/f (artigiano)* tailleur /couturière // *sm (stilista)* couturier; **sarto'ria** *sf (laboratorio)* maison *o* atelier *m* de couture; *(produzione)* haute couture.

'sasso *sm* pierre *f,* caillou.

sas'sofono *sm* (*MUS*) saxophone.

sas'soso, a *ag* pierreux(-euse), rocailleux(-euse).

'Satana *sm* Satan; **sa'tanico, a, ci, che** *ag* satanique.

sa'tellite *sm, ag inv* satellite.

'satira *sf* satire; **sa'tirico, a, ci, che** *ag* satirique.

satu'rare *vt* (*CHIM, ELETTR*) saturer; *(fig)* bourrer, saturer; **saturazi'one** *sf* saturation; **'saturo, a** *ag* (*FIS, CHIM*) saturé(e); ~ **di** *(fig)* encombré de, bourré de; chargé de.

SAUB *(abbr f di Struttura Amministrativa Unificata di Base)* ≈ assurance maladie.

savoi'ardo, a *ag, sm/f (della Savoia)* savoyard(e) // *sm (biscotto)* biscuit à la cuiller.

sazi'are [sat'tsjare] *vt* rassasier, nourrir; *(fig)* assouvir, satisfaire; **~rsi** *vr* se rassasier, se nourrir; *(fig)* se lasser; **'sazio, a** *ag* rassasié(e), bourré(e) *(fam); (fig)* saturé(e).

sba'dato, a *ag* étourdi(e), distrait(e).

sbadigli'are [zbadiʎ'ʎare] *vi* bâiller; **sba'diglio** *sm* bâillement.

sbagli'are [zbaʎ'ʎare] *vt (colpo)* rater, manquer; *(confondere)* se tromper de; *(fare un errore: conto)* se tromper dans, faire une erreur dans // *vi* se tromper; *(operare in modo non giusto)* avoir tort, agir mal; **~rsi** *vr* se tromper; **'sbaglio** *sm* erreur *f*, faute *f*.
sbal'lare *vt (merce)* déballer // *vi (al gioco)* tout perdre.
sballot'tare *vt* ballotter, secouer.
sbalor'dire *vt, vi* éblouir, ébahir; *(fam)* épater; **sbalordi'tivo, a** *ag* stupéfiant(e), ahurissant(e), étonnant(e); *(esagerato: costo)* exorbitant(e).
sbal'zare [zbal'tsare] *vt* éjecter; *(fig)* expédier; *(modellare a sbalzo)* bosseler, repousser; ~ **di sella** désarçonner; **'sbalzo** *sm* saut, bond, écart; *(arte)* bosselage, repoussage; **lavorare a sbalzo** repousser.
sban'dare *vi* (*NAUT*) gîter; (*AUTO*) faire une embardée; *(fig)* s'écarter du droit chemin.
sbandie'rare *vt* agiter des drapeaux; *(fig: ostentare)* étaler.
sbaragli'are [zbaraʎ'ʎare] *vt* disperser, écraser, mettre en déroute; **sba'raglio** *sm:* **mandare qd allo sbaraglio** *(fig)* envoyer qn à la ruine *o* à la débâcle; **gettarsi** *o* **buttarsi allo sbaraglio** se jeter dans la mêlée.
sbaraz'zare [zbarat'tsare] *vt* débarrasser; **~rsi** *vr:* **~rsi di** se débarrasser de.
sbar'care *vt, vi* débarquer; ~ **il lunario** *(fig)* avoir du mal à joindre les deux bouts; **'sbarco** *sm* débarquement.
'sbarra *sf* barre; *(di passaggio a livello, cancello)* barrière; *(di prigione)* barreau *m*.
sbarra'mento *sm* barrage.
sbar'rare *vt* barrer; *(spalancare: occhi)* écarquiller.
'sbattere *vt (porta)* claquer; *(panni, tappeti)* battre, secouer; (*CUC*) battre, fouetter; *(urtare violentemente)* cogner // *vi* heurter, cogner; *(porta)* claquer; ~ **via** jeter; ~ **giù da** jeter *o* flanquer par; **sbat'tuto, a** *ag (colorito, espressione)* battu(e), défait(e); *(frullato)* battu(e).
sba'vare *vi* baver.
sbia'dire *vt* déteindre, décolorer // *vi (anche:* **~rsi**) se décolorer; *(fig)* se faner; **sbia'dito, a** *ag (fig)* terne, fané(e); *(colore)* décoloré(e), déteint(e).
sbian'care *vt* blanchir // *vi (impallidire)* pâlir.
sbi'eco, a, chi, che *ag (storto)* oblique // *sm (cucito)* biais *sg;* **di** ~ de travers.
sbigot'tire *vt, vi* consterner, bouleverser; **~rsi** *vr* se troubler, être choqué.
sbilanci'are [zbilan'tʃare] *vt, vi* déséquilibrer; **~rsi** *vr* perdre l'équilibre; *(fig)* se déboutonner.
sbirci'are [zbir'tʃare] *vt* regarder à la dérobée, lorgner.
'sbirro *sm (peg: poliziotto)* flic.
sbizzar'rirsi [zbiddzar'rirsi] *vr* satisfaire un caprice.
sbloc'care *vt* débloquer.
sboc'care *vi* déboucher; **sboc'cato, a** *ag* effronté(e).
sbocci'are [zbot'tʃare] *vi* éclore, s'épanouir; *(fig)* naître.
'sbocco, chi *sm (di fiume, strada)* embouchure *f;* (*ECON*) débouché.
sbol'lire *vi (fig: calmarsi)* se calmer, s'apaiser.
'sbornia *sf (fam)* cuite.
sbor'sare *vt* débourser.
sbot'tare *vi (fig)* éclater; *(per la collera)* exploser.
sbotto'nare *vt* déboutonner; **~rsi** *vr* se déboutonner.
sbracci'ato, a [zbrat'tʃato] *ag (abito, camicetta)* sans manches.
sbrai'tare *vi* brailler, gueuler.
sbra'nare *vt* dévorer.
sbricio'lare [zbritʃo'lare] *vt*

réduire en miettes, émietter; ~**rsi** *vr* s'émietter, se réduire en miettes; *(di muro)* s'effriter.

sbri'gare *vt (pratica, faccenda)* régler; expédier; ~**rsi** *vr (fare qc senza indugi)* se dépêcher; **sbriga'tivo, a** *ag* expéditif(-ive); *(modo)* brusque.

sbrindel'lato, a *ag (abito)* en loques *fpl*.

sbrodo'lare *vt* salir, tacher; ~**rsi** *vr* se salir, se tacher.

'sbronzo, a ['zbrontso] *ag (fam)* rond(e) // *sf* cuite.

sbu'care *vi* sortir, déboucher.

sbucci'are [zbut'tʃare] *vt* éplucher, peler; *(piselli)* écosser; *(albero)* écorcer; *(braccio, ginocchio)* écorcher.

sbudel'lare *vt* éventrer, étriper; ~**rsi** *vr* s'étriper; ~**rsi dalle risa** *(fig)* se tordre de rire.

sbuf'fare *vi* souffler; *(sospirare)* soupirer; *(treno)* jeter des bouffées de fumée; *(cavallo)* s'ébrouer; **'sbuffo** *sm (di aria, fumo, vapore)* bouffée *f*; *(di cavallo)* ébrouement; **a sbuffo** *(di manica)* ballon, bouffant(e).

'scabbia *sf* (*MED*) gale.

'scabro, a *ag (superficie)* rugueux(-euse); *(fig: stile)* concis(e), dur(e).

sca'broso, a *ag (fig: scandaloso)* scabreux(-euse); *(: difficile)* épineux(-euse).

scacchi'era [skak'kjɛra] *sf* échiquier *m*.

scacci'are [skat'tʃare] *vt* chasser; *(fig: brutti pensieri)* écarter.

'scacco, chi *sm (anche fig)* échec; *(quadretto di scacchiera)* case *f*; *(di tessuto)* carreau; ~**chi** *smpl (gioco)* échecs; **a** ~**chi** *(tessuto)* à carreaux; **scacco'matto** *sm (anche fig)* échec et mat.

sca'dente *ag* inférieur(e), de mauvaise qualité; *(di persona)* mauvais(e).

sca'denza [ska'dɛntsa] *sf* échéance, terme *m*.

sca'dere *vi* expirer, périmer; *(peggiorare)* baisser.

sca'fandro *sm* (*NAUT*) scaphandre.

scaf'fale *sm* étagère *f*, rayon.

'scafo *sm* (*NAUT*) coque *f*.

scagio'nare [skadʒo'nare] *vt* disculper, justifier.

'scaglia ['skaʎʎa] *sf* (*ZOOL*) écaille; *(scheggia)* éclat *m*.

scagli'are [skaʎ'ʎare] *vt* lancer, jeter; ~**rsi** *vr* se lancer, se jeter.

scaglio'nare [skaʎʎo'nare] *vt* échelonner; **scagli'one** *sm* échelon.

'scala *sf* échelle; *(a gradini)* escalier *m*; *(nel poker)* séquence; ~**e** *sfpl (scalinata)* escalier *m*; ~ **mobile** *(di un negozio, etc)* escalier *m* roulant, escalator *m*; ~ **mobile dei salari** (*ECON*) indexation des salaires, échelle mobile.

sca'lare *ag* dégressif(-ive), graduel(le); (*MAT*) scalaire // *vt* escalader; *(somma)* défalquer; *(capelli)* dégrader; **sca'lata** *sf* escalade; **scala'tore, trice** *sm/f (alpinista)* alpiniste, grimpeur/euse; *(nel ciclismo)* grimpeur *m*.

scalda'bagno [skalda'baɲɲo] *sm* chauffe-bain, chauffe-eau.

scal'dare *vt (acqua, ambiente)* chauffer, réchauffer; *(fig)* échauffer; ~**rsi** *vr* se chauffer, se réchauffer; *(fig)* s'échauffer, s'animer; *(di atleta)* s'échauffer.

scal'fire *vt* érafler, égratigner, rayer.

scali'nata *sf* grand escalier *m*.

sca'lino *sm* marche *f*; (*ALPINISMO*) baignoire *f*; *(fig: grado)* degré.

'scalo *sm* (*NAUT, AER*) escale *f*; ~ **merci** (*FERR*) gare *f* de marchandises.

scalop'pina *sf* (*CUC*) escalope.

scal'pello *sm (di scultore)* ébauchoir; (*MED*) scalpel.

scal'pore *sm* bruit, éclat.

'scaltro, a *ag* adroit(e), rusé(e).
scal'zare [skal'tsare] *vt* déchausser; *(fig: reputazione)* saper; *(: escludere: collega)* évincer.
'scalzo, a ['skaltso] *ag* nu-pieds *inv*, pieds nus *inv*.
scambi'are *vt* échanger; ~ **qd/qc per** *(confondere)* prendre qn/qch pour; **~rsi** *vr* échanger; *(informazioni)* se communiquer; **scambi'evole** *ag* réciproque, mutuel(le); **'scambio** *sm* échange; (*FERR*) aiguillage.
scampa'gnata [skampaɲ'ɲata] *sf* partie de campagne, excursion, pique-nique *m*.
scampa'nare *vi* carillonner, sonner à toute volée.
scam'pare *vt (proteggere)* protéger, garder; *(evitare)* échapper à // *vi* échapper; **scamparla bella** l'échapper belle; **Dio ci scampi!** Dieu nous garde!; **'scampo** *sm* salut, refuge; (*ZOOL*) langoustine *f*; **scampi** *mpl* scampi.
'scampolo *sm* coupon, chute *f*.
scanala'tura *sf* cannelure, rainure.
scandagli'are [skandaʎ'ʎare] *vt* (*NAUT*) sonder.
scandaliz'zare [skandalid'dzare] *vt* scandaliser; **~rsi** *vr* se scandaliser.
'scandalo *sm* scandale; **scanda'loso, a** *ag* scandaleux(-euse).
Scandi'navia *sf* Scandinavie.
scan'dire *vt* scander.
scan'nare *vt* égorger; *(fig)* massacrer.
'scanno *sm* siège.
scansafa'tiche [skansafa'tike] *sm/f inv* fainéant/e, tire-au-flanc *m*.
scan'sare *vt* éviter; **~rsi** *vr (farsi da parte)* s'écarter, se garer.
scan'sia *sf* étagère, rayon *m*.
'scanso *sm*: **a ~ di** pour éviter.
scanti'nato *sm* sous-sol.
scanto'nare *vi* changer de trottoir, tourner le coin; *(fig)* se défiler.
scape'strato, a *ag* débauché(e), dissolu(e).
'scapito *sm* perte *f*; **a ~ di qc/qd** au détriment de qch/qn.
'scapola *sf* (*ANAT*) omoplate.
scapolo *agm, sm* célibataire.
scappa'mento *sm* (*AUTO*) échappement.
scap'pare *vi* fuir, s'enfuir; *(andar via in fretta)* se sauver; *(oggetto, parole)* échapper; **lasciarsi ~** *(occasione)* laisser échapper; *(: autobus)* rater; **scap'pata** *sf* course, saut *m*; **scappa'tella** *sf* escapade; **scappa'toia** *sf* échappatoire.
scara'beo *sm* (*ZOOL*) scarabée.
scarabocchi'are [skarabok'kjare] *vt* griffonner; **scara'bocchio** *sm* griffonnage, gribouilli.
scara'faggio [skara'faddʒo] *sm* cafard.
scaraven'tare *vt* jeter, flanquer; *(fig)* expédier; **~rsi** *vr (gettarsi con foga)* se ruer.
scarce'rare [skartʃe'rare] *vt* mettre en liberté, libérer.
'scarica, che *sf* décharge; *(di sassi)* grêle; *(di colpi)* volée; *(fig)* bordée.
scari'care *vt* décharger; *(sog: corso d'acqua)* déverser; *(fig: liberare da un peso)* libérer; **~rsi** *vr (fig: rilassarsi)* se détendre; *(fulmine)* tomber; *(tuono)* éclater; *(orologio)* se décharger; **scarica'tore** *sm* débardeur, docker; **'scarico, a, chi, che** *ag* déchargé(e); *(orologio)* arrêté(e); *(fig)* libre // *sm (di merci, materiali)* débarquement, déchargement; *(di rifiuti)* dépôt; *(di liquidi)* déversement, écoulement; *(dispositivo: del lavandino, etc)* vidange *f*; (*AUTO*) échappement; (*COMM*) sortie *f*.
scarlat'tina *sf* (*MED*) scarlatine.
scar'latto, a *ag* écarlate *inv*.
'scarno, a *ag* maigre, décharné(e); *(fig: stile)* pauvre.
'scarpa *sf* soulier *m*, chaussure;

(*MECCANICA*) sabot *m;* ~**e da ballo/eleganti** souliers de bal/élégants; ~**e da basket** (chaussures de) basket *f;* ~**e da tennis** (chaussures de) tennis *f.*

scar'pata *sf* talus *m.*

scarseggi'are [skarsed'dʒare] *vi* commencer à manquer, y avoir pénurie de.

scar'sezza [skar'settsa] *o* **scarsità** *sf* rareté, pénurie.

'scarso, a *ag (insufficiente)* insuffisant(e), maigre; *(debole)* faible; **un libro di ~ interesse** un livre peu intéressant.

scarta'mento *sm* (*FERR*) écartement; voie *f;* ~ **normale/ridotto** voie *f* normale/étroite.

scar'tare *vt (pacco)* défaire; *(fig)* repousser, écarter, éliminer; *(carte da gioco)* écarter; (*CALCIO*) dribbler; (*CICLISMO*) faire une queue de poisson à // *vi* faire un écart; *(di cavallo)* dérober; **'scarto** *sm* écart; *(materiale inutile)* rebut, déchet; *(cavallo)* dérobade *f,* dérobé; **materiale di scarto** matériel de rebut.

scassi'nare *vt (porta, serratura)* fracturer, crocheter; *(banca)* dévaliser, cambrioler; **'scasso** *sm* (*DIR*) effraction *f.*

scate'nare *vt (fig)* déchaîner; ~**rsi** *vr (fig)* se déchaîner.

'scatola *sf* boîte; **rompere le ~e a qd** *(fig: fam)* casser les pieds à qn.

scat'tare *vt* (*FOT*) prendre une photo // *vi (meccanismo)* se détendre, se déclencher; s'enclencher; (*SPORT*) accélérer, sprinter; *(fig: per l'ira)* s'emporter; ~ **in piedi/in avanti** bondir sur ses pieds/en avant; **far ~** *(meccanismo)* enclencher; déclencher; **'scatto** *sm (meccanismo)* enclenchement; déclenchement; déclic; *(molla)* détente *f; (balzo)* bond; (*SPORT*) sprint; (*AUTO*) accélération *f,* reprise *f; (fig: di ira, etc)* mouvement; (*AMM*: *di stipendio)* augmentation *f; (: di anzianità)* avancement; **a scatti** saccadé(e), par saccades; **di scatto** d'un bond; **scatto di contingenza** (*ECON*) augmentation des indemnités de vie chère.

scatu'rire *vi* jaillir.

scaval'care *vt (ostacolo)* sauter, enjamber; *(fig: SPORT)* devancer, dépasser; *(: nella professione)* supplanter.

sca'vare *vt* creuser; (*ARCHEOLOGIA*) fouiller; *(svuotare)* évider; (*SARTORIA*) échancrer; **'scavo** *sm* creusement; (*ARCHEOLOGIA*) fouille *f;* (*EDIL*) tranchée *f.*

'scegliere ['ʃeʎʎere] *vt* choisir; *(prendere il meglio)* trier; *(preferire)* préférer.

sce'icco, chi [ʃe'ikko] *sm* cheik *o* scheik.

scelle'rato, a [ʃelle'rato] *ag* scélérat(e).

scel'lino [ʃel'lino] *sm* shilling.

'scelto, a ['ʃelto] *pp di* **scegliere** // *ag* choisi(e); *(di ottima qualità)* de première qualité, de premier choix; *(specializzato)* d'élite // *sf* choix *m.*

sce'mare [ʃe'mare] *vi* diminuer, décroître.

'scemo, a ['ʃemo] *ag* idiot(e).

'scempio ['ʃempjo] *sm* carnage, massacre; *(fig)* horreur *f.*

'scena ['ʃɛna] *sf* scène; (*TEATRO*: *scenario)* décor *m,* scène; *(: palcoscenico)* plateau *m;* ~ **madre** (*TEATRO*) grande scène; ~**e** *sfpl (fig)* planches; **calcare le** ~e monter sur les planches; **andare in** ~ jouer; **colpo di** ~ *(fig)* coup de théâtre *m;* **fare ~ muta in storia** (*SCOL: fig)* sécher en histoire.

sce'nario [ʃe'narjo] *sm décor;* (*TEATRO*) décors *mpl; (di film)* scénario.

sce'nata [ʃe'nata] *sf (fig)* scène.

'scendere ['ʃendere] *vi* descendre; *(fig: diminuire)* diminuer, baisser; *(:*

calare: sera) tomber // *vt* descendre; ~ **a patti** *(fig)* s'accorder; ~ **in lizza/campo** (*SPORT*) entrer en lice/sur le terrain.
'scenico, a, ci, che ['ʃeniko] *ag* scénique.
scervel'lato, a [ʃervel'lato] *ag* écervelé(e).
'sceso, a ['ʃeso] *pp di* **scendere.**
scetti'cismo [ʃetti'tʃizmo] *sm* scepticisme; **'scettico, a, ci, che** *ag* sceptique.
'scettro ['ʃɛttro] *sm* sceptre.
'scheda ['skɛda] *sf* fiche; *(elettorale)* bulletin *m;* (*INFORM*) carte; **sche'dare** *vt* classer; (*INFORM*) mettre sur fiches; *(registrare negli schedari della polizia)* ficher, enregistrer; **sche'dario** *sm* fichier.
'scheggia, ge ['skeddʒa] *sf (di pietra, vetro)* éclat *m; (di legno)* écharde.
'scheletro ['skɛletro] *sm* squelette.
'schema, i ['skɛma] *sm* plan, schéma; *(progetto)* projet; *(fig: sistema)* contraintes *fpl;* (*FILOSOFIA*) figure *f.*
'scherma ['skerma] *sf* escrime.
scher'maglia [sker'maʎʎa] *sf (fig)* escarmouche.
'schermo ['skermo] *sm* écran.
scher'nire [sker'nire] *vt* railler; **'scherno** *sm* raillerie *f,* moquerie *f.*
scher'zare [sker'tsare] *vi* plaisanter; **'scherzo** *sm* blague *f,* plaisanterie *f;* (*MUS*) scherzo; *(sorpresa sgradevole)* tour; **è uno scherzo** *(fig)* c'est un jeu d'enfants; **per scherzo** pour rigoler, pour plaisanter; **scher'zoso, a** *ag* gai(e), enjoué(e), plaisantin(e).
schiaccia'noci [skjattʃa'notʃi] *sm* casse-noisettes *inv.*
schiacci'are [skjat'tʃare] *vt* écraser, écrabouiller; *(bottone, pedale)* appuyer sur; *(fig: annientare)* anéantir, écraser; (*SPORT*) smasher; ~**rsi** *vr* s'écraser; ~ **un pisolino** *(fig)* faire un petit sommeil.
schiaffeggi'are [skjaffed'ʒare] *vt* gifler; **schi'affo** *sm* gifle *f,* claque *f.*
schiamaz'zare [skjamat'tsare] *vi* jacasser, criailler.
schian'tare [skjan'tare] *vt* fracasser; *(spezzare di netto)* fendre; ~**rsi** *vr* se fracasser; **schi'anto** *sm* fracas *sg;* **quella ragazza è uno schianto!** *(fig: fam)* c'est un beau brin de fille!, cette fille est sensationnelle!
schia'rire [skja'rire] *vt* éclaircir; ~**rsi** s'éclaircir; *(di capelli)* se décolorer.
schiavitù [skjavi'tu] *sf inv* esclavage *m.*
schi'avo, a ['skjavo] *ag, sm/f* esclave.
schi'ena ['skjɛna] *sf* dos *m;* **schie'nale** *sm* dossier.
schi'era ['skjɛra] *sf* rang *m; (gruppo)* groupe *m,* bande.
schiera'mento [skjera'mento] *sm* (*MIL*) déploiement; *(: disposizione)* alignement; (*SPORT*) disposition *f;* (*POL*) coalition *f.*
schie'rare [skje'rare] *vt* aligner, ranger; ~**rsi** *vr* se ranger.
schi'etto, a ['skjɛtto] *ag* franc(franche), sincère; *(puro)* pur(e).
'schifo ['skifo] *sm* dégoût; **fare** ~ dégoûter, répugner; *(fig)* être moche; **schi'foso, a** *ag* répugnant(e), dégoûtant(e); *(fig)* moche.
schioc'care [skjɔk'kare] *vt* faire claquer.
schi'udere ['skjudere] *vt* entrouvrir; ~**rsi** *vr* s'entrouvrir; *(fiore)* éclore, s'épanouir.
schi'uma ['skjuma] *sf* mousse; *(di mare)* écume; **schiu'mare** *vt (togliere schiuma)* écumer // *vi (fare schiuma)* mousser.
schi'vare [ski'vare] *vt* esquiver.
'schivo, a ['skivo] *ag* réservé(e).
schizo'frenico, a, ci, che [skiddzo'frɛniko] *ag* schizophrène.
schiz'zare [skit'tsare] *vt* écla-

bousser; (*fig: abbozzare*) faire une esquisse de, esquisser // *vi* gicler; (*zampillare*) jaillir; (*saltar fuori*) sauter de.

schizzi'noso, a [skittsi'noso] *ag* délicat(e), difficile; **essere ~** faire des chichis (*fam*).

'schizzo ['skittso] *sm* tache *f*, éclaboussure *f*; (*abbozzo*) ébauche *f*, esquisse *f*, croquis *sg*.

sci [ʃi] *sm* ski.

'scia, *pl* **'scie** ['ʃia] *sf* (*di imbarcazione, anche fig*) sillage *m*; **nella ~ di** (*fig*) dans la foulée de.

scià [ʃa] *sm inv* chah *o* schah.

sci'abola ['ʃabola] *sf* sabre *m*.

scia'callo [ʃa'kallo] *sm* chacal.

sciacqu'are [ʃak'kware] *vt* rincer; **~rsi** *vr* se rincer.

scia'gura [ʃa'gura] *sf* malheur *m*; **sciagu'rato, a** *ag* malheureux (-euse), misérable; (*malvagio*) infâme.

scialacqu'are [ʃalak'kware] *vt* dissiper, dilapider.

scia'lare [ʃa'lare] *vt* gaspiller // *vi* dépenser sans compter.

sci'albo, a ['ʃalbo] *ag* pâle, blafard(e).

sci'alle ['ʃalle] *sm* châle.

scia'luppa [ʃa'luppa] *sf* chaloupe.

sci'ame ['ʃame] *sm* (ZOOL) essaim; (*fig*) bande *f*, multitude *f*.

sci'are [ʃi'are] *vi* skier.

sci'arpa ['ʃarpa] *sf* écharpe.

scia'tore, trice [ʃia'tore] *sm/f* skieur/euse.

sci'atto, a ['ʃatto] *ag* négligé(e), débraillé(e).

scien'tifico, a, ci, che [ʃen'tifiko] scientifique.

sci'enza ['ʃɛntsa] *sf* science; **scienzi'ato, a** *sm/f* (*studioso*) savant/e, scientifique.

'scimmia ['ʃimmja] *sf* singe *m*; **scimmiot'tare** *vt* singer.

scimpanzè [ʃimpan'tse] *sm inv* (ZOOL) chimpanzé.

scimu'nito, a [ʃimu'nito] *ag* imbécile.

'scindere ['ʃindere] *vt* scinder, séparer; **~rsi** *vr* se scinder, se séparer.

scin'tilla [ʃin'tilla] *sf* étincelle; **scintil'lare** *vi* étinceler, briller; (*astri*) scintiller.

scioc'chezza [ʃok'kettsa] *sf* sottise, bêtise; **sci'occo, a, chi, che** *ag* sot(te), stupide, bête.

sci'ogliere ['ʃɔʎʎere] *vt* dissoudre; (*nodo, nastro*) défaire; (*animale*) détacher; (*assembramento*) disperser; (*muscoli*) assouplir; (*enigma*) résoudre; **~ qd da qc** (*fig*) relever *o* dégager qn de qch; **~rsi** *vr* (*liberarsi*) se délivrer, se libérer; (*liquefarsi*) fondre, se dissoudre.

sciol'tezza [ʃol'tettsa] *sf* souplesse; (*fig: disinvoltura*) aisance.

sci'olto, a ['ʃɔlto] *pp di* **sciogliere** // *ag* (*fig*) dégagé(e), agile, souple.

sciope'rante ['ʃɔpe'rante] *sm/f* gréviste.

sciope'rare [ʃope'rare] *vi* faire la grève, débrayer; **sci'opero** *sm* grève *f*, débrayage; **sci'opero bianco/a scacchiera** grève *f* du zèle/tournante.

sci'rocco [ʃi'rɔkko] *sm* siroc(c)o.

sci'roppo [ʃi'rɔppo] *sm* sirop.

'scisma, i ['ʃizma] *sm* (REL) schisme.

scissi'one [ʃis'sjone] *sf* scission; (CHIM) résolution.

'scisso, a ['ʃisso] *pp di* **scindere.**

sciu'pare [ʃu'pare] *vt* (*rovinare*) gâcher, abîmer; (*perdere: occasione*) rater, perdre; (*sprecare*) gaspiller; (*appassire*) faner; **~rsi** *vr* s'abîmer, s'user; (*di persona*) avoir mauvaise mine; (*invecchiare*) se faner.

scivo'lare [ʃivo'lare] *vi* glisser; (*furtivamente*) se glisser, se couler; **'scivolo** *sm* (*gioco*) toboggan; (NAUT) slip, cale *f* de halage; (TECN) goulotte *f*.

scle'rosi *sf* (*MED*) sclérose.
scoc'care *vt* décocher, lancer; *(ore)* sonner // *vi (scintilla)* jaillir; *(ore)* sonner.
scocci'are [skot'tʃare] *vt* embêter, casser les pieds à *(fam)*, enquiquiner; **~rsi** *vr* s'embêter, en avoir assez, en avoir marre.
sco'della *sf* bol *m*.
scodinzo'lare [skodintso'lare] *vi* remuer la queue.
scogli'era [skoʎ'ʎɛra] *sf* rochers *mpl*, falaise; *(di corallo)* récif *m*.
'scoglio ['skɔʎʎo] *sm* récif, rocher; *(fig)* écueil.
scoi'attolo *sm* (*ZOOL*) écureuil.
sco'lare *ag (età)* scolaire // *vt (vuotare: bottiglie)* vider; *(spaghetti, verdure)* égoutter.
scola'resca *sf* écoliers *mpl*, classe.
sco'laro, a *sm/f* écolier/ère.
sco'lastico, a, ci, che *ag* scolaire.
scol'lare *vt* décoller; *(abito)* échancrer, décolleter; **~rsi** *vr (staccarsi)* se décoller; **scolla'tura** *sf (di abito, camicetta)* échancrure, encolure, décolleté *m*.
'scolo *sm* écoulement.
scolo'rire *vt* décolorer; **~rsi** *vr (perdere il colore)* déteindre; *(impallidire)* pâlir.
scol'pire *vt* sculpter.
scombi'nare *vt* mélanger, embrouiller; *(progetto)* faire échouer.
scombusso'lare *vt* bouleverser.
scom'messo, a *pp di* **scommettere** // *sf* pari *m; (somma di denaro)* enjeu *m*.
scom'mettere *vt* parier; **~rci l'osso del collo** *(fig)* y mettre sa tête à couper.
scomo'dare *vt* déranger; **~rsi** *vr* se déranger; **'scomodo, a** *ag* inconfortable; *(fig)* gênant(e), difficile.
scompagi'nare [skompadʒi'nare] *vt* bouleverser; (*TIP*) disloquer.
scompa'rire *vi* disparaître;
scom'parso, a *pp di* **scomparire** // *sf* disparition; *(morte)* mort.
scomparti'mento *sm* (*FERR*) compartiment.
scom'parto *sm* compartiment, case *f*.
scompigli'are [skompiʎ'ʎare] *vt* brouiller; *(capelli)* ébouriffer; *(fig: piano)* bouleverser, troubler; **scom'piglio** *sm* pagaïe *f*, fouillis *sg; (fig)* désordre.
scom'porre *vt* décomposer; *(capelli)* ébouriffer; **~rsi** *vr (mostrare turbamento)* se démonter, se troubler; **scom'posto, a** *pp di* **scomporre**.
sco'munica *sf* excommunication.
scomuni'care *vt* excommunier.
sconcer'tare [skontʃer'tare] *vt* déconcerter.
'sconcio, a, ci, ce ['skontʃo] *ag* répugnant(e); *(osceno)* obscène, dégoûtant(e) // *sm* honte *f*, horreur *f*.
sconfes'sare *vt* renier; *(disconoscere)* désavouer.
scon'figgere [skon'fiddʒere] *vt* battre.
sconfi'nare *vi* (*MIL*) pénétrer en territoire étranger; *(entrare)* pénétrer dans qch, empiéter sur; *(fig)* s'écarter de.
sconfi'nato, a *ag* illimité(e).
scon'fitto, a *pp di* **sconfiggere** // *sf* défaite.
scon'forto *sm* découragement.
scongiu'rare [skondʒu'rare] *vt* conjurer; *(implorare)* supplier; **scongi'uro** *sm* conjuration *f*; **fare gli ~i** conjurer le mauvais sort.
scon'nesso, a *pp di* **sconnettere** // *ag* disjoint(e), disloqué(e); *(fig: discorso)* incohérent(e), décousu(e).
scon'nettere *vt* disjoindre, désunir; *(fig)* radoter, divaguer.
sconosci'uto, a [skonoʃ'ʃuto] *ag, sm/f* inconnu(e).
sconquas'sare *vt* fracasser; *(di persona)* éreinter.
sconside'rato, a *ag* étourdi(e);

(gesto, parola) inconsidéré(e).
sconsigli'are [skonsiʎ'ʎare] *vt* déconseiller.
sconso'lato, a *ag* désolé(e), attristé(e).
scon'tare *vt* (*COMM*) escompter; *(fare uno sconto)* faire une réduction; (*DIR*: *pena)* purger; *(errori)* expier, payer; **scon'tato, a** *ag (risultato)* escompté(e), prévu(e); **articoli scontati del 10%** rabais de 10% sur tous les articles; **dare qc per scontato** donner qch pour sûr.
scon'tento, a *ag* mécontent(e) // *sm* mécontentement.
'sconto *sm* (*FIN*) escompte *f; (riduzione)* rabais *sg*, solde, remise *f*.
scon'trarsi *vr (automobili, treni, etc)* entrer en collision, se heurter; *(fig)* s'opposer; *(battersi)* s'affronter.
scon'trino *sm* ticket; *(ricevuta)* bulletin, récépissé.
'scontro *sm* bataille *f*, accrochage; *(di auto, treni)* choc, collision *f*, téléscopage; (*SPORT*) rencontre *f*; ~ **a fuoco** échange de coups de feu, fusillade *f*.
scon'troso, a *ag* ombrageux (-euse).
sconveni'ente *ag (contegno)* inconvenant(e); *(prezzo)* désavantageux(-euse).
scon'volgere [skon'voldʒere] *vt* troubler, bouleverser; *(distruggere)* ravager; **scon'volto, a** *pp di* **sconvolgere**.
'scopa *sf* balai *m;* (*CARTE*) *jeu de cartes;* **sco'pare** *vt* balayer.
sco'perto, a *pp di* **scoprire** // *ag* découvert(e); *(corpo)* nu(e); (*FIN*) sans provision // *sm* découvert // *sf* découverte; **dormire allo** ~ dormir à la belle étoile; **agire allo** ~ agir à découvert.
'scopo *sm* but, fin *f*; **a che** ~? dans quel but?
scoppi'are *vi* éclater; *(esplodere)* exploser; (*SPORT*) flancher, craquer; ~ **di salute** *(fig)* avoir une santé éclatante; ~ **in lacrime** fondre en larmes; **'scoppio** *sm* explosion *f; (di arma)* coup de feu; *(fig: di risa)* éclat; *(: di rivoluzione, guerra)* déclenchement, début; **a scoppio ritardato** *(fig)* à retardement.
sco'prire *vt* découvrir; *(monumento)* dévoiler; (*CARTE*) retourner; ~**rsi** *vr* se découvrir.
scoraggi'are [skorad'dʒare] *vt* décourager; ~**rsi** *vr* se décourager.
scorcia'toia [skortʃa'toja] *sf* raccourci *m*.
'scorcio ['skortʃo] *sm* (*ARTE*) raccourci; *(fine di un periodo)* fin *f*.
scor'dare *vt* oublier; ~**rsi di** oublier de.
'scorgere ['skɔrdʒere] *vt* distinguer, apercevoir, découvrir.
'scorie *sfpl* déchets *mpl;* (*METALLURGIA*) scories, laitier *m;* ~ **di ferro** mâchefer *m*.
'scorno *sm* affront, humiliation *f*, échec.
scorpacci'ata [skorpat'tʃata] *sf* gueuleton *m*.
scorpi'one *sm* scorpion; *(fig)* vipère *f*, mauvaise langue *f;* **S**~ (*ASTROL*) Scorpion.
scorraz'zare [skorrat'tsare] *vi* courir.
'scorrere *vt* parcourir // *vi* couler; *(tempo)* passer; *(treno)* rouler; *(scivolare)* glisser.
scor'retto, a *ag* incorrect(e), incongru(e).
scor'revole *ag (porta)* coulissant(e); *(nastro, ponte)* roulant(e); *(fig: prosa, stile)* fluide.
scorri'banda *sf* incursion.
'scorso, a *pp di* **scorrere** // *ag (anno, mese, etc)* passé(e), dernier (-ère) // *sf (lettura rapida)* coup *m* d'œil.
scor'soio, a *ag* coulant(e).
'scorta *sf* escorte; *(riserva)* provision, réserve; ~**e** *fpl* stocks *mpl;*

scor'tare *vt* escorter.
scor'tese *ag* impoli(e); **scorte'sia** *sf* impolitesse.
scorti'care *vt* écorcher; **~rsi** *vr* s'écorcher.
'scorto, a *pp di* **scorgere.**
'scorza ['skɔrdza] *sf (di albero)* écorce; *(di frutto)* zeste *m*; *(fig: pelle)* peau; *(: apparenza)* apparence.
sco'sceso, a [skoʃ'ʃeso] *ag* escarpé(e), abrupt(e), raide.
'scosso, a *pp di* **scuotere** // *ag* secoué(e), ébranlé(e) // *sf* (*ELETTR*) décharge; *(balzo)* secousse, cahot *m*; *(fig)* choc *m*, ébranlement *m*.
sco'stante *ag (fig)* rebutant(e).
sco'stare *vt* écarter, éloigner; **~rsi** *vr* s'éloigner, s'écarter.
scostu'mato, a *ag* débauché(e), immoral(e).
scot'tare *vt, vi* brûler; **~rsi** *vr* se brûler; **scotta'tura** *sf* brûlure.
'scotto, a *ag* (*CUC*) trop cuit(e) // *sm*: **pagare lo ~** *(fig)* payer les conséquences // *sf* (*NAUT*) écoute.
sco'vare *vt* débusquer, dénicher.
scoz'zese [skot'tsese] *ag, sm/f* écossais(e).
scredi'tare *vt* discréditer; **~rsi** *vr* se discréditer.
screpo'lare *vt* gercer; **~rsi** *vr* se gercer; **screpola'tura** *sf* gerçure.
screzi'ato, a [skret'tsjato] *ag* bariolé(e), panaché(e).
'screzio ['skrɛttsjo] *sm* différend, brouille *f*.
scricchio'lare [skrikkjo'lare] *vt* craquer.
'scricciolo ['skrittʃolo] *sm* (*ZOOL*) troglodyte.
'scrigno ['skriɲɲo] *sm* coffret, écrin.
scrimina'tura *sf (nei capelli)* raie.
'scritto, a *pp di* **scrivere** // *ag* écrit(e) // *sm* écrit; *(opera letteraria)* œuvre *f*, texte // *sf (sui muri)* inscription.
scrit'toio *sm* bureau.
scrit'tore, trice *sm/f* écrivain *m*.
scrit'tura *sf* écriture; **la Sacra S~** (*REL*) l'Ecriture Sainte.
scrittu'rare *vt* engager.
scriva'nia *sf* bureau *m*, secrétaire *m*.
'scrivere *vt* écrire; *(compilare)* rédiger; **~ appunti** prendre des notes.
scroc'cone, a *sm/f* escroc *m*, pique-assiette.
'scrofa *sf* (*ZOOL*) truie.
scrol'lare *vt* secouer; **~rsi** *vr (fig: scuotersi)* se secouer, se remuer; **~rsi qc di dosso** *(fig)* se libérer de qch, chasser qch; **~ il capo** hocher la tête; **~ le spalle** hausser les épaules.
scrosci'are [skroʃ'ʃare] *vi* couler; *(pioggia)* tomber à verse; *(fig: applausi)* crépiter; **'scroscio** *sm (di cascata)* grondement; *(fig: di applausi)* crépitement, cascade *f*; **scroscio di pioggia** ondée *f*.
scrostare *vt* décaper; *(muro)* décrépir; **~rsi** *vr* se décrépir, s'écailler.
'scrupolo *sm* scrupule; **non farsi ~i** ne pas se gêner; **scrupo'loso, a** *ag* scrupuleux(-euse); *(meticoloso)* consciencieux(-euse), méticuleux (-euse).
scru'tare *vt* scruter.
scruti'nare *vt* (*AMM*: *voti*) dépouiller le scrutin; **scru'tinio** *sm (di voti)* scrutin; (*SCOL*) *conseil de classe de fin d'année*.
scu'cire [sku'tʃire] *vt* découdre; **~rsi** *vr* se découdre.
scude'ria *sf* écurie.
scu'detto *sm* écusson; (*SPORT*) championnat; **vincere lo ~** gagner le championnat.
'scudo *sm* bouclier; *(moneta)* écu; (*ARALDICA*) écusson.
scul'tore, trice *sm/f* sculpteur *m*.
scul'tura *sf* sculpture.
scu'ola *sf* école; *(lezioni)* cours *m*,

classe; ~ **serale** cours du soir; ~**bus** autobus scolaire; ~ **materna/elementare/media** école maternelle/élémentaire/secondaire.

scu'otere *vt* remuer, secouer, agiter; *(fig)* secouer, émouvoir, troubler; ~**rsi** *vr (fig)* se secouer, se remuer; ~ **la testa** *o* **il capo** hocher la tête.

'scure *sf* hache.

'scuro, a *ag* sombre; *(capelli, colore)* foncé(e); *(tabacco, birra)* brun(e); *(fig)* sombre, triste; *(: linguaggio)* obscur(e) // *sm* noir, obscurité *f*; *(colore)* sombre; ~**i** *mpl* volets.

scur'rile *ag* obscène.

'scusa *sf* excuse; *(perdono)* pardon *m*; **chiedere** ~ demander pardon; **scu'sare** *vt* pardonner; *(giustificare)* justifier, excuser; **scusarsi** *vr* s'excuser, demander pardon; **scusi, che ora è?** pardon, quelle heure est-il?

sde'gnare [zdeɲ'ɲare] *vt* dédaigner; *(provocare risentimento)* indigner; ~**rsi** *vr* s'indigner.

'sdegno ['zdeɲɲo] *sm* indignation *f*; *(disprezzo)* mépris *sg*, dédain; **sde'gnoso, a** *ag* méprisant(e), dédaigneux(-euse).

sdolci'nato, a [zdoltʃi'nato] *ag (fig)* mielleux(-euse), mièvre, sucré(e).

sdoppi'are *vt* dédoubler.

sdrai'are *vt* allonger, étendre, coucher; ~**rsi** *vr* s'étendre, s'allonger, se coucher.

'sdraio *sm*: **sedia a** ~ chaise *f* longue, transat *(fam)*.

sdruccio'lare [zdruttʃo'lare] *vi* glisser.

se *cong* si; **sarei rimasto qui** ~ **me l'avessero detto** je serais resté ici s'ils me l'avaient dit; ~ **anche fossi partito ...** même si j'étais parti ...; ~ **mai (semmai)** si jamais, si par hasard; **telefonami** ~ **mai** téléphone-moi éventuellement.

sè *pron (riflessivo: lui, lei, loro)* lui *m*, elle *f*, elles *fpl*, eux *mpl*; soi; **pensa solo a** ~ il ne pense qu'à lui; **la porta si chiude da** ~ la porte se ferme d'elle-même; **se stesso** soi-même; **essere fuori di** ~ être hors de soi; **tornare in** ~ revenir à soi.

seb'bene *cong* bien que.

'secca *sf vedi* **secco.**

sec'care *vt (asciugare)* sécher; *(prosciugare)* assécher; *(essicare)* dessécher; *(fig)* tarir; *(: importunare)* ennuyer, embêter // *vi* sécher; ~**rsi** *vr (piante, fiori)* se dessécher; *(prosciugarsi)* s'assécher; *(fig: irritarsi)* se fâcher, s'énerver; **secca'tura** *sf (fig: fastidio)* embêtement *m*, ennui *m*.

'secchio ['sekkjo] *sm* seau.

'secco, a, chi, che *ag* sec(sèche); *(sorgente)* tari(e); *(essicato)* séché(e) // *sm* sec; *(siccità)* sécheresse *f* // *sf (del mare)* sèche; **fiume in** ~**a** fleuve à sec; **restarci** ~ *(fig)* mourir sur le coup; **far** ~ **qd** tuer qn; **rimanere a** ~ *(fig)* rester à sec; **tirare in** ~**a** (*NAUT*) tirer au sec, mettre en cale sèche.

seco'lare *ag* séculaire, centenaire; *(laico)* laïque, séculier(-ère).

'secolo *sm* siècle.

se'conda *sf vedi* **secondo.**

secon'dario, a *ag* secondaire.

se'condo, a *ag* second(e), deuxième; *(inferiore)* second(e), inférieur(e) // *sm* second, deuxième; *(di pranzo)* plat de résistance; *(unità di tempo)* seconde *f* // *prep* selon // *sf* seconde; **di** ~**a mano** d'occasion; **Filippo II** Philippe deux; **a** ~**a di/che** selon/selon que; ~ **me** selon moi, à mon avis.

secrezi'one [sekret'tsjone] *sf* sécrétion.

'sedano *sm* (*BOT*) céleri.

seda'tivo, a *ag* sédatif(-ive) // *sm* sédatif.

'sede *sf* siège *m*; *(luogo)* lieu;

(indirizzo) domicile; **cambiare ~** changer de domicile; **in ~ di** pendant, au moment de.
seden'tario, a *ag* sédentaire.
se'dere *vi* s'asseoir, être assis; *(in adunanza)* siéger; **~rsi** *vr* s'asseoir // *sm* (*ANAT*) derrière.
'sedia *sf* chaise.
sedi'cente [sedi'tʃɛnte] *ag* soi-disant *inv*, prétendu(e).
'sedici ['seditʃi] *ag, sm* seize.
se'dile *sm* siège; (*AUTO*) banquette *f*.
sedi'mento *sm* sédiment.
sedizi'one [sedit'tsjone] *sf* sédition; **sedizi'oso, a** *ag* séditieux(-euse).
se'dotto, a *pp di* **sedurre.**
sedu'cente [sedu'tʃɛnte] *ag* séduisant(e).
se'durre *vt* séduire.
se'duta *sf* séance; **~ stante** *(fig)* séance tenante.
seduzi'one [sedut'tsjone] *sf* séduction; *(fascino)* charme *m*.
'sega, ghe *sf* scie.
'segale *sf* (*BOT*) seigle *m*.
se'gare *vt* scier.
sega'tura *sf* sciure.
'seggio ['sɛddʒo] *sm* siège, **~ elettorale** bureau de vote.
'seggiola ['sɛddʒola] *sf* chaise; **seggio'lone** *sm (per bambini)* chaise *f* haute.
seggio'via [seddʒo'via] *sf* télésiège *m*.
seghe'ria [sege'ria] *sf* scierie.
seg'mento *sm* segment.
segna'lare [seɲɲa'lare] *vt* signaler; *(annunciare)* annoncer; *(fig)* recommander; **~rsi** *vr* se signaler, se distinguer; **se'gnale** *sm* signal; **segna'letica** *sf* signalisation; (*AER, NAUT, SCI*) balisage *m*.
se'gnare [seɲ'ɲare] *vt* marquer; *(annotare)* noter; *(indicare)* indiquer, montrer; **~ il passo** marquer le pas; **'segno** *sm* signe; *(impronta)* trace *f*, marque *f*; *(limite)* point; *(bersaglio)* cible *f*; **per filo e per segno** *(fig)* par le menu; **cogliere** *o* **colpire nel segno** *(fig)* frapper juste.
segre'gare *vt* isoler; **~rsi** *vr* s'isoler; **segregazi'one** *sf* ségrégation.
segre'tario, a *sm/f* secrétaire.
segrete'ria *sf* secrétariat *m*; **~ telefonica** répondeur *m* téléphonique.
segre'tezza [segre'tettsa] *sf* secret *m*, discrétion.
se'greto, a *ag* secret(-ète) // *sm* secret; *(fig: ricetta)* recette *f*.
segu'ace [se'gwatʃe] *sm/f (di dottrina)* disciple; *(di ideologia)* partisan/e.
segu'ente *ag* suivant(e).
segu'ire *vt* suivre // *vi* suivre; *(continuare)* poursuivre; **~ qd con lo sguardo** suivre qn du regard; **~rne** en résulter; *(derivarne: sog: discussione)* s'ensuivre.
segui'tare [segwi'tare] *vt, vi* continuer.
'seguito *sm* suite *f*; *(consenso)* succès *sg*; **in ~** ensuite; **in ~ a, a ~ di** suite à.
'sei *ag, sm* six *sg*.
sei'cento [sei'tʃɛnto] *ag* six cents // *sm inv (secolo):* **il S~** le dix-septième siècle.
selci'ato [sel'tʃato] *sm* pavé.
selezio'nare [selettsjo'nare] *vt* sélectionner; **selezi'one** *sf* sélection.
'sella *sf* selle; **sel'lare** *vt* seller.
selvag'gina [selvad'dʒina] *sf* gibier *m*.
sel'vaggio, a, gi, ge [sel'vaddʒo] *ag, sm* sauvage.
sel'vatico, a, ci, che *ag* sauvage.
se'maforo *sm* feux *mpl* (tricolores).
sem'brare *vi, vb impersonale* sembler.
'seme *sm* (*BOT*) semence *f*, graine *f*; (*BIOL*) sperme; (*CARTE*) couleur *f*;

(fig) germe.
se'mestre *sm* semestre.
'semi ... *pref* semi ..., demi- ...; **semi'cerchio** *sm* demi-cercle; **semifi'nale** *sf* demi-finale; **semi'freddo** *sm* (*CUC*) parfait.
'semina *sf* ensemencement *m*, semis *m;* **semi'nare** *vt* semer, ensemencer; *(distanziare)* semer, distancer.
semi'nario *sm* séminaire.
se'mitico, a, ci, che *ag* sémitique.
sem'mai = se mai; *vedi* **se.**
'semola *sf* semoule; *(crusca)* son *m;* **semo'lino** *sm* semoule *f.*
'semplice ['semplitʃe] *ag* simple; **semplicità** *sf* simplicité; **semplificare** *vt* simplifier; **semplificarsi** *vr* se simplifier.
'sempre *av* toujours; **di ~** habituel(le); **una volta per ~** une fois pour toutes; **da ~** depuis toujours; **~ che** *cong* pourvu que, à condition que; **~ più/meno facile** de plus en plus/de moins en moins facile; **~ peggio/meglio** de mal en pis/de mieux en mieux.
sempre'verde *ag, sm/f* (*BOT*) semper virens *m inv.*
'senape *sf* (*CUC*) moutarde.
se'nato *sm* (*POL*) sénat; **sena'tore trice** *sm/f* sénateur.
se'nile *ag* sénile.
'senno *sm* sagesse *f*, bon sens.
'seno *sm* sein; (*ANAT, anche fig: petto)* poitrine *f; (: cavità, MAT)* sinus *sg; (insenatura)* baie *f*, crique *f;* **in ~ a** au sein de.
sen'sato, a *ag* sensé(e), raisonnable.
sensazio'nale [sensattsjo'nale] *ag* sensationnel(le).
sensazi'one [sensat'tsjone] *sf* sensation.
sen'sibile *ag* sensible; **sensibilità** *sf inv* sensibilité.
'senso *sm* sens *sg; (impressione)* sensation *f*, sentiment; **perdere/recuperare i ~i** perdre/reprendre connaissance *f;* **ai ~i di legge** (*DIR*) aux termes de la loi.
sensu'ale *ag* sensuel(le); **sensualità** *sf inv* sensualité.
sen'tenza [sen'tɛntsa] *sf* (*DIR*) sentence, arrêt *m*, jugement *m; (massima)* sentence; **sentenzi'are** *vt* (*DIR*) décréter, juger, décider; *(fig)* pontifier.
senti'ero *sm* chemin, sentier.
sentimen'tale *ag* sentimental(e).
senti'mento *sm* sentiment; *(del bene, pudore, etc)* sens *sg.*
senti'nella *sf* (*MIL*) sentinelle.
sen'tire *vt (udire)* entendre; *(odorare)* sentir; *(assaggiare)* goûter; *(percepire al tatto)* toucher; *(ascoltare)* écouter; *(consultare)* consulter; *(provare: sentimento, necessità)* éprouver; *(: sensazione fisica)* avoir; *(risentire)* ressentir // *vi* sentir; **~rsi** *vr* se sentir; **~rsela di fare qc** être disposé à/avoir envie de faire qch; **sentiamo cosa vogliono** voyons ce qu'ils désirent.
sen'tito, a *ag* sincère; **per ~ dire** *(per conoscenza indiretta)* par ouï-dire.
'senza ['sɛntsa] *prep, cong* sans; **fare ~ qc/qd** se passer de qch/qn; **~ di me/te** sans moi/toi; **sono rimasto ~ pane** je n'ai plus de pain; **senz'altro** certainement; **~ dubbio** sans aucun doute.
sepa'rare *vt* séparer; *(distinguere)* distinguer; **~rsi** *vr* se séparer; **separazi'one** *sf* séparation.
se'polcro *sm* tombeau, sépulcre.
se'polto, a *pp di* **seppellire.**
seppel'lire *vt* enterrer; *(nascondere)* ensevelir; **~rsi** *vr (fig)* s'enterrer, s'ensevelir.
'seppia *sf* (*ZOOL*) seiche; *(colore)* sépia.
sequ'enza [se'kwentsa] *sf* suite; (*CINE*) séquence.
seque'strare *vt* (*DIR*) séquestrer, saisir; *(rapire)* kidnapper, enlever;

sequ'estro *sm* (*DIR*) séquestre, saisie *f*; *(persona)* enlèvement.
'sera *sf* soir *m*; **se'rale** *ag* du soir; **se'rata** *sf* soirée; (*TEATRO*) représentation.
serba'toio *sm* réservoir.
'serbo *sm*: **mettere/tenere/avere in ~ qc** mettre/garder/avoir qch de côté.
sere'nata *sf* (*MUS*) sérénade.
serenità *sf inv* sérénité.
se'reno, a *ag* serein(e), clair(e); *(fig: vita)* serein(e).
ser'gente [ser'dʒɛnte] *sm* (*MIL*) sergent.
'serie *sf* série; *(successione)* série, suite; (*CALCIO*) division.
serietà *sf inv* sérieux *m*, moralité; *(gravità)* gravité.
'serio, a *ag* serieux(-euse); *(espressione, affare)* grave; **sul ~** sérieusement, pour de bon.
ser'mone *sm* sermon.
serpeggi'are [serped'dʒare] *vi* serpenter; *(fig: malumore)* s'insinuer, couver.
ser'pente *sm* (*ZOOL*) serpent.
'serra *sf* serre.
ser'randa *sf* rideau *m*.
ser'rare *vt* serrer; *(porta)* fermer; *(fig: gola)* nouer; **~rsi intorno a qd** se presser autour de qn.
serra'tura *sf* serrure.
'serva *sf* vedi **servo.**
ser'vire *vt* servir; *(autobus)* desservir // *vi* servir; *(aver bisogno)* falloir, avoir besoin de; **~rsi** *vr*: **~rsi di** se servir de; **~rsi da** se servir chez.
servitù *sf inv (personale di servizio)* domestiques *mpl*, gens *mpl* de maison; *(schiavitù)* esclavage *m*; (*DIR*) servitude.
servizi'evole [servit'tsjevole] *ag* serviable.
ser'vizio [ser'vittsjo] *sm* service; **~i** *mpl* sanitaires; salle *f* de bain; **donna di ~** bonne *f* o femme *f* de ménage; **rete stradale di ~** voirie *f* de desserte.
'servo, a *sm/f* serviteur/servante; *(fig: schiavo)* esclave; **~i** *mpl (peg)* domestiques.
ses'santa *ag, sm inv* soixante.
sessan'tina *sf* soixantaine.
sessi'one *sf* session.
'sesso *sm* sexe; **sessu'ale** *ag* sexuel(le).
se'stante *sm* sextant.
'sesto, a sixième // *sm*: **mettere in ~** mettre en ordre; (*ARCHIT*) cintre.
'seta *sf* soie.
'sete *sf* soif.
'setola *sf* soie.
'setta *sf* secte.
set'tanta *ag, sm inv* soixante-dix.
settan'tina *sf* soixantaine.
'sette *ag, sm inv* sept.
sette'cento *ag* sept cents // *sm inv*: **il S~** le dix-huitième siècle.
set'tembre *sm* septembre.
settentrio'nale *ag* du Nord.
settentri'one *sm* Nord.
'settico, a, ci, che *ag* septique.
setti'mana *sf* semaine; **settima'nale** *ag, sm* hebdomadaire.
'settimo, a *ag, sm* septième.
'setto *sm* (*ANAT*) cloison *f*.
set'tore *sm* secteur.
severità *sf inv* sévérité.
se'vero, a *ag* sévère.
se'vizie *sfpl* sévices *fpl*; **sevizi'are** *vt* torturer; *(violentare)* violer.
sezio'nare [settsjo'nare] *vt* sectionner; (*MED*) disséquer; **sezi'one** *sf* section.
sfaccen'dato, a [sfattʃen'dato] *ag* désœuvré(e).
sfacci'ato, a [sfat'tʃato] *ag* impudent(e), effronté(e); *(vistoso: colore)* voyant(e), criard(e).
sfa'celo [sfa'tʃɛlo] *sm* ruine *f*, débâcle *f*.
sfal'darsi *vr* s'exfolier, s'effriter.
'sfarzo ['sfartso] *sm* luxe, éclat.
sfasci'are [sfaʃ'ʃare] *vt (ferita)* débander; *(distruggere)* démolir, détruire; **~rsi** *vr (rompersi)* se

casser; *(fig: perdere la linea)* s'avachir.
sfa'tare *vt* démystifier.
sfavil'lare *vi* étinceler, briller.
sfavo'revole *ag* défavorable.
'sfera *sf* sphère; (*CALCIO*) ballon *m;* **a ~** sphérique; **cuscinetto a ~** (*TECN*) roulement à billes *fpl;* **penna a ~** stylo à bille; **'sferico, a, ci, che** *ag* sphérique.
sfer'rare *vt* *(fig: pugno, calcio)* décocher, lancer; *(cavallo)* déferrer.
sfer'zare [sfer'tsare] *vt* fouetter.
sfiata'toio *sm* bouche *f* d'aération; (*ZOOL*) évent.
sfi'brare *vt* défibrer; *(indebolire)* affaiblir, épuiser.
'sfida *sf* défi *m*, **sfi'dare** *vt* défier; **sfidare qd a duello** provoquer qn en duel.
sfi'ducia [sfi'dutʃa] *sf* défiance, méfiance.
sfigu'rare *vt* défigurer // *vi (far cattiva figura)* faire piètre figure.
sfi'lare *vt* ôter, enlever; *(perle di collana)* désenfiler // *vi* défiler; **~rsi** *vr (abito, scarpe)* enlever; *(perle di collana)* se désenfiler, se défaire; *(calza)* filer; **sfi'lata** *sf* défilé *m*.
'sfinge ['sfindʒe] *sf* sphinx *m*.
sfi'nito, a *ag* épuisé(e).
sfio'rare *vt* frôler; *(argomento)* effleurer; *(fig)* friser.
sfio'rire *vi* se faner.
sfo'cato, a *ag* flou(e).
sfoci'are [sfo'tʃare] *vi:* **~ in** *(fiume)* se jeter dans; *(fig)* aboutir à.
sfo'gare *vt* épancher; *(rabbia)* passer; **~rsi** *vr* donner libre cours à, se défouler *(fam)*.
sfoggi'are [sfod'dʒare] *vt* étaler; *(vestito)* exhiber.
'sfoglia ['sfoʎʎa] *sf* feuille, lamelle; **pasta ~** (*CUC*) pâte feuilletée.
sfogli'are [sfoʎ'ʎare] *vt* *(fiore)* effeuiller; *(giornale)* feuilleter.
'sfogo, ghi *sm (di gas)* vapeur *f;* *(apertura)* débouché; (*MED*) éruption *f;* *(fig: di collera, dolore)* défoulement, épanchement; **dar ~ a** donner libre cours à.
sfolgo'rare *vi* étinceler, resplendir.
sfol'lare *vt* évacuer // *vi* se disperser.
sfon'dare *vt* défoncer, enfoncer; (*MIL*) percer // *vi (riuscire)* percer.
'sfondo *sm* fond; (*ARTE*) arrière-plan, fond.
sfor'nato *sm* (*CUC*) flan.
sfor'nito, a *ag* dépourvu(e).
sfor'tuna *sf* malheur *m;* **sfortu'nato, a** *ag* malheureux(-euse).
sfor'zare [sfor'tsare] *vt* forcer; **~rsi (di)** s'efforcer (de), se forcer (à); **'sforzo** *sm* effort; (*MECCANICA*) contrainte *f*.
sfrat'tare *vt* expulser; **'sfratto** *sm* expulsion *f*.
sfrecci'are [sfret'tʃare] *vi* filer.
sfregi'are [sfre'dʒare] *vt* défigurer, balafrer; **'sfregio** *sm* *(segno deturpante)* balafre *f;* *(fig: affronto)* affront.
sfre'nato, a *ag* effréné(e), déchaîné(e).
sfron'tato, a *ag* effronté(e).
sfrutta'mento *sm* exploitation *f*.
sfrut'tare *vt* exploiter; *(utilizzare)* utiliser; *(fig: occasione)* profiter de.
sfug'gire [sfud'dʒire] *vt* éviter, fuir // *vi* échapper; **non gli è sfuggita una parola di quanto hanno detto** il n'a pas perdu un mot de ce qu'ils ont dit; **di sfuggita** en passant, en vitesse.
sfu'mare *vt* nuancer, estomper // *vi (colori, contorni)* s'estomper; *(nebbia)* se dissiper; *(fig: speranze, occasione)* s'evanouir; **sfuma'tura** *sf* nuance; *(di capelli: taglio)* coupe.
sfuri'ata *sf (scatto di collera)* scène.
sga'bello *sm* tabouret, escabeau.
sgabuz'zino [sgabud'dzino] *sm* débarras *sg*, cagibi.
sgam'betto *sm* croc-en-jambe,

croche-pied.

sganasci'arsi [zganaʃ'ʃarsi] *vr:* ~ **dalle risa** crever *o* se tordre de rire; ~ **dagli sbadigli** bâiller à se décrocher la mâchoire.

sganci'are [zgan'tʃare] *vt* décrocher; *(bomba)* lâcher, larguer; *(carro, vagone)* dételer; *(fam: soldi)* lâcher; **~rsi** *vr* se décrocher; se dételer; *(fig: liberarsi)* se débarrasser, se libérer.

sganghe'rato, a [zgange'rato] *ag* détraqué(e), disloqué(e); *(fig: illogico)* décousu(e).

sgar'bato, a *ag* impoli(e), grossier(-ère).

'sgarbo *sm* impolitesse *f*.

sgattaio'lare *vi* s'éclipser; *(fam)* détaler.

sge'lare [zdʒe'lare] *vt, vi* dégeler.

'sghembo, a ['zgembo] *ag* oblique; **di** ~ de travers, de guingois.

sghignaz'zare [zgiɲɲat'tsare] *vi* ricaner.

sgob'bare *vi (fam)* bosser, bûcher.

sgoccio'lare [zgottʃo'lare] *vi* s'égoutter; *(acqua, pioggia)* couler, dégouliner; **far** ~ égoutter.

sgo'larsi *vr* s'égosiller, s'époumoner.

sgomb(e)'rare *vt* débarrasser; *(lasciar libero: casa, città)* évacuer; *(: strada)* dégager; *(fig)* libérer; **'sgombro, a** *ag* libre, vide; *(tavolo)* débarrassé(e); *(strada)* dégagé(e) // *sm* (ZOOL) maquereau.

sgomen'tare *vt* affoler, effrayer; **~rsi** *vr* s'affoler, s'effrayer; **sgo'mento, a** *ag* affolé(e), troublé(e) // *sm* effroi, effarement.

sgonfi'are *vt* dégonfler; **~rsi** *vr* se dégonfler.

'sgorbio *sm* gribouillage, griffonnage; *(fig: persona)* avorton.

sgor'gare *vi* jaillir // *vt* déboucher.

sgoz'zare [zgot'tsare] *vt* égorger.

sgra'devole *ag* désagréable, déplaisant(e).

sgra'dito, a *ag* désagréable.

sgra'nare *vt* égrener; *(fagioli, piselli)* écosser; ~ **gli occhi** *(fig)* écarquiller les yeux.

sgran'chirsi [zgran'kirsi] *vr* se dégourdir.

sgranocchi'are [zgranok'kjare] *vt* grignoter, croquer.

sgravio *sm:* ~ **fiscale** dégrèvement.

'sgrazi'ato, a [zgrat'tsjato] *ag* disgracieux(-euse), gauche.

sgreto'lare *vt* effriter; **~rsi** *vr* s'effriter.

sgri'dare *vt* gronder; **sgri'data** *sf* réprimande; *(fam)* engueulade.

sguai'ato, a *ag* grossier(-ère), vulgaire.

sgual'cire [zgwal'tʃire] *vt* froisser.

sgual'drina *sf (peg)* garce.

sgu'ardo *sm* regard; **seguire qd con lo** ~ suivre qn des yeux.

sguaz'zare [zgwat'tsare] *vi* barboter, patauger; *(fig: provare piacere)* être dans son élément; *(: avere abbondanza di qc)* nager.

sguinzagli'are [zgwintsaʎ'ʎare] *vt (cane)* lâcher.

sgusci'are [zguʃ'ʃare] *vt* décortiquer; *(piselli)* écosser; *(uova)* éplucher // *vi (sfuggire di mano)* glisser; *(fig)* s'esquiver, se dérober.

'shampoo *sm inv* shampoing.

shock *sm inv* choc.

si *(dav lo, la, li, le ne diventa* **se)** pron *(riflessivo)* se; *(passivante, impersonale)* on; **affittasi casa** maison à louer; ~ **dice** on dit // *sm inv* (MUS) si.

sì *av (risposta affermativa)* oui; **questa** ~ **che è bella!** elle est bien bonne celle-là!; **lui** ~ **che è buono!** il est vraiment gentil, lui!; **un giorno** ~ **e uno no** un jour sur deux.

'sia *cong:* ~ **...** ~ soit ... soit; ~ **che ...,** ~ **che** soit que ... soit que, que ... ou que ...; **verranno** ~ **Luigi** ~ **suo fratello** aussi bien Luigi que son frère viendront; **hanno gli stessi vestiti** ~ **d'estate che d'inverno**

ils ont les mêmes vêtements tant l'été que l'hiver.
sia'mese *ag* siamois(e).
sibi'lare *vi* siffler; **sibilo** *sm* sifflement.
si'cario *sm* tueur à gages.
sicchè *cong* de sorte que, c'est pourquoi, alors.
siccità [sittʃi'ta] *sf inv* sécheresse.
sic'come *cong* puisque, étant donné que.
Si'cilia [si'tʃilia] *sf* Sicile; **sicili'ano, a** *ag, sm/f* sicilien(ne).
sico'moro *sm* (*BOT*) sycomore; faux platane.
sicu'rezza [siku'rettsa] *sf* sûreté; sécurité; *(fiducia)* confiance, assurance; **avere la ~ di ...** être sûr de ...; **cinture di ~** (*AUTO*) ceintures de sécurité; **valvola/chiusura/cassetta di ~** soupape/fermeture/coffre de sûreté; **la ~ dello Stato** la sûreté de l'Etat; **Pubblica S~** ≈ Police.
si'curo, a *ag* sûr(e); *(certo)* certain(e) // *sm* abri; *(certezza)* fixe, certain // *av (certamente)* sûrement, bien sûr; **di ~** à coup-sûr; **essere/mettere al ~** être/mettre à l'abri *o* en lieu sûr; **andare sul ~** *(fig)* ne pas courir de risques.
siderur'gia [siderur'dʒia] *sf* sidérurgie.
'sidro *sm* cidre.
si'epe *sf* haie.
si'ero *sm* sérum.
si'esta *sf* sieste.
si'filide *sf* syphilis *sg*.
si'fone *sm* siphon.
Sig. *(abbr di* **signore***)* M.
siga'retta *sf* cigarette.
'sigaro *sm* cigare.
Sigg. *(abbr di* **signori***)* MM.
sigil'lare *vt* sceller, cacheter; **si'gillo** *sm (stemma)* sceau; *(strumento)* cachet; **sigilli** *smpl* (*DIR*) scellés.
'sigla *sf* sigle *m; (firma)* paraphe *m;* **~ musicale** (*RADIO, TV*) indicatif *m;* **si'glare** *vt (firmare)* parafer.
Sig.na *(abbr di* **signorina***)* Mlle.
signifi'care *vt* signifier; **significa'tivo, a** *ag* significatif(-ive); **signifi'cato** *sm* signification *f*.
si'gnora [siɲ'ɲora] *sf* Madame; *(donna, persona benestante)* dame.
si'gnore [siɲ'ɲore] *sm* Monsieur; **il S~** (*REL*) le Seigneur; **i ~i Bianchi** *(coppia di coniugi)* Monsieur et Madame Bianchi.
signo'rile [siɲɲo'rile] *ag* distingué(e); **quartiere ~** quartier résidentiel.
signo'rina [siɲɲo'rina] *sf* Mademoiselle; *(donna giovane)* jeune fille, demoiselle; *(donna nubile)* jeune fille; *(governante)* nurse.
Sig.ra *(abbr di* **signora***)* Mme.
silenzia'tore [silentsja'tore] *sm* (*TECN*) silencieux *sg*.
si'lenzio [si'lɛntsjo] *sm* silence; (*MIL*) extinction *f* des feux; **silenzi'oso, a** *ag* silencieux(-euse).
'sillaba *sf* (*LING*) syllabe.
silu'rare *vt* torpiller; *(fig: rimuovere da un incarico)* limoger; **si'luro** *sm* torpille *f*.
simboleggi'are [simboled'dʒare] *vt* symboliser.
sim'bolico, a, ci, che *ag* symbolique.
simbo'lismo *sm* symbolisme.
'simbolo *sm* symbole.
'simile *ag (di questo tipo)* semblable, pareil(le); *(dello stesso tipo)* similaire, du même genre; *(uguale)* semblable, même; **~ a** semblable à.
simme'tria *sf* symétrie; **sim'metrico, a, ci, che** *ag* symétrique.
simpa'tia *sf* sympathie; **aver qd in ~** avoir de la sympathie pour qn; **sim'patico, a, ci, che** *ag, sm* sympathique; **simpatiz'zare** *vi* sympathiser.
sim'posio *sm* symposium, forum, colloque.
simu'lare *vt* simuler, feindre; **simulazi'one** *sf* simulation.

simul'taneo, a simultané(e).
sina'goga, ghe *sf* synagogue.
sincerità *sf* sincérité.
sin'cero, a [sin'tʃero] sincère, franc(franche).
'sincope *sf* syncope.
sincroniz'zare [sinkronid'dzare] *vt* synchroniser.
sinda'cale *ag* syndical(e).
sindaca'lista, i *sm/f* syndicaliste.
sinda'cato sm syndicat.
'sindaco, ci *sm (di città)* maire; (*AMM, FIN*) syndic.
'sindrome *sf* syndrome *m*.
sinfo'nia *sf* symphonie.
singhioz'zare [singiot'tsare] *vi* sangloter; **singhi'ozzo** *sm* hoquet; *(pianto)* sanglot; **a singhiozzo** *(fig)* par à coups.
singo'lare *ag* singulier(-ère) // *sm* (*LING*) singulier; (*TENNIS*) simple.
'singolo, a *ag* unique; *(letto)* à une place; *(camera, cabina)* individuel(le) // *sm (individuo)* individu, chacun; (*TENNIS*) simple; (*CANOTTAGGIO*) skiff; **ogni ~ caso** chaque cas *sg*.
si'nistro, a *ag* gauche; *(fig: rumore, sguardo)* sinistre // *sm (incidente)* sinistre; (*SPORT*) gauche // *sf* gauche.
'sino *prep* = **fino.**
si'nonimo *sm* synonyme.
sin'tassi *sf* syntaxe.
'sintesi *sf* synthèse; **sin'tetico, a, ci, che** *ag* synthétique; **sintetiz'zare** *vt* synthétiser.
sinto'matico, a, ci, che *ag* symptomatique.
'sintomo *sm* symptôme.
sintoniz'zare [sintonid'dzare] *vt* (*RADIO, TV*) syntoniser.
sinu'oso, a *ag* sinueux(-euse).
SIP *abbr di Società Italiana per l'esercizio telefonico.*
si'pario *sm* rideau.
si'rena *sf* sirène.
si'ringa, ghe *sf* seringue.
'sismico, a, ci, che *ag* sismique.
si'smografo *sm* sismographe.
si'stema, i *sm* système; *(modo)* manière *f; (procedimento)* méthode *f; (gioco: combinazione)* combinaison *f*.
siste'mare *vt (ordinare)* ranger; *(risolvere)* régler; *(fig: dare un impiego)* placer; *(: dare una sede, un alloggio)* installer; *(: far sposare)* marier; **~rsi** *vr* s'installer; *(fig: trovare lavoro)* se placer; *(sposarsi)* se marier; *(fam)* se caser; **ora ti sistemo io!** *(fig)* maintenant je vais t'arranger *o* je vais te montrer de quel bois je me chauffe!
siste'matico, a, ci, che *ag* systématique.
sistemazi'one [sistemat'tsjone] *sf* installation; *(arredamento)* aménagement *m; (ordine)* rangement *m*, disposition; *(impiego)* situation.
situ'are *vt* situer; **situazi'one** *sf* situation; *(circostanza)* circonstance.
slacci'are [zlat'tʃare] *vt* délacer, déboutonner.
slanci'arsi [zlan'tʃarsi] *vr* s'élancer; **slanci'ato, a** *ag* élancé(e); **'slancio** *sm* élan.
sla'vato, a *ag* délavé(e).
slavo, a *ag, sm/f* slave.
sle'ale *ag* déloyal(e).
sle'gare *vt* délier, détacher; *(pacchetto, nodo)* défaire.
'slitta *sf (veicolo)* traîneau *m;* (*TECN*) glissière; chariot *m;* **slit'tare** *vi (scivolare, anche fig)* glisser; (*AUTO*) déraper, patiner; *(andare in slittino)* faire de la luge; **slit'tino** *sm* luge *f*.
slo'gare *vt* (*MED*) déboîter, disloquer.
sloggi'are [zlod'dʒare] *vt, vi* déloger, déménager; **sloggia!** décampe!
smacchi'are [zmak'kjare] *vt* détacher, dégraisser.
'smacco, chi *sm* échec, humiliation *f*.

smagli'ante [zmaʎ'ʎante] *ag* éclatant(e), éblouissant(e).
smagli'are [zmaʎ'ʎare] *vt* démailler; **~rsi** *vr (calza)* filer; *(golf)* se démailler.
smalizi'ato, a [smalit'tsjato] *ag* rusé(e), dégourdi(e).
smal'tare *vt* émailler.
smal'tire *vt (merce)* écouler; *(acque di scarico, rifiuti)* écouler, évacuer; *(cibo, vivanda)* digérer; **~ la sbornia** cuver son vin.
'smalto *sm* émail; (*CHIM*: *vernice)* laque *f; (per unghie)* vernis *sg* à ongles.
'smania *sf* agitation, frénésie; *(fig)* grande envie; **smani'are** *vi* s'agiter; *(fig)* brûler d'impatience.
smantel'lare *vt* démanteler; *(nave)* désemparer; *(fig)* démolir.
smarri'mento *sm* perte *f; (sbigottimento)* confusion *f*, égarement.
smar'rire *vt* perdre, égarer; **~rsi** *vr* s'égarer, se perdre.
smasche'rare [zmaske'rare] *vt* démasquer.
SME *(abbr di Sistema Monetario Europeo)* SME.
smemo'rato, a *ag* oublieux (-euse), amnésique; *(sbadato)* ahuri(e), étourdi(e).
smen'tire *vt* démentir; **~rsi** *vr* se démentir; **smen'tita** *sf* démenti *m.*
sme'raldo *sm* émeraude *f.*
smerci'are [zmer'tʃare] *vt* (*COMM*) écouler, débiter, vendre.
sme'riglio [zme'riʎʎo] *sm* émeri.
'smesso, a *pp di* **'smettere.**
'smettere *vt (lavoro, discussione)* cesser, arrêter; *(indumenti)* ne plus porter // *vi* arrêter, cesser.
'smilzo, a ['zmiltso] *ag* mince, maigre.
sminu'ire *vt* amoindrir, diminuer.
sminuz'zare [zminut'tsare] *vt* hacher, émincer.
smi'stare *vt (corrispondenza, treni)* trier; (*FERR*) débrancher.
smisu'rato, a *ag* démesuré(e).
smobili'tare *vt* (*MIL*) démobiliser.
smo'dato, a *ag* immodéré(e).
'smoking *sm inv* smoking.
smon'tare *vt* démonter; *(fig: scoraggiare)* démonter, dégonfler // *vi (scendere da)* descendre de; *(terminare il lavoro)* terminer, quitter; **~rsi** *vr (fig)* se démonter, se dégonfler.
'smorfia *sf* grimace; **~e** *fpl (atteggiamento lezioso)* manières *fpl;* **smorfi'oso, a** *ag (lezioso)* minaudier(-ère), affecté(e); qui fait la grimace.
'smorto, a *ag* blême, pâle, blafard(e).
smor'zare [zmor'tsare] *vt* éteindre; *(fig: luce, colore)* atténuer, tamiser; *(: rumore)* amortir; **~rsi** *vr* s'éteindre; *(attutirsi)* s'estomper.
'smosso, a *pp di* **smuovere.**
smotta'mento *sm* éboulement.
'smunto, a *ag* pâle, creusé(e).
smu'overe *vt* déplacer; *(rimuovere: terra)* remuer; *(fig: dall'inerzia)* secouer; *(: da proposito)* faire changer d'avis.
smus'sare *vt* émousser, arrondir; *(fig)* adoucir; **~rsi** *vr (lama)* s'émousser.
snatu'rato, a *ag* dénaturé(e).
'snello, a *ag* mince, agile, souple; *(fig: stile)* élancé(e).
sner'vare *vt* énerver.
sni'dare *vt* dénicher.
snob'bare *vt* snober; **sno'bismo** *sm* snobisme.
snoccio'lare [znottʃo'lare] *vt (frutta)* dénoyauter; *(fig: raccontare)* raconter; *(: peg)* débiter.
sno'dare *vt* dénouer; (*MECCANICA*) articuler; **~rsi** *vr (strada)* serpenter.
so'ave *ag* doux (douce), délicat(e).
sobbal'zare [sobbal'tsare] *vi* tressauter; *(trasalire)* sursauter; **sob'balzo** *sm* sursaut, secousse *f.*
sobbar'carsi *vr (spese, fatica)* prendre sur soi.

sob'borgo, ghi *sm (di grande città)* faubourg.
sobil'lare *vt* monter, inciter.
'sobrio, a *ag* sobre.
socchi'udere [sok'kjudere] *vt* entrebaîller, entrouvrir.
soc'correre *vt* secourir; **soc'corso, a** *pp di* **soccorrere** // *sm* secours *sg;* **soccorsi** *mpl* (*MIL*) renforts; **pronto soccorso** (*MED*) (Service *m* des) Urgences *fpl.*
socialdemo'cratico, a [sotʃaldemo'kratico] *ag* social-démocrate.
soci'ale [so'tʃale] *ag* social(e).
socia'lismo [sotʃa'lizmo] *sm* (*POL*) socialisme; **socia'lista, i, e** *ag, sm/f* socialiste.
società [sotʃe'ta] *sf inv* société; ~ **per azioni (S.p.A)** ≈ société anonyme (S.A.); ~ **a responsabilità limitata (S.R.L.)** société à responsabilité limitée (S.A.R.L.).
soci'evole [so'tʃevole] *ag* sociable.
'socio ['sɔtʃo] *sm* associé; (*COMM*) actionnaire; *(membro di un'associazione)* membre.
'soda *sf* (*CHIM*) soude; *(acqua gassata)* soda *m.*
soda'lizio [soda'littsjo] *sm (associazione)* association *f*, société *f.*
soddi'sfare *vt, vi* satisfaire; *(compiere il proprio dovere)* s'acquitter de; *(corrispondere a)* satisfaire, remplir; **soddi'sfatto, a** *pp di* **soddisfare** // *ag* satisfait(e); **soddisfazi'one** *sf* satisfaction.
'sodo, a *ag* ferme; *(uovo)* dur(e) // *sm* solide // *av (picchiare, lavorare)* fort, dur; **dormire** ~ dormir profondément *o* à poings fermés; **venire al** ~ en venir au fait.
sofà *sm inv* sofa.
soffe'renza [soffe'rɛntsa] *sf* souffrance.
sof'ferto, a *pp di* **soffrire.**
soffi'are *vt* souffler; *(fig: fidanzata, posto)* souffler, piquer // *vi* souffler; ~**rsi il naso** se moucher.
'soffice ['sɔffitʃe] *ag* moelleux (-euse), douillet(te).
'soffio *sm* souffle, bouffée *f;* (*MED*) souffle.
sof'fitta *sf (solaio)* grenier *m;* (*EDIL*) mansarde.
sof'fito *sm* plafond.
soffo'care *vt, vi* suffoquer, étouffer.
sof'friggere [sof'fridʒere] *vt* (*CUC*) faire revenir.
sof'frire *vt* souffrir; *(sopportare: persona)* sentir, souffrir // *vi* souffrir.
sof'fritto, a *pp di* **soffriggere.**
sofisti'care *vt (vino, cibo)* frelater // *vi (sottilizzare)* ergoter; **sofisti'cato, a** *ag (persona)* sophistiqué(e); *(vino, cibo)* frelaté(e).
sogget'tivo, a [soddʒet'tivo] *ag* subjectif(-ive).
sog'getto, a [sod'dʒɛtto] *ag:* ~ **a** sujet à, exposé à; (*DIR*) passible de; *(sottomesso: a nazione, legge)* assujetti à // *sm* sujet.
soggezi'one [soddʒet'tsjone] *sf* timidité; **mettere** ~ intimider; **aver** ~ **di qd** être intimidé par qn.
sogghi'gnare [soggiɲ'ɲare] *vi* ricaner.
soggior'nare [soddʒor'nare] *vi* séjourner; **soggi'orno** *sm* séjour; *(stanza)* salle *f* de séjour, salon; **azienda di soggiorno** syndicat d'initiative.
'soglia ['sɔʎʎa] *sf* seuil *m.*
'sogliola ['sɔʎʎola] *sf* (*ZOOL*) sole.
so'gnare [soɲ'ɲare] *vt* rêver de; *(fig)* imaginer // *vi (anche:* ~**rsi** *vr)* rêver; ~ **a occhi aperti** rêver les yeux ouverts; **sogna'tore, trice** *sm/f* rêveur/euse; **'sogno** *sm* rêve; **vivere di sogni** *(fig)* vivre de fantasmes.
'soia *sf* soja *m.*
sol *sm inv* (*MUS*) sol.
so'laio *sm* grenier.
so'lare *ag* solaire.
'solco, chi *sm* sillon; *(su strada)* ornière *f;* (*GEOL*) cannelure *f;* *(fig)*

marque *f*.
sol'dato *sm* soldat.
'soldo *sm* sou, *(fam)* rond; **i ~i** *smpl (denari)* les sous, l'argent *m*.
'sole *sm* soleil; *(fig: chiarezza)* jour; **prendere il ~** *(fig)* bronzer, se faire bronzer; **è chiaro come il ~** *(fig)* c'est clair comme le jour.
so'lenne *ag* solennel(le); *(fig)* formidable; **solennità** *sf inv* solennité.
sol'fato *sm* sulfate.
sol'furo *sm* sulfure.
soli'dale *ag* solidaire.
solidarietà *sf inv* solidarité.
solidifi'care *vt, vi* solidifier; **~rsi** *vr* se solidifier.
solidità *sf* solidité.
'solido, a *ag* solide; *(reputazione)* établi(e) // *sm* (*MAT*) solide; **in ~** (*DIR*) solidaire, solidairement *av*.
soli'loquio *sm* soliloque.
so'lista, i, e *sm/f* soliste.
soli'tario, a *ag, sm* solitaire.
'solito, a *ag* habituel(le); *(stesso)* même // *sm (cosa consueta)* habitude *f*; **essere ~ fare qc** avoir l'habitude de faire qch; **come al ~** comme d'habitude.
soli'tudine *sf* solitude.
solleci'tare [solletʃi'tare] *vt* solliciter, réclamer; *(lavoro)* postuler; *(stimolare)* inciter, pousser; (*MECCANICA*) soumettre à des contraintes; **sol'lecito, a** *ag (premuroso)* soucieux(-euse); *(rapido)* prompt(e); *(coscienzioso)* diligent(e), zélé(e) // *sm (lettera)* rappel; **solleci'tudine** *sf* empressement *m*, attention.
solleti'care *vt* chatouiller; *(fig: vanità, appetito)* exciter.
solle'vare *vt* soulever; *(fig: da un dolore)* soulager; *(: da responsabilità)* décharger; *(: il morale)* remonter; **~rsi** *vr (da terra)* se relever; *(fig: riprendersi)* se remettre; *(: ribellarsi)* se soulever.
solli'evo *sm* soulagement; *(conforto)* réconfort.
'solo, a *ag* seul(e); **una parola ~a** un mot seulement; **siamo venuti noi tre ~i** nous sommes venus nous trois seulement; **non si vive di ~ pane** on ne vit pas que de pain // *av (soltanto)* seulement, ne ... que; **l'ho detto ~ a te** je ne l'ai dit qu'à toi; **non ~ ... ma anche** non seulement ... mais aussi; **~ che** mais.
sol'stizio [sol'stittsjo] *sm* solstice.
sol'tanto *av vedi* **solo** *av*.
sol'lubile *ag* soluble.
soluzi'one [solut'tsjone] *sf* solution; *(di vertenza)* règlement *m*.
sol'vente *ag* (*CHIM*) dissolvant(e); *(debitore)* solvable // *sm* (*CHIM*) dissolvant, solvant.
so'maro *sm* âne.
somigli'anza [somiʎ'ʎantsa] *sf* ressemblance.
somigli'are [somiʎ'ʎare] *vi (essere simile)* ressembler; **~rsi** *vr* se ressembler.
'somma *sf* somme; **tirare le ~e** tirer les conclusions; **som'mare** *vt* (*MAT*) additionner; *(fig: aggiungere)* ajouter.
som'mario, a *ag, sm* sommaire.
som'mergere [som'merdʒere] *vt* submerger; **sommer'gibile** *sm* submersible; **som'merso, a** *pp di* **som'mergere.**
som'messo, a *ag (voce)* faible, bas(se); *(pianto)* étouffé(e); *(atteggiamento)* soumis(e).
sommini'strare *vt* administrer.
sommità *sf* sommet *m*.
'sommo, a *ag* le (la) plus haut(e), le (la) plus grand(e); *(fig)* extrême // *sm (fig: apice)* summum, faîte; **per ~i capi** *(fig)* dans les grandes lignes; **il S~ Pontefice** le Souverain Pontife.
som'mossa *sf* émeute.
so'naglio [so'naʎʎo] *sm* grelot; **serpente a ~i** (*ZOOL*) serpent à sonnettes *fpl*.
so'nare *etc* = **suonare** *etc*.
son'daggio [son'daddʒo] *sm*

sondage.
son'dare *vt* sonder.
so'netto *sm* sonnet.
son'nambulo, a *sm/f* somnambule.
sonnecchi'are [sonnek'kjare] *vi* sommeiller.
son'nifero *sm* somnifère.
'sonno *sm* sommeil; **prendere ~** s'endormir.
so'noro, a *ag* sonore.
sontu'oso, a *ag* somptueux(-euse).
sopo'rifero, a *ag* soporifique.
soppe'sare *vt* soupeser; *(fig: valutare)* peser.
soppi'atto: di ~ *av* en cachette, en sourdine.
soppor'tare *vt* supporter; *(fig: subire)* subir; *(: spese)* prendre en charge.
soppressi'one *sf* suppression.
sop'presso, a *pp di* **sopprimere.**
sop'primere *vt* supprimer; *(alcool, tabacco)* bannir.
'sopra *prep (luogo)* sur; *(oltre, al di sopra di)* au dessus de; *(fig)* sur; par dessus // *av (anche* **di** *~)* dessus; au-dessus; *(scritto precedentemente)* ci-dessus, plus haut; **abita di ~** il habite au-dessus; **andare/venire di ~** monter; **passare ~** *(fig)* passer autre; **metterci una pietra ~** oublier (une histoire).
so'prabito *sm* pardessus.
soprac'ciglio [soprat'tʃiʎʎo], *pl(f)* **sopracciglia** *sm* sourcil.
soprac(c)o'perta *sf (di letto)* couvre-lit *m*, dessus *m* de lit; *(di libro)* jaquette.
sopraf'fare *vt* accabler, déborder; *(superare: anche fig)* écraser; **sopraf'fatto, a** *pp di* **sopraffare.**
sopraf'fino, a *ag (pranzo, vino)* surfin(e), exquis(e).
sopraggi'ungere [soprad'dʒundʒere] *vi* survenir, arriver.
soprannatu'rale *ag* surnaturel(le).
sopran'nome *sm* surnom.
so'prano *sm/f* soprano.
soprappensi'ero *av* distrait(e) *ag.*
sopras'salto *sm:* **di ~** en sursaut.
soprasse'dere *vi (differire)* surseoir, remettre.
soprat'tutto *av* surtout, principalement.
sopravve'nire *vi* survenir, arriver.
sopravvis'suto, a *pp di* **soprav'vivere.**
soprav'vivere *vi (vestigia)* rester; **~ (a)** survivre (à); **~ in** rester vivant dans.
soprinten'dente *sm/f* directeur/trice; *(di museo, etc)* conservateur *m;* **soprinten'denza** *sf* direction.
so'pruso *sm* injustice *f*, abus *sg.*
soqqu'adro *sm:* **mettere a ~** mettre sens dessus dessous, *(fig)* bouleverser.
sor'betto *sm* sorbet.
sor'bire *vt* déguster, savourer.
'sordido, a *ag* sale, sordide.
sor'dina *sf:* **in ~** en sourdine.
sordità *sf inv* surdité.
'sordo, a *ag, sm/f* sourd(e); **sordo'muto, a** *ag, sm/f* sourd(e)-muet(te).
so'rella *sf* sœur; **sorel'lastra** *sf* demi-sœur.
sor'gente [sor'dʒɛnte] *sf* source.
'sorgere ['sordʒere] *vi* se lever; *(scaturire)* prendre sa source; *(fig: complicazione)* surgir; *(: dubbio)* venir.
sormon'tare *vt* surmonter.
sorni'one, a *ag* sournois(e).
sorpas'sare *vt* dépasser.
sor'prendere *vt* surprendre; *(meravigliare)* étonner; **~rsi** *vr (stupirsi)* s'étonner.
sor'preso, a *pp di* **sorprendere** // *sf* surprise; *(stupore)* étonnement *m.*
sor'reggere [sor'reddʒere] *vt* soutenir; **~rsi** *vr (tenersi ritto)* se tenir debout.

sor'ridere *vi* sourire; **sor'riso** *sm* sourire.

'sorso *sm* gorgée *f*.

'sorta *sf* sorte, espèce, genre *m*; **non ci sono complicazioni di** ~ *(di nessun tipo)* il n'y a aucune sorte de complication.

'sorte *sf* sort *m*, destin *m*; *(fortuna)* chance; *(situazione)* sort *m*.

sorteggi'are [sorted'dʒare] *vt* tirer au sort; **sor'teggio** *sm* tirage *m* au sort.

sorti'legio [sorti'lɛdʒo] *sm* sortilège.

sor'tire *vt* produire.

sor'tita *sf* sortie.

'sorto, a *pp di* **sorgere.**

sorvegli'anza [sorveʎ'ʎantsa] *sf* surveillance.

sorvegli'are [sorveʎ'ʎare] *vt* surveiller.

sorvo'lare *vt* survoler // *vi*: ~ **su** *(fig: argomento)* passer sur, glisser sur.

'sosia *sm inv* sosie.

so'spendere *vt (anche fig)* suspendre; *(annullare: volo, corsa)* supprimer; **sospensi'one** *sf* suspension; **so'speso, a** *pp di* **sospendere** // *ag*: **in sospeso** en suspens.

sospet'tare *vt (persona)* soupçonner; *(inganno, etc)* se douter de // *vi* se méfier; ~ **di qd** soupçonner de qn; ~ **di qc** se douter de qch; **chi l'avrebbe sospettato?** *(fig)* qui l'aurait supposé?; **lo sospettavo** je m'en doutais; **so'spetto, a** *ag* suspect(e) // *sm* soupçon; *(persona)* suspect; *(impressione)* impression; **sospet'toso, a** *ag* soupçonneux (-euse), méfiant(e).

so'spingere [sos'pindʒere] *vt* pousser; **so'spinto, a** *pp di* **sospingere.**

sospi'rare *vt* regretter; *(vacanze, etc)* attendre avec impatience // *vi* soupirer; **so'spiro** *sm* soupir.

'sosta *sf* arrêt *m*; *(pausa)* pause; (AUTO) stationnement *m*.

sostan'tivo *sm* substantif.

so'stanza [sos'tantsa] *sf* substance; *(elemento fondamentale)* essence; ~**e** *sfpl (patrimonio)* avoir *m*, biens *mpl*; **sostanzi'oso, a** *ag (cibo)* substantiel(le), nourrissant(e).

sos'tare *vi* s'arrêter; *(fare una pausa)* faire une halte *o* une pause; (AUTO) stationner.

so'stegno [sos'teɲɲo] *sm* soutien, support; *(fig: persona)* soutien.

soste'nere *vt* soutenir; *(fig: affermare)* soutenir, pretendre; (SCOL: *esame)* passer; ~**rsi** *vr* se soutenir; *(tenersi ritto)* tenir debout; **soste-ni'tore, trice** *ag (socio, membro)* bienfaiteur(-trice) // *sm/f (fig: difensore di idea, partito)* défenseur *m*, partisan/e; (SPORT) supporter *m*.

sostenta'mento *sm* subsistance; *(della famiglia)* entretien.

soste'nuto, a *pp di* **sostenere** // *ag* réservé(e); hautain(e); *(prezzo, mercato)* soutenu(e).

sostitu'ire *vt* substituer, remplacer; **sosti'tuto, a** *sm/f* remplaçant/e; (DIR) substitut *m*; **sostituto Procuratore** (DIR) substitut *m* du Procureur; **sostituzi'one** *sf* substitution, remplacement *m*; **in sostituzione di** à la place de.

sotta'ceto [sotta'tʃeto] *ag inv* (CUC) au vinaigre; ~**i** *smpl* pickles.

sot'tana *sf* jupe; (REL) soutane.

sotter'fugio [sotter'fudʒo] *sm* subterfuge *m*.

sotter'raneo, a *ag* souterrain(e) // *sm* souterrain.

sotter'rare *vt* enterrer, enfouir, ensevelir.

sottigli'ezza [sottiʎ'ʎettsa] *sf* minceur; *(fig: acutezza)* subtilité, finesse.

sot'tile *ag* mince, fin(e); *(fig: profumo)* délicat(e); *(: vista, olfatto)* fin(e); *(: mente)* subtil(e); *(: voce)* grêle.

sottin'tendere *vt* sous-entendre;

sottin'teso, a *pp di* **sottintendere.**
'sotto *prep (anche fig)* sous; *(più in basso di)* au-dessous de // *av (anche* **di** *~)* au dessous, en dessous; *(al piano inferiore)* en bas; *(scritto sotto)* ci-dessous, plus bas; ~ **gli esami** pendant les examens; ~ **Natale** aux environs de Noël; ~ **la pioggia/il sole** sous la pluie/le soleil; ~ **questo punto di vista** de ce point de vue; ~ **Carlo Magno** sous Charlemagne; ~ **voce** à voix basse; **sott'olio** (CUC) à l'huile.
sottoline'are *vt* souligner.
sottoma'rino, a *ag* sous-marin(e) // *sm* sousmarin.
sotto'messo, a *pp di* **sottomettere.**
sotto'mettere *vt* soumettre; **~rsi** *vr* se soumettre.
sottopas'saggio [sottopas'saddʒo] *sm* (passage) souterrain.
sotto'porre *vt* soumettre; *(fig: presentare)* présenter; **~rsi** *vr* se soumettre; **sotto'posto, a** *pp di* **sottoporre.**
sotto'scritto, a *pp di* **sottoscrivere.**
sotto'scrivere *vt, vi* souscrire à; **sottoscrizi'one** *sf* souscription.
sottosegre'tario *sm* (POL) sous-secrétaire.
sotto'sopra *av* sens dessus dessous // *ag inv* bouleversé(e).
sotto'terra *av* sous terre.
sotto'veste *sf* combinaison.
sotto'voce [sotto'votʃe] *av* à voix basse, tout bas.
sot'trarre *vt* soustraire; *(fig: rubare)* soutirer; (DIR) détourner; **~rsi** *vr (sfuggire)* se soustraire; **sot'tratto, a** *pp di* **sottrarre; sottrazi'one** *sf* soustraction; (DIR) détournement *m.*
sovi'etico, a, ci, che *ag, sm/f* soviétique.
sovraccari'care *vt* surcharger; **sovrac'carico, a, chi, che** *ag* surchargé(e); *(fig: oberato)* débordé(e), submergé(e) // *sm (carico eccessivo)* surcharge *f.*
sovrannatu'rale *ag* = **soprannaturale.**
so'vrano, a *ag, sm/f* souverain(e).
sovra'stare *vt* dominer, surmonter, surplomber; *(fig: minacciare)* menacer.
sovrinten'dente *sm/f* = **soprintendente; sovrinten'denza** *sf* = **soprintendenza.**
sovru'mano, a *ag* surhumain(e).
sovvenzi'one [sovven'tsjone] *sf* subvention.
sovver'sivo, a *ag* subversif(-ive).
'sozzo, a ['sottso] *ag* crasseux (-euse), sale.
S.p.A. *abbr f vedi* **società.**
spac'care *vt* casser, briser; *(legna)* couper; *(strappare)* déchirer; *(fig: cuore)* fendre; **~rsi** *vr (rompersi)* se fendre, se briser; *(strapparsi)* se déchirer; *(screpolarsi)* se fissurer; *(: pelle, labbra)* se gercer; **un orologio che spacca il minuto** *(fig)* une montre ultra-précise; ~ **un capello in quattro** couper les cheveux en quatre; **spacca'tura** *sf* cassure; *(fenditura)* crevasse, fente; *(della pelle)* gerçure.
spacci'are [spat'tʃare] *vt (droga)* trafiquer, vendre; *(banconote false)* écouler; ~ **qc per qualche altra cosa** vendre qch pour autre chose; **~rsi per** se faire passer pour; **essere spacciato** *(fam)* être foutu; **spaccia'tore, trice** *sm/f* trafiquant/e; **'spaccio** *sm (di droga)* trafic; *(di banconote false)* écoulement; *(negozio)* magasin; *(di una fabbrica)* magasin d'entreprise.
'spacco, chi *sm* fente *f; (strappo)* déchirure *f,* accroc.
spac'cone, a *ag* fanfaron(ne).
'spada *sf* épée // *sm:* **pesce** ~ (ZOOL) espadon.
spae'sato, a *ag* dépaysé(e).
'Spagna ['spaɲɲa] *sf* Espagne; **spa'gnolo, a** *ag, sm/f* espagnol(e).

'spago, ghi *sm* ficelle *f.*
spai'ato, a *ag* dépareillé(e).
spalan'care *vt* ouvrir, ouvrir tout grand; *(occhi)* écarquiller; **~rsi** *vr* s'ouvrir tout grand.
spa'lare *vt* déblayer.
'spalla *sf* épaule; (*EDIL*) butée; *(argine)* talus *m; (fig: TEATRO)* faire-valoir *m;* **~e** *fpl* dos *m;* **violino di ~** (*MUS*) second violon *m;* **avere qd sulle ~e** *(fig)* avoir qn sur le dos; **spalleggi'are** *vt* épauler, soutenir.
spal'letta *sf* parapet *m.*
spalli'era *sf (di sedia)* dossier *m; (di letto)* tête de lit; pied de lit; (*GINNASTICA: attrezzo)* espalier *m.*
spal'mare *vt* enduire; *(burro, marmellata)* étaler, tartiner.
'spandere *vt* répandre; *(versare)* verser; **~rsi** *vr* se répandre; s'étendre; **'spanto, a** *pp di* **spandere.**
spa'rare *vt* tirer; *(pugni, calci)* décocher, flanquer; *(fig: fandonie)* raconter // *vi* tirer; **spara'tore, trice** *sm/f* tireur/euse; **spara'toria** *sf* fusillade.
sparecchi'are [sparek'kjare] *vt* desservir, débarrasser.
spa'reggio [spa'reddʒo] *sm* (*ECON*) déficit; (*SPORT*) belle *f.*
'spargere ['spardʒere] *vt* répandre; *(versare)* verser; *(divulgare)* divulguer; **~rsi** *vr (diffondersi)* se répandre, se divulguer; *(disseminarsi)* s'éparpiller; **spargi'mento** *sm* effusion *f.*
spa'rire *vi* disparaître.
spar'lare *vi* dire du mal, médire.
'sparo *sm* détonation *f,* coup de feu.
sparpagli'are [sparpaʎ'ʎare] *vt* éparpiller; **~rsi** *vr (disperdersi)* se disperser.
'sparso, a *pp di* **spargere** // *ag (capelli, fogli etc)* éparpillé(e); **ordine ~** (*MIL*) ordre dispersé.
spar'tire *vt* partager; *(avversari)* séparer.
sparti'traffico *sm* (*AUTO: striscia)* bande *f; (: aiuola)* ilot, terre-plein.
spa'ruto, a *ag (aspetto)* chétif(-ive); *(gruppo)* restreint(e).
sparvi'ero *sm épervier.*
spasi'mare *vi* souffrir cruellement; *(fig)* brûler; **'spasimo** *sm* tourment; **~i** *mpl* affres *fpl;* **'spasmo** *sm* (*MED*) spasme; **spa'smodico, a, ci, che** *ag* spasmodique.
spassio'nato, a *ag* désintéressé(e), impartial(e).
'spasso *sm* amusement, divertissement; *(fig: persona divertente)* numéro; **andare a ~** aller se promener; **mandare qd a ~** *(fig)* envoyer promener qn; **essere a ~** *(fig)* être au chômage.
'spatola *sf* spatule.
spau'racchio [spau'rakkjo] *sm (fig)* épouvantail.
spa'valdo, a *ag* arrogant(e), fanfaron(ne).
spaventa'passeri *sm* épouvantail.
spaven'tare *vt* effrayer, épouvanter; **~rsi** *vr* s'effrayer; **spa'vento** *sm* peur *f; (fig)* horreur *f;* **spaven'toso, a** *ag* épouvantable, effrayant(e), terrible; *(fig: fam: fortuna, fame)* terrible.
spazien'tirsi [spattsjen'tirsi] *vr* s'impatienter.
'spazio ['spattsjo] *sm* espace; *(estensione)* place *f;* (*MUS*) interligne; **spazi'oso, a** *ag* spacieux (-euse).
spazzaca'mino [spattsaka'mino] *sm* ramoneur.
spaz'zare [spat'tsare] *vt* balayer; *(fig: liberare)* nettoyer; **spazza'tura** *sf (immondizia)* ordures *fpl;* **spaz'zino** *sm* balayeur.
'spazzola ['spattsola] *sf* brosse; (*TECN, AUTO*) balai *m.*
spazzo'lare [spattso'lare] *vt (abito, capelli)* brosser; **spazzo'lino** *sm* brosse *f;* **spazzolino da denti** brosse *f* à dents.

specchi'arsi [spek'kjarsi] *vr* se regarder dans la glace; ~ **in qc** *(riflettersi)* se refléter dans *o* sur qch;; **'specchio** *sm* miroir, glace *f*; *(superficie di lago, mare)* plan.

speci'ale [spe'tʃale] *ag* spécial(e); **specia'lista, i, e** *sm/f* spécialiste; *(professionista)* professionnel(le); **specialità** *sf inv* spécialité; **specializ'zarsi** *vr* se spécialiser; **special'mente** *av* spécialement, surtout.

'specie ['spɛtʃe] *sf inv* espèce, catégorie; *(tipo, qualità)* espèce, genre *m*, sorte; **fare** ~ *(suscitare meraviglia)* étonner // *av* surtout.

specifi'care [spetʃifi'kare] *vt* spécifier, préciser; **spe'cifico, a, ci, che** *ag* spécifique, particulier(-ère); (*MED, FIS*) spécifique.

specu'lare *ag* spéculaire // *vi* spéculer; **speculazi'one** *sf* spéculation.

spe'dire *vt* expédier, envoyer; **spedizi'one** *sf* expédition, envoi *m*; *(scientifica, di soccorso, etc)* expédition.

'spegnere ['spɛɲɲere] *vt* éteindre; **~rsi** *vr* s'eteindre; ~ **la sete** étancher la soif.

spel'lare *vt* écorcher; **~rsi** *vr* s'écorcher; *(animale: perdere la pelle)* muer, peler.

'spendere *vt* dépenser; *(fig: tempo)* employer; *(fig: sprecare)* gaspiller.

spen'nare *vt* plumer; **~rsi** *vr* se déplumer.

spensie'rato, a *ag* insouciant(e).

'spento, a *pp di* **spegnere.**

spe'ranza [spe'rantsa] *sf* espérance, espoir *m*; (*REL*) espérance.

spe'rare *vt, vi* espérer.

sper'duto, a *ag* perdu(e).

spergi'uro [sper'dʒuro] *sm* parjure.

sperimen'tale *ag* *(metodo)* expérimental(e); (*TEATRO*) d'avant-garde.

sperimen'tare *vt* expérimenter, essayer; *(fig: mettere alla prova)* mettre à l'épreuve; *(: sapere per esperienza)* faire l'expérience de; **~rsi** *vr* se risquer.

'sperma, i *sm* (*BIOL*) sperme *m*.

spe'rone *sm* éperon.

sperpe'rare *vt* gaspiller.

'spesa *sf* dépense; *(onere)* frais *m*; *(acquisto)* achat *m*; **fare la** ~ faire les courses *fpl*; **a ~e di** aux frais de; **fare (delle) ~e** faire des achats.

'speso, a *pp di* **spendere.**

'spesso *ag* dense, épais(se) // *av (di frequente)* souvent; **~e volte** bien souvent; **un cartone ~ tre centimetri** un carton de trois centimètres d'épaisseur.

spes'sore *sm* épaisseur *f*.

Spett. *abbr vedi* **spettabile.**

spet'tabile *ag (in lettere commerciali):* ~ **ditta Rossi** Maison Rossi; ~ **ditta ...** Messieurs ....

spet'tacolo *sm* spectacle; *(rappresentazione:* *TEATRO*) représentation *f*; (*: CINE*) séance *f*; **spettaco'loso, a** *ag* spectaculaire, grandiose, extraordinaire.

spet'tanza [spet'tantsa] *sf* compétence, ressort *m*.

spet'tare *vi* appartenir, revenir.

spetta'tore, trice *sm/f* spectateur/trice; *(di avvenimento, incidente)* témoin *m*.

spetti'nare *vt* décoiffer; **~rsi** *vr* se décoiffer.

'spettro *sm* spectre, fantôme; (*FIS*) spectre.

'spezie ['spɛttsje] *sfpl* (*CUC*) épices.

spez'zare [spet'tsare] *vt* casser, briser, rompre; *(fig: dividere)* diviser, couper; *(: cuore)* fendre; **~rsi** *vr* se casser, se briser; *(fig: cuore)* se fendre.

spezza'tino [spettsa'tino] *sm* (*CUC*) ragoût; *(di vitello)* blanquette *f*.

spezzet'tare [spettset'tare] *vt* émincer, morceler; *(biscotto)* émietter.

'spia *sf* rapporteur *m; (agente segreto)* espion; (*ELETTR*) voyant *m; (fig: sintomo)* signe *m*, indice *m*; **fare la ~** rapporter.

spia'cente [spja'tʃɛnte] *ag (dolente)* désolé(e); **essere ~** regretter.

spia'cevole [spja'tʃevole] *ag* fâcheux(-euse), déplaisant(e), désagréable.

spi'aggia, ge ['spjaddʒa] *sf* plage.

spia'nare *vt (terreno)* aplanir; *(pasta)* étendre; *(edificio)* raser; *(fucile)* braquer; (*TECN*) planer, dresser.

spi'ano *sm*: **a tutto ~** *(fig)* à toute vitesse, sans relâche.

spian'tato, a *ag, sm/f* sans-le-sou *inv*.

spi'are *vt* épier, espionner; *(attendere: occasione)* guetter.

spi'azzo ['spjattso] *sm* étendue *f*, esplanade *f*.

spic'care *vt (balzo)* faire; *(mandato di cattura)* lancer; **~ il volo** prendre le vol, s'envoler // *vi (risaltare)* se détacher, trancher; *(distinguersi)* se distinguer, briller; **spic'cato, a** *ag (marcato)* prononcé(e); *(notevole)* remarquable.

'spicchio ['spikkjo] *sm (di agrumi)* quartier; *(di aglio)* gousse; *(parte)* tranche *f*.

spicci'arsi [spit'tʃarsi] *vr* se dépêcher.

'spicciolo, a ['spittʃolo] *ag (moneta)* menu(e); **~i** *smpl* monnaie *f*.

'spicco, chi *sm*: **far ~** se détacher, ressortir.

spi'edo *sm* (*CUC*) broche *f*.

spie'gare *vt* déplier; *(ali, vele, truppe)* déployer; *(fig: far capire)* expliquer; **~rsi** *vr* s'expliquer; **spiegazi'one** *sf* explication.

spiegaz'zare [spjegat'tsare] *vt* froisser, chiffonner.

spie'tato, a *ag* impitoyable, cruel(le).

spiffe'rare *vt (fam)* rapporter, moucharder // *vi (vento, aria)* souffler, s'infiltrer.

'spiga, ghe *sf* (*BOT*) épi *m*.

spigli'ato, a [spiʎ'ʎato] *ag* désinvolte, dégagé(e).

spigo'lare *vt* (*AGR*) moissonner; (*SCI*) faire une faute de carres.

'spigolo *sm* arète *f; (di casa, tavolo, etc)* angle, coin.

'spilla *sf* épingle; *(gioiello)* broche; **~ da balia** *o* **di sicurezza** épingle de nourrice *o* de sureté.

spil'lare *vt (vino)* tirer; *(fig: denaro)* soutirer.

'spillo *sm (per sartoria)* épingle *f*; (*TECN*) pointeau.

spi'lorcio, a, ci, ce [spi'lortʃo] *ag* avare; *(fam)* radin(e).

'spina *sf* épine; (*ZOOL: lisca)* arète; *(: di riccio)* piquant *m*; (*ELETTR*) fiche; **birra alla ~** bière pression.

spi'nacio [spi'natʃo] *sm* (*BOT*) épinard.

spi'nale *ag* spinal(e); **midollo ~** moelle épinière.

'spingere ['spindʒere] *vt* pousser; *(fig: sguardo)* porter, diriger; **~rsi** *vr* se pousser; *(andare)* aller, avancer, s'avancer; **~ indietro** repousser.

spi'noso, a *ag* épineux(-euse).

'spinto, a *pp di* **spingere** // *sf* poussée; *(fig: stimolo)* incitation; *(: raccomandazione)* coup *m* de piston *o* de pouce; *(: aiuto)* aide.

spio'naggio [spio'naddʒo] *sm* espionnage.

spi'overe *vi (scorrere)* couler; *(ricadere)* retomber // *vb impersonale* cesser de pleuvoir.

'spira *sf* spire; **~e** *fpl* (*ZOOL: di serpenti)* anneaux *mpl*; **a ~** en spirale.

spi'raglio [spi'raʎʎo] *sm* soupirail, fente *f*; *(raggio di luce)* rayon; *(fig: barlume)* lueur *f*.

spi'rale *sf* spirale; (*MED*) stérilet *m*; *(fig: di violenza)* escalade; **a ~** en

spirale, spiroïdal(e); (*AER*) en vrille.
spi'rare *vi* souffler; *(odore)* se dégager; *(morire, anche fig)* expirer.
spiri'tato, a *ag* possédé(e), endiablé(e) // *sm/f* possédé/e.
spiri'tismo *sm* spiritisme.
'spirito *sm* esprit; *(fantasma)* fantôme.
spirito'saggine [spirito'saddʒine] *sf* plaisanterie, astuce.
spiri'toso, a *ag* spirituel(le), drôle.
spiritu'ale *ag* spirituel(le); religieux(-euse).
'splendere *vi* resplendir, briller.
'splendido, a *ag* splendide; *(fig)* magnifique, remarquable.
splen'dore *sm* splendeur *f*; *(sfarzo)* éclat, faste.
spode'stare *vt* détrôner.
'spoglia ['spɔʎʎa] *sf vedi* **spoglio.**
spogli'are [spoʎ'ʎare] *vt (persona)* déshabiller; *(togliere ornamenti)* dépouiller; *(fig: depredare)* dévaliser; ~**rsi** *vr* se déshabiller; ~**rsi di** *(ornamenti)* se dépouiller de; *(fig: liberarsi)* se débarrasser de; (: *privarsi)* se priver de; **spoglia'toio** *sm* vestiaire; **'spoglio, a** *ag* dépouillé(e), nu(e); *(fig: privo)* libre // *sm* dépouillement // *sf (salma)* dépouille; **sotto mentite ~e** sous de faux habits.
'spola *sf* navette.
spol'pare *vt* décharner.
spolve'rare *vt* épousseter, dépoussiérer; (*CUC*) saupoudrer; *(fig: mangiare avidamente)* pulvériser.
'sponda *sf* rive, rivage *m*; *(bordo)* bord *m*.
spon'taneo, a *ag* spontané(e).
spopo'lare *vt* dépeupler // *vi (aver successo)* faire fureur; ~**rsi** *vr* se dépeupler.
spo'radico, a, ci, che *ag* sporadique.
spor'care *vt* salir; ~**rsi** *vr* se salir; **spor'cizia** *sf* saleté, crasse; *(fig: cosa oscena)* saloperie, cochonnerie; **'sporco, a, chi, che** *ag* sale, crasseux(-euse); *(fig)* sale, cochon(ne).
spor'genza [spor'dʒɛntsa] *sf* saillie, protubérance.
'sporgere ['spɔrdʒere] *vt (viso)* passer; *(braccia, mani)* avancer, tendre // *vi (venire in fuori)* sortir, dépasser; ~**rsi** *vr* se pencher; ~ **querela** (*DIR*) déposer une plainte *o* porter plainte.
sport *sm inv* sport.
'sporta *sf* cabas *sg*, sac *m* à provisions.
spor'tello *sm* portière *f*; *(di banca, ufficio pubblico)* guichet.
spor'tivo, a *ag* sportif(-ive); *(abito, auto)* de sport // *sm/f* sportif/ive.
'sporto, a *pp di* **sporgere.**
'sposa *sf vedi* **sposo.**
sposa'lizio [spoza'littsjo] *sm* mariage, noces *fpl*.
spo'sare *vt* épouser; *(unire in matrimonio)* marier; ~**rsi** *vr* se marier; *(fig: colori)* s'harmoniser; **'sposo, a** *sm/f* époux/se, marié/e; **sposi** *smpl* mariés.
spos'sato, a *ag* épuisé(e), crevé(e) *(fam)*.
spo'stare *vt* déplacer; *(rinviare)* renvoyer, reporter; ~**rsi** *vr* se déplacer.
'spranga, ghe *sf* barre.
'sprazzo ['sprattso] *sm* rayon; *(fig: lampo)* éclair; (: *istante)* moment.
spre'care *vt* gaspiller; ~**rsi** *vr* *(sforzarsi)* se fouler *(fam)*; **'spreco** *sm* gaspillage.
spre'gevole [spre'dʒevole] *ag* vil(e), méprisable.
spregiudi'cato, a [spredʒudi'kato] *ag* sans préjugés, sans scrupules.
'spremere *vt (anche fig)* presser; *(fig: sfruttare)* exploiter; ~**rsi** *vr*: ~**rsi le meningi** *(fig)* se creuser les méninges; **spre'muta** *sf* jus *m*.
sprez'zante [spret'tsante] *ag* méprisant(e).
sprigio'nare [spridʒo'nare] *vt (fig:

odore) dégager; ~**rsi** *vr* se dégager; *(fiamme)* s'échapper.
spriz'zare [sprit'tsare] *vt (fig: gioia, salute)* éclater de // *vi* jaillir.
sprofon'dare *vi* sombrer; *(pavimento, suolo)* s'effondrer; *(affondare: nel fango)* s'enfoncer, s'enliser; ~**rsi** *vr (lasciarsi andare)* s'affaler; *(fig: immergersi)* se plonger.
spro'nare *vt* éperonner; *(fig: incitare)* inciter, stimuler.
'sprone *sm* éperon; *(fig)* aiguillon, stimulant.
sproporzio'nato, a [sproports-jo'nato] *ag* disproportionné(e).
sproporzi'one [spropor'tsjone] *sf* disproportion.
sproposi'tato, a *ag* absurde; *(fig: costo)* démesuré(e), excessif(-ive).
spro'posito *sm* sottise *f; (errore)* erreur *f*, bévue *f; (pazzia)* folie *f*; **a** ~ à tort et à travers.
sprovve'duto, a *ag* dépourvu(e), démuni(e), peu averti(e).
sprov'visto, a *ag* dépourvu(e); **alla** ~**a** à l'improviste, au dépourvu.
spruz'zare [sprut'tsare] *vt* asperger, arroser; *(fare spruzzi)* éclabousser; (*CUC*) saupoudrer; **'spruzzo** *sm* éclaboussure *f; (getto)* jet; *(del mare)* embrun.
'spugna ['spuɲɲa] *sf* éponge; **spu'gnoso, a** *ag* spongieux(-euse).
'spuma *sf (schiuma)* mousse; *(del mare)* écume; (*CUC*: *salata)* mousse.
spu'mante *sm* mousseux *sg*.
spumeggi'ante [spumed'dʒante] *ag (fig: brillante)* pétillant(e); *(tessuto)* vaporeux(-euse).
spu'mone *sm* (*CUC*: *dolce)* mousse *f*.
spun'tare *vt (pennino)* émousser; *(capelli)* couper les pointes; *(matita)* tailler; *(lista)* pointer // *vi (nascere)* naître, percer; *(sole, luna)* se lever; *(apparire improvvisamente)* surgir; ~**rsi** *vr (perdere la punta)* s'épointer; ~**rla** avoir le dessus, gagner.
spun'tino *sm* casse-croûte.
'spunto *sm* occasion *f; (idea)* inspiration *f*, idée *f*; (*SPORT*) sprint.
spur'gare *vt (canale)* curer; *(serbatoio)* vidanger, purger; (*MED*) expectorer; *(ferita)* drainer; ~**rsi** *vr* expectorer.
spu'tare *vt, vi* cracher; **'sputo** *sm* crachat.
squ'adra *sf* équipe; (*MIL*) brigade; *(strumento)* équerre; **a** ~ à angle droit.
squa'drare *vt (trave, pietra)* carrer; *(osservare con attenzione)* dévisager.
squa'driglia [skwa'driʎʎa] *sf* (*AER, NAUT*) escadrille.
squa'drone *sm* (*MIL*) escadron.
squagli'arsi [skwaʎ'ʎarsi] *vr* fondre, se liquéfier; ~**rsela** *(fig: andarsene alla chetichella)* filer en douce *o* à l'anglaise.
squa'lifica *sf* élimination, disqualification, suspension.
squalifi'care *vt* éliminer, disqualifier, suspendre; ~**rsi** *vr* se discréditer.
squ'allido, a *ag* morne, minable, sordide.
squal'lore *sm* misère *f*, désolation *f*.
squ'alo *sm* (*ZOOL*) requin.
squ'ama *sf* (*ZOOL*) écaille; (*ANAT*) squame.
squa'mare *vt (pesce)* écailler; ~**rsi** *vr* s'écailler.
squarcia'gola [skwartʃa'gola]: **a** ~ *av* à tue-tête.
squar'tare *vt* dépecer.
squattri'nato, a *ag* sans-le-sou *inv*, fauché(e).
squili'brare *vt* déséquilibrer; **squili'brato, a** *ag* déséquilibré(e); (*MED*) détraqué(e), déséquilibré(e); **squi'librio** *sm* déséquilibre; *(disparità)* disparité *f*.
squil'lante *ag* retentissant(e), éclatant(e); *(fig: colore)* vif(-ive).

squil'lare *vi* résonner, retentir; **squ'illo** *sm (di telefono)* sonnerie *f; (di campanello)* coup de sonnette; **ragazza squillo** *(prostituta)* call-girl *f.*
squi'sito, a *ag* exquis(e), délicieux(-euse).
squit'tire *vi* (*ZOOL*) crier.
sradi'care *vt* déraciner.
sragio'nare [zradʒo'nare] *vi* déraisonner.
srego'lato, a *ag* déréglé(e).
S.R.L. *abbr f vedi* **società.**
s.s. *(abbr di* **strada statale***)* RN.
'stabile *ag* stable; *(fisso: anche fig)* fixe; **compagnia** ~ (*TEATRO*) troupe; **beni** ~**i** (*ECON*) biens *mpl* immobiliers, immeubles *mpl* // *sm* immeuble; (*TEATRO*) théâtre.
stabili'mento *sm* établissement; *(fabbrica)* industrie *f*, usine *f.*
stabi'lire *vt* établir, fixer; *(decidere)* établir, décider; ~**rsi** *vr (prendere dimora)* s'établir; **stabilità** *sf inv* stabilité.
stabiliz'zare [stabilid'dzare] *vt* stabiliser; **stabilizza'tore** *sm* (*ELETTR*) transformateur; (*AER*) stabilisateur, équilibreur.
stac'care *vt* détacher; *(francobollo, cerotto)* décoller; *(quadro)* décrocher; (*SPORT*) distancier; ~**rsi** *vr* se détacher; *(fig: abbandonare)* se détacher de, s'éloigner de.
'stadio *sm* stade; (*TECN*) étage.
'staffa *sf* étrier *m;* (*ALPINISMO*) échelle de corde; **perdere le** ~**e** *(fig)* sortir de ses gonds; **tenere il piede in due** ~**e** *(fig)* faire double jeu.
staf'fetta *sf* estafette; (*SPORT*) relais *m.*
stagio'nale [stadʒo'nale] *ag* saisonnier(-ère).
stagio'nare [stadʒo'nare] *vt (formaggio)* faire mûrir; *(vino)* faire vieillir; **stagi'one** *sf* saison.
stagli'arsi [staʎ'ʎarsi] *vr (delinearsi)* se dessiner; *(spiccare)* ressortir.
stagnante [staɲ'ɲante] *ag* stagnant(e), dormant(e).
sta'gnare [staɲ'ɲare] *vt (metalli)* rétamer, étamer; *(rendere stagno)* rendre étanche, étancher // *vi* stagner; *(aria)* ne pas circuler; **'stagno, a** *ag* étanche // *sm* étang; (*CHIM*) étain; **a tenuta stagna** étanche.
sta'gnola [staɲ'ɲɔla] *sf* feuille d'aluminium.
stalag'mite *sf* stalagmite.
stalat'tite *sf* stalactite.
'stalla *sf* étable; *(fig)* écurie; **stall-i'ere** *sm* palefrenier.
stal'lone *sm étalon.*
sta'mani, stamat'tina *av* ce matin.
'stampa *sf* presse; (*TIP*) imprimerie; *(: atto dello stampare)* impression; (*FOT*) tirage *m; (riproduzione artistica)* gravure, reproduction; ~**e** *sfpl (insieme di opuscoli inviati per posta)* imprimés *mpl;* **andare in** ~ passer sous presse.
stam'pare *vt* imprimer; *(pubblicare)* publier; (*FOT*) tirer; (*ARTE*) graver; (*TECN: gomma)* mouler; *(: cuoio, metallo)* estamper.
stampa'tello *sm* caractère d'imprimerie.
stam'pella *sf* béquille.
'stampo *sm* moule; (*TECN*) estampe *f;* matrice *f;* poinçon; *(fig)* espèce *f.*
sta'nare *vt* débucher, dénicher.
stan'care *vt* fatiguer; *(infastidire)* lasser, ennuyer; ~**rsi** *vr (affaticarsi)* se fatiguer; ~**rsi di** se lasser *o* en avoir assez de; **stan'chezza** *sf* fatigue; **'stanco, a, chi, che** *ag* fatigué(e), lassé(e), las(se).
standardiz'zare [standardid'dzare] *vt* normaliser.
'stanga, ghe *sm* barre *f;* **stan'gata** *sf* coup *m* de barre.

sta'notte *av* cette nuit.
'stante *ag inv:* **a sè ~** indépendant(e); **seduta ~** séance tenante.
stan'tio, a, 'tii, 'tie *ag (cibo)* rance; *(fig: desueto)* vieillot(te), dépassé(e).
stan'tuffo *sm* piston.
'stanza ['stantsa] *sf* pièce; *(da letto)* chambre; *(da pranzo,* TECN) salle; **essere di ~** (MIL) être en garnison, tenir garnison.
stanzi'are [stan'tsjare] *vt* allouer, fixer; **~rsi** *vr* se fixer, s'établir.
stap'pare *vt* déboucher.
'stare *vi* être; *(restare: in luogo, posizione)* rester; *(abitare)* habiter; *(essere situato)* se trouver; *(abiti, scarpe, colore, salute)* aller; **~ in** dépendre de; **~ a te/me** être à toi/moi; **sta studiando** il est en train d'étudier; **in questa macchina ci stanno cinque persone** cette voiture contient cinq personnes; **ci sto** je suis d'accord; **ti sta bene** c'est bien fait pour toi; **~ per fare qc** être sur le point de faire qch; **staremo a vedere** nous verrons, on va voir; **~ a** *(attenersi a)* s'en tenir à; **stando a quanto si dice** d'après ce que l'on dit; **~ dentro** *(fam)* être en prison; **stai zitto!** tais-toi!
starnu'tire *vi* éternuer; **star'nuto** *sm* éternuement.
sta'sera *av* ce soir.
sta'tale *ag (impiegato)* d'Etat, de l'Etat; *(strada)* national(e); *(scuola)* public(publique) // *sm* fonctionnaire de l'État // *sf (strada)* nationale.
sta'tista, i *sm* homme d'Etat.
sta'tistico, a, ci, che *ag, sf* statistique.
'stato, a *pp di* **essere** // *sm* état; *(posizione)* position *f*, situation *f*; **gli S~i Uniti(d'America)** les Etats-Unis (d'Amérique).
'statua *sf* statue.
statuni'tense *ag* des Etats-Unis // *sm/f* habitant/e des Etats-Unis.
sta'tura *sf* (ANAT) taille; *(fig)* stature, envergure.
sta'tuto *sm* statut.
sta'volta *av* cette fois.
stazio'nario, a [stattsjo'narjo] *ag* stationnaire.
stazi'one [stat'tsjone] *sf* station; *(ferroviaria, marittima)* gare; **~ dei Carabinieri** Gendarmerie.
'stecca, che *sf* latte, lame; *(di ombrello, busto)* baleine; *(di biliardo)* queue; *(di sigarette)* cartouche; *(stonatura)* couac *m*, canard *m*.
stec'cato *sm* palissade *f;* (IPPICA) barrière *f*.
stec'chito, a [stek'kito] *ag* desséché(e), sec (sèche *f*); *(fig: sbigottito)* sidéré(e); *(: morto)* raide.
'stella *sf* étoile; *(fig: del cinema)* vedette, star; **~ alpina** (BOT) edelweiss.
'stelo *sm* (BOT) tige *f;* **lampada a ~** lampadaire.
'stemma, i *sm* emblème, écusson.
stempe'rare *vt* délayer, détremper.
sten'dardo *sm* étendard.
'stendere *vt* étendre; *(mano)* tendre; *(mettere a giacere)* coucher; *(distribuire: colore, smalto)* étaler; *(scrivere)* rédiger; *(: rapporto)* dresser; **~rsi** *vr* s'allonger; *(estendersi)* s'étendre.
stenodatti'lografo, a *sm/f* sténodactylo(graphe).
stenogra'fare *vt* sténographier; **ste'nografo, a** *sm/f* sténographe.
sten'tare *vi:* **~ a fare qc** avoir du mal *o* de la peine à faire qch; **'stento** *sm* peine *f*, effort; *(privazione)* privation *f;* **a stento** *av (a fatica)* avec peine.
'sterco, chi *sm* excrément, crotte *f*.
stereo'(fonico, a, ci, che) *ag* stéréo(phonique).
stereoti'pato, a *ag* (TIP) stéréotypé(e); *(fig: sorriso)* figé(e).
'sterile *ag* stérile; *(sterilizzato)*

stérilisé(e); **sterilità** *sf inv* stérilité.
steriliz'zare [sterilid'dzare] *vt* stériliser; **sterilizzazi'one** *sf* stérilisation.
ster'lina *sf* livre sterling.
stermi'nare *vt* exterminer.
stermi'nato, a *ag* immense, illimité(e).
ster'minio *sm* extermination *f.*
'sterno *sm* (ANAT) sternum.
ster'zare [ster'tsare] *vt* (AUTO) braquer; **'sterzo** *sm* (AUTO) direction *f.*
'steso, a *pp di* **stendere.**
'stesso, a *ag* même; *(proprio)* propre // *pron:* **lo(la) ~(a), gli (le) ~i(e)** le(la) même, les mêmes; **con le sue ~ mani** de ses propres mains; **conosci te ~** connais-toi toi-même; **badate a voi ~i** occupez-vous de vous-mêmes; **per me è lo ~** pour moi c'est la même chose; **fa lo ~** cela ne fait rien.
ste'sura *sf* rédaction.
steto'scopio *sm* (MED) stéthoscope.
'stigmate *sfpl* (REL) stigmates.
sti'lare *vt* établir, rédiger, formuler.
'stile *sm* style; *(eleganza)* classe *f,* élégance *f;* **~ libero** (NUOTO) crawl; **sti'lista, i** *sm* styliste; **stiliz'zato, a** *ag* stylisé(e).
stil'lare *vi* dégoutter, suinter; **stilli'cidio** *sm* suintement.
stilo'grafico, a, ci, che *ag* stylographique // *sf (penna)* stylo *m.*
'stima *sf* estime; *(valutazione)* estimation; évaluation.
sti'mare *vt* estimer; *(terreno, casa, etc)* expertiser, estimer, évaluer; **~rsi** *vr* s'estimer, se considérer.
stimo'lante *ag,* stimulant(e) // *sm* stimulant.
stimo'lare *vt* stimuler; **'stimolo** *sm* impulsion *f,* stimulant; (FISIOL) stimulus *sg;* **lo stimolo della fame/ sete** le besoin de manger/boire.
'stinco, chi *sm* (ANAT) tibia.
'stingere ['stindʒere] *vt, vi* décolorer, déteindre; **~rsi** *vr* se décolorer, se déteindre; **'stinto, a** *pp di* **stingere.**
sti'pare *vt* entasser; **~rsi** *vr* s'entasser.
sti'pendio *sm* salaire, traitement.
'stipite *sm* montant.
stipu'lare *vt* stipuler.
sti'rare *vt* repasser; *(allungare)* étirer; (MED) froisser; **~rsi** *vr* s'étirer; (MED) se froisser, se claquer; **stira'tura** *sf* repassage *m;* (MED) élongation; (TECN) étirage *m.*
'stirpe *sf* lignée, descendants *mpl.*
stiti'chezza [stiti'kettsa] *sf* constipation.
'stitico, a, ci, che *ag* constipé(e).
'stiva *sf* (NAUT) cale; (AER) soute.
sti'vale *sm* botte *f.*
'stizza ['stittsa] *sf* colère, hargne.
stiz'zirsi [stit'tsirsi] *vr* se fâcher; **stiz'zoso, a** *ag* irritable, coléreux (-euse).
stocca'fisso *sm* (ZOOL) morue *f* séchée, stockfisch.
stoc'cata *sf (fig)* pointe.
'stoffa *sf* étoffe, tissu *m; (fig)* étoffe.
'stoico, a, ci, che *ag* stoïque // *sm/f* stoïcien/ne.
'stola *sf* étole.
'stolto, a *ag* stupide, sot(te).
'stomaco, chi *sm* (ANAT) estomac; *(fig)* cœur; **dare di ~** vomir.
sto'nare *vi* (MUS) chanter faux, jouer faux; *vi (fig: colori)* détonner, jurer; **stona'tura** *sf* fausse note.
'stoppa *sf* étoupe.
'stoppia *sf* (AGR) chaume *m.*
stop'pino *sm* mèche *f.*
'storcere ['stɔrtʃere] *vt* tordre; *(naso, bocca)* faire la grimace; **~rsi** *vr* se tordre, se fouler.
stor'dire *vt* étourdir; *(assordare)* assourdir.
'storia *sf* histoire; *(racconto)* histoire, fable, récit *m;* **'storico, a, ci, che** *ag* historique // *sm* historien.

stori'one *sm* (*ZOOL*) esturgeon.
stor'mire *vi (foglie)* bruire.
'stormo *sm (uccelli)* vol; (*AER*) formation *f*.
stor'nare *vt* (*COMM*) virer; **'storno** *sm* (*COMM*) virement; (*ZOOL*) étourneau.
storpi'are *vt* estropier; **'storpio, a** *ag* estropié(e).
'storto, a *pp di* **storcere** // *ag* tordu(e) // *sf* entorse, foulure; (*TECN*) cornue.
sto'viglie [sto'viʎʎe] *sfpl* vaisselle *fsg*.
'strabico, a, ci, che *ag* strabique; **stra'bismo** *sm* strabisme.
stra'carico, a *ag* surchargé(e).
stracci'are [strat'tʃare] *vt* déchirer; *(fig: fam: vincere in una gara)* pulvériser; **~rsi** *vr* se déchirer.
'straccio, a, ci, ce ['strattʃo] *ag* usé(e) // *sm (cencio)* chiffon; **~i** *smpl (indumenti)* guenilles *fpl*, haillons; **carta ~a** vieux papiers *mpl;* **stracci'vendolo** *sm* chiffonnier.
stra'cotto *sm* (*CUC*) bœuf braisé.
'strada *sf* route; *(di città)* rue; *(cammino)* chemin *m; (selciato)* chaussée, voie; *(fig)* débouché *m;* **farsi ~** *(fig: fare carriera)* faire son chemin; **essere fuori ~** *(fig)* être sur le mauvais chemin; **~ facendo** en route; **~ ferrata** chemin *m* de fer; **~ senza uscita** voie sans issue; **stra'dale** *ag* routier(-ère) // *sf (polizia)* police de la route.
strafalci'one [strafal'tʃone] *sm* bévue *f*, énormité *f*.
stra'fare *vi* faire du zèle, en faire trop; **stra'fatto, a** *pp di* **strafare**.
strafot'tente *ag* arrogant(e).
'strage ['stradʒe] *sf* massacre *m*.
stralu'nare *vt:* **~ gli occhi** rouler les yeux; **stralu'nato, a** *ag* effaré(e), hagard(e).
stramaz'zare [stramat'tsare] *vi* s'écrouler.
'strambo, a *ag* bizarre.
stra'nezza [stra'nettsa] *sf* bizzarrerie.
strango'lare *vt* étrangler; **~rsi** *vr (morire soffocato)* s'étrangler.
strani'ero, a *ag, sm/f* étranger (-ère).
'strano, a *ag* étrange.
straordi'nario, a *ag* extraordinaire // *sm (lavoro)* heures *fpl* supplémentaires.
strapaz'zare [strapat'tsare] *vt* maltraiter; **~rsi** *vr* se surmener, s'éreinter; **strapazzo** *sm* fatigue *f*, surmenage; **da strapazzo** *(fig: di poco valore)* de quatre sous.
strapi'ombo *sm* surplomb; précipice; **a ~** en surplomb.
strapo'tere *sm* pouvoir excessif.
strap'pare *vt* arracher; *(carta, stoffa)* déchirer; **~rsi** *vr* se déchirer; **'strappo** *sm* déchirure *f*, accroc; (*MED*) déchirure *f; (colpo)* coup sec; (*SPORT*) sprint; *(fig: eccezione)* entorse *f;* **dare uno strappo** *(fig)* accompagner en voiture; **a strappi** par secousses.
strapun'tino *sm* strapontin.
strari'pare *vi* déborder.
strasci'care [straʃʃi'kare] *vt* traîner; **'strascico, chi** *sm* traîne *f; (fig: conseguenza)* suite *f;* **rete a ~** (*PESCA*) chalut.
strata'gemma, i [strata'dʒɛmma] *sm* ruse *f*, stratagème.
strate'gia [strate'dʒia] *sf* stratégie; **stra'tegico, a, ci, che** *ag* stratégique.
'strato *sm* couche *f*.
strato'sfera *sf* stratosphère.
strava'gante *ag* extravagant(e), bizarre; **strava'ganza** *sf* extravagance.
stra'vecchio, a [stra'vɛkkjo] *ag* extra-vieux(-vieille *f*).
stra'vizio [stra'vittsjo] *sm* excès *sg*, débauche *f*.
stra'volgere [stra'vɔldʒere] *vt* bouleverser; *(fig: verità)* fausser;

stra'volto, a *pp di* **stravolgere.**
strazi'are [strat'tsjare] *vt* martyriser; *(fig)* meurtrir; *(: parola)* écorcher; **'strazio** *sm* supplice.
'strega, ghe *sf* sorcière.
stre'gare *vt* ensorceler.
stre'gone *sm* sorcier.
'stregua *sf*: **alla ~ di** de la même manière que.
stre'mare *vt* épuiser; **'stremo** *sm*: **allo ~** à bout.
'strenna *sf* étrenne.
'strenuo, a *ag* vaillant(e), courageux(-euse); *(instancabile)* infatigable.
strepi'toso, a *ag* éclatant(e), retentissant(e).
'stretta *sf vedi* **stretto.**
stret'tezza [stret'tettsa] *sf* étroitesse; **~e** *sfpl (povertà)* gêne *fsg.*
'stretto, a *pp di* **stringere** // *ag* serré(e); *(gonna, passaggio)* étroit(e); *(intimo)* proche, intime; *(fig)* strict(e) // *sm (braccio di mare)* détroit // *sf* étreinte; *(di mano)* poignée; *(fig: dolore)* serrement *m;* **lo ~ necessario** le strict nécessaire; **mettere qd alle ~e** *(fig)* mettre qn au pied du mur; **stret'toia** *sf (di strada)* étranglement *m,* rétrécissement *m; (fig: situazione difficile)* impasse.
stri'ato, a *ag* strié(e).
stri'dente *ag* strident(e), grinçant(e).
'stridere *vi* grincer, crisser; *(alcuni uccelli)* crier; **'strido,** *pl(f)* **strida** *sm* cri; **stri'dore** *sm* crissement, grincement; **'stridulo, a** *ag (voce, canto)* strident(e), aigu(ë).
stril'lare *vt, vi* crier; **'strillo** *sm* cri.
stril'lone *sm (venditore di giornali)* crieur de journaux.
strimin'zito, a [strimin'tsito] *ag (vestito)* étriqué(e); *(persona, pianta)* maigre, rachitique; *(misero)* pauvre.
strimpel'lare *vt* (MUS) racler; *(: su un pianoforte)* tapoter.
'stringa, ghe *sf* lacet *m.*
strin'gato, a *ag* concis(e).
'stringere ['strindʒere] *vt* serrer; *(abito)* retrécir; *(fig: concludere: patto)* conclure; *(: accelerare: tempo)* accélérer // *vi (abito)* être serré(e); *(fig: tempo)* presser; **~rsi** *vr* se serrer.
'striscia, sce ['striʃʃa] *sf (di carta, tessuto etc)* bande; *(strascico)* traînée; **~sce** *sfpl (passaggio pedonale)* passage *m* clouté *o* pour piétons; **a ~sce** à rayures, à raies.
strisci'are [striʃ'ʃare] *vt* glisser; *(trascinare)* traîner; *(macchina)* érafler // *vi* glisser; *(serpente)* ramper; *(passare rasente)* raser; **~rsi** *vr (sfregarsi)* se frotter; **'strscio** *sm (ferita)* écorchure *f,* éraflure *f;* (MED) frottis *sg;* **di striscio** *av* obliquement, de biais.
strito'lare *vt* broyer, écraser.
striz'zare [strit'tsare] *vt* essorer, tordre; *(occhi)* cligner de.
'strofa *sf,* **'strofe** *sf inv* (POESIA) strophe, couplet *m.*
strofi'naccio [strofi'nattʃo] *sm* torchon.
strofi'nare *vt* frotter; **~rsi** *vr* se frotter.
stron'care *vt (anche fig)* briser; *(fig: ribellione)* réprimer.
stropicci'are [stropit'tʃare] *vt* frotter; **~rsi** *vr* se frotter.
stroz'zare [strot'tsare] *vt* étrangler; **~rsi** *vr* s'étrangler; **strozza'tura** *sf* retrécissement *m,* étranglement *m.*
'struggere ['struddʒere] *vt (fig: consumare)* consumer; **~rsi** *vr (fig: dal dolore)* se consumer; *(: dal desiderio)* brûler.
strumen'tale *ag* instrumental(e).
strumentaliz'zare [strumentalid'dzare] *vt* exploiter.
stru'mento *sm* instrument; *(fig: mezzo)* moyen.
'strutto *sm* (CUC) saindoux *sg.*

strut'tura *sf* structure.
struttu'rare *vt* structurer.
'struzzo ['struttso] *sm* autruche *f*.
stuc'care *vt* mastiquer; *(legno)* stuquer; *(fig: di cibo)* écœurer; **stuc'chevole** *ag (nauseante)* écoeurant(e), dégoûtant(e); *(: persona)* ennuyeux(-euse); **'stucco, chi** *sm* stuc, plâtre; **rimanere/restare di stucco** *(fig)* rester pétrifié *o* sidéré.
stu'dente, essa *sm/f* étudiant/e; **studen'tesco, a, schi, sche** *ag* estudiantin(e), d'étudiants.
studi'are *vt* étudier; (*SCOL*) étudier, travailler; **~rsi** *vr* s'étudier; **'studio** *sm* étude *f*, études *fpl; (saggio, progetto)* étude *f; (locale)* bureau; *(: di medico)* cabinet; *(: di artista)* atelier; *(: di professionista)* étude *f;* (*CINE, TV, RADIO*) studio; **studi'oso, a** *ag* studieux(-euse) // *sm/f (ricercatore)* chercheur *m*.
'stufa *sf* poêle *m*, réchaud *m*.
stu'fare *vt* (*CUC*) cuire à l'étouffée, braiser; *(fig: fam: stancare)* ennuyer, embêter; **stu'fato** *sm* (*CUC*) bœuf en daube; **'stufo, a** *ag (fam: seccato)* ennuyé(e), fatigué(e); **esser stufo** en avoir marre.
stu'oia *sf* natte.
stupefa'cente [stupefa'tʃɛnte] *ag* stupéfiant(e) // *sm* stupéfiant.
stu'pendo, a *ag* merveilleux (-euse), splendide.
stupi'daggine [stupi'daddʒine] *sf* stupidité, sottise.
stupidità *sf inv* stupidité.
'stupido, a *ag* stupide, idiot(e).
stu'pire *vt* étonner, surprendre; **~rsi** *vr* s'étonner; **stu'pore** *sm* étonnement, stupeur *f*.
'stupro *sm* (*DIR*) viol.
stu'rare *vt* déboucher.
stuzzica'denti [stuttsika'dɛnti] *sm* cure-dent.
stuzzi'care [stuttsi'kare] *vt* gratter; *(fig: molestare)* taquiner; *(: appetito)* stimuler.
su *(su + il =* **sul,** *su + lo =* **sullo,** *su + l' =* **sull',** *su + la =* **sulla,** *su + i =* **sui,** *su+gli =* **sugli,** *su + le =* **sulle**) *prep* sur // *av* en haut; dessus; **sul far della sera/del giorno** à la tombée de la nuit/au petit jour; **starò assente sui 2 mesi** je resterai absent environ 2 mois; **una ragazza sui 17 anni** une fille dans les 17 ans; **pesa sui 4 chili** il pèse près de 4 kilos; **dipinto ~ tela** peint sur toile; **~, muoviti!** allons, remue-toi!; **in ~** vers le haut; **dalle mille lire in ~** à partir de 1000 lires.
'sua *vedi* **suo.**
su'bacqueo, a *ag* sous-marin(e) // *(anche:* **sub***) sm* plongeur.
sub'buglio [sub'buʎʎo] *sm* agitation f, désordre.
subcosci'ente [subkoʃ'ʃɛnte] *sm* (*PSIC*) subconscient.
'subdolo, a *ag* trompeur(-euse), sournois(e).
suben'trare *vi:* **~ a qd/qc** succéder à qn/qch; *(fig)* suivre.
su'bire *vt* subir.
subis'sare *vt (fig: di lodi)* couvrir, submerger; *(: di domande)* accabler.
subi'taneo, a *ag* subit(e), soudain(e).
'subito *av* aussitôt, tout de suite.
su'blime *ag* sublime.
subodo'rare *vt* flairer.
subordi'nato, a *ag* subordonné(e).
subur'bano, a *ag* suburbain(e).
succe'daneo, a [suttʃe'daneo] *ag* succédané(e) // *sm* succédané.
suc'cedere [sut'tʃɛdere] *vi* arriver, se passer; **~ a** *(venire dopo: qd)* succéder à; **~rsi** *vr (susseguirsi)* se succéder, se suivre; **succes-si'one** *sf* succession; **succes'sivo, a** *ag* successif(-ive); **suc'cesso, a** *pp di* **succedere** // *sm* succès *sg*, réussite *f;* **succes'sore** *sm* successeur.
succhi'are [suk'kjare] *vt* sucer.
suc'cinto, a [sut'tʃinto] *ag (stile, discorso)* succinct(e), bref(brève *f*);

sventu'rato, a *ag (persona, episodio)* malheureux (-euse), malchanceux(-euse).
sve'nuto, a *pp di* **svenire.**
svergo'gnato, a [zvergoɲ'ɲato] *ag* dévergondé(e).
sver'nare *vi* hiverner.
sve'stire *vt* déshabiller; ~**rsi** *vr* se déshabiller.
'Svezia ['zvɛttsja] *sf* Suède.
svez'zare [zvet'tsare] *vt* sevrer.
svi'are *vt* détourner; *(portare su una cattiva strada)* détourner du droit chemin; ~**rsi** *vr (uscir di strada: anche fig)* s'égarer.
svignarsela [zviɲ'ɲarsela] *vr* filer à l'anglaise, déguerpir.
svilup'pare *vt* développer; ~**rsi** *vr* se développer; **svi'luppo** *sm* développement.
svinco'lare *vt (fig: merce)* retirer; *(: sdoganare)* dédouaner; ~**rsi** *vr (liberarsi)* se dégager, se libérer; **'svincolo** *sm (di deposito, merci)* retrait; dédouanement; *(raccordo stradale)* échangeur, bretelle *f*.
svi'sare *vt* altérer, déformer.
svisce'rare [zviʃʃe'rare] *vt (fig: argomento)* approfondir; **svisce'rato, a** *ag* passionné(e), exagéré(e).
'svista *sf* erreur, bévue.
svi'tare *vt* dévisser.
'Svizzera ['zvittsera] *sf* Suisse.
'svizzero, a ['zvittsero] *ag, sm* suisse // *sf* suissesse.
svogli'ato, a [zvoʎ'ʎato] *ag* paresseux(-euse).
svolaz'zare [zvolat'tsare] *vi* voltiger; *(capelli)* flotter.
'svolgere ['zvɔldʒere] *vt* dérouler; *(fig: tema)* développer; *(: inchiesta)* mener; ~**rsi** *vr* se dérouler; **svolgi'mento** *sm* développement, déroulement.
'svolta *sf* virage *m*, tournant *m*.
svol'tare *vi* tourner.
'svolto, a *pp di* **svolgere.**
svuo'tare *vt* vider.

T

tabac'caio, a *sm/f (rivenditore)* marchand/e de tabac.
tabacche'ria [tabakke'ria] *sf* bureau *m* de tabac.
ta'bacco, chi *sm* tabac.
ta'bella *sf* tableau *m; (elenco)* barème *m;* ~ **di marcia** (SPORT) plan *m* de marche.
taber'nacolo *sm* (REL) tabernacle.
tabù *ag, sm inv* tabou.
tabu'lato *sm* (INFORM) listing, imprimés *mpl*.
'tacca, che *sf* cran *m; (taglio)* encoche, entaille; **di mezza** ~ *(fig)* de peu de valeur.
tac'cagno, a [tak'kaɲɲo] *ag* pingre.
tac'cheggio [tak'keddʒo] *sm* vol à l'étalage.
tac'chino *sm* (ZOOL) dindon.
'taccia, ce ['tattʃa] *sf* mauvaise réputation.
'tacco, chi *sm* talon.
taccu'ino *sm* calepin.
ta'cere *vi* se taire; *(rumori: smettere)* s'apaiser // *vt (non dire)* omettre, taire.
ta'chimetro *sm* compteur de vitesse.
'tacito, a ['tatʃito] *ag* tacite; *(fig)* caché(e).
taci'turno a *ag* taciturne.
ta'fano *sm* (ZOOL) taon.
taffe'ruglio [taffe'ruʎʎo] *sm* bagarre *f*.
taffe(t)tà *sm* taffetas *sg*.
'taglia ['taʎʎa] *sf* taille; *(ricompensa)* récompense.
taglia'carte [taʎʎa'karte] *sm inv* coupe-papier.
tagli'ando [taʎ'ʎando] *sm* coupon.
tagli'are [taʎ'ʎare] *vt* couper; (TECN) tailler; (SPORT: *traguardo)* franchir; *(fig: spese)* réduire; ~ **corto** *(fig)* couper court, abréger; ~

fuori isoler; ~ **la curva** (AUTO) prendre un virage à la corde.

taglia'telle [taʎʎa'tɛlle] *sfpl* (CUC) nouilles; tagliatelles.

tagli'ente [taʎ'ʎɛnte] *ag* tranchant(e); *(fig; mordace)* mordant(e).

'taglio ['taʎʎo] *sm* coupe *f*; *(di carne)* morceau; *(di diamante)* taille *f*; *(MED: asportazione)* amputation *f*; *(: incisione)* coupure *f*; *(parte tagliente: di arma, coltello)* tranchant; *(di libro)* tranche *f*; *(di stoffa: tecnica)* découpage; *(di banconote)* coupure *f*; *(di vini)* coupage; **colpire di** ~ (SPORT) couper.

tagli'ola [taʎʎ'ʎɔla] *sf* piège *m*.

tagliuz'zare [taʎʎut'tsare] *vt* taillader.

'talco, chi *sm* talc.

'tale *det (così grande, uguale)* tel(le); *(questo, quello)* ce(cette) // *(pron indefinito)* tel(telle); **un(a)** ~ un(e) tel(le); ~ **da/che** tel(le) que; ~ **e quale** comme, pareil(le) à; **quel** ~ **negozio** ce magasin; **quel** ~ ce type-là.

ta'lento *sm* talent.

tali'smano *sm* talisman.

tallon'cino [tallon'tʃino] *sm* talon; *(di medicinale)* vignette *f*.

tal'lone *sm* talon.

tal'mente *av* tellement, si.

ta'lora *av* = *vedi* **tal'volta.**

'talpa *sf* (ZOOL) taupe.

tal'volta *av* parfois, quelquefois.

tambu'rello *sm* tambourin.

tambu'rino *sm* (MIL) tambour.

tam'buro *sm* tambour; *(di pistola)* barillet.

tampo'nare *vt* tamponner, boucher; *(urtare: macchina)* tamponner.

tam'pone *sm* tampon; ~ **assorbente** (MED) tampon hygiénique *o* périodique.

'tana *sf* tanière; *(di banditi)* repaire *m*.

'tanfo *sm* puanteur *f*.

tan'gente [tan'dʒɛnte] *ag* (MAT) tangent(e) // *sf* tangente; *(quota)* quote-part; *(peg: bustarella)* pot-de-vin *m*.

tan'gibile [tan'dʒibile] *ag* palpable, tangible.

'tango, ghi *sm* tango.

tan'nino *sm* (CHIM) tanin.

tan'tino: un ~ *av (un po')* un peu // *pron* un tout petit peu.

'tanto, a *det (molto)* bien de, beaucoup de; ~**i/e** *pl* plusieurs, beaucoup de // *pron (quantità)* beaucoup, autant; ~**i/e** *pl* beaucoup (de gens) // *av (molto)* très, bien; *(così)* si; *(a lungo)* longtemps; **c'è** ~**a strada da fare** il y a beaucoup de chemin à faire; **è** ~ **buono con me!** il est si gentil avec moi!; **non devi parlare** ~ tu ne dois pas parler autant; **costare** ~ coûter cher; ~ **per ridere** histoire de rire; **una volta** ~ pour une fois; ~ **è inutile** de toute façon c'est inutile; **ha** ~**a volontà che riesce in ogni cosa** il a tant de volonté qu'il réussit en toute chose; **era** ~ **stanco che non riusciva a dormire** il était si fatigué qu'il n'arrivait pas à dormir; **è già** ~ **che sia venuto** c'est déjà bien qu'il soit venu; **era** ~ **stupido da crederlo** il était assez idiot pour le croire; **ho** ~**i libri quanto loro** j'ai autant de livres qu'eux; **è** ~ **bello quanto buono** il est aussi beau que bon; **scrive** ~ **quanto parla** il écrit autant qu'il parle; **costa un** ~ **al metro** cela coûte tant le mètre; **di** ~ **in** ~, **ogni** ~ de temps en temps; **quanto più insisti** ~ **meno mi convinci** plus tu insistes et moins tu me convaincs.

'tappa *sf* étape; *(fermata)* halte; ~ **a cronometro** (SPORT) étape contre la montre; **a** ~**e** *fpl* par étapes.

tap'pare *vt (chiudere)* fermer; *(fessure: sigillare)* boucher; ~**rsi la bocca** *(fig)* se taire; ~**rsi le orecchie** *(fig)* se boucher les oreilles.

tap'peto *sm* tapis *sg*; ~ **erboso**

pelouse *f;* **bombardamento a** ~ (*MIL*) pilonnage.

tappez'zare [tappet'tsare] *vt* tapisser; *(ricoprire: poltrona)* recouvrir; **tappezze'ria** *sf (tessuto)* tapisserie; *(carta da parato)* papier *m* peint; **far da tappezzeria** *(fig)* faire tapisserie; **tappezzi'ere** *sm* tapissier.

'tappo *sm* bouchon.

ta'rantola *sf* (*ZOOL*) tarentule.

tarchiato, a [tar'kjato] *ag* trapu(e).

tar'dare *vi* être en retard; *(indugiare)* tarder.

'tardi *av* tard; *(in ritardo)* en retard; **fare** ~ arriver *o* être *o* sortir en retard; **sul** ~ dans la soirée.

tar'divo, a *ag* tardif(-ive); *(fig: bambino)* retardé(e).

'tardo, a *ag (lento)* lent(e); *(ora)* tardif(-ive); **nel** ~ **pomeriggio** tard dans l'après-midi.

'targa, ghe *sf* plaque; ~ **d'immatricolazione** (*AUTO*) plaque minéralogique.

ta'riffa *sf* tarif *m.*

'tarlo *sm* ver rongeur.

'tarma *sf* mite.

ta'rocco, chi *sm* tarot.

tartagli'are [tartaʎʎ'ʎare] *vi* bredouiller.

'tartaro, a *ag, sm/f* (*CUC*) tartare // *sm* tartre.

tarta'ruga, ghe *sf* (*ZOOL*) tortue; *(materiale)* écaille.

tar'tina *sf* tartine.

tar'tufo *sm* (*BOT*) truffe *f; (fig: ipocrita)* tartuffe.

'tasca, sche *sf* poche; **ripulire le** ~ **a qd** *(fig)* faire les poches à qn; **averne le** ~ **piene** *(fig)* en avoir plein le dos; **ta'scabile** *ag* de poche; **tasca'pane** *sm* musette *f;* **ta'schino** *sm* gousset.

'tassa *sf* taxe; *(sul reddito)* impôt *m;* ~ **di circolazione** (*AUTO*) vignette automobile.

tas'sametro *sm (di taxi)* taximètre; *(di parcheggio)* parcmètre.

tas'sare *vt* taxer, imposer.

tassa'tivo, a *ag* péremptoire.

tassazi'one [tassat'tsjone] *sf* taxation, imposition.

tas'sello *sm* morceau; (*TECN*) cheville *f.*

tassi *sm* = **'taxi.**

tas'sista, i *sm* chauffeur de taxi.

'tasso *sm* (*ECON*) taux *sg;* (*MED*) teneur *f;* (*BOT*) if; (*ZOOL*) blaireau, loir.

ta'stare *vt* tâter.

tasti'era *sf* clavier *m; (di strumenti a corda)* cheville.

'tasto *sm* touche *f; (fig)* corde *f.*

ta'stoni *av* à tâtons.

'tattico, a, ci, che *ag, sf* tactique // *sm* tacticien.

'tatto *sm (senso)* toucher; *(fig: accortezza)* tact.

tatu'aggio [tatu'addʒo] *sm* tatouage.

tatu'are *vt* tatouer.

'tavola *sf* planche; *(mobile)* table; *(lastra)* plaque; *(quadro, tabella)* tableau *m;* (*GEOGR*) carte; (*TECN*) plateau *m;* ~ **calda/fredda** snack *m;* ~ **del fasciame** (*NAUT*) bordage *m.*

tavo'lato *sm* cloison *f* en bois; *(pavimento di tavole)* plancher; (*GEOGR*) plateau.

tavo'letta *sf* tablette; *(di legno)* planchette; **andare a** ~ (*AUTO*) écraser le champignon.

'tavolo *sm* table *f; (d'ufficio, etc)* bureau; *(di artigiano)* établi.

tavo'lozza [tavo'lɔttsa] *sf* (*ARTE*) palette.

'taxi *sm inv* taxi.

'tazza ['tattsa] *sf* tasse.

TCI *(abbr di Touring Club Italiano)* ≈ T.C.F.

te *pron vedi* **ti.**

tè *sm* thé.

tea'trale *ag* théâtral(e); *(fig: esagerato)* théâtral(e), emphatique.

te'atro *sm* théâtre; ~ **lirico** opéra; ~ **di varietà** music-hall; ~ **di posa**

studio.
'tecnico, a, ci, che *ag* technique // *sm/f* technicien/ne; *(di laboratorio)* préparateur/trice; *(del suono)* ingénieur *m* // *sf* *(metodo)* technique.
tecnolo'gia [teknolo'dʒia] *sf* technologie.
te'desco, a, schi, sche *ag, sm/f* allemand(e).
'tedio *sm* ennui.
te'game *sm* (*CUC*) casserole *f.*
'tegola *sf* tuile.
tei'era *sf* théière.
'tela *sf* toile; (*TEATRO*) rideau *m;* *(fig)* intrigue.
te'laio *sm* (*TESSILE*) métier; *(armatura)* chassis *sg;* *(di finestra)* bâti; (*ELETTR*) cadre.
tele'camera *sf* caméra.
telecomunicazi'one [telekomunikat'tsjone] *sf* télécommunication.
tele'cronaca *sf* reportage *m* télévisé.
tele'ferica, che *sf* téléphérique *m.*
telefo'nare *vi, vt* téléphoner; **telefo'nata** *sf* coup *m* de téléphone; **telefonata a carico del destinatario** appel *m* téléphonique en PCV.
tele'fonico, a, ci, che *ag* téléphonique.
telefo'nista, i, e *sm/f* standardiste.
te'lefono *sm* téléphone.
telegior'nale [teledʒor'nale] *sm* journal télévisé.
telegra'fare *vi, vt* télégraphier, câbler.
telegra'fia *sf* télégraphie; **tele'grafico, ca, ci, che** *ag* télégraphique; **te'legrafo** *sm* télégraphe; *(ufficio)* bureau télégraphique.
tele'gramma, i *sm* télégramme.
telepa'tia *sf* (*PSIC*) télépathie.
tele'scopio *sm* téléscope.
teleselezi'one [teleselet'tsjone] *sf* interurbain *m,* automatique *m.*
telespetta'tore, trice *sm/f* téléspectateur/trice.
televisi'one *sf* télévision.
televi'sore *sm* téléviseur, poste de télévision.
'telex *sm inv* télex.
'tema, i *sm* sujet, argument; (*MUS, LETTERATURA*) thème; (*SCOL*) composition *f,* rédaction *f.*
teme'rario, a *ag* téméraire.
te'mere *vt* craindre, redouter // *vi* craindre.
temperama'tite *sm inv* taille-crayon.
tempera'mento *sm* tempérament.
tempe'rare *vt* tempérer, modérer; *(acciaio, vetro)* tremper; *(matita)* tailler; **tempe'rato, a** *ag* tempéré(e); *(entusiasmo)* modéré(e); *(acciaio, vetro)* trempé(e).
tempera'tura *sf* température.
tempe'rino *sm* canif.
tem'pesta *sf* tempête, orage *m.*
tempe'stivo, a *ag* opportun(e).
tempe'stoso, a *ag* (*METEOR*) orageux(-euse); *(fig)* agité(e).
'tempia *sf* (*ANAT*) tempe.
'tempio *sm* temple.
'tempo *sm* temps *sg;* *(durata)* durée *f;* *(epoca)* époque *f;* *(età)* âge; *(termine)* délai; (*CINE, SPORT*) mi-temps *f;* (*MUS*) temps *sg,* mesure *f;* **un ~** jadis, autrefois; **~ fa** il y a quelque temps; **per ~** *(presto)* tôt; **~ supplementare** (*CALCIO*) prolongation *f;* **previsioni del ~** prévisions météorologiques.
tempo'rale *ag* temporel(le); (*ANAT*) temporal(e) // *sm* orage.
tempo'raneo, a *ag* temporaire.
temporeggi'are [tempored'dʒare] *vi* temporiser.
tem'prare *vt* *(acciaio, vetro)* tremper; *(fig)* endurcir.
te'nace [te'natʃe] *ag* tenace.
te'naglia [te'naʎʎa] *sf* tenaille; *(per denti)* davier *m;* **~e** *fpl* *(fam: ZOOL)*

pinces.

'tenda *sf* tente; *(di finestra)* rideau *m.*

ten'denza [ten'dentsa] *sf* tendance; *(disposizione)* disposition, penchant *m.*

'tendere *vt* tendre; (*NAUT*) étarquer // *vi:* ~ **a** tendre à; *(essere incline)* être enclin à; *(mirare a)* viser à; *(colore)* tirer sur.

ten'dina *sf* rideau *m.*

'tendine *sm* (*ANAT*) tendon.

ten'done *sm (di negozio)* store; *(di camion)* bâche *f; (di circo)* chapiteau.

'tenebre *sfpl* ténèbres; **tene'broso, a** *ag* ténébreux(-euse).

te'nente *sm* (*MIL*) lieutenant.

te'nere *vt* tenir; *(conservare)* garder; *(sog: recipiente: contenere)* contenir; *(spazio: occupare)* tenir, occuper; *(seguire: direzione, regola)* suivre; *(vendere)* vendre // *vi* tenir; **~rsi** *vr* se tenir; **~rsi da** *(trattenersi)* se retenir de, s'empêcher de; **~rsi stretto a qd** se serrer contre qn; **~rsi a** *(attenersi)* s'en tenir à; ~ **in soggezione** intimider; ~ **sott'olio/sott'aceto** conserver dans l'huile/ le vinaigre; ~ **per** (*SPORT*) soutenir; ~ **d'occhio qd** avoir qn à l'oeil; ~ **qc da conto** prendre soin de qch; ~ **a mente qc** retenir qch; ~ **per buono** considérer comme bon.

tene'rezza [tene'rettsa] *sf* tendresse.

'tenero, a *ag* tendre; *(fig: affettuoso)* tendre, affectueux(-euse); *(:indulgente)* indulgent(e).

'tenia *sf* ténia *m.*

'tennis *sm inv* tennis.

te'nore *sm* teneur *f;* (*MUS*) ténor; *(livello)* niveau, train; (*TECN*) taux *sg.*

tensi'one *sf* (*ELETTR*) tension, voltage *m; (fig)* tension.

ten'tacolo *sm* tentacule.

ten'tare *vt* tenter; ~ **il colpo** risquer; **tenta'tivo** *sm* tentative *f;* **tentazi'one** tentation.

tenten'nare *vi* tituber, chanceler; *(fig)* hésiter // *vt* hocher, secouer.

ten'toni *av (a tastoni)* à tâtons; *(fig: senza indizi)* au hasard.

'tenue *ag* ténu(e); *(colore)* pâle; *(guadagno)* médiocre; *(fig: esiguo)* faible, léger(-ère); (*ANAT*) grêle.

te'nuta *sf* tenue; *(abito)* tenue, mise; *(di tubo, recipiente)* étanchéité; *(capacità)* capacité; (*SPORT*) résistance; (*AGR*) domaine *m,* propriété; (*TECN*) joint *m;* **a ~ stagna** étanche.

teolo'gia [teolo'dʒia] *sf* (*REL*) théologie; **teo'logico, a, ci, che** *ag* théologique; **te'ologo, gi** *sm* théologien.

teo'rema, i *sm* théorème.

teo'ria *sf* théorie; **te'orico, a ci, che** *ag* théorique // *sm/f* théoricien/ne.

'tepido, *etc* = **ti'epido,** *etc.*

te'pore *sm* tiédeur *f.*

'teppa *sf* pègre; **tep'pismo** *sm* vandalisme; **tep'pista, i** *sm* voyou, blouson-noir.

tera'pia *sf* thérapie.

tergicri'stallo *sm* (*AUTO*) essuie-glace.

tergiver'sare *vi* tergiverser.

'tergo *sm:* **a** ~ au verso.

ter'male *ag* thermal(e).

'terme *sfpl* thermes *mpl,* établissement *m* thermal.

'termico, a, ci, che *ag* thermique.

termi'nale *ag* terminal(e) // *sm* (*INFORM*) terminal; (*ELETTR*: *morsetto)* borne *f.*

termi'nare *vt* terminer, achever // *vi* finir, se terminer.

'termine *sm (di tempo: limite)* limite *f,* délai; *(fine)* fin *f,* terme; *(confine)* limite *f;* (*COMM, LING*) terme; **parlare senza mezzi ~i** parler sans ménager ses termes.

terminolo'gia [terminolo'dʒia] *sf*

terminologie.
'termite *sf* termite *m*.
ter'mometro *sm* thermomètre.
'termos *sm inv* = **'thermos.**
termosi'fone *sm* thermosiphon, radiateur.
ter'mostato *sm* thermostat.
'terra *sf* terre; (*AGR*) terrain *m*, terre; *(fig)* monde *m;* **mettere a ~** (*ELETTR*) mettre à la terre; **~ di nessuno** terrain *m* neutre; **piano ~** rez-de-chaussée *m*.
terra'cotta *sf* terre cuite; *(manufatto)* objet *m* en terre cuite.
terra'ferma *sf* terre ferme.
terrapi'eno *sm* terre-plein.
ter'razza [ter'rattsa] *sf* terrasse; **a ~e** (*AGR*) en gradins; **ter'razzo** *sm (balcone)* terrasse *f;* (*AGR*) étagement.
terre'moto *sm* tremblement de terre, séisme; *(fig)* ouragan.
ter'reno, a *ag* terrestre // *sm* terrain; *(suolo)* sol.
ter'restre *ag* terrestre; *(abitante della Terra)* terrien(ne).
ter'ribile *ag* terrible.
terrifi'cante *ag* terrifiant(e).
territori'ale *ag* territorial(e).
terri'torio *sm* territoire.
ter'rore *sm* terreur *f;* **terro'rismo** *sm* terrorisme; **terro'rista, i, e** *sm/f* terroriste; **terroriz'zare** *vt* terroriser.
'terso, a *ag* limpide.
'terzo ['tertso] *ag* troisième; *(estraneo)* tierce // *sm* troisième; *(personne)* tiers *sg;* **~i** *smpl (altri)* tiers; **T~ Mondo** Tiers Monde; **Napoleone ~** Napoléon trois.
'tesa *sf* bord *m*.
'teschio ['teskjo] *sm* crâne; *(simbolo)* tête *f* de mort.
'tesi *sf* thèse; (*MAT*) proposition.
'teso, a *ag* tendu(e).
tesore'ria *sf* trésorerie.
tesori'ere *sm* trésorier.
te'soro *sm* trésor; **Ministero del T~** Ministère des Finances.
'tessera *sf (documento)* carte; (*SPORT*) licence; *(di mosaico)* tesselle; **avere la ~ di un partito** (*POL*) être inscrit à un parti.
'tessere *vt (sul telaio)* tisser; *(fig)* tramer; **'tessile** *ag, sm* textile; **'tessili** *smpl (operai)* ouvriers du textile; **tessi'tore, trice** *sm/f* tisseur/euse, tisserand/e; **tessi'tura** *sf* tissage *m; (stabilimento)* usine textile.
tes'suto *sm* tissu.
'testa *sf* tête; **adoperare la ~** *(fig)* faire travailler ses méninges; **mettere la ~ a posto** *(fig)* se ranger; **fare di ~ propria** n'en faire qu'à sa tête; **~ o croce** pile ou face; **~di rapa** *(fig)* tête de linotte; **giramento di ~** vertige.
testa'mento *sm* testament.
te'stardo, a *ag* têtu(e).
te'stata *sf (colpo)* coup *m* de tête; *(parte anteriore: di ponte)* butée, culée; *(:di motore)* culasse; *(: di missile)* tête; *(: di divano)* accoudoir; *(: di letto)* tête de lit; *(di giornale)* titre *m*.
'teste *sm/f* témoin.
te'sticolo *sm* testicule.
testi'mone *sm/f* témoin.
testimoni'anza [testimo'njantsa] *sf* témoignage *m*.
testimoni'are *vt, vi* témoigner.
'testo *sm* texte; *(opera)* livre, manuel; **fare ~** *(fig)* être une autorité en la matière; **testu'ale** *ag* textuel(le).
te'stuggine [tes'tuddʒine] *sf* (*ZOOL*) tortue.
'tetano *sm* tétanos *sg*.
'tetro, a *ag* sombre, lugubre; *(fig)* maussade.
'tetto *sm* toit; *(fig)* plafond; **senza ~** sans-logis.
tet'toia *sf* (*EDIL*) hangar *m; (riparo)* abri *m*.
'Tevere *sm* Tibre.
'thermos ® *sm inv* thermos ®.
ti *(dav lo, la, li, le, ne diventa* **te**) *pron*

(a te) te; *(riflessivo):* **vestiti!** habille-toi!
ti'ara *sf* tiare.
'tibia *sf* tibia *m.*
tic *sm inv* tic.
ticchet'tio [tikket'tio] *sm* cliquetis *sg; (di orologio)* tic-tac.
'ticchio ['tikkjo] *sm (ghiribizzo)* envie *f*, fantaisie *f; (tic)* tic.
ti'epido, a *ag* tiède.
ti'fare *vi:* ~ **per** être pour, être un supporter de.
'tifo *sm* (MED) typhus *sg;* **fare il ~ per** (SPORT: *fig)* supporter, être pour.
tifoi'dea *sf* typhoïde.
ti'fone *sm* typhon.
ti'foso, a *ag, sm/f* (SPORT) supporter *m.*
'tiglio ['tiʎʎo] *sm* tilleul.
'tigre *sf* tigre *m.*
tim'ballo *sm* (CUC) timbale *f.*
'timbro *sm* timbre, cachet, tampon; *(di voce)* ton.
'timido, a *ag* timide.
'timo *sm* thym.
ti'mone *sm* gouvernail, barre *f;* **timoni'ere** *sm* (NAUT) homme de barre; (SPORT) barreur.
ti'more *sm* crainte *f*, peur *f*, appréhension *f;* **timo'roso, a** *ag* craintif (-ive), peureux(-euse).
'timpano *sm* tympan; (MUS) timbale *f.*
'tingere ['tindʒere] *vt (dare colore a)* teinter; *(cambiare il colore: di capelli, vestito)* teindre.
'tino, i *sm* cuve *f.*
ti'nozza [ti'nɔttsa] *sf* baquet *m.*
'tinta *sf* teinte, couleur, coloris *m; (materia colorante)* teinture; **tinta'rella** *sf* bronzage *m.*
tintin'nare *vi* tinter, sonner.
'tinto, a *pp di* **tingere.**
tinto'ria *sf* teinturerie.
tin'tura *sf* teinture.
'tipico, a, ci, che *ag* typique.
'tipo *sm* type; *(genere)* genre.
tipogra'fia *sf* typographie; *(laboratorio)* imprimerie; **tipo'grafico, a, ci, che** *ag* typographique; **ti'pografo** *sm* imprimeur.
TIR *(abbr di Trasporti Internazionali su Strada)* TIR; *(camion)* poids *sg* lourd.
ti'raggio [ti'raddʒo] *sm* tirage.
tiranneggi'are [tiranned'dʒare] *vt* tyranniser.
tiran'nia *sf* tyrannie.
ti'ranno, a *ag* tyrannique // *sm* tyran.
ti'rare *vt* tirer; *(distendere: corda, molla)* tendre; *(lanciare)* jeter, lancer // *vi* tirer; *(vento)* souffler; **~rsi** *vr:* **~rsi avanti/indietro** avancer/reculer; **~rsi addosso** s'attirer; **~rsi da parte** *o* **via** s'effacer, s'écarter; **~rsi su** se relever; ~ **avanti** avancer; *(fig)* vivoter; ~ **giù** baisser; *(buttare)* jeter; ~ **su** *(calze)* remonter; ~ **su col naso** renifler; ~ **via** enlever; ~ **il collo a qd/qc** tordre le cou à qn/qch; ~ **il fiato** respirer; ~ **in porta** (SPORT) shooter.
tira'tore trice *sm/f* tireur/euse; ~ **scelto** tireur *m* d'élite.
tira'tura *sf* tirage *m.*
'tirchio, a ['tirkjo] *ag* avare, pingre.
'tiro *sm (di arma)* tir; *(traiettoria)* portée *f*; *(fig: colpo)* coup; *(: scherzo)* tour; *(di cavalli, etc)* attelage; **da ~** *(cavallo, etc)* de trait; ~ **in porta** *o* **a rete** tir au but, shoot.
tiro'cinio [tiro'tʃinjo] *sm* apprentissage, stage.
ti'roide *sf* thyroïde.
ti'sana *sf* tisane.
tito'lare *ag* titulaire // *sm/f* titulaire; *(proprietario)* patron/ne, propriétaire.
'titolo *sm* titre; *(epiteto ingiurioso)* nom; **~i** *mpl* **mobiliari** valeurs *fpl* mobilières.
titu'bante *ag* titubant(e), chancelant(e); *(fig)* hésitant(e).
'tizio ['tittsjo] *sm* type, quelqu'un.

tiz'zone [tit'tsone] *sm* tison.
toc'cante *ag* touchant(e).
toc'care *vt* toucher; *(mare: fondo)* avoir pied // *vi:* ~ **a** *(spettare)* appartenir à, être à; *(essere obbligato)* être obligé de; **gli è toccata una disgrazia** il lui est arrivé un malheur; **a chi tocca?** à qui le tour?.
'tocco, chi *sm* coup; *(colpetto)* tape *f*; (*MUS, tessuto)* toucher; (*ARTE: impronta personale)* touche *f*, main *f*.
'toga, ghe *sf* toge; *(dei magistrati)* robe.
'togliere ['tɔʎʎere] *vt* enlever, ôter; *(seduta)* lever; **~rsi** *vr (levarsi)* enlever, se débarrasser de; ~ **il saluto a qd** ne plus saluer qn; **ciò non toglie che ...** toutefois ... ; **~rsi la vita** se suicider; **togliti di mezzo** tire-toi de là.
to'letta *sf (mobile)* toilette, coiffeuse; *(gabinetto)* toilettes *fpl; (abito elegante)* toilette.
tolle'ranza [tolle'rantsa] *sf* tolérance.
tolle'rare *vt* tolérer, supporter.
'tolto, a *pp di* **togliere.**
to'maia *sf* empeigne.
'tomba *sf* tombe.
tom'bino *sm* bouche *f* d'égoût.
'tombola *sf* tombola; *(ruzzolone)* dégringolade, chute.
tombo'lare *vi* dégringoler.
'tomo *sm* tome.
'tonaca, che *sf* soutane.
to'nare *vi* = **tuo'nare.**
'tondo *ag* rond(e); *(arrotondato)* arrondi(e); (*TIP*) romain(e) // *sm* cercle.
'tonfo *sm* bruit sourd.
'tonico, a, ci, che *ag* tonique // *sm* tonique; *(ricostituente)* remontant.
tonifi'care *vt* tonifier.
tonnel'laggio [tonnel'laddʒo] *sm* tonnage.
tonnel'lata *sf* tonne.
'tonno *sm* thon.
'tono *sm* ton; (*MED*) tonus *sg;* **rispondere a** ~ répondre à propos.
ton'silla *sf* amygdale.
ton'sura *sf* tonsure.
'tonto, a *ag* imbécile, ahuri(e).
to'pazio [to'pattsjo] *sm* topaze *f.*
'topo *sm* rat.
topogra'fia *sf* topographie.
'toppa *sf* trou *m* de serrure; *(pezza)* pièce.
to'race [to'ratʃe] *sm* thorax *sg.*
'torba *sf* tourbe.
'torbido, a *ag* trouble; *(fig: fosco)* sombre; *(: tormentato)* troublé(e) // *sm* louche *f.*
'torcere ['tɔrtʃere] *vt* tordre; **~rsi** *vr (contorcersi)* se tordre, se plier; ~ **la bocca/il naso** faire la grimace.
torchi'are [tor'kjare] *vt* presser; *(fig)* cuisiner.
'torcia, ce ['tɔrtʃa] *sf* torche.
torci'collo [tortʃi'kɔllo] *sm* torticolis *sg.*
tordo *sm* grive *f.*
tori'nese *ag, sm/f* turinois(e).
To'rino *sf* Turin *m.*
tor'menta *sf* tourmente.
tormen'tare *vt* tourmenter; *(fig: infastidire)* agacer; **~rsi** *vr* se tourmenter; **tor'mento** *sm* tourment, peine *f; (fig; fastidio)* plaie *f.*
torna'conto *sm* profit, intérêt.
tor'nado *sm* tornade *f.*
tor'nante *sm* tournant.
tor'nare *vi* revenir; *(rientrare)* rentrer; *(andare di nuovo)* retourner; *(ridiventare: anche fig)* redevenir; *(riuscire giusto)* être juste.
torna'sole *sm inv* tournesol.
tor'neo *sm* tournoi.
'tornio *sm* tour.
'toro *sm* taureau.
tor'pedine *sf* torpille; **torpedin'i'era** *sf* (*MIL*) torpilleur *m.*
tor'pore *sm* torpeur *f.*
'torre *sf* tour; (*ASTR: di lancio)* rampe; ~ **campanaria** beffroi *m.*
torrefazi'one [torrefat'tsjone] *sf* torréfaction.

tor'rente *sm* torrent; **torrenzi'ale** *ag* torrentiel(le).
tor'retta *sf* tourelle; (*MIL*) mirador *m*.
'torrido, a *ag* torride.
torri'one *sm* donjon.
tor'rone *sm* nougat.
torsi'one *sf* torsion.
'torso *sm* torse.
'torsolo *sm* trognon.
'torta *sf* gâteau *m*; *(crostata)* tarte.
torti'era *sf* (*CUC*) moule *m* à tarte.
'torto, a *pp di* **torcere** // *sm* tort.
'tortora *sf* tourterelle.
tortu'oso, a *ag* tortueux(-euse).
tor'tura *sf* torture; **tortu'rare** *vt* torturer; *(fig: tormentare)* tourmenter.
'torvo, a *ag* torve, farouche.
to'sare *vt* tondre; *(siepi etc: potare)* tailler.
To'scana *sf* Toscane; **toscano, a** *ag, sm/f* toscan(e).
'tosse *sf* toux *sg*; ~ **asinina** coqueluche.
'tossico, a, ci, che *ag* toxique.
tossi'comane *sm/f* toxicomane.
tos'sire *vi* tousser.
tosta'pane *sm inv* grille-pain.
tos'tare *vt* griller; *(caffè)* torréfier.
'tosto, a *ag*: **faccia ~a** toupet *m*.
to'tale *ag* total(e) // *sm* total.
totalità *sf* totalité, ensemble *m*; **totali'tario, a** *ag* (*POL*) totalitaire; **totaliz'zare** *vt* totaliser; **totalizz-a'tore** *sm* (*IPPICA*) pari mutuel; *(di calcolatrice)* totalisateur.
toto'calcio [toto'kaltʃo] *sm pari national hebdomadaire sur les matches de football*.
to'vaglia [to'vaʎʎa] *sf* nappe.
'tozzo, a ['tɔttso] *ag* trapu(e) // *sm*: ~ **di pane** morceau de pain, quignon.
tra *prep (due persone, cose, etc)* entre; *(più persone, cose, etc)* parmi, au milieu de, dans; *(tempo)* dans; **un raggio di sole passa ~ le imposte** un rayon de soleil passe à travers les persiennes; **avanzava ~ la folla** il avançait dans *o* au milieu de la foule; **l'alleanza ~ Russi e Francesi** l'alliance entre Russes et Français; **avrà ~ i 10 e i 15 anni** il doit avoir entre 10 et 15 ans; ~ **breve** *o* **poco** sous peu, d'ici peu.
trabal'lare *vi* tituber, chanceler.
traboc'care *vi* déborder; *(fig)* regorger.
traboc'chetto [trabok'ketto] *sm* piège.
tracan'nare *vt* lamper, avaler d'un trait.
'traccia, ce ['trattʃa] *sf* trace, piste; *(residuo)* trace; *(schema)* plan *m*.
tracci'are [trat'tʃare] *vt* tracer; *(riga)* tirer; *(fig: tratteggiare)* esquisser; **tracci'ato** *sm* tracé.
tra'chea [tra'kɛa] *sf* trachée.
tra'colla *sf* bandoulière.
tra'collo *sm* (*ECON*) faillite *f*, débâcle *f*, krach; ~ **fisico** dépression *f* physique.
traco'tante *ag* arrogant(e).
tradi'mento *sm* trahison *f*; **a ~** en traître.
tra'dire *vt* trahir; *(moglie, marito)* tromper; **tradi'tore, trice** *sm/f* traître/tresse.
tradizio'nale [tradittsjo'nale] *ag* traditionnel(le).
tradizi'one [tradit'tsjone] *sf* tradition; *(usi)* usage *m*, habitude.
tra'dotto, a *pp di* **tradurre.**
tra'durre *vt* traduire; (*DIR: trasportare)* conduire; **tradut'tore, trice** *sm/f* traducteur/trice; **traduzi'one** *sf* traduction; (*SCOL: dalla propria lingua)* thème *m*; *(: da una lingua straniera)* version; *(di detenuto: trasferimento)* transfert *m*.
tra'ente *sm/f* (*DIR*) tireur/euse.
trafe'lato, a *ag* haletant(e).
traffi'cante *sm/f* commerçant/e; *(peg)* trafiquant/e.
traffi'care *vi* faire le commerce de; *(affaccendarsi)* s'affairer,

bricoler, trafiquer // *vt (peg)* trafiquer; **'traffico** *sm* trafic; *(circolazione)* circulation *f.*
tra'figgere [tra'fiddʒere] *vt* transpercer; *(fig)* blesser.
trafo'rare *vt* percer, perforer; *(ricamare)* ajourer; **tra'foro** *sm (azione)* percement; *(galleria)* tunnel; *(ricamo)* ajour; *(intaglio)* chantournage.
trafu'gare *vt* dérober, voler.
tra'gedia [tra'dʒɛdja] *sf* tragédie; *(fig: disgrazia)* malheur *m.*
tra'ghetto [tra'getto] *sm (il traghettare)* passage; *(barca)* bac; *(nave)* ferry-boat.
'tragico, a, ci, che *ag* tragique // *sm (attore)* tragédien/ne // *sm* tragique.
tra'gitto [tra'dʒitto] *sm* trajet, chemin, parcours *sg.*
tragu'ardo *sm* (SPORT) ligne *f* d'arrivée; *(fig)* but, objectif.
traiet'toria *sf* trajectoire.
trai'nare *vt* traîner; *(rimorchiare)* remorquer; **'traino** *sm* remorquage; *(rimorchio)* remorque *f.*
tralasci'are [tralaʃ'ʃare] *vt* omettre; *(interrompere)* interrompre.
'tralcio ['traltʃo] *sm* sarment.
tra'liccio [tra'littʃo] *sm* treillis *sg;* (ELETTR) pylône.
tram *sm inv* tram(way).
'trama *sf* trame; *(fig: di film, romanzo)* intrigue.
traman'dare *vt* transmettre, léguer.
tra'mare *vt* tramer.
tram'busto *sm* confusion *f.*
trame'stio *sm* remue-ménage.
tramez'zino [tramed'dzino] *sm* sandwich.
tra'mezzo [tra'meddzo] *sm* (EDIL) cloison *f.*
'tramite *prep* par, par l'intermédiaire de // *sm* intermédiaire.
tramon'tare *vi* se coucher; **tra'monto** *sm* coucher de soleil; **al tramonto** au coucher du soleil.
tramor'tire *vi* s'évanouir // *vt* assommer.
trampo'lino *sm* tremplin.
'trampolo *sm* échasse *f.*
tramu'tare *vt* changer; **~rsi** *vr* se transformer.
'trancia, ce ['trantʃa] *sf* cisaille.
'trancio *sm* tranche *f.*
tra'nello *sm* piège.
trangugi'are [trangu'dʒare] *vt* avaler.
'tranne *prep* excepté, sauf // *cong:* **~ che** sauf que, excepté que; *(a meno che)* à moins que.
tranquil'lante *sm* tranquillisant.
tranquillità *sf* calme *m,* tranquillité.
tranquilliz'zare [trankwillid'dzare] *vt* tranquilliser.
tranqu'illo, a *ag* tranquille, calme.
transa'tlantico, a, ci, che *ag, sm* transatlantique.
tran'satto, a *pp di* **transigere.**
transazi'one [transat'tsjone] *sf* transaction.
tran'senna *sf* barrière.
tran'setto *sm (di chiesa)* transept, croisillon.
tran'sigere [tran'sidʒere] *vi* (DIR) transiger.
transi'stor(e) *sm* transistor.
transi'tabile *ag* praticable.
transi'tare *vi* passer.
transi'tivo, a *ag* transitif(-ive).
'transito *sm* passage; (FERR, NAUT) transit; **strada chiusa al ~** route barrée.
transi'torio, a *ag* transitoire; *(fig)* fugace.
transizi'one [transit'tsjone] *sf* transition.
'trapano *sm* perceuse *f;* (MED) fraise *f.*
trapas'sare *vt* transpercer, percer // *vi* trépasser.
'tra'passo *sm* (DIR) passage; *(morte)* trépas *sg.*
trape'lare *vi* filtrer.

tra'pezio [tra'pɛttsjo] *sm* trapèze.
trapian'tare *vt* transplanter; (*MED*) greffer; **trapi'anto** *sm* transplantation *f*, repiquage; (*MED*) greffe *f*.
'trappola *sf* piège *m*.
tra'punta *sf* édredon *m*.
'trarre *vt* tirer; ~ **in inganno** induire en erreur; ~ **origine da qc** avoir son origine dans qch.
trasa'lire *vi* tressaillir.
transan'dato, a *ag* négligé(e).
trasbor'dare *vt* transborder // *vi*: ~ **da ... a ...** passer de ... à ... .
trascenden'tale [traʃʃenden'tale] *ag* transcendantal(e); *(eccezionale)* extraordinaire.
trasci'nare [traʃʃi'nare] *vt* traîner; *(anche fig)* emporter, entraîner; **~rsi** *vr (nel fango)* se traîner; *(continuare)* traîner.
tra'scorrere *vt, vi* passer; **tra'scorso, a** *pp di* **trascorrere.**
tra'scritto, a *pp di* **trascrivere.**
tra'scrivere *vt* transcrire; **trascrizi'one** *sf* transcription.
trascu'rare *vt* négliger; *(omettere)* oublier; **trascura'tezza** *sf* négligence; **trascu'rato, a** *ag* négligé(e); *(abbandonato)* délaissé(e).
traseco'lato, a *ag* stupéfait(e), ébahi(e).
trasferi'mento *sm (spostamento)* déplacement; (*DIR, ECON, TECN*) transfert; *(cambiamento: di sede)* mutation *f*; *(: di domicilio)* changement.
trasfe'rire *vt* transférer; *(cambiare: lavoro)* muter; *(fig)* reporter; **~rsi** *vr* se transférer; *(domicile)* s'établir; **tra'sferta** *sf* déplacement *m*.
trasfigu'rare *vt* transfigurer; **~rsi** *vr* se transfigurer.
trasfor'mare *vt* transformer; **trasforma'tore** *sm* transformateur; **trasformazi'one** *sf* transformation.
trasfusi'one *sf* transfusion.
trasgre'dire *vt* transgresser.
tra'slato, a *ag (metaforico)* figuré(e); *(trasferito)* transféré(e) // *sm (metafora)* métaphore *f*.
traslo'care *vt, vi* déménager; **tra'sloco, chi** *sm* déménagement.
tra'smettere *vt* transmettre; (*RADIO, TV*) diffuser; **trasmetti'tore** *sm* (*RADIO, TV*) émetteur; **trasmissi'one** *sf* transmission; (*RADIO, TV: programma)* émission; **trasmit'tente** *ag* émetteur(-trice) // *sf* (*RADIO, TV*) poste *m* émetteur.
traso'gnato, a [trasoɲ'ɲato] *ag* rêveur(-euse); *(sbalordito)* ébahi(e), ahuri(e).
traspa'rente *ag* transparent(e) // *sm* transparent; **traspa'renza** *sf* transparence.
traspa'rire *vi* transparaître.
traspi'rare *vi* transpirer; **traspirazi'one** *sf* transpiration.
traspor'tare *vt* transporter; **tra'sporto** *sm* transport; (*COMM*) fret; *(fig)* élan, transport.
trastul'larsi *vr* s'amuser.
trasu'dare *vi* filtrer, suinter // *vt* laisser filtrer.
trasver'sale *ag* tranversal(e).
trasvo'lare *vt* (*AER*) survoler.
'tratta *sf* traite.
tratta'mento *sm* traitement; *(servizio)* service, traitement.
trat'tare *vt* traiter; (*MED*) soigner // *vi (discutere)* discuter; *(concludere: accordo)* traiter, discuter; *vb impersonale:* **si tratta di ...** il s'agit de; **tratta'tiva** *sf* négociation, pourparlers *mpl*; **trat'tato** *sm* traité; **trattazi'one** *sf* développement *m*.
tratteggi'are [tratted'dʒare] *vt* souligner en pointillé; *(abbozzare)* esquisser; *(fig: descrivere)* décrire.
tratte'nere *vt* retenir; *(contenere)* contenir; (*MED*) garder; (*TECN*) maintenir; **~rsi** *vr* rester; **~rsi dal fare** se retenir *o* s'empêcher de

faire; ~ **qd dal fare qc** empêcher qn de faire qch.
tratteni'mento *sm* réception *f*, soirée *f*.
tratte'nuta *sf* (*ECON*) retenue.
trat'tino *sm* trait d'union, tiret.
'tratto *sm (anche fig)* trait; *(parte)* bout, morceau; *(di tubo, autostrada)* tronçon; *(brano)* passage; **ad un ~, d'un ~** tout à coup; **~i** *smpl (lineamenti)* traits.
trat'tore *sm* (*AGR*) tracteur.
tratto'ria *sf* auberge, restaurant *m*.
'trauma, mi *sm* traumatisme; **trau'matico, a, ci, che** *ag* traumatique.
tra'vaglio [tra'vaʎʎo] *sm* tourment; (*MED*) douleur *f*.
trava'sare *vt* transvaser.
'trave *sf* poutre; ~ **metallica** poutrelle; ~ **maestra** maîtresse poutre.
tra'versa *sf* (*TECN, FERR*) traverse; *(di sedia)* barreau *m; (strada)* rue transversale; *(scorciatoia)* raccourci *m; (lenzuolo)* alaise; (*CALCIO*) barre transversale; **chiudere la strada con ~e** barrer la route.
traver'sata *sf* traversée.
traver'sie *sfpl* adversités.
traver'sina *sf* (*FERR*) traverse.
tra'verso a *ag* transversal(e) // *sm* (*NAUT*) travers *sg*; **di ~** de travers; **flauto ~** (*MUS*) flûte *f* traversière.
travesti'mento *sm* déguisement; *(fig: dissimulazione)* travestissement.
trave'stire *vt* déguiser; *(fig)* fausser; **~rsi** *vr* se déguiser; **trave'stito, a** *ag* déguisé(e) // *sm* travesti.
travi'are *vt* perdre, détourner du droit chemin.
travi'sare *vt* altérer, déformer.
tra'volgere [tra'vɔldʒere] *vt* emporter; (*AUTO*) renverser; (*MIL*) mettre en déroute; *(fig)* ruiner; **tra'volto, a** *pp di* **travolgere.**
trazi'one [trat'tsjone] *sf* traction; (*MED*) extension.
tre *num* trois.
trebbi'are *vt* (*AGR*) battre; **trebbia'trice** *sf* batteuse.
'treccia, ce ['trettʃa] *sf* tresse, natte; *(di aglio)* chapelet *m*.
tre'cento [tre'tʃɛnto] *ag inv* trois cents // *sm inv*: **il T~** *(secolo)* le quatorzième siècle.
'tredici ['treditʃi] *ag, sm inv* treize.
'tregua *sf* trêve; *(fig)* répit *m*, arrêt *m*.
tre'mare *vi* trembler.
tre'mendo, a *ag* terrible, affreux(-euse).
tremen'tina *sf* térébenthine.
tre'mila *ag, sm inv* trois mille.
'tremito sm tremblement; *(brivido)* frisson.
tremo'lare *vi* trembler, trembloter.
tre'more *sm* tremblement; *(fig: brivido)* frisson.
'treno *sm* train.
'trenta *num* trente; **tren'tesimo, a,** *ag, sm/f* trentième; **tren'tina** *sf* trentaine.
trepi'dante *ag* anxieux(-euse).
treppi'ede *sm* trépied.
'tresca, sche *sf (fig: imbroglio)* intrigue; *(: relazione amorosa)* liaison.
'trespolo *sm* tréteau; *(di uccello)* perchoir.
tri'angolo *sm* triangle.
tribolazi'one [tribolat'tsjone] *sf* tribulation.
tribù *sf inv* tribu.
tri'buna *sf* tribune.
tribu'nale *sm* tribunal.
tribu'tare *vt* rendre.
tribu'tario, a *ag* fiscal(e).
tri'buto *sm* contribution *f*, impôt; *(fig)* contribution *f*.
tri'checo, chi [tri'kɛko] *sm* (*ZOOL*) morse.
tri'ciclo [tri'tʃiklo] *sm* tricycle.
trico'lore *ag* tricolore // *sm* drapeau tricolore.

tri'dente *sm* trident.
tri'foglio [tri'fɔʎʎo] *sm* trèfle.
'triglia [triʎʎa] *sf* rouget *m*.
trigonome'tria *sf* trigonométrie.
tri'mestre *sm* trimestre.
'trina *sf* dentelle.
trin'cea [trin'tʃɛa] *sf* tranchée.
trince'rare *vt* retrancher; **~rsi** *vr* se retrancher, s'abriter.
trinci'are [trin'tʃare] *vt* hacher; *(pollo)* découper.
Trinità *sf* (*REL*) Trinité.
'trio, *pl* **trii** *sm* trio.
trion'fale *ag* triomphal(e).
trion'fante *ag* triomphant(e).
trion'fare *vi*: ~ **su** triompher de; *(superare)* surmonter; **tri'onfo** *sm* triomphe.
tripli'care *vt* tripler.
'triplice ['triplitʃe] *ag* triple; **in ~ copia** en trois exemplaires.
'triplo, a *ag* triple.
'tripode *sm* trépied.
'trippa *sf* (*CUC*) tripes *fpl*; *(fam: pancia)* ventre *m*, brioche.
'triste *ag* triste; **tri'stezza** *sf* tristesse.
'tristo, a *ag (cattivo)* méchant(e); *(di aspetto)* sinistre.
trita'carne *sm inv* hachoir à viande.
tri'tare *vt* hacher; **'trito, a** *ag (tritato)* haché(e); *(fig: ripetuto)* rabâché(e) // *sm* (*CUC*) hachis *sg*.
'trittico, ci *sm* triptyque.
tri'vella *sf* (*TECN*: *sonda*) sonde; *(: trapano)* vrille.
trivel'lare *vt* forer.
trivi'ale *ag* trivial(e).
tro'feo *sm* trophée.
'trogolo *sm* auge *f*.
'troia *sf (peg:* *ZOOL*) truie; *(:fig)* putain.
'tromba *sf* trompette; (*ANAT*, *ZOOL*) trompe; **in ~** *(fig)* en coup de vent; ~ **delle scale** cage d'escalier; ~ **d'aria/marina** (*METEOR*) tornade/cyclone *m*.
trom'bone *sm* trombone.
trom'bosi *sf* thrombose.
tron'care *vt* casser, trancher; *(fig: discorso, parola)* tronquer; *(: carriera)* briser; **'tronco, a, chi, che** *ag* tronqué(e); *(fig)* brisé(e) // *sm* tronc; *(fig: parte)* tronçon; (*LING*) souche *f*; **in ~** sur-le-champ.
troneggi'are [troned'dʒare] *vi* trôner.
'tronfio, a *ag* hautain(e).
'trono *sm* trône; *(fig: potere regale)* couronne *f*.
tropi'cale *ag* tropical(e).
'tropico *sm* tropique.
'troppo, a *det* trop de // *pron, av* trop; **~i/e** *pl (persone)* trop de gens // **lavora ~** il travaille trop; **è ~ piccolo** il est trop petit; **di ~** de trop; **essere di ~** *(fig)* être de trop.
'trota *sf* truite.
trot'tare *vi* trotter; **trotterel'lare** *vi* trottiner; **'trotto** *sm* trot.
'trottola *sf* toupie.
tro'vare *vt* trouver; *(visitare qd)* voir; *(incontrare)* recontrer; *(contattare)* joindre; **~rsi** *vr* se trouver; *(incontrarsi)* se rencontrer; *(essere)* être; **~rsi d'accordo** tomber d'accord; **~rsi bene/male** être bien/mal.
truc'care *vt* truquer; *(con cosmetici)* maquiller; *(mascherare)* déguiser; **~rsi** *vr* se déguiser; *(imbellettarsi)* se maquiller; **trucca'tore, trice** *sm/f* (*CINE*, *TEATRO*) maquilleur/euse; **'trucco, chi** *sm* truc, combine *f*; *(artificio scenico)* trucage; *(con cosmetici)* maquillage.
'truce [trutʃe] *ag* torve.
truci'dare [trutʃi'dare] *vt* massacrer.
'truciolo ['trutʃolo] *sm* copeau.
'truffa *sf* escroquerie.
truf'fare *vt* escroquer.
'truppa *sf* (*MIL*) troupe; *(fam)* bande.
tu *pron* tu; *(rafforzativo)* toi; **dare del ~ a qd** tutoyer qn.

'tua *vedi* **tuo.**
'tuba *sf* (*MUS*) tuba *m;* (*ANAT*) trompe; *(cappello)* haut-de-forme *m.*
tu'bare *vi* roucouler.
tuba'tura, tubazi'one [tubat'tsjone] *sf* tuyauterie.
tuberco'losi *sf* tuberculose.
tu'betto *sm* tube.
'tubo *sm* tube; (*TECN*: *tubatura)* tuyau; ~ **di scappamento** (*AUTO*) tuyau d'échappement.
'tue *vedi* **tuo**
tuf'fare *vt* plonger; ~**rsi** *vr (fare un tuffo)* plonger; *(fig: dedicarsi)* se jeter, se plonger; **'tuffo** *sm* plongeon; *(fig: emozione)* coup.
tu'gurio *sm* taudis *sg.*
tuli'pano *sm* (*BOT*) tulipe *f.*
tumefazi'one [tumefat'tsjone] *sf* tuméfaction.
'tumido, a *ag* charnu(e).
tu'more *sm* tumeur *f.*
tu'multo *sm* tumulte, émeute *f;* *(rumore)* vacarme; *(fig: agitazione)* tempête *f;* **tumultu'oso, a** *ag* tumulteux(-euse); *(fig: passioni)* tumultueux(-euse), orageux(-euse).
'tunica, che *sf* tunique.
Tuni'sia *sf* Tunisie.
'tuo, 'tua, tu'oi, 'tue *det* ton *m*, ta *f*, tes *m/fpl* // *pron:* **il ~, la tua,** *etc* le tien *m*, la tienne *f*, les tiens *mpl*, les tiennes *fpl;* **i tuoi** *(parenti)* tes parents.
tu'oi *vedi* **tuo.**
tuo'nare *vi* tonner, gronder // *vb impersonale* tonner; **tu'ono** *sm* tonnerre.
tu'orlo *sm* jaune d'œuf.
tu'racciolo [tu'rattʃolo] *sm* bouchon.
tu'rare *vt* boucher; ~**rsi** *vr* se boucher.
turba'mento *sm* trouble.
tur'bante *sm* turban.
tur'bare *vt* troubler, perturber; *(fig: agitare)* troubler.
tur'bina *sf* turbine.
turbi'nare *vi* tourbillonner.
'turbine *sm* tourbillon; *(fig: di passioni)* déchaînement.
turbo'lento, a *ag* turbulent(e).
turbo'lenza [turbo'lɛntsa] *sf* turbulence.
turboreat'tore *sm* turboréacteur.
tur'chese *sf, ag* turquoise.
'turco, a, chi, che *ag, sm/f* turc (turque *f*); **fare un bagno** ~ *(fig)* être en nage.
tu'rismo *sm* tourisme; **tu'rista, i, e** *sm/f* touriste; **tu'ristico, a, ci, che** *ag* touristique.
'turno *sm* tour; (*FERR*: *carrozza-ristorante)* service; (*MED*) garde *f;* **a** ~ à tour de rôle; **lavorare a ~i** travailler par relais; ~ **di giorno/di notte** équipe de jour/de nuit; **fare a** ~ se relayer.
'turpe *ag* abject(e); *(parola, atto)* obscène; **turpi'loquio** *sm* langage obscène.
'tuta *sf (indumento: di lavoro)* bleu *m*, salopette; *(: sportivo)* survêtement *m;* ~ **mimetica** (*MIL*) tenue de combat; ~ **spaziale** scaphandre *m.*
tu'tela *sf* (*DIR*) tutelle; *(di diritto, interesse)* sauvegarde; *(difesa)* défense, protection.
tute'lare *ag* (*DIR*) tutélaire // *vt* défendre, protéger; *(diritto, interesse)* sauvegarder.
tu'tore, trice *sm/f* défenseur *m;* (*DIR*) tuteur/trice.
tutta'via *cong* cependant, pourtant, néanmoins.
'tutto, a *det* tout(e); *(ogni)* tout(e), chaque // *pron* tout; ~**i** *mpl* tous; *(sog, con prep)* tout le monde; ~**e** *fpl* toutes // *av* tout, complètement // *sm* tout; **a ~e le ore** à toute heure; ~**i e due** tous les deux; **a ~a velocità** à toute vitesse; **è** ~ **suo padre** *(molto somigliante)* il est tout à fait comme son père; **del** ~ tout à fait; **tutt'a un tratto** tout à coup; **tutt'altro!** pas du tout!; **è tutt'altro che ignorante** il

est tout sauf ignorant; **essere tutt'occhi/orecchi** être tout yeux/ ouïes; **a tutt'oggi** jusqu'à aujourd'hui.
tutto'fare *ag inv* à tout faire // *sm* factotum.
tutt'ora *av* toujours, encore.

U

ubbidi'ente *ag* obéissant(e); **ubbidi'enza** *sf* obéissance.
ubbi'dire *vi* obéir; *(meccanismo)* répondre.
ubiquità *sf* ubiquité.
ubria'care *vt* enivrer; *(fig)* griser; **~rsi** *vr* s'enivrer; **ubria'chezza** *sf* ivresse; **ubri'aco, a, chi, che** *ag* ivre // *sm/f* ivrogne.
uccelli'era [uttʃel'ljɛra] *sf* volière.
uc'cello [ut'tʃɛllo] *sm* oiseau.
uc'cidere [ut'tʃidere] *vt* tuer; **~rsi** *vr* se tuer; **uccisi'one** *sf* meurtre *m; (ZOOL)* abattage *m;* **uc'ciso, a** *pp di* **uccidere; ucci'sore** *sm* meurtrier.
UCE *(abbr di* **Unità di Conto Europea)** UCE, ECU.
udi'bile *ag* audible.
udi'enza [u'djɛntsa] *sf* audience.
u'dire *vt* entendre; *(venire a sapere)* apprendre; **udi'tivo, a** *ag* auditif(-ive); **u'dito** *sm (senso)* ouïe *f;* **udi'tore, trice** *sm/f* auditeur/trice; *(SCOL)* auditeur/trice libre; **udi'torio** *sm* auditoire.
uffici'ale [uffi'tʃale] *ag* officiel(le) // *sm* officier; ~ **giudiziario** *(DIR)* huissier.
uf'ficio [uf'fitʃo] *sm* bureau; *(compito)* charge *f; (AMM)* agence *f,* office; *(DIR, REL)* office; **atti d'~** *(DIR)* actes officiels; **buoni ~i** *(POL)* bons offices.
uffici'oso, a [uffi'tʃoso] *ag* officieux(-euse).
'UFO *abbr m* OVNI (Objet Volant Non Identifié).
uggi'oso, a [ud'dʒoso] *ag (di persona)* ennuyeux(-euse); *(di tempo, umore)* maussade.
uguagli'anza [ugwaʎ'ʎantsa] *sf* égalité.
uguagli'are [ugwaʎ'ʎare] *vt (rendere uguale)* égaliser, rendre égal; *(SPORT: primato)* égaler; *(confrontare)* comparer; **~rsi** *vr* s'equivaloir; ~ **qd in qc** *(fig: essere uguale)* égaler qn en qch; **ugu'ale** *ag* égal(e); *(simile)* pareil(le), même; *(fig: uniforme)* uniforme // *av* même.
UIL *abbr di Unione Italiana del Lavoro.*
'ulcera ['ultʃera] *sf* ulcère *m.*
u'livo *sm* olivier.
ulteri'ore *ag* autre, supplémentaire.
ulti'mare *vt* achever, terminer; **'ultimo, a** *ag* dernier(-ère); *(fig: principale)* essentiel(le), principal(e) // *sm/f* dernier/ère // *sm (momento finale)* fin *f,* dernier moment; **da ultimo** en dernier lieu; **per ultimo** en dernier.
ultravio'letto, a *ag* ultraviolet(te) // *sm* ultraviolet.
ulu'lare *vi* hurler; **ulu'lato** *sm* hurlement.
umanità *sf* humanité; **umanitario, a** *ag* humanitaire.
'umano, a *ag* humain(e) // *sm* humain.
'Umbria *sf:* **l'~** l'Ombrie.
umet'tare *vt* humecter.
umidità *sf* humidité.
'umido, a *ag* humide // *sm (umidità)* humidité *f;* **in ~** *(CUC)* en sauce *f.*
'umile *ag* humble; *(modesto)* modeste.
umili'are *vt* humilier; **~rsi** *vr* s'humilier; **umiliazi'one** *sf inv* humiliation; **umiltà** *sf* humilité.
u'more *sm* humeur *f.*
umo'rismo *sm* humour; **umo'rista, i, e** *sm/f* humoriste; **umo'ristico, a, ci che** *ag* humoristique.
un, un', 'una *vedi* **uno.**

u'nanime *ag* unanime; **unanimità** *sf inv* unanimité.
unci'netto [untʃi'netto] *sm* crochet.
un'cino [un'tʃino] *sm* crochet.
'undici ['unditʃi] *ag, sm inv* onze.
UNESCO *abbr f* UNESCO.
'ungere ['undʒere] *vt* graisser, huiler; (*TECN: lubrificare*) graisser; *(macchiare)* tacher; (*REL*) oindre; *(fig: blandire)* flatter; **~rsi** *vr* se mettre de la crème, s'enduire d'huile; *(macchiarsi)* se tacher.
unghe'rese [unge'rese] *ag, sm/f* hongrois(e).
Unghe'ria [unge'ria] *sf:* **l'~** la Hongrie.
'unghia ['ungja] *sf* ongle *m;* (*ZOOL*) griffe; *(: di cavallo)* sabot *m; (: di bovini, porcini)* onglon *m;* **unghi'ata** *sf* coup *m* de griffe *o* d'ongle.
ungu'ento *sm* onguent; *(balsamo)* baume.
'unico, a, ci, che *ag* unique; seul(e); *(esclusivo)* exclusif(-ive) // *sm/f* seul/e.
unifi'care *vt* unifier; *(standardizzare)* normaliser; **~rsi** *vr* s'unifier; **unificazi'one** *sf* unification.
uni'forme *ag, sf* uniforme *(m);* **uniformità** *sf inv* uniformité; *(di opinioni)* conformité.
unilate'rale *ag* unilatéral(e).
uni'one *sf* union; *(matrimonio)* mariage *m;* (*TECN*) assemblage *m*, jonction.
u'nire *vt* unir, joindre; *(collegare)* relier; (*TECN*) assembler; *(far causa comune)* s'allier; **~rsi a** se joindre à.
u'nisono, a *ag (fig)* concordant(e) // *sm:* **all'~** à l'unisson.
unità *sf inv* unité; *(di metodo, opinioni)* identité; **uni'tario, a** *ag* unitaire; **prezzo unitario** prix à l'unité.
u'nito, a *ag* uni(e).
univer'sale *ag* universel(le).
università *sf inv* université; **universi'tario, a** *ag* universitaire // *sm/f* étudiant/e.
uni'verso *sm* univers *sg.*
'uno, a, *(dav sm* **un** *+ C, V,* **uno** *+ s impura, gn, ps, x, z; dav sf* **un'** *+ V,* **una** *+ C) det* un(e) // *num* un // *pron* un(e); **ho incontrato ~ che ti conosce** j'ai recontré quelqu'un qui te connaît; **se ~ vuole, può andarci** si on veut, on peut y aller; **l'~ o l'altro** l'un ou l'autre; **aiutarsi l'un l'altro** s'aider les uns *mpl* les autres.
'unto, a *pp di* **ungere** // *sm* graisse *f;* **untu'oso, a** *ag (che unge)* huileux(-euse); *(peg: fig)* onctueux (-euse).
u'omo, *pl* **uomini** *sm* homme; **da ~** *(abbigliamento)* pour homme; *(comportamento)* comme un homme.
u'opo *sm:* **all'~** au besoin, en cas de nécessité *f.*
u'ovo *sm, pl(f)* **u'ova** œuf; **~ bazzotto/sodo/in camicia** (*CUC*) œuf mollet/dur/poché; **~a all'occhio** *(di bue)* oeufs sur le plat; **fare** *o* **deporre le ~a** pondre.
ura'gano *sm* (*METEOR*) ouragan; *(fig: gran confusione)* tempête *f.*
u'ranio *sm* uranium.
urba'nesimo *sm* urbanisme.
urba'nistica *sf* urbanisme *m.*
ur'bano, a *ag* urbain(e).
ur'gente [ur'dʒɛnte] *ag* urgent(e), pressant(e); **ur'genza** *sf* urgence.
'urgere ['urdʒere] *vi* être urgent(e).
u'rina *sf* = **o'rina.**
ur'lare *vi, vt* hurler, crier; **'urlo** *sm, pl(m)* **'urli,** *pl(f)* **'urla** hurlement, cri.
'urna *sf* urne.
urrà! *escl* hourra!
U.R.S.S. *abbr f:* **l'~** l'U.R.S.S.
ur'tare *vt* cogner, heurter; bousculer; (*AUTO*) tamponner; *(fig: irritare)* choquer // *vi:* **~ contro** *(anche fig)* se heurter à, se cogner contre; **~rsi** *vr* se heurter; **'urto** *sm* choc; *(fig: contrasto)* conflit, heurt.

U.S.A. *abbr mpl:* **gli** ~ les U.S.A.
u'sanza [u'zantsa] *sf* usage *m*, coutume; *(moda)* mode.
u'sare *vt, vi* utiliser, se servir de; *(essere abituato)* avoir l'habitude de // *vb impersonale (essere di moda)* être à la mode; **si usa ...** il est d'usage de ...; ~ **di un diritto/privilegio** faire usage d'un droit/privilège; **u'sato, a** *ag* usagé(e); (*AUTO*) d'occasion // *sm* occasions *fpl*.
usci'ere [uʃ'ʃɛre] *sm* huissier.
'uscio ['uʃʃo] *sm* seuil, entrée *f*, porte *f*.
u'scire [uʃ'ʃire] *vi* sortir; *(venir fuori: gas, acqua)* s'échapper; *(fig: essere pubblicato)* paraître; ~ **dal ristorante/dalla finestra** sortir du restaurant/par la fenêtre; ~ **di casa** sortir de chez soi; ~ **in** *o* **con** éclater en; ~ **di senno** perdre la tête; **u'scita** *sf* sortie; *(fig: soluzione)* issue; **strada senza uscita** voie sans issue, impasse.
usi'gnolo [uziɲ'ɲɔlo] *sm* rossignol.
U.S.L. *abbr di Unità Sanitaria Locale.*
'uso *sm* emploi, usage; *(abitudine)* pratique *f*, habitude *f*; **fuori** ~ hors d'usage.
usti'one *sf* brûlure.
usu'ale *ag* usuel(le), courant(e).
u'sura *sf* usure; **usu'raio** *sm* usurier.
usur'pare *vt* usurper.
u'tensile *sm* outil; *(da cucina)* ustensile // *ag:* **macchina** ~ machine-outil.
u'tente *sm* usager.
'utero *sm* uterus *sg*.
'utile *ag* utile // *sm* utile; *(vantaggio)* avantage; (*ECON*) bénéfice, profit; **utilità** *sf inv* utilité; **utili'tario, a** *ag* utilitaire // *sf* (*AUTO*) voiture de tourisme.
utiliz'zare [utilid'dzare] *vt* utiliser; **utilizzazi'one** *sf* utilisation, emploi *m*.
'uva *sf* raisin *m*; ~ **passa/sultanina** raisin sec/de Corinthe; ~ **spina** groseille à maquereau.

V

v. *(abbr di vedi)* v.
va'cante *ag* vacant(e).
va'canza [va'kantsa] *sf* vacances *fpl; (di lavoro, scuola)* congé *m; (l'essere vacante)* vacance; **oggi è** ~ aujourd'hui c'est un jour de congé; ~**e estive** grandes vacances.
'vacca, che *sf* vache.
vacci'nare [vattʃi'nare] *vt* vacciner; **vaccinazi'one** *sf* vaccination.
vac'cino, a [vat'tʃino] ag *(bovino)* de vache // *sm* (*MED*) vaccin.
vacil'lare [vatʃil'lare] *vi* chanceler, vaciller; *(fig)* vaciller.
'vacuo, a *ag (fig)* vide; *(: promessa)* vain(e).
vaga'bondo, a *ag* vagabond(e), errant(e) // *sm/f* vagabond/e.
va'gare *vi* errer, vagabonder.
vagheggi'are [vaged'dʒare] *vt* aspirer à, rêver de.
va'gina [va'dʒina] *sf* vagin *m*.
va'gire [va'dʒire] *vi* vagir; **va'gito** *sm* vagissement.
'vaglia ['vaʎʎa] *sm inv* (*FIN*) mandat; ~ **postale** mandat-poste.
vagli'are [vaʎ'ʎare] *vt* cribler; *(fig: considerare)* peser, passer au crible; **'vaglio** *sm* crible; *(fig)* examen; **passare al vaglio** *(anche fig)* passer au crible.
'vago, a, ghi, ghe *ag* vague, flou(e) // *sm* vague.
va'gone *sm* wagon.
vai'olo *sm* variole *f*.
va'langa, ghe *sf* avalanche.
va'lente *ag* de talent, talentueux (-euse), doué(e).
va'lere *vi* valoir, avoir de la valeur; *(essere valido: documento)* être

valable; *(servire)* servir; *(avere importanza)* compter; *(equivalere)* equivaloir // *vt (procurare)* valoir; **~rsi di** se servir de, profiter de; **vale a dire** c'est-à-dire.
va'levole *ag* valable.
vali'care *vt* franchir; **'valico, chi** *sm* col.
validità *sf* validité.
'valido, a *ag* valide; *(valevole)* valable; *(efficace)* efficace.
valige'ria [validʒe'ria] *sf* maroquinerie; **va'ligia, gie** *o* **ge** *sf* valise.
val'lata *sf* vallée.
'valle *sf* vallée; **a ~** en aval.
val'letto *sm* valet.
va'lore *sm* valeur *f*; *(coraggio)* vaillance *f*, courage; **~i** *smpl (oggetti preziosi)* objets *mpl* de valeur; (*ECON*) valeurs *fpl*; **mettere in ~** valoriser.
valoriz'zare [valorid'dzare] *vt* mettre en valeur; (*ECON*) valoriser.
valo'roso, a *ag* valeureux(-euse), vaillant(e).
'valso, a *pp di* **va'lere.**
va'luta *sf* devise, monnaie.
valu'tare *vt* estimer, évaluer, coter; *(fig: stimare)* apprécier; *(: soppesare)* peser.
'valva *sf* (*ZOOL, BOT*) valve.
'valvola *sf* (*TECN*) vanne; soupape, clapet *m*; valve; (*ELETTR*) plomb; (*ANAT*) valvule.
'valzer ['valter] *sm inv* valse *f*.
vam'pata *sf* bouffée; *(fig)* flambée.
vam'piro *sm* vampire.
vanda'lismo *sm* vandalisme.
'vandalo *sm* vandale.
vaneggi'are [vaned'dʒare] *vi* délirer, divaguer.
'vanga, ghe *sf* bêche.
van'gare *vt* bêcher.
van'gelo [van'dʒɛlo] *sm* évangile; *(fig: verità)* parole *f* d'évangile.
va'niglia [va'niʎʎa] *sf* (*BOT*) vanille.
vanità *sf inv* vanité; **vani'toso, a** *ag* vaniteux(-euse).
'vano, a *ag* vain(e) // *sm* ouverture *f*; *(locale)* pièce *f*.
van'taggio [van'taddʒo] *sm* avantage; *(distacco)* avance *f*.
van'tare *vt* vanter; *(andare fiero di)* se vanter de; **~rsi** *vr* se vanter; **vante'ria** *sf* vantardise; **'vanto** *sm* orgueil.
'vanvera: **a ~** *av* à tort et à travers.
va'pore *sm* vapeur *f*; *(nave)* bateau à vapeur; **vapo'retto** *sm* (*NAUT*) bateau-mouche; **vapori'era** *sf* (*FERR*) locomotive à vapeur; **vaporiz'zare** *vt* vaporiser.
va'rare *vt* (*NAUT*) mettre à l'eau, lancer; *(fig)* lancer; *(: legge)* promulgare.
var'care *vt* dépasser, franchir; **'varco, chi** *sm* passage; (*GEOGR*) trouée *f*; **aspettare qd al varco** *(fig)* attendre qn au tournant.
vari'abile *ag, sf* variable.
vari'ante *sf* changement *m*; (*LING*) variante.
vari'are *vt, vi* varier, changer.
va'rice [va'ritʃe] *sf* varice.
vari'cella [vari'tʃɛlla] *sf* varicelle.
vari'coso, a *ag* variqueux(-euse).
varie'gato, a *ag* bariolé(e).
varietà *sf inv* variété, diversité; *(cambiamento)* changement *m* // *sm inv (spettacolo)* variétés *fpl*, music-hall *m*.
'vario, a *ag* varié(e); *(differente)* différent(e); *(mutevole)* variable; **vario'pinto, a** *ag* bariolé(e).
'varo *sm* lancement; *(fig: legge)* promulgation *f*.
va'saio *sm* potier.
'vasca, sche *sf* bac *m*; *(bacino)* bassin *m*; (*TECN*) cuve; **~ da bagno** baignoire.
va'scello [vaʃ'ʃɛllo] *sm* vaisseau.
vase'lina *sf* vaseline.
vasel'lame *sm* vaisselle *f*.
'vaso *sm* vase; *(per alimenti, fiori)* pot; bocal; (*ANAT*) vaisseau.
vas'soio *sm* plateau.
'vasto, a *ag* ample, vaste; **su ~a**

scala sur une grande echelle.
Vati'cano *sm:* **il** ~ le Vatican.
ve *pron, av vedi* **vi.**
vecchi'aia [vek'kjaja] *sf* vieillesse.
'vecchio, a ['vɛkkjo] *ag* vieux(vieille); *(che dura da molto tempo)* vieux(vieille), ancien(ne); *(di prima)* ancien(ne); *(usato)* usagé(e) // *sm/f* vieux, vieillard/vieille; **è il più** ~ *(grado di parentela)* **c'est l'aîné.**
'vece ['vetʃe] *sf:* **in** ~ **di** à la place de; **fare le** ~**i di** remplacer.
ve'dere *vt* voir; *(consultare: avvocato)* consulter; ~**rsi** *vr* se voir; *(incontrarsi)* se rencontrer; **avere a che** ~ **con qc/qd** avoir affaire à *o* avec qch/qn; **non vedo l'ora/il momento di fare qc** je suis impatient de faire qch.
ve'detta *sf* vedette.
'vedovo, a *sm/f* veuf/ve.
ve'duta *sf* vue; ~**e** *sfpl (fig)* idées.
vee'mente *ag* véhément(e), violent(e).
vege'tale [vedʒe'tale) *ag* végétal(e) // *sm* végétal.
vege'tare [vedʒe'tare] *vi* végéter; **vegetari'ano, a** *ag, sm/f* végétarien(ne); **vegetazi'one** *sf* végétation.
'vegeto, a ['vɛdʒeto] *ag* vigoureux (-euse); **essere vivo e** ~ avoir bon pied bon œil.
'veglia ['veʎʎa] *sf* veille; *(sorveglianza, festa)* veillée.
vegli'are [veʎ'ʎare] *vi, vt* veiller.
ve'icolo *sm* véhicule, engin; *(fig)* véhicule.
'vela *sf* voile.
ve'lare *vt* voiler.
veleggi'are [veled'dʒare] *vi (NAUT)* naviguer (à la voile); *(AER)* planer.
ve'leno *sm* poison; *(di serpenti)* venin; *(fig)* rage *f;* **vele'noso, a** *ag (di pianta)* vénéneux(-euse); *(di animali)* venimeux(-euse); *(di sostanza)* toxique; *(fig)* venimeux (-euse), vénéneux(-euse).
veli'ero *sm (NAUT)* voilier.
ve'lina *sf (anche:* **carta** ~) papier *m* velin; *(per scrivere a macchina)* pelure; *(copia)* double *m.*
ve'livolo *sm* avion.
velleità *sf inv* velléité.
'vello *sm* toison *f.*
vel'luto *sm* velours *sg;* ~ **a coste** velours côtelé.
'velo *sm* voile *m; (strato)* couche *f.*
ve'loce [ve'lotʃe] *ag* rapide // *av* rapidement, à toute vitesse; **velo'cista, i, e** *sm/f (SPORT)* sprinter/euse; **velocità** *sf* vitesse.
ve'lodromo *sm* vélodrome.
'vena *sf* veine; *(GEOL)* veine, filon *m.*
ve'nale *ag* vénal(e).
ven'demmia *sf* vendange; vendanges *fpl;* **vendemmi'are** *vt, vi* vendanger.
'vendere *vt* vendre; **averne da** ~ *(fig)* en avoir à revendre.
ven'detta *sf* vengeance.
vendi'care *vt* venger; ~**rsi** *vr* se venger; **vendica'tivo, a** *ag* vindicatif(-ive).
'vendita *sf* vente; ~ **all'asta** vente aux enchères; **vendi'tore** *sm* vendeur.
ve'nefico, a, ci, che *ag* toxique, vénéneux(-euse); *(fig)* perfide.
vene'rabile, vene'rando, a *ag* vénérable.
vene'rare *vt* vénérer.
venerdì *sm inv* vendredi.
ve'nereo, a *ag* vénérien(ne).
'Veneto *sm* Vénétie *f.*
Ve'nezia [ve'nettsja] *sf* Venise *m;* **vene'ziano, a** *ag, sm/f* vénitien(ne).
veni'ale *ag* véniel(le).
ve'nire *vi* venir; *(giungere)* arriver; *(costare)* coûter, revenir; *(come ausiliare al passivo: essere)* être; **gli è venuta la varicella** il a attrapé la varicelle; **mi viene 32** *(MAT: risultato)* cela fait *o* donne 32; ~ **alle mani** en venir aux mains; ~ **meno** s'évanouir; **mi viene da ridere** j'ai

envie de rire; **far ~ l'idraulico** appeler le plombier.
ven'taglio [ven'taʎʎo] *sm* éventail.
ven'tata *sf* coup *m* de vent.
ven'tenne *ag* (âgé) de 20 ans // *sm/f* jeune homme/fille de 20 ans.
ven'tesimo, a *ag, sm* vingtième.
'venti *ag, sm* vingt.
venti'lare *vt (stanza)* aérer; (AGR) vanner; *(fig: prospettare)* proposer; **ventila'tore** *sm* ventilateur; **ventilazi'one** *sf* ventilation, aération.
ven'tina *sf* vingtaine; **essere sulla ~** avoir une vingtaine d'années.
'vento *sm* vent.
ven'toso, a *ag* venteux(-euse) // *sf* ventouse.
'ventre *sm* ventre.
ven'triloquo *sm* ventriloque.
ven'tura *sm (buona fortuna)* chance; **andare alla ~** s'en remettre au hasard.
ven'turo, a *ag* prochain(e).
ve'nuto, a *pp di* **venire** // *sf* venue, arrivée.
vera'mente *av (realmente)* vraiment, réellement; *(ma)* à dire vrai, à vrai dire; *(in frasi interrogative)* vraiment.
ve'randa *sf* veranda.
ver'bale *ag* verbal(e) // *sm* procès-verbal; (SPORT) rapport.
'verbo *sm* verbe.
'verde *ag* vert(e) // *sm (colore)* vert; *(prato)* verdure *f; (giardini)* espace vert; **essere ~ per l'invidia** être jaune d'envie; **essere al ~** *(fam)* être fauché; **il ~ pubblico** les espaces *mpl* verts.
verde'rame *sm* vert-de-gris.
ver'detto *sm* verdict.
ver'dura *sf* légumes *mpl.*
vere'condo, a *ag* pudique.
'verga, ghe *sf* baguette.
vergi'nale [verdʒi'nale] *ag* virginal(e).
'vergine ['verdʒine] *ag, sf inv* vierge; **verginità** *sf* virginité.
ver'gogna [ver'goɲɲa] *sf* honte.
vergo'gnarsi [vergoɲ'ɲarsi] *vr:* **~ (di)** avoir honte (de); **vergo'gnoso, a** *ag* honteux(-euse).
ve'ridico, a, ci, che *ag* véridique.
ve'rifica, che *sf* vérification, contrôle *m.*
verifi'care *vt* vérifier, contrôler; **~rsi** *vr* se produire.
verità *sf inv* vérité.
veriti'ero, a *ag* véridique.
'verme *sm* ver.
vermi'celli [vermit'tʃɛlli] *smpl (pasta)* vermicelles.
ver'miglio [ver'miʎʎo] *sm* vermeil.
'vermut *sm inv* vermouth.
ver'nacolo *sm* dialecte.
ver'nice [ver'nitʃe] *sf* peinture; *(tipo di pellame)* vernis *sg.*
vernici'are [vernitʃare] *vt* peindre; vernir; **vernicia'tura** *sf* peinture, vernis *m.*
'vero, a *ag (reale)* vrai(e), réel(le); *(esatto)* véritable // *sm (verità)* vérité *f,* vrai; **ritratto dal ~** portrait d'après nature.
vero'simile *ag* vraisemblable.
ver'ruca, che *sf* verrue.
versa'mento *sm* versement; (MED) épanchement.
ver'sante *sm* versant.
ver'sare *vt* verser; *(rovesciare)* renverser // *vi* se trouver, être; **~rsi** *vr (fiume)* se jeter; *(rovesciarsi)* se renverser.
ver'satile *ag (fig)* versatile.
ver'sato, a *ag:* **~ in** *o* **per qc** doué pour qch.
ver'setto *sm* verset.
versi'one *sf* version; *(traduzione: da una lingua straniera)* version; *(: in lingua straniera)* thème *m; (tipo: di auto, etc)* variante.
'verso *sm (di poesia)* vers *sg; (di animale)* cri; *(rumore)* grognement, bruit; *(atteggiamento)* grimace *f; (direzione)* sens *sg; (fig: modo)*

moyen, façon *f; (di foglio di carta)* verso *inv*, dos *sg; (di moneta)* revers *sg;* **prendre qd per il suo ~** *o* **per il ~ giusto** *(fig)* prendre qn du bon côté; **non c'è ~ di persuaderlo** il n'y a pas moyen de le convaincre // *prep* vers; *(nei riguardi di)* à l'égard de, envers; *(dalle parti di)* du côté de; **~ di me/te** à mon/ton égard.

'vertebra *sf* vertèbre.

verti'cale *ag* vertical(e) // *sf (MAT)* verticale; *(ASTR)* zénith *m*.

'vertice ['vɛrtitʃe] *sm* sommet.

ver'tigine [ver'tidʒine] *sf* vertige *m;* **vertigi'noso, a** *ag* vertigineux (-euse).

ve'scica, che [veʃ'ʃika] *sf* vessie, vesicule; *(MED)* ampoule, cloque.

'vescovo *sm* évêque.

'vespa *sf (ZOOL)* guêpe; **V~** ® *(moto)* Vespa ®.

'vespro *sm* soir; *(REL)* vêpres *mpl*.

ves'sillo *sm* drapeau, enseigne *f*.

ve'staglia [ves'taʎʎa] *sf* robe de chambre.

'veste *sf* vêtement *m; (fig: aspetto)* forme, apparence; **in ~ di** en qualité de; *(in modo ingannevole)* sous l'apparence de; **~ tipografica** présentation typographique; **vesti'ario** *sm* garde-robe *f;* **negozio di vestiario** magasin d'habillement.

ve'stibolo *sm* vestibule.

ve'stigia [ves'tidʒa] *sfpl* vestiges *mpl*, ruines.

ve'stire *vt* habiller; *(avere indosso)* porter // *vi* s'habiller; **~rsi** *vr* s'habiller, se mettre; *(fig: ornarsi)* se parer, s'orner; **ve'stito, a** *ag* habillé(e), vêtu(e) // *sm (da uomo)* costume; *(da donna)* robe *f;* **vestiti** *smpl* vêtements; **essere vestito a festa** être endimanché.

vete'rano, a *ag* ancien(ne) // *sm* veteran; *(MIL)* ancien combattant.

veteri'nario, a *ag, sm* vétérinaire // *sf (scienza)* médecine vétérinaire.

'veto *sm inv* veto.

ve'traio *sm (artigiano)* verrier; *(venditore)* vitrier.

ve'trato, a *ag* vitré(e) // *sf* baie vitrée; *(di chiesa)* vitrail *m;* **carta ~a** papier *m* émeri.

vetre'ria *sf (stabilimento)* vitrerie; *(negozio e oggetti di vetro)* verrerie.

ve'trina *sf* vitrine.

vetri'olo *sm* vitriol.

'vetro *sm (materiale)* verre; *(finestra)* vitre *f*.

'vetta *sf* sommet *m*.

vet'tore *sm (MAT, FIS)* vecteur; *(COMM)* transporteur; **razzo ~** *(ASTR)* lanceur.

vetto'vaglie [vetto'vaʎʎe] *sfpl* victuailles, vivres *mpl*.

vet'tura *sf* voiture; **~ di piazza** fiacre *m*.

vezzeggi'are [vettsed'dʒare] *vt* caliner, cajoler; **vezzeggia'tivo** *sm (LING)* diminutif.

'vezzo ['vettso] *sm* habitude *f;* **~i** *smpl (smancerie)* minauderies *fpl*, manières *fpl;* **vez'zoso, a** *ag* charmant(e); *(lezioso)* manière(e).

vi *(dav lo, la, li, le, ne diventa* **ve**) *pron* vous; **ve ne pentirete** vous vous en repentirez; **amatevi!** aimez-vous!; **non ~ trovo differenza** *(dimostrativo)* je n'y trouve pas de différence // *av* y; **~ ritornerò dopo** j'y retournerai plus tard.

'via *sf* voie; *(strada: di città)* rue; *(:fuori città)* route; *(sentiero, passaggio)* chemin *m; (mezzo: anche fig)* moyen *m* // *escl (per scacciare qd)* va-t-en!; *(incoraggiamento)* allez!, allons!; *(SPORT)* partez! // *sm (SPORT)* départ // *av:* **portar ~** emporter; **scappar ~** se sauver; **esser ~** être absent; **per ~ di** à cause de; **~ di mezzo** *(fig)* demi-mesures *fpl;* **in ~ provvisoria/eccezionale** à titre *m* provisoire/exceptionnel; **per ~ aerea** par avion; **e così ~** ainsi de suite; **~ ~ che** à mesure que; **la situazione va ~ ~ migliorando** la situation s'améliore de plus en plus.

viabilità *sf* viabilité; *(rete stradale)* réseau *m* routier.
via'dotto *sm* viaduc.
viaggi'are [viad'dʒare] *vi* voyager; **viaggia'tore, trice** *ag, sm/f* voyageur(-euse).
vi'aggio ['vjaddʒo] *sm* voyage; *(tragitto)* route *f.*
vi'ale *sm* avenue *f,* boulevard; *(di parco)* allée *f.*
via'vai *sm* va-et-vient.
vi'brare *vt (un colpo)* donner // *vi (scuotersi)* vibrer; **vibrazi'one** *sf* vibration.
vi'cario *sm* vicaire.
'vice ['vitʃe] *sm/f* adjoint/e, remplaçant/e // *pref:* ~**console** *sm* vice-consul; ~**direttore** *sm* directeur-adjoint; ~**ispettore** *sm* sous-inspecteur.
vi'cenda [vi'tʃɛnda] *sf* fait *m,* événement *m;* **a** ~ à tour de rôle; **vicen'devole** *ag* réciproque.
vice'versa [vitʃe'vɛrsa] *av* vice versa // *cong* mais.
vici'nanza [vitʃi'nantsa] *sf* voisinage *m,* proximité; ~**e** *sfpl (dintorni)* alentours *mpl,* parages *mpl.*
vici'nato [vitʃi'nato] *sm* voisinage, voisins *mpl.*
vi'cino, a [vi'tʃino] *ag* voisin(e); *(prossimo nel tempo)* proche; *(persone: legate)* uni(e) // *sm/f (di casa, banco)* voisin/e // *av* (tout) près // *prep:* ~ **a** à côté de, près de; **la casa** ~**a** la maison voisine; **essere** ~ **a qd nel dolore** prendre part à la douleur de qn.
vicissi'tudini [vitʃissi'tudini] *sfpl* vicissitudes *fpl.*
'vicolo *sm* ruelle *f;* ~ **cieco** *(anche fig)* impasse *f.*
Vi'enna *sf* Vienne; **vien'nese** *ag, sm/f* viennois(e).
vie'tare *vt* interdire, défendre; **'vietato fumare/l'ingresso'** défense *f* de fumer/entrée *f* interdite.
vi'gente [vi'dʒɛnte] *ag* en vigueur.
vigi'lante [vidʒi'lante] *ag* vigilant(e); **vigi'lanza** *sf* vigilance.
vigi'lare [vidʒi'lare] *vi* veiller // *vt* surveiller.
'vigile ['vidʒile] *ag* vigilant(e) // *sm* agent; ~ **del fuoco** pompier; ~ **urbano** agent de police, flic *(fam).*
vi'gilia [vi'dʒilja] *sf* veille; (REL) jeûne *m.*
vigli'acco, a, chi, che [viʎ'ʎakko] *ag, sm/f* lâche, trouillard(e).
'vigna ['viɲɲa] *sf (pianta)* vigne; *(vigneto)* vignoble *m;* **vi'gneto** *sm* vignoble.
vi'gnetta [viɲ'ɲetta] *sf* illustration, dessin *m.*
vi'gore *sm* force *f; (fig)* vigueur *f;* **vigo'roso, a** *ag* vigoureux(-euse), énergique.
'vile *ag* lâche.
vili'pendio *sm* outrage.
'villa *sf* villa.
vil'laggio [vil'laddʒo] *sm* village.
villa'nia *sf* grossièreté, impolitesse.
vil'lano, a *ag* grossier(-ère), impoli(e) // *sm/f* rustre, mufle.
villeggi'are [villed'dʒare] *vi* aller en villegiature *o* en vacances; **villeggia'tura** *sf* villegiature, vacances *fpl;* **luogo di villeggiatura estiva/invernale** station d'été/d'hiver.
vil'lino *sm* petite villa *f,* pavillon.
vil'loso, a *ag* velu(e), poilu(e).
viltà *sf* lâcheté.
'vimine *sm* osier; **di** ~**i** *mpl (cesto, etc)* en osier; **oggetti di** ~**i** vannerie *f.*
'vincere ['vintʃere] *vt* gagner; *(battere)* vaincre, battre; *(fig: difficoltà, malattia)* surmonter, vaincre; *(sopraffare)* dominer // *vi* l'emporter, gagner; **'vincita** *sf* gain *m; (premio)* lot *m;* **vinci'tore, trice** *sm/f* vainqueur *m,* gagnant/e // *ag* victorieux(-euse).

vinco'lare *vt* lier; (*FIN*) bloquer; **'vincolo** *sm (fig: legame)* lien; (*DIR*) obligation *f*; (*TECN*) liaison *f*.
vi'nicolo, a *ag* vinicole.
'vino *sm* vin.
'vinto, a *pp di* **vincere**.
vi'ola *sf (BOT)* violette; (*MUS*) viole // *sm* violet // *ag inv* violet(te).
vio'lare *vt* violer; **violazi'one** *sf* violation; **violazione di domicilio** (*DIR*) viol *m* de domicile; **violazione di sigilli** bris *m* de scellés.
violen'tare *vt* violer.
vio'lento, a *ag* violent(e); **vio'lenza** *sf* violence; **violenza carnale** viol *m*.
vio'letto, a *ag* violet(te) // *sm* violet.
violi'nista, i, e *sm/f* violiniste.
vio'lino *sm* violon.
violon'cello [violon'tʃɛllo] *sm* violoncelle.
vi'ottolo *sm* sentier, chemin.
'vipera *sf* vipère.
vi'raggio [vi'raddʒo] *sm (CHIM, FOT)* virage.
vi'rare *vt, vi* virer.
virginità [virdʒini'ta] *sf* = **verginità**.
'virgola *sf* virgule; **virgo'lette** *sfpl* (*LING*) guillemets *mpl*.
vi'rile *ag* viril(e); *(maschile)* mâle; **virilità** *sf inv* virilité.
virtù *sf inv* vertu; *(qualità)* qualité, don *m*.
virtu'ale *ag* virtuel(le).
virtu'oso, a *ag* vertueux(-euse) // *sm/f* vertueux/euse; (*MUS*) virtuose.
viru'lente, a *ag* virulent(e); *(fig)* envenimé(e).
'virus *sm inv (MED)* virus *sg*.
'viscere ['viʃʃere] *sm* viscères *fpl*, entrailles *fpl*.
'vischio ['viskjo] *sm (BOT: pianta)* gui; *(: colla)* glu *f*; **vischi'oso, a** *ag* visqueux(-euse), gluant(e).
'viscido, a ['viʃʃido] *ag* visqueux (-euse), glissant(e).
vis'conte, essa *sm/f* vicomte/tesse.
vi'scoso, a *ag* visqueux(-euse), gluant(e).
vi'sibile *ag* visible.
visi'bilio *sm*: **andare in ~** s'extasier; **mandare in ~** ravir.
visibilità *sf inv* visibilité.
visi'era *sf* visière.
visi'one *sf* vision; *(esame)* examen *m; (vista straordinaria)* spectacle *m; (fig)* vue; **in prima/seconda ~** (*CINE*) en première/seconde exclusivité.
'visita *sf* visite.
visi'tare *vt* visiter; **visita'tore, trice** *sm/f* visiteur/euse.
vi'sivo, a *ag* visuel(le).
'viso *sm* visage.
vi'sone *sm* vison.
'vispo, a *ag* vif(-ive), gai(e).
vis'suto, a *pp di* **vivere**.
'vista *sf* vue.
vi'stare *vt* viser.
'visto, a *pp di* **vedere** // *sm (permesso)* visa.
vi'stoso, a *ag* voyant(e), tapageur (-euse); *(ingente)* important(e), considérable.
visu'ale *ag* visuel(le) // *sf* vue; *(fig)* point *m* de vue.
'vita *sf* vie; *(modo di vivere)* vie, existence; *(fig: durata)* durée; (*ANAT*) taille; **condannare qd a ~** (*DIR*) condamner qn à perpétuité; **vi'tale** *ag* vital(e); **vitalità** *sf inv* vitalité; **vita'lizio, a** *ag* (*FIN*) viager(-ère) // *sm* viager; **socio ~** membre à vie.
vita'mina *sf* vitamine.
'vite *sf* (*BOT*) vigne; (*TECN*) vis *sg*; **a ~** (*AER*) en vrille.
vi'tello *sm* veau.
vi'ticcio [vi'tittʃo] *sm* (*BOT*) vrille *f*.
viticol'tore *sm* viticulteur; **viticol'tura** *sf* viticulture.
'vitreo, a *ag* vitreux(-euse); (*ANAT*) vitré(e).
'vittima *sf* victime; *(fig)* martyr *m*.
'vitto *sm* nourriture *f*; **~ e alloggio**

le vivre et le couvert.

vit'toria *sf* victoire; **vittori'oso, a** *ag* victorieux(-euse).

vitupe'rare *vt* vitupérer.

'viva *escl* vive!

vi'vace [vi'vatʃe] *ag* vif(-ive).

vi'vaio *sm* (*PESCA*) vivier; (*AGR*) pépinière *f*.

vi'vanda *sf* nourriture, plat *m*.

vi'vente *ag, sm/f* vivant(e).

'vivere *vi, vt* vivre // *sm* vie *f*, existence *f*; ~**i** *smpl* victuailles *fpl*.

'vivido, a *ag* vif(-ive).

vivifi'care *vt* vivifier; *(fig: ravvivare)* raviver, ranimer.

vivisezi'one [viviset'tsjone] *sf* vivisection.

'vivo, a *ag* vivant(e); *(vivace)* vif(-ive); *(discussione)* animé(e); *(sentimento)* profond(e) // *sm (carne viva)* vif; **i** ~**i** *mpl* les vivants; **farsi** ~ se manifester; **da vivo** de son vivant; **a** ~**a voce** de vive voix.

vizi'are [vit'tsjare] *vt* gâter; *(aria)* vicier; *(corrompere)* corrompre; **vizi'ato, a** *ag* gâté(e); *(aria, acqua)* vicié(e); *(corrotto)* corrompu(e); **'vizio** *sm* vice; *(dissolutezza)* débauche *f*; *(cattiva abitudine)* manie; *(imperfezione)* défaut; (:*MED*) malformation *f*; **vizi'oso, a** *ag* vicieux(-euse); *(difettoso)* défectueux(-euse).

vocabo'lario *sm* dictionnaire; *(lessico)* vocabulaire.

vo'cabolo *sm* terme.

vo'cale *ag (della voce)* vocal(e) // *sf* (*LING*) voyelle.

vocazi'one [vokat'tsjone] *sf* vocation.

'voce ['votʃe] *sf* voix *sg*; *(di animale)* cri *m*; *(fig)* bruit *m*; *(di dizionario)* article *m*, mot *m*; *(di bilancio)* poste *m*, rubrique; **a** ~ oralement; **dare una** ~ **a qd** appeler qn.

voci'are [vo'tʃare] *vi* brailler, crier.

voga *sf* vogue, mode.

vo'gare *vi* ramer.

'voglia ['vɔʎʎa] *sf* envie.

'voi *pron* vous; **voi'altri, e** *pron* vous autres.

vo'lano *sm* volant.

vo'lante *ag* volant(e) // *sm* volant // *sf*: **la V**~ Police Secours.

volan'tino *sm* prospectus *sg*; (*POL*) tract.

volare *vi* voler; *(fig: schiaffi)* pleuvoir; ~ **via** s'envoler.

vo'lata *sf (fig: salto)* saut *m*; (*SPORT*) sprint *m*; (*TENNIS*) volée; **di** ~ en vitesse.

vo'latile *ag* volatil(e) // *sm* (*ZOOL*) volatile, oiseau.

volenti'eri *av* volontiers.

vo'lere *vt* vouloir; *(chiedere)* demander; ~**rci** *(essere necessario)* falloir; ~ **bene a qd** aimer qn; ~ **piuttosto** préférer; **senza** ~ sans le vouloir // *sm* volonté *f*.

vol'gare *ag* vulgaire, grossier (-ère) // *sm* langue *f* vulgaire; **volgarità** *sf inv* vulgarité, grossièreté; **volgariz'zare** *vt* vulgariser.

'volgere [vɔldʒere] *vt (fig: tradurre)* traduire; *(: dirigere: sguardo)* diriger, lever // *vi (avvicinarsi: al termine)* toucher; *(tendere: tempo)* se mettre; ~**rsi** *vr* se tourner; ~ **qd in fuga** mettre qn en fuite.

'volgo *sm* peuple.

voli'era *sf* volière.

voli'tivo, a *ag* énergique.

'volo *sm* vol; **al** ~ à la volée, au vol.

volontà *sf inv* volonté.

volon'tario, a *ag* volontaire; *(persona: non stipendiata)* bénévole // *sm* (*MIL*) volontaire.

'volpe *sf* renard *m*.

'volta *sf (turno)* tour *m*; *(momento)* fois *sg*; (*EQUITAZIONE*) volte; (*AER*) boucle, looping *m*; (*ARCHIT, ANAT*) voûte; **alla** ~ **di** en direction de; **una** ~ *(fig)* autrefois; **alle** ~**e** *o* **a** ~**e** parfois; ~ **per** ~ *o* **di** ~ **in** ~ chaque fois; **il più delle** ~**e** le plus souvent.

volta'faccia [volta'fattʃa] *sm inv* volte-face *f.*
vol'taggio [vol'taddʒo] *sm* voltage.
vol'tare *vt* tourner; *(moneta, frittata)* retourner // *vi* tourner; **~rsi** *vr* se tourner.
volteggi'are [volted'dʒare] *vi* voltiger; *(di uccello)* tournoyer; (*SPORT*) faire de la voltige.
'volto *sm* visage.
vo'lubile *ag* changeant(e).
vo'lume *sm* volume; **volumi'noso, a** *ag* volumineux(-euse).
voluttà *sf inv* volupté; **voluttu'oso, a** *ag* voluptueux(-euse).
vomi'tare *vt* vomir; **'vomito** *sm* vomissement.
'vongola *sf* (*ZOOL*) coque.
vo'race *ag* vorace.
vo'ragine [vo'radʒine] *sf* gouffre *m.*
'vortice ['vɔrtitʃe] *sm* tourbillon.
'vostro, a *det* votre // *pron* **il ~, la ~a,** *etc* le (la) vôtre, *etc.*
vo'tante *sm/f* votant/e.
vo'tare *vi* voter // *vt* voter; (*REL*) vouer, consacrer; **votazi'one** *sf* vote *m,* scrutin *m;* (*SCOL*) notes *fpl.*
vo'tivo, a *ag* votif(-ive).
'voto *sm* (*REL*) vœu; (*POL*) vote, voix *f;* (*SCOL*) note *f,* point.
vs. *(abbr commerciale di* **vostro**) votre (V.).
vul'canico, a, ci, che *ag* volcanique.
vul'cano *sm* volcan.
vulne'rabile *ag* vulnérable, faible.
vuo'tare *vt* vider; **~rsi** *vr* se vider; **vu'oto, a** *ag* vide; *(fig)* creux(-euse) // *sm* vide; *(fig: buco)* creux *sg;* **~ d'aria** trou d'air; **~ a rendere** emballage consigné; **~ a perdere** emballage perdu.

Z

zabai'one [dzaba'jone] *sm* (*CUC*) sabayon.
zaf'fata [tsaf'fata] *sf* bouffée.
zaffe'rano [dzaffe'rano] *sm* safran.
'zaffiro [dzaf'firo] *sm* saphir.
'zagara ['dzagara] *sf* fleur d'oranger.
'zaino ['dzaino] *sm* sac à dos.
'zampa ['tsampa] *sf (anche fig)* patte.
zampil'lare [tsampil'lare] *vi* jaillir; **zam'pillo** *sm* jet.
zam'pogna [tsam'poɲɲa] *sf* cornemuse.
'zanna ['tsanna] *sf (di elefante)* défense; *(di cane, anche fig)* croc *m; (di cinghiale)* dague.
zan'zara [dzan'dzara] *sf* moustique *m;* **zanzari'era** *sf* moustiquaire.
'zappa ['tsappa] *sf* houe, pioche.
zap'pare [tsap'pare] *vt* piocher.
zar, za'rina [tsar, tsa'rina] *sm/f* tsar/ine.
'zattera ['dzattera] *sf* radeau *m.*
za'vorra [dza'vɔrra] *sf* lest *m,* ballast *m.*
'zazzera ['tsattsera] *sf (fam)* tignasse.
'zebra ['dzɛbra] *sf* zèbre *m;* **~e** *sfpl (fam: strisce pedonali)* passage *m* pour piétons.
'zecca, che ['tsekka] *sf* tique; *(fabbrica di monete)* Hôtel de la Monnaie.
ze'lante [dze'lante] *ag* zélé(e), empressé(e); **fare lo ~** faire du zèle.
'zelo ['dzɛlo] *sm* zèle.
'zenit ['dzɛnit] *sm* zénith.
'zenzero ['dzendzero] *sm* gingembre.
'zeppa ['tseppa] *sf* cale, coin *m;* **scarpe con la ~** chaussures à semelle compensée.
'zeppo, a ['tseppo] *ag* bondé(e), bourré(e).
zer'bino [dzer'bino] *sm* paillasson.
'zero ['dzɛro] *sm* zéro.
'zia ['tsia] *sf* tante.
zibel'lino [dzibel'lino] *sm* zibeline *f.*

'zigomo ['dzigomo] *sm* pommette.
zig'zag [dzig'dzag] *sm inv* zigzag.
zim'bello [dzim'bɛllo] *sm* tête *f* de turc, victime *f*.
'zinco, chi ['dzinco] *sm* zinc.
'zingaro, a ['dzingaro] *sm/f* bohémien/ne, gitan/e.
'zio, *pl* **'zii** ['tsio, 'tsii] *sm* oncle; **zii** *mpl* oncles et tantes *fpl*.
zi'tella [dzi'tɛlla] *sf* vieille fille.
'zitto, a ['tsitto] *ag* silencieux (-euse); ~! tais-toi!.
'zoccolo ['tsɔkkolo] *sm* sabot; (*EDIL*) socle, soubassement.
zo'diaco [dzo'diako] *sm* zodiaque.
'zolfo ['tsolfo] *sm* soufre.
'zolla ['dzɔlla] *sf* motte.
zol'letta [dzol'letta] *sf* morceau *m* de sucre.
'zona ['dzɔna] *sf* zone; (*GEOGR*) région; (*GEOL*) site *m*; ~ **disco** (*AUTO*) stationnement *m* à durée limitée; ~ **verde** (*AUTO*) zone bleue.
'zonzo ['dzondzo] : **a** ~ *av* en vadrouille, en balade.
'zoo ['dzɔo] *sm inv* zoo; **zoolo'gia** *sf* *(scienza)* zoologie.
zoppi'care [tsoppi'care] *vi* boiter, clopiner; *(fig: vacillare)* être bancal; *(: essere debole)* être faible; **'zoppo, a** *ag* boiteux(-euse); *(fig: traballante)* bancal(e).
zoti'cone [dzoti'kone] *sm* mufle, rustre.
'zucca, che ['tsukka] *sf* (*BOT*) citrouille, courge; *(peg: testa)* caboche.
zucche'rare [tsukke'rare] *vt* sucrer.
zuccheri'era [tsukkerj'ɛra] *sf* sucrier *m*.
zuccheri'ficio [tsukkeri'fitʃo] *sm* sucrerie *f*, raffinerie *f* de sucre.
zucche'rino, a [tsukke'rino] *ag* sucré(e) // *sm (zolletta)* morceau de sucre.
'zucchero ['tsukkero] *sm* sucre; ~ **filato** barbe *f* à papa; ~ **a velo** sucre glace.
zuc'china ['tsuk'kina] *sf* (*BOT*) courgette.
'zuffa ['tsuffa] *sf* bagarre, mêlée.
zufo'lare [tsufo'lare] *vi* jouer du pipeau // *vt (fischiettare)* siffler, siffloter.
'zuppa ['tsuppa] *sf* (*CUC*) soupe; *(del cane)* pâtée; *(fig: mescolanza)* salade; **zuppi'era** *sf* soupière.
'zuppo, a ['tsuppo] *ag* trempé(e).
Zu'rigo [tsu'rigo] *sf* Zurich *m*.

FRANÇAIS - ITALIEN
FRANCESE - ITALIANO

A

à *(à + le =* **au,** *à + les =* **aux)** [a, ɔ] *prép* a; *(situation, direction)* a, in; *(attribution)* di; *(but, destination de choses ou personnes)* da; *(moyen)* con; *(temps déterminé, nom de pays)* in; **au, à la, aux** al, allo *m*, alla *f*; ai, agli *mpl;* alle *fpl;* **ils sont arrivés ~ quatre** sono arrivati in quattro; **~ nous trois nous n'avons pas su le faire** fra noi tre non siamo stati capaci di farlo; **ce livre est ~ lui/nous,** *etc* questo libro è suo/nostro, *etc;* **au mois de juin** in giugno; **se chauffer au gaz/à l'électricité** avere il riscaldamento a gaz/elettrico; **aller à bicyclette/à pied** andare in bicicletta/a piedi; **l'homme aux yeux bleus** l'uomo dagli *ou* con gli occhi azzurri.

abaissement [abɛsmɑ̃] *nm* abbassamento, calo.

abaisser [abese] *vt* abbassare; *(humilier)* umiliare; **s'~** *vr* abbassarsi.

abandon [abɑ̃dɔ̃] *nm* abbandono; **être/laisser à l'~** *(sans entretien)* essere/lasciare in stato di abbandono.

abandonné, e [abɑ̃dɔne] *a* abbandonato(a); *(relâché: pose, attitude)* di abbandono.

abandonner [abɑ̃dɔne] *vt* abbandonare; *(quitter: lieu, personne, activité)* lasciare // *vi* (*SPORT*) ritirarsi; **s'~** *vr (se laisser aller)* lasciarsi andare; **s'~ à** *(paresse, plaisirs)* abbandonarsi a.

abasourdir [abazuʀdiʀ] *vt* assordare; *(fig)* lasciare stupefatto, sbalordire.

abat-jour [abaʒuʀ] *nm inv* paralume *m*.

abats [aba] *nmpl* (*CULIN*) frattaglie *fpl*.

abattage [abataʒ] *nm* abbattimento; *(d'un animal)* macellazione *f*.

abattis [abati] *nmpl* rigaglie *fpl*.

abattement [abatmɑ̃] *nm* abbattimento, prostrazione *f;* (*FIN*) riduzione *f;* **~ à la base** *(fisc)* abbattimento alla base.

abattoir [abatwaʀ] *nm* mattatoio, macello.

abattre [abatʀ(ə)] *vt* abbattere; *(animal: à l'abattoir)* macellare; *(personne: fam)* uccidere; *(fig)* abbattere, prostrare; (*NAUT*) poggiare; **~ ses cartes** (*CARTES, fig*) scoprire le carte; **s'abbatre** *vr* abbattersi.

abattu, e [abaty] *pp de* **abattre.**

abbaye [abei] *nf* abbazia.

abbé [abe] *nm* abate *m; (de paroisse)* prete *m*, reverendo.

abcès [apsɛ] *nm* ascesso.

abdication [abdikɑsjɔ̃] *nf* abdicazione *f*.

abdiquer [abdike] *vi* rinunciare; (*POL*) abdicare // *vt* rinunciare a, abdicare a.

abdomen [abdɔmɛn] *nm* addome *m*.

abeille [abɛj] *nf* ape *f*.

abêtir [abetiʀ] *vt* abbrutire.

abîme [abim] *nm* abisso.

abîmer [abime] *vt* sciupare, rovinare; **s'~** *vr* rovinarsi *(nourriture)* guastarsi.

ablutions [ablysjɔ̃] *nfpl:* **faire ses ~** lavarsi.

aboiement [abwamɑ̃] *nm* latrato.
abois [abwa] *nmpl:* **être aux** ~ *(fig)* essere (ridotto) con le spalle al muro.
abolir [abɔliʀ] *vt* abolire, abrogare.
abondance [abɔ̃dɑ̃s] *nf* abbondanza; **en** ~ in quantità.
abonder [abɔ̃de] *vi* abbondare; ~ **en** abbondare di.
abonnement [abɔnmɑ̃] *nm* abbonamento.
abonné, e [abɔne] *nm/f* abbonato/a; *(de l'électricité, du gaz)* utente *m/f.*
abonner [abɔne] *vt* abbonare; **s'**~ **à** abbonarsi a.
abord [abɔʀ] *nm:* **être d'un** ~ **facile/difficile** *(personne)* essere/non essere alla mano; *(côte)* essere di facile/difficile approdo; ~**s** *mpl (d'un lieu)* vicinanze *fpl,* adiacenze *fpl;* **de prime** ~, **au premier** ~ di primo acchito; **d'**~ *ad* prima, dapprima, innanzitutto.
abordable [abɔʀdabl(ə)] *a* abbordabile.
abordage [abɔʀdaʒ] *nm* abbordaggio; *(collision)* abbordo.
aborder [abɔʀde] *vi* approdare // *vt* affrontare; (NAUT) urtare; *(fig: personne)* abbordare.
aboutir [abutiʀ] *vi* avere un esito positivo; ~ **à** *(lieu)* terminare *ou* sboccare in; *(fig)* portare *ou* approdare a.
aboutissement [abutismɑ̃] *nm* esito, risultato.
aboyer [abwaje] *vi* abbaiare.
abrasif, ive [abʀazif, iv] *a* abrasivo(a).
abrégé [abʀeʒe] *nm* compendio; **en** ~ in breve; *(objet: en miniature)* su scala ridotta; *(écrire)* in stile telegrafico; **mot en** ~ parola abbreviata.
abréger [abʀeʒe] *vt* abbreviare.
abreuver [abʀœve] abbeverare; **s'**~ *vr* abbeverarsi; **abreuvoir** *nm* abbeveratoio.
abréviation [abʀevjɑsjɔ̃] *nf* abbreviazione *f.*
abri [abʀi] *nm* riparo; *(habitation,* MIL) rifugio; (RAIL, *d'arrêt d'autobus)* pensilina; **être/se mettre à l'**~ essere/mettersi al sicuro; **à l'**~ **de** al riparo da; *(protégé par)* al riparo di.
abricot [abʀiko] *nm* albicocca; **abricotier** *nm* albicocco.
abrité, e [abʀite] *a* riparato(a).
abriter [abʀite] *vt* riparare; *(recevoir, loger)* ospitare; **s'**~ *vr* ripararsi.
abroger [abʀɔʒe] *vt* abrogare.
abrupt, e [abʀypt] *a* scosceso(a), ripido(a); *(personne, ton)* rude, brusco(a).
abruti, e [abʀyti] *nm/f (fam)* imbecille *m/f,* cretino/a.
abrutir [abʀytiʀ] *vt* istupidire, abbrutire.
absence [absɑ̃s] *nf* assenza; **en l'**~ **de** in assenza di.
absent, e [apsɑ̃, ɑ̃t] *a, nm/f* assente *(m/f);* **absentéisme** *nm* assenteismo; **s'absenter** *vr* assentarsi.
absolu, e [apsɔly] *a* assoluto(a); *(parfait)* perfetto(a); **dans l'**~ in assoluto.
absolution [apsɔlysjɔ̃] *nf* assoluzione.
absorber [apsɔʀbe] *vt* assorbire; *(suj: personne: manger, boire)* ingerire, mandar giu.
absoudre [apsudʀ(ə)] *vt* assolvere.
abstenir [apstəniʀ] : **s'**~ *vr* astenersi; **s'**~ **de qch/de faire** astenersi da qc/dal fare; **abstention** *nf* astensione *f;* **abstentionnisme** *nm* astensionismo.
abstinence [apstinɑ̃s] *nf* astinenza.
abstraction [apstʀaksjɔ̃] *nf* astrazione *f;* **faire** ~ **de** prescindere da; ~ **faite de ...** a prescindere da... .
abstraire [apstʀɛʀ] *vt* astrarre; **s'**~ **(de)** astrarsi (da); **abstrait, e** *a* astratto(a).
absurde [apsyʀd(ə)] *a* assurdo(a).
absurdité [apsyʀdite] *nf* assurdità

f inv.

abus [aby] *nm* abuso; ~ **de confiance** (*JUR*) appropriazione *f* indebita.

abuser [abyze] *vi* esagerare; ~ **de** abusare di; **si je ne m'abuse ...** se non sbaglio...; **abusif, ive** *a* abusivo(a); *(excessif)* eccessivo(a); *(inexact)* improprio(a).

acabit [akabi] *nm:* **de cet** ~ di quella risma *ou* quello stampo; **du même** ~ della stessa risma *ou* dello stesso stampo.

acacia [akasja] *nm* acacia.

académicien, ne [akademisjɛ̃, jɛn] *nm/f* accademico.

académie [akademi] *nf* accademia; (*ART: nu)* nudo; (*SCOL*) *circoscrizione amministrativa universitaria francese;* **l'A**~ 'l'Académie française'; **académique** *a* accademico(a).

acajou [akaʒu] *nm* mogano.

accablant, e [akɑblɑ̃, ɑ̃t] *a* schiacciante; *(chaleur, poids)* opprimente.

accabler [akɑble] *vt* prostrare; *(chaleur)* opprimere; *(surcharger)* oberare; *(fig)* ossessionare.

accalmie [akalmi] *nf* bonaccia; *(fig)* tregua.

accaparer [akapaʀe] *vt* fare incetta di, accaparrare; *(pouvoir)* impadronirsi di; *(place)* accaparrarsi.

accéder [aksede] : ~ **à** *vi (aussi fig)* accedere a; *(accepter: requête, désirs)* acconsentire a.

accélérateur [akseleʀatœʀ] *nm* acceleratore *m.*

accélération [akseleʀɑsjɔ̃] *nf* accelerazione *f.*

accélérer [akseleʀe] *vt, vi:* **s'**~ *vr* accelerare.

accent [aksɑ̃] *nm* accento; **mettre l'**~ **sur** *(fig)* porre l'accento su.

accentuation [aksɑ̃tɥɑsjɔ̃] *nf* accentazione *f; (fig)* accentuazione *f,* accentuarsi *m.*

accentuer [aksɑ̃tɥe] *vt* accentare; *(marquer, augmenter)* accentuare.

acceptable [aksɛptabl(ə)] *a* accettabile.

acceptation [aksɛptɑsjɔ̃] *nf* accettazione *f.*

accepter [aksɛpte] *vt* accettare.

acception [aksɛpsjɔ̃] *nf* accezione *f.*

accès [aksɛ] *nm* accesso; (*MÉD: de fièvre)* accesso, attacco // *nmpl* vie *fpl* d'accesso; **d'**~ **facile/difficile** *(lieu)* di facile/difficile accesso; *(personne)* alla mano/poco alla mano; **donner** ~ **à** *(aussi fig)* permettere di accedere a; **avoir** ~ **auprès de qn** *(aussi fig)* essere introdotto presso qd.

accessible [aksesibl(ə)] *a* accessibile; **être** ~ **à la pitié/l'amour** essere sensibile alla pietà/all'amore.

accession [aksɛsjɔ̃] *nf* ascesa; (*DIR*) accessione *f;* ~ **à l'indépendance** raggiungimento dell'indipendenza.

accessoire [akseswaʀ] *a* accessorio(a) // *nm* accessorio // *nmpl* (*THEATRE: vestimentaires, etc)* materiale *m* scenico; **accessoiriste** *nm/f* (*TV, CINE*) trovarobe *m inv.*

accident [aksidɑ̃] *nm* incidente *m; (événement fortuit)* caso; **par** ~ per caso.

accidenté, e [aksidɑ̃te] *a* accidentato(a); *(voiture)* sinistrato(a).

accidentel, le [aksidɑ̃tɛl] *a* accidentale.

acclamation [aklamɑsjɔ̃] *nf:* **par** ~ *(vote)* per acclamazione *f;* ~**s** *nfpl* acclamazioni *fpl.*

acclamer [aklame] *vt* acclamare.

acclimater [aklimate] *vt* acclimatare; **s'**~ *vr (personne)* acclimatarsi, assuefarsi.

accointances [akwɛ̃tɑ̃s] *nfpl:* **avoir des** ~**s dans** avere delle conoscenze in.

accolade [akɔlad] *nf* abbraccio; *(signe)* graffa; **donner l'**~ **à qn** abbracciare qd.

accoler [akɔle] *vt* affiancare.
accommodante, e [akɔmɔdɑ̃, ɑ̃t] *a* accomodante, conciliante.
accommoder [akɔmɔde] *vt* (CULIN: *plat*) preparare, condire; **s'~ de** accontentarsi di; **s'~ à** *(s'adapter)* adattarsi a.
accompagnateur, trice [akɔ̃paɲatœʀ, tʀis] *nm/f* accompagnatore/trice.
accompagnement [akɔ̃paɲmɑ̃] *nm* accompagnamento; (CULIN) contorno.
accompagner [akɔ̃paɲe] *vt* accompagnare; **s'~ de** accompagnarsi a.
accompli, e [akɔ̃pli] *a* compiuto(a); **musicien ~** musicista perfetto.
accomplir [akɔ̃pliʀ] *vt* compiere, realizzare; **s'~** *vr (souhait, vœu)* realizzarsi.
accord [akɔʀ] *nm* accordo; **d'~** d'accordo.
accordéon [akɔʀdeɔ̃] *nm* fisarmonica.
accorder [akɔʀde] *vt* accordare; **je vous accorde qu'il a raison** Le concedo che ha ragione *ou* riconosce che ha ragione; **je vous accorde une minute** Le concedo un minuto; **s'~** *vr* accordarsi, mettersi d'accordo.
accoster [akɔste] *vt* avvicinare, abbordare; (NAUT) accostare; **~ le quai** (NAUT) attraccare in banchina.
accotement [akɔtmɑ̃] *nm (de route)* banchina.
accouchement [akuʃmɑ̃] *nm* parto.
accoucher [akuʃe] *vt* fare *ou* aiutare a partorire // *vi*: **~ (de)** partorire; **accoucheur, euse** *nm/f* ostetrico/a.
accouder [akude]: **s'~** *vr*: **s'~ à/contre** appoggiarsi (con i gomiti) a/contro; **accoudoir** *nm* bracciolo.
accoupler [akuple] *vt* accoppiare; *(idées, mots)* mettere insieme, abbinare; **s'~** *vr* accoppiarsi.
accourir [akuʀiʀ] *vi* accorrere.
accoutrement [akutʀəmɑ̃] *nm (péj)* abbigliamento ridicolo *ou* bizzarro.
accoutumance [akutymɑ̃s] *nf* assuefazione.
accoutumé, e [akutyme] *a* solito, consueto; **comme à l'~e** come al solito.
accoutumer [akutyme] *vt* abituare.
accréditer [akʀedite] *vt* accreditare.
accroc [akʀo] *nm* strappo; *(fig)* intoppo.
accrochage [akʀɔʃaʒ] *nm* scontro; *(attacher)* agganciamento; **l'~ d'un tableau** l'appendere *m inv* un quadro.
accrocher [akʀɔʃe] *vt* appendere; *(attacher: wagon, remorque)* agganciare; *(toucher: véhicule, objet)* urtare; *(déchirer: robe, pull)* impigliare; *(fig: retenir: attention, client)* attirare; **s'~** *vr (se disputer)* litigare; (AUTO, MIL) scontrarsi; *(ne pas céder)* tener duro; **s'~ à** restare impigliato in; *(agripper, aussi fig)* aggrapparsi a; *(fig: personne)* appiccicarsi a.
accroissement [akʀwasmɑ̃] *nm* aumento, incremento.
accroître [akʀwatʀ(ə)] *vt*, **s'~** *vr* aumentare.
accroupir [akʀupiʀ] : **s'~** *vr* accoccolarsi, accovacciarsi.
accru, e [akʀy] *pp de* **accroître** // *a* crescente.
accu [aky] *abr m de* **accumulateur.**
accueil [akœj] *nm* accoglienza; **centre/comité d'~** centro/comitato di assistenza; **accueillant, e** *a* accogliente.
accueillir [akœjiʀ] *vt* accogliere.
acculer [akyle] *vt*: **~ qn à/contre** stringere qd contro; **~ qn à** *(fig: fuite, suicide)* costringere qd a; *(:*

faillite) ridurre qd a.
accumulateur [akymylatœʀ] *nm* accumulatore *m*.
accumulation [akymylɑsjɔ̃] *nf* accumulazione *f; (tas, quantité)* cumulo.
accumuler [akymyle] *vt* accumulare; **s'~** *vr* accumularsi.
accusateur, trice [akyzatœʀ, tʀis] *nm/f* accusatore/trice.
accusation [akyzɑsjɔ̃] *nf* accusa; **mettre en ~** mettere in stato d'accusa.
accusé, e [akyze] *nm/f* imputato/a; **~ de réception** *(postes)* ricevuta di ritorno.
accuser [akyze] *vt* accusare; *(faire ressortir: différence, fatigue)* rivelare, accusare; **~ qch de qch** dare la colpa a qc per qc; **~ réception de** accusare ricevuta di.
acéré, e [aseʀe] *a* aguzzo(a); *(lame)* affilato(a).
achalandé, e [aʃalɑ̃de] *a* fornito(a).
acharné, e [aʃaʀne] *a* accanito(a).
acharnement [aʃaʀnəmɑ̃] *nm* accanimento.
acharner [aʃaʀne]: **s'~** *vr* accanirsi.
achat [aʃa] *nm* acquisto; **faire des ~s** far compere.
acheminer [aʃmine] *vt* inoltrare; *(personnes, aussi fig)* avviare; **s'~ vers** avviarsi verso.
acheter [aʃte] *vt* comprare, acquistare; *(corrompre)* comprare; **~ qch à qn** *(provenance)* comprare qc da qd; *(destination)* comprare qc a qd; **acheteur, euse** *nm/f* acquirente *m/f*, (COMM: *professionnel)* responsabile *m/f* degli acquisti.
achèvement [aʃɛvmɑ̃] *nm* completamento, ultimazione *f*.
achever [aʃve] *vt* terminare; *(tuer: personne, animal blessé)* finire; *(fig)* dare il colpo di grazia a; **s'~** *vr* terminare.
acide [asid] *a* acido(a) // *nm* (CHIM) acido; **acidité** *nf* acidità *f inv;* **acidulé, e** *a* acidulo(a); *(rendu acide)* acidulato(a).
acier [asje] *nm* acciaio; **aciérie** *nf* acciaieria.
acné [akne] *nf* acne *f*.
acompte [akɔ̃t] *nm* acconto, caparra.
à-côté [akote] *nm* aspetto secondario; *(argent)* extra *m inv*.
à-coup [aku] *nm* scossa; **sans ~s** senza scosse; **par ~s** a sbalzi.
acoustique [akustik] *nf* acustica // *a* acustico(a).
acquérir [akeʀiʀ] *vt* acquistare; *(obtenir)* acquisire; **ce que ses efforts lui ont acquis** ciò che i suoi sforzi gli hanno procurato.
acquis, e [aki, iz] *pp de* **acquérir** // *a* acquisito(a); **tenir pour ~** dare per scontato.
acquisition [akizisjɔ̃] *nf* acquisto; *(de certitude, droit, habitude)* acquisizione *f;* **faire l'~ de** acquistare.
acquit [aki] *nm* quietanza; **pour ~** (COMM) per quietanza; **par ~ de conscience** per scrupolo di coscienza.
acquittement [akitmɑ̃] *vt* assoluzione *f; (de dette, facture)* saldo, pagamento.
acquitter [akite] *vt* assolvere; (COMM: *facture)* quietanzare; **s'~** *vr:* **s'~ de** adempiere a; *(dette)* liberarsi da; **s'~ envers qn** sdebitarsi verso qd.
âcre [akʀ(ə)] *a* acre.
acrobate [akʀɔbat] *nm/f* acrobata *m/f;* **acrobatie** [akʀɔbasi] *nf (aussi fig)* acrobazia.
acte [akt(ə)] *nm* atto; **rendre compte de ses ~s** render conto del proprio operato.
acteur, trice [aktœʀ] *nm/f* attore/trice.
actif, ive [aktif, iv] *a* attivo(a); *(armée)* in servizio (attivo) // *nm* (COMM) attivo; **mettre/avoir qch à**

son ~ *(fig)* mettere/avere qc al proprio attivo.

action [aksjɔ̃] *nf* azione *f*; ~ **en diffamation** (*JUR*) azione per diffamazione; **actionnaire** *nm/f* azionista *m/f*; **actionner** *vt* azionare.

activer [aktive] *vt* attivare, stimolare; *(accélérer)* accelerare // *vi* sbrigarsi; **s'**~ *vr* darsi da fare.

activité [aktivite] *nf* attività *f inv*.

actualité [aktɥalite] *nf* attualità *f inv*; ~**s** *fpl* (*CINE*) cinegiornale *m*; (*TV*) telegiornale *m*; **actuel, le** *a* attuale; **à l'heure** ~**le** attualmente.

acuité [akɥite] *nf* acutezza.

acuponcture, acupuncture [akypɔ̃ktyʀ] *nf* agopuntura.

adage [adaʒ] *nm* adagio.

adaptateur [adaptatœʀ] *nm* adattatore *m*; (*THEATRE, etc*) riduttore *m*; (*MUS*) arrangiatore *m*.

adaptation [adaptɑsjɔ̃] *nf* adattamento; (*MUS*) arrangiamento.

adapter [adapte] *vt* adattare; (*MUS*) arrangiare; **s'**~ **(à)** adattarsi a, adeguarsi a.

additif [aditif] *nm* additivo; *(supplément)* aggiunta.

addition [adisjɔ̃] *nf* aggiunta; (*MATH*) addizione *f*; *(au café, restaurant)* conto; **additionnel, le** *a* aggiuntivo, addizionale.

additionner [adisjɔne] *vt* sommare; ~ **qch de qch** aggiungere qc a qc; **un produit additionné de** un prodotto con aggiunta di.

adduction [adyksjɔ̃] *nf (de gaz, d'eau)* derivazione *f*.

adepte [adɛpt(ə)] *nm/f* adepto/a, seguace *m/f*.

adéquat, e [adekwa, at] *a* adeguato(a), adatto(a).

adhérence [adeʀɑ̃s] *nf* aderenza.

adhérent, e [adeʀɑ̃, ɑ̃t] *a, nm/f* aderente *(m/f)*.

adhérer [adeʀe] *vi* aderire; **adhésif, ive** [adezif, iv] *a* adesivo(a) // *nm* adesivo; **adhésion** *nf* adesione *f*.

adieu, x [adjø] *excl nm* addio; ~**x** *mpl* addii, saluti; **dire** ~ **à qn** salutare qd; **dire** ~ **à qch** *(y renoncer)* dire addio a qc.

adjacent, e [adʒasɑ̃, ɑ̃t] *a* adiacente.

adjectif [adʒɛktif] *nm* aggettivo.

adjoindre [adʒwɛ̃dʀ(ə)] *vt*: ~ **qch à qch** aggiungere qc a qc; ~ **qn à qn** affiancare qd a qd; **s'**~ **un collaborateur** farsi affiancare da un collaboratore; **adjoint, e** *nm/f* vice *m/f inv*; *(aide)* assistente *m/f*; ~ **au maire** vicesindaco; **directeur** ~ vicedirettore *m*.

adjonction [adʒɔ̃ksjɔ̃] *nf* aggiunta; *(personne)* aggregamento.

adjudant [adʒydɑ̃] *nm* (*MIL*) maresciallo; ~ **chef** maresciallo capo.

adjudicataire [adʒydikatɛʀ] *nm/f* appaltatore/trice, aggiudicatario/a.

adjudication [adʒydikɑsjɔ̃] *nf* aggiudicazione *f*; (*ADMIN*) appalto.

adjuger [adʒyʒe] *vt* aggiudicare; **s'**~ *vr* aggiundicarsi.

admettre [admɛtʀ(ə)] *vt* ammettere.

administrateur, trice [administʀatœʀ, tʀis] *nm/f* amministratore/trice.

administratif, ive [administʀatif, iv] *a* amministrativo(a).

administration [administʀɑsjɔ̃] *nf* amministrazione *f*.

administrer [administʀe] *vt* amministrare; *(remède, sacrement, correction)* somministrare.

admirable [admiʀabl(ə)] *a* ammirevole; *(esthétiquement)* stupendo(a).

admirateur, trice [admiʀatœʀ, tʀis] *nm/f* ammiratore/trice.

admiration [admiʀɑsjɔ̃] *nf* ammirazione *f*; **faire l'**~ **de** suscitare l'ammirazione di.

admirer [admiʀe] *vt* ammirare.

admissible [admisibl(ə)] *a* ammissibile; *(candidat)* ammesso-

(a) agli orali; ~ **à un emploi** che può essere ammesso a un posto di lavoro.
admission [admisjɔ̃] *nf* ammissione *f; (de marchandises)* importazione *f;* (TECH) immissione *f.*
admonester [admɔnɛste] *vt* ammonire.
adolescence [adɔlesɑ̃s] *nf* adolescenza.
adolescent, e [adɔlesɑ̃, ɑ̃t] *nm/f* adolescente *m/f.*
adonner: s'~ *vr:* **s'~ à** dedicarsi a; *(vice)* darsi a.
adopter [adɔpte] *vt* adottare; **adoptif, ive** *a* adottivo(a); *(patrie, ville)* di adozione; **adoption** *nf* adozione *f.*
adorable [adɔʀabl(ə)] *a* adorabile, delizioso(a).
adoration [adɔʀɑsjɔ̃] *nf* adorazione *f.*
adorer [adɔʀe] *vt* adorare.
adosser [adose] *vt* addossare, appoggiare; **s'~** *vr* addossarsi, appoggiarsi.
adoucir [adusiʀ] *vt* addolcire; *(peau)* ammorbidire; *(fig: personne)* raddolcire; *(: peine, douleur)* lenire; **s'~** *vr* raddolcirsi.
adresse [adʀɛs] *nf* destrezza, abilità *f inv; (domicile)* indirizzo, recapito.
adresser [adʀese] *vt* mandare, spedire; *(injure, compliments: à qn)* rivolgere; **s'~ à** rivolgersi a.
Adriatique [adʀiatik] *nf:* **l'~** l'Adriatico.
adroit, e [adʀwa, wat] *a* abile.
adulte [adylt(ə)] *a, nm/f* adulto(a).
adultère [adyltɛʀ] *a* adultero(a) // *nm (acte)* adulterio.
advenir [advəniʀ] *vi* accadere, succedere; **qu'adviendra-t-il/qu'est-il advenu de ...** che ne sarà/che ne è stato di ...; **quoiqu'il advienne** qualunque cosa accada.
adverbe [advɛʀb(ə)] *nm* (LING) avverbio.
adversaire [advɛʀsɛʀ] *nm/f* avversario/a; ~ **de qch** avversario *ou* nemico di qc.
adverse [advɛʀs(ə)] *a* (JUR) avverso(a).
aération [aeʀɑsjɔ̃] *nf* aerazione *f,* ventilazione *f.*
aéré, e [aeʀe] *a* aerato(a), ventilato(a).
aérer [aeʀe] *vt* arieggiare, ventilare.
aérien, ne [aeʀjɛ̃, jɛn] *a* aereo(a).
aérodrome [aeʀɔdʀom] *nm* aerodromo.
aérodynamique [aeʀɔdinamik] *a* aerodinamico(a).
aérogare [aeʀɔgaʀ] *nf* aeroporto, aerostazione *f; (en ville)* (air-)terminal *m inv.*
aéroglisseur [aeʀɔglisœʀ] *nm* hovercraft *m inv.*
aéronautique [aeʀɔnotik] *a* aeronautico(a) // *nf* aeronautica.
aéronaval, e [aeʀɔnaval] *a* aeronavale // *nf* (MIL) *aviazione della marina militare francese.*
aérophagie [aeʀɔfaʒi] *nf* (MED) aerofagia.
aéroport [aeʀɔpɔʀ] *nm* aeroporto.
aéroporté, e [aeʀɔpɔʀte] *a* (MIL) aerotrasportato(a).
aérosol [aeʀɔsɔl] *nm* aerosol *m inv; (bombe)* bomboletta, spray *m inv.*
affable [afabl(ə)] *a* affabile.
affaiblir [afebliʀ] *vt* indebolire; **s'~** *vr* indebolirsi.
affaire [afɛʀ] *nf* affare *m,* faccenda; *(criminelle: énigme, scandale)* caso, affare *m;* (JUR) causa, processo; *(entreprise)* impresa, azienda; *(marché, occasion intéressante)* affare; **~s** *fpl* affari *mpl; (objets, effets personnels)* roba *sg,* cose *fpl;* **ce sont mes/tes ~s** *(cela me/te concerne)* sono affari *ou* fatti miei/tuoi; **ceci fera l'~** questo andrà benissimo; **avoir ~ à qn/qch** aver a che fare con qd/qc; **chiffre d'~s** (ECON) fatturato; **c'est l'~**

d'une minute/heure è questione di un minuto/un'ora; **ministère des A~s étrangères** (*POL*) ministero degli Esteri; **s'affairer** *vr* darsi da fare.

affaisser [afese]: **s'~** *vr (terrain, immeuble)* cedere, sprofondare; *(personne)* accasciarsi.

affaler [afale]: **s'~** *vr:* **s'~ dans/sur** lasciarsi cadere in/su, accasciarsi in/su.

affamer [afame] *vt* affamare.

affectation [afɛktɑsjɔ̃] *nf* destinazione *f*, assegnazione *f*; *(préciosité)* ostentazione *f*.

affecté, e [afɛkte] *a* affettato(a), ricercato(a).

affecter [afɛkte] *vt (émouvoir)* toccare, colpire; *(suj: maladie)* colpire; *(feindre: sentiment)* ostentare, affettare; *(allouer)* destinare, assegnare; **~ un nombre d'un signe** (*MATH*) attribuire un segno a un numero.

affectif, ive [afɛktif, iv] *a* affettivo(a).

affection [afɛksjɔ̃] *nf* affetto; (*MED*: *mal*) affezione *f*.

affectueux, euse [afɛktɥø, øz] *a* affettuoso(a); **affectueusement** *ad* affettuosamente, con affetto.

afférent, e [afeʀɑ̃, ɑ̃t] *a:* **~ (à)** afferente.

affermir [afɛʀmiʀ] *vt* rassodare; *(fig: position, pouvoir)* rafforzare, consolidare.

affichage [afiʃaʒ] *nm* affissione *f*; (*INFORM*) visualizzazione *f*; **tableau d'~** tabellone *m*.

affiche [afiʃ] *nf* manifesto; (*THEATRE, CINE*) cartellone *m*; **être à l'~** (*THEATRE, CINE*) essere in programma.

afficher [afiʃe] *vt* affiggere; *(résultat, avis)* pubblicare; (*INFORM*) visualizzare; *(fig: attitude)* ostentare; **défense d'~** divieto d'affissione.

affilée [afile]: **d'~** *ad* di fila.

affiler [afile] *vt* affilare.

affilier [afilje]: **s'~** *vr:* **s'~ à** *(club, société)* affiliarsi a; **être affilié à** essere affiliato a.

affiner [afine] *vt* affinare; **s'~** *vr* affinarsi.

affinité [afinite] *nf* affinità *f inv*.

affirmatif, ive [afiʀmatif, iv] *a* affermativo(a); *(personne)* categorico(a) // *nf*: **répondre par l'affirmative** rispondere affermativamente; **dans l'affirmative** in caso affermativo.

affirmation [afiʀmɑsjɔ̃] *nf* affermazione *f*.

affirmer [afiʀme] *vt* affermare, asserire.

affleurer [aflœʀe] *vi* affiorare.

affliction [afliksjɔ̃] *nf* afflizione *f*.

affliger [afliʒe] *vt* affliggere; **être affligé de** *(maladie)* essere afflitto da.

affluence [aflyɑ̃s] *nf* affluenza; **heure/jour d'~** ora/giorno di punta.

affluent [aflyɑ̃] *nm* affluente *m*.

affluer [aflye] *vt* affluire.

afflux [afly] *nm* afflusso.

affolement [afɔlmɑ̃] *nm* panico.

affoler [afɔle] *vt* sconvolgere; **s'~** *vr* perdere la testa.

affranchir [afʀɑ̃ʃiʀ] *vt* affrancare; *(fig: libérer)* liberare.

affranchissement [afʀɑ̃ʃismɑ̃] *nm* affrancatura; *(fig)* liberazione *f*; (*POL*) emancipazione *f*.

affréter [afʀete] *vt* noleggiare, prendere a nolo.

affreux, euse [afʀø, øz] *a* orribile.

affront [afʀɔ̃] *nm* affronto.

affronter [afʀɔ̃te] *vt* affrontare.

affubler [afyble] *vt (péj)*: **~ qn de** *(accoutrement)* conciare qd con; *(surnom)* affibbiare a qd.

affût [afy] *nm* affusto; **être à l'~ (de)** *(gibier)* fare la posta (a); *(fig)* essere a caccia (di).

affûter [afyte] *vt* affilare.

afin: **~ que** *conj* affinché; **~ de** allo

scopo di.
A.F.P. *(abr de Agence France-Presse)* ≈ ANSA.
africain, e [afʀikɛ̃, ɛn] *a, nm/f* africano(a).
Afrique [afʀik] *nf* Africa; **l'~ du Sud** il Sudafrica.
agacer [agase] vt dare fastidio a, infastidire.
âge [ɑʒ] *nm* età *f inv;* **quel ~ as-tu?** quanti anni hai?; **prendre de l'~** avanzare negli anni; **être en ~ de** essere in età da; **dans la fleur de l'~** nel fiore degli anni; **l'~ d'or** gli anni d'oro *ou* il periodo aureo; **d'un autre ~** d'altri tempi.
âgé, e [ɑʒe] *a* anziano(a); **~ de 10 ans** di 10 anni.
agence [aʒɑ̃s] *nf* agenzia.
agencer [aʒɑ̃se] *vt* sistemare; *(texte)* strutturare; **agencement** *nm* sistemazione *f,* disposizione *f;* costruzione *f.*
agenda [aʒɛ̃da] *nm* agenda.
agenouiller [aʒnuje]: **s'~** *vr* inginocchiarsi.
agent [aʒɑ̃] *nm* agente *m;* (ADMIN) funzionario; **~ (de police)** agente *m* (di polizia), vigile *m.*
agglomération [aglɔmeʀɑsjɔ̃] *nf* agglomerazione *f; (village, ville)* agglomerato urbano; **l'~ parisienne** l'area metropolitana parigina.
aggloméré [aglɔmeʀe] *nm* conglomerato.
agglomérer [aglɔmeʀe] *vt* agglomerare.
agglutiner [aglytine]: **s'~** *vr* ammassarsi.
aggravant, e [agʀavɑ̃t] *a:* **circonstance ~e** circostanza aggravante.
aggraver [agʀave] *vt* aggravare; **s'~** *vr* aggravarsi.
agile [aʒil] *a* agile; **agilité** *nf* agilità *f inv.*
agir [aʒiʀ] *vi* agire // *vb impersonnel* trattarsi; **il s'agit de** si tratta di; **de quoi s'agit-il?** di cosa si tratta?;
agissements [aʒismɑ̃] *nmpl* maneggi, intrighi.
agitation [aʒitɑsjɔ̃] *nf* agitazione *f.*
agiter [aʒite] *vt* agitare; *(fig: question, problème)* discutere; **s'~** *vr* agitarsi.
agneau [aɲo] *nm* agnello.
agonie [agɔni] *nf* agonia.
agoniser [agɔnize] *vi* agonizzare.
agrafe [agʀaf] *nf* gancio; *(de bijou)* fermaglio; *(de bureau)* graffetta, graffa; **agrafer** *vt* agganciare; *(bureau)* cucire; **agrafeuse** *nf (de bureau)* cucitrice *f.*
agraire [agʀɛʀ] *a* agrario(a).
agrandir [agʀɑ̃diʀ] *vt* ingrandire; **s'~** *vr* ingrandirsi; **agrandissement** *nm* ampliamento; (PHOT) ingrandimento; **agrandisseur** *nm* (PHOT) ingranditore *m.*
agréable [agʀeabl(ə)] *a* gradevole, piacevole.
agréé, e [agʀee] *a:* **magasin/concessionnaire ~** negozio/concessionario autorizzato.
agréer [agʀee] *vt:* **veuillez ~, Monsieur, mes salutations distinguées** distinti saluti.
agrégation [agʀegɑsjɔ̃] *nf* aggregazione *f;* (SCOL) *titolo e concorso a cattedra per l'insegnamento nelle scuole secondarie e nelle facoltà di legge, medicina e farmacia.*
agrégé, e [agʀeʒe] *nm/f* (SCOL) *titolare dell'"agrégation".*
agréger [agʀeʒe] : **s'~** *vr* aggregarsi.
agrément [agʀemɑ̃] *nm* consenso; *(attraits)* fascino; *(plaisir)* piacere *m;* **voyage d'~** viaggio di piacere.
agrémenter [agʀemɑ̃te] *vt* abbellire, ornare; *(conversation)* ravvivare.
agrès [agʀɛ] *nmpl* (SPORT) attrezzi.
agresser [agʀese] *vt* aggredire;
agresseur [agʀɛsœʀ] *nm* aggressore *m.*
agressif, ive [agʀɛsif, iv] *a*

aggressivo(a).
agression [agʀɛsjɔ̃] *nf* aggressione *f*.
agricole [agʀikɔl] *a* agricolo(a).
agriculteur [agʀikyltœʀ] *nm* agricoltore *m*.
agriculture [agʀikyltyʀ] *nf* agricoltura.
agripper [agʀipe] *vt* afferrare; **s'~ à** aggrapparsi a.
agronome [agʀɔnɔm] *nm/f* agronomo/a.
agronomie [agʀɔnɔmi] *nf* agronomia.
agrumes [agʀym] *nmpl* agrumi.
aguerrir [ageʀiʀ] *vt* agguerrire.
aguets [agɛ]: **aux ~** *ad* in agguato.
aguicher [agiʃe] *vt* provocare.
ahuri, e [ayʀi] *a* attonito(a) // *nm* balordo, rimbecillito.
aide [ɛd] *nf* aiuto, soccorso // *nm/f (personne)* assistente *m/f*, aiutante *m/f*; **à l'~ de** *(avec)* con (l'aiuto di); **aller à l'~ de qn** andare in soccorso di qd; **appeler à l'~** gridare aiuto; **~ comptable** *nm* aiuto contabile; **~ sociale** *nf (assistance)* assistenza sociale; **~ soignant, e** *nm/f* aiuto infermiere/a.
aide-mémoire [ɛdmemwaʀ] *nm inv* bigino *(fam)*.
aider [ede] *vt* aiutare; **~ à** facilitare, contribuire a; **s'~** *vr* aiutarsi; **s'~ de** *(se servir de)* aiutarsi con, servirsi di.
aïe [aj] *excl* ahi.
aïeul, e [ajœl] *nm/f* avo/a, antenato/a; **aïeux** *mpl* antenati *mpl*.
aigle [ɛgl(ə)] *nm* aquila.
aigre [ɛgʀ(ə)] *a* aspro(a); *(acide)* acido(a); *(voix)* stridulo(a); **~-doux, -douce** *a* agrodolce; **aigrelet, te** *a* asprigno(a); *(voix)* stridulo(a).
aigrette [ɛgʀɛt] *nf* egretta; *(plumet)* pennacchio, ciuffo.
aigreur [ɛgʀœʀ] *nf* acidità *f inv*; *(fig)* asprezza; **~s d'estomac** acidità *f inv* di stomaco.
aigrir [egʀiʀ] *vt* inasprire; **s'~** *vr* inacidire; *(personne, caractère)* inacidirsi, inasprirsi.
aigu, ë [egy] *a* acuto(a).
aigue-marine [ɛgmaʀin] *nf* acquamarina.
aiguillage [egɥijaʒ] *nm* scambio.
aiguille [egɥij] *nf* ago; *(de réveil, montre, compteur)* lancetta; *(montagne)* picco; *(de clocher)* guglia; **~ à tricoter** ferro da calza.
aiguiller [egɥije] *vt* indirizzare; (RAIL) deviare.
aiguillon [egɥijɔ̃] *nm (d'abeille)* pungiglione *m*; *(bâton, fig: de la peur, du désir)* pungolo.
aiguiser [egize] *vt* affilare; *(fig)* acuire; *(: affiner)* affinare.
ail [aj] *nm* aglio.
aile [ɛl] *nf* ala; *(de voiture)* fiancata.
aileron [ɛlʀɔ̃] *nm (de requin)* pinna; *(d'avion, de voiture)* alettone *m*; (NAUT) aletta.
ailette [ɛlɛt] *nf* (TECH) aletta.
ailier [elje] *nm* (SPORT) ala; **~ droit/gauche** ala destra/sinistra.
ailleurs [ajœʀ] *ad* altrove; **partout ~** in qualsiasi altro posto; **nulle part ~** in nessun altro posto; **d'~** del resto, d'altronde; **par ~** *(d'autre part)* peraltro.
aimable [ɛmabl(ə)] *a* gentile.
aimant [ɛmɑ̃] *nm* calamita.
aimer [eme] *vt* voler bene a, amare; **j'aime la campagne/la chasse** amo *o* mi piace la campagna/la caccia; **j'aime faire ...** mi piace fare ...; **je l'aime bien** gli voglio bene; *(chose)* mi piace; **~ mieux qch/faire** *(préférer)* preferire qc/fare; **~ que** *(désirer)* desiderare che *ou +infinitif*; **s'~** *vr* amarsi, volersi bene.
aine [ɛn] *nf* inguine *m*.
aîné, e [ene] *a, nm/f* maggiore *(m/f)*.
ainsi [ɛ̃si] *ad, conj* così; **~ que** *(comme)* come; *(et aussi)* così come; **pour ~ dire** per così dire; **~ donc** (e) così; **et ~ de suite** e così via.
air [ɛʀ] *nm* aria; (MUS) arietta,

motivo; **regarder en l'~** guardare per aria; **paroles en l'~** parole campate in *ou* per aria; **prendre l'~** *(personne)* prendere aria; **avoir l'~** avere un'aria, sembrare; **avoir l'~ de manger/dormir** dare l'impressione di *ou* sembrare mangiare/dormire; **avoir l'~ d'un homme/clown** avere l'aspetto di *ou* sembrare un uomo/un pagliaccio.
aire [ɛʀ] *nf* area; *(nid)* nido.
aisance [ɛzɑ̃s] *nf* facilità *f inv; (grâce, adresse)* naturalezza, spigliatezza; *(richesse)* agiatezza.
aise [ɛz] *nf* agio // *nfpl* comodità *f inv;* **être à l'~** *ou* **à son ~** essere a proprio agio; *(financièrement)* vivere agiatamente; **se mettre à l'~** mettersi a proprio agio; **être mal à l'~** essere a disagio; **à votre ~** come preferisce; **en prendre à son ~** prendersela comoda; **prendre ses ~s** mettersi comodo.
aisé, e [eze] *a* agevole; *(naturel)* sciolto(a), disinvolto(a); *(assez riche)* agiato(a).
aisselle [ɛsɛl] *nf* ascella.
ajonc [aʒɔ̃] *nm* ginestrone *m.*
ajouré, e [aʒuʀe] *a* (ricamato/a) a giorno.
ajournement [aʒuʀnəmɑ̃] *nm* rinvio, aggiornamento.
ajourner [aʒuʀne] *vt* rinviare, aggiornare; *(candidat)* rimandare; *(conscrit)* dichiarare rivedibile.
ajout [aʒu] *nm* aggiunta.
ajouter [aʒute] *vt* aggiungere // *vi:* **~ à** aumentare, accrescere.
ajustement [aʒystəmɑ̃] *nm* adattamento; (*TECH*) accoppiamento.
ajuster [aʒyste] *vt* adattare; (*TECH: régler)* regolare; *(tir, coup de fusil)* aggiustare.
alambic [alɑ̃bik] *nm* alambicco.
alarme [alaʀm(ə)] *nf* allarme *m.*
alarmer [alaʀme] *vt* allarmare; **s'~** *vr* allarmarsi.
albâtre [albɑtʀ(ə)] *nm* alabastro.
album [albɔm] *nm* album *m inv; (livre)* albo.
albumen [albymɛn] *nm* albume *m.*
albumine [albymin] *nf* albumina.
alcalin, e [alkalɛ̃, in] *a* alcalino(a).
alchimie [alʃimi] *nf* alchimia.
alcool [alkɔl] *nm* alco(o)l *m inv; (boisson alcoolique)* alco(o)lico; *(fam: eau-de-vie)* acquavite *f;* **~ à brûler** spirito; **alcoolique** *a* alco(o)lico(a) // *nm/f (personne)* alcolizzato(a); **alcoolisé, e** *a (boisson)* alco(o)lico(a); **alcoolisme** *nm* alco(o)lismo.
alcôve [alkov] *nf* alcova.
aléas [alea] *nmpl* rischi *mpl.*
aléatoire [aleatwaʀ] *a* aleatorio(a).
alentours [alɑ̃tuʀ] *nmpl* dintorni *mpl;* **aux ~ de** *(espace)* in prossimità di, nelle vicinanze di; *(temps)* verso, intorno a.
alerte [alɛʀt(ə)] *a* vivace // *nf* allarme *m;* **~ à la bombe** allarme per la presenza di una bomba; **donner l'~** dare l'allarme.
alerter [alɛʀte] *vt* avvertire.
aléser [aleze] *vt* alesare.
alevin [alvɛ̃] *nm* avannotto.
algarade [algaʀad] *nf* battibecco.
algèbre [alʒɛbʀ(ə)] *nf* algebra; **algébrique** *a* algebrico(a).
Algérie [alʒeʀi] *nf* Algeria; **algérien, ne** *a, nm/f* algerino/a.
algue [alg(ə)] *nf* alga.
alibi [alibi] *nm* alibi *m inv.*
aliénation [aljenɑsjɔ̃] *nf* alienazione *f.*
aliéner [aljene] *vt* alienare.
alignement [aliɲmɑ̃] *nm* allineamento; (*MIL*) schieramento.
aligner [aliɲe] *vt* allineare.
aliment [alimɑ̃] *nm* alimento; **alimentaire** *a* alimentare; *(péj)* di (pura) sussistenza; **pension alimentaire** (*JUR*) alimenti *mpl.*
alimentation [alimɑ̃tɑsjɔ̃] *nf* alimentazione *f; (d'une ville)* rifornimento **magasin d'~** negozio di alimentari *mpl.*
alimenter [alimɑ̃te] *vt* alimentare;

(ville) rifornire.
alinéa [alinea] *nm* capoverso; (*JUR*) comma *m*.
aliter [alite] : **s'**~ *vr* mettersi a letto (ammalato).
alizé [alize] *nm* aliseo.
allaiter [alete] *vt* allattare.
allant [alɑ̃] *nm* vitalità *f inv*, dinamismo.
allécher [aleʃe] *vt* allettare.
allée [ale] *nf* viale *m*; ~**s et venues** *nfpl* andirivieni *m*.
alléger [aleʒe] *vt* alleggerire; *(souffrance)* alleviare; *(dette, impôt)* ridurre; *(contribuables)* sgravare.
allégorie [alegɔʀi] *nf* allegoria.
allègre [alɛgʀ(ə)] *a* allegro(a); **allégresse** *nf* esultanza, allegria.
alléguer [alege] *vt* addurre.
Allemagne [almaɲ] *nf* Germania; **allemand, e** *a, nm/f* tedesco/a.
aller [ale] *nm* andata // *vi* andare; *(état de santé, vêtement)* stare, andare; ~ **avec** *(couleur, ameublement)* andare d'accordo con; **je vais y aller/le faire** ci vado, ci andrò/lo faccio, lo farò; **je vais me fâcher** sto per arrabbiarmi; **il va pleuvoir** sta per piovere; ~ **chercher qch** andare a prendere qc; **comment allez-vous/va-t-il?** come sta?; **cela me va** *(vêtement)* mi va *ou* mi sta bene; **cela ne va pas sans difficultés/protestations** questo comporta inevitabilmente delle difficoltà/proteste; **il y va de leur vie/notre salut** ne va della loro vita/nostra salvezza; **s'en** ~ andarsene; ~ **et retour** *nm (trajet, billet)* andata *f* e ritorno.
allergie [alɛʀʒi] *nf* allergia; **allergique** *a* allergico(a).
alliage [aljaʒ] *nm* lega.
alliance [aljɑ̃s] *nf* alleanza; *(bague)* fede *f*; **neveu par** ~ nipote acquisito.
allié, e [alje] *nm/f* alleato/a; *(à la suite d'un mariage)* parente *m/f* acquisito(a); **parents et** ~**s** parenti *mpl* e affini *mpl*.
allier [alje] *vt* unire *(TECH: métaux)* legare; **s'**~ **(à)** *(pays, personnes)* allearsi (con); *(à la suite d'un mariage)* imparentarsi (con); *(éléments, caractéristiques)* associarsi (a), accordarsi (con).
alligator [aligatɔʀ] *nm* alligatore *m*.
allô [alo] *excl* pronto.
allocation [alɔkɑsjɔ̃] *nf* assegnazione *f*; *(subside)* sussidio, indennità *f inv*; ~ **de chômage** indennità di disoccupazione; ~**s familiales** assegni *mpl* familiari.
allocution [alɔkysjɔ̃] *nf* allocuzione *f*.
allonger [alɔ̃ʒe] *vt* allungare; **s'**~ *vr* allungarsi; *(personne: se coucher)* stendersi.
allouer [alwe] *vt* assegnare.
allumage [alymaʒ] *nm* (*AUTO*) accensione *f*.
allume-gaz [alymgɑz] *nm* accendigas *m inv*.
allumer [alyme] *vt* accendere; **s'**~ *vr* accendersi; *(salle, fenêtre)* illuminarsi.
allumette [alymɛt] *nf* fiammifero.
allure [alyʀ] *nf* andatura, velocità *f inv*; *(manière de se déplacer)* andatura; *(aspect, air)* aria; **avoir de l'**~ avere stile *ou* classe; **à toute** ~ a tutta velocità.
allusion [alyzjɔ̃] *nf* allusione *f*; **faire** ~ **à** fare allusione *ou* alludere a.
alluvions [alyvjɔ̃] *nfpl* deposito alluvionale.
almanach [almana] *nm* almanacco.
aloi [alwa] *nm*: **de bon/mauvais** ~ di buona/bassa lega.
alors [alɔʀ] *ad, conj* allora; **et** ~? e con questo?, e allora?; ~ **que** *conj* mentre.
alouette [alwɛt] *nf* allodola.
alourdir [aluʀdiʀ] *vt* appesantire.
aloyau [alwajo] *nm* (*CULIN*) lombata.

alpage [alpaʒ] *nm* alpeggio.
Alpes [alp(ə)] *nfpl* Alpi *fpl.*
alphabet [alfabɛ] *nm* alfabeto; *(livre)* sillabario; **alphabétique** *a* alfabetico(a).
alpin, e [alpɛ̃, in] *a* alpino(a).
alpinisme [alpinism(ə)] *nm* alpinismo.
alpiniste [alpinist(ə)] *nm/f* alpinista *m/f.*
Alsace [alzas] *nf* Alsazia; **alsacien, ne** *a, nm/f* alsaziano(a).
altercation [altɛʀkɑsjɔ̃] *nf* alterco.
altérer [alteʀe] *vt* alterare; **s'~** *vr* alterarsi.
alternance [altɛʀnɑ̃s] *nf* alternanza.
alternateur [altɛʀnatœʀ] *nm* alternatore *m.*
alternatif, ive [altɛʀnatif, iv] *a* alternativo(a); (*ELEC, JUR*) alternato(a) // *nf* alternativa.
alterner [altɛʀne] *vt* alternare // *vi* alternarsi.
altier, ière [altje, jɛʀ] *a* altero(a).
altimètre [altimɛtʀ(ə)] *nm* altimetro.
altiste [altist(ə)] *nm/f* (*MUS*) violista *m/f.*
altitude [altityd] *nf* altitudine *f,* quota, altezza; **prendre de l'~** (*AVIAT*) prendere quota.
alto [alto] *nm (instrument)* viola // *nf (chanteuse)* contralto *m.*
aluminium [alyminjɔm] *nm* alluminio.
alunir [alyniʀ] *vi* allunare.
alunissage [alynisaʒ] *nm* allunaggio.
alvéole [alveɔl] *nf* alveolo.
amabilité [amabilite] *nf* amabilità *f inv,* cortesia.
amadou [amadu] *nm* esca.
amadouer [amadwe] *vt* ammansire.
amaigrir [amegʀiʀ] *vt* smagrire; **s'~** *vr* dimagrire; **régime amaigrissant** dieta dimagrante.
amalgame [amalgam] *nm* amalgama *m;* **amalgamer** *vt* amalgamare.
amande [amɑ̃d] *nf* mandorla; **yeux en ~** occhi a mandorla; **amandier** *nm* mandorlo.
amant [amɑ̃] *nm* amante *m.*
amarre [amaʀ] *nf* ormeggio, cima.
amarrer [amaʀe] *vt* ormeggiare; *(lier)* assicurare.
amas [amɑ] *nm* ammasso, cumulo.
amasser [amɑse] vt ammassare, acumulare; **s'~** *vr* ammassarsi, accumularsi.
amateur [amatœʀ] *nm* dilettante *m/f;* **~ de musique/sport,** *etc* appassionato di musica/sport, *etc;* **musicien/sportif ~** musicista/sportivo dilettante; **en ~** *(péj)* da dilettante; **amateurisme** *nm* dilettantismo.
amazone [amazon] *nf:* **en ~** all'amazzone.
ambages [ɑ̃bɑʒ]: **sans ~** *ad* senza ambagi.
ambassade [ɑ̃basad] *nf* ambasciata; **ambassadeur, drice** *nm/f* ambasciatore/trice.
ambiance [ɑ̃bjɑ̃s] *nf* atmosfera; **il y a de l'~** c'è atmosfera.
ambiant, e [ɑ̃bjɑ̃, ɑ̃t] *a* ambiente; *(fig: enthousiasme)* generale.
ambidextre [ɑ̃bidɛkstʀ(ə)] *a* ambidestro(a).
ambigu, ë [ɑ̃bigy] *a* ambiguo(a); **ambiguïté** *nf* ambiguità *f inv.*
ambitieux, euse [ɑ̃bisjø, øz] *a* ambizioso(a).
ambition [ɑ̃bisjɔ̃] *nf* ambizione *f.*
ambitionner [ɑ̃bisjɔne] *vt* ambire.
ambivalent, e [ɑ̃bivalɑ̃, ɑ̃t] *a* ambivalente.
ambre [ɑ̃bʀ(ə)] *nm* ambra.
ambulance [ɑ̃bylɑ̃s] *nf* ambulanza; **ambulancier, ière** *nm/f* autista *m/f* di ambulanza.
ambulant, e [ɑ̃bylɑ̃, ɑ̃t] *a* ambulante.
âme [ɑm] *nf* anima; (*PSYCH, conscience)* animo; **état/force d'âme**

stato/forza d'animo; **une âme vile/généreuse** un animo vile/generoso; **joueur/tricheur dans l'~** giocatore/imbroglione nato.

améliorer [ameljɔʀe] *vt;* **s'~** *vr* migliorare.

aménagement [amenaʒmɑ̃] *nm* sistemazione *f; (de quartier, ville, territoire)* pianificazione *f;* **plan d'~** piano regolatore.

aménager [amenaʒe] *vt* sistemare; *(territoire)* pianificare.

amende [amɑ̃d] *nf* ammenda, multa; **faire ~ honorable** fare ammenda.

amendement [amɑ̃dmɑ̃] *nm* emendamento.

amender [amɑ̃de] *vt* emendare; **s'~** *vr (coupable)* emendarsi, correggersi.

amener [amne] *vt* portare; *(causer)* provocare; *(baisser: drapeau, voiles)* ammainare; **~ qn à faire qch** indurre qd a fare qc; **~ qn à qch** portare qd a qc; **s'~** *vr (fam)* arrivare; **amène-toi!** vieni qua!

amenuiser [amənɥize] : **s'~** *vr* assottigliarsi.

amer, ère [amɛʀ] *a* amaro(a).

américain, e [ameʀikɛ̃, ɛn] *a, nm/f* americano/a.

Amérique [ameʀik] *nf* America; **l'~ du Nord/du Sud** Nordamerica/Sudamerica.

amerrir [ameʀiʀ] *vi* ammarare.

amertume [amɛʀtym] *nf* amarezza.

ameublement [amœbləmɑ̃] *nm* mobilio, arredamento; **tissu d'~** tessuto per arredamento.

ameuter [amøte] *vt* mettere in subbuglio, aizzare.

ami, e [ami] *nm/f* amico/a; *(amant/maîtresse)* amico/a, amante *m/f* // *a* amico(a); **être (très) ~ avec qn** essere (molto) amico di qd; **être ~ de l'ordre/la précision** essere amante dell'ordine/della precisione; **petit ~/petite ~e** *(fam)* ragazzo/a.

amiable [amjabl(ə)]: **à l'~** *ad* (in via) amichevole.

amiante [amjɑ̃t] *nf* amianto.

amical, e, aux [amikal, o] *a* amichevole // *nf (club)* associazione *f.*

amidon [amidɔ̃] *nm* amido; **amidonner** *vt* inamidare.

amincir [amɛ̃siʀ] *vt* assottigliare; *(personne: suj: robe)* snellire; **s'~** *vr* assottigliarsi.

amiral, aux [amiʀal, o] *nm* ammiraglio.

amirauté [amiʀote] *nf* ammiragliato.

amitié [amitje] *nf* amicizia; **faire** *ou* **présenter ses ~s à qn** portare *ou* porgere i propri (cordiali) saluti a qd.

ammoniac [amɔnjak] *nm:* **(gaz) ~** ammoniaca.

ammoniaque [amɔnjak] *nf* ammoniaca *(liquida).*

amnésie [amnezi] *nf* amnesia; **amnésique** *a* colpito(a) da amnesia.

amnistie [amnisti] *nf* amnistia; **amnistier** *vt* amnistiare.

amoindrir [amwɛ̃dʀiʀ] *vt* ridurre; *(mérite, valeur)* sminuire.

amollir [amɔliʀ] *vt* rammolire.

amonceler [amɔ̃sle] *vt* ammucchiare; *(fig: fortune)* accumulare; **s'~** *vr* accumularsi.

amont [amɔ̃] *nm:* **en ~ (de)** a monte (di).

amorce [amɔʀs(ə)] *nf (pêche);* pastura; *(explosif)* innesco, detonatore *m; (fig: début)* inizio.

amorcer [amɔʀse] *vt (hameçon, munition)* innescare; *(TECH: pompe)* adescare; *(fig: négotiations)* iniziare; *(geste)* abbozzare.

amorphe [amɔʀf(ə)] *a* amorfo(a).

amortir [amɔʀtiʀ] *vt* attutire; *(choc)* ammortizzare; *(FIN)* ammortare, ammortizzare.

amortisseur [amɔʀtisœʀ] *nm* *(AUTO)* ammortizzatore *m.*

amour [amuʀ] *nm* amore *m; (représentation: statuette etc)* amorino;

l'amour du prochain/de la nature l'amore per il prossimo/per la natura; **faire l'~** fare (al)l'amore.
amouracher [amuʀaʃe]: **s'~** *vr*: **s'~ de** *(péj)* infatuarsi di.
amourette [amuʀɛt] *nf* flirt *m inv*.
amoureux, euse [amuʀø, øz] *a* innamorato(a); **être ~ de qch** essere amante *o* appassionato di qc // *nm/f* innamorato/a.
amovible [amɔvibl(ə)] *a* staccabile; *(autoradio)* estraibile.
ampère [ɑ̃pɛʀ] *nm* ampere *m inv*; **ampèremètre** *nm* amperometro.
amphibie [ɑ̃fibi] *a* anfibio(a).
amphithéâtre [ɑ̃fiteɑtʀ(ə)] *nm* anfiteatro; (*SCOL*) aula *f* magna.
ample [ɑ̃pl(ə)] *a* ampio(a); **de plus ~s détails** maggiori dettagli; **ampleur** *nf* ampiezza.
amplificateur [ɑ̃plifikatœʀ] *nm* amplificatore *m*.
amplification [ɑ̃plifikɑsjɔ̃] *nf* amplificazione *f*.
amplifier [ɑ̃plifje] *vt* amplificare.
amplitude [ɑ̃plityd] *nf* ampiezza; *(des températures)* escursione *f*.
ampoule [ɑ̃pul] *nf* lampadina; *(de médicament)* fiala; *(aux mains, pieds)* vescica.
ampoulé, e [ɑ̃pule] *a (péj)* ampolloso(a).
amputation [ɑ̃pytɑsjɔ̃] *nf* amputazione *f*.
amputer [ɑ̃pyte] *vt* amputare; *(fig: texte, budget)* tagliare; **~ qn d'un bras/pied** amputare un braccio/piede a qd.
amulette [amylɛt] *nf* amuleto.
amusant, e [amyzɑ̃, ɑ̃t] *a* divertente.
amuse-gueule [amyzg œl] *nm inv* stuzzichino, salatino.
amusement [amyzmɑ̃] *nm* divertimento.
amuser [amyze] *vt* divertire; *(détourner l'attention de)* distrarre; **s'~** *vr (jouer)* giocare; *(s'égayer, se divertir)* divertirsi; **ça l'amuse beaucoup** si diverte molto.
amygdale [amidal] *nf* tonsilla.
an [ɑ̃] *nm* anno; **en l'~ 1980** nel(l'anno) 1980; **le jour de l'~, le premier de l'~, le nouvel ~** il Capodanno.
anachronique [anakʀɔnik] *a* anacronistico(a); **anachronisme** *nm* anacronismo.
anagramme [anagʀam] *nf* anagramma *m*.
anal, e, aux [anal, o] *a* anale.
analgésique [analʒezik] *nm* analgesico.
analogie [analɔʒi] *nf* analogia.
analogue [analɔg] *a* analogo(a).
analphabète [analfabɛt] *a, nm/f* analfabeta *(nmf)*.
analyse [analiz] *nf* analisi *f inv*; **analyser** *vt* analizzare; **analyste** *nm/f* analista *m/f*; **analytique** *a* analitico(a).
ananas [anana(s)] *nm* ananas *m inv*.
anarchie [anaʀʃi] *nf* anarchia; **anarchiste** *a, nm/f* anarchico/a.
anatomie [anatɔmi] *nf* anatomia; **anatomique** *a* anatomico(a).
ancêtre [ɑ̃sɛtʀ(ə)] *nm/f* antenato/a; *(fig: précurseur)* precursore *m*.
anche [ɑ̃ʃ] *nf* anca.
anchois [ɑ̃ʃwa] *nm* acciuga.
ancien, ne [ɑ̃sjɛ̃, jɛn] *a* antico(a), vecchio(a); *(de l'antiquité)* antico(a); *(vieux)* vecchio(a) // *nm/f (dans un groupe, une tribu)* anziano/a, vecchio/a; **un ~ ministre** un ex ministro; **mon ~ne voiture** la mia macchina precedente; **~s élèves** (*SCOL*) ex allievi.
anciennement [ɑ̃sjɛnmɑ̃] *ad* un tempo.
ancienneté [ɑ̃sjɛnte] *nf* antichità *f inv*; (*ADMIN*: *dans une fonction*) anzianità *f inv*.
ancrage [ɑ̃kʀaʒ] *nm* ancoraggio.
ancre [ɑ̃kʀ(ə)] *nf* ancora.
ancrer [ɑ̃kʀe] *vt* ancorare; *(fig: idée, etc)* radicare.
andouille [ɑ̃duj] *nf* (*CULIN*) salsic-

ciotto di trippa; (fam) salame *m*.
âne [ɑn] *nm* asino.
anéantir [aneɑ̃tiʀ] *vt* annientare; *(fig)* distruggere; *(laisser stupéfait et consterné)* annichilire.
anecdote [anɛkdɔt] *nf* aneddoto.
anémie [anemi] *nf* anemia; **anémique** *a* anemico(a).
anémone [anemɔn] *nf* anemone *m*.
ânerie [anri] *nf* asinaggine *f; (acte, parole)* asinata.
anesthésie [anɛstezi] *nf* anestesia; **anesthésier** *vt* anestetizzare; **anesthésique** *a, nm* anestetico; **anesthésiste** *nm/f* anestesista *m/f*.
anfractuosité [ɑ̃fʀaktɥozite] *nf* anfratto.
ange [ɑ̃ʒ] *nm* angelo; ~ **gardien** angelo custode; **être aux ~s** essere al settimo cielo.
angélique [ɑ̃ʒelik] *a* angelico(a).
angine [ɑ̃ʒin] *nf* angina; ~ **de poitrine** angina pectoris.
anglais, e [ɑ̃glɛ, ɛz] *a, nm/f* inglese *(m/f)*.
angle [ɑ̃gl(ə)] *nm* angolo; *(fig: point de vue)* aspetto, punto di vista.
Angleterre [ɑ̃glətɛʀ] *nf*: **l'~** l'Inghilterra.
angoisse [ɑ̃gwas] *nf* angoscia.
angoisser [ɑ̃gwase] *vt* angosciare.
angora [ɑ̃gɔʀa] *a* d'angora *loc inv*.
anguille [ɑ̃gij] *nf* anguilla.
anguleux, euse [ɑ̃gylø, øz] *a* angoloso(a).
animal, e, aux [animal, o] *a* animale // *nm* animale *m; (fam: personne)* bestia.
animateur, trice [animatœʀ, tʀis] *nm/f* animatore/trice.
animation [animɑsjɔ̃] *nf* animazione *f*.
animé, e [anime] *a* animato(a).
animer [anime] *vt* animare.
animosité [animozite] *nf* animosità *f inv*.
anis [ani(s)] *nm* anice *m*.
anisette [anizɛt] *nf* anisetta.
ankyloser [ɑ̃kiloze] : **s'~** *vr* anchilosarsi.
annales [anal] *nfpl* annali *mpl*.
anneau [ano] *nm* anello.
année [ane] *nf* anno; **souhaiter la bonne ~ à qn** augurare (il) buon anno a qd.
annexe [anɛks(ə)] *a* annesso(a); *(document)* allegato(a) // *nf (bâtiment)* dépendance *f inv; (document)* allegato; (*NAUT*) canottino // *nfpl* annessi *mpl*.
annexer [anɛkse] *vt* annettere, *(joindre: texte, document)* allegare; **annexion** *nf* annessione *f*.
annihiler [aniile] *vt* annichilire.
anniversaire [anivɛʀsɛʀ] anniversario; *(d'une personne vivante)* compleanno.
annonce [anɔ̃s] *nf* annuncio; *(dans un journal)* annuncio, inserzione *f*; (*CARTES*) dichiarazione *f*; **les petites ~** gli annunci economici.
annoncer [anɔ̃se] *vt* annunciare; *(promettre)* promettere, lasciar sperare; **s'~ bien/difficile** (pre)annunciarsi bene/difficile; **annonceur, euse** *nm/f* annunciatore/trice; *(qui insère une annonce dans un journal)* inserzionista *m/f*.
annotation [anɔtɑsjɔ̃] *nf* annotazione *f*.
annoter [anɔte] *vt* annotare.
annuaire [anɥɛʀ] *nm* annuario; ~ **téléphonique** elenco telefonico.
annuel, le [anɥɛl] *a* annuale; **pension/rente annuelle** pensione/rendita annua.
annuité [anɥite] *nf* annualità *f inv*.
annulaire [anylɛʀ] *nm* anulare *m*.
annulation [anylɑsjɔ̃] *nf* annullamento.
annuler [anyle] *vt* annullare.
anoblir [anɔbliʀ] *vt* nobilitare.
anodin, e [anɔdɛ̃, in] *a* anodino(a).
anomalie [anɔmali] *nf* anomalia.
anonymat [anɔnima] *nm* anonimato.
anonyme [anɔnim] *a* anonimo(a).

anorak [anɔʀak] *nm* giacca *f* a vento.
anormal, e, aux [anɔʀmal, o] *a* anormale.
anse [ɑ̃s] *nf* manico; (*GEOGR*) insenatura.
antagoniste [ɑ̃tagɔnist(ə)] *nm/f* antagonista *m/f*.
antan [ɑ̃tɑ̃] : **d'~** *a* di un tempo, di una volta.
antarctique [ɑ̃taʀktik] *a* antartico(a) // *nm*: **l'A~** l'Antartide *f*.
antécédent [ɑ̃tesedɑ̃] *nm* antecedente *m*; **~s** *mpl* precedenti *mpl*.
antenne [ɑ̃tɛn] *nf* antenna; *(petite succursale ou agence)* sede *f* distaccata; **passer l'~ à** (*TV, RADIO*) passare *ou* cedere la linea *ou* il microfono a; **passer à l'~** andare in onda.
antérieur, e [ɑ̃teʀjœʀ] *a* anteriore; **passé ~** (*LING*) trapassato remoto.
antériorité [ɑ̃teʀjɔʀite] *nf* anteriorità *f inv*.
anthologie [ɑ̃tɔlɔʒi] *nf* antologia.
anthracite [ɑ̃tʀasit] *nm* antracite *f*.
anthropologie [ɑ̃tʀɔpɔlɔʒi] *nf* antropologia.
anthropophage [ɑ̃tʀɔpɔfaʒ] *a* antropofago(a) // *nm* antropofago.
antibiotique [ɑ̃tibjɔtik] *nm* antibiotico.
antibrouillard [ɑ̃tibʀujaʀ] *a, nm* antinebbia *inv*.
antichambre [ɑ̃tiʃɑ̃bʀ(ə)] *nf* anticamera.
anticipation [ɑ̃tisipɑsjɔ̃] *nf* anticipazione *f*; **par ~** *(rembourser, etc)* in anticipo; **livre/film d'~** libro/film avveniristico.
anticipé, e [ɑ̃tisipe] *a* anticipato(a).
anticiper [ɑ̃tisipe] *vt* anticipare // *vi*: **~ sur** fare anticipazioni su.
anticonceptionnel, le [ɑ̃tikɔ̃sɛpsjɔnɛl] *a, nm* anticoncezionale *(m)*.
anticyclone [ɑ̃tisiklon] *nm* anticiclone *m*.
antidater [ɑ̃tidate] *vt* retrodatare.
antidérapant, e [ɑ̃tideʀapɑ̃, ɑ̃t] *a* antisdrucciolo *inv*.
antidote [ɑ̃tidɔt] *nm* antidoto.
antienne [ɑ̃tjɛn] *nf* antifona.
antigel [ɑ̃tiʒɛl] *nm* antigelo.
antilope [ɑ̃tilɔp] *nf* antilope *f*.
antimite(s) [ɑ̃timit] *a* antitarmico(a) // *nm* antilarmico.
antiparasite [ɑ̃tipaʀazit] *a* antidisturbo *inv*.
antipathie [ɑ̃tipati] *nf* antipatia.
antipathique [ɑ̃tipatik] *a* antipatico(a).
antipodes [ɑ̃tipɔd] *nmpl* antipodi *mpl*.
antiquaire [ɑ̃tikɛʀ] *nm* antiquario.
antique [ɑ̃tik] *a* antico(a).
antiquité [ɑ̃tikite] *nf* antichità *f inv*; **magasin/marchand d'~s** negozio/commerciante di antichità *ou* di antiquariato.
antisémite [ɑ̃tisemit] *a, nm/f* antisemita.
antiseptique [ɑ̃tisɛptik] *a, nm/f* antisettico(a).
antithèse [ɑ̃titɛz] *nf* antitesi *f inv*.
antituberculeux, euse [ɑ̃titybɛʀkylø, øz] *a* antitubercolare.
antivol [ɑ̃tivɔl] *a, nm* antifurto *inv*.
antre [ɑ̃tʀ(ə)] *nm* antro.
anus [anys] *nm* ano.
anxiété [ɑ̃ksjete] *nf* ansia, ansietà *f inv*.
anxieux, euse [ɑ̃ksjø, øz] *a* ansioso(a).
A.O.C. *sigle f voir* **appellation.**
aorte [aɔʀt(ə)] *nf* aorta.
août [u] *nm* agosto.
apaiser [apeze] *vt* placare, calmare; **s'~** *vr* placarsi.
apanage [apanaʒ] *nm*: **être l'~ de** essere appannaggio di.
aparté [apaʀte] *nm* confabulazione *f*; (*THEATRE*) a parte *loc m inv*; **en ~** *ad* confidenzialmente.
apathie [apati] *nf* apatia; **apathique** *a* apatico(a).

apatride [apatʀid] *nm/f* apolide *m/f.*
apercevoir [apɛʀsəvwaʀ] *vt* scorgere, vedere; **s'~ de/que** accorgersi di/che.
aperçu [apɛʀsy] *nm* idea; *(exposé)* sommaria esposizione *f*; **~s** *mpl* intuizione *f.*
apéritif [apeʀitif] *nm* aperitivo.
à peu près [apøpʀɛ] *ad* circa // *nm* *(péj: approximation)* approssimazione *f.*
apeuré, e [apœʀe] *a* impaurito(a).
aphone [afɔn] *a* afono(a).
aphrodisiaque [afʀɔdizjak] *nm* afrodisiaco.
aphte [aft(ə)] *nm* afta.
aphteuse [aftøz] *a:* **fièvre ~** afta epizootica.
apiculteur [apikyltœʀ] *nm* apicoltore *m.*
apiculture [apikyltyʀ] *nf* apicoltura.
apitoyer [apitwaje] *vt:* **~ qn sur** impietosire qd per; **s'~** *vr:* **s'~ sur** impietosirsi per.
aplanir [aplaniʀ] *vt* spianare; *(fig: difficulté)* appianare.
aplati, e [aplati] *a* appiattito, schiacciato(a).
aplatir [aplatiʀ] *vt* appiattire, schiacciare; **s'~** *vr* appiattirsi; *(fig: s'humilier)* strisciare; **s'~ contre** *(fam: entrer en collision)* schiacciarsi contro.
aplomb [aplɔ̃] *nm* appiombo; *(fig: sang-froid)* sangue *m* freddo, calma; *(péj: audace effrontée)* faccia tosta; **d'~** *ad* a piombo, a perpendicolo; *(en équilibre)* in equilibrio; *(fig)* in forma.
apocalypse [apɔkalips(ə)] *nf* apocalisse *f.*
apogée [apɔʒe] *nm* apogeo.
apologie [apɔlɔʒi] *nf* apologia.
apoplexie [apɔplɛksi] *nf* apoplessia.
apostolat [apɔstɔla] *nm* apostolato.
apostrophe [apɔstʀɔf] *nf* apostrofo.
apostropher [apɔstʀɔfe] *vt* apostrofare.
apôtre [apotʀ(ə)] *nm* apostolo.
apparaître [apaʀɛtʀ(ə)] *vi* apparire // *vb impersonnel:* **il apparaît que** risulta che.
apparat [apaʀa] *nm:* **tenue/dîner d'~** tenuta/pranzo di gala; **en grand ~** in gran pompa.
appareil [apaʀɛj] *nm* apparecchio; *(organismes: politique, syndical,* ANAT*)* apparato; *(téléphone):* **qui est à l'~?** chi parla?; **dans le plus simple ~** in costume adamitico; **~ photographique, ~ (-photo)** macchina *f* fotografica.
appareillage [apaʀɛjaʒ] *nm* apparecchiatura, attrezzatura; *(NAUT: départ)* partenza.
appareiller [apaʀeje] *vi (NAUT)* salpare // *vt* appaiare.
apparemment [apaʀamɑ̃] *ad* in apparenza, a quanto pare.
apparence [apaʀɑ̃s] *nf* apparenza; *(aspect)* aspetto; **en ~** in apparenza.
apparent, e [apaʀɑ̃, ɑ̃t] *a* apparente; *(ostensible)* appariscente.
apparenté, e [apaʀɑ̃te] *a* affine; **~ à** imparentato con; **listes ~es** *(POL)* liste communi *fpl.*
appariteur [apaʀitœʀ] *nm* bidello.
apparition [apaʀisjɔ̃] *nf* apparizione *f,* comparsa; *(surnaturelle)* apparizione.
appartement [apaʀtəmɑ̃] *nm* appartamento.
appartenance [apaʀtənɑ̃s] *nf* appartenenza.
appartenir [apaʀtəniʀ] *vi:* **~ à** appartenere a // *vb impersonnel:* **il t'appartient de faire ...** tocca a te fare ....
appât [apɑ] *nm* esca; *(fig)* miraggio, attrattiva; **appâter** *vt* adescare; *(fig: personne)* allettare, adescare.
appauvrir [apovʀiʀ] *vt* impoverire.
appauvrissement [apovʀismɑ̃] *nm* impoverimento.

appel [apɛl] *nm* appello; *(cri, aussi fig)* richiamo; (*MIL*) chiamata *f;* ~ **à l'aide** *ou* **au secours** invocazione *f* di aiuto; **faire** ~ **à** fare appello a; **faire** ~ (*JUR*) ricorrere in appello; ~ **d'offres** (*FIN*) gara di appalto; ~ **d'air** tiraggio, presa *f* d'aria; ~ **de fonds** (*ECON*) richiesta *f* di fondi.

appelé [aple] *nm* (*MIL*) soldato di leva.

appeler [aple] *vt* chiamare; *(au secours, REL)* invocare; *(fig: nécessiter)* richiedere; **en** ~ **à qn** *ou* **qch** fare appello a qd *o* qc; **s'**~ *vr* chiamarsi.

appellation [apelɑsjɔ̃] *nf* denominazione *f;* **vin d'**~ **d'origine contrôlée (A.O.C.)** vino a denominazione di origine controllata (DOC).

appendice [apɛ̃dis] *nm* appendice *f;* **appendicite** *nf* appendicite *f.*

appentis [apɑ̃ti] *nm* tettoia; *(bâtiment)* rimessa *(addossata a una costruzione)*.

appesantir [apəzɑ̃tiʀ] : **s'**~ *vr* appesantirsi; **s'**~ **sur** *(insister)* insistere troppo su.

appétissant, e [apetisɑ̃, ɑ̃t] *a* appetitoso(a).

appétit [apeti] *nm* appetito; **avoir un gros/petit** ~ avere molto/poco appetito; **couper l'**~ **(de qn)** togliere l'appetito (a qd).

applaudir [aplodiʀ] *vt, vi* applaudire; **applaudissements** *nmpl* applausi *mpl.*

applicable [aplikabl(ə)] *a* applicabile.

application [aplikɑsjɔ̃] *nf* applicazione *f.*

applique [aplik] *nf* (*ÉLEC*) applique *f.*

appliqué, e [aplike] *a* diligente.

appliquer [aplike] *vt* applicare; **s'**~ *vr* applicarsi.

appoint [apwɛ̃] *nm* contributo; **faire l'**~ pagare col denaro contato; **chauffage d'**~ riscaldamento integrativo.

appointements [apwɛ̃tmɑ̃] *nmpl* stipendio, retribuzione *f.*

appontement [apɔ̃tmɑ̃] *nm* pontile *m.*

apport [apɔʀ] *nm* apporto.

apporter [apɔʀte] *vt* portare; *(produire: conséquence)* recare, portare; (*ECON*) investire.

apposer [apoze] *vt* apporre.

apposition [apozisjɔ̃] *nf* apposizione *f.*

appréciable [apʀesjabl(ə)] *a* apprezzabile, notevole.

appréciation [apʀesjɑsjɔ̃] *nf* valutazione *f;* ~**s** *fpl (commentaire, avis)* apprezzamenti *mpl.*

apprécier [apʀesje] *vt* apprezzare; *(évaluer: distance, importance)* valutare.

appréhender [apʀeɑ̃de] *vt* temere; (*JUR*: *arrêter)* arrestare.

appréhension [apʀeɑ̃sjɔ̃] *nf* apprensione *f.*

apprendre [apʀɑ̃dʀ(ə)] *vt* apprendere, sapere; *(leçon, langue, métier)* imparare, apprendere; ~ **qch à qn** *(informer)* informare qd di qc; *(enseigner)* insegnare qc a qd; ~ **à faire qch** imparare a fare qc; ~ **à qn à faire qch** insegnare a qd a fare qc; **apprenti, e** *nm/f* apprendista *m/f; (débutant, aussi fig)* principiante *m/f;* **apprentissage** *nm* apprendistato; **faire l'**~ **de** *(aussi fig)* fare le prime esperienze di.

apprêt [apʀɛ] *nm* appretto; *(sur un mur)* preparazione *f.*

apprêté, e [apʀete] affettato(a).

apprêter [apʀete] *vt* apprettare; **s'**~ *vr* prepararsi, apprestarsi.

apprivoiser [apʀivwaze] *vt* addomesticare.

approbateur, trice [apʀɔbatœʀ, tʀis] *a* di approvazione.

approbation [apʀɔbɑsjɔ̃] *nf* approvazione *f.*

approche [apʀɔʃ] *nf* approssimarsi *m inv;* arrivo; *(d'un sujet, d'une per-*

sonne) approccio; *(accès)* accesso; *(le fait de s'approcher)* avvicinamento; **~s** *fpl* paraggi *mpl*, vicinanze *fpl*; **à l'~ de** *(mouvement)* all'avvicinarsi *o* approssimarsi di.

approcher [apʀɔʃe] *vi* avvicinarsi, approssimarsi // *vt* avvicinare; **~ qch (de qch)** avvicinare *o* accostare qc (a qc); **~ de, s'~ de** avvicinarsi a.

approfondir [apʀɔfɔ̃diʀ] *vt* approfondire.

appropriation [apʀɔpʀijɑsjɔ̃] *nf* appropriazione *f*.

approprié, e [apʀɔpʀije] *a* appropriato(a), adeguato(a).

approprier [apʀɔpʀije] : **s'~** *vr* *(terrain, idée)* appropriarsi.

approuver [apʀuve] *vt* approvare.

approvisionnement [apʀɔvizjɔnmɑ̃] *nm* approvvigionamento, rifornimento; **~s** *mpl (provisions)* provviste *fpl*, scorte *fpl*.

approvisionner [apʀɔvizjɔne] *vt* rifornire; *(compte bancaire)* versare dei soldi su; **s'~ dans un magasin/au marché** rifornirsi *ou* far provviste in un negozio/al mercato.

approximatif, ive [apʀɔksimatif, iv] *a* approssimativo(a); **approximativement** *ad* approssimativamente.

appui [apɥi] *nm* appoggio, sostegno; *(de fenêtre)* davanzale *m*; **prendre ~ sur** appoggiarsi su; **point d'~** punto di appoggio; **à l'~ (de)** *(pour prouver)* a sostegno (di).

appui-tête, appuie-tête [apɥitɛt] *nm* appoggiatesta *m inv*.

appuyer [apɥije] *vt* appoggiare, sostenere; *(un mur)* sostenere; *(poser)* appoggiare // *vi*: **~ sur** *(bouton, frein)* premere; *(fig: insister sur: mot, détail)* insistere su; *(suj: chose: peser sur)* poggiare su; **~ à droite** *ou* **sur sa droite** *(se diriger)* portarsi sulla destra; **s'~ sur** appoggiarsi su *ou* a; *(fig: se fonder sur)* basarsi su; **s'~ sur qn** *(fig)* fare affidamento su.

ap.: **~ J.-C.** *(abr de après Jésus-Christ)* d.C.

âpre [ɑpʀ(ə)] *a* aspro(a); **~ au gain** avido di guadagno.

après [apʀɛ] *prép* dopo // *ad* dopo; **~ que** dopo che; **courir ~ qn** correre dietro a qd; **être toujours ~ qn** *(pour critiquer, etc)* essere sempre alle costole di qd; **~ coup** *ad* in seguito, a cose fatte; **~ tout** *ad (au fond)* dopo tutto; **d'~** *prép* secondo; **~-demain** *ad* dopodomani; **~-guerre** *nm* dopoguerra *m inv*; **~-midi** *nm ou nf inv* pomeriggio; **~-ski** *nm* doposci *m inv*.

âpreté [ɑpʀəte] *nf* asprezza.

à-propos [apʀɔpo] *nm* senso dell'opportunità *f inv*; **esprit d'~** presenza di spirito.

apte [apt(ə)] *a* adatto(a), atto(a); **aptitude** *nf* attitudine *f*, disposizione *f*; *(acquise)* capacità *f inv*.

aquarelle [akwaʀɛl] *nf* acquarello.

aquarium [akwaʀjɔm] *nm* acquario.

aquatique [akwatik] *a* acquatico(a).

aqueduc [akdyk] *nm* acquedotto.

aqueux, euse [akø, øz] *a* acquoso(a); (*PHYSIOL*) acqueo(a).

aquilin [akilɛ̃] *a*: **nez ~** naso aquilino.

arabe [aʀab] *a, nm/f* arabo/a.

arabesque [aʀabɛsk(ə)] *nf* arabesco.

arable [aʀabl(ə)] *a* arabile.

arachide [aʀaʃid] *nf* arachide *f*.

araignée [aʀeɲe] *nf* ragno; **~ de mer** grancevola.

arbitrage [aʀbitʀaʒ] *nm* arbitraggio.

arbitraire [aʀbitʀɛʀ] *a* arbitrario(a).

arbitre [aʀbitʀ(ə)] *nm* arbitro.

arbitrer [aʀbitʀe] *vt* arbitrare.

arborer [aʀbɔʀe] *vt (drapeau)* inalberare; *(chapeau, sourire)*

sfoggiare.
arbre [aʀbʀ(ə)] *nm* albero; ~ **fruitier** albero da frutto.
arbrisseau [aʀbʀiso] *nm* arboscello.
arbuste [aʀbyst] *nm* arbusto.
arc [aʀk] *nm* arco; **en ~ de cercle** a semicerchio.
arcade [aʀkad] *nf* arcata; ~ **sourcilière** arcata sopracciliare; ~**s** *fpl (d'une rue)* portici *mpl.*
arcanes [aʀkan] *nfpl* arcani *mpl.*
arc-boutant [aʀkbutɑ̃] *nm* (*ARCHIT*) arco rampante.
arc-bouter [aʀkbute] : **s'~** *vr:* **s'~ sur** puntarsi con.
arceau [aʀso] *nm* archetto; (*ARCHIT: de voûte)* arco.
arc-en-ciel [aʀkɑ̃sjɛl] *nm* arcobaleno.
archaïque [aʀkaik] *a* arcaico(a).
arche [aʀʃ(ə)] *nf* (*ARCHIT*) arcata, arco; ~ **de Noé** arca di Noé.
archéologie [aʀkeɔlɔʒi] *nf* archeologia; **archéologue** *nm/f* archeologo/a.
archer [aʀʃe] *nm* arciere *m.*
archet [aʀʃɛ] *nm* (*MUS*) archetto.
archevêché [aʀʃəveʃe] *nm* arcivescovado.
archevêque [aʀʃəvɛk] *nm* arcivescovo.
archipel [aʀʃipɛl] *nm* arcipelago.
architecte [aʀʃitɛkt(ə)] *nm* architetto; *(fig: d'un projet)* artefice *m.*
architecture [aʀʃitɛktyʀ] *nf* architettura.
archives [aʀʃiv] *nfpl* archivio *m;* **archiviste** *nm/f* archivista *m/f.*
arçon [aʀsɔ̃] *nm* arcione *m; voir* **cheval.**
arctique [aʀktik] *a* artico(a) // *sm:* **l'A~** l'Artico.
ardemment [aʀdamɑ̃] *ad* ardentemente; *(travailler)* con ardore.
ardent, e [aʀdɑ̃, ɑ̃t] *a* ardente.
ardeur [aʀdœʀ] *nf* ardore *m.*
ardoise [aʀdwaz] *nf* ardesia; *(d'écolier)* lavagna.
ardu, e [aʀdy] *a* arduo(a).
arène [aʀɛn] *nf* arena.
arête [aʀɛt] *nf* spigolo; *(de poisson)* lisca; *(d'une montagne)* crinale *m.*
argent [aʀʒɑ̃] *nm* argento; *(monnaie)* soldi *mpl,* denaro.
argenté, e [aʀʒɑ̃te] *a* argentato(a), *(couleur)* argenteo(a).
argenter [aʀʒɑ̃te] *vt* argentare.
argenterie [aʀʒɑ̃tʀi] *nf* argenteria.
argentin, e [aʀʒɑ̃tɛ̃, in] *a, nm/f* argentino(a).
argile [aʀʒil] *nf* argilla.
argot [aʀgo] *nm* gergo; **argotique** *a* gergale.
arguer [aʀgɥe] *vt* arguire.
argument [aʀgymɑ̃] *nm* argomentazione *f; (d'un ouvrage: sommaire)* sunto.
argumentation [aʀgymɑ̃tɑsjɔ̃] *nf* argomentazione *f.*
argumenter [aʀgymɑ̃te] *vi* argomentare.
argus [aʀgys] *nm* bollettino specializzato; *(AUTO: répertoire)* listino dell'usato.
argutie [aʀgysi] *nf (péj)* sottigliezza, cavillo.
aride [aʀid] *a* arido(a); **aridité** *nf* aridità *f inv.*
aristocrate [aʀistɔkʀat] *nm/f* aristocratico/a; **aristocratie** *nf* aristocrazia.
arithmétique [aʀitmetik] *a* aritmetico(a) // *nf* aritmetica.
armateur [aʀmatœʀ] *nm* armatore *m.*
armature [aʀmatyʀ] *nm* armatura.
arme [aʀm(ə)] *nf* arma; ~**s** *fpl (blason: d'une famille, ville)* arme *f,* armi *fpl;* **le métier des ~s** la carriera militare; ~ **à feu** arma da fuoco.
armé, e [aʀme] *a* armato(a); ~ **de** munito di.
armée [aʀme] *nf* esercito; (*MIL: unité)* armata; ~ **de l'air** aeronautica militare; ~ **de terre**

esercito.
armement [aʀməmɑ̃] *nm* armamento.
armer [aʀme] *vt* armare; **s'~ de** *(aussi fig)* munirsi di, armarsi di.
armistice [aʀmistis] *nm* armistizio.
armoire [aʀmwaʀ] *nf* armadio.
armoiries [aʀmwaʀi] *nfpl* arme *f*, stemma *m*.
armure [aʀmyʀ] *nf* armatura.
armurier [aʀmyʀje] *nm* armaiolo.
aromate [aʀɔmat] *nm* aroma *m*; **~s** *(CULIN)* spezie *fpl*.
aromatique [aʀɔmatik] *a* aromatico(a).
aromatisé, e [aʀɔmatize] *a* aromatizzato(a).
arôme [aʀom] *nm* aroma *m*.
arpège [aʀpɛʒ] *nm* arpeggio.
arpentage [aʀpɑ̃taʒ] *nm* misurazione *f (di terreni)*.
arpenter [aʀpɑ̃te] *vt* percorrere in su e in giù.
arqué, e [aʀke] *a* arcuato(a); *(dos)* inarcato(a).
arrachage [aʀaʃaʒ] *nm* estirpazione *f*; *(de carottes etc)* raccolta; *(de clou, dent)* estrazione *f*.
arrache-pied [aʀaʃpje]: **d'~** *ad* indefessamente, con accanimento.
arracher [aʀaʃe] *vt* strappare; *(déplanter: pomme de terre)* raccogliere; *(: herbe)* estirpare; *(clou, dent)* estrarre; **s'~ de/à** staccarsi da; **s'~ qn/qch** *(personne, article très recherché)* contendersi.
arraisonner [aʀɛzɔne] *vt (bateau)* fermare e controllare.
arrangement [aʀɑ̃ʒmɑ̃] *nm* sistemazione *f*; *(compromis)* accordo; *(MUS)* arrangiamento.
arranger [aʀɑ̃ʒe] *vt* sistemare; *(convenir à: personne)* andar bene *ou* far comodo a; *(MUS)* arrangiare; *(organiser)* organizzare; **s'~** *vr* sistemarsi; *(ajuster sa toilette)* mettersi in ordine; *(s'en tirer tout seul)* arrangiarsi; *(se mettre d'accord)* mettersi d'accordo; **s'~ pour/pour que** fare in modo di/che; **arrangeur** *nm (MUS)* arrangiatore *m*.
arrestation [aʀɛstɑsjɔ̃] *nf* arresto, fermo.
arrêt [aʀɛ] *nm* fermata; *(répit)* sosta; *(de mécanisme, cœur, activité)* arresto; *(JUR: décision)* sentenza; **être à l'~** stare fermo; *(chasse: chien)* essere in ferma; **mandat d'~** *(JUR)* mandato di cattura; **sans ~** ininterrottamente; **~s** *nmpl (MIL)* arresti *mpl*; **~ du travail** sospensione *f* dal lavoro.
arrêté [aʀete] *nm (JUR)* decreto, ordinanza.
arrêter [aʀete] *vt* bloccare, fermare; *(fixer: date, choix, soupçons)* fissare; *(appréhender: suspect)* arrestare; **~ de faire qch** smettere di fare qc; **s'~** *vr* fermarsi; *(pluie, bruit)* smettere.
arrhes [aʀ] *nfpl* caparra *f*.
arrière [aʀjɛʀ] *a inv* posteriore; *(NAUT)* poppiero(a) // *nm* parte *f* posteriore; *(maison)* retro; *(SPORT)* terzino; *(NAUT)* poppa // *nmpl* retrovie *fpl*; **à l'~** *(derrière)* dietro; *(NAUT)* a poppa; **en ~** *ad* (all') indietro; **en ~ de** *prép* dietro a; *(fig)* indietro rispetto a; **arriéré, e** *a (péj: personne)* ritardato(a); *(: pays, idées)* arretrato(a) // *nmpl (d'argent)* arretrati *mpl*; **arrière-boutique** *nf* retrobottega *m inv*; **arrière-garde** *nf* retroguardia; **arrière-goût** *nm* fondo, sapore *m*; **arrière-grand-mère** *nf* bisnonna; **arrière-grand-père** *nm* bisnonno; **arrière-pays** *nm* entroterra *m inv*; **arrière-pensée** *nf* secondo fine *m*, pensiero recondito; **arrière-plan** *nm* sfondo; **à l'arrière-plan** *(fig)* in secondo piano; **arrière-saison** *nf* fine stagione *f inv*; *(fin de l'automne)* (tardo) autunno; **arrière-train** *nm* treno posteriore.
arrimer [aʀime] *vt (bateau)* stivare; *(chargement)* sistemare.

arrivage [aʀivaʒ] *nm* arrivo.
arrivée [aʀive] *nf* arrivo; (*TECH*) alimentazione *f*.
arriver [aʀive] *vi* arrivare; *(survenir: événement, fait)* succedere, accadere; ~ **à** raggiungere; ~ **à faire qch** riuscire a fare qc; **où veux-tu en** ~? dove vuoi arrivare?; **nous n'y arriverons jamais** non ci riusciremo mai; **il arrive que** succede *ou* capita che; **il lui arrive de ...** gli capita di; **arriviste** *nm/f* arrivista *m/f*.
arrogance [aʀɔgɑ̃s] *nf* arroganza.
arrogant, e [aʀɔgɑ̃, ɑ̃t] *a* arrogante.
arroger [aʀɔʒe] : **s'**~ *vr (droit, titre)* arrogarsi.
arrondi, e [aʀɔ̃di] *a* tondeggiante, arrotondato(a).
arrondir [aʀɔ̃diʀ] *vt* arrotondare; **s'**~ *vr* arrotondarsi.
arrondissement [aʀɔ̃dismɑ̃] *nm (ADMIN: de département) circoscrizione amministrativa; (: de grande ville)* quartiere o zona.
arrosage [aʀozaʒ] *nm* annaffiatura; **tuyau d'**~ manichetta *f* dell'acqua.
arroser [aʀoze] *vt* innaffiare, annaffiare; *(fig, CULIN)* bagnare; **arrosoir** *nm* annaffiatoio.
arsenal, aux [aʀsənal, o] *nm* arsenale *m; (fig: panoplie, matériel)* armamentario.
arsenic [aʀsənik] *nm* arsenico.
art [aʀ] *nm* arte *f*; *(fig)*: **avoir l'**~ **de faire qch** avere l'arte *ou* la capacità di fare qc; **les** ~**s** le arti; ~**s ménagers** economia *f* domestica.
artère [aʀtɛʀ] *nf* arteria.
artériosclérose [aʀteʀjɔskleʀoz] *nf* arteriosclerosi *f inv*.
arthrite [aʀtʀit] *nf* artrite *f*.
arthrose [aʀtʀoz] *nf* artrosi *f inv*.
artichaut [aʀtiʃo] *nm* carciofo.
article [aʀtikl(ə)] *nm* articolo.
articulation [aʀtikylɑsjɔ̃] *nf* articolazione *f*.
articuler [aʀtikyle] *vt* articolare; *(TECH)* snodare; **s'**~ *vr* articolarsi; (*ANAT, TECH*) snodarsi.
artifice [aʀtifis] *nm* artificio.
artificiel, le [aʀtifisjɛl] *a* artificiale; *(péj: factice: style)* artificioso(a).
artificier [aʀtifisje] *nm* artificiere *m*.
artillerie [aʀtijʀi] *nf* artiglieria; **artilleur** *nm* artigliere *m*.
artisan [aʀtizɑ̃] *nm* artigiano; **l'**~ **de la victoire/du malheur** *(fig)* l'artefice *m* della vittoria/disgrazia; **artisanat** *nm* artigianato.
artiste [aʀtist(ə)] *nm/f* artista *m/f*; **artistique** *a* artistico(a).
as [ɑs] *nm* asso.
ascendant, e [asɑ̃dɑ̃, ɑ̃t] *a, nm* ascendente *(m)*.
ascenseur [asɑ̃sœʀ] *nm* ascensore *m*.
ascension [asɑ̃sjɔ̃] *nf* ascensione *f*, scalata; *(fig)* ascesa; **l'A**~ *(REL)* l'Ascensione *f*.
ascète [asɛt] *nm/f* asceta *m*.
aseptique *a* asettico(a).
aseptiser *vt* sterilizzare.
asiatique [azjatik] *a, nm/f* asiatico(a).
Asie [azi] *nf* Asia.
asile [azil] *nm* asilo, rifugio; *(pour malades mentaux)* manicomio; *(pour vieillards)* ospizio, ricovero; **le droit d'**~ il diritto di asilo; ~ **politique** asilo politico.
aspect [aspɛ] *nm* aspetto; **à l'**~ **intelligent** dall'aspetto intelligente.
asperge [aspɛʀʒ(ə)] *nf* asparago.
asperger [aspɛʀʒe] *vt* spruzzare.
aspérité [aspeʀite] *nf* asperità *f inv*.
aspersion [aspɛʀsjɔ̃] *nf* spruzzata.
asphalte [asfalt(ə)] *nm* asfalto.
asphyxie [asfiksi] *nf* asfissia; **asphyxier** *vt* asfissiare.
aspic [aspik] *nm (ZOOL)* aspide; *(CULIN)* aspic *f inv*.
aspirant, e [aspiʀɑ̃, ɑ̃t] *a, nm*

aspirante *(m)* // *nm (MIL)* allievo ufficiale.
aspirateur [aspiʀatœʀ] *nm* aspiratore *m; (ménager)* aspirapolvere *m inv*.
aspiration [aspiʀɑsjɔ̃] *nf* aspirazione *f*.
aspirer [aspiʀe] *vt* aspirare.
aspirine [aspiʀin] *nf* aspirina ®.
assagir [asaʒiʀ] : **s'~** *vr (suj: personne)* mettere giudizio *ou* la testa a posto.
assaillant, e [asajɑ̃, ɑ̃t] *nm/f* assalitore/trice.
assaillir [asajiʀ] *vt* assalire; *(fig: de questions, reproches)* subissare.
assainir [aseniʀ] *vt* risanare, bonificare; *(pièce, plaie)* disinfettare; *(eau)* depurare.
assaisonnement [asɛzɔnmɑ̃] *nm* condimento.
assaisonner [asɛzɔne] *vt* condire.
assassin [asasɛ̃, in] *nm* assassino/a.
assassinat [asasina] *nm* assassinio.
assassiner [asasine] *vt* assassinare.
assaut [aso] *nm* assalto; **char d'~** *(MIL)* carro armato.
assécher [aseʃe] *vt* prosciugare.
assemblage [asɑ̃blaʒ] *nm* montaggio, assemblaggio; *(jonction)* assemblaggio; *(ensemble)* insieme.
assemblée [asɑ̃ble] *nf* assemblea; *(public, assistance)* pubblico; **l'A~ Nationale** ≈ la Camera dei deputati.
assembler [asɑ̃ble] *vt* mettere insieme, riunire; *(sons, couleurs)* accostare; *(TECH)* collegare; *(voiture, meuble)* montare, assemblare.
assener, asséner [asene] *vt:* ~ **un coup à qn** assestare un colpo a qd.
assentiment [asɑ̃timɑ̃] *nm* assenso, consenso.
asseoir [aswaʀ] *vt* mettere a sedere; **s'~** *vr* sedersi; **faire ~** far sedere.
assermenté, e [asɛʀmɑ̃te] *a (JUR)* giurato(a).
assertion [asɛʀsjɔ̃] *nf* asserzione *f*.
asservir [asɛʀviʀ] *vt* asservire; *(fig)* assoggettare; **asservissement** *nm* asservimento.
assesseur [asesœʀ] *nm* aggiunto; *(suppléant)* sostituto.
assez [ase] *ad* abbastanza; **~ de pain/livres** abbastanza pane/libri; **en avoir ~ de qch** averne abbastanza di qc; **travailler/manger ~** lavorare/mangiare a sufficienza; **assez!** basta (così)!
assidu, e [asidy] *a* assiduo(a); **assiduité** *nf* assiduità *f inv*.
assiéger [asjeʒe] *vt* assediare.
assiette [asjɛt] *nf* piatto; *(stabilité, équilibre)* assetto; ~ **anglaise** *(CULIN)* piatto freddo; **~ de l'impôt** *(ECON)* imponibile *m;* **ne pas être dans son ~** *(fig: fam)* non sentirsi bene.
assigner [asiɲe] *vt* assegnare; *(destiner)* destinare; *(donner: caractéristique)* attribuire.
assimilation [asimilɑsjɔ̃] *nf* assimilazione *f*.
assimiler [asimile] *vt* assimilare; **ils sont assimiles aux infirmiers** *(ADMIN: classés comme)* sono equiparati agli infermieri; **s'~** *vr* assimilarsi.
assis, e [asi, iz] *pp de* **asseoir** // *a* seduto(a); *(fig)* saldo(a) // *nf (fig)* base *f; (CONSTR)* corso; **Cour d'A~es** Corte d'Assise; **magistrature ~e** magistratura giudicante.
assistance [asistɑ̃s] *nf* assistenza; *(public)* astanti *mpl;* **porter ~ à qn** prestare assistenza a qd.
assistant, e [asistɑ̃, ɑ̃t] *nm/f* assistente *m/f*.
assisté, e [asiste] *a (AUTO)*: **direction ~e** servosterzo; **freins ~s** servofreno.
assister [asiste] *vt, vi* assistere.
association [asɔsjɑsjɔ̃] *nf* asso-

ciazione *f*.

associé, e [asɔsje] *a* associato(a) // *nm/f* socio/a.

associer [asɔsje] *vt* associare; *(joindre: efforts, idées)* unire; **s'~** *vr* associarsi; **s'~ à** associarsi con; (*FIN*) mettersi in società con.

assoiffé, e [aswafe] assetato(a).

assombrir [asɔ̃bʀiʀ] *vt* oscurare; *(fig)* rattristare; **s'~** *vr* oscurarsi, rabbuiarsi.

assommer [asɔme] *vt* ammazzare; *(suj: bruit, coup, médicament)* stordire; *(fam: importuner)* scocciare.

Assomption [asɔ̃psjɔ̃] *nf*: **l'~** l'Assunzione *f*.

assorti, e [asɔʀti] *a* assortito(a); **fromages ~s** formaggi assortiti *ou* misti.

assortiment [asɔʀtimɑ̃] *nm* assortimento.

assortir [asɔʀtiʀ] *vt* assortire; **s'~ (à)** andare d'accordo (con).

assoupir [asupiʀ] : **s'~** *vr* assopirsi.

assouplir [asupliʀ] *vt* ammorbidire; *(muscle)* sciogliere; *(fig: règlement, discipline)* rendere meno rigido(a).

assourdir [asuʀdiʀ] *vt* attutire; *(suj: bruit)* assordare.

assouvir [asuviʀ] *vt* saziare; *(fig: désir)* appagare.

assujettir [asyʒetiʀ] *vt* assoggettare.

assumer [asyme] *vt* assumere; *(responsabilité)* assumersi; *(condition)* accettare consapevolmente.

assurance [asyʀɑ̃s] *nf* certezza, sicurezza; *(garantie)* garanzia; *(fig: confiance)* sicurezza; (*JUR*: *contrat)* assicurazione *f*; **société d'~, compagnie d'~s** società *f inv ou* compagnia di assicurazioni; **~s sociales** contributi *mpl;* **~-vie** assicurazione *f* sulla vita; **~ tous risques** (*AUTO*) polizza casco.

assuré, e [asyʀe] *a* sicuro(a); *(certain)* sicuro(a), assicurato(a); *(couvert par une assurance)* assicurato(a); **~ social** mutuato.

assurer [asyʀe] *vt* assicurare; *(fonction)* svolgere; *(service)* prestare; **s'~** *vr* assicurarsi; **assureur** *nm* (*COMM*) assicuratore *m*.

astérisque [asteʀisk(ə)] *nm* asterisco.

asthmatique [asmatik] *a* asmatico(a).

asthme [asm(ə)] *nm* asma *f*.

asticot [astiko] *nm* verme *m*.

astiquer [astike] *vt* lustrare, lucidare.

astre [astʀ(ə)] *nm* astro.

astreignant, e [astʀɛɲɑ̃, ɑ̃t] *a* impegnativo(a); *(règle, morale)* costrittivo(a).

astreindre [astʀɛ̃dʀ(ə)] *vt*: **~ qn à qch/faire** costringere qd a qc/fare; **s'~ à** sottoporsi a; **s'~ à faire** imporsi di fare.

astringent, e [astʀɛ̃ʒɑ̃, ɑ̃t] *a* astringente.

astrologie [astʀɔlɔʒi] *nm/f* astrologia; **astrologue** *nm/f* astrologo/a.

astronaute [astʀɔnot] *nm/f* astronauta *m/f*.

astronautique [astʀɔnotik] *nf* astronautica.

astronome [astʀɔnɔm] *nm/f* astronomo/a.

astronomie [astʀɔnɔmi] *nf* astronomia; **astronomique** *a* astronomico(a).

astuce [astys] *nf* astuzia; *(plaisanterie)* trucco; **astucieux, euse** *a* astuto(a).

atelier [atəlje] *nm (d'artisan)* laboratorio, atelier *m; (de peintre)* studio, atelier *m; (d'usine)* reparto; *(de mécanicien)* officina; **~ de couture** sartoria.

athée [ate] *nm/f* ateo/a.

athlète [atlɛt] *nm/f* atleta *m/f;* **athlétique** *a* atletico(a); **athlétisme** *m* atletica; **tournoi d'~** gara di atletica.

atlantique [atlɑ̃tik] *a* atlantico(a) //

nm: **l'(océan) A~** l'(oceano) Atlantico.
atlas [atlɑs] *nm* atlante *m.*
atmosphère [atmɔsfɛʀ] *nf* atmosfera; **atmosphérique** *a* atmosferico(a).
atome [atom] *nm* atomo; **atomique** *a* atomico(a).
atomiseur [atɔmizœʀ] *nm* nebulizzatore *m*, spray *m inv.*
atout [atu] *nm* atout *m inv;* (*CARTES*) atout *m inv*, briscola.
âtre [ɑtʀ(ə)] *nm* focolare *m.*
atroce [atʀɔs] *a* atroce; **atrocité** *nf* atrocità *f inv;* **~s** *fpl* cose *fpl* infamanti.
atrophie [atʀɔfi] *nf* atrofia.
atrophier [atʀɔfje] atrofizzare; **s'~** *vr* atrofizzarsi.
attabler [atable]: **s'~** *vr* mettersi a tavola; **s'~ à la terrasse d'un café** sedersi ai tavolini all'aperto di un caffè.
attachant, e [ataʃɑ̃, ɑ̃t] *a* adorabile; *(lecture, roman)* avvincente.
attache [ataʃ] *nf* fermaglio; *(fig: lien)* legame *m;* **~s** *fpl (relations)* legami *mpl;* **point d'~** attaccatura; **port d'~** porto di immatricolazione *f.*
attaché, e [ataʃe] *nm/f (ADMIN)* addetto/a; **~ de presse/d'ambassade** addetto stampa/d'ambasciata.
attachement [ataʃmɑ̃] *nm* attaccamento.
attacher [ataʃe] *vt (lier)* legare; *(fixer: étiquette etc)* attaccare; *(boucler: ceinture, tablier, souliers)* allacciare, allacciarsi // *vi (CULIN)* attaccare; **~ du prix/de l'importance à** attribuire valore/importanza a; **s'~ à** *(par affection)* attaccarsi a; **s'~ à faire qch** impegnarsi a fare qc.
attaquant, e [atakɑ̃, ɑ̃t] *nm/f* attaccante *m/f.*
attaque [atak] *nf* attacco; (*MED*) crisi *f*, colpo; **être/se sentir d'~** essere/sentirsi in forma; **~ à main armée** aggressione *f* a mano armata.
attaquer [atake] *vt* attaccare; *(un passant, etc)* aggredire; (*JUR: qn*) intentare una causa contro; *(: acte)* impugnare; *(suj: rouille, acide)* intaccare // *vi (SPORT)* attaccare; **s'~ à** combattere; *(problème, etc)* affrontare.
attarder [ataʀde]: **s'~** *vr* attardarsi.
atteindre [atɛ̃dʀ(ə)] *vt* raggiungere; *(cible, blesser, émouvoir)* colpire; *(joindre: qn)* rintracciare;
atteint, e [atɛ̃, ɛ̃t] *a (MÉD)*: **être ~ de** essere affetto da // *nf* offesa, attacco; **~es** *fpl (d'une maladie)* attacchi *mpl;* **hors d'~e** fuori portata; **porter ~e à** attentare a.
attelage [atlaʒ] *nm* tiro.
atteler [atle] *vt* attaccare; *(wagons, remorque)* agganciare, attaccare; **s'~ à** *(fig: travail)* dedicarsi a.
attelle [atɛl] *nf (MED)* stecca.
attenant, e [atnɑ̃, ɑ̃t] *a:* **~ à** attiguo a.
attendre [atɑ̃dʀ(ə)] *vt* aspettare, attendere; *(espérer):* **~ qch de qn** *ou* **qch** aspettarsi qc da qd *o* qc; **s'~** *vr* aspettarsi; **s'~ à faire** aspettarsi di fare; **s'y ~** aspettarselo.
attendrir [atɑ̃dʀiʀ] *vt* intenerire, commuovere; *(viande)* rendere più tenero; **attendrissant, e** *a* commovente, toccante; **attendrissement** *nm* intenerimento, commozione *f.*
attendu [atɑ̃dy]: **~ que** *conj* visto che, dato che; **~s** *nmpl* (*JUR*) motivazione *f.*
attentat [atɑ̃ta] *nm* attentato; **~ à la bombe/au plastic** attentato con una bombe/al plastico; **~ à la pudeur** oltraggio al pudore.
attente [atɑ̃t] *nf* attesa; *(espérance)* aspettativa.
attenter [atɑ̃te] *vi:* **~ à** *(liberté, vie)* attentare a.

attentif, ive [atɑ̃tif, iv] *a* attento(a).
attention [atɑ̃sjɔ̃] *nf* attenzione *f*; **faire ~ que** *ou* **à ce que** stare attento che, badare che; **fais ~!** stai attento!; **attentionné, e** *a* premuroso(a).
atténuer [atenɥe] *vt* attenuare; **s'~** *vr* attenuarsi.
atterrer [ateʀe] *vt* costernare.
atterrir [ateʀiʀ] *vi* atterrare; **atterrissage** *nm* atterraggio.
attestation [atɛstɑsjɔ̃] *nf* certificato, attestato.
attester [atɛste] *vt* attestare.
attirail [atiʀaj] *nm* armamentario.
attirance [atiʀɑ̃s] *nf* attrazione *f*, fascino.
attirant, e [atiʀɑ̃, ɑ̃t] *a* attraente.
attirer [atiʀe] *vt* attirare, attrarre; *(procurer)* procurare; **s'~ des ennuis** attirarsi delle grane.
attiser [atize] *vt* attizzare.
attitré, e [atitʀe] *a* accreditato(a), autorizzato(a).
attitude [atityd] *nf* atteggiamento.
attraction [atʀaksjɔ̃] *nf* attrazione *f*.
attrait [atʀɛ] *nm* fascino, attrattiva; **~s** *nmpl (d'une femme)* grazie *fpl*.
attraper [atʀape] *vt* acchiappare; *(fam: voleur)* acciuffare; *(maladie, amende)* prendersi, beccarsi; *(fam: réprimander)* sgridare; *(: duper)* infinocchiare.
attrayant, e [atʀɛjɑ̃, ɑ̃t] *a* attraente.
attribuer [atʀibɥe] *vt* attribuire; *(allouer: tâche, rôle, prix, etc)* assegnare; **s'~** *vr* attribuirsi.
attribut [atʀiby] *nm* attributo; *(LING)* predicato.
attribution [atʀibysjɔ̃] *nf* attribuzione *f*; *(d'argent, d'un prix)* assegnazione *f*; **~s** *nfpl (ADMIN)* competenze, attribuzioni; **complément d'~** *(LING)* complemento di termine *m*.
attrister [atʀiste] *vt* rattristare.
attroupement [atʀupmɑ̃] *nm* assembramento.
attrouper [atʀupe] : **s'~** *vr* assembrarsi.
au [o] *prép + dét voir* **à**.
aubaine [obɛn] *nf* fortuna insperata.
aube [ob] *nf* alba; *(fig)* albori *mpl*; *(TECH)* pala; **navire à ~s** nave *f* a ruote.
aubépine [obepin] *nf* biancospino.
auberge [obɛʀʒ(ə)] *nf* locanda; **~ de jeunesse** ostello della gioventù.
aubergine [obɛʀʒin] *nf* melanzana.
aubergiste [obɛʀʒist(ə)] *nm/f* locandiere/a.
aucun, e [okœ̃, yn] *dét* nessuno, nessun (nessuna *f*), alcuno, alcun (alcuna) // *pron* nessuno (nessuna); *(sens positif)* qualunque, chiunque; **sans ~ doute** senza (alcun) dubbio; **sans ~e hésitation** senza nessuna esitazione; **plus qu'~ autre** più di qualunque *o* di chiunque altro; **d'~s** *(certains)* certi *mpl*, qualcuno *m*; **aucunement** *ad* per niente.
audace [odas] *nf* audacia; *(péj: culot)* sfrontatezza, faccia tosta; **audacieux, euse** *a (personne)* audace.
au-delà [odla] *ad* oltre, al di là // *nm*: **l'~** l'aldilà *m inv*; **~ de** *prép* oltre, al di là di.
au-dessous [odsu] *ad* sotto, di sotto; *(limite, valeur, etc)* al di sotto; **~ de** *prép* sotto, al di sotto di; *(dignité, condition)* inferiore a.
au-dessus [odsy] *ad* sopra, *(limite, valeur, etc)* oltre; **~ de** *prép* sopra, al di sopra di; *(limite, somme, etc)* al di sopra di.
au-devant [advɑ̃]: **~ de** *prép (personne, danger)* incontro a; **aller ~ des désirs de qc** prevenire i desideri di qd.
audible [odibl(ə)] *a* udibile.
audience [odjɑ̃s] *nf* udienza; *(interêt, succès)* interesse,

accoglienza favorevole; *(auditeurs, lecteurs)* pubblico.
audio-visuel, le [odjɔvizɥɛl] *a* audiovisivo(a).
auditeur, trice [oditœʀ, tʀis] *nm/f* ascoltatore/trice; **~s** *mpl (à une conférence, un concert)* presenti *mpl*, pubblico *m*; ~ **libre** (SCOL) uditore/trice.
audition [odisjɔ̃] *nf* audizione *f*; *(ouïe)* udito; *(écoute: d'un disque, d'une pièce)* ascolto; **auditionner** *vt* fare un'audizione a // *vi (artiste)* dare un'audizione.
auditoire [oditwaʀ] *nm* uditorio, pubblico.
auge [oʒ] *nf* trogolo; *(bassin)* vasca; *(de roue)* cassetta.
augmentation [ɔgmɑ̃tasjɔ̃] *nf* aumento.
augmenter [ɔgmɑ̃te] *vt, vi* aumentare.
augure [ɔgyʀ] *nm* indovino; **de bon/mauvais** ~ di buon/cattivo augurio.
augurer [ɔgyʀe] *vt*: ~ **qch de qch** presagire favorevolmente riguardo a qc.
aujourd'hui [oʒuʀdɥi] *ad* oggi.
aumône [ɔmon] *nf* elemosina; **faire l'~ (de qch à qn)** fare l'elemosina (di qc a qd).
aumônier [ɔmonje] *nm* cappellano.
auparavant [opaʀavɑ̃] *ad* prima.
auprès [opʀɛ] : ~ **de** *prép* vicino a; *(chez)* presso; *(aux yeux de)* agli occhi di; *(en comparaison de)* in confronto a.
auquel [okɛl] *prép* + *pron voir* **lequel.**
auréole [ɔʀeɔl] *nf* aureola; *(tache)* alone *m*.
auriculaire [ɔʀikylɛʀ] *nm* mignolo // *a* auricolare.
aurore [ɔʀɔʀ] *nf* aurora.
ausculter [ɔskylte] *vt* auscultare.
auspices [ɔspis] *nmpl* auspici *mpl*; **sous les ~ de** sotto gli auspici di.
aussi [osi] *ad* anche; *(avec adjectif, adverbe)* tanto, così // *conj* quindi, per cui, (e) così; **moi** ~ anch'io; ~ **fort que tu le pourras** più forte che puoi; ~ **rapidement que possible** il più rapidamente possibile; ~ **bien que** *(de même que)* (così) come, tanto quanto; ~ **beau soit-il ...** per quanto bello sia ... .
aussitôt [osito] *ad* subito; *(dès que)* appena; ~ **que** (non) appena; ~ **dit** ~ **fait** detto fatto.
austère [ɔstɛʀ] *a* austero(a); **austérité** *f* austerità *f inv*.
austral, e [ɔstʀal] *a* australe.
autant [otɑ̃] *ad* tanto; *(également, aussi)* altrettanto; ~ **que** *(comparatif)* (tanto) quanto; ~ **de** tanto(a); ~ **partir** *(il vaut mieux)* tanto vale partire; **il y a ~ de garçons que de filles** ci sono tante ragazze quanti ragazzi; **ce sont ~ d'erreurs/d'échecs** sono altrettanti errori/insuccessi; **il n'est pas découragé pour** ~ non per questo è scoraggiato; **pour ~ que** *conj* per quanto; **d'~ plus!** a maggior ragione!; **d'~ mieux/moins** ancora meglio/meno; **d'~ plus** *ou* **mieux que** tanto più che; **d'~ moins que** tanto meno in quanto.
autarcie [otaʀsi] *nf* autarchia.
autel [ɔtɛl] *nm* altare *m*.
auteur [otœʀ] *nm* autore/trice.
authentifier [ɔtɑ̃tifje] *vt* autenticare.
authentique [ɔtɑ̃tik] *a* autentico(a).
auto [ɔto] *nf* auto *f inv* // *préf*: **auto ...** auto ... .
autobiographie [ɔtɔbjɔgʀafi] *nf* autobiografia.
autobus [ɔtɔbys] *nm* autobus *m inv*.
autocar [ɔtɔkaʀ] *nm* corriera; *(tourisme, grandes distances)* pullman *m inv*.
autochtone [ɔtɔktɔn] *a, nm/f* autoctono(a).
autodidacte [ɔtɔdidakt(ə)] *nm/f*

autodidatta *m/f*.
auto-école [ɔtɔekɔl] *nf* scuola guida, autoscuola.
autographe [ɔtɔgʀaf] *nm* autografo.
automate [ɔtɔmat] *nm* automa *m*.
automatique [ɔtɔmatik] *a* automatico(a); **automatiser** *vt* automatizzare.
automne [ɔtɔn] *nm* autunno.
automobile [ɔtɔmɔbil] *nf* automobile *f* // *a* automobilistico(a); **véhicule** ~ autoveicolo; **voiture** ~ autovettura; **accessoires** ~**s** autoaccessori; **automobiliste** *nm/f* auomobilista *m/f*.
autonome [ɔtɔnɔm] *a* autonomo(a); **autonomie** *nf* autonomia.
autopsie [ɔtɔpsi] *nf* autopsia.
autorisation [ɔtɔʀizɑsjɔ̃] *nf* autorizzazione *f*.
autorisé, e [ɔtɔʀize] *a* autorizzato(a); *(digne de foi: opinion, sources)* autorevole.
autoriser [ɔtɔʀize] *vt* autorizzare.
autoritaire [ɔtɔʀitɛʀ] *a* autoritario(a).
autorité [ɔtɔʀite] *nf* autorità *f inv;* **faire** ~ fare testo.
autoroute [ɔtɔʀut] *nf* autostrada.
auto-stop [ɔtɔstɔp] *nm* autostop *m inv;* **faire de l'**~ fare l'autostop; **auto-stoppeur, euse** *nm/f* autostoppista *m/f*.
autour [otuʀ] *ad* intorno; ~ **de** *prép* intorno a, attorno a; *(environ, à peu près)* intorno a, circa; **tout** ~ *ad* (tutto) intorno.
autre [otʀ(ə)] *a, pron* altro(a); **se détester l'un l'**~ detestarsi a vicenda *ou* l'un con l'altro; **d'une minute à l'**~ da un istante all'altro; ~ **chose** un'altra cosa; **penser à** ~ **chose** pensate a (qualcos') altro; ~ **part** altrove; **entre** ~**s** tra l'altro; **nous/vous** ~**s** noialtri/voialtri.
autrefois [otʀəfwa] *ad* un tempo, una volta.
Autriche [otʀiʃ] *nf* Austria; **autrichien, ne** *a, nm/f* austriaco/a.
autruche [otʀyʃ] *nf* struzzo.
autrui [otʀɥi] *pron* altri *mpl;* **d'**~ altrui *a inv*, degli altri.
auvent [ovɑ̃] *nm* tettoia, pensilina.
aux [o] *prép + dét voir* **à**.
auxiliaire [ɔksiljɛʀ] *a* ausiliario(a) // *nm/f (ADMIN)* avventizio/a; *(aide, adjoint)* aiutante *m/f*, collaboratore/trice; *(LING)* ausiliare *m*.
auxquels, auxquelles [okɛl] *prép + pron voir* **lequel**.
av. *abr de* **avenue;** ~ **J.-C.** *(abr de avant Jésus-Christ)* a. C.
aval [aval] *nm:* **en** ~ **(de)** a valle (di).
avalanche [avalɑ̃ʃ] *nf* valanga.
avaler [avale] *vt* inghiottire, mandar giù; *(avidement, vite)* trangugiare; *(fig: roman, etc)* divorare; *(: croire)* bere.
avance [avɑ̃s] *nf* anticipo; *(progression)* avanzata; *(distance, temps parcouru)* vantaggio; ~**s** *fpl* avance; **(être) en** ~ (essere) in anticipo; **d'**~**, à l'**~ in anticipo.
avancé, e [avɑ̃se] *a* avanzato(a); *(précoce)* precoce // *nf* aggetto, sporgenza.
avancement [avɑ̃smɑ̃] *nm* avanzamento.
avancer [avɑ̃se] *vi* avanzare; *(montre, réveil)* essere avanti; *(être en saillie, surplomb)* sporgere // *vt* spostare in avanti, portare avanti; *(rencontre, argent)* anticipare; *(main, tête)* allungare; *(proposer: hypothèse, idée)* avanzare; **s'**~ *vr* avanzare; *(fig: se hasarder)* azzardarsi; **il s'avança jusqu'à la frontière** si spinse fino alla frontiera.
avant [avɑ̃] *prép* prima di // *ad* prima // *a inv* anteriore; (*NAUT*) prodiero(a) // *nm* davanti *m inv*, parte *f* anteriore; *(SPORT: joueur)* attaccante *m;* ~ **qu'il parte/de faire** prima che parta/di fare; ~ **tout** *(surtout)* innanzitutto; **à l'**~ *(devant)* davanti; (*NAUT*) a prua; **en**

~ *ad* avanti, davanti; **en ~ de** *prép* davanti a.
avantage [avɑ̃taʒ] *nm* vantaggio; **~ au service** *(TENNIS)* vantaggio alla battuta; **à l'~ de qn** a vantaggio di qd; **avantager** *vt* avvantaggiare; **avantageux, euse** *a* vantaggioso(a).
avant-bras [avɑ̃bʀa] *nm* avambraccio.
avant-centre [avɑ̃sɑ̃tʀ(ə)] *nm* *(FOOTBALL)* centravanti *m inv.*
avant-coureur [avɑ̃kuʀœʀ] *a* *(signe, bruit)* premonitore (trice).
avant-dernier, ère [avɑ̃dɛʀnje, jɛʀ] *a, nm/f* penultimo(a).
avant-garde [avɑ̃gaʀd(ə)] *nf* avanguardia.
avant-goût [avɑ̃gu] *nm* idea.
avant-hier [avɑ̃tjɛʀ] *ad* l'altro ieri.
avant-première [avɑ̃pʀəmjɛʀ] *nf* anteprima.
avant-projet [avɑ̃pʀɔʒɛ] *nm* progetto preliminare.
avant-propos [avɑ̃pʀɔpo] *nm* introduzione *f*, prefazione *f*.
avant-veille [avɑ̃vɛj] *nf*: **l'~** l'antivigilia.
avare [avaʀ] *a, nm/f* avaro(a); **avarice** *nf* avarizia.
avarié, e [avaʀje] *a* avariato(a).
avarie [avaʀi] *nf* avaria.
avatar [avataʀ] *nm* disavventura; *(métamorphose)* metamorfosi *f inv.*
avec [avɛk] *prép* con.
avenant, e [avnɑ̃, ɑ̃t] *a* attraente, grazioso(a).
avènement [avɛnmɑ̃] *nm* avvento.
avenir [avniʀ] *nm* avvenire *m*, futuro; **à l'~** in avvenire, in futuro.
avent [avɑ̃] *nm* *(REL)*: **l'A~** l'Avvento.
aventure [avɑ̃tyʀ] *nf* avventura; **roman d'~s** romanzo di avventura; **aventurer: s'~** *vr* avventurarsi; **aventureux, euse** *a* avventuroso(a); **aventurier, ère** avventuriero/a.
avenue [avny] *nf* viale *m*, corso.
avérer [aveʀe]: **s'~** *vr* rivelarsi.
averse [avɛʀs(ə)] *nf* acquazzone *m*, rovescio; **~ de** *(fig)* pioggia di, valanga di.
aversion [avɛʀsjɔ̃] *nf* avversione *f*.
averti, e [avɛʀti] *a* avvertito(a); *(expert)* competente.
avertir [avɛʀtiʀ] *vt* avvertire, avvisare; **avertissement** *nm* avvertimento; *(mesure disciplinaire)* ammonizione *f*; *(d'un livre: en préface)* avvertenza; *(JUR)* avviso; **avertisseur** *nm* avvisatore *m*.
aveu [avø] *nm* confessione *f*; **faire l'~ de** confessare.
aveugle [avœgl(ə)] *a, nm/f* cieco(a); **aveuglement** *nm* accecamento; **aveuglément** *ad* ciecamente; **aveugler** *vt* accecare; **aveuglette: à l'aveuglette** *ad (aussi fig)* alla cieca.
aviateur, trice [avjatœʀ, tʀis] *nm/f* aviatore/trice.
aviation [avjɑsjɔ̃] *nf* aviazione *f*; **terrain d'~** campo d'aviazione; **compagnie/ligne d'~** compagnia/linea aerea.
avide [avid] *a* avido(a); **avidité** *nf* avidità *f inv*.
avilir [aviliʀ] *vt* avvilire; *(déprécier)* deprezzare, svilire.
aviné, e [avine] *a* avvinazzato(a).
avion [avjɔ̃] *nm* aereo, aeroplano.
aviron [aviʀɔ̃] *nm* remo; ((*SPORT*) canottaggio.
avis [avi] *nm* parere *m*; *(notification)* avviso, annuncio; *(de concours)* bando; **être d'~ que** essere del parere che; **changer d'~** cambiare parere.
avisé, e [avize] *a* avveduto(a), accorto(a).
aviser [avize] *vi*: **il est temps d'~** bisogna decidersi; **s'~ de qch/que** accorgersi di qc/che.
avocat, e [avɔka, at] *nm/f* avvocato/avvocatessa // *nm (CULIN)* avocado *inv*; **~ général** sostituto procu-

ratore generale; ~-**conseil** *nm* consulente *m* legale.
avoine [avwan] *nf* avena.
avoir [avwaʀ] *nm* averi *mpl;* (COMM) avere *m* // *vt* avere; *(fam: duper)* farla a // *vb auxiliaire* avere, *parfois et dans temps composés du vb être* essere; ~ **à faire qch** aver da *o* dover fare qc; ~ **du courage/de la patience** avere coraggio/pazienza; **il y a du sable/un homme** c'è sabbia/un uomo; **il y a des hommes** ci sono degli uomini; **il n'y a qu'à faire** ... non resta che fare ...; **qu'est-ce qu'il y a?** che c'è?; **en ~ à** *ou* **contre qn** avercela con qd.
avoisinant, e [avwazinɑ̃, ɑ̃t] *a* vicino(a).
avoisiner [avwazine] *vt* essere vicino a; *(frôler)* rasentare.
avorter [avɔʀte] *vi* abortire; **faire ~** *(aussi fig)* far abortire; **avortement** *nm* aborto.
avorton [avɔʀtɔ̃] *nm (péj)* aborto.
avoué, e [avwe] *nm (JUR) pubblico ufficiale con funzioni di procuratore legale.*
avouer [avwe] *vt* confessare, ammettere; ~ **avoir fait/être/que** ammettere di aver fatto/di essere/che; **s'~ vaincu/incompétent** riconoscersi sconfitto/incompetente.
avril [avʀil] *nm* aprile *m inv.*
axe [aks(ə)] *nm* asse *m;* **axer** *vt* imperniare.
axiome [aksjom] *nm* assioma *m.*
ayant droit [ɛjɑ̃dʀwa] *nm (JUR)* avente *m/f* diritto *inv.*
azalée [azale] *nf* azalea.
azimut [azimyt] *nm* azimut *m inv;* **tous ~s** *(fig)* in ogni direzione.
azote [azɔt] *nm* azoto.
azur [azyʀ] *nm (ciel)* cielo; **d'~** azzurro(a).

B

baba [baba] *a:* **en être ~** rimanerci di stucco // *nm* babà *m inv.*
babiller [babije] *vi (fig)* cicalare, cicalecciare.
babines [babin] *nfpl* labbra *fpl;* **s'en lécher les ~** *(fam)* leccarsi i baffi.
babiole [babjɔl] *nf* cosina, sciocchezzuola; *(bêtise)* inezia.
bâbord [babɔʀ] *nm* babordo.
babouin [babwɛ̃] *nm* babbuino.
bac [bak] *nm (SCOL) abr de* **baccalauréat**; (NAUT) chiatta, traghetto; *(récipient)* vasca; vaschetta; *(du frigidaire)* cassetto.
baccalauréat [bakalɔʀea] *nm* maturità *f inv.*
bâche [bɑʃ] *nf* telone *m;* **bâcher** *vt* coprire con un telone.
bachot [baʃo] *nm abr de* **baccalauréat.**
bacille [basil] *nm* bacillo.
bâcler [bɑkle] *vt* sbrigare alla bell'e meglio.
bactérie [bakteʀi] *nf* batterio; **bactériologie** *nf* batteriologia.
badaud [bado] *nm* curioso, sfaccendato.
badigeon [badiʒɔ̃] *nm (peinture)* bianco, imbiancatura; **badigeonner** *vt* imbiancare; (MED) spennellare.
badin, e [badɛ̃, in] *a* faceto(a), spiritoso(a).
badinage [badinaʒ] *nm* scherzo.
baffe [baf] *nf (fam)* sberla, sventola *(fam).*
bafoué, e [bafwe] *a* beffeggiato(a), ridicolizzato(a).
bafouer [bafwe] *vt* schernire, beffeggiare; *(conventions)* farsi beffe di.
bafouiller [bafuje] *vi, vt (fam)* farfugliare.
bâfrer [bɑfʀe] *vt, vi (fam)* sbafare.
bagage [bagaʒ] *nm* bagaglio.
bagarre [bagaʀ] *nf* rissa; **se bagarrer** *vr* azzuffarsi; *(discuter)* litigare.
bagatelle [bagatɛl] *nf* inezia, sciocchezza.
bagne [baɲ] *nm* lavori *mpl* forzati;

(fig) galera.
bagnole [baɲɔl] *nf (fam)* macchina; *(péj)* macinino, carretta.
bagou(t) [bagu] *nm* parlantina.
bague [bag] *nf* anello.
baguenauder [bagnode] *vi* bighellonare.
baguette [bagɛt] *nf* bacchetta; *(pain)* ≈ filoncino, sfilatino.
bahut [bay] *nm* cassapanca; *(buffet)* credenza.
baie [bɛ] *nf* apertura; (*GEOGR*) baia; (*BOT*) bacca; ~ **vitrée** vetrata.
baignade [bɛɲad] *nf* bagno.
baigner [beɲe] *vt* fare il bagno a; *(suj: rivière)* bagnare // *vi (fig)* essere immerso, nuotare; **se** ~ *vr* fare il bagno; **baigneur, euse** *nm/f* bagnante *m/f*; **baignoire** *nf* vasca (da bagno).
bail, baux [baj, bo] *nm* affitto.
bâillement [bɑjmɑ̃] *nm* sbadiglio.
bâiller [bɑje] *vi* sbadigliare; *(porte)* essere socchiuso.
bailleur [bajœʀ] *nm* locatore *m*; ~ **de fonds** finanziatore *m*.
bâillon [bɑjɔ̃] *nm* bavaglio; **bâillonner** *vt* imbavagliare.
bain [bɛ̃] *nm* bagno; **prendre un** ~ fare un bagno; ~ **de pieds** pediluvio; **prendre un** ~ **de soleil** abbronzarsi; ~**-marie** *nm* bagnomaria *m inv*.
baïonnette [bajɔnɛt] *nf* baionetta.
baisemain [bɛzmɛ̃] *nm* baciamano.
baiser [beze] *nm* bacio // *vt* baciare; *(fam!)* fottere, scopare.
baisse [bɛs] *nf* calo, diminuzione *f*; (*FIN*) ribasso.
baisser [bese] *vt* abbassare; *(prix)* ribassare; *(drapeau)* ammainare; *(yeux, tête)* chinare // *vi* calare; (*FIN*, *fig*) essere in ribasso; **se** ~ *vr* chinarsi, abbassarsi; ~ **les bras** *(fig)* rinunciare.
bal [bal] *nm* ballo; *(local)* sala da ballo; ~ **costumé/masqué** ballo in costume/in maschera; ~ **musette** balera.
balade [balad] *nf* gita; passeggiata.
balader [balade] *vt* portare in giro *ou* a spasso; **se** ~ *vr* andare in giro, passeggiare.
baladeuse [baladøz] *nf* (*TECH*) portatile *f* a filo.
balafre [balafʀ(ə)] *nf* sfregio; **balafrer** *vt* sfregiare.
balai [balɛ] *nm* scopa; ~**-brosse** *nm* spazzolone *m*.
balance [balɑ̃s] *nf* bilancia; (*ECON*) pareggio; bilancia; *(fig)* equilibrio; ~ **romaine** stadera; **B**~ (*ASTROL*) Bilancia.
balancer [balɑ̃se] *vt* dondolare, far oscillare; *(fam: lancer)* scaraventare; *(fam: jeter)* buttar via; (*TECH*) bilanciare // *vi* esitare; **se** ~ *vr* dondolarsi; **se** ~ **de** infischiarsene *ou* fregarsene di *(fam)*; **je m'en balance** me ne infischio; **balancier** *nm* bilanciere *m*; **balançoire** *nf* altalena.
balayer [baleje] *vt* scopare, spazzare; *(feuilles, fig)* spazzar (via); *(suj: radar, phares)* esplorare; **balayeur, euse** *nm/f* spazzino/a, netturbino/a // *nf* spazzatrice.
balbutier [balbysje] *vi, vt* balbettare.
balcon [balkɔ̃] *nm* balcone *m*; (*THEATRE*) balconata, galleria.
baldaquin [baldakɛ̃] *nm* baldacchino.
baleine [balɛn] *nf* balena; *(de parapluie, corset)* stecca; **baleinier** *nm* baleniera.
balise [baliz] *nf* (*NAUT, AVIAT*) boa, segnale *m*; (*NAUT*) radiofaro; (*AUTO, SKI*) paletto; **baliser** *vt* segnare.
balistique [balistik] *nf* balistica.
balivernes [balivɛʀn] *nfpl* sciocchezze, scempiaggini *fpl*.
ballade [balad] *nf* ballata.
ballant, e [balɑ̃, ɑ̃t] *a* ciondoloni *inv*, penzoloni *inv*; ballonzolante.
ballast [balast] *nm* (*RAIL*) massic-

ciata.
balle [bal] *nf (de fusil)* pallottola; *(de sport)* palla, pallina; (*AGR*) pula; *(paquet)* balla.
ballerine [balʀin] *nf (chaussure)* ballerina.
ballet [balɛ] *nm* balletto.
ballon [balɔ̃] *nm* pallone *m; (jouet)* palloncino; *(de vin)* bicchiere *m;* **manche** ~ manica a palloncino.
ballonner [balɔne] *vt* gonfiare, dilatare.
ballot [balo] *nm* pacco, fagotto; *(péj)* imbecille *m/f.*
ballottage [balɔtaʒ] *nm* ballottaggio.
ballotter [balɔte] *vi* ballonzolare // *vt* sballottare; **être ballotté entre...** essere combattuto tra... .
balluchon [balyʃɔ̃] *nm* fagotto.
balnéaire [balneɛʀ] *a* balneare.
balourd, e [baluʀ, uʀd(ə)] *a* goffo (a), maldestro(a).
balustrade [balystʀad] *nf* balaustra.
bambin [bɑ̃bɛ̃] *nm* bimbo.
bambou [bɑ̃bu] *nm* bambù *m inv.*
ban [bɑ̃] *nm* bando; **ouvrir/fermer le** ~ *(fig)* aprire/chiudere la cerimonia; **être/mettre au** ~ essere/ mettere al bando; ~**s** *mpl (de mariage)* pubblicazioni *fpl.*
banal, e [banal] *a* banale; **banalité** *nf* banalità *f inv.*
banane [banan] *nf* banana; **bananier** *nm* banano; (*NAUT*) bananiera.
banc [bɑ̃] *nm* banco; *(de parc)* panca, panchina.
bancaire [bɑ̃kɛʀ] *a* bancario(a).
bancal, e [bɑ̃kal] *a (personne)* storpio(a); *(meuble)* sbilenco(a), zoppicante.
bandage [bɑ̃daʒ] *nm* fasciatura.
bande [bɑ̃d] *nf* fascia, striscia; (*MED*) benda, fascia; (*ELEC, INFORM*) nastro, banda; (*CINE*) film *m,* pellicola; *(groupe)* banda, gruppo; **par la** ~ per vie *fpl* traverse; **donner de la** ~ (*NAUT*) sbandare; **faire** ~ **à part** tenersi in disparte; ~ **dessinée** fumetto; ~ **sonore** (*CINE*) colonna sonora.
bandeau, x [bɑ̃do] *nm* benda.
bander [bɑ̃de] *vt* bendare; (*MED*) fasciare.
banderole [bɑ̃dʀɔl] *nf* banderuola.
bandit [bɑ̃di] *nm* bandito, delinquente *m; (fig)* ladro.
bandoulière [bɑ̃duljɛʀ] *nf:* **en** ~ a tracolla.
banjo [bɑ̃ʒo] *nm* banjo.
banlieue [bɑ̃ljø] *nf* periferia; **quartier de** ~ quartiere periferico; **lignes/trains de** ~ linee/treni extraurbane/i.
bannière [banjɛʀ] *nf* insegna, stendardo.
bannir [baniʀ] *vt* bandire.
banque [bɑ̃k] *nf* banca, banco; *(au jeu)* banco; **de** ~ bancario(a).
banqueroute [bɑ̃kʀut] *nf* bancarotta.
banquet [bɑ̃kɛ] *nm* banchetto.
banquette [bɑ̃kɛt] *nf (de route, HIPPISME)* banchina; (*AUTO, RAIL*) sedile *m; (MIL)* piazzola.
banquier [bɑ̃kje] *nm* banchiere *m.*
banquise [bɑ̃kiz] *nf* banchisa.
baptême [batɛm] *nm* battesimo; **baptiser** *vt* battezzare.
baquet [bakɛ] *nm* mastello, tinozza.
bar [baʀ] *nm* bar *m inv.*
baragouiner [baʀagwine] *vt (fam)* biascicare, masticare // *vi* parlare in modo incomprensibile.
baraque [baʀak] *nf* baracca; *(fam)* catapecchia; ~ **foraine** baraccone *m.*
baraqué, e [baʀake] *a (fam)* ben messo(a).
baraquements [baʀakmɑ̃] *nmpl* baraccamenti *mpl.*
baratin [baʀatɛ̃] *nm (fam)* chiacchiere *fpl;* **baratiner** *vt (fam)* darla a intendere a // *vi (fam)* chiacchierare.
barbare [baʀbaʀ] *a, nm/f* bar-

baro(a); **barbarie** *nf* barbarie *f inv.*
barbarisme [barbarism(ə)] *nm* barbarismo.
barbe [barb(ə)] *nf* barba; **à la ~ de** in barba a; **~ à papa** zucchero filato.
barbelé [barbəle] *nm* filo spinato.
barber [barbe] *vt (fam)* scocciare.
barbiche [barbiʃ] *nf* pizzo, barbetta.
barbiturique [barbityrik] *nm* barbiturico.
barboter [barbɔte] *vi* sguazzare // *vt (fam)* fregare.
barboteuse [barbɔtøz] *nf* pagliaccetto.
barbouiller [barbuje] *vt* imbrattare; *(gribouiller)* scarabocchiare; **avoir l'estomac barbouillé** avere la nausea.
barbu, e [barby] *a* barbuto(a).
barda [barda] *nm (fam)* armamentario.
barde [bard(ə)] *nf* (*CULIN*) lardello // *nm (poète)* bardo.
bardé, e [barde] *a* bardato(a).
barder [barde] *vt* bardare; (*CULIN*) lardellare // *vi (fam)* mettersi male.
barème [barɛm] *nm* tabella, prontuario.
baril [bari(l)] *nm* barile *m.*
barillet [barijɛ] *nm* tamburo.
bariolé, e [barjɔle] *a* variopinto(a).
barman [barman] *nm* barista *m,* barman *m inv.*
baromètre [barɔmɛtr(ə)] *nm* barometro.
baron [barɔ̃] *nm* barone *m;* **baronne** *nf* baronessa.
baroque [barɔk] *a* barocco(a); *(fig)* bizzarro(a).
barque [bark(ə)] *nf* barca.
barrage [baraʒ] *nm* sbarramento; *(hydraulique)* diga.
barre [bar] *nf* barra; (*JUR, MUS, gymnastique, de grille)* sbarra; (*SCOL*) asta; *(d'or)* lingotto; (*MAT*) segno *m;* **~s parallèles** *(gymnastique)* parallele *fpl;* **avoir le coup de ~** essere stanco, essere morto.
barreau, x [baro] *nm* sbarra; (*JUR*) foro; *(: profession)* avvocati *mpl;* ordine *m* degli avvocati.
barrer [bare] *vt* sbarrare; *(mot)* depennare; (*NAUT*) timonare; **se ~** *vr (fam)* tagliare la corda.
barrette [barɛt] *nf* molletta, fermaglio.
barreur [barœr] *nm* timoniere *m.*
barricade [barikad] *nf* barricata; **barricader** *vt* barricare; **se barricader chez soi** *(fig)* barricarsi in casa.
barrière [barjɛr] *nf* barriera; *(clôture)* recinzione *f,* steccato.
barrique [barik] *nf* botte *f,* barile *m.*
baryton [baritɔ̃] *nm* baritono.
bas, basse [bɑ, bɑs] *a* basso(a); *(vue)* debole, corto(a) // *nm* calza; *(partie inférieure)* basso, fondo // *nf* (*MUS*) basso // *ad* basso, in basso, giù; **plus ~** più in basso, più giù; *(dans un texte)* oltre; **parler ~** parlare a bassa voce *ou* piano; **en ~ âge** in tenera età; **attendre en ~** aspettare dabbasso *ou* da basso; **en ~ de** in fondo a; **mettre ~** *(animal)* partorire; **à ~!** abbasso!; **son moral est ~** è giù di morale.
basalte [bazalt(ə)] *nm* basalto.
basané, e [bazane] *a* abbronzato(a), scuro(a).
bas-côté [bakote] *nm* (*AUTO*) banchina; *(d'église)* navata laterale.
bascule [baskyl] *nf* bilancia; *(jeu, fig)* altalena; **à ~** a dondolo.
basculer [baskyle] *vi* oscillare; *(tomber)* precipitare // *vt:* **faire ~** far oscillare.
base [bɑz] *nf* base *f;* **baser** *vt* basare, fondare; **se baser sur** basarsi su, fondarsi su.
bas-fond [bafɔ̃] *nm* (*NAUT*) bassofondo; **~s** *mpl (fig)* bassifondi.
basilic [bazilik] *nm* (*BOT*) basilico.
basilique [bazilik] *nf* basilica.
basket(-ball) [baskɛt(bol)] *nm*

pallacanestro *f*.
basque [bask(ə)] *a, nm/f* basco(a).
bas-relief [baʀəljɛf] *nm* bassorilievo.
basse [bɑs] *a, nf voir* **bas**; ~-cour *nf* cortile *m; (animaux)* animali *mpl* da cortile.
bassin [basɛ̃] *nm* bacino; *(cuvette)* bacinella, catino; *(de piscine, fontaine)* vasca; ~ **hygiénique** (MED) padella.
bastingage [bastɛ̃gaʒ] *nm* parapetto.
bastion [bastjɔ̃] *nm* bastione *m*, baluardo.
bas-ventre [bavɑ̃tʀ(ə)] *nm* basso ventre *m*.
bât [bɑ] *nm* basto.
bataille [bataj] *nf* battaglia; **en** ~ *(chapeau)* sulle ventitrè; *(cheveux)* scarmigliato(a).
bataillon [batajɔ̃] *nm* battaglione *m*.
bâtard, e [bɑtaʀ, aʀd(e)] *a, nm/f* bastardo(a) // *nm (pain)* ≈ bastone *m*.
bateau, x [bato] *nm* barca, imbarcazione *f; (moyen de transport: fluvial, lacustre)* battello; *(navire)* nave *f;* ~-**mouche** *nm* vaporetto.
batelier, ière [batəlje, jɛʀ] *nm/f* barcaiolo *m*.
bat-flanc [baflɑ̃] *nm* parete *f* divisoria; *(d'écurie)* battifianco.
bâti, e [bɑti] *a* costruito(a); *(fam)* piantato(a) // *nm* telaio; (COUTURE) imbastitura.
batifoler [batifɔle] *vi* folleggiare.
bâtiment [bɑtimɑ̃] *nm* edificio, costruzione *f;* (NAUT) nave *f;* **l'industrie du** ~ l'edilizia; **peintre en** ~ imbianchino.
bâtir [bɑtiʀ] *vt* costruire, edificare; (COUTURE) imbastire.
bâtisse [bɑtis] *nf* costruzione *f*.
bâton [bɑtɔ̃] *nm* bastone *m;* bastoncino; (SCOL) asta; *(de l'agent de police)* sfollagente *m;* (SKI) racchetta; **parler à ~s rompus** *(fig)* saltare di palo in frasca.
battage [bataʒ] *nm* battitura; *(publicité)* battage *m inv*, campagna.
battant [batɑ̃] *nm* battaglio, batacchio; *(de porte, fenêtre)* anta, battente *m*.
battement [batmɑ̃] *nm* battito; *(intervalle)* intervallo, pausa; *(de pluie)* battere *m; (choc: de porte)* sbattere *m inv;* ~ **de mains** battimani *m inv*.
batterie [batʀi] *nf* batteria.
batteur [batœʀ] *nm* (MUS) batterista *m/f;* (CULIN) frullino; (: *électrique)* frullatore *m;* (AGR, SPORT) battitore *m;* **batteuse** *nf* (AGR) trebbiatrice *f*.
battre [batʀ(ə)] *vt* battere; *(frapper: qn)* picchiare; (CARTES) mescolare; *(œufs)* sbattere // *vi* battere; *(volets, etc)* sbattere; **se** ~ *vr* battersi; *(se bagarrer)* picchiarsi, azzuffarsi; **se ~ avec un problème** *(fig)* essere alle prese con un problema; ~ **des mains** battere le mani; ~ **des ailes** sbattere le ali; ~ **la mesure** battere il tempo; ~ **en brèche** *(fig)* attaccare, demolire; ~ **son plein** essere al culmine.
battue [baty] *nf* battuta.
baume [bom] *nm* balsamo.
bauxite [boksit] *nf* bauxite *f*.
bavard, e [bavaʀ, aʀd(ə)] *a, nm/f* chiacchierone(a); **bavardage** *nm* chiacchiere *fpl;* **bavarder** *vi* chiacchierare.
bave [bav] *nf* bava; **baver** *vi* sbavare; **en baver** *(fam)* passarne di cotte e di crude; **bavette** *nf* bavaglino; **baveux, euse** *a* bavoso(a).
bavure [bavyʀ] *nf* sbavatura; *(fig: erreur)* pecca, errore *m*.
bazar [bazaʀ] *nm* emporio; *(fam)* roba, armamentario; *(: confusion)* baraonda; **bazarder** *vt (fam)* sbarazzarsi di, svendere.
B.D. *abr de* **bande dessinée.**
bd *abr de* **boulevard.**
béant, e [beɑ̃, ɑ̃t] *a* spalancato(a),

aperto(a).
béat, e [bea, at] *a* beato(a); **béatitude** *f* beatitudine *f*.
beau (bel), belle, beaux [bo, bɛl] *a, nm/f* bello, bel (bella) // *ad*: **il fait** ~ fa bel tempo *ou* bello; **de plus belle** ancora di più; **au plus** ~ sul più bello; **bel et bien** proprio; **c'est du** ~! bella roba!; **on a** ~ **essayer ...** si ha un bel provare... .
beaucoup [boku] *ad* molto; ~ **de** *(nombre)* parecchi(ie), molti(e) *a*; *(quantité)* molto(a), parecchio(a) *a*; ~ **plus** molto più; **il en a** ~ **plus** *(livres, etc)* ne ha molti di più; ~ **plus de** molto(a), più; ~ **trop** troppo; ~ **trop de** troppo(a) *a*; **de** ~ di molto, di gran lunga.
beau-fils [bofis] *nm* genero; *(d'un remariage)* figliastro.
beau-frère [bofʀɛʀ] *nm* cognato.
beau-père [bopɛʀ] *nm* suocero; *(second mari de la mère)* patrigno.
beauté [bote] *nf* bellezza.
beaux-arts [bozaʀ] *nmpl* belle arti *fpl*.
beaux-parents [bopaʀɑ̃] *nmpl* suoceri.
bébé [bebe] *nm* bambino; **un** ~ **tigre** un cucciolo di tigre.
bec [bɛk] *nm* becco; (*MUS*) bocchino; ~ **(verseur)** beccuccio; ~ **de gaz** lampione *m*.
bécane [bekan] *nf (fam: vélo)* bici *f inv*.
bécasse [bekas] *nf* (*ZOOL*) beccaccia; *(fam)* oca.
bec-de-lièvre [bɛkdəljɛvʀ(ə)] *nm* labbro leporino.
bêche [bɛʃ] *nf* vanga, badile *m*; **bêcher** *vt* vangare.
bécoter [bekɔte] *vt (fam)* sbaciucchiare; **se** ~ *vr* sbaciucchiarsi.
becquée [beke] *nf* imbeccata; **donner la** ~ **(à)** *(oiseau)* imbeccare; *(fig: bébé)* imboccare.
becqueter [bɛkte] *vt* beccare.
bedaine [bədɛn] *nf (fam)* pancia, trippa.
beffroi [befʀwa] *nm* torre *f*.
bégaiement [begɛmɑ̃] *nm* balbettamento; (*MED*) balbuzie *f inv*.
bégayer [begeje] *vi, vt* balbettare.
bègue [bɛg] *a, nm/f* balbuziente *(m/f)*.
béguin [begɛ̃] *nm (fam)* cotta.
beige [bɛʒ] *a, nm* beige *(m)*.
beignet [bɛɲɛ] *nm* (*CULIN*) frittella.
bel [bɛl] *a, nm voir* **beau.**
bêler [bele] *vi* belare.
belette [bəlɛt] *nf* donnola.
belge [bɛlʒ(ə)] *a, nm/f* belga *(m/f)*.
Belgique [bɛlʒik] *nf* Belgio.
bélier [belje] *nm* montone *m*; **B**~ (*ASTROL*) Ariete.
belle [bɛl] *a, nf voir* **beau**; ~**-fille** *nf* nuora; *(d'un remariage)* figliastra; ~**-mère** *nf* suocera; *(seconde femme du père)* matrigna; ~**-sœur** *nf* cognata.
belligérant, e [beliʒeʀɑ̃, ɑ̃t] *a, nm* belligerante *(m)*.
belliqueux, euse [belikø, øz] *a* bellicoso(a).
belvédère [bɛlvedɛʀ] *nm* belvedere *m inv*.
bémol [bemɔl] *nm* bemolle *m*.
bénédictin [benediktɛ̃] *nm* benedettino.
bénédiction [benediksjɔ̃] *nf* benedizione *f*.
bénéfice [benefis] *nm* (*COMM*) utile *m*; *(avantage)* beneficio, vantaggio; **bénéficiaire** *nm/f* beneficiario/a; **bénéficier** *vi* beneficiare; **bénéfique** *a* benefico(a).
benêt [bənɛ] *nm* sempliciotto, babbeo.
bénévole [benevɔl] *a (personne)* volontario(a); *(action)* disinteressato(a).
bénin, igne [benɛ̃, iɲ] *a* benigno(a).
bénir [beniʀ] *vt* benedire; **bénit, e** *a* benedetto(a); **eau bénite** acqua santa; **bénitier** *nm* acquasantiera.
benjamin, e [bɛ̃ʒamɛ̃, in] *nm/f*

ultimogenito/a.
benne [bɛn] *nf (de camion)* cassone *m; (de téléphérique)* cabina; *(de grue)* benna.
béotien, ne [beɔsjɛ̃, jɛn] *a, nm/f (péj)* beota *(m/f)*.
B.E.P.C. *sigle m voir* **brevet.**
béquille [bekij] *nf* stampella; *(de moto)* cavalletto.
bercail [bɛʀkaj] *nm* ovile *m*.
berceau, x [bɛʀso] *nm* culla; *(dans jardin)* bersò *m inv*.
bercer [bɛʀse] *vt* cullare; **se ~ d'illusions** cullarsi nelle illusioni; **berceuse** *nf (chanson)* ninnananna; *(siège)* sedia a dondolo.
béret [beʀɛ] *nm* berretto; *(basque)* basco.
berge [bɛʀʒ(ə)] *nf* sponda, argine *m; (fam)* anno.
berger, ère [bɛʀʒe, ʒɛʀ] *nm/f* pastore/pastorella; **bergerie** *nf* ovile *m*.
berline [bɛʀlin] *nf (AUTO)* berlina.
berlingot [bɛʀlɛ̃go] *nm* cartone *m*.
berlue [bɛʀly] *nf*: **avoir la ~** avere le traveggole.
berne [bɛʀn(ə)] *nf*: **en ~** a mezz'asta.
berner [bɛʀne] *vt* imbrogliare, prendere in giro.
besogne [bəzɔɲ] *nf* lavoro, compito.
besoin [bəzwɛ̃] *nm* bisogno; *(d'un pays)* fabbisogno; **au ~** all'occorrenza.
bestiaux [bɛstjo] *nmpl* bestiame *m*.
bestiole [bɛstjɔl] *nf* bestiola; *(insecte)* bestiolina.
bétail [betaj] *nm* bestiame *m*.
bête [bɛt] *nf* animale *m*, bestia; *(fig)* bestia // *a* stupido(a); *(fam)* semplice; **chercher la petite ~** cercare il pelo nell'uovo; **être malade comme une ~** *(fig)* star male da morire; **~s sauvages** belve *fpl*.
bêtise [betiz] *nf* stupidità *f inv; (action)* stupidaggine; **faire/dire une ~** fare/dire una stupidaggine.
béton [betɔ̃] *nm* calcestruzzo, cemento; **~ armé** cemento armato; **bétonnière** *nf* betoniera.
betterave [bɛtʀav] *nf* barbabietola.
beugler [bøgle] *vi* muggire; *(péj: personne, radio)* sbraitare // *vt (péj)* urlare.
beurre [bœʀ] *nm* burro; **beurrer** *vt* imburrare; **beurrier** *nm* burriera.
beuverie [bœvʀi] *nf* orgia, baccanale *m*.
bévue [bevy] *nf* cantonata; gaffe *f*.
bi... [bi] *préf* bi... .
biais [bjɛ] *nm* sbieco; *(fig: moyen)* espediente *m*, scappatoia; *(: côté)* lato; **de ~** di sbieco, di traverso; *(fig)* in modo indiretto; **biaiser** [bjeze] *vi (fig)* tergiversare.
bibelot [biblo] *nm* ninnolo, gingillo.
biberon [bibʀɔ̃] *nm* biberon *m inv*.
Bible [bibl(ə)] *nf* Bibbia.
biblio... [biblijɔ] *préf*: **~graphie** *nf* bibliografia; **~phile** *nm/f* bibliofilo/a; **~thécaire** *nm/f* bibliotecario/a; **~thèque** *nf* biblioteca.
biblique [biblik] *a* biblico(a).
bicarbonate [bikaʀbɔnat] *nm* bicarbonato.
biceps [bisɛps] *nm* bicipite *m*.
biche [biʃ] *nf* cerva.
bichonner [biʃɔne] *vt* agghindare.
bicolore [bikɔlɔʀ] *a* bicolore.
bicoque [bikɔk] *nf (péj)* bicocca.
bicorne [bikɔʀn(ə)] *nm* bicorno.
bicyclette [bisiklɛt] *nf* bicicletta.
bide [bid] *nm (fam: ventre)* pancia, trippa; *(:THEATRE)* fiasco.
bidet [bidɛ] *nm* bidè *m inv*.
bidon [bidɔ̃] *nm* bidone *m; (d'essence, d'huile)* latta; *(de soldat, campeur)* borraccia; *(fam)*: **c'est du ~** è una balla // *a inv (fam)* fasullo(a), simulato(a).
bielle [bjɛl] *nf* biella.
bien [bjɛ̃] *nm* bene *m; (patrimoine)* beni *mpl* // *ad* bene; *(très)* molto; *(beaucoup)* molto(a) *a; (vraiment)* proprio // *a inv (aussi péj)* bene;

(juste) bene, giusto; *(adéquat)* bravo(a), buono(a); *(joli)* bello(a); *(convenable)* perbene; **j'en ai ~ assez** ne ho più che a sufficienza; **il faut ~ y aller** bisogna pur andarci; **je veux ~ le faire** lo faccio volentieri; **c'est ~ fait pour lui** gli sta bene; **se donner ~ du mal** *(fig)* darsi un gran daffare; **où peut-il ~ être passé?** dove sarà mai andato?; **mener à ~ qch** portare qc a buon fine; **~ sûr/entendu** certo, certamente; **être ~ avec qn** essere in buoni rapporti con qd; **~ que** *conj* benché, sebbene; **~-aimé, e** *a* prediletto(a), beneamato(a) // *nm/f* amore *m*, amato bene *m inv*; **~-être** *nm* benessere *m*; **~faisance** *nf* beneficenza; **~faisant, e** *a* benefico(a); **~fait** *nm* beneficio; **~faiteur, trice** *nm/f* benefattore/trice; **~-fondé** *nm* fondatezza; **~heureux, euse** *a* felice, beato(a).

biennal, e, aux [bjenal, o] *a, nf* biennale *(f)*.

bienséance [bjɛ̃seɑ̃s] *nf* buona creanza.

bientôt [bjɛ̃to] *ad* presto.

bienveillance [bjɛ̃vɛjɑ̃s] *nf* benevolenza.

bienveillant, e [bjɛ̃vɛjɑ̃, ɑ̃t] *a* benevolo(a).

bienvenu, e [bjɛ̃vny] *a* gradito(a) // *nm/f* benvenuto/a // *nf*: **souhaiter la ~e à** dare il benvenuto a; **~e à ...** benvenuto(a) ... .

bière [bjɛʀ] *nf* birra; *(cercueil)* bara.

biffer [bife] *vt* cancellare, depennare.

bifteck [biftɛk] *nm* bistecca.

bifurcation [bifyʀkɑsjɔ̃] *nf* biforcazione *f*.

bifurquer [bifyʀke] *vi (route)* biforcarsi; *(véhicule, personne)* deviare.

bigame [bigam] *a, nm/f* bigamo(a); **bigamie** *nf* bigamia.

bigarré, e [bigaʀe] *a* variegato(a); *(hétérogène)* eterogeneo(a), vario(a).

bigorneau, x [bigɔʀno] *nm* lumaca di mare.

bigot, e [bigo, ɔt] *a, nm/f (péj)* bigotto(a).

bigoudi [bigudi] *nm* bigodino.

bijou, x [biʒu] *nm* gioiello; **bijouterie** *nf* gioielleria; **bijoutier, ière** *nm/f* gioielliere/a.

bikini [bikini] *nm* bikini *m inv*.

bilan [bilɑ̃] *nm* bilancio; **déposer son ~** *(COMM)* dichiarare fallimento.

bilatéral, e, aux [bilateʀal, o] *a* bilaterale.

bile [bil] *nf* bile *f*; **se faire de la ~** *(fam)* rodersi il fegato, prendersela.

biliaire [biljɛʀ] *a* biliare.

bilingue [bilɛ̃g] *a* bilingue.

billard [bijaʀ] *nm* biliardo; *(fam: MED)* tavolo operatorio.

bille [bij] *nf* bi(g)lia; *(TECH)* sfera; **stylo a ~** penna a sfera *ou* biro *f*.

billet [bijɛ] *nm* biglietto; **~ de commerce** effetto (commerciale); **~ de banque** banconota.

billot [bijo] *nm* ceppo.

bimensuel, le [bimɑ̃sɥɛl] *a* bimensile.

bimoteur [bimɔtœʀ] *a, nm* bimotore *(m)*.

binaire [binɛʀ] *a* binario(a).

binoculaire [binɔkylɛʀ] *a* binoculare.

binôme [binom] *nm* binomio.

bio... [bjɔ] *préf* bio...; **~graphie** *nf* biografia; **~logie** *nf* biologia; **~logiste** *nm/f* biologo/a.

bipède [bipɛd] *a, nm/f* bipede *(m)*.

biplan [biplɑ̃] *nm* biplano.

biréacteur [biʀeaktœʀ] *nm* bireattore *m*.

bis, e [bi, biz] *a* grigio(a) // *ad, excl, nm* bis *(m)*.

biscornu, e [biskɔʀny] *a* sbilenco(a); *(péj: idée)* strambo(a), strampalato(a).

biscotte [biskɔt] *nf* fetta biscottata.

biscuit [biskɥi] *nm* biscotto; *(porcelaine)* biscuit.
bise [biz] *a voir* **bis** // *nf (fam)* bacio; *(vent)* tramontana.
biseau, x [bizo] *nm* smussamento; (*TECH*) scalpello; **en** ~ smussato(a) *a*; **biseauter** *vt* smussare; (*CARTES*) segnare.
bison [bizɔ̃] *nm* bisonte *m*.
bisque [bisk(ə)] *nf*: ~ **de homard,** *etc (CULIN)* passato di aragosta, *etc*.
bissectrice [bisɛktʀris] *nf* bisettrice *f*.
bisser [bise] *vt* bissare; *(acteur)* chiedere il bis a.
bissextile [bisɛkstil] *a* bisestile.
bis(s)exué, e [bisɛksɥe] *a* bisessuale.
bistouri [bistuʀi] *nm* bisturi *m inv*.
bistre [bistʀ(ə)] *a* bruno(a).
bistro(t) [bistʀo] *nm* caffè *m inv*, bar *m inv*.
bitte [bit] *nf;* bitta; *(fam!)* cazzo*(!)*.
bitume [bitym] *nm* bitume *m*, asfalto.
bivouac [bivwak] *nm* bivacco; **bivouaquer** *vi* bivaccare.
bizarre [bizaʀ] *a* bizzarro(a), strano(a).
blafard, e [blafaʀ, aʀd(ə)] *a* smorto(a).
blague [blag] *nf* panzana, balla *(fam)*; *(farce)* scherzo; ~ **à tabac** borsa del tabacco; **sans** ~**!** davvero!
blaguer [blage] *vi* scherzare; **blagueur, euse** *a, nm/f* burlone(a), ballista *(fam)*.
blaireau, x [blɛʀo] *nm (ZOOL)* tasso; *(pinceau)* pennello da barba.
blâme [blɑm] *nm* biasimo.
blâmer [blɑme] *vt* biasimare.
blanc, blanche [blɑ̃, blɑ̃ʃ] *a* bianco(a); *(fig: innocent)* pulito(a) // *nm* bianco; *(linge)* biancheria da casa; *(espace non écrit)* spazio bianco // *nf (MUS)* minima; **chauffer à** ~ *(métal)* arroventare; **tirer à** ~ (*MIL*) sparare a salve; **voix** ~**che** *(fig)* voce *f* spenta; ~ **d'œuf** (*CULIN*) albume *m;* ~ **(de poulet)** petto di pollo; **coup** ~ (*MIL*) colpo a vuoto; ~**-bec** *nm* pivello, sbarbatello; **blancheur** *nf* bianchezza, candore *m*.
blanchir [blɑ̃ʃiʀ] *vt* imbiancare; *(linge: rendre plus blanc)* candeggiare, sbiancare; (*CULIN*) sbollentare; *(fig: disculper)* scagionare // *vi* sbiancare; *(cheveux)* diventare bianco(a); **blanchissage** *nm (du linge)* lavaggio; **blanchisserie** *nf* lavanderia.
blanc-seing [blɑ̃sɛ̃] *nm* biancosegno.
blaser [blaze] *vt* disincantare; **blasé, e** *a* indifferente, disincantato(a).
blason [blazɔ̃] *nm* blasone *m*.
blasphème [blasfɛm] *nm* bestemmia; **blasphémer** *vi* bestemmiare.
blatte [blat] *nf* scarafaggio.
blé [ble] *nm* grano.
bled [blɛd] *nm (péj)* paesino.
blême [blɛm] *a* smorto(a), livido(a).
blessant, e [blɛsɑ̃, ɑ̃t] *a* offensivo(a).
blessé, e [blese] *a, nm/f* ferito(a); **un grand** ~ un grande invalido.
blesser [blese] *vt* ferire; *(suj: vêtement)* far male; *(offenser)* offendere; **se** ~ *vr* ferirsi.
blessure [blesyʀ] *nf* ferita.
blet, te [blɛ, blɛt] *a* mezzo(a), troppo maturo(a).
bleu, e [blø] *a* blu *inv; (clair)* azzurro(a); *(bifteck)* molto al sangue *inv;* **une peur** ~**e** una fifa blu // *nm* blu *m inv; (clair)* azzurro; *(fam: MIL)* recluta; *(: università)* matricola; *(contusion)* livido; *(vêtement)* tuta; **au** ~ (*CULIN*) bollito(a).
bleuet [bløɛ] *nm* fiordaliso.
bleuté, e [bløte] *a* azzurrognolo(a), azzurrino(a).
blindage [blɛ̃daʒ] *nm (NAUT, MIL)* corazzatura, corazza; (*ELEC, PHYS*) schermatura, schermo.
blinder [blɛ̃de] *vt* blindare; (*NAUT*)

corazzare; (*ELEC, PHYS*) schermare.
bloc [blɔk] *nm* blocco; **à ~** a fondo; **~ d'habitations** isolato.
blocage [blɔkaʒ] *nm* bloccaggio; (*ECON, PSYCH*) blocco.
bloc-notes [blɔknɔt] *nm* blocco per appunti, bloc-notes *m inv*.
blocus [blɔkys] *nm* blocco.
blond, e [blɔ̃, ɔ̃d] *a* biondo(a); *(bière)* chiaro(a); *(sable)* dorato(a) // *nm/f* biondo/a.
bloquer [blɔke] *vt* bloccare; *(regrouper)* raggruppare.
blottir [blɔtiʀ]: **se ~** *vr* rannicchiarsi.
blouse [bluz] *nf* camicetta; *(de travail)* camice *m*.
blouson [bluzɔ̃] *nm* giubbotto; **~ noir** *(fig)* teppista *m/f*.
bluff [blœf] *nm* bluff *m inv;* **bluffer** *vi* bluffare // *vt* imbrogliare.
boa [bɔa] *nm* (*ZOOL*) boa *m inv*.
bobard [bɔbaʀ] *nm (fam)* balla.
bobèche [bɔbɛʃ] *nf* piattello.
bobine [bɔbin] *nf* bobina.
bocage [bɔkaʒ] *nm tipo di paesaggio in cui i campi sono separati da siepi o file di alberi*.
bocal, aux [bɔkal, o] *nm* barattolo, vaso.
bock [bɔk] *nm* boccale *m* di birra.
bœuf [bœf] *nm* (*ZOOL*) bue *m (pl* **buoi**); (*CULIN*) manzo.
bohème [bɔɛm] *nf* bohème *f inv*, scapigliatura // *nm* bohémien *m* // *a* da artista.
bohémien, ne [bɔemjɛ̃, ɛn] *nm/f* zingaro/a.
boire [bwaʀ] *vt, vi* bere.
bois [bwa] *nm* legna; *(materiale)* legno; *(: de construction)* legname *m; (forêt)* bosco; **~ de lit** intelaiatura del letto.
boisé, e [bwaze] *a* boscoso(a).
boiser [bwaze] *vt* (*BOT*) rimboschire.
boiseries [bwazʀi] *nfpl* rivestimenti *mpl* di legno.
boisson [bwasɔ̃] *nf* bevanda, bibita.
boîte [bwat] *nf* scatola; (*TECH, MED*) cassetta; *(d'aliments)* scatola, barattolo; *(fam)* ditta, ufficio; **~ aux lettres** *(d'immeuble)* cassetta delle lettere; *(de rue, poste)* buca delle lettere; **~ postale (B.P.)** casella postale (C.P.); **~ de nuit** locale *m* notturno.
boiter [bwate] *vi* zoppicare; **boiteux, euse** *a, nm/f* zoppo(a).
boîtier [bwatje] *nm* cassa; *(à compartiments)* cassetta; (*PHOT, ELEC*) corpo.
bol [bɔl] *nm* scodella, ciotola; **~ d'air** boccata d'aria.
bolet [bɔlɛ] *nm* (*BOT*) porcino.
bolide [bɔlid] *nm* bolide *m*.
bombardement [bɔ̃baʀdəmɑ̃] *nm* bombardamento.
bombarder [bɔ̃baʀde] *vt (aussi fig)* bombardare; **bombardier** *nm* (*MIL*) bombardiere *m*.
bombe [bɔ̃b] *nf* bomba; *(atomiseur)* bomboletta; **faire la ~** *(fam)* fare baldoria.
bombé, e [bɔ̃be] *a* bombato(a).
bomber [bɔ̃be] *vt* incurvare // *vi* gonfiarsi; **~ le torse** mettere il petto in fuori.
bon, bonne [bɔ̃, bɔn] *a* buono(a); *(élève, conducteur, etc)* bravo(a), buono(a); *(quantité)* bello(a) // *nm* buono // *nf* donna di servizio // *excl, ad* bene; **~ pour** buono per, idoneo a; **il fait ~** si sta bene; **sentir ~** avere un buon profumo; **tenir ~** tener duro *inv;* **pour de ~** (per) davvero; **juger ~ de faire ...** giudicare opportuno fare ...; **ah ~?** ah sì?; **le ~ numéro** il numero esatto; **le ~ moment** il momento giusto; **faire ~ poids** abbondare sul peso; **~ enfant** *inv* bonaccione(a); **~ vivant** *nm* buontempone *m;* **bonne d'enfant** *nf* bambinaia; **bonne femme** *nf (péj)* donnaccia.
bonbon [bɔ̃bɔ̃] *nm* caramella.
bonbonne [bɔ̃bɔn] *nf* damigiana.

bonbonnière [bɔ̃bɔnjɛʀ] *nf* bomboniera.
bond [bɔ̃] *nm* balzo; rimbalzo; **faire faux ~ à qn** *(fig)* fare un bidone à qd *(fam)*.
bondé, e [bɔ̃de] *a* pieno(a) zeppo(a).
bondir [bɔ̃diʀ] *vi* balzare; *(de colère)* scattare; *(de surprise)* sobbalzare; ~ **de joie** *(fig)* saltare dalla gioia.
bonheur [bɔnœʀ] *nm* felicità *f inv; (chance)* fortuna; **au petit ~** a caso; **par ~** per fortuna.
bonhomie [bɔnɔmi] *nf* bonomia.
bonhomme [bɔnɔm] *nm (pl* **bonshommes** [bɔ̃zɔm]) tizio; uomo; *(de neige)* pupazzo // *a* bonario(a); **un vieux ~** un vecchietto.
bonification [bɔnifikɑsjɔ̃] *nf* abbuono.
bonifier [bɔnifje] *vt* abbuonare; *(terre, etc)* bonificare.
boniment [bɔnimɑ̃] *nm* imbonimento; **~s** *mpl* chiacchiere *fpl*.
bonjour [bɔ̃ʒuʀ] *nm* buongiorno; **donner** *ou* **souhaiter le ~ à qn** dare il buongiorno a qd, salutare qd; **dire ~ à qn** salutare qd.
bonne [bɔn] *a, nf voir* **bon**; **bonnement** *ad:* **tout bonnement** *(simplement)* semplicemente; *(franchement)* davvero, veramente.
bonnet [bɔnɛ] *nm* berretto; ~ **de bain** cuffia da bagno; ~ **de nuit** berretta da notte; **gros ~** *(fig)* pezzo grosso.
bonneterie [bɔnɛtʀi] *nf* maglieria; *(usine)* maglificio.
bonsoir [bɔ̃swaʀ] *nm* buonasera; **souhaiter le ~** dare la buonasera.
bonté [bɔ̃te] *nf* bontà *f inv; (amabilité)* cortesia; **~s** *fpl* gentilezze *fpl*.
bord [bɔʀ] *nm* bordo, orlo; *(de lac, mer, etc)* riva, sponda; (*NAUT*) bordo; **jeter par-dessus ~** gettare in *ou* a mare; **du même ~** *(fig)* della stessa opinione; **tableau de ~** (*AUTO*) cruscotto; **être maître à ~** *(fig)* essere padrone assoluto; **être au ~ des larmes** *(fig)* stare per piangere.
bordage [bɔʀdaʒ] *nm* (*NAUT*) tavola (del fasciame).
bordeaux [bɔʀdo] *a inv (couleur)* bordò *inv*.
bordée [bɔʀde] *nf* bordata.
bordel [bɔʀdɛl] *nm (fam)* bordello, casino.
border [bɔʀde] *vt (être le long de)* fiancheggiare; *(garnir)* orlare, bordare; ~ **qn dans son lit** *ou* **le lit de qn** rincalzare *ou* rimboccare le coperte a qd; **bordé de noir** *(papier)* listato a lutto.
bordereau, x [bɔʀdəʀo] *nm* distinta, bolla.
bordure [bɔʀdyʀ] *nf* bordo; **en ~ de** sul bordo di, sul ciglio di.
borgne [bɔʀɲ(ə)] *a* sguercio(a).
borne [bɔʀn(ə)] *nf* limite *m; (de portail)* paracarro; *(fam)* chilometro; **~s** *fpl* limiti *mpl*, confini *mpl;* **cela dépasse les ~s** *(fig)* questo supera ogni limite; ~ **kilométrique** cippo chilometrico.
borné, e [bɔʀne] *a* limitato(a); *(fig)* ottuso(a).
borner [bɔʀne] *vt* delimitare; *(désirs)* limitare; **se ~ à** limitarsi a.
bosquet [bɔskɛ] *nm* boschetto.
bosse [bɔs] *nf* gobba; *(enflure, aussi fig)* bernoccolo; (*ARCHIT*) sbalzo; **avoir la ~ des maths,** *etc* avere il bernoccolo della matematica, *etc;* **rouler sa ~** *(fam)* vagabondare.
bosseler [bɔsle] *vt* (*ART*) lavorare a sbalzo; *(abîmer)* ammaccare.
bosser [bɔse] *vi (fam)* lavorare, sgobbare.
bossu, e [bɔsy] *a, nm/f* gobbo(a).
botanique [bɔtanik] *nf* botanica // *a* botanico(a).
botaniste [bɔtanist(ə)] *nm/f* botanico/studiosa di botanica.
botte [bɔt] *nf* stivale *m;* (*ESCRIME*) botta; *(de légumes, fleurs)* mazzo; ~ **de paille** balla di paglia.

botter [bɔte] *vt:* ~ **les fesses à qn** *(fam)* dare un calcio nel sedere a qd.
bottier [bɔtje] *nm* calzolaio; stivalaio.
bottin [bɔtɛ̃] *nm* elenco telefonico, guida del telefono.
bottine [bɔtin] *nf* stivaletto; *(pour enfants)* polacchini *mpl.*
bouc [buk] *nm* (ZOOL) caprone *m;* ~ **émissaire** capro espiatorio.
boucan [bukɑ̃] *nm (fam)* baccano.
bouche [buʃ] *nf* bocca; ~ **cousue!** *(fig)* acqua in bocca!; ~ **bée** a bocca aperta; ~ **d'égout** tombino; ~ **de métro** entrata del metrò.
bouché, e [buʃe] *a* tappato(a); *(chemin, tuyau, etc)* ostruito(a), intasato(a); *(vin, cidre)* in bottiglia; *(ciel)* coperto(a); *(péj: personne)* ottuso(a).
bouchée [buʃe] *nf* boccone *m;* **ne faire qu'une** ~ **de qn** *(fig)* far fuori qd in un batter d'occhio; **pour une** ~ **de pain** *(fig)* per un pezzo di pane; ~**s à la reine** (CULIN) vol-au-vent *m.*
boucher [buʃe] *vt* tappare; *(fuite, etc)* otturare; *(passage, etc)* ostruire; *(vue)* impedire; **se** ~ *vr (tuyau, etc)* otturarsi, intasarsi // *nm* macellaio.
boucherie [buʃʀi] *nf* macelleria; *(fig)* macello.
bouche-trou [buʃtʀu] *nm (fig)* tappabuchi *m inv.*
bouchon [buʃɔ̃] *nm* tappo; *(fig:* AUTO) ingorgo; (EQUITATION) bruschino; *(de ligne de pêche)* galleggiante *m.*
bouchonner [buʃɔne] *vt* strofinare, sfregare; *(fig)* coccolare.
boucle [bukl(ə)] *nf* anello, occhiello; *(d'un fleuve)* ansa; (TECH) anello; *(de ceinture)* fibbia; (PHYS) circuito; *(de cheveux)* boccolo, ricciolo; ~ **d'oreilles** orecchino.
boucler [bukle] *vt (fermer)* chiudere; *(: ceinture)* allacciare; *(fam: enfermer)* rinchiudere, metter dentro; *(cheveux)* arricciare; (MIL) accerchiare // *vi* arricciarsi; ~ **son budget/ses comptes** far quadrare il bilancio/i conti.
bouclier [buklije] *nm* scudo.
bouder [bude] *vi* fare il muso // *vt (personne)* tenere il muso a; *(fam: chose)* rifiutare; **bouderie** *nf* broncio; **boudeur, euse** *a, nm/f* musone(a).
boudin [budɛ̃] *nm* (CULIN) sanguinaccio; (NAUT) parabordo; (TECH) spirale *f;* tubolare *m.*
boudoir [budwaʀ] *nm* salottino.
boue [bu] *nf* melma, fango; (MED, PHYS) fango.
bouée [bwe] *nf* (NAUT) boa; gavitello; ~ **(de sauvetage)** salvagente *m.*
boueux, euse [bwø, øz] *a* fangoso(a), melmoso(a).
bouffe [buf] *a* (MUS) buffo // *nf (fam)* roba da mangiare.
bouffée [bufe] *nf* ventata; *(de mauvaise odeur)* zaffata; *(de fumée)* boccata; ~ **de fièvre/d'orgueil** accesso di febbre/di orgoglio.
bouffer [bufe] *vt, vi (fam)* mangiare, sbafare *(fam).*
bouffi, e [bufi] *a* gonfio(a).
bouffon, ne [bufɔ̃, ɔn] *a* buffone(a) // *nm* buffone *m.*
bougeoir [buʒwaʀ] *nm* candeliere *m.*
bougeotte [buʒɔt] *nf:* **avoir la** ~ *(fig)* aver l'argento vivo addosso.
bouger [buʒe] *vi* muoversi; *(tissu)* restringersi // *vt* muovere, spostare; **se** ~ *vr (fam)* darsi una mossa.
bougie [buʒi] *nf* candela.
bougon, ne [bugɔ̃, ɔn] *a, nm/f* brontolone(a).
bougonner [bugɔne] *vi* brontolare.
bougre [bugʀ(ə)] *nm* elemento *(fam);* **ce** ~ **de ...** quel diavolo *ou* quell'elemento di un(o) ... .
bouillabaisse [bujabɛs] *nf* (CULIN) zuppa di pesce alla provenzale.

bouillant, e [bujɑ̃, ɑ̃t] *a* bollente; *(fig)* fremente.
bouilli, e [buji] *a* bollito(a) // *nf* poltiglia; *(pour bébés)* pappa; **en ~e** *(fig)* in poltiglia.
bouillir [bujiʀ] *vi* bollire; *(fig)* ribollire // *vt:* **faire ~** far bollire.
bouilloire [bujwaʀ] *nf* bollitore *m.*
bouillon [bujɔ̃] *nm* (CULIN) brodo; *(: bulle)* bollore *m;* **à gros ~s** *(fig)* a fiotti.
bouillonner [bujɔne] *vi (ruisseau)* gorgogliare; *(fig)* ribollire.
bouillotte [bujɔt] *nf* borsa dell'acqua calda.
boulanger, ère [bulɑ̃ʒe, ʒɛʀ] *n/f* panettiere/a.
boulangerie [bulɑ̃ʒʀi] *nf* panetteria.
boule [bul] *nf* palla; *(de pétanque)* boccia; **se mettre en ~** *(fig: fam)* arrabbiarsi; **assis en ~** *(fig)* raggomitolato; **~ de pain** (CULIN) pagnotta, rosetta; **faire ~ de neige** *(fig)* crescere a valanga.
bouleau, x [bulo] *nm* (BOT) betulla.
bouledogue [buldɔg] *nm* (ZOOL) bulldog *m inv.*
boulet [bulɛ] *nm* palla; *(de bagnard)* palla (al piede); *(ZOOL: du cheval)* nodello; *(charbon)* ovulo; **arriver comme un ~ de canon** *(fig)* arrivare in tromba.
boulette [bulɛt] *nf* pallina; (CULIN) polpetta.
boulevard [bulvaʀ] *nm* viale *m,* corso.
bouleversement [bulvɛʀsəmɑ̃] *nm* sconvolgimento.
bouleverser [bulvɛʀse] *vt* sconvolgere; *(papiers, objets)* mettere sottosopra.
boulier [bulje] *nm* pallottoliere *m.*
boulimie [bulimi] *nf* (MED) bulimia.
boulon [bulɔ̃] *nm* bullone *m;* **boulonner** *vt* (im)bullonare // *vi (fam)* sgobbare.
boulot [bulo] *nm (fam)* lavoro.
boulot, te [bulo, ɔt] *a* tracagnotto(a).
bouquet [bukɛ] *nm* mazzo; *(parfum)* aroma *m;* **c'est le ~!** *(fig: fam)* ci mancava solo quello!
bouquetin [buktɛ̃] *nm* (ZOOL) stambecco.
bouquin [bukɛ̃] *nm (fam)* libro; **bouquiner** *vi (fam)* andare in cerca di libri d'occasione; *(: lire)* leggere; **bouquiniste** *nm/f* venditore/trice di libri d'occasione.
bourbeux, euse [buʀbø, øz] *a* melmoso(a), fangoso(a).
bourbier [buʀbje] *nm* pantano.
bourde [buʀd(ə)] *nf* panzana; *(erreur)* sproposito, errore *m.*
bourdon [buʀdɔ̃] *nm* (ZOOL) calabrone *m.*
bourdonner [buʀdɔne] *vi* ronzare.
bourg [buʀ] *nm* borgo.
bourgade [buʀgad] *nf* paesino.
bourgeois, e [buʀʒwa, waz] *a, nm/f (aussi péj)* borghese *(m/f).*
bourgeoisie [buʀʒwazi] *nf* borghesia.
bourgeon [buʀʒɔ̃] *nm* gemma, germoglio; **bourgeonner** *vi* gemmare, germogliare.
Bourgogne [buʀgɔɲ] *nf* Borgogna.
bourguignon, ne [buʀgiɲɔ̃, ɔn] *a, nm/f* borgognone(a); **(bœuf) ~** *nm* (CULIN) ≈ brasato.
bourlinguer [buʀlɛ̃ge] *vi* girare il mondo.
bourrade [buʀad] *nf* spintone *m; (amicale)* pacca.
bourrage [buʀaʒ] *nm* imbottitura; **~ de crâne** *(fig)* lavaggio del cervello.
bourrasque [buʀask(ə)] *nf* burrasca, bufera.
bourratif, ive [buʀatif, iv] *a* che riempie.
bourré, e [buʀe] *a* schiacciato(a), pigiato(a); *(plein)* pieno(a) zeppo(a); *(fam: ivre)* ubriaco(a) fradicio(a).
bourreau, x [buʀo] *nm* boia *m inv;* seviziatore/trice; **~ de travail** *(fig)*

stacanovista *m/f.*
bourrelet [buʀlɛ] *nm* cuscinetto; *(isolant)* guarnizione *f.*
bourrer [buʀe] *vt* riempire; *(pipe, fusil)* caricare; *(coussin)* imbottire; *(de nourriture)* rimpinzare; *(fam)* stipare; **se ~ de** rimpinzarsi di; **~ qn de coups** riempire qd di botte; **~ le crâne à qn** fare il lavaggio del cervello a qd.
bourrique [buʀik] *nf (fam)* asino/a.
bourru, e [buʀy] *a* burbero(a); *(tissu)* ruvido(a).
bourse [buʀs(ə)] *nf* borsa; (SCOL) borsa di studio; **la B~** la Borsa; **boursier, ière** *a* (FIN) borsistico(a) // *nm* (FIN) operatore *m* di Borsa // *nm/f* (SCOL) borsista *m/f.*
boursouflé, e [buʀsufle] *a* gonfio(a); *(fig: style)* ampolloso(a).
bousculade [buskylad] *nf* parapiglia, calca.
bousculer [buskyle] *vt* urtare, spingere; *(presser)* sollecitare, far premura a.
bouse [buz] *nf:* **~ (de vache)** sterco (bovino).
bousiller [buzije] *vt* scassare.
boussole [busɔl] *nf* bussola.
bout [bu] *nm (morceau)* pezzo; *(extrémité: de pied, bâton)* punta; *(: de table, rue)* capo, estremità *f inv; (fin: de période, vie)* fine *f;* **au ~ de** *(après)* in capo a; **être à ~ de ...** essere senza ...; **être à ~** *(fig)* essere stremato, non poterne più; **pousser qn à ~** far perdere la pazienza a qd; **venir à ~ de qch/qn** venire a capo di qc/spuntarla su qd; **d'un ~ à l'autre** da cima a fondo; *(temps)* dall'inizio alla fine.
boutade [butad] *nf* battuta di spirito.
boute-en-train [butɑ̃tʀɛ̃] *nm inv* animatore/trice.
bouteille [butɛj] *nf* bottiglia; *(de gaz, oxygène, etc)* bombola.
boutique [butik] *nf* negozio; **boutiquier, ière** *nm/f (péj)* bottegaio(a).
bouton [butɔ̃] *nm* bottone *m;* (BOT) bocciolo, gemma; (ANAT) foruncolo, brufolo; (TECH) bottone *m,* pulsante *m;* **~ (à) pression** (bottone) automatico; **boutonner** *vt* abbottonare; **boutonnière** *nf* occhiello.
bouture [butyʀ] *nf* talea.
bouvreuil [buvʀœj] *nm* (ZOOL) ciuffolotto.
bovin, e [bɔvɛ̃, in] *a* bovino(a).
box [bɔks] *nm* box *m inv;* (JUR) gabbia.
boxe [bɔks(ə)] *nf* pugilato, boxe *f;* **boxeur** *nm* pugile *m.*
boyau, x [bwajo] *nm* (TENNIS, MUS) corda di budello; *(pneu)* tubolare *m* // *nmpl* (ANAT) budella *fpl.*
boycotter [bɔjkɔte] *vt* boicottare.
B.P. *abr voir* **boîte.**
bracelet [bʀaslɛ] *nm* braccialetto; *(de montre)* cinturino; **montre-~** *nm* orologio da polso.
braconner [bʀakɔne] *vt* (CHASSE) cacciare di frodo; (PECHE) pescare di frodo; **braconnier** *nm* bracconiere *m;* pescatore *m* di frodo.
brader [bʀade] *vt* svendere.
braguette [bʀagɛt] *nf (de pantalon)* patta.
brailler [bʀɑje] *vt* strillare // *vi* sbraitare.
braire [bʀɛʀ] *vi* ragliare.
braise [bʀɛz] *nf* brace *f.*
braiser [bʀeze] *vt* brasare.
bramer [bʀɑme] *vi* bramire.
brancard [bʀɑ̃kaʀ] *nm* barella; *(d'attelage)* stanga; **brancardier** *nm* barelliere *m.*
branchages [bʀɑ̃ʃaʒ] *nmpl* ramaglia *f.*
branche [bʀɑ̃ʃ] *nf* ramo; *(domaine)* ramo, branca; *(de lunettes)* stanghetta.
brancher [bʀɑ̃ʃe] *vt* inserire la spina di; *(relier)* collegare; **être branché** *(fam)* essere al corrente.
branchies [bʀɑ̃ʃi] *nfpl* branchie *fpl.*

brandir [bʀɑ̃diʀ] *vt* brandire.
brandon [bʀɑ̃dɔ̃] *nm* tizzone *m*.
branlant, e [bʀɑ̃lɑ̃, ɑ̃t] *a* traballante.
branle-bas [bʀɑ̃lbɑ] *nm inv* trambusto.
braquer [bʀake] *vi* sterzare // *vt* puntare; *(fig)* aizzare; **se ~** *vr* impuntarsi.
bras [bʀa] *nm* braccio; *(de fauteuil)* bracciolo // *nmpl* manodopera, braccia *fpl*; **saisir qn à ~-le-corps** prendere qd alla vita; **~ dessus ~ dessous** *(fig)* a braccetto.
brasero [bʀɑzeʀo] *nm* braciere *m*.
brasier [bʀɑzje] *nm* rogo; *(fig)* focolaio.
brassage [bʀasaʒ] *nm (fig)* mescolanza.
brassard [bʀasaʀ] *nm* bracciale *m*.
brasse [bʀas] *nf* (SPORT) rana; **~ papillon** (SPORT) farfalla.
brassée [bʀase] *nf* bracciata.
brasser [bʀase] *vt* mescolare; *(bière)* fabbricare; *(fig: argent)* maneggiare; *(: affaires)* trattare.
brasserie [bʀasʀi] *nf* birreria; *(usine)* fabbrica di birra; *(restaurant)* ristorante *m*, trattoria.
brasseur [bʀasœʀ] *nm (de bière)* birraio; **~ d'affaires** *(péj)* affarista *m/f*.
brassière [bʀasjɛʀ] *nf (de bébé)* coprifasce *m inv*; **~ de sauvetage** (NAUT) giubbotto salvagente.
bravade [bʀavad] *nf* bravata.
brave [bʀav] *a* coraggioso(a); *(bon)* bravo(a).
braver [bʀave] *vt* sfidare.
bravo [bʀavo] *excl* bravo(a) // *nm* applauso.
bravoure [bʀavuʀ] *nf* coraggio.
break [bʀɛk] *nm* (AUTO) familiare *f*, giardinetta.
brebis [bʀəbi] *nf* pecora; **~ galeuse** pecora nera.
brèche [bʀɛʃ] *nf* breccia.
bredouille [bʀəduj] *a*: **revenir ~** *(fig)* ritornare a mani vuote.
bredouiller [bʀəduje] *vi, vt* farfugliare, biascicare.
bref, brève [bʀɛf, bʀɛv] *a* breve // *ad* insomma, a dirla breve.
brésilien, ne [bʀeziljɛ̃, ɛn] *a, nm/f* brasiliano(a).
Bretagne [bʀətaɲ] *nf* Bretagna.
bretelle [bʀətɛl] *nf (de fusil, etc)* tracolla; *(de pantalon)* bretella; *(de soutien-gorge, etc)* spallina; *(d'autoroute)* raccordo.
breton, ne [bʀətɔ̃, ɔn] *a, nm/f* bretone *(m/f)*.
breuvage [bʀœvaʒ] *nm* beveraggio; *(fig)* intruglio.
brève [bʀɛv] *a, nf voir* **bref**.
brevet [bʀəvɛ] *nm* brevetto; *(fig)* patente *f*; **~ d'apprentissage** certificato di apprendista(to); **~ d'études du premier cycle (B.E.P.C.)** (SCOL) ≈ diploma di licenza media; **breveté, e** *a* brevettato(a); (SCOL) diplomato(a); **breveter** *vt* brevettare.
bréviaire [bʀevjɛʀ] *nm* breviario.
bribes [bʀib] *nfpl* frammenti *mpl*; *(fig: miettes)* briciole *fpl*; **par ~** a spizzichi.
bric-à-brac [bʀikabʀak] *nm inv* cianfrusaglie *fpl*.
bricolage [bʀikɔlaʒ] *nm* bricolage *m inv*, fai-da-te *m inv*; **c'est du ~** è riparato alla bell'e meglio.
bricole [bʀikɔl] *nf (fig)* inezia.
bricoler [bʀikɔle] *vi* fare lavoretti // *vt* riparare alla bell'e meglio; **bricoleur, euse** *nm/f* appassionato/a di bricolage.
bride [bʀid] *nf* briglia; (TECH) staffa; flangia; **à ~ abattue** a briglia sciolta; **tenir en ~** tenere a freno.
bridé, e [bʀide] *a*: **yeux ~s** occhi a mandorla.
brider [bʀide] *vt* (EQUITATION) mettere la briglia (al cavallo); (CULIN) legare; *(fig)* tenere a freno, trattenere.
bridge [bʀidʒ(ə)] *nm* bridge *m inv*; (MED) ponte *m*.

brièvement [bʀijɛvmɑ̃] *ad* brevemente.
brièveté [bʀijɛvte] *nf* brevità *f inv*.
brigade [bʀigad] *nf* squadra; (*MIL*) brigata; distaccamento.
brigand [bʀigɑ̃] *nm* brigante *m*.
briguer [bʀige] *vt* ambire a, aspirare a.
brillant, e [bʀijɑ̃, ɑ̃t] *a, nm* brillante *m*.
briller [bʀije] *vi* brillare.
brimade [bʀimad] *nf* vessazione *f*, angheria.
brimbaler [bʀɛ̃bale] *vi* = **bringuebaler.**
brimer [bʀime] *vt* sottoporre a angherie.
brin [bʀɛ̃] *nm* filo; *(fig)* briciolo; ~ **de muguet** stelo di mughetto.
brindille [bʀɛ̃dij] *nf* ramoscello.
bringuebaler [bʀɛ̃gbale] *vi (fam)* traballare.
brioche [bʀijɔʃ] *nf* brioche *f; (fam)* pancia.
brique [bʀik] *nf* mattone *m; (fam)* milione *m* // *a inv* color mattone *inv*.
briquer [bʀike] *vt* lustrare.
briquet [bʀikɛ] *nm* accendino.
brisant [bʀizɑ̃] *nm* scogliera, scoglio.
brise [bʀiz] *nf* brezza..
brise-glace [bʀizgias] *nm inv* rompighiaccio *inv*.
brise-jet [bʀizʒɛ] *nm inv* rompigetto *inv*.
brise-lames [bʀizlam] *nm inv* frangiflutti *m inv*.
briser [bʀize] *vt* rompere, spezzare; *(fig)* spezzare; *(: grève, carrière)* stroncare; **se** ~ *vr* rompersi, spezzarsi; *(fig: vagues)* infrangersi; **briseur, euse** *nm/f*: **briseur/briseuse de grève** crumiro/a.
britannique [bʀitanik] *a* britannico(a).
broc [bʀo] *nm* brocca.
brocanteur, euse [bʀɔkɑ̃tœʀ, øz] *nm/f* rigattiere *m*.
broche [bʀɔʃ] *nf* spilla; (*CULIN*) spiedo.
broché, e [bʀɔʃe] *a (livre)* (rilegato(a)) in brossura.
brochet [bʀɔʃɛ] *nm* (*ZOOL*) luccio.
brochette [bʀɔʃɛt] *nf* (*CULIN*) spiedino; **une** ~ **de décorations** *(fig)* una sfilza di decorazioni.
brochure [bʀɔʃyʀ] *nf* opuscolo.
broder [bʀɔde] *vt, vi* ricamare; **broderie** *nf* ricamo.
bromure [bʀɔmyʀ] *nm* (*CHIM*) bromuro.
broncher [bʀɔ̃ʃe] *vi* brontolare.
bronches [bʀɔ̃ʃ] *nfpl* (*ANAT*) bronchi *mpl;* **bronchite** *nf* bronchite *f*.
bronze [bʀɔ̃z] *nm* bronzo.
bronzé, e [bʀɔ̃ze] *a* abbronzato(a).
bronzer [bʀɔ̃ze] *vi* abbronzare, abbronzarsi // *vt* bronzare; **se** ~ *vr* abbronzarsi.
brosse [bʀɔs] *nf* spazzola; **donner un coup de** ~ **à** dare una spazzolata a; **en** ~ a spazzola; ~ **à dents** spazzolino da denti; **brosser** *vt* spazzolare; *(fig: tableau)* dipingere.
brouette [bʀuɛt] *nf* carriola.
brouhaha [bʀuaa] *nm* vocio, brusio.
brouillard [bʀujaʀ] *nm* nebbia.
brouille [bʀuj] *nf* dissidio, dissapore *m*.
brouiller [bʀuje] *vt* scompigliare; *(rendre trouble)* annebbiare, offuscare; *(fig: idées, piste)* confondere; *(mettre en désaccord)* mettere in disaccordo; (*RADIO*) disturbare; **se** ~ *vr* confondersi; *(se troubler: suj: vue)* annebbiarsi; *(temps)* guastarsi; **se** ~ **avec qn** inimicarsi qn.
brouillon, ne [bʀujɔ̃, ɔn] *a* confusionario(a) // *nm* minuta.
broussailles [bʀusaj] *nfpl* cespugli *mpl;* **broussailleux, euse** *a* cespuglioso(a).
brousse [bʀus] *nf* savana.
brouter [bʀute] *vt* brucare // *vi* (*AUTO, TECH*) funzionare in modo discontinuo.

broutille [bʀutij] *nf* bazzecola, inezia.
broyer [bʀwaje] *vt* stritolare, triturare; ~ **du noir** *(fig)* essere di umore nero.
bru [bʀy] *nf* nuora.
bruine [bʀɥin] *nf* acquerugiola.
bruiner [bʀɥine] *vb impersonnel* piovigginare.
bruissement [bʀɥismɑ̃] *nm* fruscio; *(d'abeilles, etc)* ronzio; *(de ruisseau)* mormorio.
bruit [bʀɥi] *nm* rumore *m*; *(fig)* notizia, voce *f*; *(: éclat)* scalpore *m*.
bruitage [bʀɥitaʒ] *nm* effetti *mpl* sonori; **bruiteur** *nm* rumorista *m*.
brûlant, e [bʀylɑ̃, ɑ̃t] *a* bollente; *(regard)* ardente; *(sujet)* scottante.
brûle-pourpoint [bʀylpuʀpwɛ̃]: **à** ~ *ad* a bruciapelo.
brûler [bʀyle] *vt* bruciare; *(suj: eau bouillante, soleil)* scottare; *(consommer: charbon, électricité)* consumare; *(feu rouge, signal)* non rispettare // *vi* bruciare; *(suj: soleil, etc)* scottare; *(fig)* ardere, struggersi; **se** ~ *vr* scottarsi, ustionarsi; ~ **de fièvre** scottare per la febbre.
brûleur [bʀylœʀ] *nm* (*TECH*) bruciatore *m*.
brûlure [bʀylyʀ] *nf* ustione *f*, scottatura; *(sensation)* bruciore *m*; ~**s d'estomac** bruciori di stomaco.
brume [bʀym] *nf* nebbia, fòschia; **brumeux, euse** *a* nebbioso(a).
brun, e [bʀœ̃, yn] *a, nm/f* bruno(a); **brunir** *vi* abbronzarsi; *(cheveux)* scurirsi // *vt* abbronzare.
brusque [bʀysk(ə)] *a* brusco(a); **brusquer** *vt* trattare bruscamente; *(évènements)* affrettare, precipitare; **brusquerie** *nf* rudezza.
brut, e [bʀyt] *a* grezzo(a), greggio(a); *(fig: force)* bruto(a); (*COMM*) lordo(a); *(champagne)* brut *inv* // *nm (champagne)* brut *m*; *(pétrole)* greggio.
brutal, e, aux [bʀytal, o] *a* brutale; **brutaliser** *vt* maltrattare; **brutalité** *nf* brutalità *f inv*.
brute [bʀyt] *nf* bruto.
Bruxelles [bʀysɛl] *nm* Bruxelles *f*.
bruyant, e [bʀɥijɑ̃, ɑ̃t] *a* chiassoso(a), rumoroso(a).
bruyère [bʀyjɛʀ] *nf* (*BOT*) erica; *(paysage)* brughiera.
bu, e [by] *pp de* **boire**.
buanderie [bɥɑ̃dʀi] *nf* lavanderia.
buccal, e, aux [bykal, o] *a* boccale, orale.
bûche [byʃ] *nf* ceppo; *(fam)* capitombolo; ~ **de Noël** *dolce natalizio a forma di ceppo*.
bûcher [byʃe] *nm* rogo // *vi, vt (fam)* sgobbare.
bûcheron [byʃʀɔ̃] *nm* boscaiolo, taglialegna *m*.
bucolique [bykɔlik] *a* bucolico(a).
budget [bydʒɛ] *nm* bilancio (preventivo); **budgétaire** *a* di bilancio.
buée [bɥe] *nf (sur une vitre)* condensa; *(de l'haleine)* vapore *m*.
buffet [byfɛ] *nm* buffet *m inv*; *(meuble)* credenza.
buffle [byfl(ə)] *nm* bufalo.
buis [bɥi] *nm* (*BOT*) bosso.
buisson [bɥisɔ̃] *nm* cespuglio.
buissonnière [bɥisɔnjɛʀ] *af*: **faire l'école** ~ *(fam)* marinare la scuola *ou* bigiare.
bulbe [bylb(ə)] *nm* bulbo; (*ARCHIT*) cupola a bulbo.
bulgare [bylgaʀ] *a, nm/f* bulgaro(a).
Bulgarie [bylgaʀi] *nf* Bulgaria.
bulle [byl] *nf* bolla; *(de boisson)* bollicina.
bulletin [byltɛ̃] *nm* bollettino; (*SCOL*) pagella; (*COMM*) bolla; scontrino; ~ **(de vote)** scheda (elettorale).
bureau, x [byʀo] *nm* scrivania, scrittoio; *(pièce)* ufficio; ~ **de location** (*THEATRE*) botteghino; ~ **de poste** ufficio postale; ~ **de tabac** tabaccheria; ~ **de vote** seggio elettorale.
bureaucrate [byʀokʀat] *nm* burocrate *m*; **bureaucratie** [byʀokʀasi]

nf burocrazia.
burette [byʀɛt] *nf* ampolla; *(de mécanicien)* oliatore *m;* (*CHIM*) buretta.
burin [byʀɛ̃] *nm* bulino.
buriné, e [byʀine] *a (fig)* marcato(a).
burlesque [byʀlɛsk(ə)] *a* burlesco(a).
bus [bys] *nm* (auto)bus *m inv.*
buse [byz] *nf* (*ZOOL*) poiana.
busqué, e [byske] *a:* **nez ~** naso aquilino.
buste [byst(ə)] *nm* busto.
but [by] *nm* bersaglio; (*SPORT*) porta; *(: tir)* rete *f*, goal *m; (fig: lieu)* meta; *(: objectif)* scopo; **de ~ en blanc** di punto in bianco; **dans le ~ de ...** allo scopo di... .
butane [bytan] *nm* (*CHIM*) butano.
buté, e [byte] *a* caparbio(a), testardo(a) // *nf* (*TECH*) cuscinetto; (*CONSTR*) spalla.
buter [byte] *vi:* **~ contre** *ou* **sur qch** inciampare in qc // *vt* puntellare; **se ~** *vr* impuntarsi; **se ~ à** imbattersi in.
buteur [bytœʀ] *nm* (*FOOTBALL*) cannoniere *m.*
butin [bytɛ̃] *nm* bottino.
butiner [bytine] *vi* (*ZOOL*) bottinare.
butor [bytɔʀ] *nm* (*ZOOL*) tarabuso; *(fam)* cafone *m.*
butte [byt] *nf* collinetta, altura.
buvard [byvaʀ] *nm* (*aussi* **papier ~**) carta assorbente.
buvette [byvɛt] *nf* bar *m inv.*
buveur, euse [byvœʀ, øz] *nm/f* bevitore/trice.
byzantin, e [bizɑ̃tɛ̃, in] *a* bizantino(a).

C

ça [sa] *pron* questo, ciò; **~ va?** come va?; **~ alors!** questa poi!; **c'est ~** proprio così, sì.
çà [sa] *ad:* **~ et là** qua e là.
caban [kabɑ̃] *nm* giaccone *m.*
cabane [kaban] *nf* capanna.
cabanon [kabanɔ̃] *nm (petite hutte)* capanno, casotto.
cabaret [kabaʀɛ] *nm* cabaret *m inv.*
cabas [kabɑ] *nm* sporta, borsa (della spesa).
cabillaud [kabijo] *nm* merluzzo.
cabine [kabin] *nf* cabina; **~ d'essayage** camerino.
cabinet [kabinɛ] *nm* stanzino; *(de médecin, avocat)* studio; (*POL*) gabinetto; governo; **~s** *mpl* gabinetto *sg*, toilette *fsg.*
câble [kɑbl(ə)] *nm* cavo; *(télégramme)* cablo(gramma) *m.*
câbler [kɑble] *vt* telegrafare.
cabosser [kabɔse] *vt* amaccare.
cabotage [kabɔtaʒ] *nm* cabotaggio.
cabotin, e [kabɔtɛ̃, in] *nm/f (fam)* gigione *m.*
cabrer [kɑbʀe] *vt (cheval)* fare impennare; *(avion)* far cabrare; **se ~** *vr (cheval)* impennarsi.
cabri [kabʀi] *nm* capretto.
cabriole [kabʀijɔl] *nf* capriola.
cacahuète [kakawɛt] *nf* nocciolina americana, arachide.
cacao [kakao] *nm* cacao *inv.*
cachalot [kaʃalo] *nm* capodoglio.
cache [kaʃ] *nm* maschera; (*PHOT*) copriobbiettivo // *nf (cachette)* nascondiglio.
cache-cache [kaʃkaʃ] *nm:* **jouer à ~** giocare a nascondino.
cache-nez [kaʃne] *nm* sciarpa.
cacher [kaʃe] *vt* nascondere; **se ~** *vr* nascondersi; **se ~ de qn pour faire qch** fare qc di nascosto da qd.
cachet [kaʃɛ] *nm* (*MED*) compressa, cachet *m inv; (sceau)* sigillo; *(: de la poste)* timbro; *(rétribution)* cachet *m inv; (fig: caractère)* impronta (particolare); **cacheter** *vt (lettre)* chiudere; *(avec de la cire)* sigillare.
cachette [kaʃɛt] *nf* nascondiglio; **en ~** di nascosto.
cachot [kaʃo] *nm* cella, prigione *f.*

cachotteries [kaʃɔtʀi] *nfpl:* **faire des ~** fare il misterioso.
cactus [kaktys] *nm* cactus *m inv.*
cadastre [kadastʀ(ə)] *nm* catasto.
cadavre [kadɑvʀ(ə)] *nm* cadavere *m.*
cadeau, x [kado] *nm* regalo; **faire ~ de qch à qn** regalare qc a qd.
cadenas [kadnɑ] *nm* lucchetto; **cadenasser** *vt* chiudere col lucchetto.
cadence [kadɑ̃s] *nf* cadenza; **en ~** a ritmo cadenzato.
cadet, te [kadɛ, ɛt] *a* minore // *nm/f* ultimo/a, minore; (*SPORT*) allievo/a; **le ~ de mes soucis** *(fam)* l'ultimo dei miei pensieri.
cadran [kadʀɑ̃] *nm* quadrante *m; (du téléphone)* disco; **~ solaire** meridiana.
cadre [kɑdʀ(ə)] *nm (de tableau, de paysage)* cornice *f; (de vélo)* telaio; *(contexte)* ambito; *(milieu)* ambiente *m;* **~s** *mpl* (*ADMIN, ECON, MIL*) quadri *mpl;* (*POL*) dirigenti *mpl;* **dans le ~ de** *(fig)* nel quadro di, nell'ambito di.
cadrer [kɑdʀe] *vi:* **~ avec** quadrare *ou* concordare con // *vt* (*CINE*) inquadrare.
caduc, uque [kadyk] *a* caduco(a); *(dépassé)* superato(a); (*JUR*) privo(a) di effetti.
cafard [kafaʀ] *nm* (*ZOOL*) scarafaggio; **avoir le ~** *(fig)* esser giù di corda, avere il magone.
café [kafe] *nm* caffè *m; (bar)* caffè *m,* bar *m;* **~ au lait** *a, nm* caffellatte *(m inv);* **~ noir** caffè (nero); **~ tabac** bar tabacchi *m inv;* **cafetière** *nf* caffettiera.
cafouiller [kafuje] *vi* fare confusione *ou* pasticci.
cage [kaʒ] *nf* gabbia; **~ d'escalier** tromba delle scale.
cageot [kaʒo] *nm* cassetta.
cagibi [kaʒibi] *nm* sgabuzzino.
cagneux, euse [kaɲø, øz] *a* con le gambe storte; *(cheval)* cagnolo(a).
cagnotte [kaɲɔt] *nf* cassa; *(de joueurs)* piatto.
cagoule [kagul] *nf* passamontagna *m.*
cahier [kaje] *nm* quaderno; *(publication)* fascicolo; **~ de classe** (*SCOL*) diario di classe; **~ des charges** (*JUR*) capitolato d'appalto.
cahin-caha [kaɛ̃kaa] *ad* così così, stentatamente.
cahot [kao] *nm* sobbalzo; **cahoter** *vi* sobbalzare // *vt* sballottare.
caïd [kaid] *nm* caid *m; (fam)* capoccia *m.*
caille [kɑj] *nf* quaglia.
cailler [kɑje] *vi (lait)* cagliare; *(sang)* coagularsi.
caillot [kajo] *nm* coagulo, grumo.
caillou, x [kaju] *nm* ciottolo, sasso; **caillouteux, euse** *a* sassoso(a).
caisse [kɛs] *nf* cassa; **~ enregistreuse** registratore *m* di cassa; **caissier, ière** *nm/f* cassiere/a.
caisson [kɛsɔ̃] *nm* cassone *m;* (*ARCHIT*) cassettone *m.*
cajoler [kaʒɔle] *vt* vezzeggiare, coccolare.
cake [kɛk] *nm* plum-cake *m inv.*
cal [kal] *nm* callo.
calaminé, e [kalamine] *a* incrostato(a).
calamité [kalamite] *nf* calamità *f inv.*
calandre [kalɑ̃dʀ(ə)] *nf* calandra.
calanque [kalɑ̃k] *nf* cala.
calcaire [kalkɛʀ] *nm* calcare *m* // *a* calcareo(a).
calciné, e [kalsine] *a* carbonizzato(a).
calcium [kalsjɔm] *nm* calcio.
calcul [kalkyl] *nm* conto, calcolo; (*MED*) calcolo; (*SCOL*) aritmetica; **règle à ~** regolo calcolatore; **calculateur, trice** *a, nm/f* calcolatore(trice).
calculer [kalkyle] *vt, vi* calcolare; **machine à ~** calcolatrice *f.*
cale [kal] *nf* (*NAUT*) stiva; *(: de construction)* bacino; *(en bois)*

zeppa.
calé, e [kale] *a (fam: instruit)* ferrato(a), bravo(a).
caleçon [kalsɔ̃] *nm* mutande *fpl (da uomo)*.
calembour [kalɑ̃buʀ] *nm* gioco di parole.
calendrier [kalɑ̃dʀije] *nm* calendario.
cale-pied [kalpje] *nm* fermapiedi *m inv*.
calepin [kalpɛ̃] *nm* taccuino.
caler [kale] *vt* fissare, bloccare // *vi* (*AUTO*) spegnersi; *(fig: fam)* cedere, arrendersi; **se ~** *vr*: **se ~ dans un fauteuil** sprofondare in un divano.
calfeutrer [kalføtʀe] *vt* turare *ou* tappare le fessure di.
calibre [kalibʀ(ə)] *nm* calibro; **calibrer** *vt* calibrare.
calice [kalis] *nm* calice *m*.
califourchon [kalifuʀʃɔ̃]: **à ~** *ad* a cavalcioni.
câlin, e [kɑlɛ̃, in] *a* affettuoso(a), tenero(a), dolce.
câliner [kɑline] *vt* coccolare.
calleux, euse [kalø, øz] *a* calloso(a).
calligraphie [kaligʀafi] *nf* calligrafia.
calmant, e [kalmɑ̃, ɑ̃t] *a, nm* calmante *(m)*.
calme [kalm(ə)] *a* calmo(a) // *nm* calma.
calmer [kalme] *vt* calmare, placare; **se ~** *vr* calmarsi.
calomnie [kalɔmni] *nf* calunnia; **calomnier** *vt* calunniare.
calorie [kalɔʀi] *nf* caloria.
calorifère [kalɔʀifɛʀ] *nm* calorifero.
calorifuge [kalɔʀifyʒ] *a, nm* coibente *(m)*.
calot [kalo] *nm* (*MIL*) bustina.
calotte [kalɔt] *nf* calotta; *(coiffe)* zucchetto; *(fig: fam)* sberla.
calque [kalk(ə)] *nm* calco; *(fig)* imitazione *f*; **papier-~** carta lucida.
calquer [kalke] *vt* ricalcare; *(fig: qn)* imitare; *(: qch)* copiare.
calvaire [kalvɛʀ] *nm* calvario.
calvitie [kalvisi] *nf* calvizie *f inv*.
camaïeu [kamajø] *nm (pierre)* cammeo; **peindre en ~** dipingere in chiaroscuro.
camarade [kamaʀad] *nm/f* compagno/a, camerata; (*POL*) compagno/a.
camaraderie [kamaʀadʀi] *nf* cameratismo.
cambouis [kɑ̃bwi] *nm* morchia.
cambrer [kɑ̃bʀe] *vt* inarcare.
cambriolage [kɑ̃bʀijɔlaʒ] *nm* furto (con scasso).
cambrioler [kɑ̃bʀijɔle] *vt* svaligiare; *(personne)* derubare; **cambrioleur, euse** *nm/f* ladro/a, scassinatore/trice.
cambrure [kɑ̃bʀyʀ] *nf* curvatura.
came [kam] *nf* (*AUTO*) camma.
camée [kame] *nm* cammeo.
caméléon [kameleɔ̃] *nm* camaleonte *m*.
camelot [kamlo] *nm* (venditore) ambulante *m*.
camelote [kamlɔt] *nf* roba; *(péj)* paccottiglia, robaccia.
caméra [kameʀa] *nf* (*CINE*) cinepresa; (*TV*) telecamera.
camion [kamjɔ̃] *nm* camion *m inv*; **~-citerne** *nm* autocisterna, autobotte *f*.
camionnette [kamjɔnɛt] *nf* camioncino.
camionneur [kamjɔnœʀ] *nm* camionista *m*.
camisole [kamizɔl] *nf*: **~ (de force)** camicia di forza.
camomille [kamɔmij] *nf* camomilla.
camoufler [kamufle] *vt* mimetizzare, camuffare; *(fig)* mascherare.
camp [kɑ̃] *nm* campo.
campagnard, e [kɑ̃paɲaʀ, aʀd(ə)] *a* campagnolo(a), rustico(a).
campagne [kɑ̃paɲ] *nf* campagna; **à la ~** in campagna.
campement [kɑ̃pmɑ̃] *nm*

accampamento.
camper [kɑ̃pe] *vi* accamparsi; *(en vacances)* campeggiare // *vt (chapeau, casquette)* calcare; **se ~ devant qn/qch** piazzarsi davanti a qd/qc; **campeur, euse** *nm/f* campeggiatore/trice.
camphre [kɑ̃fʀ(ə)] *nm* canfora.
camping [kɑ̃piŋ] *nm* campeggio; **faire du ~** andare in *ou* fare campeggio.
camus, e [kamy, yz] *a* camuso(a).
Canada [kanada] *nm* Canada *m;* **canadien, ne** *a, nm/f* canadese *(m/f)*.
canaille [kanɑj] *nf* canaglia.
canal, aux [kanal, o] *nm* canale *m.*
canalisation [kanalizɑsjɔ̃] *nf* canalizzazione *f.*
canaliser [kanalize] *vt* canalizzare; *(fig)* incanalare.
canapé [kanape] *nm* divano; (CULIN) tartina, canapè *m.*
canard [kanaʀ] *nm (ZOOL)* anatra; *(fam: journal)* giornale *m;* (: MUS) stecca.
canari [kanaʀi] *nm* canarino.
cancans [kɑ̃kɑ̃] *nmpl (fam)* pettegolezzi *mpl,* chiacchiere *fpl.*
cancer [kɑ̃sɛʀ] *nm* cancro; **le C~** (ASTROL) il Cancro; **cancéreux, euse** *a, nm/f* canceroso(a); **cancérigène** *a* cancerogeno(a).
cancre [kɑ̃kʀ(ə)] *nm* scaldabanchi *m/f inv.*
candélabre [kɑ̃delɑbʀ(ə)] *nm* candelabro.
candeur [kɑ̃dœʀ] *nf* candore *m.*
candi [kɑ̃di] *a inv* candito.
candidat, e [kɑ̃dida, at] *nm/f* candidato/a.
candide [kɑ̃did] *a* candido(a).
cane [kan] *nf* (ZOOL) anatra (femmina).
caneton [kantɔ̃] *nm* anatroccolo.
canette [kanɛt] *nf* bottiglia (di birra).
canevas [kanva] *nm* canovaccio.
caniche [kaniʃ] *nm* barboncino.
canicule [kanikyl] *nf* canicola.
canif [kanif] *nm* temperino, coltellino.
canin, e [kanɛ̃, in] *a* canino(a) // *nf* canino.
caniveau, x [kanivo] *nm* canaletto di scolo.
canne [kan] *nf* canna; *(bâton)* bastone *m;* (SPORT) mazza.
cannelé, e [kanle] *a* scanalato(a).
cannelle [kanɛl] *nf* cannella.
cannibale [kanibal] *a, nm/f* cannibale *(m/f)*.
canoë [kanɔe] *nm* canoa; **~ (kayac)** (SPORT) kayak *m inv.*
canon [kanɔ̃] *nm* cannone *m; (d'une arme: tube)* canna; *(norme,* REL) canone *m.*
canoniser [kanɔnize] *vt* canonizzare.
canonnade [kanɔnad] *nf* cannonate *fpl,* cannoneggiamento.
canonnière [kanɔnjɛʀ] *nf* cannoniera.
canot [kano] *nm* barca; **~ pneumatique** gommone *m; (petit)* canotto pneumatico; **~ de sauvetage** scialuppa di salvataggio.
canotier [kanɔtje] *nm (chapeau)* paglietta.
cantate [kɑ̃tat] *nf* cantata.
cantatrice [kɑ̃tatʀis] *nf* cantante *f* (lirica).
cantine [kɑ̃tin] *nf* baule *m; (restaurant)* mensa.
cantique [kɑ̃tik] *nm* cantico.
canton [kɑ̃tɔ̃] *nm* (ADMIN) ≈ circoscrizione *f; (en Suisse)* cantone *m.*
cantonade [kɑ̃tɔnad]: **à la ~** *ad* senza rivolgersi a nessuno in particolare.
cantonner [kɑ̃tɔne] *vt* accantonare, relegare; (MIL) acquartierare; **se ~** *vr:* **se ~ dans** *(études, travail)* limitarsi a.
cantonnier [kɑ̃tɔnje] *nm* cantoniere *m.*
canular [kanylaʀ] *nm* scherzo, burla.

caoutchouc [kautʃu] *nm* gomma, caucciù *m inv;* ~**mousse** gommapiuma ®.
cap [kap] *nm* (GEOG) capo; (NAUT) rotta; *(fig)* limite *m;* **mettre le ~ sur** fare rotta verso *o* su.
C.A.P. *abr m de Certificat d'Aptitude Professionnelle.*
capable [kapabl(ə)] *a* capace.
capacité [kapasite] *nf* capacità *f inv; (d'un récipient)* capacità *f inv,* capienza.
cape [kap] *nf* cappa; *(fig)* **rire sous ~** ridere sotto i baffi.
C.A.P.E.S. [kapɛs] *abr m de Certificat d'Aptitude Pédagogique à l'Enseignement Secondaire.*
capharnaüm [kafaʀnaɔm] *nm* babele *f.*
capillaire [kapilɛʀ] *a* per capelli *loc inv* // *a, nm* capillare *(m).*
capitaine [kapitɛn] *nm* capitano.
capital, e, aux [kapital, o] *a* capitale // *nm* capitale *m* // *nf* capitale *f; (lettre)* maiuscola; **capitaliser** *vt* accumulare; (ECON) capitalizzare // *vi* accumulare denaro; **capitalisme** *nm* capitalismo; **capitaliste** *a* capitalista, capitalistico(a) // *nm/f* capitalista *m/f.*
capiteux, euse [kapitø, øz] *a (parfum)* inebriante; *(vin)* che dà alla testa.
capitonner [kapitɔne] *vt* imbottire.
capituler [kapityle] *vi* capitolare.
caporal [kapɔʀal] *nm* caporale *m.*
capot [kapo] *nm* (AUTO) cofano.
capote [kapɔt] *nf* capote *f; (de soldat)* cappotto.
capoter [kapɔte] *vi* cap(p)ottare.
câpre [kɑpʀ(ə)] *nm* cappero.
caprice [kapʀis] *nm* capriccio; **capricieux, euse** *a* capriccioso(a).
capricorne [kapʀikɔʀn(ə)] *nm* capricorno; **le C~** (ASTROL) il Capricorno.
capsule [kapsyl] *nf* capsula.
capter [kapte] *vt* captare.
captif, ive [kaptif, iv] *a, nm/f* prigioniero(a).
captiver [kaptive] *vt* appassionare, avvincere; *(attention)* attirare.
captivité [kaptivite] *nf* cattività *f inv; (d'une personne)* prigionia.
capturer [kaptyʀe] *vt* catturare.
capuche [kapyʃ] *nf* cappuccio.
capuchon [kapyʃɔ̃] *nm* cappuccio.
capucine [kapysin] *nf* (BOT) cappuccina.
caquet [kakɛ] *nm:* **rabattre le ~ de qn** *(fig)* chiudere la bocca a qd.
caqueter [kakte] *vi* chiocciare; *(fig)* chiacchierare.
car [kaʀ] *nm* pullman *m inv* // *conj* perchè, poichè.
carabine [kaʀabin] *nf* carabina.
caractère [kaʀaktɛʀ] *nm* carattere *m; (caractéristique)* caratteristica, carattere *m;* **en ~s gras** in grassetto; **en ~s d'imprimerie** in stampatello; **caractériel, le** *a, nm* caratteriale *(m).*
caractérisé, e [kaʀakteʀize] *a* chiaro(a), evidente.
caractériser [kaʀakteʀize] *vt* caratterizzare; **se ~** *vr:* **se ~ par** distinguersi per, essere caratterizzato da.
caractéristique [kaʀakteʀistik] *a* caratteristico(a) // *nf* caratteristica.
carafe [kaʀaf] *nf* caraffa.
carafon [kaʀafɔ̃] *nm* (piccola) caraffa.
carambolage [kaʀɑ̃bɔlaʒ] *nm* tamponamento a catena.
caramel [kaʀamɛl] *nm* caramello; *(bonbon)* caramella.
carapace [kaʀapas] *nf* corazza.
carat [kaʀa] *nm* carato.
caravane [kaʀavan] *nf* carovana; *(de camping)* caravan *m/f inv,* roulotte *f inv.*
caravaning [kaʀavaniŋ] *nm* campeggio con roulotte.
carbone [kaʀbɔn] *nm* (CHIM) carbonio; *(document: le double)* copia; **papier~** carta carbone.

carbonique [kaʀbɔnik] *a* carbonico(a); **neige** ~ ghiaccio secco.
carboniser [kaʀbɔnize] *vt* carbonizzare.
carburant [kaʀbyʀɑ̃] *nm* carburante *m*.
carburateur [kaʀbyʀatœʀ] *nm* carburatore *m*.
carcan [kaʀkɑ̃] *nm* costrizione *f*, peso.
carcasse [kaʀkas] *nf* carcassa.
carder [kaʀde] *vt* cardare.
cardiaque [kaʀdjak] *a* cardiaco(a) // *nm/f* cardiopatico/a.
cardinal, e, aux [kaʀdinal, o] *a*, *nm* cardinale *(m)*.
cardiologue [kaʀdjɔlɔg] *nm* cardiologo/a.
carême [kaʀɛm] *nm* quaresima.
carence [kaʀɑ̃s] *nf* carenza.
carène [kaʀɛn] *nf* carena.
caressant, e [kaʀɛsɑ̃, ɑ̃t] *a* affettuoso(a); *(voix, regard)* carezzevole.
caresse [kaʀɛs] *nf* carezza.
caresser [kaʀese] *vt* accarezzare.
cargaison [kaʀgɛzɔ̃] *nf* carico.
cargo [kaʀgo] *nm* cargo.
caricature [kaʀikatyʀ] *nf* caricatura.
carie [kaʀi] *nf* carie *f inv*.
carillon [kaʀijɔ̃] *nm* carillon *m inv; (horloge)* orologio a carillon; *(son des cloches)* scampanio; *(sonnerie de porte)* campanello.
carlingue [kaʀlɛ̃g] *nf* carlinga.
carnage [kaʀnaʒ] *nm* carneficina.
carnassier, ière [kaʀnasje, jɛʀ] *a, nm/f* carnivoro(a).
carnaval [kaʀnaval] *nm* carnevale *m*.
carnet [kaʀnɛ] *nm* taccuino; *(de tickets, timbres, etc)* blocchetto; *(journal)* giornale *m*; (FIN) libretto; ~ **de commandes** (COMM) copiacommissioni *m inv*; ~ **de notes** (SCOL) pagella; ~ **d'adresses** rubrica.
carnivore [kaʀnivɔʀ] *a, nm/f* carnivoro(a).
carotte [kaʀɔt] *nf* carota.
carpe [kaʀp(ə)] *nf* (ZOOL) carpa.
carré, e [kaʀe] *a* quadrato(a), quadro(a); *(fig)* risoluto(a), deciso(a) // *nm* quadrato; *(foulard)* foulard *m*, fazzoletto; (CULIN) cubetto; *(: de porc)* arista; (CARTES) poker *m inv*;
carrément *ad* francamente; *(de façon résolue)* con decisione.
carreau, x [kaʀo] *nm (en faïence, etc)* piastrella, mattonella; *(de fenêtre)* vetro; *(dessin)* quadro, quadretto; (CARTES) quadri *mpl*.
carrefour [kaʀfuʀ] *nm* incrocio, crocevia *m*; *(fig)* punto d'incontro, luogo di scambio.
carrelage [kaʀlaʒ] *nm* rivestimento *ou* pavimento (di piastrelle).
carreler [kaʀle] *vt* piastrellare.
carrelet [kaʀlɛ] *nm* (ZOOL) passera di mare.
carrer [kaʀe] *vt* squadrare; **se** ~ *vr* sistemarsi comodamente.
carrière [kaʀjɛʀ] *nf* carriera; *(de craie, sable)* cava.
carriole [kaʀjɔl] *nf* carretta.
carrossable [kaʀɔsabl(ə)] *a* carrozzabile.
carrosse [kaʀɔs] *nm* carrozza.
carrosserie [kaʀɔsʀi] *nf* carrozzeria; **carrossier** *nm* carrozziere *m*.
carrousel [kaʀusɛl] *nm* carosello.
carrure [kaʀyʀ] *nf* spalle *fpl*; *(fig)* levatura.
cartable [kaʀtabl(ə)] *nm* cartella.
carte [kaʀt(ə)] *nf* carta; (INFORM) scheda; *(de parti, d'abonnement, etc)* tessera, tesserino; *(au restaurant)* lista, carta; ~ **postale** cartolina; ~ **de visite** biglietto da visita; ~ **d'électeur** certificato elettorale; ~ **grise** (AUTO) libretto di circolazione.
cartel [kaʀtɛl] *nm* (ÉCON, POL) cartello.
carter [kaʀtɛʀ] *nm (de mécanisme)* scatola; (AUTO) coppa (dell'olio); *(de vélo)* carter *m inv*.

cartilage [kaʀtilaʒ] *nm* cartilagine *f.*
cartographe [kaʀtɔgʀaf] *nm* cartografo.
cartomancien, ne [kaʀtɔmɑ̃sjɛ̃, jɛn] *nm/f* cartomante *m/f.*
carton [kaʀtɔ̃] *nm* cartone *m*; *(boîte)* scatolone *m*; *(carte)* cartoncino; *(à dessin)* cartella; **carton-pâte** *nm* cartapesta.
cartouche [kaʀtuʃ] *nf* cartuccia; (*PHOT*) caricatore *m.*
cas [kɑ] *nm* caso; **faire peu de~/grand ~ de** dare poca/molta importanza a; **au ~ où** nel caso in cui, qualora; **en tout ~** ad ogni modo.
casanier, ière [kazanje, jɛʀ] *a* casalingo(a).
casaque [kazak] *nf* casacca.
cascade [kaskad] *nf* cascata; *(fig: d'injures)* valanga.
cascadeur [kaskadœʀ] *nm* cascatore *m.*
case [kɑz] *nf* casella; *(compartiment)* scomparto; *(hutte)* capanna.
caser [kaze] *vt* sistemare.
caserne [kazɛʀn(ə)] *nf* caserma.
cash [kaʃ] *ad* in contanti.
casier [kɑzje] *nm* scaffale *m*, scomparto; *(case)* casella; **~ judiciaire** fedina penale.
casino [kazino] *nm* casinò *m inv.*
casque [kask(ə)] *nm* casco; (*MIL*) elmetto; *(pour audition)* cuffia.
casquette [kaskɛt] *nf* berretto.
cassant, e [kɑsɑ̃, ɑ̃t] *a* fragile; *(fig: voix)* secco(a), tagliente.
cassation [kɑsɑsjɔ̃] *nf* cassazione *f*; **Cour de C~** (*JUR*) Corte di Cassazione.
casse [kɑs] *nf*: **mettre une voiture à la ~** portare una macchina dal demolitore; **il y a eu de la ~** ci sono stati dei danni.
casse ... [kɑs] *préf*: **~-cou** *a, nm inv* scavezzacollo; spericolato; **~-croûte** *nm inv* spuntino; **~-noisette(s), ~-noix** *nm inv* schiaccianoci *m inv*; **~-pieds** *(fam) a, nm* rompiscatole *(m/f inv).*
casser [kɑse] *vt* rompere; (*MIL*) degradare; (*ADMIN*) destituire; (*JUR*) annullare // *vi* rompersi; **se ~** *vr* rompersi.
casserole [kasʀɔl] *nf* casseruola, pentola.
casse-tête *nm inv* rompicapo.
cassette [kasɛt] *nf* cassetta; *(coffret)* cofanetto.
cassis [kasis] *nm* (*BOT*) ribes *m* nero.
cassoulet [kasulɛ] *nm* *stufato di carne con fagioli bianchi.*
cassure [kɑsyʀ] *nf* spaccatura.
castagnettes [kastaɲɛt] *nfpl* nacchere *fpl.*
caste [kast(ə)] *nf* casta.
castor [kastɔʀ] *nm* castoro.
castrer [kastʀe] *vt* castrare.
cataclysme [kataklism(ə)] *nm* cataclisma *m.*
catacombes [katakɔ̃b(ə)] *nfpl* catacombe *fpl.*
catadioptre [katadjɔptʀ(ə)] *nm* = **cataphote.**
catalogue [katalɔg] *nm* catalogo.
cataloguer [katalɔge] *vt* catalogare.
catalyseur [katalizœʀ] *nm* catalizzatore *m.*
cataphote [katafɔt] *nm* catarifrangente *m.*
cataplasme [kataplasm(ə)] *nm* cataplasma *m.*
catapulter [katapylte] *vt* catapultare.
cataracte [kataʀakt(ə)] *nf* cateratta.
catarrhe [kataʀ] *nf* catarro.
catastrophe [katastʀɔf] *nf* catastrofe *f.*
catéchisme [kateʃism(ə)] *nm* catechismo.
catégorie [kategɔʀi] *nf* categoria.
catégorique [kategɔʀik] *a* categorico(a).
cathédrale [katedʀal] *nf* catte-

drale *f*.
cathode [katɔd] *nf* catodo.
catholicisme [katɔlisism(ə)] *nm* cattolicesimo.
catholique [katɔlik] *a, nm/f* cattolico(a); **pas très ~** *(fig: louche)* non molto ortodosso, poco raccomandabile.
catimini [katimini]: **en ~** *ad* di soppiatto, alla chetichella.
cauchemar [koʃmaR] *nm* incubo.
cause [koz] *nf* causa; **à ~ de** a causa di; *(par la faute de)* per colpa di; **pour ~ de décès/réparations,** *etc* per lutto/lavori, etc; **(et) pour ~** per dei buoni motivi; **mettre en ~** chiamare in causa; **en tout état de ~** ad ogni modo.
causer [koze] *vt* causare, provocare // *vi (parler)* chiacchierare, parlare.
causerie [kozRi] *nf* conversazione *f;* chiacchierata.
caustique [kostik] *a* caustico(a).
cauteleux, euse [kotlø, øz] *a* subdolo(a).
cautériser [kɔteRize] *vt* cauterizzare.
caution [kosjɔ̃] *nf* cauzione *f;* (*JUR*: *personne)* garante *m/f; (soutien)* appoggio; **sous ~** (*JUR*) dietro cauzione; **sujet(te) à ~** *a* dubbio(a); poco attendibile.
cautionner [kosjɔne] *vt* garantire, appoggiare.
cavalcade [kavalkad] *nf* sfilata a cavallo.
cavalerie [kavalRi] *nf* cavalleria.
cavalier, ière [kavalje, jɛR] *a* impertinente, sfrontato(a) // *nm* cavaliere *m; (Échecs)* cavallo // *nf* amazzone *f; (au bal)* dama.
cave [kav] *nf* cantina // *a* infossato(a).
caveau, x [kavo] *nm* tomba; *(petite cave)* piccola cantina; *(de banque)* caveau *m*.
caverne [kavɛRn(ə)] *nf* caverna; **caverneux, euse** *a* cavernoso(a).
caviar [kavjaR] *nm* caviale *m*.
cavité [kavite] *nf* cavità *f inv*.
C.C.P. *abr m voir* **compte.**
ce, cet, cette, ces [sə, sɛt, se] *dét* questo(a), quello(a).
ce(c') [s(ə)] *pron* ciò, quello; *(suj du vb être: ne se traduit pas en italien):* **c'est lui/simple/dimanche** è lui/semplice/domenica; **~ que/qui** ciò *ou* quello che; **~ que** *(interrogatif)* che cosa, che; **~ qu'il est bête!** com'è stupido!; **c'est toi qui le dis** lo dici tu; **s'il ne mange pas c'est qu'il n'a pas faim** se non mangia è perchè non ha fame; **c'est toi qui lui as parlé** sei stato tu a parlargli; **sur ~** con ciò; *(à cet instant)* a questo punto; **si ~ n'est** se non, eccetto; **veiller/s'attendre à ~ que ...** badare/aspettarsi che ...; *voir aussi* **-ci, est-ce que, n'est-ce pas, c'est-à-dire.**
ceci [səsi] *pron* questo, ciò.
cécité [sesite] *nf* cecità *f inv*.
céder [sede] *vt, vi* cedere.
cédille [sedij] *nf* cediglia.
cèdre [sɛdR(ə)] *nm* cedro.
C.E.E. *(abr de Communauté Economique Européenne)* C.E.E.
ceindre [sɛ̃dR(ə)] *vt* cingere; *(corps)* cingersi; **~ la couronne** *(fig)* salire al trono.
ceinture [sɛ̃tyR] *nf* cintura; **~s à enrouleur** (*AUTO*) cinture avvolgibili; **jusqu'à la ~** fino alla cintola *o* vita; **ceinturer** *vt* cingere; (*SPORT*) cinturare.
cela [s(ə)la] *pron* questo, ciò; *(opposé à* **ceci**) quello.
célèbre [selɛbR(ə)] *a* celebre, famoso(a).
célébrer [selebRe] *vt* celebrare.
célébrité [selebRite] *nf* celebrità *f inv*.
céleri [sɛlRi] *nm* sedano.
célérité [seleRite] *nf* celerità *f inv*.
céleste [selɛst(ə)] *a* celeste; *(beauté, etc)* celestiale.
célibat [seliba] *nm* celibato.

célibataire [selibatɛʀ] *a, nm* celibe *(m)*, scapolo // *a, nf* nubile *(f)*.
celle, celles [sɛl] *pron voir* **celui.**
cellophane [selɔfan] *nf* cellofan *m inv.*
cellulaire [selylɛʀ] *a* cellulare.
cellule [selyl] *nf* cellula; *(de prisonnier, moine)* cella.
cellulite [selylit] *nf* cellulite *f.*
celui, celle, ceux, celles [səlɥi, sɛl, sø] *pron* quello *ou* colui *m*, quella *ou* colei *f*, quelli *ou* coloro *mpl*, quelle *ou* coloro *fpl; (chose)* quello(a).
cendre [sɑ̃dʀ(ə)] *nf* cenere *f;* ~**s** *fpl* ceneri *fpl;* **cendré, e** *a* cenerino(a), cinereo(a); **blond cendré** biondo cenere *inv;* **cendrier** *nm* portacenere *m inv.*
cène [sɛn] *nf:* **la C**~ (*REL*) l'Ultima Cena.
censé, e [sɑ̃se] *a:* **je suis/tu es censé faire ...** si presume *ou* si ritiene che io/tu faccia ...
censeur [sɑ̃sœʀ] *nm* censore *m.*
censure [sɑ̃syʀ] *nf* censura.
censurer [sɑ̃syʀe] *vt* censurare.
cent [sɑ̃] *num* cento; **centaine** *nf* centinaio; **par centaines** a centinaia *fpl;* **centenaire** *a, nm/f* centenario(a); **centième** *num* centesimo(a); **centigrade** *nm* centigrado; **centime** *nm* centesimo; **centimètre** *nm* centimetro.
central, e, aux [sɑ̃tʀal, o] *a, nf* centrale *(f)*.
centraliser [sɑ̃tʀalize] *vt* accentrare, centralizzare.
centre [sɑ̃tʀ(ə)] *nm* centro; ~ **de gravité** baricentro; **centrer** *vt* centrare; *(fig: débat, problème)* incentrare.
centrifuge [sɑ̃tʀifyʒ] *a* centrifugo(a).
centripète [sɑ̃tʀipɛt] *a* centripeto(a).
centriste [sɑ̃tʀist(ə)] *a, nm/f* centrista *(m/f)*.
centuple [sɑ̃typl(ə)] *nm* centuplo.
cep [sɛp] *nm* ceppo.
cépage [sepaʒ] *nm* vitigno.
cèpe [sɛp] *nm* porcino.
cependant [s(ə)pɑ̃dɑ̃] *conj* tuttavia, ciononostante.
céramique [seʀamik] *nf* ceramica.
cercle [sɛʀkl(ə)] *nm* cerchio; (*GEOGR*, *club)* circolo; *(de famille, d'amis)* cerchia; **s'asseoir en** ~ sedersi in circolo.
cercueil [sɛʀkœj] *nm* bara.
céréale [seʀeal] *nf* cereale *m.*
cérébral, e, aux [seʀebʀal, o] *a* cerebrale.
cérémonie [seʀemɔni] *nf* cerimonia.
cerf [sɛʀ] *nm* cervo.
cerfeuil [sɛʀfœj] *nm* cerfoglio.
cerf-volant [sɛʀvɔlɑ̃] *nm* (*ZOOL*) cervo volante; *(jouet)* aquilone *m.*
cerise [s(ə)ʀiz] *nf* ciliegia; **cerisier** *nm* ciliegio.
cerné, e [sɛʀne] *a* circondato(a); *(assiégé)* accerchiato(a); **avoir les yeux** ~**s** avere le occhiaie.
cerner [sɛʀne] *vt* circondare; *(assiéger)* accerchiare; *(fig: problème)* circoscrivere.
certain, e [sɛʀtɛ̃, ɛn] *a* certo(a), sicuro(a) // *dét* certo(a); **certainement** *ad* certamente.
certes [sɛʀt(ə)] *ad* certo, certamente.
certificat [sɛʀtifika] *nm* certificato; (*SCOL*) diploma *m*, licenza; ~ **d'études primaires** licenza elementare.
certifier [sɛʀtifje] *vt* certificare, garantire; (*JUR*) autenticare.
certitude [sɛʀtityd] *nf* certezza.
cerveau, x [sɛʀvo] *nm* cervello.
cervelas [sɛʀvəla] *nm* (*CULIN*) *tipo di würstel grosso e corto.*
cervelle [sɛʀvɛl] *nf* cervello; (*CULIN*) cervella.
ces [se] *dét voir* **ce.**
césarienne [sezaʀjɛn] *nf* taglio cesareo.
cessation [sɛsɑsjɔ̃] *nf* cessazione *f.*

cesse [sɛs]: **sans** ~ *ad* senza posa; **n'avoir de** ~ **que** non darsi tregua finché.
cesser [sese] *vt* sospendere // *vi* cessare, smettere; **il cesse le travail à 6 heures** smette (di lavorare) alle 6; ~ **qch** smettere di +*infinitif*; **cessez-le-feu** *nm* cessate il fuoco *loc m inv*.
cession [sɛsjɔ̃] *nf* cessione *f*.
c'est-à-dire [setadiʀ] *ad* cioè, vale a dire.
cet [sɛt] *dét voir* **ce.**
cette [sɛt] *dét voir* **ce.**
ceux [sø] *dét voir* **celui.**
C.F.D.T. *abr f de Confédération Française Démocratique du Travail.*
C.G.C. *abr f de Confédération Générale des Cadres.*
C.G.T. *abr f de Confédération Générale du Travail.*
chacal [ʃakal] *nm* sciacallo.
chacun, e [ʃakœ̃, yn] *pron* ognuno(a), ciascuno(a).
chagrin [ʃagʀɛ̃] *nm* dispiacere *m*; **avoir du** ~ essere triste; **chagriner** *vt* addolorare, rattristare.
chahut [ʃay] *nm* baccano, cagnara; **chahuter** *vi* fare baccano *ou* cagnara.
chai [ʃɛ] *nm* cantina.
chaîne *nf* catena; *(de porte)* catenella; (*TV*) rete *f*, canale *m*; ~ **(haute-fidélité** *ou* **hi-fi)** stereo *ou* impianto hi-fi.
chair [ʃɛʀ] *nf* (*ANAT*, *fig*) carne *f*; *(de fruit, tomate)* polpa; **avoir la** ~ **de poule** *(fig)* avere la pelle d'oca.
chaire [ʃɛʀ] *nf* pulpito; *(université)* cattedra.
chaise [ʃɛz] *nf* sedia; ~ **longue** *nf* (sedia a) sdraio *f inv*.
chaland [ʃalɑ̃] *nm* chiatta.
châle [ʃɑl] *nm* scialle *m*.
chalet [ʃalɛ] *nm* chalet *m inv*.
chaleur [ʃalœʀ] *nf* calore *m*; (*METEOR*) caldo; **chaleureux, euse** *a* caloroso(a).
chaloupe [ʃalup] *nf* scialuppa.
chalumeau, x [ʃalymo] *nm* (*TECH*) cannello.
chalutier [ʃalytje] *nm* peschereccio.
chamailler [ʃamɑje]: **se** ~ *vr* bisticciare.
chambranle [ʃɑ̃bʀɑ̃l] *nm* cornice *f*.
chambre [ʃɑ̃bʀ(ə)] *nf* camera; (*JUR*) sezione *f*; ~ **noire** (*PHOT*) camera oscura.
chambrer [ʃɑ̃bʀe] *vt* portare a temperatura ambiente.
chameau, x [ʃamo] *nm* cammello.
chamois [ʃamwa] *nm* camoscio; **peau de** ~ (*AUTO*) pelle di daino.
champ [ʃɑ̃] *nm* campo; ~ **de courses** (*HIPPISME*) ippodromo.
champagne [ʃɑ̃paɲ] *nm* champagne *m inv*.
champêtre [ʃɑ̃pɛtʀ(ə)] *a* campestre.
champignon [ʃɑ̃piɲɔ̃] *nm* fungo; *(fam)* acceleratore *m*; ~ **de Paris** champignon *m inv*, fungo coltivato.
champion, ionne [ʃɑ̃pjɔ̃, ɔn] *nm/f* campione/nessa; *(défenseur)* campione *m*, sostenitore/trice.
championnat [ʃɑ̃pjɔna] *nm* campionato.
chance [ʃɑ̃s] *nf* fortuna; *(occasion favorable)* possibilità *f inv*; ~**s** *fpl (probabilités)* probabilità *fpl*.
chanceler [ʃɑ̃sle] *vi* barcollare, vacillare.
chancelier [ʃɑ̃səlje] *nm* cancelliere *m*.
chanceux, euse [ʃɑ̃sø, øz] *a (personne)* fortunato(a).
chancre [ʃɑ̃kʀ(ə)] *nm* (*MED*) ulcera.
chandail [ʃɑ̃daj] *nm* maglione *m*, pullover *m inv*.
Chandeleur [ʃɑ̃dlœʀ] *nf* Candelora.
chandelier [ʃɑ̃dəlje] *nm* candeliere *m*.
chandelle [ʃɑ̃dɛl] *nf* candela.

change [ʃɑ̃ʒ] *nm* cambio.
changeant, e [ʃɑ̃ʒɑ̃, ɑ̃t] *a* mutevole; *(tissu, couleur)* cangiante.
changement [ʃɑ̃ʒmɑ̃] *nm* cambiamento, mutamento.
changer [ʃɑ̃ʒe] *vt, vi* cambiare; **se** ~ *vr* cambiarsi; ~ **de** *(vêtement, idée, etc)* cambiare.
chanson [ʃɑ̃sɔ̃] *nf* canzone *f.*
chansonnier [ʃɑ̃sɔnje] *nm* chansonnier *m; (recueil de poèmes)* canzoniere *m.*
chant [ʃɑ̃] *nm* canto.
chantage [ʃɑ̃taʒ] *nm* ricatto; **faire du** ~ ricattare.
chanter [ʃɑ̃te] *vt, vi* cantare; **faire** ~ **qn** *(fig)* ricattare qd; **si cela lui chante** *(fam)* se gli gira *ou* va; **chanteur, euse** *nm/f* cantante *m/f.*
chantier [ʃɑ̃tje] *nm* cantiere *m.*
chantonner [ʃɑ̃tɔne] *vi, vt* canticchiare, canterellare.
chanvre [ʃɑ̃vʀ(ə)] *nm* canapa.
chaos [kao] *nm* caos *m inv.*
chaparder [ʃapaʀde] *vt (fam)* rubacchiare.
chapeau, x [ʃapo] *nm* cappello; *(de champignon)* cappella // *excl* complimenti!; ~ **melon** bombetta; **sur les** ~**x de roues** *(fig)* ad alta velocità.
chapelet [ʃaplɛ] *nm* (*REL*) rosario; *(fig)* filza, serie *f.*
chapelle [ʃapɛl] *nf* cappella; ~ **ardente** camera ardente.
chapelure [ʃaplyʀ] *nf* pangrattato.
chapiteau, x [ʃapito] *nm* capitello; *(de cirque)* tendone *m; (fig: cirque)* circo.
chapitre [ʃapitʀ(ə)] *nm* capitolo; *(fig: sujet)* argomento, materia.
chaque [ʃak] *dét* ogni *inv* // *pron* ciascuno(a), ognuno(a).
char [ʃaʀ] *nm* carro; ~ **d'assaut** carro armato.
charabia [ʃaʀabja] *nm* linguaggio incomprensibile.
charade [ʃaʀad] *nf* sciarada.
charbon [ʃaʀbɔ̃] *nm* carbone *m;* ~ **de bois** *(pour barbecue)* carbonella.
charcuterie [ʃaʀkytʀi] *nf* salumeria; (*CULIN*) salumi *mpl;* **charcutier, ière** *nm/f* salumiere/a.
chardon [ʃaʀdɔ̃] *nm* cardo.
charge [ʃaʀʒ(ə)] *nf* carico; (*ELEC, explosif, rôle, MIL*) carica; *(mission)* incarico; (*JUR*) indizio; ~**s** *fpl (du loyer)* spese *f;* ~**s sociales** oneri *mpl* sociali; **à la** ~ **de** a carico di; **prendre en** ~ **qch/qn** prendersi la responsabilità di qc/qd.
chargé, e [ʃaʀʒe] *a* carico(a); *(fig: alourdi)* appesantito(a); ~ **de** *(responsable de)* incaricato di; ~ **de cours** *nm* (*SCOL*) professore incaricato.
chargement [ʃaʀʒəmɑ̃] *nm* carico.
charger [ʃaʀʒe] *vt* caricare; *(fig)* appesantire; (*JUR*) deporre a carico di // *vi* caricare; ~ **qn de qch/faire qch** *(fig)* incaricare qd di qc/fare qc; **se** ~ **de** occuparsi di.
chariot [ʃaʀjo] *nm* carrello; *(charrette)* carro.
charitable [ʃaʀitabl(ə)] *a* caritatevole.
charité [ʃaʀite] *nf* carità *f inv;* **fête/vente de** ~ festa/vendita di beneficenza.
charlatan [ʃaʀlatɑ̃] *nm* ciarlatano.
charmant, e [ʃaʀmɑ̃, ɑ̃t] *a* affascinante; *(joli)* carino(a), delizioso(a).
charme [ʃaʀm(ə)] *nm* fascino; *(envoûtement)* incantesimo; ~**s** *mpl (d'une femme)* grazie *fpl;* **faire du** ~ **à qn** cercare di sedurre qd; **charmer** *vt* incantare, affascinare; **charmeur, euse** *nm/f* incantatore/trice // *nm* uomo affascinante.
charnel, le [ʃaʀnɛl] *a* carnale.
charnier [ʃaʀnje] *nm* carnaio.
charnière [ʃaʀnjɛʀ] *nf* cerniera.
charnu, e [ʃaʀny] *a* carnoso(a).
charogne [ʃaʀɔɲ] *nf* carogna.
charpente [ʃaʀpɑ̃t] *nf* struttura,

ossatura; **charpentier** *nm* carpentiere *m.*
charpie [ʃaʀpi] *nf:* **en** ~ a brandelli.
charrette [ʃaʀɛt] *nf* carretta, carretto.
charrier [ʃaʀje] *vt* trasportare; *(fam)* prendere in giro.
charrue [ʃaʀy] *nf* aratro.
charte [ʃaʀt(ə)] *nf* carta.
chas [ʃa] *nm* cruna.
chasse [ʃas] *nf* caccia; *(gibier)* selvaggina; ~ **d'eau** sciacquone *m;* **prendre en** ~ dare la caccia a.
châsse [ʃɑs] *nf* teca, reliquiario.
chassé-croisé [ʃasekʀwaze] *nm* incrociarsi *m inv.*
chasse-neige [ʃasnɛʒ] *nm* spazzaneve *m.*
chasser [ʃase] *vt* cacciare; *(éloigner, aussi fig)* scacciare // *vi* (*AUTO*) slittare; (*NAUT*) arare; **chasseur, euse** *nm/f* cacciatore/trice // *nm* (*AVIAT*) caccia *m inv; (domestique)* portiere *m;* **chasseurs alpins** alpini *mpl.*
châssis [ʃɑsi] *nm* telaio.
chaste [ʃast(ə)] *a* casto(a).
chasuble [ʃazybl(ə)] *nf* scamiciato; (*REL*) pianeta.
chat, chatte [ʃa] *nm/f* gatto/a.
châtaigne [ʃɑtɛɲ] *nf* castagna; *(fam)* pugno; **châtaignier** *nm* castagno.
châtain [ʃɑtɛ̃] *a inv* castano(a).
château, x [ʃɑto] *nm* castello; ~ **fort** fortezza; ~ **d'eau** serbatoio d'acqua; ~**x en Espagne** *(fig)* castelli in aria.
châtier [ʃɑtje] *vt* castigare; **châtiment** *nm* castigo, punizione *f.*
chaton [ʃatɔ̃] *nm* (*ZOOL*) gattino.
chatouiller [ʃatuje] *vt* fare il solletico a; *(suj: tissu)* pizzicare; *(fig: l'odorat, le palais)* stuzzicare; **chatouilleux, euse** *a* sensibile al solletico; *(fig)* suscettibile.
chatoyer [ʃatwaje] *vi* avere riflessi cangianti.
châtrer [ʃɑtʀe] *vt* castrare.
chatte [ʃat] *nf voir* **chat.**
chaud, e [ʃo, od] *a* caldo(a) // *nm, ad* caldo; **un** ~ **et froid** *nm* colpo di freddo.
chaudière [ʃodjɛʀ] *nf* caldaia.
chaudron [ʃodʀɔ̃] *nm* paiolo.
chauffage [ʃofaʒ] *nm* riscaldamento.
chauffant, e [ʃofɑ̃, ɑ̃t] *a* termico(a); **couverture** ~**e** termocoperta.
chauffard [ʃofaʀ] *nm (péj)* guidatore/trice da strapazzo.
chauffe-eau [ʃofo] *nm inv* scaldacqua *m inv,* scaldabagno.
chauffer [ʃofe] *vt* (ri)scaldare; *(fig)* scaldare // *vi (eau, four)* scaldarsi; *(trop chauffer: moteur)* scaldare; **se** ~ *vr* (ri)scaldarsi.
chauffeur [ʃofœʀ] *nm* autista *m.*
chaume [ʃom] *nm (du toit)* paglia; (*AGR*) stoppia.
chaumière [ʃomjɛʀ] *nf* casa con il tetto di paglia.
chaussée [ʃose] *nf* fondo stradale; *(voie)* carreggiata; *(digue)* argine *m.*
chausse-pied [ʃospje] *nm* calzascarpe *m inv.*
chausser [ʃose] *vt* mettere, infilare; *(personne)* mettere le scarpe a; *(suj: soulier)* calzare; ~ **du 38/42** portare il 38/42.
chaussette [ʃosɛt] *nf* calzettone *m.*
chausson [ʃosɔ̃] *nm (pantoufle)* pantofola; *(de bébé)* scarpina; (*CULIN*) *tipo di calzone ripieno di marmellata o mele.*
chaussure [ʃosyʀ] *nf* scarpa.
chauve [ʃov] *a* calvo(a).
chauve-souris [ʃovsuʀi] *nf* pipistrello.
chauvin, e [ʃovɛ̃, in] *a, nm/f* sciovinista *(m/f).*
chaux [ʃo] *nf* calce *f.*
chavirer [ʃaviʀe] *vi* (*NAUT*) scuffiare, rovesciarsi.
chef [ʃɛf] *nm* capo; *(de cuisine)* chef *m inv;* ~ **d'orchestre** direttore *m* d'orchestra.

chef-d'œuvre [ʃɛdœvʀ(ə)] *nm* capolavoro.
chef-lieu [ʃɛfljø] *nm* capoluogo.
chemin [ʃ(ə)mɛ̃] *nm* sentiero, strada; *(direction)* strada, direzione *f*; *(trajet, aussi fig)* strada, cammino; **en** ~ strada facendo; ~ **de fer** *nm* ferrovia.
cheminée [ʃ(ə)mine] *nf* camino; *(sur le toit)* comignolo; *(de navire, de locomotive, d'usine)* ciminiera.
cheminement [ʃ(ə)minmɑ̃] *nm* avanzata; *(fig)* progredire *m*.
cheminer [ʃ(ə)mine] *vi* avanzare, procedere.
cheminot [ʃ(ə)mino] *nm* ferroviere *m*.
chemise [ʃ(ə)miz] *nf* camicia; *(dossier)* cartella; **chemisette** *nf* camicetta *ou* camicia (a maniche corte).
chemisier [ʃ(ə)mizje] *nm* camicetta *(da donna)*.
chenal, aux [ʃənal, o] *nm* canale *m*.
chêne [ʃɛn] *nm* quercia.
chenil [ʃ(ə)ni(l)] *nm* canile *m*.
chenille [ʃ(ə)nij] *nf* (ZOOL) bruco; *(de char, chasse-neige)* cingolo.
chenillette [ʃ(ə)nijɛt] *nf* (SKI) gatto delle nevi.
chèque [ʃɛk] *nm* assegno; ~ **sans provision** assegno scoperto; **chéquier** *nm* libretto di assegni.
cher, ère [ʃɛʀ] *a* caro(a) // *ad* caro.
chercher [ʃɛʀʃe] *vt* cercare; ~ **à faire qch** cercare di fare qc; **aller** ~ *(objet, personne)* andare a prendere; **chercheur, euse** *nm/f* cercatore/trice; *(scientifique)* ricercatore/trice // *a:* **fusée à tête chercheuse** razzo a testata autocercante.
chéri, e [ʃeʀi] *a* caro(a), amato(a); **(mon)** ~! (mio) caro!, tesoro!
chérir [ʃeʀiʀ] *vt (qn)* amare teneramente; *(qch)* amare.
chétif, ive [ʃetif, iv] *a* gracile.
cheval, aux [ʃ(ə)val, o] *nm* cavallo; **faire du** ~ (SPORT) andare a cavallo; ~ **d'arçons** *nm* (SPORT) cavallo *(attrezzo)*; **à** ~ **sur** *(mur, etc)* a cavallo di *ou* su, cavalcioni di *ou* su; *(périodes)* a cavallo tra; **chevalerie** *nf* cavalleria; **chevalet** *nm* cavalletto; **chevalier** *nm* cavaliere *m*.
chevalière [ʃ(ə)valjɛʀ] *nf* anello con monogramma *ou* stemma.
chevalin, e [ʃ(ə)valɛ̃, in] *a* equino(a).
cheval-vapeur (C.V.) [ʃəvalvapœʀ] *nm* cavallo vapore (CV).
chevauchée [ʃ(ə)voʃe] *nf* cavalcata.
chevaucher [ʃ(ə)voʃe] *vi (aussi* **se** ~) sovrapporsi, accavallarsi // *vt* cavalcare.
chevelu, e [ʃəvly] *a* capelluto(a); *(qui a beaucoup de cheveux)* capellone(a).
chevelure [ʃəvlyʀ] *nf* capigliatura.
chevet [ʃ(ə)vɛ] *nm* capezzale *m; (d'église)* abside *f*; **lampe de** ~ lampada da notte; **table de** ~ comodino; **livre de** ~ libro prediletto.
cheveu, x [ʃ(ə)vø] *nm* capello.
cheville [ʃ(ə)vij] *nf* caviglia; (TECH) tassello.
chèvre [ʃɛvʀ(ə)] *nf* capra.
chèvrefeuille [ʃɛvʀəfœj] *nm* caprifoglio.
chevreuil [ʃəvʀœj] *nm* capriolo.
chevron [ʃəvʀɔ̃] *nm* (CONSTR) capriata; **à** ~**s** *(motif)* a spina di pesce, spigato(a).
chevronné, e [ʃəvʀɔne] *a* provetto(a).
chevrotant, e [ʃəvʀɔtɑ̃, ɑ̃t] *a* tremulo(a).
chevrotine [ʃəvʀɔtin] *nf* pallettone *m*.
chewing-gum [ʃwiŋgɔm] *nm* gomma da masticare, chewing-gum *m inv*.
chez [ʃe] *prép* da; *(auprès de)* presso; *(dans le caractère de)* in; ~

moi/nous *(à la maison)* a casa mia/ nostra; **il travaille ~ Fiat** lavora alla Fiat; **~-soi** *nm inv (domicile)* casa propria.
chic [ʃik] *a inv* elegante; *(généreux)* generoso(a), gentile // *nm (élégance)* classe *f*, eleganza; **avoir le ~ de** avere il dono *ou* l'arte di; **~ alors!** che bello!, magnifico!
chicane [ʃikan] *nf* chicane *f; (querelle)* bega.
chiche [ʃiʃ] *a (avare)* avaro(a) // *excl* scommettiamo!
chicorée [ʃikɔʀe] *nf* cicoria.
chien, ne [ʃjɛ̃, ʃjɛn] *nm/f* cane/ cagna; **dormir en ~ de fusil** *(fig)* dormire raggomitolato; **entre ~ et loup** all'imbrunire.
chiendent [ʃjɛ̃dɑ̃] *nm* (*BOT*) gramigna; **brosse en ~** spazzolone di saggina.
chier [ʃje] *vi (fam!)* cacare (!), cagare (!); **il me fait ~** *(fig)* mi rompe le balle (!).
chiffon [ʃifɔ̃] *nm* straccio; **chiffonner** *vt* spiegazzare; **chiffonnier, ière** *nm/f* straccivendolo/a.
chiffre [ʃifʀ(ə)] *nm* cifra; *(quantité)* numero; **en ~s ronds** in cifra tonda; **~ d'affaires** (*COMM*) fatturato; **chiffrer** *vt* cifrare; *(évaluer)* calcolare, valutare.
chignon [ʃiɲɔ̃] *nm* chignon *m*, crocchia.
chimère [ʃimɛʀ] *nf* chimera.
chimie [ʃimi] *nf* chimica.
chimique [ʃimik] *a* chimico(a).
chimiste [ʃimist(ə)] *nm/f* chimico *m*.
Chine [ʃin] *nf* Cina.
chiné, e [ʃine] *a* screziato(a).
chinois, e [ʃinwa, waz] *a, nm/f* cinese *(m/f)*; **chinoiseries** *fpl* cineserie *fpl*.
chiot [ʃjo] *nm* cucciolo.
chiottes [ʃjɔt] *nfpl (fam!)* cesso *sg*.
chips [ʃip(s)] *nfpl (aussi:* **pommes ~**) (patatine) chips *fpl*.
chiquenaude [ʃiknod] *nf* buffetto.
chiquer [ʃike] *vt* masticare tabacco // *vi* ciccare.
chiromancien, ne [kirɔmɑ̃sjɛ̃, ɛn] *nm/f* chiromante *m/f*.
chirurgical, e, aux [ʃiʀyʀʒikal, o] *a* chirurgico(a).
chirurgie [ʃiʀyʀʒi] *nf* chirurgia; **chirurgien** *nm* chirurgo.
chlore [klɔʀ] *nm* cloro.
chloroforme [klɔʀɔfɔʀm(ə)] *nm* cloroformio.
choc [ʃɔk] *nm* scontro, urto; *(fig)* shock *m inv*, colpo; **troupes de ~** (*MIL*) truppe d'assalto; **prix ~** prezzo eccezionale; **~ en retour** contraccolpo.
chocolat [ʃɔkɔla] *nm* cioccolato; *(bonbon)* cioccolatino; *(boisson)* cioccolata; **être ~** *(fig)* rimanere con un palmo di naso.
chœur [kœʀ] *nm* coro.
choisir [ʃwaziʀ] *vt* scegliere.
choix [ʃwa] *nm* scelta; **avoir le ~** poter scegliere; **de ~** di qualità.
choléra [kɔleʀa] *nm* colera *m inv*.
chômage [ʃomaʒ] *nm* disoccupazione *f*; **être au ~** essere disoccupato; **~ technique** cassa integrazione.
chômé, e [ʃome] *a*: **jour ~** giorno non lavorativo.
chômer [ʃome] *vi* essere disoccupato; *(fig)* essere improduttivo // *vt*: **~ le 1er mai** non lavorare il 1° maggio; **chômeur, euse** *nm/f* disoccupato/a.
chope [ʃɔp] *nf* boccale *m*.
choquant, e [ʃɔkɑ̃, ɑ̃t] *a* scioccante.
choquer [ʃɔke] *vt* scioccare.
choral, e [kɔʀal] *a,nf* corale *(f)*.
chorégraphie [kɔʀegʀafi] *nf* coreografia.
choriste [kɔʀist(ə)] *nm/f* corista *m/f*.
chorus [kɔʀys] *nm* coro.
chose [ʃoz] *nf* cosa // *nm (fam)* coso; **faire bien les ~s** fare le cose in grande; **parler de ~s et d'autres**

parlare del più e del meno; **se sentir tout** ~ *(fig)* sentirsi strano.
chou, x [ʃu] *nm* (*BOT*) cavolo; ~ **(à la crème)** bignè *m inv* (alla panna); **mon petit** ~ *(fam)* tesorino mio, cocchino/a.
chouchou, te [ʃuʃu, ut] *nm/f (fam)* cocco/a.
choucroute [ʃukʀut] *nf* (*CULIN*) crauti *mpl;* ~ **(garnie)** *piatto a base di crauti, salsicce e carne di maiale.*
chouette [ʃwɛt] *nf* (*ZOOL*) civetta // *a (fam)* carino(a) // *excl* che bello!
chou-fleur [ʃuflœʀ] *nm* cavolfiore *m.*
choyer [ʃwaje] *vt* coccolare, vezzeggiare.
chrétien, ne [kʀetjɛ̃, jɛn] *a, nm/f* cristiano(a).
Christ [kʀist] *nm* Cristo; **christianisme** *nm* cristianesimo.
chromatique [kʀɔmatik] *a* cromatico(a); (*BIOL*) cromosomico(a).
chrome [kʀom] *nm* cromo // *nmpl* (*AUTO*) parti *mpl* cromate. **chromé, e** cromato(a).
chromosome [kʀomozom] *nm* cromosoma *m.*
chronique [kʀɔnik] *a* cronico(a) // *nf* cronaca.
chroniqueur [kʀɔnikœʀ] *nm* cronista *m/f.*
chronologie [kʀɔnɔlɔʒi] *nf* cronologia.
chrono(mètre) [kʀɔnɔmɛtʀ(ə)] *nm* cronometro.
chrysalide [kʀizalid] *nf* crisalide *f.*
chrysanthème [kʀisɑ̃tɛm] *nm* crisantemo.
chuchoter [ʃyʃɔte] *vt* bisbigliare.
chuinter [ʃɥɛ̃te] *vi* fischiare.
chute [ʃyt] *nf* caduta; *(fig)* crollo; *(déchet)* scarto; ~ **(d'eau)** cascata; ~ **de neige/pluie** nevicata/acquazzone *m.*
-ci, ci- [si] *ad voir* **par, ci-contre, ci-joint** *etc* // *dét* **ce garçon-ci** questo ragazzo; **cette femme-ci** questa donna; **ces hommes/femmes-ci** questi uomini/queste donne.
ci-après [siapʀɛ] *ad* più avanti, oltre.
cible [sibl(ə)] *nf* bersaglio.
ciboulette [sibulɛt] *nf* erba cipollina.
cicatrice [sikatʀis] *nf* cicatrice *f.*
cicatriser [sikatʀize] *vt (aussi* **se** ~) cicatrizzarsi.
ci-contre [sikɔ̃tʀ(ə)] *ad* (qui) a lato, a fianco, di fronte.
ci-dessous [sidəsu] *ad* (qui) sotto.
ci-dessus [sidəsy] *ad* (qui) sopra.
ci-devant [sidəvɑ̃] *ad* precedentemente.
cidre [sidʀ(ə)] *nm* sidro.
ciel [sjɛl] *nm* cielo.
cierge [sjɛʀʒ(ə)] *nm* cero.
cigale [sigal] *nf* cicala.
cigare [sigaʀ] *nm* sigaro.
cigarette [sigaʀɛt] *nf* sigaretta.
ci-gît [siʒi] *ad* + *vb* qui giace.
cigogne [sigɔɲ] *nf* cicogna.
ci-inclus, e [siɛ̃kly, yz], **ci-joint, e** [siʒwɛ̃, ɛ̃t] *a* allegato(a), accluso(a) // *ad* qui accluso, in allegato.
cil [sil] *nm* ciglio; **ciller** *vi (fig)* batter ciglio.
cime [sim] *nf* cima.
ciment [simɑ̃] *nm* cemento; **cimenter** *vt* cementare.
cimetière [simtjɛʀ] *nm* cimitero.
cinéaste [sineast(ə)] *nm/f* cineasta *m/f.*
cinéma [sinema] *nm* cinema *m inv;* **cinémathèque** *nf* cineteca.
cinglé, e [sɛ̃gle] *a (fam)* tocco(a), matto(a).
cingler [sɛ̃gle] *vt* sferzare.
cinq [sɛ̃k] *num* cinque.
cinquantaine [sɛ̃kɑ̃tɛn] *num* cinquantina.
cinquante [sɛ̃kɑ̃t] *num* cinquanta; **cinquantenaire** *a, nm/f* cinquantenne *(m/f)* // *nm (anniversaire)* cinquantenario; **cinquantième** *num* cinquantesimo(a).
cintre [sɛ̃tʀ(ə)] *nm* gruccia, stam-

pella, ometto; (*CONSTR*) centina; (*ARCHIT*) sesto.
cintré, e [sɛ̃tʀe] *a* attillato(a); *(bois)* curvo(a), incurvato(a).
cirage [siʀaʒ] *nm* lucido; *(action)* lucidatura.
circoncision [siʀkɔ̃sizjɔ̃] *nf* circoncisione *f*.
circonférence [siʀkɔ̃feʀɑ̃s] *nf* circonferenza; *(pourtour)* perimetro.
circonflexe [siʀkɔ̃flɛks(ə)] *a*: **accent ~** accento circonflesso.
circonscription [siʀkɔ̃skʀipsjɔ̃] *nf* circoscrizione *f*.
circonscrire [siʀkɔ̃skʀiʀ] *vt* circoscrivere.
circonspect, e [siʀkɔ̃spɛ(kt), ɛkt(ə)] *a* circospetto(a).
circonstance [siʀkɔ̃stɑ̃s] *nf* circostanza; **~s atténuantes** (*JUR*) (circostanze) attenuanti.
circonstancié, e [siʀkɔ̃stɑ̃sje] *a* circostanziato(a).
circonvenir [siʀkɔ̃vniʀ] *vt* raggirare, circuire.
circonvolution [siʀkɔ̃vɔlysjɔ̃] *nf* circonvoluzione *f*.
circuit [siʀkɥi] *nm* circuito; *(tour)* giro.
circulaire, e [siʀkylɛʀ] *a, nf* circolare *(f)*.
circulation [siʀkylɑsjɔ̃] *nf* circolazione *f*; **il y a beaucoup de ~** (*AUTO*) c'è molto traffico.
circuler [siʀkyle] *vi* circolare.
cire [siʀ] *nf* cera; *(cérumen)* cerume *m*; **~ à cacheter** ceralacca.
ciré [siʀe] *nm* cerata *f*.
cirer [siʀe] *vt* lucidare, cerare; *(chaussures)* lucidare; **cireur, euse** *nm/f* lustrascarpe *m/f* // *nf (appareil)* lucidatrice *f*.
cirque [siʀk(ə)] *nm* circo; *(fig: désordre)* baraonda, cagnara.
cirrhose [siʀoz] *nf* cirrosi *f*.
cisaille [sizɑj] *nf* cesoia.
cisailler [sizɑje] *vt* tranciare; *(arbres, etc)* potare.
ciseau, x [sizo] *nm* scalpello; **~x** *mpl* forbici *fpl*.
ciseler [sizle] *vt* cesellare.
citadelle [sitadɛl] *nf* cittadella.
citadin, e [sitadɛ̃, in] *a, nm/f* cittadino(a).
citation [sitɑsjɔ̃] *nf* citazione *f*.
cité [site] *nf* città *f inv*; **~ ouvrière** quartiere *m* operaio.
citer [site] *vt* citare.
citerne [sitɛʀn(ə)] *nf* cisterna.
cithare [sitaʀ] *nf* cetra.
citoyen, enne [sitwajɛ̃, ɛn] *nm/f* cittadino/a.
citron [sitʀɔ̃] *nm* limone *m*; **~ pressé** *(boisson)* spremuta di limone; **citronnelle** *nf* (*BOT*) limoncina; **citronnier** *nm* (*BOT*) limone *m (pianta)*.
citrouille [sitʀuj] *nf* zucca.
civet [sivɛ] *nm* (*CULIN*) salmì *m inv*.
civière [sivjɛʀ] *nf* barella.
civil, e [sivil] *a, nm* civile *(m)*; **habillé en ~** in borghese *loc inv*.
civilisation [sivilizɑsjɔ̃] *nf* civiltà *f inv*; *(action)* civilizzazione *f*.
civilisé, e [sivilize] *a* civilizzato(a), civile.
civiliser [sivilize] *vt* civilizzare.
civique [sivik] *a* civico(a); **droits ~s** diritti civili.
civisme [sivism(ə)] *nm* civismo.
claie [klɛ] *nf* graticcio; *(tamis)* setaccio.
clair, e [klɛʀ] *a* chiaro(a); *(local)* luminoso(a) // *ad, nm* chiaro; **tirer qch au ~** mettere in chiaro qc; **mettre au ~** *(notes, etc)* mettere in bella copia; **message en ~** messaggio non cifrato.
clairière [klɛʀjɛʀ] *nf* radura.
clairon [klɛʀɔ̃] *nm* tromba.
clairsemé, e [klɛʀsəme] *a* rado(a).
clairvoyant, e [klɛʀvwajɑ̃, ɑ̃t] *a* chiaroveggente; *(opposé à aveugle)* vedente.
clameur [klamœʀ] *nf* clamore *m*.
clandestin, e [klɑ̃dɛstɛ̃, in] *a* clandestino(a).

clapoter [klapɔte] *vi* sciabordare.
claquage [klakaʒ] *nm* (*MED*) stiramento.
claque [klak] *nf* schiaffo, sberla.
claquer [klake] *vi* schioccare; *(porte)* sbattere // *vt (porte)* sbattere; *(gifler)* schiaffeggiare; **se ~** *vr*: **se ~ un muscle** stirarsi un muscolo; **~ des dents** battere i denti.
claquettes [klakɛt] *nfpl (danse)* tip tap *m inv*.
clarifier [klaʀifje] *vt* chiarificare; *(fig: idées)* chiarire.
clarinette [klaʀinɛt] *nf* clarinetto.
clarté [klaʀte] *nf* chiarezza; *(lumière)* luminosità *f inv; (transparence)* limpidezza.
classe [klɑs] *nf* classe *f*; (*SCOL*: *leçon)* lezione *f; (: année)* anno; *(sociale)* classe *f*, ceto; **un (soldat de) deuxième ~** un soldato semplice; **faire ses ~s** *(fam: MIL)* fare il corso addestramento reclute *ou* CAR; **aller en ~** (*SCOL*) andare a scuola.
classement [klɑsmɑ̃] *nm* graduatoria, classifica; *(action)* classificazione *f*.
classer [klɑse] *vt (ranger)* mettere in ordine, classificare; (*JUR*) archiviare; **se ~** *vr* classificarsi.
classeur [klɑsœʀ] *nm* classificatore *m*, raccoglitore *m; (meuble)* classificatore *m*.
classifier [klasifje] *vt* classificare.
classique [klasik] *a* classico(a) // *nm* classico.
clause [kloz] *nf* clausola.
claustrophobie [klostʀɔfɔbi] *nf* claustrofobia.
clavecin [klavsɛ̃] *nm* clavicembalo.
clavicule [klavikyl] *nf* clavicola.
clavier [klavje] *nm* tastiera.
clé, clef [kle] *nf* chiave *f; (de boîte de conserves, AUTO)* chiavetta // *a* chiave *inv*.
clément, e [klemɑ̃, ɑ̃t] *a* clemente.
clémentine [klemɑ̃tin] *nf* mandarancio.
cleptomane [klɛptɔman] *nm/f* cleptomane *m/f*.
clerc [klɛʀ] *nm* (*REL*) chierico; *(de notaire)* impiegato.
clergé [klɛʀʒe] *nm* clero.
clérical, e, aux [kleʀikal, o] *a* clericale.
cliché [kliʃe] *nm* (*TYP*) cliché *m inv*; (*PHOT*) negativo; *(fig)* luogo comune.
client, e [klijɑ̃, ɑ̃t] *nm/f* cliente *m/f; (du docteur)* paziente *m/f*; **clientèle** *nf* clientela.
cligner [kliɲe] *vi*: **~ des yeux** strizzare gli occhi; **~ de l'œil** fare l'occhiolino.
clignotant, e [kliɲɔtɑ̃, ɑ̃t] *a* lampeggiante // *nm* (*AUTO*) lampeggiatore *m*.
clignoter [kliɲɔte] *vi* lampeggiare; **~ des yeux** battere le palpebre.
climat [klima] *nm* clima *m*.
climatisé, e [klimatize] *a* con aria condizionata *loc inv*, climatizzato(a).
clin d'œil [klɛ̃dœj] *nm* strizzatina d'occhio; **en un ~** *(fig)* in un batter d'occhio.
clinquant, e [klɛ̃kɑ̃, ɑ̃t] *a* vistoso(a), sgargiante.
cliqueter [klikte] *vi* tintinnare.
clitoris [klitɔʀis] *nm* clitoride *m*.
clivage [klivaʒ] *nm* sfaldatura; *(fig)* scissione *f*.
clochard, e [klɔʃaʀ, aʀd(ə)] *nm/f (fam)* barbone/a, vagabondo/a.
cloche [klɔʃ] *nf* campana; (*AVIAT*) cloche *f; (fam: niais)* stupido, salame *m*; **~ à fromage** copriformaggio *inv*; **à ~ pied** *ad*: **sauter à ~ pied** saltare su un piede solo.
clocher [klɔʃe] *nm* campanile *m* // *vi (fam)* non andare, zoppicare *(fam)*.
clocheton [klɔʃtɔ̃] *nm* campaniletto; *(ornement)* guglia.
clochette [klɔʃɛt] *nf* campanella; *(de vache)* campanaccio; (*BOT*)

campanula.
cloison [klwazɔ̃] *nf* tramezzo, parete divisoria; ~ **du nez** setto nasale; **cloisonner** *vt* dividere, separare; (*CONSTR*) tramezzare.
cloître [klwatʀ(ə)] *nm* chiostro.
cloîtrer [klwatʀe] *vt* rinchiudere in un convento; **se** ~ *vr (fig)* isolarsi, segregarsi.
clopin-clopant [klɔpɛ̃klɔpɑ̃] *ad (fam)* zoppicando.
cloque [klɔk] *nf* bolla, vescica.
clore [klɔʀ] *vt* chiudere.
clos, e [klo, oz] *a* chiuso(a) // *nm* terreno, podere *m; (vignoble)* vigneto.
clôture [klotyʀ] *nf* chiusura; *(barrière)* recinzione *f;* **clôturer** *vt* chiudere; *(entourer)* recintare.
clou [klu] *nm* chiodo; ~**s** *mpl* = **passage clouté; pneus à** ~**s** pneumatici chiodati; **clouer** *vt* inchiodare; **clouté,e** *a* chiodato(a); **passage clouté** passaggio pedonale, strisce *fpl.*
clown [klun] *nm* clown *m inv,* pagliaccio.
club [klœb] *nm* circolo, club *m inv;* (*SPORT*) mazza da golf.
coaguler [kɔagyle] *vi* coagulare; **se** ~ *vr* coagularsi.
coalition [kɔalisjɔ̃] *nf* coalizione *f.*
coasser [kɔase] *vi* gracidare.
cobaye [kɔbaj] *nm* cavia.
cocagne [kɔkaɲ] *nf* cuccagna.
cocaïne [kɔkain] *nf* cocaina.
cocarde [kɔkaʀd(ə)] *nf* coccarda.
cocardier, ère [kɔkaʀdje, jɛʀ] *a (pej)* militarista, sciovinista.
cocasse [kɔkas] *a* buffo(a), strampalato(a).
coccinelle [kɔksinɛl] *nf* coccinella.
cocher [kɔʃe] *nm* vetturino, cocchiere *m* // *vt* spuntare.
cochère [kɔʃɛʀ] *a*: **porte** ~ portone *m.*
cochon [kɔʃɔ̃] *a* sporco(a), sconcio(a) // *nm/f (péj)* sporcaccione/a, maiale/a // *nm* (*ZOOL*) maiale *m;* **cochonaille** *nf (fam)* salumi *mpl;* **cochonnet** *nm* boccino, pallino; **cochonnerie** *nf (fam)* porcheria.
cocktail [kɔktɛl] *nm* cocktail *m inv.*
coco [kɔko] *nm voir* **noix;** *(fam: péj)* tipo, tipaccio.
cocon [kɔkɔ̃] *nm* bozzolo.
cocotier [kɔkɔtje] *nm* (palma da) cocco.
cocotte [kɔkɔt] *nf* (*CULIN*) marmitta di ghisa; ~**-minute** ® pentola a pressione; **ma** ~ *(fam)* cocca (mia).
cocu, e [kɔky] *a, nm/f* cornuto(a).
code [kɔd] *nm* codice *m;* ~**s** *mpl* (*AUTO*) anabbaglianti *mpl.*
coder [kɔde] *vt* cifrare, codificare.
codifier [kɔdifje] *vt* codificare.
coefficient [kɔefisjɑ̃] *nm* coefficiente *m.*
cœur [kœʀ] *nm* cuore *m;* (*CARTES*) cuori *mpl; (fig: centre d'une question)* nocciolo; **avoir mal au** ~ *(nausée)* avere la nausea; **par** ~ a memoria; **de bon/grand** ~ di cuore, volentieri.
coffrage [kɔfʀaʒ] *nm* (*CONSTR*) armatura.
coffre [kɔfʀ(ə)] *nm* cassone *m; (meuble)* cassapanca; (*AUTO*) bagagliaio; *(d'une banque)* cassaforte *f; (fam: poitrine)* torace *m;* ~**-fort** *nm* cassaforte *f.*
coffrer [kɔfʀe] *vt (fam)* schiaffare dentro.
coffret [kɔfʀɛ] *nm* cofanetto.
cognac [kɔɲak] *nm* cognac *m inv,* brandy *m inv.*
cogner [kɔɲe] *vi* picchiare, battere; *(heurter)* urtare // *vt (fam)* picchiare; **se** ~ **à qn/qch** urtare contro qd/qc.
cohérent, e [kɔeʀɑ̃, ɑ̃t] *a* coerente.
cohue [kɔy] *nf* folla, ressa.
coi, coite [kwa, kwat] *a*: **rester** *ou* **se tenir** ~ starsene quieto(a).
coiffe [kwaf] *nf* cuffia.
coiffé, e [kwafe] *a* pettinato(a); **bien/mal** ~ pettinato/spettinato; ~

de ... con in testa ... .
coiffer [kwafe] *vt* pettinare; *(un chapeau)* portare; *(couvrir)* (ri)coprire; *(fig: dépasser)* superare; **se ~** *vr* pettinarsi; **~ qn d'un chapeau** mettere il cappello in testa a qd.
coiffeur, euse [kwafœʀ, øz] *nm/f* parrucchiere/a // *nf (table)* to(e)letta.
coiffure [kwafyʀ] *nf* pettinatura, acconciatura; *(chapeau)* copricapo *m inv*, cappello; *(métier)* il mestiere di parrucchiere.
coin [kwɛ̃] *nm* angolo; (*TECH*) cuneo; *(: pour monnaies, etc)* conio, punzone *m*; *(endroit)* posto; **dans le ~** *(dans les alentours)* in zona; **au ~ du feu** accanto al focolare; **du ~ de l'œil** con la coda dell'occhio.
coincer [kwɛ̃se] *vt* bloccare, incastrare; *(fam)* incastrare.
coïncidence [kɔɛ̃sidɑ̃s] *nf* coincidenza.
coïncider [kɔɛ̃side] *vi* coincidere.
coït [kɔit] *nm* coito.
coite [kwat] *af voir* **coi.**
col [kɔl] *nm* collo; *(de chemise)* collo, colletto; *(de montagne)* valico, passo, colle *m*.
colère [kɔlɛʀ] *nf* collera, ira; **une ~** un accesso *ou* un attacco di collera; **coléreux, euse** *ou* **colérique** *a* collerico(a), irascibile.
colimaçon [kɔlimasɔ̃] *nm* chiocciola; **en ~** a chiocciola.
colin [kɔlɛ̃] *nm* nasello.
colique [kɔlik] *nf* colica; *(fam: diarrhée)* diarrea.
colis [kɔli] *nm* pacco, collo.
collaborateur, trice [kɔlabɔʀatœʀ, tʀis] *nm/f* collaboratore/trice; (*POL*) collaborazionista *m/f*.
collaboration [kɔlabɔʀɑsjɔ̃] *nf* collaborazione *f*; (*POL*) collaborazionismo.
collaborer [kɔlabɔʀe] *vi* collaborare.
collant, e [kɔlɑ̃, ɑ̃t] *a* adesivo(a); *(vêtement)* aderente; *(péj: personne)* appiccicoso(a) // *nm* collant *m inv*, calzamaglia.
collation [kɔlɑsjɔ̃] *nf* collazione *f*.
colle [kɔl] *nf* colla; *(fam: devinette)* indovinello, domanda difficile; *(: SCOL: punition)* punizione *f*, castigo.
collecte [kɔlɛkt(ə)] *nf* colletta.
collecteur [kɔlɛktœʀ] *nm* collettore *m*.
collectif, ive [kɔlɛktif, iv] *a* collettivo(a).
collection [kɔlɛksjɔ̃] *nf* collezione *f*; *(serie d'ouvrages)* collana; **collectionner** *vt* collezionare; **collectionneur, euse** *nm/f* collezionista *m/f*.
collectivité [kɔlɛktivite] *nf* collettività *f inv*.
collège [kɔlɛʒ] *nm* collegio; (*SCOL*) ≈ scuola media *(da 11 a 15 anni)*; **collégien, ne** *nm/f* collegiale *m/f*.
collègue [kɔlɛg] *nm/f* collega *m/f*.
coller [kɔle] *vt* incollare, attaccare; *(fam: poser une colle)* fregare; *(: mettre: en prison)* sbattere, schiaffare; *(: donner: gifle)* appioppare; *(: SCOL: punir)* punire; *(: à un examen)* bocciare // *vi* attaccare, aderire, appiccicarsi; *(fig: fam)* quadrare; **se ~** *vr (à qn)* appiccicarsi; *(fam: se mettre)* mettersi.
collet [kɔlɛ] *nm (piège)* laccio; (*TECH*) collare *m*; *(: de tuyau)* flangia; **prendre qn au ~** acciuffare qd; **~ monté** *a inv* compassato(a).
collier [kɔlje] *nm* collana; *(de chien)* collare *m*.
colline [kɔlin] *nf* collina.
collision [kɔlizjɔ̃] *nf* collisione *f*.
colloque [kɔlɔk] *nm* colloquio.
colmater [kɔlmate] *vt* tappare.
colombe [kɔlɔ̃b] *nf* colomba.
colon [kɔlɔ̃] *nm* colono.
colonel [kɔlɔnɛl] *nm* colonnello.
colonial, e, aux [kɔlɔnjal, o] *a* coloniale; **colonialisme** *nm* colo-

nialismo.
colonie [kɔlɔni] *nf* colonia.
coloniser [kɔlɔnize] *vt* colonizzare.
colonne [kɔlɔn] *nf* colonna.
colorant [kɔlɔʀɑ̃] *nm* colorante *m*.
coloration [kɔlɔʀɑsjɔ̃] *nf* colorazione *f*, colore *m*.
colorer [kɔlɔʀe] *vt* colorare.
colorier [kɔlɔʀje] *vt* colorare.
coloris [kɔlɔʀi] *nm* tinta; *(fig)* colorito.
colossal, e, aux [kɔlɔsal, o] *a* colossale.
colporter [kɔlpɔʀte] *vt (fig: nouvelle)* divulgare; **colporteur, euse** *nm/f* (venditore/trice) ambulante *m/f*; *(fig)* divulgatore/trice.
colza [kɔlza] *nm* colza *f*.
coma [kɔma] *nm* coma *m*; **être dans le** ~ essere in coma.
combat [kɔ̃ba] *nm* combattimento; (BOXE) incontro; *(fig)* lotta.
combattant, e [kɔ̃batɑ̃, ɑ̃t] *a, nm/f* combattente *(m/f)*; **ancien** ~ *nm* reduce *m*.
combattre [kɔ̃batʀ(ə)] *vt, vi* combattere.
combien [kɔ̃bjɛ̃] *ad (interrogatif)* quanto; *(exclamatif)* quanto, come; ~ **de** *(interrogatif, exclamatif)* quanto(a) *a*.
combinaison [kɔ̃binɛzɔ̃] *nf* tuta; *(de femme)* sottoveste *f*; *(de cadenas, coffre-fort)* combinazione *f*.
combiné [kɔ̃bine] *nm* ricevitore *m*, cornetta; (SKI) combinata.
combiner [kɔ̃bine] *vt* combinare.
comble [kɔ̃bl(ə)] *a* pieno(a) zeppo(a), colmo(a) // *nm* colmo; ~**s** *mpl* sottotetto *sg*; **de fond en** ~ da cima a fondo.
combler [kɔ̃ble] *vt* colmare; *(satisfaire: désirs)* appagare, esaudire.
combustible [kɔ̃bystibl(ə)] *a, nm* combustibile *(m)*.
comédie [kɔmedi] *nf* commedia; *(fig: histoire)* storia.
comédien, ne [kɔmedjɛ̃, jɛn] *nm/f* attore/trice; *(fig)* commediante *m/f*.
comestible [kɔmɛstibl(ə)] *a* commestibile // *nmpl* (generi) alimentari *mpl*.
comète [kɔmɛt] *nf* cometa.
comique [kɔmik] *a* comico(a) // *nm* comico.
comité [kɔmite] *nm* comitato; **en petit** ~ tra pochi intimi; ~ **d'entreprise** consiglio di fabbrica.
commandant [kɔmɑ̃dɑ̃] *nm* comandante *m*; (MIL: *chef de bataillon)* maggiore *m*.
commande [kɔmɑ̃d] *nf* ordinazione *f*, ordine *m*; (TECH) comando, controllo; ~**s** *fpl (de voiture, d'avion)* comandi *mpl*.
commandement [kɔmɑ̃dmɑ̃] *nm* comando; (REL) comandamento.
commander [kɔmɑ̃de] *vt, vi* ordinare; *(être à la tête de)* comandare.
commando [kɔmɑ̃do] *nm* commando *inv*.
comme [kɔm] *prép, ad* come // *conj (puisque)* dato che, siccome; *(au moment où)* mentre, quando; ~ **ceci,** ~ **cela** *ou* **ça** così; ~ **ci** ~ **ça** così così; **tout** ~ **son père** proprio come suo padre; **joli/bête** ~ **tout** proprio grazioso/stupido; ~ **quoi ...** ne consegue che *ou* ciò dimostra che ... .
commémorer [kɔmemɔʀe] *vt* commemorare.
commencement [kɔmɑ̃smɑ̃] *nm* inizio.
commencer [kɔmɑ̃se] *vt, vi* iniziare, cominciare; ~ **par faire** iniziare *ou* cominciare col fare.
comment [kɔmɑ̃] *ad (interrogatif, exclamatif)* come; **n'importe** ~ alla bell'e meglio, in qualche modo; ~ **donc** certamente, come no; **et** ~! eccome!
commentaire [kɔmɑ̃tɛʀ] *nm* commento.
commentateur, trice [kɔmɑ̃tatœʀ, tʀis] *nm/f* commentatore/trice.

commenter [kɔmɑ̃te] *vt* commentare.
commérages [kɔmeʀaʒ] *nmpl* pettegolezzi *mpl.*
commerçant, e [kɔmɛʀsɑ̃, ɑ̃t] *a* commerciale // *nm/f* commerciante *m/f.*
commerce [kɔmɛʀs(ə)] *nm* commercio; *(boutique)* negozio; **faire du ~** commerciare; **être dans le ~** essere commerciante.
commercial, e, aux [kɔmɛʀsjal, jo] *a* commerciale; **commercialiser** *vt* commercializzare.
commère [kɔmɛʀ] *nf* comare *f.*
commettre [kɔmɛtʀ(ə)] *vt* commettere.
commis [kɔmi] *nm* commesso.
commisération [kɔmizeʀɑsjɔ̃] *nf* commiserazione *f.*
commissaire [kɔmisɛʀ] *nm* commissario; **~ aux comptes** (*ADMIN*) revisore *m* dei conti; **~ priseur** *nm* banditore (di asta).
commissariat [kɔmisaʀja] *nm* commissariato.
commission [kɔmisjɔ̃] *nf* commissione *f;* (*COMM*) commissione *f,* provvigione *f;* **~s** *(achats)* compere *fpl,* spese *fpl.*
commissure [kɔmisyʀ] *nf:* **~ des lèvres** angolo della bocca.
commode [kɔmɔd] *a* comodo; *(personne: aimable)* conciliante, accomodante // *nf* cassettone *m,* comò *m inv.*
commotion [kɔmosjɔ̃] *nf:* **~ (cérébrale)** commozione *f* cerebrale; **commotionné, e** *a* traumatizzato(a).
commuer [kɔmɥe] *vt* commutare.
commun, e [kɔmœ̃, yn] *a* comune // *nm* comune *m* // *nf* comune *m; (communauté)* comune *f;* **le ~ des mortels** i comuni mortali.
communal, e, aux [kɔmynal, o] *a* comunale.
communauté [kɔmynote] *nf* comunità *f inv; (caractère commun)* comunanza; (*JUR*) comunione *f.*
commune [kɔmyn] *a, nf voir* **commun.**
communicatif, ive [kɔmynikatif, iv] *a* comunicativo(a).
communication [kɔmynikɑsjɔ̃] *nf* comunicazione *f.*
communier [kɔmynje] *vi* comunicarsi, fare la comunione.
communion [kɔmynjɔ̃] *nf* comunione *f.*
communiqué [kɔmynike] *nm* comunicato.
communiquer [kɔmynike] *vt, vi* comunicare; **se ~** *vr* comunicarsi a; *(échanger)* scambiarsi.
communisme [kɔmynism(ə)] *nm* comunismo; **communiste** *a, nm/f* comunista *(m/f).*
commutateur [kɔmytatœʀ] *nm* interruttore *m,* commutatore *m.*
compact, e [kɔ̃pakt, akt(ə)] *a* compatto(a).
compagne [kɔ̃paɲ] *nf voir* **compagnon.**
compagnie [kɔ̃paɲi] *nf* compagnia; **fausser ~ à** piantare in asso.
compagnon [kɔ̃paɲɔ̃], **compagne** [kɔ̃paɲ] *nm/f* compagno/a.
comparable [kɔ̃paʀabl(ə)] *a* paragonabile.
comparaison [kɔ̃paʀɛzɔ̃] *nf* paragone *m,* confronto; **en ~ à** in confronto a.
comparaître [kɔ̃paʀɛtʀ(ə)] *vi* comparire.
comparer [kɔ̃paʀe] *vt* paragonare, confrontare.
comparse [kɔ̃paʀs(ə)] *nm/f* comparsa *f.*
compartiment [kɔ̃paʀtimɑ̃] *nm* scompartimento; *(case)* scomparto; *(de damier, etc)* casella.
comparution [kɔ̃paʀysjɔ̃] *nf* comparizione *f.*
compas [kɔ̃pa] *nm* compasso; (*NAUT*) bussola.
compassé, e [kɔ̃pɑse] *a* compassato(a).

compassion [kɔ̃pɑsjɔ̃] *nf* compassione *f*.
compatible [kɔ̃patibl(ə)] *a* compatibile.
compatir [kɔ̃patiʀ] *vi*: ~ **à** aver compassione di; *(condoléance)* associarsi a.
compatriote [kɔ̃patʀijɔt] *nm/f* compatriota *m/f*, connazionale *m/f*; *(de région)* coonterraneo/a.
compensation [kɔ̃pɑ̃sɑsjɔ̃] *nf* compensazione *f*; *(récompense)* compenso.
compenser [kɔ̃pɑ̃se] *vt* compensare.
compère [kɔ̃pɛʀ] *nm* compare *m*.
compétence [kɔ̃petɑ̃s] *nf* competenza.
compétent, e [kɔ̃petɑ̃, ɑ̃t] *a* competente.
compétition [kɔ̃petisjɔ̃] *nf* competizione *f*.
compiler [kɔ̃pile] *vt* compilare.
complainte [kɔ̃plɛ̃t] *nf* nenia.
complaire [kɔ̃plɛʀ]: **se** ~ *vr*: **se** ~ **dans** cullarsi *ou* crogiolarsi in.
complaisance [kɔ̃plɛzɑ̃s] *nf* compiacenza, gentilezza; *(plaisir)* compiacimento; **sourire de** ~ sorriso di condiscendenza; **certificat/papier de** ~ certificato/attestato di favore; **pavillon de** ~ (NAUT) bandiera di comodo.
complaisant, e [kɔ̃plɛzɑ̃, ɑ̃t] *a* compiacente, gentile; *(satisfait)* compiaciuto(a).
complément [kɔ̃plemɑ̃] *nm* complemento; *(surplus)* supplemento; **complémentaire** *a* complementare.
complet, ète [kɔ̃plɛ, ɛt] *a* completo(a) // *nm* completo.
compléter [kɔ̃plete] *vt* completare; **se** ~ *vr* completarsi.
complexe [kɔ̃plɛks(ə)] *a* complesso(a) // *nm* complesso.
complication [kɔ̃plikɑsjɔ̃] *nf* complicazione *f*; *(complexité)* complessità *f inv*.
complice [kɔ̃plis] *nm* complice.
compliment [kɔ̃plimɑ̃] *nm* complimento, congratulazione *f*.
compliqué, e [kɔ̃plike] *a* complicato(a), complesso(a).
compliquer [kɔ̃plike] *vt* complicare.
complot [kɔ̃plo] *nm* complotto; **comploter** *vt, vi* complottare.
comportement [kɔ̃pɔʀtəmɑ̃] *nm* comportamento.
comporter [kɔ̃pɔʀte] *vt* comportare; *(contenir)* comprendere; **se** ~ *vr* comportarsi.
composant, e [kɔ̃pozɑ̃, ɑ̃t] *nm* componente *m* // *nf* componente *f*.
composer [kɔ̃poze] *vt* comporre // *vi* fare un compito in classe; **se** ~ *vr*: **se** ~ **de** essere composto di, comporsi di.
composite [kɔ̃pozit] *a* composito(a).
compositeur, trice [kɔ̃pozitœʀ, tʀis] *nm/f* compositore/trice.
composition [kɔ̃pozisjɔ̃] *nf* composizione *f*; (SCOL) compito in classe, prova scritta; *(: rédaction)* tema *m*.
composteur [kɔ̃pɔstœʀ] *nm* perforatrice *f* (di biglietti).
compote [kɔ̃pɔt] *nf* frutta cotta.
compréhensible [kɔ̃pʀeɑ̃sibl(ə)] *a* comprensibile.
compréhensif, ive [kɔ̃pʀeɑ̃sif, iv] *a* comprensivo(a).
compréhension [kɔ̃pʀeɑ̃sjɔ̃] *nf* comprensione *f*.
comprendre [kɔ̃pʀɑ̃dʀ(ə)] *vt* comprendere; *(déchiffrer)* comprendere, capire.
compresse [kɔ̃pʀɛs] *nf* compressa.
compresseur [kɔ̃pʀesœʀ] *a voir* **rouleau.**
compression [kɔ̃pʀesjɔ̃] *nf* compressione *f*; *(fig)* riduzione *f*.
comprimé [kɔ̃pʀime] *a* compresso(a) // *nm* compressa; (TECH) compatto.

comprimer [kɔ̃pʀime] *vt* comprimere; *(fig)* ridurre.
compris, e [kɔ̃pʀi, iz] *a* compreso(a); ~? capito?
compromettre [kɔ̃pʀɔmɛtʀ(ə)] *vt* compromettere.
compromis [kɔ̃pʀɔmi] *nm* compromesso.
comptabilité [kɔ̃tabilite] *nf* contabilità *f inv; (SCOL: matière)* ragioneria.
comptable [kɔ̃tabl(ə)] *a* contabile // *nm/f* ragioniere/a, contabile *m/f.*
comptant [kɔ̃tɑ̃] *ad:* **payer/acheter** ~ pagare/comprare in contanti.
compte [kɔ̃t] *nm* conto; **il a eu son** ~ *(fam)* ha avuto il fatto suo; **travailler à son** ~ lavorare in proprio; ~ **chèques postaux (C.C.P.)** conto corrente postale (c/c); **le** ~ **y est** il conto è giusto; ~ **à rebours** conto *ou* conteggio alla rovescia.
compter [kɔ̃te] *vt* contare; *(facturer)* conteggiare, mettere in conto; *(avoir à son actif)* avere al proprio attivo; *(inclure)* annoverare // *vi* contare; **je compte réussir/revenir** conto di riuscire/ritornare; ~ **pour rien** *ou* **du beurre** non contare niente; ~ **sur** contare su; ~ **avec/sans qch/qn** tener conto/non tener conto di qc/qd.
compte rendu [kɔ̃tʀɑ̃dy] *nm* resoconto.
compteur [kɔ̃tœʀ] *nm* contatore *m;* ~ **(de vitesse)** (*AUTO*) tachimetro; ~ **kilométrique** contachilometri *m inv.*
comptine [kɔ̃tin] *nf* filastrocca *(per far la conta).*
comptoir [kɔ̃twaʀ] *nm* banco.
comte, comtesse [kɔ̃t, ɛs] *nm/f* conte/tessa.
con, ne [kɔ̃, kɔn] *nm/f (fam!)* stupido/a, imbecille *m/f.*
concave [kɔ̃kav] *a* concavo(a).
concéder [kɔ̃sede] *vt* concedere; ammettere.
concentration [kɔ̃sɑ̃tʀasjɔ̃] *nf* concentrazione *f.*
concentré, e [kɔ̃sɑ̃tʀe] *a* concentrato(a) // *nm* concentrato.
concentrer [kɔ̃sɑ̃tʀe] *vt* concentrare; **se** ~ *vr* concentrarsi.
concentrique [kɔ̃sɑ̃tʀik] *a* concentrico(a).
concept [kɔ̃sɛpt] *nm* concetto.
conception [kɔ̃sɛpsjɔ̃] *nf* concezione *f,* concepimento; *(concept)* concetto; *(d'un enfant)* concepimento; **l'Immaculée C**~ l'Immacolata Concezione.
concerné, e [kɔ̃sɛʀne] *a* toccato(a), coinvolto(a).
concerner [kɔ̃sɛʀne] *vt* concernere, riguardare; **en ce qui concerne ...** per quanto riguarda ... .
concert [kɔ̃sɛʀ] *nm* concerto; **de** ~ *ad* d'intesa.
concerter [kɔ̃sɛʀte] *vt* concertare; **se** ~ *vr* concertarsi.
concertiste [kɔ̃sɛʀtist(ə)] *nm/f* concertista *m/f.*
concession [kɔ̃sesjɔ̃] *nf* concessione *f.*
concessionnaire [kɔ̃sesjɔnɛʀ] *nm/f* concessionario/a.
concevoir [kɔ̃s(ə)vwaʀ] *vt* concepire.
concierge [kɔ̃sjɛʀʒ(ə)] *nm/f* portinaio/a, portiere/a, custode *m/f.*
concile [kɔ̃sil] *nm* concilio.
conciliabules [kɔ̃siljabyl] *nmpl* conciliaboli *mpl.*
concilier [kɔ̃silje] *vt* conciliare; **se** ~ *vr* conciliarsi, accattivarsi.
concis, e [kɔ̃si, iz] *a* conciso(a).
concitoyen, ne [kɔ̃sitwajɛ̃, ɛn] *nm/f* concittadino/a.
concluant, e [kɔ̃klyɑ̃, ɑ̃t] *a* convincente.
conclure [kɔ̃klyʀ] *vt* concludere; *(déduire)* dedurre // *vi* ~ **à** (*JUR*) pronunciarsi per.
conclusion [kɔ̃klyzjɔ̃] *nf* conclusione *f.*

concombre [kɔ̃kɔ̃bʀ(ə)] *nm* cetriolo.
concordance [kɔ̃kɔʀdɑ̃s] *nf* concordanza.
concorde [kɔ̃kɔʀd(ə)] *nf* concordia.
concorder [kɔ̃kɔʀde] *vi* concordare.
concourir [kɔ̃kuʀiʀ] *vi* concorrere; ~ **pour** *(poste de travail)* concorrere a.
concours [kɔ̃kuʀ] *nm* concorso; **recrutement par voie de** ~ (*SCOL, ADMIN*) assunzione *f* mediante concorso; **prêter son** ~ **à** collaborare a.
concret, ète [kɔ̃kʀɛ, ɛt] *a* concreto(a).
concrétiser [kɔ̃kʀetize] *vt* concretizzare, concretare.
conçu, e [kɔ̃sy] *pp de* **concevoir.**
concubin, e [kɔ̃kybɛ̃, in] *nm/f* concubino/a; **concubinage** *nm* concubinato.
concurrence [kɔ̃kyʀɑ̃s] *nf* concorrenza.
concurrent, e [kɔ̃kyʀɑ̃, ɑ̃t] *a, nm/f* concorrente *(m/f)*.
condamnation [kɔ̃dɑnɑsjɔ̃] *nf* condanna.
condamner [kɔ̃dɑne] *vt* condannare; *(porte, ouverture)* sbarrare.
condensateur [kɔ̃dɑ̃satœʀ] *nm* condensatore *m*.
condenser [kɔ̃dɑ̃se] *vt* condensare.
condescendant, e [kɔ̃desɑ̃dɑ̃, ɑ̃t] *a* altezzoso(a).
condescendre [kɔ̃desɑ̃dʀ(ə)] *vi:* ~ **à qch/faire qch** accondiscendere a qc/fare qc.
condiment [kɔ̃dimɑ̃] *nm* condimento.
condisciple [kɔ̃disipl(ə)] *nm* compagno/a (di studi).
condition [kɔ̃disjɔ̃] *nf* condizione *f;* **sans** ~ senza condizioni; **sous** ~ a certe condizioni; **conditionnel, le** *a, nm* condizionale *(m);* **conditionnement** *nm* condizionamento; *(emballage)* confezione, imballaggio; **conditionner** *vt* condizionare; (*COMM: produit)* condizionare, confezionare.
condoléances [kɔ̃dɔleɑ̃s] *nfpl* condoglianze *fpl.*
conducteur, trice [kɔ̃dyktœʀ, tʀis] *a* conduttore(trice) // *nm/f* (*AUTO*) conducente *m/f,* guidatore/trice; *(de tram, de train)* manovratore/trice, conducente *m/f* // *nm* (*ELEC*) conduttore *m.*
conduire [kɔ̃dɥiʀ] *vt* condurre; *(un véhicule)* guidare // *vi* condurre, portare; **se** ~ *vr* comportarsi.
conduit [kɔ̃dɥi] *nm* condotto.
conduite [kɔ̃dɥit] *nf* condotta; *(de véhicule, aussi fig)* guida; *(direction)* direzione *f; (d'eau, gaz)* conduttura.
cône [kon] *nm* cono.
confection [kɔ̃fɛksjɔ̃] *nf* preparazione *f; (en couture)* confezione.
confédération [kɔ̃fedeʀɑsjɔ̃] *nf* confederazione *f.*
conférence [kɔ̃feʀɑ̃s] *nf* conferenza.
conférer [kɔ̃feʀe] *vt* conferire.
confesser [kɔ̃fese] *vt* confessare.
confession [kɔ̃fɛsjɔ̃] *nf* confessione *f.*
confetti [kɔ̃feti] *nm* coriandolo.
confiance [kɔ̃fjɑ̃s] *nf* fiducia.
confiant, e [kɔ̃fjɑ̃, ɑ̃t] *a* fiducioso(a).
confidence [kɔ̃fidɑ̃s] *nf* confidenza.
confidentiel, le [kɔ̃fidɑ̃sjɛl] *a* confidenziale.
confier [kɔ̃fje] *vt* affidare; *(secret)* confidare; **se** ~ *vr:* **se** ~ **à** confidarsi con qd.
configuration [kɔ̃figyʀɑsjɔ̃] *nf* configurazione *f.*
confiné, e [kɔ̃fine] *a* confinato(a); *(air)* viziato(a).
confiner [kɔ̃fine] *vi:* ~ **à** *ou* **avec** confinare con; **se** ~ *vr* rinchiudersi, confinarsi.
confins [kɔ̃fɛ̃] *nmpl* confini *mpl.*
confirmation [kɔ̃fiʀmɑsjɔ̃] *nf* con-

ferma; (*REL*) cresima.
confirmer [kɔ̃fiʀme] *vt* confermare; (*REL*) cresimare.
confiserie [kɔ̃fizʀi] *nf* pasticceria; *(bonbon)* dolciumi *mpl*.
confisquer [kɔ̃fiske] *vt* confiscare.
confit, e [kɔ̃fi, it] *a*: **fruits ~s** frutta candita *sg* // *nm carne cotta e conservata nel grasso di cottura*.
confiture [kɔ̃fityʀ] *nf* confettura, marmellata.
conflit [kɔ̃fli] *nm* conflitto.
confluent [kɔ̃flyɑ̃] *nm* confluenza.
confondre [kɔ̃fɔ̃dʀ(ə)] *vt* confondere; **se ~** *vr*: **se ~ en excuses/compliments** profondersi in scuse/complimenti.
conforme [kɔ̃fɔʀm(ə)] *a* conforme; **copie certifiée ~** (*ADMIN*) copia autenticata.
conformer [kɔ̃fɔʀme] *vt* conformare; **se ~** *vr* conformarsi, uniformarsi.
conformisme [kɔ̃fɔʀmism(ə)] *nm* conformismo.
conformité [kɔ̃fɔʀmite] *nf* conformità *f inv*, concordanza; (*TECH*) conformità.
confort [kɔ̃fɔʀ] *nm* comodità *fpl*.
confortable [kɔ̃fɔʀtabl(ə)] *a* confortevole, comodo(a); *(fig: salaire)* buono(a).
confrère [kɔ̃fʀɛʀ] *nm* (*REL*) confratello; *(de profession)* collega *m*.
confrontation [kɔ̃fʀɔ̃tɑsjɔ̃] *nf* confronto.
confronter [kɔ̃fʀɔ̃te] *vt* confrontare; (*JUR*) mettere a confronto.
confus, e [kɔ̃fy, yz] *a* confuso(a).
confusion [kɔ̃fyzjɔ̃] *nf* confusione *f*.
congé [kɔ̃ʒe] *nm* congedo; *(permission)* permesso; *(vacances)* ferie *fpl*, vacanza; **prendre ~ de qn** congedarsi da qd; **donner son ~ à** licenziare; **congédier** *vt* congedare; *(employé)* licenziare.
congélateur [kɔ̃ʒelatœʀ] *nm* congelatore *m*.
congeler [kɔ̃ʒle] *vt* congelare.
congénère [kɔ̃ʒenɛʀ] *nm/f* simile *m/f*.
congénital, e, aux [kɔ̃ʒenital, o] *a* congenito(a).
congère [kɔ̃ʒɛʀ] *nf* cumulo di neve.
congestion [kɔ̃ʒɛstjɔ̃] *nf* congestione *f*; **congestionner** *vt* congestionare.
congrès [kɔ̃gʀɛ] *nm* congresso.
conifère [kɔnifɛʀ] *nm* conifera.
conique [kɔnik] *a* conico(a).
conjecture [kɔ̃ʒɛktyʀ] *nf* congettura.
conjoint, e [kɔ̃ʒwɛ̃, wɛ̃t] *a* congiunto(a) // *nm* coniuge *m*.
conjonction [kɔ̃ʒɔ̃ksjɔ̃] *nf* congiunzione *f*.
conjonctivite [kɔ̃ʒɔ̃ktivit] *nf* congiuntivite *f*.
conjoncture [kɔ̃ʒɔ̃ktyʀ] *nf* congiuntura.
conjugaison [kɔ̃ʒygɛzɔ̃] *nf* coniugazione *f*.
conjugal, e, aux [kɔ̃ʒygal, o] *a* coniugale.
conjuguer [kɔ̃ʒyge] *vt* coniugare; *(fig: efforts)* congiungere.
conjuré, e [kɔ̃ʒyʀe] *nm/f* congiurato/a.
conjurer [kɔ̃ʒyʀe] *vt* scongiurare.
connaissance [kɔnɛsɑ̃s] *nf* conoscenza; *(savoir)* sapere *m*; *(personne connue)* conoscente *m/f*; **~s** *fpl* conoscenze *fpl*, cognizioni *fpl*; **à ma/sa ~** che io/lui sappia; **en ~ de cause** con cognizione di causa.
connaisseur, euse [kɔnɛsœʀ, øz] *nm/f* intenditore/trice, esperto/a.
connaître [kɔnɛtʀ(ə)] *vt* conoscere; **se ~** *vr* conoscersi; **s'y ~** essere esperto.
connecter [kɔnɛkte] *vt* connettere, collegare.
connexion [kɔnɛksjɔ̃] *nf* connessione *f*, collegamento.
connivence [kɔnivɑ̃s] *nf* connivenza.
connu, e [kɔny] *a* noto(a), cono-

sciuto(a).

conquérant, e [kɔ̃keʀɑ̃, ɑ̃t] *nm/f* conquistatore/trice.

conquérir [kɔ̃keʀiʀ] *vt* conquistare.

conquête [kɔ̃kɛt] *nf* conquista.

consacrer [kɔ̃sakʀe] *vt* dedicare, consacrare; (*REL*) consacrare; **se ~** *vr:* **se ~ à** dedicarsi *ou* consacrarsi a.

consanguin, e [kɔ̃sɑ̃gɛ̃, in] *a* consanguineo(a).

conscience [kɔ̃sjɑ̃s] *nf* coscienza; **avoir/prendre ~ de** essere/diventare consapevole di; **avoir bonne/mauvaise ~** avere/non avere la coscienza tranquilla; **consciencieux, euse** *a* coscienzioso(a); **conscient, e** *a* cosciente; *(fig)* conscio, consapevole // *nm* conscio.

conscrit [kɔ̃skʀi] *nm* coscritto.

consécration [kɔ̃sekʀɑsjɔ̃] *nf* consacrazione *f.*

consécutif, ive [kɔ̃sekytif, iv] *a* consecutivo(a); **~ à** conseguente a.

conseil [kɔ̃sɛj] *nm* consiglio; *(personne)* consulente *m;* **conseiller** *vt* consigliare; **conseiller, ère** *nm/f* consigliere/a; *(expert)* consulente *m.*

consentement [kɔ̃sɑ̃tmɑ̃] *nm* consenso.

consentir [kɔ̃sɑ̃tiʀ] *vt* concedere, consentire // *vi* acconsentire.

conséquence [kɔ̃sekɑ̃s] *nf* conseguenza; *(importance)* importanza; **en ~** *(donc)* di conseguenza, perciò; *(de façon appropriée)* in modo adeguato, di conseguenza.

conséquent, e [kɔ̃sekɑ̃, ɑ̃t] *a* coerente; **par ~** di conseguenza, quindi.

conservateur, trice [kɔ̃sɛʀvatœʀ, tʀis] *a* conservatore(trice) // *nm* conservatore *m.*

conservation [kɔ̃sɛʀvɑsjɔ̃] *nf* conservazione *f.*

conservatoire [kɔ̃sɛʀvatwaʀ] *nm* conservatorio.

conserve [kɔ̃sɛʀv(ə)] *nf* conserva; **~s** *fpl* scatolame *m;* **en ~** in scatola.

conserver [kɔ̃sɛʀve] *vt* conservare, mantenere; (*CULIN*) conservare.

considérable [kɔ̃sideʀabl(ə)] *a* considerevole.

considération [kɔ̃sideʀɑsjɔ̃] *nf* considerazione *f.*

considérer [kɔ̃sideʀe] *vt* considerare; **~ qch/qn comme ...** considerare qc/qd ... .

consigne [kɔ̃siɲ] *nf* consegna, ordine *m; (de bouteille)* deposito, cauzione *f; (de gare)* deposito bagagli; (*SCOL*) punizione *f.*

consigner [kɔ̃siɲe] *vt (noter)* annotare; (*MIL*) consegnare; (*SCOL: élève)* trattenere per punizione; (*COMM*: *emballage)* fare pagare il deposito per; **bouteilles consignées** vuoti a rendere.

consistance [kɔ̃sistɑ̃s] *nf* consistenza.

consistant, e [kɔ̃sistɑ̃, ɑ̃t] *a* consistente.

consister [kɔ̃siste] *vi:* **~ en** consistere in; *(être formé de)* essere costituito da.

consœur [kɔ̃sœʀ] *nf* (*REL*) consorella; *(de profession)* collega *f.*

consolation [kɔ̃sɔlɑsjɔ̃] *nf* consolazione *f.*

console [kɔ̃sɔl] *nf* console *f.*

consoler [kɔ̃sɔle] *vt* consolare; **se ~** *vr* consolarsi.

consolider [kɔ̃sɔlide] *vt* consolidare.

consommateur, trice [kɔ̃sɔmatœʀ, tʀis] *nm/f* consumatore/trice; *(dans un café)* cliente *m/f.*

consommation [kɔ̃sɔmɑsjɔ̃] *nf* consumo; *(boisson)* consumazione *f.*

consommé, e [kɔ̃sɔme] *a (parfait)* perfetto(a), consumato(a) // *nm* consommé *m inv,* brodo ristretto.

consommer [kɔ̃sɔme] *vt, vi* consumare.
consonance [kɔ̃sɔnɑ̃s] *nf* consonanza.
consonne [kɔ̃sɔn] *nf* consonante *f*.
consorts [kɔ̃sɔʀ] *nmpl*: **et ~** *(péj)* e soci.
conspirateur, trice [kɔ̃spiʀatœʀ, tʀis] *nm/f* cospiratore/ trice.
conspirer [kɔ̃spiʀe] *vi* cospirare.
constamment [kɔ̃stamɑ̃] *ad* costantemente, continuamente.
constant, e [kɔ̃stɑ̃, ɑ̃t] *a* costante.
constat [kɔ̃sta] *nm* constatazione *f*; **~ (à l'amiable)** constatazione amichevole.
constater [kɔ̃state] *vt* co(n)statare.
constellation [kɔ̃stelɑsjɔ̃] *nf* costellazione *f*.
consterner [kɔ̃stɛʀne] *vt* costernare.
constipation [kɔ̃stipɑsjɔ̃] *nf* costipazione *f*, stitichezza.
constipé, e [kɔ̃stipe] *a* costipato(a), stitico(a); *(fig)* impedito(a), impacciato(a).
constituer [kɔ̃stitɥe] *vt* costituire; **se ~** *vr* costituirsi.
constitution [kɔ̃stitysjɔ̃] *nf* costituzione *f*.
constructeur [kɔ̃stʀyktœʀ] *nm* costruttore *m*.
construction [kɔ̃stʀyksjɔ̃] *nf* costruzione *f*.
construire [kɔ̃stʀɥiʀ] *vt* costruire.
consul [kɔ̃syl] *nm* console *m*.
consulat [kɔ̃syla] *nm* consolato.
consultation [kɔ̃syltɑsjɔ̃] *nf* consultazione *f*; (*MED*: *d'un médecin)* visita; *(: de plusieurs médecins)* consulto; *(d'experts)* consulenza.
consulter [kɔ̃sylte] *vt* consultare // *vi* ricevere; **se ~** *vr* consultarsi.
consumer [kɔ̃syme] *vt* consumare; *(par le feu)* bruciare, divorare; **se ~** *vr* consumarsi; **se ~ de** *(fig)* consumarsi dal.
contact [kɔ̃takt] *nm* contatto; **contacter** *vt* contattare.
contagieux, euse [kɔ̃taʒjø, øz] *a* contagioso(a).
contagion [kɔ̃taʒjɔ̃] *nf* contagio.
container [kɔ̃tɛnɛʀ] *nm* container *m*.
contaminer [kɔ̃tamine] *vt* contaminare.
conte [kɔ̃t] *nm* racconto; **~ de fées** fiaba.
contempler [kɔ̃tɑ̃ple] *vt* contemplare.
contemporain, e [kɔ̃tɑ̃pɔʀɛ̃, ɛn] *a* contemporaneo(a).
contenance [kɔ̃tnɑ̃s] *nf* capienza, capacità *f inv*; *(attitude)* contegno; **perdre ~** *(fig)* confondersi.
contenir [kɔ̃tniʀ] *vt* contenere; **se ~** *vr* contenersi, dominarsi.
content, e [kɔ̃tɑ̃, ɑ̃t] *a* contento(a); **contenter** *vt* accontentare; **se contenter** *vr* accontentarsi di.
contentieux [kɔ̃tɑ̃sjø] *nm* contenzioso.
contenu [kɔ̃tny] *nm* contenuto.
conter [kɔ̃te] *vt* raccontare.
contestation [kɔ̃tɛstɑsjɔ̃] *nf* contestazione *f*.
conteste [kɔ̃tɛst(ə)]: **sans ~** *ad* senza dubbio.
contester [kɔ̃tɛste] *vt, vi* contestare.
conteur, euse [kɔ̃tœʀ, øz] *nm/f* narratore/trice.
contexte [kɔ̃tɛkst(ə)] *nm* contesto.
contigu, uë [kɔ̃tigy] *a* contiguo(a).
continent [kɔ̃tinɑ̃t] *nm* continente *m*.
contingences [kɔ̃tɛ̃ʒɑ̃s] *nfpl* contingenze *fpl*.
contingent, e [kɔ̃tɛ̃ʒɑ̃, ɑ̃t] *a* contingente // *nm* quota; (*MIL*) contingente *m*.
contingenter [kɔ̃tɛ̃ʒɑ̃te] *vt* contingentare.
continu, e [kɔ̃tiny] *a* continuo(a); **journée ~e** orario continuato.
continuel, le [kɔ̃tinɥɛl] *a* continuo(a).

continuer [kɔ̃tinɥe] *vt, vi* continuare, proseguire; ~ **à** *ou* **de faire** continuare a fare.
continuité [kɔ̃tinɥite] *nf* continuità *f inv*.
contorsion [kɔ̃tɔʀsjɔ̃] *nf* contorsione *f*; **contorsionner: se** ~ *vr* contorcersi.
contour [kɔ̃tuʀ] *nm* contorno.
contourner [kɔ̃tuʀne] *vt* aggirare.
contraceptif, ive [kɔ̃tʀasɛptif, iv] *a* contraccettivo(a) // *nm* contraccettivo.
contraception [kɔ̃tʀasɛpsjɔ̃] *nf* contraccezione *f*.
contracté, e [kɔ̃tʀakte] *a* contratto(a); **article** ~ (*LING*) preposizione articolata.
contracter [kɔ̃tʀakte] *vt* contrarre; **se** ~ *vr* contrarsi.
contraction [kɔ̃tʀaksjɔ̃] *nf* contrazione *f*.
contractuel, le [kɔ̃tʀaktɥɛl] *a* contrattuale // *nm/f vigile urbano che fa multe solo per i divieti di sosta.*
contradiction [kɔ̃tʀadiksjɔ̃] *nf* contraddizione *f*.
contradictoire [kɔ̃tʀadiktwaʀ] *a* contraddittorio(a).
contraindre [kɔ̃tʀɛ̃dʀ(ə)] *vt* costringere.
contraint, e [kɔ̃tʀɛ̃, ɛ̃t] *a* impacciato(a), imbarazzato(a) // *nf* costrizione *f*, obbligo; **sans** ~**e** liberamente.
contraire [kɔ̃tʀɛʀ] *a* contrario(a) // *nm* contrario; **au** ~ *ad* al contrario, invece.
contrarier [kɔ̃tʀaʀje] *vt* contrariare.
contraste [kɔ̃tʀast(ə)] *nm* contrasto.
contraster [kɔ̃tʀaste] *vi* contrastare.
contrat [kɔ̃tʀa] *nm* contratto.
contravention [kɔ̃tʀavɑ̃sjɔ̃] *nf* contravvenzione *f*.
contre [kɔ̃tʀ(ə)] *prép, ad, nm* contro; **contre toi/nous** contro di te/di noi; **par** ~ invece; **échanger qch** ~ **une autre** scambiare una cosa con un'altra; ~**-amiral, aux** *nm* contrammiraglio; ~**-attaquer** *vi* contrattaccare.
contrebande [kɔ̃tʀəbɑ̃d] *nf* contrabbando *m; (marchandise)* merce *f* di contrabbando; **faire la** ~ **de** fare contrabbando di.
contrebas [kɔ̃tʀəbɑ]: **en** ~ *ad* più in basso.
contrebasse [kɔ̃tʀəbɑs] *nf* contrabbasso.
contrecarrer [kɔ̃tʀəkaʀe] *vt* contrastare, ostacolare.
contrecœur [kɔ̃tʀəkœʀ]: **à** ~ *ad* controvoglia.
contrecoup [kɔ̃tʀəku] *nm* contraccolpo.
contredire [kɔ̃tʀədiʀ] *vt* contraddire; **se** ~ *vr* contraddirsi.
contrée [kɔ̃tʀe] *nf* regione *f*, contrada.
contre-écrou [kɔ̃tʀekʀu] *nm* controdado.
contre-expertise [kɔ̃tʀɛkspɛʀtiz] *nf* controperizia.
contrefaçon [kɔ̃tʀəfasɔ̃] *nf* contraffazione *f*.
contrefaire [kɔ̃tʀəfɛʀ] *vt* contraffare; *(imiter: voix)* imitare.
contrefait, e [kɔ̃tʀəfɛ, ɛt] *a* deforme.
contrefort [kɔ̃tʀəfɔʀ] *nm* contrafforte *m*.
contre-haut [kɔ̃tʀəo]: **en** ~ *ad* più in alto; *(regarder)* in su.
contre-indication [kɔ̃tʀɛ̃dikasjɔ̃] *nf* controindicazione *f*.
contre-jour [kɔ̃tʀəʒuʀ]: **à** ~ *ad* in controluce.
contremaître [kɔ̃tʀəmɛtʀ(ə)] *nm* caporeparto; (*CONSTR*) capomastro.
contrepartie *nf* contropartita, contraccambio; **en** ~ in compenso.
contre-performance [kɔ̃tʀəpɛʀfɔʀmɑ̃s] *nf* (*SPORT*) cattiva prestazione *f*.

contrepèterie [kɔ̃tʀəpetʀi] *nf papera consistente nello scambiare le iniziali di due parole a scopo umoristico.*
contre-pied [kɔ̃tʀəpje] *nm* (*SPORT*) contropiede *m;* **prendre qn à ~** prendere qd in contropiede.
contre-plaqué [kɔ̃tʀəplake] *nm* compensato.
contrepoids [kɔ̃tʀəpwa] *nm* contrappeso; **faire ~** fare da contrappeso.
contrer [kɔ̃tʀe] *vt* contrare; *(fam)* opporsi a.
contresens [kɔ̃tʀəsɑ̃s] *nm* controsenso; *(faute)* errore *m*, svarione *m;* **à ~** *ad* a rovescio, in senso contrario.
contresigner [kɔ̃tʀəsiɲe] *vt* controfirmare.
contretemps [kɔ̃tʀətɑ̃] *nm* contrattempo; **à ~** *ad* a sproposito.
contre-torpilleur [kɔ̃tʀətɔʀpijœʀ] *nm* cacciatorpediniere *m inv.*
contrevenir [kɔ̃tʀəvniʀ]: **~ à** *vt* contravvenire a, trasgredire.
contribuable [kɔ̃tʀibɥabl(ə)] *nm/f* contribuente *m/f.*
contribuer [kɔ̃tʀibɥe] *vt* contribuire; **contribution** *nf* contribuzione *f; (en argent)* contributo; **contributions directes/indirectes** imposte *fpl* dirette/indirette; **mettre à contribution qn/qch** ricorrere a qd/qc.
contrit, e [kɔ̃tʀi, it] *a* contrito(a).
contrôle [kɔ̃tʀol] *nm* controllo.
contrôler [kɔ̃tʀole] *vt* controllare; **se ~** *vr* controllarsi; **contrôleur** *nm* controllore *m.*
contrordre [kɔ̃tʀɔʀdʀ(ə)] *nm* contrordine *m.*
contumace [kɔ̃tymas]: **par ~** *ad* (*JUR*) in contumacia.
contusion [kɔ̃tyzjɔ̃] *nf* contusione *f.*
convaincre [kɔ̃vɛ̃kʀ(ə)] *vt* convincere; **~ qn de faire qch** convincere qd a fare qc.
convalescence [kɔ̃valesɑ̃s] *nf* convalescenza; **convalescent, e** *a, nm/f* convalescente *(m/f).*
convenable [kɔ̃vnabl(ə)] *a (tenue, manières)* decente, corretto(a); *(prix)* onesto(a), giusto(a); *(moment)* opportuno(a); *(salaire)* accettabile; *(fam: personne)* per bene *inv.*
convenance [kɔ̃vnɑ̃s] *nf* convenienza, interesse *m;* **trouver qch/qn à sa ~** trovare qc/qd di suo gusto; **~s** *fpl* buone maniere *fpl;* **congé pour ~s personnelles** congedo per motivi personali.
convenir [kɔ̃vniʀ] *vi:* **~ à** *(être approprié à)* addirsi a, confarsi a; *(plaire à)* andare (bene) a; **il convient de faire/que ...** conviene fare/che ...; **~ de** *(fixer)* fissare, stabilire; **en ~** ammetterlo; **comme convenu** come convenuto *ou* stabilito.
convention [kɔ̃vɑ̃sjɔ̃] *nf* convenzione *f;* **de ~** convenzionale *a;* **~ collective** (*ECON*) contratto collettivo; **conventionné, e** *a* convenzionato(a); **conventionnel, le** *a* convenzionale.
converger [kɔ̃vɛʀʒe] *vi* convergere.
conversation [kɔ̃vɛʀsasjɔ̃] *nf* conversazione *f.*
converser [kɔ̃vɛʀse] *vi* conversare.
conversion [kɔ̃vɛʀsjɔ̃] *nf* conversione *f.*
convertible [kɔ̃vɛʀtibl(ə)] *a* convertibile.
convertir [kɔ̃vɛʀtiʀ] *vt* convertire; **se ~** *vr* convertirsi.
convexe [kɔ̃vɛks(ə)] *a* convesso(a).
conviction [kɔ̃viksjɔ̃] *nf* convinzione *f.*
convier [kɔ̃vje] *vt* invitare.
convive [kɔ̃viv] *nm/f* commensale *m/f.*
convocation [kɔ̃vɔkasjɔ̃] *nf* convocazione *f.*

convoi [kɔ̃vwa] *nm* convoglio.
convoiter [kɔ̃vwate] *vt* bramare, agognare (a).
convoquer [kɔ̃vɔke] *vt* convocare.
convoyer [kɔ̃vwaje] *vt* scortare; **convoyeur** *nm* nave *f* scorta *inv; (tapis roulant)* nastro trasportatore; **convoyeur de fonds** (*FIN*) agente *m* di scorta.
convulsions [kɔ̃vylsjɔ̃] *nfpl* convulsioni *fpl.*
coopératif, ive [kɔɔpeʀatif, iv] *a* cooperativo(a) // *nf* cooperativa.
coopération [kɔɔpeʀɑsjɔ̃] *nf* cooperazione *f.*
coopérer [kɔɔpeʀe] *vi* cooperare.
coordonnées [kɔɔʀdɔne] *nfpl* coordinate *fpl; (fam)* indirizzo.
coordonner [kɔɔʀdɔne] *vt* coordinare.
copain, copine [kɔpɛ̃, in] *nm/f* amico/a; *(de classe)* campagno/a; *(fam: petit ami)* ragazzo/a; **être ~ avec qn** essere in buoni rapporti con qd.
copeau, x [kɔpo] *nm* truciolo.
copie [kɔpi] *nf* copia; (*SCOL*) foglio; *(: devoir)* compito.
copier [kɔpje] *vt, vi* copiare.
copieux, euse [kɔpjø, øz] *a* copioso(a).
copilote [kɔpilɔt] *nm* copilota *m.*
copine [kɔpin] *nf voir* **copain.**
coproduction [kɔpʀɔdyksjɔ̃] *nf* coproduzione *f.*
copropriété [kɔpʀɔpʀijete] *nf* comproprietà *f inv;* **acheter un appartement en ~** comprare un appartamento in un condominio.
coq [kɔk] *nm* gallo; **poids ~** (*BOXE*) peso gallo; **~ de bruyère** (*ZOOL*) gallo cedrone; **passer du coq-à-l'âne** *(fig)* saltare di palo in frasca.
coque [kɔk] *nf (de noix)* guscio; *(de bateau)* scafo; *(d'auto)* scocca; *(d'avion)* carcassa; *(mollusque)* tellina; **œuf à la ~** (*CULIN*) uovo alla coque.
coquelicot [kɔkliko] *nm* papavero.
coqueluche [kɔklyʃ] *nf* pertosse *f.*
coquet, te [kɔkɛ, ɛt] *a* civettuolo(a), frivolo(a); *(élégant)* elegante, grazioso(a).
coquetier [kɔktje] *nm* portauovo *m inv.*
coquillage [kɔkijaʒ] *nm* mollusco; *(coquille)* conchiglia; (*CULIN*) frutto di mare.
coquille [kɔkij] *nf* conchiglia; *de noix, d'œuf)* guscio; (*TYP*) refuso; **~ St Jacques** (*ZOOL: coquille)* pettine *m; (: mollusque)* cappa santa.
coquin, e [kɔkɛ̃, in] *a* birichino(a) // *nm/f (fripon)* furfante *m*, briccone/a.
cor [kɔʀ] *nm* (*MUS*) corno; (*MÉD*) callo; **à ~ et à cri** *(fig)* con insistenza, a gran voce.
corail, aux [kɔʀaj, o] *nm* corallo.
Coran [kɔʀɑ̃] *nm* Corano.
corbeau, x [kɔʀbo] *nm* corvo.
corbeille [kɔʀbɛj] *nf* cestino, canestro; (*(BOURSE*) recinto delle grida; (*THEATRE*) palco; **~ à papier/pain** cestino della carta/del pane.
corbillard [kɔʀbijaʀ] *nm* carro funebre.
corde [kɔʀd(ə)] *nf* corda; **toucher la ~ sensible** *(fig)* toccare il tasto giusto; **être sur la ~ raide** *(fig)* essere sul filo del rasoio.
cordeau, x [kɔʀdo] *nm* cordicella, funicella.
cordée [kɔʀde] *nf* cordata.
cordial, e, aux [kɔʀdjal, jo] *a, nm* cordiale *(m).*
cordon [kɔʀdɔ̃] *nm* cordone *m;* **~ bleu** *(fig)* cuoca provetta.
cordonnier [kɔʀdɔnje] *nm* calzolaio.
coriace [kɔʀjas] *a* coriaceo(a).
cormoran [kɔʀmɔʀɑ̃] *nm* cormorano.
corne [kɔʀn(ə)] *nf* corno.
cornée [kɔʀne] *nf* cornea.
cornemuse [kɔʀnəmyz] *nf* cornamusa.

corner [kɔʀne] *nm* (FOOTBALL) corner *m inv*, calcio d'angolo // *vt (pages)* fare un orecchio a // *vi (klaxonner)* strombazzare.
cornet [kɔʀnɛ] *nm* cono; *(de frites, dragées)* cartoccio; ~ **à piston** (MUS) cornetta.
corniaud [kɔʀnjo] *nm (chien)* bastardo; *(fam)* imbecille *m/f*.
corniche [kɔʀniʃ] *nf* (ARCHIT) cornicione *m;* (GEOGR) cornice *f; (route)* strada panoramica.
cornichon [kɔʀniʃɔ̃] *nm* cetriolino (sott'aceto).
cornue [kɔʀny] *nf* storta.
corporation [kɔʀpɔʀɑsjɔ̃] *nf* corporazione *f*, categoria.
corporel, le [kɔʀpɔʀɛl] *a* corporale.
corps [kɔʀ] *nm* corpo; **à ~ perdu** *ad* a corpo morto.
corpulent, e [kɔʀpylɑ̃, ɑ̃t] *a* corpulento(a).
correct, e [kɔʀɛkt, ɛkt(ə)] *a* corretto(a), esatto(a); *(honnête)* corretto(a); *(passable)* discreto(a), passabile.
correcteur, trice [kɔʀɛktœʀ, tʀis] *nm/f* (SCOL) esaminatore/trice; (TYP) correttore/trice, revisore *m*.
correction [kɔʀɛksjɔ̃] *nf* correzione *f; (exactitude)* correttezza; *(punition)* lezione *f*.
correctionnel, le [kɔʀɛksjɔnɛl] *a* correzionale // *nf (fam:* JUR: *tribunal)* tribunale *m* (penale).
corrélation [kɔʀelɑsjɔ̃] *nf* correlazione *f*.
correspondance [kɔʀɛspɔ̃dɑ̃s] *nf* corrispondenza, concordanza; *(courrier)* corrispondenza; *(de train, d'avion)* coincidenza.
correspondant, e [kɔʀɛspɔ̃dɑ̃, ɑ̃t] *nm/f* corrispondente *m/f*.
correspondre [kɔʀɛspɔ̃dʀ(ə)] *vi* corrispondere.
corridor [kɔʀidɔʀ] *nm* corridoio.
corriger [kɔʀiʒe] *vt* correggere; *(punir)* castigare.
corroborer [kɔʀɔbɔʀe] *vt* corroborare.
corrompre [kɔʀɔ̃pʀ(ə)] *vt* corrompere.
corrosion [kɔʀozjɔ̃] *nf* corrosione *f*.
corruption [kɔʀypsjɔ̃] *nf* corruzione *f*.
corsage [kɔʀsaʒ] *nm* camicetta; *(d'une robe)* corpetto, corpino.
corsaire [kɔʀsɛʀ] *nm* corsaro.
Corse [kɔʀs(ə)] *nf* Corsica; **corse** *a, nm/f* corso(a).
corsé, e [kɔʀse] *a* forte; *(vin)* corposo(a); *(fig)* piccante, scabroso(a).
corset [kɔʀsɛ] *nm* corsetto.
cortège [kɔʀtɛʒ] *nm* corteo.
corvée [kɔʀve] *nf* corvé *f inv; (fig)* faticaccia.
cosmétique [kɔsmetik] *nm* cosmetico.
cosmique [kɔsmik] *a* cosmico(a).
cosmonaute [kɔsmɔnot] *nm/f* cosmonauta *m/f*.
cosmopolite [kɔsmɔpɔlit] *a* cosmopolita.
cosmos [kɔsmos] *nm* cosmo.
cosse [kɔs] *nf* (BOT) baccello.
cossu, e [kɔsy] *a* ricco(a), facoltoso(a); *(maison)* sontuoso(a).
costaud, e [kɔsto, od] *a* solido(a), robusto(a).
costume [kɔstym] *nm* costume *m; (d'homme)* vestito, abito; **costumé, e** *a:* **bal costumé** ballo in maschera.
cote [kɔt] *nf* quotazione *f;* (SCOL) voto; (FIN) aliquota; (MATH, GEOGR) quota; *(fig: estime)* reputazione *f;* ~ **d'alerte** livello di guardia; **avoir la** ~ *(fam)* essere stimato(a).
côte [kot] *nf* salita; *(de colline)* pendio; *(de rivage, tissu, tricot)* costa; (ANAT) costola; (CULIN) costoletta; ~ **à** ~ *ad* fianco a fianco.
côté [kote] *nm* lato; (ANAT) fianco; *(direction)* parte *f;* **du ~ de** *(direction, provenance)* dalle parti di; **de** ~ *ad (marcher, regarder)* di traverso; *(latéralement)* di lato, di

fianco; **à ~** *ad* accanto; **à ~ de** accanto a, vicino a; **être à ~ du sujet** *(fig)* essere fuori tema; **être aux ~s de** *(aussi fig)* essere al fianco di.

coteau, x [kɔto] *nm* collinetta, collina; *(versant)* pendio.

côtelé, e [kotle] *a* a coste *loc inv.*

côtelette [kotlɛt] *nf* co(s)toletta.

coter [kɔte] *vt* quotare.

côtier, ière [kotje, jɛʀ] *a* costiero(a).

cotisation [kɔtizɑsjɔ̃] *nf* quota; *(collecte)* colletta; *(de Sécurité Sociale)* contributo.

cotiser [kɔtize]: **se ~** *vr* fare la colletta.

coton [kɔtɔ̃] *nm* cotone *m.*

cou [ku] *nm* collo.

couche [kuʃ] *nf* strato; *(de bébé)* pannolino; **~s** *fpl* (*MED*) parto *sg;* **fausse ~** aborto spontaneo; **~-culotte** *nf* pannolino (per neonato).

coucher [kuʃe] *vt (personne)* mettere a letto; *(faire étendre)* coricare, adagiare // *vi (dormir)* dormire; **se ~** *vr* coricarsi, andare a dormire *ou* a letto; *(s'étendre)* stendersi; *(se plier)* piegarsi; *(soleil)* tramontare; **~ avec qn** *(fam: avoir des relations sexuelles)* andare a letto con qd // *nm:* **~ de soleil** tramonto; **au ~ du soleil** al tramonto; **à prendre avant le ~** (*MED*) da prendere prima di coricarsi.

couchette [kuʃɛt] *nf* cuccetta.

coucou [kuku] *nm* (*ZOOL*) cuculo, cucù *m inv; (pendule)* cucù *m inv* // *excl* cucù.

coude [kud] *nm* gomito.

coudre [kudʀ(ə)] *vt, vi* cucire.

couenne [kwan] *nf* cotenna, cotica.

coulant, e [kulɑ̃, ɑ̃t] *a (indulgent)* accomodante, indulgente; **nœud ~** nodo scorsoio.

coulée [kule] *nf* colata.

couler [kule] *vi* colare; *(fleuve, liquide)* scorrere; *(sombrer: bateau)* affondare, colare a picco; *(fig)* scivolare // *vt (mouler)* fondere; *(bateau)* affondare; *(fig: glisser: mot)* sussurrare; **~ une bielle** (*AUTO*) fondere una bronzina; **se la ~ douce** *(fig)* spassarsela.

couleur [kulœʀ] *nf* colore *m; (du teint)* colorito; **les ~s** (*MIL*) la bandiera; **film/télévision en ~s** film/televisione a colori; **changer de ~** *(fig)* mutare bandiera.

couleuvre [kulœvʀ(ə)] *nf* (*ZOOL*) biscia; **avaler des ~s** *(fig)* ingoiare un rospo.

coulisse [kulis] *nf* (*TECH*) guida (di scorrimento), scanalatura; **~s** *fpl* (*THEATRE*) quinte *fpl; (fig)* retroscena *m inv;* **fenêtre/porte à ~** finestra/porta scorrevole.

coulisser [kulise] *vi* scorrere.

couloir [kulwaʀ] *nm* corridoio; (*SPORT*: *de piste*) corsia; *(ravin)* gola; **~ d'avalanche** canalone *m.*

coup [ku] *nm* colpo; *(physique)* colpo, botta, percossa; *(d'arme à feu)* sparo; *(d'une horloge)* rintocco; *(fois)* volta; **~ de coude/genou** gomitata/ginocchiata; **~ de tonnerre/sonnette** tuono/scampanellata; **~ de balai/chiffon** spazzata/passata con lo straccio; **avoir le ~** *(fig)* saperci fare; **boire un ~** *(fam)* bere (un bicchiere); **d'un seul ~** in una volta sola; **du premier ~** al primo colpo; **du ~** stando così le cose; **~ sur ~** uno(a) dopo l'altro(a); **sur le ~** immediatamente; **sous le ~ de** sotto l'effetto *ou* l'influenza di; **tomber sous le ~ de la loi** (*JUR*) incorrere in una sanzione penale; **~ de chance** colpo di fortuna; **~ bas** *(fig)* colpo basso *ou* mancino; **~ de couteau** coltellata; **~ d'essai** tentativo; **~ de feu** sparo; **~ de filet** (*POLICE*) retata; **~ de frein** frenata; **~ d'œil** colpo d'occhio; **~ de main** *(aide)* mano *f;* **~ de pied** calcio, pedata; **~ de poing** pugno; **~ de soleil** colpo di sole; **~ de fil**

(fam), ~ **de téléphone** telefonata; ~ **de théâtre** *(fig)* colpo di scena; **en ~ de vent** *(rapidement)* veloce come il vento.

coupable [kupabl(ə)] *a, nm/f* colpevole *(m/f)*.

coupe [kup] *nf* coppa; *(de cheveux, de vêtement)* taglio; *(graphique, plan)* sezione *f*, spaccato; **être sous la ~ de** *(fig)* essere in balia *ou* alle dipendenze di.

coupé [kupe] *nm* (*AUTO*) coupé *m inv*.

coupe-papier [kuppapje] *nm* tagliacarte *m inv*.

couper [kupe] *vt* tagliare; *(interrompre)* interrompere, troncare; *(eau, appétit)* togliere; *(fièvre)* stroncare; *(mélanger: avec de l'eau)* allungare, annacquare // *vi* tagliare; **se ~** *vr* tagliarsi; ~ **la parole à qn** interrompere qd; ~ **le contact** *ou* **l'allumage** (*AUTO*) togliere il contatto.

couple [kupl(ə)] *nm* coppia.

coupler [kuple] *vt* accoppiare.

couplet [kuplɛ] *nm* strofa; *(fig)* ritornello.

coupole [kupɔl] *nf* cupola.

coupon [kupɔ̃] *nm* buono, tagliando; *(de tissu)* scampolo; (*FIN*) cedola.

coupure [kupyʀ] *nf* taglio; *(de journal, de presse)* ritaglio; ~ **de courant/d'eau** interruzione *f* della corrente/dell'acqua.

cour [kuʀ] *nf* corte *f; (de ferme)* corte *f*, cortile *m*.

courage [kuʀaʒ] *nm* coraggio, animo; *(ardeur)* impegno, ardore *m;* **courageux, euse** *a* coraggioso(a).

couramment [kuʀamɑ̃] *ad* correntemente.

courant, e [kuʀɑ̃, ɑ̃t] *a, nm* corrente *(f);* **au ~ (de)** al corrente (di).

courbature [kuʀbatyʀ] *nf* indolenzimento.

courbe [kuʀb(ə)] *a* curvo(a) // *nf* curva.

courber [kuʀbe] *vt* curvare, piegare; **se ~** *vr* curvarsi, piegarsi; *(fig)* sottomettersi.

coureur, euse [kuʀœʀ, øz] *nm/f* corridore *m;* ~ **à pied** podista *m/f;* ~ **de fond/demi-fond** fondista *m/f*/ mezzofondista *m/f;* ~ **de cent mètres** centometrista *m/f;* ~ **de bars/de cinémas**, *etc* frequentatore di bar/cinema; ~ **de filles** *nm* donnaiolo.

courge [kuʀʒ(ə)] *nf* zucca.

courgette [kuʀʒɛt] *nf* zucchino, zucchina.

courir [kuʀiʀ] *vi* correre; *(temps)* passare, scorrere; (*COMM*: *intérêt)* decorrere // *vt* correre; ~ **les cafés/bals** frequentare i caffé/i balli; **le bruit court que ...** corre voce che ...; ~ **après qn** correre dietro a qd.

couronne [kuʀɔn] *nf* corona.

couronner [kuʀɔne] *vt* incoronare; *(fig: carrière)* coronare.

courrier [kuʀje] *nm* posta; *(dans un magazine, journal)* rubrica; **par retour du ~** a stretto giro di posta.

courroie [kuʀwa] *nf* cinghia.

courroucé, e [kuʀuse] *a* corrucciato(a).

cours [kuʀ] *nm* corso; *(fig: d'une maladie, des saisons)* decorso; **donner libre ~ à** dare libero sfogo a; **avoir ~** *(monnaie)* avere corso legale; *(mots, usages, etc)* essere in uso; **en ~ de route** strada facendo; **au ~ de** nel corso di, durante; ~ **du soir** (*SCOL*) corso serale.

course [kuʀs(ə)] *nf* corsa; *(commission)* commissione *f*, compera; **faire les** *ou* **ses ~s** fare la spesa.

court, e [kuʀ, kuʀt(ə)] *a* corto(a); *(dans le temps)* corto(a), breve // *ad:* **tourner ~** *(action, projet)* arenarsi; **couper ~ à ...** tagliar corto a ... // *nm:* ~ **(de tennis)** campo da tennis; **prendre qn de ~** cogliere qd di sorpresa; **avoir le souffle ~** avere il fiatone.

court-bouillon [kuʀbujɔ̃] *nm*

(*CULIN*) brodo ristretto di pesce.
court-circuit [kuRsiRkɥi] *nm* cortocircuito.
courtier, ère [kuRtje, jɛR] *nm/f* mediatore *m*, agente *m*.
courtiser [kuRtize] *vt* corteggiare.
courtois, e [kuRtwa, waz] *a* cortese.
cousin, e [kuzɛ̃, in] *nm/f* cugino/a.
coussin [kusɛ̃] *nm* cuscino.
cousu, e [kuzy] *pp de* **coudre** // *a*: ~ **d'or** ricco sfondato.
coût [ku] *nm* costo.
coûtant [kutɑ̃] *a*: **au prix** ~ a(l) prezzo di costo.
couteau, x [kuto] *nm* coltello; ~ **à cran d'arrêt** coltello a serramanico.
coûter [kute] *vt, vi* costare; **coûte que coûte** costi quel che costi, ad ogni costo; **coûteux, euse** *a* costoso(a).
coutume [kutym] *nf* costume *m*, usanza; (*JUR*) consuetudine *f*; **coutumier, ère** *a* solito(a), abituale; (*JUR*) consuetudinario(a).
couture [kutyR] *nf* cucito; *(métier)* sartoria; *(suite de points)* cucitura; **haute** ~ alta moda; **travailler dans la** ~ fare il/la sarto/a; **couturier, ière** *nm/f* sarto/a.
couvée [kuve] *nf* covata.
couvent [kuvɑ̃] *nm* convento.
couver [kuve] *vt, vi* covare.
couvercle [kuvɛRkl(ə)] *nm* coperchio.
couvert, e [kuvɛR, ɛRt(ə)] *pp de* **couvrir** // *nm* posata; *(place à table)* coperto // *a* coperto(a); *(coiffé d'un chapeau)* col cappello in testa *loc inv*; ~ **de ...** coperto di ...; **mettre le** ~ apparecchiare; **à** ~ *(fig)* al coperto, al riparo; **à** ~ **de** al riparo da.
couverture [kuvɛRtyR] *nf* coperta; (*CONSTR*, *fig*) copertura; *(de livre, cahier)* copertina.
couveuse [kuvøz] *nf* incubatrice *f*.
couvre-chef [kuvRəʃɛf] *nm (fam)* copricapo *m inv*.
couvre-feu [kuvRəfø] *nm* coprifuoco.
couvre-lit [kuvRəli] *nm* copriletto *m inv*.
couvrir [kuvRiR] *vt* coprire; **se** ~ *vr* coprirsi; *(se coiffer)* mettersi il cappello.
crabe [kRɑb] *nm* granchio.
crachat [kRaʃa] *nm* sputo.
cracher [kRaʃe] *vi, vt* sputare; *(fig: lave, injures)* vomitare.
crachin [kRaʃɛ̃] *nm* pioggerella, acquerugiola.
crachoir [kRaʃwaR] *nm* sputacchiera.
craie [kRɛ] *nf* gesso.
craindre [kRɛ̃dR(ə)] *vt* temere, aver paura di; ~ **de/que** temere di/che.
crainte [kRɛ̃t] *nf* timore *m*, paura; **de** ~ **que** per paura che; **craintif, ive** *a* timoroso(a), pauroso(a).
cramoisi, e [kRamwazi] *a* cremisi *inv*; **devenir** ~ *(de honte)* diventare scarlatto(a).
crampe [kRɑ̃p] *nf* crampo.
crampon [kRɑ̃pɔ̃] *nm* rampone *m*; *(de semelle)* chiodo.
cramponner [kRɑ̃pɔne]: **se** ~ *vr* aggrapparsi.
cran [kRɑ̃] *nm* tacca; *(de ceinture)* buco; *(fam: courage)* fegato; *(fig: degré)* gradino; ~ **de sureté** sicura.
crâne [kRɑn] *nm* cranio; **crânien, ne** *a* cranico(a).
crâner [kRɑne] *vi (fam)* fare il gradasso, darsi delle arie.
crapaud [kRapo] *nm* rospo.
crapule [kRapyl] *nf* mascalzone *m*, canaglia.
craquelure [kRaklyR] *nf* screpolatura.
craquement [kRakmɑ̃] *nm* scricchiolio.
craquer [kRake] *vi* scricchiolare; *(se briser)* rompersi, cedere; *(fig: moralement)* crollare // *vt*: ~ **une allumette** accendere un

fiammifero.
crasse [kʀas] *nf* sporcizia, sudiciume *m*.
cratère [kʀatɛʀ] *nm* cratere *m*.
cravache [kʀavaʃ] *nf* frustino, scudiscio.
cravate [kʀavat] *nf* cravatta.
crawl [kʀol] *nm* (*SPORT*) (nuoto a) stile *m* libero; **dos crawlé** (*SPORT*) dorso.
crayon [kʀɛjɔ̃] *nm* matita; ~ **à bille** biro *f inv*; ~ **feutre** pennarello ®; ~ **de couleur** matita colorata.
créancier, ière [kʀeɑ̃sje, jɛʀ] *nm/f* creditore/trice.
créateur, trice [kʀeatœʀ, tʀis] *a* creativo(a) // *nm/f* creatore/trice.
création [kʀeɑsjɔ̃] *nf* creazione *f*; (*univers*) creato.
créature [kʀeatyʀ] *nf* creatura.
crèche [kʀɛʃ] *nf* (*de Noël*) presepio; (*garderie*) (asilo) nido.
crédibilité [kʀedibilite] *nf* credibilità *f inv*.
crédit [kʀedi] *nm* considerazione *f*, credito; (*ECON, FIN*) credito; (*COMM*) avere *m*; ~**s** *mpl* (*fonds*) sovvenzioni *fpl*; **vendre/payer à** ~ vendere/pagare a rate.
créditer [kʀedite] *vt*: ~ **un compte d'une somme** accreditare una somma su un conto.
créditeur, trice [kʀeditœʀ, tʀis] *a, nm/f* creditore/trice.
credo [kʀedo] *nm* credo.
crédule [kʀedyl] *a* credulone(a), ingenuo(a).
créer [kʀee] *vt* creare.
crémaillère [kʀemajɛʀ] *nf* (*TECH*) cremagliera.
crématoire [kʀematwaʀ] *a*: **four** ~ forno crematorio.
crème [kʀɛm] *nf* crema; (*du lait*) panna; (*fig: élite*) crema, fior fiore *m* // *a inv* (color) crema *inv* // *nm*: **un petit** ~ un caffè macchiato; **un grand** ~ ≈ un cappuccino; ~ **fouettée** *ou* **chantilly** panna montata; ~ **à raser** crema da barba; **crémerie** *nf* latteria, cremeria.
créneau, x [kʀeno] *nm* (*de fortification*) merlo; (*MIL*) feritoia; **faire un** ~ (*AUTO*) posteggiare (a marcia indietro tra due auto).
créole [kʀeɔl] *a, nm/f* creolo(a).
crêpe [kʀɛp] *nf* (*CULIN*) crêpe *f*, crespella // *nm* (*tissu*) crêpe *m*; (*de deuil*) (fascia di) lutto; (*caoutchouc*) para.
crêper [kʀepe] *vt* (*cheveux*) cotonare.
crêperie [kʀɛpʀi] *nf* crêperie *f inv*.
crépi [kʀepi] *nm* intonaco.
crépiter [kʀepite] *vi* crepitare.
crépon [kʀepɔ̃] *nm* crépon *m inv*.
crépu, e [kʀepy] *a* crespo(a).
crépuscule [kʀepyskyl] *nm* crepuscolo.
crescendo [kʀeʃɛndo] *nm* crescendo.
cresson [kʀesɔ̃] *nm* crescione *m*.
crête [kʀɛt] *nf* cresta.
crétin, e [kʀetɛ̃, in] *nm/f* cretino(a).
creuser [kʀøze] *vt* scavare; (*fig: approfondir*) approfondire; ~ **(l'estomac)** (*fam*) mettere appetito; **se** ~ *vr* incavarsi; **se** ~ **la cervelle** *ou* **la tête** spremersi le meningi.
creuset [kʀøzɛ] *nm* crogiolo.
creux, euse [kʀø, øz] *a* cavo(a), vuoto(a); (*vide, aussi fig*) vuoto(a); (*voix*) cavernoso(a); (*dent*) guasto(a); (*partie du corps*) incavato(a), infossato(a); (*assiette*) fondo(a) // *nm* cavità *f inv*; (*concavité*) cavo, incavo; (*fig*) stasi *f* // *ad*: **sonner** ~ suonare a vuoto; **heures creuses** ore calme; **saison creuse** bassa stagione; **être dans le** ~ **de la vague** (*fig*) attraversare un periodo di crisi; **avoir un** ~ **dans l'estomac** (*fig*) avere un buco allo stomaco.
crevaison [kʀəvɛzɔ̃] *nf* foratura.
crevasse [kʀəvas] *nf* crepaccio; (*MED*) screpolatura.
crever [kʀəve] *vt* bucare, forare;

(fam: éreinter) spossare, sfiancare // *vi* scoppiare; *(pneu)* forare; *(fam)* crepare.
crevette [kʀəvɛt] *nf* gamberetto.
cri [kʀi] *nm* grido; *(d'animal)* verso, grido; **dernier** ~ *(à la mode)* all'ultimo grido.
criant, e [kʀijɑ̃, ɑ̃t] *a (fig)* palese, lampante.
criard, e [kʀijaʀ, aʀd(ə)] *a (couleur)* chiassoso(a); *(voix)* stridulo(a), stridente.
crible [kʀibl(ə)] *nm* setaccio, vaglio.
criblé, e [kʀible] *a:* ~ **de** *(accablé par)* carico(a) di; *(couvert de: blessures)* coperto(a) di; *(de balles)* crivellato(a) di.
cric [kʀik] *nm* (*AUTO*) cric *m inv*.
crier [kʀije] *vt* gridare // *vi* gridare, strillare; **crieur** *nm* **de journaux** strillone *m*.
crime [kʀim] *nm* crimine *m*; **criminel, le** *a* criminale; (*JUR*) penale // *nm/f* criminale *m/f*.
crin [kʀɛ̃] *nm* crine *m*.
crinière [kʀinjɛʀ] *nf* criniera.
crique [kʀik] *nf* cala.
criquet [kʀikɛ] *nm* cavalletta.
crise [kʀiz] *nf* crisi *f*; (*MED*) crisi *f*, attacco.
crisper [kʀispe] *vt* contrarre; **se** ~ *vr* contrarsi; **être crispé** essere teso *o* contratto.
crisser [kʀise] *vi (pneu)* stridere; *(neige)* scricchiolare.
cristal, aux [kʀistal, o] *nm* cristallo; **cristallin, e** *a* cristallino(a) // *nm* cristallino; **cristalliser** *vi (aussi* **se cristalliser**) cristallizzarsi.
critère [kʀitɛʀ] *nm* criterio.
critique [kʀitik] *a, nm/f* critico(a).
critiquer [kʀitike] *vt* criticare.
croasser [kʀɔase] *vi* gracchiare.
croc [kʀo] *nm* dente *m*, zanna; *(de boucher)* gancio, uncino.
croc-en-jambe [kʀɔkɑ̃ʒɑ̃b] *nm* sgambetto.
croche [kʀɔʃ] *nf* croma.
crochet [kʀɔʃɛ] *nm* gancio, uncino; *(de voleur)* grimaldello; *(détour)* deviazione *f*; (*BOXE*) gancio; (*TRICOT*) uncinetto; **vivre aux** ~**s de qn** *(fig)* vivere alle spalle di qd.
crocheter [kʀɔʃte] *vt* scassinare.
crochu, e [kʀɔʃy] *a* adunco(a), uncinato(a).
crocodile [kʀɔkɔdil] *nm* coccodrillo.
crocus [kʀɔkys] *nm* croco.
croire [kʀwaʀ] *vt* credere // *vi* credere; ~ **être/faire** credere di essere/di fare; ~ **à** *ou* **en** *(avoir confiance ou foi en)* credere in; ~ **à** *(considérer comme vrai ou imminent)* credere a.
croisade [kʀwazad] *nf* crociata.
croisé, e [kʀwaze] *a* incrociato(a); *(veste)* a doppiopetto *loc inv* // *nm* crociato // *nf (fenêtre)* finestra; ~**e d'ogives** (*ARCHIT*) volta a crociera; **à la** ~**e des chemins** all'incrocio delle strade.
croisement [kʀwazmɑ̃] *nm* incrocio.
croiser [kʀwaze] *vt, vi* incrociare; **se** ~ *vr* incrociarsi.
croiseur [kʀwazœʀ] *nm* incrociatore *m*.
croisière [kʀwazjɛʀ] *nf* crociera.
croissance [kʀwasɑ̃s] *nf* crescita.
croissant, e [kʀwasɑ̃, ɑ̃t] *a* crescente // *nm* (*CULIN*) cornetto, croissant *m inv*; *(emblème)* mezzaluna; ~ **de lune** spicchio di luna.
croître [kʀwatʀ(ə)] *vi* crescere.
croix [kʀwa] *nf* croce *f*; **en** ~ a croce, in croce.
croque-monsieur [kʀɔkməsjø] *nm* ≈ toast *m inv*.
croque-mort [kʀɔkmɔʀ] *nm (fam)* becchino.
croquer [kʀɔke] *vt* masticare; *(manger)* sgranocchiare; *(fig: gaspiller)* dilapidare, mangiarsi // *vi* crocchiare.
croquis [kʀɔki] *nm* schizzo.
cross(-country) [kʀɔs(kuntʀi)]

nm (*SPORT*) cross-country *m inv; (: à pied)* corsa campestre.
crosse [kRɔs] *nf* calcio; *(d'évêque)* pastorale *m; (de hockey)* mazza.
crotte [kRɔt] *nf* sterco, escremento.
crotté, e [kRɔte] *a* infangato(a).
crottin [kRɔtɛ̃] *nm* sterco (di cavallo).
crouler [kRule] *vi* crollare.
croupe [kRup] *nf* groppa.
croupier [kRupje] *nm* croupier *m inv*.
croupir [kRupiR] *vi* marcire.
croustillant, e [kRustijɑ̃, ɑ̃t] *a* croccante; *(fig)* piccante, salace.
croûte [kRut] *nf* crosta; *(dépôt)* incrostazione *f;* **pâté en ~** (*CULIN*) *pâté racchiuso in una sfoglia di pasta;* ~ **au fromage** (*CULIN*) crostone al formaggio.
croûton [kRutɔ̃] *nm* crostino.
croyant, e [kRwajɑ̃, ɑ̃t] *a, nm/f* credente *(m/f)*.
CRS *(abbr de Compagnies Républicaines de sécurité):* **un CRS** ≈ un poliziotto.
cru, e [kRy] *pp de* **croire** // *a* crudo(a); *(non usiné)* crudo(a), grezzo(a) // *nm (vignoble)* vigneto; *(vin)* vino // *nf* piena.
crû [kRy] *pp de* **croître.**
cruauté [kRyote] *nf* crudeltà *f inv*.
cruche [kRyʃ] *nf* brocca.
crucial, e, aux [kRysjal, o] *a* cruciale.
crucifier [kRysifje] *vt* crocifiggere.
crucifix [kRysifi] *nm* crocifisso.
crudités [kRydite] *fpl* (*CULIN*) verdure *fpl* crude.
crue [kRy] *a, nf voir* **cru.**
cruel, le [kRyɛl] *a* crudele.
crustacés [kRystase] *nmpl* crostacei *mpl.*
crypte [kRipt(ə)] *nf* cripta.
cubage [kybaʒ] *nm* cubatura.
cube [kyb] *nm, a* cubo.
cueillette [kœjɛt] *nf* raccolta.
cueillir [kœjiR] *vt* cogliere.
cuiller, cuillère [kɥijɛR] *nf* cucchiaio; ~ **à soupe** cucchiaio (da minestra); ~ **à café** cucchiaino (da caffè); **cuillerée** *nf* cucchiaiata.
cuir [kɥiR] *nm* pelle *f,* cuoio; *(de semelle)* cuoio.
cuirasse [kɥiRas] *nf* corazza.
cuirassé [kɥiRase] *nm* corazzata.
cuire [kɥiR] *vt* cuocere // *vi* cuocere; *(fig)* morire di caldo.
cuisant, e [kɥizɑ̃, ɑ̃t] *a* cocente; *(froid, reproches)* pungente.
cuisine [kɥizin] *nf* cucina; **faire la ~** cucinare.
cuisiner [kɥizine] *vt* cucinare, preparare; *(fam: interroger)* torchiare // *vi* cucinare; **cuisinier, ière** *nm/f* cuoco/a // *nf (appareil)* cucina (economica).
cuisse [kɥis] *nf* coscia.
cuisson [kɥisɔ̃] *nf* cottura.
cuit, e [kɥi, kɥit] *pp de* **cuire.**
cuivre [kɥivR(ə)] *nm* rame *m;* ~ **jaune** ottone *m;* **les ~s** (*MUS*) ottoni *mpl.*
cul [ky] *nm (fam)* culo.
culasse [kylas] *nf* (*AUTO*) testata; *(de fusil)* culatta.
culbute [kylbyt] *nf* capriola; *(chute)* capitombolo; **culbuter** *vi (personne)* cadere (all'indietro); *(voiture, etc)* rovesciarsi, ribaltarsi; **culbuteur** *nm* (*AUTO*) bilanciere *m.*
cul-de-sac [kydsak] *nm* strada senza uscita, vicolo cieco.
culot [kylo] *nm (d'ampoule)* attacco; *(effronterie)* faccia tosta, sfacciataggine *f.*
culotte [kylɔt] *nf (pantalon)* calzoni *mpl ou* pantaloni *mpl;* **(petite)** ~ *(de femme)* mutandine *fpl,* slip *mpl;* ~ **de cheval** calzoni da equitazione; ~ **courte** calzoncini *mpl.*
culotté, e [kylɔte] *a (effronté)* sfacciato(a), sfrontato(a).
culpabilité [kylpabilite] *nf* colpevolezza; **sentiment de ~** senso di colpa.
culte [kylt(ə)] *nm* culto.
cultivateur, trice [kyltivatœR,

tris] *nm/f* coltivatore/trice.
cultivé, e [kyltive] *a* coltivato(a); (personne) colto(a).
cultiver [kyltive] *vt* coltivare.
culture [kyltyʀ] *nf* coltivazione *f*, coltura; *(connaissances, activité physique)* cultura; (*MED*) coltura.
culturisme [kyltyʀism(ə)] *nm* culturismo.
cumin [kymɛ̃] *nm* cumino.
cumuler [kymyle] *vt* cumulare.
cupidité [kypidite] *nf* cupidigia.
cure [kyʀ] *nf* cura; (*REL*) parrocchia; *(maison du curé)* presbiterio.
curé [kyʀe] *nm* parroco, curato.
cure-dent [kyʀdɑ̃] *nm* stuzzicadenti *m inv*.
curer [kyʀe] *vt* pulire, nettare.
curieux, euse [kyʀjø, øz] *a, nm/f* curioso(a); **curiosité** *nf* curiosità *f inv*.
cutané, e [kytane] *a* cutaneo(a).
cuve [kyv] *nf* vasca; *(pour le raisin)* tino.
cuvée [kyve] *nf (produit d'une vigne)* vino.
cuvette [kyvɛt] *nf* catinella, bacinella; (*GEOGR*) conca.
C.V. *sigle m* (*AUTO*) *voir* **cheval;** (*COMM*) *abr de curriculum vitae*.
cyanure [sjanyʀ] *nm* cianuro.
cybernétique [sibɛʀnetik] *nf* cibernetica.
cyclamen [siklamɛn] *nm* ciclamino.
cycle [sikl(ə)] *nm* ciclo.
cycliste [siklist(ə)] *nm/f* ciclista *m/f*.
cyclomoteur [siklɔmɔtœʀ] *nm* ciclomotore *m*.
cyclone [siklon] *nm* ciclone *m*.
cygne [siɲ] *nm* cigno.
cylindre [silɛ̃dʀ(ə)] *nm* cilindro.
cymbales [sɛ̃bal] *nfpl* (*MUS*) piatti *mpl*.
cynique [sinik] *a* cinico(a).
cyprès [sipʀɛ] *nm* cipresso.
cyrillique [siʀilik] *a* cirillico(a).
cystite [sistit] *nf* cistite *f*.
cytise [sitiz] *nm* citiso.

D

dactylo [daktilo] *nf (aussi:* **~graphe**) dattilografa; **dactylographier** *vt* battere a macchina.
dada [dada] *nm* pallino, chiodo.
daigner [deɲe] *vt* degnarsi di; **~ accorder qch à qn** degnare qd di qc.
daim [dɛ̃] *nm* (*ZOOL*) daino; **veste de ~** giacca scamosciata.
dallage [dalaʒ] *nm* pavimento; pavimentazione *f*.
dalle [dal] *nf* lastra.
daltonien, ne [daltɔnjɛ̃, jɛn] *a, nm/f* daltonico(a).
dam [dɑ̃] *nm:* **au (grand) ~ de** con grande danno di.
dame [dam] *nf* signora; *(de compagnie)* dama; (*ECHECS*) regina; (*CARTES*) donna; **~s** *fpl (jeu)* dama.
damer [dame] *vt (sol)* spianare; *(ski: piste)* battere; **~ le pion à qn** *(fig)* avere la meglio su qd.
damier [damje] *nm* scacchiera; **en ~** a scacchi *mpl*.
damner [dɑne] *vt* dannare.
dandiner [dɑ̃dine]: **se ~** *vr* dondolarsi.
Danemark [danmaʀk] *nm* Danimarca.
danger [dɑ̃ʒe] *nm* pericolo.
dangereux, euse [dɑ̃ʒʀø, øz] *a* pericoloso(a).
danois, e [danwa, waz] *a, nm/f* danese // *nm* (*ZOOL*) alano.
dans [dɑ̃] in; *(temps)* tra, fra; *(environ)* circa; **monter ~ le bus** salire sull'autobus; **je l'ai lu ~ le journal** l'ho letto sul giornale; **~ le but de** allo scopo di; **~ la rue** per la strada.
danse [dɑ̃s] *f* danza, ballo; *(expression artistique)* danza.
danser [dɑ̃se] *vt, vi* ballare // *vi (chorégraphie)* danzare.
danseur, euse [dɑ̃sœʀ, øz] *nm/f* ballerino/a.
d'après [dapʀɛ] *prép voir* **après.**

dard [daʀ] *nm* pungiglione *m*.
date [dat] *nf* data; **premier/dernier en ~** primo/ultimo in ordine di tempo; **faire ~** fare epoca.
dater [date] datare // *vi (être démodé)* passare di moda, fare epoca; **~ de** risalire a; **à ~ de** a decorrere da.
datte [dat] *nf* dattero.
dattier [datje] *nm* palma da dattero.
dauphin [dofɛ̃] *nm* delfino.
davantage [davɑ̃taʒ] *ad* di più; *(plus longtemps)* più a lungo; **~ de** più.
de [də] (*de* + *le* = **du**, *de* + *les* = **des**) *prép* di; *(provenance, temps)* da; *(moyen)* con; *(durée, cause)* per; **~ nos jours** ai nostri giorni; **être payé vingt francs ~ l'heure** essere pagato venti franchi all'ora; **un billet ~ cent francs** un biglietto da cento franchi; **il est impossible ~ partir aujourd'hui** è impossibile partire oggi; **trois jours ~ libres** tre giorni liberi // *dét* del(la), dei (delle), degli(delle); **il mange ~ tout** mangia di tutto; **il n'a pas ~ chance** non ha fortuna.
dé [de] *nm* dado; **~ (à coudre)** ditale *m*.
débâcle [debɑkl(ə)] *nf* disfatta, crollo, sfacelo.
déballer [debale] *vt* sballare; *(fam: connaissance)* spiattellare.
débandade [debɑ̃dad] *nf* sbandamento, fuggifuggi *m inv*.
débarbouiller [debaʀbuje]: **se ~** *vr* lavarsi la faccia.
débarcadère [debaʀkadɛʀ] *nm* imbarcadero.
débardeur [debaʀdœʀ] *nm* scaricatore *m; (maillot)* canottiera.
débarquement [debaʀkəmɑ̃] *nm* sbarco.
débarquer [debaʀke] *vt* sbarcare; *(marchandise)* scaricare // *vi* sbarcare; *(fam: arriver)* piombare.
débarras [debaʀa] *nm* ripostiglio; **bon ~!** che liberazione!
débarrasser [debaʀase] *vt* sgomb(e)rare, sbarazzare; *(table)* sparecchiare; **~ qn de** liberare qd da; **se ~ de** sbarazzarsi di, liquidare.
débat [deba] *nm* dibattito.
débattre [debatʀ(ə)] *vt* dibattere, discutere; **se ~** *vr* dibattersi.
débauche [deboʃ] *nf* dissolutezza.
débauché, e [deboʃe] *a, nm/f* dissoluto(a), debosciato(a).
débile [debil] *a* debole, gracile // *nm/f*: **~ mental(e)** ritardato/a.
débit [debi] *nm (d'un fleuve, d'une canalisation)* portata; *(élocution)* eloquio; *(de gaz, électricité)* erogazione *f; (d'un magasin)* smercio; (COMM) dare *m;* (FIN) addebito; **~ de boissons** bar *m inv;* **~ de tabac** tabaccaio; **un article d'un bon ~** un articolo che si vende bene.
débiter [debite] *vt (liquide, gaz)* erogare; *(bois)* tagliare; *(péj: discours)* sciorinare; **~ un compte d'une somme** addebitare una somma su un conto.
débiteur, trice [debitœʀ, tʀis] *a, nm/f* debitore(trice).
déblai [deblɛ] *nm* materiale *m* di riporto.
déblayer [debleje] *vt* sgomberare.
déblocage [deblɔkaʒ] *nm* sblocco.
débloquer [deblɔke] *vt* sbloccare // *vi (fam)* parlare a vanvera.
déboires [debwaʀ] *mpl* delusioni *fpl; (ennuis)* noie *fpl;* **avoir/essuyer des ~** subire delusioni.
déboiser [debwaze] disboscare.
déboîter [debwate] *vi* (AUTO) uscire dalla fila; **se ~ le genou** *etc* lussarsi *ou* slogarsi il ginocchio, *etc.*
débonnaire [debɔnɛʀ] *a* bonario(a), bonaccione(a).
débordé, e [debɔʀde] *a (fig)* sovraccarico(a).
déborder [debɔʀde] *vi (rivière)* straripare; *(eau, lait)* traboccare // *vt* oltrepassare (il bordo di);

(dépasser) sporgere da; *(fig)* esulare da; *(: suj: évènements)* sopraffare.
débouché [debuʃe] *nm* sbocco.
déboucher [debuʃe] *vt* sturare; *(bouteille)* stappare // *vi (rue)* sbucare; *(fig)* sfociare.
débourser [debuʀse] *vt* sborsare.
debout [dəbu] *ad* in piedi; **tenir** ~ *(fig: histoire)* stare in piedi *ou* reggere.
déboutonner [debutɔne] *vt* sbottonare; **se** ~ *vr* sbottonarsi.
débraillé, e [debʀɑje] *a* trasandato(a).
débrayage [debʀɛjaʒ] *nm* (*AUTO*) (disinnesto della)frizione *f*; *(fam: grève)* sospensione *f* dal lavoro, sciopero; **faire un double** ~ (*AUTO*) fare la doppietta.
débrayer [debʀeje] *vi* (*AUTO*) staccare la frizione; *(fam: faire grève)* scioperare; *(: cesser le travail)* smontare, staccare.
débris [debʀi] *nm* coccio // *nmpl* avanzi *mpl*.
débrouillard, e [debʀujaʀ, aʀd(ə)] *a* sveglio(a).
débrouiller [debʀuje] *vt* sbrogliare; **se** ~ *vr* cavarsela, sbrogliarsela.
débroussailler [debʀusɑje] *vt* liberare dai cespugli.
débusquer [debyske] *vt* stanare, snidare.
début [deby] *nm* inizio; ~**s** (*CINE, SPORT, etc)* esordio, debutto.
débutant, e [debytɑ̃, ɑ̃t] *a, nm/f* debuttante, principiante.
débuter [debyte] *vi* iniziare; *(personne: faire ses débuts)* debuttare.
deçà [dəsa]: **en deçà (de)** *prép* al di qua (di).
décacheter [dekaʃte] *vt* aprire.
décade [dekad] *nf (10 jours)* decade *f*; *(10 ans)* decennio.
décadence [dekadɑ̃s] *nf* decadenza.
décaféiné, e [dekafeine] *a* decaffeinato(a).
décalage [dekalaʒ] *nm* spostamento; *(dans le temps)* sfasamento; *(fig)* divario; ~ **horaire** differenza di orario.
décaler [dekale] *vt* spostare.
décalquer [dekalke] *vt* ricalcare.
décamper [dekɑ̃pe] *vi* filare, svignarsela; **décampe!** sloggia!
décanter [dekɑ̃te] *vt* decantare.
décaper [dekape] *vt* raschiare.
décapiter [dekapite] *vt* decapitare.
décapotable [dekapɔtabl(ə)] *a* decappottabile.
décapsuler [dekapsyle] *vt* aprire.
décédé, e [desede] *a* deceduto(a).
déceler [desle] *vt* scoprire; *(suj: indice, symptôme)* rivelare.
décembre [desɑ̃bʀ(ə)] *nm* dicembre *m*.
décence [desɑ̃s] *nf* decenza.
décent, e [desɑ̃, ɑ̃t] *a* decente.
décentraliser [desɑ̃tʀalize] *vt* decentralizzare.
décentrer [desɑ̃tʀe] *vt* decentrare.
déception [desɛpsjɔ̃] *nf* delusione *f*.
décerner [desɛʀne] *vt* assegnare.
décès [desɛ] *nm* decesso.
décevant, e [desvɑ̃, ɑ̃t] *a* deludente.
décevoir [desvwaʀ] *vt* deludere.
déchaîner [deʃene] *vt* scatenare; **se** ~ *vr* scatenarsi.
décharge [deʃaʀʒ(ə)] *nf* scarica; *(dépôt d'ordures)* discarica; *(tuyau)* scarico; (*JUR*) discarico, discolpa.
décharger [deʃaʀʒe] *vt* scaricare; (*JUR*) scagionare; ~ **qn d'une responsabilité/tâche** sollevare qd da una responsabilità/un compito.
décharné, e [deʃaʀne] *a* scarno(a).
déchausser [deʃose] *vt* togliere le scarpe a; *(mur)* scalzare; *(ski)* togliere; *(: en tombant)* perdere; **se** ~ *vr* togliersi le scarpe.
déchéance [deʃeɑ̃s] *nf* decadenza.
déchet [deʃɛ] *nm* scarto; ~**s** *pl* rifiuti *mpl*.
déchiffrer [deʃifʀe] *vt* decifrare.
déchiqueter [deʃikte] *vt* ridurre a

brandelli, dilaniare.
déchirant, e [deʃirɑ̃, ɑ̃t] *a* straziante.
déchirement [deʃirmɑ̃] *nm* lacerazione *f*.
déchirer [deʃire] *vt* strappare, lacerare; *(fig)* straziare; **se ~** *vr* strapparsi.
déchirure [deʃiryr] *nf* strappo.
déchoir [deʃwar] *vi* decadere.
déchu, e [deʃy] *a* decaduto(a).
décidé, e [deside] *a* deciso(a).
décider [deside] *vt* decidere; **~ qn (à faire qch)** convincere qd (a fare qc); **se ~** *vr* decidersi.
décilitre [desilitʀ(ə)] *nm* decilitro.
décimal, e, aux [desimal, o] *a, nf* decimale *(m)*.
décimer [desime] *vi* decimare.
décimètre [desimɛtʀ(ə)] *nm* decimetro.
décisif, ive [desizif, iv] *a* decisivo(a).
décision [desizjɔ̃] *nf* decisione *f*.
déclamation [deklamɑsjɔ̃] *nf* declamazione *f; (péj)* enfasi *f*.
déclaration [deklaʀɑsjɔ̃] *nf* dichiarazione *f;* (*JUR, des revenus)* denuncia; *(: de la part d'une autorité publique)* dichiarazione *f*.
déclarer [deklaʀe] *vt* dichiarare; (*JUR, revenus)* denunciare; *(: suj: autorité publique)* dichiarare; **se ~** *vr* dichiararsi; *(maladie)* manifestarsi; *(feu)* divampare.
déclasser [deklɑse] *vt* declassare; (*SPORT*) retrocedere.
déclenchement [deklɑ̃ʃmɑ̃] *nm* scatto; (*ELEC*) apertura; *(fig)* scoppio.
déclencher [deklɑ̃ʃe] *vt (mécanisme, etc)* far scattare; *(fig)* scatenare, provocare; **se ~** *vr (mécanisme)* scattare; *(fig)* scatenarsi.
déclic [deklik] *nm* scatto.
déclin [deklɛ̃] *nm* declino.
déclinaison [deklinɛzɔ̃] *nf* declinazione *f*.
décliner [dekline] *vi, vt* declinare.
déclivité [deklivite] *nf* declivio, pendenza.
décocher [dekɔʃe] *vt* sferrare; *(flèche)* scoccare; *(fig: critique, regard)* lanciare.
décoder [dekɔde] *vt* decifrare; (*INFORM*) decodificare.
décoiffer [dekwafe] *vt* spettinare; **se ~** *vr* togliersi il cappello; *(cheveux)* spettinarsi.
décoincer [dekwɛ̃se] *vt* sbloccare.
décollage [dekɔlaʒ] *nm* decollo.
décoller [dekɔle] *vt* staccare, scollare // *vi* decollare; **se ~** *vr* staccarsi.
décolletage [dekɔltaʒ] *nm* (*TECH*) tornitura.
décolleté, e [dekɔlte] *a* scollato(a) // *nm* scollatura; *(poitrine)* décolleté *m inv*.
décoloniser [dekɔlɔnize] *vt* decolonizzare.
décolorer [dekɔlɔʀe] *vt* scolorire; **se ~** *vr* scolorirsi.
décombres [dekɔ̃bʀ(ə)] *nmpl* macerie *fpl*.
décommander [dekɔmɑ̃de] *vt* annullare l'ordinazione di; *(réception, invitation)* disdire; **se ~** *vr* annullare l'appuntamento.
décomposé, e [dekɔ̃poze] *a* decomposto(a); *(altéré)* alterato(a).
décomposer [dekɔ̃poze] *vt* scomporre; (*CHIM, PHYSIOL*) decomporre; *(fig: problème)* analizzare; *(: visage)* alterare; **se ~** *vr* decomporsi; *(fig: visage)* alterarsi.
décomposition [dekɔ̃pozisjɔ̃] *nf* scomposizione *f;* (*CHIM, PHYSIOL*) decomposizione *f; (fig: problème)* analisi *f; (: famille, société)* disfacimento.
décompression [dekɔ̃pʀesjɔ̃] *nf* decompressione *f*.
décompte [dekɔ̃t] *nm* sconto, detrazione *f; (facture détaillée)* conteggio.
décompter [dekɔ̃te] *vt* detrarre,

scontare.
déconcentration [dekɔ̃sɑ̃tʀasjɔ̃] *nf* (*ADMIN*) decentramento.
déconcerter [dekɔ̃sɛʀte] *vt* sconcertare.
déconfiture [dekɔ̃fityʀ] *nf* crisi *f*; (*FIN*) dissesto, rovina.
décongeler [dekɔ̃ʒle] *vt* s(con)gelare.
décongestionner [dekɔ̃ʒɛstjɔne] *vt* decongestionare.
déconseiller [dekɔ̃seje] *vt* sconsigliare.
déconsidérer [dekɔ̃sideʀe] *vt* screditare.
décontenancer [dekɔ̃tnɑ̃se] *vt* sconcertare, mettere in imbarazzo.
décontracté, e [dekɔ̃tʀakte] *a* disteso(a), rilassato(a); (*fig*) disinvolto(a).
décontracter [dekɔ̃tʀakte] *vt* rilassare; **se** ~ *vr* rilassarsi.
déconvenue [dekɔ̃vny] *nf* delusione *f*.
décor [dekɔʀ] *nm* arredamento; (*cadre*) ambiente *m*; (*THEATRE, CINE*) scena, scenario; (*paysage*) scenario, sfondo; **aller dans le** ~ (*fig: AUTO*) uscire di strada.
décorateur [dekɔʀatœʀ] *nm* decoratore *m*; (*CINE, THEATRE*) scenografo.
décoratif, ive [dekɔʀatif, iv] *a* decorativo(a).
décoration [dekɔʀasjɔ̃] *nf* decorazione *f*; (*ornement*) addobbo; (*d'une maison*) arredamento.
décorer [dekɔʀe] *vt* decorare; (*orner*) addobbare; (*maison*) arredare.
décortiquer [dekɔʀtike] *vt* sgusciare; (*fig*) esaminare a fondo.
découcher [dekuʃe] *vi* passare la notte fuori (di casa).
découdre [dekudʀ(ə)] *vt* scucire // *vi*: **en** ~ darsele.
découler [dekule] *vi*: ~ **de** derivare da, conseguire da.
découpage [dekupaʒ] *nm* taglio; (*en suivant un modèle*) ritaglio; (*image*) figurina (*da ritagliare*); (*TECH*) tranciatura; ~ **électoral** suddivisione *f* in seggi elettorali.
découper [dekupe] *vt* tagliare; (*en suivant un modèle*) ritagliare; (*CULIN*) trinciare; (*TECH*) tranciare; **se** ~ *vr*: **se** ~ **sur** (*fig*) stagliarsi contro.
découplé, e [dekuple] *a*: **bien** ~ aitante.
découpure [dekupyʀ] *nf* dentellatura; (*fig: d'une côte*) anfrattuosità *f*.
décourager [dekuʀaʒe] *vt* demoralizzare, scoraggiare; (*dissuader*) dissuadere; **se** ~ *vr* scoraggiarsi, demoralizzarsi.
décousu, e [dekuzy] *a* scucito(a); (*fig: discours, etc*) sconclusionato(a).
découvert, e [dekuvɛʀ, ɛʀt(ə)] *a, nm/f* scoperto(a); **à** ~ allo scoperto; **compte à** ~ (*FIN*) conto scoperto.
découvrir [dekuvʀiʀ] *vt* scoprire; (*apercevoir*) scorgere; (*fig: casserole, maison*) scoperchiare; **se** ~ *vr* scoprirsi; (*ôter son chapeau*) scoprirsi il capo; (*ciel*) schiarirsi.
décrasser [dekʀase] *vt* pulire, disincrostare.
décrépit, e [dekʀepi, it] *a* decrepito(a).
décrépitude [dekʀepityd] *nf* decadenza.
décret [dekʀɛ] *nm* decreto.
décréter [dekʀete] *vt* stabilire; (*JUR*) decretare.
décrié, e [dekʀije] *a* denigrato(a), screditato(a).
décrire [dekʀiʀ] *vt* descrivere.
décrochement [dekʀɔʃmɑ̃] *nm* (*GEOL*) dislivello.
décrocher [dekʀɔʃe] *vt* staccare; (*wagon*) sganciare; (*vêtement*) prendere; (*fig: contrat, etc*) (riuscire a) strappare; (*: prix*) vincere // *vi* (*fam*) ritirarsi; ~ **(le téléphone)** alzare il ricevitore.

décroissant, e [dekʀwasɑ̃, ɑ̃t] *a* decrescente.
décroître [dekʀwatʀ(ə)] *vi* calare, diminuire.
décrue [dekʀy] *nf* abbassamento.
décrypter [dekʀipte] *vt* decifrare.
déçu, e [desy] *pp de* **décevoir** // *a* deluso(a).
déculotter [dekylɔte] *vt* togliere i pantaloni *ou* le mutande a.
décupler [dekyple] *vt* decuplicare; *(fig)* moltiplicare // *vi* decuplicarsi.
dédaigner [dedeɲe] *vt* disdegnare, disprezzare // *vi*: ~ **de faire** non degnarsi di fare.
dédaigneux, euse [dedɛɲø, øz] *a* sdegnoso(a), altezzoso(a).
dédain [dedɛ̃] *nm* disprezzo, disdegno.
dédale [dedal] *nm* dedalo.
dedans [d(ə)dɑ̃] *ad* dentro // *nm* interno; **il lui est rentré** ~ *(fam)* gli è andato a sbattere contro.
dédicace [dedikas] *nf* dedica.
dédicacer [dedikase] *vt* fare una dedica su.
dédier [dedje] *vt* dedicare.
dédire [dediʀ]: **se** ~ *vr*: **se** ~ **de** rimangiarsi, ritrattare.
dédit [dedi] *nm* (*JUR*) disdetta.
dédommagement [dedɔmaʒmɑ̃] *nm* risarcimento; *(fig)* compenso.
dédommager [dedɔmaʒe] *vt* risarcire, indennizzare; *(fig)* ripagare.
dédouaner [dedwane] *vt* sdoganare; *(fig)* riabilitare.
dédoublement [dedubləmɑ̃] *nm* sdoppiamento.
dédoubler [deduble] *vt* sdoppiare.
déduction [dedyksjɔ̃] *nf* detrazione *f; (raisonnement)* deduzione *f.*
déduire [dedɥiʀ] *vt* detrarre; *(raisonner)* dedurre.
déesse [deɛs] *nf* dea.
défaillance [defajɑ̃s] *nf* cedimento; *(physique)* debolezza, mancamento; (*MED*) collasso; *(fig)* incapacità *f*, debolezza.
défaillant, e [defajɑ̃, ɑ̃t] *a* che viene meno; *(personne)* che sviene.
défaillir [defajiʀ] *vi* svenire.
défaire [defɛʀ] *vt* disfare; *(vêtement)* slacciare; **se** ~ *vr*: **se** ~ **de** liberarsi da *ou* di, sbarazzarsi di.
défait, e [defɛ, ɛt] *a* disfatto(a) // *nf* sconfitta, disfatta.
défaitiste [defetist(ə)] *a, nm/f* disfattista.
défalquer [defalke] *vt* defalcare, detrarre.
défaut [defo] *nm* difetto; *(manque)* mancanza, carenza; *(vice)* vizio; **faire** ~ mancare, scarseggiare; **à** ~ **(de)** in mancanza di; **prendre qn en** ~ prendere qd in fallo; **par** ~ (*JUR*) in contumacia.
défaveur [defavœʀ] *nf* sfavore *m*, disfavore *m.*
défavorable [defavɔʀabl(ə)] *a* sfavorevole.
défavoriser [defavɔʀize] *vt* sfavorire.
défectif, ive [defɛktif, iv] *a* difettivo(a).
défection [defɛksjɔ̃] *nf* defezione *f;* **faire** ~ disertare.
défectueux, euse [defɛktɥø, øz] *a* difettoso(a).
défendre [defɑ̃dʀ(ə)] *vt* difendere; *(interdire)* proibire, vietare; **se** ~ *vr* difendersi; *(se protéger)* proteggersi, difendersi; *(s'en tirer)* cavarsela; **s'en** ~ *(fig)* negare.
défense [defɑ̃s] *nf* difesa; (*ZOOL*) zanna; *(interdiction)* divieto; **'~ de fumer/cracher'** 'vietato fumare/sputare'.
défenseur [defɑ̃sœʀ] *nm* difensore *m; (partisan)* sostenitore/trice.
défensif, ive [defɑ̃sif, iv] *a* difensivo(a) // *nf* difensiva.
déférent, e [defeʀɑ̃, ɑ̃t] *a* deferente.
déférer [defeʀe] *vt* deferire.
déferler [defɛʀle] *vi* frangersi; *(fig: foule)* irrompere; *(: violence)* dilagare.

défi [defi] *nm* sfida.
défiance [defjɑ̃s] *nf* diffidenza.
déficience [defisjɑ̃s] *nf* carenza; (*MED*) deficienza.
déficit [defisit] *nm* deficit *m inv*, disavanzo.
défier [defje] *vt* sfidare; **se ~** *vr*: **se ~ de qn** diffidare di qd.
défigurer [defigyʀe] *vt* sfigurare.
défilé [defile] *nm* sfilata; (*GEOGR*) gola, stretta; *(manifestants)* corteo; *(fig: succession)* andirivieni *m*.
défiler [defile] *vi* sfilare; **se ~** *vr* squagliarsela.
définir [definiʀ] *vt* definire.
définitif, ive [definitif, iv] *a* definitivo(a); **en ~ive** in conclusione.
définition [definisjɔ̃] *nf* definizione *f*.
déflagration [deflagʀɑsjɔ̃] *nf* deflagrazione *f*.
déflation [deflɑsjɔ̃] *nf* deflazione *f*.
déflecteur [deflɛktœʀ] *m* (*AUTO*) deflettore *m*.
déflorer [deflɔʀe] *vt* sverginare; *(fig: sujet)* rovinare.
défoncer [defɔ̃se] *vt* sfondare; (*AGR*) scassare.
déformation [defɔʀmɑsjɔ̃] *nf* deformazione *f*.
déformer [defɔʀme] *vt* deformare; *(vêtement)* sformare; **se ~** *vr* deformarsi; *(vêtement)* sformarsi.
défouler [defule]: **se ~** *vr* sfogarsi.
défraîchir [defʀeʃiʀ]: **se ~** *vr* *(couleur)* sbiadire; *(vêtement)* sciuparsi.
défrayer [defʀeje] *vt*: **~ qn (de)** spesare qd (di); *(fig)*: **~ la chronique/la conversation** essere al centro della cronaca/conversazione.
défricher [defʀiʃe] *vt* dissodare.
défunt, e [defœ̃, œ̃t] *a, nm/f* defunto(a).
dégagé, e [degaʒe] *a* sgombro(a), libero(a); *(fig: ton, air)* disinvolto(a), spigliato(a).
dégagement [degaʒmɑ̃] *nm* liberazione *f*; *(d'une route, etc)* sgombero; *(émanation)* emanazione *f*, esalazione *f*; *(passage, couloir)* disimpegno; (*SPORT*) rinvio; *(fig: d'une promesse)* scioglimento.
dégager [degaʒe] *vt* liberare; *(route, etc)* sgomberare; *(exhaler)* emanare, sprigionare; *(isoler: idée)* evidenziare; **se ~** *vr* *(odeur)* sprigionarsi; *(passage bloqué)* liberarsi, sgomberarsi; *(ciel)* schiarirsi; *(fig)* derivare, risultare; **se ~ de** liberarsi da; **~ qn d'une promesse** sciogliere qd da una promessa.
dégainer [degene] *vt* sfoderare.
dégarnir [degaʀniʀ] *vt* sguarnire; *(vider)* svuotare; **se ~** *vr* svuotarsi; *(tempe, crâne)* perdere i capelli, stempiarsi.
dégâts [degɑ] *nmpl* danni *mpl*.
dégel [deʒɛl] *nm* disgelo.
dégeler [deʒle] *vt* sgelare; *(surgelés)* s(con)gelare; *(fig: prix)* sbloccare // *vi* sgelare, sgelarsi.
dégénéré, e [deʒeneʀe] *a, nm/f* degenerato(a), degenere *(m/f)*.
dégénérer [deʒeneʀe] *vi* degenerare.
dégingandé, e [deʒɛ̃gɑ̃de] *a (fam)* dinoccolato(a).
dégivrer [deʒivʀe] *vt* sbrinare.
dégivreur [deʒivʀœʀ] *nm* sbrinatore *m*.
déglutir [deglytiʀ] *vi* deglutire.
dégonflé, e [degɔ̃fle] *a* sgonfio(a) // *nm/f (fam)* fifone/a.
dégonfler [degɔ̃fle] *vt* sgonfiare; **se ~** *vr (fam)* farsela sotto, tirarsi indietro.
dégouliner [deguline] *vi* sgocciolare.
dégourdi, e [deguʀdi] *a* sveglio(a), svelto(a).
dégourdir [deguʀdiʀ] *vt* sgranchire; *(personne)* svegliare, scaltrire; **se ~ les jambes** sgranchirsi

le gambe.
dégoût [degu] *nm* disgusto.
dégoûtant, e [degutɑ̃, ɑ̃t] *a* disgustoso(a), schifoso(a).
dégoûter [degute] *vt* disgustare, stomacare, far schifo; ~ **qn de qch/faire qch** far passare a qd la voglia di qc/fare qc; **se** ~ *vr*: **se** ~ **de** stancarsi di.
dégradé [degʀade] *nm* attenuazione *f.*
dégrader [degʀade] *vt* degradare; *(abîmer)* deteriorare; *(couleur)* sfumare; **se** ~ *vr* degradarsi.
dégrafer [degʀafe] *vt* slacciare.
dégraisser [degʀese] *vt* sgrassare; *(vêtement)* smacchiare.
degré [dəgʀe] *nm* grado; *(alcool)* gradazione *f*, grado; **par** ~**(s)** per gradi, gradualmente.
dégressif, ive [degʀesif, iv] *a* decrescente.
dégrever [degʀəve] *vt* sgravare.
dégringoler [degʀɛ̃gɔle] *vi* ruzzolare; *(fig: prix)* crollare.
dégriser [degʀize] *vt* smaltire la sbornia; *(fig)* disilludere.
dégrossir [degʀosiʀ] *vt* sgrossare, sbozzare.
déguenillé, e [degnije] *a* cencioso(a), sbrindellato(a).
déguerpir [degɛʀpiʀ] *vi* filarsela.
déguisement [degizmɑ̃] *nm* travestimento.
déguiser [degize] *vt* travestire, mascherare; *(voix)* contraffare; *(fig: réalité)* travisare; *(: intentions)* mascherare; **se** ~ *vr* travestirsi, mascherarsi.
dégustation [degystɑsjɔ̃] *nf* degustazione *f.*
déguster [degyste] *vt* gustare, assaporare; *(vin, liqueur, etc)* degustare, assaggiare.
déhancher [deɑ̃ʃe]: **se** ~ *vr* ancheggiare.
dehors [dəɔʀ] *ad* fuori // *nm* esterno // *nmpl* apparenze *fpl*; **mettre** *ou* **jeter** ~ *(fig)* sbatter fuori; **au** ~ fuori; **en** ~ **de** a parte, all'infuori di, oltre a.
déjà [deʒa] *ad* già; **quel nom,** ~? che nome, scusi?
déjanter [deʒɑ̃te] *vt* togliere dal cerchione.
déjeté, e [deʒte] *a* storto(a), sbilenco(a).
déjeuner [deʒœne] *vi (le matin)* fare colazione; *(à midi)* pranzare // *nm (petit déjeuner)* (prima) colazione *f; (à midi)* pranzo.
déjouer [deʒwe] *vt (complot)* sventare; *(attention)* eludere.
delà [dəla]: **par** ~ **de** *prép* al di là di, oltre; **en** *ou* **au** ~ *ad* oltre, al di là.
délabrer [delabʀe]: **se** ~ *vr* andare in rovina.
délacer [delase] *vt* slacciare.
délai [delɛ] *nm* termine *m; (sursis)* proroga, dilazione *f*; **sans** ~ subito; **à bref** ~ a breve scadenza, entro breve tempo; **dans les** ~**s** entro i termini previsti.
délaisser [delese] *vt* abbandonare; *(négliger)* trascurare.
délasser [delɑse] *vt* rilassare, distendere; **se** ~ *vr* rilassarsi, distendersi.
délateur, trice [delatœʀ, tʀis] *nm/f* delatore/trice.
délavé, e [delave] *a* sbiadito(a), slavato(a).
délayer [deleje] *vt* diluire, stemperare; *(fig: discours)* dilungarsi.
delco [dɛlko] ® *nm* (*AUTO*) bobina.
délecter [delɛkte]: **se** ~ *vr* dilettarsi.
délégation [delegɑsjɔ̃] *nf* delegazione *f.*
délégué, e [delege] *a, nm/f* delegato(a).
déléguer [delege] *vt* delegare.
délester [delɛste] *vt* alleggerire della zavorra.
délibéré, e [delibeʀe] *a* deliberato(a).
délibérer [delibeʀe] *vi* deliberare.
délicat, e [delika, at] *a* delicato(a);

(difficile à contenter) difficile, schizzinoso(a).
délicatesse [delikatɛs] *nf* delicatezza.
délice [delis] *nm* delizia; **~s** *nfpl* delizie *fpl*.
délicieux, euse [delisjø, jøz] *a* delizioso(a).
délié, e [delje] *a* slegato(a), sciolto(a); *(fig)* sottile, fine.
délier [delje] *vt* slegare, sciogliere; *(fig: libérer)* sciogliere.
délimiter [delimite] *vt* delimitare.
délinquance [delɛ̃kɑ̃s] *nf* delinquenza.
délinquant, e [delɛ̃kɑ̃, ɑ̃t] *a, nm/f* delinquente *(m/f)*.
déliquescence [delikesɑ̃s] *nf*: **en ~** in decadenza.
délire [deliʀ] *nm* delirio.
délirer [deliʀe] *vi* delirare.
délit [deli] *nm* reato.
délivrer [delivʀe] *vt* rilasciare; **~ qn de** liberare qd da.
déloger [delɔʒe] *vt* sloggiare.
déloyal, e, aux [delwajal, o] *a* sleale.
delta [dɛlta] *nm* delta *m*.
déluge [delyʒ] *nm* diluvio.
déluré, e [delyʀe] *a* sveglio(a).
démagogie [demagɔʒi] *nf* demagogia.
démagogue [demagɔg] *nm* demagogo.
demain [d(ə)mɛ̃] *ad* domani.
demande [d(ə)mɑ̃d] *nf* richiesta, domanda; (*ECON*) domanda; (*JUR*) istanza.
demander [d(ə)mɑ̃de] *vt* chiedere, domandare; *(un médecin, plombier, etc)* cercare, chiedere; *(vouloir engager: personnel)* cercare; *(exiger)* richiedere; *(nécessiter)* aver bisogno di; **se ~** *vr* chiedersi, domandarsi; **le directeur te demande** ti chiama il direttore; **ils te demandent** chiedono di te; **on vous demande au téléphone** La vogliono al telefono; **il ne demande qu'à faire...** non chiede di meglio che di fare... .
demandeur, deresse [d(ə)mɑ̃dœʀ, dʀɛs] *nm/f* (*JUR*) attore/trice.
démangeaison [demɑ̃ʒɛzɔ̃] *nf* prurito.
démanger [demɑ̃ʒe] *vi* prudere; **ça le démange de ...** *(fig)* muore dalla voglia di... .
démanteler [demɑ̃tle] *vt* smantellare.
démaquillant, e [demakijɑ̃, ɑ̃t] *a* detergente.
démaquiller [demakije] *vt* struccare; **se ~** *vr* struccarsi.
démarcation [demaʀkɑsjɔ̃] *nf* demarcazione *f*.
démarchage [demaʀʃaʒ] *nm* vendita a domicilio.
démarche [demaʀʃ(ə)] *nf* andatura, portamento; *(fig: intellectuelle, etc)* strada; **~s** *fpl* pratiche *fpl*.
démarquer [demaʀke] *vt* abbassare il prezzo di; (*SPORT*) smarcare; **se ~** *vr* (*SPORT*) smarcarsi.
démarrage [demaʀaʒ] *nm* partenza; (*AUTO*) avviamento; (*SPORT*) scatto; *(fig)* avvio.
démarrer [demaʀe] *vi* partire; (*AUTO*) mettersi in moto; *(fig: travaux)* avviarsi, iniziare // *vt (fam)* iniziare; **faire ~ un moteur/une voiture** mettere in moto un motore/ un'automobile.
démarreur [demaʀœʀ] *nm* (*AUTO*) (motorino d')avviamento.
démasquer [demaske] *vt* smascherare.
démâter [demɑte] *vt, vi* disalberare.
démêler [demele] *vt* sbrogliare; **se ~** *vr* sbrogliarsi; *(fam)* cavarsela, sbrogliarsela.
démêlés [demele] *nmpl* noie *fpl*, grane *fpl*.
démembrer [demɑ̃bʀe] *vt*

smembrare.
déménagement [demenaʒmɑ̃] *nm* trasloco.
déménager [demenaʒe] *vt, vi* traslocare.
déménageur [demenaʒœʀ] *nm* titolare *m* (di impresa di traslochi); *(ouvrier)* dipendente *m* (di impresa di traslochi).
démence [demɑ̃s] *nf* demenza.
démener [demne]: **se ~** *vr* dimenarsi, darsi da fare.
démenti [demɑ̃ti] *nm* smentita.
démentiel, le [demɑ̃sjɛl] *a* demenziale.
démentir [demɑ̃tiʀ] *vt* smentire; **se ~** *vr* venir meno.
démériter [demeʀite] *vi:* **~ (auprès de qn)** demeritare (presso qd).
démesure [deməzyʀ] *nf* mancanza di misura.
démesuré, e [deməzyʀe] *a* smisurato(a).
démettre [demɛtʀ(ə)] *vt:* **~ qn de** dimettere qd da; **se ~** *vr* dimettersi; *(épaule, etc)* slogarsi.
demeurant [dəmœʀɑ̃]: **au ~** *ad* (ma) tutto sommato, del resto.
demeure [dəmœʀ] *nm* dimora; **mise en ~** (*JUR*) ingiunzione *f;* **mettre qn en ~ de faire...** ingiungere a qd di fare...; **à ~** *ad* stabilmente.
demeurer [dəmœʀe] *vi* abitare; *(fig: rester)* restare, rimanere.
demi, e [d(ə)mi] *a* mezzo(a) // *nm* mezzo, metà *f;* (*FOOTBALL*) mediano; *(fam: bière)* bicchiere *m* di birra // *nf* mezza, metà *f* // *ad* mezzo, semi; **à ~** a metà; *(presque)* semi, mezzo(a); **il est quatre heures et ~e** sono le quattro e mezza; **à la ~e** alla mezza.
demi- [d(ə)mi] *préf* semi; **~-cercle** *nm* semicerchio; **~-douzaine** *nf* mezza dozzina; **~-finale** *f* semifinale *f;* **~-frère** *nm* fratellastro; **~-gros** *nm* ≈ vendita diretta; **~-heure** *nf* mezz'ora; **~-jour** *nm* penombra; **~-journée** *nf* mezza giornata.
démilitariser [demilitaʀize] *vt* smilitarizzare.
demi-litre [dəmilitʀ(ə)] *nm* mezzo litro.
demi-livre [dəmilivʀ(ə)] *nf* 250 grammi *mpl.*
demi-lune [dəmilyn] *nf* mezzaluna.
demi-mesure [dəmimzyʀ] *nf* mezza misura.
demi-mot [dəmimo]: **à ~** *ad* al volo.
déminer [demine] *vt* sminare.
demi-pension [dəmipɑ̃sjɔ̃] *nf* mezza pensione *f;* (*SCOL*) semiconvitto.
demi-pensionnaire [dəmipɑ̃sjɔnɛʀ] *nm/f* (*SCOL*) semiconvittore/trice.
démis, e [demi, iz] *a* slogato(a), lussato(a).
demi-saison [dəmisɛzɔ̃] *nf* mezza stagione *f.*
demi-sœur [dəmisœʀ] *nf* sorellastra.
démission [demisjɔ̃] *nf* dimissioni *fpl;* **donner sa ~** dare le dimissioni.
demi-tarif [dəmitaʀif] *nm* metà prezzo.
demi-tour [dəmituʀ] *nm* dietro front *m.*
démobiliser [demɔbilize] *vt* smobilitare; (*MIL*) congedare.
démocrate [demɔkʀat] *a, nm/f* democratico(a).
démocratie [demɔkʀasi] *nf* democrazia.
démocratique [demɔkʀatik] *a* democratico(a).
démodé, e [demɔde] *a* fuori moda, superato(a).
démographie [demɔgʀafi] *nf* demografia.
démographique [demɔgʀafik] *a* demografico(a).
demoiselle [d(ə)mwazɛl] *nf* signorina; *(vendeuse)* commessa; **~ d'honneur** damigella d'onore.

démolir [demɔliʀ] *vt* demolire.
démon [demɔ̃] *nm* demonio; *(fig)* demone *m.*
démoniaque [demɔnjak] *a* diabolico(a).
démonstratif, ive [demɔ̃stʀatif, iv] *a* (*LING*) dimostrativo(a).
démonstration [demɔ̃stʀɑsjɔ̃] *nf* dimostrazione *f.*
démonté, e [demɔ̃te] *a* smontato(a); *(mer)* scatenato(a).
démonter [demɔ̃te] *vt* smontare.
démontrer [demɔ̃tʀe] *vt* dimostrare.
démoraliser [demɔʀalize] *vt* demoralizzare.
démordre [demɔʀdʀ(ə)] *vi* demordere.
démouler [demule] *vt* sformare.
démunir [demyniʀ] *vt* sguarnire; **se** ~ *vr:* **se** ~ **de** privarsi di; **être démuni** essere al verde *(fam).*
dénaturer [denatyʀe] *vt* alterare; *(fig)* snaturare; (*CHIM*) denaturare.
dénégation [denegɑsjɔ̃] *nf* diniego.
dénicher [deniʃe] *vt* scovare.
denier [dənje] *nm* denaro; ~**s publics** entrate *fpl* dello Stato.
dénigrer [denigʀe] *vt* denigrare.
dénivellation [denivɛlɑsjɔ̃] *nf,* **dénivellement** [denivɛlmɑ̃] *nm* dislivello.
dénombrer [denɔ̃bʀe] *vt* contare, calcolare.
dénominateur [denɔminatœʀ] *nm* denominatore *m.*
dénomination [denɔminɑsjɔ̃] *nf* denominazione *f.*
dénommé, e [denɔme] *a:* **le** ~ **Dupont** quel tale Dupont.
dénommer [denɔme] *vt* chiamare; (*JUR*) citare.
dénoncer [denɔ̃se] *vt* denunciare.
dénonciation [denɔ̃sjɑsjɔ̃] *nf (d'un traité)* denuncia.
dénoter [denɔte] *vt* denotare.
dénouement [denumɑ̃] *nm* conclusione *f.*
dénouer [denwe] *vt* sciogliere; *(cravate)* slacciare.
dénoyauter [denwajote] *vt* snocciolare.
denrée [dɑ̃ʀe] *nf* derrata.
dense [dɑ̃s] *a* denso(a).
densité [dɑ̃site] *nf* densità *f inv.*
dent [dɑ̃] *nf* dente *m;* (*ZOOL*) dente *m,* zanna; **avoir une** ~ **contre qn** *(fig)* avercela con qd; **manger à belles** ~**s** mangiare con grande appetito.
dentaire [dɑ̃tɛʀ] *a* dentario(a); **cabinet** ~ gabinetto *ou* studio dentistico.
denté, e [dɑ̃te] *a* dentellato(a); (*TECH*) dentato(a).
dentelé, e [dɑ̃tle] *a* dentellato(a); *(côte)* frastagliato(a); (*ANAT*) dentato(a).
dentelle [dɑ̃tɛl] *nf* pizzo, merletto.
dentier [dɑ̃tje] *nm* dentiera.
dentifrice [dɑ̃tifʀis] *a* dentifricio(a) // *nm* dentifricio.
dentiste [dɑ̃tist(ə)] *nm* dentista *m/f.*
dentition [dɑ̃tisjɔ̃] *nf* dentizione *f; (dents)* dentatura.
dénudé, e [denyde] *a* nudo(a); *(sol)* brullo(a), spoglio(a); *(tête)* calvo(a).
dénuder [denyde] *vt* denudare.
dénué, e [denɥe] *a:* ~ **de** privo(a) di.
dénuement [denymɑ̃] *nm* indigenza.
déodorant [deɔdɔʀɑ̃] *nm* deodorante *m.*
dépannage [depanaʒ] *nm* riparazione *f.*
dépanner [depane] *vt* riparare; *(fig: personne)* cavare d'impaccio, aiutare.
dépanneuse [depanøz] *nf* carro attrezzi.
dépareillé, e [depaʀeje] *a* scompagnato(a); *(incomplet)* incompleto(a).
déparer [depaʀe] *vt* deturpare, rovinare.
départ [depaʀ] *nm* partenza; (*SPORT*) partenza, via *m;* **au** ~ *(au*

début) all'inizio.
départager [depaʀtaʒe] *vt (concurrents)* assegnare la vittoria a; ~ **les votes** dare il voto determinante.
département [depaʀtəmɑ̃] *nm* (*ADMIN*) ≈ provincia; *(ministère)* ministero; *(d'un magasin)* reparto; *(université)* istituto.
départir [depaʀtiʀ]: **se** ~ *vr*: **se** ~ **de** abbandonare.
dépassement [depɑsmɑ̃] *nm* superamento; (*AUTO*) sorpasso.
dépasser [depɑse] *vt* superare; (*AUTO*) sorpassare // *vi* sporgere; ~ **la mesure** *(fig)* oltrepassare i limiti; **être dépassé par les événements** perdere il controllo della situazione.
dépayser [depeize] *vt* disorientare, spaesare.
dépecer [depəse] *vt* fare a pezzi.
dépêche [depɛʃ] *nf* dispaccio; *(télégramme)* telegramma *m*.
dépêcher [depeʃe] *vt* inviare con urgenza; **se** ~ *vr* sbrigarsi; **se** ~ **de faire qch** sbrigarsi a fare qc.
dépeindre [depɛ̃dʀ(ə)] *vt* descrivere.
dépendance [depɑ̃dɑ̃s] *nf* dipendenza; *(d'hôtel)* dépendance *f*.
dépendre [depɑ̃dʀ(ə)] *vi*: ~ **de** dipendere da.
dépens [depɑ̃] *nmpl* spese *fpl*; **aux** ~ **de** a spese di, alle spalle di.
dépense [depɑ̃s] *nf* spesa; (*COMM*) uscita; *(physique)* dispendio, consumo; ~**s publiques** spesa pubblica *fsg*.
dépenser [depɑ̃se] *vt* spendere; *(fig)* prodigare, spendere; **se** ~ *vr* fare esercizio; *(fig)* darsi da fare, prodigarsi.
dépensier, ière [depɑ̃sje, jɛʀ] *a* spendaccione(a).
déperdition [depɛʀdisjɔ̃] *nf* perdita, dispersione *f*.
dépérir [depeʀiʀ] *vi* deperire.
dépêtrer [depetʀe] *vt* liberare; **se** ~ **de** tirarsi fuori da.
dépeupler [depœple] *vt* spopolare; **se** ~ *vr* spopolarsi, svuotarsi.
déphasé, e [defɑze] *a* sfasato(a).
dépilatoire [depilatwaʀ] *a* depilatorio(a).
dépister [depiste] *vt* scoprire, individuare; *(voleur)* rintracciare; *(semer)* sviare.
dépit [depi] *nm* dispetto; **en** ~ **de** *(malgré)* a dispetto di; **en** ~ **du bon sens** contro ogni logica.
dépité, e [depite] *a* indispettito(a), stizzito(a).
déplacé, e [deplase] *a* fuori posto *ou* luogo.
déplacement [deplasmɑ̃] *nm* spostamento; *(de fonctionnaire)* trasferimento; *(voyage)* viaggio, trasferta; (*NAUT*) dislocamento.
déplacer [deplase] *vt* spostare; *(employé)* trasferire; (*NAUT*) dislocare; **se** ~ *vr* spostarsi.
déplaire [deplɛʀ] *vi*: ~ **à qn** non piacere a qd.
déplaisant, e [deplɛzɑ̃, ɑ̃t] *a* sgradevole, poco piacevole.
dépliant [deplijɑ̃] *nm* prospetto, opuscolo.
déplier [deplije] *vt* spiegare; **se** ~ *vr* aprirsi, spiegarsi.
déploiement [deplwamɑ̃] *nm* spiegamento.
déplorable [deplɔʀabl(ə)] *a* deplorevole.
déplorer [deplɔʀe] *vt* deplorare.
déployer [deplwaje] *vt* spiegare; *(fig)* mostrare, dar prova di.
dépoli, e [depɔli] *a*: **verre** ~ vetro smerigliato.
déportation [depɔʀtɑsjɔ̃] *nf* deportazione *f*.
déporté, e [depɔʀte] *a, nm/f* deportato(a).
déporter [depɔʀte] *vt* deportare; *(dévier: voiture)* far sbandare.
déposant, e [depozɑ̃, ɑ̃t] *nm/f* depositante *m/f*.
déposer [depoze] *vt* depositare; *(poser)* posare, (de)porre; *(roi)* deporre; *(passager)* lasciare; *(fig:*

réclamation) sporgere; *(: dossier, etc)* presentare // *vi (vin, etc)* fare sedimento; (*JUR*) deporre; **se** ~ *vr* depositarsi.

dépositaire [depozitɛʀ] *nm* (*JUR*) depositario; (*COMM*) (ri)venditore autorizzato.

déposition [depozisjɔ̃] *nf* deposizione *f.*

déposséder [depɔsede] *vt* spossessare, privare; *(roi)* spodestare.

dépôt [depo] *nm* deposito; (*ADMIN*) presentazione *f;* (*JUR*) carcere *m;* **mandat de** ~ (*JUR*) mandato di carcerazione *f.*

dépotoir [depɔtwaʀ] *nm* immondezzaio.

dépouille [depuj] *nf* (*ZOOL*) spoglia; ~ **mortelle** *(d'une personne)* salma, spoglie *fpl.*

dépouillé, e [depuje] *a* spoglio(a).

dépouiller [depuje] *vt* (*ZOOL*) scorticare, spellare; *(fig: personne)* spogliare; *(résultats)* fare lo spoglio di.

dépourvu, e [depuʀvy] *a:* ~ **de** sprovvisto di, privo di.

dépraver [depʀave] *vt* depravare.

déprécier [depʀesje] *vt* svalutare; (*ECON*) deprezzare; **se** ~ *vr* deprezzarsi, svalutarsi.

déprédation [depʀedasjɔ̃] *nf* saccheggio.

dépression [depʀɛsjɔ̃] *nf* depressione *f;* (*MED*) esaurimento.

déprimer [depʀime] *vt* deprimere.

dépuceler [depysle] *vt* *(fam)* sverginare.

depuis [dəpɥi] *prép* da; *(après)* dopo; *(à partir de)* (a partire) da; ~ **que** da quando // *ad (temps)* da allora.

députation [depytasjɔ̃] *nf* deputazione *f; (fonction)* mandato parlamentare; **candidat à la** ~ candidato alla Camera (dei deputati).

député [depyte] *nm* deputato.

députer [depyte] *vt* deputare, delegare.

déraciner [deʀasine] *vt* sradicare.

déraillement [deʀajmɑ̃] *nm* deragliamento.

dérailler [deʀaje] *vi* deragliare.

dérailleur [deʀajœʀ] *nm (de vélo)* cambio; (*RAIL*) scambio.

déraisonner [deʀɛzɔne] *vi* sragionare.

dérangement [deʀɑ̃ʒmɑ̃] *nm* disturbo; *(mécanique)* guasto; **en** ~ *(téléphone)* guasto(a).

déranger [deʀɑ̃ʒe] *vt* disturbare; *(fig: faire obstacle à)* ostacolare; **se** ~ *vr* disturbarsi; **avoir l'esprit dérangé** *(fig)* avere una rotella fuori posto.

dérapage [deʀapaʒ] *nm* (*AUTO*) slittamento; (*SKI*) dérapage *m inv;* ~ **controlé** (*AUTO*) controsterzo.

déraper [deʀape] *vi* scivolare, slittare; (*AUTO, NAUT*) slittare.

dératiser [deʀatize] *vt* derattizzare.

déréglé, e [deʀegle] *a* sregolato(a).

dérégler [deʀegle] *vt* sregolare; **se** ~ *vr* andar fuori posto, sregolarsi.

dérider [deʀide] *vt* rallegrare; **se** ~ *vr* sorridere.

dérision [deʀizjɔ̃] *nf* derisione *f;* **tourner en** ~ deridere, farsi gioco di.

dérisoire [deʀizwaʀ] *a* ridicolo(a), irrisorio(a).

dérivatif [deʀivatif] *nm* diversivo.

dérive [deʀiv] *nf* deriva; (*NAUT*: *de vent)* scarroccio.

dériver [deʀive] *vt* derivare // *vi* derivare; (*NAUT*) andare alla deriva; *(: à cause du vent)* scarrocciare.

dermatologie [dɛʀmatɔlɔʒi] *nf* dermatologia.

dermatologue [dɛʀmatɔlɔg] *nm/f* dermatologo/a.

dernier, ière [dɛʀnje, jɛʀ] *a* ultimo(a); *(précédent)* scorso(a) // *nm/f* ultimo/a; **en** ~ in ultimo, per ultimo; ~**-né, e** *nm/f* ultimogenito/a.

dérobade [derɔbad] *nf* (*EQUITATION*) scarto; *(fig)* fuga.
dérobé, e [derɔbe] *a* rubato(a); *(caché)* segreto(a), nascosto(a); **à la ~e** di nascosto.
dérober [derɔbe] *vt* rubare; *(cacher)* nascondere; **se ~** *vr* tirarsi indietro; **se ~à** sottrarsi a.
dérogation [derɔgɑsjɔ̃] *nf* deroga.
déroger [derɔʒe] *vi:* **~ à** derogare a, contravvenire a.
dérouiller [deruje] *vt:* **se ~ les jambes/bras** sgranchirsi le gambe/braccia.
déroulement [derulmɑ̃] *nm* svolgimento.
dérouler [derule] *vt* svolgere, srotolare; **se ~** *vr* svolgersi.
déroute [derut] *nf:* **mettre en ~** mettere in rotta.
dérouter [derute] *vt* dirottare; *(fig)* disorientare.
derrière [dɛrjɛr] *prép* dietro; *(suivi d'un pronom)* dietro di // *ad* dietro; *(en arrière)* indietro // *nm* retro; (*ANAT*) sedere *m;* **les pattes de ~** le zampe posteriori; **par ~** da dietro.
D.E.S. *abr de diplôme d'études supérieures.*
désabusé, e [dezabyze] *a* disincantato(a).
désaccord [dezakɔr] *nm* disaccordo.
désaccordé, e [dezakɔrde] *a* scordato(a).
désaffecté, e [dezafɛkte] *a* adibito(a) ad altro uso; *(église)* sconsacrato(a).
désagréable [dezagreabl(ə)] *a* sgradevole.
désagréger [dezagreʒe]: **se ~** *vr* disgregarsi.
désagrément [dezagremɑ̃] *nm* fastidio, noie *fpl.*
désaltérer [dezaltere] *vt* dissetare; **se ~** *vr* dissetarsi.
désamorcer [dezamɔrse] *vt* disinnescare.
désappointé, e [dezapwɛ̃te] *a* deluso(a).
désapprobateur, trice [dezaprɔbatœr, tris] *a* di disapprovazione *loc inv.*
désapprouver [dezapruve] *vt* disapprovare.
désarçonner [dezarsɔne] *vt* disarcionare; *(fig)* sconcertare.
désarmement [dezarməmɑ̃] *nm* disarmo.
désarmer [dezarme] *vt* disarmare.
désarticulé, e [dezartikyle] *a* snodato(a).
désarroi [dezarwa] *nm* smarrimento.
désassorti, e [dezasɔrti] *a* poco fornito(a); *(incomplet)* incompleto(a).
désastre [dezastr(ə)] *nm* disastro.
désastreux, euse [dezastrø, øz] *a* disastroso(a).
désavantage [dezavɑ̃taʒ] *nm* svantaggio.
désavantager [dezavɑ̃taʒe] *vt* sfavorire, svantaggiare.
désaveu [dezavø] *nm* rinnegamento, ritrattazione *f;* (*JUR*) disconoscimento; *(blâme)* riprovazione *f.*
désavouer [dezavwe] *vt* rinnegare; *(parole, propos)* ritrattare; *(personne)* sconfessare; *(blâmer)* disapprovare; (*JUR*) disconoscere.
désaxé, e [dezakse] *a (personne)* squilibrato(a); *(roue)* fuori asse.
descendance [desɑ̃dɑ̃s] *nf* discendenza.
descendant, e [desɑ̃dɑ̃, ɑ̃t] *a, nm/f* discendente *(m/f).*
descendre [desɑ̃dr(ə)] *vt* scendere da; *(rivière, rue)* percorrere; *(valise, cargaison)* portar giù; *(baisser)* abbassare; *(fam: déposer)* lasciare; *(: abattre)* far fuori, abbattere // *vi* scendere; *(loger: à l'hôtel)* alloggiare, stare; *(diminuer)* calare; *(envahir)* fare irruzione; **~ de** *(famille)* discendere da.
descente [desɑ̃t] *nf* discesa;

(arrivée) arrivo; *(incursion)* incursione *f*, irruzione *f*; ~ **de lit** scendiletto *inv*.

description [dɛskʀipsjɔ̃] *nf* descrizione *f*.

désemparé, e [dezɑ̃paʀe] *a* sperduto(a), smarrito(a).

désemparer [dezɑ̃paʀe] *vi*: **sans** ~ ininterrottamente.

désenchantement [dezɑ̃ʃɑ̃tmɑ̃] *nm* disincanto.

désensibiliser [desɑ̃sibilize] *vt* desensibilizzare.

déséquilibre [dezekilibʀ(ə)] *nm* squilibrio.

déséquilibrer [dezekilibʀe] *vt* sbilanciare.

désert, e [dezɛʀ, ɛʀt(ə)] *a* deserto(a) // *nm* deserto.

déserter [dezɛʀte] *vt* abbandonare; (MIL) disertare.

déserteur [dezɛʀtœʀ] *nm* disertore *m*.

désertion [dezɛʀsjɔ̃] *nf* (MIL) diserzione *f*.

désertique [dezɛʀtik] *a* desertico(a).

désespérant, e [dezɛspeʀɑ̃, ɑ̃t] *a* scoraggiante, deprimente.

désespéré, e [dezɛspeʀe] *a* disperato(a).

désespérer [dezɛspeʀe] *vi* disperare // *vt* far disperare; **se** ~ *vr* disperarsi.

désespoir [dezɛspwaʀ] *nm* disperazione *f*.

déshabillé [dezabije] *a* svestito(a) // *nm* déshabillé *m inv*; vestaglia.

déshabiller [dezabije] *vt* spogliare, svestire; **se** ~ *vr* spogliarsi, svestirsi.

désherbant [dezɛʀbɑ̃] *nm* diserbante *m*.

déshérité, e [dezeʀite] *a, nm/f* diseredato(a).

déshériter [dezeʀite] *vt* diseredare.

déshonneur [dezɔnœʀ] *nm* disonore *m*.

déshonorer [dezɔnɔʀe] *vt* disonorare.

déshydraté, e [dezidʀate] *a* disidratato(a); *(aliment)* liofilizzato(a).

désignation [deziɲɑsjɔ̃] *nf* designazione *f*.

designer [dizajnœʀ] *vt* designare; *(indiquer)* indicare.

désillusion [dezilyzjɔ̃] *nf* disillusione *f*.

désinfectant, e [dezɛ̃fɛktɑ̃, ɑ̃t] *a, nm* disinfettante *(m)*.

désinfecter [dezɛ̃fɛkte] *vt* disinfettare.

désintégrer [dezɛ̃tegʀe] *vt* disintegrare; **se** ~ *vr* disintegrarsi.

désintéressé, e [dezɛ̃teʀese] *a* disinteressato(a).

désintéressement [dezɛ̃teʀɛsmɑ̃] *nm* disinteresse *m*.

désintéresser [dezɛ̃teʀese] *vt*: **se** ~ **de qn/qch** disinteressarsi di qd/qc.

désintérêt [dezɛ̃teʀɛ] *nm* indifferenza.

désintoxication [dezɛ̃tɔksikɑsjɔ̃] *nf* disintossicazione *f*.

désinvolte [dezɛ̃vɔlt(ə)] *a* disinvolto(a).

désir [deziʀ] *nm* desiderio.

désirer [deziʀe] *vt* desiderare.

désireux, euse [deziʀø, øz] *a*: ~ **de faire** desideroso di fare.

désister [deziste]: **se** ~ *vr* rinunciare, ritirarsi.

désobéir [dezɔbeiʀ] *vi* disubbidire.

désobligeant, e [dezɔbliʒɑ̃, ɑ̃t] *a* scortese, sgarbato(a).

désodorisant, e [dezɔdɔʀizɑ̃, ɑ̃t] *a, nm* deodorante *(m)*.

désœuvré, e [dezœvʀe] *a, nm/f* sfaccendato(a), sfaticato(a).

désolant, e [dezɔlɑ̃, ɑ̃t] *a* desolante, sconfortante.

désolé, e [dezɔle] *a* desolato(a); *(personne)* sconsolato(a); **être** ~ essere spiacente *ou* desolato.

désopilant, e [dezɔpilɑ̃, ɑ̃t] *a* spassoso(a), esilarante.

désordonné, e [dezɔʀdɔne] *a* disordinato(a).
désordre [dezɔʀdʀ(ə)] *nm* disordine *m*.
désorganiser [dezɔʀganize] *vt* disorganizzare; *(plans)* sconvolgere; **se ~** *vr* disgregarsi.
désorienter [dezɔʀjɑ̃te] *vt* disorientare.
désormais [dezɔʀmɛ] *ad* ormai; *(dorénavant)* d'ora in avanti.
désosser [dezɔse] *vt* disossare.
despote [dɛspɔt] *nm* despota *m*.
dessaisir [desezіʀ] *vt*: **~ de** (*JUR*) privare di; *(: tribunal)* dichiarare incompetente a; **se ~ de** disfarsi di; (*JUR*) dichiararsi incompetente a.
dessaler [desale] *vt* dissalare // *vi* dissalare; (*NAUT*) scuffiare.
desséché, e [deseʃe] *a* rinsecchito(a).
dessécher [deseʃe] *vt* seccare, inaridire; (*BOT*) essicare; *(fig: cœur)* inaridire; *(: maigrir)* rinsecchire; **se ~** *vr* seccarsi, inaridirsi; *(fig)* rinsecchirsi.
dessein [desɛ̃] *nm* disegno, proposito, intento; **dans le ~ de** con l' *ou* nell' intento di.
desserrer [deseʀe] *vt* allentare; *(ouvrir)* aprire.
dessert [desɛʀ] *nm* dolce *m*, dessert *m inv*.
desserte [desɛʀt(ə)] *nf* collegamento, servizio; *(meuble)* credenza; tavolino di servizio.
desservir [desɛʀviʀ] *vt (table)* sparecchiare; *(ville, quartier)* assicurare il collegamento *ou* il servizio con; *(: suj: train, bus)* fermarsi.
dessiccation [desikɑsjɔ̃] *nf* disidratazione *f*, essicazione *f*.
dessin [desɛ̃] *nm* disegno; *(contour)* linee *fpl*; **~ animé** cartone *m* animato.
dessinateur, trice [desinatœʀ, tʀis] *nm/f* disegnatore/trice.
dessiner [desine] *vt* disegnare; **se ~** *vr* delinearsi; *(ressortir)* stagliarsi; *(fig)* disegnarsi.
dessoûler [desule] *vt (fam)* far passare la sbornia // *vi (fam)* smaltire la sbornia.
dessous [d(ə)su] *ad, prép sotto* // *nm* sotto, parte *f* inferiore; **les ~** *mpl (fig: d'une affaire)* retroscena *mpl*, risvolti *mpl; (vêtements)* biancheria *f* intima; **au ~** sotto, di sotto; **en ~** sotto; **au ~ de** sotto; **être au ~ de** *(fig)* non essere all'altezza di; **rire en ~** ridere sotto i baffi; **avoir le ~** avere la peggio; **les voisins du ~** i vicini del piano di sotto; **~-de-plat** *nm* sottopiatto; **~-de-table** *nm* bustarella.
dessus [d(ə)sy] *ad, prép* sopra // *nm* sopra, parte *f* superiore; **au/par-/en ~** sopra; **par- ~ tout** soprattutto; **en avoir par- ~ la tête** *(fig)* averne abbastanza; **l'adresse est marquée ~** c'è su l'indirizzo; **relève ta robe pour ne pas marcher ~** solleva il tuo vestito per non camminarci sopra; **les voisins du ~** i vicini del piano di sopra; **avoir/prendre/reprendre le ~** avere/prendere/riprendere il sopravvento; **au ~ de** sopra; *(fig: supérieur à)* al di sopra di; **sans ~ dessous** sottosopra; **~-de-lit** *nm* copriletto.
destin [dɛstɛ̃] *nm* destino.
destinataire [dɛstinatɛʀ] *nm/f* destinatario/a.
destination [dɛstinɑsjɔ̃] *nf* destinazione *f*.
destiné, e [dɛstine] *a* destinato(a) // *nf* destino.
destiner [dɛstine] *vt* destinare; *(fig: suj: sort)* riservare.
destituer [dɛstitɥe] *vt* destituire.
destructeur, trice [dɛstʀyktœʀ, tʀis] *a, nm/f* distruttore(trice).
destruction [dɛstʀyksjɔ̃] *nf* distruzione *f*.
désuet, ète [desɥɛ, ɛt] *a* antiquato(a), desueto(a).
désuétude [desɥetyd] *nf* disuso.

désuni, e [dezyni] *a* disunito(a).
détachant [detaʃɑ̃] *nm* smacchiatore *m*.
détacher [detaʃe] *vt* staccare; *(défaire un lien)* slegare; *(nettoyer)* smacchiare; *(envoyer)* distaccare; **se ~** *vr* staccarsi; *(se défaire)* slegarsi; *(fig: se dessiner)* spiccare, stagliarsi.
détail [detaj] *nm* dettaglio; *(liste)* elenco particolareggiato; **au ~** (*COMM*) al minuto, al dettaglio; **en ~** dettagliatamente.
détaillant [detajɑ̃] *nm* dettagliante *m*.
détailler [detaje] *vt* vendere al dettaglio; *(fig: raconter)* esporre dettagliatamente.
détartrer [detaʀtʀe] *vt* disincrostare; (*MED*) asportare il tartaro (dai denti).
détaxer [detakse] *vt* ridurre *ou* sopprimere una tassa su.
détecter [detɛkte] *vt* individuare, scoprire.
détecteur [detɛktœʀ] *nm* (*TECH*) rivelatore *m*.
détective [detɛktiv] *nm* detective *m inv*, investigatore/trice.
déteindre [detɛ̃dʀ(ə)] *vi* stingere, scolorire; *(fig: influencer):* **~ sur** influenzare.
dételer [detle] *vt* staccare // *vi (fig: s'arrêter)* smettere, staccare.
détendre [detɑ̃dʀ(ə)] *vt* rilasciare, allentare; *(fig: relaxer)* distendere; **se ~** *vr* allentarsi; *(ressort)* scattare; *(fig: se reposer)* distendersi, rilassarsi.
détenir [detniʀ] *vt* detenere.
détente [detɑ̃t] *nf* allentamento; *(d'un ressort, athlète)* scatto; *(fig: politique, sociale)* distensione *f*; *(d'une arme)* grilletto.
détenteur, trice [detɑ̃tœʀ, tʀis] *nm/f* detentore/trice.
détention [detɑ̃sjɔ̃] *nf* detenzione *f*.
détergent [detɛʀʒɑ̃] *nm* detersivo.
détériorer [deteʀjɔʀe] *vt* guastare, deteriorare; **se ~** *vr* deteriorarsi.
déterminer [detɛʀmine] *vt* stabilire, determinare; *(être la cause de)* causare; **~ qn (à faire qch)** indurre qd (a fare qc); **se ~ (à faire qch)** decidersi (a fare qc).
déterrer [deteʀe] *vt* dissotterrare, riesumare; *(arbre)* sradicare.
détersif [detɛʀsif] *nm* detersivo.
détestable [detɛstabl(ə)] *a* detestabile.
détester [detɛste] *vt* odiare, detestare; *(ne pas aimer)* non piacere.
détonateur [detɔnatœʀ] *nm* detonatore *m*.
détonation [detɔnɑsjɔ̃] *nf* detonazione *f*.
détoner [detɔne] *vi* detonare.
détour [detuʀ] *nm* deviazione *f*; *(périphrase)* giro di parole; *(fig: subterfuge)* scappatoia; **parler sans ~** parlare francamente *ou* chiaro e tondo.
détourné, e [detuʀne] *a* indiretto(a); *(route)* fuori mano *inv*.
détournement [detuʀnəmɑ̃] *nm* deviazione *f*; *(d'avion)* dirottamento; (*JUR*) sottrazione *f*.
détourner [detuʀne] *vt* deviare; *(avion)* dirottare; *(tête)* voltare; (*JUR*) sottrarre; *(fig)* distogliere; *(: conversation)* sviare; *(: des amis, du bon chemin)* allontanare.
détracteur, trice [detʀaktœʀ, tʀis] *nm/f* detrattore/trice.
détraquer [detʀake] *vt* scassare; *(fam: nerfs)* scuotere; **se ~** *vr* guastarsi, rovinarsi.
détrempé, e [detʀɑ̃pe] *a* inzuppato(a).
détresse [detʀɛs] *nf* sconforto, abbattimento; *(misère)* indigenza, miseria; **en ~** (*NAUT, AVIAT*) in pericolo; **signal de ~** segnale di soccorso.
détriment [detʀimɑ̃] *nm:* **au ~ de** a detrimento di, a scapito di.

détritus [detʀitys] *nmpl* rifiuti *mpl*.
détroit [detʀwa] *nm* stretto.
détromper [detʀɔ̃pe] *vt* disilludere; *(prévisions)* smentire; **se ~** *vr* disilludersi, ricredersi.
détrôner [detʀone] *vt* detronizzare.
détruire [detʀɥiʀ] *vt* distruggere.
dette [dɛt] *nf* debito.
D.E.U.G *abr de diplôme d'études universitaires générales*.
deuil [dœj] *nm* lutto.
deux [dø] *num* due; **deuxième** *num* secondo(a); **~-temps** *a* a due tempi *loc inv*.
dévaler [devale] *vt* precipitarsi giù da.
dévaliser [devalize] *vt* svaligiare.
dévaloriser [devalɔʀize] *vt* sminuire, sottovalutare.
dévaluation [devalɥɑsjɔ̃] *nf* svalutazione *f*.
dévaluer [devalɥe] *vt* svalutare.
devancer [dəvɑ̃se] *vt* precedere; *(prévenir)* prevenire; *(anticiper)* anticipare; *(dépasser)* superare.
devancier, ière [dəvɑ̃sje, jɛʀ] *nm/f* predecessore *m*.
devant [d(ə)vɑ̃] *ad* davanti // *prép* davanti a // *nm* davanti *m inv;* **membres/pattes de ~** membra/zampe anteriori; **par-~** davanti; **aller au ~ de qn** andare incontro a qd.
devanture [d(ə)vɑ̃tyʀ] *nf* facciata; *(étalage)* vetrina.
dévaster [devaste] *vt* devastare.
développement [devlɔpmɑ̃] *nm* sviluppo; *(d'une rédaction)* svolgimento.
développer [devlɔpe] *vt* sviluppare; **se ~** *vr* svilupparsi.
devenir [dəvniʀ] *vi* diventare.
dévergonder [devɛʀgɔ̃de]: **se ~** *vr* diventare spudorato.
dévers [devɛʀ] *nm* pendenza; **virage en ~** curva sopraelevata.
déverser [devɛʀse] *vt* riversare, scaricare; *(fig)* sfogare.
déversoir [devɛʀswaʀ] *nm* (*TECH*) sfioratore *m; (fig)* sfogo.
dévêtir [devetiʀ] *vt* svestire, spogliare.
déviation [devjɑsjɔ̃] *nf* deviazione *f*.
dévider [devide] *vt* svolgere.
dévier [devje] *vt, vi* deviare.
devin [dəvɛ̃] *nm* indovino.
deviner [d(ə)vine] *vt* indovinare.
devinette [d(ə)vinɛt] *nf* indovinello.
devis [d(ə)vi] *nm* preventivo.
dévisager [devizaʒe] *vt* squadrare, fissare.
devise [d(ə)viz] *nf* motto; (*ECON*) valuta; **~s** *fpl* valuta *sg*.
dévisser [devise] *vt* svitare.
dévoiler [devwale] *vt (statue)* scoprire; *(fig)* svelare.
devoir [d(ə)vwaʀ] *nm* dovere *m;* (*SCOL*) compito // *vt* dovere.
dévolu, e [devɔly] *a* attribuito(a); (*JUR*) devoluto(a) // *nm:* **jeter son ~ sur** mettere gli occhi su.
dévorer [devɔʀe] *vt* divorare.
dévot, e [devo, ɔt] *a, nm/f* (*REL*) devoto(a); *(péj)* bigotto(a).
dévotion [devosjɔ̃] *nf* devozione *f*.
dévoué, e [devwe] *a* devoto(a); **~ à une cause** dedito a una causa.
dévouement [devumɑ̃] *nm* dedizione *f*.
dévouer [devwe]: **se ~** *vr* sacrificarsi; **se ~ à** dedicarsi a.
dévoyé, e [devwaje] *a* traviato(a).
dextérité [dɛksteʀite] *nf* destrezza, abilità *f*.
diabète [djabɛt] *nm* diabete *m;* **diabétique** *a, nm/f* diabetico(a).
diable [djɑbl(ə)] *nm* diavolo, demonio; *(chariot)* carrello // *excl* diamine!, diavolo!
diabolique [djɑbɔlik] *a* diabolico(a).
diabolo [djabɔlo] *nm (jouet)* diabolo; **~-menthe** *(boisson)* gazzosa alla menta.
diadème [djadɛm] *nm* diadema *m*.

diagnostic [djagnɔstik] *nm* diagnosi *f inv*.
diagnostiquer [djagnɔstike] *vt* diagnosticare.
diagonal, e, aux [djagɔnal, o] *a, nf* diagonale *(f)*; **lire en ~e** *(fig)* dare una scorsa a.
diagramme [djagʀam] *nm* diagramma *m*.
dialecte [djalɛkt(ə)] *nm* dialetto.
dialogue [djalɔg] *nm* dialogo.
dialoguer [djalɔge] *vi* dialogare // *vi* scrivere in forma di dialogo.
diamant [djamɑ̃] *nm* diamante *m*.
diamètre [djamɛtʀ(ə)] *nm* diametro.
diapason [djapazɔ̃] *nm* diapason *m inv*; **être/se mettre au ~ (de)** *(fig)* essere/mettersi in sintonia (con).
diaphragme [djafʀagm(ə)] *nm* diaframma *m*.
diapositive [djapozitiv] *nf* diapositiva.
diarrhée [djaʀe] *nf* diarrea.
dictateur [diktatœʀ] *nm* dittatore *m*.
dictature [diktatyʀ] *nf* dittatura.
dictée [dikte] *nf* *(SCOL)* dettato; **écrire sous la ~** scrivere sotto dettatura.
dicter [dikte] *vt* dettare; *(conditionner)* condizionare; *(imposer)* imporre.
diction [diksjɔ̃] *nf* dizione *f*.
dictionnaire [diksjɔnɛʀ] *nm* dizionario, vocabolario.
dicton [diktɔ̃] *nm* detto.
didactique [didaktik] *a* didattico(a).
dièse [djɛz] *nm* diesis *m inv*.
diesel [djezɛl] *nm* gasolio, diesel *m*.
diète [djɛt] *nf* dieta; **être à la ~** essere a dieta.
diététicien, ne [djetetisjɛ̃, ɛn] *nm/f* dietetista *m/f*.
diététique [djetetik] *a* dietetico(a).
dieu, x [djø] *nm* dio.
diffamation [difamɑsjɔ̃] *nf* diffamazione *f*.
diffamer [difame] *vt* diffamare.
différé, e [difeʀe] *a* differito(a), posticipato(a); **en ~** *(TV)* in differita.
différence [difeʀɑ̃s] *nf* differenza; **à la ~ de** a differenza di.
différencier [difeʀɑ̃sje] *vt* differenziare, distinguere; **se ~** *vr* differenziarsi, distinguersi.
différend [difeʀɑ̃] *nm* controversia.
différent, e [difeʀɑ̃, ɑ̃t] *a* differente, diverso(a); **~s, es** *pl* diversi(e), vari(e).
différentiel, le [difeʀɑ̃sjɛl] *a, nm* differenziale *(m)*.
différer [difeʀe] *vt* rimandare, differire // *vi*: **~ (de)** differire (da), essere differente (da).
difficile [difisil] *a* difficile.
difficulté [difikylte] *nf* difficoltà *f inv*.
difforme [difɔʀm(ə)] *a* deforme.
difformité [difɔʀmite] *nf* deformità *f inv*.
diffus, e [dify, yz] *a* diffuso(a).
diffuser [difyze] *vt* diffondere; *(émission)* trasmettere; *(COMM)* distribuire.
diffusion [difyzjɔ̃] *nf* diffusione *f*; *(COMM)* distribuzione.
digérer [diʒeʀe] *vt* digerire.
digestible [diʒɛstibl(ə)] *a* digeribile.
digestif, ive [diʒɛstif, iv] *a* digestivo(a); *(ANAT)* digerente // *nm* digestivo.
digestion [diʒɛstjɔ̃] *nf* digestione *f*.
digital, e, aux [diʒital, o] *a* digitale.
digne [diɲ] *a* *(respectable)* dignitoso(a); **~ de** degno di.
dignitaire [diɲitɛʀ] *nm* dignitario.
dignité [diɲite] *nf* dignità *f inv*.
digression [digʀesjɔ̃] *nf* digressione *f*.
digue [dig] *nf* argine *m*, diga.
dilapider [dilapide] *vt* dilapidare.
dilater [dilate] *vt* dilatare; **se ~** *vr*

dilatarsi; *(fig)* allargarsi.
dilemme [dilɛm] *nm* dilemma *m.*
diligence [diliʒɑ̃s] *nf* diligenza.
diligent, e [diliʒɑ̃, ɑ̃t] *a* diligente.
diluer [dilɥe] *vt* diluire.
diluvien, ne [dilyvjɛ̃, ɛn] *a* *(époque)* diluviale; **pluie ~ne** pioggia torrenziale.
dimanche [dimɑ̃ʃ] *nm* domenica.
dimension [dimɑ̃sjɔ̃] *nf* dimensione *f.*
diminuer [diminɥe] *vt* diminuire, ridurre; *(personne, mérite)* sminuire // *vi* diminuire; calare.
diminutif [diminytif] *nm* diminutivo.
diminution [diminysjɔ̃] *nf* diminuzione *f.*
dinde [dɛ̃d] *nf* (*ZOOL*) tacchina; *(fig)* oca; ~ **de Noël** tacchino di Natale.
dindon [dɛ̃dɔ̃] *nm* (*ZOOL*) tacchino.
dîner [dine] *nm* cena // *vi* cenare.
dingue [dɛ̃g] *a (fam)* toccato(a), suonato(a); **c'est ~!** è fantastico *ou* incredibile!
diocèse [djɔsɛz] *nm* diocesi *f inv.*
diode [djɔd] *nf* diodo.
diphtérie [difteʀi] *nf* difterite *f.*
diphtongue [diftɔ̃g] *nf* dittongo.
diplomate [diplɔmat] *a, nm/f* diplomatico(a).
diplomatie [diplɔmasi] *nf* diplomazia.
diplôme [diplom] *nm* diploma *m.*
diplômé, e [diplome] *a* diplomato(a); (*SCOL*) laureato(a).
dire [diʀ] *nm* parere *m,* affermazione *f* // *vt* dire; *(objecter)* ridire; **se ~** *vr* dirsi; **au ~ de** a detta di; **est-ce que ça te dit d'aller à Paris?** ti va di andare a Parigi?; **à vrai ~** a dire il vero *ou* la verità; **pour ainsi ~** per così dire; **cela va sans ~** è ovvio; **dites donc!** senta Lei!; **pour tout ~** per farla breve; **c'est dit** siamo intesi; **on se dirait en vacances!** *(fam)* sembra di essere in vacanza!.
direct, e [diʀɛkt, ɛkt(ə)] *a* diretto(a); *(franc)* franco(a), schietto(a); **en ~** (*TV, RADIO*) in diretta.
directeur, trice [diʀɛktœʀ, tʀis] *a* ispiratore(trice), conduttore (trice); (*POL*) direttivo(a) // *nm/f* direttore/trice.
direction [diʀɛksjɔ̃] *nf* direzione *f;* (*AUTO*) sterzo.
directive [diʀɛktiv] *nf* direttiva.
dirigeant, e [diʀiʒɑ̃, ɑ̃t] *a, nm/f* dirigente *(m/f).*
dirigeable [diʀiʒabl(ə)] *a, nm* dirigibile *(m).*
diriger [diʀiʒe] *vt* dirigere; *(fig: attention, regard)* rivolgere; **se ~** *vr* dirigersi.
discernement [disɛʀnəmɑ̃] *nm* discernimento.
discerner [disɛʀne] *vt* discernere.
disciple [disipl(ə)] *nm* discepolo.
disciplinaire [disiplinɛʀ] *a* disciplinare.
discipline [disiplin] *nf* disciplina.
discipliner [disipline] *vt* disciplinare.
discontinu, e [diskɔ̃tiny] *a* discontinuo(a).
discordant, e [diskɔʀdɑ̃, ɑ̃t] *a* discordante, discorde.
discorde [diskɔʀd(ə)] *nf* discordia.
discothèque [diskɔtɛk] *nf* discoteca.
discourir [diskuʀiʀ] *vi (fam, péj)* dissertare.
discours [diskuʀ] *nm* discorso // *nmpl* discorsi *mpl,* chiacchiere *fpl.*
discréditer [diskʀedite] *vt* (di)screditare.
discret, ète [diskʀɛ, ɛt] *a* discreto(a); *(sobre)* sobrio(a).
discrétion [diskʀesjɔ̃] *nf* discrezione *f;* **à ~** *(boisson etc)* a piacere.
discrimination [diskʀiminɑsjɔ̃] *nf* discriminazione *f;* **sans ~** indiscriminatamente; **discriminatoire** *a* discriminatorio(a).
disculper [diskylpe] *vt* scagionare, discolpare.
discussion [diskysjɔ̃] *nf* discus-

sione *f*.
discutable [diskytabl(ə)] *a* discutibile.
discuter [diskyte] *vt* discutere // *vi*: ~ **(de, sur)** discutere (di, su).
disette [dizɛt] *nf* carestia.
diseuse [dizøz] *nf*: ~ **de bonne aventure** chiromante *f*, cartomante *f*.
disgrâce [disgʀɑs] *nf*: **tomber** *ou* **être en** ~ cadere *ou* essere in disgrazia.
disgracieux, euse [disgʀasjø, jøz] *a* sgraziato(a).
disjoindre [disʒwɛ̃dʀ(ə)] *vt* disgiungere, separare; **se** ~ *vr* disgiungersi, separarsi.
disjoncteur [disʒɔ̃ktœʀ] *nm* interruttore *m*.
disloquer [dislɔke] *vt* sconquassare; *(manifestants)* disperdere; (*MED*) lussare, slogare.
disparaître [dispaʀɛtʀ(ə)] *vi* s(com)parire; *(mourir)* mancare.
disparate [dispaʀat] *a* disparato(a).
disparité [dispaʀite] *nf* disparità *f inv*.
disparition [dispaʀisjɔ̃] *nf* scomparsa.
disparu, e [dispaʀy] *a, nm/f* scomparso(a); **être porté** ~ essere dato per disperso.
dispendieux, euse [dispɑ̃djø, jøz] *a* dispendioso(a).
dispensaire [dispɑ̃sɛʀ] *nm* dispensario, ambulatorio.
dispense [dispɑ̃s] *nf* dispensa, esonero.
dispenser [dispɑ̃se] *vt* dispensare, esonerare; *(distribuer)* dispensare; *(fig: épargner)* risparmiare; **se** ~ **de qch/faire qch** sottrarsi a qc/ esimersi dal fare qc.
disperser [dispɛʀse] *vt* disperdere.
disponibilité [disponibilite] *nf* disponibilità *f inv*; (*ADMIN*) aspettativa.
disponible [disponibl(ə)] *a* disponibile; *(appartement, local)* libero(a); (*ADMIN*) in aspettativa *loc inv*.
disposé, e [dispoze] *a* disposto(a).
disposer [dispoze] *vt, vi* disporre; **se** ~ **à qch/faire qch** disporsi *ou* accingersi a qc/fare qc; **vous pouvez** ~ può andare.
dispositif [dispozitif] *nm* dispositivo.
disposition [dispozisjɔ̃] *nf* disposizione *f*; ~**s** *fpl* disposizione *f*; *(mesures)* provvedimenti *mpl*; **à la** ~ **de** a disposizione di.
disproportion [dispʀɔpɔʀsjɔ̃] *nf* sproporzione *f*.
dispute [dispyt] *nf* disputa, litigio.
disputer [dispyte] *vt* disputare; *(lutter pour)* contendere, disputare; **se** ~ *vr* litigare; disputarsi, contendersi; **le match s'est disputé hier** la partita si è svolta ieri.
disquaire [diskɛʀ] *nm* negoziante *m* di dischi.
disqualifier [diskalifje] *vt* squalificare.
disque [disk(ə)] *nm* disco.
dissection [disɛksjɔ̃] *nf* dissezione *f*.
dissemblable [disɑ̃blabl(ə)] *a* dissimile.
disséminer [disemine] *vt* disseminare.
dissension [disɑ̃sjɔ̃] *nf* dissenso, dissidio.
disséquer [diseke] *vt* sezionare; *(fig: analyser)* analizzare a fondo.
dissertation [disɛʀtɑsjɔ̃] *nf* dissertazione *f*; (*SCOL*) tema, composizione *f*.
disserter [disɛʀte] *vi*: ~ **sur** dissertare su *ou* di.
dissident, e [disidɑ̃, ɑ̃t] *a, nm/f* dissidente *(m/f)*.
dissimuler [disimyle] *vt* nascondere, dissimulare; **se** ~ *vr* nascondersi, dissimularsi.
dissipation [disipɑsjɔ̃] *nf* dis-

sipazione *f; (de brouillard)* (il) dissiparsi *m;* (*SCOL*) indisciplina; *(fig)* disattenzione *f.*
dissiper [disipe] *vt* dissipare; **se ~** *vr* dissiparsi; *(perdre sa concentration)* distrarsi.
dissolu, e [disɔly] *a* dissoluto(a).
dissolution [disɔlysjɔ̃] *nf* dissoluzione *f,* decomposizione *f;* (*JUR, POL*) scioglimento; *(fig)* sgretolamento, disgregazione *f.*
dissolvant [disɔlvɑ̃] *nm* (*CHIM*) solvente *m.*
dissonant, e [disɔnɑ̃, ɑ̃t] *a* dissonante.
dissoudre [disudʀ(ə)] *vt* sciogliere; *(aliments)* dissolvere, sciogliere; **se ~** *vr* sciogliersi; dissolversi.
dissuader [disɥade] *vt:* **~ qn de faire qch/de qch** dissuadere qd dal fare qc/da qc.
dissuasion [disɥɑzjɔ̃] *nf* dissuasione *f.*
distance [distɑ̃s] *nf* distanza; **à des années de ~** a distanza di anni; **distancer** *vt* distanziare.
distant, e [distɑ̃, ɑ̃t] *a* distante.
distendre [distɑ̃dʀ(ə)]: **se ~** *vr* *(fig)* allentarsi.
distiller [distile] *vt, vi* distillare; **distillerie** *nf* distilleria.
distinct, e [distɛ̃(kt), distɛ̃kt(ə)] *a* distinto(a).
distinction [distɛ̃ksjɔ̃] *nf* distinzione *f.*
distingué, e [distɛ̃ge] *a* distinto(a); *(éminent)* insigne, celebre.
distinguer [distɛ̃ge] *vt* distinguere; **se ~** *vr* distinguersi.
distorsion [distɔʀsjɔ̃] *nf* distorsione *f; (fig)* squilibrio.
distraction [distʀaksjɔ̃] *nf* distrazione *f.*
distraire [distʀɛʀ] *vt* distrarre; **se ~** *vr* distrarsi.
distribuer [distʀibɥe] *vt* distribuire; **distributeur, trice** *nm/f* distributore/trice // *nm (d'essence)* pompa; **distribution** [distʀibysjɔ̃] *nf* distribuzione; *f (répartition)* ripartizione *f;* (*CINE*) interpreti *mpl,* cast *m inv;* **~ des prix** (*SPORT, SCOL*) premiazione *f.*
district [distʀik(t)] *nm* distretto.
dit, e [di, dit] *pp de* **dire** // *a (fixé)* detto(a), stabilito(a); *(surnommé)* detto(a).
diurétique [djyʀetik] *a* diuretico(a).
diurne [djyʀn(ə)] *a* diurno(a)
divagations [divagɑsjɔ̃] *nfpl* divagazione *f;* (*MED*) vaneggiamenti *mpl.*
divaguer [divage] *vi* vaneggiare.
divan [divɑ̃] *nm* divano.
divergence [divɛʀʒɑ̃s] *nf* divergenza.
diverger [divɛʀʒe] *vi* divergere.
divers, es [divɛʀ, ɛʀs(ə)] *a pl* vari(ie), svariati(e) // *dét* diversi(e), vari(ie), parecchi(ie); **~** (*COMM*) varie; **un fait ~** *(journalisme)* un fatto di cronaca; **diversifier** *vt* diversificare.
diversion [divɛʀsjɔ̃] *nf* diversivo; (*MIL*) diversione *f.*
diversité [divɛʀsite] *nf* diversità *f inv;* varietà *f inv.*
divertir [divɛʀtiʀ] *vt* divertire; **se ~** *vr* divertirsi.
divertissement [divɛʀtismɑ̃] *nm* divertimento, svago.
dividende [dividɑ̃d] *nm* dividendo.
divin, e [divɛ̃, in] *a* divino(a).
divinité [divinite] *nf* divinità *f inv.*
diviser [divize] *vt* dividere; **diviseur** *nm* divisore *m;* **division** *nf* divisione *f;* **1ère/2ème ~** (*SPORT*) serie A/B.
divorce [divɔʀs(ə)] *nm* divorzio; **divorcer** *vi* divorziare.
divulguer [divylge] *vt* divulgare.
dix [dis] *num* dieci; **dixième** *num* decimo(a).
dizaine [dizɛn] *nf* decina.
do [do] *nm* (*MUS*) do *m inv.*
docile [dɔsil] *a* docile.

dock [dɔk] *nm* dock *m inv; (cale: de construction, etc)* bacino.
docker [dɔkɛʀ] *nm* scaricatore *m* (di porto).
docteur [dɔktœʀ] *nm* dottore *m.*
doctorat [dɔktɔʀa] *nm titolo di studio conferito dopo la laurea al termine di due anni di studi e di un lavoro di ricerca;* ~ **d'Etat** *grado più elevato conferito da una università.*
doctrine [dɔktʀin] *nf* dottrina.
document [dɔkymɑ̃] *nm* documento.
documentaire [dɔkymɑ̃tɛʀ] *a* documentario(a) // *nm* documentario; **à titre** ~ a titolo informativo.
documentaliste [dɔkymɑ̃talist(ə)] *nm/f* responsabile *m/f* dell'archivio.
documentation [dɔkymɑ̃tɑsjɔ̃] *nf* documentazione *f.*
documenter [dɔkymɑ̃te] *vt* documentare; **se** ~ *vr* documentarsi.
dodeliner [dɔdline] *vi:* ~ **de la tête** dondolare la testa.
dodo [dɔdo] *nm (fam)* nanna.
dodu, e [dɔdy] *a (fam)* grassottello(a); *(joues)* paffutello(a).
dogmatique [dɔgmatik] *a* dogmatico(a).
dogme [dɔgm(ə)] *nm* dogma *m.*
dogue [dɔg] *nm* mastino.
doigt [dwa] *nm* dito; **à deux** ~**s de** *(fig)* a un pelo da *ou* a un dito da; **le petit** ~ il mignolo.
doigté [dwate] *nm (MUS)* tocco; *(fig: habileté)* destrezza; *(fig: tact)* tatto.
doigtier [dwatje] *nm* ditale *m.*
doit [dwa] *vb voir* **devoir.**
doléances [dɔleɑ̃s] *nfpl* rimostranze *fpl*, lagnanze *fpl.*
dolent, e [dɔlɑ̃, ɑ̃t] *a* lamentoso(a), piagnucoloso(a).
dollar [dɔlaʀ] *nm* dollaro.
DOM *abr m ou m pl de département(s) d'outre-mer.*
domaine [dɔmɛn] *nm* dominio; *(propriété)* proprietà *f inv*, tenuta; *(fig: champ)* campo; **le D**~ *(ADMIN)* il Demanio; ~ **public** beni del Demanio.
domanial, e, aux [dɔmanjal, o] *a* demaniale.
dôme [dom] *nm (église)* duomo; *(coupole)* cupola.
domestique [dɔmɛstik] *a* domestico(a) // *nm (fam)* cameriere // *nf (fam)* donna di servizio.
domestiquer [dɔmɛstike] *vt* addomesticare.
domicile [dɔmisil] *nm* domicilio; **sans** ~ **fixe** senza fissa dimora; **domicilié, e** *a* domiciliato(a).
dominant, e [dɔminɑ̃, ɑ̃t] *a (fig: principal)* prevalente; *(: important)* determinante // *nf* caratteristica dominante.
domination [dɔminɑsjɔ̃] *nf* dominio, dominazione *f.*
dominer [dɔmine] *vt, vi* dominare.
dominical, e, aux [dɔminikal, o] *a* domenicale.
domino [dɔmino] *nm (morceau du jeu)* tessera; **(jeu de)** ~**s** domino *sg.*
dommage [dɔmaʒ] *nm* danno; *(fig: excl)* peccato; **obtenir des** ~**s-intérêts** *mpl* ottenere il risarcimento dei danni.
dompter [dɔ̃te] *vt* domare; **dompteur, euse** *nm/f* domatore/trice.
don [dɔ̃] *nm* dono; **avoir des** ~**s pour** essere portato per.
donation [dɔnɑsjɔ̃] *nf* donazione *f.*
donc [dɔ̃k] *conj* quindi, dunque.
donjon [dɔ̃dʒɔ̃] *nm* torrione *m.*
donné, e [dɔne] *a* regalato(a); *(convenu)* dato(a), stabilito(a) // *nf* dato; **étant** ~**es les circonstances** date le circostanze; **étant** ~ **que...** dato che... .
donner [dɔne] *vt* dare; *(faire cadeau de)* regalare; *(communiquer: maladie)* attaccare; *(interview)* concedere; *(consacrer)* dedicare // *vi:* ~ **sur** *(fenêtre, etc)* dare su; ~ **de la tête** *(fig)* sbattere la testa; **se** ~ *vr* darsi; **se** ~ **à** *(travail)*

dedicarsi a; *(patrie, cause)* votarsi a; **se ~ du mal (à faire qch)** darsi da fare (per fare qc); **s'en ~ à cœur joie** darsi alla pazza gioia, godersela (un mondo).

donneur, euse [dɔnœʀ, øz] *nm/f* (*MED*) donatore/trice; *(fam)* informatore/trice (della Polizia); (*CARTES*) mazziere *m*.

dont [dɔ̃] *pron* di cui; *(provenance, origine)* da cui; *(façon)* in cui; **~ le/la/les** il/la/i(le) cui; **c'est le chien ~ le maître habite en face** è il cane il cui padrone abita di fronte; **le voyage ~ je t'ai parlé** il viaggio di cui ti ho parlato; **ce ~ je parle** ciò di cui parlo.

doré, e [dɔʀe] *a* dorato(a).

dorénavant [dɔʀenavɑ̃] *ad* d'ora in avanti, d'ora in poi.

dorer [dɔʀe] *vt* dorare // *vi* dorarsi.

dorloter [dɔʀlɔte] *vt* coccolare.

dormir [dɔʀmiʀ] *vi* dormire.

dortoir [dɔʀtwaʀ] *nm* dormitorio.

dorsal, e, aux [dɔʀsal, o] *a* dorsale.

dorure [dɔʀyʀ] *nf* doratura.

dos [do] *nm* schiena, dorso; *(de livre, cahier)* dorso; *(d'un papier, chèque)* retro; *(fig)* spalle *fpl*; **'voir au ~'** vedi a tergo; **de ~** di spalle; **à ~ de** a dorso di.

dosage [dozaʒ] *nm* dosaggio.

dos-d'âne [dodan] *nm* dosso, cunetta.

dose [doz] *nf* dose *f*.

doser [doze] *vt* dosare.

dossard [dosaʀ] *nm* (*SPORT*) pettorale *m*.

dossier [dosje] *nm* pratica, dossier *m inv*; *(enveloppe)* cartella; *(de chaise)* spalliera, schienale *m*.

dot [dɔt] *nf* dote *f*.

doter [dɔte] *vt*: **~ qn/qch de** dotare qd/qc di.

douane [dwan] *nf* dogana; **douanier, ière** *a* doganale // *nm* doganiere *m*.

doublage [dublaʒ] *nm (de vêtement)* foderatura; (*CINE*) doppiaggio.

double [dubl(ə)] *a* doppio(a); duplice // *ad* doppio // *nm* doppio; *(autre exemplaire)* doppione *m*; *(reproduction)* copia, duplicato; **en ~ exemplaire** in duplice copia; **faire ~ emploi** essere un doppione; **le ~ d'une lettre** la velina di una lettera.

doublé, e [duble] *a (vêtement)* foderato(a); (*CINE, SPORT*) doppiato(a).

doubler [duble] *vt* raddoppiare; *(vêtement)* foderare; (*CINE, SPORT, NAUT*) doppiare; (*SCOL*) ripetere; *(fig: augmenter)* accrescere // *vi* raddoppiare; **se ~ de** essere anche.

doublure [dublyʀ] *nf (de vêtement)* fodera; (*CINE*) controfigura.

douce [dus] *a voir* **doux; douceâtre** *a* dolciastro(a); **doucement** *ad* piano; **doucereux, euse** *a* dolciastro(a); *(fig)* sdolcinato(a); **douceur** *nf* dolcezza; **~s** *(friandises)* dolci *mpl*, dolciumi *mpl*.

douche [duʃ] *nf* doccia; *(fam: réprimande)* strigliata, lavata di capo; **doucher** *vt* fare la doccia (a); **se ~** *vr* fare la doccia.

doué, e [dwe] *a* dotato(a), portato(a); *(fam)* abile.

douille [duj] *nf* (*ELEC*) portalampada *m inv*; (*MIL*) bossolo; (*TECH*) ghiera.

douillet, te [dujɛ, ɛt] *a (personne)* delicato(a); *(lit)* morbido(a), soffice; *(fig: maison)* caldo(a).

douleur [dulœʀ] *nf* dolore *m*.

douloureux, euse [duluʀø, øz] *a* doloroso(a); *(membre)* dolorante.

doute [dut] *nm* dubbio; **sans aucun ~** senza dubbio.

douter [dute] *vi*: **~ de** dubitare di; **~ que** dubitare che; **se ~ de** sospettare (di); **se ~ que** imaginarsi che, rendersi conto che.

douteux, euse [dutø, øz] *a* dubbio(a); *(lumière, temps)* incer-

to(a); *(fig: louche)* losco(a).
doux, douce [du, dus] *a* dolce; *(climat)* mite; *(lumière, couleur)* tenue; *(CULIN: feu)* lento(a); **en douce** *(fig)* alla chetichella, quatto quatto.
douzaine [duzɛn] *nf* dozzina.
douze [duz] *num* dodici; **douzième** *num* dodicesimo(a).
doyen, enne [dwajɛ̃, ɛn] *nm/f* decano/a; *(université)* preside *m/f*.
draconien, ne [dʀakɔnjɛ̃, ɛn] *a* drastico(a).
dragage [dʀagaʒ] *nm* dragaggio.
dragée [dʀaʒe] *nf* confetto.
dragon [dʀagɔ̃] *nm* drago.
drague [dʀag] *nf* draga; **draguer** *vt* dragare; *(fam: filles)* rimorchiare; **dragueur** *nm* (*NAUT*) draga; (*MIL*) dragamine *m inv; (fam)* pappagallo.
drainage [dʀɛnaʒ] *nm* drenaggio.
drainer [dʀene] *vt* drenare.
dramatique [dʀamatik] *a* drammatico(a); *(de théâtre)* teatrale.
dramatiser [dʀamatize] *vt* drammatizzare.
dramaturge [dʀamatyʀʒ(ə)] *nm* drammaturgo.
drame [dʀam] *nm* dramma *m*.
drap [dʀa] *nm* lenzuolo; *(tissu)* panno; **être dans de beaux ~s** *(fig)* essere nei guai.
drapeau, x [dʀapo] *nm* bandiera; **être sous les ~x** essere sotto le armi.
draper [dʀape] *vt* drappeggiare.
draperie [dʀapʀi] *nf* drappeggio; **~s** *pl* tendaggi *mpl*.
drapier [dʀapje] *nm* fabbricante *m ou* commerciante *m* di tessuti.
dresser [dʀese] *vt* drizzare, rizzare; *(monument, autel)* erigere, innalzare; *(tente)* montare; *(fig: liste, bilan)* redigere, stendere; *(animal)* addestrare; **se ~** *vr* drizzarsi, rizzarsi; *(s'élever)* ergersi; *(fig)* insorgere; **~ l'oreille** *(fig)* rizzare gli orecchi; **~ la table** apparecchiare (la tavola); **~ qn contre qn d'autre** aizzare qd contro qualcun altro.
dressoir [dʀɛswaʀ] *nm* credenza.
dribbler [dʀible] *vt* dribblare.
drogue [dʀɔg] *nf* droga.
droguer [dʀɔge] *vt* drogare; *(malade)* imbottire di medicine; **se ~** *vr* drogarsi.
droguerie [dʀɔgʀi] *nf* drogheria.
droguiste [dʀɔgist(ə)] *nm* droghiere *m*.
droit, e [dʀwa, dʀwat] *a* d(i)ritto(a); *(opposé à gauche)* destro(a); (*MATH, fig*) retto(a) // *ad* d(i)ritto // *nm* diritto; (*SCOL: matière*) legge *f*, giurisprudenza // *nf* destra; (*MATH*) (linea) retta; **~s** *mpl (taxes)* diritti *mpl*, tasse *fpl;* **à qui de ~** a chi di dovere.
droitier, ière [dʀwatje, jɛʀ] *nm/f* chi usa la mano destra.
droiture [dʀwatyʀ] *nf* rettitudine *f*.
drôle [dʀol] *a* divertente, buffo(a); *(bizarre)* strano(a).
dromadaire [dʀɔmadɛʀ] *nm* (*ZOOL*) dromedario.
dru, e [dʀy] *a* fitto(a).
dû, due [dy] *pp de* **devoir** // *a (somme)* dovuto(a); (*JUR*) debito(a) // *nm* dovuto.
dubitatif, ive [dybitatif, iv] *a* dubitativo(a).
duc [dyk] *nm* duca *m;* **duché** *nm* ducato; **duchesse** *nf* duchessa.
duel [dɥɛl] *nm* duello.
dune [dyn] *nf* duna.
duo [dɥo] *nm* duetto.
dupe [dyp] *nf* vittima, gonzo // *a:* **je ne suis pas ~!** non sono mica stupido!
duper [dype] *vt* imbrogliare, abbindolare.
duplex [dyplɛks] *nm (appartement)* attico; (*TEL*) duplex *m inv*.
duplicata [dyplikata] *nm* duplicato.
duplicité [dyplisite] *nf* doppiezza.
dur, e [dyʀ] *a* duro(a); *(climat)* rigido(a); *(cruel: combat)* aspro(a);

(œuf) sodo(a) // *ad* sodo, forte.
durable [dyRabl(ə)] *a* durevole, duraturo(a).
durant [dyRɑ̃] *prép* durante.
durcir [dyRsiR] *vt* indurire; *(attitude, etc)* irrigidire, inasprire // *vi* indurire; **se** ~ *vr* indurirsi; *(fig)* irrigidirsi, inasprirsi.
durée [dyRe] *nf* durata.
durement [dyRmɑ̃] *ad* duramente; *(violemment)* violentemente.
durer [dyRe] *vi* durare.
dureté [dyRte] *nf* durezza; *(fig)* asprezza.
duvet [dyvɛ] *nm* lanugine *f*, peluria; *(matière)* piume *fpl; (sac de couchage)* sacco a pelo.
dynamique [dinamik] *a* dinamico(a).
dynamite [dinamit] *nf* dinamite *f*.
dynamo [dinamo] *nf* dinamo *f inv*.
dynastie [dinasti] *nf* dinastia.
dysenterie [disɑ̃tRi] *nf* dissenteria.

E

E. *(abr de* **est***)* E.
eau, x [o] *nf* acqua; ~**x** *fpl (thermales)* acque *fpl* termali; **tomber à l'**~ *(fig)* andare a monte; ~ **de Javel** candeggina, varechina; ~**-de-vie** acquavite *f;* ~ **plate** acqua non gassata; **les E~x et Forêts** (*ADMIN*) ≈ Corpo forestale (dello Stato).
ébahi, e [ebai] *a* stupito(a), stupefatto(a).
ébaucher [eboʃe] *vt* abbozzare; **s'**~ *vr* delinearsi.
ébène [ebɛn] *nm* ebano *(legno)*.
ébéniste [ebenist(ə)] *nm* ebanista *m*.
éberlué, e [ebɛRlɥe] *a* sbalordito(a), stupefatto(a).
éblouir [ebluiR] *vt* abbagliare.
éboueur [ebwœR] *nm* netturbino, spazzino.
ébouillanter [ebujɑ̃te] *vt* sbollentare, scottare.
ébouler [ebule]: **s'**~ *vr* crollare, franare.
éboulis [ebuli] *nmpl* detriti *mpl*.
ébouriffé, e [ebuRife] *a* arruffato(a), scarmigliato(a).
ébranler [ebRɑ̃le] *vt* scuotere, far tremare; *(fig: régime)* far vacillare; *(: personne)* scuotere; **s'**~ *vr* mettersi in moto, avviarsi.
ébrécher [ebReʃe] *vt* sbeccare.
ébriété [ebRijete] *nf* ubriachezza.
ébrouer [ebRue]: **s'**~ *vr* scuotersi; *(cheval)* sbuffare.
ébullition [ebylisjɔ̃] *nf* ebollizione *f*.
écaille [ekɑj] *nf* squama, scaglia; *(matière)* tartaruga; *(de la peau)* squama; **écailler** *vt* squamare; *(huître)* aprire; **s'**~ *vr* squamarsi.
écarlate [ekaRlat] *a* scarlatto(a).
écarquiller [ekaRkije] *vt:* ~ **les yeux** spalancare gli occhi.
écart [ekaR] *nm* distanza; *(de temps)* distacco; *(différence)* differenza, divario; *(mouvement)* scarto; *(fig: de langage, de conduite)* errore *m;* **à l'**~ *ad* in disparte; **à l'**~ **de** *prép* distante da; *(fig)* fuori da; **le grand** ~ *(gymnastique)* la spaccata.
écarté, e [ekaRte] *a* allargato(a), divaricato(a); *(lieu: solitaire)* appartato(a).
écarteler [ekaRtəle] *vt* squartare; *(fig)* dilaniare, lacerare.
écartement [ekaRtəmɑ̃] *nm* distanza; (*RAIL*) scartamento.
écarter [ekaRte] *vt* allargare, divaricare; *(séparer: personnes)* separare; *(: rideau)* scostare; *(éloigner)* allontanare; *(éliminer)* scartare; **s'**~ *vr* allargarsi; **s'**~ **de** scostarsi da, allontanarsi da.
écervelé, e [esɛRvəle] *a* scervellato(a), sventato(a).
échafaud [eʃafo] *nm* patibolo.
échafaudage [eʃafodaʒ] *nm* impalcatura, ponteggio.
échafauder [eʃafode] *vt (fig)*

architettare, escogitare.
échalote [eʃalɔt] *nf* scalogno.
échancrure [eʃɑ̃kʀyʀ] *nf* scollatura.
échange [eʃɑ̃ʒ] *nm* scambio; **en ~ (de)** in cambio (di).
échanger [eʃɑ̃ʒe] *vt* scambiarsi; **~ qch contre autre chose** scambiare qc con qualcos'altro; **échangeur** *nm* svincolo; (*TECH*) scambiatore.
échantillon [eʃɑ̃tijɔ̃] *nm* campione *m; (fig)* saggio.
échappatoire [eʃapatwaʀ] *nf* scappatoia.
échappée [eʃape] *nf* vista; (*CYCLISME*) fuga.
échappement [eʃapmɑ̃] *nm* scappamento, scarico.
échapper [eʃape] *vi* sfuggire; **~ des mains** sfuggire di mano; **laisser ~** lasciarsi sfuggire; **s'~** *vr* fuggire, scappare; *(gaz, eau)* (fuori)uscire; **l'~ belle** scamparla bella.
écharde [eʃaʀd(ə)] *nf* scheggia.
écharpe [eʃaʀp(ə)] *nf* sciarpa; *(tricolore)* fascia; **un bras en ~** con un braccio al collo.
écharper [eʃaʀpe] *vt* fare a pezzi; *(balafrer)* sfregiare.
échassier [eʃɑsje] *nm* trampoliere *m.*
échauffer [eʃofe] *vt* scaldare; **s'~** *vr* (*SPORT*) riscaldarsi; *(dans la discussion)* scaldarsi.
échauffourée [eʃofuʀe] *nf* tafferuglio.
échéance [eʃeɑ̃s] *nf* scadenza.
échéant [eʃeɑ̃]: **le cas ~** *ad* all'occorrenza.
échec [eʃɛk] *nm* insuccesso, smacco; **~s** *mpl (jeu)* scacchi *mpl;* **faire ~ et mat** fare scacco matto.
échelle [eʃɛl] *nf* scala; **à l'~ de 1/25000** in scala di 1/25000; **sur une grande/petite ~** su grande scala/su scala ridotta.
échelon [eʃlɔ̃] *nm* piolo; *(marche, aussi fig)* gradino, scalino; *(niveau)* livello, scala.
échelonner [eʃlɔne] *vt* scaglionare.
écheveau [eʃvo] *nm* matassa.
échevelé, e [eʃəvle] *a* arruffato(a), scarmigliato(a).
échine [eʃin] *nf* schiena, spina dorsale; (*CULIN*) arista.
échiquier [eʃikje] *nm* scacchiera.
écho [eko] *nm* eco *f ou m.*
échouer [eʃwe] *vi* fallire; (*NAUT*) arenarsi, incagliarsi // *vt* (*NAUT*) portare in secca.
échu, e [eʃy] *pp de* **échoir.**
éclabousser [eklabuse] *vt* spruzzare; *(de boue)* infangare, imbrattare.
éclair [eklɛʀ] *nm* lampo; **~ (au chocolat)** (*CULIN*) *sorta di cannoncino(al cioccolato)* // *a inv* lampo *inv.*
éclairage [eklɛʀaʒ] *nm* illuminazione *f; (lumière)* luce *f;* (*AUTO*) luci *fpl.*
éclaircie [eklɛʀsi] *nf* schiarita.
éclaircir [eklɛʀsiʀ] *vt* schiarire; *(rangs)* diradare; *(fig: expliquer)* chiarire; (*CULIN*) allungare; **s'~** *vr* schiarirsi; *(rangs)* diradarsi; *(fig)* chiarirsi; **éclaircissement** *nm* chiarimento.
éclairer [ekleʀe] *vt* illuminare, rischiarare; *(fig: personne)* illuminare; *(: sujet)* chiarire // *vi (soleil, ampoule)* far luce; **s'~** *vr* illuminarsi; **éclaireur, euse** *nm/f (scout)* guida *m/f* // *nm* esploratore *m;* **en éclaireur** in avanscoperta.
éclat [ekla] *nm* splendore *m; (fragment de verre, etc)* scheggia; *(fig: bruit)* rumore *m,* chiasso; *(: de voix, de tonnerre)* scoppio, fragore *m;* **~ de rire** scoppio di risa; **coup d'~** prodezza.
éclatant, e [eklatɑ̃, ɑ̃t] *a* splendente, radioso(a); *(voix, son)* squillante; *(fig: évident)* lampante; *(: remarquable)* strepitoso(a).
éclater [eklate] *vi* scoppiare; *(résonner)* risuonare; *(fig: colère)*

esplodere; *(: joie)* risplendere; *(: se diviser: groupe)* sciogliersi, dividersi; ~ **de rire/en sanglots** scoppiare a ridere/in singhiozzi.
éclipse [eklips(ə)] *nf* eclissi *f inv.*
éclipser [eklipse] *vt* eclissare, oscurare; **s'~** *vr* eclissarsi.
éclopé, e [eklɔpe] *a* sciancato(a), zoppo(a).
écluse [eklyz] *nf* chiusa.
écœurer [ekœʀe] *vt* nauseare, disgustare.
école [ekɔl] *nf* scuola; **aller à l'~** andare a scuola; ~ **normale (d'instituteurs)** ≈ istituto magistrale; **écolier, ière** *nm/f* scolaro/a.
économe [ekɔnɔm] *a, nm/f* economo(a).
économie [ekɔnɔmi] *nf* economia; ~**s** *fpl* risparmi *mpl;* **économique** *a* economico(a).
économiser [ekɔnɔmize] *vt, vi* risparmiare, economizzare.
écoper [ekɔpe] *vt (NAUT)* sgottare // *vi (fig: fam)* buscarsi.
écorce [ekɔʀs(ə)] *nf* corteccia; *(de fruit)* buccia, scorza.
écorcher [ekɔʀʃe] *vt* scorticare, scuoiare; *(égratigner)* sbucciare, scorticare; *(un mot)* storpiare; **s'~** *vr* sbucciarsi, scorticarsi.
écossais, e [ekɔsɛ, ɛz] *a, nm/f* scozzese *m/f.*
écosser [ekɔse] *vt* sgusciare.
écouler [ekule] *vt* smaltire; **s'~** *vr* scorrere, défluire; *(temps)* passare, scorrere; *(se vendre)* smaltirsi, vendersi.
écourter [ekuʀte] *vt* abbreviare.
écoute [ekut] *nf* ascolto; *(NAUT)* scotta; **à l'~ de** in ascolto di.
écouter [ekute] *vt* ascoltare; **écouteur** *nm (TEL)* ricevitore *m; (HIFI)* cuffia; *(RADIO)* auricolare *m.*
écoutille [ekutij] *nf* boccaporto.
écran [ekʀɑ̃] *nm* schermo; ~ **de cheminée** parafuoco; ~ **de fumée** cortina di fumo.
écraser [ekʀɑze] *vt* schiacciare; *(suj: voiture, train, etc)* investire; *(fam: pied)* pestare; *(pressere)* pigiare; ~ **qn d'impôts/de responsabilités** oberare qd di tasse/responsabilità; **s'~** *vr* schiacciarsi; *(au sol, contre qch)* schiantarsi.
écrémer [ekʀeme] *vt* scremare.
écrevisse [ekʀəvis] *nf* gambero (di fiume).
écrier [ekʀije]: **s'~** *vr* esclamare.
écrin [ekʀɛ̃] *nm* astuccio, scrigno.
écrire [ekʀiʀ] *vt, vi* scrivere; **s'~** *vr* scriversi; **écrit, e** *a* scritto(a) // *nm* scritto; **par écrit** per iscritto.
écriteau [ekʀito] *nm* cartello.
écriture [ekʀityʀ] *nf* scrittura; *(JUR)* atto; ~**s** *(COMM)* scritture *fpl* contabili.
écrivain [ekʀivɛ̃] *nm* scrittore/trice.
écrou [ekʀu] *nm* dado.
écrouer [ekʀue] *vt* incarcerare.
écrouler [ekʀule]: **s'~** *vr* crollare; *(personne, animal)* crollare, accasciarsi.
écru, e [ekʀy] *a* greggio(a), crudo(a).
écueil [ekœj] *nm* scoglio.
écume [ekym] *nf* schiuma.
écumer [ekyme] *vt* schiumare; *(fig)* rastrellare, setacciare // *vi* spumeggiare; *(fig)* schiumare.
écureuil [ekyʀœj] *nm* scoiattolo.
écurie [ekyʀi] *nf* scuderia.
écusson [ekysɔ̃] *nm* scudo, stemma *m.*
édenté, e [edɑ̃te] *a* sdendato(a).
EDF *(abr de Electricité de France)* ≈ ENEL.
édifice [edifis] *nm* edificio.
édifier [edifje] *vt* edificare, costruire; *(fig)* edificare.
édit [edi] *nm* editto.
éditer [edite] *vt* curare la pubblicazione di; *(publier)* pubblicare; **éditeur, trice** *nm/f* editore/trice; **édition** *nf* edizione *f; (industrie du livre)* editoria; **maison/société**

d'édition casa/societá editrice.
éditorial, aux [editɔʀjal, jo] *nm* editoriale *m.*
édredon [edʀədɔ̃] *nm* trapunta.
éducation [edykasjɔ̃] *nf* educazione *f;* **Ministère de l'E~** Ministero della Pubblica Istruzione *f.*
édulcorer [edylkɔʀe] *vt* addolcire.
éduquer [edyke] *vt* educare.
effacer [efase] *vt* cancellare; *(fig: rentrer: tête)* tirare in dentro; **s'~** *vr* cancellarsi; *(pour laisser passer)* scansarsi, tirarsi indietro.
effarer [efaʀe] *vt* sgomentare.
effaroucher [efaʀuʃe] *vt* spaventare, impaurire.
effectif, ive [efɛktif, iv] *a* effettivo(a) // *nm* effettivo.
effectuer [efɛktɥe] *vt* effettuare.
efféminé, e [efemine] *a* effeminato(a).
effervescent, e [efɛʀvesɑ̃, ɑ̃t] *a* effervescente.
effet [efɛ] *nm* effetto; **faire de l'~** fare effetto; *(impressionner)* far colpo; **en ~** *ad* infatti.
effeuiller [efœje] *vt* sfogliare.
efficace [efikas] *a* efficace; **efficacité** *nf* efficacia; *(rendement)* efficienza.
effigie [efiʒi] *nf* effigie *f.*
effilé, e [efile] *a* affilato(a), affusolato(a).
effiler [efile] *vt* rendere affusolato; *(cheveux)* sfumare; *(tissu)* sfilacciare.
effilocher [efilɔʃe]: **s'~** *vr* sfilacciarsi.
effleurer [eflœʀe] *vt* sfiorare.
effluves [eflyv] *nmpl* effluvi *mpl.*
effondrer [efɔ̃dʀe]: **s'~** *vr* crollare; *(personne)* crollare, accasciarsi.
efforcer [efɔʀse]: **s'~** *vr* sforzarsi.
effort [efɔʀ] *nm* sforzo.
effraction [efʀaksjɔ̃] *nf* scasso.
effrayant, e [efʀɛjɑ̃, ɑ̃t] *a* spaventoso(a), tremendo(a).
effrayer [efʀeje] *vt* spaventare, **s'~** *vr* spaventarsi.
effréné, e [efʀene] *a* sfrenato(a).
effriter [efʀite]: **s'~** *vr* sgretolarsi, sfaldarsi.
effroi [efʀwɑ] *nm* spavento, terrore *m.*
effronté, e [efʀɔ̃te] *a* sfrontato(a), sfacciato(a).
effroyable [efʀwajabl(ə)] *a* spaventoso(a).
effusion [efyzjɔ̃] *nf* effusione *f;* **sans ~ de sang** senza spargimento di sangue.
égal, e, aux [egal, o] *a* uguale; *(du même niveau)* uguale, pari; *(terrain)* uniforme; *(vitesse)* costante, uniforme // *nm/f* pari *m/f;* **être l'~ de** essere pari a; **ça lui/nous est ~** gli/ci è indifferente; **également** *ad* ugualmente; *(en outre)* anche; **égaler** *vt* uguagliare; **égaliser** *vt* livellare; *(fig)* rendere uguale // *vi* pareggiare; **égalité** *nf* uguaglianza; *(uniformité)* uniformitá *f inv,* regolarità *f inv;* **à ~ de** a parità di; **être à ~** (SPORT, *jeu)* essere pari.
égard [egaʀ] *nm* riguardo; **à cet ~** a questo proposito, sotto questo aspetto; **à mon/son ~** nei miei/suoi confronti; **à l'~ de** nei confronti di.
égarement [egaʀmɑ̃] *nm* smarrimento.
égarer [egaʀe] *vt* smarrire; *(fourvoyer: personne)* fuorviare; **s'~** *vr* perdersi, smarrirsi; *(fig: dans une discussion)* perdere il filo (di).
égayer [egeje] *vt* rallegrare.
églantine [eglɑ̃tin] *nf* rosa canina *o* di macchia *(fiore).*
églefin [egləfɛ̃] *nm* eglefino.
église [egliz] *nf* chiesa; **aller à l'~** andare in chiesa.
égoïste [egɔist(ə)] *a, nm/f* egoista *m/f.*
égorger [egɔʀʒe] *vt* sgozzare.
égout [egu] *nm* fogna, fognatura.
égoutter [egute] *vt* far sgocciolare; (CULIN) scolare // *vi* sgocciolare;

s'~ *vr* sgocciolare.
égratigner [egʀatiɲe] *vt* graffiare; s'~ *vr* graffiarsi; **égratignure** *nf* graffio.
égrener [egʀəne] *vt* sgranare; s'~ *vr (fig)* snodarsi.
Égypte [eʒipt] *nf* Egitto; **égyptien, ne** *a, nm/f* egiziano(a); *(dans l'histoire)* egizio(a).
eh [e] *excl* ehi!; ~ **bien!** ebbene!; ~ **bien?** e allora?
éhonté, e [eɔ̃te] *a* spudorato(a).
éjaculer [eʒakyle] *vi* eiaculare.
éjectable [eʒɛktabl(ə)] *a:* **siège** ~ seggiolino eiettabile.
éjecter [eʒɛkte] *vt* espellere.
élaborer [elabɔʀe] *vt* elaborare.
élaguer [elage] *vt* potare; *(fig)* sfrondare.
élan [elɑ̃] *nm* slancio, impeto; (*SPORT*) rincorsa; (*ZOOL*) alce *m*.
élancé, e [elɑ̃se] *a* slanciato(a).
élancement [elɑ̃smɑ̃] *nm* fitta.
élancer [elɑ̃se]: **s'~** *vr* lanciarsi; *(fig: arbre)* slanciarsi.
élargir [elaʀʒiʀ] *vt* allargare; s'~ *vr* allargarsi.
élasticité [elastisite] *nf* elasticità *f inv*.
élastique [elastik] *a* elastico(a) // *nm* elastico.
électeur, trice [elɛktœʀ, tʀis] *nm/f* elettore/trice.
élection [elɛksjɔ̃] *nf* elezione *f*.
électorat [elɛktɔʀa] *nm* elettorato.
électricien [elɛktʀisjɛ̃] *nm* elettricista *m*.
électricité [elɛktʀisite] *nf* elettricità *f inv;* **allumer/éteindre l'~** accendere/spegnere la luce.
électrifier [elɛktʀifje] *vt* elettrificare.
électrique [elɛktʀik] *a* elettrico(a).
électriser [elɛktʀize] *vt* elettrizzare.
électrocuter [elɛktʀɔkyte] *vt* fulminare.
électrode [elɛktʀɔd] *nf* elettrodo.
électroménager [elɛktʀɔmenaʒe] *a:* **appareil** ~ elettrodomestico; **l'~** (*COMM*) il settore degli elettrodomestici.
électron [elɛktʀɔ̃] *nm* elettrone *m*.
électronicien, ne [elɛktʀɔnisjɛ̃, jɛn] *nm/f* specialista *m/f* di elettronica // *a* elettronico(a).
électronique [elɛktʀɔnik] *a* elettronico(a) // *nf* elettronica.
électrophone [elɛktʀɔfɔn] *nm* giradischi *m inv*.
élégance [elegɑ̃s] *nf* eleganza.
élégant, e [elegɑ̃, ɑ̃t] *a* elegante.
élément [elemɑ̃] *nm* elemento; **élémentaire** *a* elementare.
éléphant [elefɑ̃] *nm* elefante *m*.
élevage [ɛlvaʒ] *nm* allevamento.
élévateur [elevatœʀ] *am, nm* elevatore *m*.
élevation [elevɑsjɔ̃] *nf* elevazione *f; (construction)* innalzamento; *(fig)* elevatezza.
élève [elɛv] *nm/f* allievo/a; (*SCOL*) alunno/a.
élevé, e [ɛlve] *a* alto(a), elevato(a); *(fig: noble)* nobile; *(éduqué)* educato(a); **bien/mal** ~ beneducato/maleducato.
élever [ɛlve] *vt* elevare; *(enfant, animal)* allevare; *(construire)* innalzare; *(voix, ton)* alzare; ~ **une maison d'un étage** (ri)alzare una casa di un piano; s'~ *vr* innalzarsi; *(cri, protestations)* alzarsi; (*AVIAT*) alzarsi in volo; **s'~ contre qch/qn** protestare contro qc/qd; **s'~ à** *(suj: frais)* ammontare a.
éleveur, euse [ɛlvœʀ, øz] *nm/f* allevatore/trice.
élimé, e [elime] *a* liso(a), logoro(a).
éliminatoire [eliminatwaʀ] *a* eliminatorio(a) // *nf* eliminatoria.
éliminer [elimine] *vt* eliminare.
élire [eliʀ] *vt* eleggere.
élite [elit] *nf* élite *f inv*, fior fiore *m;* **d'~** d'eccezione; **tireur d'~** tiratore scelto.
elle *pron f (suj)* ella *(pl* esse); *(:*

chose) essa *(pl* esse) *(NB: en italien elle sujet ne se traduit pas); (opposé à lui: suj, avec préposition)* lei *(pl* loro); *(réfléchi)* sè; **c'est ~ que j'attends** aspetto lei; **j'en parlerai avec ~** ne parlerò con lei; **~ n'a pas d'argent sur ~** non ha soldi con sè; **-~même** *pron (suj)* leistessa, proprio lei.

ellipse [elips(ə)] *nf (GEOM)* ellisse *f;* *(LING)* ellissi *f.*

elliptique [eliptik] *a* ellittico(a).

élocution [elɔkysjɔ̃] *nf* eloquio, elocuzione *f.*

éloge *nm* elogio; *(louange)* lode *f;* **faire l'~ de qn/qch** tessere le lodi di qd/qc.

élogieux, euse [elɔʒjø, jøz] *a* elogiativo(a).

éloigné, e [elwaɲe] *a* lontano(a).

éloignement [elwaɲmɑ̃] *nm* allontanamento; *(distance)* lontananza.

éloigner [elwaɲe] *vt* allontanare; **s'~ (de)** *vr* allontanarsi (da).

élongation [elɔ̃gɑsjɔ̃] *nf (MED)* stiramento.

éloquence [elɔkɑ̃s] *nf* eloquenza.

élu, e [ely] *pp de* **élir.**

élucider [elyside] *vt* chiarire.

éluder [elyde] *vt* eludere.

émacié, e [emasje] *a* emaciato(a).

émail [emaj] *nm* smalto.

émailler [emaje] *vt* smaltare.

émanciper [emɑ̃sipe] *vt* emancipare; **s'~** *vr* emanciparsi.

émanation [emanɑsjɔ̃] *nf* emanazione *f,* esalazione *f; (fig)* emanazione *f.*

émaner [emane]: **~ de** *vi* emanare da.

émasculer [emaskyle] *vt* evirare; *(fig)* castrare.

emballage [ɑ̃balaʒ] *nm* imballaggio.

emballer [ɑ̃bale] *vt* imballare; *(fig: enthousiasmer)* entusiasmare; **s'~** *vr (moteur)* imballarsi; *(cheval)* imbizzarrirsi; *(fig: personne)* perdere il controllo.

embarcadère [ɑ̃baʀkadɛʀ] *nm* imbarcadero.

embarcation [ɑ̃baʀkɑsjɔ̃] *nf* imbarcazione *f.*

embardée [ɑ̃baʀde] *nf* sbandata.

embarquement [ɑ̃baʀkəmɑ̃] *nm* imbarco.

embarquer [ɑ̃baʀke] *vt* imbarcare; *(fam: charger)* caricare; *(: arrêter)* arrestare // *vi,* **s'~** *vr* imbarcarsi.

embarras [ɑ̃baʀa] *nm* imbarazzo; *(ennui)* impiccio, difficoltà *f inv;* **mettre qn dans l'~** mettere qd a disagio.

embarrasser [ɑ̃baʀase] *vt (fig: personne)* imbarazzare, mettere in imbarazzo; **s'~** *vr:* **s'~ de** caricarsi di.

embauche [ɑ̃boʃ] *nf* assunzione *f.*

embaucher [ɑ̃boʃe] *vt* assumere.

embauchoir [ɑ̃boʃwaʀ] *nm* forma.

embaumer [ɑ̃bome] *vt* imbalsamare; *(parfumer)* profumare.

embellir [ɑ̃beliʀ] *vt* abbellire; *(suj: coiffure, vêtement)* donare a // *vi* diventare più bello.

embêtement [ɑ̃bɛtmɑ̃] *nm* grana, noia.

embêter [ɑ̃bete] *vt* scocciare, infastidire; **s'~** *vr* annoiarsi.

emblée [ɑ̃ble]: **d'~** *ad* immediatamente, al primo colpo.

emblème [ɑ̃blɛm] *nm* emblema *m.*

emboîter [ɑ̃bwate] *vt* incastrare; **~ le pas à qn** seguire qd passo per passo; *(fig)* seguire le orme di qd; **s'~** *vr:* **s'~ dans** incastrarsi in.

embonpoint [ɑ̃bɔ̃pwɛ̃] *nm:* **prendre de l'~** *(fam)* metter su pancia.

embouchure [ɑ̃buʃyʀ] *nf* imboccatura; *(GEOG)* foce *f.*

embourber [ɑ̃buʀbe]: **s'~** *vr* impantanarsi.

embout [ɑ̃bu] *nm* attacco, raccordo.

embouteillage [ɑ̃butɛjaʒ] *nm*

ingorgo.
emboutir [ɑ̃butiʀ] *vt* (*TECH*) imbutire.
embranchement [ɑ̃bʀɑ̃ʃmɑ̃] *nm* incrocio, diramazione *f*; *(classification)* classe *f*.
embraser [ɑ̃bʀɑze]: **s'~** *vr* infiammarsi.
embrassade [ɑ̃bʀasad] *nf* abbraccio.
embrasser [ɑ̃bʀase] *vt* abbracciare; *(donner des baiser)* baciare; ~ **qch du regard** abbracciare qc con lo sguardo; **s'~** *vr* baciarsi, abbracciarsi.
embrasure [ɑ̃bʀazyʀ] *nf* vano.
embrayage [ɑ̃bʀɛjaʒ] *nm* (*AUTO*) frizione *f*; (*TECH*) innesto.
embrayer [ɑ̃bʀeje] *vi* (*AUTO*) innestare la frizione.
embrigader [ɑ̃bʀigade] *vt* reclutare.
embrocher [ɑ̃bʀɔʃe] *vt* infilzare.
embrouillamini [ɑ̃bʀujamini] *nm* caos *m inv*.
embrouiller [ɑ̃bʀuje] *vt* ingarbugliare; *(personne)* confondere; *(objets)* mettere in disordine; **s'~** *vr* ingarbugliarsi; *(personne)* confondersi.
embruns [ɑ̃bʀœ̃] *nmpl* spruzzi *mpl*.
embryon [ɑ̃bʀijɔ̃] *nm* embrione *m*; **embryonnaire** *a* embrionale.
embûches [ɑ̃byʃ] *nfpl* insidie *fpl*, trabocchetti *mpl*.
embué, e [ɑ̃bɥe] *a* appannato(a).
embuscade [ɑ̃byskad] *nf* agguato, imboscata.
embusquer [ɑ̃byske] **s'~** *vr (péj)* imboscarsi.
éméché, e [emeʃe] *a (fam)* brillo(a), alticcio(a).
émeraude [ɛmʀod] *nf* smeraldo // *a inv* verde smeraldo.
émerger [emɛʀʒe] *vi* emergere.
émeri [ɛmʀi] *nm*: **papier ~** carta smerigliata *o* vetrata.
émerveiller [emɛʀveje] *vt* meravigliare, stupire; **s'~** *vr* meravigliarsi.
émetteur, trice [emɛtœʀ, tʀis] *a* emittente // *nm* emittente *f*.
émettre [emɛtʀ(ə)] *vt* emettere; (*RADIO, TV*) trasmettere.
émeute [emøt] *nf* sommossa.
émietter [emjete] *vt* sbriciolare, sminuzzare.
émigrant, e [emigʀɑ̃, ɑ̃t] *nm/f* emigrante *m/f*.
émigré, e [emigʀe] *nm/f* esule *m/f*.
émigrer [emigʀe] *vi* emigrare, espatriare.
éminence [eminɑ̃s] *nf* eminenza.
éminent, e [eminɑ̃, ɑ̃t] *a* eminente.
émir [emiʀ] *nm* emiro.
émissaire [emisɛʀ] *nm* emissario.
émission [emisjɔ̃] *nf* emissione *f*; (*RADIO, TV*) trasmissione *f*.
emmagasiner [ɑ̃magazine] *vt* immagazzinare.
emmailloter [ɑ̃majɔte] *vt* fasciare.
emmanchure [ɑ̃mɑ̃ʃyʀ] *nf* giro *m* manica.
emmêler [ɑ̃mele] *vt* ingarbugliare; **s'~** *vr* ingarbugliarsi.
emménager [ɑ̃menaʒe] *vi* traslocare.
emmener [ɑ̃mne] *vt* portare via (con sè), condurre (con sè); *(emporter: suj: courant)* trascinare.
emmerder [ɑ̃mɛʀde] *vt (fam)* scocciare, rompere le balle a *(!)*.
emmitoufler [ɑ̃mitufle] *vt* imbacuccare.
emmurer [ɑ̃myʀe] *vt* murare vivo(a).
émoi [emwa] *nm* agitazione *f*; *(trouble)* emozione *f*, turbamento.
émoluments [emɔlymɑ̃] *nmpl* emolumenti *mpl*, onorario *sg*.
émonder [emɔ̃de] *vt* potare; *(graines)* mondare.
émotif, ive [emɔtif, iv] *a* emotivo(a).
émotion [emosjɔ̃] *nf* emozione *f*.

émousser [emuse] *vt* smussare; *(fig)* attenuare.
émouvoir [emuvwaʀ] *vt* commuovere; *(troubler)* turbare, scuotere; **s'~** *vr* turbarsi, commuoversi.
empailler [ɑ̃paje] *vt* impagliare.
empaler [ɑ̃pale] *vt* infilzare.
empaqueter [ɑ̃pakte] *vt* impacchettare.
emparer [ɑ̃paʀe]: **s'~** *vr*: **s'~ de** impadronirsi di.
empâter [ɑ̃pɑte]: **s'~** *vr* appesantirsi, ingrassare.
empattement [ɑ̃patmɑ̃] *nm* (*AUTO*) passo.
empêchement [ɑ̃pɛʃmɑ̃] *nm* impedimento.
empêcher [ɑ̃peʃe] *vt* impedire; **~ qn de faire qch** impedire a qd di fare qc; **il n'empêche que** ciò non toglie che; **ne pas pouvoir s'~ de** non poter fare a meno di.
empereur [ɑ̃pʀœʀ] *nm* imperatore *m*.
empesé, e [ɑ̃pəze] *a* inamidato(a); *(fig)* affettato(a), rigido(a).
empeser [ɑ̃pəze] *vt* inamidare.
empester [ɑ̃pɛste] *vt* impuzzentire; *(suj: local)* puzzare di.
empêtrer [ɑ̃petʀe]: **s'~** *vr* impigliarsi; *(fig)* impegolarsi.
emphase [ɑ̃fɑz] *nf* enfasi *f inv*.
empiéter [ɑ̃pjete]: **~ sur** *vi* sconfinare su; *(fig: droits)* usurpare.
empiffrer [ɑ̃pifʀe]: **s'~** *vr (fam)* abboffarsi, rimpinzarsi.
empiler [ɑ̃pile] *vt* accatastare, impilare.
empire [ɑ̃piʀ] *nm* impero; *(influence)* influsso.
empirer [ɑ̃piʀe] *vi* peggiorare.
empirique [ɑ̃piʀik] *a* empirico(a).
emplacement [ɑ̃plasmɑ̃] *nm* ubicazione *f*; *(endroit)* luogo; *(place)* posto.
emplette [ɑ̃plɛt] *nf*: **faire des ~s** far compere *fpl*.
emploi [ɑ̃plwa] *nm* uso, impiego; *(travail)* impiego, occupazione *f*; **d'~ facile/délicat** facile/delicato da usare; **offre/demande d'~** offerta/domanda di lavoro; **faire double ~** *(fig)* essere un doppione *ou* inutile; **~ du temps** orario.
employé, e [ɑ̃plwaje] *nm/f* impiegato/a.
employer [ɑ̃plwaje] *vt* usare, impiegare; *(ouvrier, main d'œuvre)* occupare; **s'~** *vr*: **s'~ à** darsi da fare per; **employeur** *nm* datore *m* di lavoro.
empocher [ɑ̃pɔʃe] *vt* intascare.
empoigner [ɑ̃pwaɲe] *vt* afferrare.
empoisonner [ɑ̃pwazɔne] *vt* avvelenare; *(empester: air)* appestare: *(fam: embêter)* scocciare, rompere le scatole.
emporte-pièce [ɑ̃pɔʀtəpjɛs] *nm* fustella; **à l'~** *a (mots, style)* incisivo(a), mordace.
emporter [ɑ̃pɔʀte] *vt* portare (con sè), portar via; *(voler)* portar via; *(entraîner)* trascinar (via); **s'~** *vr* arrabbiarsi; **l'~ (sur)** avere la meglio (su); **boissons/plats chauds à ~** bevande/piatti caldi da asporto *ou* da portar via.
empourprer [ɑ̃puʀpʀe] *vt* tingere di rosso; *(fig: visage)* far arrossire.
empreinte [ɑ̃pʀɛ̃t] *nf* impronta.
empressé, e [ɑ̃pʀese] *a* premuroso(a).
empressement [ɑ̃pʀɛsmɑ̃] *nm* sollecitudine *f*; *(fig)* premura.
empresser [ɑ̃pʀese]: **s'~** *vr*: **s'~ de** premurarsi di, affrettarsi a; **s'~ auprès autour de qn** essere premuroso con qd, darsi da fare attorno a qd.
emprise [ɑ̃pʀiz] *nf* ascendente *m*, influenza; **sous l'~ de** sotto l'influsso di.
emprisonner [ɑ̃pʀizɔne] *vt* imprigionare.
emprunt [ɑ̃pʀœ̃] *nm* prestito; **nom d'~** falso nome.
emprunter [ɑ̃pʀœ̃te] *vt (route)*

prendere; ~ **qch à qn** prendere a *ou* in prestito qc da qd.
émù, e [emy] *pp de* **émouvoir.**
émulation [emylasjɔ̃] *nf* emulazione *f.*
émule [emyl] *nm/f* emulo/a.
émulsion [emylsjɔ̃] *nf* emulsione *f.*
en [ɑ̃] *prép* in; *(matière, saisons)* di, in; *(en qualité de)* da; *(forme)* a; ~ **travaillant/dormant** lavorando/dormendo, mentre lavorava/dormiva; **le même ~ plus grand** lo stesso più grande; **habillé ~ bleu** vestito di blu; ~ **fin de mois** a fine mese // *ad, pron* ne; **j'~ viens/sors** ne vengo/esco; **j'~ veux** ne voglio; **où ~ étais-je?** dove ero rimasto?; ~ **vouloir à qn** avercela con qd.
ENA *abr de École Nationale d'Administration.*
encadrement [ɑ̃kadʀəmɑ̃] *nm* incorniciatura; *(de porte, fenêtre, tableau)* cornice *f; (de personne)* inquadramento.
encadrer [ɑ̃kadʀe] *vt* incorniciare; *(personne)* inquadrare; *(escorter)* scortare; **encadreur** *nm* corniciaio.
encaisse [ɑ̃kɛs] *nf* fondo di cassa; (*FIN*) riserva.
encaisser [ɑ̃kese] *vt* incassare; (*FIN*) riscuotere, incassare; *(fig: fam: supporter)* tollerare, sopportare.
encan [ɑ̃kɑ̃]: **à l'~** *ad* all'incanto, all'asta.
encart [ɑ̃kaʀ] *nm* inserto.
encastrer [ɑ̃kastʀe] *vt* incastrare; *(dans un mur)* incassare; **s'~** *vr* incastrarsi.
encaustique [ɑ̃kɔstik] *nf* cera.
enceinte [ɑ̃sɛ̃t] *af* incinta // *nf* recinto; *(murs: d'une ville)* cinta; ~ **(acoustique)** (*HIFI*) cassa.
encens [ɑ̃sɑ̃] *nm* incenso; **encenser** *vt* incensare; **encensoir** *nm* turibolo.
encercler [ɑ̃sɛʀkle] *vt* accerchiare.
enchaîner [ɑ̃ʃene] *vt* incatenare; *(fig)* soggiogare; *(: retenir, lier)* legare; *(: phrases)* concatenare; *(fam: commencer: discours)* attaccare; **s'~** *vr* concatenarsi.
enchanter [ɑ̃ʃɑ̃te] *vt* incantare.
enchâsser [ɑ̃ʃɑse] *vt* incastonare; *(fig)* inserire.
enchère [ɑ̃ʃɛʀ] *nf* offerta; **mettre/vendre aux ~s** mettere *ou* vendere all'asta.
enchevêtrer [ɑ̃ʃ(ə)vɛtʀe] *vt* aggrovigliare, ingarbugliare.
enclaver [ɑ̃klave] *vt* circondare.
enclencher [ɑ̃klɑ̃ʃe] *vt* inserire; *(faire démarrer, aussi fig)* mettere in moto.
enclin, e [ɑ̃klɛ̃, in] *a:* ~ **à qch/faire** propenso *ou* incline a qc/fare.
enclos [ɑ̃klo] *nm* recinto.
enclume [ɑ̃klym] *nf* incudine *f.*
encoche [ɑ̃kɔʃ] *nf* tacca.
encoignure [ɑ̃kɔɲyʀ] *nf* angolo; *(meuble)* angoliera.
encoller [ɑ̃kɔle] *vt* incollare.
encolure [ɑ̃kɔlyʀ] *nf* collo; *(d'un vêtement: forme)* scollatura, scollo; *(: mesure)* misura *(del collo); (du cheval)* incollatura.
encombre [ɑ̃kɔ̃bʀ(ə)]: **sans ~** *ad* senza intoppi *ou* intralci.
encombrement [ɑ̃kɔ̃bʀəmɑ̃] *nm* ingombro; *(de circulation)* ingorgo.
encombrer [ɑ̃kɔ̃bʀe] *vt* ingombrare; **s'~** *vr:* **s'~ de** caricarsi di.
encontre [ɑ̃kɔ̃tʀ(ə)]: **à l'~ de** *prép* contro, in senso contrario rispetto a.
encorbellement [ɑ̃kɔʀbɛlmɑ̃] *nm* aggetto; **en ~** aggettante *a,* sporgente *a.*
encore [ɑ̃kɔʀ] *ad* ancora; ~ **pourrais-je le faire, si...** potrei anche farlo, se...; **si ~...** se soltanto..., se almeno...; **on le lui dira avant de partir, et ~!** glielo diranno tutt'al più prima di partire.
encourager [ɑ̃kuʀaʒe] *vt* incoraggiare.
encourir [ɑ̃kuʀiʀ] *vt* incorrere in.
encrasser [ɑ̃kʀase] *vt* sporcare,

incrostare.
encre [ɑ̃kʀ(ə)] *nf* inchiostro; **encrier** *nm* calamaio.
encroûter [ɑ̃kʀute]: **s'**~ *vr (fig: personne)* fossilizzarsi.
encyclopédie [ɑ̃siklɔpedi] *nf* enciclopedia.
endetter [ɑ̃dete] *vt* indebitare; **s'**~ *vr* indebitarsi.
endeuiller [ɑ̃dœje] *vt* gettare nel lutto.
endiguer [ɑ̃dige] *vt* arginare.
endimancher [ɑ̃dimɑ̃ʃe]: **s'**~ *vr* vestirsi a festa.
endive [ɑ̃div] *nf* indivia (belga).
endoctriner [ɑ̃dɔktʀine] *vt* indottrinare, catechizzare.
endommager [ɑ̃dɔmaʒe] *vt* danneggiare, guastare.
endormir [ɑ̃dɔʀmiʀ] *vt* addormentare; *(fig: soupçons)* far tacere; *(: vigilance)* eludere; **s'**~ *vr* addormentarsi.
endosser [ɑ̃dose] *vt* addossarsi, assumersi; *(chèque)* girare; *(uniforme, tenue)* indossare.
endroit [ɑ̃dʀwa] *nm* posto, luogo; *(fig)* punto; *(opposé à l'envers)* d(i)ritto; **à l'**~ *(pas à l'envers)* dalla parte giusta; (*TRICOT*) diritto(a).
enduire [ɑ̃dɥiʀ] *vt* rivestire; *(de colle, pommade)* spalmare; *(mur)* intonacare; **enduit** *nm* strato, rivestimento; (*CONSTR*) intonaco.
endurcir [ɑ̃dyʀsiʀ] *vt* temprare; *(âme, cœur)* indurire.
endurer [ɑ̃dyʀe] *vt* sopportare.
énergie [enɛʀʒi] *nf* energia; **énergique** *a* energico(a).
énerver [enɛʀve] *vt* innervosire; **s'**~ *vr* innervosirsi.
enfance [ɑ̃fɑ̃s] *nf* infanzia.
enfant [ɑ̃fɑ̃] *nm/f* bambino/a; *(fils, fille)* figlio/a; ~**de chœur** *nm* chierichetto; *(fig)* angelo, santerello; **enfanter** *vi, vt* partorire; **enfantillage** *nm* infantilismo; **enfantin, e** *a* infantile; *(simple)* semplicissimo(a).
enfer [ɑ̃fɛʀ] *nm* inferno.
enfermer [ɑ̃fɛʀme] *vt* rinchiudere; **s'**~ *vr* (rin)chiudersi.
enfiévré, e [ɑ̃fjevʀe] *a (fig)* eccitato(a).
enfilade [ɑ̃filad] *nf* infilata.
enfiler [ɑ̃file] *vt* infilare.
enfin [ɑ̃fɛ̃] *ad* finalmente; *(dans une énumération)* infine; *(pour conclure)* insomma.
enflammer [ɑ̃flame] *vt* incendiare; (*MED*, *fig*) infiammare; **s'**~ *vr* prender fuoco; *(fig)* infiammarsi.
enflé, e [ɑ̃fle] *a* gonfio(a); *(péj: style)* ampolloso(a).
enfler [ɑ̃fle] *vi* gonfiarsi // *vt* ingrossare, gonfiare; **s'**~ *vr* gonfiarsi, ingrossarsi; **enflure** *nf* gonfiore *m*.
enfoncer [ɑ̃fɔ̃se] *vt* piantare, conficcare; *(forcer: porte)* sfondare; *(chapeau)* calcarsi; *(mains: dans les poches)* cacciarsi // *vi* sprofondare, affondare; **s'**~ *vr* sprofondare, affondare; *(dans une forêt, ville)* inoltrarsi, addentrarsi.
enfouir [ɑ̃fwiʀ] *vt* sotterrare, seppellire; *(cacher)* nascondere; *(dans les poches)* cacciarsi; **s'**~ *vr* infilarsi.
enfourcher [ɑ̃fuʀʃe] *vt* inforcare.
enfourner [ɑ̃fuʀne] *vt* infornare; *(fam)* cacciare.
enfreindre [ɑ̃fʀɛ̃dʀ(ə)] *vt* infrangere.
enfuir [ɑ̃fɥiʀ]: **s'**~ *vr* fuggire.
enfumer [ɑ̃fyme] *vt* affumicare.
engagé, e [ɑ̃gaʒe] *a* impegnato(a).
engageant, e [ɑ̃gaʒɑ̃, ɑ̃t] *a* allettante, attraente.
engagement [ɑ̃gaʒmɑ̃] *nm* impegno; *(contrat de travail)* assunzione *f*; (*: SPORT*) ingaggio; (*MIL*: *combat)* scontro; *(inscription)* iscrizione *f*.
engager [ɑ̃gaʒe] *vt (embaucher)* assumere; (*: SPORT*) ingaggiare; *(commencer: débat, négociations)* iniziare; *(recruter: MIL)* arruolare;

(lier) impegnare; **s'~** *vr* farsi assumere; (*MIL*) arruolarsi; *(dans une rue)* imboccare *vt; (fig: débat)* avviarsi; *(: dans une aventure)* imbarcarsi; **s'~ à** impegnarsi à.
engorger [ãgɔʀʒe] *vt* intasare, ostruire.
engouement [ãgumã] *nm* infatuazione *f*.
engouffrer [ãgufʀe]: **s'~** *vr* precipitarsi; *(eau, foule)* riversarsi; *(bateau)* inabissarsi.
engourdir [ãguʀdiʀ] *vt* intorpidire; **s'~** *vr* intorpidirsi.
engrais [ãgʀɛ] *nm* concime *m*, fertilizzante *m*.
engraisser [ãgʀese] *vt* ingrassare; *(champs)* concimare.
engrenage [ãgʀənaʒ] *nm* ingranaggio.
engueuler [ãgœle] *vt (fam)* sgridare, avercela con.
énigme [enigm(ə)] *nf* enigma *m*.
enivrer [ãnivʀe] *vt* ubriacare; *(fig: suj: parfums, vitesse)* inebriare; **s'~** *vr* ubriacarsi; *(fig)* inebriarsi.
enjambée [ãʒãbe] *nf* passo, falcata.
enjamber [ãʒãbe] *vt* scavalcare.
enjeu [ãʒø] *nm* posta (in gioco).
enjoindre [ãʒwɛ̃dʀ(ə)] *vt* ingiungere.
enjoliver [ãʒɔlive] *vt* abbellire; **enjoliveur** *nm* (*AUTO*) coprimozzo *inv*.
enjoué, e [ãʒwe] *a* allegro(a).
enlacer [ãlase] *vt* abbracciare, stringere.
enlaidir [ãledir] *vt, vi* imbruttire.
enlèvement [ãlɛvmã] *nm* rapimento; *(de marchandise, etc)* ritiro; *(des ordures)* rimozione *f*.
enlever [ãlve] *vt* togliere; *(vêtements)* togliersi; *(emporter: ordures, meubles à déménager)* portar via; *(kidnapper)* rapire; (*MIL: conquérir*) espugnare.
enliser [ãlize]: **s'~** *vr* impantanarsi, sprofondare.
enluminure [ãlyminyʀ] *nf* miniatura.
enneigé, e [ãneʒe] *a* innevato(a).
enneigement [ãnɛʒmã] *nm* innevamento; **bulletin d'~** bollettino della neve.
ennemi, e [ɛnmi] *nm/f* nemico(a).
ennième [ɛnjɛm] *a* ennesimo(a).
ennoblir [ãnɔbliʀ] *vt* nobilitare.
ennui [ãnɥi] *nm* noia; *(préoccupation)* guaio; **s'attirer/avoir des ~s** tirarsi addosso/avere delle noie *ou* dei fastidi.
ennuyer [ãnɥije] *vt* annoiare; *(importuner)* infastidire; **se cela ne vous ennuie pas** *(formule de politesse)* se non le (di)spiace; **s'~** *vr* annoiarsi; **ennuyeux, euse** *a* noioso(a); *(contrariant)* seccante.
énoncé [enɔ̃se] *nm* enunciato; *(d'une loi)* testo.
énoncer [enɔ̃se] *vt* enunciare, formulare.
enorgueillir [ãnɔʀgœjiʀ]: **s'~** *vr* inorgoglirsi.
énorme [enɔʀm(ə)] *a* enorme; **énormément** *ad* moltissimo; **énormément de neige/gens** moltissima neve/gente.
énormité [enɔʀmite] *nf* enormità *f inv*.
enquérir [ãkeʀiʀ]: **s'~** *vr*: **s'~ de** informarsi di *ou* su.
enquête [ãkɛt] *nf* inchiesta, indagine *f*.
enquêter [ãkete] *vi* indagare, fare un'inchiesta; **enquêteur, teuse** *nm/f* inquirente *m; (qui fait des interviews)* intervistatore/trice.
enraciné, e [ãʀasine] *a* radicato(a).
enragé, e [ãʀaʒe] *a* rabbioso(a); *(fig: passionné)* accanito(a); *(: fâché)* furibondo(a).
enrager [ãʀaʒe] *vi*: **faire ~ qn** fare arrabbiare qd.
enrayer [ãʀeje] *vt* bloccare; **s'~** *vr* incepparsi.
enregistrement [ãʀʒistʀəmã]

nm registrazione *f*; (ADMIN) registro.
enregistrer [ɑ̃ʀʒistʀe] *vt* registrare.
enrhumer [ɑ̃ʀyme]: **s'~** *vr* prendere il raffreddore.
enrichir [ɑ̃ʀiʃiʀ] *vt* arricchire; **s'~** *vr* arricchirsi.
enrober [ɑ̃ʀɔbe] *vt* ricoprire, rivestire; *(fig)* avvolgere.
enrôler [ɑ̃ʀole] *vt* arruolare, reclutare.
enroué, e [ɑ̃ʀwe] *a* rauco(a).
enrouler [ɑ̃ʀule] *vt* arrotolare, avvolgere; **enrouleur** *nm* voir **ceinture.**
ensabler [ɑ̃sɑble] *vt* insabbiare.
ensanglanté, e [ɑ̃sɑ̃glɑ̃te] *a* insanguinato(a).
enseignant, e [ɑ̃sɛɲɑ̃, ɑ̃t] *a, nm/f* insegnante *(m/f)*.
enseigne [ɑ̃sɛɲ] *nf* insegna.
enseignement [ɑ̃sɛɲmɑ̃] *nm* insegnamento.
enseigner [ɑ̃seɲe] *vt* insegnare.
ensemble [ɑ̃sɑ̃bl(ə)] *ad* insieme, assieme // *nm* insieme *m*; *(vêtement)* completo; *(industriel,* MUS) complesso; *(unité)* unità, armonia; **vue d'~** visione d'insieme *ou* complessiva; **dans l'~** *(en gros)* nel complesso.
ensemencer [ɑ̃smɑ̃se] *vt* seminare.
enserrer [ɑ̃seʀe] *vt* stringere; *(fig)* racchiudere.
ensevelir [ɑ̃səvliʀ] *vt* seppellire.
ensoleillé, e [ɑ̃sɔleje] *a* soleggiato(a).
ensommeillé, e [ɑ̃sɔmeje] *a* assonnato(a), insonnolito(a).
ensorceler [ɑ̃sɔʀsəle] *vt* stregare.
ensuite [ɑ̃sɥit] *ad* poi, dopo; *(en deuxième lieu)* poi.
ensuivre [ɑ̃sɥivʀ(ə)]: **s'~** *vr* derivarne, conseguirne.
entaille [ɑ̃taj] *nf* tacca, incisione *f*; *(blessure)* taglio.
entailler [ɑ̃taje] *vt* incidere; *(blesser)* ferire.
entamer [ɑ̃tame] *vt* iniziare; *(pain, bouteille)* cominciare, attaccare; *(altérer: réputation, métal, etc)* intaccare.
entartrer [ɑ̃taʀtʀe]: **s'~** *vr* incrostarsi.
entasser [ɑ̃tɑse] *vt* ammucchiare; *(tenir à l'étroit)* ammassare, stipare; **s'~** *vr* ammucchiarsi, ammassarsi.
entendement [ɑ̃tɑ̃dmɑ̃] *nm* intelletto, capacità *f inv* di comprensione.
entendre [ɑ̃tɑ̃dʀ(ə)] *vt* sentire; *(émission, témoignage)* ascoltare, sentire, *(comprendre)* capire; *(vouloir)* intendere; *(vouloir dire)* intendere dire; **s'~** *vr* intendersi; **s'~ sur qch** mettersi d'accordo sur qc; **entendu, e** inteso(a); **prendre un air entendu** darsi arie di saperla lunga; **(c'est) entendu** (siamo) intesi, d'accordo; **bien entendu!** *(bien sûr)* certamente!
entente [ɑ̃tɑ̃t] *nf* intesa, accordo; **à double ~** *(sens)* a doppio senso.
enterrement [ɑ̃tɛʀmɑ̃] *nm* seppellimento; *(cérémonie)* funerale *m*.
enterrer [ɑ̃teʀe] *vt* seppellire.
en-tête [ɑ̃tɛt] *nm* intestazione *f*; **papier à ~** carta intestata.
entêté, e [ɑ̃tete] *a* testardo(a), caparbio(a).
entêter [ɑ̃tete]: **s'~** *vr* intestardirsi, ostinarsi.
enthousiasme [ɑ̃tuzjasm(ə)] *nm* entusiasmo.
enthousiasmer [ɑ̃tuzjasme] *vt* entusiasmare; **s'~** *vr* entusiasmarsi.
enticher [ɑ̃tiʃe]: **s'~** *vr*: **s'~ de** invaghirsi di, infatuarsi di.
entier, ère [ɑ̃tje, jɛʀ] *a* intero(a); *(complet)* totale, completo(a); *(fig)* intatto(a) // *nm* entier; **en ~** per intero, interamente.
entité [ɑ̃tite] *nf* entità *f inv*.
entonner [ɑ̃tɔne] *vt* intonare.
entonnoir [ɑ̃tɔnwaʀ] *nm* imbuto.
entorse [ɑ̃tɔʀs(ə)] *nf* storta; *(fig)* strappo.

entortiller [ɑ̃tɔʀtije] *vt* avvolgere; *(fig)* abbindolare; *(: phrase)* ingarbugliare.
entourage [ɑ̃tuʀaʒ] *nm* cerchia (di amici, collaboratori); (*POL*) entourage *m inv; (ornement)* cornice *f.*
entourer [ɑ̃tuʀe] *vt* circondare; **s'~** *vr* circondarsi.
entourloupette [ɑ̃tuʀlupɛt] *nf (fam)* brutto tiro.
entracte [ɑ̃tʀakt(ə)] *nm* intervallo.
entraider [ɑ̃tʀede]: **s'~** *vr* aiutarsi reciprocamente.
entrailles [ɑ̃tʀɑj] *nfpl* viscere *fpl.*
entrain [ɑ̃tʀɛ̃] *nm* brio, lena.
entraînement [ɑ̃tʀɛnmɑ̃] *nm* allenamento; *(fig)* impeto, foga; (*TECH*) trasmissione *f.*
entraîner [ɑ̃tʀene] *vt* trascinare; (*TECH*: *actionner)* azionare; (*SPORT*) allenare; *(fig)* portare; *(impliquer)* comportare; **s'~** *vr* allenarsi; **entraîneur, euse** *nm/f* allenatore/trice // *nf* entraineuse *f inv.*
entrave [ɑ̃tʀav] *nf* intralcio, ostacolo.
entraver [ɑ̃tʀave] *vt* intralciare, ostacolare.
entre [ɑ̃tʀ(ə)] *prép* tra, fra; **l'un d'~ eux/nous** uno di loro/noi; **~ autres (choses)** tra l'altro; **~ nous/vous,** *etc* tra di noi/voi, *etc.*
entrebâillé, e [ɑ̃tʀəbɑje] *a* socchiuso(a).
entrechoquer [ɑ̃tʀəʃɔke]: **s'~** *vr* urtarsi.
entrecôte [ɑ̃tʀəkot] *nf* entrecôte *f inv.*
entrecouper [ɑ̃tʀəkupe] *vt* : **~ (de)** intervallare (da).
entrecroiser [ɑ̃tʀəkʀwaze] *vt* intrecciare; **s'~** *vr* intrecciarsi, incrociarsi.
entrée [ɑ̃tʀe] *nf* entrata, ingresso; (*CULIN*) primo (piatto); (*SCOL*: *examen)* ammissione *f;* **'~ interdite'** 'vietato l'ingresso'; **~ payante** ingresso a pagamento.
entrefaites [ɑ̃tʀəfɛt]: **sur ces ~** *ad* allora.
entrefilet [ɑ̃tʀəfilɛ] *nm* trafiletto.
entrejambes [ɑ̃tʀəʒɑ̃b] *nm* cavallo (dei pantalani).
entrelacer [ɑ̃tʀəlase] *vt* intrecciare.
entremêler [ɑ̃tʀəmele] *vt:* **~ qch de** inframmezzare qc con; *(mélanger)* mischiare qc con.
entremets [ɑ̃tʀəmɛ] *nm* dolce *m.*
entremetteur [ɑ̃tʀəmɛtœʀ] *nm (péj)* ruffiano, protettore *m.*
entremettre [ɑ̃tʀəmɛtʀ(ə)]: **s'~** *vr* intromettersi, immischiarsi.
entrepôt [ɑ̃tʀəpo] *nm* deposito, magazzino.
entreprendre [ɑ̃tʀəpʀɑ̃dʀ(ə)] *vt* intraprendere; **~ de faire qch** accingersi a fare qc; *(tenter)* cercare di fare qc.
entrepreneur [ɑ̃tʀəpʀənœʀ] *nm* imprenditore *m.*
entreprise [ɑ̃tʀəpʀiz] *nf* impresa.
entrer [ɑ̃tʀe] *vi* entrare; **~ dans** entrare in; *(faire partie de)* rientrare; **ça n'entre pas dans la valise** non ci sta in valigia; **laisser/faire ~** lasciar far entrare.
entresol [ɑ̃tʀəsɔl] *nm* ammezzato.
entre-temps [ɑ̃tʀətɑ̃] *ad* frattanto, intanto.
entretenir [ɑ̃tʀətniʀ] *vt* intrattenere; *(amitié, famille)* mantenere; *(route, appareil)* provvedere alla manutenzione di; *(santé)* aver cura di; **s'~** *vr* chiacchierare.
entretien [ɑ̃tʀətjɛ̃] *nm* manutenzione *f; (de personne, famille)* mantenimento; *(colloque, entrevue)* colloquio.
entrevoir [ɑ̃tʀəvwaʀ] *vt* intravedere.
entrevue [ɑ̃tʀəvy] *nf* colloquio, incontro.
entrouvert, e [ɑ̃tʀuvɛʀ, ɛʀt(ə)] *a* socchiuso(a).
énumérer [enymeʀe] *vt* enumerare.

envahir [ɑ̃vaiʀ] *vt* invadere; **envahisseur** *nm* invasore.
enveloppe [ɑ̃vlɔp] *nf* involucro; *(de lettre)* busta; *(de pneu)* copertone *m;* **mettre sous** ~ mettere in una busta.
envelopper [ɑ̃vlɔpe] *vt* avvolgere; **s'**~ *vr* avvolgersi.
envenimer [ɑ̃vnime] *vt (fig)* inasprire.
envergure [ɑ̃vɛʀgyʀ] *nf* apertura alare; *(fig: d'un projet)* portata; *(: d'une personne)* levatura.
envers [ɑ̃vɛʀ] *prép* verso, nei confronti di // *nm* rovescio; **à l'**~ alla rovescia; (*TRICOT*) rovescio(a).
envie [ɑ̃vi] *nf* invidia; *(désir)* voglia.
envier [ɑ̃vje] *vt* invidiare; **n'avoir rien à** ~ **à** non aver niente da invidiare a.
environ [ɑ̃viʀɔ̃] *ad* (all' in)circa; ~**s** *nmpl* dintorni *mpl;* **aux** ~**s de** nei dintorni *ou* nei paraggi di; *(fig: temps)* attorno a, verso.
environnement [ɑ̃viʀɔnmɑ̃] *nm* ambiente *m.*
environner [ɑ̃viʀɔne] *vt* circondare; **s'**~ *vr:* **s'**~ **de** circondarsi di.
envisager [ɑ̃vizaʒe] *vt* considerare, esaminare; *(prévoir)* prevedere; *(projeter)* avere (l')intenzione di.
envoi [ɑ̃vwa] *nm* invio; *(expédition)* spedizione *f.*
envolée [ɑ̃vɔle] *nf (fig)* volo.
envoler [ɑ̃vɔle]: **s'**~ *vr* volar via; *(avion)* alzarsi in volo.
envoûter [ɑ̃vute] *vt* stregare.
envoyé, e [ɑ̃vwaje] *nm/f* inviato/a.
envoyer [ɑ̃vwaje] *vt* mandare; *(délégué)* inviare, mandare; *(lancer)* lanciare; *(: fam: gifle)* mollare; **s'**~ *vr* mandarsi; *(fam: manger)* papparsi; farsi.
éolien, ne [eɔljɛ̃, jɛn] *a* eolico(a) // *nf* mulino a vento.
épais, se [epɛ, ɛs] *a* spesso(a); *(corps)* grosso(a); *(fumée, ténèbres, forêt)* fitto(a).
épaissir [epesiʀ] *vt* ispessire // *vi* ispessirsi; **s'**~ *vr* ispessirsi; *(physique)* appesantirsi; *(fig)* infittirsi.
épanchement [epɑ̃ʃmɑ̃] *nm* sfogo; (*MED*) travaso.
épancher [epɑ̃ʃe] *vt* sfogare; **s'**~ *vr* sfogarsi.
épanouir [epanwiʀ] *vt:* **s'**~ *vr* sbocciare, schiudersi; *(fig: visage)* illuminarsi; *(: physiquement, moralement)* fiorire.
épargne [epaʀɲ(ə)] *nf* risparmio.
épargner [epaʀɲe] *vt, vi* risparmiare.
éparpiller [epaʀpije] *vt* sparpagliare; *(fig: efforts)* disperdere; **s'**~ *vr* sparpagliarsi; *(fig: se disperser)* disperdersi.
épars, e [epaʀ, aʀs(ə)] *a* sparso(a).
épatant, e [epatɑ̃, ɑ̃t] *a* straordinario(a), splendido(a).
épater [epate] *vt* sbalordire, stupire.
épaule [epol] *nf* spalla;
épaulement [epolmɑ̃] *nm* muro di sostegno; (*MIL*) parapetto.
épauler [epole] *vt* spalleggiare, sostenere; *(arme)* imbracciare.
épaulette [epolɛt] *nf* spallina.
épave [epav] *nf* relitto.
épée [epe] *nf* spada.
épeler [eple] *vt* compitare.
éperdument [epɛʀdymɑ̃] *ad* perdutamente, disperatamente; **s'en ficher** ~ infischiarsene altamente.
éperon [epʀɔ̃] *nm* sperone *m.*
éperonner [epʀɔne] *vt* spronare; *(navire)* speronare.
épervier [epɛʀvje] *nm* sparviero.
éphèbe [efɛb] *nm* efebo.
éphémère [efemɛʀ] *a* effimero(a).
épi [epi] *nm* spiga; *(de maïs)* pannocchia; **se garder en** ~ (*AUTO*) parcheggiare a spina di pesce.
épice [epis] *nf* spezie *fpl,* droga; ~**s** *fpl* spezie *fpl.*
épicé, e [epise] *a* piccante.
épicéa [episea] *nm* abete *m* rosso.
épicer [epise] *vt* aromatizzare,

condire (con spezie).
épicerie [episʀi] *nf* negozio di (generi) alimentari; ~ **fine** generi *mpl* alimentari di lusso; **épicier, ière** *nm/f* negoziante *m/f* di generi alimentari.
épidémie [epidemi] *nf* epidemia.
épiderme [epidɛʀm(ə)] *nm* epidermide *f*.
épier [epje] *vt* spiare.
épilatoire [epilatwaʀ] *a* depilatorio(a).
épilepsie [epilɛpsi] *nf* epilessia.
épiler [epile] *vt* depilare.
épilogue [epilɔg] *nm* epilogo.
épinard [epinaʀ] *nm* spinacio.
épine [epin] *nf* spina; **épineux, euse** *a* spinoso(a).
épingle [epɛ̃gl(ə)] *nf* spillo; *(bijou)* spilla; ~ **double** *ou* **de nourrice** *ou* **de sûreté** spilla da balia; **tiré à quatre ~s** in ghingheri *loc inv;* ~ **à cheveux** forcina; **virage en ~ à cheveux** curva a gomito.
épingler [epɛ̃gle] *vt* appuntare.
Épiphanie [epifani] *nf* Epifania.
épique [epik] *a* epico(a).
épiscopal, e, aux [episkɔpal, o] *a* episcopale, vescovile.
épisode [epizɔd] *nm* episodio; (*CINE, TV*) puntata, episodio.
épistolaire [epistɔlɛʀ] *a* epistolare.
épitaphe [epitaf] *nf* epitaffio.
épithète [epitɛt] *nf* epiteto.
épître [epitʀ(ə)] *nf* epistola.
épluche-légumes [eplyʃlegym] *nm* pelapatate *m inv*.
éplucher [eplyʃe] *vt* sbucciare; *(fig: texte)* spulciare.
épluchures [eplyʃyʀ] *nfpl* bucce *fpl*.
épointer [epwɛ̃te] *vt* spuntare.
éponge [epɔ̃ʒ] *nf* spugna // *a:* **tissu** ~ spugna; **serviette-~** asciugamano di spugna; **passer l'~ sur** *(fig)* dare un colpo di spugna a.
éponger [epɔ̃ʒe] *vt* asciugare; *(nettoyer)* pulire (con una spugna); *(fig: dette, déficit)* riassorbire; **s'~ le front** asciugarsi la fronte.
épopée [epɔpe] *nf* epopea.
époque [epɔk] *nf* epoca.
époumoner [epumɔne]: **s'~** *vr* spolmonarsi.
épouse [epuz] *nf voir* **époux.**
épouser [epuze] *vt* sposare; *(fig: forme, mouvement)* aderire a.
épousseter [epuste] *vt* spolverare.
époustouflant, e [epustuflɑ̃, ɑ̃t] *a* sbalorditivo(a), strabiliante.
épouvantable [epuvɑ̃tabl(ə)] *a* spaventoso(a), orrendo(a).
épouvantail [epuvɑ̃taj] *nm* spaventapasseri *m inv*.
épouvante [epuvɑ̃t] *nf* spavento; **film/livre d'~** film/libro dell'orrore *m*.
épouvanter [epuvɑ̃te] *vt* spaventare, terrorizzare.
époux, ouse [epu] *nm/f* marito/moglie; *(nouvel)* sposo/a // *nmpl* coniugi *mpl; (nouveaux)* sposi *mpl*.
éprendre [epʀɑ̃dʀ(ə)]: **s'~** *vr:* **s'~ de** innamorarsi di, invaghirsi di.
épreuve [epʀœv] *nf* prova; (*TYP*) bozza; (*PHOT*: *positive)* copia; ~ **négative** (*PHOT*) negativo; **à l'~ de** *(résistant à)* a prova di.
épris, e [epʀi, iz] *pp de* **éprendre.**
éprouver [epʀuve] *vt* provare; *(mettre à l'épreuve: personne)* mettere alla prova; **éprouvette** *nf* provetta; (*TECH*) provetta, provino.
épuisement [epɥizmɑ̃] *nm* spossatezza, sfinimento; *(de marchandise)* esaurimento.
épuiser [epɥize] *vt* spossare, sfinire; *(marchandise, ressources)* esaurire; **s'~** *vr* esaurirsi; *(se fatiguer)* sfiancarsi, spossarsi.
épuisette [epɥizɛt] *nf* guadino.
épurer [epyʀe] *vt* depurare; *(fig: POL, ADMIN)* epurare.
équarrir [ekaʀiʀ] *vt* squadrare.
équateur [ekwatœʀ] *m* equatore *m*.

équation [ekwasjɔ̃] *nf* equazione *f*.
équatorial, e, aux [ekwatɔʀjal, o] *a* equatoriale.
équerre [ekɛʀ] *nf* squadra; **d'~, à l'~** *ad* a squadra.
équestre [ekɛstʀ(ə)] *a* equestre.
équilatéral, e, aux [ekɥilateʀal, o] *a* equilatero(a).
équilibrage [ekilibʀaʒ] *nm* (*AUTO*): ~ **des roues** equilibratura delle ruote.
équilibre [ekilibʀ(ə)] *nm* equilibrio.
équilibrer [ekilibʀe] *vt* equilibrare; **s'~** *vr* equilibrarsi, bilanciarsi.
équinoxe [ekinɔks(ə)] *nm* equinozio.
équipage [ekipaʒ] *nm* equipaggio.
équipe [ekip] *nf* squadra.
équipée [ekipe] *nf* scappata.
équipement [ekipmɑ̃] *nm* equipaggiamento, attrezzatura; **~s sportifs/hôteliers** impianti sportivi/attrezzature alberghiere.
équiper [ekipe] *vt* equipaggiare, *(voiture, cuisine, etc)* attrezzare; **s'~** *vr* attrezzarsi, equipaggiarsi.
équipier, ière *nm/f* compagno/a di squadra; (*NAUT*) prodiere *m*.
équitable [ekitabl(ə)] *a* equo(a), giusto(a).
équitation [ekitɑsjɔ̃] *nf* equitazione *f*.
équité [ekite] *nf* equità *f inv*.
équivalence [ekivalɑ̃s] *nf* equivalenza.
équivaloir [ekivalwaʀ]: ~ **à** *vi* equivalere a.
équivoque [ekivɔk] *a* equivoco(a) // *nf* equivoco.
érable [eʀabl(ə)] *nm* acero.
érafler [eʀɑfle] *vt* graffiare; **s'~** *vr* graffiarsi.
ère [ɛʀ] *nf* era.
érection [eʀɛksjɔ̃] *nf* erezione *f*.
éreinter [eʀɛ̃te] *vt* sfiancare, stremare; *(fig)* stroncare.
ergot [ɛʀgo] *nm* (*ZOOL*) sperone *m*; (*TECH*) sporgenza.
ériger [eʀiʒe] *vt* erigere; **s'~** *vr*: **s'~ en juge** erigersi a giudice.
ermitage [ɛʀmitaʒ] *nm* eremo.
ermite [ɛʀmit] *nm* eremita *m*.
érosion [eʀozjɔ̃] *nf* erosione *f*.
érotique [eʀɔtik] *a* erotico(a).
errata [ɛʀata] *nmpl* errata corrige *m*.
errer [ɛʀe] *vi* errare, vagare.
erreur [ɛʀœʀ] *nf* sbaglio, errore *m*; **tomber/être dans l'~** cadere/essere in errore; **induire qn en ~** trarre qd in inganno; **par ~** *ad* per sbaglio.
erroné, e [ɛʀɔne] *a* errato(a), erroneo(a).
érudit, e [eʀydi, it] *a, nm/f* erudito(a).
éruption [eʀypsjɔ̃] *nf* eruzione *f*.
ès [ɛs] *prép*: **docteur ~ lettres/sciences** dottore *ou* laureato in lettere/scienze.
escabeau [ɛskabo] *nm* sgabello.
escadrille [ɛskadʀij] *nf* squadriglia.
escadron [ɛskadʀɔ̃] *nm* squadrone *m*.
escalade [ɛskalad] *nf* scalata; *(fig: POL)* escalation *f inv*.
escalader [ɛskalade] *vt* scalare.
escalator [ɛskalatɔʀ] *nm* scala mobile.
escale [ɛskal] *nf* scalo.
escalier [ɛskalje] *nm* scala, scale *fpl*; *(extérieur)* scalinata; **dans l'~ ou les ~s** sulle scale; **~ roulant** scala mobile.
escalope [ɛskalɔp] *nf* scaloppina; **~ panée** cotoletta alla milanese.
escamoter [ɛskamɔte] *vt* far sparire; (*TECH*) far rientrare; *(fig: question)* eludere.
escapade [ɛskapad] *nf* scappatella.
escargot [ɛskaʀgo] *nm* lumaca.
escarpé, e [ɛskaʀpe] *a* scosceso(a), ripido(a).
escarpement [ɛskaʀpəmɑ̃] *nm* scarpata.

escient [esjɑ̃] *nm:* **à bon** ~ a ragion veduta.
esclaffer [ɛsklafe]: **s'**~ *vr* scoppiare a ridere.
esclavage [ɛsklavaʒ] *nm* schiavitù *f inv.*
esclave [ɛsklav] *nm/f* schiavo/a.
escompte [ɛskɔ̃t] *nm* sconto.
escompter [ɛskɔ̃te] *vt* aspettarsi, contare su; (*FIN*) scontare.
escorte [ɛskɔʀt(ə)] *nf* scorta; **faire** ~ **à** scortare.
escorter [ɛskɔʀte] *vt* scortare; **escorteur** *nm* nave *f* scorta.
escrime [ɛskʀim] *nf* scherma; **escrimeur, euse** *nm/f* schermitore/trice.
escroc [ɛskʀo] *nm* truffatore *m*, imbroglione *m*.
escroquer [ɛskʀɔke] *vt* truffare, imbrogliare; ~ **qch à qn** scroccare qc a qd; **escroquerie** *nf* raggiro, truffa.
espace [ɛspas] *nm* spazio; ~**s verts** zone *ou* aree *fpl* verdi.
espacer [ɛspase] *vt* distanziare; *(dans le temps: visites)* diradare; *(: paiements)* scaglionare.
espadon [ɛspadɔ̃] *nm* pesce *m* spada.
Espagne [ɛspaɲ] *nf* Spagna; **espagnol, e** *a, nm/f* spagnolo(a).
espèce [ɛspɛs] *nf* specie *f inv;* ~ **de maladroit!** razza d'incapace!; **en l'**~ *ad* nella fattispecie; ~**s** *fpl* (*COMM*) contanti *mpl.*
espérance [ɛspeʀɑ̃s] *nf* speranza.
espérer [ɛspeʀe] *vt* sperare // *vi* aspettarsi.
espiègle [ɛspjɛgl(ə)] *a* birichino(a).
espion, ne [ɛspjɔ̃, ɔn] *nm/f* spia *f.*
espionner [ɛspjɔne] *vt* spiare.
esplanade [ɛsplanad] *nf* piazzale *m*, spiazzo.
espoir [ɛspwaʀ] *nm* speranza.
esprit [ɛspʀi] *nm* spirito; *(pensée)* mente *f; (fig: tête)* testa; *(âme)* animo, spirito; **avoir bon/mauvais** ~ essere di animo buono/cattivo.
esquimau, de, x [ɛskimo, od] *a, nm/f* eschimese *(m/f)*, esquimese *(m/f)*.
esquinter [ɛskɛ̃te] *vt (fam)* scassare; *(: blesser)* rovinare.
esquisse [ɛskis] *nf* abbozzo; *(croquis)* schizzo.
esquisser [ɛskise] *vt* abbozzare; **s'**~ *vr* delinearsi.
esquiver [ɛskive] *vt* schivare; **s'**~ *vr* svignarsela.
essai [esɛ] *nm* prova; (*TECH*) collaudo, prova; (*RUGBY*) meta; *(œuvre littéraire)* saggio; **à l'**~ in prova.
essaim [esɛ̃] *nm* sciame *m.*
essaimer [eseme] *vi* sciamare.
essayage [esɛjaʒ] *nm* prova.
essayer [eseje] *vt* provare; (*TECH*) provare, collaudare; ~ **de faire qch** cercare *ou* tentare di fare qc.
essence [esɑ̃s] *nf* essenza; *(carburant)* benzina.
essentiel, le [esɑ̃sjɛl] *a, nm* essenziale *(m)*.
essieu, x [esjø] *nm* (*AUTO*) asse *m*, assale *m*.
essor [esɔʀ] *nm* sviluppo; *(fig)* slancio.
essorer [esɔʀe] *vt* strizzare; *(par la force centrifuge)* centrifugare; **essoreuse** *nf* centrifuga.
essouffler [esufle] *vt* lasciare senza fiato; **s'**~ *vr* perdere il fiato.
essuie-glace [esɥiglas] *nm* tergicristallo.
essuie-mains [esɥimɛ̃] *nm* asciugamano.
essuyer [esɥije] *vt* asciugare; *(subir: défaite)* subire; **s'**~ *vr* asciugarsi.
est [ɛst] *vb* [ɛ] voir **être** // *nm* est; **à l'**~ **(de)** a est (di); **Berlin E**~ Berlino Est.
estafette [ɛstafɛt] *nf* staffetta.
estafilade [ɛstafilad] *nf* sfregio, taglio.
estaminet [ɛstaminɛ] *nm* piccolo

caffè *ou* bar *m inv.*
estampe [ɛstɑ̃p] *nf* stampa; *(outil)* stampo.
estampille [ɛstɑ̃pij] *nf* marchio; *(cachet)* timbro.
est-ce que [ɛskə] *ad:* ~ **c'est cher?** è caro?; **quand est-ce qu'il part?** quando (è che) parte?; **où est-ce qu'il va?** dove va?; **qui est-ce qui le connaît?** chi lo conosce?
esthéticien, ne [ɛstetisjɛ̃, jɛn] *a* esteta // *nf* estetista *f.*
estimation [ɛstimɑsjɔ̃] *nf* stima, valutazione *f.*
estime [ɛstim] *nf* stima.
estimer [ɛstime] *vt* stimare; *(évaluer: prix, distance)* valutare, stimare; *(penser)* ritenere; **s'~** *vr* stimarsi, ritenersi.
estival, e, aux [ɛstival, o] *a* estivo(a).
estivant, e [ɛstivɑ̃, ɑ̃t] *nm/f* villeggiante *m/f.*
estocade [ɛstɔkad] *nf* stoccata; *(fig)* colpo di grazia.
estomac [ɛstɔma] *nm* stomaco.
estomaqué, e [ɛstɔmake] *a* sbalordito(a).
estomper [ɛstɔ̃pe] *vt* sfumare; *(fig)* attenuare; **s'~** *vr* sfumare; *(fig)* attenuarsi.
estrade [ɛstʀad] *nf* pedana; *(tribune)* palco.
estragon [ɛstʀagɔ̃] *nm* dragoncello.
estropier [ɛstʀɔpje] *vt* storpiare.
estuaire [ɛstɥɛʀ] *nm* estuario.
et [e] *conj* e; **2 ~ 2 font 4** 2 più 2 fa 4.
étable [etabl(ə)] *nf* stalla.
établi [etabli] *nm* banco.
établir [etabliʀ] *vt* stabilire; *(liste, facture, etc)* fare; *(loi, impôt)* istituire; *(gouvernement)* instaurare; *(fixer)* fissare; *(installer: entreprise)* installare, impiantare; *(fig: réputation)* fondare; *(prouver: fait, culpabilité)* dimostrare; **s'~** *vr* stabilirsi; *(se faire)* instaurarsi; **s'~ à son compte** (*COMM*) mettersi in proprio.
établissement [etablismɑ̃] *nm* stabilimento; *(industriel, agricole)* impresa; *(public)* locale *m;* (*SCOL, FIN, MED*) istituto; *(fig: de gouvernement)* instaurazione *f;* *(: de loi, impôt)* istituzione *f;* *(: d'une liste)* stesura; *(: d'un fait)* accertamento; *(: dans un lieu, poste de travail)* insediamento.
étage [etaʒ] *nm* piano; *(de fusée)* stadio; **de bas ~** *a (condition)* di basso livello; **étager** *vt* sovrapporre.
étagère [etaʒɛʀ] *nf* ripiano, scaffale *m;* *(meuble)* scansia.
étain [etɛ̃] *nm* stagno; *(objets)* peltro.
étalage [etalaʒ] *nm* bancarella; *(de magasin)* vetrina; **faire ~ de** far sfoggio di.
étaler [etale] *vt* stendere; *(du beurre, de la crème)* spalmare; *(échelonner)* scaglionare; *(exposer: marchandises)* esporre; *(fig)* ostentare; **s'~** *vr* stendersi; *(se déverser)* spandersi; *(travaux, paiements)* scaglionarsi; *(fam: tomber)* cadere lungo disteso.
étalon [etalɔ̃] *nm* campione *m;* *(cheval)* stallone *m;* (*ECON*) tallone *m.*
étalonner [etalɔne] *vt* tarare.
étamer [etame] *vt* stagnare.
étamine [etamin] *nf* (*BOT*) stame *m;* *(de laine)* flanellina.
étanche [etɑ̃ʃ] *a* stagno(a); *(vêtement)* impermeabile.
étancher [etɑ̃ʃe] *vt* tamponare; *(rendre étanche)* stagnare; **~ la soif** placare la sete.
étang [etɑ̃] *nm* stagno.
étant [etɑ̃] *vt voir* **être.**
étape [etap] *nf* tappa.
état [eta] *nm* condizione *f,* stato; (*POL, ADMIN*) stato; **en ~ (de marche)** in condizione di funzionare; **hors d'~** fuori uso; **être en**

~/**hors d'~ de faire qch** essere/non essere in condizione di fare qc; **en tout ~ de cause** in ogni caso; **être dans tous ses ~s** *(fig)* essere fuori di sé; **~ des lieux** *(d'un appartement) controllo dello stato dei locali.*

étatiser [etatize] *vt* nazionalizzare.

état-major [etamaʒɔʀ] *nm* stato maggiore.

États-Unis [etazyni] *nmpl* Stati Uniti *mpl.*

étau [eto] *nm* morsa.

étayer [eteje] *vt* puntellare; *(fig: théorie)* sostenere, appoggiare.

etc *(abr de* **et caetera)** *ad* ecc, etc.

été [ete] *pp de* **être** // *nm* estate *f;* **en ~** in estate; *(pendant l'été)* d'estate.

éteindre [etɛ̃dʀ(ə)] *vt* spegnere; **s'~** *vr* spegnersi; *(famille, race)* estinguersi.

étendre [etɑ̃dʀ(ə)] *vt* stendere; *(diluer)* allungare; *(fig: agrandir)* estendere, allargare; **s'~** *vr* stendersi; **s'~ (sur)** *(sujet)* dilungarsi (su); *(pouvoirs, territoire)* estendersi; **étendu, e** *a* esteso(a) // *nf* distesa; *(surface)* estensione *f; (fig: importance)* entità *f inv.*

éternel, le [etɛʀnɛl] *a* eterno(a).

éterniser [etɛʀnize]: **s'~** *vr* durare un'eternità; *(visiteur)* restare indefinitamente.

éternité [etɛʀnite] *nf* eternità *f inv.*

éternuer [etɛʀnɥe] *vi* starnutire.

éther [etɛʀ] *nm* etere *m.*

éthique [etik] *a* etico(a) // *nf* etica.

ethnique [ɛtnik] *a* etnico(a).

ethnologie [ɛtnɔlɔʒi] *nf* etnologia.

ethnologue [ɛtnɔlɔg] *nm/f* etnologo/a.

éthylisme [etilism(ə)] *nm* etilismo.

étinceler [etɛ̃sle] *vt* brillare, scintillare.

étincelle [etɛ̃sɛl] *nf* scintilla.

étiqueter [etikte] *vt* etichettare.

étiquette [etikɛt] *nf* etichetta.

étirer [etiʀe] *vt* distendere, stirare; **s'~** *vr* stirarsi, distendersi.

étoffe [etɔf] *nf* stoffa.

étoffer [etɔfe] *vt* arricchire; **s'~** *vr* irrobustirsi.

étoile [etwal] *nf* stella; (*MIL*) stelletta // *a:* **danseuse/danseur ~** prima ballerina/primo ballerino; **à la belle ~** all'aperto; **étoilé, e** *a* stellato(a).

étonner [etɔne] *vt* sorprendere, stupire; **s'~** *vr* stupirsi, meravigliarsi.

étouffée [etufe]: **cuire à l'~** *ad* (*CULIN*) stufare.

étouffer [etufe] *vt, vi* soffocare; **s'~** *vr* soffocare, strozzarsi.

étourderie [etuʀdəʀi] *nf* sbadataggine *f.*

étourdi, e [etuʀdi] *a* sventato(a), sbadato(a).

étourdir [etuʀdiʀ] *vt* stordire.

étrange [etʀɑ̃ʒ] *a* strano(a).

étranger, ère [etʀɑ̃ʒe, ɛʀ] *a* straniero(a); *(de l'extérieur)* estraneo(a); (*POL, ECON*) estero(a); *(inconnu)* sconosciuto(a) // *nm (pays)* estero // *nm/f (personne)* straniero/a; *(de l'extérieur)* estraneo/a.

étranglement [etʀɑ̃gləmɑ̃] *nm* strozzatura.

étrangler [etʀɑ̃gle] *vt* strangolare, strozzare; **s'~** *vr* strozzarsi, strangolarsi.

étrave [etʀav] *nf* prua.

être [ɛtʀ(ə)] *nm* essere // *vb avec attribut, vi* essere // *vb auxiliaire généralement* essere, *parfois* avere // **~ à qn** *(appartenir)* essere di qd; **c'est à moi/eux** è mio/loro; **c'est à lui de** tocca *ou* sta a lui; **~ à faire** essere da fare; **nous sommes le 10 janvier** (oggi) è il 10 gennaio; **il est 10 heures** sono le 10; **je n'y suis pour rien** non c'entro; **j'y suis!** ho capito!

étreindre [etʀɛ̃dʀ(ə)] *vt* stringere; **étreinte** *nf* stretta.

étrennes [etʀɛn] *nfpl* strenne *fpl; (gratification)* mancia di fine anno.

étrier [etʀije] *nm* staffa.
étriller [etʀije] *vt* strigliare; *(fam)* dare una strigliata a.
étriper [etʀipe] *vt (fam)* sbudellare.
étriqué, e [etʀike] *a* striminzito(a); *(fig)* meschino(a).
étroit, e [etʀwa, wat] *a* stretto(a); *(fig: péj: esprit)* limitato(a); **à l'~** *ad* stretto(a) *a;* **étroitesse** *nf* ristrettezza d'idée.
étude [etyd] *nf* studio; **faire des ~s de droit/médecine** studiare legge/ medicina.
étudiant, e [etydjɑ̃, ɑ̃t] *nm/f* studente/tessa (universitario(a)).
étudier [etydje] *vt, vi* studiare; **s'~** *vr:* **s'~ à** sforzarsi di.
étui [etɥi] *nm* astuccio, custodia.
étuve [etyv] *nf* bagno turco; (*MED*) autoclave *f.*
étuvée [etyve] *nf voir* **étouffée.**
étymologie [etimɔlɔʒi] *nf* etimologia.
eu, eue [y] *pp de* **avoir.**
eucalyptus [økaliptys] *nm* eucalipto.
Eucharistie [økaʀisti] *nf* eucaristia.
euphémisme [øfemism(ə)] *nm* eufemismo.
euphorie [øfɔʀi] *nf* euforia.
Europe [øʀɔp] *nf* Europa; **européen, ne** *a, nm/f* europeo(a).
euthanasie [øtanazi] *nf* eutanasia.
eux [ø] *pron* loro.
évacuer [evakɥe] *vt* evacuare.
évader [evade]: **s'~** *vr* evadere, scappare.
évaluer [evalɥe] *vt* valutare.
évangéliser [evɑ̃ʒelize] *vt* evangelizzare.
évangile [evɑ̃ʒil] *nm* vangelo.
évanouir [evanwiʀ]: **s'~** *vr* svenire; *(fig)* svanire.
évanouissement [evanwismɑ̃] *nm* svenimento.
évaporer [evapɔʀe]: **s'~** *vr* evaporare.
évaser [evɑze] *vt* allargare, svasare; **s'~** *vr* svasarsi, allargarsi.
évasif, ive [evazif, iv] *a* evasivo(a).
évasion [evazjɔ̃] *nf* evasione *f.*
évêché [eveʃe] *nm* vescovado, vescovato.
éveil [evɛj] *nm* risveglio; *(fig)* sveglia; **rester en ~** stare all'erta; **être en ~** stare sveglio.
éveillé, e [eveje] *a* sveglio(a).
éveiller [eveje] *vt* risvegliare; *(soupçons, jalousie)* destare; **s'~** *vr* svegliarsi.
événement [evɛnmɑ̃] *nm* avvenimento.
éventail [evɑ̃taj] *nm* ventaglio.
éventer [evɑ̃te] *vt* ventilare, arieggiare; *(fig: découvrir)* sventare.
éventrer [evɑ̃tʀe] *vt* sventrare.
éventualité [evɑ̃tɥalite] *nf* eventualità *f inv.*
évêque [evɛk] *nm* vescovo.
évertuer [evɛʀtɥe]: **s'~** *vr:* **s'~ à faire** ingegnarsi a fare.
éviction [eviksjɔ̃] *nf* estromissione *f,* esclusione *f.*
évidemment [evidamɑ̃] *ad* evidentemente.
évidence [evidɑ̃s] *nf* evidenza; **de toute ~** evidentemente; **mettre en ~** mettere in evidenza, evidenziare.
évider [evide] *vt* scavare, svuotare.
évier [evje] *nm* lavello, acquaio.
évincer [evɛ̃se] *vt* eliminare, escludere.
éviter [evite] *vt* evitare.
évocateur, trice [evɔkatœʀ, tʀis] *a* évocativo(a) // *nm/f* evocatore/ trice.
évoluer [evɔlɥe] *vi* compiere evoluzioni; *(fig)* evolversi; *(bouger)* muoversi.
évoquer [evɔke] *vt* evocare; *(des souvenirs)* rievocare; *(mentionner)* citare, accennare a.
ex. *(abr de* **exemple***)* es.
ex- [ɛks] *préf:* **~ministre/ président** ex ministro/presidente.
exacerber [ɛgzasɛʀbe] *vt* esacerbare.

exact, e [ɛgza, akt(ə)] *a* esatto(a).

exactitude [ɛgzaktityd] *nf* esattezza; *(ponctualité)* punctualità *f inv*.

exagérer [ɛgzaʒeʀe] *vt, vi* esagerare.

exalter [ɛgzalte] *vt* esaltare.

examen [ɛgzamɛ̃] *nm* esame *m*; **passer un** ~ dare un esame; ~ **blanc** (SCOL) *esercizio che simula l'esame*.

examinateur, trice [ɛgzaminatœʀ, tʀis] *nm/f* esaminatore/trice.

examiner [ɛgzamine] *vt* esaminare.

exaspérer [ɛgzaspeʀe] *vt* esasperare.

exaucer [ɛgzose] *vt* esaudire.

excavation [ɛkskavɑsjɔ̃] *nf* cavità *f inv*, buca.

excédent [ɛksedɑ̃] *nm* eccedenza; **enlever l'**~ togliere l'eccedente.

excéder [ɛksede] *vt* eccedere, superare; *(limites)* oltrepassare; *(agacer)* esasperare, irritare.

excellence [ɛksɛlɑ̃s] *nf* eccellenza; **par** ~ per eccellenza.

excellent, e [ɛksɛlɑ̃, ɑ̃t] *a* eccellente, ottimo(a).

exceller [ɛksele] *vi* eccellere.

excentrique [ɛksɑ̃tʀik] *a* eccentrico(a).

excepté, e [ɛksɛpte] *a*: **étudiants** ~**s** salvo *ou* tranne *ou* eccetto gli studenti // *prép* salvo, tranne.

excepter [ɛksɛpte] *vt* escludere, eccettuare.

exception [ɛksɛpsjɔ̃] *nf* eccezione *f*; **à l'**~ **de** a eccezione di, tranne; **mesure/loi d'**~ misura/legge speciale; **exceptionnel, le,** *a* eccezionale.

excès [ɛksɛ] *nm* eccesso; **à l'**~ all'eccesso, oltremodo.

exciter [ɛksite] *vt* eccitare; ~ **qn à la révolte/au combat** istigare qd alla rivolta/lotta; **s'**~ *vr* eccitarsi.

exclamer [ɛksklame]: **s'**~ *vr* esclamare.

exclure [ɛksklyʀ] *vt* escludere; **exclusif, ive** *a* esclusivo(a); **exclusivité** *nf* esclusiva; **première/deuxième exclusivité** (CINE) prima/seconda visione.

excommunier [ɛkskɔmynje] *vt* scomunicare.

excréments [ɛkskʀemɑ̃] *nmpl* escrementi *mpl*.

excroissance [ɛkskʀwasɑ̃s] *nf* escrescenza.

excursion [ɛkskyʀsjɔ̃] *nf* escursione *f*.

excuse [ɛkskyz] *nf* scusa; **mot d'**~ (SCOL) giustificazione *f*.

excuser [ɛkskyze] *vt* scusare; **excusez-moi** (mi) scusi; **s'**~ *vr* scusarsi.

exécrable [ɛgzekʀabl(ə)] *a* pessimo(a), orrendo(a).

exécrer [ɛgzekʀe] *vt* detestare.

exécutant, e [ɛgzekytɑ̃, ɑ̃t] *nm/f* esecutore/trice; (MUS) interprete *m/f*.

exécuter [ɛgzekyte] *vt* eseguire; *(tuer)* giustiziare; **s'**~ *vr* decidersi; **exécuteur** *nm*: **exécuteur testamentaire** (JUR) esecutore testamentario; **exécutif, ive** *a* esecutivo(a); **exécution** *nf* esecuzione *f*; **mettre à exécution** mettere in atto.

exemplaire [ɛgzɑ̃plɛʀ] *a, nm* esemplare.

exemple [ɛgzɑ̃pl(ə)] *nm* esempio; **par** ~ per esempio; **par** ~! questa poi!; **prendre** ~ **sur** prendere esempio da; **à l'**~ **de** sull'esempio di.

exempt, e [ɛgzɑ̃, ɑ̃t] *a*: ~ **de** esente da; *(qui n'a pas)* privo (a) di.

exempter [ɛgzɑ̃te] *vt*: ~ **qn/qch de** esentare qd/qc da.

exercer [ɛgzɛʀse] *vt* esercitare; **s'**~ *vr* allenarsi, esercitarsi.

exercice [ɛgzɛʀsis] *nm* esercizio; (MIL) esercitazione *f*; **en** ~ in attività, in carica.

exhaler [ɛgzale] *vt* esalare, emanare.
exhaustif, ive [ɛgzostif, iv] *a* esauriente.
exhiber [ɛgzibe] *vt* esibire; **s'~** *vr* esibirsi.
exhorter [ɛgzɔʀte] *vt* esortare.
exhumer [ɛgzyme] *vt* (ri)esumare.
exiger [ɛgziʒe] *vt* esigere.
exigu, ë [ɛgzigy] *a* esiguo(a).
exil [ɛgzil] *nm* esilio.
exiler [ɛgzile] *vt* esiliare; **s'~** *vr* esiliarsi.
existence [ɛgzistɑ̃s] *nf* esistenza; **moyens d'~** mezzi di sussistenza.
exister [ɛgziste] *vi* esistere // *vb impersonnel:* **il existe la possibilité/des cas...** c'è la possibilità/ci sono dei casi... .
exode [ɛgzɔd] *nm* esodo.
exonérer [ɛgzɔneʀe] *vt* esonerare, esentare.
exorbité, e [ɛgzɔʀbite] *a:* **yeux ~s** *(fig)* occhi fuori dalle orbite.
exorciser [ɛgzɔʀsize] *vt* esorcizzare.
exotique [ɛgzɔtik] *a* esotico(a).
expansif, ive [ɛkspɑ̃sif, iv] *a* espansivo(a).
expansion [ɛkspɑ̃sjɔ̃] *nf* espansione *f*.
expatrier [ɛkspatʀije]: **s'~** *vr* espatriare, emigrare.
expectorer [ɛkspɛktɔʀe] *vi* espettorare.
expédient [ɛkspedjɑ̃] *nm* espediente *m*.
expédier [ɛkspedje] *vt* spedire, inviare; *(péj: faire rapidement)* sbrigare; **expéditeur, trice** *nm/f* mittente *m/f*.
expéditif, ive [ɛkspeditif, iv] *a* sbrigativo(a), spiccio(a).
expédition [ɛkspedisjɔ̃] *nf* spedizione *f*.
expérience [ɛkspeʀjɑ̃s] *nf* esperienza; *(scientifique)* esperimento; **avoir de l'~** avere esperienza.
expérimenté, e [ɛkspeʀimɑ̃te] *a* esperto(a), provetto(a).
expérimenter [ɛkspeʀimɑ̃te] *vt* sperimentare.
expert, e [ɛkspɛʀ, ɛʀt(ə)] *a:* **~ en** esperto(a) di // *nm (profession)* perito; **expert-comptable** *nm* ragioniere/a.
expertise [ɛkspɛʀtize] *nf* perizia.
expertiser [ɛkspɛʀtize] *vt* stimare, valutare; *(dommages)* fare una perizia su.
expier [ɛkspje] *vt* espiare.
expirer [ɛkspiʀe] *vi* espirare; *(passeport, bail)* scadere; *(mourir)* spirare.
explication [ɛksplikasjɔ̃] *nf* spiegazione *f*.
expliquer [ɛksplike] *vt* spiegare; **s'~** *vr* spiegarsi; *(discuter)* avere una discussione.
exploit [ɛksplwa] *nm* prodezza, exploit *m inv*.
exploitant, e [ɛksplwatɑ̃, ɑ̃t] *nm* (*AGR*) imprenditore *m*.
exploitation [ɛksplwatasjɔ̃] *nf* sfruttamento; (*ECON*) gestione *f*; **~ agricole** azienda agricola.
exploiter [ɛksplwate] *vt* sfruttare; (*ECON*) gestire.
explorer [ɛksplɔʀe] *vt* esplorare.
exploser [ɛksploze] *vi* esplodere, scoppiare; **explosif, ive** *a* esplosivo(a) // *nm* esplosivo; **explosion** *nf* esplosione *f*, scoppio.
exportation [ɛkspɔʀtasjɔ̃] *nf* esportazione *f*.
exporter [ɛkspɔʀte] *vt* esportare.
exposant [ɛkspozɑ̃] *nm* espositore *m*; (*MATH*) esponente *m*.
exposer [ɛkspoze] *vt* esporre; **exposition** *nf* esposizione *f*.
exprès [ɛkspʀɛ] *ad* apposta, di proposito; **faire ~ de faire qch** fare apposta a fare qc.
exprès, esse [ɛkspʀɛs] *a* espresso(a), esplicito(a) // *a inv (lettre, colis)* espresso *inv* // *nm* espresso.

express [ɛkspʀɛs] *a, nm (café, train)* espresso.
expression [ɛkspʀɛsjɔ̃] *nf* espressione *f*.
exprimer [ɛkspʀime] *vt* esprimere; **s'~** *vr* esprimersi.
exproprier [ɛkspʀɔpʀije] *vt* espropriare.
expulser [ɛkspylse] *vt* espellere; *(locataire)* sfrattare.
exquis, e [ɛkski, iz] *a* squisito(a), delizioso(a).
extase [ɛkstɑz] *nf* estasi *f inv*.
extasier [ɛkstɑzje]: **s'~** *vr* estasiarsi, andare in estasi.
extensible [ɛkstɑ̃sibl(ə)] *a* estensibile; *(fig)* elastico(a).
extensif, ive [ɛkstɑ̃sif, iv] *a* estensivo(a).
extension [ɛkstɑ̃sjɔ̃] *nf* estensione *f*; *(fig)* ampliamento.
exténuer [ɛkstenɥe] *vt* estenuare, spossare.
extérieur, e [ɛksteʀjœʀ] *a* esterno(a); (*POL, COMM*) estero(a); *(apparent: calme, gaîté)* esteriore // *nm* esterno; *(étranger: pays)* estero; **à l'~** fuori, all'esterno; **extérioriser** *vt* esternare, manifestare.
exterminer [ɛkstɛʀmine] *vt* sterminare.
externat [ɛkstɛʀna] *nm* (*SCOL: régime*) esternato; *(: école)* semiconvitto.
externe [ɛkstɛʀn(ə)] *a* esterno(a) // *nm/f* (*SCOL*) esterno/a; *(étudiant) studente/essa in medicina che fa pratica ospedaliera.*
extincteur [ɛkstɛ̃ktœʀ, tʀis] *nm* estintore *m*.
extinction [ɛkstɛ̃ksjɔ̃] *nf* estinzione *f*; **~ de voix** (*MED*) abbassamento di voce.
extirper [ɛkstiʀpe] *vt* estirpare.
extorquer [ɛkstɔʀke] *vt* estorcere, carpire.
extra [ɛkstʀa] *a inv (fam)* straordinario(a), fantastico(a) // *nm inv* extra *m inv*.
extraction [ɛkstʀaksjɔ̃] *nf* estrazione *f*.
extradition [ɛkstʀadisjɔ̃] *nf* estradizione *f*.
extraire [ɛkstʀɛʀ] *vt* estrarre; **extrait** *nm* estratto; *(de livre)* brano, passaggio; *(de film)* provino.
extraordinaire [ɛkstʀaɔʀdinɛʀ] *a* straordinario(a).
extravagance [ɛkstʀavagɑ̃s] *nf* stravaganza.
extraverti, e [ɛkstʀavɛʀti] *a* estroverso(a).
extrême [ɛkstʀɛm] *a* estremo(a); *(limite)* ultimo(a); *(plaisir, désir)* grandissimo(a), sommo(a); *(excessif)* eccessivo(a) // *nm* estremo; **extrémiste** *a, nm/f* estremista *(m/f)*.
extrémité [ɛkstʀemite] *nf* estremità *f inv*.
exubérant, e [ɛgzybeʀɑ̃, ɑ̃t] *a* esuberante.
exulter [ɛgzylte] *vi* esultare.

F

fa [fɑ] *nm* (*MUS*) fa *m inv*.
fable [fɑbl(ə)] *nf* favola; *(mensonge)* frottola, storia.
fabricant [fabʀikɑ̃] *nm* fabbricante *m*.
fabriquer [fabʀike] *vt* fabbricare; *(construire)* costruire, fabbricare. *(fig: inventer)* inventare; *(: fam: faire)* combinare.
fabuleux, euse [fabylø, øz] *a* favoloso(a).
façade [fasad] *nf* facciata.
face [fas] *nf* faccia; *(d'un objet)* diritto; *(fig: d'un problème)* aspetto, faccia; **en ~** *ad* di fronte, in faccia; **en ~ de, ~ à** *prép* di fronte a; **de ~** *ad* di faccia, di fronte; **faire ~ à qn/qch** affrontare qd/qc, far fronte a qd/qc; *(être en face de)* essere di fronte a qd/qc; **~ à ~** *ad* faccia a

faccia // *nm* dibattito (a due).
facéties [fasesi] *nfpl* scherzi *mpl*, facezie *fpl*.
facétieux, euse [fasesjø, øz] *a* scherzoso(a).
facette [fasɛt] facetta.
fâché, e [fɑʃe] *a* arrabbiato(a).
fâcher [fɑʃe] *vt* irritare, far arrabbiare; **se ~** *vr* arrabbiarsi; **se ~ contre qn** arrabbiarsi con qd; **se ~ avec qn** litigare con qd.
fâcheux, euse [fɑʃø, øz] *a* increscioso(a), spiacevole.
facial, e, aux [fasjal, o] *a* facciale.
facile [fasil] *a* facile; **une femme ~** una donna di facili costumi; **~ à faire** facile da fare; **facilité** *nf* facilità *f inv*; **facilités** *fpl* facilitazioni *fpl*, agevolazioni *fpl*; **faciliter** *vt* facilitare, agevolare.
façon [fasɔ̃] *nf* modo, maniera; *(d'une robe: confection)* lavorazione *f*, fattura; *(: coupe)* taglio; **faire des ~s** *(fig)* fare complimenti; **de ~ à faire/à ce que** in modo da fare/che; **da telle ~ que** in modo (tale) che; **sans ~** semplice; **de toute ~** ad ogni modo.
façonner [fasɔne] *vt* lavorare; *(fig: personne)* plasmare, formare.
facteur [faktœʀ] *nm* postino; *(élément)* fattore *m*.
factice [faktis] finto(a); *(situation)* falso(a), fittizio(a).
faction [faksjɔ̃] *nf* fazione *f*.
facture [faktyʀ] *nf* fattura.
facultatif, ive [fakyltatif, iv] *a* facoltativo(a).
faculté [fakylte] *nf* facoltà *f inv*.
fadaises [fadɛz] *nfpl* stupidaggini *fpl*.
fade [fad] *a* insipido(a); *(couleur)* scialbo(a).
fagot [fago] *nm* fascina.
fagoté, e [fagɔte] *a (fam)* infagottato(a).
faible [fɛbl(ə)] *a* debole; *(lumière, voix)* fioco(a), fievole; *(intellectuellement, quantité, intensité)* scarso(a); *(niveau)* basso(a); *(vague)* vago(a) // *nm* debole *m*; **faiblesse** *nf* debolezza; *(pauvreté)* scarsità *f*; *(évanouissement)* svenimento; **faiblir** *vi* indebolirsi; *(baisser)* calare, diminuire; *(branche, poutre)* cedere.
faïence [fajɑ̃s] *nf* ceramica.
faille [faj] *nf* (GEOL) faglia; *(fig)* incrinatura.
faim [fɛ̃] *nf* fame *f*; *(fig)* sete *f*; **manger à sa ~** mangiare a sazietà; **rester sur sa ~** avere ancora fame; *(fig)* restare insoddisfatto.
fainéant, e [feneɑ̃, ɑ̃t] *a, nm/f* fannullone/a.
faire [fɛʀ] *vt, vi* fare; **~ du ski/rugby** sciare/giocare a rugby; **~ les magasins** girare (per) i negozi; **cela ne me fait rien** la cosa mi è indifferente; **il ne fait que ...** non fa altro che...; **3 et 4 font 7** 3 più 4 uguale a 7; **n'avoir que ~ de qch/qn** non sapere che farsene di qc/qd // *vb impersonnel:* **il fait jour/nuit** è giorno/notte; **il fait chaud** fa caldo; **ça fait 2 ans/heures que ...** sono 2 anni/ore che ...; **il fait du vent** c'è vento; **ça ne fait rien** non fa niente; **~ vieux/démodé** avere un'aria vecchia/fuori moda; **elle fait petit** sembra piccola // **se ~** *vr* farsi; *(s'habituer)* abituarsi; *(fromage)* maturare; **comment se fait-il que ...?** come mai ...? **se ~ vieux** diventare vecchio; **il ne s'en fait pas** non se la prende; **~ part de qch** annunciare qc; **~-part** *nm inv* partecipazione *f*.
faisan, e [fəzɑ̃] *nm/f* fagiano/a.
faisandé, e [fəzɑ̃de] *a* frollato(a), frollo(a).
faisceau, x [fɛso] *nm* fascio.
fait [fɛ] *nm* fatto; **au ~** *(à propos)* a proposito; **du ~ que** per il fatto che; **du ~ de** a causa di; **de ce ~** di conseguenza, perciò; **de ~, en ~** in effetti, in realtà.
fait, e [fɛ, fɛt] *a* fatto(a); *(mûr)* sta-

gionato(a), maturo(a); **c'est bien fait pour lui** *(fig)* ben gli sta.
faîte [fɛt] *nm* vetta, cima; *(fig)* apice *m.*
fait-tout, faitout [fɛtu] *nm* (*CULIN*) marmitta.
falaise [falɛz] *nf* scogliera.
fallacieux, euse [falasjø, øz] *a* fallace, ingannevole.
falloir [falwaʀ] *vb impersonnel* occorrere, aver bisogno di, volerci; **il faut lui téléphoner** bisogna/occore telefonargli; **il faut que je lui parle** devo parlargli; **il faut toujours qu'il s'en mêle** deve sempre impicciarsene; **il s'en est fallu de peu que ...** c'è mancato poco che ....
falot, e [falo] *a* scialbo(a), insignificante // *nm* lanterna.
falsifier [falsifje] *vt* falsificare; *(aliment)* sofisticare, adulterare.
famélique [famelik] *a* famelico(a).
fameux, euse [famø, øz] *a* famoso(a), celebre; *(bon: repas)* ottimo(a).
familial, e, aux [familjal, o] *a* familiare // *nf* (*AUTO*) giardinetta.
familiariser [familjaʀize] *vt*: ~ **qn avec qch** abituare qd a qc; ~ **avec qn** fare amicizia con qd; **se** ~ *vr*: **se** ~ **avec qd/qch** familiarizzarsi con qd/qc.
familiarité [familjaʀite] *nf* familiarità *f inv*; ~**s** *fpl* libertà *fpl.*
familier, ière [familje, jɛʀ] *a* familiare; *(confidentiel)* confidenziale.
famille [famij] *nf* famiglia; **avoir de la** ~ **en France** avere dei parenti in Francia.
famine [famin] *nf* carestia; *(misère)* miseria, fame *f.*
fan [fan] *nm/f* ammiratore/trice; (*SPORT*) tifoso(a).
fanal, aux [fanal, o] *nm* fanale *m; (lanterne)* lanterna.
fanatique [fanatik] *a, nm/f* fanatico/a.
faner [fane]: **se** ~ *vr* appassire, avvizzire.
faneur, euse [fanœʀ, øz] *nm/f* chi rivolta il fieno.
fanfare [fɑ̃faʀ] *nf* banda, fanfare.
fanfaron, ne [fɑ̃faʀɔ̃, ɔn] *nm/f* fanfarone/a, spaccone/a.
fanion [fanjɔ̃] *nm* bandierina; *(emblème)* gagliardetto.
fanon [fanɔ̃] *nm (de baleine)* fanone *m; (de taureau, bœuf)* giogaia; *(de dindon)* bargiglio.
fantaisie [fɑ̃tezi] *nf* estro, fantasia; *(caprice)* voglia; (*MUS*) fantasia; **de** ~ di bigiotteria; **fantaisiste** *a* fantasioso(a) // *nm/f* fantasista *m/f.*
fantasme [fɑ̃tasm(ə)] *nm* (*PSYCH*) fantasma *m*, sogno.
fantasque [fɑ̃task(ə)] *a* lunatico(a), bizzarro(a).
fantassin [fɑ̃tasɛ̃] *nm* fante *m.*
fantastique [fɑ̃tastik] *a* fantastico(a).
fantoche [fɑ̃tɔʃ] *nm* fantoccio.
fantôme [fɑ̃tom] *nm* fantasma *m.*
faon [fɑ̃] *nm* cerbiatto.
farce [faʀs(ə)] *nf* (*CULIN*) ripieno; (*THEATRE*) farsa; *(blague)* scherzo, burla; **farceur, euse** *nm/f* burlone/a; **farcir** *vt* farcire; *(fig)* imbottire; **se** ~ *vr (fam)* sorbirsi.
fard [faʀ] *nm* fard *m.*
fardeau, x [faʀdo] *nm* fardello.
farder [faʀde]: **se** ~ *vr* truccarsi.
farfelu, e [faʀfəly] *a* strambo(a), balzano(a).
farfouiller [faʀfuje] *vi* frugare, rovistare.
farine [faʀin] *nf* farina; **farineux, euse** *a* farinoso(a) // *nmpl* farinacei *mpl.*
farouche [faʀuʃ] *a* feroce; *(animal)* feroce, selvaggio(a); *(personne)* poco socievole, scontroso(a); *(acharné)* accanito(a).
fart [faʀ(t)] *nm* sciolina.
fascicule [fasikyl] *nm* fascicolo, dispensa.
fasciner [fasine] *vt* affascinare.
fascisme [fasism(ə)] *m* fascismo;

fasciste *a, nm/f* fascista *(m/f)*.
faste [fast(ə)] *nm* fasto // *a* propizio(a), fausto(a).
fastidieux, euse [fastidjø, øz] *a* noioso(a), fastidioso(a).
fastueux, euse [fastɥø, øz] *a* fastoso(a), sfarzoso(a).
fat [fa(t)] *a* presuntuoso(a).
fatal, e [fatal] *a* fatale; **fatalisme** *nm* fatalismo; **fatalité** *nf* fatalità *f inv*.
fatidique [fatidik] *a* fatidico(a).
fatigue [fatig] *nf* fatica, stanchezza.
fatiguer [fatige] *vt* stancare; (TECH) sottoporre a fatica; *(fig: importuner)* stancare, infastidire // *vi (mécanisme)* far fatica; **se ~** *vr* affaticarsi, stancarsi.
fatras [fatʀa] *nm* ammasso.
faubourg [fobuʀ] *nm* sobborgo; **les ~s de Lyon** la periferia di Lione.
fauché, e [foʃe] *a (fam)* in bolletta *loc inv*, al verde *loc inv*.
faucher [foʃe] *vt (aussi fig)* falciare; *(fam: voler)* fregare; **faucheur, euse** *nm/f* falciatrice *f*.
faucille [fosij] *nf* falcetto, falce *f*.
faucon [fokɔ̃] *nm* falco.
faufiler [fofile] *vt* imbastire; **se ~** *vr* infilarsi, intrufolarsi.
faune [fon] *nf* fauna // *nm* fauno.
faussaire [fosɛʀ] *nm* falsario.
fausser [fose] *vt* alterare, falsare; *(déformer)* deformare; **~ compagnie à qn** *(fig)* piantare in asso qd.
fausset [fosɛ] *nm* falsetto.
faute [fot] *nf* colpa; *(erreur)* errore *m*; (JUR) infrazione *f*; **c'est de sa/ma ~** è colpa sua/mia; **prendre qn en ~** cogliere qd in fallo; **faute de ...** in mancanza di ...; *(cause)* per mancanza di ...; **sans ~** *ad* senza fallo, senz'altro; **~ professionnelle** mancanza *ou* errore *m* professionale.
fauteuil [fotœj] *nm* poltrona.
fautif, ive [fotif, iv] *a* inesatto(a), errato(a); *(responsable)* colpevole.
fauve [fov] *nm* belva // *a (couleur)* fulvo(a), rossiccio(a).
faux [fo] *nf* falce *f*.
faux, fausse [fo, fos] *a* falso(a); *(erroné)* errato(a), sbagliato(a); *(postiche)* finto(a) // *ad* **jouer/chanter ~** *(suj: personne)* stonare; **jouer ~** *(suj: instrument)* essere scordato(a) // *nm* falso; **faire fausse route** *(fig)* essere fuori strada; **faire ~ bond à qn** fare un bidone a qd *(fam)*; **~ col** solino, colletto staccabile; **fausse couche** (MED) aborto spontaneo; **fausse note** stonatura; **faux-filet** *nm* (CULIN) controfiletto; **faux-fuyant** *nm* scappatoia, sotterfugio; **faux-monnayeur** *nm* falsario.
faveur [favœʀ] *nf* favore *m*; *(ruban)* nastro; **à la ~ de** col favore di, grazie a; **en ~ de** a favore di; *(en considération de)* in considerazione di.
favorable [favɔʀabl(ə)] *a* favorevole.
favori, te [favɔʀi, it] *a* preferito(a) // *nm/f* favorito/a.
favoriser [favɔʀize] *vt* favorire.
fébrile [febʀil] *a* febbrile.
fécond, e [fekɔ̃, ɔ̃d] *a* fecondo(a).
fécule [fekyl] *nf* fecola.
fédéral, e, aux [fedeʀal, o] *a* federale; **fédéralisme** *nm* federalismo.
fédération [fedeʀasjɔ̃] *nf* federazione *f*.
fée [fe] *nf* fata; **conte de ~s** fiaba; **féerique** *a* irreale, fiabesco(a).
feindre [fɛ̃dʀ(ə)] *vt* fingere // *vi* fingere, far finta.
feint, e [fɛ̃, fɛ̃t] *pp de* **feindre** // *nf* finta.
fêler [fele] *vt* incrinare.
félicitations [felisitasjɔ̃] *nfpl* congratulazioni *fpl*.
féliciter [felisite] *vt*: **~ qn de qch** congratularsi con qd per qc; **se ~** *vr* rallegrarsi.
félin, e [felɛ̃, in] *a, nm/f* felino(a).
fêlure [felyʀ] *nf* incrinatura, crepa.

femelle [fəmɛl] *a, nf* femmina.
féminin, e [feminɛ̃, in] *a* femminile; *(efféminé)* femmineo(a) // *nm* femminile *m*; **féministe** *a, nf* femminista.
femme [fam] *nf* donna; *(épouse)* moglie *f*; ~ **de chambre** cameriera; ~ **de ménage** donna delle pulizie; ~ **peintre/professeur**, *etc* pittrice/professoressa, etc.
fémur [femyʀ] *nm* femore *m*.
fenaison [fənɛzɔ̃] *nf* fienagione *f*.
fendre [fɑ̃dʀ(ə)] *vt* spaccare; *(fig)* fendere; *(: cœur)* spezzare; **se** ~ *vr* creparsi, incrinarsi; *(lèvres, mur)* screpolarsi; *(fig: cœur)* spezzarsi; **fendu, e** *pp de* **fendre** // *a* spaccato(a); screpolato(a); *(jupe)* con lo spacco *loc inv*.
fenêtre [f(ə)nɛtʀ(ə)] *nf* finestra.
fenouil [fənuj] *nm* finocchio.
fente [fɑ̃t] *nf* crepa, fessura; *(ménagée intentionnellement)* fessura, feritoia; *(d'une jupe)* spacco.
féodal, e, aux [feɔdal, o] *a* feudale.
fer [fɛʀ] *nm* ferro; ~ **de lance** *(fig)* punto forte; ~ **à souder** saldatore *m*; ~ **à repasser** ferro da stiro; **fer-blanc** *nm* latta.
férié, e [feʀje] *a* festivo.
ferme [fɛʀm(ə)] *a* fermo(a); *(fruit, chair)* sodo(a); *(fig: comportement)* rigido(a), duro(a); (*BOURSE*) stabile; (*COMM*) definitivo(a) // *nf* fattoria, cascina // *ad:* **travailler** ~ lavorare sodo; **acheter/vendre** ~ (*BOURSE*) comprare/vendere definitivamente; **discuter** ~ discutere animatamente.
ferment [fɛʀmɑ̃] *nm* fermento.
fermenter [fɛʀmɑ̃te] *vi* fermentare.
fermer [fɛʀme] *vt, vi* chiudere; **se** ~ *vr* chiudersi.
fermeté [fɛʀməte] *nf* fermezza; *(consistance)* compattezza; (*BOURSE*) stabilità *f*; *(fig)* sicurezza.
fermeture [fɛʀmətyʀ] *nf* chiusura.
fermier, ière [fɛʀmje, jɛʀ] *a* di fattoria // *nm/f* fattore/ressa.
fermoir [fɛʀmwaʀ] *nm* fermaglio.
féroce [feʀɔs] *a* feroce.
ferraille [fɛʀɑj] *nf* ferri vecchi *mpl*, rottami *mpl*; **mettre à la** ~ gettare via, eliminare; **ferrailleur** *nm* ferravecchio.
ferré, e [fɛʀe] *a* ferrato(a).
ferrer [fɛʀe] *vt (cheval, chaussure)* ferrare; *(poisson)* uncinare.
ferronnerie [fɛʀɔnʀi] *nf:* ~ **(d'art)** fabbrica *ou* negozio di oggetti di ferro battuto.
ferroviaire [fɛʀɔvjɛʀ] *a* ferroviario(a).
ferrure [fɛʀyʀ] *nf* ferramento; *(de porte)* guarnizione *f* in ferro; *(de cheval)* ferratura.
ferry-boat [fɛʀebot] *nm* traghetto.
fertile [fɛʀtil] *a* fertile; ~ **en événements** ricco di avvenimenti; **fertiliser** *vt* fertilizzare.
fervent, e [fɛʀvɑ̃, ɑ̃t] *a* fervente; *(amour, prière)* fervido(a).
fesse [fɛs] *nf* (*ANAT*) natica, gluteo; **les** ~**s** il sedere.
fessée [fese] *nf* sculacciata.
festin [fɛstɛ̃] *nm* festino, banchetto.
festival [fɛstival] *nm* festival *m inv*.
festivités [fɛstivite] *nfpl* festeggiamenti *mpl*.
feston [fɛstɔ̃] *nm* festone *m*.
festoyer [fɛstwaje] *vi* far bisboccia, far festa.
fêtard [fɛtaʀ] *nm (fam)* festaiolo.
fête [fɛt] *nf* festa; *(d'une personne)* onomastico; **faire la** ~ gozzovigliare; ~ **foraine** luna park *m inv*; **fêter** *vt* festeggiare.
fétiche [fetiʃ] *nm* feticcio; **fétichisme** *nm* feticismo.
fétide [fetid] *a* fetido(a).
feu, x [fø] *nm* fuoco; *(lumière)* luce *f*; (*AUTO*) fanale *m*, luce *f*; ~ **(rouge/vert)** (*AUTO*) semaforo (rosso/verde); **mettre le** ~ **à** dare fuoco a; **faire du** ~ accendere il fuoco;

avez-vous du ~? *(pour cigarette)* ha da accendere? **~x de croisement** (*AUTO*) annabbaglianti *mpl;* **~ de camp** falò *m inv;* **coup de ~** colpo di arma da fuoco, sparo.
feuillage [fœjaʒ] *nm* fogliame *m,* foglie *fpl.*
feuille [fœj] *nf* foglia; *(de métal)* foglio, lamiera; *(de papier)* foglio; **~ d'impôts** modulo per la dichiarazione dei redditi; **~ d'or/de cuivre** *(couche)* foglia d'oro/di rame.
feuillet [fœjɛ] *nm* foglietto; *(page)* pagina.
feuilleté, e [fœjte] *a:* **pâte ~é** pasta sfoglia // *nm* (*CULIN*) millefoglie *m.*
feuilleton [fœjtɔ̃] *nm* (*TV*) sceneggiato, teleromanzo; **roman-~** romanzo a puntate.
feuillu, e [fœjy] *a* frondoso(a).
feutre [føtʀ(ə)] *nm* feltro; *(chapeau)* cappello di feltro; *(stylo)* pennarello ®; **feutré, e** *a* feltrato(a); *(qui a pris l'aspect du feutre)* infeltrito(a); *(pas)* felpato(a); *(fig)* ovattato(a); **feutrine** *nf* panno *m* lenci.
fève [fɛv] *nf* fava; *(dans le gâteau des Rois) fava o figurina che si nasconde in un dolce tipico dell'Epifania.*
février [fevʀije] *nm* febbraio.
fi [fi] *excl:* **faire ~ de** *(honneurs, danger)* infischiarsene di.
fiançailles [fjɑ̃saj] *nfpl* fidanzamento *sg.*
fiancé, e [fjɑ̃se] *a, nm/f* fidanzato(a); **être ~ à** essere fidanzato con.
fibre [fibʀ(ə)] *nf* fibra; **fibreux, euse** *a* fibroso(a).
ficeler [fisle] *vt* legare.
ficelle [fisɛl] *nf* spago.
fiche [fiʃ] *nf* scheda; *(médicale, bancaire)* cartella; (*ELEC*) spina; *(pour jouer)* fiche *f.*
ficher [fiʃe] *vt* schedare; *(fam: faire)* combinare; *(: donner: gifles)* mollare; *(: cafard)* mettere; **~ qn en prison/à la porte** *(fam)* sbattere qd in prigione/fuori; **fiche(-moi) le camp** togliti dai piedi; **fiche-moi la paix** non mi seccare; **se ~ dans** *(fam)* cacciarsi; **se ~ de qn** prendere in giro qd; **je m'en fiche!** me ne infischio!
fichier [fiʃje] *nm* schedario.
fichu, e [fiʃy] *pp de* **ficher** // *a (fam: chose: cassé)* scassato(a); *(: abîmé)* rovinato(a); *(: personne)* spacciato(a) // *nm* scialle *m;* **être ~ de** *(fam)* essere capace di; **~ temps/caractère** tempaccio/caratteraccio; **mal ~** mal ridotto.
fictif, ive [fiktif, iv] *a* fittizio(a).
fiction [fiksjɔ̃] *nf* finzione *f; (imagination)* fantasia.
fidèle [fidɛl] *a, nm/f* fedele; **fidélité** *nf* fedeltà *f inv.*
fief [fjɛf] *nm* feudo.
fiel [fjɛl] *nm* fiele *m.*
fiente [fjɑ̃t] *nf* sterco, escremento.
fier, fière [fjɛʀ] *a* fiero(a).
fier [fje]: **se ~ à** *vr* fidarsi di, fare affidamento su.
fierté [fjɛʀte] *nf* fierezza.
fièvre [fjɛvʀ(ə)] *nf* febbre *f;* **fiévreux, euse** *a* febbricitante; *(fig)* febbrile.
fifre [fifʀ(ə)] *nm* piffero.
figer [fiʒe] *vt* rapprendere; *(fig)* paralizzare; **se ~** *vr* rapprendersi; *(fig: personne)* irrigidirsi; *(: société)* fossilizzarsi; **sourire figé** sorriso stereotipato.
figue [fig] *nf* fico.
figurant, e [figyʀɑ̃, ɑ̃t] *nm/f* comparsa *f.*
figure [figyʀ] *nf* figura; *(visage)* viso, faccia; **se casser la ~** *(fam)* cadere; **faire ~ de** fare la figura di, passare per.
figuré, e [figyʀe] *a* figurato(a).
figurer [figyʀe] *vi* figurare; **se ~ qch/que** immaginarsi *ou* figurarsi qc/che.
fil [fil] *nm* filo; *(sens)* verso; *(tissage)*

filato; **aux ~ des heures/années** col passare delle ore/degli anni; **de ~ en aiguille** poco a poco; **un coup de ~** *(fam)* una telefonata.

filament [filamɑ̃] *nm* filamento.

filandreux, euse [filɑ̃dʀø, øz] *a* filamentoso(a); *(fig)* ingarbugliato(a).

filature [filatyʀ] *nf* filanda, filatura; *(policière: d'un suspect)* pedinamento.

file [fil] *nf* fila; **se mettre à la ~, prendre la ~** mettersi in fila *ou* in coda; **à la ~** *ad* uno(a) dietro l'altro(a).

filer [file] *vt* filare // *vi* filare; *(bas)* smagliarsi; *(fam: partir)* filarsela, squagliarsela; **~ doux** rigare diritto; **~ qch à qn** *(fam)* rifilare *ou* dare qc a qd.

filet [filɛ] *nm* rete *f; (pour cheveux)* reticella; (*CULIN, TECH*) filetto; **un ~ d'eau/de sang** un filo d'acqua/di sangue.

filetage [filtaʒ] *nm* filettatura.

filial, e, aux [filjal, o] *a, nf* filiale.

filière [filjɛʀ] *nf* (*TECH*) filière; (*ADM*) trafila.

filiforme [filifɔʀm(ə)] *a* filiforme.

filigrane [filigʀan] *nm* filigrana.

filin [filɛ̃] *nm* cavo.

fille [fij] *nf* ragazza; *(sexe)* femmina; *(opposé à fils)* figlia; **vieille ~** *(péj)* zitella;

fillette [fijɛt] *nf* ragazzina.

filleul, e [fijœl] *nm/f* figlioccio/a.

film [film] *nm* pellicola; (*CINE*) film *m inv; (couche)* strato, patina; **filmer** *vt* filmare, riprendere.

filon [filɔ̃] *nm* filone *m*, vena; *(fig)* pacchia.

fils [fis] *nm* figlio; **~ à papa** *(pej)* figlio di papà.

filtre [filtʀ(ə)] *nm* filtro.

filtrer [filtʀe] *vi, vi* filtrare.

fin [fɛ̃] *nf* fine *f; (but)* fine *m*, scopo; **en ~ de journée/semaine** alla fine della giornata/settimana; **prendre ~** finire, terminare; **toucher à sa ~** volgere alla fine.

fin, e [fɛ̃, fin] *a* fine; *(mince, subtil)* sottile; *(habile)* abile // *ad* fine, sottile // *nf* acquavite di qualità superiore; **un ~ gourmet/tireur** un buongustaio/abile tiratore; **une ~e mouche** *(fig)* vecchia volpe; **~es herbes** (*CULIN*) erbe aromatiche; **vin/repas ~** vino/pasto raffinato.

final, e [final] *a,nf* finale; **finalement** *ad* finalemente; *(à la fin)* alla fine; **finaliste** *nm/f* finalista.

finance [finɑ̃s] *nf* finanza; **moyennant ~** pagando; **financer** *vt* finanziare; **financier, ière** *a* finanziario(a).

finaud, e [fino, od] *a* furbo(a).

finesse [finɛs] *nf* finezza; *(de plat, parfum)* finezza, delicatezza; *(perspicacité)* finezza, acutezza; **~s** *fpl (subtilités)* sottigliezze *fpl*.

fini, e [fini] *a* finito(a); *(fait)* (ri)finito(a); **un égoïste ~** un egoista fatto e finito.

finir [finiʀ] *vt* finire, terminare // *vi* terminare, finire; *(cesser)* smettere; **~ par faire qch** finire col fare qc; **en ~ (avec qn/qch)** farla finita *o* finirla (con qd/qc); **ça/il va mal ~** finirà male *ou* andrà a finir male.

finish [finiʃ] *nm* (*SPORT*) sprint *m* finale.

finition [finisjɔ̃] *nf* (ri)finitura.

fiole [fjɔl] *nf* flacone *m*, boccetta.

fioriture [fjɔʀityʀ] *nf* fronzolo; (*MUS*) fioritura.

firmament [fiʀmamɑ̃] *nm* firmamento.

firme [fiʀm(ə)] *nf* ditta, azienda.

fisc [fisk] *nm* fisco; **fiscal, e, aux** *a* fiscale; **fiscalité** *nf* sistema *m* fiscale; *(charges)* fiscalità *f inv*.

fission [fisjɔ̃] *nf* fissione *f*.

fissure [fisyʀ] *nf* fessura, crepa; *(de la peau)* screpolatura; *(fig)* incrinatura.

fissurer [fisyʀe] *vt* spaccare; **se ~** *vr* creparsi.

fiston [fistɔ̃] *nm* *(fam)* figliolo,

ragazzo.
fixateur [fiksatœʀ] *nm* fissatore *m*.
fixation [fiksɑsjɔ̃] *nf* fissaggio; *(détermination)* determinazione *f*; (*SKI*) attacco; (*PSYCH*) fissazione *f*.
fixe [fiks(ə)] *a* fisso(a) // *nm* fisso.
fixé, e [fikse] *a*: **être ~ (sur)** avere le idee chiare (su), sapere.
fixer [fikse] *vt* fissare; *(déterminer)* fissare, stabilire; **~ son regard/son attention sur** fermare lo sguardo/la mente su; **se ~** *vr* fissarsi; **se ~ quelque part** stabilirsi da qualche parte; **se ~ sur** *(suj: choix)* cadere su; **se ~ un but** prefiggersi uno scopo.
fjord [fjɔʀ(d)] *nm* fiordo.
flacon [flakɔ̃] *nm* flacone *m*, boccetta.
flageller [flaʒele] *vt* flagellare.
flageoler [flaʒɔle] *vi* tremare.
flageolet [flaʒɔlɛ] *nm* (*MUS*) flagioletto; (*BOT*) fagiolo nano.
flagrant, e [flagʀɑ̃, ɑ̃t] *a* flagrante; **en ~ délit** in flagrante.
flair [flɛʀ] *nm* fiuto; **flairer** *vt* fiutare.
flamand, e [flamɑ̃, ɑ̃d] *a, nm/f* fiammingo(a).
flamant [flamɑ̃] *nm* (*ZOOL*) fenicottero.
flambeau, x [flɑ̃bo] *nm* fiaccola; *(chandelier)* candelabro.
flambée, e [flɑ̃be] *a* (*CULIN*) flambé, alla fiamma // *nf* fiammata; **~ de violence** *(fig)* ondata di violenza; **~ des prix** impennata dei prezzi.
flamber [flɑ̃be] *vi* bruciare, ardere // *vt* fiammeggiare; *(stériliser)* sterilizzare.
flamboyer [flɑ̃bwaje] *vi* fiammeggiare; *(briller)* sfavillare, scintillare.
flamme [flam] *nf* fiamma; *(fig)* ardore *m*.
flan [flɑ̃] *nm* (*CULIN*) flan *m inv*, budino.
flanc [flɑ̃] *nm* fianco; (*NAUT, AER*) fiancata; **tire au ~** *(fam)* lavativo, scansafatiche *m*.
flancher [flɑ̃ʃe] *vi* mollare, cedere, crollare.
flanelle [flanɛl] *nf* flanella.
flâner [flɑne] *vi* andare a zonzo, gironzolare.
flanquer [flɑ̃ke] *vt* fiancheggiare; *(fam: gifle)* mollare; *(: mettre)* sbattere; **~ qn en prison** schiaffare qn in galera.
flaque [flak] *nf* chiazza; **~ d'eau** pozzanghera.
flash [flaʃ], *pl* **flashes** *nm* flash *m inv*.
flasque [flask(ə)] *a* flaccido(a), floscio(a).
flatter [flate] *vt* adulare; *(suj: honneurs, amitié)* lusingare; *(animal, caresser)* accarezzare; **se ~ de** vantarsi di; **flatteur, euse** *a* adulatore (trice); *(compliment)* lusinghiero(a) // *nm/f* adulatore/trice.
fléau, x [fleo] *nm* flagello; *(de balance)* giogo.
flèche [flɛʃ] *nf* freccia; *(de clocher)* guglia; *(de grue)* braccio; *(fig)* frecciata; **monter en ~** *(fig)* salire vertiginosamente; **flécher** *vt* segnalare (con frecce); **fléchette** *nf* freccetta.
fléchir [fleʃiʀ] *vt* flettere, piegare // *vi* piegarsi, flettersi; *(fig: personne)* cedere; *(: diminuer)* calare.
flegmatique [flɛgmatik] *a* flemmatico(a).
flegme [flɛgm(ə)] *nm* flemma.
flemme [flɛm] *nf (fam)* fiacca; **tirer sa ~** battere la fiacca.
flétrir [fletʀiʀ] *vt* far appassire, far avvizzire; **se ~** *vr* appassire.
fleur [flœʀ] *nf* fiore *m*; **la (fine) ~ de** *(fig)* il (fior) fiore di; **~ de lis** *(emblème)* giglio.
fleuret [flœʀɛ] *nm* fioretto.
fleuri, e [flœʀi] *a* fiorito(a); *(teint, nez)* colorito(a).
fleurir [flœʀiʀ] *vi* fiorire // *vt* ornare di fiori.
fleuriste [flœʀist(ə)] *nm/f* fiorista

m/f, fioraio/a.
fleuron [flœʀɔ̃] *nm* fiorone *m; (fig)* gemma.
fleuve [flœv] *nm* fiume *m*.
flexible [flɛksibl(ə)] *a* flessibile; *(fig)* malleabile.
flibustier [flibystje] *nm* filibustiere *m*.
flic [flik] *nm (fam)* sbirro *(péj)*, pulotto *(péj)*; **les ~s** la pula *(péj)*.
flirt [flœʀt] *nm* flirt *m inv; (personne)* fiamma.
flocon [flɔkɔ̃] *nm* fiocco.
flonflons [flɔ̃flɔ̃] *nmpl* motivetti *mpl*, ritornelli *mpl*.
floral, e, aux [flɔʀal, o] *a* floreale.
flore [flɔʀ] *nf* flora.
florissant, e [flɔʀisɑ̃, ɑ̃t] *a* florido(a), fiorente.
flot [flo] *nm* fiotto; *(fig)* fiume *m; (: de gens)* marea; *(: d'insultes)* valanga; **~s** *mpl (de la mer)* onde *fpl*, flutti *mpl*; **mettre/être à ~** (*NAUT*) mettere in acqua/galleggiare; **remettre une entreprise à ~** *(fig)* rimettere in sesto un'impresa; **à ~s** a fiumi.
flottant, e [flɔtɑ̃, ɑ̃t] *a* galleggiante; *(vêtement: ample)* largo(a); *(non fixe)* fluttuante; *(fig: titubant)* titubante, incerto(a).
flotte [flɔt] *nf* flotta; *(fam: eau, pluie)* acqua.
flottement [flɔtmɑ̃] *nm* esitazione *f*, titubanza.
flotter [flɔte] *vi* galleggiare; *(dans l'air: nuage)* ondeggiare; *(: parfum)* aleggiare; *(: drapeau)* sventolare; *(fig: dans ses vêtements)* ballare; (*ECON*) fluttuare // *vt* fluitare; **flotteur** *nm* galleggiante *m*.
flou, e [flu] *a* (*PHOT*) sfocato(a); *(dessin, forme)* sfumato(a); *(fig: idée)* vago(a); *(: vêtement)* morbido(a), vaporoso(a).
fluctuation [flyktɥasjɔ̃] *nf* oscillazione *f*, fluttuazione *f*.
fluet, te [flyɛ, ɛt] *a* esile, sottile.
fluide [flɥid] *a, nm* fluido(a).
fluor [flyɔʀ] *nm* fluoro.
fluorescent, e [flyɔʀesɑ̃, ɑ̃t] *a* fluorescente.
flûte [flyt] *nf* flauto; *(verre)* flûte *m inv*; **~ traversière** (*MUS*) flauto traverso; **~!** *(excl)* accidenti!
flux [fly] *nm* flusso.
fluxion [flyksjɔ̃] *nf*: **~ de poitrine** (*MED*) polmonite *f*.
foc [fɔk] *nm* fiocco.
focal, e, aux [fɔkal, o] *a* focale.
fœtus [fetys] *nm* feto.
foi [fwa] *nf* fede *f*; **sous la ~ du serment** sotto il vincolo del giuramento; **bonne/mauvaise ~** buonafede/malafede.
foie [fwa] *nm* fegato.
foin [fwɛ̃] *nm* fieno; **faire les ~s** fare il fieno; **rhume des ~s** (*MED*) raffredore da fieno.
foire [fwaʀ] *nf* fiera; *(marché)* mercato; **faire la ~** *(fig: fam)* far baldoria.
fois [fwa] *nf* volta; **deux ~ 2** (*MATH*) due per due; **à la ~** *(ensemble)* contemporaneamente, assieme; **trois à la ~** tre alla *ou* per volta; **grand et beau à la ~** grande e bello allo stesso tempo; **des ~** alle volte.
foison [fwazɔ̃] *nf*: **à ~** *ad* a iosa, a profusione.
foisonner [fwazɔne] *vi* abbondare.
folâtre [fɔlɑtʀ(ə)] *a* pazzerello(a).
folâtrer [fɔlɑtʀe] *vi* folleggiare.
folie [fɔli] *nf* follia, pazzia; **la ~ des grandeurs** la mania di grandezza.
folklore [fɔlklɔʀ] *nm* folclore *m*; **folklorique** *a* folcloristico(a).
folle [fɔl] *a, nf voir* **fou.**
follet [fɔlɛ] *a*: **feu ~** fuoco fatuo.
fomenter [fɔmɑ̃te] *vt* fomentare.
foncé, e [fɔ̃se] *a* scuro(a).
foncer [fɔ̃se] *vt* scurire; (*CULIN*) foderare // *vi* scurirsi; *(fam: aller vite)* andare a tutta birra, filare; **~ sur** *(fam)* avventarsi su.
foncier, ière [fɔ̃sje, jɛʀ] *a* fondiario(a); *(fig)* innato(a), principale; **foncièrement** *ad* fonda-

mentalmente.
fonction [fɔ̃ksjɔ̃] *nf* funzione *f; (poste de travail)* carica; **en ~** in carica; *(machine)* in funzione; **voiture/maison de ~** auto/casa di rappresentanza; **être ~ de** dipendere da; **faire ~ de** fungere da; **la ~ publique** la pubblica amministrazione.
fonctionnaire [fɔ̃ksjɔnɛʀ] *nm/f* funzionario/a; (*ADMIN*) impiegato/a statale.
fonctionnel, le [fɔ̃ksjɔnɛl] *a* funzionale.
fonctionner [fɔ̃ksjɔne] *vi* funzionare.
fond [fɔ̃] *nm* fondo; *(d'un tableau, décor)* sfondo; (*JUR*) merito; **toile de ~** fondale *m;* **courir à ~ de train** *(fam)* correre a tutta birra; **dans le ~, au ~** in fondo; **de ~ en comble** da cima a fondo.
fondamental, e, aux [fɔ̃damɑ̃tal, o] *a* fondamentale.
fondant, e [fɔ̃dɑ̃, ɑ̃t] *a* fondente.
fondateur, trice [fɔ̃datœʀ, tʀis] *nm/f* fondatore/trice.
fondation [fɔ̃dɑsjɔ̃] *nf* fondazione *f;* **~s** *fpl* fondamenta *fpl,* fondazioni *fpl.*
fondement [fɔ̃dmɑ̃] *nm* fondamento.
fondé, e [fɔ̃de] *a* fondato(a); **~ de pouvoir** *nm* (*JUR*) procuratore *m.*
fonder [fɔ̃de] *vt* fondare; *(fig: baser)* fondare, basare.
fonderie [fɔ̃dʀi] *nf* fonderia.
fondre [fɔ̃dʀ(ə)] *vt* fondere, sciogliere; *(métal)* fondere // *vi (dans l'eau)* sciogliersi; *(métal)* fondere; *(fig: disparaître)* svanire; *(: maigrir)* dimagrire; **~ en larmes** scoppiare in lacrime; **~ sur** piombare su.
fondrière [fɔ̃dʀijɛʀ] *nf* buca.
fonds [fɔ̃] *nm* fondo // *nmpl* fondi *mpl,* capitali *mpl;* **~ (de commerce)** (*COMM*) impresa commerciale.
fondu, e [fɔ̃dy] *a* sciolto(a); *(métal, CULIN)* fuso(a) // *nf* (*CULIN*) fonduta.
fontaine [fɔ̃tɛn] *nf* fontana; *(source)* fonte *f.*
fonte [fɔ̃t] *nf* ghisa; *(action de fondre)* scioglimento.
fonts baptismaux [fɔ̃batismo] *nmpl* fonte *m* battesimale.
football [futbol] *nm* calcio; **footballeur** *nm* calciatore *m.*
for [fɔʀ] *nm:* **dans mon/son ~ intérieur** nel mio/suo intimo.
forage [fɔʀaʒ] *nm* perforazione *f; (de puits)* trivellazione *f.*
forain, e [fɔʀɛ̃, ɛn] *a* ambulante; *(de foire)* di fiera; (*NAUT*) foraneo(a) // *nm* venditore ambulante *m.*
forçat [fɔʀsa] *nm* forzato.
force [fɔʀs(ə)] *nf* forza; *(fig)* vigore *m;* **de gré ou de ~** per amore o per forza; **par la ~ des choses** per forza di cose; **~ de frappe** forza di dissuasione; **tour de ~** impresa ardua.
forcé, e [fɔʀse] *a* forzato(a); **c'est ~!** è inevitabile!; **forcément** *ad* per forza.
forcené, e [fɔʀsəne] *a, nm/f* forsennato(a).
forceps [fɔʀsɛps] *nm* forcipe *m.*
forcer [fɔʀse] *vt* forzare; *(obliger)* costringere, forzare; **~ la dose** *(fig)* rincarare la dose; **~ l'admiration/le respect** imporsi all'ammirazione/al rispetto // *vi* forzare; *(fam)* fare sforzi; **se ~** *vr* sforzarsi.
forcir [fɔʀsiʀ] *vi* irrobustirsi; (*NAUT*: *vent)* rinforzare.
forer [fɔʀe] *vt* (per)forare; *(puits)* trivellare.
forestier, ière [fɔʀɛstje, jɛʀ] *a* forestale; *(couvert de forêt)* boschivo(a).
forêt [fɔʀɛ] *nf* foresta, bosco.
forfait [fɔʀfɛ] *nm* forfait *m inv;* (*SKI*) giornaliero; **forfaitaire** *a* forfettario(a).
forge [fɔʀʒ(ə)] *nf* forgia; *(appareil, aussi fig)* fucina.

forger [fɔʀʒe] *vt* fucinare, forgiare; *(fig: caractère)* forgiare;*(: prétexte)* inventare.
forgeron [fɔʀʒəʀɔ̃] *nm* fabbro.
formaliser [fɔʀmalize] *vt* formaliser; **se ~** *vr* formalizzarsi.
formalité [fɔʀmalite] *nf* formalità *f inv.*
format [fɔʀma] *nm* formato.
formation [fɔʀmɑsjɔ̃] *nf* formazione *f; (MED: puberté)* sviluppo; **~ professionnelle** formazione *ou* addestramento professionale.
forme [fɔʀm(ə)] *nf* forma; **avoir la ~** essere in forma.
formel, le [fɔʀmɛl] *a* formale; *(catégorique)* categorico(a).
former [fɔʀme] *vt* formare; *(entraîner)* preparare, formare, addestrare; *(éduquer: caractère, goût)* plasmare, formare; *(concevoir: idée)* concepire; *(exprimer: voeux)* formulare; **se ~** *vr* formarsi.
formidable [fɔʀmidabl(ə)] *a* fantastico(a), formidabile.
formol [fɔʀmɔl] *nm* formalina, formolo.
formulaire [fɔʀmylɛʀ] *nm* formulario.
formule [fɔʀmyl] *nf* formula; **~ de paiement** *(COMM)* modalità *f* di pagamento.
formuler [fɔʀmyle] *vt* formulare; *(rédiger)* redigere.
fort, e [fɔʀ, fɔʀt(ə)] *a* forte; *(gros, jambe, femme)* forte, robusto(a); *(fig: poussé)* pesante // *ad* forte, con forza; *(très)* molto // *nm* forte *m;* **~e tête** testardo/a.
forteresse [fɔʀtəʀɛs] *nf* fortezza.
fortifiant, e [fɔʀtifjɑ̃, ɑ̃t] *a, nm* ricostituente *m.*
fortifications [fɔʀtifikɑsjɔ̃] *nfpl* fortificazioni *fpl.*
fortifier [fɔʀtifje] *vt* rinvigorire, fortificare.
fortiori [fɔʀsjɔʀi]: **à ~** *ad* a maggior ragione.
fortuit, e [fɔʀtɥi, ɥit] *a* fortuito(a).
fortune [fɔʀtyn] *nf* fortuna; *(richesse)* patrimonio, fortuna.
fortuné, e [fɔʀtyne] *a* facoltoso(a), ricco(a).
forum [fɔʀɔm] *nm* foro; *(symposium)* simposio.
fosse [fos] *nf* fossa; *(d'orchestre)* buca, fossa.
fossé [fose] *nm* fosso, fossato.
fossette [fosɛt] *nf* fossetta.
fossile [fosil] *a, nm* fossile.
fossoyeur [foswajœʀ] *nm* becchino.
fou, (fol), folle [fu] *a* pazzo(a), matto(a); *(fig)* folle, pazzo(a); *(très grand)* enorme // *nm/f* pazzo/a, matto/a; *(du roi)* buffone *m*, giullare *m; (ECHECS)* alfiere *m;* **herbe folle** erbaccia; **être ~ de** *(passionné de)* andare pazzo per; *(: personne)* essere pazzo di.
foudre [fudʀ(ə)] *nf* fulmine *m*, folgore *f.*
foudroyant, e [fudʀwajɑ̃, ɑ̃t] *a* fulmineo(a), folgorante; *(mortel)* fulminante.
foudroyer [fudʀwaje] *vt* fulminare, folgorare.
fouet [fwɛ] *nm* frusta; *(CULIN)* frullino, frusta; **de plein ~** in pieno.
fouetter [fwete] *vt* frustare; *(fig: suj: pluie)* sferzare; *(CULIN)* sbattere, montare.
fougère [fuʒɛʀ] *nf* felce *f.*
fougue [fug] *nf* foga; **fougueux, euse** *a* focoso(a), impetuoso(a).
fouille [fuj] *nf* perquisizione *f;* **~s** *fpl (archéologiques)* scavi *mpl.*
fouiller [fuje] *vt* perquisire; *(région)* battere, perlustrare; *(sol)* scavare // *vi* frugare, rovistare.
fouillis [fuji] *nm* guazzabuglio, confusione *f.*
fouine [fwin] *nf (ZOOL)* faina.
fouiner [fwine] *vi (péj)* ficcare il naso.
foulard [fulaʀ] *nm* foulard *m inv.*
foule [ful] *nf* folla; *(grand nombre)* massa.

foulée [fule] *nf* falcata.
fouler [fule] *vt* calcare, calpestare; *(raisin)* pigiare; **se** ~ *vr* slogarsi; *(fig: fam)* sprecarsi, ammazzarsi (di fatica); ~ **aux pieds** calpestare.
four [fuʀ] *nm* forno; (*THEATRE: échec*) fiasco; **petit** ~ pasticcino.
fourbe [fuʀb(ə)] *a* subdolo(a).
fourbi [fuʀbi] *nm (fam)* roba, armamentario; *(: désordre)* putiferio.
fourbu, e [fuʀby] *a* stremato(a), sfinito(a); *(animal)* stronco(a).
fourche [fuʀʃ(ə)] *nf* forca, forcone *m; (d'une branche)* inforcatura; *(du pantalon)* cavallo; (*TECH*) forcella.
fourchette [fuʀʃɛt] *nf* forchetta; (*ECON*) fascia.
fourchu, e [fuʀʃy] *a* biforcuto(a).
fourgon [fuʀgɔ̃] *nm* furgone *m;* (*RAIL*) carro; **fourgonnette** *nf* furgoncino.
fourmi [fuʀmi] *nf* (*ZOOL*) formica; **avoir des ~s dans les jambes/mains** sentire un formicolio alle gambe/mani; **fourmilière** *nf* formicaio.
fourmiller [fuʀmije] *vi* formicolare; *(fig)* brulicare, pullulare.
fournaise [fuʀnɛz] *nf* fornace *f.*
fourneau, x [fuʀno] *nm* fornello; (*TECH*) forno.
fournée [fuʀne] *nf* infornata.
fourni, e [fuʀni] *a* folto(a); *(achalandé)* fornito(a).
fournir [fuʀniʀ] *vt* fornire; *(effort)* compiere; *(approvisionner)* rifornire di, fornire; *(produire)* produrre; *(fig: donner)* sfornare; **se** ~ *vr* fornirsi, rifornirsi; **fournisseur, euse** *nm/f* fornitore/trice.
fourniture [fuʀnityʀ] *nf* fornitura; **~s** *fpl* materiale *m;* **~s de bureau/scolaires** forniture *fpl* per ufficio/scolastiche.
fourrage [fuʀaʒ] *nm* foraggio.
fourré, e [fuʀe] *a* (*CULIN*) ripieno(a); *(manteau, botte)* foderato(a) (di pelliccia).
fourreau, x [fuʀo] *nm* fodero, guaina.
fourrer [fuʀe] *vt (fam: mettre)* cacciare, ficcare; **se** ~ *vr* ficcarsi, cacciarsi.
fourre-tout [fuʀtu] *nm (sac)* borsone *m.*
fourrière [fuʀjɛʀ] *nf* canile *m* municipale; (*AUTO*) deposito (delle auto rimosse dalla Polizia).
fourrure [fuʀyʀ] *nf* pelliccia.
fourvoyer [fuʀvwaje]: **se** ~ *vr* perdersi; *(fig: se tromper)* sbagliarsi.
foutre [futʀ(ə)] *vt (fam!)* = **ficher** *(fam);* **foutu, e** *a (fam!)* = **fichu, e.**
foyer [fwaje] *nm* focolare *m; (fig: d'incendie, d'infection)* focolaio; (*THEATRE*) ridotto; *(culturel)* centro; *(d'étudiants)* casa; (*OPTIQUE, PHOT*) focale *f;* **lunettes à double** ~ occhiali a lenti bifocali.
fracas [fʀaka] *nm* fracasso; *(de torrent)* fragore *m.*
fracassant, e [fʀakasɑ̃, ɑ̃t] *a* fragoroso(a); *(sensationnel)* clamoroso(a).
fracasser [fʀakase] *vt* fracassare, schiantare.
fraction [fʀaksjɔ̃] *nf* frazione *f.*
fractionner [fʀaksjɔne] *vt* frazionare.
fracture [fʀaktyʀ] *nf* frattura.
fracturer [fʀaktyʀe] *vt (coffre, serrure)* scassinare; *(os, membre)* fratturare; **se** ~ *vr* fratturarsi.
fragile [fʀaʒil] *a* fragile; *(estomac, santé)* delicato(a).
fragment [fʀagmɑ̃] *nm* frammento; *(extrait)* brano, passo; **fragmentaire** *a* frammentario(a); **fragmenter** *vt* frammentare, spezzettare.
frais, fraîche [fʀɛ, fʀɛʃ] *a* fresco(a) // *nm, ad* fresco // *nmpl* spese *fpl;* **mettre au** ~ *(au réfrigérateur)* mettere in fresco; **faire des** ~ sostenere delle spese; ~ **de déplacement** indennità *fsg* di trasferta; ~ **de gestion** costi *mpl* di gestione; **fraîchement** *ad* da poco,

di fresco; *(sans enthousiasme)* freddamente.
fraise [fʀɛ] *nf* fragola *(frutto)*; (*TECH*) fresa; *(de dentiste)* trapano.
fraiser [fʀeze] *vt* fresare.
fraisier [fʀezje] *nm* fragola *(pianta)*.
framboise [fʀɑ̃bwaz] *nf* lampone *m (frutto)*; **framboisier** *nm* lampone *m (pianta)*.
franc, franche [fʀɑ̃, fʀɑ̃ʃ] *a* schietto(a), franco(a); *(hostile)* dichiarato(a), aperto(a); *(couleur)* puro(a) // *ad* apertamente, francamente // *nm* franco; **zone franche** zona franca; **huit jours ~s** (*JUR*) otto giorni interi.
français, e [fʀɑ̃sɛ, ɛz] *a, nm/f* francese.
France [fʀɑ̃s] *nf* Francia.
franchir [fʀɑ̃ʃiʀ] *vt* superare, oltrepassare.
franchise [fʀɑ̃ʃiz] *nf* franchezza; *(douanière, etc)* franchigia.
franc-maçon [fʀɑ̃masɔ̃] *nm* massone *m*.
franco [fʀɑ̃ko] *ad* (*COMM*) franco.
franco ... [fʀɑ̃ko] *préf* franco...; **francophone** *a, nm/f* francofono(a).
franc-parler [fʀɑ̃paʀle] *nm* franchezza di linguaggio.
franc-tireur [fʀɑ̃tiʀœʀ] *nm* franco tiratore *m*.
frange *nf* frangia.
frangipane [fʀɑ̃ʒipan] *nf* (*CULIN*) *crema pasticcera alle mandorle; dolce ripieno di tale crema.*
franquette [fʀɑ̃kɛt]: **à la bonne ~** *ad* alla buona.
frappe [fʀap] *nf (d'une dactylo)* battuta; *(: son action)* battitura; *(d'une monnaie)* conio, coniatura.
frapper [fʀape] *vt* colpire; *(monnaie)* coniare; *(donner des coups)* picchiare // *vi* battere; *(donner des coups)* picchiare; **~ à la porte** bussare (alla porta).
fraternel, le [fʀatɛʀnɛl] *a* fraterno(a).
fraternité [fʀatɛʀnite] *nf* fratellanza; *(sentiment fraternel)* fraternità *f*.
fratricide [fʀatʀisid] *a* fraticida.
fraude [fʀod] *nf* frode *f*; **frauduleux, euse** *a* fraudolento(a).
frayer [fʀeje] *vt (passage, voie)* aprire // *vi (poisson: femelle)* deporre le uova; *(: mâle)* fecondare le uova; **se ~ un passage/chemin dans/à travers** aprirsi un varco in/attraverso.
frayeur [fʀɛjœʀ] *nf* spavento.
fredonner [fʀədɔne] *vt* canticchiare, canterellare.
frégate [fʀegat] *nf* fregata.
frein [fʀɛ̃] *nm* freno; **coup de ~** frenata.
freinage [fʀenaʒ] *nm (action)* frenata; *(système)* frenatura, frenaggio.
freiner [fʀene] *vi, vt* frenare.
frelaté, e [fʀəlate] *a* adulterato(a), sofisticato(a).
frêle [fʀɛl] *a* esile, gracile.
frémir [fʀemiʀ] *vi* fremere; *(trembler)* tremare; *(eau)* sobbollire.
frêne [fʀɛn] *nm* frassino.
frénésie [fʀenezi] *nf* frenesia; **frénétique** *a* frenetico(a).
fréquemment [fʀekamɑ̃] *ad* spesso, di frequente.
fréquence [fʀekɑ̃s] *nf* frequenza.
fréquent, e [fʀekɑ̃, ɑ̃t] *a* frequente.
fréquenter [fʀekɑ̃te] *vt* frequentare.
frère [fʀɛʀ] *nm* fratello; (*REL*) frate *m*.
fresque [fʀɛsk(ə)] *nf* affresco.
fret [fʀɛ] *nm* trasporto; *(location)* nolo, noleggio; *(cargaison)* carico.
frétiller [fʀetije] *vi (poisson)* guizzare; *(personne)* fremere.
friable [fʀijabl(ə)] *a* friabile.
friand, e [fʀijɑ̃, ɑ̃d] *a*: **~ de** ghiotto

di, goloso di // *nm* (CULIN) *pasta sfoglia ripiena di carne trita;* **friandise** *nf* dolcino; **friandises** *pl* dolciumi *mpl.*
fric [fRik] *nm (fam!)* grano, grana.
friche [fRiʃ]: **en ~** *a, ad* incolto(a).
friction [fRiksjɔ̃] *nf* frizione *f;* (TECH) frizione *f,* attrito; *(fig)* attrito.
frictionner [fRiksjɔne] *vt* frizionare.
frigidaire [fRiʒidεR] *nm* ® frigorifero.
frigide [fRiʒid] *a* frigido(a).
frigo [fRigo] *nm (fam)* frigo *inv.*
frigorifier [fRigɔRifje] *vt* conservare in frigorifero; *(fig: personne: geler)* congelare, gelare; **frigorifique** *a* frigorifero(a).
frileux, euse [fRilø, øz] *a* freddoloso(a).
frimousse [fRimus] *nf* musetto, faccino.
fringale [fRε̃gal] *nf:* **avoir la ~** avere una fame da lupo.
fringant, e [fRε̃gɑ̃, ɑ̃t] *a* vivace, vispo(a).
fripé, e [fRipe] *vt* sgualcito(a), spiegazzato(a).
fripier, ère [fRipje, jεR] *nm/f* rigattiere *m.*
fripon, ne [fRipɔ̃, ɔn] *a, nm/f (fam)* birichino(a), birbante *(m/f).*
fripouille [fRipuj] *nf (péj)* canaglia, farabutto/a.
frire [fRiR] *vt, vi* friggere.
frise [fRiz] *nf* fregio.
frisé, e [fRize] *a* riccio(a), ricciuto(a); *(salade)* riccio(a).
friser [fRize] *vt* arricciare; *(frôler)* rasentare // *vi* arricciarsi; *(personne)* diventar riccio(a).
frisson [fRisɔ̃] *nm* brivido; *(d'émotion)* fremito; **frissonner** *vi* tremare; *(fig)* fremere.
frit, e [fRi, fRit] *pp de* **frire** // *a* fritto(a) // *nfpl* patatine fritte *fpl.*
friture [fRityR] *nf* olio *ou* grasso per friggere; (TEL) interferenza; **~ (de poissons)** fritto misto.
frivole [fRivɔl] *a* frivolo(a).
froid, e [fRwa, fRwad] *a* freddo(a) // *nm* freddo; **jeter un ~ dans/parmi** *(fig)* raggelare; **être en ~ avec** non essere in buoni rapporti con.
froisser [fRwase] *vt* sgualcire, spiegazzare; *(fig: personne)* offendere; **se ~** *vr* sgualcirsi, spiegazzarsi; *(se vexer)* offendersi; **se ~ un muscle** stirarsi un muscolo.
frôler [fRole] *vt* rasentare, sfiorare; *(personne)* sfiorare.
fromage [fRɔmaʒ] *nm* formaggio; **~ blanc** *tipo di ricotta cremosa.*
froment [fRɔmɑ̃] *nm* frumento, grano.
froncer [fRɔ̃se] *vt* arricciare, increspare; **~ les sourcils** aggrottare le sopracciglia.
frondaison [fRɔ̃dεzɔ̃] *nfpl (feuillage)* fogliame *m.*
fronde [fRɔ̃d] *nf* fionda; *(fig)* fronda.
front [fRɔ̃] *nm* fronte *m;* (ANAT) fronte *f;* **de ~** *ad* frontalmente; *(fig)* di petto; *(côte à côte)* fianco a fianco; **faire ~ à** fronteggiare; **frontal, e, aux** *a* frontale.
frontalier, ière [fRɔ̃talje, jεR] *a* di frontiera *ou* di confine *loc inv* // *nm* frontaliere *m.*
frontière [fRɔ̃tjεR] *nf* frontiera, confine *m.*
frontispice [fRɔ̃tispis] *nm* frontespizio.
fronton [fRɔ̃tɔ̃] *nm* (ARCHIT) frontone *m.*
frotter [fRɔte] *vi* sfregare // *vt* (s)fregare, strofinare; **se ~** *vr* strofinarsi, (s)fregarsi; **se ~ à qn** *(fig)* stuzzicare qn.
fructifier [fRyktifje] *vi* fruttare.
fructueux, euse [fRyktɥø, øz] *a* fruttuoso(a), proficuo(a).
frugal, e, aux [fRygal, o] *a* frugale.
fruit [fRɥi] *nm* frutto; **~s** *mpl (sens collectif)* frutta *sg;* **~s de mer** frutti

di mare; **fruité, e** fruttato(a); **fruitier, ière** *a* (*BOT*) da frutto.
fruste [fʀyst(ə)] *a* rozzo(a); *(bois, pierre)* grezzo(a).
frustration [fʀystʀɑsjɔ̃] *nf* frustrazione *f*.
frustrer [fʀystʀe] *vt* frustrare; ~ **qn de qch** defraudare qd di qc.
fuel [fjul] *nm* nafta, gasolio.
fugace [fygas] *a* fuggevole; **mémoire** ~ memoria labile.
fugitif, ive [fyʒitif, iv] *a* fuggiasco(a); *(fig)* fuggevole // *nm/f* fuggiasco/a.
fugue [fyg] *nf* fuga.
fuir [fɥiʀ] *vt* sfuggire a, evitare; *(responsabilité)* sottrarsi a // *vi* fuggire, scappare; *(robinet, tuyau)* perdere.
fuite [fɥit] *nf* fuga; *(de liquide)* perdita; **prendre la** ~ fuggire, scappare.
fulgurant, e [fylgyʀɑ̃, ɑ̃t] *a* folgorante; *(rapide)* fulmineo(a).
fulminer [fylmine] *vi*: ~ **(contre)** tuonare (contro).
fume-cigarette [fymsigaʀɛt] *nm inv* bocchino.
fumé, e [fyme] *a* affumicato(a) // *nf* fumo.
fumer [fyme] *vi* fumare // *vt* fumare; *(jambon, poisson)* affumicare; *(terre)* concimare; **fumeur, euse** *nm/f* fumatore/trice.
fumeux, euse [fymø, øz] *a* fumoso(a); *(fig)* confuso(a), nebuloso(a); *(brumeux)* nebbioso(a).
fumier [fymje] *nm* letame *m*.
fumigène [fymiʒɛn] *a* fumogeno(a).
fumiste [fymist(ə)] *nm* fumista *m; (pej)* burlone.
fumoir [fymwaʀ] *nm* fumoir *m inv;* (*CULIN*) affumicatoio.
funambule [fynɑ̃byl] *nm* funambolo.
funèbre [fynɛbʀ(ə)] *a* funebre; *(fig: lugubre)* lugubre, funereo(a).
funérailles [fyneʀɑj] *nfpl* funerali *mpl*, esequie *fpl*.
funeste [fynɛst(ə)] *a* funesto(a).
funiculaire [fynikylɛʀ] *nm* funicolare *f*.
fur [fyʀ]: **au ~ et à mesure (que)** *ad* man mano (che), via via (che); **au ~ et à mesure de** a seconda di.
fureter [fyʀte] *vi (péj)* frugare, ficcare il naso.
fureur [fyʀœʀ] *nf* furore *m; (passion)* passione *f*.
furibond, e [fyʀibɔ̃, ɔ̃d] *a* furibondo(a), furente.
furie [fyʀi] *nf* furia; *(mégère)* megera; **mettre qn en** ~ *(fig)* mandare qd su tutte le furie; **furieux, euse** *a* furioso(a), furente.
furtif, ive [fyʀtif, iv] *a* furtivo(a).
fuseau, x [fyzo] *nm* fuso; **pantalon** ~ pantaloni con la staffa.
fusée [fyze] *nf* razzo, missile *m; (de feu d'artifice, éclairante)* razzo.
fuselage [fyzlaʒ] *nm* (*AVIAT*) fusoliera.
fuselé, e [fyzle] *a* affusolato(a).
fuser [fyze] *vi (fig)* scoppiare.
fusible [fyzibl(ə)] *nm* fusibile *m*.
fusil [fyzi] *nm* fucile *m;* **coup de** ~ fucilata; **fusiller** *vt* fucilare.
fusion [fyzjɔ̃] *nf* fusione *f;* **fusionner** *vi* fondersi.
fustiger [fystiʒe] *vt* fustigare.
fût [fy] *nm* fusto.
futaie [fytɛ] *nf* fustaia.
futile [fytil] *a* futile; *(personne)* frivolo(a).
futur, e [fytyʀ] *a* futuro(a) // *nm* futuro.
fuyant, e [fɥijɑ̃, ɑ̃t] *a* sfuggente.
fuyard, e [fɥijaʀ, aʀd(ə)] *nm/f* fuggiasco/a, fuggitivo/a.

G

gabardine [gabaʀdin] *nf* gabardine *m ou f inv*.
gabarit [gabaʀi] *nm* (*TECH*) sagoma; *(fig: acabit)* risma, calibro;

(: stature) corporatura, dimensione *f*.

gâcher [gɑʃe] *vt* rovinare; *(gaspiller)* sprecare, sciupare; (*CONSTR*) impastare.

gâchette [gɑʃɛt] *nf* grilletto.

gâchis [gɑʃi] *nm* spreco; *(fam: confusion)* caos *m inv*.

gadoue [gadu] *nf* fango.

gaffe [gaf] *nf* (*NAUT*) gaffa, mezzomarinaro; *(fig)* gaffe *f inv*; **faire ~** *(fam)* fare attenzione.

gaffer [gafe] *vi* fare una gaffe *ou* una sbadataggine.

gag [gag] *nm* gag *f inv*, trovata.

gage [gaʒ] *nm* pegno; *(fig)* garanzia; **tueur à ~s** sicario, killer *m*.

gager [gaʒe] *vt*: **~ que** scommettere che.

gagnant, e [gaɲɑ̃, ɑ̃t] *a* vincente // *nm/f* vincitore/trice.

gagne-pain [gaɲpɛ̃] *nm inv* mezzo di sostentamento.

gagner [gaɲe] *vt* guadagnare; *(prix, compétition)* vincere; *(atteindre)* raggiungere; *(fig: confiance)* guadagnarsi // *vi* guadagnarci, guadagnare; *(être vainqueur)* vincere; **~ sa vie** guadagnarsi da vivere; **il y gagne** *(fig)* ci guadagna.

gai, e [ge] *a* allegro(a).

gaieté [gete] *nf* allegria.

gaillard, e [gajaʀ, aʀd(ə)] *a* pieno(a) di vigore, arzillo(a); *(fig: grivois)* salace // *nm (fam)* pezzo d'uomo, fusto.

gain [gɛ̃] *nm (revenu)* reddito; *(bénéfice)* guadagno, profitto; *(au jeu)* vincita; *(fig)* risparmio; **obtenir ~ de cause** *(fig)* averla vinta.

gaine [gɛn] *nf* guaina; (*TECH*) condotto; *(: chauffage)* intercapedine *f*.

gala [gala] *nm* gala *m inv*.

galant, e [galɑ̃, ɑ̃t] *a* galante.

galaxie [galaksi] *nf* galassia.

galbe [galb(ə)] *nm* linea, profilo.

gale [gal] *nf* (*MED*) scabbia, rogna.

galéjade [galeʒad] *nf* fandonia, frottola.

galère [galɛʀ] *nf* galera.

galerie [galʀi] *nf* galleria; (*AUTO*) portabagagli *m inv*.

galérien [galeʀjɛ̃] *nm* galeotto.

galet [galɛ] *nm* ciottolo; (*TECH*) rullo.

galette [galɛt] *nf* (*CULIN*: *crêpe)* frittella, crêpe *f*; **la ~ des Rois** *dolce di pasta sfoglia tipico della festa dell'Epifania*.

galeux, euse [galø, øz] *a* rognoso(a); **brebis ~euse** *(fig)* pecora nera.

Galles [gal] *nm*: **le pays de ~** il Galles.

gallicisme [galisism(ə)] *nm* francesismo.

gallois, e [galwa, waz] *a, nm/f* gallese.

galon [galɔ̃] *nm* gallone *m*.

galop [galo] *nm* galoppo.

galoper [galɔpe] *vi* galoppare; *(fig)* correre.

galopin [galɔpɛ̃] *nm (fam)* monello.

galvaniser [galvanize] *vt* galvanizzare.

gambader [gɑ̃bade] *vi* saltellare.

gamelle [gamɛl] *nf* gavetta; **ramasser une ~** *(fam)* fare un ruzzolone; *(subir un échec)* subire uno smacco.

gamin, e [gamɛ̃, in] *nm/f* ragazzino/a, bambino/a; *(péj)* monello/a.

gamme [gam] *nf* gamma; (*MUS*) scala.

gammé, e [game] *a*: **croix ~e** svastica.

ganglion [gɑ̃glijɔ̃] *nm* ganglio.

gangrène [gɑ̃gʀɛn] *nf* cancrena.

gangue [gɑ̃g] *nf* ganga.

ganse [gɑ̃s] *nf* cordoncino, spighetta.

gant [gɑ̃] *nm* guanto; **prendre des ~s avec qn** *(fig)* trattare qd con i guanti; **relever le ~** raccogliere il guanto (di sfida); **~s de boxe** guantoni *mpl*; **~ de toilette** guanto di spugna.

garage [gaʀaʒ] *nm* garage *m*;

(*NAUT*, *d'autobus*) rimessa; (*entreprise*) autofficina; **voie de ~** (*RAIL*) binario morto; **garagiste** *nm* garagista *m; (mécanicien)* meccanico.
garant, e [garɑ̃, ɑ̃t] *a, nm/f* garante (*m/f*) // *nm* garanzia; **se porter ~ de qch/qn** farsi garante di qc/qd.
garantie [garɑ̃ti] *nf* garanzia.
garantir [garɑ̃tiʀ] *vt* garantire.
garçon [garsɔ̃] *nm* ragazzo; (*sexe*) maschio; (*fam: fils*) figlio; (*célibataire*) scapolo; (*de bar, restaurant*) cameriere *m;* (*employé*) garzone *m;* **petit ~** bambino; **jeune ~** ragazzino; **grand ~** giovanotto; **~ de courses** fattorino; **garçonnet** *nm* ragazzino.
garde [gard(ə)] *nm* guardia // *nf* guardia; (*surveillance*) custodia; (*d'une arme*) elsa, guardia; **médecin/pharmacie de ~** medico/farmacia di turno; **prendre ~** fare attenzione; **être sur ses ~s** stare in guardia; **~ des Sceaux** *nm* guardasigilli *m inv;* **~ à vue** *nf* (*JUR*) fermo (di polizia); **~-à-vous** *nm:* **être/se mettre au ~-à-vous** stare/mettersi sull'attenti.
garde... [gard(ə)] *préf:* **~-barrière** *nm/f* casellante *m;* **~-boue** *nm inv* parafango; **~-chasse** *nm* guardacaccia *m inv;* **~-fou** *nm* parapetto; **~-malade** *nf* infermiera; **~-manger** *nm* dispensa; **~-meuble** *nm* magazzino (per mobili); **~-pêche** *nm inv* guardapesca *m inv.*
garder [garde] *vt* tenere; (*attitude, secret*) (man)tenere; (*conserver: souvenir*) conservare; (*surveiller*) sorvegliare; (*surveiller et conserver*) custodire; (*mettre de côté*) tenere (da parte); **~ le lit/la chambre** restare *ou* rimanere a letto/in camera; **~ le silence** osservare il silenzio; **se ~** *vr* conservarsi; **se ~ de faire qch** guardarsi dal fare qc; **pêche/chasse gardée** riserva di pesca/di caccia.
garderie [gardəʀi] *nf* asilo nido; (*SCOL*) doposcuola *m.*
garde-robe [gardəʀɔb] *nf* guardaroba *m inv.*
gardien, ne [gardjɛ̃, ɛn] *a* custode // *nm* guardiano, custode *m;* (*de prison*) guardia, agente *m* di custodia; (*d'un hôtel*) portiere *m;* **~ de nuit** guardia notturna, metronotte *m;* **~ de la paix** vigile *m;* **~ de but** (*FOOTBALL*) portiere *m.*
gare [gaʀ] *nf* stazione *f* // *excl* attento(a).
garer [gaʀe] *vt* posteggiare, parcheggiare; **se ~** *vr* posteggiare, parcheggiare.
gargariser [gargaʀize]: **se ~** *vr* fare gargarismi.
gargote [gargɔt] *nf* bettola.
gargouille [garguj] *nf* doccione *m;* (*ARCHIT*) garguglia.
gargouiller [garguje] *vi* gorgogliare.
garnement [garnəmɑ̃] *nm* discolo, monellaccio.
garni, e [garni] *a* (*plat*) con contorno *loc inv.*
garnir [garniʀ] *vt* ornare, guarnire; (*pourvoir*) riempire; (*CULIN*) guarnire.
garnison [garnizɔ̃] *nf* guarnigione *f,* presidio; **être en ~ à** essere di stanza a.
garniture [garnityʀ] *nf* (*CULIN*) contorno; (*décoration*) ornamento; (*TECH*) guarnizione *f;* (*parure*) insieme *m* di accessori.
garrot [gaʀo] *nm* (*MED*) laccio emostatico.
gars [gɑ] *nm* (*fam*) ragazzo; tipo.
gas-oil [gɑzɔjl] *nm* gasolio.
gaspiller [gaspije] *vt* sprecare, sperperare.
gastrique [gastʀik] *a* gastrico(a).
gastronome [gastʀɔnɔm] *nm/f* buongustaio/a.
gastronomie [gastʀɔnɔmi] *nf* gastronomia.
gâteau, x [gɑto] *nm* dolce *m,* torta; **~ sec** biscotto.

gâter [gɑte] *vt* viziare; *(gâcher)* rovinare; **se** ~ *vr* guastarsi; *(fig: situation)* mettersi male.
gâteux, euse [gɑtø, øz] *a* rimbambito(a), rincretinito(a).
gauche [goʃ] *a* sinistro(a); *(maladroit)* goffo(a) // *nf* sinistra; **gaucher, ère** *a* mancino(a); **gauchir** *vt* deformare; **gauchiste** *nm/f* estremista *m/f* di sinistra.
gaufre [gofʀ(ə)] *nf* cialda.
gaufrer [gofʀe] *vt* goffrare.
gaufrette [gofʀɛt] *nf* wafer *m inv*.
gaulois, e [golwa, waz] *a* gallico(a); *(grivois)* salace.
gaver [gave] *vt* ingozzare; *(personne)* rimpinzare; **se** ~ **de** rimpinzarsi di.
gaz [gɑz] *nm inv* gas *m inv;* **rouler pleins** ~ *(fam)* andare a tutto gas.
gaze [gɑz] *nf* garza.
gazelle [gazɛl] *nf* (*ZOOL*) gazzella.
gazer [gɑze] *vt* gassare // *vi (fam: bien marcher)* andare bene.
gazeux, euse [gɑzø, øz] *a* gassoso(a); **eau/boisson gazeuse** acqua/bibita gassata.
gazoduc [gɑzɔdyk] *nm* gasdotto.
gazon [gɑzɔ̃] *nm* erba; *(pelouse)* prato (all'inglese).
gazouiller [gazuje] *vi (oiseau)* cinguettare; *(enfant)* balbettare.
géant, e [ʒeɑ̃, ɑ̃t] *a* gigante, gigantesco(a) // *nm/f* gigante *m*.
geindre [ʒɛ̃dʀ(ə)] *vi* gemere.
gel [ʒɛl] *nm* gelo; (*ECON*) congelamento; *(fig)* blocco.
gélatine [ʒelatin] *nf* gelatina; **gélatineux, euse** *a* gelatinoso(a).
gelé, e [ʒ(ə)le] *a* gelato(a).
gelée [ʒ(ə)le] *nf* (*CULIN*) gelatina; (*METEO*) gelata, gelo; ~ **blanche** brina.
geler [ʒ(ə)le] *vt* gelare; *(fig: prix, salaires)* congelare // *vi* gelare; *(lago, etc)* ghiacciare; *(membre)* congelare; **il gèle** gela.
Gémeaux [ʒemo] *nmpl* Gemelli *mpl*.
gémir [ʒemiʀ] *vi* gemere; **gémissement** *nm* gemito.
gemme [ʒɛm] *nf* gemma.
gênant, e [ʒɛnɑ̃, ɑ̃t] *a* ingombrante; *(fig)* imbarazzante.
gencive [ʒɑ̃siv] *nf* gengiva.
gendarme [ʒɑ̃daʀm(ə)] *nm* ≈ carabiniere *m;* **gendarmerie** *nf* ≈ caserma/corpo dei carabinieri.
gendre [ʒɑ̃dʀ(ə)] *nm* genero.
gêne [ʒɛn] *nf* malessere *m; (dérangement)* disturbo; *(manque d'argent)* ristrettezze *fpl; (embarras)* imbarazzo, disagio; *(physique)* difficoltà *f inv*.
gêné, e [ʒene] *a* confuso(a), imbarazzato(a).
généalogie [ʒenealɔʒi] *nf* genealogia.
gêner [ʒene] *vt* disturbare, dar fastidio a; *(faire obstacle à)* intralciare, ingombrare; *(fig)* mettere a disagio *ou* in imbarazzo; **se** ~ *vr* farsi scrupolo; *(fig: ironique)* fare complimenti.
général, e, aux [ʒeneʀal, o] *a* generale; *(vague)* generico // *nm* generale *m;* **en** ~ in genere, in generale.
généraliser [ʒeneʀalize] *vt, vi* generalizzare; **se** ~ *vr* generalizzarsi; *(maladie)* diffondersi.
généraliste [ʒeneʀalist(ə)] *nm* (medico) generico.
générateur, trice [ʒeneʀatœʀ, tʀis] *a* generatore(trice) // *nm* generatore *m* // *nf* (*ELEC*) generatore *m;* (*MATH*) generatrice *f*.
génération [ʒeneʀasjɔ̃] *nf* generazione *f*.
généreux, euse [ʒeneʀø, øz] *a* generoso(a).
générique [ʒeneʀik] *a* generico(a) // *nm* (*CINE*) titoli *mpl* di testa.
générosité [ʒeneʀozite] *nf* generosità *f inv*.
genèse [ʒənɛz] *nf* genesi *f inv*.
genêt [ʒ(ə)nɛ] *nm* (*BOT*) ginestra.
génétique [ʒenetik] *a* genetico(a)

// *nf* genetica.
Genève [ʒənɛv] *nf* Ginevra; **genevois, e** *a, nm/f* ginevrino(a).
génial, e, aux [ʒenjal, o] *a* geniale.
génie [ʒeni] *nm* genio; **avoir du ~** essere geniale.
genièvre [ʒənjɛvʀ(ə)] *nm* (*BOT*) ginepro.
génisse [ʒenis] *nf* (*ZOOL*) giovenca.
génital, e, aux [ʒenital, o] *a* genitale.
génitif [ʒenitif] *nm* genitivo.
génocide [ʒenɔsid] *nm* genocidio.
genou, x [ʒ(ə)nu] *nm* ginocchio; **à ~x** in ginocchio.
genouillère [ʒ(ə)nujɛʀ] *nf* ginocchiera.
genre [ʒɑ̃ʀ] *nm* genere *m; (type)* genere *m*, tipo.
gens [ʒɑ̃] *nmpl (parfois nfpl)* gente; **de braves/vieilles ~** brava gente/ vecchi *mpl;* **jeunes ~** giovani *mpl.*
gentil, le [ʒɑ̃ti, ij] *a* gentile, cortese; *(enfant: sage)* bravo(a), buono(a); *(joli, sympa)* carino(a); **gentillesse** *nf* gentilezza, cortesia; **gentiment** *ad* gentilmente; *(sagement)* tranquillamente.
génuflexion [ʒenyflɛksjɔ̃] *nf* genuflessione *f.*
géographe [ʒeɔgʀaf] *nm/f* geografo/a.
géographie [ʒeɔgʀafi] *nf* geografia.
geôlier [ʒolje] *nm* carceriere *m.*
géologie [ʒeɔlɔʒi] *nf* geologia; **géologue** *nm/f* geologo/a.
géomètre [ʒeɔmɛtʀ(ə)] *nm* geometra *m/f.*
géométrie [ʒeɔmetʀi] *nf* geometria; **géométrique** *a* geometrico(a).
gérance [ʒeʀɑ̃s] *nf* gestione *f.*
géranium [ʒeʀanjɔm] *nm* (*BOT*) geranio.
gérant, e [ʒeʀɑ̃, ɑ̃t] *nm/f* gestore *m; (d'immeubles)* amministratore/ trice.
gerbe [ʒɛʀb(ə)] *nf* fascio; *(de blé)* covone *m; (d'eau)* zampillo.
gercé, e [ʒɛʀse] *a* screpolato(a).
gerçure [ʒɛʀsyʀ] *nf* screpolatura.
gérer [ʒeʀe] *vt* gestire, amministrare.
gériatrie [ʒɛʀjatʀi] *nf* geriatria.
germain, e [ʒɛʀmɛ̃, ɛn] *a:* **cousin ~** cugino primo.
germanique [ʒɛʀmanik] *a* germanico(a).
germe [ʒɛʀm(ə)] *nm* germe *m.*
germer [ʒɛʀme] *vi* germogliare.
gésir [ʒeziʀ] *vi* giacere; *voir aussi* **ci-gît.**
gestation [ʒɛstɑsjɔ̃] *nf* gestazione *f.*
geste [ʒɛst(ə)] *nm* gesto; *(de la tête, main)* cenno; **s'exprimer par ~s** esprimersi a gesti.
gesticuler [ʒɛstikyle] *vi* gesticolare.
gestion [ʒɛstjɔ̃] *nf* gestione *f*, amministrazione *f.*
gibecière [ʒibsjɛʀ] *nf* carniere *m.*
gibet [ʒibɛ] *nm* forca.
gibier [ʒibje] *nm* selvaggina.
giboulée [ʒibule] *nf* acquazzone *m.*
giboyeux, euse [ʒibwajø, øz] *a* ricco(a) di selvaggina.
gicler [ʒikle] *vi* schizzare.
gicleur [ʒiklœʀ] *nm* (*AUTO*) iniettore *m.*
gifle [ʒifl(ə)] *nf* schiaffo, sberla; **gifler** *vt* schiaffeggiare, prendere a schiaffi.
gigantesque [ʒigɑ̃tɛsk(ə)] *a* gigantesco(a).
gigogne [ʒigɔɲ] *a:* **lits/tables ~s** letti/tavolini estraibili.
gigot [ʒigo] *nm* (*CULIN*) cosciotto.
gigoter [ʒigɔte] *vi* dimenarsi, dibattersi.
gilet [ʒilɛ] *nm* gilè *m inv*, panciotto; *(pull)* pullover *m inv;* **~ pare balles/de sauvetage** giubbotto antiproiettile/di salvataggio.
gingembre [ʒɛ̃ʒɑ̃bʀ(ə)] *nm* (*BOT*) zenzero.
girafe [ʒiʀaf] *nf* giraffa.
giratoire [ʒiʀatwaʀ] *a* rotatorio(a).
girofle [ʒiʀɔfl(ə)] *nf:* **clou de ~**

chiodo di garofano.

girouette [ʒiʀwɛt] *nf* banderuola; (*NAUT*) segnavento.

gisement [ʒizmɑ̃] *nm* giacimento.

gitan, e [ʒitɑ̃, an] *nm/f* gitano/a, zingaro/a.

gîte [ʒit] *nm* alloggio; *(du lièvre)* tana, covo; ~ **rural** *(tourisme) fattoria che dà alloggio ai turisti durante le vacanze.*

givre [ʒivʀ(ə)] *nm* brina.

glabre [glɑbʀ(ə)] *a* glabro(a).

glace [glas] *nf (aussi fig)* ghiaccio; *(crème glacée)* gelato; (*CULIN*) glassa; *(verre)* vetro; *(miroir)* specchio; *(de voiture)* finestrino; **sucre** ~ zucchero a velo.

glacé, e [glase] *a* ghiacciato(a), gelato(a); (*CULIN*) glassato(a); *(fig)* gelido(a).

glacer [glase] *vt* ghiacciare, gelare; *(fig: intimider)* raggelare; *(: effrayer)* agghiacciare; (*CULIN*) glassare.

glaciaire [glasjɛʀ] *a* (*GEOGR*) glaciale.

glacial, e [glasjal] *a* glaciale, gelido(a).

glacier [glasje] *nm* ghiacciaio; *(marchand)* gelataio.

glacière [glasjɛʀ] *nf* ghiacciaia.

glaçon [glasɔ̃] *nm (aussi fig)* pezzo di ghiaccio; *(pour boisson)* cubetto di ghiaccio.

glaïeul [glajœl] *nm* (*BOT*) gladiolo.

glaise [glɛz] *nf* creta, argilla.

gland [glɑ̃] *nm* ghianda; (*ANAT*) glande *m.*

glande [glɑ̃d] *nf* (*ANAT*) ghiandola.

glaner [glane] *vt* spigolare.

glapir [glapiʀ] *vi (chien)* guaire; *(fig: personne)* strillare.

glas [glɑ] *nm:* **sonner le** ~ suonare a morto.

glauque [glok] *a* glauco(a), verdeazzurro(a).

glissade [glisad] *nf* scivolone *m;* (*AVIAT*) scivolata.

glissant, e [glisɑ̃, ɑ̃t] *a* scivoloso(a).

glissement [glismɑ̃] *nm* scorrimento; *(fig)* spostamento, slittamento; ~ **de terrain** smottamento, frana.

glisser [glise] *vi* scivolare; *(déraper)* slittare; *(fig)* spostarsi, slittare; *(être glissant)* essere scivoloso(a) // *vt* far scivolare, infilare; *(fig)* sussurrare; **se** ~ *vr* scivolare; **se** ~ **dans/entre** infilarsi in/tra; *(suj: erreur, etc)* insinuarsi in/tra; ~ **sur** *(détail, fait)* sorvolare.

glissière [glisjɛʀ] *nf* (*TECH*) guida (di scorrimento), slitta; **porte/fenêtre à** ~ porta/finestra scorrevole.

global, e, aux [glɔbal, o] *a* globale.

globe [glɔb] *nm* globo.

globule [glɔbyl] *nm* globulo.

globuleux, euse [glɔbylø, øz] *a:* **yeux** ~ occhi *mpl* sporgenti.

gloire [glwaʀ] *nf* gloria; **glorieux, euse** *a* glorioso(a); **glorifier** *vt* glorificare.

glossaire [glɔsɛʀ] *nm* glossario.

glousser [gluse] *vi* chiocciare; *(rire)* ridacchiare.

glouton, ne [glutɔ̃, ɔn] *a* ingordo(a), vorace.

glu [gly] *nf (colle)* vischio; *(fig)* colla.

gluant, e [glyɑ̃, ɑ̃t] *a* appiccicoso(a).

glycine [glisin] *nf* (*BOT*) glicine *m.*

goal [gol] *nm* (*FOOTBALL*) portiere *m.*

gobelet [gɔblɛ] *nm* bicchiere *m* comune; *(à dés)* bussolotto.

gober [gɔbe] *vt* inghiottire; *(fig)* sopportare; *(fam: croire)* bere.

godet [gɔdɛ] *nm* bicchiere *m* commune; (*TECH*) tazza, cucchiaio; *(vêtement)* godet *m.*

godiller [gɔdije] *vi* brattare.

goéland [gɔelɑ̃] *nm* (*ZOOL*) gabbiano.

goélette [gɔelɛt] *nf* (*NAUT*) goletta.

goguenard, e [gɔgnaʀ, aʀd(ə)] *a* beffardo(a).

goguette [gɔgɛt] *nf*: **être en ~** *(fam)* essere brillo(a).
goinfre [gwɛ̃fʀ(ə)] *a, nm/f* ingordo(a); **se goinfrer** *vr* abboffarsi, ingozzarsi.
goitre [gwatʀ(ə)] *nm* (MED) gozzo.
golf [gɔlf] *nm* (SPORT) golf *m inv*; **~-miniature** *nm* mini-golf *m inv*.
golfe [gɔlf(ə)] *nm* golfo.
gomme [gɔm] *nf* gomma; **gommer** *vt* cancellare (con la gomma).
gond [gɔ̃] *nm* cardine *m*; **mettre qn hors de ses ~s** *(fam)* fare uscire qd dai gangheri.
gondole [gɔ̃dɔl] *nf* gondola.
gondoler [gɔ̃dɔle] *vi* imbarcarsi, deformarsi; **se ~** *vr* imbarcarsi, deformarsi.
gondolier [gɔ̃dɔlje] *nm* gondoliere *m*.
gonfler [gɔ̃fle] *vt* gonfiare // *vi* gonfiarsi; (CULIN) lievitare; **être gonflé** *(fam)* avere una bella faccia tosta; **gonfleur** *nm* pompa.
gorge [gɔʀʒ(ə)] *nf* gola; *(rainure)* scanalatura.
gorgé, e [gɔʀʒe] *a*: **~ de** impregnato(a) di // *nf* sorso, sorsata.
gorille [gɔʀij] *nm* gorilla *m inv*.
gosier [gozje] *nm* gola.
gosse [gɔs] *nm/f (fam)* bambino/a.
gothique [gɔtik] *a* gotico(a).
goudron [gudʀɔ̃] *nm* catrame *m*; *(route)* asfalto; **goudronner** *vt* asfaltare.
gouffre [gufʀ(ə)] *nm* baratro, voragine *f*; *(tourbillon)* vortice *m*, gorgo; *(fig)* rovina.
goujat [guʒa] *nm* cafone *m*.
goulot [gulo] *nm* collo; **boire au ~** bere a canna.
goulu, e [guly] *a* ingordo(a), avido(a).
goupillon [gupijɔ̃] *nm* (REL) aspersorio.
gourd, e [guʀ, guʀd(ə)] *a* intirizzito(a), intorpidito(a).
gourde [guʀd(ə)] *nf* borraccia; *(fig: fam)* testa di rapa.
gourdin [guʀdɛ̃] *nm* randello; *(de policier)* manganello.
gourmand, e [guʀmɑ̃, ɑ̃d] *a* goloso(a), ghiotto(a); **gourmandise** *nf* golosità *f inv*; **gourmandises** *nfpl* leccornie *fpl*, ghiottonerie *fpl*.
gourmet [guʀmɛ] *nm* buongustaio/a.
gousse [gus] *nf*: **~ d'ail** spicchio d'aglio.
gousset [gusɛ] *nm* taschino.
goût [gu] *nm* gusto; *(saveur)* gusto, sapore *m*.
goûter [gute] *vt* assaggiare; *(apprécier)* gustare; *(jouir de)* godersi // *vi* assaggiare; *(prendre son goûter)* far merenda; **~ à** *ou* **de** assaggiare // *nm* merenda.
goutte [gut] *nf* goccia; *(un petit peu)* goccio; (MED) gotta; **boire la ~** *(fam)* bere un grappino.
gouttelette [gutlɛt] *nf* gocciolina.
gouttière [gutjɛʀ] *nf* grondaia.
gouvernail [guvɛʀnaj] *nm* timone *m*.
gouvernante [guvɛʀnɑ̃t] *nf* governante *f*.
gouverne [guvɛʀn(ə)] *nf*: **pour sa ~** per (sua) norma e regola.
gouvernement [guvɛʀnəmɑ̃] *nm* governo; **gouvernemental, e, aux** *a* governativo(a).
gouverner [guvɛʀne] *vt* governare; *(commander)* comandare; **gouverneur** *nm* governatore *m*.
grâce [gʀɑs] *nf* grazia; **être dans les bonnes ~s de qn** essere nelle grazie di qd; **de bonne/mauvaise ~** volentieri/malvolentieri; **faire ~ à qn de qch** *(fig)* risparmiare qc a qd; **gracier** *vt* graziare; **gracieux, euse** *a* grazioso(a); *(gratuit)* gratuito(a).
gracile [gʀasil] *a* esile.
gradation [gʀadasjɔ̃] *nf* gradazione *f*.
grade [gʀad] *nm* grado; *(universitaire)* titolo (universitario).

gradé [gʀade] *nm* (*MIL*) graduato.
gradin [gʀadɛ̃] *nm (d'un stade)* gradinata; (*AGR*) terrazza.
graduation [gʀadɥɑsjɔ̃] *nf* graduazione *f*.
graduer [gʀadɥe] *vt* graduare.
graffiti [gʀafiti] *nmpl* scritte *fpl;* (*ARCHEOL*) graffiti *mpl*.
grain [gʀɛ̃] *nm* chicco; *(de sable)* grano, granello; *(de poivre)* grano; *(de raisin)* acino; *(d'un papier, tissu, peau)* grana; (*NAUT*) acquazzone *m;* *(fig)* pizzico; ~ **de beauté** neo.
graine [gʀɛn] *nf* (*BOT*) seme *m*.
graisse [gʀɛs] *nf* grasso; **graisser** *vt* lubrificare, ingrassare; *(cuir)* ingrassare; *(fig: fam)* ungere; **graisseux, euse** *a* unto(a); (*ANAT*) adiposo(a).
grammaire [gʀamɛʀ] *nf* grammatica; **grammatical, e, aux** *a* grammaticale.
gramme [gʀam] *nm* grammo.
grand, e [gʀɑ̃, gʀɑ̃d] *a* grande; *(haut)* alto(a) // *nm* grande *m* // *ad:* **en** ~ in grande; **il est** ~ **temps de** è (ormai) ora di; **son** ~ **frère** suo fratello maggiore; ~ **âge** età avanzata; **un** ~ **blessé** un ferito grave; **les yeux** ~**s ouverts** con gli occhi spalancati; **au** ~ **air** all'aria aperta; ~ **ensemble** (*CONSTR*) complesso residenziale; ~**es lignes** (*RAIL*) linee *fpl* principali; ~**es personnes** grandi *mpl;* ~**es vacances** vacanze *fpl* estive; **G**~**es Écoles** *scuole a livello universitario con accesso selettivo;* ~ **angle** (*PHOT*) grandangolare *m*, grandangolo; ~ **chose** *nm inv* gran che *m;* **Grande-Bretagne** *nf* Gran Bretagna; **grandeur** *nf* grandezza; **grandiose** *a* grandioso(a); **grandir** *vi* crescere // *vt* ingrandire; *(fig)* nobilitare; ~**-mère** *nf* nonna; ~**-messe** *nf* messa cantata; ~**-père** *nm* nonno; ~**-route** *nf* strada maestra; ~**-rue** *nf* via principale; ~**-parents** *nmpl* nonni *mpl*.
grange [gʀɑ̃ʒ] *nf* fienile *m; (pour la paille)* pagliaio; *(pour le blé)* granaio.
granit [gʀanit] *nm* granito.
granulé [gʀanyle] *nm* (*MED*) granulo.
granuleux, euse [gʀanylø, øz] *a* granuloso(a).
graphique [gʀafik] *a* grafico(a) // *nm* grafico.
graphisme [gʀafism(ə)] *nm* espressione *f* grafica.
grappe [gʀap] *nf* grappolo.
grappiller [gʀapije] *vt* cogliere qua e là; *(fig)* racimolare.
grappin [gʀapɛ̃] *nm* rampino; (*NAUT*) grappino; **mettre le** ~ **sur qch/qn** *(fig)* mettere le mani su qc/qd.
gras, se [gʀɑ, ɑs] *a* grasso(a); *(glissant)* viscido(a); *(sale)* unto(a) // *nm* grasso; *(tâche)* unto; **faire la** ~**se matinée** alzarsi tardi; **caractères gras** (*TYP*) grassetto *m;* **grassement** *ad (abondamment)* profumatamente, lautamente; **grassouillet, te** *a* grassottello(a), grassoccio(a).
gratification [gʀatifikɑsjɔ̃] *nf* gratifica; (*PSYCH*) gratificazione *f*.
gratifier [gʀatifje] *vt* gratificare.
gratin [gʀatɛ̃] *nm* (*CULIN*) gratin *m inv; (fig: fam)* crema, fior fiore *m*.
gratiné, e [gʀatine] *a* (*CULIN*) gratinato(a); *(fam)* eccezionale.
gratis [gʀatis] *ad, a* gratis.
gratitude [gʀatityd] *nf* gratitudine *f*.
gratte-ciel [gʀatsjɛl] *nm inv* grattacielo.
gratte-papier [gʀatpapje] *nm* *(péj)* scribacchino.
gratter [gʀate] *vt* grattare; *(racler)* raschiare; **se** ~ *vr* grattarsi.
gratuit, e [gʀatɥi, ɥit] *a* gratuito(a).
gravats [gʀavɑ] *nmpl* calcinacci *mpl*, macerie *fpl*.
grave [gʀav] *a* grave.
graver [gʀave] *vt* incidere.
gravier [gʀavje] *nm* ghiaia.

gravillons [gʀavijɔ̃] *nmpl* ghiaietta *sg*, ghiaino *sg*.
gravir [gʀaviʀ] *vt* inerpicarsi per.
gravité [gʀavite] *nf* gravità *f inv*, serietà *f inv*; (*PHYS, son*) gravità *f inv*.
graviter [gʀavite] *vi* gravitare.
gravure [gʀavyʀ] *nf* incisione *f*; (*sur papier*) stampa.
gré [gʀe] *nm* gradimento; **agir au ~ de ...** agire secondo ...; **de bon ~** di buon grado; **de ~ ou de force** per amore o per forza; **contre le ~ de qn** contro la volontà di qd; **bon ~ mal ~** volente o nolente.
grec, grecque [gʀɛk] *a*, *nm/f* greco(a).
Grèce [gʀɛs] *nf* Grecia.
gréement [gʀemɑ̃] *nm* (*NAUT*) attrezzatura.
greffe [gʀɛf] *nf* (*AGR*) innesto; (*MED*) trapianto, innesto // *nm* (*JUR*) cancelleria.
greffer [gʀefe] *vt* (*BOT*) innestare; (*MED*) innestare, trapiantare.
greffier [gʀefje] *nm* (*JUR*) cancelliere *m*.
grégaire [gʀegɛʀ] *a* gregario(a).
grêle [gʀɛl] *a* gracile; (*ANAT*) tenue // *nf* grandine *f*.
grêler [gʀele] *vb impersonnel*: **il grêle** grandina.
grêlon [gʀəlɔ̃] *nm* chicco di grandine.
grelot [gʀəlo] *nm* sonaglio.
grelotter [gʀəlɔte] *vi* tremare.
grenade [gʀənad] *nf* bomba, granata; (*BOT*) melagrana.
grenadier [gʀənadje] *nm* granatiere *m*.
grenat [gʀəna] *a inv* granata *inv*.
grenier [gʀənje] *nm* solaio, soffitta; (*grange*) fienile *m*; (*fig*) granaio.
grenouille [gʀənuj] *nf* (*ZOOL*) rana.
grès [gʀɛ] *nm* (*GEOL*) arenaria; (*poterie*) grès *m*.
grésiller [gʀezije] *vi* sfrigolare; (*fig*) gracchiare.
grève [gʀɛv] *nf* sciopero; (*de cours d'eau*) greto; **~ tournante** sciopero a scacchiera; **~ sur le tas** sciopero a braccia incrociate; **~ du zèle** sciopero bianco.
grever [gʀəve] *vt* gravare su.
gréviste [gʀevist(ə)] *nm/f* scioperante *m/f*.
gribouiller [gʀibuje] *vt*, *vi* scarabocchiare.
grief [gʀijɛf] *nm*: **faire ~ à qn de qch** rimproverare qc a qd; **~s** *nmpl* lagnanze *fpl*.
grièvement [gʀijɛvmɑ̃] *ad* gravemente.
griffe [gʀif] *nf* (*d'animal*) unghia, artiglio; (*fig*) grinfia; (*: d'un couturier, parfumeur*) firma.
griffer [gʀife] *vt* graffiare.
griffonner [gʀifɔne] *vt* scarabocchiare.
grignoter [gʀiɲɔte] *vt* sgranocchiare, rosicchiare.
gril [gʀi(l)] *nm* griglia, graticola.
grillade [gʀijad] *nf* grigliata.
grillage [gʀijaʒ] *nm* (*de fenêtre*) grata, inferriata; (*: clôture*) rete *f* metallica.
grille [gʀij] *nf* cancello; (*d'égout, de trappe*) griglia; (*de fenêtre, etc*) grata, inferriata; (*de mots-croisés*) reticolato; (*statistique*) tabella.
grille-pain [gʀijpɛ̃] *nm inv* tostapane *m inv*.
griller [gʀije] *vt* (*CULIN: viande*) cuocere alla griglia; (*: pain*) tostare, abbrustolire; (*: châtaignes*) arrostire; (*fig*) bruciare.
grillon [gʀijɔ̃] *nm* (*ZOOL*) grillo.
grimace [gʀimas] *nf* smorfia; **faire des ~s** fare le boccacce.
grimer [gʀime] *vt* (*CINE, THEATRE*) truccare.
grimper [gʀɛ̃pe] *vt* (*fam*) salire // *vi* arrampicarsi; (*route, terrain*) inerpicarsi; (*fig*) salire.
grinçant, e [gʀɛ̃sɑ̃, ɑ̃t] *a* cigolante, stridente; (*fig*) acido(a).
grincer [gʀɛ̃se] *vi* cigolare, stri-

dere; *(plancher)* scricchiolare; ~ **des dents** digrignare i denti.
grincheux, euse [grɛ̃ʃø, øz] *a* scontroso(a), scorbutico(a).
grippe [grip] *nf* influenza.
grippé, e [gripe] *a* (*TECH*) grippato(a); **être** ~ (*MED*) essere influenzato.
gripper [gripe] *vi* *(tissu)* incresparsi; (*TECH*) grippare, gripparsi; *(fig)* incepparsi.
gris, e [gri, griz] *a* grigio(a); *(fam: ivre)* brillo(a), alticcio(a).
grisaille [grizɑj] *nf* grigiore *m*.
griser [grize] *vt* inebriare, ubriacare.
grisonner [grizɔne] *vi* diventar grigio(a).
grisou [grizu] *nm* grisù *m inv*.
grive [griv] *nf* (*ZOOL*) pernice *f*.
grivois, e [grivwa, waz] *a* salace.
grogner [grɔɲe] *vi* *(porc)* grugnire; *(chien)* ringhiare; *(fig: personne)* brontolare.
grommeler [grɔmle] *vi* borbottare, brontolare.
gronder [grɔ̃de] *vi* *(canon)* tuonare; *(tonnerre)* brontolare; *(fig)* ribollire, stare per scoppiare // *vt* *(enfant)* sgridare.
gros, se [gro, gros] *a* grosso(a); *(obèse)* grasso(a); *(quantité)* grande; (*ANAT*) crasso(a); *(fig)* gravido(a); *(cœur, yeux)* gonfio(a) // *ad* forte, grosso // *nm* grosso; (*COMM*) ingrosso; **prix de** ~ prezzo all'ingrosso **par** ~ **temps** (*NAUT*) con mare mosso; **en** ~ grosso modo, a grandi linee; (*COMM*) all'ingrosso; ~ **lot** primo premio; ~ **mot** parolaccia; **faire le** ~ **dos** *(suj: chat)* inarcare la schiena.
groseille [grozɛj] *nf* ribes *m inv;* ~ **à maquereau** uva spina; **groseillier** *nm* ribes *m inv*.
grossesse [grosɛs] *nf* gravidanza.
grosseur [grosœr] *nf* grossezza, grandezza; *(embonpoint)* corpulenza.
grossier, ière [grosje, jɛr] *a* grossolano(a); *(vulgaire)* volgare; **grossièrement** *ad* grossolanamente; *(à peu près)* approssimativamente; *(de façon vulgaire)* volgarmente.
grossir [grosir] *vi* ingrassare; *(fig)* crescere; *(rivière, eaux)* ingrossarsi // *vt* ingrossare; *(exagérer: histoire)* gonfiare, ingigantire; *(suj: microscope, lunette)* ingrandire.
grossiste [grosist(ə)] *nm/f* (*COMM*) grossista *m/f*.
grotesque [grɔtɛsk(ə)] *a* grottesco(a).
grotte [grɔt] *nf* grotta.
grouiller [gruje] *vi* brulicare; **grouille-toi!** muoviti!
groupe [grup] *nm* gruppo.
grouper [grupe] *vt* raggruppare; **se** ~ *vr* raggrupparsi, riunirsi.
grue [gry] *nf* gru *f inv*.
grumeau, x [grymo] *nm* grumo.
grutier [grytje] *nm* gruista *m*.
gruyère [gryjɛr] *nm* gruviera *m ou* groviera *m*.
gué [ge] *nm* guado; **passer un torrent à** ~ guadare un torrente.
guenilles [gənij] *nfpl* stracci *mpl*, cenci *mpl*.
guenon [gənɔ̃] *nf* (*ZOOL*) scimmia femmina.
guépard [gepar] *nm* ghepardo.
guêpe [gɛp] *nf* vespa.
guêpier [gepje] *nm* vespaio.
guère [gɛr] *ad* non molto; *(temps)* non molto spesso; **il n'y a** ~ **que toi/qu'eux qui ...** solo tu/loro ... .
guéridon [geridɔ̃] *nm* guéridon *m*.
guérilla [gerija] *nf* guerriglia.
guérillero [gerijero] *nm* guerrigliero.
guérir [gerir] *vt, vi* guarire; **guérison** *nf* guarigione *f*; **guérissable** *a* guaribile, curabile; **guérisseur, euse** *nm/f* guaritore/trice.
guérite [gerit] *nf* garitta.
guerre [gɛr] *nf* guerra; **guerrier, ière** *a* di guerra; *(peuple)* guer-

riero(a); *(fig)* battagliero(a) // *nm/f* guerriero/a; **guerroyer** *vi* guerreggiare.
guet [gɛ] *nm*: **faire le ~** stare in agguato; *(voleurs)* fare il palo.
guet-apens [gɛtapɑ̃] *nm* agguato; *(fig)* tranello.
guêtre [gɛtʀ(ə)] *nf* ghetta.
guetter [gete] *vt* spiare; *(attendre)* aspettare con impazienza; *(suj: maladie, mort)* incombere su; **guetteur** *nm* sentinella.
gueule [gœl] *nf* bocca; *(d'animal)* bocca, auci *fpl; (fam: figure)* ceffo, muso; *(: bouche)* becco.
gueuler [gœle] *vi (fam)* urlare, sbraitare.
gui [gi] *nm* (*BOT*) vischio.
guichet [giʃɛ] *nm* sportello; (*THEATRE, RAIL*) biglietteria.
guide [gid] *nm* guida.
guider [gide] *vt* guidare; **se ~ sur** orientarsi su *ou* con.
guidon [gidɔ̃] *nm (de vélo)* manubrio.
guignol [giɲɔl] *nm* burattino, marionetta.
guillemets [gijmɛ] *nmpl* (*LING*) virgolette *fpl.*
guilleret, te [gijʀɛ, ɛt] *a* vispo(a), pimpante.
guillotine [gijɔtin] *nf* ghigliottina.
guindé, e [gɛ̃de] *a* compassato(a); *(mal à l'aise)* impacciato(a).
guirlande [giʀlɑ̃d] *nf* ghirlanda.
guise [giz] *nf*: **à votre ~** come le pare; **en ~ de** a mo' di.
guitare [gitaʀ] *nf* chitarra; **guitariste** *nm/f* chitarrista *m/f.*
guttural, e, aux [gytyʀal, o] *a* gutturale.
Guyane [gɥijan] *nf* Guiana.
gymkhana [ʒimkana] *nm* gimcana, gincana.
gymnase [ʒimnɑz] *nm* palestra.
gymnaste [ʒimnast(ə)] *nm/f* ginnasta *m/f.*
gymnastique [ʒimnastik] *nf* ginnastica.
gynécologue [ʒinekɔlɔg] *nm/f* ginecologo/a.

H

habile [abil] *a* abile; **habileté** *nf* abilità *f inv.*
habilité, e [abilte] *a* abilitato(a).
habillé, e [abije] *a* vestito(a); *(chic)* elegante.
habillement [abijmɑ̃] *nm* abbigliamento.
habiller [abije] *vt* vestire; *(object)* rivestire; **s'~** *vr* vestirsi; *(mettre des vêtements chic)* vestirsi elegante; **s'~ en** vestirsi da.
habit [abi] *nm* abito da sera; (*REL*) abito; **~s** *mpl* vestiti *mpl,* abiti *mpl;* **~ de ...** tenuta da ...
habitable [abitabl(ə)] *a* abitabile.
habitacle [abitakl(ə)] *nm* abitacolo.
habitant, e [abitɑ̃, ɑ̃t] *nm/f* abitante *m/f;* **loger chez l'~** alloggiare presso privati.
habitat [abita] *nm* habitat *m,* ambiente *m.*
habitation [abitɑsjɔ̃] *nf* abitazione *f,* casa; **~s à loyer modéré (HLM)** case *fpl* popolari.
habiter [abite] *vi*: **~ à/en/dans** abitare in *ou* a // *vt* abitare in; *(fig)* abitare.
habitude [abityd] *nf* abitudine *f; (d'un lieu)* consuetudine *f,* usanza; **avoir l'~ de** essere abituato a; **d'~** di solito; **comme d'~** come al solito.
habitué, e [abitɥe] *a* abituato(a) // *nm/f* assiduo(a) frequentatore/trice.
habituel, le [abitɥɛl] *a* abituale, consueto(a), solito(a).
habituer [abitɥe] *vt* abituare; **s'~** *vr* abituarsi.
***hâbleur, euse** ['ɑblœʀ, øz] *a, nm/f* fanfarone(a).
***hache** ['aʃ] *nf* accetta, scure *f,* ascia.
***haché, e** ['aʃe] *a* tritato(a); *(fig:*

style) spezzettato(a).
***hacher** ['aʃe] *vt* tritare.
***hachis** ['aʃi] *nm* trito.
***hachoir** ['aʃwaʀ] *nm (couteau)* mezzaluna; *(appareil)* tritatutto *inv; (planche)* tagliere *m*.
***hachures** ['aʃyʀ] *nfpl* tratteggi *mpl*.
***hagard, e** ['agaʀ, aʀd(ə)] *a* stravolto(a), sconvolto(a).
***haie** ['ɛ] *nf* siepe *f; (fig: rang: de personnes)* ala, fila; **200m/400m ~s** (*ATHLETISME*) 200m/400m ostacoli.
***haillons** ['ɑjɔ̃] *nmpl* stracci *mpl*, cenci *mpl*.
***haine** ['ɛn] *nf* odio.
***haïr** ['aiʀ] *vt* odiare.
***halage** ['alaʒ] *nm* alaggio; **chemin de ~** alzaia.
***hâlé, e** ['ɑle] *a* abbronzato(a).
***haleine** [alɛn] *nf* fiato, respiro; *(aspect qualitatif)* alito; **hors d'~** senza fiato, trafelato(a) *a;* **tenir qn en ~** tenere qd col fiato sospeso.
***hâleter** ['ɑle] *vi* ansimare.
***hall** ['ol] *nm* hall *f inv*, atrio.
***halle** ['al] *nf* capannone *m;* **~s** *fpl* mercati generali.
***hallucinant, e** [alysinɑ̃, ɑ̃t] *a* impressionante, allucinante; (*MED*) allucinogeno(a).
***hallucination** [alysinɑsjɔ̃] *nf* allucinazione *f*.
halluciné, e [alysine] *a, nm/f* allucinato(a).
***halo** ['alo] *nm* alone *m*.
***halte** ['alt(ə)] *nf* tappa; *(pause)* sosta; *(arrêt)* fermata; *(escl)* alt!
haltère [altɛʀ] *nm* peso; **poids et ~s** (*SPORT*) sollevamento pesi.
***hamac** ['amak] *nm* amaca.
***hameau, x** ['amo] *nm* frazione *f*.
***hameçon** [amsɔ̃] *nm* amo.
***hamster** ['amstɛʀ] *nm* criceto.
***hanche** ['ɑ̃ʃ] *nf* anca, fianco.
***hand-ball** ['ɑ̃dbal] *nm* (*SPORT*) pallamano *f*.
***handicap** ['ɑ̃dika] *nm* handicap *m inv; (fig)* svantaggio, ostacolo;
***handicapé, e** ['ɑ̃dikape] *a, nm/f* handicappato(a); *(fig)* svantaggiato(a), ostacolato(a).
***hangar** ['ɑ̃gaʀ] *nm* capannone *m;* (*AVIAT*) hangar *m inv*.
***hanter** ['ɑ̃te] *vt (suj: fantôme)* abitare; *(: fig: idée)* ossessionare.
***hantise** ['ɑ̃tiz] *nf* ossessione *f*.
***happer** ['ape] *vt (avec la bouche)* ghermire, addentare; *(suj: train, voiture)* travolgere.
***haranguer** ['aʀɑ̃ge] *vt* arringare.
***haras** ['aʀɑ] *nm* stazione *f* di monta equina.
harassant, e ['aʀasɑ̃, ɑ̃t] *a* sfibrante, spossante.
***harceler** ['aʀsəle] *vt* non dare tregua a; *(fig)* assillare.
***hardi, e** ['aʀdi] *a* ardito(a), audace.
***hareng** ['aʀɑ̃] *nm* aringa.
***hargne** ['aʀ(ə)] *nf* astio.
***haricot** ['aʀiko] *nm* fagiolo; **~s verts** fagiolini *mpl*.
harmonica [aʀmɔnika] *nm* armonica (a bocca).
harmonie [aʀmɔni] *nf* armonia; **harmonieux, euse** *a* armonioso(a).
***harnacher** ['aʀnaʃe] *vt* bardare.
***harnais** ['aʀnɛ] *nm* finimenti *mpl*.
***harpe** ['aʀp(ə)] *nf* arpa.
***harpon** ['aʀpɔ̃] *nm* arpione *m*, fiocina.
***hasard** ['azaʀ] *nm* caso, sorte *f; (coïncidence)* combinazione *f;* **au ~** a caso, a casaccio; **par ~** per caso; **à tout ~** per ogni evenienza.
***hasarder** ['azaʀde] *vt* azzardare, arrischiare; **se ~** *vr* azzardarsi; avventurarsi.
***hasardeux, euse** ['azaʀdø, øz] *a* azzardato(a), avventuroso(a).
***hâte** ['ɑt] *nf* fretta, premura; **à la ~** alla bell'e meglio.
***hâter** ['ɑte] *vt* affrettare, accelerare; **se ~** *vr:* **se ~ (de)** affrettarsi (a).
***hâtif, ive** ['ɑtif, iv] *a* affrettato(a), frettoloso(a); *(prématuré)* precoce.

***hausse** ['os] *nf* aumento; *(de fusil)* alzo; (*FIN*) rialzo.
***hausser** ['ose] *vt* alzare.
***haut, e** ['o, 'ot] *a* alto(a) // *ad* alto, in alto // *nm* alto, parte *f* superiore; *(d'un arbre, d'une montagne)* cima; **à ~e voix, tout** ~ ad alta voce; ~ **de 20 mètres** alto 20 metri; **parler** ~ parlare forte; **plus** ~ *(dans un texte)* sopra; *(parler)* più forte; **en** ~ **de** in cima a; **la ~e couture** l'alta moda; ~ **les mains!** mani in alto!
***hautain, e** ['otɛ̃, ɛn] *a* altezzoso(a), altero(a).
***hautbois** ['obwɑ] *nm* oboe *m*.
***haut-de-forme** ['odfɔʀm(ə)] *nm* cilindro, tuba.
***hauteur** ['otœʀ] *nf* altezza; (*GEOGR*) altura; *(altitude)* quota; *(arrogance)* alterigia, altezzosità *f inv*; **saut en** ~ (*SPORT*) salto in alto.
***haut-fourneau** ['ofuʀno] *nm* altoforno.
haut-le-cœur ['olkœʀ] *nm inv* conato di vomito; *(fig)* nausea, voltastomaco.
***haut-parleur** ['opaʀlœʀ] *nm* altoparlante *m*.
***havre** ['ɑvʀ(ə)] *nm (fig)* oasi *f inv*, rifugio.
***Haye** ['ɛ] *nf*: **la** ~ l'Aia.
***hayon** ['ɛjɔ̃] *nm* (*AUTO*) portellone *m* (posteriore).
hebdomadaire [ɛbdɔmadɛʀ] *a, nm* settimanale.
héberger [ebɛʀʒe] *vt* ospitare, alloggiare; *(réfugiés)* dare asilo a.
hébété, e [ebete] *a* inebetito(a).
hébraïque [ebʀaik] *a* ebraico(a).
hébreu, x [ebʀø] *am* ebreo // *nm (langue)* ebraico.
H.E.C. *abr de Hautes Etudes Commerciales*.
hécatombe [ekatɔ̃b] *nf* ecatombe *f*.
hectare [ɛktaʀ] *nm* ettaro.
hecto ... [ɛkto] *préf* etto ... .
hégémonie [eʒemɔni] *nf* egemonia.
***hein** ['ɛ̃, hɛ̃] *excl* eh?.
***hélas!** ['elɑs] *excl* ahimè.
***héler** ['ele] *vt* chiamare.
hélice [elis] *nf* elica.
hélicoptère [elikɔptɛʀ] *nm* elicottero.
héliogravure [eljɔgʀavyʀ] *nf* rotocalcografia.
héliporté, e [elipɔʀte] *a* trasportato(a) con elicotteri.
helvétique [ɛlvetik] *a* elvetico(a).
hématome [ematom] *nm* ematoma *m*.
hémicycle [emisikl(ə)] *nm* emiciclo.
hémiplégie [emipleʒi] *nf* emiplegia.
hémisphère [emisfɛʀ] *nm* emisfero.
hémophile [emɔfil] *a* emofiliaco(a).
hémorragie [emɔʀaʒi] *nf* emorragia.
hémorroïdes [emɔʀɔid] *nfpl* emorroidi *fpl*.
***hennir** ['eniʀ] *vi* nitrire.
hépatite [epatit] *nf* epatite *f*.
herbe [ɛʀb(ə)] *nf* erba; **mauvaise** ~ erbaccia; **herbicide** *nm* erbicida *m*; **herbier** *nm* erbario; **herboriste** *nm/f* erborista *m/f*; **herboristerie** *nf* erboristeria.
héréditaire [eʀeditɛʀ] *a* ereditario(a).
hérédité [eʀedite] *nf* eredità; (*BIOL*) ereditarietà *f*.
hérésie [eʀezi] *nf* eresia; **hérétique** *nm/f* eretico/a.
***hérissé, e** ['eʀise] *a* **irto(a)**; *(cheveux, poil)* ispido(a), irsuto(a); ~ **de** irto di.
***hérisser** ['eʀise] *vt* rizzare; *(faire hérisser)* far rizzare; **se** ~ *vr* rizzarsi; **se** ~ **de** essere irto di.
***hérisson** ['eʀisɔ̃] *nm* (*ZOOL*) porcospino, istrice *m*.
héritage [eʀitaʒ] *nm* eredità *f inv*; **faire un** ~ ereditare.
hériter [eʀite] *vi, vt*: ~ **(de) qch de qn** ereditare qc da qd.

héritier, ière [eritje, ɛʀ] *nm/f* erede *m/f.*
hermétique [ɛʀmetik] *a* ermetico(a).
hermine [ɛʀmin] *nf* ermellino.
***hernie** ['ɛʀni] *nf* ernia.
héroïne [eʀɔin] *nf* eroina.
héroïque [eʀɔik] *a* eroico(a).
héroïsme [eʀɔism(ə)] *nm* eroismo.
***héron** ['eʀɔ̃] *nm* airone *m.*
***héros** ['eʀo] *nm* eroe *m.*
***herse** ['ɛʀs(ə)] *nf (AGR)* erpice *m.*
hésitant, e [ezitɑ̃, ɑ̃t] *a* esitante.
hésitation [ezitɑsjɔ̃] *nf* esitazione *f.*
hésiter [ezite] *vi* esitare.
hétéroclite [eteʀɔklit] *a (ensemble)* composito(a); *(différent)* disparato(a), eterogeneo(a).
hétérogène [eteʀɔʒɛn] *a* eterogeneo(a).
hétérosexuel, le [eteʀɔsɛksɥɛl] *a* eterosessuale.
hêtre ['ɛtʀ(ə)] *nm* faggio.
heure [œʀ] *nf* ora; **c'est l'**~ è ora; **quelle ~ est-il?** che ore sono?; **à toute ~** a qualsiasi ora; **être à l'**~ essere puntuale; *(montre)* essere giusto; **mettre à l'**~ regolare; **à l'**~ **qu'il est** *(fig)* ormai, a questo punto; **sur l'**~ all'istante; **à l'**~ **actuelle** attualmente; **les ~s supplémentaires** lo straordinario; **~s de bureau** orario di ufficio.
heureusement [œʀøzmɑ̃] *ad* per fortuna.
heureux, euse [œʀø, øz] *a* felice, lieto(a); *(souhait)* buono(a); *(chanceux)* fortunato(a).
***heurt** ['œʀ] *nm* urto; *(fig)* contrasto, urto.
***heurté, e** ['œʀte] *a* pieno di contrasti; *(fig: style)* poco scorrevole.
***heurter** ['œʀte] *vt* urtare *(contro); (fig: personne)* offendere; *(: sentiment)* ledere; *(: bon sens)* andare contro; **se** ~ *vr* urtarsi; **se ~ à** *(fig: difficulté)* imbattersi in; *(: s'opposer)* cozzare contro.
***heurtoir** ['œʀtwaʀ] *nm* batacchio.
hexagone [ɛgzagɔn] *nm* esagono.
***hiatus** ['jatys] *nm* iato.
hiberner [ibɛʀne] *vi* andare in letargo // *vt* ibernare.
***hibou, x** ['ibu] *nm* gufo.
***hideux, euse** ['idø, øz] *a* orrendo(a), ributtante.
hier [jɛʀ] *ad, nm* ieri.
***hiérarchie** ['jeʀaʀʃi] *nf* gerarchia; ***hiérarchique** *a* gerarchico(a).
hiéroglyphe [jeʀɔglif] *nm* geroglifico.
hilare [ilaʀ] *a* ilare.
hindou, e [ɛ̃du] *a* indù // *sm* indù; *(REL)* induista.
hippique [ipik] *a* ippico(a).
hippisme [ipism(ə)] *nm* ippica.
hippodrome [ipɔdʀom] *nm* ippodromo.
hippopotame [ipɔpɔtam] *nm* ippopotamo.
hirondelle [iʀɔ̃dɛl] *nf* rondine *f.*
hirsute [iʀsyt] *a* irsuto(a).
hispanique [ispanik] *a* ispanico(a).
***hisser** ['ise] *vt* issare; **se** ~ *vr* issarsi su.
histoire [istwaʀ] *nf* storia; ~ **de** giusto per, tanto per; **historien** *nm* storico; **historique** *a* storico(a) // *nm* cronistoria.
hiver [ivɛʀ] *nm* inverno; **en** ~ d'inverno; **nous sommes en** ~ siamo in inverno; **hivernal, e, aux** *a* invernale; **hiverner** *vi* svernare.
H.L.M. *sigle m voir* **habitation.**
***hocher** ['ɔʃe] *vt:* ~ **la tête** scuotere la testa.
***hochet** ['ɔʃɛ] *nm (jouet)* giochino *(per neonati).*
***hockey** ['ɔkɛ] *nm* hockey *m inv;* ***hockeyeur** *nm* giocatore *m* di hockey, hockeista *m.*
***hold-up** ['ɔldœp] *nm inv* rapina.
***hollandais, e** ['ɔlɑ̃dɛ, ɛz] *a, nm/f* olandese.
***Hollande** ['ɔlɑ̃d] *nf* Olanda.
***homard** ['ɔmaʀ] *nm* aragosta.
homéopathie [ɔmeɔpati] *nf*

omeopatia; **homéopathique** *a* omeopatico(a).
homicide [ɔmisid] *nm* omicidio.
hommage [ɔmaʒ] *nm* omaggio.
homme [ɔm] *nm* uomo; ~ **d'Etat** statista *m;* ~**-grenouille** *nm* sommozzatore *m.*
homogène [ɔmɔʒɛn] *a* omogeneo(a).
homologue [ɔmɔlɔg] *nm/f* omologo/a.
homologué, e [ɔmɔlɔge] *a* omologato(a).
homonyme [ɔmɔnim] *a, nm/f* omonimo(a).
homosexualité [ɔmɔsɛksɥalite] *nf* omosessualità *f inv.*
homosexuel, le [ɔmɔsɛksɥɛl] *a, nm/f* omosessuale.
***Hongrie** ['ɔ̃gʀi] *nf* Ungheria; ***hongrois, e** *a, nm/f* ungherese.
honnête [ɔnɛt] *a* onesto(a); *(satisfaisant)* discreto(a).
honneur [ɔnœʀ] *nm* onore *m.*
honorable [ɔnɔʀabl(ə)] *a* rispettabile; *(suffisant)* onorevole.
honoraire [ɔnɔʀɛʀ] *a* onorario(a) // *nmpl* onorario *sg,* parcella *sg.*
honorer [ɔnɔʀe] *vt* onorare; **s'**~ *vr* onorarsi; **honorifique** *a* onorifico(a).
***honte** ['ɔ̃t] *nf* vergogna; **faire ~ à qn** umiliare qd; ***honteux, euse** *a* vergognoso(a).
hôpital, aux [ɔpital, o] *nm* ospedale *m.*
***hoquet** ['ɔke] *nm* singhiozzo.
horaire [ɔʀɛʀ] *a* orario(a) // *nm* orario.
horizon [ɔʀizɔ̃] *nm* orizzonte *m.*
horizontal, e, aux [ɔʀizɔ̃tal, o] *a* orizzontale.
horloge [ɔʀlɔʒ] *nf* orologio; ~ **parlante** (*TEL*) ora esatta; **horloger, ère** *a* orologiero(a) // *nm* orologiaio; **horlogerie** *nf* orologeria.
***hormis** ['ɔʀmi] *prép* salvo, tranne.
hormone [ɔʀmɔn] *nf* ormone *m.*
horoscope [ɔʀɔskɔp] *nm* oroscopo.
horreur [ɔʀœʀ] *nf* orrore *m;* **avoir ~ de qch** detestare qc; **horrible** *a* orribile, orrendo(a); **horrifier** *vt* far inorridire.
horripiler [ɔʀipile] *vt (fam)* dare sui nervi (a), esasperare.
***hors** ['ɔʀ] *prép* fuori; ~ **pair** senza pari; ~ **de propos** fuori luogo; ~ **d'usage/de danger/de saison,** *etc* fuori uso/pericolo/stagione; **sauter ~ de l'eau** saltare fuori dall'acqua; ~**-bord** *nm* fuoribordo *inv;* ~**-d'oeuvre** *nm* antipasto; ~**-la-loi** *nm* fuorilegge *inv;* ~**-taxe** *a* (*COMM*) IVA esclusa.
hortensia [ɔʀtɑ̃sja] *nm* ortensia.
horticulture [ɔʀtikyltyʀ] *nf* orticoltura *ou* orticultura.
hospice [ɔspis] *nm* ospizio, ricovero.
hospitalier, ière [ɔspitalje, jɛʀ] *a* ospitale; (*MED*) ospedaliero(a).
hospitaliser [ɔspitalize] *vt* ricoverare (in ospedale).
hostile [ɔstil] *a* ostile; **hostilité** *nf* ostilità *f inv.*
hôte [ot] *nm/f (invité)* ospite *m/f* // *nm (maître de maison)* ospite *m.*
hôtel [otɛl] *nm* albergo, hotel *m inv;* **aller à l'**~ andare in albergo; ~ **particulier** palazzina signorile; ~ **de ville** municipio; ~**-Dieu** *nm* ospedale *m* maggiore; **hôtelier, ière** *a* alberghiero(a) // *nm/f* albergatore/trice; **hôtellerie** *nf* industria alberghiera.
hôtesse [otɛs] *nf (maîtresse de maison)* padrona di casa; (*AVIAT, tourisme*) hostess *f.*
***hotte** *nf* cappa; *(panier)* gerla.
***houblon** ['ublɔ̃] *nm* luppolo.
***houille** ['uj] *nf* carbone *m* (fossile); ***houiller, ère** *a (industrie)* carboniero(a); *(région)* carbonifero(a).
***houle** ['ul] *nf* onda lunga.
***houlette** ['ulɛt] *nf:* **sous la ~ de** sotto la guida di.
***houleux, euse** ['ulø, øz] *a*

mosso(a); *(fig: discussion)* burrascoso(a).
***houppette** ['upɛt] *nf* piumino *(della cipria).*
***hourra** ['uʀa, huʀa] *excl* urrà *m inv*, evviva *m inv*.
***housse** ['us] *nf* fodera.
***houx** ['u] *nm* agrifoglio.
***hublot** ['yblo] *nm* oblò *m inv*.
***huche** ['yʃ] *nf* madia.
***huées** ['ɥe] *nfpl* urla *fpl* e fischi *mpl*.
***huer** ['ɥe] *vt* fischiare.
***huile** [ɥil] *nf* olio; *(fam)* pezzo grosso.
***huiler** [ɥile] *vt* oliare.
huilier [ɥilje] *nm* oliera.
***huis** [ɥi] *nm:* **à ~ clos** (*JUR*) a porte chiuse.
huissier [ɥisje] *nm* usciere *m;* (*JUR*) ufficiale *m* giudiziario.
***huit** ['ɥi(t)] *num* otto; **huitaine** *nf:* **une huitaine de jours** una settimana; **huitième** *num* ottavo(a).
huître [ɥitʀ(ə)] *nf* ostrica.
humain, e [ymɛ̃ɛn] *a* umano(a) // *nm* umano; **humaniser** *vt* rendere più umano, umanizzare; **humanitaire** *a* umanitario(a); **humanité** *nf* umanità *f inv; ~***s** *fpl* studi *mpl* classici *ou* umanistici.
humble [œbl(ə)] *a* umile.
humecter [ymɛkte] *vt* inumidire; **s'~** *vr* inumidirsi.
***humer** ['yme] *vt* annusare, fiutare.
humeur [ymœʀ] *nf* umore *m; (irritation)* stizza.
humide [ymid] *a* umido(a); **humidifier** *vt* umidificare; **humidité** *nf* umidità *f inv*.
humilier [ymilje] *vt* umiliare.
humilité [ymilite] *nf* umiltà *f inv*.
humoriste [ymɔʀist(ə)] *nm/f* umorista *m/f*.
humoristique [ymɔʀistik] *a* umoristico(a).
humour [ymuʀ] *nm* umorismo.
***hurlement** ['yʀləmɑ̃] *nm* urlo.
***hurler** ['yʀle] *vi* urlare; *(chiens, loups)* ululare.
hurluberlu [yʀlybɛʀly] *nm* scervellato/a, strampalato/a.
***hutte** ['yt] *nf* capanna, capanno.
hybride [ibʀid] *a* ibrido(a).
hydratant, e [idʀatɑ̃, ɑ̃t] *a* idratante.
hydrate [idʀat] *nm* idrato.
hydraulique [idʀolik] *a* idraulico(a).
hydravion [idʀavjɔ̃] *nm* idrovolante *m*.
hydro ... *préf* idro ...; **hydrocution** *nf* idrocuzione; **hydro-électrique** *a* idroelettrico(a); **hydrofoil** *nm* aliscafo; **hydrogène** *nm* idrogeno; **hydrophile** *a voir* **coton.**
hyène [jɛn] *nf* iena.
hygiène [iʒjɛn] *nf* igiene *f;* **hygiénique** *a* igienico(a).
hymne [imn(ə)] *nm* inno.
hyper ... [ipɛʀ] *préf* iper ...; **hypermarché** *nm* ipermercato; **hypertension** *nf* ipertensione *f*.
hypnose [ipnoz] *nf* ipnosi *f inv*.
hypnotiser [ipnɔtize] *vt* ipnotizzare.
hypothèque [ipɔtɛk] *nf* ipoteca.
hypothéquer [ipɔteke] *vt* ipotecare.
hypothèse [ipɔtɛz] *nf* ipotesi *f inv*.
hystérie [isteʀi] *nf* isteria, isterismo; **hystérique** *a* isterico(a).

I

ibérique [ibeʀik] *a* iberico(a).
iceberg [isbɛʀg] *nm* iceberg *m inv*.
ici [isi] qui, qua; **par ~** (per) di qui/qua; *(dans les environs)* da queste parti; **d'~ là/demain** da qui ad allora/a domani *ou* entro domani; **d'~ peu** fra poco; **jusqu'~** finora; *(lieu)* fin qui.
icône [ikon] *nf* icona.
idéal, e, aux [ideal, o] *a, nm* ideale *(m);* **idéaliste** *a* idealistico(a); *(personne)* idealista // *nm/f* idealista *m/f*.

idée [ide] *nf* idea; *(théorie)* teoria, concetto; *(esprit)* mente *f*; **~s reçues** *pl* preconcetti *mpl*; **avoir des ~s noires** *(fig)* vedere tutto nero.
identifier [idɑ̃tifje] *vt* identificare; **s'~** *vr*: **s'~ avec** *ou* **à qch/qn** identificarsi con qc/qd.
identique [idɑ̃tik] *a* identico(a).
identité [idɑ̃tite] *nf* identità *f inv*.
idéologie [ideɔlɔʒi] *nf* ideologia.
idiomatique [idjɔmatik] *a* idiomatico(a).
idiot, e [idjo, idjɔt] *a, nm/f* idiota *(m/f)*.
idiotie [idjɔsi] *nf* idiozia.
idolâtrer [idɔlatʀe] *vt* idolatrare.
idole [idɔl] *nf* idolo.
idylle [idil] *nf* idillio.
idyllique [idilik] *a* idilliaco(a).
if [if] *nm (BOT)* tasso.
igloo [iglu] *nm* iglò *m inv*, iglù *m inv*.
ignare [iɲaʀ] *a* ignorante.
ignifuge [ignifyʒ] *a* ignifugo(a).
ignoble [iɲɔbl(ə)] *a* ignobile.
ignominie [iɲɔmini] *nf* ignominia.
ignorance [iɲɔʀɑ̃s] *nf* ignoranza; **tenir qn dans l'~ (de)** tenere qd all'oscuro (di).
ignorant, e [iɲɔʀɑ̃, ɑ̃t] *a* ignorante // *nm/f* ignorante *m/f*; **~ de** *(à l'obscur)* ignaro di; **faire l'~** fare lo gnorri.
ignorer [iɲɔʀe] *vt* ignorare; **j'ignore comment/si** non so come/se.
il [il] *pron (sujet: personne)* egli *(pl* essi); *(: choses, animaux)* esso *(pl* essi); *NB: en italien 'il' reste sous-entendu.*
île [il] *nf* isola.
illégal, e, aux [ilegal, o] *a* illegale.
illégitime [ileʒitim] *a* illegittimo(a).
illettré e [iletʀe] *nm/f* analfabeta *(m/f)*.
illicite [ilisit] *a* illecito(a).
illimité, e [ilimite] *a* illimitato(a).
illuminer [ilymine] *vt* illuminare; **s'~** *vr* illuminarsi.
illusion [ilyzjɔ̃] *nf* illusione *f*; **se faire des ~** illudersi, farsi delle illusioni.
illusoire [ilyzwaʀ] *a* illusorio(a).
illustration [ilystʀɑsjɔ̃] *nf* illustrazione *f*.
illustre [ilystʀ(ə)] *a* illustre.
illustré, e [ilystʀe] *a* illustrato(a) // *nm* rotocalco, rivista (illustrata).
illustrer [ilystʀe] *vt* illustrare; *(expliquer)* illustrare, chiarire.
îlot [ilo] *nm* isoletta, isolotto; *(bloc de maisons)* isolato; *(zone)* isola.
image [imaʒ] *nf* immagine *f*; *(portrait)* ritratto; *(illustration)* figura, illustrazione *f*; **~ de marque** *(COMM)* immagine *f* commerciale.
imagé, e [imaʒe] *a* colorito(a).
imaginaire [imaʒinɛʀ] *a* immaginario(a).
imaginatif, ive [imaʒinatif, iv] *a* ricco(a) di immaginazione.
imagination [imaʒinɑsjɔ̃] *nf* immaginazione *f*, fantasia; **avoir de l'~** avere immaginazione.
imaginer [imaʒine] *vt* immaginare; *(inventer)* immaginare, ideare; **s'~** *vr* immaginarsi; *(croire)* credere.
imbattable [ɛ̃batabl(ə)] *a* imbattibile.
imbécile [ɛ̃besil] *a* imbecille; **imbécillité** *nf* idiozia; *(paroles)* cretinata.
imberbe [ɛ̃bɛʀb(ə)] *a* imberbe.
imbibé, e [ɛ̃bibe] *a*: **~ de** impregnato(a) *ou* imbevuto(a) di.
imbiber [ɛ̃bibe] *vt* impregnare, inzuppare; **s'~** *vr*: **s'~ de** imbeversi di, impregnarsi di.
imbriquer [ɛ̃bʀike]: **s'~** *vr* sovrapporsi, intrecciarsi.
imbu, e [ɛ̃by] *a*: **~ de** imbevuto(a) di.
imbuvable [ɛ̃byvabl(ə)] *a* imbevibile.
imitateur, trice [imitatœʀ, tʀis] *nm/f* imitatore/trice.

imitation [imitɑsjɔ̃] *nf* imitazione *f*; **un sac ~ cuir** una borsa in finta pelle.
imiter [imite] *vt* imitare.
immaculé, e [imakyle] *a* immacolato(a).
immanquable [ɛ̃mɑ̃kabl(ə)] *a* inevitabile; *(infaillible)* infallibile.
immatriculation [imatʀikylɑsjɔ̃] *nf* immatricolazione *f*.
immatriculer [imatʀikyle] *vt* immatricolare; (*SCOL*) iscrivere; **se faire ~** (*SCOL*) iscriversi.
immédiat, e [imedja, at] *a* immediato(a) // *nm*: **dans l'~** per il momento.
immense [imɑ̃s] *a* immenso(a).
immergé, e [imɛʀʒe] *a* sommerso(a).
immerger [imɛʀʒe] *vt* immergere; **s'~** *vr* immergersi.
immérité, e [imeʀite] *a* immeritato(a).
immeuble [imœbl(ə)] *nm* stabile *m*, immobile *m* // *a* immobile.
immigrant, e [imigʀɑ̃, ɑ̃t] *nm/f* immigrante *m/f*.
immigration [imigʀɑsjɔ̃] *nf* immigrazione *f*.
immigrer [imigʀe] *vi* immigrare.
imminent, e [iminɑ̃, ɑ̃t] *a* imminente.
immiscer [imise]: **s'~** *vr*: **s'~ dans** immischiarsi in.
immobile [imɔbil] *a* immobile, fermo(a).
immobilier, ière [imɔbilje, jɛʀ] *a* immobiliare // *nm*: **l'~** (*COMM*) il settore *m* immobiliare.
immobilisation [imɔbilizɑsjɔ̃] *nf* immobilizzazione *f*; (*ECON*) immobilizzo.
immobiliser [imɔbilize] *vt* immobilizzare; **s'~** *vr* restare immobile, immobilizzarsi; *(machine, véhicule)* fermarsi.
immodéré, e [imɔdeʀe] *a* smodato(a), eccessivo(a).
immonde [imɔ̃d] *a* immondo(a); *(ignoble, obscène)* osceno(a), sconcio(a).
immondices [imɔ̃dis] *nmpl* immondizie *fpl*.
immoral, e, aux [imɔʀal, o] *a* immorale.
immortaliser [imɔʀtalize] *vt* immortalare.
immortel, le [imɔʀtɛl] *a* immortale.
immuable [imɥabl(ə)] *a* immutabile.
immuniser [imynize] *vt* immunizzare.
immunité [imynite] *nf* immunità *f inv*.
impact [ɛ̃pakt] *nm* impatto.
impair, e [ɛ̃pɛʀ] *a* dispari *inv*; (*ANAT, BOT*) impari *inv*.
impardonnable [ɛ̃paʀdɔnabl(ə)] *a* imperdonabile.
imparfait, e [ɛ̃paʀfɛ, ɛt] *a* imperfetto(a) // *nm* imperfetto.
impartial, e, aux [ɛ̃paʀsjal, o] *a* imparziale.
impartir [ɛ̃paʀtiʀ] *vt* concedere; (*JUR*) assegnare, accordare.
impasse [ɛ̃pas] *nf* strada senza uscita, vicolo cieco; *(fig)* impasse *f inv*.
impassible [ɛ̃pasibl(ə)] *a* impassibile.
impatience [ɛ̃pasjɑ̃s] *nf* impazienza.
impatienter [ɛ̃pasjɑ̃te] *vt* spazientire; **s'~** *vr* spazientirsi, impazientirsi.
impayable [ɛ̃pɛjabl(ə)] *a (fam)* unico(a), impagabile.
impayé, e [ɛ̃peje] *a* insoluto(a), non pagato(a).
impeccable [ɛ̃pekabl(ə)] *a* impeccabile; *(fam)* perfetto(a).
impénétrable [ɛ̃penetʀabl(ə)] *a* impenetrabile.
impensable [ɛ̃pɑ̃sabl(ə)] *a* inconcepibile.
impératif, ive [ɛ̃peʀatif, iv] *a* imperativo(a); *(nécessaire)* indi-

spensabile // *nm* imperativo; *(prescription)* dettame *m*, regola (tassativa).
imperceptible [ɛ̃pɛʀsɛptibl(ə)] *a* impercettibile.
imperfection [ɛ̃pɛʀfɛksjɔ̃] *nf* imperfezione *f*.
impérial, e, aux [ɛ̃peʀjal, o] *a* imperiale.
impérialisme [ɛ̃peʀjalism(ə)] *nm* imperialismo.
impérieux, euse [ɛ̃peʀjø, øz] *a* imperioso(a).
impérissable [ɛ̃peʀisabl(ə)] *a* perenne, imperituro(a).
imperméable [ɛ̃pɛʀmeabl(ə)] *a, nm* impermeabile *(m)*.
impersonnel, le [ɛ̃pɛʀsɔnɛl] *a* impersonale.
impertinence [ɛ̃pɛʀtinɑ̃s] *nf* impertinenza, insolenza.
imperturbable [ɛ̃pɛʀtyʀbl(ə)] *a* imperturbabile.
impétueux, euse [ɛ̃petɥø, øz] *a* impetuoso(a).
impie [ɛ̃pi] *nm/f* empio/a.
impitoyable [ɛ̃pitwajabl(ə)] *a* spietato(a); *(critique, observateur)* senza pietà *inv*.
implacable [ɛ̃plakabl(ə)] *a* implacabile.
implanter [ɛ̃plɑ̃te] *vt (installer: usine)* impiantare, *(usage, mode)* introdurre; **s'~** *vr* installarsi, insediarsi; *(usage, idée)* radicarsi.
implicite [ɛ̃plisit] *a* implicito(a).
impliquer [ɛ̃plike] *vt* implicare.
implorer [ɛ̃plɔʀe] *vt* implorare.
implosion [ɛ̃plozjɔ̃] *nf* implosione *f*.
impoli, e [ɛ̃pɔli] *a* sgarbato(a), maleducato(a) // *nm/f* maleducato/a.
impolitesse [ɛ̃pɔlitɛs] *nf* maleducazione *f*, villania; *(acte)* scortesia.
impondérable [ɛ̃pɔ̃deʀabl(ə)] *a* imponderabile.
importance [ɛ̃pɔʀtɑ̃s] *nf* importanza; *(quantité)* entità *f inv*; **avoir de l'~** essere importante.
important, e [ɛ̃pɔʀtɑ̃, ɑ̃t] *a* importante; *(quantitativement)* notevole, considerevole // *nm* importante *m*.
importateur, trice [ɛ̃pɔʀtatœʀ, tʀis] *a, nm/f* importatore(trice).
importation [ɛ̃pɔʀtɑsjɔ̃] *nf* importazione *f*.
importer [ɛ̃pɔʀte] *vi* importare, essere importante // *vt* importare // *vb impersonnel:* **il importe de/que** l'importante è di/che; **peu m'importe!** (per me) fa lo stesso!; **peu importe (que)** non importa (che); *voir aussi* **n'importe**.
importun, e [ɛ̃pɔʀtœ̃, yn] *a, nm/f* importuno(a).
importuner [ɛ̃pɔʀtyne] *vt* importunare.
imposable [ɛ̃pozabl(ə)] *a* imponibile; *(personne)* assoggettabile a imposta.
imposant, e [ɛ̃pozɑ̃, ɑ̃t] *a* imponente; *(considérable)* notevole.
imposer [ɛ̃poze] *vt* imporre; *(taxer)* tassare; **s'~** *vr* imporsi; *(être nécessaire)* essere necessario; *(imposer sa présence)* imporsi, distinguersi; **en ~ (à qn)** incutere soggezione (a qd); **imposition** *nf* imposizione *f*.
impossible [ɛ̃pɔsibl(ə)] *a, nm* impossibile *(m)*; **il m'est ~ de répondre** mi è impossibile rispondere.
imposteur [ɛ̃pɔstœʀ] *nm* impostore *m*.
impôt [ɛ̃po] *nm* imposta, tassa; **~ sur le revenu (i.R.)** imposta sul reddito delle persone fisiche (iRPEF).
impotent, e [ɛ̃pɔtɑ̃, ɑ̃t] *a, nm/f* invalido(a).
impraticable [ɛ̃pʀatikabl(ə)] *a* impraticabile; *(irréalisable)* inattuabile, irrealizzabile.
imprécation [ɛ̃pʀekɑsjɔ̃] *nf* imprecazione *f*.
imprécis, e [ɛ̃pʀesi, iz] *a* impre-

ciso(a).
imprégner [ɛ̃pʀeɲe] *vt* impregnare; *(de lumière)* inondare; **s'~** *vr:* **s'~ de** impregnarsi di.
imprenable [ɛ̃pʀənabl(ə)] *a* imprendibile; **vue ~** vista panoramica assicurata.
impression [ɛ̃pʀesjɔ̃] *nf* impressione *f; (sur papier, tissu, etc)* stampa; **faire ~** far colpo.
impressionner [ɛ̃pʀesjɔne] *vt* impressionare.
impressionnisme [ɛ̃pʀesjɔnism(ə)] *nm* impressionismo.
imprévisible [ɛ̃pʀevizibl(ə)] *a* imprevedibile.
imprévu, e [ɛ̃pʀevy] *a* imprevisto(a) // *nm* imprevisto; **en cas d'~/sauf ~** in caso di/salvo imprevisti.
imprimé, e [ɛ̃pʀime] *a* stampato(a) // *nm* modulo, stampato; (POSTE) stampa; *(tissu)* tessuto stampato.
imprimer [ɛ̃pʀime] *vt* stampare; *(empreinte, mouvement)* imprimere.
imprimerie [ɛ̃pʀimʀi] *nf* stampa; *(établissement)* tipografia, stamperia.
imprimeur [ɛ̃pʀimœʀ] *nm* tipografo.
improductif, ive [ɛ̃pʀɔdyktif, iv] *a* improduttivo(a).
impromptu, e [ɛ̃pʀɔ̃pty] *a* improvvistato(a).
impropre [ɛ̃pʀɔpʀ(ə)] *a* improprio(a); **~ à** non idoneo(a) a, inadatto(a) a.
impropriété [ɛ̃pʀɔpʀijete] *nf* improprietà *f inv*.
improvisé, e [ɛ̃pʀɔvize] *a* improvvisato(a).
improviser [ɛ̃pʀɔvize] *vt, vi* improvvisare; **s'~** *vr* improvvisarsi.
improviste [ɛ̃pʀɔvist(ə)]: **à l'~** *ad* all'improvviso; **prendre qn à l'~** prendere qd alla sprovvista.
imprudence [ɛ̃pʀydɑ̃s] *nf* imprudenza.
impudent, e [ɛ̃pydɑ̃, ɑ̃t] *a* impudente.
impudique [ɛ̃pydik] *a* impudico(a).
impuissant, e [ɛ̃pɥisɑ̃, ɑ̃t] *a, nm* impotente *(m);* **~ à faire qch** incapace di fare qc.
impulsif, ive [ɛ̃pylsif, iv] *a, nm/f* impulsivo(a).
impulsion [ɛ̃ylsjɔ̃] *nf* impulso.
impur, e [ɛ̃pyʀ] *a* impuro(a).
impureté [ɛ̃pyʀte] *nf* impurità *f inv*.
imputation [ɛ̃pytɑsjɔ̃] *nf* imputazione *f*.
imputer [ɛ̃pyte] *vt* imputare, attribuire; (COMM) imputare.
inabordable [inabɔʀabl(ə)] *a* inaccessibile; *(cher: prix)* caro(a).
inacceptable [inaksɛptabl(ə)] *a* inaccettabile.
inaccoutumé, e [inakutyme] *a* insolito(a).
inachevé, e [inaʃve] *a* incompiuto(a).
inactif, ive [inaktif, iv] *a* inattivo(a); *(inefficace: remède)* inefficace.
inaction [inaksjɔ̃] *nf* inazione *f*, inattività *f inv*.
inactivité [inaktivite] *nf* inattività *f inv*.
inadapté, e [inadapte] *a* disadattato(a); **~ à** non consono a // *nm/f* disadattato/a.
inadvertance [inadvɛʀtɑ̃s]: **par ~** *ad* inavvertitamente.
inaliénable [inaljenabl(ə)] *a* inalienabile.
inanimé, e [inanime] *a* inanimato(a); *(corps, personne)* esanime, inanimato(a).
inanition [inanisjɔ̃] *nf* inedia.
inaperçu, e [inapɛʀsy] *a* inosservato(a).
inappliqué, e [inaplike] *a* svogliato(a).
inappréciable [inapʀesjabl(ə)] *a*

inapprezzabile; *(difficilement décelable)* impercettibile.
inapte [inapt(ə)] *a* inadatto(a); (*MIL*) inabile.
inattendu, e [inatɑ̃dy] *a* inatteso(a), inaspettato(a).
inattentif, ive [inatɑ̃tif, iv] *a* disattento(a); ~ **à** incurante di.
inattention [inatɑ̃sjɔ̃] *nf* disattenzione *f.*
inaugural, e, aux [inɔgyʀal, o] *a* inaugurale.
inaugurer [inɔgyʀe] *vt* inaugurare.
inavouable [inavwabl(ə)] *a* inconfessabile.
inavoué, e [inavwe] *a* inconfessato(a).
incalculable [ɛ̃kalkylabl(ə)] *a* incalcolabile.
incandescence [ɛ̃kɑ̃desɑ̃s] *nf* incandescenza.
incapable [ɛ̃kapabl(ə)] *a, nm/f* incapace *(m/f)*.
incapacité [ɛ̃kapasite] *nf* incapacità *f inv; (invalidité)* invalidità *f inv;* **être dans l'**~ **de faire** essere nell'impossibilità *f inv* di fare; ~ **de travail** inabilità *f inv* al lavoro.
incarcérer [ɛ̃kaʀseʀe] *vt* incarcerare.
incarner [ɛ̃kaʀne] *vt* incarnare, impersonare; (*THEATRE*) fare la parte di; **s'**~ *vr* (*REL*) incarnarsi.
incartade [ɛ̃kaʀtad] *nf* capriccio, stravaganza.
incassable [ɛ̃kasabl(ə)] *a* infrangibile; *(fil)* resistente.
incendiaire [ɛ̃sɑ̃djɛʀ] *a* incendiario(a) // *nm* incendiario.
incendie [ɛ̃sɑ̃di] *nm* incendio; ~ **criminel** incendio doloso.
incendier [ɛ̃sɑ̃dje] *vt* incendiare.
incertain, e [ɛ̃sɛʀtɛ̃, ɛn] *a* incerto(a).
incertitude [ɛ̃sɛʀtityd] *nf* incertezza.
incessamment [ɛ̃sesamɑ̃] *a* (al più) presto, tra poco.
incessant, e [ɛ̃sɛsɑ̃, ɑ̃t] *a* incessante, continuo(a).
inceste [ɛ̃sɛst(ə)] *nm* incesto.
inchangé, e [ɛ̃ʃɑ̃ʒe] *a* immutato(a).
incidence [ɛ̃sidɑ̃s] *nf* incidenza.
incident [ɛ̃sidɑ̃t] *nm* incidente *m.*
incinérateur [ɛ̃sineʀatœʀ] *nm* inceneritore *m.*
incinérer [ɛ̃sineʀe] *vt* incinerare; *(ordures)* incenerire.
incisif, ive [ɛ̃sizif, iv] *a* mordace, tagliente // *nf* incisivo.
incision [ɛ̃sizjɔ̃] *nf* incisione *f.*
inciter [ɛ̃site] *vt* incitare.
inclinaison [ɛ̃klinɛzɔ̃] *nf* inclinazione *f.*
inclination [ɛ̃klinasjɔ̃] *nf* propensione *f,* inclinazione *f; (tendance morale)* tendenza.
incliner [ɛ̃kline] *vt* inclinare; *(tête)* chinare; **s'**~ *vr* inclinarsi; *(en signe de respect)* inchinarsi; ~ **à** *(tendre à)* essere incline *ou* propenso a.
inclure [ɛ̃klyʀ] *vt* includere; *(joindre à qch)* accludere, allegare.
inclus, e [ɛ̃kly, yz] *a* incluso(a), compreso(a); *voir aussi* **ci-inclus.**
incoercible [ɛ̃kɔɛʀsibl(ə)] *a* incoercibile, incontenibile.
incognito [ɛ̃kɔɲito] *ad* in incognito.
incohérent, e [ɛ̃kɔeʀɑ̃, ɑ̃t] *a* incoerente.
incollable [ɛ̃kɔlabl(ə)] *a* imbattibile.
incolore [ɛ̃kɔlɔʀ] *a* incolore.
incomber [ɛ̃kɔ̃be] *vi:* ~ **à** incombere a // *vb impersonnel* toccare a, spettare a.
incommode [ɛ̃kɔmɔd] *a* scomodo(a).
incommoder [ɛ̃kɔmɔde] *vt* dare fastidio a, disturbare.
incomparable [ɛ̃kɔ̃paʀabl(ə)] *a* incomparabile.
incompatibilité [ɛ̃kɔ̃patibilite] *nf* incompatibilità *f inv.*
incompatible [ɛ̃kɔ̃patibl(ə)] *a*

incompatibile.
incompétent, e [ɛ̃kɔ̃petɑ̃, ɑ̃t] *a* incompetente; ~ **en** incompetente in fatto di.
incomplet, ète [ɛ̃kɔ̃plɛ, ɛt] *a* incompleto(a).
incompréhensible [ɛ̃kɔ̃pʀeɑ̃sibl(ə)] *a* incomprensibile.
incompréhensif, ive [ɛ̃kɔ̃pʀeɑ̃sif, iv] *a* poco comprensivo(a).
incompréhension [ɛ̃kɔ̃pʀeɑ̃sjɔ̃] *nf* incomprensione *f.*
incompris, e [ɛ̃kɔ̃pʀi, iz] *a* incompreso(a).
inconcevable [ɛ̃kɔ̃svabl(ə)] *a* inconceptibile.
inconciliable [ɛ̃kɔ̃siljabl(ə)] *a* inconciliabile.
inconditionnel, le [ɛ̃kɔ̃disjɔnɛl] *a* incondizionato(a) // *nm/f* acceso(a) sostenitore/trice.
inconfortable [ɛ̃kɔ̃fɔʀtabl(ə)] *a* scomodo(a).
incongru, e [ɛ̃kɔ̃gʀy] *a* sconveniente.
inconnu, e [ɛ̃kɔny] *a* sconosciuto(a), ignoto(a) // *nm/f* sconosciuto/a // *nm* (*PHYLOSOPHIE*) ignoto // *nf* incognita.
inconscience [ɛ̃kɔ̃sjɑ̃s] *nf* incoscienza.
inconscient, e [ɛ̃kɔ̃sjɑ̃, ɑ̃t] *a* inconsapevole; *(fou)* incosciente; *(irréfléchi)* inconscio(a) // *nm* (*PSYCH*) inconscio.
inconsidéré, e [ɛ̃kɔ̃sideʀe] *a* sconsiderato(a).
inconsistant, e [ɛ̃kɔ̃sistɑ̃, ɑ̃t] *a* inconsistente.
inconstant, e [ɛ̃kɔ̃stɑ̃, ɑ̃t] *a* incostante.
inconstestable [ɛ̃kɔ̃tɛstabl(ə)] *a* incontestabile.
incontesté, e [ɛ̃kɔ̃tɛste] *a* incontestato(a).
incontinent, e [ɛ̃kɔ̃tinɑ̃, ɑ̃t] *a* incontinente.
inconvenant, e [ɛ̃kɔ̃vnɑ̃, ɑ̃t] *a* sconveniente; *(personne)* scorretto(a).
inconvénient [ɛ̃kɔ̃venjɑ̃] *nm* inconveniente *m;* **si vous n'y voyez pas d'**~ se lei non ha nulla in contrario; **y a-t-il un** ~ **à...?** c'è qualcosa in contrario a...?.
incorporer [ɛ̃kɔʀpɔʀe] *vt* incorporare; *(insérer)* inserire.
incorrect, e [ɛ̃kɔʀɛkt, ɛkt(ə)] *a* inesatto(a), scorretto(a); *(impoli: personne)* scorretto(a).
incorrigible [ɛ̃kɔʀiʒibl(ə)] *a* incorreggibile.
incorruptible [ɛ̃kɔʀyptibl(ə)] *a* incorruttibile.
incrédule [ɛ̃kʀedyl] *a* incredulo(a).
increvable [ɛ̃kʀəvabl(ə)] *a* a prova di foratura *loc inv; (fig: fam: infatigable)* instancabile.
incriminer [ɛ̃kʀimine] *vt* accusare, incriminare.
incroyable [ɛ̃kʀwajabl(ə)] *a* incredibile.
incrustation [ɛ̃kʀystɑsjɔ̃] *nf* incrostazione *f.*
incruster [ɛ̃kʀyste] *vt:* ~ **(de)** incrostare di; *(bijou)* tempestare di; **s'**~ *vr* incrostarsi; *(fig: invité)* mettere radici.
incubation [ɛ̃kybɑsjɔ̃] *nf* incubazione *f.*
inculpation [ɛ̃kylpɑsjɔ̃] *nf* incriminazione *f,* accusa.
inculpé, e [ɛ̃kylpe] *nm/f* imputato/a.
inculper [ɛ̃kylpe] *vt:* ~ **(de)** accusare (di).
inculquer [ɛ̃kylke] *vt* inculcare.
inculte [ɛ̃kylt(ə)] *a* incolto(a).
incurable [ɛ̃kyʀabl(ə)] *a* incurabile.
incursion [ɛ̃kyʀsjɔ̃] *nf* incursione *f.*
incurvé, e [ɛ̃kyʀve] *a* incurvato(a), curvo(a); *(rendu courbe)* ricurvo(a).
Inde [ɛ̃d] *nf* India.
indécence [ɛ̃desɑ̃s] *nf* indecenza.
indéchiffrable [ɛ̃deʃifʀabl(ə)] *a*

indecifrabile.
indécis, e [ɛ̃desi, iz] *a* incerto(a); *(personne)* indeciso(a); **indécision** *nf* indecisione *f*, incertezza.
indéfini, e [ɛ̃defini] *a* indefinito(a); *(illimité)* illimitato(a), indefinito(a).
indéfinissable [ɛ̃definisabl(ə)] *a* indefinibile.
indéformable [ɛ̃defɔʀmabl(ə)] *a* indeformabile.
indélébile [ɛ̃delebil] *a* indelebile.
indélicat, e [ɛ̃delika, at] *a* cafone(a); *(comportement)* indelicato(a).
indemne [ɛ̃dɛmn(ə)] *a* indenne.
indemniser [ɛ̃dɛmnize] *vt:* ~ **qn (de qch)** indennizzare *ou* risarcire qd (di qc).
indemnité [ɛ̃dɛmnite] *nf* indennità *f inv; (dédommagement)* indennizzo.
indéniable [ɛ̃denjabl(ə)] *a* inconfutabile; **il est ~ que...** non si può negare che... .
indépendamment [ɛ̃depɑ̃damɑ̃] *ad* indipendentemente; ~ **de** a prescindere da, indipendentemente da; *(en plus)* oltre a.
indépendance [ɛ̃depɑ̃dɑ̃s] *nf* indipendenza.
indescriptible [ɛ̃dɛskʀiptibl(ə)] *a* indescrivibile.
indésirable [ɛ̃deziʀabl(ə)] *a* non gradito(a), indesiderabile.
indestructible [ɛ̃dɛstʀyktibl(ə)] *a* indistruttibile; *(solidarité, lien)* indissolubile.
indéterminé, e [ɛ̃detɛʀmine] *a* indeterminato(a), incerto(a).
index [ɛ̃dɛks] *nm* indice *m*.
indexer [ɛ̃dɛkse] *vt:* ~ **(sur)** indicizzare (a).
indicateur, trice [ɛ̃dikatœʀ, tʀis] *a* indicatore(trice) // *nm/f (de la police)* informatore/trice // *nm (instrument)* indicatore *m;* (PHYS) rivelatore *m*, indicatore *m;* ~ **des chemins de fer** orario ferroviario; ~ **des rues d'une ville** stradario di una città.
indicatif, ive [ɛ̃dikatif, iv] *a* indicativo(a) // *nm* indicativo; *(d'une émission)* sigla (musicale); *(téléphonique)* prefisso; ~ **d'appel** (RADIO, TEL) indicativo di chiamata.
indication [ɛ̃dikɑsjɔ̃] *nf* indicazione *f; (routière)* segnalazione *f*.
indice [ɛ̃dis] *nm* indice *m; (marque, symptôme)* indizio, segno; (*JUR*) indizio.
indicible [ɛ̃disibl(ə)] *a* indicibile, indescrivibile.
indien, ne [ɛ̃djɛ̃, ɛn] *a, nm/f* indiano(a).
indifférence [ɛ̃difeʀɑ̃s] *nf* indifferenza.
indifférent, e [ɛ̃difeʀɑ̃, ɑ̃t] *a* indifferente.
indigence [ɛ̃diʒɑ̃s] *nf* indigenza.
indigène [ɛ̃diʒɛn] *a, nm/f* indigeno(a).
indigeste [ɛ̃diʒɛst(ə)] *a* indigesto(a).
indignation [ɛ̃diɲasjɔ̃] *nf* indignazione *f*, sdegno.
indigne [ɛ̃diɲ] *a* indegno(a).
indigner [ɛ̃diɲe] *vt* indignare; **s'~** *vr:* **s'~ de qch** indignarsi per qc.
indiqué, e [ɛ̃dike] *a* indicato(a), adatto(a).
indiquer [ɛ̃dike] *vt* indicare; *(suj: montre)* fare; ~ **qn** *ou* **qc du doigt/du regard** indicare qd/qc col dito/con lo sguardo.
indirect, e [ɛ̃diʀɛkt, ɛkt(ə)] *a* indiretto(a).
indiscipline [ɛ̃disiplin] *nf* indisciplina.
indiscipliné, e [ɛ̃disipline] *a* indisciplinato(a).
indiscret, ète [ɛ̃diskʀɛ, ɛt] *a* indiscreto(a).
indiscrétion [ɛ̃diskʀesjɔ̃] *nf* indiscrezione *f*.
indiscutable [ɛ̃diskytabl(ə)] *a* indiscutibile.
indispensable [ɛ̃dispɑ̃sabl(ə)] *a* indispensabile.

indisponible [ɛ̃dispɔnibl(ə)] *a* indisponibile, non disponibile.
indisposé, e [ɛ̃dispoze] *a* indisposto(a).
indisposer [ɛ̃dispoze] *vt* disturbare; *(déplaire à)* indisporre.
indistinct, e [ɛ̃distɛ̃(kt), ɛ̃kt(ə)] *a* indistinto(a).
individu [ɛ̃dividy] *nm* individuo.
individuel, le [ɛ̃dividɥɛl] *a* individuale; *(chambre)* singolo(a).
indolent, e [ɛ̃dɔlɑ̃, ɑ̃t] *a* indolente.
indomptable [ɛ̃dɔ̃tabl(ə)] *a* indomabile.
indonésien, ne [ɛ̃dɔnezjɛ̃, ɛn] *a, nm/f* indonesiano(a).
indu, e [ɛ̃dy] *a*: **à des heures ~es** a ore impossibili.
indubitable [ɛ̃dybitabl(ə)] *a* indubitabile, indubbio(a).
induire [ɛ̃dɥiʀ] *vt* indurre.
indulgent, e [ɛ̃dylʒɑ̃, ɑ̃t] *a* indulgente.
indûment [ɛ̃dymɑ̃] *ad* indebitamente.
industrialiser [ɛ̃dystʀijalize] *vt* industrializzare; **s'~** *vr* industrializzarsi.
industrie [ɛ̃dystʀi] *nf* industria; **industriel, le** *a, nm* industriale *(m)*.
industrieux, euse [ɛ̃dystʀijø, øz] *a* industrioso(a).
inébranlable [inebʀɑ̃labl(ə)] *a* indistruttibile; *(fig)* incrollabile.
inédit, e [inedi, it] *a* inedito(a).
ineffaçable [inefasabl(ə)] *a* incancellabile.
inefficace [inefikas] *a* inefficace.
inégal, e, aux [inegal, o] *a* disuguale; *(somme, répartition)* ineguale; *(disproportionné)* impari; *(irrégulier: rythme, surface)* irregolare.
inégalable [inegalabl(ə)] *a* ineguagliabile.
inégalé, e [inegale] *a* imbattuto(a).
inégalité [inegalite] *nf* disuguaglianza, disparità *f inv*; *(fig)* ineguaglianza; *(irrégularité)* irregularità *f inv*.
inéluctable [inelyktabl(ə)] *a* ineluttabile.
inénarrable [inenaʀabl(ə)] *a* inenarrabile.
inepte [inɛpt(ə)] *a* stupido(a); *(personne)* inetto(a).
ineptie [inɛpsi] *nf* stupidaggine *f*, sciocchezza.
inépuisable [inepɥizabl(ə)] *a* inesaurabile.
inerte [inɛʀt(ə)] *a* inerte.
inespéré, e [inɛspeʀe] *a* insperato(a).
inesthétique [inɛstetik] *a* antiestetico(a).
inexact, e [inɛgza(kt), akt(ə)] *a* inesatto(a).
inexcusable [inɛkskyzabl(ə)] *a* imperdonabile.
inexorable [inɛgzɔʀabl(ə)] *a* inesorabile.
inexpérimenté, e [inɛkspeʀimɑ̃te] *a* inesperto(a); *(arme, procédé)* non sperimentato(a).
inexplicable [inɛksplikabl(ə)] *a* inspiegabile.
inexploité, e [inɛksplwate] *a* non sfruttato(a).
inexpressif, ive [inɛkspʀesif, iv] *a* inespressivo(a).
inexprimable [inɛkspʀimabl(ə)] *a* inesprimibile.
in extenso [inɛkstɛ̃so] *ad* per esteso.
inextricable [inɛkstʀikabl(ə)] *a* inestricabile.
infaillible [ɛ̃fajibl(ə)] *a* infallibile.
infâme [ɛ̃fɑm] *a* infame.
infanterie [ɛ̃fɑ̃tʀi] *nf* fanteria.
infanticide [ɛ̃fɑ̃tisid] *a, nm/f* infanticida *(m/f)* // *nm (meurtre)* infanticidio.
infantile [ɛ̃fɑ̃til] *a* infantile.
infarctus [ɛ̃faʀktys] *nm* infarto.
infatigable [ɛ̃fatigabl(ə)] *a* instancabile.
infect, e [ɛ̃fɛkt, ɛkt(ə)] *a* fetido(a),

puzzolente; *(goût, temps)* schifoso(a); *(personne)* abietto(a).
infecter [ɛ̃fɛkte] *vt* infettare; *(atmosphère, ville)* appestare; **s'~** *vr* infettarsi.
infectieux, euse [ɛ̃fɛksjø, øz] *a* infettivo(a).
inférieur, e [ɛ̃feʀjœʀ] *a, nm* inferiore *(m)*; **infériorité** *nf* inferiorità *f inv*.
infernal, e, aux [ɛ̃fɛʀnal, o] *a* infernale.
infester [ɛ̃fɛste] *vt* infestare.
infidèle [ɛ̃fidɛl] *a* infedele.
infidélité [ɛ̃fidelite] *nf* infedeltà *f inv*.
infiltrer [ɛ̃filtʀe]: **s'~** *vr* infiltrarsi.
infime [ɛ̃fim] *a* infimo(a); *(minuscule)* minuscolo(a).
infini, e [ɛ̃fini] *a* infinito(a); *(conversation)* interminabile // *nm* infinito; **infinité** *nf* infinità *f inv*.
infinitif [ɛ̃finitif] *nm* infinito.
infirme [ɛ̃fiʀm(ə)] *a, nm/f* invalido(a); *(mental)* minorato(a).
infirmer [ɛ̃fiʀme] *vt* invalidare.
infirmerie [ɛ̃fiʀməʀi] *nf* infermeria.
infirmité [ɛ̃fiʀmite] *nf* infermità *f inv*, menomazione *f*.
inflammable [ɛ̃flamabl(ə)] *a* infiammabile.
inflammation [ɛ̃flamɑsjɔ̃] *nf* infiammazione *f*.
inflation [ɛ̃flɑsjɔ̃] *nf* inflazione *f*.
infléchir [ɛ̃fleʃiʀ] *vt (fig)* modificare, piegare.
inflexible [ɛ̃flɛksibl(ə)] *a* inflessibile.
inflexion [ɛ̃flɛksjɔ̃] *nf* inflessione *f*.
infliger [ɛ̃fliʒe] *vt* infliggere.
influençable [ɛ̃flyɑ̃sabl(ə)] *a* influenzabile.
influence [ɛ̃flyɑ̃s] *nf* influenza, influsso; *(domination, pouvoir)* influenza.
influencer [ɛ̃flyɑ̃se] *vt* influenzare.
influer [ɛ̃flye] *vi*: **~ sur** influire su.
influx [ɛ̃fly] *nm* influsso; **~ nerveux** (*MED*) impulso nervoso.
informaticien, ne [ɛ̃fɔʀmatisjɛ̃, ɛn] *nm/f* specialista *m/f ou* esperto/a di informatica.
information [ɛ̃fɔʀmɑsjɔ̃] *nf* informazione *f*; (*JUR*) inchiesta, istruttoria; **voyage d'~** viaggio di studio; **les ~s** *pl* (*TV, RADIO*) notiziario, ultime notizie *fpl*.
informatique [ɛ̃fɔʀmatik] *nf* informatica.
informe [ɛ̃fɔʀm(ə)] *a* informe.
informer [ɛ̃fɔʀme] *vt* informare // *vi* **~ contre qn/sur qch** (*JUR*) aprire un'istruttoria su qd/qc; **s'~** *vr* informarsi.
infraction [ɛ̃fʀaksjɔ̃] *nf* infrazione *f*.
infranchissable [ɛ̃fʀɑ̃ʃisabl(ə)] *a* insuperabile, insormontabile.
infrarouge [ɛ̃fʀaʀuʒ] *a* infrarosso(a) // *nm* (raggio) infrarosso.
infrastructure [ɛ̃fʀastʀyktyʀ] *nf* infrastruttura.
infructueux, euse [ɛ̃fʀyktɥø, øz] *a* infruttuoso(a).
infuser [ɛ̃fyze] *vt* fare un infuso di; **faire/laisser ~** lasciare in infusione; **infusion** *nf* infuso; *(procédé)* infusione *f*.
ingénier [ɛ̃ʒenje]: **s'~ à** *vr*: **s'~ à** fare di tutto per, ingegnarsi a.
ingénieur [ɛ̃ʒenjœʀ] *nm* ingegnere *m*; **~ agronome** dottore *m* in agraria; **~ du son** (*TV, CINE, etc*) tecnico del suono.
ingénieux, euse [ɛ̃ʒenjø, øz] *a* ingegnoso(a).
ingénu, e [ɛ̃ʒeny] *a* ingenuo(a).
ingérer [ɛ̃ʒeʀe] *vt* ingerire; **s'~** *vr* ingerirsi, intromettersi.
ingrat, e [ɛ̃gʀa, at] *a* ingrato(a).
ingrédient [ɛ̃gʀedjɑ̃] *nm* ingrediente *m*.
inguérissable [ɛ̃geʀisabl(ə)] *a* incurabile.
ingurgiter [ɛ̃gyʀʒite] *vt* ingurgitare.

inhabitable [inabitabl(ə)] *a* inabitabile.
inhabité, e [inabite] *a* disabitato(a).
inhabituel, le [inabitɥɛl] *a* insolito(a).
inhalation [inalɑsjɔ̃] *nf* inalazione *f*.
inhérent, e [ineʀɑ̃, ɑ̃t] *a* inerente.
inhibition [inibisjɔ̃] *nf* inibizione *f*.
inhumain, e [inymɛ̃, ɛn] *a* inumano(a), disumano(a).
inhumer [inyme] *vt* inumare.
inimitié [inimitje] *nf* inimicizia.
inintelligible [inɛ̃teliʒibl(ə)] *a* incomprensibile.
iniquité [inikite] *nf* iniquità *f inv*.
initial, e, aux [inisjal, o] *a, nf* iniziale *(f)*.
initiateur, trice [inisjatœʀ, tʀis] *nm/f* maestro/a; *(précurseur)* precursore *m*, innovatore/trice; *(promoteur)* promotore/trice.
initiative [inisjativ] *nf* iniziativa; **avoir de l'~** avere iniziativa; **syndicat d'~** *(tourisme)* azienda di soggiorno.
initier [inisje] *vt* iniziare; **s'~** *vr*: **s'~ à** accostarsi à; *(apprendre)* imparare.
injecté, e [ɛ̃ʒɛkte] *a* iniettato(a).
injecter [ɛ̃ʒɛkte] *vt* iniettare.
injection [ɛ̃ʒɛksjɔ̃] *nf* iniezione *f*.
injonction [ɛ̃ʒɔ̃ksjɔ̃] *nf* ingiunzione *f*.
injure [ɛ̃ʒyʀ] *nf* ingiuria.
injurier [ɛ̃ʒyʀje] *vt* ingiuriare, insultare.
injuste [ɛ̃ʒyst(ə)] *a* ingiusto(a).
injustice [ɛ̃ʒystis] *nf* ingiustizia.
inlassable [ɛ̃lɑsabl(ə)] *a* instancabile.
inné, e [ine] *a* innato(a).
innocent, e [inɔsɑ̃, ɑ̃t] *a* innocente; *(naïf)* ingenuo(a) // *nm* innocente *m/f*.
innocenter [inɔsɑ̃te] *vt* assolvere; *(justifier)* scagionare, giustificare.
innombrable [inɔ̃bʀabl(ə)] *a* innumerevole.
innommable [inɔmabl(ə)] *a* disgustoso(a), ripugnante.
innover [inɔve] *vt, vi* innovare.
inobservation [inɔpsɛʀvɑsjɔ̃] *nf* inosservanza.
inoccupé, e [inɔkype] *a* libero(a); *(personne, vie)* inoperoso(a).
inoculer [inɔkyle] *vt* inoculare.
inodore [inɔdɔʀ] *a* inodore.
inoffensif, ive [inɔfɑ̃sif, iv] *a* inoffensivo(a), innocuo(a).
inondation [inɔ̃dɑsjɔ̃] *nf* inondazione *f*, allagamento; *(des campagnes, etc)* alluvione *f*, inondazione *f*.
inonder [inɔ̃de] *vt* inondare, allagare.
inopérant, e [inɔpeʀɑ̃, ɑ̃t] *a* inoperante, inefficace.
inopiné, e [inɔpine] *a* inatteso(a), improvviso(a).
inopportun, e [inɔpɔʀtœ̃, yn] *a* inopportuno(a).
inoubliable [inublijabl(ə)] *a* indimenticabile.
inouï, e [inwi] *a* inaudito(a), incredibile.
inoxydable [inɔksidabl(ə)] *a* inossidabile.
inqualifiable [ɛ̃kalifjabl(ə)] *a* inqualificabile.
inquiet, ète [ɛ̃kjɛ, ɛt] *a* inquieto(a), preoccupato(a); *(agité)* agitato(a).
inquiéter [ɛ̃kjete] *vt* preoccupare, inquietare; **s'~** *vr* preoccuparsi.
inquiétude [ɛ̃kjetyd] *nf* preoccupazione *f*, apprensione *f*; **avoir des ~s au sujet de** essere preoccupato riguardo a.
inquisition [ɛ̃kizisjɔ̃] *nf* inquisizione *f*; *(enquête)* inchiesta.
insaisissable [ɛ̃sezisabl(ə)] *a* inafferrabile; *(nuance, différence)* impercettibile.
insanité [ɛ̃sanite] *nf* assurdità *f inv*; *~s pl* stupidaggini *fpl*.
insatiable [ɛ̃sasjabl(ə)] *a*

insaziabile; **soif** ~ sete inestinguibile.
insatisfait, e [ɛ̃satisfɛ, ɛt] *a* insoddisfatto(a).
inscription [ɛ̃skʀipsjɔ̃] *nf* iscrizione *f; (sur le mur)* scritta; *(indication: sur un écriteau, une étiquette)* indicazione *f*, scritta.
inscrire [ɛ̃skʀiʀ] *vt* iscrivere; *(marquer)* annotare, segnare; *(dans la pierre, le marbre, le métal)* incidere; **s'~** *vr* inscriversi; *(fig)* inserirsi; **s'~ en faux contre qch** (*JUR*) smentire qc.
insecte [ɛ̃sɛkt(ə)] *nm* insetto.
insécurité [ɛ̃sekyʀite] *nf* insicurezza.
insémination [ɛ̃seminɑsjɔ̃] *nf* inseminazione *f*.
insensé, e [ɛ̃sɑ̃se] *a* insensato(a).
insensibiliser [ɛ̃sɑ̃sibilize] *vt* desensibilizzare.
insensible [ɛ̃sɑ̃sibl(ə)] *a* insensibile; *(imperceptible)* impercettibile.
inséparable [ɛ̃sepaʀabl(ə)] *a* inseparabile.
insérer [ɛ̃seʀe] *vt* inserire; **s'~** *vr* inserirsi.
insidieux, euse [ɛ̃sidjø, øz] *a* insidioso(a).
insigne [ɛ̃siɲ] *nm* insegna; *(d'un parti politique, club sportif)* distintivo // *a* insigne.
insignifiant, e [ɛ̃siɲifjɑ̃, ɑ̃t] *a* insignificante.
insinuation [ɛ̃sinɥɑsjɔ̃] *nf* insinuazione *f*.
insinuer [ɛ̃sinɥe] *vt* insinuare; **s'~** *vr* insinuarsi in.
insipide [ɛ̃sipid] *a* insipido(a).
insistance [ɛ̃sistɑ̃s] *nf* insistenza.
insister [ɛ̃siste] *vi* insistere.
insolation [ɛ̃sɔlɑsjɔ̃] *nf* insolazione *f*.
insolence [ɛ̃sɔlɑ̃s] *nf* insolenza, arroganza.
insolent, e [ɛ̃sɔlɑ̃, ɑ̃t] *a* insolente; *(indécent: bonheur, luxe)* sfacciato(a) // *nm/f* impertinente *m/f*, insolente *m/f*.
insolite [ɛ̃sɔlit] *a* insolito(a).
insoluble [ɛ̃sɔlybl(ə)] *a* insolubile.
insolvable [ɛ̃sɔlvabl(ə)] *a* insolvibile, insolvente.
insomnie [ɛ̃sɔmni] *nf* insonnia; **avoir des ~s** soffrire d'insonnia.
insondable [ɛ̃sɔ̃dabl(ə)] *a* insondabile.
insonoriser [ɛ̃sɔnɔʀize] *vt* insonorizzare.
insouciant, e [ɛ̃susjɑ̃, ɑ̃t] *a* spensierato(a); ~ **de** noncurante *ou* incurante di.
insoumis, e [ɛ̃sumi, iz] *a* ribelle, insubordinato(a) // *nm* (*MIL*) renitente *m* (alla leva).
insoumission [ɛ̃sumisjɔ̃] *nf* ribellione *f*, insubordinazione *f*.
insoupçonnable [ɛ̃supsɔnabl(ə)] *a* al di sopra di ogni sospetto *loc ivn.*
insoupçonné, e [ɛ̃supsɔne] *a* insospettato(a).
insoutenable [ɛ̃sutnabl(ə)] *a* insostenibile.
inspecter [ɛ̃spɛkte] *vt* ispezionare; **inspecteur, trice** *nm/f* ispettore/trice; **inspecteur des finances** *ispettore del Ministero delle Finanze;* **inspecteur d'Académie** ≈ provveditore *m* agli studi; **inspection** *nf* ispezione *f;* **Inspection** (*ADMIN*) ≈ Ispettorato.
inspiration [ɛ̃spiʀɑsjɔ̃] *nf* ispirazione *f;* (*PHYSIOL*) inspirazione *f*.
inspirer [ɛ̃spiʀe] *vt* ispirare; (*PHYSIOL*) inspirare // *vi* inspirare; **s'~** *vr:* **s'~ de** ispirarsi da; **être bien/mal inspiré de faire qch** avere la buona/cattiva idea di.
instable [ɛ̃stabl(ə)] *a* instabile.
installation [ɛ̃stalɑsjɔ̃] *nf* sistemazione *f; (mise en place: du téléphone, etc)* installazione *f; (appareils, équipement, etc)* impianto; **~s portuaires/industrielles** attrezzature *fpl*

portuali/industriali.
installer [ɛ̃stale] *vt* sistemare; *(gaz, électricité, etc)* installare; **s'~** *vr* sistemarsi.
instamment [ɛ̃stamɑ̃] *ad* insistentemente.
instance [ɛ̃stɑ̃s] *nf* istanza; **les ~s internationales** le autorita *fpl* internazionali; **affaire en ~** (*JUR*) pratica in corso.
instant [ɛ̃stɑ̃] *nm* istante *m*, attimo, momento; **dans un ~** tra un attimo *ou* istante; **à l'~** subito; **à l'~ (même) où** (proprio) nel momento in cui; **pour l'~** per il momento; **par ~s** *(par moments)* a tratti.
instantané, e [ɛ̃stɑ̃tane] *a* istantaneo(a) // *nm* istantanea.
instar [ɛ̃staʀ]: **à l'~ de** *prép* alla maniera di, sull'esempio di.
instaurer [ɛ̃stɔʀe] *vt* instuarare.
instigateur, trice [ɛ̃stigatœʀ, tʀis] *nm/f* istigatore/trice.
instigation [ɛ̃stigɑsjɔ̃] *nf* istigazione *f*; **à l'~ de qn** su incitamento di qd.
instinct [ɛ̃stɛ̃] *nm* istinto; **d'~** per istinto.
instituer [ɛ̃stitɥe] *vt* istituire; *(débat)* promuovere.
institut [ɛ̃stity] *nm* istituto.
instituteur, trice [ɛ̃stitytœʀ, tʀis] *nm/f* maestro/a (elementare).
institution [ɛ̃stitysjɔ̃] *nf* istituzione *f*; *(collège, école privée)* istituto.
instructif, ive [ɛ̃stʀyktif, iv] *a* istruttivo(a).
instruction [ɛ̃stʀyksjɔ̃] *nf* istruzione *f*; (*JUR*) istruttoria, istruzione *f*.
instruire [ɛ̃stʀɥiʀ] *vt* istruire; **s'~** *vr* istruirsi.
instrument [ɛ̃stʀymɑ̃] *nm* strumento.
insu [ɛ̃sy] *nm*: **à l'~ de** all'insaputa di.
insubordination [ɛ̃sybɔʀdinɑsjɔ̃] *nf* insubordinazione *f*.
insuffisance [ɛ̃syfizɑ̃s] *nf* insufficienza; (*SCOL*) mediocrità *f inv*; **~s** *fpl* carenze *fpl*.
insuffisant, e [ɛ̃syfizɑ̃, ɑ̃t] *a* insufficiente.
insuffler [ɛ̃syfle] *vt* insufflare.
insulaire [ɛ̃sylɛʀ] *a* insulare.
insulte [ɛ̃sylt(ə)] *nf* insulto.
insulter [ɛ̃sylte] *vt* insultare.
insupportable [ɛ̃sypɔʀtabl(ə)] *a* insopportabile.
insurger [ɛ̃syʀʒe]: **s'~** *vr*: **s'~ contre** insorgere contro.
insurmontable [ɛ̃syʀmɔ̃tabl(ə)] *a* insormontabile.
insurrection [ɛ̃syʀɛksjɔ̃] *nf* insurrezione *f*.
intact, e [ɛ̃takt, akt(ə)] *a* intatto(a), integro(a).
intangible [ɛ̃tɑ̃ʒibl(ə)] *a* impalpabile; *(inviolable)* intangibile.
intarissable [ɛ̃taʀisabl(ə)] *a* inesauribile.
intégral, e, aux [ɛ̃tegʀal, o] *a* integrale.
intégrant, e [ɛ̃tegʀɑ̃, ɑ̃t] integrante.
intègre [ɛ̃tɛgʀ(ə)] *a* integro(a).
intégrer [ɛ̃tegʀe] *vt*: **~ à/dans** integrare *ou* inserire in; **s'~** *vr* integrarsi, inserirsi.
intellect [ɛ̃telɛkt] *nm* intelletto.
intellectuel, le [ɛ̃telɛktɥɛl] *a, nm/f* intellettuale *(m/f)*.
intelligence [ɛ̃teliʒɑ̃s] *nf* intelligenza.
intelligent, e [ɛ̃teliʒɑ̃, ɑ̃t] *a* intelligente.
intelligible [ɛ̃teliʒibl(ə)] *a* intelligibile.
intempérant, e [ɛ̃tɑ̃peʀɑ̃, ɑ̃t] *a* incontinente, intemperante.
intempéries [ɛ̃tɑ̃peʀi] *fpl* intemperie *fpl*.
intempestif, ive [ɛ̃tɑ̃pɛstif, iv] *a* intempestivo(a).
intenable [ɛ̃tnabl(ə)] *a* insostenibile.
intendance [ɛ̃tɑ̃dɑ̃s] *nf* intendenza.

intendant [ɛ̃tɑ̃dɑ̃] *nm* intendente *m; (régisseur: d'une propriété)* amministratore *m*.
intense [ɛ̃tɑ̃s] *a* intenso(a).
intensifier [ɛ̃tɑ̃sifje] *vt* intensificare.
intenter [ɛ̃tɑ̃te] *vt* intentare.
intention [ɛ̃tɑ̃sjɔ̃] *nf* intenzione *f; (but)* intento; **avoir l'~ de faire qch** avere intenzione di fare qc; **à l'~ de** *prép* a favore di, per; *(fête)* in onore di; **à cette ~** a questo scopo.
intentionné, e [ɛ̃tɑ̃sjɔne] *a* intenzionato(a).
intercalaire [ɛ̃tɛʀkalɛʀ] *a* intercalare.
intercaler [ɛ̃tɛʀkale] *vt* intercalare, inserire; **s'~** *vr*: **s'~ entre** inserirsi tra.
intercéder [ɛ̃tɛʀsede] *vi* intercedere.
intercepter [ɛ̃tɛʀsɛpte] *vt* intercettare.
interclasse [ɛ̃tɛʀklɑs] *nm* intervallo (tra due lezioni).
interdiction [ɛ̃tɛʀdiksjɔ̃] *nf* divieto, proibizione *f; (JUR)* interdizione *f*, interdetto.
interdire [ɛ̃tɛʀdiʀ] *vt* proibire, vietare; *(JUR)* interdire; **s'~** *vr* proibirsi, vietarsi; **s'~ de faire qch** astenersi dal fare qc; **interdit, e** *a (stupéfait)* interdetto(a); *(non autorisé)* vietato(a), proibito(a) // *nm (JUR)* interdetto.
intéressant, e [ɛ̃teʀɛsɑ̃, ɑ̃t] *a* interessante.
intéresser [ɛ̃teʀese] *vt* interessare; **s'~** *vr* interessarsi.
intérêt [ɛ̃teʀɛ] *nm* interesse *m;* **porter de l'~ à qn** mostrare interesse *ou* interessamento per qd; **j'ai ~ à faire qch** è nel mio interesse fare qc.
interférer [ɛ̃tɛʀfeʀe] *vi* interferire.
intérieur, e [ɛ̃teʀjœʀ] *a* interno(a); *(concernant l'esprit)* interiore // *nm* interno; **un ~ bourgeois** *(maison)* una casa borghese; **vêtement/veste d'~** abito da casa/giacca da camera.
intérim [ɛ̃teʀim] *nm* interinato; *(POL)* interim *m inv;* **assurer l'~ (de qn)** sostituire (qd); **par ~** ad interim.
intérimaire [ɛ̃teʀimɛʀ] *a* interinale.
interligne [ɛ̃tɛʀliɲ] *nm* interlinea.
interlocuteur, trice [ɛ̃tɛʀlɔkytœʀ, tʀis] *nm/f* interlocutore/trice.
interloquer [ɛ̃tɛʀlɔke] *vt* lasciare interdetto, sconcertare.
interlude [ɛ̃tɛʀlyd] *nm* intermezzo.
intermède [ɛ̃tɛʀmɛd] *nm* interruzione *f; (interlude)* intermezzo.
intermédiaire [ɛ̃tɛʀmedjɛʀ] *a* intermedio(a) // *nm/f* intermediario/a; **sans ~** direttamente; **par l'~ de** tramite.
interminable [ɛ̃tɛʀminabl(ə)] *a* interminabile.
intermittence [ɛ̃tɛʀmitɑ̃s] *nf*: **par ~** a intervalle.
intermittent, e [ɛ̃tɛʀmitɑ̃, ɑ̃t] *a* intermittente; *(efforts)* discontinuo(a).
internat [ɛ̃tɛʀna] *nm (SCOL)* internato, convitto; *(MED) periodo di pratica svolto da un interno.*
international, e, aux [ɛ̃tɛʀnasjɔnal, o] *a* internazionale // *nm/f (SPORT: joueur)* nazionale *m/f*.
interne [ɛ̃tɛʀn(ə)] *a, nm/f* interno(a).
interner [ɛ̃tɛʀne] *vt* internare.
interpeller [ɛ̃tɛʀpele] *vt* chiamare, apostrofare; *(suj: police: arrêter)* fermare.
interphone [ɛ̃tɛʀfɔn] *nm* interfono; *(d'un appartement)* citofono.
interposer [ɛ̃tɛʀpoze] *vt* interporre, frapporre; **s'~** *vr* frapporsi, interporsi; *(dans une dispute)* intromettersi; **par personne interposée** per interposta persona.
interprétation [ɛ̃tɛʀpʀetasjɔ̃] *nf*

interpretazione *f.*
interprète [ɛ̃tɛʀpʀɛt] *nm/f* interprete *m/f.*
interpréter [ɛ̃tɛʀpʀete] *vt* interpretare.
interrogateur, trice [ɛ̃teʀɔgatœʀ, tʀis] *a* interrogativo(a).
interrogatif, ive [ɛ̃teʀɔgatif, iv] *a* interrogativo(a).
interrogation [ɛ̃teʀɔgɑsjɔ̃] *nf* interrogazione *f;* **point d'~** (*LING*) punto interrogativo.
interrogatoire [ɛ̃teʀɔgatwaʀ] *nm* interrogatorio.
interroger [ɛ̃teʀɔʒe] *vt* interrogare; *(interviewer)* intervistare; **s'~** *vr* interrogarsi.
interrompre [ɛ̃teʀɔ̃pʀ(ə)] *vt* interrompere; **s'~** *vr* interrompersi; **interrupteur** *nm* interruttore *m;* **interruption** *nf* interruzione *f.*
intersection [ɛ̃tɛʀsɛksjɔ̃] *nf* intersezione *f.*
interstice [ɛ̃tɛʀstis] *nm* interstizio.
interurbain, e [ɛ̃tɛʀyʀbɛ̃, ɛn] *a* interurbano(a) // *nm* teleselezione *f.*
intervalle [ɛ̃tɛʀval] *nm* intervallo; **dans l'~** nel frattempo; **par ~s** a intervalli.
intervenir [ɛ̃tɛʀvəniʀ] *vi* intervenire; *(se produire: fait)* sopraggiungere.
intervention [ɛ̃tɛʀvɑ̃sjɔ̃] *nf* intervento.
intervertir [ɛ̃tɛʀvɛʀtiʀ] *vt* invertire.
interview [ɛ̃tɛʀvju] *nf* intervista.
interviewer [ɛ̃tɛʀvjuve] *vt* intervistare.
intestin, e [ɛ̃tɛstɛ̃, in] *a* intestino(a) // *nm* instestino; **intestinal, e, aux** *a* intestinale.
intime [ɛ̃tim] *a, nm/f* intimo(a).
intimer [ɛ̃time] *vt* intimare, ingiungere; (*JUR*) citare.
intimider [ɛ̃timide] *vt* intimidire.
intimité [ɛ̃timite] *nf* intimità *f inv.*
intituler [ɛ̃tityle] *vt* intitolare; **s'~** *vr* intitolarsi.
intolérable [ɛ̃tɔleʀabl(ə)] *a* intollerabile.
intolérance [ɛ̃tɔleʀɑ̃s] *nf* intolleranza.
intonation [ɛ̃tɔnɑsjɔ̃] *nf* intonazione *f.*
intoxication [ɛ̃tɔksikɑsjɔ̃] *nf* intossicazione *f.*
intoxiquer [ɛ̃tɔksike] *vt* intossicare.
intraduisible [ɛ̃tʀadɥizibl(ə)] *a* intraducibile.
intraitable [ɛ̃tʀɛtabl(ə)] *a* inflessibile, intransigente.
intransigeant, e [ɛ̃tʀɑ̃ziʒɑ̃, ɑ̃t] *a* intransigente.
intransitif, ive [ɛ̃tʀɑ̃zitif, iv] *a* intransitivo(a).
intraveineux, euse [ɛ̃tʀavɛnø, øz] *a* endovenoso(a).
intrépide [ɛ̃tʀepid] *a* intrepido(a).
intrigue [ɛ̃tʀig] *nf* intrigo; *(d'une pièce, d'un roman, etc)* intreccio, trama; *(liaison amoureuse)* tresca.
intriguer [ɛ̃tʀige] *vi* intrigare, brigare // *vt* insospettire.
intrinsèque [ɛ̃tʀɛ̃sɛk] *a* intrinseco(a).
introduction [ɛ̃tʀɔdyksjɔ̃] *nf* introduzione *f.*
introduire [ɛ̃tʀɔdɥiʀ] *vt* introdurre; **s'~** *vr* introdursi, entrare.
introspection [ɛ̃tʀɔspɛksjɔ̃] *nf* introspezione *f.*
introuvable [ɛ̃tʀuvabl(ə)] *a* introvabile, irreperibile.
introverti, e [ɛ̃tʀɔvɛʀti] *a, nm/f* introverso(a).
intrus, e [ɛ̃tʀy, yz] *nm/f* intruso/a.
intrusion [ɛ̃tʀyzjɔ̃] *nf* intrusione *f.*
intuitif, ive [ɛ̃tɥitif, iv] *a* intuitivo(a).
intuition [ɛ̃tɥisjɔ̃] *nf* intuizione *f; (fig: flair)* intuito.
inusable [inyzabl(ə)] *a* eterno(a).
inusité, e [inyzite] *a* inusitato(a).
inutile [inytil] *a* inutile.

inutilisable [inytilizabl(ə)] *a* inservibile.
invalide [ɛ̃valid] *a, nm/f* invalido(a).
invalider [ɛ̃valide] *vt* invalidare.
invasion [ɛ̃vɑzjɔ̃] *nf* invasione *f.*
invectiver [ɛ̃vɛktive] *vt* insultare // *vi* inveire.
invendu, e [ɛ̃vɑ̃dy] *a* invenduto(a); **~s** *mpl* invenduto *msg.*
inventaire [ɛ̃vɑ̃tɛʀ] *nm* inventario; **sous bénéfice d'~** con beneficio d'inventario.
inventer [ɛ̃vɑ̃te] *vt* inventare; **inventeur** *nm* inventore *m;* **inventif, ive** *a* inventivo(a); *(ingénieux)* ingegnoso(a); **invention** *nf* invenzione *f; (découverte)* ritrovato; *(imagination)* inventiva.
inventorier [ɛ̃vɑ̃tɔʀje] *vt* fare l'inventario di.
inverse [ɛ̃vɛʀs(ə)] *a* inverso(a) // *nm* contrario, inverso.
inverser [ɛ̃vɛʀse] *vt* invertire.
investigation [ɛ̃vɛstigɑsjɔ̃] *nf* investigazione *f,* indagine *f.*
investir [ɛ̃vɛstiʀ] *vt, vi* investire; **investissement** *nm* investimento; **investiture** *nf* investitura.
invétéré, e [ɛ̃veteʀe] *a* inveterato(a); *(péj: personne)* incallito(a).
invincible [ɛ̃vɛ̃sibl(ə)] *a* invincibile.
inviolable [ɛ̃vjɔlabl(ə)] *a* inviolabile.
invisible [ɛ̃vizibl(ə)] *a* invisibile.
invitation [ɛ̃vitɑsjɔ̃] *nf* invito; **à/sur l'~ de qn** su invito di qd.
invité, e [ɛ̃vite] *nm/f* invitato/a.
inviter [ɛ̃vite] *vt* invitare.
involontaire [ɛ̃vɔlɔ̃tɛʀ] *a* involontario(a).
invoquer [ɛ̃vɔke] *vt* invocare.
invraisemblable [ɛ̃vʀɛsɑ̃blabl(ə)] *a* inverosimile; *(extraordinaire)* incredibile.
invulnérable [ɛ̃vylneʀabl(ə)] *a* inattaccabile.
iode [jɔd] *nm* iodio.
ionique [jɔnik] *a* ionico(a).
i.R. *abr m voir* **impôt.**
iris [iʀis] *nm* iris *f inv; (*ANAT*)* iride *f.*
irisé, e [iʀize] *a* iridescente.
irlandais, e [iʀlɑ̃dɛ, ɛz] *a, nm/f* irlandese *(m/f).*
Irlande [iʀlɑ̃d] *nf* Irlanda.
ironie [iʀɔni] *nf* ironia; **ironique** *a* ironico(a).
ironiser [iʀɔnize] *vi* ironizzare.
irradier [iʀadje] *vi* irradiarsi.
irraisonné, e [iʀɛzɔne] *a* irragionevole; *(geste, acte)* inconsulto(a).
irrecevable [iʀəsvabl(ə)] *a* inaccettabile, inammissabile.
irréconciliable [iʀekɔ̃siljabl(ə)] *a* irriducibile.
irréductible [iʀedyktibl(ə)] *a* irriducibile.
irréel, le [iʀeɛl] *a* irreale.
irréfléchi, e [iʀefleʃi] *a* sventato(a); *(geste, parole)* inconsulto(a).
irréfutable [iʀefytabl(ə)] *a* inconfutabile.
irrégularité [iʀegylaʀite] *nf* irregolarità *f inv.*
irrégulier, ière [iʀegylje, jɛʀ] *a* irregolare; *(employé, élève)* incostante.
irrémédiable [iʀemedjabl(ə)] *a* irrimediabile.
irremplaçable [iʀɑ̃plasabl(ə)] *a* insostituibile.
irréparable [iʀepaʀabl(ə)] *a* non riparabile; *(fig)* irreparabile.
irrépressible [iʀepʀesibl(ə)] *a* incontenibile.
irréprochable [iʀepʀɔʃabl(ə)] *a* irreprensibile.
irrésolu, e [iʀezɔly] *a* irresoluto(a), indeciso(a).
irrespectueux, euse [iʀɛspɛktɥø, øz] *a* irrispettoso(a).
irrévérencieux, euse [iʀeveʀɑ̃sjø, øz] *a* irriverente.
irriguer [iʀige] *vt* irrigare.
irriter [iʀite] *vt* irritare.
irruption [iʀypsjɔ̃] *nf* irruzione *f.*

Islam [islam] *nf* Islam *m*; **islamique** *a* islamico(a).
islandais, e [islɑ̃dɛ, ɛz] *a, nm/f* islandese *(m/f)*.
Islande [islɑ̃d] *nf* Islanda.
isolant, e [izɔlɑ̃, ɑ̃t] *a* isolante.
isolation [izɔlɑsjɔ̃] *nf* isolamento.
isoler [izɔle] *vt* isolare.
isoloir [izɔlwaʀ] *nm* cabina elettorale.
issu, e [isy] *a*: ~ **de** *(espèce, famille)* appartenente a, proveniente da; *(fig)* nato(a) da // *nf* uscita; *(fig: solution)* via d'uscita; *(résultat)* esito; **à l'~e de** alla fine di; **chemin/rue sans ~e** strada/via senza uscita.
Italie [itali] *nf* Italia; **italien, ne** *a, nm/f* italiano(a).
italique [italik] *nm* corsivo.
itinéraire [itineʀɛʀ] *nm* itinerario.
itinérant, e [itineʀɑ̃, ɑ̃t] *a* itinerante.
ivoire [ivwaʀ] *nm* avorio.
ivre [ivʀ(ə)] *a* ubriaco(a); *(de bonheur)* ebbro(a), ubriaco(a); ~ **de colère** accecato dalla collera; **ivresse** *nf* ubriachezza; *(fig)* ebbrezza; **ivrogne** *nm* ubriacone *m*.

J

jacasser [ʒakase] *vi* blaterare.
jacinthe [ʒasɛ̃t] *nf* giacinto.
jadis [ʒadis] *ad* un tempo, una volta.
jaillir [ʒajiʀ] *vi* zampillare, scaturire; *(lumière, aussi fig)* sprizzare.
jais [ʒɛ] *nm* jais *m inv*; **noir comme du** ~ nero comme il carbone.
jalon [ʒalɔ̃] *nm* picchetto.
jalonner [ʒalɔne] *vt* segnare con picchetti; *(suj: chose)* delimitare; *(fig)* costellare.
jalousie [ʒaluzi] *nf* gelosia.
jaloux, se [ʒalu, uz] *a* geloso(a).
jamais [ʒamɛ] *ad* mai; **à** ~ per sempre.
jambe [ʒɑ̃b] *nf* gamba.
jambon [ʒɑ̃bɔ̃] *nm* prosciutto.
jante [ʒɑ̃t] *nf* cerchio(ne) *m*.
janvier [ʒɑ̃vje] *nm* gennaio.
Japon [ʒapɔ̃] *nm* Giappone *m*; **japonais, e** *a, nm/f* giapponese.
jaquette [ʒakɛt] *nf* tight *m inv*; *(de livre)* sopraccoperta.
jardin [ʒaʀdɛ̃] *nm* giardino; ~ **d'enfants** giardino d'infanzia; **jardinage** *nm* giardinaggio; **jardinier, ière** *nm/f* giardiniere/a; **jardinière d'enfants** maestra giardiniera *ou* d'asilo.
jargon [ʒaʀgɔ̃] *nm* gergo.
jarret [ʒaʀɛ] *nm (ZOOL)* garretto; *(CULIN)*: ~ **de veau** ossobuco *(pl* ossibuchi).
jaser [ʒaze] *vi* chiacchierare, ciarlare; *(indiscrètement)* spettegolare (di *ou* su).
jasmin [ʒasmɛ̃] *nm* gelsomino.
jatte [ʒat] *nf* scodella, ciotola.
jauge [ʒoʒ] *nf (TECH)* calibro; *(NAUT)* stazza; ~ **d'huile** *(AUTO: tige)* astina dell'olio; *(: cadran)* indicatore *m* pressione olio; ~ **d'essence** *(AUTO)* indicatore livello benzina.
jauger [ʒoʒe] *vt* misurare la capacità *ou* il livello di; *(fig: juger)* giudicare, valutare // *vi (NAUT)* stazzare.
jaune [ʒon] *a* giallo(a) // *nm* giallo; *(d'oeuf)* tuorlo // *ad*: **rire** ~ *(fam)* ridere verde.
jaunir [ʒoniʀ] *vt, vi* ingiallire.
Javel [ʒavɛl] *nf voir* **eau.**
javelot [ʒavlo] *nm* giavellotto.
je [ʒ(ə)] *pron* io.
jersey [ʒɛʀzɛ] *nm* jersey *m inv*; *(vêtement)* maglia; *(TRICOT)* maglia rasata.
jet [ʒɛ] *nm* getto; *(action)* lancio; *(de lumière)* sprazzo; *(avion)* [dʒɛt] jet *m inv*, aereo a reazione; **du premier ~, d'un seul** ~ *(fig)* di getto.
jetée [ʒ(ə)te] *nf* gettata.
jeter [ʒ(ə)te] *vt* gettare, lanciare, buttare; *(se défaire de)* buttar *ou* gettar via; ~ **un coup d'oeil** dare

un'occhiata; ~ **la tête en arrière** buttare la testa all'indietro; ~ **le trouble/l'effroi parmi...** seminare lo scompiglio/il terrore tra...; ~ **qn dehors/en prison** sbattere qn fuori/in prigione; **se** ~ *vr* gettarsi, buttarsi; *(fleuve)* sfociare.

jeton [ʒ(ə)tɔ̃] *nm* gettone *m*.

jeu, x [ʒø] *nm* gioco; (*THEATRE, CINE, MUS*) interpretazione *f*; *(assortiment)* serie *f*; **un** ~ **de clés/de cartes** un mazzo di chiavi/carte; **entrer dans le** ~ **de qn** *(fig)* fare l'interesse di qd; **mettre en** ~ rischiare; **les** ~**x du hasard** i capricci del caso; **être vieux** ~ essere fuori moda.

jeudi [ʒødi] *nm* giovedì *m inv*.

jeûn [ʒœ̃]: **à** ~ *ad* a digiuno.

jeune [ʒœn] *a, nm* giovane; **faire** ~ *(fig)* avere un'aria giovanile; **les** ~**s** i giovani; ~ **fille** *nf* ragazza; ~ **homme** *nm* giovanotto, ragazzo.

jeûne [ʒøn] *nm* digiuno.

jeunesse [ʒœnɛs] *nf* giovinezza, gioventù *f inv; (les jeunes)* gioventù *f inv*.

JO *sigle m voir* **journal.**

joaillerie [ʒɔɑjʀi] *nf* gioielleria.

joie [ʒwa] *nf* gioia; **se faire une** ~ **de** *(fig)* rallegrarsi all'idea di.

joindre [ʒwɛ̃dʀ(ə)] *vt* unire, congiungere; *(ajouter)* accludere; *(contacter)* raggiungere, trovare; ~ **les deux bouts** *(fam)* sbarcare il lunario; **se** ~ *vr:* **se** ~ **à** unirsi a.

joint [ʒwɛ̃] *nm* giuntura; (*TECH*) giunto; *(: garniture)* guarnizione *f*.

joli [ʒɔli] *a* grazioso(a), carino(a); *(fig, péj)* bello(a); **c'est du** ~**!** *(ironique)* bella roba!

jonc [ʒɔ̃] *nm* giunco.

joncher [ʒɔ̃ʃe] *vt:* ~ **de** cospargere *ou* disseminare di.

jonction [ʒɔ̃ksjɔ̃] *nf* collegamento, congiunzione *f*.

jongler [ʒɔ̃gle] *vi* fare giochi di destrezza; ~ **avec** *(fig)* destreggiarsi tra *ou* con; **jongleur, euse** *nm/f* giocoliere *m*.

jonquille [ʒɔ̃kij] *nf* giunchiglia.

joue [ʒu] *nf* guancia.

jouer [ʒwe] *vt* giocare; *(partie, jeu)* fare; *(fig: réputation, etc)* giocarsi; *(pièce de théâtre, film: passer)* dare; *(: rôle)* interpretare; *(fig: simuler)* simulare, fingere; (*MUS*) eseguire, suonare // *vi* giocare; (*MUS*) suonare; (*THEATRE, CINE*) recitare; ~ **de** (*MUS: instrument)* suonare; ~ **du couteau/révolver** *(fig)* maneggiare il coltello/il revolver; ~ **un rôle** *(fig)* svolgere *ou* giocare un ruolo; **se** ~ *vr:* **se** ~ **des difficultés** infischiarsene delle difficoltà; **se** ~ **de qn** prendersi gioco di qd; **à toi/nous de** ~ *(fig)* tocca a te/noi.

jouet [ʒwɛ] *nm* giocattolo; **être le** ~ **de** *(fig)* essere vittima di.

joueur, euse [ʒwœʀ, øz] *nm/f* giocatore/trice; (*MUS*) suonatore/trice; ~ **de foot(ball)/tennis** calciatore *m*/tennista *m;* **être beau/mauvais** ~ *(fig)* saper/non saper perdere.

joufflu, e [ʒufly] *a* paffuto(a).

joug [ʒu] *nm* giogo.

jouir [ʒwiʀ] *vi* godere // *vt:* ~ **de** godersi; *(avoir)* godere di; (*JUR*) usufruire *ou* godere di; **jouissance** *nf* godimento; (*JUR*) godimento *ou* usufrutto.

joujou [ʒuʒu] *nm (fam)* giocattolo.

jour [ʒuʀ] *nm* giorno; *(lumière, aussi fig)* luce *f;* **au** ~ **le** ~ giorno per giorno; **il fait** ~ è giorno; **au grand** ~ *(fig)* alla luce del sole; **mettre à** ~ aggiornare; **donner le** ~ **à** dare alla luce; **voir le** ~ *(personne)* nascere; *(livre)* essere pubblicato; **les beaux** ~**s** i bei tempi.

journal, aux [ʒuʀnal, o] *nm* giornale *m; (intime)* diario; **J~ Officiel (JO)** Gazzetta Ufficiale (GU); ~ **parlé** giornale radio; ~ **télévisé** telegiornale *m*.

journalier, ière [ʒuʀnalje, jɛʀ] *a* quotidiano(a), giornaliero(a) // *nm*

bracciante *m*.
journalisme [ʒurnalism(ə)] *nm* giornalismo.
journaliste [ʒurnalist(ə)] *nm/f* giornalista *m/f*.
journée [ʒurne] *nf* giornata.
jovial [ʒɔvjal] *a* gioviale.
joyau, x [ʒwajo] *nm* gioiello.
joyeux, euse [ʒwajø, øz] *a* allegro(a).
jubiler [ʒybile] *vi* esultare.
jucher *vt*: ~ **qch sur** mettere qc su.
judas [ʒyda] *nm* giuda *m; (trou)* spioncino.
judaïque [ʒydaik] *a* giudaico(a).
judiciaire [ʒydisjɛr] *a* giudiziario(a).
judicieux, euse [ʒydisjø, øz] *a* giudizioso(a), assennato(a).
juge [ʒyʒ] *nm* giudice *m;* ~ **de touche** (*SPORT*) guardalinee *m*.
jugé [ʒyʒe]: **au** ~ *ad* a occhio e croce.
jugement [ʒyʒmɑ̃] *nm* giudizio; *(perspicacité)* acume *m;* **prononcer** *ou* **rendre un** ~ (*JUR*) emettere una sentenza.
jugeote [ʒyʒɔt] *nf (fam)* sale *m* in zucca *(fam)*.
juger [ʒyʒe] *vt* giudicare; *(estimere)* ritenere; ~ **bon de...** ritenere opportuno... .
jugulaire [ʒygylɛr] *a* giugulare // *nf* sottogola *m;* (*MED*) giugulare *f*.
juif, ive [ʒɥif, ʒɥiv] *a* ebraico(a) // *nm/f* ebreo/a.
juillet [ʒɥijɛ] *nm* luglio.
juin [ʒɥɛ̃] *nm* giugno.
jumeau, elle [ʒymo, ɛl] *a, nm/f* gemello(a) // *nfpl* binocolo *m*.
jumeler [ʒymle] *vt* abbinare, accoppiare; *(fig: villes)* gemellare.
jumelle *a, nf voir* **jumeau.**
jument [ʒymɑ̃] *nf* cavalla, fattrice *f*.
jungle [ʒɔ̃gl(ə)] *nf* giungla.
jupe [ʒyp] *nf* gonna.
jupon [ʒypɔ̃] *nm* sottogonna.
juré [ʒyre] *nm* giurato.
jurer [ʒyre] *vt* giurare // *vi* giurare; *(blasphémer)* imprecare, bestemmiare; ~ **avec** *(couleur)* fare a pugni con; **se** ~ *vr* giurarsi.
juridiction [ʒyridiksjɔ̃] *nf* giurisdizione *f; (tribunal)* tribunale *m*.
juridique [ʒyridik] *a* giuridico(a); *(action, preuve)* legale.
juron [ʒyrɔ̃] *nm* imprecazione *f*, bestemmia.
jury [ʒyri] *nm* giuria; (*SCOL*) commissione *f*.
jus [ʒy] *nm* succo; *(de viande)* sugo; *(fam :café)* brodaglia.
jusque [ʒysk(ə)] *prép* sino, fino; **jusqu'à** fino a; **jusqu'à ce que** *conj* finché; **jusque-là** *(temps)* fino ad allora; *(espace)* fin lì *ou* là; **jusqu'à présent** finora; **on va jusqu'à dire que...** si dice persino che...; **en avoir** ~ **là** *(fam)* averne fin sopra i capelli.
juste [ʒyst(ə)] *a* giusto(a); *(exact)* preciso(a); *(étroit)* stretto(a); *(insuffisant)* scarso(a) // *nm* giusto // *ad* bene; *(précisément)* proprio; *(seulement)* giusto, appena; **il sait tout** ~ **lire** sa appena leggere; **arrivere tout** ~ arrivare appena in tempo; **au** ~ esattamente; **chanter** ~ essere intonato; **tomber** ~ *(suj: calcul, comptes)* tornare; **à** ~ **titre** a buon diritto; **justement** *ad* giustamente; *(précisément)* appunto, proprio; **justesse** *nf* esattezza; **de justesse** per un pelo *(fam)*, appena in tempo.
justice [ʒystis] *nf* giustizia; **rendre la** ~ amministrare la giustizia; **se faire** ~ farsi giustizia; *(se suicider)* suicidarsi.
justicier [ʒystisje] *nm* giustiziere *m*.
justification [ʒystifikɑsjɔ̃] *nf* giustificazione *f*.
justifier [ʒystifje] *vt* giustificare; ~ **de** provare, dimostrare.
jute [ʒyt] *nm* iuta.
juteux, euse [ʒytø, øz] *a* succoso(a), sugoso(a).

juvénile [ʒyvenil] *a* giovanile.
juxtaposer [ʒykstapoze] *vt* giustapporre.

K

kaki [kaki] *a inv* cachi *inv*, kaki *inv*.
kaléidoscope [kaleidɔskɔp] *nm* caleidoscopio.
kangourou [kɑ̃guʀu] *nm* canguro.
kart [kaʀt] *nm* go-kart *m*.
kayac, kayak [kajak] *nm* kayak *m inv*.
kermesse [kɛʀmɛs] *nf* fiera, sagra.
kidnapper [kidnape] *vt* rapire.
kilo [kilo] *nm (abr de kilogramme)* chilo // *préf* chilo-.
kinésithérapeute [kineziteʀapøt] *nm/f* chinesiterapista.
kiosque [kjɔsk(ə)] *nm* chiosco; ~ **à journaux** edicola.
klaxon [klaksɔn] *nm* clacson *m inv;* **klaxonner** *vi* suonare il clacson.
kleptomane [klɛptɔman] *a, nm/f* cleptomane *m/f*.
knock-out [nɔkawt] *nm* knock-out *m inv;* **mettre** ~ *(aussi fig)* mettere fuori combattimento.
kyrielle [kiʀjɛl] *nf:* **une** ~ **de...** una sfilza di... .
kyste [kist(ə)] *nm* cisti *f inv*.

L

la [la] *nm (MUS)* la *m inv*.
la [la] *dét voir* **le.**
là [la] *(voir aussi* **-ci, celui)** *ad* là; lì; *(ici)* qui; **est-ce que Catherine est** ~**?** c'è Caterina?; **elle n'est pas** ~ non c'è; **c'est** ~ **que** è lì che; ~ **où** (là) dove; **par** ~ *(fig)* con questo, con ciò; ~**-bas** *ad* laggiù, là; **d'ici** ~ nel frattempo.
label [labɛl] *nm* marchio, etichetta.
laboratoire [labɔʀatwaʀ] *nm* laboratorio.
laborieux, euse [labɔʀjø, øz] *a* laborioso(a), difficile; *(travailleur)* operoso(a).
labour [labuʀ] *nm* aratura; *(terre)* terreno arato; **cheval/bœuf de** ~ cavallo/bue da lavoro.
labourer [labuʀe] *vt* arare.
labyrinthe [labiʀɛ̃t] *nm* labirinto.
lac [lak] *nm* lago.
lacer [lɑse] *vt* allacciare.
lacérer [laseʀe] *vt* lacerare, strappare.
lacet [lɑsɛ] *nm* stringa; *(de route)* tornante *m; (piège)* laccio.
lâche [lɑʃ] *a* vigliacco(a); *(desserré)* lento(a), allentato(a) // *nm/f* vigliacco/a.
lâcher [lɑʃe] *nm* lancio // *vt* lasciare, mollare, lasciar andare; *(fam: abandonner qn)* piantare, lasciare; *(bombe)* sganciare; *(fig: mot)* lasciarsi sfuggire; *(SPORT)* staccare // *vi* rompersi.
lâcheté [lɑʃte] *nf* vigliaccheria.
lacis [lɑsi] *nm* intrico.
laconique [lakɔnik] *a* laconico(a).
lacté, e [lakte] *a* latteo(a).
lacune [lakyn] *nf* lacuna.
là-dedans [ladədɑ̃] *ad* là *ou* qui dentro.
là-dessous [ladsu] *ad* là *ou* qui sotto.
là-dessus [ladsy] *ad* là *ou* qui sopra; **nous comptons** ~ ci contiamo; ~ **il est allé se coucher** a quel punto è andato a dormire.
ladite [ladit] *dét voir* **ledit.**
lagon [lagɔ̃] *nm* laguna *(di atollo)*.
lagune [lagyn] *nf* laguna.
là-haut [lao] *ad* lassù.
laïc [laik] *a, nm/f* = **laïque.**
laid, e [lɛ, lɛd] *a* brutto(a).
laideur [lɛdœʀ] *nf* bruttezza; *(fig)* bruttura.
lainage [lɛnaʒ] *nm* indumento di lana.
laine [lɛn] *nf* lana; **laineux, euse** *a* lanoso(a).
laïque [laik] *a, nm/f* laico(a).
laisse [lɛs] *nf* guinzaglio; **tenir en** ~

tenere al guinzaglio.
laisser [lese] *vt, vb auxiliaire* lasciare; **se** ~ *vr* lasciarsi; ~**-aller** *nm* noncuranza; *(péj)* trascuratezza.
laissez-passer [lesepase] *nm* lasciapassare *m inv.*
lait [lɛ] *nm* latte *m;* **laitages** *nmpl* latticini *mpl;* **laiterie** *nf* latteria; *(usine)* caseificio; **laitier, ière** *a* lattiero(a) // *nm/f* lattaio/a // **vache laitière** mucca da latte; **produits laitiers** latticini *mpl.*
laiton [lɛtɔ̃] *nm* ottone *m.*
laitue [lety] *nf* lattuga.
laïus [lajys] *nm* sproloquio, vaniloquio.
lambeau, x [lɑ̃bo] *nm* brandello; **en** ~**x** a brandelli.
lambris [lɑ̃bʀi] *nm* rivestimento.
lame [lam] *nf* lama; (*TECH*) lamina; *(vague)* onda; ~ **de rasoir** lametta da barba.
lamé, e [lame] *a, nm* lamé *m inv.*
lamelle [lamɛl] *nf* lamella.
lamentable [lamɑ̃tabl(ə)] *a* pietoso(a), penoso(a); *(déplorable)* riprovevole; *(voix, ton)* lamentoso(a).
lamentation [lamɑ̃tɑsjɔ̃] *nf* lamento; *(récrimination)* lamentela; **mur des** ~**s** *(fig)* muro del pianto.
lamenter [lamɑ̃te]: **se** ~ *vr:* **se** ~ **(sur)** lamentarsi (di).
laminoir [laminwaʀ] *nm* laminatoio.
lampadaire [lɑ̃padɛʀ] *nm* lampada a stelo; *(dans la rue)* lampione *m.*
lampe [lɑ̃p(ə)] *nf* lampada; ~ **de poche** pila.
lampion [lɑ̃pjɔ̃] *nm* lampioncino.
lance [lɑ̃s] *nf* lancia.
lancée [lɑ̃se] *nf:* **continuer sur sa** ~ *(aussi fig)* essere trascinato dall'impeto.
lance-flammes [lɑ̃sflam] *nm inv* lanciaflamme *m inv.*
lancement [lɑ̃smɑ̃] *nm* lancio; *(d'un bateau)* varo.
lance-pierres [lɑ̃spjɛʀ] *nm inv* fionda.
lancer [lɑ̃se] *nm* lancio; (*PECHE*) pesca al lancio // *vt* lanciare; *(bateau)* varare; (*JUR: mandat d'arrêt)* spiccare; **se** ~ *vr* lanciarsi, buttarsi; *(des pierres, injures)* lanciarsi, tirarsi.
lance-torpilles [lɑ̃stɔʀpij] *nm inv* lanciasiluri *m inv.*
landau [lɑ̃do] *nm* carrozzina.
lande [lɑ̃d] *nf* landa.
langage [lɑ̃gaʒ] *nm* linguaggio.
lange [lɑ̃ʒ] *nm* fascia.
langer [lɑ̃ʒe] *vt* fasciare.
langoureux, euse [lɑ̃guʀø, øz] *a* languido(a).
langouste [lɑ̃gust(ə)] *nf* aragosta.
langoustine [lɑ̃gustin] *nf* scampo.
langue [lɑ̃g] *nf* lingua; ~ **maternelle** lingua madre, madrelingua.
languette [lɑ̃gɛt] *nf* linguetta.
langueur [lɑ̃gœʀ] *nf* languore *m.*
languir [lɑ̃giʀ] *vi* languire.
lanière [lanjɛʀ] *nf* striscia, cinghia.
lanterne [lɑ̃tɛʀn(ə)] *nf* lanterna; ~**s** (*AUTO*) luci *fpl* di posizione; ~ **rouge** *(fig)* fanalino di coda.
laper [lape] *vt, vi* lappare.
lapidaire [lapidɛʀ] *a* lapidario(a).
lapider [lapide] *vt* lapidare.
lapin, e [lapɛ̃] *nm/f* coniglio/a.
laps [laps] *nm:* ~ **de temps** lasso di tempo.
laquais [lakɛ] *nm* lacchè *m inv.*
laque [lak] *nf* lacca.
laquelle [lakɛl] *pron voir* **lequel.**
lard [laʀ] *nm* lardo; ~ **fumé** (*CULIN*) pancetta.
lardon [laʀdɔ̃] *nm* lardello.
large [laʀʒ(ə)] *a* largo(a); *(fig: généreux)* generoso(a); *(: de mot: sens)* lato(a), ampio(a) // *ad:* **voir** ~ essere di ampie vedute // *nm* largo; **5 mètres de** ~ 5 metri di larghezza; ~ **d'esprit** di mente aperta; **largement** *ad* largamente, ampiamente; **largeur** *nf* larghezza; *(de tissu)* altezza.

larguer [larɡe] *vt* mollare; *(bombe)* sganciare; *(parachuter)* lanciare.
larme [larm(ə)] *nf* lacrima; *(fig: d'alcool)* goccio.
larmoyer [larmwaje] *vi* lacrimare; *(se plaindre)* piagnucolare.
larve [larv(ə)] *nf* larva.
laryngite [larɛ̃ʒit] *nf* laringite *f.*
larynx [larɛ̃ks] *nm* laringe *f.*
las, lasse [lɑ, lɑs] *a* stanco(a).
lascar [laskar] *nm (fam)* dritto, furbastro.
lasser [lɑse] *vt* stancare; *(patience)* logorare; **se ~** *vr:* **se ~ de** stancarsi di.
lassitude [lɑsityd] *nf* stanchezza.
latent, e [latɑ̃, ɑ̃t] *a* latente.
latéral, e, aux [lateral, o] *a* laterale.
latex [latɛks] *nm* lattice *m.*
latin, e [latɛ̃, in] *a, nm/f* latino(a).
latitude [latityd] *nf* latitudine *f.*
latte [lat] *nf* listello, stecca.
lauréat, e [lɔrea, at] *nm/f* vincitore/trice.
laurier [lɔrje] *nm* alloro, lauro; **~s** *pl (fig)* allori *mpl.*
lavabo [lavabo] *nm* lavabo, lavandino; **~s** *pl (toilettes)* toilette *f inv,* gabinetto.
lavage [lavaʒ] *nm* lavaggio; (MED) lavanda; **~ de cerveau** lavaggio del cervello; **~ de tête** *(fam)* lavata di capo, strigliata.
lavande [lavɑ̃d] *nf* lavanda.
lave [lav] *nf* lava.
lave-glace [lavglas] *nm* (AUTO) lavavetro.
lavement [lavmɑ̃] *nm* clistere *m.*
laver [lave] *vt* lavare; **se ~** *vr* lavarsi; **laverie** *nf* lavanderia; **lave-vaisselle** *nm inv* lavastoviglie *f inv.*
lavette [lavɛt] *nf* spugnetta *(per lavare i piatti); (pour se laver)* guanto (di spugna).
laveur, euse [lavœr, øz] *nm/f:* **~ de carreaux/voitures** pulitore *m* di vetri/lavamacchine *m.*
lavis [lavi] *nm* acquerello.
lavoir [lavwar] *nm* lavatoio.
laxatif, ive [laksatif, iv] *a* lassativo(a) // *nm* lassativo.
laxisme [laksism(ə)] *nm* lassismo.
layette [lɛjɛt] *nf* corredino *(di neonato).*
le (l'), la, les [l(ə),la,le] *dét* il, lo (l') *msg,* la (l') *fsg,* i, gli *mpl,* le *fpl* // *pron* lo (l') *msg,* la (l') *fsg,* li *mpl,* le *fpl;* **je ne ~ savais pas** non lo sapevo; **elle était riche et ne l'est plus** era ricca e non lo è più; **le jeudi** *(d'habitude)* di *ou* al giovedì; *(ce jeudi-là)* giovedì; **le matin/soir** di mattina/sera; **10 francs le mètre/kilo** 10 franchi al metro/chilo; **le tiers/quart** un terzo/quarto.
lécher [leʃe] *vt* leccare; *(suj: flamme)* lambire; **~ les vitrines** *(fig)* guardare le vetrine.
leçon [l(ə)sɔ̃] *nf* lezione *f; (fig: morale)* morale *f;* **faire la ~ à qn** *(fig)* fare la predica a qd; **~s particulières** lezioni private.
lecteur, trice [lɛktœr, tris] *nm/f* lettore/trice.
lecture [lɛktyr] *nf* lettura.
ledit [lədi], **ladite** [ladit], *mpl* **lesdits** [ledi], *fpl* **lesdites** [ledit] *a* il suddetto, la suddetta, i suddetti, le suddette.
légal, e, aux [legal, o] *a* legale.
légaliser [legalize] *vt* legalizzare.
légalité [legalite] *nf* legalità *f inv.*
légendaire [leʒɑ̃dɛr] *a* leggendario(a).
légende [leʒɑ̃d] *nf* leggenda; *(de carte, plan)* legenda; *(de texte, dessin)* didascalia.
léger, ère [leʒe, ɛr] *a* leggero(a); *(peu intense)* lieve; **à la légère** *ad* con leggerezza, alla leggera; **légèrement** *ad* leggermente; *(à la légère)* con leggerezza.
légion [leʒjɔ̃] *nf* legione *f.*
législation [leʒislɑsjɔ̃] *nf* legislazione *f.*
légiste [leʒist(ə)] *a:* **médecin ~** medico legale.

légitime [leʒitim] *a* legittimo(a).
legs [lɛg] *nm* lascito; *(fig)* eredità *f inv.*
léguer [lege] *vt* (*JUR*) lasciare in eredità; *(fig)* tramandare.
légume [legym] *nm* verdura, ortaggio; ~**s** *mpl* verdura *sg.*
lendemain [lɑ̃dmɛ̃] *nm*: **le** ~ il giorno dopo, l'indomani *m*; **le** ~ **matin/soir** l'indomani mattina/ sera; **le** ~ *ou* **au** ~ **de** il giorno dopo; **penser au** ~ pensare al domani; **du jour au** ~ improvvisamente.
lénifiant, e [lenifjɑ̃, ɑ̃t] *a* lenitivo(a).
lent, e [lɑ̃, lɑ̃t] *a* lento(a); **lenteur** *nf* lentezza.
lentille [lɑ̃tij] *nf* lenticchia; (*OPTIQUE*) lente *f.*
lèpre [lɛpʀ(ə)] *nf* lebbra.
lequel [ləkɛl], **laquelle** [lakɛl], *mpl* **lesquels**, *fpl* **lesquelles** [lekɛl] *(avec à, de:* **auquel, duquel,** *etc) pron (interrogatif)* quale *m/f,* quali *m/fpl; (relatif: sujet, objet)* che *inv,* il/la quale *sg,* i/le quali *pl; (: avec préposition)* cui *inv,* il/la quale *sg,* i/le quali *pl;* **un homme sur la compétence duquel on peut compter** un uomo sulla cui competenza si può scommettere // *a:* **auquel cas** nel qual caso.
les [le] *dét voir* **le.**
lesbienne [lɛsbjɛn] *nf* lesbica.
léser [leze] *vt* ledere, danneggiare; *(fig: orgueil)* ferire.
lésiner [lezine] *vi* lesinare.
lésion [lezjɔ̃] *nf* lesione *f.*
lesquels, lesquelles [lekɛl] *pron voir* **lequel.**
lessive [lesiv] *nf* detersivo; *(linge)* bucato.
lessiver [lesive] *vt* lavare *(con detersivi).*
lest [lɛst] *nm* zavorra.
leste [lɛst(ə)] *a* svelto(a).
léthargie [letaʀʒi] *nf* letargo.
lettre [lɛtʀ(ə)] *nf* lettera; **en toutes ~s** *(écrire: chiffre)* in lettere; *(: mot)* per esteso; ~ **de change** cambiale *f;* ~**s de creance** (*JUR*) credenziali.
lettré, e [letʀe] *a* colto(a), letterato(a).
leucémie [løsemi] *nf* leucemia.
leur [lœʀ] *dét* il/la (i/le) loro // *pron* loro; ~ **maison** la loro casa; ~**s amis** i loro amici; **à** ~ **avis** secondo loro; **je** ~ **ai dit que...** ho detto loro che... .
leurre [lœʀ] *nm (fig)* illusione *f.*
levain [ləvɛ̃] *nm* lievito.
levant, e [ləvɑ̃] *a, nm* levante *(m).*
levé, e [l(ə)ve] *a:* **être** ~ essere alzato *ou* in piedi; **à mains ~es** *(vote)* per alzata di mano.
levée [l(ə)ve] *nf* levata; *(action)* il togliere *m; (des impôts)* riscossione *f;* (*CARTES*) presa; ~ **des scellés** (*JUR*) rimozione *f* dei sigilli.
lever [l(ə)ve] *vt* alzare, sollevare; *(supprimer, terminer)* togliere; *(impôts)* riscuotere; *(enlever)* togliere, levare; (*CHASSE*) stanare // *vi* lievitare; **se** ~ *vr* alzarsi; *(soleil)* sorgere; *(jour, aube)* spuntare // *nm* spuntar(e) *m;* ~ **du rideau** (*THEATRE*) alzarsi del sipario; **au** ~ *(de personne)* quando si alza.
levier [ləvje] *nm* leva; ~ **(de changement) de vitesse** leva del cambio.
lèvre [lɛvʀ(ə)] *nf* labbro.
lévrier [levʀije] *nm* levriere *m.*
levure [l(ə)vyʀ] *nf* lievito.
lexique [lɛksik] *nm* lessico.
lézard [lezaʀ] *nm* lucertola.
lézarde [lezaʀd(ə)] *nf* crepa.
lézarder [lezaʀde] *vt* far crepare // *vi (fam)* poltrire al sole; **se** ~ *vr* creparsi.
liaison [ljɛzɔ̃] *nf* collegamento; (*ELEC, TEL*) contatto, collegamento; *(amoureuse)* relazione *f; (fig: lien)* legame *m,* nesso.
liasse [ljas] *nf* fascio, mazzo.
Liban [libɑ̃] *nm* Libano; **libanais, e** *a, nm/f* libanese *(m/f).*
libeller [libele] *vt* formulare;

(lettre, contrat) redigere; ~ **un chèque au nom de...** intestare un assegno a... .
libellule [libelyl] *nf* libellula.
libéral, e, aux [libeʀal, o] *a, nm/f* liberale *(m/f)*.
libéralisme [libeʀalism(ə)] *nm* liberalismo; (*ECON*) liberismo.
libération [libeʀasjɔ̃] *nf* liberazione *f*; (*MIL*) congedo.
libérer [libeʀe] *vt* liberare; (*JUR*) liberare, svincolare; (*ECON*) liberalizzare; (*MIL*) congedare; **se** ~ *vr* liberarsi.
liberté [libɛʀte] *nf* libertà *f inv;* **mettre en** ~ scarcerare, rilasciare.
libertin, e [libɛʀtɛ̃, in] *a, nm/f* libertino(a).
libidineux, euse [libidinø, øz] *a* libidinoso(a).
libraire [libʀɛʀ] *nm* libraio.
librairie [libʀeʀi] *nf* libreria.
libre [libʀ(ə)] *a* libero(a); ~ **de faire qch** libero di fare qc; ~ **de** *(contrainte)* libero da; **école** ~ scuola privata; **libre-service** *nm* self-service *m inv*.
licence [lisɑ̃s] *nf* licenza; (*SCOL*) *titolo universitario rilasciato dopo tre anni di studio;* (*SPORT*) tessera.
licencié, e [lisɑ̃sje] *nm/f* (*SCOL*) *possessore di una 'licence';* (*SPORT*) tesserato(a).
licencier [lisɑ̃sje] *vt* licenziare.
licencieux, euse [lisɑ̃sjø, øz] *a* licenzioso(a).
lie [li] *nf* feccia.
liège [ljɛʒ] *nm* sughero.
lien [ljɛ̃] *nm* legaccio, laccio; *(fig)* legame *m*, nesso; *(: de parenté)* vincolo.
lier *vt* legare; *(fig: unir)* collegare; (*JUR*) vincolare; **se** ~ *vr* collegarsi; **se** ~ **avec qn** fare amicizia con qd; ~ **conversation avec** attaccare discorso con.
lierre [ljɛʀ] *nm* edera.
lieu, x [ljø] *nm* luogo; *(vague)* posto; ~**x** *mpl:* **vider/quitter les** ~**x** sgomberare, sloggiare; **arriver/être sur les** ~**x** arrivare/essere sul posto *ou* luogo; **avoir** ~ aver luogo; *(arriver)* succedere; **en dernier** ~ infine; **avoir** ~ **de** avere motivo di; **au** ~ **de** invece di.
lieu-dit, *pl* **lieux-dits** [ljødi] *nm* località *f inv*.
lieue [ljø] *nf* lega.
lieutenant [ljøtnɑ̃] *nm* tenente *m*.
lièvre [ljɛvʀ(ə)] *nm* lepre *f*.
ligament [ligamɑ̃] *nm* legamento.
ligature [ligatyʀ] *nf* legatura.
ligne [liɲ] *nf* linea; *(rangée)* fila, riga; *(d'écriture)* riga; (*PECHE*) lenza; **'à la** ~**'** 'a capo'; **faire entrer en** ~ **de compte** tener conto di; ~**s de touche/de but** (*FOOTBALL*) linee laterali/di fondo.
lignée [liɲe] *nf* stirpe *f*, famiglia.
ligoter [ligɔte] *vt* legare.
ligue [lig] *nf* lega.
liguer [lige]: **se** ~ *vr* coalizzarsi.
lilas [lilɑ] *nm* lillà *m inv* // *a inv* (color) lilla *inv*.
limace [limas] *nf* lumaca.
limaille [limɑj] *nf* limatura.
limande [limɑ̃d] *nf* (*ZOOL*) limanda.
lime [lim] *nf* lima; ~ **à ongles** limetta per le unghie.
limer [lime] *vt* limare; **se** ~ **les ongles** limarsi le unghie.
limier [limje] *nm* segugio.
liminaire [liminɛʀ] *a* preliminare.
limite [limit] *nf* limite *m; (d'un terrain, Etat)* confine *m* // *a:* **vitesse/charge** ~ velocità/carico limite *ou* massima(o).
limiter [limite] *vt* limitare; *(délimiter)* delimitare.
limitrophe [limitʀɔf] *a* limitrofo(a); *(voisin)* confinante.
limoger [limɔʒe] *vt (fam)* silurare.
limonade [limɔnad] *nf* gazzosa.
limpide [lɛ̃pid] *a* limpido(a).
lin [lɛ̃] *nm* lino.
linceul [lɛ̃sœl] *nm* sudario.
linéaire [lineɛʀ] *a* lineare.
linge [lɛ̃ʒ] *nm* biancheria; *(morceau*

de tissu) panno.
lingerie [lɛ̃ʒʀi] *nf* biancheria (intima); *(pièce)* guardaroba *m.*
lingot [lɛ̃go] *nm* lingotto.
linguistique [lɛ̃gɥistik] *nf* linguistica.
lino(léum) [linɔ(leɔm)] *nm* linoleum *m inv.*
lion, ne [ljɔ̃] *nm/f* leone/nessa; **L~** *(ASTROL)* Leone *m.*
liquéfier [likefje] *vt* liquefare.
liqueur [likœʀ] *nf* liquore *m.*
liquidation [likidɑsjɔ̃] *nf* liquidazione *f.*
liquide [likid] *a, nm* liquido(a).
liquider [likide] *vt* liquidare.
lire [liʀ] *nf* lira // *vt, vi* leggere.
lis [lis] *nm* = **lys.**
liseré [lizʀe] *nm* bordino, nastrino.
lisible [lizibl(ə)] *a* leggibile.
lisière [lizjɛʀ] *nf* limite *m,* margine *m; (de tissu)* cimosa.
lisse [lis] *a* liscio(a).
lisser [lise] *vt* lisciare.
liste [list(ə)] *nf* lista.
lit [li] *nm* letto; **faire son ~** fare il (proprio) letto; **~ de camp** brandina.
litanie [litani] *nf* litania.
literie [litʀi] *nf articoli per il letto.*
lithographie [litɔgʀafi] *nf* litografia.
litière [litjɛʀ] *nf* lettiera.
litige [litiʒ] *nm* controversia; **litigieux, euse** *a* controverso(a).
litre [litʀ(ə)] *nm* litro.
littéraire [liteʀɛʀ] *a* letterario(a).
littérature [liteʀatyʀ] *nf* letteratura.
littoral, e, aux [litɔʀal, o] *nm* litorale *m.*
liturgie [lityʀʒi] *nf* liturgia.
livide [livid] *a* livido(a).
livraison [livʀɛzɔ̃] *nf* consegna.
livre [livʀ(ə)] *nm* libro // *nf* mezzo chilo; *(anglaise)* libbra; **~ (sterling)** (lira) sterlina; **~ de poche** libro tascabile.
livré, e [livʀe] *a:* **~ à soi-même** abbandonato a se stesso // *nf* livrea.
livrer [livʀe] *vt* consegnare; *(secret)* rivelare; **se ~** *vr:* **se ~ a** confidarsi con; *(se rendre)* consegnarsi a; *(s'abandonner à: vice)* abbandonarsi a; *(faire)* dedicarsi a; **~ bataille** dare battaglia.
livret [livʀɛ] *nm* libretto; **~ de famille** ≈ stato di famiglia; **~ scolaire** pagella.
livreur, euse [livʀœʀ, øz] *nm/f* fattorino *m.*
lobe [lɔb] *nm* lobo.
local, e, aux [lɔkal, o] *a, nm* locale *(m).*
localiser [lɔkalize] *vt* localizzare; *(limiter)* circoscrivere.
localité [lɔkalite] *nf* località *f inv.*
locataire [lɔkatɛʀ] *nm/f* inquilino/a.
locatif, ive [lɔkatif, iv] *a* locativo(a); **charges ~s** spese a carico dell'inquilino.
location [lɔkɑsjɔ̃] *nf* affitto; *(de voiture, etc)* noleggio; *(de place: THEATRE, CINE, etc)* prenotazione *f;* **~-vente** acquisto a riscatto.
lock-out [lɔkawt] *nm inv* serrata.
locomotion [lɔkɔmosjɔ̃] *nf* locomozione *f.*
locomotive [lɔkɔmɔtiv] *nf* locomotiva.
locution [lɔkysjɔ̃] *nf* locuzione *f.*
loge [lɔʒ] *nf (THEATRE: d'artiste)* camerino; *(: de spectateurs)* palco; *(de concierge)* portineria; *(de francmacon)* loggia.
logement [lɔʒmɑ̃] *nm* alloggio; **crise du ~** crisi degli alloggi.
loger [lɔʒe] *vt* alloggiare, dare alloggio a // *vi* alloggiare; **se ~** *vr* alloggiare; **logeur, euse** *nm/f* affittacamere *m/f inv.*
logique [lɔʒik] *a* logico(a) // *nf* logica.
logis [lɔʒi] *nm* casa.
loi [lwa] *nf* legge *f;* **faire la ~** dettar legge.
loin [lwɛ̃] *ad* lontano; *(avec le vb*

être) lontano(a); **plus** ~ più avanti, più in là; ~ **de** lontano da; **être** ~ **de croire...** essere (ben) lungi dal credere...; **au** ~ in lontananza; **de** ~ da lontano; *(fig: de beaucoup)* di gran lunga.
lointain, e [lwɛ̃tɛ̃, ɛn] *a* lontano(a) // *nm:* **dans le** ~ in lontananza.
loisir [lwaziʀ] *nm* tempo libero; ~**s** *mpl* tempo *sg* libero; *(activités)* svaghi *mpl*, passatempi *mpl*.
londonien, ne [lɔ̃dɔnjɛ̃, ɛn] *a, nm/f* londinese.
Londres [lɔ̃dʀ(ə)] *nm* Londra.
long, longue [lɔ̃, lɔ̃g] *a* lungo(a) // *ad:* **en dire/savoir** ~ dirla/saperla lunga // *nm:* **de 3 mètres de** ~ di 3 metri di lunghezza // *nf:* **à la longue** a lungo andare; **ne pas faire** ~ **feu** durare poco; **en** ~ per il lungo; **(tout) le** ~ **de** lungo; **tout au** ~ **de** per tutto(a), nel corso di.
longe [lɔ̃ʒ] *nf* longhina; (*CULIN*) lombo, lombata.
longer [lɔ̃ʒe] *vt* costeggiare.
longévité [lɔ̃ʒevite] *nf* longevità *f inv*.
longiligne [lɔ̃ʒiliɲ] *a* longilineo(a).
longitude [lɔ̃ʒityd] *nf* longitudine *f*.
longtemps [lɔ̃tɑ̃] *ad* molto (tempo), parecchio, a lungo; **pour/pendant** ~ per molto (tempo); **il y a** ~ **que je travaille** è molto che lavoro *ou* lavoro da molto; **avant** ~ tra non molto.
longuement [lɔ̃gmɑ̃] *ad* a lungo, lungamente.
longueur [lɔ̃gœʀ] *nf* lunghezza; ~**s** *fpl (fig)* lungaggini *fpl*; **sur une** ~ **de 10 km** per 10 km; **en** ~ *ad* per il lungo; **tirer en** ~ tirare per le lunghe; **à** ~ **de journée** tutto il giorno.
longue-vue [lɔ̃gvy] cannocchiale *m*.
lopin [lɔpɛ̃] *nm:* ~ **de terre** pezzetto di terra.
loque [lɔk] *nf (fig: personne)* relitto; **en** ~**s** *pl (vêtement)* a brandelli.
loquet [lɔkɛ] *nm* saliscendi *m inv*.
lorgner [lɔʀɲe] *vt* sbirciare; *(convoiter)* mettere gli occhi su.
lorgnon [lɔʀɲɔ̃] *nm* occhialetto; *(pince-nez)* stringinaso.
lorrain, e [lɔʀɛ̃, ɛn] *ag, nm/f* lorenese *(m/f)*.
Lorraine [lɔʀɛn] *nf* Lorena.
lors [lɔʀ]: ~ **de** *prép* al momento di; all'epoca di.
lorsque [lɔʀsk(ə)] *conj* quando.
losange [lɔzɑ̃ʒ] *nm* rombo, losanga.
lot [lo] *nm* (de terrain) lotto; *(de marchandise)* partita; *(de loterie)* premio.
loterie [lɔtʀi] *nf* lotteria.
loti, e [lɔti] *a:* **bien/mal** ~ favorito/sfavorito dalla sorte.
lotion [losjɔ̃] *nf* lozione *f*.
lotissement [lɔtismɑ̃] *nm* lottizzazione *f; (groupe de maisons)* area lottizzata.
loto [lɔto] *nm* tombola.
louable [lwabl(ə)] *a* lodevole, encomiabile.
louanges [lwɑ̃ʒ] *nfpl* lodi *fpl*.
louche [luʃ] *a* losco(a) // *nf* mestolo.
loucher [luʃe] *vi* essere strabico(a); ~ **sur qch** *(fig)* sbirciare.
louer [lwe] *vt* affittare; *(voiture, téléviseur, etc)* noleggiare; *(réserver: place de cinéma, etc)* prenotare; *(faire l'éloge de)* lodare; **'à** ~**'** 'in affitto', 'affittasi'.
loufoque [lufɔk] *a (fam)* strambo(a), strampalato(a).
loup [lu] *nm* lupo; *(poisson)* branzino, spigola.
loupe [lup] *nf* lente *f* (d'ingrandimento).
louper [lupe] *vt (fam)* perdere; *(: examen)* fare cilecca a; *(: marche)* saltare.
lourd, e [luʀ, luʀd(ə)] *a* pesante; (*METEOR*) afoso(a), pesante; *(fig: responsabilité)* grosso(a); ~ **de** carico di; **lourdement** *ad* pesantemente; *(se tromper)* di grosso;
lourdeur *nf* pesantezza.

loutre [lutʀ(ə)] *nf* lontra.
louve [luv] *nf* (*ZOOL*) lupa; **louveteau, x** *nm* lupacchiotto; *(scout)* lupetto.
louvoyer [luvwaje] *vi* (*NAUT*) bordeggiare; *(fig)* destreggiarsi, barcamenarsi.
loyal, e, aux [lwajal, o] *a* leale.
loyauté [lwajote] *nf* lealtà *f inv*.
loyer [lwaje] *nm* affitto.
lu, e [ly] *pp de* **lire.**
lubie [lybi] *nf* ghiribizzo, capriccio.
lubrifier [lybʀifje] *vt* lubrificare.
lubrique [lybʀik] *a* lubrico(a).
lucarne [lykaʀn(ə)] *nf* abbaino.
lucide [lysid] *a* lucido(a).
lucratif, ive [lykʀatif, iv] *a* lucrativo(a).
lueur [lɥœʀ] *nf* bagliore *m; (pâle)* chiarore *m*, luce *f; (fig: soudaine)* sprazzo, lampo; *(: d'espoir)* barlume *m*.
luge [lyʒ] *nf* slittino.
lugubre [lygybʀ(ə)] *a* lugubre.
lui [lɥi] *pron (sujet, complément avec prép)* lui; *(soi)* sè // *pron m/f* gli *m*, le *f*; **ce livre est à** ~ questo libro è suo; **c'est à ~ de jouer** tocca a lui giocare; **nous ~ avons parlé** gli/le abbiamo parlato; **il est content de** ~ è contento di sè; ~**-même** *(sujet)* lui stesso; *(complément)* se stesso; **il a agi de ~-même** ha agito da solo.
luire [lɥiʀ] *vi* luccicare; *(fig)* risplendere.
lumbago [lɔ̃bago] *nm* lombaggine *f*.
lumière [lymjɛʀ] *nf* luce *f; (fig)* luminare *m*, genio; ~**s** *fpl (fig)* lumi *mpl;* **faire de la** ~ fare luce.
luminaire [luminɛʀ] *nm* lume *m*, luce *f*.
lumineux, euse [lyminø, øz] *a* luminoso(a).
lunatique [lynatik] *a* lunatico(a).
lundi [lœ̃di] *nm* lunedì *m inv;* **le** ~ *(chaque lundi)* di *ou* al lunedì.
lune [lyn] *nf* luna.
luné, e [lyne] *a:* **être bien/mal** ~ essere di luna buona/avere la luna (per traverso).
lunette [lynɛt] *nf* cannocchiale *m;* (*ARCHIT, ouverture)* lunetta; (*AUTO*) lunotto; ~**s** *fpl* occhiali *mpl;* ~**s de soleil** occhiali da sole.
lurette [lyʀɛt] *nf:* **il y a belle ~ que** è (da) un bel pezzo che.
luron [lyʀɔ̃] *nm (fam)* allegrone *m*, buontempone *m*.
lustre [lystʀ(ə)] *nm* lampadario; *(cinq ans, fig: éclat)* lustro.
lustrer [lystʀe] *vt* lustrare, lucidare.
luth [lyt] *nm* liuto.
lutin [lytɛ̃] *nm* folletto.
lutte [lyt] *nf* lotta.
lutter [lyte] *vi* lottare.
luxe [lyks(ə)] *nm* lusso.
Luxembourg [lyksɑ̃buʀ] *nm* Lussemburgo.
luxer [lykse]: **se** ~ *vr* lussarsi.
luxueux, euse [lyksɥø, øz] *a* lussuoso(a).
luxure [lyksyʀ] *nf* lussuria.
luxuriant, e [lyksyʀjɑ̃, ɑ̃t] *a* lussureggiante.
luzerne [lyzɛʀn(ə)] *nf* erba medica.
lycée [lise] *nm* ≈ liceo; **lycéen, ne** *nm/f* alunno/a *(di scuola media inferiore);* studente/tessa *(di scuola media)*.
lymphatique [lɛ̃fatik] *a* apatico(a); (*MED*) linfatico(a).
lyncher [lɛ̃ʃe] *vt* linciare.
lynx [lɛ̃ks] *nm* lince *f*.
Lyon [ljɔ̃] *nm* Lione *f*.
lyre [liʀ] *nf* lira.
lyrique [liʀik] *a* lirico(a).
lys [lis] *nm* giglio.

M

m' [m] *pron voir* **me.**
M. [ɛm] *(abr de* **Monsieur)** Sig.
ma [ma] *dét voir* **mon.**
macabre [makɑbʀ(ə)] *a* macabro(a).

macadam [makadam] *nm* macadam *m; (fam)* asfalto.
macaron [makaʀɔ̃] *nm* ≈ amaretto; *(fam: ornement)* patacca.
macaroni [makaʀɔni] *nm inv* maccheroni *mpl.*
macédoine [masedwan] *nf (de légumes)* giardiniera; *(de fruits)* macedonia.
macérer [maseʀe] *vi, vt* macerare.
mâchefer [mɑʃfɛʀ] *nm* rosticcio.
mâché, e [mɑʃe] *a:* **papier ~** cartapesta.
mâcher [mɑʃe] *vt* masticare; **~ le travail à qn** *(fam)* far trovare la pappa pronta a qd; **ne pas ~ ses mots** *(fig)* non avere peli sulla lingua.
machin [maʃɛ̃] *nm (fam)* coso, aggeggio; **M~ Chouette** *(:personne)* il Signor coso.
machinal, e, aux [maʃinal, o] *a* meccanico(a).
machination [maʃinɑsjɔ̃] *nf* macchinazione *f.*
machine [maʃin] *nf* macchina; **~ à laver** lavatrice *f;* **~ à calculer** calcolatrice *f;* **~ à écrire/coudre** macchina da scrivere/cucire; **machine-outil** *nf* macchina utensile.
machiner [maʃine] *vt* macchinare.
machinerie [maʃinʀi] *nf* macchinario; (*NAUT*) sala macchine.
machiniste [maʃinist(ə)] *nm* macchinista *m.*
mâchoire [mɑʃwaʀ] *nf* mascella; (*TECH*) ganascia.
mâchonner [mɑʃɔne] *vt* masticare; *(crayon)* mordicchiare.
maçon [masɔ̃] *nm* muratore *m.*
maçonnerie [masɔnʀi] *nf* massoneria; (*CONSTR*) muratura.
maçonnique [masɔnik] *a* massonico(a).
maculer [makyle] *vt* macchiare.
Madame [madam], *pl* **Mesdames** [medam] *nf* Signora; **~ la Directrice** la (Signora) Direttrice; **jouer à la m~** giocare a fare la signora.
madeleine [madlɛn] *nf* (*CULIN*) maddalena.
Mademoiselle [madmwazɛl], *pl* **Mesdemoiselles** [medmwazɛl] *nf* Signorina.
madère [madɛʀ] *nm* madera *m.*
madone [madɔn] *nf* madonna.
madrier [madʀije] *nm* tavolone *m.*
magasin [magazɛ̃] *nm* negozio; *(entrepôt)* magazzino; **grand ~** grande magazzino; **magasinier** *nm* magazziniere *m.*
magazine [magazin] *nm* rivista; (*TV, RADIO*) rubrica.
mage [maʒ] *nm:* **les Rois M~s** i Re Magi *mpl.*
magicien, ne [maʒisjɛ̃, ɛn] *nm/f* mago/a.
magie [maʒi] *nf* magia; **magique** *a* magico(a).
magistral, e aux [maʒistʀal,o] *a* magistrale; *(fam: magnifique)* formidabile; **réussir un coup ~** fare un colpo da maestro; **cours ~** (*SCOL*) ≈ corso istituzionale.
magistrat [maʒistʀa] *nm* magistrato.
magistrature [maʒistʀatyʀ] *nf* magistratura.
magma [magma] *nm* magma *m.*
magnanime [maɲanim] *a* magnanimo(a).
magnat [magna] *nm* magnate *m.*
magner [maɲe]: **se ~** *vr (fam)* sbrigarsi.
magnésie [maɲezi] *nf* magnesia.
magnésium [maɲezjɔm] *nm* magnesio.
magnétique [maɲetik] *a* magnetico(a).
magnéto [maɲeto] *nm* (*TECH*) magnete *m; (fam)* registratore *m.*
magnificence [maɲifisɑ̃s] *nf* magnificenza.
magnifier [magnifje] *vt* magnificare, decantare.

magnifique [maɲifik] *a* magnifico(a).
magnolia [maɲɔlja] *nm* magnolia.
magot [mago] *nm (fam)* gruzzolo; *(:butin)* malloppo.
mai [mɛ] *nm* maggio.
maigre [mɛgʀ(ə)] *a* magro(a) // *ad:* **faire** ~ mangiare di magro; **jours** ~**s** giorni di magro; **maigreur** *nf* magrezza; *(fig)* scarsezza; **maigrir** *vi* dimagrire // *vt (suj: vêtement)* smagrire.
maille [maj] *nf* maglia; **monter des** ~**s** *(TRICOT)* avviare le maglie.
maillet [majɛ] *nm* mazzuolo; *(arme, SPORT)* mazza.
maillon [mɑjɔ̃] *nm* anello.
maillot [majo] *nm* maglia, maglietta; *(de danseur)* calzamaglia; *(SPORT)* maglia; ~ **de corps** canottiera; ~ **de bain** costume *m* da bagno.
main [mɛ̃] *nf (ANAT)* mano *f; (de papier)* blocco di 25 fogli; **la** ~ **dans la** ~ mano nella mano; **tenir qch à la** ~ tenere qualcosa in mano; **fait à la** ~ fatto a mano; **sous la** ~ sotto mano; **haut les** ~**s!** mani in alto!; **en un tour de** ~ *(fig)* in un batter d'occhio; **sac à** ~ borsetta; **à** ~ **droite/gauche** a destra/sinistra; ~ **courante** *(ARCHIT)* corrimano; **main-d'oeuvre** *nf* manodopera; **main-forte** *nf* manforte *f ou* man *f* forte; **mainmise** *nf* dominio.
maint, e [mɛ̃, ɛ̃t] *a:* **à** ~**es reprises** a più riprese; ~**es fois** parecchie volte.
maintenant [mɛ̃tnɑ̃] *ad* ora, adesso.
maintenir [mɛ̃tniʀ] *vt* mantenere; *(ARCHIT)* sostenere, reggere; *(confirmer)* sostenere, mantenere; **se** ~ *vr* mantenersi; *(vieillard, malade)* tirare avanti.
maintien [mɛ̃tjɛ̃] *nm* mantenimento; *(allure, contenance)* contegno.
maire [mɛʀ] *nm* sindaco.
mairie [meʀi] *nf* municipio; *(administration)* amministrazione *f* comunale; *(charge de maire)* carica di sindaco.
mais [mɛ] *conj* ma.
maïs [mais] *nm* gran(o)turco, mais *m inv.*
maison [mɛzɔ̃] *nf* casa; *(COMM)* casa, ditta // *a inv:* **tarte** ~ torta fatta in casa *ou* casalinga *ou* della casa; **fils/ami de la** ~ figlio/amico di famiglia; **à la** ~ a casa; ~ **de santé** casa di cura; ~ **de retraite** casa di riposo (per anziani); ~ **des jeunes et de la culture** centro culturale e ricreativo per i giovani; **maisonée** *nf* famiglia.
maître, esse [mɛtʀ(ə), mɛtʀɛs] *nm/f* padrone/a; *(SCOL)* maestro/a; *(:université)* professore/ressa titolare di cattedra // *nm (artiste, musicien, etc)* maestro; *(titre: avocat)* (l')avvocato; *(:notaire)* (il) notaio; *(:professeur)* (il) professore // *nf (d'un amant)* amante *f* // *a* principale; **maison de** ~ casa signorile; **tableau de** ~ quadro d'autore *m;* ~ **d'hôtel** *(restaurant)* maître *m inv;* **maître-chanteur** *nm* ricattatore *m.*
maîtrise [metʀiz] *nf* padronanza; *(habileté)* maestria; *(domination)* dominio; *(SCOL)* ≈ laurea.
maîtriser [metʀrize] *vt* domare; *(forcené)* bloccare; *(fig)* dominare; *(:langue)* possedere; **se** ~ *vr* dominarsi, controllarsi.
majesté [maʒɛste] *nf* maestà *f inv.*
majestueux, euse [maʒɛstɥø øz] *a* maestoso(a).
majeur, e [maʒœʀ] *a* maggiore; *(plus important)* principale // *nm/f* maggiorenne *m/f.*
major [maʒɔʀ] *nm (MIL)* ≈ maresciallo; *(: médecin)* medico militare; ~ **de la promotion** *(SCOL)* primo della graduatoria.
majoration [maʒɔʀɑsjɔ̃] *nf* aumento.
majordome [maʒɔʀdɔm] *nm* mag-

giordomo.
majorer [maʒɔʀe] *vt* maggiorare, aumentare.
majoritaire [maʒɔʀitɛʀ] *a* maggioritario(a).
majorité [maʒɔʀite] *nf* maggioranza; *(âge)* maggiore età *f inv*.
majuscule [maʒyskyl] *a* maiuscolo(a) // *nf* maiuscola.
mal, maux [mal, mo] *nm, ad* male *m;* **dire du ~ des autres** parlar male degli altri; **penser du ~ de qn** pensar male di qd; **avoir du ~ à faire** stentare *ou* far fatica a fare; **~ à la tête/aux dents** mal di testa/di denti; **~ au cœur** nausea; **avoir le ~ du pays** *(fig)* avere nostalgia della propria terra; **il n'y a pas de ~** *(dommages)* non c'è niente; **être ~ en point** essere ridotto male; **tourner ~** *(fig)* mettersi male; **être au plus ~** essere molto malato; **pas ~** *ad:* **comment vas-tu? pas ~** come va? non c'è male; **tu ne ferais pas ~ de dormir** faresti bene a dormire; **manger pas ~** mangiare parecchio; **pas ~de** *(beaucoup de)* parecchio(a) *a*.
malade [malad] *a* malato(a) // *nm/f* (am)malato/a; **tomber ~** ammalarsi; **grand ~** malato grave.
maladie [maladi] *nf* malattia; *(fig: manie)* mania.
maladif, ive [maladif, iv] *a* malaticcio(a); *(fig)* morboso(a).
maladresse [maladʀɛs] *nf* goffaggine *f; (manque d'habileté)* incapacità *f inv; (action, mot)* gaffe *f*.
maladroit, e [maladʀwa, wat] *a* maldestro(a).
malaise [malɛz] *nm* malessere *m; (évanouissement)* malore *m*.
malappris, e [malapʀi, iz] *nm/f* maleducato(a), screanzato(a).
malchance [malʃɑ̃s] *nf* sfortuna; *(mésaventure)* disavventura; **par ~** per disgrazia, sfortunatamente.
malchanceux, euse [malʃɑ̃sø, øz] *a, nm/f* sfortunato(a).
mâle [mɑl] *a* maschio(a) // *nm* maschio.
malédiction [malediksjɔ̃] *nf* maledizione *f*.
maléfique [malefik] *a* malefico(a).
malencontreux, euse [malɑ̃kɔ̃tʀø, øz] *a* malaugurato(a).
malentendu [malɑ̃tɑ̃dy] *nm* malinteso, equivoco.
malfaçon [malfasɔ̃] *nf* difetto di fabbricazione.
malfaisant, e [malfəzɑ̃, ɑ̃t] *a* malefico(a), malvagio(a).
malfaiteur [malfɛtœʀ] *nm* malfattore *m*.
malfamé, e [malfame] *a* malfamato(a).
malformation [malfɔʀmɑsjɔ̃] *nf* malformazione *f*.
malgache [malgaʃ] *a, nm/f* malgascio(a).
malgré [malgʀe] *prép* malgrado, nonostante; **~ soi/lui** suo malgrado.
malheur [malœʀ] *nm* sfortuna; *(catastrophe)* disgrazia, sciagura; **malheureux, euse** *a* infelice; *(regrettable: accident, mot)* spiacevole, deplorevole; *(malchanceux)* sfortunato(a) // *nm/f* infelice *m/f*, sventurato/a.
malhonnête [malɔnɛt] *a* disonesto(a).
malice [malis] *nf* malizia; **par ~** con malizia, con malignità; **malicieux, euse** *a* malizioso(a).
malin, igne [malɛ̃, iɲ] *a* astuto(a), furbo(a); *(fièvre, influence)* maligno(a).
malingre [malɛ̃gʀ(ə)] *a* mingherlino(a), gracile.
malintentionné, e [malɛ̃tɑ̃sjɔne] *a* malintenzionato(a).
malle [mal] *nf* baule *m; (AUTO)* bagagliaio, baule *m*.
malléable [maleabl(ə)] *a* malleabile.
mallette [malɛt] *nf* valigetta.
malmener [malməne] *vt* malmenare, maltrattare.

malodorant, e [malɔdɔʀɑ̃,ɑ̃t] *a* maleodorante, puzzolente.
malotru, e [malɔtʀy] *a, nm/f* burino(a), cafone(a).
malpropre [malpʀɔpʀ(ə)] *a* sudicio(a), sporco(a); *(travail)* mal fatto(a).
malsain, e [malsɛ̃, ɛn] *a* malsano(a).
malt [malt] *nm* malto.
maltraiter [maltʀete] *vt* maltrattare.
malveillance [malvɛjɑ̃s] *nf* malevolenza, malanimo.
malversation [malvɛʀsɑsjɔ̃] *nf* malversazione *f.*
maman [mamɑ̃] *nf* mamma.
Mme *(abr de* **Madame)** Sig. ra.
mamelle [mamɛl] *nf* mammella.
mamelon [mamlɔ̃] *nm* capezzolo; (GEOGR) mammellone *m.*
mammifère [mamifɛʀ] *nm* mammifero.
mammouth [mamut] *nm* mammut *m inv.*
manche [mɑ̃ʃ] *nf* manica; *(d'un jeu, compétition)* manche *f inv // nm* manico.
manchette [mɑ̃ʃɛt] *nf* polsino; *(titre large)* titolone *m;* **boutons de ~** gemelli *mpl.*
manchon [mɑ̃ʃɔ̃] *nm* manicotto.
manchot, ote [mɑ̃ʃo, ɔt] *a, nm/f* monco(a) // *nm* (ZOOL) pinguino.
mandarine [mɑ̃daʀin] *nf* mandarino.
mandat [mɑ̃da] *nm* mandato; *(postal)* vaglia *m;* **mandataire** *nm* mandatario.
mandibule [mɑ̃dibyl] *nf* mandibola.
mandoline [mɑ̃dɔlin] *nf* mandolino.
manège [manɛʒ] *nm* maneggio; *(de foire)* giostra; *(fig: manœuvre)* maneggi *mpl.*
manette [manɛt] *nf* manetta, leva.
manganèse [mɑ̃ganɛz] *nm* manganese *m.*
mangeable [mɑ̃ʒabl(ə)] *a* commestibile; *(peu appétissant)* mangiabile.
mangeoire [mɑ̃ʒwaʀ] *nf* mangiatoia.
manger [mɑ̃ʒe] *vt, vi* mangiare; *(fortune, capital)* mangiarsi; **~qn/qch des yeux** mangiarsi qd/qc con gli occhi.
mangouste [mɑ̃gust(ə)] *nf* (ZOOL) mangusta.
mangue [mɑ̃g] *nf* mango.
maniable [manjabl(ə)] *a* maneggevole; *(fig: personne)* malleabile.
maniaque [manjak] *a,nm/f* maniaco(a).
manie [mani] *nf* mania.
maniement [manimɑ̃] *nm* uso, impiego; **~ d'armes/de l'argent** maneggio delle armi/del danaro.
manier [manje] *vt* maneggiare; *(manoeuvrer)* manovrare.
manière [manjɛʀ] *nf* modo, maniera; *(style: d'un artiste)* maniera, stile *m;* **de ~ à** in modo da; **de telle ~ que** in modo (tale) che; **de cette ~** in questo modo; **d'une ~ générale** in linea generale; **de toute ~** ad ogni modo, comunque; **d'une certaine ~** in un certo senso; **faire des ~s** far complimenti.
manifestant, e [manifɛstɑ̃, ɑ̃t] *nm/f* manifestante *m/f,* dimostrante *m/f.*
manifestation [manifɛstɑsjɔ̃] *nf* manifestazione *f.*
manifeste [manifɛst(ə)] *a* manifesto(a), palese // *nm* manifesto.
manifester [manifɛste] *vt* manifestare; *(exprimer)* esprimere // *vi* manifestare; **se ~** *vr* manifestarsi; *(personne)* farsi vivo(a).
manigancer [manigɑ̃se] *vt* combinare, intrallazzare.
manipuler [manipyle] *vt* manipolare, maneggiare; *(fig: personne)* strumentalizzare.
manivelle [manivɛl] *nf* manovella.
manne [man] *nf* manna.

mannequin [mankɛ̃] *nm* manichino; *(femme)* indossatrice *f*.
manœuvre [manœvʀ(ə)] *nf* manovra // *nm* manovale *m*.
manœuvrer [manœvʀe] *vt* manovrare // *vi* manovrare, far manovra.
manoir [manwaʀ] *nm* maniero.
manomètre [manɔmɛtʀ(ə)] *nm* manometro.
manque [mɑ̃k] *nm* mancanza; ~**s** *mpl (lacunes)* lacune *fpl*; **par ~ de** per mancanza di; **~ à gagner** mancato guadagno.
manquer [mɑ̃ke] *vi* mancare // *vt* mancare, fallire; *(personne)* non trovare *ou* incontrare; *(cours, réunion)* non andare a; *(marche)* saltare; *(occasion, train)* perdere // *vb impersonnel:* **il manque des pages** mancano delle pagine; **~ à une promesse** non tener fede *ou* venir meno a una promessa; **je n'y manquerai pas** non mancherò.
mansarde [mɑ̃saʀd(ə)] *nf* mansarda.
mansardé, e [mɑ̃saʀde] *a:* **chambre ~e** stanza a mansarda.
mansuétude [mɑ̃sɥetyd] *nf* mansuetudine *f*.
mante [mɑ̃t] *nf* (ZOOL) mantide *f*.
manteau, x [mɑ̃to] *nm* cappotto; (ZOOL: *poil*) mantello, pelo; *(de cheminée)* cappa; *(fig)* velo.
mantille [mɑ̃tij] *nf* mantiglia.
manucure [manykyʀ] *nf* manicure *m ou f inv*.
manuel, le [manɥɛl] *a, nm* manuale *(m)*.
manufacture [manyfaktyʀ] *nf* manifattura, fabbrica.
manufacturé, e [manyfaktyʀe] *a:* **produits/articles ~s** manufatti *mpl*.
manuscrit, e [manyskʀi, it] *a* manoscritto(a) // *nm* manoscritto.
manutention [manytɑ̃sjɔ̃] *nf* (COMM) movimentazione *f* delle merci di magazzino.
mappemonde [mapmɔ̃d] *nf* mappamondo.
maquereau, x [makʀo] *nm* ruffiano, protettore *m*; (ZOOL) sgombro.
maquette [makɛt] *nf* bozzetto; *(d'une page illustrée, affiche)* menabò *m inv*; *(modèle réduit)* modellino; (ARCHIT) plastico.
maquillage [makijaʒ] *nm* trucco; *(de voiture volée, etc)* truccatura.
maquiller [makije] *vt* truccare; **se ~** *vr* truccarsi.
maquis [maki] *nm* macchia; *(pendant la guerre)* ≈ Resistenza; **maquisard** *nm* ≈ partigiano.
marabout [maʀabu] *nm* (ZOOL) marabù *m inv*.
maraîcher, ère [maʀeʃe, maʀɛʃɛʀ] *a* orticolo(a) // *nm* orticoltore *m*.
marais [maʀɛ] *nm* palude *f*; **~ salant** salina.
marasme [maʀasm(ə)] *nm* (ECON, POL) ristagno, marasma; *(accablement)* abbattimento, depressione *f*.
marathon [maʀatɔ̃] *nm* maratona.
marâtre [maʀɑtʀ(ə)] *nf* matrigna.
maraudeur [maʀodœʀ] *nm* ladruncolo; *(oiseau)* razziatore *m*.
marbre [maʀbʀ(ə)] *nm* marmo; (TYP) bancone *m*.
marbrer [maʀbʀe] *vt* marmorizzare; *(peau)* chiazzare.
marbrier [maʀbʀije] *nm* marmista *m*.
marc [maʀ] *nm* aquavite *f*; *(résidu de fruits pressés)* residuo, fondo; **~ de raisin** vinaccia; **~ de café** fondo di caffè.
marcassin [maʀkasɛ̃] *nm* cinghialetto.
marchand, e [maʀʃɑ̃, ɑ̃d] *nm/f* negoziante *m/f*, commerciante *m/f* // *a* commerciale; **~ de journaux** giornalaio; **~ de couleurs** droghiere *m*; **~ des quatre saisons** fruttivendolo, ortolano; **~ ambul-**

ant venditore ambulante.
marchandage [maʀʃɑ̃daʒ] *nm* mercanteggiare *inv.*
marchander [maʀʃɑ̃de] *vt* contrattare, discutere sul prezzo di // *vi* mercanteggiare.
marchandise [maʀʃɑ̃diz] *nf* merce *f.*
marche [maʀʃ(ə)] *nf* marcia; *(fonctionnement)* funzionamento; *(allure)* andatura, passo; *(promenade)* camminare *m inv; (évolution)* andamento; (*SPORT*) podismo; *(fig: du progrès, temps)* avanzata; *(d'un escalier)* scalino, gradino; **mettre en ~** mettere in moto; **bus/train en ~** autobus/treno in corsa; **~ à suivre** *(fig)* via da seguire.
marché [maʀʃe] *nm* mercato; *(accord)* contratto; *(affaire)* affare *m;* **(à) bon ~** a buon mercato; **par dessus le ~** per giunta, per di più; **faire son ~** fare la spesa.
marchepied [maʀʃəpje] *nm* predellino.
marcher [maʀʃe] *vi* camminare; (*MIL*) marciare; *(voiture, train)* andare; *(fonctionner)* funzionare, andare; *(fig: réussir)* andare bene; *(fam: consentir)* starci; **faire ~ qn** *(fam: tromper)* darla a bere a qd; **faire ~ qn à la baguette** *(fam)* far filare *ou* rigare qn a bacchetta; **marcheur, euse** *nm/f* camminatore/trice; (*SPORT*) podista *m/f.*
mardi [maʀdi] *nm* martedì *m.*
mare [maʀ] *nf* stagno, laghetto; **~ de sang** mare *m ou* lago di sangue.
marécage [maʀekaʒ] *nm* palude *f;* **marécageux, euse** *a* paludoso(a), acquitrinoso(a).
maréchal, aux [maʀeʃal, o] *nm* maresciallo; **~ des logis** (*MIL*) sergente *m.*
maréchal-ferrant [maʀeʃalfɛʀɑ̃] *nm* maniscalco.
marée [maʀe] *nf* marea; *(poissons)* pesce *m* fresco (di mare); *(fig: de bonheur)* ondata.
marelle [maʀɛl] *nf:* **(jouer à) la ~** (giocare a) campana *ou* settimana.
mareyeur, euse [maʀɛjœʀ, øz] *nm/f* grossista *m/f* di pesce fresco.
margarine [maʀgaʀin] *nf* margarina.
marge [maʀʒ(ə)] *nf* margine *m;* **en ~ (de)** in margine (a); **en ~ (de la société)** ai margini della società; **~ bénéficiaire** (*COMM*) margine *m* di utile.
marginal, e, aux [maʀʒinal, o] *a* marginale.
marguerite [maʀgəʀit] *nf* margherita.
mari [maʀi] *nm* marito.
mariage [maʀjaʒ] *nm* matrimonio; *(fig: de couleurs)* accostamento.
marié, e [maʀje] *a* sposato(a) // *nm/f* sposo/a; **jeune ~** sposo novello.
marier [maʀje] *vt* sposare; *(suj: parents)* far sposare; **se ~** *vr* sposarsi.
marin, e [maʀɛ̃, in] *a* marino(a) // *nm* marinaio // *nf* marina; **(bleu) ~e** blu marino *inv;* **chansons/peuple de ~s** canzoni marinare/popolo marinaro.
marinade [maʀinad] *nf* marinata.
mariner [maʀine] *vi* marinare; **faire ~** far marinare.
marionnette [maʀjɔnɛt] *nf* marionetta, burattino.
maritime [maʀitim] *a* marittimo(a); *(chantier)* navale // *nm* marittimo.
marjolaine [maʀʒɔlɛn] *nf* maggiorana.
marmaille [maʀmɑj] *nf* marmaglia.
marmelade [maʀməlad] *nf* marmellata.
marmite [maʀmit] *nf* pentolone *m,* marmitta.
marmiton [maʀmitɔ̃] *nm* sguattero.
marmonner [maʀmɔne] *vt* borbottare.

marmot [marmo] *nm (fam)* marmocchio.
marmotte [marmɔt] *nf* marmotta.
marmotter [marmɔte] *vt* biascicare.
Maroc [marɔk] *nm* Marocco; **marocain, e** *a, nm/f* marocchino(a).
maroquinerie [marɔkinri] *nf* pelletteria.
marotte [marɔt] *nf (fig)* pallino, fissazione *f*.
marquant, e [markɑ̃, ɑ̃t] *a* importante; *(mémorable)* memorabile.
marque [mark(ə)] *nf* segno; *(initiales: sur linge, vêtement)* cifre *fpl*; *(trace)* traccia, impronta; (*SPORT, JEU*) punteggio; (*COMM*) marchio; *(d'une entreprise)* marca; **à vos ~s!** (*SPORT*) ai vostri posti!; **produit de ~** prodotto di marca; **personnage/hôte de ~** personaggio/ospite di riguardo.
marqué, e [marke] *a* segnato(a); *(linge, drap)* cifrato(a); *(produit)* marcato(a); *(fig: différence, préférence)* netto(a), spiccato(a).
marquer [marke] *vt* segnare; *(linge, SPORT: joueur)* marcare; *(bétail)* marchiare // *vi* lasciare il segno; **~ qch de/à/par** segnare qc con; **~ le coup** *(fig)* accusare il colpo; **~ mal** presentarsi male.
marqueterie [markətri] *nf* intarsio.
marquis, e [marki, iz] *nm/f* marchese/a // *nf* (*ARCHIT*) pensilina, tettoia.
marraine [marɛn] *nf* madrina.
marrant, e [marɑ̃, ɑ̃t] *a (fam)* spassoso (a), buffo (a).
marre [mar] *ad*: **en avoir ~(de)** *(fam)* esser stufo (di), averne abbastanza (di).
marrer [mare]: **se ~** *vr (fam)* divertirsi.
marron [marɔ̃] *nm* marrone *m*, castagna // *a inv* marrone; **marronnier** *nm* ippocastano.
mars [mars] *nm* marzo.
Marseille [marsɛj] *nm* Marsiglia *f*; **marseillais, e** *a, nm/f* marsigliese *(m/f)*; **la M~e** la Marsigliese.
marsupiaux [marsypjo] *nmpl* marsupiali *mpl*.
marteau, x [marto] *nm* martello; (*MUS, MED*) martelletto // *a inv (fam)* picchiato(a), suonato(a).
marteler [martəle] *vt* martellare.
martial, e, aux [marsjal, o] *a* marziale.
martinet [martinɛ] *nm* (*TECH*) maglio; (*ZOOL*) rondone *m*.
martingale [martɛ̃gal] *nf* martingala.
martin-pêcheur [martɛ̃pɛʃœr] *nm* martin *m* pescatore.
martyr, e [martir] *nm/f* martire *m/f*.
martyre [martir] *nm* martirio.
martyriser [martirize] *vt* martirizzare.
marxisme [marksism(ə)] *nm* marxismo.
mascarade [maskarad] *nf* travestimento, mascherata; *(fig)* buffonata.
mascotte [maskɔt] *nf* mascotte *f inv*, portafortuna *m inv*.
masculin, e [maskylɛ̃, in] *a* maschile; *(traits, voix)* mascolino(a) // *nm* maschile *m*.
masochisme [mazɔʃism(ə)] *nm* masochismo.
masque [mask(ə)] *nm* maschera; (*MIL*) riparo;**~ à gaz** maschera antigas.
masquer [maske] *vt* nascondere; *(dissimuler)* mascherare, dissimulare; *(lumière)* schermare.
massacre [masakr(ə)] *nm* strage *f*, massacro; *(fig)* macello, scempio.
massacrer [masakre] *vt* massacrare.
massage [masaʒ] *nm* massaggio.
masse [mas] *nf* massa; *(tas)* mucchio; *(fam: quantité)* sacco, mucchio; *(maillet)* mazza; **pas des ~s** *(fam)* non molto (a) *ou* tanto (a).

masser [mase] *vt* massaggiare: **se ~** *vr* massaggiarsi; **masseur, euse** *nm/f* massaggiatore/trice.
massif, ive [masif, iv] *a* massiccio(a); *(départs)* in massa *loc inv* // *nm* massiccio; *(de fleurs)* cespuglio, *(: décoratif)* aiola.
massue [masy] *nf* mazza.
mastic [mastik] *nm* mastice *m;* (*BOT*) resina.
mastiquer [mastike] *vt* masticare; *(fente, vitre)* stuccare.
masure [mazyʀ] *nf* catapecchia, stamberga.
mat, e [mat] *a* opaco(a); *(teint)* olivastro(a); *(bruit)* sordo(a), smorzato(a) // *a inv, nm inv* (*ECHECS*): **échec et ~** scacco matto.
mât [mɑ] *nm* albero; (*SPORT*) pertica.
match [matʃ] *nm* incontro, partita; **~ aller/retour** incontro *ou* partita di andata/di ritorno; **faire ~ nul** pareggiare.
matelas [matla] *nm* materasso; **~d'air** intercapedine *f;* **~ pneumatique** materassino pneumatico.
matelasser [matlase] *vt* imbottire.
matelot [matlo] *nm* marinaio.
mater [mate] *vt* domare.
matérialiser [mateʀjalize] *vt* concretizzare; **se ~** *vr* concretizzarsi.
matérialiste [mateʀjalist(ə)] *a, nm/f* materialista *(m/f)*.
matériaux [mateʀjo] *nmpl* materiali *mpl; (fig: documentation)* materiale *m.*
matériel, le [mateʀjɛl] *a* materiale; *(fig: péj: personne)* materialista // *nm* attrezzatura, materiale *m.*
maternel, le [matɛʀnɛl] *a* materno(a); **école ~le** scuola materna, asilo; **langue ~le** lingua madre.
maternité [matɛʀnite] *nf* maternità *f inv.*
mathématicien [matematisjɛ̃] *nm* matematico.
mathématique [matematik] *a* matematico(a); **~s** *fpl (science)* matematica.
matière [matjɛʀ] *nf* materia; **table des ~** indice *m.*
matin [matɛ̃] *nm* mattina, mattino; **le ~** al mattino, di mattina; **par un ~ de décembre** in un mattino di dicembre; **lundi/dimanche ~** lunedì/domenica mattina *inv;* **tous les ~s** tutte le mattine; **une heure du ~** una di notte; **5 heures du ~** cinque di mattina; **de grand** *ou* **bon ~** di prima mattina, di buon mattino; **matinal, e, aux** *a* mattutino(a); *(personne)* mattiniero(a).
matinée [matine] *nf* mattinata; *(spectacle)* matinée *f inv*, spettacolo pomeridiano.
matou [matu] *nm (fam)* micio.
matraque [matʀak] *nf* manganello.
matricule [matʀikyl] *nf* matricola // *a:* **registre/livret ~** registro/foglio matricolare; **numéro ~** numero di matricola.
matrimonial, e, aux [matʀimɔnjal, o] *a* matrimoniale.
maturité [matyʀite] *nf* maturità *f inv; (d'un fruit)* maturazione *f.*
maudire [modiʀ] *vt* maledire; **maudit, e** *a* maledetto(a).
maugréer [mogʀee] *vt, vi* brontolare, borbottare.
mausolée [mozɔle] *nm* mausoleo.
maussade [mosad] *a* scontroso(a), imbronciato(a); *(propos)* pessimista; *(temps, réunion)* uggioso(a), noioso(a).
mauvais, e [mɔvɛ, ɛz] *a* cattivo(a); *(nocif)* dannoso(a); *(faux)* sbagliato(a); *(laid, désagréable)* brutto(a) // *nm* cattivo // ad: **il fait ~** è brutto (tempo); **sentir ~** puzzare; **être ~ en math** (*SCOL*) essere scadente in matematica; **~e langue** malalingua; **~ garçon** cattivo.
mauve [mov] *nf* malva // *a, nm (couleur)* color malva *inv.*

maximal, e, aux [maksimal, o] *a* massimo(a).
maxime [maksim] *nf* massima.
maximum [maksimɔm] *a, nm* massimo; **atteindre son ~** raggiungere il massimo.
mazout [mazut] *nm* nafta.
me, m' [m(ə)] *pron* mi; **il ~ le/la donne** me lo/la da; **je m'en vais** me ne vado.
Me *(abr de* **Maître)** Avv.
méandre [meɑ̃dʀ(ə)] *nm* meandro.
mécanicien [mekanisjɛ̃] *nm* meccanico; (*RAIL*) macchinista *m*.
mécanique [mekanik] *a* meccanico(a) // *nf* meccanica.
mécaniser [mekanize] *vt* meccanizzare.
mécanisme [mekanism(ə)] *nm* meccanismo.
mécano [mekano] *nm (fam)* meccanico.
méchanceté [meʃɑ̃ste] *nf* cattiveria.
méchant, e [meʃɑ̃, ɑ̃t] *a* cattivo(a); *(fam: grave)* grave.
mèche [mɛʃ] *nf* stoppino; *(d'un explosif)* miccia; (*MED*) zaffo; *(d'une perceuse)* punta; *(de cheveux)* ciocca; **vendre la ~** *(fig)* svelare un segreto.
méchoui [meʃwi] *nm montone allo spiedo.*
mécompte [mekɔ̃t] *nm* errore *m* di calcolo; *(déception)* delusione *f*.
méconnaissable [mekɔnɛsabl(ə)] *a* irriconoscibile.
méconnaître [mekɔnɛtʀ(ə)] *vt* ignorare; *(mésestimer)* misconoscere.
mécontentement [mekɔ̃tɑ̃tmɑ̃] *nm* malcontento.
mécontenter [mekɔ̃tɑ̃te] *vt* scontentare.
médaille [medaj] *nf* medaglia; *(plaque obligatoire)* placca.
médaillon [medajɔ̃] *nm* medaglione *m*.
médecin [mɛdsɛ̃] *nm* medico; **~ légiste** medico legale; **~ traitant** medico curante.
médecine [mɛdsin] *nf* medicina.
médiation [medjɑsjɔ̃] *nf* mediazione *f*.
médical, e, aux [medikal, o] *a* medico(a).
médicament [medikamɑ̃] *nm* medicina, farmaco.
médiéval, e, aux [medjeval, o] *a* medi(o)evale.
médiocrité [medjɔkʀite] *nf* mediocrità *f inv*.
médire [mediʀ]: **~ de** *vi* sparlare di, dir male di.
médisance [medizɑ̃s] *nf* maldicenza.
méditatif, ive [meditatif, iv] *a* meditativo(a); *(pensif)* meditabondo(a).
méditation [meditɑsjɔ̃] *nf* meditazione *f*.
méditer [medite] *vt, vi* meditare.
Méditerranée [mediteʀane] *nf* Mediterraneo; **méditerranéen, ne** [mediteʀaneɛ̃, ɛn] *a, nm/f* mediterraneo(a).
méduse [medyz] *nf* medusa.
méfait [mefɛ] *nm* misfatto, malefatta; *(résultat désastreux)* danno.
méfiance [mefjɑ̃s] *nf* diffidenza.
méfier [mefje]: **se ~** *vr* fare attenzione; **se ~ de** diffidare di, non fidarsi di.
mégalomanie [megalɔmani] *nf* megalomania.
mégaphone [megafɔn] *nm* megafono.
mégarde [megaʀd(ə)] *nf*: **par ~** inavvertitamente.
mégère [meʒɛʀ] *nf* megera.
mégot [mego] *nm* cicca, mozzicone *m*.
meilleur, e [mɛjœʀ] *a, nm/f* migliore *(m/f)* // *nm (chose, fig)* meglio // *ad*: **il fait ~** il tempo è migliore; **~ marché** meno caro, più conveniente; **donner le ~ de soi-même** dare il meglio di sè.

mélancolie [melɑ̃kɔli] *nf* malinconia.
mélange [melɑ̃ʒ] *nm* mescolanza, miscuglio; *(de café, essence, etc)* miscela.
mélanger [melɑ̃ʒe] *vt* mescolare, mischiare; *(confondre)* confondere.
mélasse [melas] *nf* melassa.
mêlée [mele] *nf* mischia.
mêler [mele] *vt* mescolare, mischiare; **se** ~ *vr* mescolarsi, mischiarsi; **se** ~**à/avec** *(suj: chose)* mescolarsi con; **se** ~ **à** *(suj: personne)* mescolarsi a; *(:participer)* partecipare a; **se** ~ **de** *(suj: personne)* immischiarsi in, impicciarsi di; ~ **qn à une affaire** coinvolgere qd in una faccenda.
mélodie [melɔdi] *nf* melodia.
mélodrame [melɔdʀam] *nm* melodramma *m.*
mélomane [melɔman] *a, nm/f* melomane *(m/f).*
melon [m(ə)lɔ̃] *nm* melone *m;* ~ **d'eau** cocomero, anguria.
membrane [mɑ̃bʀan] *nf* membrana.
membre [mɑ̃bʀ(ə)] *nm* membro; (*ANAT*) arto // *a (pays, état)* membro.
même [mɛm] *a, pron* stesso(a) // *ad* anche, persino; **ici** ~ proprio qui; **aujourd'hui** ~ oggi stesso; ~ **si/quand,** *etc* anche se/quando, *etc;* ~ **pas, pas** ~ nemmeno, neppure; **ne...** ~ **plus** neanche *ou* nemmeno più; **sans** ~ senza nemmeno; **faire de** ~ fare lo stesso; **à** ~ **le sol** direttamente sul suolo; **être à** ~ **de** essere in grado di; **c'était une amie, je dirais** ~ **une soeur** era un'amica, anzi una sorella.
mémento [memɛ̃to] *nm* agenda; *(note)* promemoria *m.*
mémoire [memwaʀ] *nf* memoria // *nm* memoria; (*SCOL*) ≈ tesi (di laurea); (*JUR*) esposto; **avoir la** ~ **des dates/chiffres,** *etc* ricordare facilmente le date/i numeri, *etc;* **avoir de la** ~ avere memoria; **à la** ~ **de** alla *ou* in memoria di; **si j'ai bonne** ~ se ben ricordo; **de** ~ a memoria.
mémorable [memɔʀabl(ə)] *a* memorabile.
mémorandum [memɔʀɑ̃dɔm] *nm* memorandum *m inv; (note)* promemoria *m inv.*
mémorial, aux [memɔʀjal,o] *nm* monumento commemorativo; *(recueil)* memoriale *m.*
menaçant, e [mənasɑ̃, ɑ̃t] *a* minaccioso(a).
menace [mənas] *nf* minaccia.
menacer [mənase] *vt* minacciare; **la pluie menace** minaccia di piovere.
ménage [menaʒ] *nm* casa; *(nettoyage)* pulizie *fpl; (couple)* coppia; **faire le** ~ fare le pulizie; **monter son** ~ metter su casa; **se mettre en** ~ **avec qn** andare a vivere con qd; **scène de** ~ scenata.
ménagement [menaʒmɑ̃] *nm* riguardo.
ménager [menaʒe] *vt* risparmiare; *(expressions)* moderare; *(traiter avec égard)* trattare con riguardo; *(arranger)* combinare.
ménager, ère [menaʒe, ɛʀ] *a* domestico(a); **ordures** ~**ères** immondizie *fpl;* **appareils** ~**s** elettrodomestici *mpl // nf* casalinga.
ménagerie [menaʒʀi] *nf* serraglio.
mendicité [mɑ̃disite] *nf* accattonaggio.
mendier [mɑ̃dje] *vi, vt* mendicare.
mener [məne] *vt* condurre; *(fig: débat)* dirigere; ~ **à/dans/chez** portare a/in/da; ~ **à terme** portare a termine; **ces études ne mènent à rien** questi studi non aprono nessuno sbocco; **meneur, euse** *nm/f* capo *m; (péj)* caporione/a, agitatore/trice; **meneur de jeu** (*TV*) conduttore *m.*
méningite [menɛ̃ʒit] *nf* meningite *f.*

ménopause [menɔpoz] *nf* menopausa *f*.
menottes [mənɔt] *nfpl* manette *fpl*.
mensonge [mɑ̃sɔ̃ʒ] *nm* menzogna, bugia; *(fausseté)* menzogna.
mensonger, ère [mɑ̃sɔ̃ʒe,ɛʀ] *a* falso(a).
mensualité [mɑ̃sɥalite] *nf* mensilità *f inv;* **payable par** ~**s** pagabile in rate mensili.
mensuel, le [mɑ̃sɥɛl] *a* mensile.
mensurations [mɑ̃syʀɑsjɔ̃] *nfpl* misure *fpl*.
mental, e, aux [mɑ̃tal, o] *a* mentale.
mentalité [mɑ̃talite] *nf* mentalità *f inv*.
menteur, euse [mɑ̃tœʀ, øz] *nm/f* bugiardo/a.
menthe [mɑ̃t] *nf* menta.
mention [mɑ̃sjɔ̃] *nf* menzione *f*, cenno; (*SCOL*) voto; ~ **passable/bien,** *etc* sufficiente *m*/buono, *etc.*
mentionner [mɑ̃sjɔne] *vt* menzionare.
mentir [mɑ̃tiʀ] *vi* mentire.
menton [mɑ̃tɔ̃] *nm* mento.
menu, e [məny] *a* minuto(a) // *ad:* **couper/hacher** ~ tagliare/tritare fine // *nm* menù *m inv*, carta; **la** ~**e monnaie** gli spiccioli *mpl.*
menuet [mənɥɛ] *nm* minuetto.
menuiserie [mənɥizʀi] *nf* falegnameria.
mépris [mepʀi] *nm* disprezzo; **au** ~ **de** a dispetto di.
méprisable [mepʀizabl(ə)] *a* spregevole, ignobile.
méprisant, e [mepʀizɑ̃, ɑ̃t] *a* sprezzante.
mépriser [mepʀize] *vt* disprezzare.
mer [mɛʀ] *nf* mare *m;* **en haute/pleine** ~ in alto mare.
mercantile [mɛʀkɑ̃til] *a:* **esprit** ~ mentalità *f inv* da mercante.
mercenaire [mɛʀsənɛʀ] *a, nm/f* mercenario(a).
mercerie [mɛʀsəʀi] *nf* merceria.
merci [mɛʀsi] *excl* grazie // *nm:* **dire** ~ **à qn** ringraziare qd // *nf:* **à la** ~ **de** *(personne)* alla mercè di; *(chose)* in balia di; **sans** ~ *(lutte, combat)* spietato(a), senza pietà.
mercredi [mɛʀkʀədi] *nm* mercoledì *m inv*.
mercure [mɛʀkyʀ] *nm* mercurio.
merde [mɛʀd(ə)] *nf (fam)* merda *(fam)* // *excl (fam!)* merda(!), porca vacca(!); **merdeux, euse** *nm/f (fam!)* moccioso/a.
mère [mɛʀ] *nf,a* madre *(f)*.
méridien [meʀidjɛ̃] *nm* meridiano.
méridional, e, aux [meʀidjɔnal, o] *a nm/f* meridionale *(m/f)*.
meringue [məʀɛ̃g] *nf* meringa.
mérinos [meʀinos] *nm* merino.
merisier [məʀizje] *nm* ciliegio (selvatico).
mérite [meʀit] *nm* merito; *(valeur)* pregio.
mériter [meʀite] *vt* meritare.
méritoire [meʀitwaʀ] *a* meritorio(a).
merlan [mɛʀlɑ̃] *nm* nasello.
merle [mɛʀl(ə)] *nm* merlo.
mérou [meʀu] *nm* cernia.
merveille [mɛʀvɛj] *nf* meraviglia; **faire des** ~**s** fare miracoli *ou* prodigi; **merveilleux, euse** *a* meraviglioso(a) // *nm* meraviglioso.
mes [me] *dét voir* **mon.**
mésange [mezɑ̃ʒ] *nf* cincia.
mésaventure [mezavɑ̃tyʀ] *nf* disavventura.
Mesdames [medam] *nfpl voir* **Madame.**
Mesdemoiselles [medmwazɛl] *nfpl voir* **Mademoiselle.**
mésentente [mezɑ̃tɑ̃t] *nf* disaccordo, dissapore *m.*
mesquin, e [mɛskɛ̃, in] *a* meschino(a); **mesquinerie** *nf* meschinità *f inv*.
mess [mɛs] *nm* mensa.
message [mesaʒ] *nm* messaggio; **messager, ère** *nm/f* messaggero/a.
messe [mɛs] *nf* messa.

messie [mesi] *nm* messia *m*.
mesure [m(ə)zyʀ] *nf* misura; (*MUS*) tempo; *(disposition)* misura, provvedimento; **à la ~ de qn** *(fig)* all'altezza di qd; **dans la ~ où** nella misura in cui; **(au fur et) à ~ (que)** man mano (che); **en ~** a tempo; **dans la ~ du possible** per quanto possibile; **être en ~ de** essere in grado di; **passer la ~** oltrepassare i limiti.
mesurer [məzyʀe] *vt* misurare; *(personne: taille)* essere alto(a); **se ~** *vr:* **se ~ à/avec qn** misurarsi con qd.
métairie [meteʀi] *nf* podere *m* (condotto a mezzadria).
métal, aux [metal, o] *nm* metallo; **métallurgie** *nf* metallurgia; **métallurgiste** *nm* metallurgico.
métamorphose [metamɔʀfoz] *nf* metamorfosi *f inv*.
métaphysique [metafizik] *a* metafisico(a) // *nf* metafisica.
métayer, ère [meteje, metɛjɛʀ] *nm/f* mezzadro *m*.
métempsychose [metɑ̃psikoz] *nf* metempsicosi *f inv*.
météo [meteo] *abr de* **météorologie** *et* **météorologique.**
météore [meteɔʀ] *nm* meteora.
météorologie [meteɔʀɔlɔʒi] *nf* meteorologia; *(service)* servizio meteorologico; *(bulletin)* previsioni *fpl* meteorologiche; **météorologique** *a* meteorologico(a).
méthode [metɔd] *nf* metodo; *(fam: moyen)* sistema *m*.
méticuleux, euse [metikylø, øz] *a* meticoloso(a).
métier [metje] *nm* mestiere *m; (machine)* telaio.
métis, se [metis] *a, nm/f* meticcio(a).
métrage [metʀaʒ] *nm* misurazione *f;* (*CINE, tissu*) metraggio.
mètre [mɛtʀ(ə)] *nm* metro; **métrique** *a* metrico(a).
métro [metʀo] *nm* metrò *m inv*, metropolitana.
métropole [metʀɔpɔl] *nf* metropoli *f inv; (Etat)* territorio metropolitano.
mets [mɛ] *nm* piatto, vivanda.
mettable [mɛtabl(ə)] *a* portabile.
metteur [mɛtœʀ] *nm:* **~ en scène** regista *m/f;* **~ en ondes** regista (radiofonico(a)).
mettre [mɛtʀ(ə)] *vt* mettere; *(placer: personne)* piazzare; *(vêtement, objet)* mettersi; *(dresser: table)* apparecchiare; *(fam: radio, chauffage)* accendere; **se ~** *vr* mettersi; **~ en bouteille/en terre** imbottigliare/interrare; **~ à la poste** imbucare; **~ du temps à faire qch** metterci del tempo a fare qc; **~ fin/un frein à qch** porre fine/un freno a qc; **~ sur pied** organizzare; **~ au point** mettere a punto; (*PHOT*) mettere a fuoco; **se ~ à genoux** mettersi in ginocchio; **il faudra s'y ~** *(au travail)* bisognerà mettersi sotto *ou* mettercisi.
meuble [mœbl(ə)] *nm* mobile *m;* (*JUR*) bene *m* mobile // *a (terre)* cedevole; (*JUR*) mobile.
meublé, e [mœble] *a* ammobiliato(a).
meubler [mœble] *vt* arredare; *(fig)* riempire, occupare.
meugler [møgle] *vi* muggire.
meule [møl] *nf* macina; *(à aiguiser, polir)* mola; *(de foin, etc)* covone *m*.
meunier, ière [mønje, jɛʀ] *nm/f* mugnaio/a // *a* molitorio(a); **sole ~ière** (*CULIN*) sogliola alla mugnaia.
meurtre [mœʀtʀ(ə)] *nm* omicidio, assassinio; **meurtrier, ière** *nm/f* omicida *m/f*, assassino/a // *a* micidiale; *(homicide)* omicida // *nf (ouverture)* feritoia.
meurtrir [mœʀtʀiʀ] *vt* contundere; *(fruits, etc)* ammaccare; *(fig: blesser)* straziare, ferire; *(suj: visage)* segnare; **meurtrissure** *nf* livido; *(tache: d'un fruit)* ammac-

catura; *(fig: blessure)* ferita.
meute [møt] *nf* muta; *(de personnes)* folla, nugolo.
mexicain, e [mɛksikɛ̃, ɛn] *a, nm/f* messicano(a).
mi [mi] *nm* mi *m*.
mi... [mi] *préf:* **à ~ -voix/-hauteur/-pente** a mezza voce/altezza/costa.
miauler [mjole] *vi* miagolare.
mi-bas [miba] *nm* gambaletto.
mica [mika] *nm* mica.
mi-carême [mikaʀɛm] *nf:* **la M~** *il terzo giovedì di Quaresima.*
miche [miʃ] *nf* pagnotta.
mi-chemin [miʃ(ə)mɛ̃]: **à ~** *ad* a metà strada.
mi-clos, e [miklo, -kloz] *a* socchiuso(a), semichiuso(a).
micro [mikʀo] *nm* microfono.
microbe [mikʀɔb] *nm* microbo.
microfiche [mikʀɔfiʃ] *nf* microscheda.
microscope [mikʀɔskɔp] *nm* microscopio.
midi [midi] *nm* mezzogiorno; *(sud)* mezzogiorno, sud; **tous les ~s** tutti i giorni a mezzogiorno.
midinette [midinɛt] *nf* sartina.
mie [mi] *nf* mollica; **pain de ~** pan carré *m inv*.
miel [mjɛl] *nm* miele *m;* **mielleux, euse** *a* mellifluo(a).
mien, ne [mjɛ̃, mjɛn] *pron:* **le(la) ~(ne)** il (la) mio (mia); **les ~s** *(famille)* i miei *mpl*.
miette [mjɛt] *nf* briciola.
mieux [mjø] *a, ad, nm* meglio // **valoir ~** essere meglio; **de mon/ton ~** del mio/tuo meglio; **aimer ~** preferire; **faire ~ de** fare meglio a; **de ~ en ~** di bene in meglio; **pour le ~** nel modo migliore; **je ne demande pas ~** non chiedo di meglio; **du ~ qu'il peut** come meglio può; **au ~** per il meglio; *(tout au plus)* tutt'al più; **faute de ~** in mancanza di meglio.
mièvre [mjɛvʀ(ə)] *a* lezioso(a), sdolcinato(a).
mignon, ne [miɲɔ̃, ɔn] *a* carino(a).
migraine [migʀɛn] *nf* emicrania.
migrateur, trice [migʀatœʀ,tʀis] *a* migratore(trice).
migration [migʀɑsjɔ̃] *nf* migrazione *f*.
mi-jambe [miʒɑ̃b]: **à ~** *ad* a mezza gamba.
mijoter [miʒɔte] *vt* (far) cuocere a fuoco lento; *(CULIN: préparer avec soin)* preparare (con cura); *(affaire, projet)* covare, meditare // *vi* cuocere a fuoco lento.
milice [milis] *nf* milizia.
milieu, [miljø] *nm* mezzo, centro; *(moitié)* metà *f inv; (fig)* via di mezzo; *(environnement, BIOL, CHIM)* ambiente *m;* **le ~** *(fam)* la malavita; **au ~ de** in mezzo a; *(saison)* in pieno(a); *(année, repas)* à metà; **au beau** *ou* **en plein ~ (de)** nel bel mezzo(di); **le juste ~** il giusto mezzo.
militaire [militɛʀ] *a, nm* militare *(m)*.
militer [milite] *vi* militare; **~ pour/contre** *(suj: personne)* schierarsi a favore di/contro; *(suj: chose)* deporre a favore/sfavore di.
mille [mil] *num* mille; **deux/dix ~** duemila/diecimila // *nm (mesure de longueur)* miglio; **mettre dans le ~** fare centro; **mille-feuille** *nm (BOT)* millefoglio; *(CULIN)* millefoglie *m inv;* **millénaire** *nm* millennio; *(anniversaire)* millenario // *a* millenario(a); **mille-pattes** *nm inv* millepiedi *m inv*.
millésime [milezim] *nm* millesimo; *(année)* annata.
millet [mijɛ] *nm* miglio.
milliard [miljaʀ] *nm* miliardo.
millier [milje] *nm* migliaio; **par ~s** a migliaia.
milli... [mili] *préf* milli...; **millimètre** *nm* millimetro.
million [miljɔ̃] *nm* milione *m*.
mime [mim] *nm/f* mimo *(m)*.
mimer [mime] *vt* mimare.

minable [minabl(ə)] *a* penoso(a), pietoso(a); *(pitoyable: salaire)* misero(a).
minaret [minaʀɛ] *nm* minareto.
minauder [minode] *vi* fare moine *ou* smorfie.
mince [mɛ̃s] *a* sottile; *(fig)* misero(a); *(:connaissances)* scarso(a) // *excl* caspita!; **minceur** *nf* sottigliezza.
mine [min] *nf* faccia, aria; *(gisement, aussi fig)* miniera; *(explosif, d'un crayon)* mina; **avoir bonne/mauvaise** ~ *(fig)* avere una bella/brutta cera; **faire** ~ **de** far finta di; ~ **de rien** come se niente fosse.
miner [mine] *vt* minare; *(ronger)* corrodere; *(fig)* minare, corrodere.
minerai [minʀɛ] *nm* minerale *m*.
minéral, e, aux [mineʀal,o] *a, nm* minerale *(m)*.
minéralogique [mineʀalɔʒik] *a*: **plaque/numéro** ~ targa.
minet, te [minɛ, ɛt] *nm/f (fam: chat)* micino/a, gattino/a; *(:personne)* tesoruccio/a // *nf (péj)* ragazza.
mineur, e [minœʀ] *a* secondario(a); *(genre, poète)* minore; *(personne)* minorenne // *nm/f* minorenne *m/f*, minore *m/f* // *nm (ouvrier)* minatore *m*.
miniature [minjatyʀ] *nf* miniatura.
minier, ière [minje, jɛʀ] *a* minerario(a).
minimal, e, aux [minimal, o] *a* minimo(a).
minime [minim] *a* insignificante; *(salaire, somme)* irrisorio(a) // *nm/f (SPORT) ragazzo/a sotto i 16 anni.*
minimiser [minimize] *vt* minimizzare.
minimum [minimɔm] *a* minimo(a) // *nm* minimo; **au** ~ *(au moins)* come minimo, almeno.
ministère [ministɛʀ] *nm* ministero; **ministériel, le** *a* ministeriale; *(député, parti)* della maggioranza; *(journal)* filogovernativo(a).
ministre [ministʀ(ə)] *nm* ministro; ~**d'Etat** ministro senza portafoglio.
minium [minjɔm] *nm* minio.
minois [minwa] *nm (fam)* visetto, musetto.
minoritaire [minɔʀitɛʀ] *a* minoritario(a).
minorité [minɔʀite] *nf* minoranza; *(âge)* minore età *f inv*.
minoterie [minɔtʀi] *nf* mulino (industriale).
minuit [minɥi] *nm* mezzanotte *f*.
minuscule [minyskyl] *a* minuscolo(a) // *nf* minuscola.
minute [minyt] *nf* minuto; *(instant)* istante *m*; *(JUR: original)* originale *m*; **d'une** ~**à l'autre** a momenti; **à la** ~ all'istante; **entrecôte/ressemelage** ~ bistecca/risuolatura rapida.
minuter [minyte] *vt* calcolare al minuto.
minuterie [minytʀi] *nf* minuteria; (*ELEC*) interruttore *m* a tempo; (*TECH*) contaminuti *m*, temporizzatore *m*.
minutie [minysi] *nf* minuziosità *f inv*; **minutieux, euse** *a* minuzioso(a).
mirabelle [miʀabɛl] *nf* mirabella.
miracle [miʀɑkl(ə)] *nm* miracolo; **par** ~ per miracolo; **miraculeux, euse** *a* miracoloso(a).
mirador [miʀadɔʀ] *nm* (*MIL*) torretta di osservazione;
mirage [miʀaʒ] *nm* miraggio.
mire [miʀ] *nf* mira; **point de** ~ bersaglio.
mirobolant, e [miʀɔbɔlɑ̃, ɑ̃t] *a* mirabolante.
miroir [miʀwaʀ] *nm* specchio.
miroiter [miʀwate] *vi* luccicare, scintillare; **faire** ~ **qch à qn** far balenare qc davanti agli occhi di qd.
mis, e [mi, miz] *pp de* **mettre** // *a (table)* apparecchiato(a); **bien/mal** ~ *(personne)* vestito bene/male // *nf* messa; *(argent: au jeu)* posta,

puntata; *(habillement)* abbigliamento, tenuta; ~ **en scène** realizzazione *f*, regia; ~ **sur pied** realizzazione *f*; ~ **à feu** accensione *f*; ~ **à prix** *(enchère)* prezzo base.
misaine [mizɛn] *nf*: **mât de** ~ albero di trinchetto.
misanthrope [mizɑ̃tʀɔp] *a, nm/f* misantropo(a).
mise [miz] *nf voir* **mis.**
miser [mize] *vt* puntare, scommettere; ~ **sur** *(fig: compter sur)* contare su.
misérable [mizeʀabl(ə)] *a* miserabile, misero(a) // *nm/f* miserabile *m/f*, disgraziato/a.
misère [mizɛʀ] *nf* miseria; *(bagatelle)* inezia; **salaire de** ~ salario di fame; **faire des** ~**s à qn** fare dispetti a qd; **miséreux, euse** *a, nm/f* povero(a).
miséricorde [mizeʀikɔʀd(ə)] *nf* misericordia.
misogyne [mizɔʒin] *a* misogino(a) // *nm* misogino.
missel [misɛl] *nm* messale *m*.
missile [misil] *nm* missile *m*.
mission [misjɔ̃] *nf* missione *f*; **missionnaire** *a, nm/f* missionario/a.
missive [misiv] *nf* missiva.
mistral [mistʀal] *nm* maestrale *m*.
mite [mit] *nf* tarma.
mi-temps [mitɑ̃] *nf* (*SPORT*: *pause)* intervallo; *(:partie du match)* tempo; **à** ~ a mezza giornata.
miteux, euse [mitø, øz] *a* misero(a), miserabile.
mitigé, e [mitiʒe] *a* mitigato(a).
mitonner [mitɔne] *vt* cuocere a fuoco lento; *(préparer soigneusement)* preparare con cura.
mitoyen, enne [mitwajɛ̃, ɛn] *a* divisorio(a).
mitraille [mitʀɑj] *nf* ferraglia; (*MIL*) mitraglia.
mitrailler [mitʀɑje] *vt* mitragliare; **mitraillette** *nf* mitra *m inv;* **mitrailleur** *nm* mitragliere *m* // *a* mitragliatore; **mitrailleuse** *nf* mitragliatrice *f*.
mitre [mitʀ(ə)] *nf* mitra.
mixer [mikse] *vt* missare, fare il missaggio di.
mixte [mikst(ə)] *a* misto(a).
mixture [mikstyʀ] *nf* mistura.
M.L.F. *(abr de mouvement de libération de la femme)* movimento di liberazione della donna.
Mlle, *pl* **Mlles** *(abr de* **Mademoiselle)** Sig. na (Sig. ne).
MM *(abr de* **Messieurs)** Sigg.
Mme, *pl* **Mmes** *(abr de* **Madame)** Sig. ra (Sig. re).
mobile [mɔbil] *a* mobile // *nm* movente *m*, motivo.
mobilier, ière [mɔbilje, jɛʀ] *a* mobiliare; *(biens)* mobile // *nm* mobilio, mobili *mpl;* **saisie** ~**ière** (*JUR*) sequestro di beni mobili.
mobilisation [mɔbilizɑsjɔ̃] *nf* mobilitazione *f*.
mobiliser [mɔbilize] *vt* mobilitare.
mobilité [mɔbilite] *nf* mobilità *f inv*.
mocassin [mɔkasɛ̃] *nm* mocassino.
moche [mɔʃ] *a (fam)* brutto(a).
modalité [mɔdalite] *nf* modalità *f inv*.
mode [mɔd] *nf* moda; *(secteur industriel)* settore *m* della moda // *nm* modo; *(de production)* metodo; *(de paiement)* modalità *f inv;* **à la** ~ di moda; *(personne)* alla moda; ~ **de locomotion** mezzo di trasporto; ~ **d'emploi** istruzioni *mpl* (per l'uso).
modèle [mɔdɛl] *nm* modello; (*ART*: *personne)* modello/a // *a* modello *inv;* ~ **réduit** modello ridotto.
modeler [mɔdle] *vt* modellare, plasmare; ~ **qch sur/d'après** modellare qc su/secondo.
modérateur, trice [mɔdeʀatœʀ, tʀis] *a* moderatore(trice).
modération [mɔdeʀɑsjɔ̃] *nf* moderazione *f*.
modérer [mɔdeʀe] *vt* moderare; **se** ~ *vr* moderarsi.
moderne [mɔdɛʀn(ə)] *a nm* moderno(a); **moderniser** *vt* moder-

nizzare; *(rénover: local)* rimodernare.
modeste [mɔdɛst(ə)] *a* modesto(a); **modestie** *nf* modestia.
modification [mɔdifikɑsjɔ̃] *nf* modifica.
modifier [mɔdifje] *vt* modificare;
modique [mɔdik] *a* modico(a).
modiste [mɔdist(ə)] *nf* modista.
modulation [mɔdylɑsjɔ̃] *nf* modulazione *f.*
module [mɔdyl] *nm* modulo.
moduler [mɔdyle] *vt* modulare.
moelle [mwal] *nf* midollo.
moelleux, euse [mwalø, øz] *a* morbido(a), soffice; *(vin)* pastoso(a); *(voix, crème)* vellutato(a).
moellon [mwalɔ̃] *nm* pietra da costruzione.
mœurs [mœʀ(s)] *nfpl* costumi *mpl,* usanze *fpl; (habitudes individuelles)* abitudini *fpl; (d'une espèce amimale)* abitudini *fpl,* vita; **femme de ~ faciles** donna dai facili costumi; **contraire aux bonnes ~** contrario alla morale; **police des ~** (*ADMIN*) squadra del buon costume.
moi [mwa] *pron (sujet)* io; *(complément)* mi; *(:avec prép)* me // *nm* (*PSYCH*) io; **apporte-le-moi** portamelo; **donnez m'en** datemene; **chez ~** a casa mia.
moignon [mwaɲɔ̃] *nm* moncone *m; (de bras)* moncherino.
moindre [mwɛ̃dʀ(ə)] *a (comparatif)* inferiore, minore; *(superlatif)* minimo(a); *(:sans nom)* minore; **c'est la ~ des choses** è il meno che potessi fare.
moine [mwan] *nm* monaco, frate *m.*
moineau, x [mwano] *nm* passero.
moins [mwɛ̃] *ad, prép* meno; **~ ... que ...** meno ... di...; **~ d'argent (que)** meno soldi (di); **de ~ en ~** sempre meno; **~ bien** peggio; **il n'en reste pas ~ que ...** ciò non di meno ..., nonostante tutto ...; **au/du/pour le ~** almeno, per lo meno; **le ~ souvent/longtemps possible** il meno possibile; **elle est partie à ~ cinq** *(fam)* è partita alle meno cinque; **il fait ~ dix** *(fam)* siamo a meno dieci; **interdit aux ~ de dix-huit ans** vietato ai minori di diciotto anni.
mois [mwa] *nm* mese *m;* **treizième ~** tredicesima.
moïse [mɔiz] *nm* culla di vimini.
moisir [mwaziʀ] *vi* ammuffire // *vt* fare ammuffire; **moisi, e** *a* ammuffito(a) // *nm* muffa; **moisissure** *nf* muffa.
moisson [mwasɔ̃] *nf* mietitura; *(récolte)* messe *f,* raccolto; *(fig)* vendemmia.
moissonner [mwasɔne] *vt* mietere; **moissonneuse-batteuse** mietitrebbia(trice) *f.*
moite [mwat] *a* umidiccio(a); *(atmosphère, chaleur)* umido(a).
moitié [mwatje] *nf* metà *f inv;* **à ~ ivre/mort** mezzo ubriaco/morto; **par ~** a metà, in due; **~-~** così così; *(partager)* metà per uno.
moka [mɔka] *nm (gâteau)* dolce *m* al caffè.
molaire [mɔlɛʀ] *nf* molare *m.*
molécule [mɔlekyl] *nf* molecola.
molester [mɔlɛste] *vt* malmenare.
molette [mɔlɛt] *nf* rotellina; *(de l'éperon)* rotella; (*ZOOL*) molletta; **clef à ~** chiave inglese.
molle [mɔl] *af voir* **mou.**
mollesse [mɔlɛs] *nf* mollezza.
mollet [mɔlɛ] *nm* polpaccio.
molletonné, e [mɔltɔne] felpato(a).
mollir [mɔliʀ] *vi* cedere; *(forces, courage)* venir meno; *(vent)* calare.
mollusque [mɔlysk(ə)] *nm* mollusco.
molosse [mɔlɔs] *nm* molosso.
môme [mom] *nm/f (fam)* bambino/a // *nf (:fille, femme)* ragazza, pupa *(fam).*
moment [mɔmɑ̃] *nm* momento; **à**

un ~ donné a un certo punto; **pour un bon ~** per un(bel) po'; **à tout ~** continuamente; **en ce ~** in questo momento, attualmente; **sur le ~** al momento; **par ~s** a tratti; **momentané, e** *a* momentaneo(a).

momie [mɔmi] *nf* mummia.

mon [mɔ̃], **ma** [ma], *pl* **mes** [me] *dét* il mio *m*, la mia *f*, i miei *mpl*, le mie *fpl*; **ma mère/sœur,** *etc* mia madre/sorella, *etc;* **mon cousin de Nancy** il mio cugino di Nancy; **ma chère mère/sœur** la mia cara madre/sorella; **mon cher/vieux!** caro mio!; **j'ai enlevé mes gants/mon chapeau** mi sono tolto i guanti/il cappello; **mes amis!** amici miei!

monacal, e, aux [mɔnakal, o] *a* monacale.

monarchie [mɔnaʀʃi] *nf* monarchia; **monarchiste** *a nm/f* monarchico(a).

monarque [mɔnaʀk(ə)] *nm* monarca *m*.

monastère [mɔnastɛʀ] *nm* monastero.

monçeau, x [mɔ̃so] *nm* mucchio.

mondain, e [mɔ̃dɛ̃, ɛn] *a* mondano(a); **la police ~e** la squadra antidroga; **mondanité** *nf* mondanità *f inv* // *nfpl* vita mondana; *(chronique mondaine)* cronaca mondana.

monde [mɔ̃d] *nm* mondo; *(foule, gens)* gente *f;* **se moquer du ~** infischiarsene della gente; **tout le ~** tutti *mpl;* **pas le moins du ~** per niente, affatto; **un ~ fou** *(fam)* un mucchio di gente; **mondial, e, aux** *a* mondiale; **mondialement** *ad* in tutto il mondo, universalmente.

monégasque [mɔnegask(ə)] *a, nm/f* monegasco(a).

monétaire [mɔnetɛʀ] *a* monetario(a).

mongolien, ne [mɔ̃gɔljɛ̃, ɛn] *a, nm/f* mongoloide *(m/f)*.

moniteur, trice [mɔnitœʀ, tʀis] *nm/f* istruttore/trice; *(:de ski, tennis, danse)* maestro/a; *(de colonie de vacances)* sorvegliante *m/f* // *nm* (*MED, ELEC*) monitor *m inv*.

monnaie [mɔnɛ] *nf* moneta; *(petites pièces)* spiccioli *mpl*, moneta; **faire de la ~** cambiare; **avoir/faire la ~ de 20 francs** avere da cambiare/cambiare 20 franchi; **rendre à qn la monnaie (sur 20 francs)** dare a qd il resto (di 20 franchi); **monnayer** *vt* convertire in danaro; *(génie, talent)* far fruttare.

monocle [mɔnɔkl(ə)] *nm* monocolo.

monolingue [mɔnɔlɛ̃g] *a* monolingue.

monologue [mɔnɔlɔg] *nm* monologo.

monopole [mɔnɔpɔl] *nm* monopolio.

monoski [mɔnɔski] *nm* monosci *m inv*.

monosyllabe [mɔnɔsilab] *a* monosillabo(a) // *nm* monosillabo.

monotone [mɔnɔtɔn] *a* monotono(a).

monseigneur [mɔ̃sɛɲœʀ] *nm* monsignore *m*.

Monsieur [məsjø], *pl* **Messieurs** [mesjø] *nm* signore; **~ Hulot/le Directeur** il signor Hulot/Direttore.

monstre [mɔ̃stʀ(ə)] *nm* mostro // *a* enorme, colossale; **monstrueux, euse** *a* mostruoso(a).

mont [mɔ̃] *nm* monte *m*.

montage [mɔ̃taʒ] *nm* montaggio; (*ELEC*) collegamento; *(bijou)* montatura.

montagnard, e [mɔ̃taɲaʀ, aʀd(ə)] *a, nm/f* montanaro(a).

montagne [mɔ̃taɲ] *nf* montagna; **montagneux, euse** *a* montuoso(a), montagnoso(a).

montant, e [mɔ̃tɑ̃, ɑ̃t] *a* ascendente; *(robe)* accollato(a); *(col)* alto(a) // *nm* montante *m; (de fenêtre, porte)* stipite *m; (d'un lit)* spalliera; *(fig: somme)* importo.

monte [mɔ̃t] *nf* monta.
monte-charge [mɔ̃tʃaʀʒ(ə)] *nm inv* montacarichi *m inv*.
montée [mɔ̃te] *nf* salita; *(augmentation)* aumento.
monter [mɔ̃te] *vi* salire; *(chevaucher)* montare, cavalcare // *vt* montare; *(escalier)* salire; *(pente)* salire su per; *(valise, déjeuner, courrier)* portar su; *(élever)* alzare; *(fig: spectacle, exposition, affaire)* metter su; *(:coup)* organizzare; ~ **son ménage** metter su casa; **se ~ à** *(frais)* ammontare a; ~ **à cheval** salire a cavallo; *(chevaucher)* montare (a cavallo); ~ **à bicyclette** salire in bicicletta; ~ **dans le train/l'avion** salire sul treno/sull'aereo; ~ **sur les planches** (THEATRE) calcare le scene; ~ **en grade** salire di grado; ~ **à la tête** *(vin)* dare alla testa; **monteur, euse** *nm/f* montatore/trice.
monticule [mɔ̃tikyl] *nm* monticello.
montre [mɔ̃tʀ(ə)] *nf* *(aussi ~ -bracelet)* orologio (da polso); ~ **en main** orologio alla mano; **faire ~ de** far sfoggio di; *(faire preuve de)* far mostra di.
montrer [mɔ̃tʀe] *vt* mostrare; *(suj: panneau, flèche)* indicare; *(démontrer)* (di)mostrare; *(fig: étaler)* mettere in mostra; **se ~** *vr* mostrarsi; *(paraître)* apparire; **se ~ habile/à la hauteur** (di)mostrarsi abile/all'altezza.
monture [mɔ̃tyʀ] *nf* cavalcatura; *(d'une bague, de lunettes)* montatura.
monument [mɔnymɑ̃] *nm* monumento; ~ **aux morts** monumento ai caduti; **monumental, e, aux** *a* monumentale; *(fig: erreur)* madornale.
moquer [mɔke]: **se ~** *vr*: **se ~ de** prendere in giro, burlarsi di; *(se désintéresser de)* infischiarsene di; **moqueur, euse** *a* beffardo(a).
moral, e, aux [mɔʀal, o] *a, nm* morale *(m)* // *nf* morale *f*; **au ~** sul piano morale; **avoir le ~ à zéro** avere il morale a terra; **moralisateur, trice** *a, nm/f* moralizzatore/trice; **moraliste** *nm/f* moralista *m/f*.
moralité [mɔʀalite] *nf* moralità *f inv; (conclusion)* morale *f*.
morbide [mɔʀbid] *a* morboso(a).
morceau, x [mɔʀso] *nm* pezzo; *(d'une œuvre littéraire, MUS)* brano; *(de sucre)* zolletta; **couper/mettre en ~x** fare *ou* tagliare a pezzi.
morceler [mɔʀsəle] *vt* spezzettare, frazionare.
mordant, e [mɔʀdɑ̃, ɑ̃t] *a* mordace; *(froid)* pungente // *nm* mordente *m*.
mordiller [mɔʀdije] *vt* mordicchiare.
mordre [mɔʀdʀ(ə)] *vt* morsicare, mordere; *(fig: poussière, route)* mordere; *(:suj :froid)* penetrare in // *vi* mordere, morsicare; ~ **dans** *(fruit)* addentare; ~ **(à l'hameçon/l'appât)** *(aussi fig)* abboccare; **mordu, e** *pp de* **mordre** // *nm/f*: **mordu/e de** fanatico(a) *ou* patito(a) di.
morfondre [mɔʀfɔ̃dʀ(ə)]: **se ~** *vr* annoiarsi (ad aspettare).
morgue [mɔʀg(ə)] *nf* obitorio.
moribond, e [mɔʀibɔ̃, ɔ̃d] *a, nm/f* moribondo(a).
morille [mɔʀij] *nf* spugnola.
morne [mɔʀn(ə)] *a* cupo(a), triste.
morose [mɔʀoz] *a* cupo(a), imbronciato(a).
morphine [mɔʀfin] *nf* morfina.
morphologie [mɔʀfɔlɔʒi] *nf* morfologia.
mors [mɔʀ] *nm* morso.
morse [mɔʀs(ə)] *nm* (ZOOL) tricheco; (TEL) (alfabeto) morse *m inv*.
morsure [mɔʀsyʀ] *nf* morso.
mort [mɔʀ] *nf* morte *f*.
mort, e [mɔʀ, mɔʀt(ə)] *a, nm/f* morto(a); **point ~** (AUTO) folle *m*; **~s** *mpl (de guerre)* caduti *mpl*.

mortalité [mɔʀtalite] *nf* mortalità *f inv.*
mortel, le [mɔʀtɛl] *a* mortale; *(très ennuyeux)* noioso(a) da morire // *nm/f* mortale *m/f.*
mortier [mɔʀtje] *nm* mortaio; *(TECH: mélange)* malta.
mortifier [mɔʀtifje] *vt* mortificare.
mort-né, e [mɔʀne] *a, nm/f* nato(a) morto(a).
mortuaire [mɔʀtɥɛʀ] *a* mortuario(a); *(cérémonie)* funebre.
morue [mɔʀy] *nf* merluzzo.
mosaïque [mɔzaik] *nf* mosaico.
mosquée [mɔske] *nf* moschea.
mot [mo] *nm* parola; *(message: écrit)* due righe *fpl; (: oral)* due parole *fpl;* **gros** ~ parolaccia; **bon** ~ battuta (di spirito); ~ **de la fin** battuta finale; **sur ces ~s** detto questo; **en un** ~ in breve, in una parola; **prendre qn au** ~ prendere qd in parola; **il a son ~ à dire** ha da dire la sua; **toucher un ~ à qn** dire qc a qd in proposito; ~ **à** ~ *ad* in modo letterale // *nm* traduzione *f* letterale.
motard [mɔtaʀ] *nm* motociclista *m/f; (policier)* agente *m* in motocicletta.
motel [mɔtɛl] *nm* motel *m inv.*
moteur, trice [mɔtœʀ,tʀis] *a* motore(trice); *(nerf, trouble)* motorio(a) // *nm* motore *m.*
motif [mɔtif] *nm* motivo; *(JUR: d'un jugement)* motivazione *f.*
motion [mosjɔ̃] *nf* mozione *f.*
motiver [mɔtive] *vt* motivare.
moto [mɔto] *nf* moto *f inv;* **motocycliste** *nm/f* motociclista *m/f.*
motorisé, e [mɔtɔʀize] *a* motorizzato(a).
motte [mɔt] *nf* zolla; *(de beurre)* pane(tto) *m.*
motus [mɔtys] *excl:* **~, bouche cousue!** silenzio, acqua in bocca!.
mou, (mol), molle [mu, mɔl] *a* molle; *(matelas, tissu, terrain)* morbido(a), soffice; *(visage)* languido(a); *(chair)* flaccido(a); *(temps)* afoso(a); *(vêtement)* floscio(a); *(fig: personne)* fiacco(a) // *nm* pappa *f* molle, pasta frolla; *(abats)* polmone *m;* **donner du ~ à** allentare; *(NAUT)* lascare.
mouchard, e [muʃaʀ] *nm/f* spia *m/f,* spione/a // *nm (AVIAT)* ricognitore *m.*
mouche [muʃ] *nf, a* mosca; **faire** ~ fare centro.
moucher [muʃe] *vt* soffiare il naso a; **se** ~ *vr* soffiarsi il naso.
moucheron [muʃʀɔ̃] *nm* moscerino.
moucheté, e [muʃte] *a* screziato(a); *(vache, cheval)* pezzato(a); *(autres animaux)* maculato(a).
mouchoir [muʃwaʀ] *nm* fazzoletto.
moudre [mudʀ(ə)] *vt* macinare.
moue [mu] *nf* smorfia; **faire la** ~ *(fig)* fare il broncio.
mouette [mwɛt] *nf* gabbiano.
moufle [mufl(ə)] *nf* muffola, manopola.
mouillage [mujaʒ] *nm (NAUT)* ancoraggio, ormeggio.
mouiller [muje] *vt* bagnare; *(humecter)* inumidire; *(NAUT)* gettare l'ancora; *(:mine)* posare // *vi* ormeggiarsi, ancorarsi; **se** ~ *vr* bagnarsi; *(fam)* compromettersi.
moulage [mulaʒ] *nm* calco; *(fonte)* fusione *f; (de matières plastiques)* stampaggio.
moule [mul] *nf* mitilo, cozza // *nm* stampo, forma.
mouler [mule] *vt* modellare; *(visage, bas-relief)* fare il calco di; *(fondre)* fondere; *(matières plastiques)* stampare; *(fig)* modellare, plasmare.
moulin [mulɛ̃] *nm* mulino; ~ **à huile** frantoio; ~ **à café/à poivre/à légumes** macinacaffè *m inv/* macinapepe *m inv/*passaverdure *m inv.*
moulinet [mulinɛ] *nm* mulinello.
moulinette [mulinɛt] *nf* passaver-

dure *m inv*.

moulu, e [muly] *pp de* **moudre.**

moulure [mulyʀ] *nf* modanatura.

mourant, e [muʀɑ̃, ɑ̃t] *a* morente, moribondo(a); *(son, voix)* fievole, fioco(a); *(feu)* morente; *(regard, yeux)* spento(a) // *nm/f* morente *m/f*, moribondo/a.

mourir [muʀiʀ] *vi* morire; ~ **d'envie de** morire dalla voglia di; **s'ennuyer à** ~ annoiarsi a morte *ou* da morire.

mousquetaire [muskətɛʀ] *nm* moschettiere *m*.

mousse [mus] *nf* schiuma; (*BOT*) muschio; *(fam: caoutchouc-mousse)* gommapiuma ®; (*CULIN*) mousse *f inv* // *nm* mozzo.

mousseline [muslin] *nf* mussola.

mousser [muse] *vi* fare schiuma.

mousseux, euse [musø, øz] *a* schiumoso(a); *(vin)* spumante // *nm* spumante *m*.

mousson [musɔ̃] *nf* monsone *m*.

moustache [mustaʃ] *nf* baffi *mpl*.

moustiquaire [mustikɛʀ] *nf* zanzariera.

moustique [mustik] *nm* zanzara.

moutarde [mutaʀd(ə)] *nf* senape *f*.

mouton [mutɔ̃] *nm* montone *m*; *(brebis)* pecora; *(fig: vague, nuage)* pecorella; *(péj: personne)* pecorone *m*; **revenons à nos** ~**s** *(fam)* torniamo al punto.

mouture [mutyʀ] *nf* molitura, macinatura; *(produit)* macinato.

mouvant, e [muvɑ̃, ɑ̃t] *a* mobile.

mouvement [muvmɑ̃] *nm* movimento; *(activité)* moto, movimento; *(d'un terrain, sol)* ondulazione *f*; *(fig: de colère)* scatto, moto; *(:impulsion)* impulso; **mettre en** ~ mettere in moto.

mouvementé, e [muvmɑ̃te] *a* movimentato(a); *(terrain)* accidentato(a); *(vivant: récit)* animato(a).

moyen, ne [mwajɛ̃, ɛn] *a* medio(a) // *nm* mezzo, modo // *nf* media; ~**s** *mpl* mezzi *mpl; (intellectuels)* capacità *fpl;* **c'est au-dessus de mes** ~**s** va oltre le mie possibilità; **au** ~ **de** per mezzo di, mediante; **avoir la** ~**ne** (*SCOL*) avere la sufficienza; **faire la** ~**ne** calcolare la media; ~**ne d'âge** età *f inv* media; **par tous les** ~**s** in tutti i modi, con ogni mezzo; **par ses propres** ~**s** coi propri mezzi; **moyen-courrier** *nm* aereo a medio raggio; **moyennant** *prép* mediante; **moyennant quoi ...** dopodichè.

moyeu, x [mwajø] *nm* mozzo.

mû, mue [my] *pp de* **mouvoir.**

mue [my] *nf* muta; *(de la voix)* cambiamento della voce; *(dépouille)* spoglia.

muer [mɥe] *vi* fare la muta; *(oiseaux)* fare la muda; *(garçon)* cambiar voce; *(voix)* star cambiando.

muet, te [mɥɛ, ɛt] *a, nm/f* muto(a); ~ **d'admiration/d'étonnement** muto per l'ammirazione/per lo stupore.

mufle [myfl(ə)] *nm* muso; *(fam)* zoticone/a, cafone/a.

mugir [myʒiʀ] *vi* muggire; *(fig: vent)* ululare.

muguet [mygɛ] *nm* mughetto.

mulâtre [mylɑtʀ(ə)] *a* mulatto(a) // *nm* mulatto; **mulatresse** *nf* mulatta.

mule [myl] *nf* mula; *(fig)* mulo; *(pantoufle)* pianella.

mulet [mylɛ] *nm* mulo; *(poisson)* cefalo; **muletier, ière** *a:* **sentier/chemin muletier** mulattiera.

multicolore [myltikɔlɔʀ] *a* multicolore.

multinational, e, aux [myltinasjɔnal, o] *a, nf* multinazionale (*f*).

multiple [myltipl(ə)] *a* molteplice; *(nombre)* multiplo(a) // *nm* multiplo.

multiplication [myltiplikɑsjɔ̃] *nf* moltiplicazione *f*.

multiplicité [myltiplisite] *nf* molteplicità *f inv*.

multiplier [myltiplije] *vt* moltiplicare; **se ~** *vr* moltiplicarsi.
multitude [myltityd] *nf* moltitudine *f*, gran numero.
municipal, e, aux [mynisipal, o] *a* comunale, municipale; **élections ~es** elezioni *fpl* amministrative.
municipalité [mynisipalite] *nf* amministrazione *f* comunale; *(commune)* comune *m*.
munificent, e [mynifisɑ̃, ɑ̃t] *a* munifico(a).
munir [myniʀ] *vt* munire; **se ~** *vr* armarsi, munirsi.
munitions [mynisjɔ̃] *nfpl* munizioni *fpl*.
muqueux, euse [mykø, øz] *a* mucoso(a) // *nf* mucosa.
mur [myʀ] *nm* muro; **~s** *mpl (d'une ville)* mura *fpl*; **dans nos ~s** nella nostra città; **faire le ~** (*SPORT*) fare barriera; **mettre qn au pied du ~** *(fig)* mettere qd con le spalle al muro.
mûr, e [myʀ] *a* maturo(a) // *nf* mora.
muraille [myʀɑj] *nf* muraglia; (*NAUT*) murata; **~s** *fpl* mura *fpl*.
mural, e, aux [myʀal, o] *a* murale; *(étagère)* fissato(a) al muro.
murène [myʀɛn] *nf* murena.
murer [myʀe] *vt* murare.
mûrier [myʀje] *nm* gelso, moro.
mûrir [myʀiʀ] *vi* maturare // *vt (personne)* maturare; *(suj: soleil)* far maturare.
murmure [myʀmyʀ] *nm* mormorio; **sans ~** senza protestare.
murmurer [myʀmyʀe] *vi* mormorare.
musc [mysk] *nm* muschio.
muscade [myskad] *nf*: **noix ~** noce *f* moscata.
muscat [myska] *nm* moscato.
muscle [myskl(ə)] *nm* muscolo.
musclé, e [myskle] *a* muscoloso(a).
musculation [myskylɑsjɔ̃] *nf*: **travail/exercice de ~** esercizi per lo sviluppo della muscolatura.
musculature [myskylatyʀ] *nf* muscolatura.
muse [myz] *nf* musa.
museau, x [myzo] *nm* muso; *(fam: minois)* musino.
musée [myze] *nm* museo.
museler [myzle] *vt* mettere la museruola a; *(fig: presse)* imbavagliare; **muselière** *nf* museruola.
musette [myzɛt] *nf* tascapane *m*; *(pour chevaux)* musetta.
muséum [myzeɔm] *nm* museo di scienze naturali.
musical, e, aux [myzikal, o] *a* musicale.
musicien, ne [myzisjɛ̃, ɛn] *nm/f* musicista *m/f* // a: **être ~** avere orecchio.
musique [myzik] *nf* musica; **~ de chambre/film** musica da camera/film.
musqué, e [myske] *a* muschiato(a).
musulman, e [myzylmɑ̃, an] *a, nm/f* mu(s)sulmano(a).
mutation [mytɑsjɔ̃] *nf* mutazione *f*; (*ADMIN: d'un fonctionnaire)* trasferimento.
mutiler [mytile] *vt* mutilare.
mutiner [mytine]: **se ~** *vr* ammutinarsi; **mutinerie** *nf* ammutinamento.
mutisme [mytism(ə)] *nm* mutismo.
mutualité [mytɥalite] *nf* mutualità *f inv*; *(assurance)* mutua.
mutuel, le [mytɥɛl] *a* mutuo(a), reciproco(a) // *nf* mutua; **pari ~** (*HIPPISME*) totalizzatore *m*.
myope [mjɔp] *a, nm/f* miope *(m/f)*; **myopie** *nf* miopia.
myosotis [mjozɔtis] *nm* nontiscordardimé *m inv*.
myriade [miʀjad] *nf* miriade *f*.
myrtille [miʀtij] *nf* mirtillo.
mystère [mistɛʀ] *nm* mistero; **mystérieux, euse** *a* misterioso(a).
mysticisme [mistisism(ə)] *nm* misticismo.
mystifier [mistifje] *vt* mistificare.
mystique [mistik] *a* mistico(a).
mythe [mit] *nm* mito; **mythique** *a*

mitico(a).
mythologie [mitɔlɔʒi] *nf* mitologia.
mythomane [mitɔman] *a, nm/f* mitomane *(m/f)*.

N

N. *(abr de* **nord**) N.
n' [n] *ad voir* **ne.**
nacelle [nasɛl] *nf* navicella.
nacre [nakʀ(ə)] *nf* madreperla; **nacré, e** *a* madreperlaceo(a), color madreperla *loc inv*.
nage [naʒ] *nf* nuoto; **à la** ~ a nuoto; ~ **libre** stile libero; **en** ~ in un bagno di sudore.
nageoire [naʒwaʀ] *nf* pinna.
nager [naʒe] *vi* nuotare; *(fig: dans un vêtement)* ballarci dentro;*(fam: ne rien comprendre)* non sapere che pesci pigliare; **nageur, euse** *nm/f* nuotatore/trice; **maître nageur** bagnino.
naïf, ïve [naif, iv] *a* ingenuo(a).
nain, e [nɛ̃, nɛn] *a, nm/f* nano(a).
naissance [nɛsɑ̃s] *nf* nascita; **donner** ~ **à** mettere al mondo; *(rumeurs, soupçons)* far nascere; **aveugle de** ~ cieco dalla nascita; **Français de** ~ francese di nascita; **la** ~ **des cheveux/du cou** *(fig)* l'attaccatura dei capelli.
naître [nɛtʀ(ə)] *vi:* ~ **(de)** nascere (da); **il naît plus de filles que de garçons** nascono più femmine che maschi.
naïveté [naivte] *nf* ingenuità *f inv*.
nana [nana] *nf (fam)* ragazza.
nantir [nɑ̃tiʀ] *vt:* ~ **qn de** fornire qd di; **nantis** *nmpl (pej)* ricchi.
nappe [nap] *nf* tovaglia; *(GEOL, GEOGR)* falda; *(de brouillard)* banco; *(de gaz)* coltre *f;* **napperon** *nm* tovaglietta; *(sous un objet)* centrino.
narcisse [naʀsis] *nm* narciso.
narcotique [naʀkɔtik] *a* narcotico(a) // *nm* narcotico.
narguer [naʀge] *vt* sfidare.
narine [naʀin] *nf* narice *f.*
narquois, e [naʀkwa, waz] *a* beffardo(a).
narrateur, trice [naʀatœʀ, tʀis] *nm/f* narratore/trice.
narration [naʀɑsjɔ̃] *nf* narrazione *f,* racconto.
nasal, e, aux [nazal, o] *a* nasale.
naseau, x [nazo] *nm* narice *f.*
nasiller [nazije] *vi* parlare col naso.
nasse [nas] *nf* nassa.
natal, e [natal] *a* natale.
natalité [natalite] *nf* natalità *f inv.*
natation [natɑsjɔ̃] *nf* nuoto.
natif, ive [natif, iv] *a* nativo(a); *(inné)* innato(a).
nation [nɑsjɔ̃] *nf* nazione *f;* **national, e, aux** *a* nazionale; *(route)* statale // *nf (route)* statale *f;* **nationaliser** *vt* nazionalizzare; **nationalisme** *nm* nazionalismo; **nationalité** *nf* nazionalità *f inv,* cittadinanza.
natte [nat] *nf* treccia; *(tapis)* stuoia.
naturaliser [natyʀalize] *vt* naturalizzare.
naturaliste [natyʀalist(ə)] *nm* naturalista *m/f.*
nature [natyʀ] *nf* natura // *a (CULIN)* al naturale; *(fam: personne)* naturale, spontaneo(a); **peint d'après** ~ dipinto dal vero; **naturel, le** *a* naturale // *nm* naturalezza; *(caractère)* indole *f,* carattere *m;* **naturellement** *ad* naturalmente; *(spontanément)* con naturalezza; *(par nature)* per natura; **naturisme** *nm* naturismo.
naufrage [nofʀaʒ] *nm* naufragio; **naufragé, e** *a* naufragato(a) // *nm/f* naufrago/a.
nausée [noze] *nf* nausea.
nautique [notik] *a* nautico(a).
nautisme [notism(ə)] *nm* nautica.
naval, e [naval] *a* navale.
navet [navɛ] *nm* navone *m,* rapa; *(pej)* pizza.
navette [navɛt] *nf* navetta, spola;

(en car, etc) navetta; **faire la ~** fare la spola.
navigable [navigabl(ə)] *a* navigabile.
navigateur [navigatœʀ] *nm* navigatore *m.*
naviguer [navige] *vi* navigare.
navire [naviʀ] *nm* nave *f;* **~ de guerre** nave da guerra.
navrer [navʀe] *vt* rattristare; **je suis navré** sono spiacente *ou* desolato; **c'est navrant** è deplorevole.
N.B. *sigle = nota bene.*
ne, n' [n(ə)] *ad voir* **pas, plus, jamais,** *etc; (explétif)* (non).
né, e [ne] nato(a); **~ en 1960** nato nel 1960.
néanmoins [neɑ̃mwɛ̃] *ad* tuttavia, (ciò) nondimeno.
néant [neɑ̃] *nm* nulla *m;* **réduire à ~** annientare.
nébuleux, euse [nebylø, øz] *a* nuvoloso(a); *(fig)* nebuloso(a).
nébulosité [nebylozite] *nf* nuvolosità *f inv; (fig)* nebulosità *f inv.*
nécessaire [nesesɛʀ] *a* necessario(a) // *nm* necessario; **~ de toilette** necessaire *m inv;* **~ de couture** astuccio da lavoro; **nécessité** *nf* necessità *f inv;* **nécessiter** *vt* necessitare; **nécessiteux, euse** *a, nm/f* bisognoso(a).
nec plus ultra [nekplysyltʀa] *nm* non plus ultra *m inv.*
nécrologie [nekʀɔlɔʒi] *nf* necrologio.
néerlandais, e [neɛʀlɑ̃dɛ, ɛz] *a* olandese.
nef [nɛf] *nf* navata.
néfaste [nefast(ə)] *a* nefasto(a).
négatif, ive [negatif, iv] *a* negativo(a) // *nm* negativo // *nf:* **répondre par la négative** rispondere negativamente.
négligé, e [negliʒe] *a* trascurato(a), trasandato(a) // *nm* trascuratezza; *(tenue)* negligé *m inv.*
négligence [negliʒɑ̃s] *nf* negligenza.
négligent, e [negliʒɑ̃, ɑ̃t] *a* negligente.
négliger [negliʒe] *vt* trascurare.
négociant [negɔsjɑ̃] *nm* commerciante *m/f,* negoziante *m/f.*
négociateur, trice [negɔsjatœʀ, tʀis] *nm/f* negoziatore/trice.
négociation [negɔsjɑsjɔ̃] *nf* negoziato.
négocier [negɔsje] *vi, vt* negoziare.
nègre [nɛgʀ(ə)] *nm (péj)* negro // *a* negro(a); **négresse** *nf (péj)* negra; **négrier** *nm* negriero.
neige [nɛʒ] *nf* neve *f;* **~ poudreuse** neve farinosa; **battre les œufs en ~** (*CULIN*) montare le uova a neve.
neiger [neʒe] *vb impersonnel:* **il neige** nevica; **neigeux, euse** *a* nevoso(a).
nénuphar [nenyfaʀ] *nm* ninfea.
néologisme [neɔlɔʒism(ə)] *nm* neologismo.
néon [neɔ̃] *nm* neon *m inv.*
néophyte [neɔfit] *nm/f* neofita *m/f.*
néo-zélandais [neɔzelɑ̃dɛ, ɛz] *a, nm/f* neozelandese *(m/f).*
néphrite [nefʀit] *nf* nefrite *f.*
nerf [nɛʀ] *nm* nervo; *(fig: vigueur)* nerbo; **nerveux, euse** *a* nervoso(a); **nervosité** *nf* nervosismo.
nervure [nɛʀvyʀ] *nf* nervatura.
n'est-ce pas [nɛspɑ] *ad* vero?; **c'est bon, ~?** è buono, vero?; **lui, ~, il peut se le permettre** lui, vero, se lo può permettere.
net, te [nɛt] *a* netto(a); *(fig: clair)* chiaro(a); (*PHOT*) nitido(a); *(propre)* pulito(a) // *ad* di colpo, di botto; *(casser)* di netto; *(tuer)* sul colpo // *nm:* **mettre au ~** mettere in bella copia; **je le lui ai dit clair et ~** gliel'ho detto chiaro e tondo; **netteté** *nf* pulizia; *(d'une image)* nitidezza; *(fig: d'esprit)* chiarezza.
nettoyage [nɛtwajaʒ] *nm* pulizia, pulitura; *(ménage)* pulizie *fpl; (fam)* repulisti *m;* **~ à sec** lavaggio a secco.
nettoyer [nɛtwaje] *vt* pulire; *(fig,*

fam) ripulire.
neuf [nœf] *num* nove.
neuf, neuve [nœf, nœv] *a* nuovo(a); **n'acheter que du ~** comprare solo cose nuove; **quoi de ~?** cosa c'è di nuovo?.
neurasthénique [nøʀastenik] *a, nm/f* nevrastenico(a).
neurologie [nøʀɔlɔʒi] *nf* neurologia.
neutraliser [nøtʀalize] *vt* neutralizzare; **neutre** *a* neutro(a); (*POL, fig*) neutrale // *nm* neutro.
neutron [nøtʀɔ̃] *nm* neutrone *m.*
neuve [nœv] *voir* **neuf.**
neuvième [nœvjɛm] *num* nono(a).
névé [neve] *nm* nevato.
neveu, x [nəvø] *nm* nipote *m (di zio/a).*
névralgie [nevʀalʒi] *nf* nevralgia.
névrosé, e [nevʀoze] *a, nm/f* nevrotico(a).
nez [ne] *nm* naso; *(de véhicule)* muso, davanti *m inv;* **rire au ~ de qn** ridere in faccia a qd; **~ à ~ avec** faccia a faccia con.
ni [ni] *conj* né; **~ l'un ~ l'autre** né l'uno né l'altro; **~ vu, ~ connu** chi s'è visto s'è visto; **il n'a rien dit ~ fait** non ha detto né fatto nulla.
niais, e [njɛ, ɛz] *a* sempliciotto(a), sciocco(a).
niche [niʃ] *nf* cuccia; *(de mur)* nicchia.
nichée [niʃe] *nf* nidiata.
nicher [niʃe] *vi* nidificare; **se ~** *vr* nidificare; *(se cacher)* annidarsi; *(fam: se fourrer)* cacciarsi.
nickel [nikɛl] *nm* nichel *m inv.*
nicotine [nikɔtin] *nf* nicotina.
nid [ni] *nm* nido; **~ de poule** buca.
nièce [njɛs] *nf* nipote *f (di zio/a).*
nier [nje] *vt, vi* negare.
nigaud, e [nigo, od] *a, nm/f* babbeo(a), sciocco/a.
n'importe [nɛ̃pɔʀt(ə)]: **~ comment** *ad* alla bell'e meglio; *(de toute façon)* comunque; **~ lequel/laquelle** *pron* uno/a qualsiasi *ou* qualunque; **~ où** *ad* dappertutto, in qualunque posto; **~ quand** *ad* in qualsiasi momento; **~ quel(le)** *dét* qualsiasi, qualunque; **~ qui** *pron* chiunque; **ce n'est pas ~ qui** non è uno/a qualunque; **~ quoi** *pron* qualsiasi *ou* qualunque cosa; *(fam)* un sacco di sciocchezze.
nippes [nip] *nfpl (fam)* stracci *mpl.*
nippon, e [nipɔ̃, on] *a* nipponico(a).
nitouche [nituʃ] *nf (péj):* **une sainte ~** una santarellina.
nitrate [nitʀat] *nm* nitrato.
niveau, x [nivo] *nm* livello; (*TECH*) livella; **au ~ de** a livello di; *(à la hauteur de)* all'altezza di; **~ de vie** tenore *m* di vita.
niveler [nivle] *vt* livellare; **nivellement** *nm* livellamento.
noble [nɔbl(ə)] *a, nm/f* nobile *(m/f);* **noblesse** *nf* nobiltà *f inv.*
noce [nɔs], *pl* **noces** *nf* nozze *fpl;* **faire la ~** *(fam)* fare baldoria.
nocif, ive [nɔsif, iv] *a* nocivo(a), dannoso(a).
noctambule [nɔktɑ̃byl] *a, nm/f* nottambulo(a).
nocturne [nɔktyʀn(ə)] *a* notturno(a) // *nf* notturna.
Noël [nɔɛl] *nm* Natale *m;* **la (fête) de) ~** *f* il Natale *m.*
nœud [nø] *nm* nodo; *(ruban)* fiocco; *(fig: d'une question)* nocciolo; *(: à la gorge)* groppo; **~ papillon** farfallino.
noir, e [nwaʀ] *a* nero(a); *(sombre)* buio(a), scuro(a); *(race)* negro(a); (*PHOT*) oscuro(a); *(roman, film)* giallo(a) // *nm* nero; *(obscurité)* oscurità *f inv*, buio // *nf* (*MUS*) semiminima // *nm/f (race)* negro/a; **au ~** *(fam)* al mercato nero; **travail au ~** lavoro nero *ou* clandestino; **dans le ~** al buio; **noircir** *vi, vt* annerire.
noise [nwaz] *nf:* **chercher ~ à qn** attaccar briga con qd.
noisetier [nwaztje] *nm* nocciolo; **noisette** *nf* nocciola // *a* (color) nocciola *inv.*

noix [nwa] *nf* noce *f*.
nom [nɔ̃] *nm* nome *m;* **au ~ de** in nome di; **~ de famille** cognome *m;* **~ de jeune fille** cognome *m* da ragazza; **~ d'une pipe** *ou* **d'un chien!** *(fam)* perbacco!, accidenti!
nomade [nɔmad] *a, nm/f* nomade *(m/f)*.
nombre [nɔ̃bʀ(ə)] *nm* numero; **ils sont au ~ de 3** sono in 3; **au ~ de mes amis** tra i miei amici; **bon ~ de** molti(e) *pl;* **nombreux, euse** *a* numeroso(a); **nombreux, euses** *pl* numerosi(e), molti(e).
nombril [nɔ̃bʀi] *nm* ombelico.
nomenclature [nɔmɑ̃klatyʀ] *nf* nomenclatura; *(liste)* lista.
nominal, e, aux [nɔminal, o] *a* nominale.
nominatif [nɔminatif] *nm* nominativo.
nomination [nɔminɑsjɔ̃] *nf* nomina.
nommément [nɔmemɑ̃] *ad* specificatamente.
nommer [nɔme] *vt* chiamare; *(baptiser: produit, etc)* battezzare; *(mentionner)* fare il nome di, citare; *(élire)* nominare; **se ~** *vr (se présenter)* presentarsi, dire il proprio nome; **il se nomme Jean** si chiama Jean.
non [nɔ̃] *ad* non; *(réponse)* no // *préf* non; **moi ~ plus** neanch'io, nemmeno io.
nonagénaire [nɔnaʒenɛʀ] *a, nm/f* novantenne *(m/f)*.
non-alcoolisé, e [nɔnalkɔlize] *a* analcolico(a).
nonchalance [nɔ̃ʃalɑ̃s] *nf* indolenza; *(indifférence)* noncuranza.
non-lieu [nɔ̃ljø] *nm* non luogo a procedere.
nonne [nɔn] *nf* suora.
non-sens [nɔ̃sɑ̃s] *nm* nonsenso, controsenso.
nord [nɔʀ] *nm* nord *m inv* // *a* nord *inv*, settentrionale; **du N~** settentrionale, del Nord; **au ~ de** a nord di; **nordique** *a* nordico(a).
normal, e, aux [nɔʀmal, o] *a* normale // *nf* normale *m; (MATH)* normale *f;* **normaliser** *vt* normalizzare.
normand, e [nɔʀmɑ̃, ɑ̃d] *a, nm/f* normanno(a).
Normandie [nɔʀmɑ̃di] *nf* Normandia.
norme [nɔʀm(ə)] *nf* norma.
Norvège [nɔʀvɛʒ] *nf* Norvegia; **norvégien, ne** *a, nm/f* norvegese *(m/f)*.
nos [no] *dét voir* **notre.**
nostalgie [nɔstalʒi] *nf* nostalgia.
notable [nɔtabl(ə)] *a* notevole // *nm* notabile *m*.
notaire [nɔtɛʀ] *nm* notaio.
notamment [nɔtamɑ̃] *ad* in particolare, specialmente.
notarié [nɔtaʀje] *am:* **acte ~** atto notarile.
notation [nɔtɑsjɔ̃] *nf* notazione *f;* *(SCOL)* valutazione *f*.
note [nɔt] *nf* nota, appunto; *(SCOL)* voto; *(facture)* conto; *(MUS,fig)* nota.
noté, e [nɔte] *a:* **être bien/mal ~** *(SCOL)* avere bei/brutti voti.
noter [nɔte] *vt* annotare, segnare; *(remarquer)* notare, tener presente; *(SCOL)* dare un voto (a).
notice [nɔtis] *nf* cenno, nota; **~ explicative** istruzioni *mpl* (per l'uso).
notification [nɔtifikɑsjɔ̃] *nf* notificazione *f; (acte)* notifica.
notifier [nɔtifje] *vt* notificare.
notion [nosjɔ̃] *nf* nozione *f*.
notoire [nɔtwaʀ] *a* notorio(a), noto(a).
notre, nos [nɔtʀ(ə), no] *dét* (il) nostro ((la) nostra), (i)nostri ((le) nostre).
nôtre [notʀ(ə)] *pron:* **le/la ~** il nostro/la nostra; **les ~s** i nostri/le nostre.
nouer [nwe] *vt* annodare; *(lacets, relation)* allacciare; *(fig: suj: amitié)* stringere; **~ sa cravate** annodarsi

la cravatta.
noueux, euse [nwø, øz] *a* nodoso(a).
nougat [nuga] *nm* torrone *m*.
nouilles [nuj] *nfpl* tagliatelle *fpl*.
nourrice [nuʀis] *nf* balia.
nourrir [nuʀiʀ] *vt* dar da mangiare a; *(animaux)* nutrire, cibare; *(fig: espoir)* nutrire; **se** ~ *vr* nutrirsi, cibarsi; *(fig)* nutrirsi; **logé et nourri** con vitto e alloggio; ~ **au sein** allattare; **nourrissant, e** *a* nutriente.
nourrisson [nuʀisɔ̃] *nm* lattante *m/f*.
nourriture [nuʀityʀ] *nf* cibo, vitto.
nous [nu] *pron* noi; *(complément sans prép)* ci, ce; **il** ~ **le dit** ce lo dice; **il** ~ **en a parlé** ce ne la parlato.
nouveau, (nouvel), elle, x [nuvo, ɛl] *a* nuovo(a) // *nm/f (personne)* nuovo(a) impiegato/a *ou* alunno/a, *etc* // *nm* nuovo // *nf* notizia; **j'attends de vos ~elles** aspetto vostre notizie; **de** *ou* **à** ~ di nuovo; **~-né, e** *a, nm/f* neonato(a); ~ **venu, ~elle venue** *nm/f* nuovo(a) arrivato/a; **le Nouvel An** l'Anno Nuovo, il Nuovo Anno; **nouveauté** *nf* novità *f inv*.
novateur, trice [nɔvatœʀ, tʀis] *nm/f* innovatore/trice.
novembre [nɔvɑ̃bʀ(ə)] *nm* novembre *m*.
novice [nɔvis] *a* inesperto(a), novellino(a) // *nm/f* novellino/a; (*REL*) novizio/a.
noyade [nwajad] *nf* annegamento.
noyau, x [nwajo] *nm* nocciolo; (*BIOL, PHYS, GEOL, fig: groupe)* nucleo; (*ELEC, ARCHIT*) anima.
noyer [nwaje] *nm* noce *m* // *vt* annegare; *(fig: submerger)* sommergere; *(: étouffer)* soffocare; **se** ~ *vr* annegare, affogare; ~ **le carburateur** (*AUTO*) ingolfare il carburatore.
nu, e [ny] *a, nm* nudo(a); **~-pieds, (les) pieds** ~**s** a piedi nudi; **~-tête, (la) tête** ~**e** a capo scoperto; **à l'œil** ~ a occhio nudo.
nuage [nɥaʒ] *nm* nuvola, nube *f*.
nuance [nɥɑ̃s] *nf* sfumatura.
nuancer [nɥɑ̃se] *vt* sfumare; *(fig: pensée)* esprimere con garbo.
nucléaire [nykleɛʀ] *a* nucleare.
nudisme [nydism(ə)] *nm* nudismo.
nudité [nydite] *nf* nudità *f inv*.
nues [ny] *nfpl*: **tomber des** ~ cadere dalle nuvole; **porter qn aux** ~ portare qd alle stelle.
nuée [nɥe] *nf* nugolo.
nuire [nɥiʀ] *vi* nuocere; **nuisible** *a* nocivo(a).
nuit [nɥi] *nf* notte *f*; **service/vol de** ~ servizio/volo notturno.
nul, nulle [nyl] *a* nessuno(a); *(non valable, minime)* nullo(a); (*SCOL*) mediocre // *pron* nessuno; **résultat/match** ~ (*SPORT*) pari *ad*; **être** ~ **(en)** *(fig: personne)* essere una nullità (in); **nullement** *ad* (niente) affatto, per niente; **nulle part** *ad* da nessuna parte.
numéraire [nymeʀɛʀ] *nm* danaro (liquido).
numérateur [nymeʀatœʀ] *nm* numeratore *m*.
numérique [nymeʀik] *a* numerico(a).
numéro [nymeʀo] *nm* numero.
numérotation [nymeʀɔtasjɔ̃] *nf* numerazione *f*.
numéroter [nymeʀɔte] *vt* numerare.
numismate [nymismat] *nm* numismatico.
nuptial, e, aux [nypsjal, o] *a* nuziale.
nuque [nyk] *nf* nuca.
nutrition [nytʀisjɔ̃] *nf* nutrizione *f*; (*MED*) ricambio.
nymphomane [nɛ̃fɔman] *nf* ninfomane *f*.

O

O. (*abr de* **ouest**) O.
oasis [ɔazis] *nf* oasi *f inv*.

obéir [ɔbeiʀ] *vi* ubbidire, obbedire; *(appareil, moteur)* rispondere; **obéissance** *nf* obbedienza, ubbidienza; **obéissant, e** *a* ubbidiente, obbediente.
obélisque [ɔbelisk(ə)] *nm* obelisco.
obèse [ɔbɛz] *a* obeso(a).
objecter [ɔbʒɛkte] *vt* obiettare; ~ **qch à** opporre qc a; **objecteur** *nm* obiettore *m;* **objectif, ive** *a* oggettivo(a); *(impartial)* ob(b)iettivo(a) // *nm* ob(b)iettivo; **objection** *nf* obiezione *f.*
objet [ɔbʒɛ] *nm* oggetto; **être** *ou* **faire l'** ~ **de** essere oggetto di; **sans** ~ *(sans but)* senza scopo, infondato(a) *a;* **(bureau des)** ~**s trouvés** (ufficio degli) oggetti smarriti.
obligation [ɔbligɑsj] *nf* obbligo; (*JUR, FIN*) obbligazione *f;* **être dans l'**~ **de faire qch** vedersi costretto a fare qc; **obligatoire** *a* obbligatorio(a); *(fam: inévitable)* logico(a).
obligé, e [ɔbliʒe] *a:* ~ **de faire** obbligato *ou* costretto a fare; *(redevable):* **être très** ~ **à qn** essere molto obbligato *ou* grato a qd; **obligeance** *nf* cortesia, gentilezza; **obligeant, e** *a* cortese, gentile.
obliger [ɔbliʒe] *vt* obbligare, costringere; (*JUR*)vincolare.
oblique [ɔblik] *a* obliquo(a); **en** ~ *ad* in diagonale.
obliquer [ɔblike] *vi* obliquare.
oblitération [ɔbliteʀɑsj] *nf* annullo.
oblitérer [ɔbliteʀe] *vt* obliterare, annullare.
oblong, oblongue [ɔblɔ̃, ɔ̃g] *a* oblungo(a).
obole [ɔbɔl] *nf* obolo.
obscène [ɔpsɛn] *a* osceno(a).
obscur, e [ɔpskyʀ] *a* oscuro(a); *(sombre)* buio(a), scuro(a); **obscurcir** *vt* oscurare; *(fig: rendre peu clair)* offuscare; **s'obscurcir** *vr* oscurarsi; offuscarsi; **obscurité** *nf* oscurità *f inv;* **dans l'obscurité** al buio.
obsédé [ɔpsede] *nm* maniaco.
obséder [ɔpsede] *vt* ossessionare.
obséquieux, euse [ɔpsekjø, øz] *a* ossequioso(a).
observateur, trice [ɔpsɛʀvatœʀ,tʀis] *a, nm/f* osservatore(trice).
observation [ɔpsɛʀvɑsjɔ̃] *nf* osservazione *f.*
observatoire [ɔpsɛʀvatwaʀ] *nm* osservatorio.
observer [ɔpsɛʀve] *vt* osservare; (*MED: suivre)* seguire; **s'**~ *vr* osservarsi; *(se contrôler)* controllarsi.
obsession [ɔpsesj] *nf* ossessione *f*
obstacle [ɔpstakl(ə)] *nm* ostacolo; **faire** ~ **à** ostacolare.
obstétrique [ɔpstetʀik] *nf* ostetricia // *a* ostetrico(a).
obstination [ɔpstinɑsj] *nf* ostinazione *f.*
obstiner [ɔpstine]: **s'**~ *vr* ostinarsi; **s'**~ **sur qch** fissarsi *ou* impuntarsi su qc.
obstruction [ɔpstʀyksj] *nf* ostruzione *f,* occlusione *f;* (*SPORT, POL*) ostruzionismo.
obstruer [ɔpstʀye] *vt* ostruire.
obtempérer [ɔptɑ̃peʀe] *vi* ottemperare.
obtenir [ɔptəniʀ] *vt* ottenere; **obtention** *nf* ottenimento, conseguimento.
obturateur [ɔptyʀatœʀ] *nm* otturatore *m.*
obturation [ɔptyʀɑsj] *nf* otturazione *f.*
obturer [ɔptyʀe] *vt* otturare.
obtus, e [ɔpty, yz] *a* ottuso(a).
obus [ɔby] *nm* granata.
occasion [ɔkɑzj] *nf* occasione *f;* **à plusieurs/ces** ~**s** in molte/queste occasioni; **à la première** ~ alla prima occasione; **être l'**~ **de** essere occasione *ou* motivo di; **à l'**~ *ad* eventualmente, all'occorrenza; **à l'**~ **de** in occasione di; **occasionnel, le** *a* occasionale, casuale.
occasionner [ɔkazjɔne] *vt*

causare, procurare.

occident [ɔksidɑ̃] *nm* occidente *m*; **occidental, e, aux** *a, nm/f* occidentale *(m/f)*.

occiput [ɔksipyt] *nm* occipite *m*.

occlusion [ɔklyzj] *nf* occlusione *f*.

occulte [ɔkylt(ə)] *a* occulto(a);

occupant, e [ɔkypɑ̃, ɑ̃t] *a, nm/f* occupante *(m/f)*.

occupation [ɔkypɑsj] *nf* occupazione *f*.

occuper [ɔkype] *vt* occupare; **s'~** *vr:* **s'~ de** occuparsi di, badare a.

occurrence [ɔkyʀɑ̃s] *nf:* **en l'~** in questo caso.

océan [ɔseɑ̃] *nm* oceano.

Océanie [ɔseani] *nf* Oceania.

ocre [ɔkʀ(ə)] *a inv* (color) ocra *inv*.

octane [ɔktan] *nm* ottano.

octave [ɔktav] *nf* (*MUS*) ottava.

octobre [ɔktɔbʀ(ə)] *nm* ottobre *m*.

octogénaire [ɔktɔʒenɛʀ] *a, nm/f* ottuagenario(a), ottantenne *(m/f)*.

octroyer [ɔktʀwaje] *vt* concedere; **s'~** *vr* concedersi.

oculaire [ɔkylɛʀ] *a, nm* oculare *(m)*.

oculiste [ɔkylist(ə)] *nm/f* oculista *m/f*.

odeur [ɔdœʀ] *nf* odore *m*.

odieux, euse [ɔdjø, øz] *a* odioso(a).

odorant, e [ɔdɔʀɑ̃, ɑ̃t] *a* odoroso(a).

odorat [ɔdɔʀa] *nm* odorato.

odyssée [ɔdise] *nf* odissea.

œcuménique [ekymenik] *a* ecumenico(a).

œil [œj], *pl* **yeux** [jø] *nm* occhio; *(d'une aiguille)* cruna; **avoir un ~au beurre noir** *(fig)* avere un occhio pesto; **à l'~** *(fam: gratuitement)* gratis; **tenir qn à l'~** tenir d'occhio qd; **avoir l'~(à)** *(être vigilant)* stare attento (a); **faire de l'~ à qn** fare l'occhiolino a qd; **œillade** *nf* occhiata; **œillères** *nfpl* paraocchi *mpl*.

œillet [œjɛ] *nm* garofano; *(trou)* occhiello.

œsophage [ezɔfaʒ] *nm* esofago.

œstrogène [østʀɔʒɛn] *a* estrogeno(a).

œuf [œf, *pl* ø] *nm* uovo; **~ mollet/au plat/poché** uovo bazzotto/al tegame/in camicia; **~ à repriser** uovo da rammendo.

œuvre [œvʀ(ə)] *nf* opera // *nm:* **le gros ~** (*CONSTR*) il rustico; **~s** *fpl* (*NAUT*) opera; **être l'~ de** essere opera di; **bonnes ~s** opere buone *ou* di beneficenza.

offense [ɔfɑ̃s] *nf* offesa; (*REL*) peccato.

offenser [ɔfɑ̃se] *vt* offendere; **s'~** *vr:* **s' ~ de qch** offendersi per qc.

offensif, ive [ɔfɑ̃sif, iv] *a* offensivo(a) // *nf* offensiva.

offertoire [ɔfɛʀtwaʀ] *nm* offertorio.

office [ɔfis] *nm* carica, ufficio; *(organisme public)* ufficio, ente *m*; (*REL*) ufficio; *(pièce)* tinello; **faire ~ de** *(suj: personne, objet)* fungere da; **d'~** *ad* *(automatiquement)* d'ufficio; **~ du tourisme** ufficio *ou* ente *m* del turismo.

officialiser [ɔfisjalize] *vt* rendere ufficiale.

officiel, le [ɔfisjɛl] *a* ufficiale.

officier [ɔfisje] *nm* ufficiale *m* // *vi* officiare; **~ ministériel** pubblico ufficiale.

officieux, euse [ɔfisjø, øz] *a* ufficioso(a).

officinal, e, aux [ɔfisinal,o] *a* officinale.

offrande [ɔfʀɑ̃d] *nf* offerta.

offre [ɔfʀ(ə)] *nf* offerta; **appel d' ~s** (*ADMIN*) gara di appalto.

offrir [ɔfʀiʀ] *vt* offrire; *(en cadeau)* regalare; **s'~** *vr* offrirsi; *(se présenter: suj: occasion)* presentarsi; **~ à boire à qn** offrire da bere a qd.

offusquer [ɔfyske] *vt* urtare, indisporre.

ogive [ɔʒiv] *nf* ogiva; **voûte/arc en ~** volta/arco a agiva.

ogre [ɔgʀ(ə)] *nm* orco.
oie [wa] *nf* oca.
oignon [ɔɲɔ̃] *nm* cipolla.
oindre [wɛ̃dʀ(ə)] *vt* ungere.
oiseau, x [wazo] *nm* uccello.
oisellerie [wazɛlʀi] *nf* negozio di uccelli.
oiseux, euse [wazø, øz] *a* ozioso(a).
oisif, ive [wazif, iv] *a, nm/f* ozioso(a); **oisiveté** *nf* ozio.
oléagineux, euse [ɔleaʒinø, øz] *a* oleoso(a).
oléoduc [ɔleɔdyk] *nm* oleodotto.
oligarchie [ɔligaʀʃi] *nf* oligarchia.
olive [ɔliv] *nf* oliva // *a inv* verde oliva *loc inv;* **oliveraie** *nf* oliveto *ou* uliveto; **olivier** *nm* olivo, ulivo.
olympiade [ɔlɛ̃pjad] *nf* olimpiade *f;* **les O~s** *fpl* le Olimpiadi *fpl.*
olympique [ɔlɛ̃pik] *a* olimpico(a); **piscine ~** piscina olimpionica; **champion ~** (campione) olimpionico.
ombilical, e, aux [ɔ̃bilikal, o] *a* ombelicale.
ombrage [ɔ̃bʀaʒ] *nm* ombra *(degli alberi, etc);* **ombragé, e** *a* ombroso(a), ombreggiato(a); **ombrageux, euse** *a* ombroso(a).
ombre [ɔ̃bʀ(ə)] *nf* ombra; **donner/faire de l'~** dare *ou* fare ombra; **il n'y a pas l'~ d'un doute** non c' è ombra di dubbio.
ombrelle [ɔ̃bʀɛl] *nf* ombrellino, parasole *m;* (ZOOL) ombrella.
omelette [ɔmlɛt] *nf* omlette *f inv,* frittata.
omettre [ɔmɛtʀ(ə)] *vt* omettere, tralasciare; **omission** *nf* omissione *f.*
omnibus [ɔmnibys] *nm:* **(train) ~** locale *m,* accelerato.
omnipotent, e [ɔmnipɔtɑ̃, ɑ̃t] *a* onnipotente.
omoplate [ɔmɔplat] *nf* scapola.
O.M.S. *sigle f voir* **organisation.**
on [ɔ̃] *pron (indéterminé):* **~ peut le faire ainsi** si può fare così; *(quelqu'un):* **~ frappe à la porte** bussano *ou* qualcuno bussa alla porta; *(nous):* **~ va y aller demain** ci andremo domani; **~ vous demande au téléphone** chiedono di lei al telefono; **~ ne peut plus stupide/heureux** estremamente stupido/felice.
oncle [ɔ̃kl(ə)] *nm* zio.
onctueux, euse [ɔ̃ktɥø, øz] *a* oleoso(a); *(savon)* cremoso(a); *(aliment, saveur)* vellutato(a); *(fig: manières)* untuoso(a), mellifluo(a).
onde [ɔ̃d] *nf* onda; **passer sur les ~s** (RADIO, TV) andare in onda.
ondée [ɔ̃de] *nf* acquazzone *m.*
on-dit [ɔ̃di] *nm inv* diceria, pettegolezzo.
ondoyer [ɔ̃dwaje] *vi* ondeggiare.
ondulation [ɔ̃dylɑsjɔ̃] *nf* ondulazione *f; (ondoiement)* ondeggiamento.
onduler [ɔ̃dyle] *vi* ondeggiare; *(route, cheveux)* essere ondulato.
onéreux, euse [ɔneʀø, øz] *a* oneroso(a).
ongle [ɔ̃gl(ə)] *nm* unghia; **se ronger les ~s** mangiarsi le unghie.
onguent [ɔ̃gɑ̃] *m* unguento.
onomatopée [ɔnɔmatɔpe] *nf* onomatopea.
O.N.U. *sigle f voir* **organisation.**
onyx [ɔniks] *nm* onice *f.*
onze [ɔ̃z] *num* undici; **Louis ~** Luigi undicesimo; **onzième** *num* undicesimo(a).
opacité [ɔpasite] *nf* opacità *f inv.*
opale [ɔpal] *nf* opale *m ou f;* **opalin, e** *a* opalino(a) // *nf* opalina.
opaque [ɔpak] *a* opaco(a).
opéra [ɔpeʀa] *nm* opera.
opérateur, trice [ɔpeʀatœʀ, tʀis] *nm/f* operatore/trice.
opération [ɔpeʀɑsj] *nf* operazione *f.*
opératoire [ɔpeʀatwaʀ] *a* operatorio(a).
opérer [ɔpeʀe] *vt* operare; *(faire)* fare, effettuare; **s'~** *vr* avvenire.

opérette [ɔpeʀɛt] *nf* operetta.
ophtalmologie [ɔftalmɔlɔʒi] *nf* oculistica, oftalmologia.
opiner [ɔpine] *vi:* ~ **de la tête** *ou* **du bonnet** *(fam)* assentire.
opiniâtre [ɔpinjɑtʀ(ə)] *a* ostinato(a), caparbio(a).
opinion [ɔpinj] *nf* opinione *f.*
opium [ɔpjɔm] *nm* oppio.
opportun, e [ɔpɔʀtœ̃, yn] *a* opportuno(a); **opportuniste** *a, nm/f* opportunista *(m/f).*
opposant, e [ɔpozɑ̃,ɑ̃t] *a* avverso(a), contrario(a); ~**s** *mpl* oppositori *mpl.*
opposé, e [ɔpoze] *a* opposto(a); *(contrastant)* contrastante // *nm* opposto, contrario; **il est tout l'~(de son frère)** è tutto l'opposto (di suo fratello); **à l'~(de)** dalla parte opposta(di); *(contrairement à)* al contrario(di).
opposer [ɔpoze] *vt* opporre; *(mettre vis à vis)* contrapporre; *(comparer)* paragonare; **s'** ~ *vr* opporsi; **s'** ~ **à** ostacolare, opporsi a.
opposition [ɔpozisjɔ̃] *nf* opposizione *f; (contraste)* contraddizione *f,* contrasto; **par ~(à)** al contrario (di); **entrer /être en ~ avec qn** entrare/essere in conflitto *ou* in contraddizione con qd; **faire ~à** opporsi a; **faire ~ à un chèque** bloccare un assegno.
oppresser [ɔpʀese] *vt* opprimere; **oppression** *nf* oppressione *f.*
opprimer [ɔpʀime] *vt* opprimere; *(fig: étouffer)* soffocare.
opprobre [ɔpʀɔbʀ(ə)] *nm* obbrobrio, vergogna.
opter [ɔpte] *vi* optare.
opticien, ne [ɔptisjɛ̃, ɛn] *nm/f* ottico *m.*
optimal, e, aux [ɔptimal,o] *a* ottimale.
optimisme [ɔptimism(ə)] *nm* ottimismo.
option [ɔpsj] *nf* opzione *f,* scelta; (*SCOL: université*) materia complementare; (*JUR*) opzione *f;* **matière/texte à ~** materia/testo facoltativa/o.
optique [ɔptik] *a* ottico(a) // *nf* ottica; *(perspective)* prospettiva; *(fig: point de vue)* punto di vista.
opulence [ɔpylɑ̃s] *nf* opulenza.
or [ɔʀ] *nm* oro // *conj* or, orbene; **en** ~ d'oro.
oracle [ɔʀɑkl(ə)] *nm* oracolo.
orage [ɔʀaʒ] *nm* temporale *m; (fig)* burrasca; **orageux, euse** *a* temporalesco(a); soggetto(a) a temporali; *(fig)* burrascoso (a).
oraison [ɔʀɛzɔ̃] *nf* orazione *f.*
oral, e, aux [ɔʀal, o] *a* orale.
orange [ɔʀɑ̃ʒ] *nf* arancia // *a inv* arancione *inv;* ~ **pressée** spremuta d'arancia; **orangeade** *nf* aranciata. **oranger** *nm* arancio; **orangeraie** *nf* aranceto.
orang-outan(g) [ɔʀɑ̃-utɑ̃] *nm* orango.
orateur [ɔʀatœʀ] *nm* oratore *m.*
oratoire [ɔʀatwaʀ] *a* oratorio(a).
orbital, e, aux [ɔʀbital, o] *a* orbitale.
orbite [ɔʀbit] *nf* orbita.
orchestration [ɔʀkɛstʀasjɔ̃] *nf* orchestrazione *f.*
orchestre [ɔʀkɛstʀ(ə)] orchestra; (*THEATRE, CINE: places, spectateurs)* platea.
orchestrer [ɔʀkɛstʀe] *vt* orchestrare.
orchidée [ɔʀkide] *nf* orchidea.
ordinaire [ɔʀdinɛʀ] *a* abituale, solito(a); *(commun)* comune // *nm* ordinario, comune *m;* **à l'~** di solito; **comme à l'~** come al solito.
ordinal, e, aux [ɔʀdinal, o] *a* ordinale.
ordinateur [ɔʀdinatœʀ] *nm* elaboratore *m,* computer *m.*
ordonnance [ɔʀdɔnɑ̃s] *nf* ordinanza; (*MED*) ricetta (medica).
ordonné, e [ɔʀdɔne] *a* ordinato(a) // *nf* ordinata.
ordonner [ɔʀdɔne] *vt* ordinare;

(*MED: traitement*) prescrivere; (*ranger*) mettere in ordine.
ordre [ɔʀdʀ(ə)] *nm* ordine *m*; **de même** ~ dello stesso tipo.
ordure [ɔʀdyʀ] *nf* sconcezza, porcheria; (*péj: personne*) zozzone *m*; **~s** *fpl* immondizia, spazzatura; **mettre aux ~s** sbatter via.
oreille [ɔʀɛj] *nf* orecchio; (*de marmite, tasse*) ansa, manico; **avoir de l'~** avere orecchio; **faire la sourde ~** (*fig*) fare orecchie da mercante.
oreiller [ɔʀeje] *nm* guanciale *m*.
oreillons [ɔʀɛj] *nmpl* orecchioni *mpl*.
ores [ɔʀ]: **d'~ et déjà** *ad* fin d'ora.
orfèvre [ɔʀfɛvʀ(ə)] *nm* orefice *m*; **orfèvrerie** *nf* oreficeria; (*ouvrages*) argenteria.
organdi [ɔʀgɑ̃di] *nm* organza.
organe [ɔʀgan] *nm* organo.
organigramme [ɔʀganigʀam] *nm* organigramma *m ou* organogramma *m*.
organique [ɔʀganik] *a* organico(a).
organisation [ɔʀganizɑsjɔ̃] *nf* organizzazione *f*; **O~ des Nations Unies (O.N.U.)** Organizzazione delle Nazioni Unite (O.N.U.); **O~ mondiale de la santé (O.M.S.)** Organizzazione Mondiale della Sanità (O.M.S.); **O~ du Traité de l'Atlantique Nord (O.T.A.N)** Organizzazione del Trattato Nord Atlantico (N.A.T.O).
organiser [ɔʀganize] *vt* organizzare; **s'~** *vr* organizzarsi.
organisme [ɔʀganism(ə)] *nm* organismo.
organiste [ɔʀganist(ə)] *nm/f* organista *m/f*.
orgasme [ɔʀgasm(ə)] *nm* orgasmo.
orge [ɔʀʒ(ə)] *nm* orzo.
orgeat [ɔʀʒa] *nm* orzata.
orgie [ɔʀʒi] *nf* orgia.
orgue [ɔʀg(ə)] *nm* organo; **~ de Barbarie** organetto; **les grandes ~s** *fpl* **de Notre-Dame** l'organo principale di Notre-Dame.
orgueil [ɔʀgœj] *nm* orgoglio; **orgueilleux, euse** *a* orgoglioso(a).
orient [ɔʀjɑ̃] *nm* oriente *m*.
orientable [ɔʀjɑ̃tabl(ə)] *a* orientabile.
oriental, e, aux [ɔʀjɑ̃tal,o] *nm/f* orientale (*m/f*).
orientation [ɔʀjɑ̃tɑsjɔ̃] *nf* orientamento.
orienter [ɔʀjɑ̃te] *vt* orientare; (*voyageur, fig*) orientare, indirizzare; **s'~** *vr* orientarsi.
orifice [ɔʀifis] *nm* orifizio.
oriflamme [ɔʀiflam] *nf* orifiamma.
origan [ɔʀigɑ̃] *nm* origano.
originaire [ɔʀiʒinɛʀ] *a* originario(a).
original, e, aux [ɔʀiʒinal,o] *a, nm/f* originale (*m/f*); **originalité** *nf* originalità *f inv*.
origine [ɔʀiʒin] *nf* origine *f*; (*d'un message, appel téléphonique*) provenienza; **à l'~** all'inizio; **avoir son ~ dans qch** avere origine in *ou* da qc; **originel, le** *a* originale.
orme [ɔʀm(ə)] *nm* olmo.
ornement [ɔʀnəmɑ̃] *nm* ornamento; **~s sacerdotaux** paramenti *mpl* sacerdotali; **plantes d'~** piante ornamentali; **ornemental, e, aux** *a* ornamentale.
orner [ɔʀne] *vt* ornare, decorare; (*discours*) infiorare.
ornière [ɔʀnjɛʀ] *nf* solco.
ornithologie [ɔʀnitɔlɔʒi] *nf* ornitologia.
orphelin, e [ɔʀfəlɛ̃, in] *a, nm/f* orfano(a); **orphelinat** *nm* orfanotrofio.
orteil [ɔʀtɛj] *nm* dito del piede; **(gros)~** alluce *m*.
orthodoxe [ɔʀtɔdɔks(ə)] *a* ortodosso(a).
orthographe [ɔʀtɔgʀaf] *nf* ortografia.
orthopédie [ɔʀtɔpedi] *nf* ortopedia; **orthopédique** *a*

ortopedico(a).
ortie [ɔʀti] *nf* ortica.
os [ɔs, *pl* o] *nm* osso.
O.S. *sigle m voir* **ouvrier.**
oscillation [ɔsilɑsjɔ̃] *nf* oscillazione *f*.
osciller [ɔsile] *vi* oscillare.
osé, e [oze] *a* audace.
oseille [ozɛj] *nf* acetosella; *(fig: fam)* soldi *mpl*, quattrini *mpl*.
oser [oze] *vt, vi* osare.
osier [ozje] *nm* vimini *mpl;* **d'~, en~** di vimini.
ossature [ɔsatyʀ] *nf* ossatura.
osselet [ɔslɛ] *nm* ossicino, ossetto.
ossements [ɔsmɑ̃] *nmpl* ossa *fpl*.
osseux, euse [ɔsø, øz] *a* osseo(a); *(main, visage)* ossuto(a).
ossifier: s'~ *vr* ossificarsi.
ossuaire [ɔsɥɛʀ] *nm* ossario.
ostentation [ɔstɑ̃tɑsjɔof]*nf* ostentazione *f*.
ostracisme [ɔstʀasism(ə)] *nm* ostracismo.
ostréiculture [ɔstʀeikyltyʀ] *nf* ostricoltura.
otage [ɔtaʒ] *nm* ostaggio.
O.T.A.N. *sigle f voir* **organisation.**
otarie [ɔtaʀi] *nf* otaria.
ôter [ote] *vt* togliere; ~ **qch de** togliere qc da; ~ **son pull** togliersi il pullover.
otite [ɔtit] *nf* otite *f*.
oto-rhino-(laryngologiste) [ɔtɔʀinɔ(laʀɛ̃gɔlɔʒist(ə))] *nm/f* otorinolaringoiatra *m/f*.
ou [u] *conj* o; ~ **bien** oppure, o.
où [u] *ad, pron* dove; *(temps, état)* in cui; *(sur lequel)* su cui; **d'~** da cui; **d'~ viens-tu?** da dove vieni?; **au prix ~ est l'essence** al prezzo a cui è la benzina; **le jour ~ il est parti** il giorno in cui è partito; **par ~ passer?** per *ou* da dove passare?; **les villes par ~ il est passé** le città per *ou* da cui è passato; **la chambre ~ il était** la camera in cui *ou* dove si trovava.
ouate [wat] *nf* ovatta, cotone *m;*
ouaté, e *a* imbottito(a) di ovatta; *(fig: atmosphère)* ovattato(a).
oubli [ubli] *nm* dimenticanza; *(absence de souvenirs)* oblio; ~ **de soi** abnegazione *f*.
oublier [ublije] *vt* dimenticare, dimenticarsi di, scordare, scordarsi di; **s'~** *vr* non pensare a se stesso.
oubliettes [ublijɛt] *nfpl* segrete *fpl; (fig)* dimenticatoio.
ouest [wɛst] *nm, a inv* ovest *(m inv);* **à l'~ de** a ovest di.
oui [wi] *ad* sì; **répondre par ~** rispondere con un sì; **répondre ~** rispondere di sì.
ouï-dire [widiʀ] *nm inv*: **par ~** per sentito dire.
ouïe [wi] *nf* udito; **~s** *fpl (de poisson)* aperture *fpl* branchiali.
ouragan [uʀagɑ̃] *nm* uragano.
ourler [uʀle] *vt* orlare.
ourlet [uʀlɛ] *nm* orlo.
ours [uʀs, *pl* uʀ] *nm* orso; **~(en peluche)** orsacchiotto.
ourse [uʀs(ə)] *nf* orsa; **la Grande/Petite O~** l'Orsa Maggiore/Minore.
oursin [uʀsɛ̃] *nm* riccio (di mare).
ourson [uʀsɔ̃] *nm* orsacchiotto.
ouste [ust(ə)] *excl* su! forza!; *(pour chasser)* fuori! via!
outil [uti] *nm* attrezzo, utensile *m;* **~s** *mpl* **du métier** ferri del mestiere.
outiller [utije] *vt* attrezzare, equipaggiare.
outrage [utʀaʒ] *nm* offesa, oltraggio; *(JUR)* oltraggio.
outrager [utʀaʒe] *vt* oltraggiare, offendere.
outrance [utʀɑ̃s] *nf*: **à ~** *ad* a oltranza.
outre [utʀ(ə)] *nf* otre *m // prép* oltre a // ad: **passer ~** passare oltre; **en ~** inoltre; **~ que** oltre a *(+ infinito)*; **~ mesure** eccessivamente.
outré, e [utʀe] *a* eccessivo(a); *(indigné)* indignato(a); **être ~ de** essere indignato per.

outrecuidance [utʀəkɥidɑ̃s] *nf* tracotanza.
outre-mer [utʀəmɛʀ] *ad* oltremare.
outrepasser [utʀəpɑse] *vt* oltrepassare, andare oltre.
outrer [utʀe] *vt* forzare; *(indigner: personne)* indignare.
outsider [awtsajdœʀ] *nm* outsider *m inv*.
ouvert, e [uvɛʀ, ɛʀt(ə)] *pp de* **ouvrir** // *a* aperto(a); (*MED: fracture)* esposto(a); **grand** ~ spalancato.
ouverture [uvɛʀtyʀ] *nf* apertura.
ouvrable [uvʀabl(ə)] *a:* **jour** ~ giorno feriale *ou* lavorativo.
ouvrage [uvʀaʒ] *nm* lavoro, opera; *(écrit)* opera; *(tricot)* lavoro.
ouvragé, e [uvʀaʒe] *a* lavorato(a).
ouvrant, e [uvʀɑ̃, ɑ̃t] *a:* **toit** ~ (*AUTO*) tetto apribile.
ouvre-boîte(s) [uvʀəbwat] *nm inv* apriscatole *m inv*.
ouvre-bouteille(s) [uvʀəbutɛj] *nm inv* apribottiglie *m inv*.
ouvreuse [uvʀøz] *nf* maschera.
ouvrier, ière [uvʀije, ijɛʀ] *a, nm/f* operaio(a); ~ **spécialisé (O.S.)** operaio non qualificato.
ouvrir [uvʀiʀ] *vt, vi* aprire; **s'~** *vr* aprirsi; ~ *ou* **s'~ sur** dare su; **s'~ à qn de qch** confidare qc a qd; ~ **l'oeil** *(fig)* tenere gli occhi aperti.
ovaire [ɔvɛʀ] *nm* ovaia; (*BOT*) ovario.
ovale [ɔval] *a* ovale.
ovation [ɔvɑsjɔ̃] *nf* ovazione *f*.
ovin, e [ɔvɛ̃, in] *a* ovino(a).
O.V.N.I. *sigle m (objet volant non identifié)* U.F.O., disco volante.
ovule [ɔvyl] *nm* ovulo.
oxydable [ɔksidabl(ə)] *a* ossidabile.
oxyde [ɔksid] *nm* ossido.
oxygène [ɔksiʒɛn] *nm* ossigeno.
ozone [ozɔn] *nm* ozono.

P

pachyderme [paʃidɛʀm(ə)] *nm* pachiderma *m*.
pacificateur, trice [pasifikatœʀ, tʀis] *a* pacificatore(trice).
pacifier [pasifje] *vt* pacificare.
pacifique [pasifik] *a* pacifico(a) // *nm:* **le P~** il Pacifico.
pacotille [pakɔtij] *nf* paccottiglia; **de** ~ *(bijou)* da quattro soldi.
pacte [pakt(ə)] *nm* patto.
pactiser [paktize] *vi:* ~ **avec** venire a patti con.
pagaie [pagɛ] *nf* pagaia.
pagaille [pagaj] *nf* caos *m inv*, disordine *m;* **en** ~ in gran quantità; *(en désordre)* nel caos, in disordine.
paganisme [paganism(ə)] *nm* paganesimo.
pagayer [pageje] *vi* pagaiare.
page [paʒ] *nf* pagina // *nm* paggio; **être à la** ~ *(fig)* essere alla moda.
pagination [paʒinɑsjɔ̃] *nf* paginatura.
pagne [paɲ] *nm* perizoma *m*.
pagode [pagɔd] *nf* pagoda.
paie [pɛ] *nf* = **paye.**
paiement [pɛmɑ̃] *nm* = **payement.**
païen, ne [pajɛ̃, ɛn] *a, nm/f* pagano(a).
paillard, e [pajaʀ, aʀd(ə)] *a* scurrile.
paillasse [pajas] *nf* pagliericcio.
paillasson [pɑjasɔ̃] *nm* zerbino.
paille [pɑj] *nf* paglia; *(brin de paille)* pagliuzza; *(pour boire)* cannuccia; **être sur la** ~ *(fig)* essere sul lastrico; ~ **de fer** paglietta; **tirer à la courte** ~ *(fig)* scegliere una pagliuzza.
paillette [pajɛt] *nf* lustrino; *(d'or)* pagliuzza; **lessive en ~s** detersivo in scaglie *fpl*.
pailleté, e [pajte] *a* guarnito(a) di lustrini.
pain [pɛ̃] *nm* pane *m;* ~ **bis** *ou*

complet pane integrale; ~ **d'épice** panpepato; ~ **grillé** pane abbrustolito *ou* tostato; ~ **de Gênes** pan di Spagna *m inv*.
pair, e [pɛʀ] *a* pari *inv* // *nm* pari *m inv* // *nf* paio; **aller** *ou* **marcher de** ~ andare di pari passo; **au** ~ alla pari.
paisible [pezibl(ə)] *a* tranquillo(a).
paître [pɛtʀ(ə)] *vi* pascolare.
paix [pɛ] *nm* pace *f;* **laisser** *ou* **ficher la** ~ **à qn** *(fam)* lasciare in pace qd.
palabrer [palabʀe] *vi* discutere (a lungo).
palace [palas] *nm* albergo di lusso.
palais [palɛ] *nm* palazzo; (*ANAT*) palato; **P~ (de Justice)** Palazzo di giustizia, tribunale *m*.
palan [palɑ̃] *nm* paranco.
pale [pal] *nf* pala.
pâle [pɑl] *a* pallido(a); *(fig)* scialbo(a).
palefrenier [palfʀənje] *nm* uomo di scuderia.
palet [palɛ] *nm* piastrella.
paletot [palto] *nm* paletot *m*, cappotto.
palette [palɛt] *nf* tavolozza.
palétuvier [paletyvje] *nm* mangrovia.
pâleur [pɑlœʀ] *nf* pallore *m*.
palier [palje] *nm* pianerottolo; *(de route)* tratto pianeggiante; (*TECH*) cuscinetto; **vol en** ~ (*AVIAT*) volo orizzontale; **par** ~**s** per gradi.
pâlir [pɑliʀ] *vi* impallidire; *(couleur)* sbiadire.
palissade [palisad] *nf* palizzata.
palissandre [palisɑ̃dʀ(ə)] *nm* palissandro.
palliatif, ive [paljatif, iv] *a* palliativo(a) // *nm* palliativo.
pallier [palje] *vt* rimediare *ou* ovviare a.
palmarès [palmaʀɛs] *nm* albo d'oro.
palme [palm(ə)] *nf* (ramo di) palma; *(nageoire en caoutchouc)* pinna.
palmé, e [palme] *a* palmato(a).
palmier [palmje] *nm* palma; *(gâteau)* ventaglio.
palmipède [palmipɛd] *a, nm* palmipede *(m)*.
pâlot, te [pɑlo, ɔt] *a* palliduccio(a).
palpable [palpabl(ə)] *a* palpabile; *(fig)* tangibile.
palper [palpe] *vt* palpare.
palpitant, e [palpitɑ̃, ɑ̃t] *a* palpitante; *(film, récit)* appassionante.
palpitation [palpitɑsjɔ̃] *nf:* **avoir des** ~**s** soffrire di palpitazioni *fpl*.
palpiter [palpite] *vi* palpitare.
paludisme [palydism(ə)] *nm* malaria.
pamphlet [pɑ̃flɛ] *nm* libello, pamphlet *m*.
pamplemousse [pɑ̃pləmus] *nm* pompelmo.
pan [pɑ̃] *nm* lembo; ~ **de mur** pezzo di muro.
panacée [panase] *nf* panacea.
panachage [panaʃaʒ] *nm (de couleurs)* mescolanza; (*POL*) panachage *m*.
panache [panaʃ] *nm* pennacchio.
panaché, e [panaʃe] *a* screziato(a); **glace** ~**e** gelato misto // *nm miscuglio di birra e gazzosa*.
panade [panad] *nf* panata.
panaris [panaʀi] *nm* patereccio.
pancarte [pɑ̃kaʀt(ə)] *nf* cartello.
pancréas [pɑ̃kʀeɑs] *nm* pancreas *m inv*.
panda [pɑ̃da] *nm* panda *m inv*.
pané, e [pane] *a* impanato(a).
panier [panje] *nm* cesta, cestino; (*SPORT*) canestro; **mettre au** ~ cestinare; ~ **à salade** *(fig: fam)* cellulare *m;* ~ **à provisions** sporta (della spesa).
panique [panik] *nf* panico.
paniquer [panike] *vi* essere preso(a) dal panico.
panne [pan] *nf* guasto, panne *f;* **mettre en** ~ (*NAUT*) mettere in cappa; **en** ~ *(mécanisme, etc)* guasto(a); **tomber en** ~ **d'essence**

ou **sèche** (*AUTO*) restare a secco.
panneau, x [pano] *nm* pannello; *(écriteau)* cartello; (*TECH*: *de contrôle)* pannello, quadro; **donner/tomber dans le** ~ *(fig)* cadere nella rete; ~ **électoral** tabellone *m* elettorale; ~**-réclame** *nm* cartellone *m* pubblicitario.
panonceau, x [panɔ̃so] *nm* insegna.
panoplie [panɔpli] *nf* panoplia; *(fig)* armamentario; *(: d'arguments)* serie *f*; ~ **de pompier/d'infirmière** *(jouet)* completo da pompiere/da infermiera.
panorama [panɔʀama] *nm* panorama *m*; **panoramique** *a* panoramico(a).
panse [pɑ̃s] *nf* (*ZOOL*) rumine *m*; *(d'une cruche)* pancia; *(fam: gros ventre)* pancione *m*; **se remplir la** ~ *(fam)* rimpinzarsi.
pansement [pɑ̃smɑ̃] *nm* medicazione *f*; *(bandage)* fasciatura; *(sparadrap)* cerotto.
panser [pɑ̃se] *vt* medicare; *(cheval)* strigliare.
pantalon [pɑ̃talɔ̃] *nm* pantaloni *mpl*, calzoni *mpl*; ~ **di ski/de golf** pantaloni da sci/alla zuava; ~ **de pyjama** pantaloni del pigiama.
pantelant, e [pɑ̃tlɑ̃, ɑ̃t] *a* ansimante.
panthéisme [pɑ̃teism(ə)] *nm* panteismo.
panthère [pɑ̃tɛʀ] *nf* pantera.
pantin [pɑ̃tɛ̃] *nm* fantoccio, burattino.
pantois [pɑ̃twa] *am*: **rester/demeurer** ~ restare sbalordito(a) *ou* allibito(a).
pantomime [pɑ̃tɔmim] *nf* pantomima.
pantouflard, e [pɑ̃tuflaʀ, aʀd(ə)] *a (fam)* casalingo(a).
pantoufle [pɑ̃tufl(ə)] *nf* pantofola.
paon [pɑ̃] *nm* pavone *m*.
papa [papa] *nm* papà *m inv*.
papauté [papote] *nf* papato.
papaye [papaj] *nf* papaia.
pape [pap] *nm* papa *m*.
paperasses [papʀas] *nfpl*, **paperasserie** [papʀasʀi] *nf* scartoffie *fpl*.
papeterie [papetʀi] *nf* cartiera; *(magasin)* cartoleria; **papetier, ière** *nm/f* cartolaio/a.
papier [papje] *nm* carta; *(feuille)* foglio *ou* pezzo (di carta); *(article)* pezzo, articolo; ~**s** *mpl* carte *fpl*; *(documents)* documenti *mpl*; ~ **peint/brouillon/à lettres/journal** carta da parati/da minuta/da lettere/da giornale.
papille [papij] *nf* papilla.
papillon [papijɔ̃] *nm* farfalla; *(fam: contravention)* multa; *(coupon)* tagliando; (*TECH*: *écrou)* dado ad alette.
papillote [papijɔt] *nf* carta da caramelle; **en** ~**s** (*CULIN*) al cartoccio.
papilloter [papijɔte] *vi* ammiccare.
paprika [papʀika] *nm* paprica.
papyrus [papiʀys] *nm* papiro.
paquebot [pakbo] *nm* transatlantico.
pâquerette [pɑkʀɛt] *nf* margheritina.
Pâques [pɑk] *nfpl* Pasqua // *nm* giorno di Pasqua.
paquet [pakɛ] *nm* pacchetto; *(colis)* pacco; ~**s** *mpl* bagagli *mpl*.
par [paʀ] *prép* da; *(dans, cause, direction)* per; *(pendant)* in; *(moyen)* con; *(fig: épreuves)* attraverso; ~ **terre** per terra; ~ **le haut/le bas** dall'alto/dal basso; ~**-ci/-là** di qui/là; ~ **jour/mois** al giorno/mese; ~ **centaines** a centinaia; ~ **la poste** per posta.
parabole [paʀabɔl] *nf* parabola.
parachever [paʀaʃve] *vt* rifinire.
parachute [paʀaʃyt] *nm* paracadute *m inv*.
parade [paʀad] *nf* parata, sfilata; (*ESCRIME*) parata; *(risposte)* risposta.

paradis [paʀadi] *nm* paradiso.
paradoxe [paʀadɔks(ə)] *nm* paradosso.
parafer [paʀafe] *vt* siglare, parafare.
paraffine [paʀafin] *nf* paraffina.
parages [paʀaʒ] *nmpl* paraggi *mpl*, vicinanze *fpl*.
paragraphe [paʀagʀaf] *nm* paragrafo.
paraître [paʀɛtʀ(ə)] *vi* apparire, mostrarsi; *(publication)* uscire; *(se montrer: en public)* comparire; *(fig: personne: briller)* farsi vedere *ou* notare // *vb avec attribut* sembrare // *vb impersonnel* sembrare, parere; ~ **en justice** comparire davanti al tribunale; **faire ~ un livre** pubblicare un libro.
parallèle [paʀalɛl] *a* parallelo(a) // *nm* parallelo // *nf* parallela.
parallélogramme [paʀalelɔgʀam] *nm* parallelogramma *m*.
paralyser [paʀalize] *vt* paralizzare.
paralysie [paʀalizi] *nf* paralisi *f inv*.
paramédical, e, aux [paʀamedikal, o] *a* paramedico(a).
paranoïaque [paʀanɔjak] *a, nm/f* paranoico(a).
parapet [paʀapɛ] *nm* parapetto.
parapher [paʀafe] *vt* = **parafer**.
paraphraser [paʀafʀɑze] *vt* parafrasare.
parapluie [paʀaplɥi] *nm* ombrello.
parasite [paʀazit] *nm* parassita *m*; (*RADIO, TV*) rumore *m* parassita // *a* parassita.
parasol [paʀasɔl] *nm* ombrellone *m*.
paratonnerre [paʀatɔnɛʀ] *nm* parafulmine *m*.
paravent [paʀavɑ̃] *nm* paravento.
parc [paʀk] *nm* parco; *(enclos: pour le bétail)* recinto; ~ **de stationnement** parcheggio; ~ **à huîtres** vivaio di ostriche.
parcelle [paʀsɛl] *nf* briciola, frammento; *(de terrain)* appezzamento; *(fig)* briciolo.
parce que [paʀsk(ə)] *conj* perché.
parchemin [paʀʃəmɛ̃] *nm* pergamena.
parcimonie [paʀsimɔni] *nf* parsimonia.
parcmètre [paʀkmɛtʀ(ə)] *nm* parchimetro.
parcourir [paʀkuʀiʀ] *vt* percorrere; *(journal, article, livre)* dare una scorsa a; ~ **qch des yeux/du regard** esaminare qc con gli occhi/con lo sguardo; **parcours** *nm* percorso.
par-delà [paʀdəla] *prép* al di là di.
par-dessous [paʀd(ə)su] *prép, ad* sotto.
par-dessus [paʀd(ə)sy] *prép* sopra // *ad* (al di) sopra.
pardessus [paʀd(ə)sy] *nm* soprabito, cappotto.
par-devant [paʀd(ə)vɑ̃] *prép* davanti a // *ad* sul davanti.
pardon [paʀdɔ̃] *nm* scusa, perdono // *excl* scusi!; scusa!; ~**?** *(politesse)* come?, scusa?, prego?; **demander ~ à qn d'avoir fait qch** chiedere perdono a qd per aver fatto qc; **je vous demande ~** *(politesse)* mi scusi.
pardonner [paʀdɔne] *vt, vi* perdonare; **ça ne pardonne pas** è fatale.
pare-balles [paʀbal] *a inv* antiproiettile *inv*.
pare-boue [paʀbu] *nm* parafango.
pare-brise [paʀbʀiz] *nm inv* parabrezza *m inv*.
pare-chocs [paʀʃɔk] *nm inv* paraurti *m inv*.
pareil, le [paʀɛj] *a* simile; *(identique)* uguale, identico(a); *(même)* stesso(a) // *ad*: **habillés ~** vestiti uguale *ou* allo stesso modo // *nmpl (personnes)* simili; **sans ~** senza pari, unico(a) *a*; **en ~ cas** in un caso del genere *(loc inv) ou* simile; **pareillement** *ad* allo stesso modo,

ugualmente; *(aussi)* anche, pure; *(souhait)* altrettanto.
parement [paʀmɑ̃] *nm* paramento; *(revers d'un col, d'une manche)* risvolto.
parent, e [paʀɑ̃, ɑ̃t] *nm/f* parente *m/f* // *a:* ~ **de** *(fig)* affine a; ~**s** *mpl (père et mère)* genitori *mpl;* **parenté** *nf* parentela.
parenthèse [paʀɑ̃tɛz] *nf* parentesi *f inv.*
parer [paʀe] *vt* ornare; *(personne)* agghindare; (CULIN) preparare; *(coup, manœuvre)* parare // *vi:* ~ **à** far fronte a; **parés à virer!** (NAUT) pronti alla virata; ~ **qch/qn de** ornare qc di/agghindare qd con.
pare-soleil [paʀsɔlɛj] *nm* aletta *f* parasole.
paresse [paʀɛs] *nf* pigrizia; **paresser** *vi* oziare, poltrire; **paresseux, euse** *a* pigro(a) // *nm/f* pigro/a, indolente *m/f* // *nm* (ZOOL) bradipo.
parfaire [paʀfɛʀ] *vt* rifinire; *(perfectionner)* perfezionare; **parfait, e** *a* perfetto(a) // *nm* (LING: *latin, grec)* perfetto; *(crème glacée)* semifreddo // *excl* perfetto!; **parfaitement** *ad* perfettamente; *(absolument)* assolutamente // *excl* certo!
parfois [paʀfwa] *ad* a volte, talvolta.
parfum [paʀfœ̃] *nm* profumo; *(d'une glace, etc)* gusto; **parfumé, e** *a* profumato(a); **glace parfumée au café** gelato al (gusto di) caffè; **parfumer** *vt* profumare; *(crème, gâteau)* aromatizzare; **se parfumer** *vr* profumarsi; **parfumerie** *nf* profumeria.
pari [paʀi] *nm* scommessa.
paria [paʀja] *nm* paria *m inv.*
parier [paʀje] *vt* scommettere; **parieur** *nm* scommettitore.
Paris [paʀi] *nm* Parigi *m;* **parisien, ne** *a, nm/f* parigino(a).
paritaire [paʀitɛʀ] *a:* **commission** ~ commissione paritetica.
parité [paʀite] *nf* parità *f inv.*
parjure [paʀʒyʀ] *nm* spergiuro.
parking [paʀkiŋ] *nm* parcheggio.
parlant, e [paʀlɑ̃, ɑ̃t] *a* parlante; *(fig: comparaison, preuve)* eloquente; **cinéma/film** ~ cinema/film sonoro; **humainement/généralement** ~ umanamente/generalmente parlando.
parlé, e [paʀle] *a:* **langue** ~**e** lingua parlata; **journal** ~ (RADIO) giornale radio.
parlement [paʀləmɑ̃] *nm* parlamento; **parlementaire** *a, nm/f* parlamentare *(m/f).*
parlementer [paʀləmɑ̃te] *vt* parlamentare.
parler [paʀle] *nm* parlata // *vi, vt* parlare; ~ **par gestes** parlare a gesti; ~ **pour qn** *(intercéder)* parlare in favore di qd; ~ **le français** sapere il francese; ~ **(en) français** parlare (in) francese; ~ **affaires/politique** parlare di affari/di politica; ~ **en dormant** parlare nel sonno; ~ **du nez** *(fig)* parlare col naso; ~ **en l'air** far discorsi campati in aria; **parleur** *nm:* **beau parleur** *(péj)* parolaio; **parloir** *nm* parlatorio.
parmesan [paʀməzɑ̃] *nm* parmigiano.
parmi [paʀmi] *prép* tra, fra.
parodier [paʀɔdje] *vt* parodiare.
paroi [paʀwa] *nf* parete *f.*
paroisse [paʀwas] *nf* parrocchia; **paroissial, e, aux** *a* parrocchiale.
parole [paʀɔl] *nf* parola; **la bonne** ~ (REL) la buona novella; **n'avoir qu'une** ~ essere di parola; **sur** ~ sulla parola.
paroxysme [paʀɔksism(ə)] *nm* parossismo.
parquer [paʀke] *vt* rinchiudere (in un recinto); (MIL: *soldats)* acquartierare; *(: vivres, artillerie)* immagazzinare; *(fig: foule)* ammassare.
parquet [paʀkɛ] *nm* parquet *m;*

(*JUR*): **le P~** la procura della Repubblica.

parrain [parɛ̃] *nm* padrino; *(d'un nouvel adhérent)* socio presentatore; **parrainer** *vt* patrocinare; *(personne)* presentare (un nuovo socio).

parricide [paʀisid] *nm* parricidio // *nm/f (personne)* parricida *m/f*.

parsemer [paʀsəme] *vt* cospargere.

part [paʀ] *nf* parte *f; (de gâteau)* porzione *f;* (*FIN*) quota (di partecipazione); **faire ~ de qch à qn** mettere qd al corrente di qc; **pour ma ~** per quanto mi riguarda; **à ~ entière** di pieno diritto; **de la ~ de qn** da parte di qd; **de toute(s) ~(s)** da tutte le parti, da ogni parte; **de ~ et d'autre** da ambo le parti; **quelque ~** da qualche parte; **d'une ~... d'autre ~** da una parte... dall'altra; **autre ~** in un altro posto; **toute plaisanterie mise à ~** a parte gli scherzi; **à ~ cela/toi** a parte questo/te; **mettre à ~** mettere da parte; **prendre à ~** prendere in disparte; **à ~** *a* a parte, a se stante; **pour une large/bonne ~** in larga *ou* buona parte; **faire la ~ des choses** tener conto dei fatti.

partage [paʀtaʒ] *nm* spartizione *f*, divisione *f;* (*POL: de suffrages)* parità *f inv;* **sans ~** assoluto(a) *a;* **partager** *vt* dividere; *(morceler)* suddividere; *(fig: participer à)* condividere; **se partager** *vr* dividersi; *(se répartir)* spartirsi, dividersi; **être partagés (sur)** *(suj: avis, personnes)* essere discordi (su); **être partagé entre** essere combattuto tra.

partant [paʀtɑ̃] *nm* partente *m*.

partenaire [paʀtənɛʀ] *nm/f* partner *m/f inv;* (*COMM*) socio/a; (*SPORT*) compagno/a di squadra; *(fig)* interlocutore/trice.

parterre [paʀtɛʀ] *nm* aiuola; (*THEATRE*) platea.

parti [paʀti] *nm* partito; **tirer ~ de** trarre profitto da; **prendre le ~ de faire qch** prendere la decisione di fare qc; **prendre ~ (pour/contre qn)** schierarsi (a favore di/contro qd); **prendre son ~** decidersi; **prendre son ~ de qch** rassegnarsi a qc.

partial, e, aux [paʀsjal, o] *a* parziale.

participant, e [paʀtisipɑ̃, ɑ̃t] *nm/f* partecipante *m/f*.

participation [paʀtisipasjɔ̃] *nf* partecipazione *f*.

participe [paʀtisip] *nm* participio.

participer [paʀtisipe] *vi* partecipare.

particularité [paʀtikylaʀite] *nf* particolarità *f inv*.

particule [paʀtikyl] *nf* particella.

particulier, ière [paʀtikylje, jɛʀ] *a* particolare; *(personnel)* personale; *(privé: entretien, audience)* privato(a) // *nm* particolare *m;* **un ~** *(citoyen)* un privato; **~ à** proprio di; **en ~** *ad* in particolare; *(en privé)* in privato.

partie [paʀti] *nf* parte *f; (profession)* campo, mestiere *m;* (*SPORT, cartes, loisirs)* partita; **~ de campagne** scampagnata; **comptabilité en ~ double** (*COMM*) contabilità a partita doppia; **prendre qn à ~** prendersela con qd; **en grande/majeure ~** in gran/per la maggior parte; **ce n'est que ~ remise** la faccenda è solo rinviata.

partiel, le [paʀsjɛl] *a* parziale.

partir [paʀtiʀ] *vi* partire; *(tache, maladie)* sparire; *(d'un endroit)* partire, andar via; **~ de** partire da; **~ faire qch** andare a fare qc; **à ~ de** (a partire) da.

partisan, e [paʀtizɑ̃, an] *nm/f* sostenitore/trice; *(pendant la guerre)* partigiano/a // *a (péj)* di parte *loc inv;* **être ~ de qch/faire qch** essere favorevole a qc/a fare qc.

partitif, ive [paʀtitif, iv] *a* partitivo(a).

partition [paʀtisjɔ̃] *nf* spartito.

partout [paʀtu] *ad* dappertutto, dovunque; **de ~** dappertutto; *(provenance)* da tutte le parti; **~ où** ovunque; **trente/quarante ~** (*TENNIS*) trenta/quaranta pari.

paru, e [paʀy] *pp de* **paraître.**

parure [paʀyʀ] *nf* parure *f; (de table)* servizio; *(de vêtements)* toilette *f.*

parution [paʀysjɔ̃] *nf* uscita, pubblicazione *f.*

parvenir [paʀvəniʀ]: **~ à** *vi* giungere a, arrivare a; *(atteindre)* raggiungere; **~ à faire qch** riuscire a fare qc; **faire ~ qch à qn** far pervenire qc a qd.

parvis [paʀvi] *nm* sagrato.

pas [pɑ] *ad:* **ne...~** non; **ils n'ont ~ de voiture/d'enfants** non hanno la macchina/bambini; **il m'a dit de ne ~ le faire** mi ha detto di non farlo; **je n'en sais ~ plus** non so niente di più; *(renforçant opposition):* **elle travaille, (mais) lui ~** lei lavora, (ma) lui no; **ils sont 4 et non (~) 3** sono 4 e non 3; *(dans réponses négatives):* **~ de sucre, merci!** niente zucchero, grazie!; **~ du tout** niente affatto, per niente; **~ encore** non ancora; **~ plus tard qu'hier** non più tardi di ieri; **ceci est à vous ou ~?** è vostro o no?.

pas [pɑ] *nm* passo; **~ à ~** passo passo: **au ~** a passo d'uomo; *(cheval)* al passo; **au ~ de course** di corsa; **à ~ de loup** a passi felpati; **faire les cent ~** camminare *ou* andare su e giù; **sortir d'un mauvais ~** tirarsi fuori da una brutta situazione; **~ de la porte** soglia (della porta); **~ de porte** (*COMM*) buonuscita; **faux ~** passo falso.

passable [pɑsabl(ə)] *a* passabile; (*SCOL*) sufficiente.

passage [pɑsaʒ] *nm* passaggio; *(d'un livre)* passo, brano; **~ interdit** divieto di transito; **~ protégé** incrocio con diritto di precedenza; **~ souterrain** sottopassaggio.

passager, ère [pɑsaʒe, ɛʀ] *a, nm/f* passeggero(a).

passant, e [pɑsɑ̃, ɑ̃t] *nm/f* passante *m/f* // *nm (de ceinture)* passante *m;* **en ~** *ad* di sfuggita, en passant.

passe [pɑs] *nf* passaggio; (*TECH*) passata // *nm (abr de* **passe-partout)** passe-partout *m;* **être dans une bonne/mauvaise ~** *(fig)* essere in una buona/brutta situazione.

passé, e [pɑse] *a* passato(a); *(couleur, tapisserie)* sbiadito(a) // *nm* passato // *prép* dopo, oltre.

passementerie [pɑsmɑ̃tʀi] *nf* passamaneria.

passe-montagne [pɑsmɔ̃taɲ] *nm* passamontagna *m inv.*

passe-partout [pɑspaʀtu] *nm inv* passe-partout *m,* chiave *f* universale // *a inv:* **tenue ~** abbigliamento adatto per tutte le occasioni.

passe-passe [pɑspɑs] *nm inv:* **tour de ~** gioco di prestigio.

passeport [pɑspɔʀ] *nm* passaporto.

passer [pɑse] *vi* passare; *(réussir un examen)* essere promosso(a); *(suj: film, émission, etc)* esserci; *(couleur)* sbiadire; *(fleur)* appassire; **~ par** passare per *ou* da; *(fig: intermédiaire, expérience)* passare attraverso; **~ sur** *(fig: laisser tomber)* sorvolare su; **~ dans les mœurs/l'usage** entrare nell'uso; **~ avant qch/qn** *(être plus important que)* venire prima di qc/qd; **il passe pour avoir fait** si dice che abbia fatto; **~ à l'étranger** varcare la frontiera; **ne faire que ~** fermarsi solo un attimo; **passe pour cette fois!** per questa volta passi!; **passons!** non facciamoci caso! // *vt* passare; *(examen)* dare; *(visite médicale,* *radiographie, commande)* fare; *(permettre: faute, caprice)* lasciar passare; *(maladie)* attaccare; (*AUTO*: *vitesse)* ingranare; *(enfiler: vêtement)* infilarsi; *(film, pièce, etc)* dare; *(fam: prêter)* prestare; *(: montrer: diapositives)* far vedere; **se** ~ *vr* passarsi; *(avoir lieu)* svolgersi; *(arriver)* succedere; **ça ne se passera pas comme ça!** *(fam)* non finisce mica qui!; **ça c'est bien passé** è andata bene; ~ **qch en fraude** far passare qc di contrabbando; ~ **la tête par la fenêtre** *(vers l'extérieur)* sporgere la testa dalla finestra; *(vers l'intérieur)* infilare la testa nella finestra; ~ **un marché/accord** stipulare *ou* concludere un contratto/un accordo; **se** ~ **les mains sous l'eau** sciacquarsi le mani; **se** ~ **de qch** fare a meno di qc.

passerelle [pɑsʀɛl] *nf* passerella; (*NAUT*: *pont)* plancia.

passe-temps [pɑstɑ̃] *nm inv* passatempo.

passeur [pɑsœʀ] *nm* traghettatore *m; (fig) chi fa passare di nascosto la frontiera a qd.*

passible [pasibl(ə)] *a* passibile.

passif, ive [pasif, iv] *a* passivo(a) // *nm* passivo.

passion [pɑsjɔ̃] *nf* passione *f*; **passionnant, e** *a* appassionante; **passionnel, le** *a* passionale; **passionné, e** *a* appassionato(a); *(tempérament)* passionale; **passionner** *vt* appassionare; **se** ~ *vr*: **se** ~ **pour qch** appassionarsi a *ou* per qc.

passoire [pɑswaʀ] *nf* colino; *(pâtes, riz)* scolapasta *m inv*.

pastèque [pastɛk] *nf* cocomero, anguria.

pasteur [pastœʀ] *nm* pastore *m*.

pasteuriser [pastœʀize] *vt* pastorizzare.

pastiche [pastiʃ] *nm* pastiche *m*.

pastille [pastij] *nf* pastiglia, pasticca; *(motif)* pallino.

pastis [pastis] *nm aperitivo a base di anice.*

patate [patat] *nf (aussi fam)* patata; *(fig: fam)* tonto/a, stupido/a.

patauger [patoʒe] *vi* sguazzare; *(fig: dans un raisonnement, exposé)* ingarbugliarsi.

pâte [pɑt] *nf* pasta; (*ART*) impasto; ~**s** *fpl* pasta *sg*; ~ **à choux/brisée** pasta da bigné/frolla; ~ **de fruits** gelatina; ~ **à modeler** plastilina ®; ~ **à papier** pasta da carta.

pâté [pɑte] *nm* pâté *m*, pasticcio; *(tache d'encre)* macchia (d'inchiostro); ~ **en croûte** timballo; ~ **(de sable)** formina (di sabbia); ~ **de maisons** isolato.

pâtée [pɑte] *nf* pastone *m*.

patelin [patlɛ̃] *nm (fam)* paesino.

patente [patɑ̃t] *nf* tassa di esercizio.

patère [patɛʀ] *nf* attaccapanni *m inv* a muro; (*ARCHEOL*) patera.

paternel, le [patɛʀnɛl] *a* paterno(a); **puissance** ~**le** (*JUR*) patria potestà *f inv*.

paternité [patɛʀnite] *nf* paternità *f inv*.

pâteux, euse [pɑtø, øz] *a* pastoso(a); *(encre)* denso(a); **avoir la bouche** ~**euse** avere la bocca impastata.

pathétique [patetik] *a* patetico(a).

pathologie [patɔlɔʒi] *nf* patologia.

patibulaire [patibylɛʀ] *a* patibolare.

patiemment [pasjamɑ̃] *ad* pazientemente.

patience [pasjɑ̃s] *nf* pazienza; (*CARTES*) solitario; **perdre** ~ perdere la pazienza.

patient, e [pasjɑ̃, ɑ̃t] *a, nm/f* paziente *(m/f)*.

patienter [pasjɑ̃te] *vi* pazientare.

patin [patɛ̃] *nm* pattino; ~**s (à glace)/à roulettes** pattini *mpl* (da ghiaccio)/a rotelle; **faire du** ~ pattinare.

patinage [patinaʒ] *nm* pattinaggio;

(*TECH*) patinatura.
patine [patin] *nf* patina.
patiner [patine] *vi* pattinare; *(embrayage, roue, voiture)* slittare; **se** ~ *vr* coprirsi di una patina; **patineur, euse** *nm/f* pattinatore/trice; **patinoire** *nf* pista di pattinaggio.
pâtisserie [pɑtisʀi] *nf* pasticceria; ~**s** *fpl (gâteaux)* dolci *mpl;* **pâtissier, ière** *a, nm/f* pasticciere(a).
patois [patwa] *nm* dialetto.
patriarche [patʀijaʀʃ(ə)] *nm* patriarca *m.*
patrie [patʀi] *nf* patria.
patrimoine [patʀimwan] *nm* patrimonio.
patriote [patʀijɔt] *nm/f* patriota *m/f;* **patriotique** *a* patriottico(a).
patron, ne [patʀɔ̃, ɔn] *nm/f* patrono/a; *(propriétaire: d'un café, hôtel, etc)* padrone/a; *(employeur)* principale *m,* capo *m;* (*MED*) primario *m* // *nm* (carta)modello; ~**s et ouvriers** *(fam)* padroni e operai; **patronal, e, aux** *a* padronale.
patronage [patʀɔnaʒ] *nm* patrocinio.
patronat [patʀɔna] *nm* padronato, imprenditori *mpl.*
patronner [patʀɔne] *vt* patrocinare; *(soutenir)* appoggiare.
patrouille [patʀuj] *nf* pattuglia; **patrouiller** *vi* pattugliare.
patte [pat] *nf* patta; (*ZOOL: aussi fig: fam)* zampa.
pattemouille [patmuj] *nf* panno umido (per stirare).
pâturage [pɑtyʀaʒ] *nm* pascolo.
paume [pom] *nf* palmo.
paumer [pome] *vt (fam)* perdere.
paupière [popjɛʀ] *nf* palpebra.
paupiette [popjɛt] *nf:* ~**s de veau** involtini *mpl* di vitello.
pause [poz] *nf* pausa.
pauvre [povʀ(ə)] *a,nm/f* povero(a); **pauvreté** *nf* povertà *f inv.*
pavaner [pavane]: **se** ~ *vr* pavoneggiarsi.
pavé, e [pave] *a* lastricato(a) // *nm* lastrone *m;* cubetto; *(pavement: de rue)* selciato; *(: d'église)* pavimentazione *f; (fam: livre)* mattone *m.*
pavillon [pavijɔ̃] *nm* padiglione *m; (habitation)* villetta, villino; (*NAUT: drapeau)* bandiera.
pavoiser [pavwaze] *vt* imbandierare.
pavot [pavo] *nm* papavero.
payable [pɛjabl(ə)] *a* pagabile.
payant, e [pɛjɑ̃, ɑ̃t] *a* pagante; *(billet, place, spectacle)* a pagamento *loc inv; (fig)* redditizio(a).
paye [pɛj] *nf* paga.
payement [pɛjmɑ̃] *nm* pagamento.
payer [peje] *vt* pagare // *vi* rendere; ~ **de sa personne** pagare di persona; **ça ne paie pas de mine** *(fam)* non ha l'aria molto allettante; **se** ~ **la tête de qn** *(fam)* prendersi gioco di qd.
pays [pei] *nm* paese *m.*
paysage [peizaʒ] *nm* paesaggio.
paysan, ne [peizɑ̃, an] *nm/f* contadino/a; *(péj)* zotico/a // *a* contadino(a).
Pays-Bas [peiba] *nmpl:* **les** ~ i Paesi Bassi.
P.C.V. *sigle m voir* **communication.**
P.D.G. *sigle m voir* **président.**
peau, x [po] *nf* pelle *f;* (*BOT*) buccia; *(autour des ongles)* pellicina.
peccadille [pekadij] *nf* mancanza, peccatuccio.
pêche [pɛʃ] *nf* pesca; *(fam: coup)* cazzotto // *a (couleur)* pesca; **bateau de** ~ peschereccio.
pécher [peʃe] *vi* peccare.
pêcher [peʃe] *nm* pesco // *vt* pescare; ~ **à la ligne/au filet** pescare con la lenza/con la rete.
pécheur, eresse [peʃœʀ, peʃʀɛs] *nm/f* peccatore/trice.
pêcheur, euse [pɛʃœʀ, øz] *nm/f* pescatore/trice.
pectoraux [pɛktɔʀo] *nmpl* petto-

rali *mpl.*
pécule [pekyl] *nm* gruzzolo.
pécuniaire [pekynjɛʀ] *a* finanziario(a); *(peine)* pecuniario(a).
pédagogie [pedagɔʒi] *nf* pedagogia; **pédagogue** *nm/f* pedagogo/a.
pédale [pedal] *nf* pedale *m;* **pédaler** *vi* pedalare.
pédalo [pedalo] *nm* moscone *m.*
pédant, e [pedɑ̃, ɑ̃t] *a, nm/f* pedante *(m/f).*
pédéraste [pedeʀast(ə)] *nm* pederasta *m.*
pédestre [pedɛstʀ(ə)] *a:* **randonnée ~** escursione *f* a piedi.
pédiatre [pedjatʀ(ə)] *nm/f* pediatra *m/f.*
pédicure [pedikyʀ] *nm/f* pedicure *m/f inv.*
pedigree [pedigʀi] *nm* pedigree *m.*
pègre [pɛgʀ(ə)] *nf* teppa, malavita.
peigne [pɛɲ] *nm* pettine *m.*
peigner [peɲe] *vt* pettinare; **se ~** *vr* pettinarsi.
peignoir [pɛɲwaʀ] *nm* accappatoio; *(déshabillé)* vestaglia.
peinard, e [pɛnaʀ, aʀd(ə)] *a* tranquillo(a).
peindre [pɛ̃dʀ(ə)] *vt* dipingere; *(mur, maison)* imbiancare; *(objet)* pitturare, verniciare.
peine [pɛn] *nf* pena; *(chagrin)* dolore *m,* dispiacere *m; (effort)* fatica; **faire de la ~ à qn** rattristare qd, dispiacere a qd; **se donner** *ou* **prendre la ~ de faire** prendersi la briga di fare; **se donner beaucoup de ~** *(fig)* darsi un gran da fare; **avoir de la ~ à faire qch** fare fatica a fare qc; **donnez-vous** *ou* **veuillez vous donner la ~ d'entrer** si accomodi, prego; **à ~** *ad* appena; **à ~ était-elle sortie, que...** era appena uscita che...; **sous ~ d'amende/de mort** pena una contravvenzione/la vita; **peiner** *vi* far fatica // *vt* addolorare, affliggere.
peintre [pɛ̃tʀ(ə)] *nm* pittore/trice.
peinture [pɛ̃tyʀ] *nf* verniciatura; *(de bâtiment)* imbiancatura; *(tableau)* quadro; *(œuvre)* dipinto; (ART) pittura; *(couleur)* vernice *f.*
péjoratif, ive [peʒɔʀatif, iv] *a* peggiorativo(a).
pelage [pəlaʒ] *nm* pelame *m.*
pêle-mêle [pɛlmɛl] *ad* alla rinfusa.
peler [pəle] *vt* sbucciare, pelare // *vi* spellarsi.
pèlerin [pɛlʀɛ̃] *nm* pellegrino; **pèlerinage** *nm* pellegrinaggio.
pélican [pelikɑ̃] *nm* pellicano.
pelle [pɛl] *nf* pala; **~ à tarte** *ou* **à gâteau** paletta per dolci.
pellicule [pelikyl] *nf* pellicola; **~s** *fpl* (MED) forfora *sg.*
pelote [p(ə)lɔt] *nf* gomitolo; *(d'épingles, d'aiguilles)* portaspilli *m inv;* **~ (basque)** (SPORT) pelota (basca).
peloton [p(ə)lɔtɔ̃] *nm* plotone *m;* (SPORT) gruppo.
pelotonner [p(ə)lɔtɔne]: **se ~** *vr* raggomitolarsi.
pelouse [p(ə)luz] *nf* prato, tappeto erboso.
peluche [p(ə)lyʃ] *nf:* **animal en ~** animale di peluche *f.*
pelure [p(ə)lyʀ] *nf* buccia; *(papier)* velina.
pénal, e, aux [penal, o] *a* penale.
pénaliser [penalize] *vt* penalizzare.
pénalité [penalite] *nf* penale *f;* (SPORT) penalizzazione *f,* penalità *f inv.*
penalty, ies [penalti, z] *nm* (SPORT) (calcio di) rigore *m.*
penaud, e [pəno, od] *a* mortificato(a), mogio(a).
penchant [pɑ̃ʃɑ̃] *nm* inclinazione *f,* debole *m.*
pencher [pɑ̃ʃe] *vi* pendere // *vt* inclinare; *(tête: en avant)* chinare; **se ~** *vr* chinarsi; *(: hors de qch)* sporgersi; **se ~ sur** *(fig: problème, question)* rivolgere la propria attenzione a; **~ à croire que** propendere a credere che; **~ pour** propendere

per.
pendaison [pɑ̃dɛzɔ̃] *nf* impiccagione *f*.
pendant [pɑ̃dɑ̃] *prép* per; *(au cours de)* durante; ~ **toute la journée** per tutta la giornata; ~ **les heures de travail** durante le ore di lavoro; ~ **que** mentre; *(puisque)* già che.
pendant, e [pɑ̃dɑ̃, ɑ̃t] *a* pendente; *(jambes, bras)* penzoloni *loc inv* // *nm:* **faire** ~ **à** fare (da) pendant *m* a; ~**s (d'oreilles)** orecchini *mpl*, pendenti *mpl*.
pendeloque [pɑ̃dlɔk] *nf* pendente *m*, goccia.
pendentif [pɑ̃dɑ̃tif] *nm* ciondolo;*(: de boucle d'oreille)* pendente *m*.
penderie [pɑ̃dʀi] *nf* armadio.
pendre [pɑ̃dʀ(ə)] *vt* appendere; *(personne)* impiccare // *vi* pendere; **se** ~ *vr* impiccarsi; **se** ~ **à qch** appendersi *ou* aggrapparsi a qc.
pendule [pɑ̃dyl] *nf* orologio (a pendolo), pendola // *nm* pendolo; *(de sourcier)* pendolino; **pendulette** *nf* sveglietta (da viaggio).
pénétrer [penetʀe] *vi* penetrare // *vt* penetrare in; *(mystère, secret)* penetrare; **se** ~ *vr:* **se** ~ **de qch** *(fig)* impregnarsi di qc.
pénible [penibl(ə)] *a* faticoso(a); *(douloureux, triste)* penoso(a), doloroso(a); *(fig: personne, caractère)* pesante.
péniche [peniʃ] *nf* chiatta.
pénicilline [penisilin] *nf* penicillina.
péninsule [penɛ̃syl] *nf* penisola.
pénis [penis] *nm* pene *m*.
pénitence [penitɑ̃s] *nf* penitenza.
pénitencier [penitɑ̃sje] *nm* penitenziario.
pénombre [penɔ̃bʀ(ə)] *nf* penombra.
pense-bête [pɑ̃sbɛt] *nm* promemoria *m inv*.
pensée [pɑ̃se] *nf* pensiero; *(idée)* idea; *(esprit)* mente *f*; *(BOT)* viola del pensiero; **par la** *ou* **en** ~ mentalmente, col pensiero.
penser [pɑ̃se] *vi* pensare // *vt* pensare; *(concevoir: problème, machine)* concepire; ~ **à** pensare a; *(se souvenir de)* ricordarsi di; ~ **faire qch** pensare di fare qc; ~ **du bien/du mal de qn/qch** pensare bene/male di qd/qc.
penseur [pɑ̃sœʀ] *nm* pensatore *m;*
pensif, ive *a* pensoso(a), pensieroso(a).
pension [pɑ̃sjɔ̃] *nf* pensione *f;* *(SCOL)* collegio; **prendre** ~ **chez qn/dans un hôtel** stare a pensione da qd/in un albergo; **pensionnaire** *nm/f* pensionante *m/f;* **pensionnat** *nm* collegio, convitto.
pentagone [pɛ̃tagɔn] *nm* pentagono.
pentathlon [pɛ̃tatlɔ̃] *nm* pentat(h)lon *m inv*.
pente [pɑ̃t] *nf* pendenza; *(d'une montagne, etc)* pendio; *(fig)* china; **en** ~ in pendenza.
Pentecôte [pɑ̃tkot] *nf* Pentecoste *f*.
pénurie [penyʀi] *nf* penuria, scarsezza.
pépier [pepje] *vi* pigolare.
pépin [pepɛ̃] *nm* seme *m*, semino; *(fam: ennui)* grana, guaio.
pépinière [pepinjɛʀ] *nf* vivaio.
pépite [pepit] *nf* pepita.
perçant, e [pɛʀsɑ̃, ɑ̃t] *a* acuto(a); *(yeux)* vivace.
percée [pɛʀse] *nf* varco; *(SPORT)* sfondamento; *(réussite)* progresso.
perce-neige [pɛʀsənɛʒ] *nm inv* bucaneve *m inv*.
percepteur [pɛʀsɛptœʀ] *nm* esattore *m*.
perceptible [pɛʀsɛptibl(ə)] *a* percettibile.
perception [pɛʀsɛpsjɔ̃] *nf* percezione *f;* *(COMM, FIN)* riscossione *f;* *(bureau)* esattoria.
percer [pɛʀse] *vt* forare, bucare; *(oreilles, narines)* bucare; *(rocher, montagne)* traforare; *(fenêtre, avenue)* aprire; *(suj: lumière, soleil)*

squarciare; *(mystère, énigme)* svelare; *(barrage)* sfondare; *(abcès)* far scoppiare; *(suj: bruit: oreilles)* perforare // *vi (aube, dent)* spuntare; *(réussir: artiste)* sfondare; ~ **une dent** *(suj: bébé)* mettere un dente; **perceuse** *nf* trapano.

percevoir [pɛʀsəvwaʀ] *vt* percepire.

perche [pɛʀʃ(ə)] *nf* pertica; (*ZOOL*) pesce *m* persico; (*CINE, RADIO*) giraffa; (*SPORT*) asta.

percher [pɛʀʃe] *vt:* ~ **qch sur** *(fam)* mettere qc in cima a // *vi*, **se** ~ *vr* appollaiarsi; **perchoir** *nm* trespolo.

percolateur [pɛʀkɔlatœʀ] *nm* macchina per il caffè.

percussion [pɛʀkysjɔ̃] *nf* percussione *f*.

percuter [pɛʀkyte] *vt* colpire; (*AUTO*) urtare; (*MED*) esplorare mediante percussione // *vi:* ~ **contre** cozzare contro; *(exploser)* esplodere contro.

perdant, e [pɛʀdɑ̃, ɑ̃t] *a, nm/f* perdente *(m/f)*.

perdition [pɛʀdisjɔ̃] *nf* perdizione *f*; **navire en** ~ nave in pericolo.

perdre [pɛʀdʀ(ə)] *vt* perdere; *(personne)* rovinare // *vi* perdere; **se** ~ *vr* perdersi; *(disparaître: paroles, métier)* scomparire.

perdreau, x [pɛʀdʀo] *nm* perniciotto.

perdrix [pɛʀdʀi] *nf* pernice *f*.

perdu, e [pɛʀdy] *pp de* **perdre** // *a* perso(a), perduto(a); *(isolé: pays, coin)* sperduto(a); *(égaré)* smarrito(a); *(emballage, verre)* a perdere *loc inv; (malade, blessé)* spacciato(a).

père [pɛʀ] *nm* padre *m;* **de** ~ **en fils** di padre in figlio; **le** ~ **Noël** Babbo Natale.

péremptoire [peʀɑ̃ptwaʀ] *a* perentorio(a).

perfection [pɛʀfɛksjɔ̃] *nf* perfezione *f*.

perfectionner [pɛʀfɛksjɔne] *vt* perfezionare.

perfide [pɛʀfid] *a* perfido(a).

perforateur, trice [pɛʀfɔʀatœʀ, tʀis] *a, nm/f* perforatore(trice).

perforation [pɛʀfɔʀɑsjɔ̃] *nf* perforazione *f*.

perforatrice [pɛʀfɔʀatʀis] *nf voir* **perforateur.**

perforer [pɛʀfɔʀe] *vt* perforare; *(ticket)* forare.

performance [pɛʀfɔʀmɑ̃s] *nf* prestazione *f*, performance *f; (fig: exploit)* prodezza.

perfusion [pɛʀfyzjɔ̃] *nf* trasfusione *f*.

péricliter [peʀiklite] *vi* andare a rotoli.

péril [peʀil] *nm* pericolo, rischio; **à ses risques et** ~**s** a suo rischio e pericolo; **périlleux, euse** *a* pericoloso(a), rischioso(a); **saut périlleux** salto mortale.

périmé, e [peʀime] *a* superato(a); (*ADMIN: passeport, billet)* scaduto(a).

périmètre [peʀimɛtʀ(ə)] *nm* perimetro.

période [peʀjɔd] *nf* periodo; **périodique** *a* periodico(a) // *nm* periodico; **serviette périodique** assorbente *m* igienico.

péripétie [peʀipesi] *nf* peripezia.

périphérie [peʀifeʀi] *nf* periferia; **périphérique** *a* periferico(a); **boulevard périphérique** ≈ circonvallazione *f*.

périphrase [peʀifʀɑz] *nf* perifrasi *f inv*.

périple [peʀipl(ə)] *nm* giro, periplo.

périr [peʀiʀ] *vi* perire.

périscope [peʀiskɔp] *nm* periscopio.

périssable [peʀisabl(ə)] *a* deperibile.

péristyle [peʀistil] *nm* peristilio.

péritonite [peʀitɔnit] *nf* peritonite *f*.

perle [pɛʀl(ə)] *nf* perla; *(de plastique, verre, métal)* perlina; *(de rosée, sang, sueur)* goccia.
perler [pɛʀle] *vi*: ~ **sur le front** imperlare la fronte.
permanence [pɛʀmanɑ̃s] *nf* permanenza; *(dans un bureau)* servizio permanente, turno; **assurer une** ~ essere di turno *ou* di servizio.
permanent, e [pɛʀmanɑ̃, ɑ̃t] *a* permanente; *(continu)* continuo(a) // *nf* permanente *f*.
perméable [pɛʀmeabl(ə)] *a* permeabile.
permettre [pɛʀmɛtʀ(ə)] *vt* permettere, consentire; **se** ~ *vr* concedersi; **se** ~ **de faire qch** permettersi di fare qc; **permis** *nm* licenza, permesso; ~ **de conduire** (*AUTO*) patente *f* (di guida); ~ **de séjour** permesso di soggiorno; **permissif, ive** *a* permissivo(a); **permission** *nf* permesso; (*MIL*) licenza.
permuter [pɛʀmyte] *vt* permutare.
pernicieux, euse [pɛʀnisjø, øz] *a* pernicioso(a).
péroné [peʀɔne] *nm* perone *m*.
perpendiculaire [pɛʀpɑ̃dikylɛʀ] *a, nf* perpendicolare (*f*).
perpétrer [pɛʀpetʀe] *vt* perpetrare.
perpétuel, le [pɛʀpetɥɛl] *a* continuo(a); *(éternel)* eterno(a); *(à vie: fonction)* a vita; **mouvement** ~ moto perpetuo.
perpétuer [pɛʀpetɥe] *vt* perpetuare.
perpétuité [pɛʀpetɥite] *nf*: **à** ~ *ad* a vita; **être condamné à** ~ essere condannato all'ergastolo.
perplexe [pɛʀplɛks(ə)] *a* perplesso(a).
perquisition [pɛʀkizisjɔ̃] *nf* perquisizione *f*.
perquisitionner [pɛʀkizisjɔne] *vt* perquisire // *vi* fare una perquisizione.
perron [pɛʀɔ̃] *nm* gradini *mpl*.
perroquet [pɛʀɔkɛ] *nm* pappagallo.
perruche [pɛʀyʃ] *nf* pappagallo femmina; pappagallino.
perruque [peʀyk] *nf* parrucca.
persan, e [pɛʀsɑ̃, an] *a, nm/f* persiano(a).
Perse [pɛʀs(ə)] *nf* Persia.
persécuter [pɛʀsekyte] *vt* perseguitare; **persécution** *nf* persecuzione *f*.
persévérer [pɛʀseveʀe] *vi* perseverare.
persiennes [pɛʀsjɛn] *nfpl* persiane *fpl*.
persil [pɛʀsi] *nm* prezzemolo.
persistant, e [pɛʀsistɑ̃, ɑ̃t] *a* persistente; **arbre à feuillage** ~ albero sempreverde.
persister [pɛʀsiste] *vi* persistere.
personnage [pɛʀsɔnaʒ] *nm* personaggio; *(fam: individu)* tipo, individuo.
personnaliser [pɛʀsɔnalize] *vt* personalizzare.
personnalité [pɛʀsɔnalite] *nf* personalità *f inv*.
personne [pɛʀsɔn] *nf* persona // *pron* nessuno; *(quiconque)* chiunque; ~ **d'autre/de blessé** nessun altro/ferito; **il connaît le pays comme** ~ conosce il paese meglio di chiunque altro; **dix francs par** ~ dieci franchi a testa; **en** ~ in persona; **j'irai voir en** ~ andrò a vedere di persona; **personnel, le** *a, nm* personale *(m)*.
perspective [pɛʀspɛktiv] *nf* prospettiva.
perspicace [pɛʀspikas] *a* perspicace; **perspicacité** *nf* perspicacia.
persuader [pɛʀsɥade] *vt* persuadere, convincere; ~ **qn de faire qch** persuadere *ou* convincere qd a fare qc; **persuasif, ive** *a* persuasivo(a), convincente; **persuasion** *nf* persuasione *f*.
perte [pɛʀt(ə)] *nf* perdita; *(ruine)* rovina; **vendre à** ~ vendere in

perdita *ou* sottocosto; **à ~ de vue** a perdita d'occhio; *(fig: discourir)* all'infinito; **en pure ~** inutilmente; **courir à sa ~** *(fig)* rovinarsi con le proprie mani.

pertinent, e [pɛʀtinɑ̃, ɑ̃t] *a* pertinente.

perturbation [pɛʀtyʀbɑsjɔ̃] *nf* perturbazione *f*; *(bouleversement)* sconvolgimento.

perturber [pɛʀtyʀbe] *vt* disturbare; *(transports)* disturbare il regolare funzionamento di; *(fam: personne)* turbare; *(bouleverser)* sconvolgere.

pervenche [pɛʀvɑ̃ʃ] *nf* pervinca.

pervers, e [pɛʀvɛʀ, ɛʀs(ə)] *a, nm/f* perverso(a).

perversion [pɛʀvɛʀsjɔ̃] *nf* perversione *f*.

pervertir [pɛʀvɛʀtiʀ] *vt* pervertire.

pesage [pəzaʒ] *nm* pesatura; (*HIPPISME*) (recinto del) peso.

pesamment [pəzamɑ̃] *ad* pesantemente.

pesant [pəzɑ̃] *nm*: **valoir son ~ d'or** *(fig)* valere tanto oro quanto pesa.

pesanteur [pəzɑ̃tœʀ] *nf* pesantezza; (*PHYS*) gravità *f inv*.

peser [pəze] *vt* pesare // *vi* pesare; **~ sur** pesare su; *(presser avec force)* far forza su.

pessimisme [pesimism(ə)] *nm* pessimismo; **pessimiste** *a* pessimista; *(chose)* pessimistico(a) // *nm/f* pessimista *m/f*.

peste [pɛst(ə)] *nf* peste *f*.

pester [pɛste] *vi*: **~ contre qn/qch** imprecare contro qd/qc.

pestiféré, e [pɛstifeʀe] *nm/f* appestato/a.

pestilentiel, le [pɛstilɑ̃sjɛl] *a* pestilenziale.

pet [pɛ] *nm (fam!)* scoreggia *(fam)*.

pétale [petal] *nm* petalo.

pétanque [petɑ̃k] *nf* gioco delle bocce *fpl*.

pétarader [petaʀade] *vi* scoppiettare.

pétard [petaʀ] *nm* petardo; *(fam: tapage)* cagnara.

pet-de-nonne [pɛdnɔn] tortello (di carnevale).

péter [pete] *vi (fam!)* scoreggiare *(fam)*; *(fam: éclater)* scoppiare; *(: se briser)* spaccarsi.

pétiller [petije] *vi* scoppiettare; *(mousse, champagne)* frizzare; *(briller)* sfavillare, brillare.

petit, e [p(ə)ti, it] *a* piccolo(a); *(personne, taille, pluie)* sottile, minuto(a); *(court)* breve; *(salaire)* esiguo(a); *(minuscule: lettre)* minuscolo(a); **~ chat/livre,** *etc* gattino/libricino *ou* libretto, *etc*; **~e maison/fleur,** *etc* casetta/fiorellino, *etc* // *ad*: **~ à ~** poco a poco; **~s** *nmpl* piccoli *mpl*; **les tout-petits** i piccini, i più piccoli; **~(e) ami(e)** amichetto/a; amante *m/f*; **le ~ doigt** il mignolo; **~ four** pasticcino; **~ pois** pisello; **petite-fille** *nf* nipote *f (di nonni)*; **petitesse** *nf* piccolezza; *(d'un salaire, de revenus)* esiguità *f inv*; *(fig: médiocrité)* mediocrità *f inv*, meschinità *f inv*; **petit-fils** *nm* nipote *m (di nonni)*.

pétition [petisjɔ̃] *nf* petizione *f*.

petit-lait [pətilɛ] *nm* latticello.

petits-enfants [pətizɑ̃fɑ̃] *nmpl* nipoti *mpl (di nonni)*.

pétrel [petʀɛl] *nm* procellaria.

pétrifier [petʀifje] *vt* pietrificare; *(incruster: suj: eau)* incrostare; *(fig: personne)* lasciare di sasso.

pétrin [petʀɛ̃] *nm (fig)* pasticci *mpl*, guai *mpl*.

pétrir [petʀiʀ] *vt* impastare; *(argile, cire)* plasmare.

pétrochimique [petʀɔʃimik] *a* petro(l)chimico(a).

pétrodollar *nm* petrodollaro.

pétrole [petʀɔl] *nm* petrolio; **pétrolier, ière** *a* petrolifero(a); *(pays)* produttore(trice) di petrolio // *nm* petroliera; *(personne)* petrol-

iere *m; (: technicien)* tecnico petrolifero; **pétrolifère** *a* petrolifero(a).
peu [pø] *ad* poco; *(précédé de* **un)** poco, po' // *pron* poco(a); ~ **de** *a* poco(a); **un** ~ **de** un poco *ou* po' di; **il est** ~ **raisonnable** è poco ragionevole; **elle est un** ~ **grande** è un po' grande; ~ **souvent** di rado; **avoir** ~ **à faire** aver poco da fare; **avoir** ~ **de pain** avere poco pane; **à** ~ **de frais** con poca spesa; **le** ~ **de jours qui restent** i pochi giorni che rimangono; **un petit** ~ un pochino; **à** ~ **près** *ad* circa, più o meno; **un** ~ **plus et il tombait** ci è mancato poco che cadesse.
peuplade [pœplad] *nf* popolazione *f*, tribù *f inv*.
peuple [pœpl(ə)] *nm* popolo; *(foule)* folla.
peupler [pœple] *vt* popolare.
peuplier [pøplije] *nm* pioppo.
peur [pœʀ] *nf* paura; **de** ~ **de/que** per paura di/che; **peureux, euse** *a* fifone(a), pauroso(a); *(effrayé)* impaurito(a).
peut-être [pøtɛtʀ(ə)] *ad* forse; ~ **que** può darsi che + *subjonctif*; ~ **bien** può darsi.
phalange [falɑ̃ʒ] *nf* falange *f*.
phallus [falys] *nm* fallo.
pharaon [faʀaɔ̃] *nm* faraone *m*.
phare [faʀ] *nm* faro; **se mettre en** ~**s** *(AUTO: position)* mettere gli abbaglianti *mpl*.
pharmaceutique [faʀmasøtik] *a* farmaceutico(a).
pharmacie [faʀmasi] *nf* farmacia; *(produits)* medicinali *mpl*; **pharmacien, ne** *nm/f* farmacista *m/f*.
pharynx [faʀɛ̃ks] *nm* faringe *f*.
phase [fɑz] *nf* fase *f*.
phénoménal, e, aux [fenɔmenal, o] *a* fenomenale.
phénomène [fenɔmɛn] *nm* fenomeno.
philanthropie [filɑ̃tʀɔpi] *nf* filantropia.
philatélie [filateli] *nf* filatelia.
philharmonique [filaʀmɔnik] *a* filarmonico(a).
philistin [filistɛ̃] *nm* filisteo.
philo [filo] *abr f de* **philosophie.**
philodendron [filɔdɛ̃dʀɔ̃] *nm* filodendro.
philosophie [filɔzɔfi] *nf* filosofia.
phlébite [flebit] *nf* flebite *f*.
phobie [fɔbi] *nf* fobia.
phonétique [fɔnetik] *a* fonetico(a) // *nf* fonetica.
phonographe [fɔnɔgʀaf] *nm* grammofono.
phoque [fɔk] *nm* foca.
phosphate [fɔsfat] *nm* fosfato.
phosphore [fɔsfɔʀ] *nm* fosforo.
phosphorescent, e [fɔsfɔʀesɑ̃, ɑ̃t] *a* fosforescente.
photo [fɔto] *nf* foto *f inv*; **prendre qn en** ~ fotografare qd; **faire de la** ~ occuparsi di fotografia; ~ **en couleurs** foto a colori; ~ **d'identité** fototessera.
photocopier [fɔtɔkɔpje] *vt* fotocopiare.
photogénique [fɔtɔʒenik] *a* fotogenico(a).
photographe [fɔtɔgʀaf] *nm/f* fotografo/a.
photographie [fɔtɔgʀafi] *nf* fotografia.
photographier [fɔtɔgʀafje] *vt* fotografare.
phrase [fʀɑz] *nf* frase *f*; ~**s toutes faites** frasi fatte.
phtisie [ftizi] *nf* tisi *f inv*.
phylloxéra [filɔkseʀa] *nm* fillossera.
physicien, ne [fizisjɛ̃, ɛn] *nm/f* fisico, studioso/a di fisica.
physiologie [fizjɔlɔʒi] *nf* fisiologia.
physionomie [fizjɔnɔmi] *nf* fisionomia.
physique [fizik] *a* fisico(a) // *nm (d'une personne)* fisico // *nf* fisica; **au** ~ fisicamente.
piaffer [pjafe] *vi* scalpitare.

piailler [pjɑje] *vi* pigolare.
pianiste [pjanist(ə)] *nm/f* pianista *m/f.*
piano [pjano] *nm* piano(forte *m).*
pianoter [pjanɔte] *vi* strimpellare il pianoforte; *(tapoter)* tamburellare.
piaule [pjol] *nf (fam)* stanza, buco *(fam).*
P.I.B. *sigle m voir* **produit.**
pic [pik] *nm* piccone *m; (montagne, cime)* picco; (ZOOL) picchio; **à ~** a picco; **arriver/tomber à ~** *(fig)* arrivare/cadere a proposito.
pichet [piʃɛ] *nm* brocchetta.
pickpocket [pikpɔkɛt] *nm* borsaiolo *m,* scippatore/trice.
picorer [pikɔʀe] *vt* becchettare.
pick-up [pikœp] *nm* giradischi *m inv.*
picotement [pikɔtmɑ̃] *nm* pizzicore *m,* formicolio.
picoter [pikɔte] *vt* pizzicare; *(suj: oiseau)* becchettare.
pie [pi] *nf* gazza // *a* pezzato(a) // *af:* **œuvre ~** opera pia.
pièce [pjɛs] *nf* pezzo; *(local)* stanza, locale *m;* (*THEATRE*) commedia, dramma *m; (de monnaie, d'or, d'argent)* moneta; *(de tissu, document justificatif)* pezza; *(document: d'identité, etc)* documento; *(de bétail, gibier)* capo; **vendre à la ~** vendere al dettaglio; **dix francs ~** dieci franchi al pezzo; **travailler/payer à la ~** lavorare/pagare a cottimo; **inventer de toutes ~s** inventare di sana pianta; **un deux ~s cuisine** un appartamento di due locali più cucina; **~ montée** (*CULIN*) torta a più piani; **~ à conviction** elemento di prova; **~s détachées** pezzi di ricambio.
pied [pje] *nm* piede *m; (d'une table, chaise)* gamba; *(de champignon)* gambo; **à ~** a piedi; **au ~ de** ai piedi di; **de ~ en cap** dalla testa ai piedi; **au ~ levé** immediatamente; **avoir ~** *(fig)* toccare *(in acqua);* **sur ~** in piedi; *(fig)* in sesto; **au ~ de la lettre** alla lettera; **faire du ~ à qn** fare piedino a qd; **se lever du ~ gauche** *(fig)* alzarsi con la luna di traverso; **mettre à ~** *(employé)* licenziare; **verre à ~** calice *m;* **~ de salade** cespo di insalata; **~ de vigne** ceppo di vite; **pied-à-terre** *nm inv* pied-à-terre *m inv.*
pied-de-biche [pjedbiʃ] *nm* piede di porco; *(de machine à coudre)* piedino.
piédestal, aux [pjedɛstal, o] *nm* piedestallo.
pied-noir [pjenwaʀ] *nm (fam) francese d'Algeria.*
piège [pjɛʒ] *nm* trappola; **prendre au ~** prendere in trappola; **piégé, e** *a:* **lettre piégée** lettera esplosiva.
pierraille [pjɛʀɑj] *nf* pietrisco; *(étendue)* pietraia.
pierre [pjɛʀ] *nf* pietra; **~ de taille** pietra da taglio; **~ sèche** pietra a secco; **~ ponce** (pietra) pomice *f;* **~ à briquet** pietrina (per accendino); **pierreries** *nfpl* pietre *fpl* preziose.
piété [pjete] *nf* devozione *f.*
piétiner [pjetine] *vi* pestare i piedi; *(avancer lentement)* avanzare lentamente // *vt* calpestare.
piéton, ne [pjetɔ̃, ɔn] *nm/f* pedone *m* // *a* pedonale; **piétonnier, ière** *a* pedonale.
piètre [pjɛtʀ(ə)] *a* scadente; **faire ~ figure** fare una figura barbina.
pieu, x [pjø] *nm* palo, piolo; *(fam: lit)* letto.
pieuvre [pjœvʀ(ə)] *nf* piovra.
pieux, euse [pjø, øz] *a* pio(a).
pigeon [piʒɔ̃] *nm* piccione *m; (fig: fam)* gonzo, merlo.
piger [piʒe] *vt (fam)* capire.
pigment [pigmɑ̃] *nm* pigmento.
pignon [piɲɔ̃] *nm* timpano; *(d'un engrenage)* pignone *m;* **avoir ~ sur rue** *(fig)* avere un negozio ben avviato.
pile [pil] *nf* mucchio, pila; (*ELEC*) pila // *ad* di botto; *(à temps)* in punto,

giusto in tempo; **jouer à ~ ou face** giocare a testa o croce.
piler [pile] *vt* pestare.
pileux, euse [pilø, øz] *a* pilifero(a).
pilier [pilje] *nm* pilastro; (*RUGBY*) pilone *m*.
pillard, e [pijaʀ, aʀd(ə)] *nm/f* saccheggiatore/trice.
piller [pije] *vt* saccheggiare.
pilon [pilɔ̃] *nm* pestello.
pilori [pilɔʀi] *nm* gogna.
pilotage [pilɔtaʒ] *nm* pilotaggio.
pilote [pilɔt] *nm* pilota *m* // *a* pilota *inv*; ~ **d'essai** collaudatore *m*.
piloter [pilɔte] *vt* pilotare.
pilotis [pilɔti] *nm* palafitta.
pilule [pilyl] *nf* pillola.
piment [pimɑ̃] *nm* peperoncino; *(fig)* pepe *m*.
pimpant, e [pɛ̃pɑ̃, ɑ̃t] *a* pimpante.
pin [pɛ̃] *nm* pino.
pince [pɛ̃s] *nf* pinza; (*COUTURE: pli)* pince *f*; ~ **à épiler** pinzetta; ~ **à sucre/glace** mollette *fpl* per lo zucchero/il ghiaccio; ~**s à linge** mollette *fpl* per la biancheria.
pinceau, x [pɛ̃so] *nm* pennello.
pincé, e [pɛ̃se] *a* forzato(a); *(air)* altezzoso(a) // *nf* pizzico.
pince-nez [pɛ̃sne] *nm inv* pince-nez *m inv*.
pincer [pɛ̃se] *vt (aussi fam)* pizzicare; *(suj: vêtement: taille)* stringere; (*COUTURE: vêtement)* fare delle 'pinces' a; ~ **les lèvres** stringere le labbra; **se** ~ **le nez** turarsi il naso.
pincette [pɛ̃sɛt] *nf* pinzetta // *nfpl* molle *fpl*.
pinède [pinɛd] *nf* pineta.
pingouin [pɛ̃gwɛ̃] *nm* pinguino.
ping-pong [piŋpɔ̃g] *m* ping-pong *m inv*.
pingre [pɛ̃gʀ(ə)] *a, nm/f* tirchio(a).
pinson [pɛ̃sɔ̃] *nm* fringuello.
pintade [pɛ̃tad] *nf* faraona.
pioche [pjɔʃ] *nf* zappa; **piocher** *vt* zappare // *vi:* **piocher dans** *(fam)* pescare.
piolet [pjɔlɛ] *nm* piccozza.
pion, ne [pjɔ̃, ɔn] *nm/f (péj)* sorvegliante *m/f* // *nm* (*ECHECS*) pedone *m*; (*DAMES*) pedina.
pionnier [pjɔnje] *nm* pioniere *m*.
pipe [pip] *nf* pipa.
pipeau, x [pipo] *nm* zufolo.
pipe-line [pajplajn] *nm* oleodotto.
pipi [pipi] *nm* pipì *f inv*.
piquant, e [pikɑ̃, ɑ̃t] *a* pungente; *(moutarde, sauce)* piccante; *(eau, vin)* frizzante // *nm* spina; *(d'animal)* aculeo; *(fig)* nota piccante.
pique [pik] *nf* picca // *nm* picche *fpl*.
piqué, e *a* trapuntato(a); *(livre, glace)* macchi(ett)ato(a) // *nm* piqué *m*; **en** ~ (*AVIAT*) in picchiata.
pique-assiette [pikasjɛt] *nm/f inv* scroccone/a.
pique-nique [piknik] *nm* picnic *m inv*.
piquer [pike] *vt* pungere; (*MED*) fare un'iniezione a; *(fam: vacciner)* vaccinare; *(suj: serpent)* mordere; *(: fumée)* bruciare; (*COUTURE: tissu)* impunturare; *(fam: voler)* fregare; *(: arrêter)* pizzicare, beccare // *vi* pungere; *(oiseau, avion)* scendere in picchiata; **se** ~ *vr* pungersi; *(se faire une piqûre)* farsi un'iniezione; *(: fam: de drogue)* bucarsi; **se** ~ **de faire qch** piccarsi *ou* vantarsi di fare qc; **faire** ~ **un chien/chat** *(tuer)* far sopprimere un cane/gatto; ~ **du nez** *(avion)* precipitare; ~ **une crise** *(fig)* avere una crisi di nervi.
piquet [pikɛ] *nm* picchetto, paletto; **mettre un élève au** ~ mettere un alunno in castigo; ~ **de grève** picchetto di sciopero.
piqûre [pikyʀ] *nf* puntura; (*COUTURE*) impuntura; *(de ver)* tarlatura; *(tache)* macchi(olin)a.
pirate [piʀat] *nm, a* pirata *m, a inv*; ~ **de l'air** *(fig)* dirottatore *m*.
pire [piʀ] *a* peggiore // *ad, nm* peggio; **pour le meilleur et pour le**

~ nella buona e nella cattiva sorte.
pirogue [piʀɔg] *nf* piroga.
pirouette [piʀwɛt] *nf* piroetta; *(fig: volte-face)* voltafaccia *m inv*.
pis [pi] *ad, a* peggio // *nm* (ZOOL) mammella; **pis-aller** *nm inv* (soluzione *f* di) ripiego.
pisciculture [pisikyltyʀ] *nf* piscicoltura.
piscine [pisin] *nf* piscina; ~ **en plein air** piscina scoperta.
pissenlit [pisɑ̃li] *nm* dente *m* di leone.
pisser [pise] *vi (fam!)* pisciare *(fam!)*.
pissotière [pisɔtjɛʀ] *nf (fam)* pisciatoio *(fam)*, vespasiano.
pistache [pistaʃ] *nf* pistacchio.
piste [pist(ə)] *nf* pista; **être sur la ~ de qn** essere sulle tracce di qd.
pistil [pistil] *nm* pistillo.
pistolet [pistɔlɛ] *nm* pistola; (TECH) pistola a spruzzo; **~-mitrailleur** *nm* pistola mitragliatrice.
piston [pistɔ̃] *nm* stantuffo, pistone *m*; *(fig: fam: appui)* raccomandazione *f*; **pistonner** *vt (fam)* raccomandare.
pitance [pitɑ̃s] *nf (péj: nourriture)* sbobba.
piteux, euse [pitø, øz] *a* pietoso(a); *(fig: air)* abbacchiato(a).
pitié [pitje] *nf* pietà *f inv*.
piton [pitɔ̃] *nm* (ALPINISMO) chiodo da roccia.
pitoyable [pitwajabl(ə)] *a* pietoso(a).
pitre [pitʀ(ə)] *nm* pagliaccio, buffone *m*.
pittoresque [pitɔʀɛsk(ə)] *a* pittoresco(a).
pivert [pivɛʀ] *nm* picchio verde.
pivot [pivo] *nm* perno; (BASKET) pivot *m*; **pivoter** *vi* girare, ruotare.
placard [plakaʀ] *nm* armadio; *(affiche)* manifesto; **placarder** *vt* affiggere; *(mur)* coprire di manifesti.
place [plas] *nf* posto; *(esplanade)* piazza; **en ~** a posto; **sur ~** sul posto; *(immobile)* immobile; **ne pas tenir en ~** non riuscire a star fermo; ~ **forte** piazzaforte *f*.
placé, e [plase] *a*: **bien/mal ~** sistemato bene/male; **personnage haut ~** personaggio altolocato; **être bien ~ pour faire qch** essere in una buona posizione per fare qc; **cheval ~** cavallo piazzato.
placement [plasmɑ̃] *nm* investimento; **agence/bureau de ~** agenzia/ufficio di collocamento.
placenta [plasɛ̃ta] *nm* placenta.
placer [plase] *vt* mettere; *(fig: marchandises, valeurs)* piazzare;*(: capital, argent)* investire; *(: mot)* dire; *(récit: localiser)* ambientare; **se ~** *vr* mettersi; *(trouver un emploi)* sistemarsi; ~ **qn chez qn** sistemare qd da qd.
placide [plasid] *a* placido(a).
plafond [plafɔ̃] *nm* soffitto; (AVIAT) plafond *m*; (FIN) massimale *m*.
plafonner [plafɔne] *vi* raggiungere il limite massimo; (AVIAT) raggiungere il proprio plafond.
plage [plaʒ] *nf* spiaggia; (NAUT) ponte *m*; ~ **arrière** (AUTO) cappelliera.
plagiat [plaʒja] *nm* plagio.
plagier [plaʒje] *vt* plagiare.
plaid [plɛd] *nm* plaid *m*.
plaidant, e [plɛdɑ̃, ɑ̃t] *a* (JUR: *partie)* in causa *loc inv*; **avocat ~** avvocato patrocinante.
plaider [plede] *vi* difendere una causa // *vt* patrocinare; *(soutenir)* sostenere, dichiarare; ~ **coupable/non coupable** dichiararsi colpevole/non colpevole; ~ **contre qn** fare causa a qd; ~ **pour/en faveur de qn** sostenere *ou* difendere la causa di qd; **plaideur, euse** *nm/f* parte *f* in causa; **plaidoirie** *nf*, **plaidoyer** *nm* arringa.
plaie [plɛ] *nf* piaga, ferita.
plaignant, e [plɛɲɑ̃, ɑ̃t] *nm/f*

attore/trice.
plaindre [plɛ̃dʀ(ə)] *vt* compatire; **se ~** *vr* lamentarsi; **se ~ à qn** lamentarsi con qd; **se ~ que** lamentarsi perché (+*indicatif*).
plaine [plɛn] *nf* pianura.
plain-pied [plɛ̃pje]: **de ~** *ad* allo stesso livello; *(aisément)* facilmente.
plainte [plɛ̃t] *nf* lamento, gemito; *(doléance)* lagnanza, lamentela; **porter ~** (*JUR*) sporgere denuncia; **plàintif, ive** *a* lamentoso(a).
plaire [plɛʀ] *vi* piacere; **se ~** *vr* trovarsi *ou* star bene; **tant qu'il vous plaira** quanto le pare; **ce qu'il vous plaira** quello che vuole, come vuole; **s'il vous plaît** per favore *ou* piacere.
plaisamment [plɛzamɑ̃] *ad* piacevolmente.
plaisance [plɛzɑ̃s] *nf* (*NAUT*) navigazione *f* da diporto; **de ~** *a* da diporto.
plaisant, e [plɛzɑ̃, ɑ̃t] *a* piacevole, gradevole.
plaisanter [plɛzɑ̃te] *vi* scherzare; **plaisanterie** *nf* scherzo.
plaisir [pleziʀ] *nm* piacere *m;* **prendre ~ à qch/faire qch** prender gusto a qc/a fare qc; **à ~** a piacere, a piacimento; **faire qch pour le/par/pour son ~** fare qc per il gusto *ou* il piacere di farlo.
plan [plɑ̃] *a* piano(a) // *nm* piano; *(d'un bâtiment, d'une ville)* pianta; *(d'un roman, devoir)* schema *m;* **~ d'eau** specchio d'acqua; **sur le ~ (de) ...** dal punto di vista (di)...; **laisser en ~** *(fig: fam)* piantare in asso.
planche [plɑ̃ʃ] *nf* asse *f*, tavola; *(de dessins, d'illustrations)* tavola, illustrazione *f;* **~s** *fpl* (*THEATRE*) scene *fpl*, palcoscenico; **en ~s** *a* di assi; **faire la ~** *(fig: dans l'eau)* fare il morto; **~ à dessin** tavola da disegno; **~ à repasser** asse da stiro; **~ à pain** tagliere *m.*
plancher [plɑ̃ʃe] *nm* pavimento; *(entre deux étages)* solaio; *(niveau minimal)* minimo.
plancton [plɑ̃ktɔ̃] *nm* plancton *m inv.*
planer [plane] *vi (oiseau)* librarsi; *(avion)* planare; *(fig: danger, mystère)* incombere.
planétaire [planetɛʀ] *a* planetario(a).
planète [planɛt] *nf* pianeta *m.*
planeur [planœʀ] *nm* aliante *m.*
planifier [planifje] *vt* pianificare.
planning [planiŋ] *nm* pianificazione *f.*
planque [plɑ̃k] *nf (fam)* nascondiglio; **il a trouvé une ~** ha trovato un posto che è una pacchia.
plant [plɑ̃] *nm* piantina.
plantation [plɑ̃tasjɔ̃] *nf* piantagione *f.*
plante [plɑ̃t] *nf* pianta.
planter [plɑ̃te] *vt* piantare; **se ~** *vr* piantarsi; **~ en vignes** piantare a viti; **planteur** *nm* piantatore *m.*
planton [plɑ̃tɔ̃] *nm* piantone *m.*
plantureux, euse [plɑ̃tyʀø, øz] *a* copioso(a); *(femme)* giunonico(a).
plaque [plak] *nf* lastra; *(d'or, etc)* lamina; *(de tôle)* lamiera; (*MED*) placca; *(du four, de revêtement)* piastra; *(commémorative)* targa; *(fig: tache)* chiazza; **~ d'identité** piastrina di riconoscimento; **~ d'immatriculation** *ou* **minéralogique** (*AUTO*) targa (automobilistica); **~ tournante** *(fig)* centro (nevralgico), cuore *m.*
plaquer [plake] *vt* placcare; *(aplatir)* appiattire.
plaquette [plakɛt] *nf* tavoletta.
plasma [plasma] *nm* plasma *m.*
plastic [plastik] *nm* plastico.
plastifié, e [plastifje] *a* plastificato(a).
plastique [plastik] *a* plastico(a) // *nm* plastica; **en ~** di *ou* in plastica.
plastiquer [plastike] *vt* far saltare col plastico.

plat, e [pla, at] *a* piatto(a); *(eau)* non gassato(a) // *nm* piatto; *(mets d'un repas)* portata; **le ~ de la main** il palmo della mano; **à ~ ventre** *ad* a pancia in giù, bocconi; **mettre qc à ~** *ad* mettere qc orizzontalmente; **batterie à ~** (*AUTO*) batteria scarica; **pneu à ~** gomma a terra; **~ de résistance** piatto forte *ou* principale.

platane [platan] *nm* platano.

plateau, x [plato] *nm* vassoio; *(d'une balance)* piatto; (*GEOGR*) pianoro, altopiano; (*THEATRE*) scena; (*TV, CINE*) set *m inv*; **~ de fromages** assortimento di formaggi; **~ continental** piattaforma continentale.

plate-bande [platbɑ̃d] *nf* aiuola.

plate-forme [platfɔʀm(ə)] *nf (aussi fig)* piattaforma; *(de quai)* marciapiede *m*; *(terrasse)* terrazza.

platine [platin] *nm* platino // *nf (d'un tourne-disque)* piatto // *a inv* platino *inv*.

platitude [platityd] *nf* piattezza; *(banalité)* banalità *f inv*.

platonique [platɔnik] *a* platonico(a).

plâtras [plɑtʀɑ] *nm* calcinaccio.

plâtre [plɑtʀ(ə)] *nm* gesso; *(motif décoratif)* stucco; **avoir une jambe dans le ~** avere una gamba ingessata; **plâtrer** *vt* spalmare di gesso; (*MED*) ingessare.

plausible [plozibl(ə)] *a* plausibile.

plébiscite [plebisit] *nm* plebiscito.

plein, e [plɛ̃, ɛn] *a* pieno(a); *(chienne, jument)* gravido(a) // *nm* pieno; **en ~e mer** in alto mare; **de leur ~ gré** spontaneamente; **en ~ air** all'aria aperta; **en ~e rue** in mezzo alla strada; **en ~ milieu** proprio nel mezzo; **en ~ sur** *(exactement sur)* proprio su; **le ~ air** l'aperto; **~ de** *a* pieno di; **de ~ fouet** *(heurter)* in pieno; **avoir de l'argent ~ les poches** avere le tasche piene di soldi; **en avoir ~ le dos** *(fig)* averne piene le tasche; **plein-emploi** *nm* piena occupazione *f*.

plénière [plenjɛʀ] *af* plenaria.

plénipotentiaire [plenipɔtɑ̃sjɛʀ] *nm* plenipotenziario.

plénitude [plenityd] *nf* pienezza.

pléonasme [pleɔnasm(ə)] *nm* pleonasmo.

pléthore [pletɔʀ] *nf* sovrabbondanza.

pleurer [plœʀe] *vi* piangere // *vt* piangere; *(regretter)* rimpiangere; **~ de rire** avere le lacrime agli occhi dal gran ridere.

pleurésie [plœʀezi] *nf* pleurite *f*.

pleurnicher [plœʀniʃe] *vi* piagnucolare, frignare.

pleurs [plœʀ] *nmpl*: **en ~** in lacrime *fpl*.

pleuvoir [pløvwaʀ] *vi* piovere // *vb impersonnel*: **il pleut** piove.

plexiglas [plɛksiglɑs] *nm* plexiglas *m inv*.

pli [pli] *nm* piega; (*ADMIN*: *lettre*) lettera, plico; (*CARTES*) presa; **mettre sous ~** mettere in busta; **faux ~** (brutta) piega, grinza; **~ de terrain** ondulazione *f* del terreno.

pliage [plijaʒ] *nm* piegatura.

pliant, e [plijɑ̃, ɑ̃t] *a* pieghevole // *nm* seggiolino (pieghevole).

plier [plije] *vt* piegare; *(fig: personne)* sottoporre, piegare // *vi* piegarsi; **se ~** *vr* piegarsi; **~ bagage** *(fig)* far fagotto.

plinthe [plɛ̃t] *nf* zoccolo.

plissé, e [plise] *a* corrugato(a); *(a plis: jupe)* pieghettato (a), a pieghe // *nm* plissé *m*.

plissement [plismɑ̃] *nm* corrugamento.

plisser [plise] *vt* pieghettare; *(front)* corrugare.

plomb [plɔ̃] *nm* piombo; *(de cartouche)* pallino; (*PECHE*, *sceau*) piombino; (*ELEC*) fusibile *m*, valvola.

plomber [plɔ̃be] *vt* piombare;

(*TECH*: *mur*) controllare l'appiombo di.
plomberie [plɔ̃bʀi] *nf* idraulica; *(installation, canalisations)* impianto idraulico.
plombier [plɔ̃bje] *nm* idraulico.
plonge [plɔ̃ʒ] *nf*: **faire la** ~ fare il/la lavapiatti *(m/f inv)*.
plongeant, e [plɔ̃ʒɑ̃, ɑ̃t] *a* dall'alto *loc inv; (tir)* spiovente; *(décolleté)* profondo(a).
plongée [plɔ̃ʒe] *nf* immersione *f;* (*CINE, TV*) ripresa dall'alto; **faire de la** ~ **(sous-marine)** (*SPORT*) fare il sub(acqueo).
plongeoir [plɔ̃ʒwaʀ] *nm* trampolino.
plongeon [plɔ̃ʒɔ̃] *nm* tuffo.
plonger [plɔ̃ʒe] *vi* immergersi; *(d'un plongeoir, fig,* FOOTBALL*)* tuffarsi // *vt* immergere, tuffare; *(enfoncer)* affondare; ~ **qn dans le désespoir** gettare qd nella disperazione; ~ **dans le sommeil** sprofondare nel sonno; **se** ~ *vr* immergersi, tuffarsi; **plongeur, euse** *nm/f* tuffatore/trice; *(qui fait de la plongée sous-marine)* sommozzatore/trice, sub *m/f; (de restaurant)* lavapiatti *m/f.*
plot [plo] *nm* piastrina di contatto.
ployer [plwaje] *vt* flettere, piegare // *vi* piegarsi.
plu [ply] *pp de* **plaire, pleuvoir.**
pluie [plɥi] *nf* pioggia; **en** ~ *(retomber, s'éparpiller)* a pioggia.
plume [plym] *nf* penna, piuma; *(garniture: de matelas, etc)* piuma; *(pour écrire, dessiner, fig)* penna; *(lame de métal)* pennino.
plumeau, x [plymo] *nm* piumino *(per la polvere).*
plumer [plyme] *vt* spennare.
plumet [plymɛ] *nm* pennacchio.
plumier [plymje] *nm* astuccio (per penne e matite).
plupart [plypaʀ]: **la** ~ *pron* la maggior parte; **la** ~ **du temps** (per) la maggior parte del tempo; *(très souvent)* per lo più; **pour la** ~ *ad* per lo più, in maggioranza.
pluriel [plyʀjɛl] *nm* plurale *m.*
plus [ply] *ad* più; ~ **grand que moi** più grande di me; ~ **haut que large** più alto che largo; ~ **d'argent/de livres que moi** più soldi/libri di me; ~ **de pain que de vin** più pane che vino; **en** ~ in più; *(en outre)* per di più; **de** ~ **en** ~ sempre più; **d'autant** ~ **que** tanto più che; **(tout) au** ~ tutt' al più, al massimo; **sans** ~ e niente di più.
plusieurs [plyzjœʀ] *dét, pron* parecchi/e, molti/e.
plus-que-parfait [plyskəpaʀfɛ] *nm* trapassato; *(latin, grec)* piuccheperfetto.
plus-value [plyvaly] *nf* plusvalore *m.*
plutôt [plyto] *ad* piuttosto; **faire** ~ **qch** preferire fare qc; ~ **que (de) faire qch** piuttosto che fare qc.
pluvieux, euse [plyvjø, øz] *a* piovoso(a).
P.M.U. *sigle m de pari mutuel urbain.*
P.N.B. *sigle m voir* **produit.**
pneu [pnø] *nm (abr de* **pneumatique)** pneumatico, gomma; **pneumatique** *nm* pneumatico; *(missive)* lettera per posta pneumatica // *a* pneumatico(a).
pneumonie [pnømɔni] *nf* polmonite *f.*
poche [pɔʃ] *nf* tasca; *(déformation, enflure)* borsa; *(d'eau, de pétrole, de pus)* sacca; (*ZOOL*) marsupio; **de** ~ tascabile *a;* **c'est dans la** ~**!** *(fam)* è fatta!
poché, e [pɔʃe] *a:* **œil** ~ occhio pesto.
pocher [pɔʃe] *vt* lessare; *(peinture)* schizzare.
pochette [pɔʃɛt] *nf* busta, bustina; *(mouchoir)* fazzoletto da taschino; ~ **de disque** custodia.
pochoir [pɔʃwaʀ] *nm* stampino.
podium [pɔdjɔm] *nm* podio.

poêle [pwal] *nm* stufa // *nf* padella.
poêlon [pwalɔ̃] *nm* tegame *m.*
poème [pɔɛm] *nm* poesia; *(long)* poema *m.*
poésie [pɔezi] *nf* poesia.
poète [pɔɛt] *nm* poeta *m;* **une femme** ~ una poetessa.
pognon [pɔɲɔ̃] *nm (fam)* grana *(fam),* soldi *mpl.*
poids [pwa] *nm* peso; *(importance)* rilevanza, peso; **prendre/perdre du** ~ ingrassare/dimagrire; **poids lourd** *(camion)* camion *m inv,* TIR *m inv;* ~ **plume/mouche/moyen** (BOXE) peso piuma/mosca/medio.
poignant, e [pwaɲɑ̃, ɑ̃t] *a* straziante.
poignard [pwaɲaʀ] *nm* pugnale *m.*
poigne [pwaɲ] *nf:* ~ **de fer** *(fig)* stretta *ou* mano d'acciaio; **homme à** ~ uomo di polso.
poignée [pwaɲe] *nf* manciata; *(de cheveux, d'herbe)* ciuffo; *(fig: d'hommes)* pugno; *(de couvercle, tiroir, valise)* maniglia; *(pour attraper un objet chaud)* presina; **à/par** ~**s** a manciate; ~ **de main** stretta di mano.
poignet [pwaɲɛ] *nm* polso; *(d'une chemise)* polsino.
poil [pwal] *nm* pelo; peli *mpl;* **à** ~ *(fam)* nudo(a) *a;* **au** ~ *a (fam) (parfait)* perfetto(a) *a;* **il s'en est fallu d'un** ~ ci è mancato poco; **poilu, e** *a* peloso(a), villoso(a).
poinçon [pwɛ̃sɔ̃] *nm* punteruolo; *(pour marque, monnaie)* punzone *m;* *(marque de contrôle)* marchio; **poinçonner** *vt* punzonare; *(billet, ticket)* forare.
poing [pwɛ̃] *nm* pugno; **dormir à** ~**s fermés** *(fig)* dormire sodo.
point [pwɛ̃] *nm* punto; *(sur les 'i': aussi fig)* puntino; **ne...** ~ *(négation)* non... affatto; **cuit à** ~ cotto a puntino; ~ **du vue** *(paysage)* vista; *(façon de voir)* punto di vista; ~**s de suspension** puntini di sospensione; ~ **de croix/tige,** *etc* punto croce/erba, *etc.*
pointe [pwɛ̃t] *nf* punta; *(fig)* punta, pizzico; **être à la** ~ **de qch** *(fig)* essere all'avanguardia di qc; **faire** *ou* **pousser une** ~ **jusqu'à...** fare una puntata (fino) a...; **sur la** ~ **des pieds** in punta di piedi; **en** ~ a punta; **faire des** ~**s** *(danse)* danzare sulle punte.
pointer [pwɛ̃te] *vt* spuntare; *(employés, ouvriers)* controllare (l'entrata e l'uscita di); *(diriger: canon, doigt)* puntare // *vi* timbrare il cartellino; *(suj: arbres)* innalzarsi; **se** ~ *vr (fam)* arrivare; ~ **la carte** (NAUT) segnare la posizione sulla carta; ~ **les oreilles** drizzare le orecchie.
pointillé [pwɛ̃tije] *nm* linea punteggiata; *(perforations)* linea perforata.
pointilleux, euse [pwɛ̃tijø, øz] *a* meticoloso(a), pignolo(a).
pointu, e [pwɛ̃ty] *a* aguzzo(a); *(nez, talon, chapeau)* a punta *loc inv; (son, voix)* acuto(a).
pointure [pwɛ̃tyʀ] *nf* numero.
point-virgule [pwɛ̃viʀgyl] *nm* punto e virgola.
poire [pwaʀ] *nf* pera; *(fam: imbécile)* pollo; ~ **à injections** *ou* **lavement** peretta.
poireau, x [pwaʀo] *nm* porro.
poireauter [pwaʀote] *(fam: attendre)* aspettare (a lungo).
poirier [pwaʀje] *nm* pero; **faire le** ~ *(gymnastique)* fare la verticale *f.*
pois [pwa] *nm* pisello; *(sur une étoffe)* pois *m,* pallino; ~ **chiche** cece *m.*
poison [pwazɔ̃] *nm* veleno.
poisse [pwas] *nf* iella, scalogna.
poisson [pwasɔ̃] *nm* pesce *m;* **les P**~ (ASTROL) i Pesci; **poissonnerie** *nf* pescheria; **poissonneux, euse** *a* pescoso(a); **poissonnier, ière** *nm/f* pescivendolo/a.
poitrail [pwatʀaj] *nm* petto.

poitrine [pwatʀin] *nf* petto; *(d'une femme)* seno.
poivre [pwavʀ(ə)] *nm* pepe *m*.
poivrier [pwavʀje] *nm* pepiera; (*BOT*) (pianta del) pepe *m*.
poivron [pwavʀɔ̃] *nm* peperone *m*.
poker [pɔkɛʀ] *nm* poker *m inv*.
polaire [pɔlɛʀ] *a* polare.
pôle [pol] *nm* polo.
polémique [pɔlemik] *a* polemico(a) // *nf* polemica.
poli, e [pɔli] *a* educato(a), cortese; *(surface)* levigato(a), liscio(a).
police [pɔlis] *nf* polizia; *(d'assurance)* polizza; ~ **secours** (squadra) volante *(f)*.
Polichinelle [pɔliʃinɛl] *nm* Pulcinella *m inv*; **faire le p**~ *(fig)* fare il buffone.
policier, ière [pɔlisje, jɛʀ] *a* poliziesco(a) // *nm* poliziotto; **roman** ~ giallo; **chien** ~ cane poliziotto.
policlinique [pɔliklinik] *nf* ambulatorio.
polio(myélite) [pɔljɔmjelit] *nf* poliomielite *f*.
polir [pɔliʀ] *vt* levigare, lucidare.
polisson, ne [pɔlisɔ̃, ɔn] *a* birichino(a); *(chanson)* spinto(a).
politesse [pɔlitɛs] *nf* buona educazione *f*; *(courtoisie)* cortesia.
politicien, ne [pɔlitisjɛ̃, ɛn] *nm/f* esponente *m/f* del mondo politico; *(péj)* politicante *m/f*.
politique [pɔlitik] *a* politico(a) // *nf* politica; **politiser** *vt* politicizzare.
pollen [pɔlɛn] *nm* polline *m*.
polluer [pɔlɥe] *vt* inquinare; **pollution** *nf* inquinamento.
polo [pɔlo] *nm* polo *inv*.
Pologne [pɔlɔɲ] *nf* Polonia; **polonais, e** *nm/f* polacco(a).
poltron, ne [pɔltʀɔ̃, ɔn] *a, nm/f* vigliacco(a).
polyamide [pɔliamid] *nf* poliammide *f*.
polyclinique [pɔliklinik] *nf* policlinico.
polycopié [pɔlikɔpje] *a* ciclostilato(a) // *nm* ciclostile *m*, dispensa.
polyester [pɔliɛstɛʀ] *nm* poliestere *m*.
polygamie [pɔligami] *nf* poligamia.
polyglotte [pɔliglɔt] *a* poliglotta.
polygone [pɔligɔn] *nm* poligono.
polynésien, ne [pɔlinezjɛ̃, ɛn] *a, nm/f* polinesiano(a).
Polynésie [pɔlinezi] *nf* Polinesia.
polype [pɔlip] *nm* polipo.
polytechnicien, ne [pɔlitɛknisjɛ̃, jɛn] *nm/f* studente/tessa dell'Ecole Polytechnique.
polyvalent, e [pɔlivalɑ̃, ɑ̃t] *a* polivalente.
pommade [pɔmad] *nf* pomata.
pomme [pɔm] *nf* mela; *(boule décorative, ANAT)* pomo; **tomber dans les** ~**s** *(fig)* svenire; ~ **de pin** pigna; ~ **de terre** patata; ~ **d'arrosoir** cipolla.
pommeau, x [pɔmo] *nm* pomo; *(boule: d'une canne, etc)* pomello, pomo.
pommette [pɔmɛt] *nf* zigomo.
pommier [pɔmje] *nm* melo.
pompe [pɔ̃p] *nf* pompa; ~ **à incendie** pompa antincendio; ~ **à essence** pompa della benzina; *(distributeur)* distributore *m* (di benzina); ~ **à huile** pompa dell'olio; **en grande** ~ *(fig)* in pompa magna; ~**s** *fpl (fam)* scarpe.
pomper [pɔ̃pe] *vt* pompare.
pompeux, euse [pɔ̃pø, øz] *a* pomposo(a).
pompier [pɔ̃pje] *nm* pompiere *m*.
pompon [pɔ̃pɔ̃] *nm* pompon *m*.
pomponner [pɔ̃pɔne] *vt* agghindare.
ponce [pɔ̃s] *nf voir* **pierre.**
poncer [pɔ̃se] *vt* levigare.
ponctualité [pɔ̃ktɥalite] *nf* puntualità *f inv*; *(attention)* diligenza.
ponctuation [pɔ̃ktɥasjɔ̃] *nf* punteggiatura.
ponctuel, le [pɔ̃ktɥɛl] *a* puntuale;

(assidu) diligente; *(fig: localisé)* particolare; (*PHYS*) puntiforme.
ponctuer [pɔ̃ktɥe] *vt* punteggiare.
pondéré, e [pɔ̃deʀe] *a* ponderato(a).
pondre [pɔ̃dʀ(ə)] *vt* deporre, fare.
poney [pɔnɛ] *nm* pony *m*.
pont [pɔ̃] *nm* ponte *m;* **P~s et Chaussées** ≈ Genio civile.
ponte [pɔ̃t] *nf* deposizione *f* delle uova.
pontife [pɔ̃tif] *nm* pontefice *m*.
pontifier [pɔ̃tifje] *vi* pontificare.
pont-levis [pɔ̃lvi] *nm* ponte *m* levatoio.
populace [pɔpylas] *nf* plebaglia.
populaire [pɔpylɛʀ] *a* popolare; **populariser** *vt* popolarizzare; **popularité** *nf* popolarità *f inv*.
population [pɔpylɑsjɔ̃] *nf* popolazione *f*.
populeux, euse [pɔpylø, øz] *a* popoloso(a).
porc [pɔʀ] *nm* maiale *m; (peau)* cinghiale *m; (péj)* porco.
porcelaine [pɔʀsəlɛn] *nf* porcellana.
porcelet [pɔʀsəlɛ] *nm* porcellino.
porc-épic [pɔʀkepik] *nm* porcospino.
porche [pɔʀʃ(ə)] *nm* androne *m*.
porcherie [pɔʀʃəʀi] *nf* porcile *m*.
porcin, e [pɔʀsɛ̃, in] *a* suino(a), porcino(a).
pore [pɔʀ] *nm* poro; **poreux, euse** *a* poroso(a).
pornographie [pɔʀnɔgʀafi] *nf* pornografia.
port [pɔʀ] *nm* porto; *(d'une lettre)* affrancatura; **~ de commerce/pétrolier** porto mercantile/petrolifero.
portail [pɔʀtaj] *nm* portale *m*.
portant, e [pɔʀtɑ̃, ɑ̃t] *a* portante; **être bien/mal ~** *(personne)* stare bene/male.
portatif, ive [pɔʀtatif, iv] *a* portatile.
porte [pɔʀt(ə)] *nf* porta; *(d'un véhicule)* portiera; **~ cochère** portone *m;* **faire du ~ à ~** (*COMM*) fare il piazzista; **mettre qn à la ~** cacciare qd.
porte-à-faux [pɔʀtafo] *nm:* **en ~** in aggetto; *(fig)* in una situazione precaria.
porte-avions [pɔʀtavjɔ̃] *nm inv* portaerei *f inv*.
porte-bagages [pɔʀtbagaʒ] *nm inv* portapacchi *m inv*.
porte-documents [pɔʀtdɔkymɑ̃] *nm inv* portacarte *m inv*.
portée [pɔʀte] *nf* portata; (*MUS*) pentagramma *m;* **à (la) ~ de** a portata di; **à la ~ de qn** alla portata di qd; **être hors de ~ (de)** non essere alla portata (di).
portefeuille [pɔʀtəfœj] *nm* portafoglio; **faire un lit en ~** fare il sacco al letto.
porte-jarretelles [pɔʀtʒaʀtɛl] *nm* reggicalze *m inv*.
portemanteau, x [pɔʀtmɑ̃to] *nm* attaccapanni *m inv*.
porte-monnaie [pɔʀtmɔnɛ] *nm inv* borsellino, portamonete *m inv*.
porte-parole [pɔʀtpaʀɔl] *nm inv* portavoce *m inv*.
porter [pɔʀte] *vt* portare; *(fig: responsabilité)* avere; *(suj: jambes)* reggere; *(produire: fruits)* produrre; *(inscrire)* segnare // *vi (voix)* sentirsi bene; *(coup)* fare centro; *(fig: mots)* avere effetto; **~ sur** poggiare su; vertere su; rivolgere verso *ou* a; **se ~** *vr* portarsi; **se ~ bien/mal** star bene/male; **se ~ partie civile** costituirsi parte civile; **se ~ candidat** presentarsi come candidato; **~ plainte (contre qn)** sporgere denuncia (contro qd); **se faire ~ malade** darsi per ammalato; **~ un jugement sur qn/qch** formulare un giudizio su qd/qc; **porteur, euse** *nm/f* portatore/trice // *nm (de bagages)* facchino; *(en montagne)* portatore *m* // *a* portante; **fusée porteuse** missile vettore.

portier [pɔʀtje] *nm* portiere *m.*
portière [pɔʀtjɛʀ] *nf* portiera.
portillon [pɔʀtijɔ̃] *nm* portello.
portion [pɔʀsjɔ̃] *nf* porzione *f;* *(partie)* parte *f;* *(de terrain, route)* pezzo.
portique [pɔʀtik] *nm* portico, porticato.
portrait [pɔʀtʀɛ] *nm* ritratto.
portrait-robot [pɔʀtʀɛʀɔbo] *nm* identikit *m inv.*
portuaire [pɔʀtɥɛʀ] *a* portuale.
portugais, e [pɔʀtygɛ, ɛz] *a, nm/f* portoghese *(m).*
Portugal [pɔʀtygal] *nm* Portogallo.
pose [poz] *nf* posa.
posemètre [pozmɛtʀ(ə)] *nm* esposimetro.
poser [poze] *vt* posare; *(rideaux)* montare; *(fondements)* gettare; (*MATH*: *dans une opération)* scrivere; *(fig: établir)* porre, stabilire; *(: question, candidature)* porre // *vi* posare; **se** ~ *vr* posarsi; *(question, problème)* porsi; **se** ~ **en** atteggiarsi a.
positif, ive [pozitif, iv] *a* positivo(a).
position [pozisjɔ̃] *nf* posizione *f.*
posséder [pɔsede] *vt* possedere, avere; *(fig: langue, suj: démon)* possedere; ~ **le pouvoir** detenere il potere; **possesseur** *nm* possessore *m;* **possession** *nf* possesso; **possessions** *fpl (terres, colonies)* possedimenti *mpl.*
possibilité [pɔsibilite] *nf* possibilità *f inv.*
possible [pɔsibl(ə)] *a* possibile // *nm* possibile *m;* **autant que** ~ per quanto possibile; **aussitôt/dès que** ~ non appena possibile; **au** ~ *(gentil, brave, etc)* estremamente.
postal, e, aux [pɔstal, o] *a* postale.
poste [pɔst(ə)] *nf* posta // *nm* posto; *(dans un bureau: téléphone)* interno; *(du budget)* voce *f;* ~ **(de radio)** *nm* radio *f;* ~ **(de télévision)** *nm* televisore *m;* **P~s, Télégraphes, Téléphones (P.T.T.)** Poste e Telecomunicazioni (P.T.); **bureau de** ~ ufficio postale, posta; ~ **(de police)** *nm* commissariato (di polizia); ~ **de secours** *nm* (posto di) pronto soccorso; ~ **d'incendie** *nm* idrante *m;* ~ **émetteur** *nm* (*RADIO, TV*) emittente *f.*
poster [pɔste] *vt* imbucare; *(soldats, personne)* disporre, piazzare; **se** ~ *vr* appostarsi // *nm* poster *m inv*, manifesto.
postérieur, e [pɔsteʀjœʀ] *a* posteriore // *nm (fam)* didietro *inv (fam)*, sedere *m.*
posteriori [pɔsteʀjɔʀi]: **à** ~ *ad* a posteriori.
postérité [pɔsteʀite] *nf* posteri *mpl.*
posthume [pɔstym] *a* postumo(a).
postiche [pɔstiʃ] *a* posticcio(a) // *nm* toupet *m*, parrucchino.
postillonner [pɔstijɔne] *vi* sputacchiare *(parlando).*
postposition [pɔstpozisjɔ̃] *nf* posposizione *f.*
postulant, e [pɔstylɑ̃, ɑ̃t] *nm/f* candidato/a.
postulat [pɔstyla] *nm* postulato.
postuler [pɔstyle] *vt* sollecitare.
posture [pɔstyʀ] *nf* posizione *f;* **être en bonne/mauvaise** ~ *(fig)* trovarsi in buone/cattive acque.
pot [po] *nm* vaso; *(à eau, lait)* brocca; *(fam: chance)* fortuna; ~ **à confitures/de confiture** barattolo per/di marmellata; ~ **de yaourt/de crème** vasetto di yogurt/di crema; **boire** *ou* **prendre un** ~ *(fam)* bere qualcosa; ~ **d'échappement** (*AUTO*) marmitta, tubo di scappamento.
potable [pɔtabl(ə)] *a* potabile; *(fam: travail)* passabile.
potage [pɔtaʒ] *nm* minestra.
potager, ère [pɔtaʒe, ɛʀ] *a:* **plante ~ère** ortaggio; **(jardin)** ~ orto.
potasse [pɔtas] *nf* potassa.

pot-au-feu [pɔtofø] *nm inv* lesso, bollito misto.
pot-de-vin [podvɛ̃] *nm* bustarella.
poteau, x [pɔto] *nm* palo; ~ **indicateur** cartello stradale.
potelé, e [pɔtle] *a* paffuto(a), rotondetto(a).
potence [pɔtɑ̃s] *nf* forca.
potentiel, le [pɔtɑ̃sjɛl] *a, nm* potenziale *(m)*.
poterie [pɔtʀi] *nf* ceramica.
potiche [pɔtiʃ] *nf* grande vaso di porcellana.
potier [pɔtje] *nm* vasaio.
potins [pɔtɛ̃] *nmpl* pettegolezzi *mpl.*
potion [posjɔ̃] *nf* pozione *f.*
potiron [pɔtiʀɔ̃] *nm* zucca.
pou, x [pu] *nm* pidocchio.
poubelle [pubɛl] *nf* pattumiera, bidone *m* della spazzatura.
pouce [pus] *nm* pollice *m.*
poudre [pudʀ(ə)] *nf* polvere *f; (fard)* cipria; *(explosif)* polvere (da sparo); **poudrer** *vt* incipriare; **poudreux, euse** *a* polveroso(a); *(neige)* farinoso(a); **poudrier** *nm* portacipria *m inv;* **poudrière** *nf* polveriera.
pouf [puf] *nm* pouf *m inv.*
pouffer [pufe] *vi:* ~ **de rire** scoppiare a ridere.
pouilleux, euse [pujø, øz] *a* pieno(a) di pidocchi, pulcioso(a); *(quartier)* sudicio(a).
poulailler [pulɑje] *nm* pollaio; (THEATRE: *fam)* piccionaia *(fam),* loggione *m.*
poulain [pulɛ̃] *nm* puledro; *(sportif)* allievo.
poularde [pulaʀd(ə)] *nf* pollastra.
poule [pul] *nf* gallina; (SPORT) girone *m;* ~ **au pot** (CULIN) gallina lessa.
poulet [pulɛ] *nm* pollo, pollastro; *(fam: policier)* piedipiatti *m inv.*
pouliche [puliʃ] *nf* puledra, cavallina.
poulie [puli] *nf* puleggia, carrucola; (NAUT) bozzello.
pouls [pu] *nm* polso; **prendre le ~ de qn** sentire il polso a qd.
poumon [pumɔ̃] *nm* polmone *m;* **crier à pleins ~s** *(fig)* gridare a squarciagola.
poupe [pup] *nf* poppa.
poupée [pupe] *nf* bambola; **jouer à la** ~ giocare con le bambole.
pouponnière [pupɔnjɛʀ] *nf* (asilo) nido.
pour [puʀ] *prép* per; ~ **que** *(but)* affinchè, perchè; ~ **autant que** per quanto.
pourboire [puʀbwaʀ] *nm* mancia.
pourcentage [puʀsɑ̃taʒ] *nm* percentuale *f.*
pourchasser [puʀʃase] *vt* dar la caccia a, inseguire.
pourparlers [puʀpaʀle] *nmpl* trattative *fpl.*
pourpre [puʀpʀ(ə)] *nf, nm* porpora // *a (couleur)* (rosso) porpora *inv.*
pourquoi [puʀkwa] *ad, nm inv* perché *(m inv);* ~ **pas?** perché no?; **c'est ~...** per questo..., perciò... .
pourrir [puʀiʀ] *vi* marcire // *vt* far marcire; *(fig)* corrompere; **pourriture** *nf* putrefazione *f; (ce qui est pourri, fig)* marciume *m.*
poursuite [puʀsɥit] *nf* inseguimento; *(fig: recherche)* ricerca; *(continuation)* proseguimento; ~**s** *fpl* (JUR) azione *f* giudiziaria.
poursuivant, e [puʀsɥivɑ̃, ɑ̃t] *nm/f* inseguitore/trice.
poursuivre [puʀsɥivʀə)] *vt* inseguire; *(suj: cauchemar, idée)* perseguitare; *(fig: rechercher: but)* perseguire; *(continuer)* proseguire; **se** ~ *vr* proseguire, continuare; ~ **qn en justice** perseguire qd in giudizio.
pourtant [puʀtɑ̃] *ad* eppure.
pourtour [puʀtuʀ] *nm* perimetro.
pourvoi [puʀvwa] *nm* ricorso.
pourvoir [puʀvwaʀ] *vt* dotare // *vi:* ~ **à qch** provvedere a qc; ~ **à un**

emploi coprire un posto (di lavoro); ~ qn de qch fornire qc a qd; se ~ vr: se ~ de qch munirsi *ou* fornirsi di qc; se ~ (en cassation, *etc*) ricorrere (in Cassazione, *etc*).
pourvu, e [puʀvy] *a*: ~ de fornito *ou* provvisto di; ~ **que** *conj* purchè.
pousse [pus] *nf* germoglio.
poussée [puse] *nf* spinta, pressione *f;* (MED: *de fièvre*) accesso.
pousser [puse] *vt* spingere; *(produire: hurlement)* lanciare; *(études etc)* approfondire // *vi* spingere; *(plante, cheveux, etc)* crescere; *(fig: naître)* spuntare; **se** ~ *vr* farsi in là; ~ **qn à bout** *(fig)* far uscire dai gangheri qd.
poussette [pusɛt] *nf* passeggino.
poussière [pusjɛʀ] *nf* polvere *f;* (PHYS) pulviscolo; **une** ~ un granello di polvere; **deux cents francs et des** ~**s** duecento franchi e rotti *(inv);* **poussiéreux, euse** *a* polveroso(a).
poussif, ive [pusif, iv] *a* asmatico(a).
poussin [pusɛ̃] *nm* pulcino.
poutre [putʀ(ə)] *nf* trave *f;* ~**s apparentes** travi a vista; **poutrelle** *nf* travicello; (CONSTR) putrella.
pouvoir [puvwaʀ] *vt, vb impersonnel* potere // *nm* potere *m;* (JUR: *procuration)* procura; **les** ~**s publics** (ADMIN) i pubblici poteri; **il se peut que** può darsi che; **cela ne se peut pas** non è possibile; **ça se peut** può darsi.
prairie [pʀeʀi] *nf* prato, prateria.
praliné, e [pʀaline] *a* pralinato(a).
praticable [pʀatikabl(ə)] *a* praticabile.
praticien, ne [pʀatisjɛ̃, ɛn] *nm/f* medico *(m).*
pratiquant, e [pʀatikɑ̃, ɑ̃t] *a, nm/f* praticante *(m/f).*
pratique [pʀatik] *nf* pratica; *(usage)* prassi *f inv,* pratica; **dans la** ~, **en** ~ in pratica // *a* pratico(a); **exercices/travaux** ~**s** (SCOL) esercitazioni *fpl.*
pratiquer [pʀatike] *vt, vi* praticare.
pré [pʀe] *nm* prato.
préalable [pʀealabl(ə)] *a* preliminare // *nm* condizione *f* preliminare; **sans avis** ~ senza preavviso; **au** ~ prima (di tutto).
préambule [pʀeɑ̃byl] *nm* preambolo.
préavis [pʀeavi] *nm* preavviso; ~ **(de licenciement/de congé)** preavviso.
précaire [pʀekɛʀ] *a* precario(a).
précaution [pʀekosjɔ̃] *nf* precauzione *f;* **avec** ~ con cautela *ou* precauzione; **par** ~ **(contre qch)** per precauzione (in caso di qc).
précédemment [pʀesedamɑ̃] *ad* precedentemente, in precedenza.
précédent, e [pʀesedɑ̃, ɑ̃t] *a, nm* precedente *(m);* **sans** ~ senza precedenti.
précéder [pʀesede] *vt* precedere.
précepte [pʀesɛpt(ə)] *nm* precetto.
prêcher [pʀeʃe] *vt, vi* predicare.
précieux, euse [pʀesjø, øz] *a* prezioso(a).
précipice [pʀesipis] *nm* precipizio.
précipitamment [pʀesipitamɑ̃] *ad* precipitosamente.
précipitation [pʀesipitɑsjɔ̃] *nf* precipitazione *f.*
précipité, e [pʀesipite] *a* precipitoso(a).
précipiter [pʀesipite] *vt* gettare giù, far precipitare; *(accélérer: pas)* affrettare; **se** ~ *vr* gettarsi, buttarsi; **se** ~ **sur qn** scagliarsi contro qd.
précis, e [pʀesi, iz] *a* preciso(a) // *nm* compendio; **précisément** *ad* con precisione; *(dans une réponse)* esattamente; *(justement)* proprio; **ma vie n'est pas précisément distrayante** la mia vita non è proprio divertente; **préciser** *vt* precisare; **se préciser** *vr* andare delineandosi;

précision *nf* precisione *f* // *nfpl* precisazioni *fpl*.
précoce [pʀekɔs] *a* precoce.
préconçu, e [pʀekɔ̃sy] *a* preconcetto(a).
préconiser [pʀekɔnize] *vt* raccomandare.
précurseur [pʀekyʀsœʀ] *nm* precursore // *a* premonitore(trice).
prédécesseur [pʀedesesœʀ] *nm* predecessore *m*.
prédestiner [pʀedɛstine] *vt* predestinare.
prédiction [pʀediksjɔ̃] *nf* predizione *f*.
prédilection [pʀedilɛksjɔ̃] *nf* predilezione *f*; **de ~** prediletto(a).
prédire [pʀediʀ] *vt* predire.
prédisposer [pʀedispoze] *vt* predisporre.
prédominer [pʀedɔmine] *vi* predominare.
préface [pʀefas] *nf* prefazione *f*; **préfacer** *vt* scrivere la prefazione di.
préfectoral, e, aux [pʀefɛktɔʀal, o] *a* prefettizio(a).
préfecture [pʀefɛktyʀ] *nf* prefettura; *(ville)* ≈ capoluogo di provincia; **~ de police** ≈ Questura.
préférable [pʀefeʀabl(ə)] *a* preferibile.
préféré, e [pʀefeʀe] *a, nm/f* preferito(a).
préférence [pʀefeʀɑ̃s] *nf* preferenza; **de ~** *ad* preferibilmente; **de ~/par ~ à** *prép* piuttosto che; **n'avoir pas de ~** non avere preferenze; **préférentiel, le** *a* preferenziale.
préférer [pʀefeʀe] *vt* preferire.
préfet [pʀefɛ] *nm* prefetto; **~ de police** ≈ questore *m*.
préfixe [pʀefiks] *nm* prefisso.
préhistoire [pʀeistwaʀ] *nf* preistoria.
préjudice [pʀeʒydis] *nm* pregiudizio, danno; **porter ~ à** recare danno a; **au ~ de** a danno di.
préjugé [pʀeʒyʒe] *nm* pregiudizio, preconcetto.
prélasser [pʀelɑse]: **se ~** *vr* lasciarsi andare.
prélat [pʀela] *nm* prelato.
prélèvement [pʀelɛvmɑ̃] *nm* prelevamento; (*MED*) prelievo.
prélever [pʀelve] *vt* prelevare.
préliminaire [pʀelimineʀ] *a* preliminare.
prélude [pʀelyd] *nm* preludio.
prématuré, e [pʀematyʀe] *a, nm/f* prematuro(a).
préméditation [pʀemeditɑsjɔ̃] *nf* premeditazione *f*.
préméditer [pʀemedite] *vt* premeditare.
premier, ière [pʀəmje, jɛʀ] *a, nm/f* primo(a); **au ~ abord** a prima vista, di primo acchito; **au** *ou* **du ~ coup** al primo colpo; **de première importance** di primaria importanza; **à la première heure** (molto) presto; **premièrement** *ad* in primo luogo, innanzitutto.
prémisse [pʀemis] *nf* premessa.
prémolaire [pʀemɔlɛʀ] *nf* premolare *m*.
prémonition [pʀemɔnisjɔ̃] *nf* premonizione *f*.
prémunir [pʀemyniʀ]: **se ~ contre qch** *vr* premunirsi contro qc.
prendre [pʀɑ̃dʀ(ə)] *vt* prendere; *(se procurer: essence)* fare; *(nouvelles, avis)* chiedere; *(ton, attitude, responsabilité)* assumere; *(acquérir: de la valeur)* acquistare; *(s'accorder: congé, repos)* prendersi; *(demander: somme, prix)* volere, chiedere // *vi* prendere; *(liquide)* rapprendersi; *(bouture, greffe)* attecchire; *(plaisanterie, mensonge)* attaccare; *(feu, allumette)* accendersi; **se ~** *vr* prendersi; **se ~ pour qn** credersi qd; **~ la défense de qn** prendere le difese di qd; **~ l'air** prendere una boccata d'aria; **~ son temps** indugiare; ~

sa retraite andare in pensione; ~ qn en faute cogliere qd in fallo; ~ un bain/une douche fare un bagno/ una doccia; ~ congé de qn congedarsi da qd; ~ sur soi *(supporter)* assumersi; ~ sur soi de faire qch assumersi la responsabilità *ou* l'impegno di fare qc; ~ du plaisir à qch prendere gusto a qc; à tout ~ tutto sommato; s'en ~ à *(personne)* prendersela con; se ~ d'affection/ d'amitié pour qn provare affetto/ amicizia per qd; s'y ~ fare; procedere; il faudra s'y ~ à l'avance bisognerà occuparsene in anticipo.

preneur, euse [pʀənœʀ, øz] *nm/f* acquirente *m/f*; *(JUR: locataire)* affittuario/a.

prénom [pʀenɔ̃] *nm* nome *m* (di battesimo).

préoccupation [pʀeɔkypɑsjɔ̃] *nf* preoccupazione *f*.

préoccuper [pʀeɔkype] *vt* preoccupare; **se** ~ *vr* preoccuparsi.

préparatifs [pʀepaʀatif] *nmpl* preparativi *mpl*.

préparation [pʀepaʀɑsjɔ̃] *nf* preparazione *f*; *(CHIM, PHARMACIE)*preparato.

préparatoire [pʀepaʀatwaʀ] *a* preparatorio(a).

préparer [pʀepaʀe] *vt* preparare; **se** ~ *vr* prepararsi; ~ **la table** apparecchiare la tavola.

prépondérant, e [pʀepɔ̃deʀɑ̃, ɑ̃t] *a* preponderante.

préposé, e [pʀepoze] *nm/f* addetto/ a; ~ **des Postes** postino/a, portalettere *m/f inv*.

préposition [pʀepozisjɔ̃] *nf* preposizione *f*.

prérogative [pʀeʀɔgativ] *nf* prerogativa.

près [pʀɛ] *ad* vicino; ~ **de** *prép* vicino a; *(environ)* circa; **de** ~ *ad* da vicino; *(attentivement)* attentamente; **la maison est très** ~ **(de...)** la casa è molto vicina (a...); **être** ~ **de faire qch** essere sul punto di fare qc; **à 5 minutes** ~ 5 minuti più, 5 minuti meno; **au millimètre** ~ al millimetro; **à cela** ~ a parte *ou* tranne ciò.

présage [pʀezaʒ] *nm* presagio.

présager [pʀezaʒe] *vt* prevedere, presagire.

presbyte [pʀɛsbit] *a, nm/f* presbite *(m/f)*.

presbytère [pʀɛsbitɛʀ] *nm* canonica.

presbytie [pʀɛsbisi] *nf* presbiopia.

prescription [pʀɛskʀipsjɔ̃] *nf* prescrizione *f*.

prescrire [pʀɛskʀiʀ] *vt* prescrivere.

préséance [pʀeseɑ̃s] *nf* precedenza.

présence [pʀezɑ̃s] *nf* presenza; **en** ~ *(fig: personnes, parties)* a confronto.

présent, e [pʀezɑ̃, ɑ̃t] *a* presente; *(époque, siècle)* presente, attuale // *nm/f* presente *m/f* // *nmpl* presenti *mpl*; **à** ~ ora, adesso; **dès à** ~ (fin) da ora; **jusqu'à** ~ finora; **à** ~ **que** ora che.

présentation [pʀezɑ̃tɑsjɔ̃] *nf* presentazione *f*.

présenter [pʀezɑ̃te] *vt* presentare; *(fig: offrir: spectacle, vue)* offrire; *(condoléances, félicitations, excuses)* porgere // *vi*: ~ **mal/bien** presentarsi bene/male; **se** ~ *vr* presentarsi.

préservatif [pʀezɛʀvatif] *nm* preservativo.

préserver [pʀezɛʀve] *vt* preservare.

présidence [pʀezidɑ̃s] *nf* presidenza.

président [pʀezidɑ̃] *nm* presidente *m*; ~ **directeur général (P.D.G.)** presidente e amminstratore delegato; **présidente** *nf* presidentessa; **présidentiel, le** *a* presidenziale.

présider [pʀezide] *vt* presiedere // *vi*: ~ **à** sopraintendere a.

présomption [pʀezɔ̃psjɔ̃] *nf* supposizione *f; (JUR)* presunzione *f*.
présomptueux, euse [pʀezɔ̃ptɥø, øz] *a* presuntuoso(a).
presque [pʀɛsk(ə)] *ad* quasi; **presqu'île** *nf* penisola.
pressant, e [pʀɛsɑ̃, ɑ̃t] *a* pressante.
presse [pʀɛs] *nf* pressa; *(machine d'imprimerie)* macchina da stampa; **la ~** *(journaux)* la stampa; **mettre sous ~** dare alle stampe; **être sous ~** essere in corso di stampa.
pressé, e [pʀese] *a* frettoloso(a); *(urgent: lettre, besogne)* urgente; **être ~ (de faire qch)** avere fretta (di fare qc); **orange/citron ~(e)** spremuta di arancia/di limone.
presse-citron [pʀɛssitʀɔ̃] *nm inv* spremiagrumi *m inv*.
pressentiment [pʀesɑ̃timɑ̃] *nm* presentimento.
pressentir [pʀesɑ̃tiʀ] *vt* presentire.
presse-papiers [pʀɛspapje] *nm inv* fermacarte *m inv*.
presser [pʀese] *vt* premere; *(fruits)* spremere; *(olives)* torchiare; *(éponge)* strizzare; *(comprimer)* schiacciare, pigiare; *(accélérer)* affrettare // *vi* incalzare; **le temps presse** il tempo stringe; **rien ne presse** non c'è fretta; **se ~** *vr* affrettarsi, sbrigarsi; *(foule)* accalcarsi, affollarsi; **se ~ contre qn** stringersi contro qd; **~ qn entre** *ou* **dans ses bras** stringere qd tra le braccia.
pressing [pʀesiŋ] *nm* lavasecco *m inv*.
pression [pʀɛsjɔ̃] *nf* pressione *f*.
pressoir [pʀɛswaʀ] *nm* torchio.
pressurisé, e [pʀesyʀize] *a* pressurizzato(a).
prestataire [pʀɛstatɛʀ] *nm* beneficiario.
prestation [pʀɛstasjɔ̃] *nf* prestazione *f*; **~s** *fpl (allocations)* indennità *f inv*.
prestidigitation [pʀɛstidiʒitasjɔ̃] *nf* prestidigitazione *f*.
prestige [pʀɛstiʒ] *nm* prestigio; **prestigieux, euse** *a* prestigioso(a).
présumer [pʀezyme] *vt* presumere, supporre; **~ qn coupable/innocent** presumere che qd sia colpevole/innocente.
prêt, e [pʀɛ, ɛt] *a* pronto(a) // *nm* prestito, mutuo; **prêt-à-porter** *nm* prêt-a-porter *m*.
prétendre [pʀetɑ̃dʀ(ə)] *vt*: **~ faire qch** pretendere di fare qc; **~ que** pretendere che; *(déclarer)* sostenere di *+infinitif* // *vi*: **~ à** pretendere a; **prétendu, e** *a* sedicente.
prétentieux, euse [pʀetɑ̃sjø, øz] *a* pretenzioso(a).
prétention [pʀetɑ̃sjɔ̃] *nf* pretesa; **sans ~** senza pretese.
prêter [pʀete] *vt* prestare; *(attribuer)* attribuire // *vi*: **~ à** dare adito a; **~ à rire** suscitare le risa; **se ~** *vr*: **se ~ à** prestarsi a.
prétexte [pʀetɛkst(ə)] *nm* pretesto; **sous un ~ quelconque** con un pretesto qualsiasi; **sous aucun ~** per nessuna ragione; **sous (le) ~ que/de** col pretesto che/di; **prétexter** *vt* addurre a pretesto.
prêtre [pʀɛtʀ(ə)] *nm* prete *m*, sacerdote *m*.
preuve [pʀœv] *nf* prova; **jusqu'à ~ du contraire** fino a prova contraria; **faire ~ de** *(tolérance, désintéressement, etc)* dar prova di; **faire ses ~s** mostrare le proprie capacità; *(procédé)* dimostrare la propria validità; **~ par neuf** *(MATH)* prova del nove.
prévaloir [pʀevalwaʀ] *vi* prevalere; **se ~** *vr*: **se ~ de** (av)valersi di; *(se vanter de)* vantarsi di.
prévenant, e [pʀevnɑ̃, ɑ̃t] *a* premuroso(a).
prévenir [pʀevniʀ] *vt* prevenire; *(avertir)* avvertire, avvisare.
préventif, ive [pʀevɑ̃tif, iv] *a* preventivo(a).

prévention [pʀevɑ̃sjɔ̃] *nf* prevenzione *f*; (*JUR*) detenzione *f* preventiva; **P~ routière** *ente per la prevenzione degli incidenti stradali.*
prévenu, e [pʀevny] *nm/f* (*JUR*) imputato/a.
prévision [pʀevizjɔ̃] *nf* previsione *f.*
prévoir [pʀevwaʀ] *vt* prevedere.
prévoyance [pʀevwajɑ̃s] *nf* previdenza.
prier [pʀije] *vi, vt* pregare; **je vous en prie** *(politesse)* prego; **prière** *nf* preghiera; **à la prière de qn** su preghiera di qd; **prière de faire/ne pas faire qch** si prega di fare/di non fare qc.
primaire [pʀimɛʀ] *a* primario(a); *(fig: péj)* primitivo(a) // *nm:* **le ~** *ou* **l'école ~** la scuola elementare.
primauté [pʀimote] *nf* preminenza.
prime [pʀim] *nf* premio; *(objet gratuit)* omaggio, regalo // *a:* **de ~ abord** di primo acchito.
primer [pʀime] *vt* prevalere su; *(récompenser)* premiare // *vi* prevalere.
primeur [pʀimœʀ] *nf* primizia.
primitif, ive [pʀimitif, iv] *a* primitivo(a); *(le plus ancien: forme, texte)* originario(a), primo(a) // *nm* primitivo; **couleurs ~ives** *(du spectre)* colori fondamentali.
primordial, e, aux [pʀimɔʀdjal, o] *a* fondamentale.
prince [pʀɛ̃s] *nm* principe *m;* **~ charmant** principe azzurro; **princesse** *nf* principessa; **princier, ière** *a* principesco(a).
principal, e, aux [pʀɛ̃sipal, o] *a* principale // *nm* essenziale *m;* (*JUR*) principale *m.*
principauté [pʀɛ̃sipote] *nf* principato.
principe [pʀɛ̃sip] *nm* principio; **~s** *mpl (rudiments)* elementi *mpl;* **pour le ~, par ~** per principio; **en ~** in linea di massima.
printemps [pʀɛ̃tɑ̃] *nm* primavera.
prioritaire [pʀijɔʀitɛʀ] *a* prioritario(a); **personne/véhicule ~** persona/veicolo che ha la precedenza.
priorité [pʀijɔʀite] *nf* priorità *f inv; (droit de passage)* precedenza; **en ~** per primo(a), innanzitutto.
pris, e [pʀi, z] *pp de* **prendre** // *a* occupato(a); *(: personne)* impegnato(a), occupato(a); *(affecté subitement)* preso(a), affetto(a); *(crème)* rappreso(a); *(lac, etc)* gelato(a) // *nf* presa; *(endroit, moyen de tenir, d'attraper)* presa, appiglio; **lâcher ~e** lasciare la presa; *(fig)* mollare; **~e de vue** ripresa (cinematografica); **~e de son** registrazione *f* audio; **~e de sang** prelievo di sangue; **~e en charge** *(par un taxi)* diritto fisso di corsa; **avoir la gorge ~e** avere la gola infiammata.
priser [pʀize] *vt* fiutare.
prisme [pʀism(ə)] *nm* prisma *m.*
prison [pʀizɔ̃] *nf* carcere *m,* prigione *f;* **prisonnier, ière** *nm/f* prigioniero/a; *(en prison)* detenuto/a // *a* prigioniero(a).
privation [pʀivɑsjɔ̃] *nf* privazione *f.*
privé, e [pʀive] *a* privato(a); **de source ~e** da fonte riservata; **dans le ~** in privato; *(dans le secteur privé)* nel settore *m* privato.
priver [pʀive] *vt:* **~ qn de** privare qd di; **se ~** *vr* fare grossi sacrifici; **se ~ de** privarsi di, rinunciare a.
privilège [pʀivilɛʒ] *nm* privilegio; **privilégié, e** *a* privilegiato(a).
prix [pʀi] *nm* prezzo; *(récompense, épreuve sportive)* premio; **mettre à ~** *(aux enchères)* mettere all'asta; *(la tête de qn)* mettere una taglia su; **apprécier qch à son juste ~** apprezzare qc al suo giusto valore; **hors de ~** carissimo(a) *a,* **à aucun/à tout ~** a nessun/ad ogni costo; **à ~ d'or** a peso d'oro; **~ de**

revient prezzo di costo.

probabilité [pʀɔbabilite] *nf* probabilità *f inv;* **selon toute ~** con tutta probabilità.

probable [pʀɔbabl(ə)] *a* probabile.

probant, e [pʀɔbɑ̃, ɑ̃t] *a* probante.

probité [pʀɔbite] *nf* probità *f inv.*

problématique [pʀɔblematik] *a* problematico(a).

problème [pʀɔblɛm] *nm* problema *m.*

procédé [pʀɔsede] *nm* procedimento, processo; *(comportement)* comportamento, modo di fare.

procéder [pʀɔsede] *vi* procedere.

procédure [pʀɔsedyʀ] *nf* procedura; (*JUR*: *procès)* procedimento.

procès [pʀɔsɛ] *nm* processo, causa.

procession [pʀɔsesjɔ̃] *nf* processione *f.*

processus [pʀɔsesys] *nm* processo.

procès-verbal, aux [pʀɔsɛvɛʀbal, o] *nm* verbale *m.*

prochain, e [pʀɔʃɛ̃, ɛn] *a* prossimo(a) // *nm* prossimo; **à la ~e** a presto!, arrivederci!

proche [pʀɔʃ] *a* vicino(a); *(parent, cousin)* prossimo(a); *(ami)* stretto(a); **~ de** vicino a; **~s** *mpl (parents)* parenti *mpl;* **Proche-Orient** *nm* Medio Oriente *m.*

proclamation [pʀɔklamɑsjɔ̃] *nf* proclamazione *f; (écrit)* proclama *m.*

proclamer [pʀɔklame] *vt* proclamare.

procuration [pʀɔkyʀɑsjɔ̃] *nf* procura, delega; **voter/acheter par ~** votare/acquistare per procura.

procurer [pʀɔkyʀe] *vt* procurare; **se ~** *vr* procurarsi.

procureur [pʀɔkyʀœʀ] *nm* procuratore *m.*

prodige [pʀɔdiʒ] *nm, a inv* prodigio *(a inv);* **tenir du ~** avere del prodigioso; **prodigieux, euse** *a* prodigioso(a).

prodigue [pʀɔdig] *a* prodigo(a).

prodiguer [pʀɔdige] *vt* scialacquare; *(soins, attentions, etc)* prodigare; **se ~** *vr* prodigarsi.

producteur, trice [pʀɔdyktœʀ, tʀis] *a, nm/f* produttore(trice).

productif, ive [pʀɔdyktif, iv] *a* produttivo(a); *(rentable)* redditizio(a).

production [pʀɔdyksjɔ̃] *nf* produzione *f.*

productivité [pʀɔdyktivite] *nf* produttività *f inv.*

produire [pʀɔdɥiʀ] *vt* produrre; (*ADMIN, JUR*: *documents, témoins)* presentare // *vi* rendere; **se ~** *vr* prodursi; *(événement)* avvenire, succedere; **produit** *nm* prodotto; *(profit)* provento; **~s d'entretien** prodotti per la pulizia della casa; **~ national brut (PNB)** prodotto nazionale lordo (PNL); **~ intérieur brut (PIB)** prodotto interno lordo (PIL).

proéminent, e [pʀɔeminɑ̃, ɑ̃t] *a* prominente.

profane [pʀɔfan] *a, nm/f* profano(a).

proférer [pʀɔfeʀe] *vt* proferire.

professer [pʀɔfese] *vt* professare.

professeur [pʀɔfɛsœʀ] *nm* professore/essa.

profession [pʀɔfɛsjɔ̃] *nf* professione *f;* **professionnel, le** *a* professionale; *(écrivain, sportif)* professionista *(m/f); (sport)* professionistico(a) // *nm/f* professionista *m/f; (expert)* esperto/a, specialista *m/f; (ouvrier qualifié)* operaio/a specializzato(a).

professorat [pʀɔfɛsɔʀa] *nm* insegnamento.

profil [pʀɔfil] *nm* profilo; **profiler** *vt* profilare; **se profiler** *vr* profilarsi.

profit [pʀɔfi] *nm* profitto, vantaggio; (*COMM, FIN*) utile *m,* guadagno, profitto; **au ~ de qn** a vantaggio di qd; *(collecte, etc)* a favore di qd; **tirer ~ de qch** trarre profitto da qc; **faire son ~ de qch** approfittare di qc; **~s et pertes** (*COMM*) profitti e perdite; **profitable** *a* vantaggioso(a); **profiter** *vi* approfittare; **profiter de ce que...** approfittare del fatto che...; **profiter à qn** *(suj: entreprise)* rendere *ou* fruttare a qd; *(faire du bien)* giovare a qd.

profond, e [pʀɔfɔ̃, ɔ̃d] *a* profondo(a); *(erreur)* grave; **au plus ~ de** nel profondo di; **profondeur** *nf* profondità *f inv*.

profusion [pʀɔfyzjɔ̃] *nf* profusione *f*.

progéniture [pʀɔʒenityʀ] *nf* prole *f*.

programme [pʀɔgʀam] *nm* programma *m;* **programmer** *vt* programmare; **programmeur, euse** *nm/f* programmatore/trice.

progrès [pʀɔgʀɛ] *nm* progresso; *(fig: évolution)* evoluzione *f;* **progresser** *vi* progredire; *(avancer)* avanzare; **progressif, ive** *a* progressivo(a); **progression** *nf* progressione *f; (marche)* progresso, avanzata; *(augmentation)* aumento.

prohibitif, ive [pʀɔibitif, iv] *a* proibitivo(a).

proie [pʀwa] *nf* preda; **être la ~ de** essere vittima di; *(chose)* essere in preda a; **être en ~ à** essere in preda a.

projecteur [pʀɔʒɛktœʀ] *nm* proiettore *m*.

projectile [pʀɔʒɛktil] *nm* proiettile *m*.

projection [pʀɔʒɛksjɔ̃] *nf* proiezione *f*.

projet [pʀɔʒɛ] *nm* progetto; *(ébauche)* abbozzo, bozza; **faire des ~s** far progetti.

projeter [pʀɔʒte] *vt* proiettare; *(envisager: voyage, travaux)* progettare.

prolétaire [pʀɔletɛʀ] *nm* proletario; **prolétariat** *nm* proletariato.

proliférer [pʀɔlifeʀe] *vi* proliferare.

prolifique [pʀɔlifik] *a* prolifico(a).

prolixe [pʀɔliks(ə)] *a* prolisso(a).

prologue [pʀɔlɔg] *nm* prologo.

prolongation [pʀɔlɔ̃gɑsjɔ̃] *nf* prolungamento; *(délai)* proroga; **jouer les ~s** (*FOOTBALL*) giocare i tempi supplementari.

prolongement [pʀɔlɔ̃ʒmɑ̃] *nm* prolungamento; **~s** *mpl (suites)* sviluppi *mpl*, conseguenze *fpl;* **dans le ~ de** sul prolungamento di.

prolonger [pʀɔlɔ̃ʒe] *vt* prolungare; **se ~** *vr* protrarsi; *(route, chemin)* continuare.

promenade [pʀɔmnad] *nf* passeggiata; *(à la mer: rue)* lungomare *m;* **partir en ~** andarsene a spasso.

promener [pʀɔmne] *vt* portare a spasso; *(doigts: sur qch)* far scorrere; *(regard)* lasciar vagare; **se ~** *vr* passeggiare; **aller se ~** andare a spasso; **envoyer ~** *(fam: qn)* mandare al diavolo; *(: qch)* scaraventare per terra; **promeneur, euse** *nm/f* passante *m/f*.

promesse [pʀɔmɛs] *nf* promessa; **tenir sa ~** mantenere la promessa.

promettre [pʀɔmɛtʀ(ə)] *vt* promettere // *vi* promettere bene; **se ~** *vr* promettersi; **se ~ de** *(espérer)* ripromettersi di.

promiscuité [pʀɔmiskɥite] *nf* promiscuità *f inv*.

promontoire [pʀɔmɔ̃twaʀ] *nm* promontorio.

promoteur, trice [pʀɔmɔtœʀ, tʀis] *nm/f* promotore/trice.

promotion [pʀɔmosjɔ̃] *nf* promozione *f; (SCOL: élèves de la même année)* corso; **~ ouvrière/sociale** miglioramento della condizione operaia/sociale; **~ d'un quartier** valorizzazione *f* di un quartiere.

promouvoir [pʀɔmuvwaʀ] *vt* promuovere.

prompt, e [pʀɔ̃, ɔ̃t] *a* pronto(a).

promulguer [pʀɔmylge] *vt* promulgare.

pronom [pʀɔnɔ̃] *nm* pronome *m*.

prononcé, e [pʀɔnɔ̃se] *a* pronunciato(a), marcato(a).

prononcer [pʀɔnɔ̃se] *vt* pronunciare // *vi* (*JUR*) pronunciarsi; **se ~** *vr* pronunciarsi; **prononciation** *nf* pronuncia.

pronostic [pʀɔnɔstik] *nm* pronostico; (*MED*) prognosi *f inv*.

propagande [pʀɔpagɑ̃d] *nf* propaganda.

propager [pʀɔpaʒe] *vt* diffondere, propagare; **se ~** *vr* propagarsi.

prophétie [pʀɔfesi] *nf* profezia.

prophétiser [pʀɔfetize] *vt* profetizzare; *(prédire)* predire, annunciare.

propice [pʀɔpis] *a* propizio(a).

proportion [pʀɔpɔʀsjɔ̃] *nf* proporzione *f*; **à ~ de, en ~ de** in proporzione a; **en ~** *(suivant la même proportion)* altrettanto; **toute(s) ~(s) gardée(s)** fatte le debite proporzioni; **proportionnel, le** *a* proporzionale; **proportionner** *vt* adeguare, proporzionare.

propos [pʀɔpo] *nm* proposito, intenzione *f*; **~s** *mpl* parole *fpl*, discorsi *mpl*; **à quel ~?** a che proposito?; **à ~ (de)** a proposito (di); **à tout ~** ad ogni istante; **hors de ~** a sproposito; **il serait hors de ~ de...** sarebbe fuori luogo *ou* inopportuno...

proposer [pʀɔpoze] *vt* proporre; **se ~** *vr* offrirsi, proporsi; **se ~ de faire qch** proporsi di fare qc; **proposition** *nf* proposta; (*LING*) proposizione *f*.

propre [pʀɔpʀ(ə)] *a* pulito(a); *(intensif possessif)* proprio(a); **~ à** proprio(a) (di), caratteristico(a) (di); *(approprié à)* adatto(a) (a) // *nm:* **mettre** *ou* **recopier au ~** (*SCOL*) mettere *ou* ricopiare in bella; **au ~** *(au sens propre)* in senso proprio; **proprement** *ad* con proprietà, come si deve; *(exactement)* propriamente, precisamente; **à proprement parler** a dire il vero; **proprement dit** vero e proprio;

propreté *nf* pulizia.

propriétaire [pʀɔpʀijetɛʀ] *nm/f* proprietario/a; *(qui loue une maison)* padrone/a di casa.

propriété [pʀɔpʀijete] *nf* proprietà *f inv*.

propulser [pʀɔpylse] *vt* spingere; *(projeter)* scagliare; **propulsion** *nf* propulsione *f*.

prorata [pʀɔʀata] *nm inv:* **au ~ de** in proporzione a.

proroger [pʀɔʀɔʒe] *vt* prorogare; (*POL: assemblée)* aggiornare.

prosaïque [pʀozaik] *a* prosaico(a).

proscrire [pʀɔskʀiʀ] *vt* bandire; *(interdire)* proibire.

prose [pʀoz] *nf* prosa.

prosélytisme [pʀɔzelitism(ə)] *nm* proselitismo.

prospecter [pʀɔspɛkte] *vt* esplorare; (*COMM*) scandagliare.

prospectus [pʀɔspɛktys] *nm* prospetto *ou* volantino pubblicitario.

prospère [pʀɔspɛʀ] *a* prospero(a).

prospérer [pʀɔspeʀe] *vi* prosperare.

prosterner [pʀɔstɛʀne]: **se ~** *vr* prosternarsi.

prostituée [pʀɔstitɥe] *nf* prostituta.

protagoniste [pʀɔtagɔnist(ə)] *nm* protagonista *m/f*.

protecteur, trice [pʀɔtɛktœʀ, tʀis] *a* protettore (trice); *(action: de médicament, procédé)* protettivo(a); (*ECON*) protezionistico(a); *(air, ton)* superiore // *nm/f* protettore/trice.

protection [pʀɔtɛksjɔ̃] *nf* protezione *f*; **protectionnisme** *nm* protezionismo.

protège-cahier [pʀɔtɛʒkaje] *nm* copertina (per il quaderno).

protéger [pʀɔteʒe] *vt* proteggere; *(aider: personne)* appoggiare; **se ~** *vr:* **se ~ de qch/contre qch** proteggersi *ou* ripararsi da qc.

protéine [pʀɔtein] *nf* proteina.

protestant, e [pʀɔtɛstɑ̃, ɑ̃t] *a, nm/f*

protestante *(m/f)*.
protestation [pRɔtɛstɑsjɔ̃] *nf* protesta.
protester [pRɔtɛste] *vi, vt* protestare.
prothèse [pRɔtɛz] *nf* protesi *f inv*.
protocole [pRɔtɔkɔl] *nm* protocollo.
prototype [pRɔtɔtip] *nm* prototipo.
protubérance [pRɔtybeRɑ̃s] *nf* protuberanza.
proue [pRu] *nf* prua, prora.
prouesse [pRuɛs] *nf* prodezza.
prouver [pRuve] *vt* provare, dimostrare.
provenance [pRɔvnɑ̃s] *nf* provenienza.
provençal, e, aux [pRɔvɑ̃sal, o] *a, nm/f* provenzale *(m/f)*.
Provence [pRɔvɑ̃s] *nf* Provenza.
provenir [pRɔvniR]: ~ **de** *vi* (pro)venire da; *(résulter de)* derivare da.
proverbe [pRɔvɛRb(ə)] *nm* proverbio.
providence [pRɔvidɑ̃s] *nf* provvidenza.
province [pRɔvɛ̃s] *nf* provincia.
proviseur [pRɔvizœR] *nm* preside *m/f*.
provision [pRɔvizjɔ̃] *nf* provvista, scorta; *(acompte)* anticipo; (COMM: *dans un compte)* copertura; **chèque sans** ~ assegno a vuoto; **placard** *ou* **armoire à** ~**s** dispensa *(armadio)*.
provisoire [pRɔvizwaR] *a* provvisorio(a); **mise en liberté** libertà provvisoria.
provocant, e [pRɔvɔkɑ̃, ɑ̃t] *a* provocatorio(a); *(excitant)* provocante.
provocation [pRɔvɔkɑsjɔ̃] *nf* provocazione *f; (incitation)* istigazione *f*.
provoquer [pRɔvɔke] *vt* provocare; *(inciter)* istigare, incitare.
proxénète [pRɔksenɛt] *nm* protettore *m*.
proximité [pRɔksimite] *nf*: **à** ~ nelle vicinanze; **à** ~ **de** in prossimità di, vicino a.
prudence [pRydɑ̃s] *nf* prudenza, cautela; **par (mesure de)** ~ per prudenza.
prudent, e [pRydɑ̃, ɑ̃t] *a* prudente.
prune [pRyn] *nf* prugna, susina.
pruneau, x [pRyno] *nm* prugna secca.
prunelle [pRynɛl] *nf* pupilla.
prunier [pRynje] *nm* susino, prugno.
psaume [psom] *nm* salmo.
pseudonyme [psødɔnim] *nm* pseudonimo.
psychanalyse [psikanaliz] *nf* psicanalisi *f inv*.
psychiatre [psikjatR(ə)] *nm/f* psichiatra *m/f*.
psychiatrie [psikjatRi] *nf* psichiatria.
psychique [psiʃik] *a* psichico(a).
psychologie [psikɔlɔʒi] *nf* psicologia; **psychologue** *a, nm/f* psicologo(a).
Pte *abr de* **porte.**
P.T.T. *sigle fpl voir* **poste.**
pu [py] *pp de* **pouvoir.**
puanteur [pɥɑ̃tœR] *nf* fetore *m*, puzzo.
puberté [pybɛRte] *nf* pubertà *f inv*.
pubis [pybis] *nm* pube *m*.
public, ique [pyblik] *a* pubblico(a) // *nm* pubblico.
publication [pyblikɑsjɔ̃] *nf* pubblicazione *f*.
publicitaire [pyblisitɛR] *a* pubblicitario(a).
publicité [pyblisite] *nf* pubblicità *f inv*.
publier [pyblije] *vt* pubblicare.
puce [pys] *nf* pulce *f;* (INFORM) chip *m inv;* **les** ~**s** *fpl ou* **le marché aux** ~**s** *(fam)* il mercatino delle pulci.
pudeur [pydœR] *nf* pudore *m*.
pudique [pydik] *a* pudico(a).
puer [pɥe] *vt* puzzare di // *vi* puzzare.
puériculture [pɥeRikyltRis] *nf* puericultrice *f*.

puéril, e [pɥeʀil] *a* puerile.
puis [pɥi] *ad* poi; **et ~ c'est tout** e poi basta.
puiser [pɥize] *vt* attingere; ~ **dans** *(fig: exemple)* attingere da.
puisque [pɥisk(ə)] *conj* dato che, visto che, poiché; ~ **je te le dis!** visto che te lo dico io!
puissance [pɥisɑ̃s] *nf* potenza; *(pouvoir)* potere *m;* **deux (à la) ~ cinq** due (elevato) alla quinta; **puissant, e** *a* potente; *(homme, musculature)* poderoso(a).
puits [pɥi] *nm* pozzo.
pull(-over) [pulɔvœʀ] *nm* pullover *m inv*, golf *m inv*.
pulluler [pylyle] *vi* pullulare.
pulmonaire [pylmɔnɛʀ] *a* polmonare.
pulpe [pylp(ə)] *nf* polpa.
pulsation [pylsɑsjɔ̃] *nf* pulsazione *f*.
pulvérisateur [pylveʀizatœʀ] *nm* spruzzatore *m*, vaporizzatore *m*.
pulvériser [pylveʀize] *vt* polverizzare; *(liquide)* spruzzare.
punaise [pynɛz] *nf* cimice *f; (clou)* puntina (da disegno).
punch [pɔ̃ʃ] *nm* punch *m inv; (fam: dynamisme)* sprint *m inv*.
punir [pyniʀ] *vt* punire; ~ **qn de/pour avoir fait qch** punire qd per/per aver fatto qc; **punitif, ive** *a* punitivo(a); **punition** *nf* punizione *f*.
pupille [pypij] *nf* pupilla // *nm/f* pupillo/a; ~ **de l'État** orfano/a affidato all' assistenza pubblica; ~ **de la Nation** orfano/a di guerra.
pupitre [pypitʀ(ə)] *nm* leggio; (*SCOL*) banco; (*TECH*) console *f*.
pur, e [pyʀ] *a* puro(a); *(whisky, gin)* liscio(a); *(ciel)* limpido(a); *(intentions)* disinteressato(a).
purée [pyʀe] *nf* purè *m inv*.
pureté [pyʀte] *nf* purezza.
purgatif [pyʀgatif] *nm* purgante *m*.
purgatoire [pyʀgatwaʀ] *nm* purgatorio.
purge [pyʀʒ(ə)] *nf* purga.
purger [pyʀʒe] *vt* purgare; *(vidanger: conduite)* spurgare; (*JUR: peine)* scontare; (*POL: pays, région)* ripulire; *(: parti, armée, etc)* epurare.
purifier [pyʀifje] *vt* purificare.
purin [pyʀɛ̃] *nm* liquami *mpl*.
puritanisme [pyʀitanism(ə)] *nm* puritanesimo.
pur-sang [pyʀsɑ̃] *nm inv* purosangue *m inv*.
purulent, e [pyʀylɑ̃, ɑ̃t] *a* purulento(a).
pus [py] *nm* pus *m inv*.
pustule [pystyl] *nf* pustola.
putain [pytɛ̃] *nf (fam!)* puttana *(fam!)*.
putréfier [pytʀefje] *vt* far marcire; **se ~** *vr* putrefarsi, imputridire.
putsch [putʃ] *nm* colpo di stato.
puzzle [pœzl(ə)] *nm* puzzle *m*, rompicapo.
P.V. *sigle m (procès-verbal)* multa.
pygmée [pigme] *nm* pigmeo/a.
pyjama [piʒama] *nm* pigiama *m*.
pylône [pilon] *nm* pilone *m*.
pyramide [piʀamid] *nf* piramide *f*.
Pyrénées [piʀene] *nfpl*: **les ~** i Pirenei *mpl*.
pyromane [piʀɔman] *nm/f* piromane *m/f*.
python [pitɔ̃] *nm* pitone *m*.

Q

QG *voir* **quartier.**
QI *voir* **quotient.**
quadragénaire [kwadʀaʒenɛʀ] *a*, *nm/f* quarantenne *(m/f)*.
quadrilatère [kadʀilatɛʀ] *nm* quadrilatero.
quadrille [kadʀij] *nm* quadriglia.
quadriller [kadʀije] *vt* quadrettare; (*POLICE*) *suddividere a scacchiera una città o un territorio per facilitarne il controllo.*
quadrupède [kadʀypɛd] *a*, *nm* quadrupede *(m)*.
quadruple [kadʀypl(ə)] *a* qua-

druplo(a) // *nm* quadruplo; **quadrupler** *vt* quadruplicare // *vi* quadruplicarsi.

quai [ke] *nm* banchina, molo; *(d'une gare)* marciapiede *m; (:voie)* binario; *(d'un cours d'eau, canal)* argine *m*, alzaia; *(:voie publique)* lungofiume *m;* **être à ~** *(navire)* essere in banchina.

qualificatif, ive [kalifikatif, iv] *a* qualificativo(a) // *nm* epiteto.

qualification [kalifikɑsj] *nf* qualificazione *f; (professionnelle)* qualifica.

qualifier [kalifje] *vt* qualificare; **~ qch** *(appeler)* definire qc; **se ~** *vr* qualificarsi; **~ qn de sot** dare a qd dello stupido.

qualité [kalite] *nf* qualità *f inv; (titre, fonction)* qualifica; **avoir les ~s requises pour ...** avere i requisiti per ...; **en ~de** in qualità di; **avoir ~ pour** essere qualificato per.

quand [kɑ̃] *conj, ad* quando; **~ même** *ad:* **je te téléphonerai ~ même** ti telephonerò lo stesso *ou* ugualmente; **tu exagères ~ même** però esageri; **~ bien même il aurait ...** quand'anche avesse ....

quant [kɑ̃]: **~ à** *prép* quanto a.

quantifier [kɑ̃tifje] *vt* quantificare; (*PHYS*) quantizzare.

quantitatif, ive [kɑ̃titatif, iv] *a* quantitativo(a).

quantité [kɑ̃tite] *nf* quantità *f inv;* **une/des ~(s) de** un mucchio di, molto(a); **du travail/des accidents en ~** molto lavoro/molti incidenti.

quarantaine [karɑ̃tɛn] *nf* quarantina; *(isolement)* quarantena; **il a la ~** ha quarant'anni *mpl.*

quarante [karɑ̃t] *num* quaranta.

quart [kar] *nm* quarto; (*NAUT*) turno di guardia; **les trois ~s du temps** in genere; **il est moins le ~** sono le meno un quarto; **au ~ de tour** *(fig)* immediatamente.

quartette [kwartɛt] *nm* quartetto (jazzistico).

quartier [kartje] *nm* quartiere *m;* (*MIL*) caserma; *(de boeuf, de lune)* quarto; *(de fruit: petite tranche)* spicchio; **avoir ~ libre** (*MIL*) essere in libera uscita; **~ général (QG)** quartier generale.

quartz [kwarts] *nm* quarzo.

quasi [kazi] *préf:* **~-certitude** *nf* certezza quasi totale; **quasiment** *ad* quasi.

quaternaire [kwatɛrnɛr] *a* quaternario(a).

quatorze [katɔrz(ə)] *num* quattordici *m.*

quatre [katr(ə)] *num* quattro *m;* **manger comme ~** mangiare per quattro; **quatre-vingt-dix** *num* novanta; **quatre-vingts** *num* ottanta; **quatrième** *num* quarto(a).

quatuor [kwatɥɔr] *nm* quartetto.

que [k(ə)] *conj* che; *(après comparatif)* di; che; *voir* **plus, moins, autant**, *etc;* **si vous y allez ou ~ vous lui téléphoniez...** se ci andate o se gli telefonate...; **quand il rentrera et qu'il aura mangé** quando rientrerà e avrà mangiato; **ne ... ~:** **il ne boit ~ du vin** beve solo vino; **qu'il fasse ce qu'il voudra** (che) faccia pure quello che vuole; *voir* **avant, pour, tel,** *etc* // *ad:* **qu'il est bête/court vite** com'è stupido/come corre veloce; **~ de patience...!** quanta pazienza...! // *pron (relatif: objet direct)* che: *(interrogatif)* (che) cosa, che; **c'est une erreur ~ de croire ...** è un errore credere ...; **je ne sais ~ dire** non so (che) cosa *ou* che dire; **qu'est-ce qu'il fait** *ou* **que fait-il dans la vie?** (che) cosa *ou* che fa nella vita?.

quel, le [kɛl] *a (interrogatif, exclamatif)* che, quale; **~ que soit le coupable** chiunque sia il colpevole ...; **~ que soit votre avis** qualunque sia il vostro parere // *pron interrogatif:* **du tous ces enfants, ~ est le plus intelli-**

gent?. di tutti questi bambini, qual è il più intelligente?

quelconque [kɛlkk] *a* qualsiasi *inv*, qualunque *inv*; *(médiocre)* mediocre.

quelque [kɛlk(ə)] *dét* (un/una) qualche; *(un peu de)* un po' di; *(pl)* qualche *sg*, alcuni/e; **les ~s livres que ...** i pochi libri che ...; **les ~s maisons que ...** le poche case che ... // *ad*: **de ~ 100 mètres** di 100 metri circa; **~s projets que tu fasses** per quanti progetti *ou* qualunque progetto tu faccia; **20 kg et ~(s)** 20 kg e passa; **~chose** *pron* qualcosa; **~ chose d'autre** qualcos'altro; **y être pour ~ chose** entrarci; **~ part** da qualche parte; **~ peu** un po', alquanto; **en ~ sorte** in un certo (qual) modo.

quelquefois [kɛlkəfwa] *ad* qualche volta.

quelqu'un [kɛlkœ̃] *pron* qualcuno; **quelques-uns, -unes** *pron* alcuni/e; **quelques-uns/-unes des** qualcuno/a *sg* dei/delle, alcuni/e *pl* dei/delle; **~ d'autre** qualcun altro; **quelques-uns/-unes d'entre eux/elles** alcuni/e di loro.

qu'en-dira-t-on [kɑ̃diʀatɔ̃] *nm inv* dicerie *fpl*, chiacchiere *fpl*.

quenelle [kənɛl] *nf specie di polpetta di pesce o pollo.*

quenouille [kənuj] *nf* conocchia.

querelle [kəʀɛl] *nf* lite *f*; *(d'idées)* disputa.

quereller [kəʀele]: **se ~** *vr* litigare.

qu'est-ce que *(ou* **qui)** *voir* **que, qui.**

question [kɛstjɔ̃] *nf* domanda; *(problème)* questione *f*; **il est ~ de** si tratta di; **il n'en est pas ~** non se ne parla neppure; **en ~** in questione; **hors de ~** fuori discussione; **remettre/mettre en ~** rimettere/mettere in discussione; **~ argent tout est réglé** per quanto riguarda i soldi è tutto a posto; **questionnaire** *nm* questionario; **questionner** *vt* interrogare.

quête [kɛt] *nf* questua; *(recherche)* cerca, ricerca; **quêter** *vi* fare la questua.

quetsche [kwɛtʃ(ə)] *nf* susina, prugna; *(eau-de-vie)* grappa di prugne.

queue [kø] *nf* coda; *(de lettre, note)* gambo; *(de billard)* stecca; *(d'un fruit, d'une feuille)* picciolo; *(colonne: de voitures, personnes)* coda, fila; **se mettre à la ~** mettersi in coda *ou* fila; **faire une ~ de poisson à qn** (*AUTO*) tagliare la strada dopo un sorpasso; **histoire sans ~ ni tête** storia senza capo né coda; **à la ~ leu leu** in fila indiana; **queue-de-pie** *nf* frac *m inv*.

qui [ki] *pron (interrogatif)* chi; *(relatif: sujet)* che; *(:complément)* chi; *(: avec antécédent)*: **la personne avec ~ je l'ai rencontré ...** la persona con cui l'ho incontrato ...; **la dame chez ~ je suis allé** la signora da cui sono andato ...; **~ est-ce?** chi è?; **je ne sais pas ~ c'est** non so chi sia; **~ que** *+subjonctif* chiunque *+congiuntivo*; **~ que ce soit** chiunque.

quiche [kiʃ] *nf torta salata.*

quiconque [kikɔ̃k] *pron* chiunque.

quiétude [kjetyd] *nf* tranquillità *f inv*.

quignon [kiɲɔ̃] *nm*: **~ (de pain)** pezzo di pane; *(extrémité ronde)* culetto (del pane).

quille [kij] *nf* chiglia; **(jeu de) ~s** birilli *mpl*.

quincaillerie [kɛ̃kɑjʀi] *nf* ferramenta *fpl*; *(magasin)* negozio di ferramenta; *(péj: fam: bijoux)* chincaglieria.

quinine [kinin] *nf* chinino.

quinquagénaire [kɛ̃kaʒenɛʀ] *a* cinquantenne.

quinquennal, e, aux [kɛ̃kenal, o] quinquennale.

quintal, aux [kɛ̃tal, o] *nm* quintale *m*.
quinte [kɛ̃t] *nf*: ~ **(de toux)** accesso di tosse.
quintette [kɛ̃tɛt] *nm* quintetto.
quintuple [kɛ̃typl(ə)] *a* quintuplo(a) // *nm* quintuplo; **quintupler** *vt, vi* quintuplicare.
quinzaine [kɛ̃zɛn] *nf* quindicina; ~ **publicitaire** *ou* **commerciale** settimane *fpl* promozionali.
quinze [kɛ̃z] *num* quindici *m*; **le ~ de France** (*RUGBY*) la nazionale di rugby.
quiproquo [kipʀɔko] *nm* quiproquo *m inv*.
quittance [kitɑ̃s] *nf* quietanza, ricevuta.
quitte [kit] *a*: **être ~ envers qn** non avere più debiti verso qd; **nous sommes ~** siamo pari; ~ **ou double** *(jeu)* lascia o raddoppia.
quitter [kite] *vt* lasciare; ~ **la route** *(vehicule)* uscire di strada; **se ~** *vr* lasciarsi; **ne quittez pas** *(au téléphone)* resti in linea.
qui-vive [kiviv] *nm*: **être sur le ~** essere sul chi vive.
quoi [kwa] *pron (interrogatif)* (che) cosa; *(relatif: avec prép)* cui; **ce à ~ tu penses** ciò a cui pensi; **je ne sais ~ lui donner** non so (che) cosa dargli; ~ **faire?** (che)cosa fare?; **avoir de ~ écrire** avere di che scrivere; **avoir de ~ vivre** avere denaro; **après ~** dopo di che; **sans ~, faute de ~** altrimenti; **moyennant ~** grazie a cui; ~ **que** + *subjonctif* qualunque cosa +*congiuntivo*; ~ **qu'il en soit** comunque sia; ~ **que ce soit** qualunque *ou* qualsiasi cosa; **'il n'y a pas de quoi'** *(en réponse à un remerciement)* 'non c'è di che', 'prego'; **comme ~** da cui risulta che; ~ **de neuf** *ou* **de nouveau?** cosa c'è di nuovo?; **à ~ bon?** a che pro?
quoique [kwak(ə)] *conj* benché, sebbene.
quorum [kɔʀɔm] *nm* quorum *m inv*.
quota [kɔta] *nm* contingente *m*, percentuale *f*.
quote-part [kɔtpaʀ] *nf* quota.
quotidien, ne [kɔtidjɛ̃, ɛn] *a* quotidiano(a) // *nm* quotidiano.
quotient [kɔsjɑ̃] *nm* quoziente *m*; ~ **intellectuel (QI)** quoziente intellettuale.
quotité [kɔtite] *nf* aliquota; (*JUR*) quota.

R

rabâcher [ʀabɑʃe] *vt* continuare a ripetere.
rabais [ʀabɛ] *nm* ribasso, sconto; **vendre au ~** vendere a prezzi ridotti.
rabaisser [ʀabese] *vt* ridurre; *(dénigrer: personne, mérites)* sminuire.
rabatteur, euse [ʀabatœʀ, øz] *nm/f* battitore/trice; *(péj: de clients, etc)* procacciatore/trice.
rabattre [ʀabatʀ(ə)] *vt* chiudere; *(col)* abbassare; *(couture)* spianare; (*TENNIS*: *balle)* ribattere; (*COMM*) ribassare; *(gibier)* rimandare; *(orgueil, prétentions)* far abbassare; **se ~** *vr* abbassarsi, chiudersi; *(véhicule, coureur)* stringere bruscamente (di lato); **se ~ sur** *(fig)* ripiegare su.
rabbin [ʀabɛ̃] *nm* rabbino.
râble [ʀɑbl(ə)] *nm (du lièvre, lapin)* lombo.
rabot [ʀabo] *m* pialla; **raboter** *vt* piallare.
raboteux, euse [ʀabɔtø, øz] *a* accidentato(a).
rabougri, e [ʀabugʀi] *a* stentato(a), rachitico(a).
rabrouer [ʀabʀue] *vt* rimbrottare.
racaille [ʀakɑj] *nf (péj)* plebaglia, gentaglia.
raccommodage [ʀakɔmɔdaʒ] *nm* rammendo; **faire du ~**

rammendare.

raccommoder [Rakɔmɔde] *vt* rammendare; *(fam: réconcilier)* rappacificare, riconciliare.

raccompagner [Rakɔ̃paɲe] *vt* riaccompagnare.

raccord [Rakɔʀ] *nm* raccordo; ~ **de peinture** ritocco.

raccordement [Rakɔʀdəmɑ̃] *nm* allacciamento, collegamento; *(de voies)* raccordo.

raccorder [Rakɔʀde] *vt* collegare; ~ **qn au réseau du téléphone** allacciare qd alla rete telefonica.

raccourci [RakuRsi] *nm* scorciatoia; **en** ~ in sintesi; (*ART*) di scorcio.

raccourcir [RakuRsiR] *vt* accorciare // *vi* accorciarsi.

raccrocher [RakRɔʃe] *vt* riappendere; *(relier: paragraphes, idées)* ricollegare; *(fig: racoler: passants)* agganciare; **se** ~ **à** aggrapparsi a; *(suj: idée, chapitre)* ricollegarsi a; ~ **(le récepteur)** riattaccare, riagganciare.

race [Ras] *nf* razza; **racé, e** *a* di razza *loc inv; (fig: personne)* distinto(a).

rachat [Raʃa] *nm* riscatto.

racheter [Raʃte] *vt* ricomp(e)rare; (*COMM, REL, fig*) riscattare; **se** ~ *vr* riscattarsi.

rachitique [Raʃitik] *a* rachitico(a).

racial, e, aux [Rasjal, o] *a* razziale.

racine [Rasin] *nf* radice *f*; **prendre** ~ *(fig)* mettere le radici.

racisme [Rasism(ə)] *nm* razzismo; **raciste** *a, nm/f* razzista *m/f*.

raclée [Rɑkle] *nf (fam)* sacco di botte; *(: défaite)* batosta.

racler [Rɑkle] *vt* raschiare; *(casserole, plat)* grattare, pulire; *(tache)* raschiar via; *(fig: instrument)* strimpellare; *(suj: chose: frotter contre)* sfregare contro; ~ **les fonds de tiroirs** *(fam)* ripulire i cassetti; **se** ~ **la gorge** *(fig)* schiarirsi la voce.

raclette [Rɑklɛt] *nf* (*CULIN*) *specialità del Vallese a base di formaggio fuso.*

racoler [Rakɔle] *vt (suj: prostituée)* adescare; *(péj: suj: parti, marchand)* procacciarsi.

racontars [Rakɔ̃taR] *nmpl* pettegolezzi *mpl*, dicerie *fpl*.

raconter [Rakɔ̃te] *vt* raccontare.

racorni, e [Rakɔʀni] *a* indurito(a).

radar [RadaR] *nm* radar *m inv*.

rade [Rad] *nf* rada; **laisser en** ~ **qn/qch** piantare in asso qd/ accantonare qc; **la voiture est restée en** ~ la macchina è rimasta in panne.

radeau, x [Rado] *nm* zattera.

radial, e, aux [Radjal, o] *a* radiale.

radiateur [RadjatœR] *nm* radiatore *m*.

radiation [Radjɑsjɔ̃] *nf* radiazione *f*.

radical, e, aux [Radikal, o] *a* radicale.

radier [Radje] *vt* radiare.

radieux, euse [Radjø, øz] radioso(a).

radin, e [Radɛ̃, in] *a (fam)* tirchio(a).

radio [Radjo] *nf* radio *f inv; (radiographie)* radiografia // *nm (radionavigant)* marconista *m*; **faire une** ~ (*MED*) fare una lastra.

radioactif, ive [Radjɔaktif, iv] *a* radioattivo(a).

radiodiffuser [Radjɔdifyze] *vt* trasmettere (per radio).

radiographie [RadjɔgRafi] *nf* radiografia.

radiologie [Radjɔlɔʒi] *nf* radiologia.

radiophonique [Radjɔfɔnik] *a* radiofonico(a).

radioreportage [Radjɔʀ(ə)pɔʀtaʒ] *nm* radiocronaca.

radioscopie [Radjɔskɔpi] *nf* radioscopia.

radis [Radi] *nm* ravanello.

radium [Radjɔm] *nm* radio.

radoter [Radɔte] *vi* farneticare.

radoub [Radu] *nm*: **bassin de** ~

bacino di raddobbo *ou* carenaggio.
radoucir [ʀadusiʀ] *vt* raddolcire; **se ~** *vr* raddolcirsi.
rafale [ʀafal] *nf* raffica; *(de balles)* scarica; **souffler en ~s** soffiare a raffiche; **tir en ~** tiro a raffica.
raffermir [ʀafɛʀmiʀ] *vt* rassodare; *(fig: popularité, gouvernement)* rafforzare.
raffinage [ʀafinaʒ] *nm* raffinazione *f*.
raffinement [ʀafinmɑ̃] *nm* raffinatezza.
raffiner [ʀafine] *vt* raffinare; **raffinerie** *nf* raffineria.
raffoler [ʀafɔle]: **~ de** *vt* andar pazzo per.
raffut [ʀafy] *nm (fam)* cagnara, baccano.
rafistoler [ʀafistɔle] *vt (fam)* rabberciare.
rafle [ʀɑfl(ə)] *nf* retata.
rafler [ʀɑfle] *vt (fam)* rastrellare, razziare.
rafraîchir [ʀafʀeʃiʀ] *vt* rinfrescare; *(fig: peinture, vêtement)* dare una rinfrescata a // *vi:* **mettre du vin/une boisson à ~** mettere del vino/una bibita in fresco; **se ~** *vr* rinfrescarsi; **rafraîchissant, e** *a* rinfrescante; *(fig)* fresco(a).
ragaillardir [ʀagajaʀdiʀ] *vt (fam)* ricaricare, ringalluzzire.
rage [ʀaʒ] *nf* rabbia; **~ de...** *(folle envie)* smania di...; **~ de dents** fortissimo mal di denti; **faire ~** *(tempête, incendie etc)* infuriare.
rageur, euse [ʀaʒœʀ, øz] *a* collerico(a); *(ton)* rabbioso(a).
raglan [ʀaglɑ̃] *a:* **manches ~** maniche (a) raglan *inv*.
ragot [ʀago] *nm (fam)* pettegolezzo.
ragoût [ʀagu] *nm* spezzatino, stufato.
raid [ʀɛd] *nm* raid *m*, incursione *f*; (*SPORT*) raid *m*.
raide [ʀɛd] *a* rigido(a); *(cheveux)* dritto(a); *(tendu: câble)* teso(a); *(escarpé: sentier, pente)* ripido(a) // *ad:* **tomber ~ mort** cadere morto stecchito; **un sentier qui monte ~** un sentiero che si inerpica; **raideur** *nf* rigidezza, rigidità *f inv*; *(pente)* ripidezza; **raidir** *vt* irrigidire; *(tirer: câble, fil de fer)* tendere; **se raidir** irrigidirsi; *(câble)* tendersi.
raie [ʀɛ] *nf* riga; (*ZOOL*) razza.
raifort [ʀɛfɔʀ] *nm* rafano.
rail [ʀɑj] *nm* rotaia; **le ~** la ferrovia; **les ~s** *pl* il binario; **remettre sur les ~s** *(fig)* rimettere sul binario giusto.
railler [ʀɑje] *vt* prendere in giro, canzonare.
rainure [ʀenyʀ] *nf* scanalatura.
raisin [ʀɛzɛ̃] *nm (aussi:* **~s**) uva *sg*; **~s secs/de corinthe** uva passa/ sultanina.
raison [ʀɛzɔ̃] *nf* ragione *f*; *(motif)* ragione *f*, motivo; **à plus forte ~** a maggior ragione; **avoir ~ de qch** venire a capo di qc; **se faire une ~** farsene una ragione; **en ~ des circonstances** date le circostanze; **à ~ de** in ragione di; **pour la simple ~ que** per il semplice motivo che; **raisonnable** *a* ragionevole.
raisonnement [ʀɛzɔnmɑ̃] *nm* ragionamento.
raisonner [ʀɛzɔne] *vi* ragionare // *vt* far ragionare.
rajeunir [ʀaʒœniʀ] *vt* ringiovanire; *(moderniser)* rimodernare // *vi* ringiovanire.
rajouter [ʀaʒute] *vt* aggiungere ancora; **en ~** *(fig)* caricare la dose, esagerare.
rajuster [ʀaʒyste] *vt (salaires, prix)* adeguare, ritoccare; *(sa coiffure, sa cravate, etc)* riaggiustarsi; **se ~** *vr* rimettersi a posto.
râle [ʀɑl] *nm* rantolo.
ralenti [ʀalɑ̃ti] *nm* (*AUTO*) minimo; **au ~** (*AUTO*) al minimo; (*CINE, fig*) al rallentatore.
ralentir [ʀalɑ̃tiʀ] *vt, vi* rallentare.
râler [ʀɑle] *vi* rantolare; *(fam: protester)* brontolare.

ralliement [ralimɑ̃] *nm* raduno, adunata; *(adhésion: à une cause)* adesione *f*.
rallier [ralje] *vt* radunare; *(rejoindre: troupe)* raggiungere; *(: parti)* aderire a; *(gagner: suffrages)* raccogliere; **se ~** *vr* riunirsi; **se ~ à** aderire a.
rallonge [ralɔ̃ʒ] *nf* prolunga.
rallonger [ralɔ̃ʒe] *vt* allungare.
rallumer [ralyme] *vt* riaccendere.
rallye [rali] *nm* rally *m*.
ramassage [ramɑsaʒ] *nm* raccolta; **~ scolaire** trasporto degli alunni.
ramasser [ramɑse] *vt* raccogliere, raccattare; *(personne tombée)* tirar su; (*CARTES*) prendere su; *(cahiers)* ritirare; *(fam: arrêter)* arrestare; *(fam: attraper: maladie, correction)* beccarsi *(fam)*; **ramasseur, euse de balles** *nm/f* (*TENNIS*) raccattapalle *m inv*.
ramassis [ramɑsi] *nm (péj)* accozzaglia.
rambarde [rɑ̃bard(ə)] *nf* parapetto; (*NAUT*) battagliola.
rame [ram] *nf* remo; *(de métro)* convoglio; *(de papier)* risma.
rameau, x [ramo] *nm* ramoscello; **les R~x** (*REL*) domenica *sg* delle Palme.
ramener [ramne] *vt* riportare; **il a ramené des livres** è tornato con dei libri; **~ qn à la vie** rianimare qd; **~ qn à la raison** *(fig)* ricondurre qd alla ragione; **se ~** *vr (fam: arriver)* arrivare; **se ~ à** *(se réduire)* ridursi a.
ramer [rame] *vi* remare; **rameur, euse** *nm/f* rematore/trice.
ramier [ramje] *nm* colombaccio.
ramification [ramifikɑsjɔ̃] *nf* ramificazione *f*.
ramifier [ramifje]: **se ~** *vr* ramificarsi.
ramollir [ramɔlir] *vt* rammollire; **se ~** *vr* rammollirsi.
ramonage [ramɔnaʒ] *nm* pulitura.
ramoneur [ramɔnœr] *nm* spazzacamino.
rampe [rɑ̃p] *nf* rampa; *(d'escalier)* ringhiera; (*THEATRE*) ribalta; **~ de balisage** (*AVIAT*) luci di pista.
ramper [rɑ̃pe] *vi* strisciare; *(plante)* arrampicarsi.
rancard [rɑ̃kar] *nm (fam: rendez-vous)* appuntamento; *(: renseignement)* informazione *f*.
rancart [rɑ̃kar] *nm*: **mettre au ~** *(fam)* buttar via.
rance [rɑ̃s] *a* rancido(a).
rancœur [rɑ̃kœr] *nf* rancore *m*.
rançon [rɑ̃sɔ̃] *nf* riscatto; **la ~ du succès,** *etc (fig)* il prezzo del successo, *etc*.
rancune [rɑ̃kyn] *nf* rancore *m*; **garder ~ à qn (de qch)** serbare rancore a qd (per qc); **rancunier, ière** *a* vendicativo(a).
randonnée [rɑ̃dɔne] *nf* escursione *f*; **la ~** (*SPORT*) il trekking *m inv*.
rang [rɑ̃] *nm* fila; (*MIL*) riga; *(de perles)* filo; *(de tricot)* ferro; *(de crochet)* giro; *(grade, condition sociale)* rango; *(position dans un classement)* posto; **se mettre en ~s** mettersi in riga; **servir dans le ~** (*MIL*) essere soldato semplice; **au ~ de** *(parmi)* tra.
rangé, e [rɑ̃ʒe] *a* posato(a); *(vie)* ordinato(a) // *nf* fila.
ranger [rɑ̃ʒe] *vt* mettere in ordine; *(arranger, disposer)* disporre; *(fig: classer: au nombre de)* annoverare, classificare; **se ~** *vr* mettersi in fila; *(s'écarter)* scansarsi; *(fig: se rallier a)* schierarsi; *(fam: s'assagir)* mettere la testa a posto.
ranimer [ranime] *vt* rianimare; *(réveiller: colère, souvenir)* risvegliare; *(attiser: feu)* ravvivare.
rapace [rapas] *a, nm* rapace *(m)*.
rapatrier [rapatrije] *vt* rimpatriare.
râpe [rɑp] *nf* grattugia.
râpé, e [rɑpe] *a* liso(a), logoro(a); (*CULIN*) grattugiato(a) // *nm*

gruviera *m* grattugiato.

râper [ʀɑpe] *vt* grattugiare; *(gratter, racler)* raspare.

rapetasser [ʀaptase] *vt* rappezzare, rabberciare.

rapetisser [ʀaptise] *vt* rimpicciolire; *(fig: mérites)* sminuire; **se ~** *vr* rimpicciolire.

rapide [ʀapid] *a* rapido(a); *(esprit, intelligence)* pronto(a); (*SPORT*) veloce // *nm (train)* rapido; *(partie d'un cours d'eau)* rapida.

rapiécer [ʀapjese] *vt* rappezzare, rattoppare.

rappel [ʀapɛl] *nm* richiamo; (*THEATRE*) bis *m inv;* (*ADMIN*: *de salaire)* pagamento di arretrati; *(d'une aventure, d'un nom)* richiamo, ricordo; *(sur panneau de signalisation routière)* continua; **descente en ~** (*ALPINISME*) discesa a corda doppia.

rappeler [ʀaple] *vt* richiamare; *(acteur)* chiamare; *(évoquer)* evocare, ricordare; **~ qch à qn** ricordare qc a qd; **se ~ qn/qch** ricordare qd/qc, ricordarsi di qd/qc; **se ~ avoir fait qch** ricordarsi di aver fatto qc; **se ~ que...** ricordarsi che... .

rappliquer [ʀaplike] *vi (fam)* tornare; **se ~** *vr (fam)* arrivare.

rapport [ʀapɔʀ] *nm* rapporto; *(compte rendu)* rapporto, relazione *f; (profit: d'une terre, d'un immeuble)* reddito, rendita; **~ médical** referto medico; **par ~ à** riguardo a; *(par comparaison avec)* rispetto a; **sous le ~ de** dal punto di vista di; **avoir ~ à** riguardare.

rapporter [ʀapɔʀte] *vt* riportare; *(revenir avec: photographies, etc)* tornare con; (*COUTURE*: *poche, morceau de tissu)* applicare; *(suj: investissement, activité)* rendere; *(relater: faits, propos)* riferire; (*JUR*: *annuler)* annullare // *vi* rendere; (*SCOL*: *péj: moucharder)* far la spia; **~ qch à** *(fig: rattacher, ramener)* ricondurre *ou* ricollegare qc a; **se ~ à** riferirsi a; **s'en ~ à qn/au jugement de qn** rimettersi a qd/al giudizio di qd; **rapporteur, euse** *nm/f* relatore/trice; *(péj)* spia, spione/a // *nm* (*GEOM*) rapportatore *m.*

rapproché, e [ʀapʀɔʃe] *a* ravvicinato(a); **~ (de)** vicino (a).

rapprochement [ʀapʀɔʃmɑ̃] *nm* riavvicinamento; *(rapport)* accostamento.

rapprocher [ʀapʀɔʃe] *vt* avvicinare; *(réunir: personnes)* riavvicinare, unire; *(comparer: textes, opinions)* confrontare; **se ~** *vr* avvicinarsi; *(fig: familles, pays)* riavvicinarsi; **se ~ de** avvicinarsi a.

rapt [ʀapt] *nm* rapimento.

raquette [ʀakɛt] *nf* racchetta.

rare [ʀɑʀ] *a* raro(a); *(peu dense: cheveux, herbe)* rado(a).

raréfier [ʀaʀefje]: **se ~** *vr* rarefarsi.

rarement [ʀaʀmɑ̃] *ad* raramente, di rado.

rareté [ʀaʀte] *nf* rarità *f inv; (pénurie)* scarsità *f inv*, scarsezza.

ras, e [ʀɑ, ʀɑz] *a* rasato(a); *(poil: de tapis, animal)* raso(a); *(herbe)* basso(a) // *ad* cortissimo(a) *a;* **en ~e campagne** in aperta campagna; **à ~ bords** fino all'orlo; **à ~ de terre** raso terra; **au ~ de l'eau** a fior d'acqua; **au ~ du mur** rasente il muro; **en avoir ~ le bol** *(fam)* averne piene le scatole; **~ de cou** *a (pull, robe)* girocollo *inv.*

rase-mottes *nm inv:* **vol en ~** volo radente.

raser [ʀɑze] *vt* radere; *(fam: ennuyer)* scocciare; *(démolir: quartier)* radere al suolo; *(frôler: obstacle, surface)* rasentare, sfiorare; **se ~** *vr* radersi; *(fam: s'ennuyer)* scorciarsi; **se faire ~ le crâne à zéro** farsi rapare a zero; **rasoir** *nm* rasoio // *a inv (fam: ennuyeux)* barboso(a).

rassasier [Rasazje] *vt* saziare; *(fig)* appagare.

rassemblement [Rasɑ̃bləmɑ̃] *nm* raduno; *(attroupement)* assembramento; *(de choses)* raccolta; (*MIL*) adunata; (*POL: nom de parti*) unione *f*.

rassembler [Rasɑ̃ble] *vt* radunare; (*EQUITATION*) riunire; *(accumuler, amasser)* raccogliere; **se** ~ *vr* radunarsi; ~ **ses idées** *(fig)* concentrarsi.

rasseoir [RaswaR]: **se** ~ *vr* rimettersi a sedere.

rassis [Rasi] *am*: **pain** ~ pane raffermo.

rassurer [RasyRe] *vt* tranquillizzare.

rat [Ra] *nm* topo, ratto; *(fig: voleur)* topo.

ratatiné, e [Ratatine] *a* rattrappito(a); *(pomme)* raggrinzito(a); *(fig: fam)* distrutto(a).

ratatouille [Ratatuj] *nf* (*CULIN*) *misto di verdure cotte con olio.*

rate [Rat] *nf* milza.

raté, e [Rate] *a, nm/f* fallito(a) // *nm*: **faire un** ~ *(coup de feu)* fare cilecca; **le moteur a des ~s** (*AUTO*) il motore perde colpi.

râteau, x [Rɑto] *nm* rastrello.

râtelier [Rɑtəlje] *nm* rastrelliera; *(fam: dentier)* dentiera.

rater [Rate] *vi* far cilecca; *(échouer: affaire, projet, etc)* fallire // *vt* mancare; *(train)* perdere; *(gâcher: vie)* fallire; *(échouer à: examen)* essere bocciato(a) a; **elle a raté son gâteau** la torta non le è riuscita bene.

ratifier [Ratifje] *vt* ratificare.

ration [Rɑsjɔ̃] *nf* razione *f*.

rationnel, le [Rasjɔnɛl] *a* razionale.

rationnement [Rasjɔnmɑ̃] *nm* razionamento; **carte/ticket de** ~ tessera annonaria.

rationner [Rasjɔne] *vt* razionare; *(personne)* sottoporre a razionamento.

ratisser [Ratise] *vt* rastrellare.

rattacher [Rataʃe] *vt* legare di nuovo; *(incorporer: province)* annettere; *(relier)* collegare; *(: fig)* ricollegare; **se** ~ **à** *(fig)* ricollegarsi a, riallacciarsi a.

rattraper [RatRape] *vt* riprendere; *(atteindre, rejoindre)* raggiungere; *(récupérer: temps, argent)* ricuperare; *(réparer: imprudence, erreur)* rimediare a; **se** ~ *vr* rifarsi; *(compenser une perte de temps)* ricuperare; *(réparer, éviter une erreur, bévue)* riprendersi; **se** ~ **à** *(se raccrocher à)* aggrapparsi a.

rature [RatyR] *nf* cancellatura.

rauque [Rok] *a* rauco(a), roco(a).

ravage [Ravaʒ] *nm* strage *f*, devastazione *f*; **~s** *pl* danni *mpl*; **faire des ~s** *(suj: intempéries, guerre, etc)* avere effetti devastanti; *(fig: suj: séducteur)* far strage (di cuori).

ravager [Ravaʒe] *vt* devastare; *(fig: suj: maladie, chagrin, etc)* sconvolgere.

ravaler [Ravale] *vt* ripulire, rintonacare; *(avaler de nouveau)* ringoiare; ~ **sa colère/son dégoût** reprimere la collera/il disgusto.

rave [Rav] *nf* rapa.

ravi, e [Ravi] *a* estasiato(a); *(enchanté)* felicissimo(a), lietissimo(a).

ravier [Ravje] *nm* piatto ovale per antipasti.

ravigoter [Ravigɔte] *vt* *(fig: fam)* tirar su.

ravin [Ravɛ̃] *nm* gola, burrone *m*.

ravir [RaviR] *vt* entusiasmare, incantare; *(enlever de force)* rapire.

raviser [Ravize]: **se** ~ *vr* cambiare idea.

ravissant, e [Ravisɑ̃, ɑ̃t] *a* incantevole, bellissimo(a).

ravisseur, euse [RavisœR, øz] *nm/f* rapitore/trice.

ravitaillement [Ravitɑjmɑ̃] *nm* rifornimento; *(provisions)* prov-

viste *fpl*.
ravitailler [ʀavitaje] *vt* rifornire; **se ~ (en)** fare rifornimento (di).
raviver [ʀavive] *vt* ravvivare.
rayer [ʀeje] *vt* rigare; *(barrer)* depennare; *(d'un liste: radier)* radiare.
rayon [ʀɛjɔ̃] *nm* raggio; *(étagère)* ripiano, scaffale *m*; *(de grand magasin)* reparto; *(d'une ruche)* favo.
rayonnement [ʀɛjɔnmɑ̃] *nm* radiazione *f*; *(fig: d'un pays, d'une doctrine)* influenza.
rayonner [ʀɛjɔne] *vi* irradiarsi; *(être radieux)* essere raggiante; *(se propager)* diffondersi; *(avenues, axes, etc)* diramarsi; *(se déplacer)* fare giri.
rayure [ʀejyʀ] *nf* riga; *(éraflure)* graffio, riga; *(d'un fusil)* rigatura.
raz-de-marée [ʀɑdmaʀe] *nm inv* maremoto; *(fig)* sconvolgimento.
ré [ʀe] *nm* (*MUS*) re *m*.
réactif [ʀeaktif] *nm* reattivo.
réacteur [ʀeaktœʀ] *nm* reattore *m*.
réaction [ʀeaksjɔ̃] *nf* reazione *f*; **~ en chaîne** reazione a catena.
réagir [ʀeaʒiʀ] *vi* reagire.
réalisateur, trice [ʀealizatœʀ, tʀis] *nm/f* regista *m/f*.
réalisation [ʀealizɑsjɔ̃] *nf* realizzazione *f*; (*FIN*) realizzo.
réaliser [ʀealize] *vt* realizzare; **se ~** *vr* realizzarsi.
réaliste [ʀealist(ə)] *a* realistico(a); *(personne)* realista // *nm/f* realista *m/f*.
réalité [ʀealite] *nf* realtà *f inv*; **avoir le sens des ~s** avere il senso della realtà.
réarmement [ʀeaʀməmɑ̃] *nm* riarmo.
réarmer [ʀeaʀme] *vt* ricaricare // *vi* riarmarsi.
rébarbatif, ive [ʀebaʀbatif, iv] *a* sgradevole; *(ennuyeux)* barboso(a).
rebelle [ʀəbɛl] *a, nm/f* ribelle *(m/f)*.
rebeller [ʀ(ə)bele]: **se ~** *vr*: **se ~ contre** ribellarsi a.
rébellion [ʀebeljɔ̃] *nf* ribellione *f*; *(ensemble des rebelles)* ribelli *mpl*.
reboiser [ʀ(ə)bwaze] *vt* rimboschire.
rebond [ʀ(ə)bɔ̃] *nm* rimbalzo.
rebondir [ʀ(ə)bɔ̃diʀ] *vi* rimbalzare; *(fig: procès, conversation)* riaprirsi; **rebondissement** *nm* nuovo sviluppo.
rebord [ʀ(ə)bɔʀ] *nm* bordo, orlo; *(de fenêtre)* davanzale *m*.
rebours [ʀ(ə)buʀ]: **à ~** *ad* all'inverso; *(à rebrousse-poil)* contropelo; **à ~ de** contro.
rebouteux, euse [ʀ(ə)butø, øz] *nm/f (fam)* guaritore/trice.
rebrousse-poil: à ~ *ad* contropelo; *(fig)*: **prendre qn à ~** prendere qd per il verso sbagliato.
rebrousser [ʀ(ə)bʀuse] *vt*: **~ chemin** tornare indietro.
rebuffade [ʀ(ə)byfad] *nf* cattiva accoglienza.
rébus [ʀebys] *nm inv* rebus *m inv*.
rebut [ʀəby] *nm* scarto, rifiuto; **mettre/jeter qch au ~** eliminare *ou* buttar via qc.
rebuter [ʀ(ə)byte] *vt (suj: attitude, manières)* urtare, ripugnare.
récalcitrant, e [ʀekalsitʀɑ̃, ɑ̃t] *a* recalcitrante.
recaler [ʀ(ə)kale] *vt* (*SCOL*) bocciare.
récapituler [ʀekapityle] *vt* ricapitolare.
recel [ʀəsɛl] *nm* ricettazione *f*; **~ de malfaiteur** (*JUR*) favoreggiamento.
receler [ʀəs(ə)le] *vt* ricettare; *(malfaiteur, déserteur)* nascondere; *(fig: renfermer, contenir)* racchiudere.
receleur, euse [ʀəs(ə)lœʀ, øz] *nm/f* ricettatore/trice.
récemment [ʀesamɑ̃] *ad* recentemente, di recente.
recensement [ʀ(ə)sɑ̃smɑ̃] *nm* censimento.

recenser [ʀ(ə)sɑ̃se] *vt* censire; *(inventorier: ressources, possibilités, etc)* inventoriare.
récent, e [ʀesɑ̃, ɑ̃t] *a* recente.
récépissé [ʀesepise] *nm* ricevuta.
réceptacle [ʀesɛptakl(ə)] *nm* ricettacolo.
récepteur, trice [ʀesɛptœʀ, tʀis] *a* ricevente; (*ANAT*) recettore(trice) // *nm* ricevitore *m.*
réception [ʀesɛpsjɔ̃] *nf* ricevimento; (*PHYS, RADIO, TV*) ricezione *f; (accueil)* accoglienza; *(admission: dans un club)* ammissione *f; (d'un garage)* accettazione; (*SPORT*: *après un saut)* atterraggio; *(d'un bureau, hôtel)* reception *f inv;* **réceptionner** *vt* controllare la consegna di.
récession [ʀesesjɔ̃] *nf* recessione *f.*
recette [ʀ(ə)sɛt] *nf* ricetta; (*COMM*) incasso; (*FIN*: *bureau des impôts)* esattoria, ricevitoria; **~s** *fpl* (*COMM*) entrate *fpl.*
receveur, euse [ʀəsvœʀ, øz] *nm/f* ricevitore/trice; *(d'autobus)* bigliettaio/a.
recevoir [ʀəsvwaʀ] *vt* ricevere; *(modifications: suj: projet, affaire)* subire; (*SCOL*: *candidat)* promuovere // *vi* ricevere; **se ~** *vr* atterrare, ricadere; **être reçu** *(à un examen)* essere promosso.
rechange [ʀ(ə)ʃɑ̃ʒ]: **de ~** *a* di ricambio; **solution de ~** *(fig)* alternativa.
réchapper [ʀeʃape]: **~ de** *ou* **à** *vt* scampare a; **en ~** cavarsela.
recharge [ʀ(ə)ʃaʀʒ(ə)] *nf* ricambio, ricarica.
réchaud [ʀeʃo] *nm* fornello portatile; *(chauffe-plats)* scaldavivande *m inv.*
réchauffer [ʀeʃofe] *vt* riscaldare; *(fig: courage, zèle)* ravvivare; **se ~** *vr* riscaldarsi.
rêche [ʀɛʃ] *a* ruvido(a).
recherche [ʀ(ə)ʃɛʀʃ(ə)] *nf* ricerca; *(raffinement)* ricercatezza; **à la ~ de** alla ricerca *ou* in cerca di.
recherché, e [ʀ(ə)ʃɛʀʃe] *a* ricercato(a); *(demandé)* richiesto(a).
rechercher [ʀ(ə)ʃɛʀʃe] *vt* ricercare; *(objet égaré, amitié)* cercare.
rechigner [ʀ(ə)ʃiɲe] *vi:* **~ à qch/à faire qch** mostrarsi riluttante davanti a qc/a fare qc.
rechute [ʀ(ə)ʃyt] *nf* ricaduta.
récidive [ʀesidiv] *nf* recidiva; (*MED*) ricaduta.
récidiver [ʀesidive] *vi* essere recidivo(a); **récidiviste** *nm/f* recidivo/a.
récif [ʀesif] *nm* scoglio; *(groupe de rochers)* scogliera.
récipient [ʀesipjɑ̃] *nm* recipiente *m.*
réciproque [ʀesipʀɔk] *a* reciproco(a).
récit [ʀesi] *nm* racconto.
réciter [ʀesite] *vt* recitare.
réclamation [ʀeklamɑsjɔ̃] *nf* reclamo.
réclame [ʀeklam] *nf* pubblicità *f inv;* **article en ~** articolo in offerta di lancio.
réclamer [ʀeklame] *vt* reclamare; *(demander en insistant: aide)* invocare; *(necéssiter, requérir: suj: chose)* richiedere // *vi* reclamare.
reclus, e [ʀəkly, yz] *nm/f* recluso/a.
réclusion [ʀeklyzjɔ̃] *nf* reclusione *f.*
recoin [ʀəkwɛ̃] *nm* recesso.
récolte [ʀekɔlt(ə)] *nf* raccolta; *(produits récoltés)* raccolto.
récolter [ʀekɔlte] *vt* raccogliere.
recommandable [ʀ(ə)kɔmɑ̃dabl(ə)] *a* raccomandabile.
recommander [ʀ(ə)kɔmɑ̃de] *vt* raccomandare; **~ qn auprès de** *ou* **à qn** raccomandare qd a qd; **il est recommandé de...** si raccomanda di...; **se ~ à qn** raccomandarsi a qd; **se ~ de qn** fare (valere) il nome di qd; **se ~ par** *(montrer sa valeur)* segnalarsi per.
recommencer [ʀ(ə)kɔmɑ̃se] *vt, vi*

ricominciare.

récompense [rekɔ̃pɑ̃s] *nf* ricompensa; **recevoir qch en** ~ ricevere qc come ricompensa.

récompenser [rekɔ̃pɑ̃se] *vt* ricompensare; ~ **qn de** *ou* **pour qch** ricompensare qd per qc.

réconciliation [rekɔ̃siljɑsjɔ̃] *nf* riconciliazione *f.*

réconcilier [rekɔ̃silje] *vt* riconciliare; **se** ~ *vr* riconciliarsi.

reconduction [r(ə)kɔ̃dyksjɔ̃] *nf* rinnovo; (*POL*) proroga.

reconduire [r(ə)kɔ̃dɥir] *vt* (ri)accompagnare; (*JUR*) rinnovare; (*POL*) prorogare.

réconfort [rekɔ̃fɔr] *nm* conforto.

réconforter [rekɔ̃fɔrte] *vt* consolare; (*fig: remonter*) tirar su.

reconnaissance [r(ə)kɔnɛsɑ̃s] *nf* riconoscimento; (*gratitude*) riconoscenza; (*MIL*) ricognizione *f.*

reconnaissant, e [r(ə)kɔnɛsɑ̃, ɑ̃t] *a* riconoscente, grato(a).

reconnaître [r(ə)kɔnɛtr(ə)] *vt* riconoscere; (*MIL, fig: terrain, positions*) perlustrare, riconoscere; ~ **qn/qch à** (*l'identifier grâce à*) riconoscere qd/qc da; **se** ~ *vr* riconoscersi; (*s'y retrouver*) orientarsi.

reconstituer [r(ə)kɔ̃stitɥe] *vt* ricostruire; (*refaire, reformer*) ricostituire; **reconstitution** *nf* ricostruzione *f*, ricostituzione *f.*

reconstruire [r(ə)kɔ̃strɥir] *vt* ricostruire.

reconversion [r(ə)kɔ̃vɛrsjɔ̃] *nf* riconversione *f.*

record [r(ə)kɔr] *nm, a inv* record (*m inv*).

recoupement [r(ə)kupmɑ̃] *nm*: **par** ~ grazie a un confronto (*di varie fonti*).

recouper [r(ə)kupe]: **se** ~ *vr* concordare.

recourbé, e [r(ə)kurbe] *a* ricurvo(a).

recourir [r(ə)kurir]: ~ **à** *vi* ricorrere a.

recours [r(ə)kur] *nm* ricorso; **avoir** ~ **à qn/qch** far ricorso *ou* ricorrere a qd/qc; **en dernier** ~ come ultima risorsa; **c'est sans** ~ non c'è via d'uscita *ou* rimedio; ~ **en grâce** domanda di grazia.

recouvrer [r(ə)kuvre] *vt* ricuperare; (*impôts, créance*) riscuotere.

recouvrir [r(ə)kuvrir] *vt* ricoprire; (*cacher, masquer: suj: attitude, etc*) nascondere; (*fig: embrasser: suj: étude, concept etc*) abbracciare; **se** ~ *vr* sovrapporsi.

récréation [rekreɑsjɔ̃] *nf* svago; (*SCOL*) ricreazione *f.*

récriminer [rekrimine] *vi* recriminare.

recroqueviller [r(ə)krɔkvije]: **se** ~ *vr* accartocciarsi; (*personne*) rannicchiarsi, raggomitolarsi.

recrudescence [r(ə)krydesɑ̃s] *nf* recrudescenza.

recrue [r(ə)kry] *nf* recluta.

recruter [r(ə)kryte] *vt* reclutare; (*employé*) assumere.

rectangle [rɛktɑ̃gl(ə)] *nm* rettangolo; **rectangulaire** *a* rettangolare.

recteur [rɛktœr] *nm* rettore *m.*

rectificatif, ive [rɛktifikatif, iv] *a* rettificativo(a), di rettifica *loc inv* // *nm* rettifica.

rectification [rɛktifikɑsjɔ̃] *nf* rettifica.

rectifier [rɛktifje] *vt* rettificare.

rectiligne [rɛktiliɲ] *a* rettilineo(a).

rectitude [rɛktityd] *nf* rettitudine *f*; (*intellectuelle*) rigore *m.*

rectorat [rɛktɔra] *nm* rettorato.

reçu, e [r(ə)sy] *pp de* **recevoir** // *nm* ricevuta.

recueil [r(ə)kœj] *nm* raccolta.

recueillement [r(ə)kœjmɑ̃] *nm* raccoglimento.

recueillir [r(ə)kœjir] *vt* raccogliere; (*accueillir: réfugiés*) accogliere; **se** ~ *vr* raccogliersi.

recul [ʀ(ə)kyl] *nm* arretramento; *(d'une arme à feu)* rinculo; *(fig: d'épidémie, etc)* regresso; *(détachement)* distacco; **avoir un mouvement de ~** indietreggiare; **prendre du ~** *(fig)* assumere un atteggiamento distaccato.
reculé, e [ʀ(ə)kyle] *a* lontano(a), fuori mano *loc inv; (dans le temps)* remoto(a).
reculer [ʀ(ə)kyle] *vi* indietreggiare; *(canon, fusil)* rinculare; *(fig: perdre du terrain: épidémie)* regredire; *(: se dérober, hésiter)* tirarsi indietro // *vt* spostare indietro; *(plus loin)* spostare più in là; *(fig: possibilités, limites)* estendere, allargare; *(: date, décision)* rinviare.
reculons [ʀ(ə)kylɔ̃]: **à ~** *ad* a ritroso, all'indietro.
récupération [ʀekypeʀɑsjɔ̃] *nf* ricupero.
récupérer [ʀekypeʀe] *vt, vi* ricuperare.
récurer [ʀekyʀe] *vt* pulire (raschiando).
récuser [ʀekyze] *vt* ricusare; **se ~** *vr* dichiararsi incompetente.
recyclage [ʀ(ə)siklaʒ] *nm* riciclaggio, aggiornamento professionale.
recycler [ʀ(ə)sikle] *vt* riciclare; *(employés)* aggiornare.
rédacteur, trice [ʀedaktœʀ, tʀis] *nm/f* redattore/trice; **~ en chef** redattore capo.
rédaction [ʀedaksjɔ̃] *nf* redazione *f*; (*SCOL: devoir)* tema *m*, composizione *f*.
reddition [ʀedisjɔ̃] *nf* resa.
rédempteur [ʀedɑ̃ptœʀ] *nm*: **le R~** il Redentore *m*.
rédemption [ʀedɑ̃psjɔ̃] *nf* redenzione *f*.
redevance [ʀədvɑ̃s] *nf* canone *m*.
rédhibitoire [ʀedibitwaʀ] *a* redibitorio.
rédiger [ʀediʒe] *vt* redigere.
redondance [ʀ(ə)dɔ̃dɑ̃s] *nf* ridondanza.
redoublé, e [ʀ(ə)duble] *a*: **frapper à coups ~s** colpire ripetutamente con violenza.
redoubler [ʀ(ə)duble] *vt* raddoppiare; (*SCOL: classe)* ripetere // *vi* aumentare; (*SCOL*) ripetere; **~ de prudence/courage,** *etc* essere ancora più prudente/coraggioso, *etc.*
redoutable [ʀ(ə)dutabl(ə)] *a* temibile.
redouter [ʀ(ə)dute] *vt* temere.
redressement [ʀ(ə)dʀɛsmɑ̃] *nm* raddrizzamento; *(de l'économie)* risanamento; *(essor)* ripresa.
redresser [ʀ(ə)dʀese] *vt* raddrizzare; *(fig: situation, economie)* risanare; **se ~** *vr* raddrizzarsi; *(fig: pays)* riprendersi.
réduction [ʀedyksjɔ̃] *nf* riduzione *f*.
réduire [ʀedɥiʀ] *vt* ridurre; (*CULIN: jus, sauce)* far ispessire; **se ~** *vr* ridursi; **en être réduit à** essere ridotto a.
réduit [ʀedɥi] *nm (local)* bugigattolo, sgabuzzino.
rééducation [ʀeedykɑsjɔ̃] *nf* rieducazione *f*.
réel, le [ʀeɛl] *a, nm* reale *(m)*; **éprouver un ~ plaisir** provare un vero piacere.
refaire [ʀ(ə)fɛʀ] *vt* rifare; **se ~** *vr* rifarsi; *(en santé)* riprendersi; **se ~ à qch** *(se réhabituer à)* riabituarsi a qc; **~ sa santé** ristabilirsi.
réfection [ʀefɛksjɔ̃] *nf* rifacimento.
réfectoire [ʀefɛktwaʀ] *nm* refettorio.
référence [ʀefeʀɑ̃s] *nf* riferimento; **~s** *fpl (garanties)* referenze *fpl*; **ouvrage de ~** opera di consultazione *f*.
référer [ʀefeʀe] *vt*: **se ~ à** riferirsi a; *(suj: personne: recourir à)* ricorrere a; *(: prendre comme référence)*

rifarsi a; **en ~ à qn** sottoporre il caso a qd.

refiler [R(ə)file] *vt (fam)* rifilare.

réfléchi, e [Refleʃi] *a* riflessivo(a); *(action, décision)* ponderato(a); *(image, son)* riflesso(a).

réfléchir [RefleʃiR] *vt, vi* riflettere; **c'est tout réfléchi** *(fig)* ci ho pensato bene.

reflet [R(ə)flɛ] *nm* riflesso.

refléter [R(ə)flete] *vt* riflettere; **se ~** *vr* riflettersi.

réflexe [Reflɛks(ə)] *nm* riflesso.

réflexion [Reflɛksjɔ̃] *nf* riflessione *f; (remarque)* osservazione *f;* **~ faite** tutto ben considerato; **à la ~** riflettendoci bene.

refluer [R(ə)flye] *vi* rifluire, defluire; *(foule, manifestants)* defluire.

reflux [Rəfly] *nm* riflusso.

réformateur, trice [RefɔRmatœR, tRis] *a, nm/f* riformatore(trice).

réforme [RefɔRm(ə)] *nf* riforma.

réformer [R(ə)fɔRme] *vt* riformare.

refoulé, e [R(ə)fule] *a, nm/f* represso(a).

refoulement [R(ə)fulmɑ̃] *nm* cacciata; *(fig, PSYCH)* repressione *f.*

refouler [R(ə)fule] *vt* respingere; *(fig: larmes, désir)* reprimere.

réfractaire [RefRaktɛR] *a* ribelle; (*MIL*) renitente; (*TECH*) refrattario(a).

réfracter [RefRakte] *vt* rifrangere.

refrain [R(ə)fRɛ̃] *nm* ritornello.

refréner [R(ə)fRene] *vt* trattenere, frenare.

réfrigérant, e [RefRiʒeRɑ̃, ɑ̃t] *a* refrigerante.

réfrigérer [RefRiʒeRe] *vt* refrigerare; *(fam: glacer)* congelare.

refroidir [R(ə)fRwadiR] *vt* raffreddare // *vi* raffreddarsi; **se ~** *vr* raffreddarsi; *(prendre froid: personne)* prender freddo; **refroidissement** *nm* raffreddamento; *(rhume)* raffreddore *m.*

refuge [R(ə)fyʒ] *nm* rifugio; *(pour piétons)* salvagente *m inv.*

réfugié, e [Refyʒje] *a, nm/f* rifugiato(a), profugo(a).

réfugier [Refyʒje]: **se ~** *vr* rifugiarsi.

refus [R(ə)fy] *nm* rifiuto; **ce n'est pas de ~** *(fam)* non dico di no.

refuser [R(ə)fyze] *vt* rifiutare; (*SCOL: candidat)* respingere; **~ de faire** rifiutarsi di fare; **il ne lui refuse rien** non gli nega niente; **~ du monde** lasciar fuori una parte del pubblico; **se ~ à faire qch** rifiutarsi di fare qc; **se ~ à qch** negare qc; **ne rien se ~** non farsi mancare niente.

réfuter [Refyte] *vt* confutare.

regagner [R(ə)gaɲe] *vt* riguadagnare; *(lieu, place)* ritornare a.

regain [R(ə)gɛ̃] *nm* fieno di secondo taglio; **un ~ de** *(fig: activité, santé)* un ritorno di.

régal [Regal] *nm* delizia.

régaler [Regale]: **se ~** *vr* farsi un buon pranzo; *(fig)* deliziarsi.

regard [R(ə)gaR] *nm* sguardo; **menacer du ~** minacciare con lo sguardo.

regarder [R(ə)gaRde] *vt* guardare; *(considérer)* considerare; *(concerner: suj: affaire, problème)* riguardare // *vi* guardare; **~ à** *(faire attention à: détails, etc)* guardare *ou* badare a; **~ qn/qch comme** *(estimer)* considerare qd/qc; **dépenser sans ~** non badare a spese.

régate [Regat] *nf* regata.

régent, e [Reʒɑ̃, ɑ̃t] *nm/f* reggente *m/f.*

régie [Reʒi] *nf* impresa pubblica; (*JUR*) monopolio di Stato; (*THEATRE, CINE, TV*) segreteria di produzione *f.*

régime [Reʒim] *nm* regime *m; (alimentaire)* dieta; *(de bananes)*

casco; *(de dattes)* grappolo; **à plein** ~ (*AUTO, fig*) a tutta birra.
régiment [ʀeʒimɑ̃] *nm* reggimento; **le** ~ *(fig)* l'esercito, la naia.
région [ʀeʒjɔ̃] *nf* regione *f*; **régional, e, aux** *a* regionale.
régir [ʀeʒiʀ] *vt* reggere.
régisseur [ʀeʒisœʀ] *nm* amministratore *m*; (*THEATRE*) direttore *m* di scena; (*CINE, TV*) segretario/a di produzione.
registre [ʀəʒistʀ(ə)] *nm* registro.
réglage [ʀeglaʒ] *nm* regolazione *f*, messa a punto; *(du papier)* rigatura.
règle [ʀɛgl(ə)] *nf* regola, norma; *(instrument)* riga, righello; **~s** *fpl* (*PHYSIOL*) mestruazioni *fpl*; **j'ai pour ~ de ne pas me fâcher** per principio non mi arrabbio; **qu'on le veuille ou non, c'est la ~** piaccia o no, è così; **fait dans** *ou* **selon les ~s** fatto secondo le regole; **en ~ générale** di regola, in genere.
règlement [ʀɛgləmɑ̃] *nm* regolamento; *(paiement)* pagamento, saldo; (*JUR*) decreto; *(solution: d'un conflit)* soluzione *f*, conclusione *f*.
réglementaire [ʀɛgləmɑ̃tɛʀ] *a* regolamentare; **pouvoir** ~ (*JUR*) potere di emanare decreti.
réglementation [ʀɛgləmɑ̃tɑsjɔ̃] *nf* disciplina, regolamentazione *f*.
réglementer [ʀɛgləmɑ̃te] *vt* regolamentare.
régler [ʀegle] *vt* regolare; *(question, problème)* risolvere; *(payer: facture, etc)* pagare, regolare; *(papier)* rigare.
réglisse [ʀeglis] *nf* liquerizia.
règne [ʀɛɲ] *nm* regno.
régner [ʀeɲe] *vi* regnare.
regorger [ʀ(ə)gɔʀʒe] *vi*: ~ **de** *(fig)* traboccare di.
régression [ʀegʀesjɔ̃] *nf* regresso; (*PSYCH, GEOL*) regressione *f*.
regret [ʀ(ə)gʀɛ] *nm* dispiacere *m*, rincrescimento; *(nostalgie)* rimpianto; *(repentir, remords)* rammarico; **à** ~ *ad* a malincuore; **à mon grand** ~ con mio grande dispiacere *ou* rincrescimento; **être au ~ de devoir/ne pas pouvoir faire...** sono spiacente di dover/di non poter fare...; **'j'ai le ~ de...', 'c'est avec ~ que je...'** sono dolente di +*infinitif*.
regrettable [ʀ(ə)gʀɛtabl(ə)] *a* spiacevole, increscioso(a); **il est ~ que...** è un peccato che... .
regretter [ʀ(ə)gʀete] *vt* rimpiangere; *(faute, action commises)* pentirsi di; **elle regrette que/de** le (di)spiace che/di; **je regrette** mi (di)spiace.
regrouper [ʀ(ə)gʀupe] *vt* raggruppare.
régulariser [ʀegylaʀize] *vt* regolarizzare; *(régler)* regolare.
régularité [ʀegylaʀite] *nf* regolarità *f inv*.
régulier, ière [ʀegylje, jɛʀ] *a* regolare; *(fam: correct, loyal)* corretto(a).
réhabiliter [ʀeabilite] *vt* riabilitare.
rehausser [ʀəose] *vt* rialzare, sopraelevare; *(fig: prestige, beauté)* dare maggior risalto a.
rein [ʀɛ̃] *nm* rene *m*; **~s** *mpl* (*ANAT: dos, muscles du dos)* reni *fpl*.
reine [ʀɛn] *nf* regina.
reinette [ʀɛnɛt] *nf* renetta.
réintégrer [ʀeɛ̃tegʀe] *vt* ritornare a; *(fonctionnaire)* reintegrare.
rejet [ʀ(ə)ʒɛ] *nm* rigetto; (*BOT*) germoglio, pollone *m*.
rejeter [ʀəʒte] *vt* rigettare; *(écarter, repousser)* respingere; ~ **la tête/les epaules en arrière** gettare indietro la testa/le spalle; ~ **la responsabilité de qch sur qn** far ricadere la responsabilità di qc su qd.
rejeton [ʀəʒtɔ̃] *nm (fam: enfant)* rampollo.
rejoindre [ʀ(ə)ʒwɛ̃dʀ(ə)] *vt* raggiungere; *(suj: route)* congiungersi; **se** ~ *vr* ritrovarsi, ricongiungersi;

(routes) congiungersi; *(fig: observations, arguments)* coincidere.
réjouir [ʀeʒwiʀ] *vt* rallegrare; **se** ~ *vr* rallegrarsi; **se** ~ **de qch/faire qch/que** essere felice di qc/di fare qc/che; **réjouissances** *fpl* festeggiamenti *mpl*.
relâche [ʀ(ə)lɑʃ] *nm* (CINE, THEATRE) riposo; **sans** ~ *ad* senza posa, senza sosta.
relâchement [ʀ(ə)lɑʃmɑ̃] *nm* allentamento; *(fig)* rilassamento; *(: des mœurs)* rilassatezza.
relâcher [ʀ(ə)lɑʃe] *vt* allentare; *(muscles, nerfs)* rilassare; *(animal, prisonnier)* rilasciare, liberare; **se** ~ *vr* allentarsi; *(muscles)* rilassarsi; *(fig: employé, élève)* lasciarsi andare.
relais [ʀ(ə)lɛ] *nm* staffetta; (ELEC) relè *m inv*, relais *m inv*; (RADIO, TV) ripetitore *m*; **travail par** ~ lavoro a turni; **prendre le** ~ **de qn** dare il cambio a qd; *(fig)* succedere a qd; ~ **routier** ≈ autogrill *m inv* (per camionisti).
relance [ʀ(ə)lɑ̃s] *nf* rilancio; (ECON) ripresa.
relancer [ʀ(ə)lɑ̃se] *vt* rilanciare; *(moteur)* rimettere in moto; *(personne: péj)* assillare.
relater [ʀ(ə)late] *vt* riferire.
relatif, ive [ʀ(ə)latif, iv] *a* relativo(a).
relation [ʀ(ə)lɑsjɔ̃] *nf* relazione *f*; **avoir de nombreuses** ~**s** *(fig)* avere molte conoscenze *fpl* in alto loco; **avoir** *ou* **entretenir des** ~**s avec** intrattenere rapporti *mpl* con.
relativement [ʀ(ə)lativmɑ̃] *ad* relativamente; ~ **à** *(par rapport à)* riguardo a.
relativité [ʀ(ə)lativite] *nf* relatività *f inv*.
relaxer [ʀ(ə)lakse] *vt* rilassare; (JUR: *détenu)* rilasciare; **se** ~ *vr* rilassarsi.
relayer [ʀ(ə)leje] *vt* dare il cambio a; **se** ~ *vr* darsi il cambio.
relégation [ʀ(ə)legɑsjɔ̃] *nf* confino.
reléguer [ʀ(ə)lege] *vt* relegare; ~ **au second plan** relegare in secondo piano.
relent [ʀ(ə)lɑ̃] *nm* tanfo, puzza.
relève [ʀ(ə)lɛv] *nf* cambio; **prendre la** ~ **de qn** dare il cambio a qd.
relevé, e [ʀəlve] *a* rialzato(a); *(virage)* sopraelevato(a); *(manches)* rimboccato(a); *(fig: conversation, style)* elevato(a); *(: sauce, plat)* piccante // *nm* lista, nota; *(d'un compteur)* lettura; *(topographique)* rilevamento; ~ **de compte** (FIN) estratto conto.
relever [ʀəlve] *vt* rialzare; *(remonter, redresser)* tirar su; *(pays, économie, entreprise)* risollevare; *(style, conversation)* alzare il livello di; *(plat, sauce)* insaporire; *(sentinelle, équipe)* dare il cambio a; *(remarquer, constater)* rilevare; *(copier: adresse)* annotare; *(compteur)* leggere // *vi*: ~ **de** dipendere da; *(être de la compétence de)* essere di competenza di; *(appartenir à: domaine)* rientrare nell'ambito di; **se** ~ *vr* rialzarsi; *(se relayer)* darsi il cambio; **se** ~ **de** *(fig)* risollevarsi *ou* riaversi da; ~ **qn de** *(vœux, promesse)* liberare *ou* sciogliere qd da; *(fonctions)* sollevare *ou* esonerare qd da; ~ **le défi** *(fig)* raccogliere la sfida.
relief [ʀəljɛf] *nm* rilievo; **mettre en** ~ *(fig)* mettere in rilievo *ou* risalto; **donner du** ~ **à** far risaltare.
relier [ʀəlje] *vt* collegare; *(livre)* rilegare; *(fig: idée)* concatenare; **relieur, euse** *nm/f* rilegatore/trice.
religieux, euse [ʀ(ə)liʒjø, øz] *a nm/f* religioso(a) // *nf (gâteau)* tipo di bignè ripieno di crema pasticcera.
religion [ʀ(ə)liʒjɔ̃] *nf* religione *f*.
reliquaire [ʀ(ə)likɛʀ] *nm* reliquiario.
reliquat [ʀ(ə)lika] *nm* residuo, rimanenza.

relique [ʀ(ə)lik] *nf* reliquia.
relire [ʀ(ə)liʀ] *vt* rileggere; **se** ~ *vr* (ri)leggere quello che si è scritto.
reliure [ʀəljyʀ] *nf* rilegatura.
reluire [ʀəlɥiʀ] *vi* risplendere, brillare.
remâcher [ʀ(ə)mɑʃe] *vt (fig)* rimuginare.
remaniement [ʀ(ə)manimɑ̃] *nm* rimaneggiamento; ~ **ministériel** rimpasto ministeriale.
remanier [ʀ(ə)manje] *vt* rimaneggiare; *(ministère)* rimpastare.
remarquable [ʀ(ə)maʀkabl(ə)] *a* notevole.
remarque [ʀ(ə)maʀk(ə)] *nf* osservazione *f; (commentaire, note)* nota.
remarquer [ʀ(ə)maʀke] *vt* notare; *(dire)* osservare, che; **se** ~ *vr* notarsi.
remballer [ʀɑ̃bale] *vt* rimballare.
remblai [ʀɑ̃blɛ] *nm:* **travaux de** ~ lavori di riporto *ou* rinterro.
rembourrage [ʀɑ̃buʀaʒ] *nm* imbottitura.
rembourrer [ʀɑ̃buʀe] *vt* imbottire.
remboursement [ʀɑ̃buʀsəmɑ̃] *nm* rimborso; **envoi contre** ~ spedizione contro assegno.
rembourser [ʀɑ̃buʀse] *vt* rimborsare.
remède [ʀ(ə)mɛd] *nm* farmaco, medicina; *(fig)* rimedio.
remédier [ʀ(ə)medje]: ~ **à** *vi* porre rimedio a.
remerciement [ʀ(ə)mɛʀsimɑ̃] *nm* ringraziamento.
remercier [ʀ(ə)mɛʀsje] *vt* ringraziare; ~ **qn de qch/d'avoir fait qch** ringraziare qd per qc/per aver fatto qc.
remettre [ʀ(ə)mɛtʀ(ə)] *vt* rimettere; *(donner)* dare; *(ajourner, reporter)* rimandare; **se** ~ *vr* ristabilirsi; **se** ~ **de** *(maladie, chagrin)* rimettersi *ou* riprendersi da; **s'en** ~ **à** rimettersi *ou* affidarsi a; ~ **une pendule à l'heure** regolare un orologio.
remise [ʀ(ə)miz] *nf* consegna; *(rabais)* riduzione *f; (abri)* rimessa; ~ **de peine** (*JUR*) condono della pena; ~ **en jeu** (*FOOTBALL*) rimessa in gioco.
rémission [ʀemisjɔ̃] *nf* remissione *f*.
remontant [ʀ(ə)mɔ̃tɑ̃] *nm* ricostituente *m*.
remontée [ʀ(ə)mɔ̃te] *nf* risalita; (*SPORT*) rimonta; ~**s mécaniques** (*SKI*) impianti *mpl* di risalita.
remonter [ʀ(ə)mɔ̃te] *vi* risalire; *(jupe)* salire // *vt* risalire; *(pantalon, col)* tirar su; *(hausser: rayon, limite)* rialzare; *(réconforter)* tirar su; *(moteur, meuble)* rimontare; *(montre, mécanisme)* ricaricare; **se** ~ *vr* tirarsi su.
remonte-pente [ʀəmɔ̃tpɑ̃t] *nm* ski-lift *m inv*, sciovia.
remontoir [ʀ(ə)mɔ̃twaʀ] *nm (de montre)* corona; *(de jouet)* chiavetta.
remontrances [ʀ(ə)mɔ̃tʀɑ̃s] *nfpl* osservazione *f*, rimproveri *mpl*.
remords [ʀ(ə)mɔʀ] *nm* rimorso.
remorque [ʀ(ə)mɔʀk(ə)] *nf* rimorchio; **prendre en** ~ *(bateau, véhicule)* prendere a rimorchio; **être à la** ~ *(fig)* stare indietro *ou* farsi trainare.
remorquer [ʀ(ə)mɔʀke] *vt* rimorchiare, trainare; **remorqueur** *nm* rimorchiatore *m*.
rémoulade [ʀemulad] *nf salsa piccante a base di senape, olio e erbe aromatiche.*
rémouleur [ʀemulœʀ] *nm* arrotino.
remous [ʀ(ə)mu] *nm* mulinello, risucchio; *(fig: de la foule)* ondeggiamento; *(: social)* agitazione *f*.
rempailler [ʀɑ̃paje] *vt* rimpagliare.
rempart [ʀɑ̃paʀ] *nm* bastione *m; (fig)* scudo, baluardo.
remplaçant, e [ʀɑ̃plasɑ̃, ɑ̃t] *nm/f*

sostituto/a, supplente *m/f; (d'un acteur)* controfigura *f.*
remplacement [ʀɑ̃plasmɑ̃] *nm* sostituzione *f; (SCOL)* supplenza.
remplacer [ʀɑ̃plase] *vt* sostituire.
rempli, e [ʀɑ̃pli] *a* pieno(a); ~ **de** pieno di.
remplir [ʀɑ̃pliʀ] *vt* riempire; *(questionnaire, fiche)* compilare; *(obligations, promesses)* adempiere a; *(fonction, rôle)* svolgere; *(conditions)* soddisfare (a); **se** ~ *vr* riempirsi.
remplissage [ʀɑ̃plisaʒ] *nm (péj)* riempitivo.
remporter [ʀɑ̃pɔʀte] *vt* riprendere, portar via; *(victoire, succès)* riportare; *(course, prix)* vincere.
remue-ménage [ʀ(ə)mymenaʒ] *nm inv* confusione *f,* trambusto.
remuer [ʀ(ə)mɥe] *vt* spostare; *(partie du corps)* muovere; *(café, salade, sauce)* mescolare; *(émouvoir)* toccare, commuovere // *vi* muoversi; **se** ~ *vr (fig: fam)* darsi da fare.
rémunération [ʀemyneʀɑsjɔ̃] *nf* remunerazione *f.*
rémunérer [ʀemyneʀe] *vt* remunerare.
renâcler [ʀ(ə)nɑkle] *vi* essere riluttante.
renaissance [ʀ(ə)nɛsɑ̃s] *nf* rinascita; **la R**~ il Rinascimento.
renaître [ʀ(ə)nɛtʀ(ə)] *vi* rinascere.
rénal, e, aux [ʀenal, o] *a* renale.
renard [ʀ(ə)naʀ] *nm* volpe *f.*
renchérir [ʀɑ̃ʃeʀiʀ] *vi* rincarare; *(fig)* rincarare la dose; ~ **sur qch** esagerare qc.
rencontre [ʀɑ̃kɔ̃tʀ(ə)] *nf* incontro; *(de cours d'eau)* confluenza; **faire la** ~ **de qn** incontrare *ou* conoscere qd; **aller à la** ~ **de qn** andare incontro a qd.
rencontrer [ʀɑ̃kɔ̃tʀe] *vt* incontrare; **se** ~ *vr* incontrarsi; *(fleuves)* confluire; *(voitures)* scontrarsi.
rendement [ʀɑ̃dmɑ̃] *nm* rendimento, resa; *(FIN: profit)* guadagno; **à plein** ~ *(fonctionner, travailler)* al massimo dell'efficienza.
rendez-vous [ʀɑ̃devu] *nm* appuntamento; *(lieu)* punto di ritrovo.
rendre [ʀɑ̃dʀ(ə)] *vt* rendere, restituire; *(salut, visite, etc)* ricambiare; *(exprimer, faire devenir)* rendere; *(fam: vomir)* rimettere; **se** ~ *vr* arrendersi; **se** ~ **quelquepart** *(aller)* andare *ou* recarsi da qualche parte; ~ **la vue/l'espoir,** *etc* **à qn** ridare la vista/la speranza, *etc* a qd; ~ **la monnaie** dare il resto; ~ **visite à qn** far visita a qd; **se** ~ **malade** ammalarsi; **se** ~ **insupportable** rendersi insopportabile.
rênes [ʀɛn] *nfpl* redini *fpl.*
renégat, e [ʀənega, at] *nm/f* rinnegato/a.
renfermé, e [ʀɑ̃fɛʀme] *a* chiuso(a) // *nm:* **sentir le** ~ *(local)* puzzare di chiuso.
renfermer [ʀɑ̃fɛʀme] *vt* racchiudere, contenere; **se** ~ *vr* (rin)chiudersi.
renflouer [ʀɑ̃flue] *vt* rimettere a galla.
renfoncement [ʀɑ̃fɔ̃smɑ̃] *nm* rientranza.
renforcer [ʀɑ̃fɔʀse] *vt* rinforzare, rafforzare.
renfort [ʀɑ̃fɔʀ]: ~**s** *mpl* rinforzi *mpl;* **à grand** ~ **de** a furia di, a forza di.
renfrogner [ʀɑ̃fʀɔɲe]: **se** ~ *vr* accigliarsi, imbronciarsi.
rengaine [ʀɑ̃gɛn] *nf (péj)* ritornello, solfa.
rengorger [ʀɑ̃gɔʀʒe]: **se** ~ *vr (fig: personne)* darsi delle arie.
renier [ʀənje] *vt* rinnegare.
renifler [ʀ(ə)nifle] *vi* tirar su col naso // *vt* annusare, fiutare.
renne [ʀɛn] *nm* renna.
renom [ʀ(ə)nɔ̃] *nm* fama; **en** ~ rinomato(a) *a;* **renommé, e** *a* rinomato(a), famoso(a) // *nf*

rinomanza, fama.

renoncement [R(ə)nɔ̃smɑ̃] *nm* rinuncia.

renoncer [R(ə)nɔ̃se] *vi* rinunciare.

renouer [Rənwe] *vt* riannodare; *(fig: amitié)* riallacciare; *(: conversation)* riprendere // *vi:* ~ **avec** riallacciare i rapporti con; *(tradition, mode)* riprendere.

renouveau [R(ə)nuvo] *nm* rinascita, rinnovamento; **un** ~ **de succès** un nuovo successo.

renouveler [R(ə)nuvle] *vt* rinnovare; *(exploit, méfait)* ripetere; **se** ~ *vr* rinnovarsi, *(événement)* ripetersi; **renouvellement** *nm* rinnovo; *(transformation)* rinnovamento.

rénovation [Renɔvɑsjɔ̃] *nf* rimessa a nuovo, rinnovo.

rénover [Renɔve] *vt* rimettere a nuovo; *(enseignement, méthodes)* rinnovare.

renseignement [Rɑ̃sɛɲmɑ̃] *nm* informazione *f.*

renseigner [Rɑ̃seɲe] *vt* informare; *(passant)* dare un'informazione a; **se** ~ *vr* informarsi.

rentable [Rɑ̃tabl(ə)] *a* redditizio(a).

rente [Rɑ̃t] *nf* rendita.

rentrée [Rɑ̃tRe] *nf* rientro; *(d'argent)* entrata; *(d'un acteur)* ritorno; **la** ~ (*SCOL*) la riapertura delle scuole; **la** ~ **parlementaire/des tribunaux** la ripresa dell'attività parlamentare/giudiziaria.

rentrer [Rɑ̃tRe] *vi* rientrare; *(entrer, pénétrer)* entrare // *vt* metter via *ou* dentro; *(foin, récolte)* portar dentro; *(chemise dans pantalon, etc)* infilare; *(griffes)* rinfoderare; *(train d'atterrissage)* far rientrare; *(fig: larmes, colère, etc)* reprimere; ~ **le ventre** tirare (in) dentro la pancia; ~ **dans** rientrare in; *(heurter: arbre, mur)* andare a sbattere contro; ~ **chez soi** rincasare; ~ **dans ses frais** *(fig)* rientrare nelle spese.

renversant, e [Rɑ̃vɛRsɑ̃, ɑ̃t] *a* stupefacente, sbalorditivo(a).

renverse [Rɑ̃vɛRs(ə)]: **à la** ~ *(tomber)* riverso(a) *a,* all'indietro.

renversement [Rɑ̃vɛRsəmɑ̃] *nm* rovesciamento; ~ **de la situation** ribaltamento *ou* capovolgimento della situazione.

renverser [Rɑ̃vɛRse] *vt* rovesciare; *(retourner)* capovolgere; *(intervertir: ordre des mots, etc)* invertire; *(fig: tradition, ordre établi)* sconvolgere; *(: ministère, gouvernement)* rovesciare; *(fam: stupéfier)* sbalordire; ~ **un piéton** investire un pedone; ~ **la tête/le corps en arrière** rovesciare la testa/il corpo all'indietro; **se** ~ *vr* rovesciarsi; *(se retourner, aussi fig)* capovolgersi.

renvoi [Rɑ̃vwa] *nm* rinvio; *(d'un employé)* licenziamento; *(d'un élève)* espulsione *f.*

renvoyer [Rɑ̃vwaje] *vt* rimandare; *(congédier: employé)* licenziare; *(: élève)* espellere; *(réexpédier, rendre)* rimandare indietro; *(malade: de l'hôpital)* dimettere.

repaire [R(ə)pɛR] *nm* covo.

repaître [RəpɛtR(ə)]: **se** ~ **de** *vr* pascersi di, nutrirsi di.

répandre [Repɑ̃dR(ə)] *vt* versare, spargere; *(fig: lumière, nouvelle, etc)* diffondere; *(odeur)* spandere; **se** ~ *vr* spandersi; *(liquide)* versarsi; *(fig: épidémie, mode)* diffondersi; **se** ~ **dans** *(suj: foule)* invadere; **se** ~ **en** prorompere in; *(compliments)* profondersi in; **répandu, e** *a* diffuso(a); *(renversé)* sparso(a).

réparation [RepaRɑsjɔ̃] *nf* riparazione *f;* **surface de** ~ (*FOOTBALL*) area di rigore *m.*

réparer [RepaRe] *vt* riparare; ~ **une faute** *(fig)* riparare a un errore.

repartir [RəpaRtiR] *vi* ripartire; ~ **à zéro** ripartire da zero.

répartir [ʀepaʀtiʀ] *vt* ripartire, suddividere; **se** ~ *vr* ripartirsi, suddividersi; **répartition** *nf* ripartizione *f*, suddivisione *f*.

repas [ʀ(ə)pɑ] *nm* pasto.

repasser [ʀ(ə)pɑse] *vi* ripassare // *vt* stirare; *(examen, film)* ridare; ~ **qch à qn** *(rendre)* ripassare qc a qd.

repêchage [ʀ(ə)pɛʃaʒ] *nm* ricupero; **examen de** ~ (*SCOL*) esame *m* di riparazione.

repêcher [ʀ(ə)peʃe] *vt* ripescare; *(fam: candidat)* salvare in extremis.

repentir [ʀ(ə)pɑ̃tiʀ] *nm* pentimento; **se** ~ *vr* pentirsi.

répercussions [ʀepɛʀkysjɔ̃] *nfpl* ripercussioni *fpl*.

répercuter [ʀepɛʀkyte]: **se** ~ *vr* ripercuotersi.

repère [ʀ(ə)pɛʀ] *nm* segno di riferimento; **point de** ~ punto di riferimento.

repérer [ʀ(ə)peʀe] *vt* individuare, localizzare; **se** ~ *vr* orientarsi; **se faire** ~ farsi scoprire *ou* notare.

répertoire [ʀepɛʀtwaʀ] *nm* repertorio; *(carnet)* rubrica.

répertorier [ʀepɛʀtɔʀje] *vt* repertoriare.

répéter [ʀepete] *vt* ripetere; *(préparer: rôle)* provare; **se** ~ *vr* ripetersi; **répétition** *nf* ripetizione *f*; (*THEATRE*) prova.

répit [ʀepi] *nm* respiro, tregua; **sans** ~ senza tregua.

replet, ète [ʀəplɛ, ɛt] *a* rotondetto(a), grassoccio(a).

repli [ʀ(ə)pli] *nm* piega; (*MIL*) ripiegamento.

replier [ʀ(ə)plije] *vt* ripiegare; (*MIL*) ritirare; **se** ~ *vr* ripiegarsi; (*MIL*) ripiegare, ritirarsi.

réplique [ʀeplik] *nf* replica; (*THEATRE*) battuta; *(copie)* copia; **sans** ~ *(ton)* che non ammette repliche; (argument) inconfutabile.

répliquer [ʀeplike] *vi* replicare, rispondere.

répondre [ʀepɔ̃dʀ(ə)] *vi* rispondere; ~ **à** *(correspondre à)* corrispondere a.

réponse [ʀepɔ̃s] *nf* risposta; *(verdict)* responso; **avoir** ~ **à tout** avere sempre la risposta pronta.

report [ʀ(ə)pɔʀ] *nm* riporto; *(renvoi: de date)* rinvio.

reportage [ʀ(ə)pɔʀtaʒ] *nm* servizio, reportage *m*, cronaca.

reporter [ʀ(ə)pɔʀte] *nm* reporter *m inv*, cronista *m* // *vt* riportare; *(renvoyer)* rinviare; *(transférer: affection)* riversare; **se** ~ **à** riandare a; *(document, texte)* rifarsi a.

repos [ʀ(ə)po] *nm* riposo; *(paix)* pace *f*, quiete *f*; **au** ~ a riposo, immobile *a*; **de tout** ~ di tutto riposo.

reposer [ʀ(ə)poze] *vt* posare di nuovo; *(rideaux, carreaux)* rimettere; *(question, problème)* riproporre; *(détendre: vue, esprit)* riposare // *vi* riposare; **ici repose...** qui giace...; ~ **sur** *(suj: bâtiment, fig: affirmation)* poggiare su; **se** ~ *vr* riposarsi; **se** ~ **sur qn** fare assegnamento *ou* contare su qd.

repoussant, e [ʀ(ə)pusɑ̃, ɑ̃t] *a* ripugnante.

repousser [ʀ(ə)puse] *vi* rispuntare, ricrescere // *vt* respingere; *(rendez-vous, entrevue: différer)* rimandare.

reprendre [ʀ(ə)pʀɑ̃dʀ(ə)] *vt* riprendere; (*COMM*: *racheter)* ritirare, prendere indietro // *vi* riprendere; *(malade, arbre)* riprendersi; **se** ~ *vr* riprendersi; **s'y** ~ **à deux fois** mettercisi due volte.

représailles [ʀ(ə)pʀezɑj] *nfpl* rappresaglia *sg*; **user de** ~ **à l'égard de** esercitare delle rappresaglie nei confronti di.

représentant, e [ʀ(ə)pʀezɑ̃tɑ̃, ɑ̃t] *nm/f* rappresentante *m/f*.

représentatif, ive [ʀ(ə)pʀezɑ̃tatif, iv] *a* rappresentativo(a).

représentation [ʀ(ə)pʀezɑ̃tasjɔ̃] *nf* rappresentazione *f*; *(délegation)*

rappresentanza; **frais de ~** spese di rappresentanza.
représenter [ʀ(ə)pʀezɑ̃te] *vt* rappresentare; ~ **qch à qn** *(décrire)* illustrare ou descrivere qc a qd; **se ~** *vr* ripresentarsi; *(s'imaginer)* immaginarsi.
répression [ʀepʀesjɔ̃] *nf* repressione *f.*
réprimande [ʀepʀimɑ̃d] *nf* rimprovero.
réprimander [ʀepʀimɑ̃de] *vt* rimproverare.
réprimer [ʀepʀime] *vt* reprimere.
repris [ʀ(ə)pʀi]: ~ **de justice** pregiudicato.
reprise [ʀ(ə)pʀiz] *nf* ripresa; (COMM: *d'un article usagé)* ritiro; *(raccommodage)* rammendo.
repriser [ʀ(ə)pʀize] *vt* rammendare; **aiguille/coton à ~** ago/cotone da rammendo.
réprobateur, trice [ʀepʀɔbatœʀ, tʀis] *a* di riprovazione.
réprobation [ʀepʀɔbɑsjɔ̃] *nf* riprovazione *f.*
reproche [ʀ(ə)pʀɔʃ] *nm* rimprovero; **faire des ~s à qn** rimproverare qd; **sans ~(s)** *a* irreprensibile.
reprocher [ʀ(ə)pʀɔʃe] *vt* rimproverare; *(avec aigreur)* rinfacciare; **se ~ qch/d'avoir fait qch** rimproverarsi qc/di aver fatto qc.
reproducteur, trice [ʀ(ə)pʀɔdyktœʀ, tʀis] *a* riproduttore(trice).
reproduction [ʀ(ə)pʀɔdyksjɔ̃] *nf* riproduzione *f.*
reproduire [ʀ(ə)pʀɔdɥiʀ] *vt* riprodurre; **se ~** *vr* riprodursi.
réprouver [ʀepʀuve] *vt* riprovare.
reptile [ʀɛptil] *nm* rettile *m.*
repu, e [ʀəpy] *a* sazio(a).
républicain, e [ʀepyblikɛ̃, ɛn] *a, nm/f* repubblicano(a).
république [ʀepyblik] *nf* repubblica.
répudier [ʀepydje] *vt* ripudiare.
répugnance [ʀepyɲɑ̃s] *nf* ripugnanza; *(manque d'enthousiasme)* riluttanza; **avoir** *ou* **éprouver de la ~ à faire qch** essere riluttante a fare qc.
répugnant, e [ʀepyɲɑ̃, ɑ̃t] *a* ripugnante, disgustoso(a).
répugner [ʀepyɲe] *vi* ripugnare; **elle répugne à faire qch...** le ripugna fare qc... .
répulsion [ʀepylsjɔ̃] *nf* repulsione *f.*
réputation [ʀepytɑsjɔ̃] *nf* reputazione *f*, fama; **avoir la ~ d'être...** aver fama di essere... .
réputé, e [ʀepyte] *a* rinomato(a).
requérir [ʀəkeʀiʀ] *vt* richiedere; (JUR) chiedere.
requête [ʀəkɛt] *nf* richiesta; (JUR) istanza, domanda.
requin [ʀ(ə)kɛ̃] *nm* pescecane *m*, squalo.
réquisition [ʀekizisjɔ̃] *nf* requisizione *f;* (JUR: *demande)* richiesta; *(requisitoire)* requisitoria.
réquisitionner [ʀekizisjɔne] *vt* requisire.
réquisitoire [ʀekizitwaʀ] *nm* requisitoria.
rescapé, e [ʀɛskape] *nm/f* superstite *m/f.*
rescinder [ʀesɛ̃de] *vt* annullare.
rescousse [ʀɛskus] *nf:* **à la ~** in aiuto, in soccorso.
réseau, x [ʀezo] *nm* rete *f;* (PHYSIOL, PHYS) reticolo.
réservation [ʀezɛʀvɑsjɔ̃] *nf* prenotazione *f.*
réserve [ʀezɛʀv(ə)] *nf* riserva; *(entrepôt)* magazzino; *(circonspection)* riserbo, riservatezza; **sous toutes ~s** con le debite riserve; **sous ~ (de)** con riserva (di); **sous ~ que** a patto che; **sans ~** senza riserve; **avoir/mettre/tenir qch en ~** avere/mettere/tenere qc da parte; **de ~** *(matériel, provisions)* di riserva, di scorta.

réserver [rezɛrve] *vt* riservare; *(place, chambre)* prenotare; *(mettre de côté)* mettere da parte; **se ~** *vr* riservarsi.
réserviste [rezɛrvist(ə)] *nm* riservista *m*.
réservoir [rezɛrvwar] *nm* serbatoio.
résidence [rezidɑ̃s] *nf* residenza; *(groupe d'immeubles)* complesso residenziale; **~ surveillée** (*JUR*) arresti *mpl* domiciliari.
résider [rezide] *vi* risiedere; **~ dans** *(fig)* stare in; consistere in.
résidu [rezidy] *nm* residuo.
résignation [reziɲɑsjɔ̃] *nf* rassegnazione *f*.
résigner [reziɲe]: **se ~** *vr* rassegnarsi.
résilier [rezilje] *vt* rescindere.
résille [rezij] *nf* retina, reticella.
résine [rezin] *nf* resina.
résistance [rezistɑ̃s] *nf* resistenza.
résister [reziste] *vi* resistere.
résolu, e [rezɔly] *a* risoluto(a), deciso(a).
résolution [rezɔlysjɔ̃] *nf* soluzione *f*; (*JUR*) risoluzione *f*; *(décision)* decisione *f*; **bonnes ~s** buoni propositi *mpl*.
résonance [rezɔnɑ̃s] *nf* risonanza.
résonner [rezɔne] *vi* risuonare.
résorber [rezɔrbe] *vt* riassorbire; **se ~** *vr* riassorbirsi.
résoudre [rezudr(ə)] *vt* risolvere; *(décider)* decidere; **se ~ à faire qch** risolversi *ou* decidersi a fare qc.
respect [rɛspɛ] *nm* rispetto; **tenir qn en ~** tenere a bada qd.
respectable [rɛspɛktabl(ə)] *a* rispettabile.
respecter [rɛspɛkte] *vt* rispettare;
respectueux, euse *a* rispettoso(a).
respiration [rɛspirɑsjɔ̃] *nf* respiro, fiato; (*PHYSIOL*) respirazione *f*; **retenir sa ~** trattenere il respiro.
respirer [rɛspire] *vi* respirare // *vt* respirare; *(inhaler)* aspirare; **~ la santé** *(fig)* sprizzare salute.
resplendir [rɛsplɑ̃dir] *vi* risplendere.
responsabilité [rɛspɔ̃sabilite] *nf* responsabilità *f inv*; **prendre ses ~s** assumersi le proprie responsabilità; **décliner toute ~** declinare ogni responsabilità.
responsable [rɛspɔ̃sabl(ə)] *a, nm/f*: **~ (de)** responsabile *(m/f)* (di).
resquilleur, euse [rɛskijœr, øz] *nm/f* qd che entra senza biglietto, portoghese *m/f (fam)*.
ressac [rəsak] *nm* risacca.
ressaisir [r(ə)sezir]: **se ~** *vr* riprendersi.
ressasser [r(ə)sase] *vt* rimuginare; *(histoires, critiques)* ripetere continuamente.
ressemblance [r(ə)sɑ̃blɑ̃s] *nf* (ras)somiglianza.
ressemblant, e [r(ə)sɑ̃blɑ̃, ɑ̃t] *a* somigliante.
ressembler [r(ə)sɑ̃ble]: **~ à** *vi* assomigliare a; **se ~** *vr* assomigliarsi.
ressemeler [r(ə)səmle] *vt* ris(u)olare.
ressentiment [r(ə)sɑ̃timɑ̃] *nm* risentimento.
ressentir [r(ə)sɑ̃tir] *vt* risentire di; *(injure)* ricordarsi di; **~ de l'affection/la pitié** provare affetto/pietà; **~ les effets d'une chute** sentire gli effetti di una caduta; **se ~ de** *(humeur, fatigue)* risentire di.
resserrer [r(ə)sere] *vt* restringere; *(nœud, boulon)* stringere; *(fig: liens d'amitié)* rinsaldare.
ressort [r(ə)sɔr] *nm* molla; *(énergie)* energia; *(fig: impulsion)* impulso; **en dernier ~** in ultima istanza; *(finalement)* alla (fin) fine; **être du ~ de** essere di competenza di.
ressortir [r(ə)sɔrtir] *vi* uscire di nuovo, riuscire; *(contraster: couleur, détail)* risaltare, spiccare; **~ de** derivare da; **il en ressort**

que... ne risulta *ou* deriva che... .

ressortissant, e [R(ə)sɔRtisɑ̃, ɑ̃t] *nm/f* cittadino/a.

ressource [R(ə)suRs(ə)] *nf* risorsa; **sans ~** senza scampo.

ressusciter [Resysite] *vt* risuscitare; *(fig)* far rinascere // *vi* risuscitare; *(fig)* risorgere, rinascere.

restant, e [Rɛstɑ̃, ɑ̃t] *nm* resto // *a* rimasto(a); **poste ~e** fermo posta.

restaurant [Rɛstɔrɑ̃] *nm* ristorante *m;* **~ d'entreprise/universitaire** mensa aziendale/universitaria.

restaurateur, trice [RɛstɔRatœR, tRis] *nm/f* ristoratore/trice; (*ART*) restauratore/trice.

restauration [RɛstɔRɑsjɔ̃] *nf* restaurazione *f;* (*ART*) restauro; **la ~** (*ECON*) il settore *m* alberghiero.

restaurer [RɛstɔRe] *vt* restaurare; **se ~** *vr* ristorarsi, rifocillarsi.

restauroute [RɛstɔRut] *nm* = **restoroute.**

reste [Rɛst(ə)] *nm* resto; *(de nourriture, de tissu)* avanzo, resto; **partir sans attendre** *ou* **demander son ~** *(fig)* andarsene senza insistere *ou* fiatare; **du ~, au ~** *ad* del resto.

rester [Rɛste] *vi* restare, rimanere // *vb impersonnel* **il reste du pain** resta *ou* rimane del pane; **il reste deux œufs** restano due uova; **ce qui (me) reste à faire** quello che (mi) resta da fare; **(il) reste à savoir si...** resta da sapere se...; **ils en sont restés à...** sono rimasti a..., si sono fermati a...; **restons-en là** lasciamo perdere; **~ sur sa faim/une impression** rimanere *ou* restare con la fame/con una impressione; **il a failli y ~** per poco non ci restava.

restituer [Rɛstitɥe] *vt* restituire; *(texte, inscription)* ricostruire; *(son)* riprodurre; **restitution** *nf* restituzione *f.*

restoroute [RɛstɔRut] *nm* ≈ autogrill *m inv.*

restreindre [RɛstRɛ̃dR(ə)] *vt* limitare, ridurre; **se ~** *vr* limitarsi.

restriction [RɛstRiksjɔ̃] *nf* restrizione *f;* **~s** *fpl (rationnement)* razionamento *sg;* **sans ~** *ad* senza riserve.

résultat [Rezylta] *nm* risultato.

résulter [Rezylte] *vi:* **~ de** risultare da, derivare da; **il en résulte que...** ne risulta che... .

résumé [Rezyme] *nm* riassunto; *(ouvrage succinct)* compendio; **en ~** *ad* in sintesi, riassumendo.

résumer [Rezyme] *vt* riassumere; **se ~** *vr (personne)* riassumere.

résurrection [RezyRɛksjɔ̃] *nf* resurrezione *f,* risurrezione *f.*

retable [Rətabl(ə)] *nm* pala.

rétablir [RetabliR] *vt* ristabilire; **se ~** *vr* ristabilirsi; **~ qn dans son emploi** reintegrare qd nel suo impiego; **rétablissement** *nm* ristabilimento; *(guérison)* guarigione *f.*

retaper [R(ə)tape] *vt (fig: fam)* rimettere in sesto.

retard [R(ə)taR] *nm* ritardo; **avoir du ~** essere in ritardo; **prendre du ~** ritardare; **être en ~ dans ses études** essere indietro negli studi; **sans ~** *ad* senza indugio.

retardement [R(ə)taRdəmɑ̃: **à ~** *a* a scoppio ritardato; **dispositif de ~** (*PHOT*) autoscatto.

retarder [R(ə)taRde] *vt* ritardare; *(qn)* far perder tempo a, far ritardare; *(montre)* mettere indietro // *vi* essere indietro.

retenir [RətəniR] *vt* trattenere; *(se rappeler de)* ricordarsi (di); *(réserver: chambre, etc)* prenotare; *(proposition: accepter)* prendere in considerazione; (*MATH*: *dans une opération)* riportare; **se ~** *vr* trattenersi; **se ~ (à)** *(se raccrocher)* aggrapparsi (a); **se ~ de faire qch** trattenersi (dal fare qc).

rétention [Retɑ̃sjɔ̃] *nf* ritenzione *f.*

retentir [R(ə)tɑ̃tiR] *vi* risuonare, riecheggiare.
retentissant, e [R(ə)tɑ̃tisɑ̃, ɑ̃t] *a* rimbombante; *(aigu)* squillante; *(fig: succès, etc)* strepitoso(a).
retentissement [R(ə)tɑ̃tismɑ̃] *nm* ripercussione *f*; *(éclat: d'une nouvelle, d'un discours, etc)* risonanza, eco *f inv*.
retenue [Rət(ə)ny] *nf* ritenuta, trattenuta; (*MATH*) riporto; (*SCOL: consigne)* punizione *f*; *(modération)* ritegno.
réticence [Retisɑ̃s] *nf* reticenza; **sans ~** *ad* senza esitazioni.
rétif, ive [Retif, iv] *a* restio(a); *(fig: personne)* recalcitrante.
rétine [Retin] *nf* retina.
retirer [R(ə)tiRe] *vt* ritirare; *(enlever)* togliere; *(: vêtement, lunettes)* togliersi; **~ un bénéfice/des avantages de** trarre *ou* ricavare un utile/dei vantaggi da; **se ~** *vr* ritirarsi.
retombées [R(ə)tɔ̃be] *nfpl* (*PHYS*) ricaduta *sg*; *(fig)* conseguenze *fpl*, ripercussioni *fpl*.
retomber [R(ə)tɔ̃be] *vi* ricadere.
rétorquer [RetɔRke] *vt* ribattere.
rétorsion [RetɔRsjɔ̃] *nf* ritorsione *f*.
retouche [R(ə)tuʃ] *nf* ritocco; *(à un vêtement)* modifica.
retoucher [R(ə)tuʃe] *vt* ritoccare; *(vêtement)* modificare.
retour [R(ə)tuR] *nm* ritorno; (*COMM: courrier)* rinvio; **en ~** *ad* in compenso; **par ~ du courrier** a (stretto) giro di posta; **match ~** incontro di ritorno; **~ en arrière** *(fig)* rievocazione *f*.
retourner [R(ə)tuRne] *vt* girare; *(arme: orienter)* rivolgere; *(fig: argument)* ritorcere; *(sac, vêtement, terre)* rivoltare; *(fam: mettre en désordre)* mettere sottosopra; *(lettre, marchandise)* rispedire; *(restituer)* restituire // *vi* ritornare; **se ~** *vr* voltarsi, girarsi; *(voiture)* ribaltarsi; *(fig: fam: se débrouiller)* cavarsela; **s'en ~** andarsene; *(chez, soi, etc)* tornarsene; **se ~ contre qn/qch** ribellarsi contro qd/qc; **se ~ contre qn** *(suj: qch)* prendersela con qd; **savoir de quoi il retourne** sapere di (che) cosa si tratta.
retracer [R(ə)tRase] *vt* descrivere.
rétracter [RetRakte] *vt* ritrattare; *(antenne, etc)* ritrarre; **se ~** *vr* ritrattare, smentire.
retrait [R(ə)tRɛ] *nm* ritiro; **en ~** rientrante; **rester en ~** *(fig: personne)* rimanere in disparte.
retraite [R(ə)tRɛt] *nf* ritirata; *(d'un employé)* pensione *f*; *(asile, refuge)* ritiro; **être/mettre à la ~** essere/mettere in pensione; **prendre sa ~** andare in pensione; **~ anticipée** pensionamento anticipato; **retraité, e** *a, nm/f* pensionato(a).
retrancher [R(ə)tRɑ̃ʃe]: **se ~** *vr*: **se ~ derrière/dans** trincerarsi dietro/in.
rétrécir [RetResiR] *vt* restringere // *vi*: **se ~** *vr* restringersi.
rétribuer [RetRibɥe] *vt* retribuire; **rétribution** *nf* retribuzione *f*.
rétrograde [RetRɔgRad] *a* retrogrado(a), retrivo(a).
rétrograder [RetRɔgRade] *vi* regredire; (*AUTO*) scalare (la marcia).
rétrospective [RetRɔspɛktiv] *nf* retrospettiva.
retrousser [R(ə)tRuse] *vt* *(ses manches)* rimboccarsi; *(sa jupe)* tirarsi su.
retrouver [R(ə)tRuve] *vt* ritrovare; *(rejoindre)* raggiungere; **se ~** *vr* ritrovarsi; *(s'orienter)* orientarsi; **se ~ dans** *(calculs, dossiers)* raccappezzarsi in.
retrouvailles [R(ə)tRuvaj] *nfpl* incontro *sg*, riunione *fsg*.
rétroviseur [RetRɔvizœR] *nm* retrovisore *m*.
réunion [Reynjɔ̃] *nf* riunione *f*.
réunir [ReyniR] *vt* riunire; *(recueillir)* raccogliere; *(relier)* unire,

collegare; se ~ *vr* riunirsi.
réussir [ReysiR] *vi*, riuscire, avere successo; *(à un examen)* passare, essere promosso // *vt*: ~ **une affaire** concludere un affare; **il a réussi son coup** il colpo gli è riuscito; **le travail/le mariage lui réussit** il lavoro/il matrimonio gli fa bene.
réussite [Reysit] *nf* successo; (*CARTES*) solitario.
revanche [R(ə)vɑ̃ʃ] *nf* rivincita; **en ~** *ad* in compenso.
rêvasser [Rɛvase] *vi* fantasticare.
rêve [Rɛv] *nm* sogno; ~ **éveillé** sogno a occhi aperti.
revêche [Rəvɛʃ] *a* scontroso(a).
réveil [Revɛj] *nm* risveglio; *(pendule)* sveglia; **sonner le ~** (*MIL*) suonare la sveglia.
réveille-matin [Revɛjmatɛ̃] *nm* sveglia.
réveiller [Reveje] *vt* svegliare; *(douleur, souvenirs)* risvegliare; **se ~** *vr* svegliarsi; *(douleur, volcan, nature)* risvegliarsi, ridestarsi.
réveillon [Revɛjɔ̃] *nm* cenone *m; (fête)* veglione *m*.
révélateur, trice [RevelatœR, tRis] *a* rivelatore(trice) // *nm* (*PHOT*) rivelatore *m*.
révélation [Revelɑsjɔ̃] *nf* rivelazione *f*.
révéler [Revele] *vt* rivelare; *(secret, projet)* svelare; **se ~** *vr* rivelarsi.
revenant, e [Rəvnɑ̃, ɑ̃t] *nm/f* spirito.
revendication [R(ə)vɑ̃dikɑsjɔ̃] *nf* rivendicazione *f*.
revendiquer [R(ə)vɑ̃dike] *vt* rivendicare.
revendre [R(ə)vɑ̃dR(ə)] *vt* rivendere; **avoir du talent/de l'énergie à ~** avere talento/energia da vendere.
revenir [RəvniR] *vi* (ri)tornare; **faire ~** (*CULIN*) far rosolare; **cela (nous) revient cher/à 100 francs** (ci) costa caro/100 franchi; ~ **à qn** *(part, honneur, responsabilité)* toccare *ou* spettare a qd; *(souvenir, nom)* venire in mente a qd; ~ **de** *(fig: maladie, étonnement)* riprendersi da; ~ **sur** *(promesse, engagement)* rimangiarsi; ~ **à soi** tornare in sé; **je n'en reviens pas** non riesco a capacitarmene; **cela revient au même** fa lo stesso; **cela revient à dire que** ciò equivale a dire che.
revenu [Rəvny] *nm* reddito.
rêver [Reve] *vi, vt* sognare.
réverbère [RevɛRbɛR] *nm* lampione *m*.
réverbération [RvɛRberɑsjɔ̃] *nf* riverbero.
révérence [Reveʀɑ̃s] *nf* riverenza.
révérend, e [ReveRɑ̃, ɑ̃d] *a* reverendo(a).
rêverie [RɛvRi] *nf* fantasticheria.
revers [R(ə)vɛR] *nm* rovescio; *(de vêtement, bottes)* risvolto; *(de main)* dorso.
réversible [RevɛRsibl(ə)] *a* reversibile; *(vêtement, tissu)* double face *inv*.
revêtement [R(ə)vɛtmɑ̃] *nm* rivestimento.
revêtir [R(ə)vetiR] *vt* indossare; *(fig: forme, caractère)* assumere; ~ **qn de** *(vêtement)* vestire qd di *ou* con; *(autorité)* investire qd di; ~ **qch de** rivestire qc di; *(signature, visa)* munire qc di.
rêveur, euse [RɛvœR, øz] *a* sognante; *(caractere, esprit)* da sognatore/trice // *nm/f* sognatore/trice; **cela me laisse ~** *(fig)* ciò mi lascia perplesso.
revigorer [R(ə)vigɔRe] *vt* rinvigorire.
revirement [R(ə)viRmɑ̃] *nm* voltafaccia *m inv; (dans une situation, de l'opinion)* improvviso mutamento.
réviser [Revize] *vt* rivedere; (*SCOL: matière)* ripassare; *(machine, installation, moteur)* revisionare;

révision *nf* revisione *f;* (*SCOL*) ripasso.
révocation [ʀevɔkɑsjɔ̃] *nf* revoca.
revoir [ʀ(ə)vwaʀ] *vt* rivedere; (*SCOL*) ripassare // *nm:* **au ~** arrivederci *m inv;* **au ~ Monsieur/Madame** arrivederLa; **dire au ~ à qn** salutare qd.
révolte [ʀevɔlt(ə)] *nf* rivolta, ribellione *f.*
révolter [ʀevɔlte] *vt (fig)* disgustare; **se ~ (contre)** ribellarsi (a).
révolu, e [ʀevɔly] *a* passato(a), trascorso(a); **âgé de 18 ans ~s** avere 18 anni compiuti.
révolution [ʀevɔlysjɔ̃] *nf* rivoluzione *f.*
révolutionner [ʀevɔlysjɔne] *vt* rivoluzionare.
revolver [ʀevɔlvɛʀ] *nm* rivoltella, pistola.
révoquer [ʀevɔke] *vt* revocare; *(fonctionnaire)* destituire.
revue [ʀ(ə)vy] *nf* rivista; **passer en ~** passare in rassegna; **~ de (la) presse** rassegna della stampa.
rez-de-chaussée [ʀedʃose] *nm inv* pianterreno, pianoterra *m inv.*
rhapsodie [ʀapsɔdi] *nf* rapsodia.
rhétorique [ʀetɔʀik] *nf* retorica.
Rhin [ʀɛ̃] *nm:* **le ~** il Reno.
rhinite [ʀinit] *nf* rinite *f.*
rhinocéros [ʀinɔseʀɔs] *nm* rinoceronte *m.*
rhododendron [ʀɔdɔdɛ̃dʀɔ̃] *nm* rododendro.
Rhône [ʀon] *nm:* **le ~** il Rodano.
rhubarbe [ʀybaʀb(ə)] *nf* rabarbaro.
rhum [ʀɔm] *nm* r(h)um *m inv.*
rhumatismal, e, aux [ʀymatismal, o] *a* reumatico(a).
rhumatisme [ʀymatism(ə)] *nm* reumatismo.
rhume [ʀym] *nm* raffreddore *m;* **~ des foins** raffreddore da fieno.
ri [ʀi] *pp de* **rire.**
riant, e [ʀjɑ̃, ɑ̃t] *a* ridente.
ribambelle [ʀibɑ̃bɛl] *nf:* **~ d'enfants/de chats** sfilza di bambini/di gatti.
ricaner [ʀikane] *vi* ridacchiare; *(avec méchanceté)* sogghignare.
riche [ʀiʃ] *a* ricco(a); **~ en** ricco di; **~ de** *(fig)* pieno di; **une ~ idée** *(fam)* un'ottima idea; **richesse** *nf* ricchezza; **la richesse en vitamines** la ricchezza di vitamine.
ricin [ʀisɛ̃] *nm:* **huile de ~** olio di ricino.
ricocher [ʀikɔʃe] *vi* rimbalzare.
ricochet [ʀikɔʃɛ] *nm:* **faire des ~s** *(sur l'eau)* giocare a rimbalzello; **par ~** *ad* di rimbalzo; *(fig)* di riflesso.
ride [ʀid] *nf* ruga; *(fig: sur l'eau, le sable)* increspatura.
rideau, x [ʀido] *nm* tenda; (*THEATRE*) sipario; *(fig: d'arbres, de verdure)* cortina; **~ de fer** *(d'une devanture)* saracinesca; **le ~ de fer** (*POL*) la cortina di ferro.
ridelle [ʀidɛl] *nf* sponda.
rider [ʀide] *vt* coprire di rughe; *(fig: eau, sable, etc)* increspare; **se ~** *vr* raggrinzirsi.
ridicule [ʀidikyl] *a* ridicolo(a) // *nm* ridicolo; **tourner qn en ~** mettere qd in ridicolo; **ridiculiser** *vt* ridicolizzare; **se ridiculiser** *vr* rendersi ridicolo.
rien [ʀjɛ̃] *pron* niente, nulla; **il n'a ~ dit/fait** non ha detto/fatto niente; **~ d'autre** nient'altro; **~ d'intéressant** niente d'interessante; **~ que** solo; **il n'a ~ d'un tyran** non ha niente del *ou* di un tiranno; **il n'y est pour ~** non c'entra per niente; **il n'en est ~** non è affatto vero; **ça ne fait ~** non fa niente; **~ du tout** niente di niente; **~ à faire!** niente da fare!; **'merci!' 'de ~'** 'grazie!' di niente' *ou* 'prego'; **comme si de ~ n'était** come se niente fosse // *nm:* **un petit ~** una cosuccia; **des ~s** (delle) sciocchezze *fpl;* **avoir peur d'un ~** aver paura per un nonnulla; **un ~ de...** un pochino di...; **en un ~**

de temps in un baleno.

rieur, euse [ʀjœʀ, ʀjøz] *a* allegro(a); *(yeux, expression)* ridente.

rigide [ʀiʒid] *a* rigido(a); **rigidité** *nf* rigidità *f inv.*

rigolade [ʀigɔlad] *nf (fam)* scherzo; **c'est de la ~** è una buffonata; *(chose faite sans effort)* è uno scherzo.

rigole [ʀigɔl] *nf* canaletto; *(filet d'eau)* rigagnolo.

rigoler [ʀigɔle] *vi (fam)* ridere; *(s'amuser)* divertirsi; *(ne pas parler sérieusement)* scherzare.

rigolo, ote [ʀigɔlo, ɔt] *a (fam)* spassoso(a), divertente; *(: étrange)* strano(a) // *nm/f (fam)* mattacchione/a.

rigoureux, euse [ʀiguʀø, øz] *a* rigoroso(a); *(climat)* rigido(a); *(sanction)* severo(a).

rigueur [ʀigœʀ] *nf* rigore *m; (climat)* rigidezza; **de ~** *(tenue)* di rigore; **à la ~** al limite.

rillettes [ʀijɛt] *nfpl specie di pâté a base di carne trita di maiale o d'oca cotta nel grasso.*

rime [ʀim] *nf* rima; **rimer** *vi:* **rimer (avec)** far rima (con); **ne ~ à rien** *(fig)* non avere alcun senso.

rinçage [ʀɛ̃saʒ] *nm* sciacquatura; *(de machine à laver)* risciacquo.

rincer [ʀɛ̃se] *vt* sciacquare, risciacquare.

ring [ʀiŋ] *nm* ring *m inv.*

ripaille [ʀipɑj] *nf:* **faire ~** far bisboccia, gozzovigliare.

riposte [ʀipɔst(ə)] *nf* risposta; *(contre-attaque)* contrattacco.

riposter [ʀipɔste] *vi, vt* rispondere.

rire [ʀiʀ] *vi* ridere; *(se divertir)* divertirsi; *(plaisanter)* scherzare // *nm* risata; *(façon de rire)* riso; **se ~ de** *(difficultés)* ridersene di; **~ aux éclats/aux larmes** ridere fragorosamente/fino alle lacrime; **~ au nez de qn** ridere in faccia a qd; **pour ~** *ad (pas sérieusement)* per ridere, per scherzo.

ris [ʀi] *nm:* **~ de veau** animella di vitello.

risée [ʀize] *nf* raffica; **être la ~ de qn** essere lo zimbello di.

risible [ʀizibl(ə)] *a* ridicolo(a).

risque [ʀisk(ə)] *nm* rischio; **prendre un ~/des ~s** rischiare; **à ses ~s et perils** a suo rischio e pericolo; **au ~ de** col rischio di; **~ d'incendie** pericolo d'incendio.

risqué, e [ʀiske] *a* rischioso(a); *(plaisanterie, histoire)* spinto(a).

risquer [ʀiske] *vt* rischiare; *(allusion, question)* arrischiare; *(MIL: offensive)* tentare; **se ~ à** azzardarsi a; **se ~ dans** arrischiarsi in; **ça ne risque rien** *(chose)* non soffre; **~ le coup** *(fam)* tentare il colpo; **ce qui risque de se produire** quello che può succedere; **il risque de gagner** c'è il rischio *ou* è probabile che vinca; **il ne risque pas de venir nous aider** *(fig)* non c'è pericolo che venga ad aiutarci; **~ le tout pour le tout** rischiare il tutto per tutto.

rissoler [ʀisɔle] *vi, vt:* **(faire) ~** (far) rosolare.

ristourne [ʀistuʀn(ə)] *nf* sconto.

rite [ʀit] *nm* rito.

ritournelle [ʀituʀnɛl] *nf* ritornello.

rituel, le [ʀitɥɛl] *a, nm* rituale *(m).*

rivage [ʀivaʒ] *nm* riva.

rival, e, aux [ʀival, o] *a, nm/f* rivale *(m/f);* **sans ~** *a* impareggiabile, senza rivali.

rivaliser [ʀivalize] *vi:* **~ d'élégance avec qn** rivaleggiare in eleganza con qd.

rivalité [ʀivalite] *nf* rivalità *f inv.*

rive [ʀiv] *nf* riva.

river [ʀive] *vt* ribadire; *(plaques de métal)* rivettare; **être rivé sur** *(fig: suj: regard, yeux)* essere fisso su.

riverain, e [ʀivʀɛ̃, ɛn] *a, nm/f* rivierasco(a); *(d'une route, rue)* abitante *(m/f);* *(: JUR)* frontista *(m/f).*

rivet [ʀivɛ] *nm* ribattino, rivetto; **riveter** *vt* rivettare.

rivière [rivjɛr] *nf* fiume *m*, corso d'acqua; (*SPORT*) riviera; ~ **de diamants** collana di diamanti.
rixe [riks(ə)] *nf* rissa.
riz [ri] *nm* riso; **rizière** *nf* risaia.
RN *abr f voir* **route.**
robe [rɔb] *nf* vestito, abito; *(de juge, d'avocat)* toga; *(d'écclésiastique)* tonaca; *(d'un animal: pelage)* mantello; ~ **de soirée/de mariée** abito da sera/da sposa; ~ **de chambre** vestaglia; ~ **de grossesse** abito *ou* vestito pre-maman.
robinet [rɔbinɛ] *nm* rubinetto; **robinetterie** *nf* rubinetteria.
robot [rɔbo] *nm* robot *m inv*.
robuste [rɔbyst(ə)] *a* robusto(a), forte.
roc [rɔk] *nm* roccia; **rocaille** *nf* pietraia, terreno sassoso; **rocailleux, euse** *a* sassoso(a); *(style, voix)* aspro(a).
roche [rɔʃ] *nf* roccia; **eau de** ~ acqua sorgiva.
rocher [rɔʃe] *nm* roccia; *(récif)* scoglio; (*ANAT*) rocca; **rocheux, euse** *a* roccioso(a).
rocking-chair [rɔkiŋʃɛr] *nm* sedia a dondolo.
rococo [rɔkɔko] *a inv, nm inv* rococò *(m inv)*.
rodage [rɔdaʒ] *nm* rodaggio.
roder [rɔde] *vt* rodare.
rôder [rode] *vi* gironzolare; *(aussi péj)* aggirarsi; **rôdeur, euse** *nm/f* vagabondo/a; *(péj)* teppista *m/f*.
rogatoire [rɔgatwar] *a* rogatorio(a).
rogne [rɔɲ] *nf*: **être en** ~ *(fam)* essere arrabbiato; **se mettre en** ~ arrabbiarsi.
rogner [rɔɲe] *vt* rifilare; *(ongles)* tagliare; ~ **sur** *(dépenses, etc)* lesinare su.
rognons [rɔɲɔ̃] *nmpl* rognoni *mpl*.
rognures [rɔɲyr] *nfpl* ritagli *mpl*; *(d'ongles)* pezzettini *mpl*.
rogue [rɔg] *a* arrogante, tracotante.
roi [rwa] *nm* re *m inv*; **le jour** *ou* **la fête des R~s, les R~s** l'Epifania.
roitelet [rwatlɛ] *nm* (*ZOOL*) regolo; *(péj: roi)* reuccio.
rôle [rol] *nm* ruolo; (*THEATRE, CINE, fig*) parte *f*; *(fonction)* funzione *f*, ruolo; **jouer un** ~ **important dans...** *(fig)* avere una parte *ou* giocare un ruolo importante in...; **avoir le physique du** ~ *(fig)* essere adatto al proprio ruolo.
romain, e [rɔmɛ̃, ɛn] *a, nm/f* romano(a) // *nf* (*BOT*) lattuga romana; **caractère** ~ (*TYP*) carattere romano *ou* tondo.
roman, e [rɔmɑ̃, an] *a* romanico(a); (*LING*) romanzo(a) // *nm* romanzo; ~ **photo** fotoromanzo.
romance [rɔmɑ̃s] *nf* romanza.
romancer [rɔmɑ̃se] *vt* romanzare.
romanche [rɔmɑ̃ʃ] *a* romancio(a) // *nm* (*LING*) romancio.
romancier, ière [rɔmɑ̃sje, jɛr] *nm/f* romanziere *m*/autrice *f* di romanzi.
romand, e [rɔmɑ̃, ɑ̃d] *a* romando(a).
romanesque [rɔmanɛsk(ə)] *a* romanzesco(a); *(sentimental)* romantico(a).
roman-feuilleton [rɔmɑ̃fœjtɔ̃] *nm* romanzo a puntate.
romantique [rɔmɑ̃tik] *a* romantico(a).
romantisme [rɔmɑ̃tism(ə)] *nm* romanticismo.
romarin [rɔmarɛ̃] *nm* rosmarino.
Rome [rɔm] *nf* Roma.
rompre [rɔ̃pr(ə)] *vt, vi* rompere; **se** ~ *vr* rompersi; **se** ~ **les os** *ou* **le cou** rompersi l'osso del collo; **se** ~ **à** abituarsi a; **rompez (les rangs)!** (*MIL*) rompete le righe!; **rompu, e** *a* stremato(a); **rompu à** esperto in.
romsteck [rɔmstɛk] *nm* scamone *m*.
ronce [rɔ̃s] *nf* rovo; *(du bois: nœud)* nodo.
ronchonner [rɔ̃ʃɔne] *vi (fam)* brontolare, mugugnare.

rond, e [ʀɔ̃, ʀɔ̃d] *a* rotondo(a); *(fam: ivre)* sbronzo(a) // *nm* cerchio; *(anneau: de fumée, dans l'eau)* anello; *(fam: sou)* quattrino // *nf* ronda; *(danse)* girotondo; (*MUS: note)* semibreve *f*; **en chiffres ~s** *(fig)* in cifra tonda; **faire un compte ~** arrotondare una somma; **avoir le dos ~** avere la schiena curva; **en ~** in cerchio; **à 10 km à la ~e** nel raggio di 10 km; **~ à béton** (*CONSTR*) tondino per cemento armato; **~ de serviette** portatovagliolo; **tourner ~** *(fig)* andare(bene); **rondelet, te** *a* rotondetto(a), grassottello(a); *(fig: somme)* discreto(a); *(: portefeuille)* gonfio(a).
rondelle [ʀɔ̃dɛl] *nf* rondella; *(tranche: de saucisson, etc)* fettina.
rondement [ʀɔ̃dmɑ̃] *ad* in modo spedito; *(carrément)* con franchezza.
rondeur [ʀɔ̃dœʀ] *nf* rotondità *f inv; (bonhomie)* schiettezza.
rondin [ʀdɛ̃] *nm pezzo cilindrico di legna da ardere o da costruzione.*
rond-point [ʀɔ̃pwɛ̃] *nm* piazza (circolare), rotonda.
ronéotyper [ʀɔneɔtipe] *vt* ciclostilare.
ronflant, e [ʀɔ̃flɑ̃, ɑ̃t] *a (péj)* altisonante.
ronflement [ʀɔ̃fləmɑ̃] *nm* russare *m inv; (de moteur)* ronzio; *(de poêle)* borbottio.
ronfler [ʀɔ̃fle] *vi* russare; *(moteur)* ronzare; *(poêle)* borbottare.
ronger [ʀɔ̃ʒe] *vt* rosicchiare; *(rouille, acide)* corrodere; *(mordiller)* mordere; *(fig: suj: mal, pensée)* rodere, consumare; **~ son frein** *(fig)* mordere il freno; **se ~ d'inquiétude** preoccuparsi; **se ~ les ongles** mangiarsi le unghie; **se ~ les sangs** *(fig)* essere molto preoccupato(a); **rongeur, euse** *a, nm/f* roditore(trice).
ronronner [ʀɔ̃ʀɔne] *vi* fare le fusa; *(fig: moteur)* ronzare.
roque [ʀɔk] *nm* arroccamento.
roquefort [ʀɔkfɔʀ] *nm formaggio tipo gorgonzola a base di latte di pecora.*
roquet [ʀɔkɛ] *nm* botolo.
roquette [ʀɔkɛt] *nf (MIL)* razzo.
rosace [ʀozas] *nf* rosone *m.*
rosaire [ʀozɛʀ] *nm* rosario.
rosâtre [ʀozɑtʀ(ə)] *a* (color) rosa sporco *inv.*
rosbif [ʀɔsbif] *nm* roast-beef *m*, rosbif *m inv.*
rose [ʀoz] *nf* rosa; *(vitrail)* rosone *m* // *a, nm* rosa *inv (m inv)*; **~ bonbon** *a inv* rosa confetto *inv;* **découvrir le pot aux ~s** *(fig, fam)* scoprire gli altarini; **envoyer qn sur les ~s** mandare al diavolo qd.
rosé, e [ʀoze] *a* rosato(a) // *nm* rosato, rosé *m inv.*
roseau, x [ʀozo] *nm* canna.
rosée [ʀoze] *nf* rugiada.
roseraie [ʀozʀɛ] *nf* roseto.
rosette [ʀozɛt] *nf* fiocco; **avoir la ~ (de la Légion d'honneur)** avere la Legion d'onore.
rosier [ʀozje] *nm* rosaio, rosa.
rosir [ʀoziʀ] *vi* diventare roseo(a).
rosse [ʀɔs] *nf (péj)* carogna // *a* cattivo(a), carogna.
rosser [ʀɔse] *vt (fam: battre)* pestare.
rossignol [ʀɔsiɲɔl] *nm* (*ZOOL*) usignolo.
rot [ʀo] *nm* rutto.
rotatif, ive [ʀɔtatif, iv] *a* rotativo(a) // *nf* rotativa.
rotation [ʀɔtɑsjɔ̃] *nf* rotazione *f.*
roter [ʀɔte] *vi (fam)* ruttare.
rôti [ʀoti] *nm* arrosto.
rotin [ʀɔtɛ̃] *nm* canna d'india.
rôtir [ʀotiʀ] *vt, vi* arrostire; **se ~ au soleil** arrostire *ou* arrostirsi al sole; **rôtisserie** *nf* rosticceria.
rotonde [ʀɔtɔ̃d] *nf* rotonda.
rotondité [ʀɔtɔ̃dite] *nf* rotondità *f inv.*
rotor [ʀɔtɔʀ] *nm* rotore *m.*

rotule [ʀɔtyl] *nf* rotula.
roturier, ière [ʀɔtyʀje, jɛʀ] *nm/f* plebeo/a.
rouage [ʀwaʒ] *nm* ingranaggio.
rouble [ʀubl(ə)] *nm* rublo.
roucouler [ʀukule] *vi* tubare.
roue [ʀu] *nf* ruota; **en ~ libre** a ruota libera; **~s avant/arrière** (AUTO) ruote anteriori/posteriori; **~ de secours** (AUTO) ruota di scorta; **~ à aubes** ruota a pale.
roué, e [ʀwe] *a, nm/f* furbacchione(a).
rouer [ʀwe] *vt*: **~ qn de coups** pestare qd di santa ragione.
rouet [ʀwɛ] *nm* arcolaio.
rouge [ʀuʒ] *a* rosso(a) // *nm* rosso; *(fard)* fard *m inv*; **~ à lèvres** rossetto; **le ~ lui monta au visage** il rossore *m* gli salì al viso; **passer au ~** (AUTO) passare col rosso; **porter au ~** *(métal)* arroventare; **~ de honte/colère** rosso per la vergogna/dalla collera; **se fâcher tout ~** *(fig)* andare in bestia; **rougeâtre** *a* rossastro(a).
rouge-gorge [ʀuʒgɔʀʒ] *nm* pettirosso.
rougeole [ʀuʒɔl] *nf* morbillo.
rougeoyer [ʀuʒwaje] *vi* rosseggiare.
rouget [ʀuʒɛ] *nm* triglia.
rougeur [ʀuʒœʀ] *nf* rossore *m*; **~s** *fpl* (MED) macchie *fpl* rosse.
rougir [ʀuʒiʀ] *vi* diventar rosso(a); *(de honte, timidité)* arrossire.
rouille [ʀuj] *nf* ruggine *f* // *a inv* *(couleur)* color ruggine *inv*.
rouiller [ʀuje] *vt, vi* arrugginire; **se ~** *vr* arrugginirsi.
roulade [ʀulad] *nf* (CULIN) involtino.
roulant, e [ʀulɑ̃, ɑ̃t] *a* a rotelle; **matériel/personnel ~** (RAIL) materiale rotabile/personale viaggiante.
rouleau, x [ʀulo] *nm* rotolo; (TECH) rullo; *(bigoudi)* bigodino; (SPORT) avvitamento; *(vague)* cavallone *m*; **être au bout du ~** *(fig)* essere agli sgoccioli; *(: ne plus avoir d'argent)* essere al verde; **~ à pâtisserie** matterello; **~ de pellicule** (PHOT) rullino.
roulement [ʀulmɑ̃] *nm* circolazione *f*, passaggio; *(bruit: du tonnerre)* brontolio; *(: du tambour)* rullo; *(rotation: d'ouvriers, équipes)* rotazione *f*; *(: de capitaux)* circolazione *f*; **~ (à billes)** cuscinetto (a sfere); **couche de ~** manto stradale.
rouler [ʀule] *vt* (far) rotolare; *(enrouler)* arrotolare; *(fam: tromper: personne)* fregare, infinocchiare // *vi* rotolare; *(voiture, train)* andare, viaggiare; *(bateau)* rollare; *(avion, tambour)* rullare; **se ~ dans** rotolarsi in; **~ sur l'or** sguazzare nell'oro; **~ des croquettes dans la farine** passare le polpette nella farina.
roulette [ʀulɛt] *nf* rotella; *(jeu)* roulette *f inv*; *(fam: du dentiste)* trapano.
roulis [ʀuli] *nm* rollio.
roulotte [ʀulɔt] *nf* roulotte *f inv*, caravan *m inv*; *(de bohémiens)* carrozzone *m*.
roumain, e [ʀumɛ̃, ɛn] *a, nm/f* romeno(a), rumeno(a).
Roumanie [ʀumani] *nf* Romania.
roupie [ʀupi] *nf* rupia.
roupiller [ʀupije] *vi (fam)* dormire.
rouquin, e [ʀukɛ̃, in] *nm/f* rosso/a (di capelli).
rouspéter [ʀuspete] *vi (fam)* brontolare.
rousse [ʀus] *a voir* **roux.**
rousseur [ʀusœʀ] *nf*: **tache de ~** lentiggine *f*.
roussi [ʀusi] *nm*: **ça sent le ~** *(plat, etc)* sa di bruciaticcio.
route [ʀut] *nf* strada; (NAUT, AVIAT) rotta; **en ~!** andiamo!; **en (cours de) ~** strada facendo; **se mettre en ~** avviarsi, partire; **mettre en ~** *(voiture, moteur)* avviare; **faire**

fausse ~ *(aussi fig)* essere fuori strada; ~ **nationale (RN)** strada statale (S.S.); **routier, ière** *a* stradale // *nm* camionista *m; (scout)* rover *m inv;* **gare routière** autostazione *f.*
routine [Rutin] *nf* routine *f,* abitudine *f;* **de** ~ abituale *a;* **routinier, ière** *a* abitudinario(a).
rouvrir [RuvRiR] *vt, vi* riaprire; **se** ~ *vr* riaprirsi.
roux, rousse [Ru, Rus] *a* rosso(a); *(personne)* rosso(a) di capelli // *nm/f* rosso/a (di capelli) // *nm* (CULIN) *preparazione base per salse fatta di burro fuso e farina.*
royal, e, aux [Rwajal, o] *a* reale; *(fig: festin, cadeau)* principesco(a); *(: indifférence, paix)* totale; **royaliste** *a, nm/f* realista *(m/f),* monarchico(a).
royaume [Rwajom] *nm* regno.
royauté [Rwajote] *nf* dignità *f inv* regale; *(régime)* monarchia.
R.S.V.P. *(abr de répondez s'il vous plaît)* R.S.V.P.
ruade [Ryad] *nf* calcio.
ruban [Rybɑ̃] *nm* nastro.
rubéole [Rybeɔl] *nf* rosolia.
rubicond, e [Rybikɔ̃, ɔ̃d] *a* rubicondo(a).
rubis [Rybi] *nm* rubino.
rubrique [RybRik] *nf* rubrica; *(de classement)* voce *f,* categoria.
ruche [Ryʃ] *nf* alveare *m.*
rude [Ryd] *a* rude; *(difficile, dur)* duro(a); **un** ~ **appétit** *(fam)* un grande appetito; **rudement** *ad* rudemente; *(frapper, être éprouvé)* duramente; *(fam: très)* molto.
rudimentaire [Rydimɑ̃tɛR] *a* rudimentale.
rudiments [Rydimɑ̃] *nmpl* rudimenti *mpl.*
rudoyer [Rydwaje] *vt* strapazzare, maltrattare.
rue [Ry] *nf* strada; *(suivi de nom propre)* via; **être/jeter qn à la** ~ essere/gettare qd sulla strada.
ruée [Rɥe] *nf* corsa; *(foule qui se presse)* ressa; **la** ~ **vers l'or** la corsa all'oro.
ruelle [Rɥɛl] *nf* viuzza, stradina.
ruer [Rɥe] *vi* scalciare; **se** ~ **sur** *(provisions, adversaire, etc)* gettarsi su; **se** ~ **vers/dans/hors de** precipitarsi verso/in/fuori da.
rugby [Rygbi] *nm* rugby *m.*
rugir [RyʒiR] *vi* ruggire // *vt* urlare; **rugissement** *nm* ruggito.
rugosité [Rygozite] *nf* rugosità *f inv,* ruvidezza.
rugueux, euse [Rygø, øz] *a* rugoso(a), ruvido(a).
ruine [Rɥin] *nf* rovina; *(restes d'un édifice, personne)* rudere *m; (fig: fin)* crollo; ~**s** *fpl (décombres)* rovine *fpl.*
ruiner [Rɥine] *vt* rovinare; **se** ~ *vr* rovinarsi; **ruineux, euse** *a* troppo caro(a).
ruisseau, x [Rɥiso] *nm* ruscello; *(caniveau)* cunetta, canale *m* di scolo; ~**x de larmes/sang** *(fig)* fiumi *mpl* di lacrime/sangue.
ruisseler [Rɥisle] *vi* scorrere; *(mur, arbre)* gocciolare; ~ **de larmes/sueur** grondare di lacrime/sudore; ~ **de lumière** sfavillare di luce.
rumeur [RymœR] *nf* brusio; *(bruit, nouvelle)* voce *f.*
ruminant [Ryminɑ̃] *nm* ruminante *m.*
ruminer [Rymine] *vt* ruminare; *(fig)* rimuginare.
rumsteck [Rɔmstɛk] *nm* = **romsteak.**
rupture [RyptyR] *nf* rottura.
rural, e, aux [RyRal, o] *a* rurale // *nmpl:* **les** ~**aux** la gente di campagna.
ruse [Ryz] *n f* astuzia; **par (la) ruse** con l'astuzia; **rusé, e** *a* astuto(a), furbo(a).
russe [Rys] *a, nm/f* russo(a).
Russie [Rysi] *nf:* **la** ~ la Russia.
rustique [Rystik] *a* rustico(a);

(bois) grezzo(a).
rustre [RystR(ə)] *nm* zotico, villano.
rut [Ryt] *nm*: **en** ~ in fregola *ou* calore.
rutilant, [Rytilɑ̃, ɑ̃t] *a* scintillante.
rythme [Ritm(ə)] *nm* ritmo; **rythmé, e** *a* ritmato(a); **rythmique** *a* ritmico(a) // *nf* ritmica.

S

S *(abr de* **sud**) S.
s' [s] *pron voir* **se.**
sa [sa] *dét voir* **son.**
S.A. *abr f voir* **société.**
sable [sɑbl(ə)] *nm* sabbia; ~**s mouvant** sabbie mobili.
sablé, e [sɑble] *a* cosparso(a) di sabbia // *nm* frollino; **pâte** ~**e** (CULIN) pasta frolla.
sabler [sɑble] *vt* cospargere di sabbia; ~ **le champagne** *(fig)* bere champagne in abbondanza.
sablier [sɑblije] *nm* clessidra.
sablière [sɑblijɛR] *nf* cava di sabbia.
sablonneux, euse [sɑblɔnø, øz] *a* sabbioso(a).
saborder [sabɔRde] *vt* aprire una falla in; *(fig: entreprise)* mandare in rovina; **se** ~ *vr* autoaffondarsi.
sabot [sabo] *nm* zoccolo; (TECH) ceppo; *(AUTO: police) ceppo usato dai vigili urbani per bloccare un'auto in sosta vietata;* **dormir comme un** ~ *(fig)* dormire come un ghiro.
sabotage [sabɔtaʒ] *nm* sabotaggio.
saboter [sabɔte] *vt* sabotare; **saboteur, euse** *nm/f* sabotatore/trice.
sabre [sɑbR(ə)] *nm* sciabola.
sac [sak] *nm* sacco; *(pour porter qch)* borsa; *(pillage: d'une ville, etc)* sacco; ~ **de couchage** sacco a pelo; ~ **à dos** zaino; ~ **à provisions** borsa (della spesa), sporta; ~ **de voyage** borsa *ou* sacca da viaggio.
saccade [sakad] *nf* scossone *m*, strappo; **par** ~**s** a scatti; a balzi.
saccager [sakaʒe] *vt* saccheggiare; *(dévaster: jardin, maison)* devastare.
saccharine [sakaRin] *nf* saccarina.
sacerdoce [sasɛRdɔs] *nm* sacerdozio; *(fig)* missione *f*; **sacerdotal, e, aux** *a* sacerdotale.
sachet [saʃɛ] *nm* sacchetto; ~ **de thé/sucre** bustina di tè/zucchero.
sacoche [sakɔʃ] *nf* borsa.
sacquer [sake] *vt (fam)* bocciare; *(: employé)* licenziare.
sacre [sakR(ə)] *nm* consacrazione *f*; *(d'un souverain)* incoronazione *f*.
sacré, e [sakRe] *a* sacro(a); (ANAT) sacrale; ~ **menteur!** maledetto *ou* brutto bugiardo!; **tu as un** ~ **culot!** hai una bella faccia tosta!; **j'ai une** ~**e envie de...** ho una gran voglia di... .
sacrement [sakRəmɑ̃] *nm* sacramento.
sacrer [sakRe] *vt* consacrare; *(souverain)* incoronare // *vi (fam: jurer)* sacramentare.
sacrifice [sakRifis] *nm* sacrificio.
sacrifier [sakRifje] *vt, vi* sacrificare; **se** ~ *vr* sacrificarsi; **prix sacrifiés** (COMM) prezzi stracciati.
sacrilège [sakRilɛʒ] *nm* sacrilegio // *a, nm/f* sacrilego(a).
sacristain [sakRistɛ̃] *nm* sagrestano, sacrestano.
sacristie [sakRisti] *nf* sagrestia, sacrestia.
sacro-saint, e [sakRɔsɛ̃, ɛ̃t] *a* sacrosanto(a).
sadique [sadik] *a, nm/f* sadico(a).
sadisme [sadism(ə)] *nm* sadismo.
safari-photo [safaRifɔto] *nm* safari *m inv* fotografico.
safran [safRɑ̃] *nm* zafferano.
sagace [sagas] *a* sagace.
sage [saʒ] *a* saggio(a), assennato(a); *(enfant)* buono(a), bravo(a) // *nm* saggio.
sage-femme [saʒfam] *nf* levatrice

f, ostetrica.
sagesse [saʒɛs] *nf* saggezza; (*REL*, *modération*) prudenza; **dent de** ~ dente del giudizio.
Sagittaire [saʒitɛʀ] *nm* Sagittario.
saharienne [saaʀjɛn] *nf* sahariana.
saignant, e [sɛɲɑ̃, ɑ̃t] *a* sanguinante; *(viande)* al sangue *loc inv*.
saignée [seɲe] *nf* salasso.
saignement [sɛɲmɑ̃] *nm*: ~ **de nez** emorragia nasale.
saigner [seɲe] *vi* sanguinare // *vt* salassare; *(animal: égorger)* sgozzare; *(fig)* dissanguare; ~ **du nez** avere sangue dal naso.
saillant, e [sajɑ̃, ɑ̃t] *a* sporgente; *(fig: fait, événements)* saliente.
saillie [saji] *nf* sporgenza; *(accouplement)* monta; **faire** ~ sporgere; **en** ~, **formant** ~ sporgente, in aggetto.
saillir [sajiʀ] *vi* sporgere // *vt* (*ZOOL*) montare, coprire.
sain, e [sɛ̃, sɛn] *a* sano(a); *(salubre)* salubre.
saindoux [sɛ̃du] *nm* strutto.
saint, e [sɛ̃, sɛ̃t] *a, nm/f* santo(a); ~ **Pierre** san Pietro; ~ **Antoine** sant'Antonio; **la** ~**e Famille** la Sacra famiglia; **le S~-Esprit** lo Spirito Santo; **le S~-Siège** la Santa Sede; **la S~-Sylvestre** la notte di San Silvestro.
saisie [sezi] *nf* sequestro, pignoramento.
saisir [seziʀ] *vt (aussi fig)* cogliere; *(attraper)* prendere, afferrare; *(comprendre)* afferrare; (*CULIN*) passare a fuoco vivo; (*JUR*: *biens*) sequestrare; *(: personne)* sequestrare i beni di; ~ **un tribunal** adire un tribunale; **saisissant, e** *a* impressionante, sorprendente.
saison [sɛzɔ̃] *nf* stagione *f*; **en/hors** ~ durante la/fuori stagione; **saisonnier, ière** *a, nm* stagionale *(m)*.
salade [salad] *nf* insalata; *(fam: confusion)* pasticcio; ~ **de fruits** macedonia (di frutta); **saladier** *nm* insalatiera.
salaire [salɛʀ] *nm* salario; *(d'employé, fonctionnaire)* stipendio; *(fig)* compenso, ricompensa; **un** ~ **de famine** *ou* **misère** un salario *ou* uno stipendio da fame; ~ **minimum interprofessionnel garanti (SMIG)/de croissance (SMIC)** minimo salariale.
salaison [salɛzɔ̃] *nf* salatura; ~**s** *fpl* salumi *mpl*.
salamandre [salamɑ̃dʀ(ə)] *nf* salamandra.
salami [salami] *nm* salame *m*.
salant [salɑ̃] *am*: **marais** ~ salina.
salarial, e [salaʀjal] *a* salariale.
salarié, e [salaʀje] *a, nm/f* dipendente*(m/f)*.
salaud [salo] *nm (fam!)* stronzo*(!)*.
sale [sal] *a* sporco(a); *(fam: péj: avant le nom)* brutto(a); ~ **temps** tempaccio.
salé, e [sale] *a* salato(a); *(fig: histoire, plaisanterie)* piccante.
saler [sale] *vt* salare.
saleté [salte] *nf* sporcizia; *(action, vile, obscénité)* porcheria.
salière [saljɛʀ] *nf* saliera.
saligaud [saligo] *nm (fam!: salaud)* stronzo*(!)*.
salin, e [salɛ̃, in] *a* salino(a) // *nf* salina.
salinité [salinite] *nf* salinità *f inv*.
salir [saliʀ] *vt* sporcare; *(fig: personne, réputation)* insozzare, macchiare; **salissant, e** *a* sporchevole; *(métier)* in cui ci si sporca.
salive [saliv] *nf* saliva; **saliver** *vi* salivare.
salle [sal] *nf* sala; *(d'appartement)* sala, stanza; (*SCOL, de tribunal*) aula; **faire** ~ **comble** (*THEATRE*) fare un pienone; ~ **à manger** sala da pranzo; ~ **commune** *(d'hôpital)* corsia; ~ **de bain(s)** bagno; ~ **d'opération** *(d'hôpital)* sala operatoria; ~ **de séjour** soggiorno; ~ **des machines** sala macchine.
salon [salɔ̃] *nm* salotto; *(exposition)*

salone *m;* ~ **de coiffure** parrucchiere *m;* ~ **de thé** sala da tè.
salopard [salɔpaʀ] *nm (fam!)* farabutto.
salope [salɔp] *nf (fam!)* stronza*(!); (prostituée)* puttana.
saloperie [salɔpʀi] *nf (fam!)* porcheria.
salopette [salɔpɛt] *nf* salopette.
salpêtre [salpɛtʀ(ə)] *nm* salnitro.
salsifis [salsifi] *nm:* ~ **noir** scorzonera.
saltimbanque [saltɛ̃bɑ̃k] *nm* saltimbanco.
salubre [salybʀ(ə)] *a* salubre; **salubrité** *nf* salubrità *f inv;* **mesures de salubrité publique** misure sanitarie.
saluer [salɥe] *vt* salutare.
salut [saly] *nm* salvezza; *(geste, parole d'accueil,* MIL*)* saluto // *excl (fam)* ciao, salve; ~ **public** salute *f* pubblica; **salutaire** *a* salutare.
salutations [salytɑsjɔ̃] *nfpl* saluti *mpl;* **recevez mes** ~ **distinguées** *ou* **respectueuses** distinti saluti.
salve [salv(ə)] *nf* salva.
samaritain, e [samaʀitɛ̃, ɛn] *a, nm/f* samaritano(a).
samedi [samdi] *nm* sabato.
sanatorium [sanatɔʀjɔm] *nm* sanatorio.
sanctifier [sɑ̃ktifje] *vt* santificare.
sanction [sɑ̃ksjɔ̃] *nf* sanzione *f;* **prendre des ~s (contre)** prendere dei provvedimenti *mpl* (contro); **sanctionner** *vt* sancire, sanzionare.
sanctuaire [sɑ̃ktɥɛʀ] *nm* santuario.
sandale [sɑ̃dal] *nf* sandalo.
sandow [sɑ̃do] *nm* ® (cavo)elastico; *(appareil)* estensore *m.*
sandwich [sɑ̃dwitʃ] *nm* panino (imbottito); (TECH) sandwich *m inv;* **être pris en** ~ **(entre)** essere bloccato (tra).
sang [sɑ̃] *nm* sangue *m;* **être en** ~ essere insanguinato; **se faire du mauvais** ~ farsi cattivo sangue;
sanglant, e *a* insanguinato(a); *(bataille, combat)* sanguinoso(a).
sangle [sɑ̃gl(ə)] *nf* cinghia; *(de la selle)* sottopancia *m.*
sanglier [sɑ̃glije] *nm* cinghiale *m.*
sanglot [sɑ̃glo] *m* singhiozzo; **sangloter** *vi* singhiozzare.
sangsue [sɑ̃sy] *nf* sanguisuga.
sanguin, e [sɑ̃gɛ̃, in] *a* sanguigno(a) // *nf (orange)* sanguinella; *(*ART*: dessin)* sanguigna.
sanitaire [sanitɛʀ] *a* sanitario(a); **~s** *mpl* servizi *mpl* (igienici).
sans [sɑ̃] *prép* senza; ~ **cela** *ou* **quoi** altrimenti.
sans-abri [sɑ̃zabʀi] *nm/f inv* senzatetto *m/f inv.*
sans-emploi [sɑ̃zɑ̃plwa] *nm/f inv* disoccupato/a.
sans-façon [sɑ̃fasɔ̃] *m inv* disinvoltura, semplicità *f inv.*
sans-gêne [sɑ̃ʒɛn] *a inv* sfrontato(a) // *nm inv* sfrontatezza.
sans-logis [sɑ̃lɔʒi] *nm/f inv* senzatetto *m/f inv.*
sans-travail [sɑ̃tʀavaj] *nm/f inv* disoccupato/a.
santal [sɑ̃tal] *nm* sandalo.
santé [sɑ̃te] *nf* salute *f;* **à votre ~!** alla vostra *(pl) ou* sua *(sg)* salute!, salute!; **la** ~ **publique** sanità *f inv* pubblica.
santon [sɑ̃tɔ̃] *nm* statuina del presepe.
saoul [sul] *a* = **soûl.**
saper [sape] *vt* scalzare.
sapeur-pompier [sapœʀpɔ̃pje] *nm* pompiere *m.*
saphir [safiʀ] *nm* zaffiro; *(d'électrophone)* puntina.
sapin [sapɛ̃] *nm* abete *m;* ~ **de Noël** albero di Natale; **sapinière** *nf* abetaia.
sarabande [saʀabɑ̃d] *nf* sarabanda.
sarbacane [saʀbakan] *nf* cerbottana.
sarcasme [saʀkasm(ə)] *nm* sarcasmo.

sarcler [sarkle] *vt* sarchiare.
sarcophage [sarkɔfaʒ] *nm* sarcofago.
Sardaigne [sardɛɲ] *nf*: **la** ~ la Sardegna; **sarde** *a, nm/f* sardo(a).
sardine [sardin] *nf* sardina; **~s à l'huile** sardine sott'olio.
S.A.R.L. *abr f voir* **société.**
sarment [sarmɑ̃] *nm* tralcio, sarmento.
sarrasin, e [sarazɛ̃, in] *nm* grano saraceno.
sarrau [saro] *nm* camiciotto.
sarriette [sarjɛt] *nf* santoreggia.
sas [sɑ] *nm* camera stagna.
satané, e [satane] *a* dannato(a).
satanique [satanik] *a* satanico(a).
satellite [satelit] *nm* satellite *m;* **retransmis par** ~ (*TV, RADIO*) ritrasmesso via satellite.
satiété [sasjete]: **à** ~ *ad* a sazietà; *(répéter)* fino alla nausea.
satin [satɛ̃] *nm* raso; **satiné, e** *a* satinato(a); *(peau)* vellutato(a).
satire [satir] *nf* satira; **satirique** *a* satirico(a).
satisfaction [satisfaksjɔ̃] *nf* soddisfazione *f;* **donner** ~ dare soddisfazione *ou* soddisfare.
satisfaire [satisfɛr] *vt* soddisfare; ~ **à** rispondere a; *(engagement, promesse)* tener fede a; **satisfait, e** *a* soddisfatto(a); **satisfaisant, e** *a* soddisfacente.
saturation [satyrɑsjɔ̃] *nf* saturazione *f.*
saturer [satyre] *vt:* **être saturé de qch** essere saturo di qc.
satyre [satir] *nm* satiro.
sauce [sos] *nf* salsa; **en** ~ con salsa; ~ **à salade** condimento per l'insalata; ~ **tomate** salsa di pomodoro; ~ **mayonnaise** maionese *f;* **saucière** *nf* salsiera.
saucisse [sosis] *nf* salsiccia.
saucisson [sosisɔ̃] *nm* salame *m.*
sauf [sof] *prép* salvo, tranne; ~ **si...** salvo che...*+subjonctif,* a meno che...*+subjonctif;* ~ **empêchement** salvo impedimenti; ~ **erreur** salvo errori.
sauf, sauve [sof, sove] *a* salvo(a); **laisser la vie sauve à qn** risparmiare qd.
sauf-conduit [sofkɔ̃dɥi] *nm* salvacondotto.
sauge [soʒ] *nf* salvia.
saugrenu, e [sogrəny] *a* strampalato(a), strambo(a).
saule [sol] *nm* salice *m.*
saumâtre [somɑtr(ə)] *a* salmastro(a).
saumon [somɔ̃] *nm* salmone *m // a inv (couleur)* (color) salmone *inv.*
saumure [somyr] *nf* salamoia.
sauna [sona] *nm* sauna.
saupoudrer [sopudre] *vt* cospargere, spolverare.
saut [so] *nm* salto, balzo; (*SPORT*) salto; ~ **en parachute** lancio col paracadute.
saute [sot] *nf:* ~ **de vent** salto di vento; ~ **de température** sbalzo di temperatura; **avoir des ~s d'humeur** avere degli sbalzi d'umore.
sauté, e [sote] *a* (*CULIN*) rosolato(a), al salto *loc inv.*
saute-mouton [sotmutɔ̃] *nm:* **jouer à** ~ giocare alla cavallina.
sauter [sote] *vi, vt* saltare; **faire** ~ (*CULIN*) (far) rosolare, far saltare; ~ **en parachute** lanciarsi col paracadute; ~ **à la corde** saltare con la corda; ~ **de joie** fare salti di gioia.
sauterelle [sotrɛl] *nf* cavalletta.
sauteur, euse [sotœr, øz] *nm/f* saltatore/trice // *nf casseruola larga e bassa.*
sautiller [sotije] *vi* saltellare.
sauvage [sovaʒ] *a* selvaggio(a); *(animal, plante, personne)* selvatico(a); *(camping)* libero(a) // *nm/f* selvaggio/a; **sauvagerie** *nf* selvatichezza; *(brutalité)* ferocia.
sauve [sov] *af voir* **sauf.**
sauvegarde [sovgard(ə)] *nf* salvaguardia, tutela; **sauvegarder** *vt*

salvaguardare, tutelare.
sauve-qui-peut [sovkipø] *nm* fuggi fuggi *m inv* // *excl* si salvi chi può.
sauver [sove] *vt* salvare; **se ~** *vr* scappare; **sauvetage** *nm* salvataggio; **sauveteur** *nm* soccorritore/trice.
sauvette [sovɛt]: **à la ~** *a, ad* con precipitazione, **vente à la ~** vendita ambulante abusiva.
sauveur [sovœʀ] *nm* salvatore *m*.
savamment [savamɑ̃] *ad (habilement)* sapientemente; *(en connaissance de cause)* con cognizione di causa.
savane [savan] *nf* savana.
savant, e [savɑ̃, ɑ̃t] *a* dotto(a); *(érudit)* colto(a); *(compliqué, difficile)* difficile; *(habile: démonstration, combinaison)* sapiente // *nm* studioso/a, scienziato/a.
saveur [savœʀ] *nf* sapore *m*.
savoir [savwaʀ] *vt* sapere, conoscere; *(être capable de, leçon)* sapere // *nm* sapere *m*, cultura; **se ~** *vr (chose: être connu)* sapersi; **se ~ malade/incurable** sapere di essere malato/incurabile; **à ~** *ad* cioè, vale a dire; **ne rien vouloir ~** non volerne sapere; **savoir-faire** *nm inv* competenza; (*ECON*) know-how *m;* **savoir-vivre** *nm inv* buona creanza.
savon [savɔ̃] *nm* sapone *m;* **passer un ~ à qn** *(fam: engueuler)* dare una lavata di capo a qd; **savonner** *vt* insaponare; **se savonner** *vr* insaponarsi; **savonnette** *nf* saponetta.
savourer [savuʀe] *vt* assaporare; *(déguster)* gustare; **savoureux, euse** *a* gustoso(a).
saxophone [saksɔfɔn] *nm* sassofono.
sbire [sbiʀ] *nm (péj)* sbirro.
scabreux, euse [skabʀø, øz] *a* scabroso(a).
scalpel [skalpɛl] *nm* bisturi *m inv*.
scalper [skalpe] *vt* scotennare.
scandale [skɑ̃dal] *nm* scandalo; **au grand ~ de...** con grande scandalo di...; **scandaleux, euse** *a* scandaloso(a); **scandaliser** *vt* scandalizzare; **se ~ (de)** scandalizzarsi (di *ou* per).
scander [skɑ̃de] *vt* scandire.
Scandinavie [skɑ̃dinavi] *nf* Scandinavia.
scaphandre [skafɑ̃dʀ(ə)] *nm* scafandro; **~ autonome** autorespiratore *m*.
scarabée [skaʀabe] *nm* scarabeo.
scarlatine [skaʀlatin] *nf* scarlattina.
scarole [skaʀɔl] *nf* scarola.
sceau, x [so] *nm* sigillo; **sous le ~ du secret** sotto il vincolo del segreto.
sceller [sele] *vt* sigillare; *(barreau, chaîne, etc)* fissare; *(fig: réconciliation, engagement)* suggellare.
scellés [sele] *nmpl* (*JUR*) sigilli *mpl*.
scénario [senaʀjo] *nm* copione *m*, sceneggiatura; **scénariste** *nm/f* sceneggiatore/trice.
scène [sɛn] *nf* scena; *(fig: dispute bruyante)* scenata; **par ordre d'entrée en ~** in ordine di apparizione; **porter à** *ou* **adapter pour la ~** adattare per il teatro; **~ de ménage** scenata tra marito e moglie; **scénique** *a* scenico(a).
scepticisme [sɛptisism(ə)] *nm* scetticismo.
sceptique [sɛptik] *a, nm/f* scettico(a).
sceptre [sɛptʀ(ə)] *nm* scettro.
schéma [ʃema] *nm* schema *m;* **schématique** *a* schematico(a).
schisme [ʃism(ə)] *nm* scisma *m*.
schiste [ʃist(ə)] *nm* scisto.
schizophrène [skizɔfʀɛn] *a, nm/f* schizofrenico/a.
sciatique [sjatik] *a* sciatico(a) // *nf* sciatica.
scie [si] *nf* sega; **~ à bois/métaux** sega da legno/da metalli.

sciemment [sjamɑ̃] *ad* (co)scientemente.
science [sjɑ̃s] *nf* scienza; **science-fiction** *nf* fantascienza; **scientifique** *a* scientifico(a) // *nm/f* scienziato/a.
scier [sje] *vt* segare; **scierie** *nf* segheria.
scinder [sɛ̃de] *vt* scindere; **se ~** *vr* scindersi.
scintillement [sɛ̃tijmɑ̃] *nm* scintillio.
scintiller [sɛ̃tije] *vi* scintillare.
scission [sisjɔ̃] *nf* scissione *f*.
sciure [sjyʀ] *nf* segatura.
sclérose [skleʀoz] *nf* sclerosi *f inv*.
scolaire [skɔlɛʀ] *a* scolastico(a); **en âge ~** in età scolare; **scolarité** *nf*: **certificat de scolarité** certificato di iscrizione *f*; **la scolarité obligatoire** la scuola dell'obbligo; **taux de scolarité** tasso di scolarizzazione *f*; **frais de scolarité** retta; **scolariser** *vt* dotare di scuole; *(personnes)* istruire.
scoliose [skɔljoz] *nf* scoliosi *f inv*.
scorbut [skɔʀbyt] *nm* scorbuto.
score [skɔʀ] *nm* punteggio.
scories [skɔʀi] *nfpl* scorie *fpl*.
scorpion [skɔʀpjɔ̃] *nm* scorpione *m*; **le S~** (ASTROL) lo Scorpione *m*.
scout, e [skut] *a* scoutistico(a) // *nm* scout *m*.
scribe [skʀib] *nm* scriba *m*; *(péj: de bureau)* imbrattacarte *m inv*.
script [skʀipt] *a, nm* stampatello // *nm* (CINE) sceneggiatura; **script-girl** *nf* segretaria di produzione.
scrupule [skʀypyl] *nm* scrupolo; **scrupuleux, euse** *a* scrupoloso(a).
scrutateur, trice [skʀytatœʀ, tʀis] *nm/f* scrutatore/trice.
scruter [skʀyte] *vt* scrutare.
scrutin [skʀytɛ̃] *nm* scrutinio; **ouverture/clôture d'un ~** inizio/termine di uno scrutinio.
sculpter [skylte] *vt* scolpire; **sculpteur** *nm* scultore/trice; **sculptural, e, aux** *a* scultoreo(a); **sculpture** *nf* scultura.
se [s(ə)] *pron* si; **ils s'en vont** se ne vanno; **elle ~ le demande** se lo chiede.
séance [seɑ̃s] *nf* seduta; (CINE, THEATRE) spettacolo; **lever la ~** togliere la seduta; **~ tenante** seduta stante.
séant [seɑ̃] *nm* sedere *m*.
seau, x [so] *nm* secchio; **~ à glace** secchiello per il ghiaccio.
sec, sèche [sɛk, sɛʃ] *a* secco(a), asciutto(a); *(vin, fruits)* secco(a); *(non mouillé)* asciutto(a); *(fig: cœur: insensible)* arido(a); *(: départ, démarrage)* brusco(a) // *nf* secca; *(fam)* sigaretta // *nm*: **tenir au ~** tenere all'asciutto // *ad* bruscamente; **je le prends** *ou* **bois ~** *(alcool)* lo prendo *ou* bevo liscio; **boire ~** *(beaucoup)* bere forte; **à pied ~** senza bagnarsi i piedi; **à ~** a secco; (NAUT, *rivière*) in secca; **être à ~** *(fam)* essere al verde; **faire cul ~** bere d'un fiato.
sécateur [sekatœʀ] *nm* cesoie *fpl* (da giardiniere).
sécession [sesesjɔ̃] *nf* secessione *f*.
sèche [sɛʃ] *a, nf voir* **sec.**
séchage [seʃaʒ] *nm* asciugatura; *(du bois, tabac)* essicazione *f*.
sèche-cheveux [sɛʃʃəvø] *nm inv* asciugacapelli *m inv*.
sécher [seʃe] *vt* seccare; *(étang)* prosciugare; *(linge, objet mouillé)* (far) asciugare; *(fam:* SCOL) marinare, bigiare // *vi* asciugare; *(se déshydrater)* seccare, seccarsi; *(fam: candidat)* fare scena muta; **se ~** *vr* asciugarsi.
sécheresse [sɛʃʀɛs] *nf* secchezza; *(absence de pluie)* siccità *f inv*.
séchoir [seʃwaʀ] *nm* stendibiancheria; *(lieu)* essicatoio; *(appareil)* essicatore *m*; *(à cheveux)* asciugacapelli *m inv*.
second, e [s(ə)gɔ̃, ɔ̃d] *a* secondo(a) // *nm* braccio destro, aiuto; *(étage)* secondo (piano); (NAUT) secondo //

nf (partie d'une minute) secondo; (*AUTO*: *vitesse*, *RAIL*: *classe*) seconda; **secondaire** *a* secondario(a).
seconde [s(ə)gɔ̃d] *a, nf voir* **second.**
seconder [s(ə)gɔ̃de] *vt* assistere, aiutare; *(favoriser)* assecondare.
secouer [s(ə)kwe] *vt* scuotere; *(suj: bateau, voiture: passagers)* sballottare; **se** ~ *vr* scuotersi; ~ **la tête** *(pour dire non)* scrollare la testa.
secourable [s(ə)kuʀabl(ə)] *a* caritatevole.
secourir [s(ə)kuʀiʀ] *vt* soccorrere; **secourisme** *nm* pronto soccorso; **secouriste** *nm/f* soccorritore/trice.
secours [s(ə)kuʀ] *nm* aiuto // *nmpl (aide financière, matérielle)* aiuti *mpl; (soins à un malade, équipes de secours)* soccorsi *mpl;* **au ~!** aiuto!; **appeler au** ~ chiedere *ou* gridare aiuto; **appeler qn à son** ~ chiamare qd in aiuto; **aller au** ~ **de qn** accorrere in aiuto di qd; **porter** ~ **à qn** soccorrere qd; **sortie de** ~ uscita di sicurezza.
secousse [s(ə)kus] *nf* scossa; *(fig: choc psychologique)* colpo; *(de véhicule)* sobbalzo.
secret, ète [səkʀɛ, ɛt] *a* segreto(a) // *nm* segreto; *(discrétion absolue)* segretezza; **mettre au** ~ rinchiudere.
secrétaire [s(ə)kʀetɛʀ] *nm/f* segretario/a // *nm (meuble)* secrétaire *m;* ~ **d'Etat** ≈ ministro segretario di stato; **secrétariat** *nm* segreteria; (*POL, ADMIN*: *fonction)* segretariato.
sécréter [sekʀete] *vt* secernere.
sectaire [sɛktɛʀ] *a* settario(a).
secte [sɛkt(ə)] *nf* setta.
secteur [sɛktœʀ] *nm* settore *m; (zone, quartier)* zona; (*ADMIN*: *d'une ville)* circoscrizione *f;* **branché sur le** ~ (*ELEC*) collegato alla rete; **panne de** ~ guasto della zona.
section [sɛksjɔ̃] *nf* sezione *f; (tronçon: d'une route)* tratto; *(: de parcours d'autobus)* tronco; **sectionner** *vt* sezionare; *(diviser)* suddividere; **se sectionner** *vr (câble)* rompersi.
sectoriel, le [sɛktɔʀjɛl] *a* settoriale.
séculaire [sekylɛʀ] *a* secolare.
séculier, ière [sekylje, jɛʀ] *a* secolare.
sécuriser [sekyʀize] *vt* rassicurare.
sécurité [sekyʀite] *nf* sicurezza; **être en** ~ essere al sicuro; **la S~ Sociale (S.S.)** ≈ la Previdenza Sociale (INPS).
sédatif, ive [sedatif, iv] *a* sedativo(a) // *nm* sedativo.
sédentaire [sedɑ̃tɛʀ] *a* sedentario(a).
sédiment [sedimɑ̃] *nm* sedimento.
séditieux, euse [sedisjø, øz] *a, nm/f* sedizioso(a).
sédition [sedisjɔ̃] *nf* sedizione *f.*
séducteur, trice [sedyktœʀ, tʀis] *a, nm/f* seduttore (trice).
séduction [sedyksjɔ̃] *nf* seduzione *f.*
séduire [sedɥiʀ] *vt* sedurre; **séduisant, e** *a* seducente.
segment [sɛgmɑ̃] *nm* segmento; ~ **(de piston)** (*AUTO*) fascia elastica.
ségrégation [segʀegɑsjɔ̃] *nf* segregazione *f.*
seiche [sɛʃ] *nf* seppia.
seigle [sɛgl(ə)] *nm* segale *f.*
seigneur [sɛɲœʀ] *nm* signore *m;* **le S~** (*REL*) il Signore; **seigneurial, e, aux** *a* feudale, del signore *loc inv; (magnifique)* principesco(a).
sein [sɛ̃] *nm* seno; **au ~ de** *prép* in seno a; **donner le ~ à, nourrir au** ~ *(bébé)* allattare.
Seine [sɛn] *nf:* **la** ~ la Senna.
séisme [seism(ə)] *nm* sisma *m.*
seize [sɛz] *a num* sedici; **seizième** *num* sedicesimo(a) // *nm* sedicesimo.
séjour [seʒuʀ] *nm* soggiorno

séjourner *vi* soggiornare, trattenersi.
sel [sɛl] *nm* sale *m*; *(fig: esprit, piquant)* spirito; ~ **de cuisine/fin** *ou* **de table** sale grosso/fine.
sélection [selɛksjɔ̃] *nf* selezione *f*; **sélectionner** *vt* selezionare; **sélectionneur, euse** *nm/f* selezionatore/trice.
self-service [sɛlfsɛʀvis] *nm* self-service *m inv*.
selle [sɛl] *nf* sella; *(de bicyclette, motocyclette)* sellino; **se mettre en** ~ montare in sella; **seller** *vt* sellare.
sellette [sɛlɛt] *nf*: **mettre qn sur la** ~ *(fig)* fare il terzo grado a qd; **être sur la** ~ essere al centro di tutte le critiche.
sellier [selje] *nm* sellaio.
selon [s(ə)lɔ̃] *prép* secondo; *(en fonction de)* a seconda di, secondo; ~ **que** a seconda che, secondo che.
semailles [s(ə)mɑj] *nfpl* semina *sg*.
semaine [s(ə)mɛn] *nf* settimana; **en** ~ durante la *ou* in settimana.
sémantique [semɑ̃tik] *a* semantico(a) // *nf* semantica.
sémaphore [semafɔʀ] *nm* semaforo.
semblable [sɑ̃blabl(ə)] *a, nm* simile *(m)*.
semblant [sɑ̃blɑ̃] *nm*: **un** ~ **d'intérêt/de vérité** una parvenza d'interesse/di verità; **faire** ~ far finta.
sembler [sɑ̃ble] *vb avec attribut* sembrare // *vb impersonnel*: **il semble inutile/bon de...** sembra inutile/opportuno...; **il me semble le connaître** mi sembra *ou* pare di conoscerlo; **comme/quand bon lui semble** come/quando vuole lui *ou* gli pare; **à ce qu'il me semble** a quanto pare.
semelle [s(ə)mɛl] *nf* soletta; *(de chaussure: extérieure)* suola; *(fig)* passo.
semence [s(ə)mɑ̃s] *nf* seme *m*, semente *f*; *(fig)* germe *m*, seme.
semer [s(ə)me] *vt* seminare; *(fig: répandre)* diffondere, spargere; **semé de difficultés/d'erreurs** disseminato di difficoltà/di errori.
semestre [s(ə)mɛstʀ(ə)] *nm* semestre *m*; **semestriel, le** *a* semestrale.
semeur, euse [s(ə)mœʀ, øz] *nm/f* seminatore/trice.
sémillant, e [semijɑ̃, ɑ̃t] *a* vivace, brioso(a).
séminaire [seminɛʀ] *nm* seminario.
semi-remorque [səmirəmɔrk] *nf* semirimorchio // *nm (camion)* autoarticolato.
semis [s(ə)mi] *nm* semina; *(terrain)* seminato; *(plants)* piantina.
sémitique [semitik] *a* semitico(a).
semonce [səmɔ̃s] *nf* intimazione *f*; *(fig: réprimande)* predica, ramanzina; **coup de** ~ intimazione.
semoule [s(ə)mul] *nf* semolino.
sempiternel, le [sɛ̃pitɛʀnɛl] *a* eterno(a).
Sénat [sena] *nm* Senato; **sénateur** *nm* senatore/trice.
sénile [senil] *a* senile; **sénilité** *nf* senilità *f inv*.
sens [sɑ̃s] *nm* senso; ~ **dessus dessous** *ad* sottosopra.
sensation [sɑ̃sɑsjɔ̃] *nf* sensazione *f*; **faire** ~ fare colpo; **sensationnel, le** *a* sensazionale.
sensé, e [sɑ̃se] *a* sensato(a).
sensibiliser [sɑ̃sibilize] *vt* sensibilizzare.
sensibilité [sɑ̃sibilite] *nf* sensibilità *f inv*.
sensible [sɑ̃sibl(ə)] *a* sensibile; **sensiblement** *ad* notevolmente; *(à peu près)* pressapoco.
sensitif, ive [sɑ̃sitif, iv] *a* sensitivo(a).
sensoriel, le [sɑ̃sɔʀjɛl] *a* sensoriale, sensorio(a).
sensualité [sɑ̃sɥalite] *nf* sensualità *f inv*.
sensuel, le [sɑ̃sɥɛl] *a* sensuale.

sentence [sɑ̃tɑ̃s] *nf* sentenza; **sentencieux, euse** *a* sentenzioso(a).
senteur [sɑ̃tœʀ] *nf* profumo, sentore *m*.
sentier [sɑ̃tje] *nm* sentiero.
sentiment [sɑ̃timɑ̃] *nm* sentimento; *(instinct)* senso; *(avis, opinion)* parere *m;* **avoir le ~ de/que** avere l'impressione *f* di/che; **recevez mes ~s respectueux/devoués** voglia gradire i miei più distinti/cordiali saluti; **faire du ~** *(péj)* fare il sentimentale; **sentimental, e, aux** *a* sentimentale.
sentinelle [sɑ̃tinɛl] *nf* sentinella; **être en ~** essere di sentinella.
sentir [sɑ̃tiʀ] *vt* sentire; *(fleur)* annusare; *(bonne odeur, goût)* sapere di; *(mauvaise odeur)* puzzare di // *vi* puzzare; **~ bon/mauvais** avere un buon/cattivo odore; **se ~ à son/mal à l'aise** sentirsi/non sentirsi a proprio agio; **se ~ le courage/la force de faire qch** sentirsela di fare qc; **ne pas pouvoir ~ qn** *(fam)* non poter soffrire qd.
séparation [sepaʀɑsjɔ̃] *nf* separazione *f*.
séparer [sepaʀe] *vt* separare; *(diviser)* dividere; **se ~** *vr* separarsi; *(prendre congé)* lasciarsi; *(se diviser: route, tige, etc)* dividersi; *(se détacher)* staccarsi.
sept [sɛt] *num* sette.
septembre [sɛptɑ̃bʀ(ə)] *nm* settembre *m*.
septennat [sɛptena] *nm* settennato.
septentrional, e, aux [sɛptɑ̃tʀijɔnal, o] *a* settentrionale.
septicémie [sɛptisemi] *nf* setticemia.
septième [sɛtjɛm] *num* settimo(a) // *nm* settimo.
septique [sɛptik] *a:* **fosse ~** fossa settica.
septuagénaire [sɛptɥaʒenɛʀ] *a, nm/f* settantenne *(m/f)*.
sépulcre [sepylkʀ(ə)] *nm* sepolcro.
sépulture [sepyltyʀ] *nf* sepoltura.
séquelles [sekɛl] *nfpl* postumi *mpl; (d'un événement, d'une situation)* conseguenze *fpl*.
séquence [sekɑ̃s] *nf* sequenza.
séquestre [sekɛstʀ(ə)] *nm* sequestro.
séquestrer [sekɛstʀe] *vt* sequestrare.
serein, e [səʀɛ̃, ɛn] *a* sereno(a).
sérénade [seʀenad] *nf* serenata.
sérénité [seʀenite] *nf* serenità *f inv*.
serf, serve [sɛʀ(f), sɛʀv(ə)] *nm/f* servo/a.
sergent [sɛʀʒɑ̃] *nm* sergente *m*.
sériciculture [seʀisikyltyʀ] *nf* sericoltura.
série [seʀi] *nf* serie *f inv;* **fabrication en ~** fabbricazione in serie; **voiture de ~** vettura di serie; **soldes de fin de ~s** saldi di fine serie.
sérieux, euse [seʀjø, øz] *a* serio(a); *(vrai, fondé)* vero(a); *(remarquable)* notevole // *nm* serietà *f inv;* **garder son ~** restare serio; **prendre qch/qn au ~** prendere sul serio qc/qd; **se prendre au ~** prendersi troppo sul serio.
serin [s(ə)ʀɛ̃] *nm* canarino.
seriner [s(ə)ʀine] *vt:* **~ qch à qn** ficcare in testa qc a qd (a furia di ripeterla).
seringue [s(ə)ʀɛ̃g] *nf* siringa.
serment [sɛʀmɑ̃] *nm* giuramento; **~ d'ivrogne** *(fig)* promessa da marinaio.
sermon [sɛʀmɔ̃] *nm* predica.
serpe [sɛʀp(ə)] *nf* roncola.
serpent [sɛʀpɑ̃] *nm* serpente *m*, serpe *f*.
serpenter [sɛʀpɑ̃te] *vi* serpeggiare, snodarsi.
serpentin [sɛʀpɑ̃tɛ̃n] *nm* serpentina; *(ruban)* stella filante.
serpillière [sɛʀpijɛʀ] *nf* strofinaccio (per i pavimenti).
serrage [sɛʀaʒ] *nm* serraggio.
serre [sɛʀ] *nf* serra.

serré, e [seʀe] *a* stretto(a); *(tissu, écriture)* fitto(a); *(fig: lutte, partie, match)* serrato(a) // *ad:* **jouer ~** giocare con prudenza; *(fig)* agire con circospezione; **écrire ~** scrivere fitto; **avoir le cœur/la gorge ~(e)** avere una stretta al cuore/un nodo alla gola.

serrement [sɛʀmɑ̃] *nm:* **~ de main** stretta di mano; **~ de cœur** stretta al cuore.

serre-livres [sɛʀlivʀ(ə)] *nm inv* reggilibro *m.*

serrer [seʀe] *vt* stringere; **se ~** *vr* stringersi; **~ qn dans ses bras/contre son cœur** stringere qd tra le braccia/al petto; **~ les poings/mâchoires** stringere *ou* serrare i pugni/le mascelle; **~ qn de près** incalzare qd; **~ qn dans un coin** chiudere qd in un angolo; **se ~ les coudes** *(fig)* aiutarsi *ou* sostenersi a vicenda; **se ~ la ceinture** tirare la cinghia; **~ la vis à qn** dare un giro di vite a qd; **~ les rangs** (*MIL*) serrare le file.

serre-tête [sɛʀtɛt] *nm* fascia; *(en metal, plastique)* cerchietto; *(bonnet)* berretto.

serrure [seʀyʀ] *nf* serratura.

serrurerie [seʀyʀʀi] *nf* ferramenta *fpl;* **~ d'art** oggetti *mpl* in ferro battuto.

serrurier [seʀyʀje] *nm* fabbro.

sertir [sɛʀtiʀ] *vt* incastonare; *(deux pièces métalliques)* aggraffare.

sérum [seʀɔm] *nm* siero; **~ artificiel** soluzione *f* fisiologica.

servage [sɛʀvaʒ] *nm* schiavitù *f inv.*

servant [sɛʀvɑ̃] *nm* chierico; (*MIL*) servente *m.*

servante [sɛʀvɑ̃t] *nf* domestica.

serve [sɛʀv(ə)] *nf voir* **serf.**

serveur, euse [sɛʀvœʀ, øz] *nm/f* cameriere/a.

serviable [sɛʀvjabl(ə)] *a* servizievole.

service [sɛʀvis] *nm* servizio; *(aide, faveur)* favore *m,* piacere *m;* **premier/second ~** *(série de repas);* primo/secondo turno; **faire le ~** *(à table)* servire; **être au ~ de qn** essere alle dipendenze di qd; *(disponible)* essere a dispozione di qd; **rendre ~ (à)** rendere servizio (a); *(à qn)* fare un favore (a); *(suj: objet, outil)* essere utile *ou* servire (a); **être/mettre en ~** essere/mettere in funzione *f;* **hors ~** fuori uso; **~ à thé/café** servizio da tè/caffè; **~ après vente** (servizio di) assistenza ai clienti.

serviette [sɛʀvjɛt] *nf* tovagliolo; *(de toilette)* asciugamano; *(porte-documents)* cartella; **~ hygiénique** assorbente *m.*

servile [sɛʀvil] *a* servile.

servir [sɛʀviʀ] *vt* servire; *(favoriser)* favorire // *vi* servire; (*CARTES*) dare le carte; **se ~** *vr* servirsi; **~ (à qn) de** *(faire fonction de)* servire (a qd) da; **~ à dîner/déjeuner à qn** servire la cena/il pranzo a qd; **~ à boire à qn** servire da bere a qd.

servitude [sɛʀvityd] *nf* schiavitù *f inv;* (*JUR*) servitù *f inv.*

ses [se] *dét voir* **son.**

session [sesjɔ̃] *nf* sessione *f.*

seuil [sœj] *nm* soglia; **au ~ de** *(fig)* alle soglie *fpl* di.

seul, e [sœl] *a* solo(a); *(seulement)* solo *inv;* *(unique)* unico(a); **lui ~/elle ~e peut...** solo lui/lei può...; **à lui (tout) ~** da solo; **d'un ~ coup** *ad (subitement)* di colpo; **elle vit ~e** vive (da) sola; **tout ~** da solo; **j'en veux un(e) ~(e)** ne voglio uno(a) solo(a) *ou* solo *inv* uno(a).

seulement [sœlmɑ̃] *ad* solo, soltanto; **il vient ~ d'arriver** è appena arrivato; **il voudrait chanter, ~ il n'a pas une belle voix** vorrebbe cantare solo che non ha una bella voce.

sève [sɛv] *nf* linfa; *(fig: énergie)* vigore *m.*

sévère [sevɛʀ] *a* severo(a); **sévérité** *nf* severità *f inv*.
sévices [sevis] *nmpl* sevizie *fpl*.
sévir [seviʀ] *vi* infierire; *(fig, froid, maladie)* imperversare.
sevrer [səvʀe] *vt* svezzare.
sexagénaire [sɛgzaʒenɛʀ] *a, nm/f* sessantenne *(m/f)*.
sexe [sɛks(ə)] *nm* sesso; **sexologue** *nm/f* sessuologo/a.
sextant [sɛkstɑ̃] *nm* sestante *m*.
sexualité [sɛksɥalite] *nf* sessualità *f inv*.
sexuel, le [sɛksɥɛl] *a* sessuale.
seyant, e [sɛjɑ̃, ɑ̃t] *a* che sta bene *loc rel*.
shampooing [ʃɑ̃pwɛ̃] *nm* shampoo *m inv*.
short [ʃɔʀt] *nm* calzoncini *mpl* corti.
si [si] *nm* (*MUS*) si *m inv* // *cong* se // *ad*: ~ **gentil/rapidement** così gentile/rapidamente; **il est ~ fort que...** è così forte che...; ~ **rapide qu'il soit...** per quanto sia rapido *ou* rapido sia; **'tu ne l'as pas acheté?' 'mais ~!'** 'non l'hai comprato?'—'ma, sì!'; ~ **bien que...** cosicchè... .
siamois, e [sjamwa, waz] *a* siamese.
sibyllin, e [sibilɛ̃, in] *a* sibillino(a).
Sicile [sisil] *nf* Sicilia; **sicilien, ne** *a, nm/f* siciliano(a).
sidéré, e [sideʀe] *a* sbalordito(a).
sidérurgie [sideʀyʀʒi] *nf* siderurgia; **sidérurgique** *a* siderurgico(a).
siècle [sjɛkl(ə)] *nm* secolo.
siège [sjɛʒ] *nm* sede *f*; (*POL, JUR*: *place)* seggio; *(chaise)* sedia; (*MIL*) assedio; (*AUTO*) sedile *m*.
siéger [sjeʒe] *vi* sedere; *(assemblée, tribunal)* avere sede; *(fig: résider, se trouver)* risiedere.
sien, ne [sjɛ̃, sjɛn] *pron*: **le ~, la ~ne** il suo, la sua; **les ~s, les ~nes** i suoi, le sue; **il a fait des ~nes** *(fam)* ne ha fatta una delle sue.
sieste [sjɛst(ə)] *nf* sonnellino.
sifflant, e [siflɑ̃, ɑ̃t] *a* sibilante.
sifflement [sifləmɑ̃] *nm* fischio; *(de la vapeur, du vent, du serpent, etc)* sibilo.
siffler [sifle] *vi* fischiare; *(vapeur, vent, serpent, etc)* sibilare // *vt* fischiare; *(chanson, air)* fischi(ett)are; *(animal, personne)* fischiare a; *(fam: verre, bouteille)* scolarsi, tracannare.
sifflet [siflɛ] *nm* fischietto; *(sifflement)* fischio; **~s** *mpl (de mécontentement)* fischi *mpl*; **coup de ~** fischio.
siffloter [siflɔte] *vi* fischiettare.
sigle [sigl(ə)] *nm* sigla.
signal, aux [siɲal, o] *nm* segnale *m*; *(fig: de maladie)* sintomo.
signalement [siɲalmɑ̃] *nm* connotati *mpl*.
signaler [siɲale] *vt* segnalare; **se ~** *vr* segnalarsi; **se ~ par** segnalarsi *ou* distinguersi per.
signalétique [siɲaletik] *a* segnaletico(a).
signalisation [siɲalizɑsjɔ̃] *nf* segnaletica; **panneau de ~** cartello stradale *ou* indicatore.
signaliser [siɲalize] *vt* dotare di segnaletica.
signataire [siɲatɛʀ] *nm/f* firmatario/a.
signature [siɲatyʀ] *nf* firma.
signe [siɲ] *nm* segno; **faire un ~ de la tête/main** fare un cenno *ou* un segno con la testa/mano; **faire ~ à qn** *(fig)* farsi vivo (con qd); **faire ~ à qn d'entrer** far segno *ou* cenno a qd di entrare.
signer [siɲe] *vt* firmare; **se ~** *vr* farsi il segno della croce.
signet [siɲɛ] *nm* segnalibro.
significatif, ive [siɲifikatif, iv] *a* significativo(a).
signification [siɲifikɑsjɔ̃] *nf* significato.
signifier [siɲifje] *vt* significare; **~ qch à qn** comunicare qc a qd; (*JUR*) notificare qc a qd.
silence [silɑ̃s] *nm* silenzio; (*MUS*) pausa; **garder le ~** restare in silen-

zio; **garder le ~ sur qch** mantenere il silenzio su qc; **silencieux, euse** *a* silenzioso(a) // *nm* (*AUTO*) marmitta; *(d'une arme, moto)* silenziatore *m*.
silex [silɛks] *nm* selce *f*.
silhouette [silwɛt] *nf* profilo, silhouette; *(ligne d'une personne)* linea; *(cible)* sagoma.
sillage [sijaʒ] *nm* scia; **dans le ~ de** *(fig)* nella scia di, sulle orme di.
sillon [sijɔ̃] *nm* solco; **sillonner** *vt* solcare; *(suj: auto, moto, route)* percorrere.
silo [silo] *nm* silo.
simagrées [simagʀe] *nfpl* moine *fpl*, smancerie *fpl*.
simiesque [simjɛsk(ə)] *a* scimmiesco(a).
similaire [similɛʀ] *a* similare, affine.
similicuir [similikɥiʀ] *nm* similpelle *f*.
similitude [similityd] *nf* somiglianza; (*GEOM*) similitudine *f*.
simple [sɛ̃pl(ə)] *a* semplice; *(péj: naïf)* sempliciotto(a) // *nm*: **~ messieurs/dames** (*TENNIS*) singolo *ou* singolare *m* maschile/femminile; **varier du ~ au double** variare fino al doppio; **réduit à sa plus ~ expression** ridotto alla sua forma più elementare; **~ d'esprit** *nm/f* sempliciotto/a; **simplicité** *nf* semplicità *f inv*; *(candeur)* ingenuità *f inv*; **en toute simplicité** con grande naturalezza; **simplifier** *vt* semplificare; **simpliste** *a* semplicistico(a).
simulacre [simylakʀ(ə)] *nm*: **un ~ de combat** un combattimento simulato.
simulateur, trice [simylatœʀ, tʀis] *nm/f* simulatore/trice.
simulation [simylɑsjɔ̃] *nf* simulazione *f*.
simuler [simyle] *vt* simulare.
simultané, e [simyltane] *a* simultaneo(a).
sincère [sɛ̃sɛʀ] *a* sincero(a); **mes ~s condoléances** (le mie) sentite condoglianze; **sincérité** *nf* sincerità *f inv*.
sinécure [sinekyʀ] *nf* sinecura.
singe [sɛ̃ʒ] *nm* scimmia.
singer [sɛ̃ʒe] *vt* scimmiottare.
singeries [sɛ̃ʒʀi] *nfpl* smorfie *fpl*.
singulariser [sɛ̃gylaʀize] *vt* rendere singolare; **se ~** *vr* farsi notare.
singularité [sɛ̃gylaʀite] *nf* stravaganza.
singulier, ière [sɛ̃gylje, jɛʀ] *a, nm* singolare *(m)*.
sinistre [sinistʀ(ə)] *a* sinistro(a); *(lugubre: appartement, soirée)* lugubre, squallido(a) // *nm* sinistro.
sinistré, e [sinistʀe] *a, nm/f* sinistrato(a).
sinon [sinɔ̃] *conj* se no, altrimenti; *(sauf, si ce n'est)* se non.
sinueux, euse [sinɥø, øz] *a* sinuoso(a); *(fig: pensée, raisonnement)* tortuoso(a); **sinuosité** *nf* sinuosità *f inv*.
sinus [sinys] *nm* seno; **sinusite** *nf* sinusite *f*.
sionisme [sjɔnism(ə)] *nm* sionismo.
siphon [sifɔ̃] *nm* sifone *m*.
sire [siʀ] *nm*: **S~** Sire *m*; **un triste ~** un tristo figuro.
sirène [siʀɛn] *nf* sirena.
sirop [siʀo] *nm* sciroppo.
siroter [siʀɔte] *vt* sorseggiare.
sis, e [si, siz] *a*: **~ rue de la Paix** sito *ou* ubicato in rue de la Paix.
sismique [sismik] *a* sismico(a).
site [sit] *nm* luogo; *(paysage)* paesaggio; *(d'une ville, etc: emplacement)* ubicazione *f*; **~s archéologiques** zone *fpl* di scavi.
sitôt [sito] *ad*: **~ parti...** (non) appena partito...; **~ après** subito dopo; **pas de ~** non tanto *ou* così presto; **~ (après) que** (non) appena.
situation [sitɥɑsjɔ̃] *nf* situazione *f*; *(d'un édifice, d'une ville)* ubicazione

f; (emploi, poste) posto.
situer [sitɥe] *vt* situare; *(sur une carte)* localizzare; *(fig: évènement, scène)* ambientare; **se** ~ *vr* trovarsi; *(fig)* ambientarsi.
six [sis] *num* sei; **sixième** *num* sesto(a) // *nm* sesto.
sketch [skɛtʃ] *nm* scenetta, sketch *m inv*.
ski [ski] *nm* sci *m inv;* **faire du** ~ sciare; **aller faire du** ~ andare a sciare; **ski nautique** sci nautico; ~ **de randonnée** sci alpinismo; **skier** *vi* sciare; **skieur, euse** *nm/f* sciatore/trice.
slalom [slalɔm] *nm* slalom *m inv;* **faire du** ~ **entre** *(fig)* fare lo slalom tra.
slave [slav] *a, nm/f* slavo(a).
slip [slip] *nm* slip *m inv*.
slogan [slɔgɑ̃] *nm* slogan *m inv*.
S.M.I.C., S.M.I.G. *sigle m voir* **salaire.**
smoking [smɔkiŋ] *nm* smoking *m inv*.
S.N.C.F. *sigle f (Société Nationale des Chemins de Fer Français),* ≈ FF.SS *ou* F.S.
snob [snɔb] *a inv, nm/f inv* snob *(m/f inv);* **snobisme** *nm* snobismo.
sobre [sɔbʀ(ə)] sobrio(a); **sobriété** *nf* sobrietà *f inv*.
sobriquet [sɔbʀikɛ] *nm* soprannome *m,* nomignolo.
soc [sɔk] *nm* vomere *m*.
sociable [sɔsjabl(ə)] *a* socievole.
social, e, aux [sɔsjal, o] *a* sociale; **socialisme** *nm* socialismo; **socialiste** *a, nm/f* socialista *(m/f)*.
sociétaire [sɔsjetɛʀ] *nm/f* socio/a.
société [sɔsjete] *nf* società *f inv;* **rechercher la** ~ **de** *(fig)* cercare la compagnia di; ~ **anonyme (S.A.)** società per azioni (S.p.A.); ~ **anonyme à responsabilité limitée (S.A.R.L.)** società a responsabilità limitata (s.r.l.).
socio- [sɔsjɔ] *préf* socio.
sociologie [sɔsjɔlɔʒi] *nf* sociologia; **sociologue** *nm/f* sociologo/a.
socle [sɔkl(ə) *nm* zoccolo.
socquette [sɔkɛt] *nf* calzino.
sodium [sɔdjɔm] *nm* sodio.
sœur [sœʀ] *nf* sorella; *(religieuse)* suora, sorella.
soi [swa] *pron* sé; **mettre/avoir sur** ~ mettersi/avere addosso; **cela va de** ~ va da sé; **soi-distant** *a inv* sedicente; *(présumé)* presunto(a), cosiddetto(a) // *ad* in apparenza.
soie [swa] *nf* seta; *(de porc, sanglier: poil)* setola; **soierie** *nf* seteria; *(tissu)* seta.
soif [swaf] *nf* sete *f;* **donner** ~ **(à qn)** far venir sete (a qd).
soigné, e [swaɲe] *a* curato(a); *(travail)* accurato(a).
soigner [swaɲe] *vt* curare; *(s'occuper de)* prendersi cura di; **soigneur** *nm* massaggiatore *m;* **soigneusement** *ad* accuratamente, con cura; **soigneux, euse** *a* accurato(a), ordinato(a); *(travail, recherches)* accurato(a).
soi-même [swamɛm] *pron inv* se stesso(a).
soin [swɛ̃] *nm* cura; *(charge, responsabilité)* incarico; ~**s** *mpl* cure *fpl; (attentions)* premure *fpl,* attenzioni *fpl;* **prendre** ~ **de qch/qn** prendersi cura di qc/qd; **avoir/prendre** ~ **de faire qch** badare a *ou* aver cura di fare qc; **aux bons** ~**s de** presso.
soir [swaʀ] *nm* sera; **il travaille le** ~ lavora di sera; **ce** ~ questa sera, stasera; **à ce** ~**!** a stasera!; **la veille au** ~ la sera prima; **sept heures du** ~ le sette di sera; **soirée** *nf* serata, sera; *(réception)* serata, ricevimento; **film/pièce en** ~ *(CINE, THEATRE)* spettacolo serale.
soit [swa] *conj* cioè // *ad* e va bene, e sia; ~ **un triangle** *(MATH)* (sia) dato un triangolo; ~ **l'un,** ~ **l'autre** o l'uno, o l'altro; ~ **que tu partes,** ~ **que tu restes...** che tu parta o che tu resti... .

soixantaine [swasɑ̃tɛn] *nf* sessantina.
soixante [swasɑ̃t] *num* sessanta.
soja [sɔʒa] *nm* soia.
sol [sɔl] *nm* suolo; *(fig)* suolo, terra; (*MUS*) sol *m inv*.
solaire [sɔlɛʀ] *a* solare.
soldat [sɔlda] *nm* soldato; ~ **inconnu** milite *m* ignoto; ~ **de plomb** soldatino di piombo.
solde [sɔld(ə)] *nf* soldo // *nm* saldo; **en** ~ in saldo, in liquidazione.
solder [sɔlde] *vt* saldare; *(marchandise)* liquidare, svendere; **se** ~ **par** chiudersi con; concludersi con; **article soldé à 10 francs** articolo venduto in saldo a 10 franchi.
sole [sɔl] *nf* sogliola.
soleil [sɔlɛj] *nm* sole *m; (feu d'artifice)* girandola; *(acrobatie)* piroetta; (*BOT*) girasole *m;* **il fait du** ~ c'è il sole.
solennel, le [sɔlanɛl] *a* solenne; **solenniser** *vt* solennizzare; **solennité** *nf* solennità *f inv*.
solfège [sɔlfɛʒ] *nm* solfeggio.
soli [sɔli] *nmpl voir* **solo.**
solidaire [sɔlidɛʀ] *a* solidale; ~ **de** solidale con; **se solidariser** *vr* solidarizzare.
solidarité [sɔlidaʀite] *nf* solidarietà *f inv;* **par** ~ per solidarietà.
solide [sɔlid] *a* solido(a); *(nerfs, amitié)* saldo(a); *(personne, estomac: vigoureux)* robusto(a) // *nm* solido; **un** ~ **coup de poing** un bel pugno; **avoir les reins** ~**s** avere le spalle robuste; *(fig)* avere le spalle coperte; **solidifier** *vt* solidificare; **se solidifier** *vr* solidificarsi; **solidité** *nf* solidità *f inv*.
soliloque [sɔlilɔk] *nm* soliloquio.
soliste [sɔlist(ə)] *nm/f* solista *m/f*.
solitaire [sɔlitɛʀ] *a, nm/f* solitario(a) // *nm (diamant)* solitario.
solitude [sɔlityd] *nf* solitudine *f*.
solive [sɔliv] *nf* trave *f*.
sollicitations [sɔlisitɑsjɔ̃] *nfpl* sollecitazioni *fpl*.
solliciter [sɔlisite] *vt* sollecitare; ~ **qn de faire qch** sollecitare qd a fare qc; **sollicitude** *nf* sollecitudine *f*.
solo [sɔlo] *nm* assolo, a solo.
solstice [sɔlstis] *nm* solstizio.
soluble [sɔlybl(ə)] *a* solubile.
solution [sɔlysjɔ̃] *nf* soluzione *f;* ~ **de facilité** soluzione di comodo.
solvable [sɔlvabl(ə)] *a* solvibile.
solvant [sɔlvɑ̃] *nm* solvente *m*.
sombre [sɔ̃bʀ(ə)] *a* scuro(a); *(fig: personne, visage, humeur)* cupo(a); *(: avenir)* oscuro(a).
sombrer [sɔ̃bʀe] *vi* affondare; ~ **dans la misère/le désespoir** sprofondare nella miseria/disperazione.
sommaire [sɔmɛʀ] *a* sommario(a) // *nm* sommario.
sommation [sɔmɑsjɔ̃] *nf* intimazione *f; (mise en demeure)* ingiunzione *f*.
somme [sɔm] *nf* somma // *nm* sonnellino; **en** ~ *ad* insomma, tutto sommato; ~ **toute** *ad* tutto sommato; **bête de** ~ bestia da soma.
sommeil [sɔmɛj] *nm* sonno; **sommeiller** *vi* sonnecchiare.
sommelier [sɔməlje] *nm* sommelier *m*.
sommer [sɔme] *vt:* ~ **qn de** intimare *ou* ingiungere a qd di.
sommet [sɔmɛ] *nm (aussi fig)* vertice *m; (de montagne, arbre)* sommità *f inv*, cima; *(fig: comble)* sommo.
sommier [sɔmje] *nm (du lit)* elastico; ~ **métallique** rete *f*.
sommité [sɔmite] *nf* cima; *(fig)* personaggio eminente.
somnambule [sɔmnɑ̃byl] *a, nm/f* sonnambulo(a).
somnifère [sɔmnifɛʀ] *nm* sonnifero.
somnolent, e [sɔmnɔlɑ̃, ɑ̃t] *a* sonnolento(a).
somnoler [sɔmnɔle] *vi* sonnecchiare.

somptueux, euse [sɔ̃ptɥø, øz] *a* sontuoso(a).
son, sa, ses [sɔ̃, sa, se] *dét* (il) suo *m*, (la) sua *f*, (i) suoi *mpl*, (le) sue *fpl*; *(indéfini)* il proprio *m*, la propria *f*, i propri *mpl*, le proprie *fpl*.
son [sɔ̃] *nm* suono; (*RADIO, TV*: *volume)* volume *m*; *(résidu de mouture)* crusca.
sonate [sɔnat] *nf* sonata.
sondage [sɔ̃daʒ] *nm* sondaggio.
sonde [sɔ̃d] *nf* sonda; (*NAUT*) scandaglio.
sonder [sɔ̃de] *vt* sondare; (*NAUT*) scandagliare; *(fig: cœur, conscience, avenir)* scrutare.
songe [sɔ̃ʒ] *nm* sogno.
songer [sɔ̃ʒe] *vi*: ~ **à qch/faire qch** sognare qc/di fare qc; *(penser à)* pensare a qc/ricordarsi di fare qc; *(envisager)* pensare a qc/di fare qc; ~ **que** pensare che; **songeur, euse** *a* pensieroso(a).
sonnaille [sɔnaj] *nf* campanaccio.
sonnant, e [sɔnɑ̃, ɑ̃t] *a*: **à huit heures ~es** alle otto in punto.
sonner [sɔne] *vi* suonare // *vt* suonare; *(domestique, portier, infirmière)* chiamare; *(fam: personne)* suonarle a; ~ **faux** stonare; ~ **chez qn** suonare alla porta di qd.
sonnerie [sɔnʀi] *nf* suono; *(de téléphone, sonnette)* squillo; *(de réveil)* sveglia; *(d'horloge)* carillon *m*; *(mécanisme)* suoneria; *(sonnette)* campanello.
sonnet [sɔnɛ] *nm* sonetto.
sonnette [sɔnɛt] *nf* campanello.
sono [sɔno] *abr de* **sonorisation.**
sonore [sɔnɔʀ] *a* sonoro(a).
sonorisation [sɔnɔʀizɑsjɔ̃] *nf* sonorizzazione *f*; *(d'une salle)* impianto acustico.
sonoriser [sɔnɔʀize] *vt* sonorizzare; *(salle)* installare l'impianto acustico (di).
sonorité [sɔnɔʀite] *nf* sonorità *f inv*.
sophisme [sɔfism(ə)] *nm* sofisma *m*.
sophistiqué, e [sɔfistike] *a* sofisticato(a).
soporifique [sɔpɔʀifik] *a* soporifero(a) // *nm* sonnifero.
sorbet [sɔʀbɛ] *nm* sorbetto.
sorbier [sɔʀbje] *nm* sorbo.
sorcellerie [sɔʀsɛlʀi] *nf* stregoneria.
sorcier, ière [sɔʀsje, jɛʀ] *nm/f* stregone/strega // *a*: **ce n'est pas ~** *(fam)* non è poi così difficile.
sordide [sɔʀdid] *a* sordido(a).
sornettes [sɔʀnɛt] *nfpl (péj)* frottole *fpl*, fandonie *fpl*.
sort [sɔʀ] *nm* sorte *f*; **jeter un ~ sur qn** gettare il malocchio su qd; **le ~ en est jeté** il dado è tratto; **tirer (qch/qn) au ~** tirare a sorte (qc/qd), sorteggiare (qc/qd).
sortant, e [sɔʀtɑ̃, ɑ̃t] *a* uscente.
sorte [sɔʀt(ə)] *nf* specie *f*, sorta; **de la ~** *ad* in questo modo, così; **en quelque ~** in un certo qual modo; **de ~ à** in modo da; **de (telle) ~ que, en ~ que** in modo (tale) che; **faire en ~ que/de** fare in modo che/da.
sortie [sɔʀti] *nf* uscita; (*MIL*) sortita; *(promenade, tour)* passeggiata, giro; *(fig)* sfuriata; *(d'un gaz, de l'eau)* fuoriuscita; '**~ de voitures**' 'passo carraio'; ~ **de bain** *(vêtement)* accappatoio.
sortilège [sɔʀtilɛʒ] *nm* sortilegio.
sortir [sɔʀtiʀ] *vi* uscire; *(bourgeon, plante)* spuntare // *vt* portar fuori; *(produit, ouvrage, modèle)* far uscire; *(fam: expulser: personne)* sbatter fuori; *(: incongruités)* tirar fuori; ~ **de** uscire da; *(compétence, ordinaire)* esulare da; *(provenir de: famille)* (pro)venire da; ~ **qch (de)** tirar fuori qc (da); **se ~ de** *(affaire, situation)* tirarsi fuori da // *nm*: **au ~ de l'hiver** sul finire *ou* alla fine dell'inverno; ~ **de ses gonds** *(fig)* uscire dai gangheri; ~ **qn d'affaire/d'embarras** trarre qd d'impaccio; ~ **de la route** *(véhicule)* uscire di strada; **il ne**

s'en sort pas non riesce a venirne fuori *ou* a cavarsela.
sosie [sozi] *nm* sosia *m inv.*
sot, sotte [so, sɔt] *a, nm/f* stupido(a), sciocco(a); **sottise** *nf* stupidità *f inv; (parole, action)* sciocchezza, stupidaggine *f.*
sou [su] *nm*: **être près de ses ~s** essere molto attaccato ai soldi; **être sans le ~** essere al verde; **n'avoir pas un ~ de bon sens** *(fig)* non avere un briciolo di buon senso.
soubassement [subasmɑ̃] *nm* base *f*, zoccolo.
soubresaut [subʀəso] *nm* sussulto; *(cahot: d'un véhicule)* sobbalzo.
souche [suʃ] *nf* ceppo; *(fig: d'une famille, dynastie)* capostipite *m/f; (d'un registre, carnet)* matrice *f*, madre *f*; **français de vieille ~** francese da molte generazioni.
souci [susi] *nm* preoccupazione *f*, pensiero; *(BOT)* calendola; **avoir/se faire du ~** essere preoccupato; **avoir (le) ~ de** preoccuparsi di; **~s financiers** preoccupazioni economiche.
soucier [susje]: **se ~ de** *vr* preoccuparsi di.
soucieux, euse [susjø, øz] *a* preoccupato(a); **~ de** che bada a; *(inquiet de)* preoccupato di; **peu ~ de/que...** noncurante di/del fatto che.
soucoupe [sukup] *nf* piattino; **~ volante** disco volante.
soudain, e [sudɛ̃, ɛn] *a* improvviso(a) // *ad* improvvisamente; **soudainement** *ad* improvvisamente.
soude [sud] *nf* soda.
souder [sude] *vt* saldare.
soudoyer [sudwaje] *vt (péj)* assoldare.
soudure [sudyʀ] *nf* saldatura.
souffle [sufl(ə)] *nm* fiato; *(respiration)* respiro; *(d'une explosion)* spostamento d'aria; *(d'un ventilateur)* aria; *(du vent)* soffio, alito; *(MED)* soffio; *(fig: inspiration)* ispirazione *f*; **retenir son ~** trattenere il fiato *ou* il respiro; **avoir du/manquer de ~** aver/non aver fiato; **être à bout de ~, avoir le ~ court** avere il fiato grosso.
soufflé, e [sufle] *a* soffiato(a); *(fam)* sbalordito(a) // *nm (CULIN)* soufflé *m.*
souffler [sufle] *vi* soffiare; *(personne: haleter)* ansimare // *vt* soffiare su; *(poussière, fumée)* soffiar via; *(détruire: suj: explosion)* spazzar via; *(leçon, rôle)* suggerire; *(fam: voler)* soffiare; **laisser ~** *(fig: personne, animal)* lasciar riprender fiato a.
soufflet [suflɛ] *nm* soffietto; *(grand)* mantice *m.*
souffleur, euse [suflœʀ, øz] *nm/f* suggeritore/trice.
souffrance [sufʀɑ̃s] *nf* sofferenza; **en ~** *(marchandise)* in giacenza; *(affaire)* in sospeso.i
souffrant, e [sufʀɑ̃, ɑ̃t] *a* sofferente; **être ~** essere indisposto.
souffreteux, euse [sufʀətø, øz] *a* malaticcio(a).
souffrir [sufʀiʀ] *vi, vt* soffrire; **ne pas pouvoir ~ qch/que...** non potere soffrire qc/non sopportare che...; **faire ~** *(suj: blessure)* far male a.
soufre [sufʀ(ə)] *nm* zolfo.
souhait [swɛ] *nm* augurio; *(désir)* desiderio; **à ~** *ad* a piacimento; **à vos ~s!** salute!
souhaitable [swɛtabl(ə)] *a* auspicabile.
souhaiter [swete] *vt* augurare; **~ que** augurarsi *ou* sperare che.
souiller [suje] *vt* sporcare, insozzare; *(fig: réputation, mémoire)* macchiare, insozzare; **souillure** *nf* macchia.
soûl, e [su, sul] *a* ubriaco(a); *(fig)* ebbro(a).
soulagement [sulaʒmɑ̃] *nm*

sollievo.

soulager [sulaʒe] *vt* alleviare; ~ **qn de** alleggerire qd di; *(fig: d'une douleur, inquiétude)* sollevare qd da; **se** ~ **d'un poids** alleggerirsi di un peso.

souk [suk] *nm* suk *m inv.*

soûler [sule] *vt* ubriacare; *(fig: griser)* inebriare; **se** ~ *vr* ubriacarsi; **se** ~ **de** *(fig: vitesse, musique)* inebriarsi di; **soûlerie** *nf (péj)* sbornia, sbronza.

soulèvement [sulɛvmɑ̃] *nm* insurrezione *f.*

soulever [sulve] *vt* sollevare; **se** ~ *vr* sollevarsi.

soulier [sulje] *nm* scarpa; ~**s à talons** scarpe coi tacchi.

souligner [suliɲe] *vt* sottolineare.

soumettre [sumɛtʀ(ə)] *vt* sottoporre; *(population, rebelles)* sottomettere; **se** ~ *vr* sottomettersi; **se** ~ **à** *(formalités, exigences, etc)* sottoporsi a; **soumis, e** *a* sottomesso(a); **revenus soumis à l'impôt** redditi soggetti all'imposta; **soumission** *nf* sottomissione *f;* (*COMM*) offerta.

soupape [supap] *nf* valvola; ~ **de sureté** valvola di sicurezza; *(fig)* valvola di sfogo.

soupçon [supsɔ̃] *nm* sospetto; **un** ~ **de** *(abstrait)* un'ombra di; *(liquide)* un goccio di; *(solide)* un pizzico di; **soupçonner** *vt* sospettare; **soupçonneux, euse** *a* sospettoso(a).

soupe [sup] *nf* minestra, zuppa.

soupente [supɑ̃t] *nf (dans une pièce)* soppalco; *(sous un escalier)* sottoscala *m inv.*

souper [supe] *vi* cenare // *nm* cena.

soupeser [supəze] *vt* soppesare.

soupière [supjɛʀ] *nf* zuppiera.

soupir [supiʀ] *nm* sospiro; (*MUS*) pausa di semiminima; **rendre le dernier** ~ esalare l'ultimo respiro.

soupirail [supiʀaj] *nm* spiraglio.

soupirant [supiʀɑ̃] *nm* spasimante *m.*

soupirer [supiʀe] *vi* sospirare.

souple [supl(ə)] *a* flessibile; *(corps, personne)* sciolto(a), agile; *(cuir, vêtement)* morbido(a); *(fig: esprit, caractère)* duttile; **souplesse** *nf* flessibilità *f inv;* scioltezza, agilità *f inv;* morbidezza; duttilità *f inv.*

source [suʀs(ə)] *nf* sorgente *f; (de chaleur, lumière)* fonte *f; (fig: origine)* origine *f,* fonte *f;* **prendre sa** ~ **à** *(suj: cours d'eau)* nascere da; **tenir qch de bonne** ~**/de** ~ **sûre** sapere qc da buona fonte/da fonte sicura.

sourcier [suʀsje] *nm* rabdomante *m/f.*

sourcil [suʀsi] *nm* sopracciglio; **sourcilière** *af voir* **arcade.**

sourciller [suʀsije] *vi:* **sans** ~ senza batter ciglio.

sourcilleux, euse [suʀsijø, øz] *a* cavilloso(a).

sourd, e [suʀ, suʀd(ə)] *a, nm/f* sordo(a).

sourdine [suʀdin] *nf* sordina.

sourd-muet, sourde-muette [suʀmyɛ, suʀdmyɛt] *a, nm/f* sordomuto(a).

souriant, e [suʀjɑ̃, ɑ̃t] *a* sorridente.

souricière [suʀisjɛʀ] *nf* trappola per topi; *(fig: piège)* trappola.

sourire [suʀiʀ] *nm* sorriso // *vi* sorridere; **garder le** ~ *(fig)* essere sempre sorridente *ou* avere sempre il sorriso sulle labbra.

souris [suʀi] *nf* topo.

sournois, e [suʀnwa, waz] *a* sornione(a); *(hypocrite)* subdolo(a).

sous [su] *prép* sotto; **avoir qch** ~ **la main** avere qc sottomano; ~ **le nom/titre de** con il nome/titolo di; **naviguer** ~ **pavillon français** battere bandiera francese; ~ **les ordres de** agli ordini di; ~ **peu** *ad* tra poco; ~ **huitaine** tra otto giorni.

sous- [su] *préf* sotto; ~**-alimenté, e** *a* denutrito(a); ~**-équipé, e** *a* insufficientemente attrezzato(a).

sous-bois *nm inv* sottobosco.
souscription [suskripsjɔ̃] *nf* sottoscrizione *f*.
souscrire [suskrir]: ~ **à** *vi* sottoscrivere; *(fig: approuver)* aderire a.
sous-directeur, trice [sudirɛktœr, tris] *nm/f* vicedirettore/trice.
sous-emploi [suzɑ̃plwa] *nm* sottoccupazione *f*.
sous-entendre [suzɑ̃tɑ̃dr(ə)] *vt* sottintendere; **sous-entendu** *nm* sottinteso.
sous-estimer [suzɛstime] *vt* sottovalutare.
sous-jacent, e [suʒasɑ̃, ɑ̃t] *a* sottostante; *(fig: idée, difficulté)* recondito(a).
sous-lieutenant [suljøtnɑ̃] *nm* sottotenente *m*.
sous-location [sulɔkasjɔ̃] *nf* subaffitto.
sous-louer [sulwe] *vt* subaffittare; *(prendre en sous-location)* prendere in subaffitto.
sous-main [sumɛ̃] *nm inv* sottomano; **en** ~ *ad* sottobanco.
sous-marin, e [sumarɛ̃, in] *a* sottomarino(a); *(navigation, pêche)* subacqueo(a) // *nm* sommergibile *m*, sottomarino.
sous-officier [suzɔfisje] *nm* sottufficiale *m*.
sous-préfecture [suprefɛktyr] *nf* ≈ provincia *(città)*; *(fonction)* carica di viceprefetto.
sous-produit [suprɔdɥi] *nm* sottoprodotto.
soussigné, e [susiɲe] *a*: **je ~ déclare...** il sottoscritto dichiara... .
sous-sol [susɔl] *nm* sottosuolo; *(d'une construction)* seminterrato, scantinato.
sous-titré, e [sutitre] *a* con sottotitoli *loc inv*.
soustraction [sustraksjɔ̃] *nf* sottrazione *f*.
soustraire [sustrɛr] *vt* sottrarre; **se ~ à** sottrarsi a.
sous-traitance [sutrɛtɑ̃s(ə)] *nf* subformitura; *(publique)* subappalto.
sous-verre [suvɛr] *nm* cornice *f* a giorno.
sous-vêtements [suvɛtmɑ̃] *nmpl* biancheria intima *sg*.
soutane [sutan] *nf* tonaca.
soute [sut] *nf* stiva.
soutenable [sutnabl(ə)] *a* sostenibile.
soutenance [sutnɑ̃s] *nf*: ~ **de thèse** *(SCOL)* discussione *f* della tesi.
soutènement [sutɛnmɑ̃] *nm*: **mur de ~** muro di sostegno.
souteneur [sutnœr] *nm* protettore *m*.
soutenir [sutnir] *vt* sostenere; *(intérêt, attention)* tener vivo(a); **se ~** *vr* sostenersi a vicenda; ~ **la comparaison avec** reggere al confronto con; **soutenu, e** *a* costante, continuo(a); *(style)* sostenuto(a); *(couleur)* intenso(a), carico(a).
souterrain, e [sutɛrɛ̃, ɛn] *a* sotterraneo(a) // *nm* (passaggio) sotterraneo.
soutien [sutjɛ̃] *nm* sostegno, appoggio; *(MIL)* appoggio.
soutien-gorge [sutjɛ̃gɔrʒ(ə)] *nm* reggiseno, reggipetto.
soutirer [sutire] *vt*: ~ **à qn** *(argent)* spillare a qd; *(promesse)* strappare a qd.
souvenir [suvnir] *nm* ricordo; *(touristique)* souvenir *m*; **se ~** *vr*: **se ~ de** ricordarsi di.
souvent [suvɑ̃] *ad* spesso; **peu ~** di rado.
souverain, e [suvrɛ̃, ɛn] *a, nm/f* sovrano(a); **le S~ pontife** il Sommo pontefice; **souveraineté** *nf* sovranità *f inv*.
soviétique [sɔvjetik] *a, nm/f* sovietico(a).
soyeux, euse [swajø, øz] *a* che ha l'aspetto della seta *loc inv*.

spacieux, euse [spasjø, øz] *a* spazioso(a).
sparadrap [spaʀadʀa] *nm* cerotto.
spartiate [spaʀsjat] *a* spartano(a); ~**s** *fpl (sandales)* sandali *mpl* alla schiava.
spasme [spasm(ə)] *nm* spasmo; **spasmodique** *a* spasmodico(a).
spatial, e, aux [spasjal, o] *a* spaziale.
spatule [spatyl] *nf* spatola.
speaker, ine [spikœʀ, in] *nm/f* annunciatore/trice.
spécial, e, aux [spesjal, o] *a* speciale; **spécialement** *ad* particolarmente; *(exprès)* apposta.
spécialisé, e [spesjalize] *a* specializzato(a).
spécialiser [spesjalize]: **se** ~ *vr* specializzarsi.
spécialiste [spesjalist(ə)] *nm/f* specialista *m/f; (savant)* esperto/a.
spécialité [spesjalite] *nf* specialità *f inv.*
spécification [spesifikɑsjɔ̃] *nf* specificazione *f.*
spécifier [spesifje] *vt* specificare.
spécifique [spesifik] *a* specifico(a).
spécimen [spesimɛn] *nm* esemplare *m*, modello; *(revue)* copia di saggio.
spectacle [spɛktakl(ə)] *nm* spettacolo; **se donner en** ~ *(péj)* dare spettacolo (di sé); **pièce/revue à grand** ~ commedia/rivista spettacolare; **au** ~ **de...** alla vista di...; **spectaculaire** *a* spettacolare.
spectateur, trice [spɛktatœʀ, tʀis] *nm/f* spettatore/trice.
spectral, e, aux [spɛktʀal, o] *a* spettrale.
spectre [spɛktʀ(ə)] *nm* spettro.
spéculateur, trice [spekylatœʀ, tʀis] *nm/f* speculatore/trice.
spéculation [spekylɑsjɔ̃] *nf* speculazione *f.*
spéculer [spekyle] *vi* speculare.
spéléologie [speleɔlɔʒi] *nf* speleologia.
spermatozoïde [spɛʀmatɔzɔid] *nm* spermatozoo.
sperme [spɛʀm(ə)] *nm* sperma *m.*
sphère [sfɛʀ] *nf* sfera; **sphérique** *a* sferico(a).
sphincter [sfɛ̃ktɛʀ] *nm* sfintere *m.*
spirale [spiʀale] *nf* spirale *f;* **en** ~ a spirale.
spiritisme [spiʀitism(ə)] *nm* spiritismo.
spirituel, le [spiʀitɥɛl] *a* spirituale; *(fin, piquant)* spiritoso(a).
spiritueux [spiʀitɥø] *nm* alcolico.
splendeur [splɑ̃dœʀ] *nf* splendore *m.*
splendide [splɑ̃did] *a* splendido(a).
spolier [spɔlje] *vt* spogliare.
spongieux, euse [spɔ̃ʒjø, øz] *a* spugnoso(a).
spontané, e [spɔ̃tane] *a* spontaneo(a).
sporadique [spɔʀadik] *a* sporadico(a).
sport [spɔʀ] *nm* sport *m inv;* **de** ~ *(vêtement, voiture)* sportivo(a); ~**s d'hiver** sport invernali; **sportif, ive** *a* sportivo(a).
spot [spɔt] *nm* spot *m inv.*
sprint [spʀint] *nm* sprint *m inv;* (*CYCLISME*) prova di velocità; (*ATHLETISME*) gara di velocità; **piquer un** ~ scattare.
square [skwaʀ] *nm* giardinetto pubblico.
squelette [skəlɛt] *nm* scheletro; **squelettique** *a* scheletrico(a).
stabilisateur, trice [stabilizatœʀ, tʀis] *a* stabilizzatore(trice) // *nm* stabilizzatore *m.*
stabiliser [stabilize] *vt* stabilizzare.
stabilité [stabilite] *nf* stabilità *f inv.*
stable [stabl(ə)] *a* stabile.
stade [stad] *nm* stadio.
stage [staʒ] *nm* stage *m inv; (chez un avocat)* tirocinio, pratica; **stagiaire** *a, nm/f* tirocinante *(m/f).*
stagnant, e [stagnɑ̃, ɑ̃t] *a* stagnante.

stagnation [stagnɑsjɔ̃] *nf* stagnazione *f*, ristagno.
stalactite [stalaktit] *nf* stalattite *f*.
stalagmite [stalagmit] *nf* stalagmite *f*.
stalle [stal] *nf* stallo; *(d'une écurie)* posta.
stand [stɑ̃d] *nm* stand *m*; ~ **de tir** tiro a segno; ~ **de ravitaillement** (*SPORT*) posto di rifornimento.
standard [stɑ̃daʀ] *a inv* standard *inv* // *nm (téléphonique)* centralino; **standardiser** *vt* standardizzare; **standardiste** *nm/f* centralinista *m/f*.
standing [stɑ̃diŋ] *nm* livello sociale; **immeuble de grand** ~ stabile di lusso.
star [staʀ] *nf* star *f inv*, divo/a.
starter [staʀtɛʀ] *nm* starter *m inv*.
station [stɑsjɔ̃] *nf* stazione *f*; **la** ~ **debout** la posizione *f* eretta; ~ **de taxis** posteggio di taxi.
stationnaire [stasjɔnɛʀ] *a* stazionario(a).
stationnement [stasjɔnmɑ̃] *nm* sosta.
stationner [stasjɔne] *vi* sostare.
station-service [stasjɔ̃sɛʀvis] *nf* stazione *f* di servizio.
statique [statik] *a* statico(a).
statisticien, ne [statistisjɛ̃, ɛn] *nm/f* esperto/a di statistica.
statistique [statistik] *nf* statistica // *a* statistico(a).
statue [staty] *nf* statua.
statuer [statɥe] *vi*: ~ **(sur)** decidere (su), pronunciarsi (su).
statuette [statɥɛt] *nf* statuetta, statuina.
stature [statyʀ] *nf* statura.
statut [staty] *nm* posizione *f*, status *m inv*; (*ADMIN*: *de fonctionnaire)* statuto; ~**s** *mpl* (*JUR*: *d'une association)* statuto *sg*; **statutaire** *a* statutario(a).
steak [stɛk] *nm* bistecca.
stèle [stɛl] *nf* stele *f*.
stellaire [stelɛʀ] *a* stellare.
stencil [stɛnsil] *nm* matrice *f* (per duplicatore).
sténo... [steno]: ~**(dactylo)** *nf* stenodattilo(grafa) *f*; ~**(graphie)** *nf* stenografia; **prendre en** ~ stenografare; **sténographier** *vt* stenografare.
stentor [stɑ̃tɔʀ] *nm*: **voix de** ~ voce stentorea.
steppe [stɛp] *nf* steppa.
stéréo(phonie) [steʀeɔfɔni] *nf* stereofonia; **stéréo(phonique)** *a* stereo *inv*, sterofonico(a).
stéréotype [steʀeɔtip] *nm* stereotipo, luogo comune.
stérile [steʀil] *a* sterile.
stérilet [steʀilɛ] *nm* spirale *f*.
stériliser [steʀilize] *vt* sterilizzare.
stérilité [steʀilite] *nf* sterilità *f inv*.
sternum [stɛʀnɔm] *nm* sterno.
stéthoscope [stetɔskɔp] *nm* stetoscopio.
stigmates [stigmat] *nmpl* stigmate *fpl*; **stigmatiser** *vt* stigmatizzare.
stimulant, e [stimylɑ̃, ɑ̃t] *a* stimolante // *nm* stimolante *m*; *(fig)* incentivo, stimolo.
stimulation [stimylɑsjɔ̃] *nf* stimolazione *f*.
stimuler [stimyle] *vt* stimolare.
stimulus, i [stimylys, i] *nm* stimolo.
stipulation [stipylasjɔ̃] *nf* condizione *f*; *(fig)* patto.
stipuler [stipyle] *vt* stabilire; *(préciser: détail)* specificare.
stock [stɔk] *nm* stock *m inv*, scorte *fpl*; *(fig: de chemises, d'histoires, etc)* riserva, scorta; **stocker** *vt* immagazzinare.
stoïcisme [stɔisism(ə)] *nm* stoicismo.
stop [stɔp] *nm* stop *m inv*; *(fam: abr de* **auto-stop***)* autostop *m inv* // *excl* stop, alt.
stoppage [stɔpaʒ] *nm* rammendo invisibile.
stopper [stɔpe] *vt* bloccare, fermare; (*COUTURE*: *vêtement, bas)* fare un rammendo invisibile a // *vi*

fermarsi.
store [stɔʀ] *nm* tapparella; *(intérieur: d'étoffe)* tendina avvolgibile; ~ **vénitien** veneziana.
strabisme [stʀabism(ə)] *nm* strabismo.
strangulation [stʀɑ̃gylɑsjɔ̃] *nf* strangolamento.
strapontin [stʀapɔ̃tɛ̃] *nm* strapuntino.
Strasbourg [stʀasbuʀ] *nm* Strasburgo *f*.
stratagème [stʀataʒɛm] *nm* stratagemma *m*.
stratégie [stʀateʒi] *nf* strategia.
stratifié, e [stʀatifje] *a* stratificato(a) // *nm* laminato plastico.
stratosphère [stʀatɔsfɛʀ] *nf* stratosfera.
strict, e [stʀikt(ə)] *a* rigoroso(a); **c'est son droit le plus** ~ è un suo inoppugnabile diritto; **dans la plus ~e intimité** nella più stretta intimità; **au sens ~ du mot** nel senso stretto del termine; **le ~ nécessaire** lo stretto necessario; **le ~ minimum** il minimo indispensabile.
strident, e [stʀidɑ̃, ɑ̃t] *a* acuto(a); *(grinçant)* stridulo(a).
stries [stʀi] *nfpl* stria(tura) *sg*.
strier [stʀije] *vt* striare.
strip-tease [stʀiptiz] *nm* spogliarello, strip-tease *m*; **strip-teaseuse** *nf* spogliarellista.
striure [stʀijyʀ] *nf* striatura.
strophe [stʀɔf] *nf* strofa.
structure [stʀyktyʀ] *nf* struttura; **structurer** *vt* strutturare.
strychnine [stʀiknin] *nf* stricnina.
stuc [styk] *nm* stucco.
studieux, euse [stydjø, øz] *a* studioso(a); *(vacances, journée: consacrées à l'étude)* di studio.
studio [stydjo] *nm* studio; *(logement)* monolocale *m*.
stupéfaction [stypefaksjɔ̃] *nf* stupore *m*.
stupéfait, e [stypefɛ, ɛt] *a* stupefatto(a), stupito(a).
stupéfiant, e [stypefjɑ̃, ɑ̃t] *a, nm* stupefacente *(m)*.
stupéfier [stypefje] *vt* sbalordire.
stupeur [stypœʀ] *nf* stupore *m*.
stupide [stypid] *a* stupido(a); **stupidité** *nf* stupidità *f inv*.
style [stil] *nm* stile *m*; **meuble de ~** mobile in stile; **stylé, e** *a* impeccabile.
stylet [stilɛ] *nm* stiletto.
stylisé, e [stilize] *a* stilizzato(a).
styliste [stilist(ə)] *nm/f* stilista *m/f*.
stylistique [stilistik] *nf* stilistica.
stylo [stilo] *nm* (penna) stilografica.
su, e [sy] *pp de* **savoir.**
suaire [sɥɛʀ] *nm* sudario.
suave [sɥav] *a* soave.
subalterne [sybaltɛʀn(ə)] *a, nm/f* subalterno(a).
subconscient [sypkɔ̃sjɑ̃] *nm* subconscio, subcosciente *m*.
subdiviser [sybdivize] *vt* suddividere; **subdivision** *nf* suddivisione *f*.
subir [sybiʀ] *vt* subire; *(traitement)* sottoporsi a.
subit, e [sybi, it] *a* improvviso(a), repentino(a).
subjectif, ive [sybʒɛktif, iv] *a* soggettivo(a).
subjonctif [sybʒɔ̃ktif] *nm* congiuntivo.
subjuguer [sybʒyge] *vt* soggiogare.
sublime [syblim] *a* sublime.
sublimer [syblime] *vt* sublimare.
submergé, e [sybmɛʀʒe] *a* sommerso(a): ~ **de** *(fig)* sommerso da; ~ **par** *(: douleur)* sopraffatto da.
submerger [sybmɛʀʒe] *vt* sommergere; *(fig: douleur)* sopraffare.
submersible [sybmɛʀsibl(ə)] *nm* sommergibile *m*.
subordination [sybɔʀdinɑsjɔ̃] *nf* subordinazione *f*.
subordonné, e [sybɔʀdɔne] *a* subordinato(a) // *nm/f* subordinato/a, subalterno/a.

subordonner [sybɔʀdɔne] *vt*: ~ **qn à** sottoporre qd all'autorità di; ~ **qch à** subordinare qc a.
subornation [sybɔʀnɑsjɔ̃] *nf* subornazione *f*.
subrepticement [sybʀɛptismɑ̃] *ad* furtivamente.
subside [sypsid] *nm* sussidio.
subsistance [sybzistɑ̃s] *nf* sostentamento, sussistenza.
subsister [sybziste] *vi* rimanere; *(preuve, argument)* sussistere;*(personne: vivre, survivre)* (soprav)vivere.
subsonique [sɥbsɔnik] *a* subsonico(a).
substance [sypstɑ̃s] *nf* sostanza; **en** ~ *ad* in sostanza, sostanzialmente;
substantiel, le *a* sostanzioso(a); *(fig: avantage, bénéfice)* sostanziale.
substantif [sypstɑ̃tif] *nm* sostantivo.
substituer [sypstitɥe] *vt*: ~ **qn/qch à...** sostituire... con qd/qc; **se** ~ **à qn** sostituirsi a qd.
substitut [sypstity] *nm* sostituto, surrogato; ~ **du procureur** (*JUR*) sostituto procuratore.
substitution [sypstitysjɔ̃] *nf* sostituzione *f*.
subterfuge [syptɛʀfyʒ] *nm* sotterfugio.
subtil, e [syptil] *a* sottile.
subtiliser [syptilize] *vt*: ~ **qch (à qn)** far sparire qc (a qd).
subtilité [syptilite] *nf* sottigliezza.
subvenir [sybvəniʀ] *vi*: ~ **à** provvedere a.
subvention [sybvɑ̃sjɔ̃] *nf* sovvenzione *f*; **subventionner** *vt* sovvenzionare.
subversif, ive [sybvɛʀsif, iv] *a* sovversivo(a).
subversion [sybvɛʀsjɔ̃] *nf* sovversione *f*.
suc [syk] *nm* succo.
succédané [syksedane] *nm* surrogato, succedaneo.
succéder [syksede] *vi*: ~ **à** succedere a; *(venir après: dans le temps)* seguire a; **se** ~ *vr* succedersi, susseguirsi.
succès [syksɛ] *nm* successo; **avoir du** ~ *(auteur, livre)* avere successo; **auteur/livre à** ~ autore/libro di successo; ~ **de librairie** best-seller *m inv*.
successeur [syksesœʀ] *nm* successore *m*.
successif, ive [syksesif, iv] *a* successivo(a).
succession [syksesjɔ̃] *nf* successione *f*; *(suite: d'événements, etc)* seguito; *(: de personnes)* processione *f*.
succinct, e [syksɛ̃, ɛ̃t] *a* conciso(a).
succion [syksjɔ̃] *nf* suzione *f*; (*TECH*) aspirazione *f*.
succomber [sykɔ̃be] *vi* soccombere; *(mourir)* morire.
succulent, e [sykylɑ̃, ɑ̃t] *a* succulento(a).
succursale [sykyʀsal] *nf* succursale *f*; **magasin à ~s multiples** negozio con più succursali.
sucer [syse] *vt* succhiare; ~ **son pouce** succhiarsi il pollice.
sucette [sysɛt] *nf* lecca lecca *m inv*.
sucre [sykʀ(ə)] *nm* zucchero; *(morceau de sucre)* zolletta (di zucchero); ~ **semoule** zucchero semolato *ou* in polvere.
sucré, e [sykʀe] *a* zuccherato(a); *(doux)* dolce; *(péj: ton, voix)* sdolcinato(a), zuccheroso(a).
sucrer [sykʀe] *vt* zuccherare.
sucrerie [sykʀəʀi] *nf* zuccherificio; **~s** *fpl* dolciumi *mpl*.
sucrier, ière [sykʀije, ijɛʀ] *a* saccarifero(a) // *nm* zuccheriera.
sud [syd] *nm* sud *m inv* // *a inv* sud *a inv*; *(côte)* meridionale; **au** ~ **(de)** a sud (di); **sud-africain, e** *a, nm/f* sudafricano(a); **sud-américain, e** *a, nm/f* sudamericano(a).
sudation [sydɑsjɔ̃] *nf* sudorazione *f*, traspirazione *f*.
sud-est [sydɛst] *nm* sud-est *m inv* //

a inv sudorientale.
sud-ouest [sydwɛst] *nm* sud-ovest *m inv* // *a inv* sudoccidentale.
Suède [sɥɛd] *nf* Svezia; **suédois, e** *a, nm/f* svedese *(m/f)*.
suer [sɥe] *vi, vt* sudare; *(suinter: mur, plâtre)* trasudare; ~ **à grosses gouttes** grondare di sudore; **faire ~ qn** *(fam)* scocciare qd.
sueur [sɥœʀ] *nf* sudore *m;* **en ~** sudato(a) *a;* **avoir des ~s froides** *(fig)* sudare freddo.
suffire [syfiʀ] *vi* bastare; **se ~** *vr* bastare a se stesso(a); **il suffit de parler...** basta parlare...; **il suffit que...** basta che...; **ça suffit!** basta!
suffisamment, suffisamment de [syfizamɑ̃] *ad* abbastanza.
suffisance [syfizɑ̃s] *nf* sufficienza.
suffisant, e [syfizɑ̃, ɑ̃t] *a* sufficiente.
suffixe [syfiks(ə)] *nm* suffisso.
suffocation [syfɔkɑsjɔ̃] *nf* soffocamento; **sensation de ~** senso di soffocamento.
suffoquer [syfɔke] *vt* soffocare; *(suj: nouvelle, etc: stupéfier)* sbalordire // *vi* soffocare; ~ **de colère/d'indignation** soffocare dalla collera/dall'indignazione.
suffrage [syfʀaʒ] *nm* suffragio, voto; ~**s** *mpl (adhésion)* consenso *sg.*
suggérer [sygʒeʀe] *vt* suggerire.
suggestif, ive [sygʒɛstif, iv] *a* suggestivo(a).
suggestion [sygʒɛstjɔ̃] *nf* suggerimento; (PSYCH) suggestione *f.*
suicidaire [sɥisidɛʀ] *a, nm/f* suicida *(m/f)*.
suicide [sɥisid] *nm* suicidio.
suicidé, e [sɥiside] *nm/f* suicida *m/f.*
suicider [sɥiside]: **se ~** *vr* suicidarsi.
suie [sɥi] *nf* fuliggine *f.*
suif [sɥif] *nm* sego *ou* sevo.
suinter [sɥɛ̃te] *vi* gocciolare; *(mur)* trasudare.
Suisse [sɥis] *nf* Svizzera; **suisse** *a, nm/f* svizzero(a); **suissesse** *nf* svizzera.
suite [sɥit] *nf* seguito; *(série: de maisons, rues)* serie *f; (conséquence, résultat)* conseguenza; *(dans un hôtel)* appartamento; (MUS) suite *f;* ~**s** *fpl (d'une maladie, chute)* postumi *mpl;* **donner ~ à** evadere; *(projet)* attuare, realizzare; **faire ~ à** seguire; **(faisant) ~ à votre lettre du...** facendo seguito alla Vostra lettera del...; **de ~** *ad* di seguito; *(immédiatement)* subito; **par la ~** in seguito; **à la ~** *a, ad* di seguito; **à la ~ de** in seguito a; *(qn)* dietro (a); **par ~ de** a causa di; **avoir de la ~ dans les idées** *(fig)* essere perseverante.
suivant, e [sɥivɑ̃, ɑ̃t] *a* seguente // *prép* secondo; ~ **que** a seconda che, secondo che; **au ~!** avanti il prossimo!
suiveur [sɥivœʀ] *nm* suiveur *m inv; (d'une femme)* pappagallo.
suivi, e [sɥivi] *a* seguito(a); *(régulier)* regolare, continuo(a); *(cohérent: discours)* coerente.
suivre [sɥivʀ(ə)] *vt* seguire; *(suj: détective, policier)* pedinare // *vi* seguire; **se ~** *vr* succedersi, susseguirsi; *(être cohérent: raisonnement)* filare; ~ **des yeux** seguire con gli occhi; **faire ~** *(lettre)* inoltrare; ~ **son cours** *(suj: enquête, maladie)* seguire il proprio corso; **'à ~'** 'continua'; **il s'en suit que...** ne consegue che.
sujet, te [syʒɛ, ɛt] *a:* **être ~ à** essere *ou* andare soggetto a // *nm/f* suddito/a // *nm* argomento, soggetto; *(raison)* motivo; *(élément,* LING) soggetto; **au ~ de** *prép* riguardo a, a proposito di.
sujétion [syʒesjɔ̃] *nf* schiavitù *f inv (fig)*.
sulfureux, euse [sylfyʀø, øz] *a* solforoso(a).
sulfurique [sylfyʀik] *a* sol-

forico(a).
summum [sɔmɔm] *nm* culmine *m*.
super [sypɛʀ] *a inv (fam)* fantastico(a).
superbe [sypɛʀb(ə)] *a* splendido(a), magnifico(a).
super(carburant) [sypɛʀkaʀbyʀɑ̃] *nm* (benzina) super *f inv* supercarburante *(m)*.
supercherie [sypɛʀʃəʀi] *nf* frode *f*, inganno.
superficie [sypɛʀfisi] *nf* superficie *f*.
superficiel, le [sypɛʀfisjɛl] *a* superficiale.
superflu, e [sypɛʀfly] *a* superfluo(a) // *nm:* **le** ~ il superfluo.
super-huit [sypɛʀɥit] *a:* **caméra/film** ~ cinepresa/film superotto *inv*.
supérieur, e [sypeʀjœʀ] *a* superiore; *(air, sourire)* di superiorità *loc inv* // *nm/f* (REL) superiore/a // *nm* superiore *m;* **supériorité** *nf* superiorità *f inv*.
superlatif [sypɛʀlatif, iv] *nm* superlativo.
supermarché [sypɛʀmaʀʃe] *nm* supermercato.
superposer [sypɛʀpoze] *vt* sovrapporre; **se** ~ *vr* sovrapporsi; **lits superposés** letti a castello; **superposition** *nf* sovrapposizione *f*.
superproduction [sypɛʀpʀɔdyksjɔ̃] *nf* kolossal *m inv*.
superpuissance [sypɛʀpɥisɑ̃s] *nf* superpotenza.
supersonique [sypɛʀsɔnik] *a* supersonico(a).
superstitieux, euse [sypɛʀstisjø, øz] *a* superstizioso(a).
superstition [sypɛʀstisjɔ̃] *nf* superstizione *f*.
superstructure [sypɛʀstʀyktyʀ] *nf* sovrastruttura.
superviser [sypɛʀvize] *vt* soprintendere a.
supplanter [syplɑ̃te] *vt* soppiantare.
suppléance [sypleɑ̃s] *nf* supplenza.
suppléant, e [sypleɑ̃, ɑ̃t] *a, nm/f* supplente *(m/f)*.
suppléer [syplee] *vi:* ~ **à** sopperire a; *(remplacer: chose manquante)* sostituire.
supplément [syplemɑ̃] *nm* supplemento; **en** ~ *(au menu, etc)* in più, in supplemento; ~ **d'information** informazioni *fpl* supplementari; **supplémentaire** *a* supplementare; *(train, bus, avion)* straordinario(a).
suppliant, e [syplijɑ̃, ɑ̃t] *a* supplichevole, supplicante.
supplication [syplikɑsjɔ̃] *nf* supplica.
supplice [syplis] *nm* supplizio; **être au** ~ soffrire le pene dell'inferno.
supplier [syplije] *vt* supplicare.
supplique [syplik] *nf* supplica.
support [sypɔʀ] *nm* supporto; ~ **publicitaire** mezzo *ou* veicolo pubblicitario.
supportable [sypɔʀtabl(ə)] *a* sopportabile; *(procédé, conduite)* tollerabile, ammissibile.
supporter [sypɔʀte] *nm* tifoso // *vt* sopportare; *(poids, vin)* reggere.
supposé, e [sypoze] *a* presunto(a); *(faux)* falso(a).
supposer [sypoze] *vt* supporre; *(suj: chose: impliquer)* presupporre; **en supposant** *ou* **à** ~ **que** supponendo che; **supposition** *nf* supposizione *f*.
suppositoire [sypozitwaʀ] *nm* supposta.
suppression [sypʀesjɔ̃] *nf* soppressione *f*.
supprimer [sypʀime] *vt* sopprimere; *(faire disparaître)* eliminare; ~ **qch à qn** togliere qc a qd.
suppuration [sypyʀɑsjɔ̃] *nf* suppurazione *f*.
suppurer [sypyʀe] *vi* suppurare.
supputations [sypytɑsjɔ̃] *nfpl* calcoli *mpl*.
supputer [sypyte] *vt* calcolare.
suprématie [sypʀemasi] *nf* su-

premazia.

suprême [sypʀɛm] *a* supremo(a); *(habileté)* eccezionale; *(ultime)* estremo(a).

sur [syʀ] *prép* su; *(position, situation)* su, sopra; *(d'après, selon)* da, secondo; ~ **moi/toi,** *etc* su di me/te, *etc;* **une pièce de 4 mètres ~ 2** un locale di 4 metri per 2; **avoir accident ~ accident** avere un incidente dietro l'altro; ~ **ce** *ad* detto ciò; ~ **le moment** al momento, lì per lì.

sûr, e [syʀ] *a* sicuro(a); *(certain)* sicuro(a), certo(a); **le plus ~ est de...** la cosa migliore è... .

surabondance [syʀabɔ̃dɑ̃s] *nf* sovrabbondanza.

suralimenté, e [syʀalimɑ̃te] *a* sovralimentato(a); *(personne)* ipernutrito(a).

suranné, e [syʀane] *a* antiquato(a), superato(a).

surbaissé, e [syʀbese] *a* ribassato(a).

surcharge [syʀʃaʀʒ(ə)] *nf* eccedenza; *(correction, ajout)* correzione *f;* (PHILATELIE) sovrastampa; ~ **de travail** sovraccarico di lavoro; ~ **fiscale** aggravio fiscale.

surcharger [syʀʃaʀʒe] *vt* sovraccaricare; *(texte)* correggere; *(timbre-poste)* sovrastampare.

surchauffé, e [syʀʃofe] *a* surriscaldato(a).

surclasser [syʀklɑse] *vt* surclassare.

surcroît [syʀkʀwa] *nm:* **par** *ou* **de ~** per di più; **en ~** in aggiunta.

surdité [syʀdite] *nf* sordità *f inv.*

sureau, x [syʀo] *nm* sambuco.

surélever [syʀɛlve] *vt* sopraelevare, rialzare.

suremploi [syʀɑ̃plwa] *nm* sovraoccupazione *f.*

surenchère [syʀɑ̃ʃɛʀ] *nf* offerta superiore, rilancio; ~ **de violence** *(fig)* crescendo di violenza.

surenchérir [syʀɑ̃ʃeʀiʀ] *vi* fare un'offerta maggiore, rilanciare; *(devenir plus cher)* rincarare.

surentraîné, e [syʀɑ̃tʀene] *a* superallenato(a).

surestimer [syʀɛstime] *vt* sopra(v)valutare.

sûreté [syʀte] *nf* sicurezza; (JUR: *garantie)* garanzia; **la S~ (nationale)** ≈ la Pubblica Sicurezza; **être/mettre en ~** essere/mettere al sicuro; **pour plus de ~** per maggiore sicurezza.

surexposer [syʀɛkspoze] *vt* sovr(a)esporre.

surf [syʀf] *nm* surf *m.*

surface [syʀfas] *nf* superficie *f;* **faire ~** riemergere; **en ~** in superficie.

surfait, e [syʀfɛ, ɛt] *a* sopravvalutato(a).

surfin, e [syʀfɛ̃, in] *a* sopraffino(a).

surgelé, e [syʀʒəle] *a* surgelato(a).

surgir [syʀʒiʀ] *vi* spuntare; *(fig: problème, conflit, dilemme)* sorgere, nascere.

surhumain, e [syʀymɛ̃, ɛn] *a* sovrumano(a).

surimposer [syʀɛ̃poze] *vt* soprattassare.

surimpression [syʀɛ̃pʀesjɔ̃] *nf* sovr(a)impressione *f.*

sur-le-champ [syʀləʃɑ̃] *ad* all'istante.

surlendemain [syʀlɑ̃dmɛ̃] *nm* due giorni dopo; **le ~ soir** la sera di due giorni dopo.

surmenage [syʀmənaʒ] *nm* surmenage *m.*

surmené, e [syʀməne] *a* sovraffaticato(a).

surmener [syʀməne] *vt* affaticare eccessivamente.

surmonter [syʀmɔ̃te] *vt* sovrastare; *(vaincre)* superare, vincere.

surnager [syʀnaʒe] *vi* (re)stare a galla; *(fig)* sopravvivere.

surnaturel, le [syʀnatyʀɛl] *a, nm* soprannaturale *(m).*

surnom [syʀnɔ̃] *nm* soprannome *m*

surnombre [syrnɔ̃br(ə)] *nm:* **en** ~ in soprannumero.
surnommer [syrnɔme] *vt* soprannominare.
suroît [syrwa] *nm* libeccio.
surpasser [syrpɑse] *vt* superare; **se** ~ *vr* superare se stesso(a).
surpeuplé, e [syrpœple] *a* sovrappopolato(a).
surplis [syrpli] *nm* cotta.
surplomb [syrplɔ̃] *nm* strapiombo; **en** ~ a strapiombo.
surplomber [syrplɔ̃be] *vi* essere a strapiombo // *vt* essere a strapiombo su.
surplus [syrply] *nm* eccedenza; *(reste non utilisé)* rimanenza.
surprendre [syrprɑ̃dr(ə)] *vt* sorprendere; **se** ~ **à faire qch** sorprendersi a fare qc.
surpris, e [syrpri, iz] *a* sorpreso(a) // *nf* sorpresa; **par** ~ *ad* di sorpresa.
surprise-partie [syrprizparti] *nf* festa, festicciola.
surproduction [syrprɔdyksj, ɔ̃] *nf* sovrapproduzione *f.*
surréaliste [syrrealist(ə)] *a, nm/f* surrealista *(m/f).*
sursaut [syrso] *nm* sussulto, sobbalzo; ~ **d'énergie** *(fig)* guizzo di energia; **en** ~ *ad (se réveiller)* di soprassalto.
sursauter [syrsote] *vi* sussultare; sobbalzare.
surseoir [syrswar] *vi:* ~ **à** soprassedere a.
sursis [syrsi] *nm* rinvio; *(JUR)* condizionale *f.*
surtaxe [syrtaks(ə)] *nf* sopra(t)tassa.
surtout [syrtu] *ad* soprattutto; ~ **pas lui!** lui men che mai!; ~ **que...** tanto più che... .
surveillance [syrvɛjɑ̃s] *nf* sorveglianza; **sous** ~ **médicale** sotto controllo medico; *(à l'hôpital)* sotto osservazione; **Direction de la S~ du Territoire, (D.S.T.)** *corpo di controspionaggio.*
surveillant, e [syrvɛjɑ̃, ɑ̃t] *nm/f* sorvegliante *m/f; (de prison)* guardia *f;* ~ **général** *(SCOL)* prefetto *m.*
surveiller [syrveje] *vt* sorvegliare; **se** ~ *vr* controllarsi; ~ **son langage** controllare il proprio linguaggio; ~ **sa ligne** badare alla linea.
survenir [syrvənir] *vi* esserci, prodursi; *(personne)* arrivare.
survêtement [syrvɛtmɑ̃] *nm* tuta (sportiva).
survie [syrvi] *nf* sopravvivenza.
survivant, e [syrvivɑ̃, ɑ̃t] *nm/f* superstite *m/f.*
survivre [syrvivr(ə)] *vi* sopravvivere.
survol [syrvɔl] *nm* sorvolo.
survoler [syrvɔle] *vt (lieu)* sorvolare; *(fig: livre, écrit)* esaminare rapidamente *ou* superficialmente.
survolté, e [syrvɔlte] *a* survoltato(a); *(fig: personne, ambiance)* sovreccitato(a).
sus [sy(s)] *ad:* **en** ~ in più.
susceptibilité [sysɛptibilite] *nf* suscettibilità *f inv.*
susceptible [sysɛptibl(ə)] *a* suscettibile; ~ **de** suscettibile di; *(capable de)* in grado di, capace di.
susciter [sysite] *vt* suscitare.
susdit, e [sysdi, dit] *a* suddetto(a).
suspect, e [syspɛ(kt), ɛkt(ə)] *a* sospetto(a) // *nm* sospetto.
suspecter [syspɛkte] *vt* sospettare.
suspendre [syspɑ̃dr(ə)] *vt* sospendere; *(accrocher)* appendere; ~ **un journal** sospendere la pubblicazione di un giornale; **se** ~ **à** attaccarsi a; *(un arbre, etc)* appendersi; **suspendu, e** *a pp de* **suspendre** // *a* sospeso(a); *(accroché: au mur)* appeso(a); *(jardin)* pensile.
suspens [syspɑ̃]: **en** ~ *ad* in sospeso.
suspense [syspɑ̃s] *nm* suspense *f.*
suspension [syspɑ̃sjɔ̃] *nf* sospensione *f; (lustre)* lampadario.

suspicion [syspisjɔ̃] *nf* sospetto; (*JUR*) suspicione *f*.
sustenter [systɑ̃te]: **se ~** *vr* sostentarsi.
susurrer [sysyʀe] *vt* sussurrare.
suture [sytyʀ] *nf* sutura; **suturer** *vt* suturare.
suzeraineté [syzʀɛnte] *nf* sovranità *f inv*.
svelte [svɛlt(ə)] *nf* slanciato(a), snello(a).
S.V.P. *(abr de s'il vous plaît)* per favore.
syllabe [silab] *nf* sillaba.
sylvestre [silvɛstʀ(ə)] *a* silvestre.
sylviculture [silvikyltyʀ] *nf* silvicoltura.
symbole [sɛ̃bɔl] *nm* simbolo; **symbolique** *a* simbolico(a) // *nf* simbologia, simbolica; **symboliser** *vt* simboleggiare.
symétrie [simetʀi] *nf* simmetria; **symétrique** *a* simmetrico(a).
sympa [sɛ̃pa] *a (fam) abr de* **sympathique.**
sympathie [sɛ̃pati] *nf* simpatia; **avoir de la ~ pour qn** provare simpatia per qd; **témoignages de ~** *(lors d'un deuil)* condoglianze *fpl;* **sympathique** *a* simpatico(a).
sympathiser [sɛ̃patize] *vi* simpatizzare.
symphonie [sɛ̃fɔni] *nf* sinfonia; **symphonique** *a* sinfonico(a).
symptomatique [sɛ̃ptɔmatik] *a* sintomatico(a).
symptôme [sɛ̃ptom] *nm* sintomo.
synagogue [sinagɔg] *nf* sinagoga.
synchroniser [sɛ̃kʀɔnize] *vt* sincronizzare.
syncope [sɛ̃kɔp] *nf* sincope *f;* **tomber en ~** avere una sincope; **syncopé, e** *a* sincopato(a).
syndic [sɛ̃dik] *nm* amministratore *m*.
syndical, e, aux [sɛ̃dikal, o] *a* sindacale; **centrale ~e** sindacato; **syndicalisme** *nm* sindacalismo; **syndicaliste** *nm/f* sindacalista *m/f*.
syndicat [sɛ̃dika] *nm* sindacato; **~ d'initiative** azienda di soggiorno; **syndiqué, e** *a* iscritto al *(ou* a un) sindacato; **non sindiqué** non iscritto a nessun *(ou* al) sindacato.
syndiquer [sɛ̃dike]: **se ~** *vr* iscriversi a un *(ou* al) sindacato; *(former un syndicat)* organizzarsi in sindacato.
syndrome [sɛ̃dʀom] *nm* sindrome *f*.
synode [sinɔd] *nm* sinodo.
synonyme [sinɔnim] *a* sinonimo(a) // *nm* sinonimo.
synoptique [sinɔptik] *a* sinottico(a).
synovie [sinɔvi] *nf* sinovia.
syntaxe [sɛ̃taks(ə)] *nf* sintassi *f inv*.
synthèse [sɛ̃tɛz] *nf* sintesi *f inv;* **synthétique** *a* sintetico(a); **synthétiser** *vt* sintetizzare.
synthétiseur [sɛ̃tetizœʀ] *nm* sintetizzatore *m*.
syphilis [sifilis] *nf* sifilide *f*.
systématique [sistematik] *a* sistematico(a).
systématiser [sistematize] *vt* sistematizzare.
système [sistɛm] *nm* sistema *m;* **le ~ D** *(fig)* l'arte *f* di arrangiarsi.

T

t' [t(ə)] *pron voir* **te.**
ta [ta] *dét voir* **ton.**
tabac [taba] *nm* tabacco // *a:* **(couleur) ~** color tabacco *inv;* **passer à ~** *(fam)* pestare di santa ragione; **(débit** *or* **bureau de) ~** tabaccheria; **tabatière** *nf* tabacchiera.
tabernacle [tabɛʀnakl(ə)] *nm* tabernacolo.
table [tabl(ə)] *nf* tavolo; *(en fonction du repas)* tavola; *(invités)* tavolata; **se mettre à ~** *(fig)* vuotare il sacco; **mettre/desservir la ~** apparecchiare/sparecchiare (la tavola);

faire ~ **rase de** far tabula rasa di; ~ **d'écoute** impianto per l'intercettazione di comunicazioni telefoniche; ~ **de nuit** *ou* **de chevet** comodino; ~ **des matières** indice *m;* ~ **de multiplication** tavola pitagorica.

tableau, x [tablo] *nm* quadro; (*TECH*) quadro, pannello; (*SCOL: noir*) lavagna; (*liste, statistique*) tabella; ~ **d'affichage** tabellone *m;* ~ **de bord** (*de véhicule*) cruscotto.

tablette [tablɛt] *nf* tavoletta; (*étagère*) mensola; (*planche*) ripiano; ~ **d'une fenêtre** davanzale *m.*

tablier [tablije] *nm* grembiule *m;* (*de pont*) piattaforma; (*de cheminée*) parafuoco.

tabou [tabu] *nm, a* tabù (*m*) *inv.*

tabouret [tabuʀɛ] *nm* sgabello.

tabulateur [tabylatœʀ] *nm* tabulatore *m.*

tac [tak] *nm:* **du** ~ **au** ~ per le rime.

tache [taʃ] *nf* macchia; (*petite: point*) macchiolina; **faire** ~ **d'huile** (*fig*) estendersi a macchia d'olio; ~ **de rousseur** lentiggine *f,* efelide *f.*

tâche [tɑʃ] *nf* compito; **travailler à la** ~ lavorare a cottimo.

tacher [taʃe] *vt* macchiare.

tâcher [tɑʃe] *vi:* ~ **de faire** cercare di fare.

tacite [tasit] *a* tacito(a).

taciturne [tasityʀn(ə)] *a* taciturno(a).

tacot [tako] *nm* (*péj*) carretta, macinino.

tact [takt] *nm* tatto; **tactile** *a* tattile.

tactique [taktik] *a* tattico(a) // *nf* tattica.

taffetas [tafta] *nm* taffettà *m inv.*

taie [tɛ] *nf* federa.

taille [tɑj] *nf* taglio; (*de plante*) potatura; (*milieu du corps*) vita; (*hauteur, envergure: d'une personne*) statura; (*grandeur: d'un objet*) grandezza, dimensioni *fpl;* (*d'un vêtement*) taglia, misura; **de** ~ **à faire** in grado di fare; **de** ~ (*important*) grosso(a).

taille-crayon(s) [tajkʀɛjɔ̃] *nm* temperamatite *m inv.*

tailler [tɑje] *vt* tagliare; (*arbre, plante*) potare; (*crayon*) temperare // *vi* incidere; **se** ~ *vr* (*fam: s'enfuir*) tagliare la corda; **se** ~ **la part du lion** farsi la parte del leone.

tailleur [tɑjœʀ] *nm* sarto; (*vêtement*) tailleur *m;* ~ **de diamants** tagliatore *m* di diamanti; **assis en** ~ seduto alla turca.

taillis [taji] *nm* bosco ceduo.

tain [tɛ̃] *nm:* **glace sans** ~ vetro a specchio.

taire [tɛʀ] *vt* (*suj: personne*) tacere, nascondere; **se** ~ *vr* tacere; (*fig: bruit*) cessare; **tais-toi!** taci!, (sta) zitto(a)!; **faire** ~ **qn** zittire *ou* far tacere qd.

talc [talk] *nm* talco.

talent [talɑ̃] *nm* talento; **talentueux, euse** *a* dotato(a), di talento *loc inv.*

talion [taljɔ̃] *nm:* **la loi du** ~ la legge del taglione *m.*

talisman [talismɑ̃] *nm* talismano.

talon [talɔ̃] *nm* tallone *m,* calcagno; (*de chaussure*) tacco; (*de chèque, billet*) talloncino, matrice *f;* **être sur les** ~**s de qn** stare alle calcagna di qd; **tourner** *ou* **montrer les** ~**s** (*fig*) alzare i tacchi; **talonner** *vt* tallonare; (*fig: harceler*) tormentare, assillare.

talquer [talke] *vt* cospargere di talco.

talus [taly] *nm* terrapieno.

tambour [tɑ̃buʀ] *nm* tamburo; (*porte*) bussola; (*pour broder*) tombolo; **tambourin** *nm* tamburello; **tambouriner** *vi:* **tambouriner contre** tamburellare su.

tamis [tami] *nm* setaccio.

tamisé, e [tamize] *a* (*fig: lumière*) smorzato(a), tenue.

tamiser [tamize] *vt* setacciare.

tampon [tɑ̃pɔ̃] *nm* tampone *m;*

(*TECH*: *amortisseur)* respingente *m*; *(bouchon: de caoutchouc, bois)* tappo; *(cachet)* timbro; **état** ~ stato cuscinetto; ~ **encreur** cuscinetto per timbri; **tamponner** *vt* tamponare; *(avec un cachet)* timbrare.
tamponneuse [tɑ̃pɔnøz] *a*: **autos** ~s autoscontro *sg*.
tandem [tɑ̃dɛm] *nm* tandem *m inv*.
tandis [tɑ̃di]: ~ **que** *conj* mentre.
tangage [tɑ̃gaʒ] *nm* beccheggio.
tangent, e [tɑ̃ʒɑ̃, ɑ̃t] *a*: ~ **à** tangente a; **c'était** ~ *(fam)* è stato per il rotto della cuffia // *nf* tangente *f*.
tangible [tɑ̃ʒibl(ə)] *a* tangibile.
tanguer [tɑ̃ge] *vi* beccheggiare.
tanière [tanjɛʀ] *nf* tana.
tanin [tanɛ̃] *nm* tannino.
tank [tɑ̃k] *nm* carro armato; *(citerne)* cisterna.
tanker [tɑ̃kɛʀ] *nm* petroliera.
tanné, e [tane] *a* conciato(a); *(personne)* abbronzato(a).
tanner [tane] *vt* conciare; **tannerie** *nf* conceria; **tanneur** *nm* conciatore *m*.
tant [tɑ̃] *ad* tanto // *nm* tanto, tot *m inv*; ~ **de** *a* tanto(a); **il a** ~ **crié qu'il n'avait plus de voix** ha gridato tanto da non aver più *ou* che non aveva più voce; ~ **que** finchè; **en** ~ **que médecin...** in qualità di *ou* come medico...; ~ **qu'à faire...** visto che bisogna farlo...; ~ **à Paris qu'à Rome...** sia a Parigi che a Roma...; ~ **pis pour lui** peggio per lui.
tante [tɑ̃t] *nf* zia.
tantinet [tɑ̃tinɛ] *ad*: **un** ~ un tantino.
tantôt [tɑ̃to] *ad*: ~**...**~ a volte...a volte, ora...ora.
taon [tɑ̃] *nm* tafano.
tapage [tapaʒ] *nm* chiasso, baccano; ~ **nocturne** (*JUR*) schiamazzi *mpl* notturni; **tapageur, euse** *a* chiassoso(a); *(voyant: élégance)* vistoso(a).
tape [tap] *nf* pacca.
tape-à-l'œil [tapalœj] *a inv* vistoso(a).
taper [tape] *vt* picchiare; *(tapis, matelas)* battere; *(dactylographier)* battere (a macchina); *(fam: emprunter)* spillare // *vi* battere; *(fam: soleil)* picchiare; **se** ~ *vr* picchiarsi; *(fam: une corvée)* sorbirsi; *(: manger)* sbafarsi; *(: boire)* scolarsi; ~ **sur qn** picchiare qd; *(fig)* sparlare di qd; ~ **(à la machine)** battere (a macchina).
tapi, e [tapi] *a*: ~ **dans/derrière** accucciato in/dietro; *(fig: caché)* nascosto in/dietro.
tapioca [tapjɔka] *nm* tapioca.
tapis [tapi] *nm* tappeto; *(de table de jeu, billard)* panno; ~**-brosse** zerbino; ~ **roulant** nastro trasportatore.
tapisser [tapise] *vt* tappezzare.
tapisserie [tapisʀi] *nf* tappezzeria; *(ouvrage sur métier)* arazzo; *(broderie)* ricamo.
tapissier, ière [tapisje, jɛʀ] *nm/f* tappezziere *m*.
tapoter [tapɔte] *vt* dare colpetti a *ou* su // *vi* tamburellare.
taquet [takɛ] *nm* zeppa; (*NAUT*) galloccia; ~ **coinceur** (*NAUT*) strozzascotte *m inv*.
taquiner [takine] *vt* stuzzicare, punzecchiare.
tarabiscoté, e [taʀabiskɔte] *a* arzigogolato(a).
tarauder [taʀode] *vt* bucare; (*TECH*: *fileter)* filettare.
tard [taʀ] *ad* tardi; **au plus** ~ al massimo; **quelques jours plus** ~ qualche giorno dopo; ~ **dans la nuit** a tarda notte.
tarder [taʀde] *vi* tardare; ~ **à faire** tardare a fare; *(hésiter)* esitare a fare; **sans (plus)** ~ senza indugio.
tardif, ive [taʀdif, iv] *a* tardivo(a); *(heure)* tardo(a).
tare [taʀ] *nf* tara.
tarif [taʀif] *nm* tariffa.
tarir [taʀiʀ] *vi* inaridirsi; *(fig: con-*

versation) languire // *vt* prosciugare.

tarot(s) [taʀo] *nm(pl)* tarocchi *mpl.*

tartare [taʀtaʀ] *a:* **steak/sauce** ~ bistecca alla/salsa tartara.

tarte [taʀt] *nf* torta, crostata; **tartelette** *nf* crostatina.

tartine [taʀtin] *nf* tartina, fetta di pane imburrata; **tartiner** *vt* spalmare.

tartre [taʀtʀ(ə)] *nm* tartaro.

tas [tɑ] *nm* mucchio, ammasso; **un ~ de** un sacco *ou* mucchio di; **mettre en** ~ ammucchiare; **tirer dans le** ~ *(fig)* tirare a casaccio; **sur le** ~ sul posto.

tasse [tɑs] *nf* tazza.

tasser [tɑse] *vt* stipare, pigiare; **se** ~ *vr* stringersi; *(terrain)* assestarsi; *(fig: problème)* aggiustarsi.

tâter [tɑte] *vt* tastare; *(fig: adversaire, concurrent)* saggiare // *vi:* ~ **de qch** provare qc; **se** ~ *vr* riflettere.

tatillon, ne [tatijɔ̃, ɔn] *a* pignolo(a).

tâtonnement [tɑtɔnmɑ̃] *nm:* **par** ~**s** *(fig)* per tentativi.

tâtonner [tɑtɔne] *vi* brancolare; *(fig)* procedere a tastoni *ou* per tentativi.

tâtons [tɑtɔ̃]: **à** ~ *ad* (a) tentoni, (a) tastoni.

tatouage [tatwaʒ] *nm* tatuaggio.

taudis [todi] *nm* topaia, tugurio.

taupe [top] *nf* talpa.

taureau, x [tɔʀo] *nm* toro; **le T**~ (*ASTROL*) il Toro.

taux [to] *nm* tasso.

taverne [tavɛʀn(ə)] *nf* taverna.

taxe [taks(ə)] *nf* tassa, imposta; ~ **sur la valeur ajoutée (T.V.A.)** imposta sul valore aggiunto (IVA); **taxer** *vt* tassare; *(fixer un prix)* calmierare; **taxer qn de** *(fig)* tacciare qd di.

taxi [taksi] *nm* taxi *m inv*, tassì *m inv;* **taximètre** *nm* tassametro.

taxiphone [taksifɔn] *nm* telefono pubblico (a gettoni *ou* monete).

T.C.F. *(abr de Touring Club de France)* ≈ TCI.

Tchécoslovaquie [tʃekɔslɔvaki] *nf* Cecoslovacchia; **tchèque** *a, nm/f* ceco(a).

te [t(ə)] *pron* ti; **je dois ~ le dire** te lo devo dire; **il t'en donne** te ne dà.

technicien, ne [tɛknisjɛ̃, ɛn] *nm/f* tecnico *m.*

technique [tɛknik] *a* tecnico(a) // *nf* tecnica.

technocrate [tɛknɔkʀat] *nmf* tecnocrate *m/f.*

technologie [tɛknɔlɔʒi] *nf* tecnologia.

teck [tɛk] *nm* te(c)k *m inv.*

teckel [tekɛl] *nm* bassotto tedesco.

teigne [tɛɲ] *nf* tignola; (*MED*) tigna.

teindre [tɛ̃dʀ(ə)] *vt* tingere; **se** ~ *vr* tingersi; **teint, e** *a* tinto(a) // *nm* carnagione *f*, colorito // *nf* tinta, colore *m; (fig)* ombra; **grand teint** *(tissu)* dal colore solido.

teinté, e [tɛ̃te] *a* (leggermente) colorato(a); ~ **de** (leggermente) tinto di; *(fig: histoire)* con una sfumatura di.

teinture [tɛ̃tyʀ] *nf* tintura; *(fig)* infarinatura.

teinturerie [tɛ̃tyʀʀi] *nf* tintoria.

tel, telle [tɛl] *a* tale; **telle quantité de** una data *ou* certa quantità di; ~ **que** come; ~ **quel** tale quale; **Monsieur un** ~ il signor tal dei tali; **rien de** ~ (non c'è) niente di meglio... .

télé [tele] *(abr de* **télévision)** *nf (fam)* tivù *f inv*, tele *f inv.*

télébenne [telebɛn] *nf*, **télécabine** [telekabin] *nf* cabinovia, ovovia; *(cabine)* cabina.

télécommander [telekɔmɑ̃de] *vt* telecomandare.

télécommunications [telekɔmynikɑsjɔ̃] *nfpl* telecomunicazioni *fpl.*

télégramme [telegʀam] *nm* telegramma *m.*

télégraphe [telegʀaf] *nm* telegrafo.

télépathie [telepati] *nf* telepatia.
téléphérique [telefeʀik] *nm* teleferica; *(pour personnes)* funivia.
téléphone [telefɔn] *nm* telefono; **coup de ~** colpo di telefono, telefonata; **téléphoner** *vt, vi* telefonare; **téléphonique** *a* telefonico(a).
télescope [telɛskɔp] *nm* telescopio.
télescoper [telɛskɔpe] *vt* tamponare, entrare in collisione con; **se ~** *vr* scontrarsi.
téléscripteur [teleskʀiptœʀ] *nm* telescrivente *f*.
télésiège [telesjɛʒ] *nm* seggiovia.
téléski [teleski] *nm* ski-lift *m inv*, sciovia.
téléspectateur, trice [telespɛktatœʀ, tʀis] *nm/f* telespettatore/trice.
téléviser [televize] *vt* trasmettere (per televisione).
téléviseur [televizœʀ] *nm* televisore *m*.
télévision [televizjɔ̃] *nf* televisione *f*; **poste de ~** televisore *m*.
télex [telɛks] *nm* telex *m inv*.
tellement [tɛlmɑ̃] *ad* tanto; talmente; *(beaucoup, très)* molto, tanto; **~ de** tanto(a) di quello(a) *a*.
tellurique [telyʀik] *a* tellurico(a).
téméraire [temeʀɛʀ] *a* temerario(a); **témérité** *nf* temerarietà *f inv*.
témoignage [temwaɲaʒ] *nm* testimonianza.
témoigner [temwaɲe] *vt* manifestare // *vi* testimoniare; **~ de** *(confirmer)* testimoniare.
témoin [temwɛ̃] *nm* testimone *m/f*; *(fig)* testimonianza // *a* campione *inv*, modello; **prendre à ~** prendere come *ou* a testimone; **appartement ~** appartamento tipo.
tempe [tɑ̃p] *nf* tempia.
tempérament [tɑ̃peʀamɑ̃] *nm* temperamento; **à ~** (*COMM*) a rate.
température [tɑ̃peʀatyʀ] *nf* temperatura; **prendre la ~ de** misurare la febbre a; *(fig)* tastare il polso a; **avoir** *o* **faire de la ~** avere la *ou* un po' di febbre.
tempéré, e [tɑ̃peʀe] *a* temperato(a).
tempérer [tɑ̃peʀe] *vt* moderare, mitigare.
tempête [tɑ̃pɛt] *nf* tempesta; (*NAUT, fig*) burrasca; **~ de mots/d'injures** torrente *m* di parole/di insulti.
temple [tɑ̃pl(ə)] *nm* tempio.
temporaire [tɑ̃pɔʀɛʀ] *a* temporaneo(a).
temporel, le [tɑ̃pɔʀɛl] *a* temporale.
temporiser [tɑ̃pɔʀize] *vi* temporeggiare.
temps [tɑ̃] *nm* tempo; **avoir le ~** avere tempo; **avoir tout juste/tout le ~** avere appena/tutto il tempo; **en ~ voulu** a tempo debito; **de ~ en ~, de ~ à autre** di tanto in tanto, ogni tanto; **dans peu de ~** fra poco; **en même ~** contemporaneamente, allo stesso tempo; **à ~** *(partir, arriver)* in tempo; **entre ~** frattanto; **dans le ~** un tempo; **de tout ~** sempre; **du ~ que** quando; **~ d'arrêt** battuta d'arresto; **~ mort** (*SPORT*) interruzione *f*.
tenace [tənas] *a* tenace.
tenailles [t(ə)nɑj] *nfpl* tenaglie *fpl*.
tenant, e [tənɑ̃, ɑ̃t] *a voir* **séance** // *nm/f*: **~ du titre** (*SPORT*) detentore *m* del titolo // *nm*: **d'un seul ~** tutto intero; **les ~s et les aboutissants** *(fig)* gli annessi *mpl* e i connessi.
tendance [tɑ̃dɑ̃s] *nf* tendenza; **tendancieux, euse** *a* tendenzioso(a).
tendeur [tɑ̃dœʀ] *nm (de vélo)* tendicatena *m inv*; *(de câble)* tenditore *m*.
tendon [tɑ̃dɔ̃] *nm* tendine *m*.
tendre [tɑ̃dʀ(ə)] *a* tenero(a); *(peau, pain)* morbido(a) // *vt* tendere; *(donner, offrir)* porgere; *(main, jambe, etc)* allungare, tendere // *vi*

tendere; ~ **la perche à qn** *(fig)* venire in aiuto a qd; **se** ~ *vr* diventare teso; **tendresse** *nf* tenerezza; **tendu, e** *pp de* **tendre** // *a* teso(a).
ténèbres [tenɛbʀ(ə)] *nfpl* tenebre *fpl;* **ténébreux, euse** *a* tenebroso(a).
teneur [tənœʀ] *nf* tenore *m;* (MED: *du sang)* tasso; ~ **en cuivre** percentuale *f ou* tenore di rame.
ténia [tenja] *nm* tenia.
tenir [t(ə)niʀ] *vt* tenere; *(magasin, hôtel)* gestire; *(contenir)* contenere, tenere; *(promesse)* mantenere // *vi* tenere; *(conditions atmosphériques)* durare; *(personne, résister)* resistere // *vb impersonnel:* **il ne tient qu'à toi de...** sta solo a te...; **s'il ne tenait qu'à moi...** se dipendesse da me...; **se** ~ *vr* tenersi; *(s'accrocher)* reggersi; *(personne)* stare; *(avoir lieu: exposition)* aver luogo; **se** ~ **debout** stare in piedi; **se** ~ **tranquille** starsene tranquillo; **se** ~ **bien/mal** *(se conduire)* comportarsi bene/male; **s'en** ~ **à qch** limitarsi *ou* attenersi a qc; ~ **qn pour** *(considérer comme)* considerare qd; ~ **qch de qn** *(avoir entendu qch)* avere sentito qc da qd; *(renseignement)* avere avuto qc da qd; *(qualité, défaut)* aver preso qc da qd; ~ **de la place** occupare posto; ~ **l'alcool** reggere l'alcool; ~ **le coup** *(objet, personne)* resistere; ~ **bon** resistere; **tiens! tiens!** *(surprise)* guarda un po'.
tennis [tenis] *nm* tennis *m inv;* **des (chaussures de)** ~ delle scarpe *fpl* da tennis; ~ **de table** ping-pong *m inv.*
ténor [tenɔʀ] *nm* tenore *m.*
tension [tɑ̃sjɔ̃] *nf* tensione *f;* (MED: *artérielle)* pressione *f;* **faire** *ou* **avoir de la** ~ avere la pressione *f* alta.
tentacule [tɑ̃takyl] *nm* tentacolo.
tentant, e [tɑ̃tɑ̃, ɑ̃t] *a* allettante.
tentateur, trice [tɑ̃tatœʀ, tʀis] *a, nm/f* tentatore(trice).
tentation [tɑ̃tɑsjɔ̃] *nf* tentazione *f.*
tentative [tɑ̃tativ] *nf* tentativo.
tente [tɑ̃t] *nf* tenda.
tenter [tɑ̃te] *vt* tentare; ~ **sa chance** tentare la fortuna.
tenture [tɑ̃tyʀ] *nf* tappezzeria; *(funèbre)* paramento.
tenu, e [t(ə)ny] *pp de* **tenir** // tenuto(a); *(mince)* sottile; **être** ~ **de faire** essere tenuto a fare // *nf* tenuta; *(comportement)* contegno; **en petite** ~**e** vestito(a) succintamente; ~**e de soirée** *(de femme, d'homme)* abito da sera.
térébenthine [teʀebɑ̃tin] *nf:* **(essence de)** ~ acqua ragia.
tergal [tɛʀgal] ® *nm* ≈ terital ®.
tergiverser [tɛʀʒivɛʀse] *vi* tergiversare.
terme [tɛʀm(ə)] *nm* termine *m;* (FIN: *échéance)* scadenza, termine *m;* **né avant** ~ *(enfant)* prematuro; **à court/moyen/long** ~ a breve/medio/lungo termine; **mettre un** ~ **à** porre termine a.
terminaison [tɛʀminɛzɔ̃] *nf* desinenza.
terminal, e, aux [tɛʀminal, o] *a, nm* terminale *m* // *nf* (SCOL) *ultimo anno della scuola media superiore.*
terminer [tɛʀmine] *vt* terminare; **se** ~ *vr* terminare, finire; **se** ~ **par** terminare con; **se** ~ **en** *(forme)* terminare a; *(suj: mot, verbe)* terminare in.
terminologie [tɛʀminɔlɔʒi] *nf* terminologia.
terminus [tɛʀminys] *nm* capolinea *m.*
termite [tɛʀmit] *nm* termite *f.*
terne [tɛʀn(ə)] *a* spento(a); *(fig: personne, style)* scialbo(a); *(: journée)* grigio(a).
ternir [tɛʀniʀ] *vt* sbiadire; *(suj: buée, etc)* appannare; *(fig: réputation)* offuscare; **se** ~ *vr* perdere la brillantezza.
terrain [tɛʀɛ̃] *nm* terreno; *(de*

sport) campo; **sur le** ~ sul posto; ~ **d'aviation** campo d'aviazione; ~ **de camping** campeggio; ~ **vague** terreno incolto.
terrasse [tɛʀas] *nf* terrazza, terrazzo; *(d'un café)* tavolini *mpl* all'aperto; **s'asseoir à la** ~ *(d'un café)* sedersi fuori.
terrassement [tɛʀasmɑ̃] *nm* sterro.
terrasser [tɛʀase] *vt* atterrare; *(suj: crise cardiaque)* stroncare; *(: fatigue)* buttar giù, abbattere.
terre [tɛʀ] *nf* terra; **en** ~ *(pipe, poterie)* di *ou* in terracotta; **par** ~ a *ou* per terra; ~ **à** ~ terra terra *inv*.
terreau [tɛʀo] *nm* terriccio.
terre-plein [tɛɛʀplɛ̃] *nm* terrapieno.
terrer [tɛʀe]: **se** ~ *vr* star rintanato, rintanarsi.
terrestre [tɛʀɛstʀ(ə)] *a* terrestre; *(choses, problèmes)* terreno(a).
terreur [tɛʀœʀ] *nf* terrore *m*.
terrible [tɛʀibl(ə)] *a* terribile; *(fam: fantastique)* fantastico(a); **terriblement** *ad* tremendamente.
terrien, ne [tɛʀjɛ̃, ɛn] *nm/f* contadino/a; *(non martien, etc)* terrestre *m/f*.
terrier [tɛʀje] *nm* tana; *(chien)* terrier *m*.
terrifier [tɛʀifje] *vt* terrorizzare.
terril [tɛʀi(l)] *nm* terreno di riporto *(di miniera)*.
terrine [tɛʀin] *nf* terrina; (*CULIN*) pâté *m*.
territoire [tɛʀitwaʀ] *nm* territorio; **territorial, e, aux** *a* territoriale.
terroir [tɛʀwaʀ] *nm* terra, terreno; **accent/traditions du** ~ accento/tradizioni del paese *ou* della regione.
terroriser [tɛʀɔʀize] *vt* terrorizzare; **terrorisme** *nm* terrorismo; **terroriste** *nm/f* terrorista *m/f*.
tertiaire [tɛʀsjɛʀ] *a* terziario(a) // *nm* terziario.
tertio [tɛʀsjo] *ad* in terzo luogo.
tes [te] *dét voir* **ton.**
tesson [tesɔ̃] *nm* coccio.
test [tɛst] *nm* test *m inv*.
testament [tɛstamɑ̃] *nm* testamento; **faire son** ~ fare testamento; **testamentaire** *a* testamentario(a).
testicule [tɛstikyl] *nm* testicolo.
tétanos [tetanos] *nm* tetano.
têtard [tɛtaʀ] *nm* girino.
tête [tɛt] *nf* testa; (*TECH*: *de lecture, etc)* testina; *(visage, expression)* faccia; (*MIL*: *de fusée)* testata; **de** ~ di testa; *(calculer)* mentalmente; **ne pas avoir de** ~ non avere cervello; **la** ~ **la première** *(tomber)* a testa in giù; **la** ~ **basse/en bas** a testa bassa in giù; **faire une** ~ (*FOOTBALL*) colpire di testa; **faire la** ~ *(fig)* fare il broncio; ~ **d'affiche** (*THEATRE, etc)* attore/trice principale; ~ **de bétail** capo di bestiame; ~ **de liste** (*POL*) capolista *m/f*; ~ **de Turc** *(fig)* zimbello; **tête-à-queue** *nm inv* testa-coda *m inv; (cheval)* voltafaccia *m inv*; ~**-à-**~ *nm inv* tête-à-tête *m inv*.
tétée [tete] *nf* poppata.
téter [tete] *vt* poppare.
tétine [tetin] *nf (de vache)* mammella; *(en caoutchouc)* ciucciotto; *(: de biberon)* tettarella.
téton [tetɔ̃] *nm (fam: de femme)* tetta *(fam)*.
têtu, e [tety] *a* ostinato(a), cocciuto(a).
texte [tɛkst(ə)] *nm* testo; (*SCOL*: *d'un devoir, examen)* enunciato; *(passage d'un livre)* brano, passo.
textile [tɛkstil] *a* tessile // *nm* fibra tessile; *(industrie)*: **le** ~ industria tessile.
textuel, le [tɛkstɥɛl] *a* testuale.
texture [tɛkstyʀ] *nf* struttura; tessitura.
thé [te] *nm* tè *m inv*, the *m inv*.
théâtral, e, aux [teɑtʀal, o] *a* teatrale.
théâtre [teɑtʀ(ə)] *nm* teatro; *(péj: simulation)* messa in scena.

théière [tejɛʀ] *nf* teiera.
thème [tɛm] *nm* tema *m; (SCOL)* traduzione *f (in lingua straniera).*
théologie [teɔlɔʒi] *nf* teologia; **théologien** *nm* teologo.
théorème [teɔʀɛm] *nm* teorema *m.*
théoricien, ne [teɔʀisjɛ̃, ɛn] *nm/f* teorico/a.
théorie [teɔʀi] *nf* teoria.
thérapeutique [teʀapøtik] *a* terapeutico(a) // *nf* terapia; *(science)* terapeutica.
thérapie [teʀapi] *nf* terapia.
thermal, e, aux [tɛʀmal, o] *a* termale.
thermes [tɛʀm(ə)] *nmpl* terme *fpl.*
thermique [tɛʀmik] *a* termico(a).
thermomètre [tɛʀmɔmɛtʀ(ə)] *nm* termometro.
thermos ® [tɛʀmos] *nm ou nf* t(h)ermos *m inv.*
thermostat [tɛʀmɔsta] *nm* termostato.
thèse [tɛz] *nf* tesi *f inv.*
thon [tɔ̃] *nm* tonno.
thoracique [tɔʀasik] *a* toracico(a).
thorax [tɔʀaks] *nm* torace *m.*
thrombose [tʀɔ̃boz] *nf* trombosi *f inv.*
thym [tɛ̃] *nm* timo.
thyroïde [tiʀɔid] *nf* tiroide *f.*
tiare [tjaʀ] *nf* tiara.
tibia [tibja] *nm* tibia.
ticket [tikɛ] *nm* biglietto; ~ **de quai** biglietto di accesso (ai binari).
tiède [tjɛd] *a* tiepido(a); **tiédeur** *nf* tepore *m;* **tiédir** *vi* intiepidirsi; **faire tiédir** far intiepidire.
tien, tienne [tjɛ̃, tjɛn] *pron:* **le ~ (la tienne), les ~s (tiennes)** il tuo (la tua), i tuoi (le tue).
tierce [tjɛʀs(ə)] *a, nf voir* **tiers.**
tiercé [tjɛʀse] *nm (HIPPISME)* ≈ scommessa Tris.
tiers, tierce [tjɛʀ, tjɛʀs(ə)] *a* terzo(a) // *nm* terzo; *(JUR)* terzi *mpl* // *nf (MUS)* terza; *(CARTES)* tris *m inv.*
tige [tiʒ] *nf* stelo, gambo; *(d'arbre)* fusto; *(TECH)* asta.
tignasse [tiɲas] *nf (péj)* zazzera.
tigre [tigʀ(ə)] *nm* tigre *f;* **tigré, e** *a* tigrato(a); **tigresse** *nf* tigre *f* (femmina).
tilleul [tijœl] *nm* tiglio; *(boisson)* infuso di tiglio.
timbale [tɛ̃bal] *nf (CULIN)* timballo, sformato; ~**s** *pl (MUS)* timpani *mpl.*
timbre [tɛ̃bʀ(ə)] *nm* timbro; *(vignette)* bollo, bollino; ~**(-poste)** francobollo; ~ **fiscal** marca da bollo.
timbrer [tɛ̃bʀe] *vt* affrancare; *(document, acte)* bollare.
timide [timid] *a* timido(a); **timidité** *nf* timidezza.
timoré, e [timɔʀe] *a* timoroso(a).
tintamarre [tɛ̃tamaʀ] *nm* chiasso, baccano.
tinter [tɛ̃te] *vi* tintinnare.
tique [tik] *nf* zecca.
tir [tiʀ] *nm* tiro; *(stand)* tiro; *(rafale)* scarica; ~ **à l'arc/au fusil** tiro con l'arco/col fucile.
T.I.R. *(abr de Transports Internationaux Routiers)* TIR.
tirade [tiʀad] *nf* tirata.
tirage [tiʀaʒ] *nm* stampa; *(d'un journal, de livre: nombre d'exemplaires)* tiratura; *(d'une cheminée)* tiraggio; *(de loterie)* estrazione *f.*
tirailler [tiʀɑje] *vt* tirare (ripetutamente); *(suj: personnes, problèmes)* assillare // *vi* sparacchiare.
tirant [tiʀɑ̃] *nm* tirante *m;* ~ **d'eau** *(NAUT)* pescaggio.
tire [tiʀ] *nf:* **voleur/vol à la** ~ borseggiatore *m*/borseggio.
tiré [tiʀe] *nm* trattario, trassato.
tire-au-flanc [tiʀoflɑ̃] *nm inv voir* **flanc.**
tire-bouchon [tiʀbuʃɔ̃] *nm* cavatappi *m inv.*
tire-fesses [tiʀfɛs] *nm inv* ski-lift *m inv.*
tirelire [tiʀliʀ] *nf* salvadanaio.
tirer [tiʀe] *vt* tirare; *(tracer: ligne)*

tracciare; *(fermer: porte, trappe)* chiudere; *(choisir: carte)* scegliere; *(conclusion, avantage, importance)* trarre; (COMM: *chèque)* emettere; (NAUT) pescare; *(billet, numéro: de loterie)* estrarre; *(en faisant feu: balle, coup)* sparare, tirare; *(: animal)* sparare a; *(journal, livre, photo)* stampare // *vi* tirare; *(faire feu)* sparare; **se** ~ *vr (fam: partir)* tagliare la corda; **se ~ d'affaire** trarsi d'impaccio; **~ qch de** tirar fuori qc da; *(produit dérivé)* ricavare qc da; **~ son nom de** prendere il nome da; **s'en** ~ cavarsela; **~ sur** tirare; **~ sur/dans** *(faire feu)* sparare *ou* tirare a; **~ qn de** *(embarras, mauvaise affaire)* tirar fuori qd da; **~ à l'arc/à la carabine** tirare con l'arco/con la carabina; **~ à sa fin** essere agli sgoccioli; **~ les cartes** *(dire la bonne aventure)* fare le carte.

tiret [tiʀɛ] *nm* trattino.

tireur, euse [tiʀœʀ, øz] *nm/f* tiratore/trice; (COMM) traente *m/f*.

tiroir [tiʀwaʀ] *nm* cassetto.

tiroir-caisse [tiʀwaʀkɛs] *nm* cassa.

tisane [tizan] *nf* tisana.

tison [tizɔ̃] *nm* tizzone *m*.

tissage [tisaʒ] *nm* tessitura.

tisser [tise] *vt* tessere; **tisserand** *nm* tessitore *m*.

tissu [tisy] *nm* tessuto.

tissu, e [tisy] *a*: **~ de** intessuto di.

titane [titan] *nm* titanio.

titre [titʀ(ə)] *nm* titolo; **en** ~ *(fournisseur)* ufficiale *a; (professeur)* titolare *a;* **à juste** ~ a buon diritto; **à quel** ~? a che titolo?, per quale motivo?; **à aucun** ~ per nessuna ragione; **au même** ~ allo stesso modo; **au même ~ que...** così come...; **à ~ d'ami/d'exemple** come amico/esempio; **à ~ exceptionnel** in via eccezionale; **à ~ gracieux** gratuitamente.

titré, e [titʀe] *a* intitolato(a); *(personne)* titolato(a).

titrer [titʀe] *vt* titolare; *(livre, article)* intitolare.

tituber [titybe] *vi* barcollare, vacillare.

titulaire [titylɛʀ] *a, nm/f* titolare *(m/f)*.

toast [tost] *nm* fetta di pane tostata; *(de bienvenue)* brindisi *m inv*; **porter un ~ (à qn)** fare un brindisi *ou* brindare (a qd).

toboggan [tɔbɔgɑ̃] *nm* toboga *m; (jeu)* scivolo.

toc [tɔk] *nm* pacottiglia; **bijou en** ~ gioiello falso.

tocsin [tɔksɛ̃] *nm* campane *fpl* a martello.

toge [tɔʒ] *nf* toga.

tohu-bohu [tɔybɔy] *nm* caos *m inv*, baraonda.

toi [twa] *pron (complément)* te; *(sujet)* tu; **je veux partir avec** ~ voglio partire con te; **dépêche-~!** sbrigati!

toile [twal] *nf* tela; *(de tente, pour couvrir)* telo; **~ d'araignée** ragnatela; **~ cirée** tela cerata; **~ de fond** *(fig)* sfondo.

toilette [twalɛt] *nf* toilette *f*, toeletta; **~s** *fpl* gabinetto, toilette *fsg;* **faire sa** ~ *(se laver)* lavarsi; **savon de** ~ saponetta.

toiser [twaze] *vt* squadrare (dall'alto in basso).

toison [twazɔ̃] *nf* vello; *(cheveux)* folta capigliatura.

toit [twa] *nm* tetto; **toiture** *nf* copertura.

tôle [tol] *nf* lamiera.

tolérable [tɔleʀabl(ə)] *a* tollerabile.

tolérance [tɔleʀɑ̃s] *nf* tolleranza.

tolérer [tɔleʀe] *vt* tollerare.

tollé [tɔle] *nm*: **un ~ général** un coro di protesta.

T.O.M. *abr de Territoire(s) d'Outre-Mer.*

tomate [tɔmat] *nf* pomodoro.

tombal, e, [tɔ̃bal] *a* tombale.

tombant, e [tɔ̃bɑ̃, ɑ̃t] *a:* **épaules ~es** spalle spioventi; **à la nuit ~e** sul far della notte.
tombe [tɔ̃b] *nf* tomba.
tombeau, x [tɔ̃bo] *nm* tomba, sepolcro.
tombée [tɔ̃be] *nf:* **à la ~ du jour/de la nuit** al tramonto/sul far della notte.
tomber [tɔ̃be] *vi* cascare, cadere // *vt:* **~ la veste** togliersi la giacca; **laisser ~** lasciar cadere; *(fig)* lasciar perdere; **~ sur** *(rencontrer)* imbattersi in; *(arriver: par hasard)* capitare; *(attaquer)* piombare addosso a; **~ de fatigue/sommeil** cascare dalla stanchezza/dal sonno; **~ en panne** restare in panne; *(suj: voiture, machine)* guastarsi; **il/ça tombe bien/mal** *(fig)* capita a proposito/a sproposito; **il est bien/mal tombé** *(fig: personne)* gli è andata bene/male.
tombeur [tɔ̃bœʀ] *nm:* **~ (de femmes)** *(péj)* dongiovanni *m inv.*
tombola [tɔ̃bɔla] *nf* lotteria.
tome [tɔm] *nm* tomo.
ton [tɔ̃], **ta** [ta], *pl* **tes** [te] *dét* (il) tuo *m*, (la) tua *f*; (i) tuoi *mpl*, (le) tue *fpl*.
ton [tɔ̃] *nm* tono; **~ sur ~** tinta su tinta.
tonalité [tɔnalite] *nf* tonalità *f inv; (du téléphone)* segnale *m.*
tondeuse [tɔ̃døz] *nf* tosatrice *f; (à gazon)* tosaerba *m.*
tondre [tɔ̃dʀ(ə)] *vt* tosare; *(pelouse)* tagliare.
tonifier [tɔnifje] *vi, vt* tonificare.
tonique [tɔnik] *a* tonico(a) // *nm* tonico // *nf (MUS)* tonica.
tonitruant, e [tɔnitʀyɑ̃, ɑ̃t] *a:* **voix ~e** voce tonante.
tonnage [tɔnaʒ] *nm* tonnellaggio.
tonne [tɔn] *nf* tonnellata.
tonneau, x [tɔno] *nm* botte *f;* **jauger 2000 ~x** *(NAUT)* stazzare 2.000 tonnellate *fpl;* **faire des ~x** *(AVIAT)* fare dei mulinelli.
tonnelle [tɔnɛl] *nf* bersò *m inv.*
tonner [tɔne] *vb impersonnel* tuonare.
tonnerre [tɔnɛʀ] *nm* tuono; *(fig):* **~ d'applaudissements/d'acclamations** uragano di applausi/acclamazioni; **du ~** *a (fam: fantastique)* formidabile, fantastico(a).
tonsure [tɔ̃syʀ] *nf* chierica.
tonte [tɔ̃t] *nf* tosatura.
tonus [tɔnys] *nm* tono; *(énergie)* dinamismo.
top [tɔp] *nm (RADIO)* segnale *m* orario.
topaze [tɔpɑz] *nf* topazio.
topinambour [tɔpinɑ̃buʀ] *nm* topinambur *m inv.*
topo [tɔpo] *nm* breve discorso.
topographie [tɔpɔgʀafi] *nf* topografia.
toponymie [tɔpɔnimi] *nf* toponomastica.
toque [tɔk] *nf* berretto; *(de juge)* tocco.
toqué, e [tɔke] *a (fam)* un po' tocco(a).
torche [tɔʀʃ(ə)] *nf* torcia.
torchère [tɔʀʃɛʀ] *nf* torciera.
torchon [tɔʀʃɔ̃] *nm* strofinaccio, straccio.
tordre [tɔʀdʀ(ə)] *vt* torcere; *(barre, métal)* piegare; *(bras, pied, nez)* storcere; **se ~** *vr* contorcersi; *(fam)* sbellicarsi dalle risa; **se ~ le pied/bras** storcersi il piede/il braccio; **se ~ de douleur** contorcersi dal dolore; **tordu, e** *a (fig: esprit, idée)* strambo(a).
toréador [tɔʀeadɔʀ] *nm*, **torero** [tɔʀeʀo] *nm* torero.
tornade [tɔʀnad] *nf* tornado *m inv.*
torpeur [tɔʀpœʀ] *nf* torpore *m.*
torpille [tɔʀpij] *nf* torpedine *f; (MIL)* siluro, torpedine *f;* **torpiller** *vt* silurare.
torréfier [tɔʀefje] *vt* torrefare.
torrent [tɔʀɑ̃] *nm* torrente *m;* **il pleut à ~s** piove a catinelle *fpl;* **tor-**

rentiel, le *a* torrenziale.
torride [tɔʀid] *a* torrido(a).
torsade [tɔʀsad] *nf* cordone *m; (cheveux, maille)* treccia; **colonne à ~s** colonna a tortiglione.
torse [tɔʀs(ə)] *nm* torso.
torsion [tɔʀsjɔ̃] *nf* torsione *f.*
tort [tɔʀ] *nm* torto; **être dans son ~** essere dalla parte del torto; **faire** *ou* **causer du ~ à** arrecare un pregiudizio a; **à ~ et à travers** a vanvera, a casaccio.
torticolis [tɔʀtikɔli] *nm* torcicollo.
tortiller [tɔʀtije] *vt* attorcigliare; *(ses doigts)* tormentarsi; **se ~** *vr* contorcersi.
tortionnaire [tɔʀsjɔnɛʀ] *nm* torturatore/trice.
tortue [tɔʀty] *nf* tartaruga, testuggine *f.*
tortueux, euse [tɔʀtɥø, øz] *a* tortuoso(a).
torture [tɔʀtyʀ] *nf* tortura; **torturer** *vt* torturare.
torve [tɔʀv(ə)] *a* torvo(a).
tôt [to] *ad* presto; **si ~** tanto presto; *(déjà)* così presto; **ce n'est pas trop ~!** finalmente!
total, e, aux [tɔtal, o] *a, nm* totale; **au ~** in totale; *(fig: tout compte fait)* tutto sommato; **totalement** *ad* completamente; **totaliser** *vt* totalizzare.
totalitaire [tɔtalitɛʀ] *a* totalitario(a); **totalitarisme** *nm* totalitarismo.
totalité [tɔtalite] *nf:* **la ~ de** la totalità *f inv* di, tutto(a) *a;* **en ~** totalmente.
totem [tɔtɛm] *nm* totem *m inv.*
toubib [tubib] *nm (fam)* medico.
touchant, e [tuʃɑ̃, ɑ̃t] *a* commovente, toccante.
touche [tuʃ] *nf* tocco; *(de piano, de machine à écrire, etc)* tasto; *(ESCRIME)* stoccata; *(RUGBY, FOOTBALL) (aussi:* **ligne de ~**) linea laterale; **sortie en ~** in fallo laterale.
touche-à-tout [tuʃatu] *nm inv (péj)* toccatutto *m/f inv.*
toucher [tuʃe] *nm* tatto; *(MUS)* tocco // *vt* toccare; *(frapper, atteindre d'un coup de feu)* colpire; *(émouvoir)* commuovere, toccare; *(contacter par téléphone, lettre)* raggiungere, rintracciare; *(recevoir: prix, recompense)* ricevere; *(: salaire, argent, chèque)* riscuotere // *vi:* **~ à** toccare; **se ~** *vr* toccarsi; **~ au but** *(fig)* giungere alla meta; **je vais lui en ~ un mot** gliene parlerò; **~ à sa fin** *ou* **son terme** volgere alla fine *ou* al termine.
touffe [tuf] *nf* ciuffo.
touffu, e [tufy] *a* fitto(a); *(cheveux)* folto(a); *(fig: style, texte)* complesso(a).
toujours [tuʒuʀ] *ad* sempre; *(encore)* ancora; **pour ~** per sempre; **~ est-il que** fatto sta che; **essaie ~** prova pure.
toupie [tupi] *nf* trottola.
tour [tuʀ] *nf* torre *f; (immeuble)* grattacielo // *nm* giro; *(d'être servi ou de jouer, etc, POL)* turno; *(tournure: de la situation, conversation)* piega; *(fig: ruse, stratagème)* tiro scherzo; *(de prestidigitation, d'acrobatie)* numero; *(TECH)* tornio; **faire le ~ de la situation** *(fig)* esaminare la situazione; **fermer à double ~** chiudere a doppia mandata; **c'est au ~ de Philippe** tocca a Filippo; **à ~ de rôle, ~ à ~** alternativamente; **à ~ de bras** con tutta la forza delle braccia; **~ de poitrine/taille** (giro di) petto/vita; **~ de chant** recital *m inv;* **~ de force** faticaccia; **~ de garde** turno di guardia; **~ de passe-passe** gioco di prestigio; **~ de reins** lombaggine *f.*
tourbe [tuʀb(ə)] *nf* torba; **tourbière** *nf* torbiera.
tourbillon [tuʀbijɔ̃] *nm* vortice *m;* **tourbillonner** *vi* turbinare.
tourelle [tuʀɛl] *nf* torretta.
tourisme [tuʀism(ə)] *nm* turismo; **agence de ~** agenzia turistica;

avion/voiture de ~ aereo/vettura da turismo; **touriste** *nm/f* turista *m/f;* **touristique** *a* turistico(a).
tourment [tuʀmɑ̃] *nm* tormento.
tourmente [tuʀmɑ̃t] *nf* tormenta; *(fig)* bufera.
tourmenter [tuʀmɑ̃te] *vt* tormentare; **se** ~ *vr* tormentarsi.
tournage [tuʀnaʒ] *nm (d'un film)* riprese *fpl.*
tournant, e [tuʀnɑ̃, ɑ̃t] *a: voir* **plaque, grève** // *nm* curva; *(fig)* svolta.
tournebroche [tuʀnəbʀɔʃ] *nm* girarrosto.
tourne-disque [tuʀnədisk(ə)] *nm* giradischi *m inv.*
tournée [tuʀne] *nf* giro; *(d'artiste)* tournée *f;* **c'est ma** ~ *(au café)* questa volta offro io.
tourner [tuʀne] *vt* girare; *(sauce, mélange)* mescolare; *(TECH: au tour)* tornire; *(fig: pensée, regard)* volgere // *vi* girare; *(lait, etc)* andare a male; *(fig: chance, vie)* cambiare; **se** ~ *vr* voltarsi, girarsi; **se** ~ **vers** *(profession, carrière)* orientarsi verso; **bien/mal** ~ *(personne)* prendere una buona/brutta strada; *(fig: chose)* andare bene/male; ~ **autour de qn** *(péj)* ronzare attorno a qd; ~ **autour du pot** *(fig)* menare il can per l'aia; ~ **en** degenerare; ~ **à la pluie** volgere alla pioggia; ~ **le dos à** voltare le spalle a; **se** ~ **les pouces** stare con le mani in mano; ~ **de l'œil** svenire; ~ **la page** *(fig)* voltar pagina.
tournesol [tuʀnəsɔl] *nm* girasole *m.*
tourneur [tuʀnœʀ] *nm* tornitore *m.*
tournevis [tuʀnəvis] *nm* cacciavite *m.*
tourniquet [tuʀnikɛ] *nm* irrigatore *m* a girandola; *(portillon)* tornella; *(présentoir)* espositore *m* girevole.
tournoi [tuʀnwa] *nm* torneo.
tournoyer [tuʀnwaje] *vi* roteare; *(oiseau)* volteggiare.
tournure [tuʀnyʀ] *nf* forma; *(évolution: des choses, des événements)* piega; *(aspect, air)* aspetto; ~ **d'esprit** forma mentis.
tourte [tuʀt(ə)] *nf* pasticcio (di carne o pesce).
tourteau [tuʀto] *nm* (*AGR*) panello; (*ZOOL*) granciporro.
tourterelle [tuʀtəʀɛl] *nf* tortora.
tous [tu] *dét, pron* [tus] *voir* **tout.**
Toussaint [tusɛ̃] *nf:* **la** ~ (la festa di) Ognissanti *m inv.*
tousser [tuse] *vi* tossire.
toussoter [tusɔte] *vi* tossicchiare.
tout, e *pl* **tous, toutes** [tu, tus, tut] *dét* tutto(a), *pl* tutti(e); *(chaque)* ogni *inv;* **à** ~**e heure**/~ **âge** a ogni ora/età, a tutte le ore/le età; **toutes les fois (que)** tutte le volte (che), ogni volta (che); **toutes les 2/3 semaines** ogni 2/3 settimane; **tous les 2** tutti e due; ~ **le temps** per tutto il tempo; *(sans cesse)* continuamente; **c'est** ~**e une affaire/histoire** è una cosa seria; **il avait pour** ~**e nourriture**/~ **vêtement ...** come unico cibo/vestito aveva ...; **de tous côtés** *ou* **de toutes parts** da ogni parte, da tutte le parti; **à** ~ **hasard** ad ogni buon conto, per ogni evenienza // *pron:* **je les vois tout/toutes** li(e) vedo tutti(e); **c'est** ~ è tutto // *ad* tutto(a); **elle était** ~ **émue/toute petite** era tutta commossa/piccolina; ~ **près** *ou* **à côté** qui vicino; **il n'est plus** ~ **jeune** non è più giovanissimo; ~ **en haut** (proprio) in cima; **parler** ~ **bas** parlare sommessamente; **le** ~ **premier** il primo in assoluto; **le livre** ~ **entier** tutto il libro; ~ **droit** *(direction)* (sempre) diritto; **c'est** ~ **le contraire** è esattamente il contrario; **il parlait** ~ **en travaillant/mangeant** parlava mentre lavorava/mangiava *ou* lavorando/mangiando // *nm* tutto; **le** ~ **est de ...** l'essenziale è ...; ~ **d'abord**

innanzitutto; ~ **à coup** tutt'a un tratto; ~ **à fait** del tutto, perfettamente; '~ **à fait**' *(oui)* 'certamente'; ~ **à l'heure** *(passé)* poco fa; *(futur)* tra poco; ~ **de même** però; *(également)* lo stesso; ~ **le monde** tutti *mpl;* ~ **de suite** subito; **~-terrain** *a* fuoristrada *inv.*
toutefois [tutfwa] *ad* tuttavia.
toux [tu] *nf* tosse *f.*
toxicité [tɔksisite] *nf* tossicità *f inv.*
toxicomane [tɔksikɔman] *a, nm/f* tossicomane *(m/f).*
toxine [tɔksin] *nf* tossina.
toxique [tɔksik] *a* velenoso(a), tossico(a).
trac [tʀak] *nm* paura, fifa; **avoir le** ~ avere paura *ou* fifa.
tracas [tʀaka] *nm* grattacapo; **tracasser** *vt* tormentare, preoccupare; **se** ~ *vr* preoccuparsi.
trace [tʀas] *nf* traccia; **~s de pas** orme *fpl.*
tracé [tʀase] *nm* tracciato; *(d'une côte, d'un dessin)* linea.
tracer [tʀase] *vt* tracciare.
trachée(-artère) [tʀaʃeaʀtɛʀ] *nf* trachea.
tract [tʀakt] *nm* volantino.
tractations [tʀaktɑsjɔ̃] *nfpl (péj)* maneggi *mpl.*
tracteur [tʀaktœʀ] *nm* trattore *m.*
traction [tʀaksjɔ̃] *nf* trazione *f;* ~ **avant/arrière** trazione anteriore/posteriore.
tradition [tʀadisjɔ̃] *nf* tradizione *f;* **traditionnel, le** *a* tradizionale.
traducteur, trice [tʀadyktœʀ, tʀis] *nm/f* traduttore/trice.
traduction [tʀadyksjɔ̃] *nf* traduzione *f.*
traduire [tʀadɥiʀ] *vt* tradurre; *(suj: émotion, sentiment)* esprimere; *(: qch: révéler)* rivelare; **se ~ par** *(suj: erreur, problème)* tradursi in; ~ **en/du français** tradurre in/dal francese; ~ **qn en justice** tradurre qd in giudizio.
trafic [tʀafik] *nm* traffico; *(de drogue)* spaccio; **trafiquant, e** *nm/f* trafficante *m/f; (de drogue)* spacciatore/trice; **trafiquer** *vt* trafficare; *(drogue)* spacciare; *(fam: péj: moteur)* truccare.
tragédie [tʀaʒedi] *nf* tragedia; **tragédien, ne** *nm/f* attore/trice tragico(a).
tragique [tʀaʒik] *a* tragico(a).
trahir [tʀaiʀ] *vt* tradire; **se** ~ *vr* tradirsi; **trahison** *nf* tradimento.
train [tʀɛ̃] *nm* treno; *(allure)* andatura, passo; *(de vie)* tenore *m;* **être en ~ de faire qch** stare facendo qc; ~ **d'atterrisage** carrello (di atterraggio); ~ **électrique** *(jouet)* trenino elettrico.
traînant, e [tʀɛnɑ̃, ɑ̃t] *a* strascicato(a).
traînard, e [tʀɛnaʀ, ɑʀd(ə)] *nm/f (péj)* lumaca, ritardatario/a.
traîne [tʀɛn] *nf* strascico; **être/rester à la** ~ essere/restare indietro; **pêche à la** ~ pesca a strascico.
traîneau, x [tʀɛno] *nm* slitta.
traînée [tʀene] *nf* striscia; *(de lumière, de navire)* scia.
traîner [tʀene] *vt* trascinare; *(remorque)* trainare; *(enfant, maladie)* trascinarsi *ou* portarsi dietro // *vi (suj: papiers, vêtements)* essere sparso(a) qua e là; *(vagabonder)* gironzolare; *(s'attarder)* attardarsi; *(agir lentement)* prendersela comoda; *(durer)* andare per le lunghe; *(odeur)* rimanere; **se** ~ *vr* trascinarsi; *(durer: film, maladie)* andare per le lunghe; ~ **les pieds** strascicare i piedi; ~ **par terre** *(robe, manteau)* strisciare per terra; ~ **en longueur** andare per le lunghe.
train-train [tʀɛ̃tʀɛ̃] *nm* tran tran *m inv.*
traire [tʀɛʀ] *vt* mungere.
trait [tʀɛ] *nm* tratto; **d'un** ~ *(boire)* d'un (sol) fiato; **boire à longs ~s** bere a lunghi sorsi; **de** ~ *a (animal)*

da tiro; **avoir ~ à** riferirsi a, riguardare; **~ d'esprit** *(fig)* battuta spiritosa; **~ de génie** lampo di genio; **~ d'union** trattino, lineetta; *(fig)* trait d'union *m inv*, tramite *m*.

traitant [tʀɛtɑ̃] *am*: **votre médecin ~** il suo medico curante.

traite [tʀɛt] *nf* tratta, cambiale *f*; (*AGR*) mungitura; **d'une (seule) ~** in una tirata sola, senza fermarsi; **la ~ des noirs/blanches** la tratta dei negri/delle bianche.

traité [tʀete] *nm* trattato.

traitement [tʀɛtmɑ̃] *nm* trattamento; *(salaire)* stipendio.

traiter [tʀete] *vt* trattare; *(maladie, malade)* curare // *vi* trattare; **bien/mal ~** trattare bene/male; **~ qn d'idiot** dare dell'idiota a qd; **~ qn de tous les noms** dirne a qd di tutti i colori.

traiteur [tʀɛtœʀ] *nm* rosticciere *m*.

traître, tresse [tʀɛtʀ(ə), tʀɛs] *a, nm/f* traditore(trice); **prendre qn en ~** prendere qd a tradimento.

traîtrise [tʀetʀiz] *nf* tradimento; *(piège)* trabocchetto.

trajectoire [tʀaʒɛktwaʀ] *nf* traiettoria.

trajet [tʀaʒɛ] *nm* tragitto, percorso.

tram [tʀam] *(abr de* **tramway**) *nm* tram *m inv*.

trame [tʀam] *nf* trama; (*TYP*) retino; **tramer** *vt* tramare.

tramway [tʀamwɛ] *nm* tramvai *m inv*, tranvai *m inv*.

tranchant, e [tʀɑ̃ʃɑ̃, ɑ̃t] *a* tagliente; *(fig: personne, remarque, ton)* deciso(a), risoluto(a) // *nm* taglio.

tranche [tʀɑ̃ʃ] *nf* fetta; *(arête: d'un couteau, livre)* taglio; *(partie: de travaux, etc)* parte *f*; *(série: COMM: d'actions, de bons)* serie *f inv*; (*ADMIN*: *de revenus)* fascia.

tranché, e [tʀɑ̃ʃe] *a* netto(a), marcato(a); *(opinions)* deciso(a) // *nf* trincea.

trancher [tʀɑ̃ʃe] *vt* troncare; *(fig: question, débat)* porre fine a // *vi* decidere; *(couleur, opinion)* contrastare.

tranchet [tʀɑ̃ʃɛ] *nm* trincetto.

tranquille [tʀɑ̃kil] *a* tranquillo(a); **laisse-moi ~!** lasciami in pace *ou* stare!; **tranquillisant** *nm* tranquillante *m*; **tranquilliser** *vt* tranquillizzare; **tranquillité** *nf* tranquillità *f inv*.

transaction [tʀɑ̃zaksjɔ̃] *nf* transazione *f*.

transat [tʀɑ̃zat] *(abr de* **transatlantique**) *nm* sdraio *f* // *nf* (*NAUT*: *course)* regata transoceanica.

transatlantique [tʀɑ̃zatlɑ̃tik] *a* transatlantico(a) // *nm* transatlantico; *(chaise longue)* sedia a sdraio.

transborder [tʀɑ̃sbɔʀde] *vt* trasbordare.

transcendant, e [tʀɑ̃sɑ̃dɑ̃, ɑ̃t] *a* trascendente.

transcription [tʀɑ̃skʀipsjɔ̃] *nf* trascrizione *f*.

transcrire [tʀɑ̃skʀiʀ] *vt* trascrivere.

transe [tʀɑ̃s] *nf*: **être/entrer en ~** essere/entrare in trance *f*.

transférer [tʀɑ̃feʀe] *vt* trasferire; **transfert** *nm* trasferimento; *(de l'impôt, d'un cadavre)* traslazione *f*.

transfigurer [tʀɑ̃sfigyʀe] *vt* trasfigurare.

transformateur [tʀɑ̃sfɔʀmatœʀ] *nm* trasformatore *m*.

transformation [tʀɑ̃sfɔʀmɑsjɔ̃] *nf* trasformazione *f*.

transformer [tʀɑ̃sfɔʀme] *vt* trasformare; **se ~** *vr* trasformarsi.

transfuge [tʀɑ̃sfyʒ] *nm* transfuga *m/f*.

transfusion [tʀɑ̃sfyzjɔ̃] *nf* trasfusione *f*.

transgresser [tʀɑ̃sgʀese] *vt* trasgredire.

transhumance [tʀɑ̃zymɑ̃s] *nf* transumanza.

transi, e [tʀɑ̃zi] *a* intirizzito(a).

transiger [tʀɑ̃ziʒe] *vi* transigere.

transistor [tʀɑ̃zistɔʀ] *nm* transistor *m inv.*
transit [tʀɑ̃zit] *nm* transito.
transiter [tʀɑ̃zite] *vi* transitare.
transitif, ive [tʀɑ̃zitif, iv] *a* transitivo(a).
transition [tʀɑ̃zisjɔ̃] *nf* transizione *f.*
transitoire [tʀɑ̃zitwaʀ] *a* transitorio(a).
translucide [tʀɑ̃slysid] *a* traslucido(a).
transmetteur [tʀɑ̃smɛtœʀ] *nm* trasmettitore *m.*
transmettre [tʀɑ̃smɛtʀ(ə)] *vt* trasmettere; *(flambeau)* passare; *(héritage, titre)* tramandare; **transmissible** *a* trasmissibile.
transmission [tʀɑ̃smisjɔ̃] *nf* trasmissione *f.*
transparaître [tʀɑ̃spaʀɛtʀ(ə)] *vi* trasparire.
transparence [tʀɑ̃spaʀɑ̃s] *nf* trasparenza.
transpercer [tʀɑ̃spɛʀse] *vt* trapassare, trafiggere; *(suj: fig: froid)* ~ **un vêtement** *(suj: pluie)* passare attraverso un vestito.
transpiration [tʀɑ̃spiʀɑsjɔ̃] *nf* traspirazione *f; (sueur)* sudore *m.*
transpirer [tʀɑ̃spiʀe] *vi* traspirare, sudare.
transplanter [tʀɑ̃splɑ̃te] *vt* trapiantare.
transport [tʀɑ̃spɔʀ] *nm* trasporto; ~**s en commun** mezzi *mpl* pubblici; **transporter** *vt* trasportare; *(à la main, à dos)* portare; *(fig: enthousiasmer)* trascinare; **transporteur** *nm* trasportatore *m;* (*COMM*) spedizioniere *m.*
transposer [tʀɑ̃spoze] *vt* trasporre; **transposition** *nf* trasposizione *f.*
transversal, e, aux [tʀɑ̃svɛʀsal, o] *a* trasversale.
trapèze [tʀapɛz] *nm* trapezio; **trapéziste** *nm/f* trapezista *m/f.*
trappe [tʀap] *nf* botola; *(piège)* trappola.
trappeur [tʀapœʀ] *nm* cacciatore *m* di pelli.
trappiste [tʀapist(ə)] *nm* trappista *m.*
trapu, e [tʀapy] *a* tracagnotto(a), tarchiato(a).
traquenard [tʀaknaʀ] *nm* trappola.
traquer [tʀake] *vt* braccare; *(harceler)* perseguitare.
traumatiser [tʀomatize] *vt* traumatizzare; **traumatisme** *nm* trauma *m.*
travail, aux [tʀavaj, o] *nm* lavoro; *(de la pierre, du bois, etc)* lavorazione *f;* (*MED*) doglie *fpl,* travaglio // *nmpl* lavori *mpl;* (*CONSTR*) opere *fpl;* **travaux dirigés/pratiques** (*SCOL*) esercitazioni *fpl;* **travaux manuels** (*SCOL*) applicazioni *fpl* tecniche.
travaillé, e [tʀavaje] *a* lavorato(a); *(style, texte)* elaborato(a).
travailler [tʀavaje] *vi* lavorare; *(bois, métal)* cedere // *vt* lavorare; *(étudier)* studiare; *(fig: péj: influencer)* lavorarsi; **cette histoire le travaille** *(fig)* questa storia lo tormenta; ~ **son piano** esercitarsi al piano; ~ **à** lavorare a; *(fig: contribuer à)* darsi da fare per; **travailleur, euse** *a, nm/f* lavoratore/trice; **travailliste** *a, nm/f* laburista.
travée [tʀave] *nf* fila; (*ARCHIT*) campata.
travelling [tʀavliŋ] *nm* carrellata; *(chariot)* carrello.
travers [tʀavɛʀ] *nm* difetto; **en ~ (de)** di traverso (su); **au ~ (de)** attraverso; **de ~** di traverso; **regarder/marcher de ~** guardare/camminare storto; **comprendre de ~** fraintendere; **avaler de ~** andare di traverso; **à ~** attraverso; **prendre le vent par le ~** (*NAUT*) prendere il vento al traverso.
traverse [tʀavɛʀs(ə)] *nf* traversa; (*RAIL*) traversina.

traversée [tʀavɛʀse] *nf* attraversamento; *(en mer)* traversata.
traverser [tʀavɛʀse] *vt* attraversare.
traversin [tʀavɛʀsɛ̃] *nm* capezzale *m*, traversino.
travesti [tʀavɛsti] *nm* travestito; *(costume)* travestimento.
travestir [tʀavɛstiʀ]: **se ~** *vr* travestirsi.
trébucher [tʀebyʃe] *vi* barcollare; *(buter)* incespicare.
trèfle [tʀɛfl(ə)] *nm* trifoglio; (*CARTES: couleur)* fiori *mpl;* **~ à quatre feuilles** quadrifoglio.
treillage [tʀɛjaʒ] *nm* graticolato.
treille [tʀɛj] *nf* pergola, pergolato; *(vigne)* vite *f* a spalliera.
treillis [tʀeji] *nm* reticolo; (*ARCHIT*) traliccio.
treize [tʀɛz] *num* tredici; **treizième** *num* tredicesimo(a) // *nm* tredicesimo.
tréma [tʀema] *nm* dieresi *f inv*.
tremblant, e [tʀɑ̃blɑ̃, ɑ̃t] *a* tremante, tremolante.
tremblement [tʀɑ̃bləmɑ̃] *nm* tremito; *(léger)* tremolio; *(de fenêtre, porte, etc)* vibrazione *f;* **~ de terre** terremoto.
trembler [tʀɑ̃ble] *vi* tremare; *(flamme, lumière)* tremolare; *(de fenêtre, etc)* vibrare; **~ de fièvre** tremare per la febbre; **trembloter** *vi* tremolare, tremare.
trémousser [tʀemuse]: **se ~** *vr* agitarsi, dimenarsi.
trempe [tʀɑ̃p] *nf* tempra.
trempé, e [tʀɑ̃pe] *a* bagnato(a), inzuppato(a); (*TECH*) temp(e)rato(a).
tremper [tʀɑ̃pe] *vt* bagnare; *(suj: sueur, pluie)* inzuppare; *(plonger)* immergere; (*TECH, fig)* temprare // *vi* essere a mollo; **~ dans** *(fig) (crime)* essere coinvolto in; **se ~** *vr* fare un rapido bagno; **faire ~** *(linge)* mettere in ammollo; *(aliments)* mettere a bagno; **trempette** *nf:* **faire trempette** *(dans la mer)* stare sul bagnasciuga; *(avec du pain, des biscuits)* inzuppare.
tremplin [tʀɑ̃plɛ̃] *nm* trampolino; *(de gymnase)* pedana.
trentaine [tʀɑ̃tɛn] *nf* trentina.
trente [tʀɑ̃t] *num* trenta; **trentième** *num* trentesimo(a) // *nm* trentesimo.
trépaner [tʀepane] *vt* trapanare *(il cranio)*.
trépasser [tʀepɑse] *vi* trapassare.
trépider [tʀepide] *vi* vibrare, tremare.
trépied [tʀepje] *nm* treppiede *m*.
trépigner [tʀepiɲe] *vi:* **~ d'impatience** pestare i piedi per l'impazienza.
très [tʀɛ] *ad* molto; *(avec nom)* molto(a); **~ critiqué** molto criticato, criticatissimo; **j'ai ~ envie de** ho molta voglia di; **j'ai ~ sommeil** ho molto sonno.
trésor [tʀezɔʀ] *nm* tesoro; **T~ (public)** Tesoro, Erario; **bon du T~** buono del Tesoro; **trésorerie** *nf* tesoreria; *(d'une société)* cassa, capitale *m;* **difficultés de trésorerie** problemi di liquidità *f inv ou* cassa; **trésorier, ière** *nm/f* tesoriere *m*.
tressaillir [tʀesajiʀ] *vi* trasalire; *(s'agiter, vibrer)* sussultare.
tressauter [tʀesote] *vi* sobbalzare.
tresse [tʀɛs] *nf* treccia.
tresser [tʀese] *vt* intrecciare.
tréteau, x [tʀeto] *nm* cavalletto, trespolo; **les ~x** *(fig: THEATRE)* teatro *sg* ambulante.
treuil [tʀœj] *nm* argano, verricello.
trêve [tʀɛv] *nf* tregua.
tri, triage [tʀi, tʀijaʒ] *nm* cernita, selezione *f;* (*RAIL, POSTES*) smistamento.
triangle [tʀijɑ̃gl(ə)] *nm* triangolo.
tribal, e, aux [tʀibal, o] *a* tribale.
tribord [tʀibɔʀ] *nm* dritta.
tribu [tʀiby] *nf* tribù *f inv*.
tribulations [tʀibylasjɔ̃] *nfpl* guai *mpl*.

tribunal, aux [tʀibynal, o] *nm* tribunale *m;* ~ **de commerce** *tribunale competente per le vertenze commerciali;* ~ **de Grande Instance** *tribunale civile;* ~ **de Police** *tribunale penale competente in materia di contravvenzioni;* ~ **pour enfants** tribunale per i minorenni.
tribune [tʀibyn] *nf* tribuna; *(estrade)* tribuna, podio.
tribut [tʀiby] *nm* tributo; **tributaire** *a:* **être tributaire de** dipendere da.
tricher [tʀiʃe] *vi* barare; *(sur le prix, etc)* imbrogliare; ~ **à un examen** copiare; **tricherie** *nf* imbroglio; **tricheur, euse** *nm/f* imbroglione/a; *(au jeu)* baro *m.*
tricolore [tʀikɔlɔʀ] *a, nm* tricolore *(m).*
tricot [tʀiko] *nm* lavoro a maglia; *(tissu)* maglia; *(vêtement)* pullover *m inv,* golf *m inv;* **tricoter** *vt* lavorare a maglia; **machine à tricoter** macchina per maglieria; **aiguille à tricoter** ferro da calza.
tricycle [tʀisikl(ə)] *nm* triciclo.
triennal, e, aux [tʀiɛnal, o] *a* triennale.
trier [tʀije] *vt* fare la cernita di, selezionare; *(courrier, wagons, personnes)* smistare; *(graines)* mondare.
trigonométrie [tʀigɔnɔmetʀi] *nf* trigonometria.
trimbaler [tʀɛ̃bale] *vt (fam)* tirarsi dietro; *(: qn: en voiture)* scarrozzare.
trimer [tʀime] *vi (fam)* sgobbare, sfacchinare.
trimestre [tʀimɛstʀ(ə)] *nm* trimestre *m;* **trimestriel, le** *a* trimestrale.
tringle [tʀɛ̃gl(ə)] *nf* asta; *(à rideaux)* asta, riloga.
trinquer [tʀɛ̃ke] *vi (fam)* brindare; *(: boire)* trincare.
trio [tʀijo] *nm* trio; *(groupe)* terzetto, trio.
triomphal, e, aux [tʀijɔ̃fal, o] *a* trionfale.
triomphant, e [tʀijɔ̃fɑ̃, ɑ̃t] *a* trionfante.
triomphe [tʀijɔ̃f] *nm* trionfo.
triompher [tʀijɔ̃fe] *vi* trionfare; ~ **de qn** trionfare su qd; ~ **de qch** vincere *ou* superare qc.
triparti, e [tʀipaʀti] *ou* **tripartite** [tʀipaʀtit] *a* tripartito(a).
tripes [tʀip] *nfpl* trippa *sg; (fam)* budella *fpl.*
triple [tʀipl(ə)] *a* triplice; *(saut)* triplo // *nm* triplo; **au ~ galop** *(fig)* di gran carriera.
tripler [tʀiple] *vi* triplicarsi // *vt* triplicare.
tripot [tʀipo] *nm (péj)* bisca.
tripoter [tʀipɔte] *vt (sa barbe)* tormentarsi; *(argent)* maneggiare // *vi* frugare.
trique [tʀik] *nf (fam)* randello.
triste [tʀist(ə)] *a* triste; **une ~ affaire** *(péj)* una brutta faccenda; **tristesse** *nf* tristezza.
triturer [tʀityʀe] *vt* triturare, macinare; **se ~ les méninges** *(fam)* spremersi le meningi.
trivial, e, aux [tʀivjal, o] *a* triviale.
troc [tʀɔk] *nm* baratto, scambio.
trognon [tʀɔɲɔ̃] *nm* torsolo.
trois [tʀwɑ] *num* tre.
troisième [tʀwazjɛm] *num* terzo(a); **troisièmement** *ad* in terzo luogo.
trolleybus [tʀɔlɛbys] *nm* filobus *m inv.*
trombe [tʀɔ̃b] *nf* tromba; **en ~** *(arriver, passer)* come un razzo *ou* un turbine.
trombone [tʀɔ̃bɔn] *nm* trombone *m; (de bureau)* clip *f inv.*
trompe [tʀɔ̃p] *nf* proboscide *f;* (*MUS*) corno; (*ANAT*) tromba.
tromper [tʀɔ̃pe] *vt* imbrogliare, ingannare; *(femme, mari)* tradire; *(fig: espoir, attente)* deludere;

(vigilance) sfuggire a; **se** ~ *vr* sbagliare *ou* sbagliarsi; **se** ~ **de voiture/jour** sbagliare macchina/giorno; **tromperie** *nf* inganno, raggiro.

trompette [tRɔ̃pɛt] *nf* tromba; **en** ~ *(nez)* all'insù.

trompeur, euse [tRɔ̃pœR, øz] *a* ingannevole.

tronc [tRɔ̃] *nm* tronco; *(d'église)* cassetta delle elemosine; ~ **commun** (SCOL) *insegnamento unificato durante i primi anni di scuola media inferiore e superiore.*

tronche [tRɔ̃ʃ] *nf (fam)* faccia, muso.

tronçon [tRɔ̃sɔ̃] *nm* tronco, tratto.

tronçonner [tRɔ̃sɔne] *vt* tagliare a pezzi; **tronçonneuse** *nf* motosega.

trône [tRon] *nm* trono.

trôner [tRone] *vi (fig)* troneggiare.

tronquer [tRɔ̃ke] *vt (fig)* mutilare.

trop [tRo] *ad* troppo; ~ **(nombreux/nombreuses)** troppi/e; ~ **peu (nombreux/nombreuses)** troppo pochi/e; ~ **(souvent/longtemps)** troppo (spesso/ a lungo); ~ **de** troppo(a) *a;* **de** ~, **en** ~ in più, di troppo.

trophée [tRɔfe] *nm* trofeo.

tropical, e, aux [tRɔpikal, o] *a* tropicale.

tropique [tRɔpik] *nm* tropico; **les** ~**s** i tropici.

trop-plein [tRoplɛ̃] *nm* sovrabbondanza, eccedenza; *(tuyau)* sfioratore *m.*

troquer [tRɔke] *vt:* ~ **qch contre qch** barattare *ou* scambiare qc con qc; *(fig)* cambiare qc con qc.

trot [tRo] *nm* trotto; **aller au** ~ *(fig)* andare di corsa; **au** ~**!** *(fig)* alla svelta!; **trotter** *vi* trottare; *(fig)* correre.

trotteuse [tRɔtøz] *nf* lancetta dei secondi.

trottiner [tRɔtine] *vi* trotterellare.

trottinette [tRɔtinɛt] *nf* monopattino.

trottoir [tRɔtwaR] *nm* marciapiede *m;* **faire le** ~ *(péj)* battere il marciapiede; ~ **roulant** piattaforma mobile.

trou [tRu] *nm* buco, foro; *(de golf, de souffleur, de route)* buca; ~ **de mémoire/d'air** vuoto di memoria/d'aria.

troublant, e [tRublɑ̃, ɑ̃t] *a* sconcertante; *(inquiétant)* preoccupante; *(beauté)* conturbante.

trouble [tRubl(ə)] *a* torbido(a); *(image, mémoire)* confuso(a) // *nm* scompiglio; *(émotion)* turbamento; ~**s** *mpl* (POL: *manifestations)* disordini *mpl;* (MED) disturbi *mpl;* (PSYCH) turbe *fpl.*

trouble-fête [tRubləfɛt] *nm/f inv* guastafeste *m/f inv.*

troubler [tRuble] *vt* turbare; *(liquide)* intorbidire; *(vue)* annebbiare, offuscare; **se** ~ *vr* turbarsi; *(à un examen)* emozionarsi, confondersi; *(liquide)* intorbidirsi; *(vue)* annebbiarsi.

troué, e [tRue] *a* bucato(a) // *nf* varco; (GEOGR) passo.

trouer [tRue] *vt* bucare; *(fig: percer: silence)* squarciare.

trouille [tRuj] *nf (fam)* fifa.

troupe [tRup] *nf* truppa; *(groupe)* gruppo, schiera; ~ **(de théâtre)** compagnia (teatrale).

troupeau, x [tRupo] *nm* mandria; *(de moutons)* gregge *m.*

trousse [tRus] *nf* borsa; *(d'écolier)* astuccio; **aux** ~**s de** *(fig)* alle calcagna di; ~ **de toilette/voyage** nécessaire *m inv* da toeletta/da viaggio.

trousseau, x [tRuso] *nm* corredo; ~ **de clefs** mazzo di chiavi.

trouvaille [tRuvɑj] *nf* trovata; *(de qch qui existe)* scoperta.

trouver [tRuve] *vt* trovare; ~ **à boire/critiquer** trovare da bere/da criticare; **se** ~ *vr* trovarsi; *(être: personne)* essere; **elle se trouve être/avoir...** il caso vuole che lei sia/abbia... // *vb impersonnel:* **il se trouve que** si dà il caso che (*+subjonctif*); **si ça se trouve** (*fam*) forse, magari.

truand [tʀyɑ̃] *nm* malvivente *m*.

truc [tʀyk] *nm* trucco; (*chose, machin*) coso, aggeggio.

truchement [tʀyʃmɑ̃] *nm:* **par le ~ de qn** tramite qd.

truculent, e [tʀykylɑ̃, ɑ̃t] *a* pittoresco(a).

truelle [tʀyɛl] *nf* cazzuola.

truffe [tʀyf] *nf* tartufo; (*nez du chien*) naso del cane.

truffé, e [tʀyfe] *a* tartufato(a); **~ de** (*fig*) pieno di.

truie [tʀɥi] *nf* scrofa.

truite [tʀɥit] *nf* trota.

truquage [tʀykaʒ] *nm* trucco.

truquer [tʀyke] *vt* truccare.

trust [tʀœst] *nm* trust *m*.

tsar [dzaʀ] *nm* zar *m inv*.

tsé-tsé [tsetse] *nf:* **mouche ~** mosca tse-tse.

tsigane [tsigan] *a, nm/f* = **tzigane.**

T.S.V.P. (*abr de tournez s'il vous plaît*) v.r.

T.T.C. (*abr de toutes taxes comprises*) ≈ IVA inclusa.

tu [ty] *pron* tu; N.B.: *en italien 'tu' ne se traduit pratiquement jamais.*

tu, e [ty] *pp de* **taire.**

tuba [tyba] *nm* (MUS) tuba; (SPORT) boccaglio.

tube [tyb] *nm* tubo; (*emballage: d'aspirine, de dentifrice, etc*) tubetto; (*fam: chanson, disque*) successo.

tuberculeux, euse [tybɛʀkylø, øz] *a, nm/f* tubercoloso(a).

tuberculose [tybɛʀkyloz] *nf* tubercolosi *f inv*.

tubulaire [tybylɛʀ] *a* tubolare.

tubulure [tybylyʀ] *nf* tubo, tubazione *f*.

tué [tɥe] *nm* morto.

tuer [tɥe] *vt* uccidere, ammazzare; **se ~** *vr* morire; (*se suicider*) uccidersi; **se ~ au travail** (*fig*) ammazzarsi di lavoro; **tuerie** *nf* massacro, carneficina.

tue-tête [tytɛt]: **à ~** *ad* a squarciagola.

tueur [tɥœʀ] *nm* assassino.

tuile [tɥil] *nf* tegola; (*fam*) guaio.

tulipe [tylip] *nf* tulipano.

tulle [tyl] *nm* tulle *m inv*.

tuméfié, e [tymefje] *a* tumefatto(a).

tumeur [tymœʀ] *nf* tumore *m*.

tumulte [tymylt(ə)] *nm* tumulto.

tunique [tynik] *nf* tunica.

Tunisie [tynizi] *nf* Tunisia; **tunisien, ne** *a, nm/f* tunisino(a).

tunnel [tynɛl] *nm* tunnel *m inv*, galleria.

turban [tyʀbɑ̃] *nm* turbante *m*.

turbine [tyʀbin] *nf* turbina.

turboréacteur [tyʀbɔʀeaktœʀ] *nm* turboreattore *m*.

turbulence [tyʀbylɑ̃s] *nf* turbolenza.

turbulent, e [tyʀbylɑ̃, ɑ̃t] *a* turbolento(a).

turc, turque [tyʀk(ə)] *a, nm/f* turco(a).

turf [tyʀf] *nm* ippodromo; (*courses de chevaux*) ippica; **turfiste** *nm/f* appassionato/a di ippica.

turpitudes [tyʀpityd] *nfpl* bassezze *fpl*.

turque [tyʀk] *a, nf voir* **turc.**

turquoise [tyʀkwaz] *a inv, nm* turchese *m* // *nf* (*pierre*) turchese *f*.

tutelle [tytɛl] *nf* tutela; (*d'un territoire*) amministrazione *f*.

tuteur [tytœʀ] *nm* tutore *m*.

tutoyer [tytwaje] *vt:* **~ qn** dare del tu a qd.

tuyau, x [tɥijo] *nm* tubo; (*fam: conseil*) buon consiglio; (*: renseignement*) informazione *f* confidenziale; **~ de pipe** cannello della pipa; **~ d'orgue/de cheminée** canna d'organo/fumaria; **tuyauterie** *nf* tubature *fpl*; (*d'orgue*) canne *fpl*.

tuyère [tɥijɛʀ] *nf* ugello.

T.V.A. *abr f voir* **taxe.**

tympan [tɛ̃pɑ̃] *nm* timpano.
type [tip] *nm* tipo // *a inv* tipo *inv*; **avoir le ~ nordique** *(race)* essere un tipo nordico.
typhoïde [tifɔid] *nf* tifoidea.
typhus [tifys] *nm* tifo.
typique [tipik] *a* tipico(a).
typographe [tipɔgʀaf] *nm* tipografo.
typographie [tipɔgʀafi] *nf* tipografia.
tyran [tiʀɑ̃] *nm* tiranno.
tyrannie [tiʀani] *nf* tirannia.
tyranniser [tiʀanize] *vt* tiranneggiare.
tzigane [dzigan] *a, nm/f* zigano(a).

U

ubiquité [ybikɥite] *nf* ubiquità *f inv*.
ulcère [ylsɛʀ] *nf* ulcera.
ulcérer [ylseʀe] *vt* ulcerare; *(fig)* esacerbare.
ultérieur, e [ylteʀjœʀ] *a* ulteriore.
ultime [yltim] *a* finale.
ultra [yltʀa] *nm* reazionario, estremista *m*; **~-** *préf* ultra; **~-moderne** *a* ultramoderno(a) *ou* modernissimo(a); **~son** *nm* ultrasuono.
un, une [œ̃, yn] *dét, num, pron* un(uno) *m*, una *f*; **les ~s et les autres** gli uni e gli altri; **les ~s les autres** l'un l'altro; **~ par ~** uno ad uno; **ne faire qu'~** fare tutt'uno; **c'est l'~ des meilleurs** è uno dei migliori; **pas ~ seul** neanche uno.
unanime [ynanim] *a* unanime; **unanimité** *nf* unanimità *f inv*.
UNESCO *sigle f* UNESCO.
uni, e [yni] *a* unito(a); **étoffe ~e** stoffa in tinta unita.
unification [ynifikɑsjɔ̃] *nf* unificazione *f*.
unifier [ynifje] *vt* unificare.
uniforme [ynifɔʀm(ə)] *a* uniforme; *(monotone)* piatto(a); *(pareil)* simile // *nm* uniforme *f*, divisa; **endosser l'~** *(fig)* entrare nella carriera militare; **uniformiser** *vt* uniformare; *(normaliser)* normalizzare; **uniformité** *nf* uniformità *f inv*.
unilatéral, e, aux [ynilateʀal, o] *a* unilaterale; **stationnement ~** (*AUTO*) sosta consentita su un solo lato della strada.
union [ynjɔ̃] *nf* unione *f*; **~ de consommateurs** associazione *f* di consumatori; **l'U~ Soviétique** l'Unione Sovietica.
unique [ynik] *a* unico(a).
unir [yniʀ] *vt* unire; **s'~** *vr* unirsi.
unisson [ynisɔ̃]: **à l'~** *ad* all'unisono.
unitaire [ynitɛʀ] *a* unitario(a).
unité [ynite] *nf* unità *f inv*; *(pièce)* pezzo; **~ de vues** identità *f inv* di vedute.
univers [ynivɛʀ] *nm* universo; **universel, le** *a* universale.
universitaire [ynivɛʀsitɛʀ] *a* universitario(a) // *nm/f* docente *m/f* (universitario(a)).
université [ynivɛʀsite] *nf* università *f inv*.
uranium [yʀanjɔm] *nm* uranio.
urbain, e [yʀbɛ̃, ɛn] *a* urbano(a).
urbaniser [yʀbanize] *vt* urbanizzare; **urbanisme** *nm* urbanistica.
urgence [yʀʒɑ̃s] *nf* urgenza; (*MED: accidenté*) caso urgente; **mesures d'~** misure *fpl* di emergenza; **en cas d'~** in caso di emergenza; **service des ~s** (*MED*) (servizio di) pronto soccorso.
urgent e [yʀʒɑ̃,ɑ̃t] *a* urgente.
urinal, aux [yʀinal, o] *nm* pappagallo.
urine [yʀin] *nm* urina; **uriner** *vi* orinare, urinare.
urne [y ʀn(ə)] *nf* urna.
U.R.S.S. *sigle f*: **l' ~** l' URSS *f*.
urticaire [yʀtikɛʀ] *nf* orticaria.
U.S.A. *sigle mpl*: **les ~** gli USA *mpl*.
usage [yzaʒ] *nm* uso; *(coutume)* uso, usanza; **~s** *pl* abitudini *fpl*; **à l'~** *ad*

con l'uso; **à l'~ de** *(pour)* ad uso di; **en** ~ in uso; **hors d'**~ fuori uso; **à ~ interne/externe** (*MED*) per uso interno/esterno.
usagé, e [yzaʒe] *a* usato(a).
usager, ère [yzaʒe, ɛʀ] *nm/f* utente *m/f*.
usé, e [yze] *a* consunto(a), logoro(a); *(personne: affaibli)* malandato(a); **eaux ~es** scarichi *mpl*.
user [yze] *vt* consumare, logorare; *(santé, personne)* rovinare; **s'~** *vr* logorarsi; ~ **de** *(droit, moyen)* avvalersi di.
usine [yzin] *nf* fabbrica, stabilimento.
usiner [yzine] *vt* lavorare.
usité, e [yzite] *a* usato(a), in uso *loc inv*.
ustensile [ystɑ̃sil] *nm* utensile *m*; ~ **de cuisine** utensile *m* da cucina.
usuel, le [yzɥɛl] *a* usuale.
usufruit [yzyfʀɥi] *nm* usufrutto.
usure [yzyʀ] *nf* usura, logoramento; *(de l'usurier)* usura; **avoir qn à l'~** *(fig)* aver la meglio su qd a poco a poco; **usurier, ière** *nm/f* usuraio/a.
usurpateur, trice [yzyʀpatœʀ, tʀis] *nm/f* usurpatore/trice.
usurper [yzyʀpe] *vt* usurpare.
ut [yt] *nm* do *m inv*.
utérus [yteʀys] *nm* utero; **utérin, e** *a* uterino(a).
utile [ytil] *a* utile; **en temps ~** in tempo utile.
utilisation [ytilizɑsjɔ̃] *nf* utilizzazione *f*.
utiliser [ytilize] *vt* utilizzare.
utilitaire [ytilitɛʀ] *a* utilitario(a); *(véhicule)* industriale.
utilité [ytilite] *nf* utilità *f inv*; **~s** *fpl* (*THEATRE, fig*) parti *fpl* secondarie.
utopie [ytɔpi] *nf* utopia: **utopique** *a* utopistico(a).
uvule [yvyl] *nf* ugola.

V

vacance [vakɑ̃s] *nf* vacanza, posto vacante; **~s** *fpl* vacanze *fpl*; *(pour les travailleurs)* ferie *fpl*; **les grandes ~s** le vacanze *ou* le ferie estive; **prendre ses ~s (en juin)** prendersi le ferie (in giugno); **aller en ~s** andare in vacanza; **vacancier, ère** *nm/f* villeggiante *m/f*.
vacant, e [vakɑ̃, ɑ̃t] *a* vacante; *(appartement)* vuoto, libero.
vacarme [vakaʀm(ə)] *nm* chiasso, baccano.
vaccin [vaksɛ̃] *nm* vaccino; **vaccination** *nf* vaccinazione *f*; **vacciner** *vt* vaccinare.
vache [vaʃ] *nf* vacca, mucca; *(fam: méchant)* carogna // *a (fam: sévère)* duro(a), cattivo(a); **manger de la ~ enragée** *(fig)* far vita di stenti; ~ **à eau** ghirba; **vachement** *ad (fam: très)* maledettamente, terribilmente; **vacherie** *nf (fam)* carognata.
vacherin [vaʃʀɛ̃] *nm formaggio simile al gruviera*; ~ **glacé** *(gâteau)* meringata.
vaciller [vasije] *vi* vacillare.
vadrouille [vadʀuj] *nf*: **être/partir en ~** *(fam)* essere/andare a zonzo; **vadrouiller** *vi* bighellonare, andare a zonzo.
va-et-vient [vaevjɛ̃] *nm inv* viavai *m*; (*NAUT*) va e vieni *m*; *(de personnes, véhicules)* andirivieni *m*, viavai *m*.
vagabond, e [vagabɔ̃, ɔ̃d] *a* vagabondo(a) // *nm* vagabondo.
vagabondage [vagabɔ̃daʒ] *nm* vagabondaggio.
vagabonder [vagabɔ̃de] *vi* vagabondare, errare.
vagin [vaʒɛ̃] *nm* vagina.
vagissement [vaʒismɑ̃] *nm* vagito.
vague [vag] *nf* onda; *(fig)* ondata // *a* vago(a), impreciso(a) // *nm* vago; ~ **à l'âme** *nm* malinconia.
vaillant, e [vajɑ̃, ɑ̃t] *a* coraggioso(a); *(en bonne santé)* vigo-

roso(a).
vain, e [vɛ̃, vɛn] *a* vano (a); **en ~** *ad* invano.
vaincre [vɛ̃kʀ(ə)] *vt* vincere; (*MIL, SPORT*) sconfiggere; **vaincu, e** *nm/f* sconfitto/a; **vainqueur** *nm* vincitore *m*.
vaisseau [vɛso] *nm* vascello; (*ANAT*) vaso; **~ spatial** astronave *f*.
vaisselier [vɛsəlje] *nm* credenza.
vaisselle [vɛsɛl] *nf* stoviglie *fpl;* **faire la ~** lavare i piatti.
val, vaux *ou* **vals** [val, vo] *nm:* **le V~ d'Aoste** la Valle d'Aosta; **par monts et par vaux** *(fig)* per mari e monti.
valable [valabl(ə)] *a* valido(a).
valet [valɛ] *nm* servitore *m*, cameriere *m;* (*CARTES*) fante *m;* **~ de chambre** cameriere *m;* **~ d'écurie** garzone *m* di stalla.
valeur [valœʀ] *nf* valore *m;* **mettre en ~** *(fig)* valorizzare; **avoir/prendre de la ~** avere/acquistare valore; **~s mobilières** valori *o* titoli mobiliari; **valeureux, euse** *a* valoroso(a).
valide [valid] *a* valido(a).
valider [valide] *vt* convalidare.
validité [validite] *nf* validità *f inv*.
valise [valiz] *nf* valigia.
vallée [vale] *nf* valle *f*, vallata.
vallon [valɔ̃] *nm* valletta, vallone *m;* **vallonné, e** *a* ondulato(a), collinoso(a).
valoir [valwaʀ] *vi* valere; *(coûter)* costare; *(mériter)* meritare // *vt* valere, procurare // *vb impersonnel:* **il vaut mieux** è meglio; **se ~** *vr* equivalersi; **vaille que vaille** bene o male; **qu'est-ce qui nous vaut l'honneur de ta visite?** a cosa dobbiamo la tua visita?.
valoriser [valɔʀize] *vt* valorizzare.
valse [vals(ə)] *nf* valzer *m;* **valser** *vi* ballare il valzer.
valve [valv(ə)] *nf* valva; (*TECH*) valvola.
vandale [vɑ̃dal] *nm* vandalo; **vandalisme** *nm* vandalismo.
vanille [vanij] *nf* vaniglia.
vanité [vanite] *nf* vanità *f inv;* **vaniteux, euse** *a* vanitoso(a).
vanne [van] *nf* chiusa; (*TECH*) saracinesca.
vanneau [vano] *nm* pavoncella.
vanner [vane] *vt* ventilare.
vannerie [vanʀi] *nf* articoli *mpl* di vimini; *(artisanat)* artigianato del vimine.
vantard, e [vɑ̃taʀ, aʀd(ə)] *a* fanfarone (a), sbruffone (a); **vantardise** *nf* vanteria.
vanter [vɑ̃te] *vt* vantare; **se ~** *vr* vantarsi.
va-nu-pieds [vanypje] *nm inv* pezzente *m*, straccione *m*.
vapeur [vapœʀ] *nf* vapore *m;* **les ~s du vin** i fumi del vino.
vaporeux, euse [vapɔʀø, øz] *a* vaporoso(a).
vaporisateur [vapɔʀizatœʀ] *nm* spruzzatore *m*, nebulizzatore *m*.
vaporiser [vapɔʀize] *vt* spruzzare.
vaquer [vake] *vi:* **~ à ses occupations** attendere alle proprie faccende.
varappe [vaʀap] *nf:* **faire de la ~** fare roccia.
vareuse [vaʀøz] *nf* camiciotto, casacca; *(d'uniforme)* giacca.
variable [vaʀjabl(ə)] *a, nf* variabile *(f)*.
variant [vaʀjɑ̃t] *nf* variante *f*.
variation [vaʀjɑsjɔ̃] *nf* variazione *f;* *(changement)* cambiamento.
varice [vaʀis] *nf* varice *f*.
varicelle [vaʀisɛl] *nf* varicella *f*.
varié, e [vaʀje] *a* vario(a); **hors d'œuvre ~s** antipasti assortiti.
varier [vaʀje] *vi* variare; *(différer d'opinion)* divergere // *vt* variare.
variété [vaʀjete] *nf* varietà *f inv;* **~s** *fpl (spectacle)* varietà *m sg*.
variole [vaʀjɔl] *nf* vaiolo.
variqueux, euse [vaʀikø, øz] *a* varicoso(a).
vase [vɑz] *nm* vaso // *nf* melma.

vaseline [vazlin] *nf* vaselina.
vaseux, euse [vɑzø, øz] *a* melmoso(a); *(fig: confus: raisonnement)* fumoso(a), confuso(a); *(fig: fatigué, mal fichu)* fiacco(a), giù di corda *loc inv*.
vassal, e, aux [vasal, o] *nm* vassallo.
vaste [vast(ə)] *a* vasto(a).
vaticiner [vatisine] *vi* vaticinare.
vaurien, ne [voʀjɛ̃, ɛn] *nm/f* mascalzone/a, poco di buono *loc m/f inv*.
vautour [votuʀ] *nm* avvoltoio.
vautrer [votʀe]: **se ~** *vr (dans la boue)* rotolarsi; *(dans un divan)* sprofondarsi; **se ~ dans le vice** *(fig)* abbandonarsi al vizio.
vaux [vo] *nmpl voir* **val.**
veau [vo] *nm* vitello.
vecteur [vɛktœʀ] *nm* vettore *m*.
vécu, e [veky] *pp de* **vivre** // *a* vissuto(a).
vedette [vədɛt] *nf* divo/a; *(fig: personnalité)* esponente *m/f* di primo piano; (NAUT) motovedetta; **mettre en ~** mettere in risalto.
végétal, e, aux [veʒetal, o] *a, nm* vegetale *(m)*.
végétarien, ne [veʒetaʀjɛ̃, ɛn] *a, nm/f* vegetariano(a).
végétation [veʒetɑsjɔ̃] *nf* vegetazione *f*; **~s** *fpl* (MED) adenoidi *fpl*.
végéter [veʒete] *vi* vegetare.
véhément, e [veemɑ̃, ɑ̃t] *a* veemente.
véhicule [veikyl] *nm* veicolo.
veille [vɛj] *nf* veglia; *(jour précédent)* vigilia; **l'avant-~** l'antivigilia.
veillée [veje] *nf* serata; *(periode passée à veiller: malade, etc)* veglia.
veiller [veje] *vi, vt* vegliare; **~ à** badare a; **~ sur** stare attento a, aver cura di; **veilleur** *nm*: **veilleur de nuit** guardia notturna; *(d'hôtel)* portiere *m* di notte; **veilleuse** *nf* lumino da notte; *(flamme)* fiammella di sicurezza; **veilleuses** *nfpl* (AUTO) luci *fpl* di posizione; **en veilleuse** *(lampe)* con la luce bassa; *(fig: affaire)* a rilento.
veinard, e [vɛnaʀ, aʀd(ə)] *a, nm/f* fortunato(a).
veine [vɛn] *nf* vena; *(du bois, marbre, etc)* venatura; *(fam: chance)* fortuna; **veiné, e** *a* venato(a); **veineux, euse** *a* venoso(a).
vêler [vele] figliare.
vélin [velɛ̃] *a, nm*: **(papier) ~** (carta) velina.
velléitaire [veleitɛʀ] *a* velleitario(a).
velléités [veleite] *nfpl* velleità *fpl*.
vélo [velo] *nm (fam)* bici(cletta) *f*; **faire du ~** andare in bicicletta.
vélocité [velɔsite] *nf* agilità *f inv*.
vélodrome [velɔdʀɔm] *nm* velodromo.
vélomoteur [velɔmɔtœʀ] *nm* ciclomotore *m*, motorino.
velours [v(ə)luʀ] *nm* velluto; **~ côtelé** velluto a coste.
velouté, e [vəlute] *a* vellutato(a); *(à la vue: lumière, couleurs)* morbido(a) // *nm* (CULIN) crema.
velu, e [vəly] *a* villoso(a).
venaison [vənɛzɔ̃] *nf* selvaggina, cacciagione *f*.
vénal, e, aux [venal, o] *a* venale.
vendange [vɑ̃dɑ̃ʒ] *nf*: **~(s)** vendemmia; **vendanger** *vi, vt* vendemmiare; **vendangeur, euse** *nm/f* vendemmiatore/trice.
vendeur, euse [vɑ̃dœʀ, øz] *nm/f* venditore/trice; *(dans un magasin)* commesso/a; **~ de journaux** strillone *m*.
vendre [vɑ̃dʀ(ə)] *vt* vendere; **'à ~'** 'in vendita'.
vendredi [vɑ̃dʀədi] *nm* venerdì *m inv*.
vénéneux, euse [venenø, øz] *a* velenoso(a).
vénérable [veneʀabl(ə)] *a* venerabile, venerando(a).
vénération [veneʀɑsjɔ̃] *nf*

venerazione *f*.
vénérer [venere] *vt* venerare.
vénérien, ne [venerjɛ̃, ɛn] *a* venereo(a).
vengeance [vɑ̃ʒɑ̃s] *nf* vendetta.
venger [vɑ̃ʒe] *vt* vendicare; **se** ~ *vr* vendicarsi; **vengeur, eresse** *a, nm/f* vendicatore(trice).
véniel, le [venjɛl] *a* veniale.
venimeux, euse [vənimø, øz] *a* velenoso(a).
venin [vənɛ̃] *nm* veleno.
venir [v(ə)niʀ] *vi* venire; *(suj: saison, maladie, etc)* arrivare // *vb impersonnel:* **il me vient une idee/des soupçons** mi viene un'idea/mi vengono dei sospetti; ~ **de** *(lieu)* venire da; *(cause)* derivare da; **je viens de le voir** l'ho appena visto; **j'en viens à croire que** comincio a credere che; **en** ~ **aux mains** venire alle mani; **voir** ~ *(fig)* stare a guardare; **je te vois** ~ *(fam)* so già dove vuoi arrivare.
vent [vɑ̃] *nm* vento; **c'est du** ~ *(fig)* sono tutte chiacchiere; **au** ~ (*NAUT*) sopravvento; **sous le** ~ (*NAUT*) sottovento; **(être) dans le** ~ *(fam)* (essere) alla moda.
vente [vɑ̃t] *nf* vendita; ~ **aux enchères** vendita all'asta; ~ **de charité** fiera di beneficenza.
venter [vɑ̃te] *vb impersonnel:* **il vente** tira vento; **venteux, euse** *a* ventoso(a).
ventilateur [vɑ̃tilatœʀ] *nm* ventilatore *m*.
ventilation [vɑ̃tilɑsjɔ̃] *nf* ventilazione *f*; (*FIN*) ripartizione *f*.
ventiler [vɑ̃tile] *vt* aerare, ventilare; (*FIN*) ripartire.
ventouse [vɑ̃tuz] *nf* ventosa.
ventre [vɑ̃tʀ(ə)] *nm* ventre *m*, pancia; **avoir/prendre du** ~ avere la/metter su pancia; **mal au** ~ mal di pancia.
ventricule [vɑ̃tʀikyl] *nm* ventricolo.
ventriloque [vɑ̃tʀilɔk] *a, nm/f* ventriloquo(a).
ventru, e [vɑ̃tʀy] *a* panciuto(a).
venu, e [v(ə)ny] *a:* **mal/bien** ~ *(plante, etc)* mal/ben sviluppato; *(chose)* mal/ben riuscito // *nm* venuto // *nf* venuta.
vêpres [vɛpʀ(ə)] *nfpl* vespro *msg*, vespri *mpl*.
ver [vɛʀ] *nm* verme *m*; *(larve)* larva; ~ **à soie** baco da seta; ~ **de terre** lombrico; ~ **luisant** lucciola.
véracité [veʀasite] *nf* veridicità *f inv*.
véranda [veʀɑ̃da] *nf* veranda.
verbal, e, aux [vɛʀbal, o] *a* verbale.
verbaliser [vɛʀbalize] *vi* redigere un verbale.
verbe [vɛʀb(ə)] *nm* verbo.
verdâtre [vɛʀdɑtʀ(ə)] *a* verdastro(a).
verdeur [vɛʀdœʀ] *nf* asprezza; *(vigueur)* vigore *m*.
verdict [vɛʀdik(t)] *nm* verdetto.
verdir [vɛʀdiʀ] *vi* diventare verde; *(végétaux: se couvrir de feuilles)* rinverdire // *vt* colorare di verde.
verdoyant, e [vɛʀdwajɑ̃, ɑ̃t] *a* verdeggiante.
verdure [vɛʀdyʀ] *nf* vegetazione *f*, verde *m*.
véreux, euse [veʀø, øz] *a* bacato(a); *(malhonnête)* disonesto(a), losco(a).
verge [vɛʀʒ(ə)] *nf* verga.
verger [vɛʀʒe] *nm* frutteto.
vergeture [vɛʀʒətyʀ] *nf* smagliatura.
verglacé, e [vɛʀglase] *a* coperto (a) di ghiaccio.
verglas [vɛʀgla] *nm* ghiaccio.
vergogne [vɛʀgɔɲ]: **sans** ~ *ad* spudoratamente.
véridique [veʀidik] *a* veridico(a), veritiero(a).
vérification [veʀifikɑsjɔ̃] *nf* verifica; *(confirmation)* conferma.
vérifier [veʀifje] *vt* verificare, controllare; *(suj: chose: prouver)* con-

fermare; **se** ~ *vr* avverarsi.
véritable [veritabl(ə)] *a* vero(a); **un ~ désastre/miracle** un vero e proprio disastro/miracolo.
vérité [verite] *nf* verità *f inv; (réalité)* realtà *f inv; (exactitude)* esattezza; *(d'un portrait)* verosimiglianza.
vermeil, le [vɛrmɛj] *a* vermiglio(a) // *nm* vermeil *m.*
vermicelles [vɛrmisɛl] *nmpl* capelli *mpl* d'angelo.
vermifuge [vɛrmifyʒ] *nm* vermifugo.
vermine [vɛrmin] *nf* parassiti *mpl; (fig: racaille)* canaglia.
vermoulu, e [vɛrmuly] *a* tarlato(a).
vermout(h) [vɛrmut] *nm* vermut *m inv.*
verni, e [vɛrni] *a* verniciato(a); *(fam: veinard)* fortunato(a); **cuir ~** vernice *f.*
vernir [vɛrnir] *vt* verniciare.
vernis [vɛrni] *nm* vernice *f;* **~ à ongles** smalto per le unghie.
vernissage [vɛrnisaʒ] *nm (d'une exposition)* vernissage *m.*
vérole [verɔl] *nf (aussi* **petite** ~*)* vaiolo; *(fam: syphilis)* sifilide *f.*
verre [vɛr] *nm (substance)* vetro; *(récipient)* bicchiere *m; (de lunettes)* lente *f;* **boire** *ou* **prendre un ~** bere qualcosa *ou* un bicchierino; **~s de contact** lenti *fpl* a contatto; **verrerie** *nf* vetreria; *(fabrication)* arte *f* vetraria; *(objets)* oggetti *mpl* di vetro; **verrière** *nf* vetrata; (*AVIAT*) tettuccio trasparente.
verrou [vɛru] *nm* chiavistello, catenaccio; (*MIL: obstacle)* sbarramento; (*FOOTBALL*) catenaccio; **être sous les ~s** *(fam)* essere dentro; **mettre qn sous les ~** *(fam)* mettere dentro qd; **verrouiller** *vt* chiudere col chiavistello; (*MIL: brèche)* chiudere, sbarrare; **se verrouiller** *vr* chiudersi dentro.
verrue [vɛry] *nf* verruca.
vers [vɛr] *nm, prép* verso.
versant [vɛrsɑ̃] *nm* versante *m.*
versatile [vɛrsatil] *a* volubile.
verse [vɛrs(ə)]: **à ~** *ad* a dirotto, a catinelle.
Verseau [vɛrso] *nm* Acquario.
versement [vɛrsəmɑ̃] *nm* versamento.
verser [vɛrse] *vt* versare // *vi* rovesciarsi; *(fig)*: **~ dans** scivolare verso.
verset [vɛrsɛ] *nm* versetto.
verseur [vɛrsœr] *am voir* **bec.**
version [vɛrsj] *nf* versione *f;* (*SCOL: traduction)* traduzione *f (nella propria lingua).*
verso [vɛrso] *nm:* **voir au ~** vedi a tergo.
vert, e [vɛr, vɛrt(ə)] *a* verde; *(personne: vigoureux)* in gamba *loc inv; (âpre: langage, propos)* crudo(a), aspro(a) // *nm (couleur)* verde *m;* **~ de peur** verde di paura; **en voir/dire de ~es** vederne/dirne di cotte e di crude; **se mettre au ~** *(fig: fam)* andare a riposarsi in campagna; **~-de-gris** *nm* verderame *m inv* // *a inv* grigioverde.
vertébral, e [vɛrtebral] *a* vertebrale.
vertèbre [vɛrtɛbr(ə)] *nf* vertebra; **vertébré, e** *a, nm/f* vertebrato(a).
vertical, e, aux [vɛrtikal, o] *a, nf* verticale *(f).*
vertige [vɛrtiʒ] *nm* vertigini *fpl;* **vertigineux, euse** *a* vertiginoso(a).
vertu [vɛrty] *nf* virtù *f inv;* **avoir la ~ de** *(avoir pour effet)* avere la proprietà di; **en ~ de** *prép* in nome di; **vertueux, euse** *a* virtuoso(a).
verve [vɛrv(ə)] *nf* brio, verve *f;* **être en ~** essere in vena.
verveine [vɛrvɛn] *nf* verbena.
vésicule [vezikyl] *nf* vescicola, vescichetta; **~ biliaire** cistifellea.
vespasienne [vɛspazjɛn] *nf* vespasiano.
vessie [vesi] *nf* vescica; **prendre des ~s pour des lanternes** *(fam)*

prendere lucciole per lanterne.
veste [vɛst(ə)] *nf* giacca; ~ **droite/croisée** giacca a un petto/a doppio petto; **retourner sa** ~ *(fig)* voltare gabbana.
vestiaire [vɛstjɛʀ] *nm* guardaroba *m inv; (de stade, etc)* spogliatoio.
vestibule [vɛstibyl] *nm* anticamera, entrata.
vestiges [vɛstiʒ] *nmpl* vestigia *fpl.*
vestimentaire [vɛstimɑ̃tɛʀ] *a* dell' *ou* per l'abbigliamento *loc inv.*
veston [vɛstɔ̃] *nm* giacca.
vêtement [vɛtmɑ̃] *nm* vestito, abito; *(industrie)* abbigliamento.
vétéran [veteʀɑ̃] *nm* veterano.
vétérinaire [veteʀinɛʀ] *a* veterinario(a) // *nm/f* veterinario *m.*
vétille [vetij] *nf* inezia, quisquilia.
véto [veto] *nm* veto.
vêtu, e [vety] *pp de* **vêtir.**
vétuste [vetyst(ə)] *a* vestusto(a).
veuf, veuve [vœf, vœv] *a, nm/f* vedovo(a); **veuvage** *nm* vedovanza.
veuve [vœv] *af, nf voir* **veuf.**
vexations [vɛksɑsjɔ̃] *nfpl* vessazioni *fpl.*
vexer [vɛkse] *vt* offendere, ferire; **se** ~ *vr* offendersi.
viabilité [vjabilite] *nf* praticabilità *f inv; (fig: validité)* validità *f inv.*
viable [vjabl(ə)] *a (fig)* valido(a).
viaduc [vjadyk] *nm* viadotto.
viager, ère [vjaʒe, ɛʀ] *a* vitalizio(a) // *nm* vitalizio.
viande [vjɑ̃d] *nf* carne *f.*
viatique [vjatik] *nm* viatico.
vibrant, e [vibʀɑ̃, ɑ̃t] *a* vibrante.
vibration [vibʀɑsjɔ̃] *nf* vibrazione *f.*
vibrer [vibʀe] *vi, vt* vibrare; **vibromasseur** *nm* vibromassaggiatore *m.*
vicaire [vikɛʀ] *nm* vicario.
vice [vis] *nm* vizio; ~ **de fabrication/construction** difetto di fabbricazione/costruzione.
vice- [vis] *préf:* ~**-consul** *nm* viceconsole *m;* ~**-présidence** *nf* vicepresidenza.
vice-versa [visevɛʀsa] *ad* viceversa.
vicié, e [visje] *a* viziato(a).
vicieux, euse [visjø, øz] *a* vizioso(a).
vicissitudes [visisityd] *nfpl* vicissitudini *fpl.*
victime [viktim] *nf* vittima.
victoire [viktwaʀ] *nf* vittoria; **victorieux, euse** *a* vittorioso(a); *(sourire, attitude)* di vittoria *loc inv.*
victuailles [viktɥɑj] *nfpl* viveri *mpl.*
vidange [vidɑ̃ʒ] *nf* svuotamento; *(de lavabo)* scarico; **faire la** ~ (AUTO) cambiare l'olio.
vidanger [vidɑ̃ʒe] *vt* svuotare.
vide [vid] *a* vuoto(a) // *nm* vuoto; ~ **de** *(dépourvu de)* privo (a) di; **parler dans le** ~ parlare al muro; **partir à** ~ *(camion)* partire vuoto; **parler/tourner à** ~ parlare/girare a vuoto.
vide-ordures [vidɔʀdyʀ] *nm inv* (colonna di) scarico delle immondizie.
vide-poches [vidpɔʃ] *nm inv* vuotatasche *m inv;* (AUTO) cassettino portaoggetti.
vider [vide] *vt* (s)vuotare; *(verser: contenu)* versare; *(boire: bouteille, verre)* scolare; *(fatiguer: mentalement, physiquement)* sfinire; *(fam: expulser)* cacciare; **se** ~ *vr* (s)vuotarsi; **faire** ~ **la salle** far sgomberare l'aula; ~ **les lieux** sloggiare; **videur** *nm (de boîte de nuit)* buttafuori *m inv.*
vie [vi] *nf* vita; **avoir la** ~ **dure** *(fig)* essere duro(a) a morire.
vieillard [vjɛjaʀ] *nm* vecchio.
vieille [vjɛj] *af, nf voir* **vieux.**
vieilleries [vjɛjʀi] *nfpl* anticaglie *fpl.*
vieillesse [vjɛjɛs] *nf* vecchiaia.
vieillir [vjejiʀ] *vi, vt* invecchiare; **vieillissement** *nm* invecchiamento.
Vienne [vjɛn] *nf* Vienna.

vierge [vjɛʀʒ(ə)] *a, nf* vergine *(f)*; **la V~** la Vergine *f*.
vieux (vieil), vieille [vjø, vjɛj] *a, nm/f* vecchio(a); **mes ~** *(fam: parents)* i miei genitori; **un petit ~** un vecchietto; **mon vieux/ma vieille** *(fam)* caro mio/cara mia; **prendre un coup de ~** invecchiare (di colpo); **~ garçon** *nm* scapolo; **~ jeu** *a inv* all'antica *loc inv*, antiquato(a); **vieille fille** *nf* zitella.
vif, vive [vif, viv] *a* vivo(a); *(gai)* vivace; *(alerte: esprit, regard)* sveglio(a); **air/froid ~** aria/freddo pungente; **toucher** *ou* **piquer qn au ~** toccare *ou* pungere qd nel *ou* sul vivo; **à ~** *(nerfs, sensibilité)* a fior di pelle.
vif-argent [vifaʀʒɑ̃] *nm* argento vivo.
vigie [viʒi] *nf* vedetta; *(poste)* posto di vedetta.
vigilance [viʒilɑ̃s] *nf* vigilanza.
vigilant, e [viʒilɑ̃, ɑ̃t] *a* attento(a).
vigne [viɲ] *nf* vite *f*; *(plantation)* vigna, vigneto; **~ vierge** vite del Canada; **vigneron, ne** *nm/f* viticoltore *m*, vignaiolo *m*.
vignette [viɲɛt] *nf* vignetta; (*AUTO*) bollo (di circolazione); *(de médicament)* fustella.
vignoble [viɲɔbl(ə)] *nm* vigneto, vigna; *(ensemble des vignes)* vigneti *mpl*.
vigoureux, euse [viguʀø, øz] *a* vigoroso(a).
vigueur [vigœʀ] *nf* vigore *m*; **en ~** in uso; (*JUR*) in vigore.
vil, e [vil] *a* vile; **à ~prix** a prezzo bassissimo.
vilain, e [vilɛ̃, ɛn] *a* brutto(a); *(pas sage: enfant)* cattivo(a) // *nm (paysan)* villano.
vilebrequin [vilbʀəkɛ̃] *nm* (*AUTO*) albero a gomiti.
villa [villa] *nf* villa.
village [vilaʒ] *nm* paese *m*, paesino; *(touristique, résidentiel, etc)* villaggio.
ville [vil] *nf* città *f inv*; *(administration)* comune *m*; **habiter en ~** *(dans le centre)* abitare in centro; **dîner en ~** cenare fuori.
vin [vɛ̃] *nm* vino; **~ de pays** ≈ vino da tavola *(non DOC)*; **~ d'honneur** bicchierata; **~ ordinaire** *ou* **de table** vino comune *ou* da pasto; **cuver son ~** *(fam)* smaltire la sbornia.
vinaigre [vinɛgʀ(ə)] *nm* aceto; **tourner au ~** *(fig)* prendere una brutta piega; **vinaigrette** *nf condimento per l'insalata a base di olio, aceto, sale e senape*; **vinaigrier** *nm* fabbricante *m ou* commerciante *m* di aceto; *(flacon)* ampolla (per l'aceto).
vindicatif, ive [vɛ̃dikatif, iv] *a* vendicativo(a).
vineux, euse [vinø, øz] *a* color vino *loc inv*; *(odeur)* vinoso(a).
vingt [vɛ̃] *num* venti; **vingtaine** *nf* ventina; **vingtième** *num* ventesimo(a).
vinicole [vinikɔl] *a* vinicolo(a).
viol [vjɔl] *nm* stupro, violenza carnale; *(d'un lieu sacré)* violazione *f*.
violation [vjɔlasj] *nf* violazione *f*.
violemment [vjɔlamɑ̃] *ad* violentemente, con violenza.
violence [vjɔlɑ̃s] *nf* violenza.
violent, e [vjɔlɑ̃, ɑ̃t] *a* violento(a).
violer [vjɔle] *vt* violare; *(femme, conscience)* violentare.
violet, te [vjɔlɛ, ɛt] *a* viola *inv*, violetto(a) // *nm (couleur)* viola *m inv*, violetto // *nf (fleur)* viola, violetta.
violon [vjɔlɔ̃] *nm* violino; *(fam: prison)* guardina.
vipère [vipɛʀ] *nf* vipera.
virage [viʀaʒ] *nm* curva, svolta; (*AVIAT*) virata; (*CHIM, PHOT*) viraggio.
viral, e, aux [viʀal, o] *a* virale.
virée [viʀe] *nf (fam)* giro.
virement [viʀmɑ̃] *nm* trasferimento, bonifico; (*NAUT*) virata.

virer [viʀe] *vt* girare, trasferire; (*PHOT*) sottoporre al viraggio // *vi* virare; ~ **au bleu/rouge** tendere all'azzurro/al rosso.
virevolte [viʀvɔlt(ə)] *nf* giravolta, piroetta.
virginal, e, aux [viʀʒinal, o] *a* verginale; *(fig: blancheur)* immacolato(a).
virginité [viʀʒinite] *nf* verginità *f inv.*
virgule [viʀgyl] *nf* virgola.
viril, e [viʀil] *a* virile; **virilité** *nf* virilità *f inv.*
virtuel, le [viʀtɥɛl] *a* virtuale, potenziale; **virtuellement** *a* praticamente.
virtuose [viʀtɥoz] *nm/f* virtuoso/a.
virulence [viʀylɑ̃s] *nf* virulenza.
virulent, e [viʀylɑ̃, ɑ̃t] *a* virulento(a).
virus [viʀys] *nm* virus *m inv.*
vis [vis] *nf* vite *f.*
visa [viza] *nm* visto.
visage [vizaʒ] *nm* viso, volto; *(fig: aspect)* volto; **visagiste** *nm/f* visagista *m/f.*
vis-à-vis [vizavi] *ad* di fronte; ~ **de** *prép* di fronte a; *(en comparaison de)* in confronto a; *(envers)* nei confronti di // *nm:* **mon** ~ *(personne)* la persona di fronte a me; **avoir qch pour** ~ avere di fronte qc; **en** ~ di fronte.
viscères [visɛʀ] *nmpl* viscere *fpl.*
viscosité [viskozite] *nf* viscosità *f inv.*
visée [vize] *nf* puntamento, mira; ~**s** *(intentions)* mire *fpl.*
viser [vize] *vi* mirare // *vt* mirare a; *(suj: remarque, loi, mesure)* fare allusione a; *(apposer un visa sur)* vistare; **se sentir visé** sentirsi preso di mira; ~ **à** *(avoir pour but)* tendere *ou* mirare a; **viseur** *nm* mirino.
visibilité [vizibilite] *nf* visibilità *f inv.*
visible [vizibl(ə)] *a* visibile; *(évident)* chiaro(a), evidente; **être** ~ *(recevoir: suj: qn)* ricevere.
visière [vizjɛʀ] *nf* visiera.
vision [vizjɔ̃] *nf* vista; *(fig: conception, hallucination)* visione *f;* **visionnaire** *a* visionario(a); **visionner** *vt* visionare.
visite [vizit] *nf* visita; *(expertise)* sopral(l)uogo; *(inspection)* ispezione *f;* **rendre** ~ **à qn** far visita a qd; **heures de** ~ *(hôpital, prison)* orario delle visite *fpl.*
visiter [vizite] *vt* visitare; **visiteur, euse** *nm/f* visitatore/trice; **visiteur des douanes** ispettore *m* doganale.
vison [vizɔ̃] *nm* visone *m.*
visqueux, euse [viskø, øz] *a* visc(hi)oso(a), viscido(a); *(fig: personne)* viscido(a).
visser [vise] *vt* avvitare.
visuel, le [vizɥɛl] *a* visivo(a).
vital, e, aux [vital, o] *a* vitale; **vitalité** *nf* vitalità *f inv.*
vitamine [vitamin] *nf* vitamina.
vite [vit] *ad* in fretta, rapidamente; *(sans délai)* presto; **il s'agit de faire** ~ bisogna fare presto; **allez** ~, **depêche-toi!** dai, muoviti!; **faire qch à la va** ~ *(fig)* fare qc alla bell'e meglio.
vitesse [vitɛs] *nf* velocità *f inv;* **les** ~**s** (*AUTO*) le marce *fpl;* **boîte de** ~**s** (*AUTO*) scatola del cambio; **changer de** ~ (*AUTO*) cambiare; **prendre qn de** ~ battere qd in velocità.
viticole [vitikɔl] *a* viticolo(a).
viticulteur [vitikyltœʀ] *nm* viticoltore *m.*
vitrage [vitʀaʒ] *nm* vetri *mpl; (rideau)* tendina; *(pose des vitres)* posa dei vetri.
vitrail, aux [vitʀaj, o] *nm* vetrata; **art du** ~ arte vetraria.
vitre [vitʀ(ə)] *nf* vetro.
vitré, e [vitʀe] *a* a vetri *loc inv.*
vitrer [vitʀe] *vt* mettere i vetri a.
vitreux, euse [vitʀø, øz] *a* vetroso(a); *(terne: œil, regard)*

vitreo(a).
vitrier [vitʀije] *nm* vetraio.
vitrifier [vitʀifje] *vt* vetrificare; *(parquet)* verniciare.
vitrine [vitʀin] *nf* vetrina.
vitriol [vitʀijɔl] *nm* vetriolo.
vitupérer [vitypeʀe] *vi*: ~ **contre qn/qch** inveire contro qd/qc.
vivable [vivabl(ə)] *a* vivibile.
vivace [vivas] *a* perenne; *(fig: haine)* tenace; (*MUS*) vivace.
vivacité [vivasite] *nf* vivacità *f inv*.
vivant, e [vivɑ̃, ɑ̃t] *a* vivo(a); *(animé: regard, lieu)* pieno(a) di vita; *(preuve, exemple, être)* vivente // *nm:* **de mon/son** ~ in vita mia/sua; **les ~s et les morts** i vivi e i morti.
vivat [viva] *nmpl* evviva *mpl*, acclamazioni *fpl*.
vive [viv] *af voir* **vif** // *excl* (ev)viva; **vivement** *ad* profondamente; *(vite)* rapidamente, alla svelta; **vivement qu'il s'en aille!** speriamo che se ne vada presto!
viveur [vivœʀ] *nm* viveur *m*.
vivier [vivje] *nm* vivaio.
vivifiant, e [vivifjɑ̃, ɑ̃t] *a* vivificante.
vivifier [vivifje] *vt* ravvivare; *(tonifier)* tonificare.
vivipare [vivipaʀ] *a* viviparo(a).
vivisection [viviseksjɔ̃] *nf* vivisezione *f*.
vivoter [vivɔte] *vi* vivacchiare.
vivre [vivʀ(ə)] *vi, vt* vivere // *nm:* **le ~ et le couvert** il vitto e l'alloggio; **~s** *mpl* viveri *mpl;* **être facile/difficile à** ~ avere un carattere accomodante/difficile; ~ **vieux/centenaire** vivere a lungo/fino a cent'anni.
vocabulaire [vɔkabylɛʀ] *nm* vocabolario.
vocal, e, aux [vɔkal, o] *a* vocale.
vocatif [vɔkatif] *nm* vocativo.
vocation [vɔkɑsjɔ̃] *nf* vocazione *f*.
vociférer [vɔsifeʀe] *vi, vt* gridare, urlare.
vœu, x [vø] *nm* voto; *(souhait)* augurio; *(désir)* desiderio; **faire** *ou* **former des ~x pour** far voti per; **faire le ~ que** sperare *ou* augurarsi che; **faire un** ~ formulare un desiderio.
vogue [vɔg] *nf* moda, voga; **en** ~ *a* in voga, di moda.
voguer [vɔge] *vi* navigare.
voici [vwasi] *prép* ecco; ~ **deux ans** due anni fa; ~ **deux ans que...** sono due anni che...; **en** ~ **un** eccone uno; **nous/le** ~ eccoci/eccolo; '~' *(en apportant qch)* 'ecco qui'.
voie [vwa] *nf* via; *(route, aussi fig)* strada; (*RAIL*) binario; *(d'une route, AUTO)* carreggiata; *(: couloir)* corsia; **mettre qn sur la** ~ mettere qd sulla strada giusta; **en** ~ **de** *(en cours de)* in via di; ~ **publique** pubblica via; ~ **d'eau** (*NAUT*) falla; ~ **de garage** (*RAIL*) binario morto; ~ **ferrée** ferrovia.
voilà [vwala] *prép* ecco; **et ~!** e questo è tutto!; ~ **tout** ecco tutto; *voir aussi* **voici**.
voile [vwal] *nm* velo; *(tissu léger)* voile *m inv* // *nf* vela; **faire ~ sur** (*NAUT*) veleggiare in direzione di; **faire de la** ~ fare vela.
voiler [vwale] *vt* velare; **se** ~ *vr* velarsi; (*TECH: se déformer)* deformarsi.
voilette [vwalɛt] *nf* veletta.
voilier [vwalje] *nm* veliero; *(de plaisance)* barca a vela, yacht *m inv; (fabricant de voiles)* velaio.
voilure [vwalyʀ] *nf* velatura; *(d'un parachute)* calotta.
voir [vwaʀ] *vi* vedere; *(comprendre)* capire, vedere // *vt* vedere; **se** ~ *vr*: **je ne me vois pas habillé ainsi** non mi ci vedo vestito così; **cela se voit souvent** capita spesso; **il s'est vu obligé de...** è stato obbligato a...; **il s'est vu refuser l'entrée** gli è stato vietato l'ingresso; **aller** ~ **le medecin/des amis** andare dal medico/a trovare degli amici;

écoute/dis voir senti/di' un po'; **voyons!** su!, andiamo!; **avoir qch à ~ avec** avere qc a che vedere con; **cela n'a rien à ~** non c'entra per niente.
voire [vwaʀ] *ad* anzi.
voirie [vwaʀi] *nf* rete *f* stradale; *(administration)* (ufficio della) viabilità *f inv; (enlèvement des ordures)* nettezza urbana.
voisin, e [vwazɛ̃, in] *a* vicino(a); *(analogue)* simile // *nm/f* vicino/a; **voisinage** *nm* vicinanza; *(voisins)* vicinato; **voisiner** *vi*: **voisiner avec** essere vicino(a) a.
voiture [vwatyʀ] *nf* vettura, automobile *f*, macchina; *(à cheval, RAIL)* carrozza; **en ~!** *(RAIL)* in carrozza!; **~ d'enfant** carrozzina; **~ d'infirme** carrozzella.
voix [vwa] *nf* voce *f*; (*POL: suffrage)* voto; **avoir de la ~** avere una bella voce.
vol [vɔl] *nm* volo; *(groupe d'oiseaux)* stormo, volo; *(mode d'appropriation)* furto; **à ~ d'oiseau** in linea d'aria; **prendre son ~** prendere il volo; **de haut ~** *(fig)* di alto bordo; **~ à main armée** rapina a mano armata; **~ avec effraction** furto con scasso; **~ de nuit** volo notturno.
volage [vɔlaʒ] *a* volubile, incostante.
volaille [vɔlɑj] *nf* pollame *m; (viande)* pollo; gallina.
volant, e [vɔlɑ̃, ɑ̃t] *a* volante // *nm* volano; *(bande de tissu)* volant *m inv; (d'automobile)* volante *m; (feuillet détachable)* figlia.
volatil, e [vɔlatil] *a* volatile.
volatile [vɔlatil] *nm* volatile *m*.
volatiliser [vɔlatilize]: **se ~** *vr* volatilizzarsi.
volcan [vɔlkɑ̃] *nm* vulcano; **volcanique** *a* vulcanico(a).
volée [vɔle] *nf* volo; *(d'enfants)* stuolo; (*TENNIS*) volée *f inv; (de coups)* scarica; **de ~, à la ~** *(au vol)* al volo; **à toute ~** *(sonner les cloches)* a distesa; *(lancer un projectile)* con tutta forza.
voler [vɔle] *vi* volare; *(commettre un vol)* rubare // *vt* rubare; *(personne)* derubare; **~ de ses propres ailes** *(fig)* camminare con le proprie gambe.
volet [vɔlɛ] *nm* imposta, persiana; (*AVIAT*) alettone *m; (fig)* elemento; (*AUTO*) valvola, a farfalla; **trié sur le ~** *(fig)* scelto con molta cura.
voleter [vɔlte] *vi* svolazzare.
voleur, euse [vɔlœʀ, øz] *a, nm/f* ladro(a).
volière [vɔljɛʀ] *nf* voliera.
volontaire [vɔlɔ̃tɛʀ] *a* volontario(a); *(caractère: décidé)* volitivo(a) // *nm/f* volontario/a; **volontariat** *nm* volontariato.
volonté [vɔlɔ̃te] *nf* volontà *f inv*.
volontiers [vɔlɔ̃tje] *ad* volentieri.
volt [vɔlt] *nm* volt *m inv*; **voltage** *nm* voltaggio.
volte-face [vɔltəfas] *nf* dietrofront *m inv; (fig)* voltafaccia *m inv*.
voltige [vɔltiʒ] *nf* acrobazia; (*EQUITATION*) volteggio; **voltiger** *vi* svolazzare; **voltigeur, euse** *nm/f* acrobata *m/f*.
volubile [vɔlybil] *a* loquace.
volume [vɔlym] *nm* volume *m;* **volumineux, euse** *a* voluminoso(a).
volupté [vɔlypte] *nf* voluttà *f inv;* **voluptueux, euse** *a* voluttuoso(a).
volute [vɔlyt] *nf* voluta.
vomi [vɔmi] *nm* vomito.
vomir [vɔmiʀ] *vi, vt* vomitare; **vomissement** *nm*, **vomissure** *nf* vomito.
vorace [vɔʀas] *a* vorace.
vos [vo] *det voir* **votre.**
Vosges [voʒ] *nmpl* Vosgi.
vote [vɔt] *nm* voto; *(consultation)* voto, votazione *f; (adoption)* approvazione *f*.
voter [vɔte] *vi* votare // *vt* approvare, votare.
votre [vɔtʀ(ə)], *pl* **vos** [vo] *dét* (il)

vostro *m,* (la) vostra *f;* (i) vostri *mpl,* (le) vostre *fpl; (forme de politesse)* (il) suo *m,* (la) sua *f;* (i) suoi *mpl,* (le) sue *fpl.*

vôtre [votʀ(ə)] *pron:* **le ~, la ~** il vostro, la vostra; *(forme de politesse)* il suo, la sua; **les ~s** i vostri, le vostre; *(forme de politesse)* i suoi, le sue.

voué, e [vwe] *a:* ~ **à** destinato *ou* condannato a.

vouer [vwe] *vt* votare, dedicare; *(condamner)* destinare; **se ~ à** dedicarsi a; ~ **une haine/amitié éternelle à qn** giurare odio eterno/eterna amicizia a qd.

vouloir [vulwaʀ] *vt, vi* volere // **veuillez attendre** *(forme de politesse)* attenda per favore; **je veux bien** *(oui)* sì, grazie; *(concession)* posso anche ammetterlo; **je voudrais bien savoir...** vorrei proprio sapere...; **si on veut** *(en quelque sorte)* se vogliamo; **que me/lui veut-il?** cosa vuole de me/lui?; **en ~ à qn/qch** avercela con qd/qc; **en ~ à qch** *(avoir des visées sur)* avere delle mire su qc; **s'en ~ d'avoir fait qch** essere pentito di aver fatto qc; ~ **de qch/qn** *(accepter)* volere qc/qd; **ne pas ~ de qch/qn** non volerne sapere di qc/qd; **voulu, e** *a* voluto(a).

vous [vu] *pron* voi; *(forme de politesse)* lei *m/f sg; (objet direct et indirect)* vi; *(forme de politesse: objet direct)* la *m/f sg; (: objet indirect, sans prép)* le *m/f sg;* ~ **pouvez ~ asseoir** potete sedervi; *(forme de politesse: sg)* può sedersi; **je ~ le dis** ve lo dico; *(forme de politesse: sg)* glielo dico; **je ~ prie de** vi prego di; *(forme de politesse: sg)* la prego di; **il ~ en donne** ve ne dà; *(forme de politesse: sg)* gliene dà; ~ **pouvez ~ en aller** potete andarvene; *(forme de politesse: sg)* può andarsene.

voûte [vut] *nf* volta.

voûté, e [vute] *a* a volta *loc inv; (dos, personne)* curvo(a), ingobbito(a).

voûter [vute] *vt* coprire con una volta; *(dos, personne)* incurvare; **se ~** *vr* incurvarsi, ingobbirsi.

vouvoyer [vuvwaje] *vt* ≈ dare del lei a.

voyage [vwajaʒ] *nm* viaggio; **partir en ~** partire (per un viaggio); **j'aime le ~** mi piace *ou* amo viaggiare.

voyager [vwajaʒe] *vi* viaggiare; **voyageur, euse** *nm/f* viaggiatore/trice; **voyageur de commerce** commesso viaggiatore.

voyant, e [vwajɑ̃, ɑ̃t] *a* vistoso(a) // *nm/f* vedente *m/f* // *nm* spia (luminosa) // *nf (cartomancienne)* indovina, veggente *f.*

voyelle [vwajɛl] *nf* vocale *f.*

voyeur [vwajœʀ] *nm* guardone *m.*

voyou [vwaju] *nm* monello; *(petit truand)* mascalzone *m.*

vrac [vʀak]: **en ~** *a, ad* alla rinfusa; (COMM: *au poids)* sfuso(a) *a.*

vrai, e [vʀɛ] *a* vero(a) // *nm* vero, verità *f inv;* **à dire ~, à ~ dire** a dire il vero; **vraiment** *ad* veramente; *(dubitatif)* davvero, veramente.

vraisemblable [vʀɛsɑ̃blabl(ə)] *a* verosimile.

vraisemblance [vʀɛsɑ̃blɑ̃s] *nf* verosimiglianza; **selon toute ~** con ogni probabilità.

vrille [vʀij] *nf* viticcio; *(outil)* trivello; **descendre en ~** (AVIAT) scendere a vite.

vrombir [vʀɔ̃biʀ] *vi* rombare; *(insecte)* ronzare.

vu [vy] *prép* visto(a) *a;* ~ **que** visto che.

vu, e [vy] *pp de* **voir** // *a:* **bien/mal ~** ben/mal visto; **~?** *(fam)* capito?; **ni ~ ni connu** alla chetichella.

vue [vy] *nf* vista; (PHOT) veduta; *(fig: image)* visione *f;* **~s** *fpl (idées)* idee *fpl;* **échange de ~s** scambio di vedute; **à la ~ de tous** davanti a tutti; **hors de ~** lontano(a) *a;* **en ~**

de faire qch allo scopo di fare qc.
vulcaniser [vylkanize] *vt* vulcanizzare.
vulgaire [vylgɛʀ] *a* volgare; **vulgarisation** *nf* divulgazione; **vulgariser** *vt* divulgare; *(rendre vulgaire)* rendere volgare; **vulgarité** *nf* volgarità *f inv*.
vulnérable [vylneʀabl(ə)] *a* vulnerabile.
vulve [vylv(ə)] *nf* vulva.

W

wagon [vagɔ̃] *nm* vagone *m*.
waters [watɛʀ] *nmpl* gabinetto *sg*.
watt [wat] *nm* watt *m inv*.
week-end, *pl* **week-ends** [wikɛnd] *nm* week-end *m inv*, fine settimana *m inv*.
w-c [vese] *nmpl* gabinetto *sg*.

X

xénophobe [ksenɔfɔb] *a, nm/f* xenofobo(a).
xérès [gzeʀɛs] *nm* sherry *m inv*.
xylographie [ksilɔgʀafi] *nf* xilografia.
xylophone [ksilɔfɔn] *nm* xilofono.

Y

y [i] *ad, pron* ci; **allons-~!** andiamoci!; **nous ~ sommes** ci siamo; **il ~ a** c'è; **s'~ entendre/ connaître** intendersene.
yacht [jɔt] *nm* yacht *m*, panfilo.
yaourt [jauʀt] *nm* = **yoghourt.**
yeux [jø] *nmpl voir* **œil.**
yoga [jɔga] *nm* yoga *m inv*.
yoghourt [jɔguʀt] *nm* yogurt *m inv*.
yole [jɔl] *nf* iole *f inv*.
yougoslave [jugɔslav] *a, nm/f* iugoslavo(a).
Yougoslavie [jugɔslavi] *nf* Iugoslavia.
youyou [juju] *nm* canottino.
yo-yo [jojo] *nm inv* yo-yo *m inv*.

Z

zèbre [zɛbʀ(ə)] *nm* zebra.
zébré, e [zebʀe] *a* striato(a).
zèle [zɛl] *nm* zelo; **faire du ~** *(péj)* fare lo/la zelante; **zélé, e** *a* zelante.
zénith [zenit] *nm* zenit *m; (fig)* apice *m*, culmine *m*.
zéro [zeʀo] *nm* zero; **partir de ~** partire da zero.
zeste [zɛst(ə)] *nm* scorza.
zézayer [zezeje] *vi* avere un difetto di pronuncia.
zibeline [ziblin] *nf* zibellino.
zigouiller [ziguje] *vt (fam)* far fuori.
zigzag [zigzag] *nm* zigzag *m inv;* **en ~** a zigzag; **zigzaguer** *vi* zigzagare.
zinc [zɛ̃g] *nm* zinco; *(comptoire)* banco.
zizanie [zizani] *nf* zizzania.
zodiaque [zɔdjak] *nm* zodiaco.
zona [zona] *nm* herpes zoster *m inv*.
zone [zon] *nf* zona; (*ECON, METEOR, ANAT*) area; **~ bleue** zona disco.
zoo [zoo] *nm* zoo *m inv*.
zoologie [zɔɔlɔʒi] *nf* zoologia; **zoologique** *a* zoologico(a); **zoologiste** *nm/f* zoologo/a.
Zurich [zyrik] *nm* Zurigo *f*.
zut [zyt] *excl* accidenti.

I VERBI FRANCESI

1 Participe présent *2* Participe passé *3* Présent *4* Imparfait *5* Futur *6* Conditionnel *7* Subjonctif présent

acquérir *1* acquérant *2* acquis *3* acquiers, acquérons, acquièrent *4* acquérais *5* acquerrai *7* acquière

ALLER *1* allant *2* allé *3* vais, vas, va, allons, allez, vont *4* allais *5* irai *6* irais *7* aille

asseoir *1* asseyant *2* assis *3* assieds, asseyons, asseyez, asseyent *4* asseyais *5* assiérai *7* asseye

atteindre *1* atteignant *2* atteint *3* atteins, atteignons *4* atteignais *7* atteigne

AVOIR *1* ayant *2* eu *3* ai, as, a, avons, avez, ont *4* avais *5* aurai *6* aurais *7* aie, aies, ait, ayons, ayez, aient

battre *1* battant *2* battu *3* bats, bat, battons *4* battais *7* batte

boire *1* buvant *2* bu *3* bois, buvons, boivent *4* buvais *7* boive

bouillir *1* bouillant *2* bouilli *3* bous, bouillons *4* bouillais *7* bouille

conclure *1* concluant *2* conclu *3* conclus, concluons *4* concluais *7* conclue

conduire *1* conduisant *2* conduit *3* conduis, conduisons *4* conduisais *7* conduise

connaître *1* connaissant *2* connu *3* connais, connaît, connaissons *4* connaissais *7* connaisse

coudre *1* cousant *2* cousu *3* couds, cousons, cousez, cousent *4* cousais *7* couse

courir *1* courant *2* couru *3* cours, courons *4* courais *5* courrai *7* coure

couvrir *1* couvrant *2* couvert *3* couvre, couvrons *4* couvrais *7* couvre

craindre *1* craignant *2* craint *3* crains, craignons *4* craignais *7* craigne

croire *1* croyant *2* cru *3* crois, croyons, croient *4* croyais *7* croie

croître *1* croissant *2* crû, crue, crus, crues *3* croîs, croissons *4* croissais *7* croisse

cueillir *1* cueillant *2* cueilli *3* cueille, cueillons *4* cueillais *5* cueillerai *7* cueille

devoir *1* devant *2* dû, due, dus, dues *3* dois, devons, doivent *4* devais *5* devrai *7* doive

dire *1* disant *2* dit *3* dis, disons, dites, disent *4* disais *7* dise

dormir *1* dormant *2* dormi *3* dors, dormons *4* dormais *7* dorme

écrire *1* écrivant *2* écrit *3* écris, écrivons *4* écrivais *7* écrive

ÊTRE *1* étant *2* été *3* suis, es, est, sommes, êtes, sont *4* étais *5* serai *6* serais *7* sois, sois, soit, soyons, soyez, soient

FAIRE *1* faisant *2* fait *3* fais, fais, fait, faisons, faites, font *4* faisais *5* ferai *6* ferais *7* fasse

falloir *2* fallu *3* faut *4* fallait *5* faudra *7* faille

FINIR *1* finissant *2* fini *3* finis, finis, finit, finissons, finissez, finissent *4* finissais *5* finirai *6* finirais *7* finisse

fuir *1* fuyant *2* fui *3* fuis, fuyons, fuient *4* fuyais *7* fuie

joindre *1* joignant *2* joint *3* joins, joignons *4* joignais *7* joigne

lire *1* lisant *2* lu *3* lis, lisons *4* lisais *7* lise

luire *1* luisant *2* lui *3* luis, luisons *4* luisais *7* luise

maudire *1* maudissant *2* maudit *3* maudis, maudissons *4* maudissait *7* maudisse

mentir *1* mentant *2* menti *3* mens, mentons *4* mentais *7* mente

mettre *1* mettant *2* mis *3* mets, mettons *4* mettais *7* mette

mourir *1* mourant *2* mort *3* meurs, mourons, meurent *4* mourais *5* mourrai *7* meure

naître *1* naissant *2* né *3* nais, naît,

naissons *4* naissais *7* naisse
offrir *1* offrant *2* offert *3* offre, offrons *4* offrais *7* offre
PARLER *1* **parlant** *2* **parlé** *3* **parle, parles, parle, parlons, parlez, parlent** *4* **parlais, parlais, parlait, parlions, parliez, parlaient** *5* **parlerai, parleras, parlera, parlerons, parlerez, parleront** *6* **parlerais, parlerais, parlerait, parlerions, parleriez, parleraient** *7* **parle, parles, parle, parlions, parliez, parlent** *impératif* **parle!, parlez!**
partir *1* partant *2* parti *3* pars, partons *4* partais *7* parte
plaire *1* plaisant *2* plu *3* plais, plaît, plaisons *4* plaisais *7* plaise
pleuvoir *1* pleuvant *2* plu *3* pleut, pleuvent *4* pleuvait *5* pleuvra *7* pleuve
pourvoir *1* pourvoyant *2* pourvu *3* pourvois, pourvoyons, pourvoient *4* pourvoyais *7* pourvoie
pouvoir *1* pouvant *2* pu *3* peux, peut, pouvons, peuvent *4* pouvais *5* pourrai *7* puisse
prendre *1* prenant *2* pris *3* prends, prenons, prennent *4* prenais *7* prenne
prévoir *vedi* **voir** *5* prévoirai
RECEVOIR *1* recevant *2* reçu *3* reçois, reçois, reçoit, recevons, recevez, reçoivent *4* recevais *5* recevrai *6* recevrais *7* reçoive
RENDRE *1* rendant *2* rendu *3* rends, rends, rend, rendons, rendez, rendent *4* rendais *5* rendrai *6* rendrais *7* rende
résoudre *1* résolvant *2* résolu *3* résous, résolvons *4* résolvais *7* résolve
rire *1* riant *2* ri *3* ris, rions *4* riais *7* rie
savoir *1* sachant *2* su *3* sais, savons, savent *4* savais *5* saurai *7* sache *impératif* sache, sachons, sachez
servir *1* servant *2* servi *3* sers, servons *4* servais *7* serve
sortir *1* sortant *2* sorti *3* sors, sortons *4* sortais *7* sorte
souffrir *1* souffrant *2* souffert *3* souffre, souffrons *4* souffrais *7* souffre
suffire *1* suffisant *2* suffi *3* suffis, suffisons *4* suffisais *7* suffise
suivre *1* suivant *2* suivi *3* suis, suivons *4* suivais *7* suive
taire *1* taisant *2* tu *3* tais, taisons *4* taisais *7* taise
tenir *1* tenant *2* tenu *3* tiens, tenons, tiennent *4* tenais *5* tiendrai *7* tienne
vaincre *1* vainquant *2* vaincu *3* vaincs, vainc, vainquons *4* vainquais *7* vainque
valoir *1* valant *2* valu *3* vaux, vaut, valons *4* valais *5* vaudrai *7* vaille
venir *1* venant *2* venu *3* viens, venons, viennent *4* venais *5* viendrai *7* vienne
vivre *1* vivant *2* vécu *3* vis, vivons *4* vivais *7* vive
voir *1* voyant *2* vu *3* vois, voyons, voient *4* voyais *5* verrai *7* voie
vouloir *1* voulant *2* voulu *3* veux, veut, voulons, veulent *4* voulais *5* voudrai *7* veuille *impératif* veuillez.

LES VERBES ITALIENS

1 Gerundio *2* Participio passato *3* Presente *4* Imperfetto *5* Passato remoto *6* Futuro *7* Condizionale *8* Congiuntivo presente *9* Congiuntivo passato *10* Imperativo

andare *3* vado, vai, va, andiamo, andate, vanno *6* andrò *etc 8* vada *10* va'!, vada!, andate!, vadano!
apparire *2* apparso *3* appaio, appari *o* apparisci, appare *o* apparisce, appaiono *o* appariscono *5* apparvi *o* apparsi, apparisti, apparve *o* apparì *o* apparse, apparvero *o* apparirono *o* apparsero *8* appaia *o* apparisca
aprire *2* aperto *3* apro *5* aprii *o* apersi, apristi *8* apra
AVERE *3* ho, hai, ha, abbiamo, avete, hanno *5* ebbi, avesti, ebbe, avemmo, aveste, ebbero *6* avrò *etc 8* abbia *etc 10* abbi!, abbia!, abbiate!, abbiano!
bere *1* bevendo *2* bevuto *3* bevo *etc 4* bevevo *etc 5* bevvi *o* bevetti, bevesti *6* berrò *etc 8* beva *etc 9* bevessi *etc*
cadere *5* caddi, cadesti *6* cadrò *etc*
cogliere *2* colto *3* colgo, colgono *5* colsi, cogliesti *8* colga
correre *2* corso *5* corsi, corresti
cuocere *2* cotto *3* cuocio, cociamo, cuociono *5* cossi, cocesti
dare *3* do, dai, da, diamo, date, danno *5* diedi *o* detti, desti *6* darò *etc 8* dia *etc 9* dessi *etc 10* da'!, dai!, date!, diano!
dire *1* dicendo *2* detto *3* dico, dici, dice, diciamo, dite, dicono *4* dicevo *etc 5* dissi, dicesti *6* dirò *etc 8* dica, diciamo, diciate, dicano *9* dicessi *etc 10* di'!, dica!, dite!, dicano!
dolere *3* dolgo, duoli, duole, dolgono *5* dolsi, dolesti *6* dorrò *etc 8* dolga
dovere *3* devo *o* debbo, devi, deve, dobbiamo, dovete, devono *o* debbono *6* dovrò *etc 8* debba, dobbiamo, dobbiate, devano *o* debbano
ESSERE *2* stato *3* sono, sei, è, siamo, siete, sono *4* ero, eri, era, eravamo, eravate, erano *5* fui, fosti, fu, fummo, foste, furono *6* sarò *etc 8* sia *etc 9* fossi, fossi, fosse, fossimo, foste, fossero *10* sii!, sia!, siate!, siano!
fare *1* facendo *2* fatto *3* faccio, fai, fa, facciamo, fate, fanno *4* facevo *etc 5* feci, facesti *6* farò *etc 8* faccia *etc 9* facessi *etc 10* fa'!, faccia!, fate!, facciano!
FINIRE *1* finendo *2* finito *3* finisco, finisci, finisce, finiamo, finite, finiscono *4* finivo, finivi, finiva, finivamo, finivate, finivano *5* finii, finisti, finì, finimmo, finiste, finirono *6* finirò, finirai, finirà, finiremo, finirete, finiranno *7* finirei, finiresti, finirebbe, finiremmo, finireste, finirebbero *8* finisca, finisca, finisca, finiamo, finiate, finiscano *9* finissi, finissi, finisse, finissimo, finiste, finissero *10* finisci!, finisca!, finite!, finiscano!
giungere *2* giunto *5* giunsi, giungesti
leggere *2* letto *5* lessi, leggesti
mettere *2* messo *5* misi, mettesti
morire *2* morto *3* muoio, muori, muore, moriamo, morite, muoiono *6* moriro *o* morrò *etc 8* muoia
muovere *2* mosso *5* mossi, movesti
nascere *2* nato *5* nacqui, nascesti
nuocere *2* nuociuto *3* nuoccio, nuoci, nuoce, nociamo *o* nuociamo, nuocete, nuocciono *4* nuocevo *etc 5* nocqui, nuocesti *6* nuocerò *etc 7* nuoccia
offrire *2* offerto *3* offro *5* offersi *o* offrii, offristi *8* offra
parere *2* parso *3* paio, paiamo, paiono *5* parvi *o* parsi, paresti *6* parrò *etc 8* paia, paiamo, pariate, paiano

PARLARE *1* parlando *2* parlato *3* parlo, parli, parla, parliamo, parlate, parlano *4* parlavo, parlavi, parlava, parlavamo, parlavate, parlavano *5* parlai, parlasti, parlò, parlammo, parlaste, parlarono *6* parlerò, parlerai, parlerà, parleremo, parlerete, parleranno *7* parlerei, parleresti, parlerebbe, parleremmo, parlereste, parlerebbero *8* parli, parli, parli, parliamo, parliate, parlino *9* parlassi, parlassi, parlasse, parlassimo, parlaste, parlassero *10* parla!, parli!, parlate!, parlino!

piacere *2* piaciuto *3* piaccio, piacciamo, piacciono *5* piacqui, piacesti *8* piaccia *etc*

porre *1* ponendo *2* posto *3* pongo, poni, pone, poniamo, ponete, pongono *4* ponevo *etc* *5* posi, ponesti *6* porrò *etc* *8* ponga, poniamo, poniate, pongano *9* ponessi *etc*

potere *3* posso, puoi, può, possiamo, potete, possono *6* potrò *etc* *8* possa, possiamo, possiate, possano

prendere *2* preso *5* presi, prendesti

ridurre *1* riducendo *2* ridotto *3* riduco *etc* *4* riducevo *etc* *5* ridussi, riducesti *6* ridurrò *etc* *8* riduca *etc* *9* riducessi *etc*

riempire *1* riempiendo *3* riempio, riempi, riempie, riempiono

rimanere *2* rimasto *3* rimango, rimangono *5* rimasi, rimanesti *6* rimarrò *etc* *8* rimanga

rispondere *2* risposto *5* risposi, rispondesti

salire *3* salgo, sali, salgono *8* salga

sapere *3* so, sai, sa, sappiamo, sapete, sanno *5* seppi, sapesti *6* saprò *etc* *8* sappia *etc* *10* sappi!, sappia!, sappiate!, sappiano!

scrivere *2* scritto *5* scrissi, scrivesti

sedere *3* siedo, siedi, siede, siedono *8* sieda

spegnere *2* spento *3* spengo, spengono *5* spensi, spegnesti *8* spenga

stare *2* stato *3* sto, stai, sta, stiamo, state, stanno *5* stetti, stesti *6* starò *etc* *8* stia *etc* *9* stessi *etc* *10* sta'!, stia!, state!, stiano!

tacere *2* taciuto *3* taccio, tacciono *5* tacqui, tacesti *8* taccia

tenere *3* tengo, tieni, tiene, tengono *5* tenni, tenesti *6* terrò *etc* *8* tenga

trarre *1* traendo *2* tratto *3* traggo, trai, trae, traiamo, traete, traggono *4* traevo *etc* *5* trassi, traesti *6* trarrò *etc* *8* tragga *9* traessi *etc*

udire *3* odo, odi, ode, odono *8* oda

uscire *3* esco, esci, esce, escono *8* esca

valere *2* valso *3* valgo, valgono *5* valsi, valesti *6* varrò *etc* *8* valga

vedere *2* visto *o* veduto *5* vidi, vedesti *6* vedrò *etc*

VENDERE *1* vendendo *2* venduto *3* vendo, vendi, vende, vendiamo, vendete, vendono *4* vendevo, vendevi, vendeva, vendevamo, vendevate, vendevano *5* vendei *o* vendetti, vendesti, vendé *o* vendette, vendemmo, vendeste, venderono *o* vendettero *6* venderò, venderai, venderà, venderemo, venderete, venderanno *7* venderei, venderesti, venderebbe, venderemmo, vendereste, venderebbero *8* venda, venda, venda, vendiamo, vendiate, vendano *9* vendessi, vendessi, vendesse, vendessimo, vendeste, vendessero *10* vendi!, venda!, vendete!, vendano!

venire *2* venuto *3* vengo, vieni, viene, vengono *5* venni, venisti *6* verrò *etc* *8* venga

vivere *2* vissuto *5* vissi, vivesti

volere *3* voglio, vuoi, vuole, vogliamo, volete, vogliono *5* volli, volesti *6* vorrò *etc* *8* voglia *etc* *10* vogli!, voglia!, vogliate!, vogliano!

LES NOMBRES	I NUMERI
un(une)/premier(ère)	uno(a)/primo(a)
deux/deuxième	due/secondo(a)
trois/troisième	tre/terzo(a)
quatre/quatrième	quattro/quarto(a)
cinq/cinquième	cinque/quinto(a)
six/sixième	sei/sesto(a)
sept/septième	sette/settimo(a)
huit/huitième	otto/ottavo(a)
neuf/neuvième	nove/nono(a)
dix/dixième	dieci/decimo(a)
onze/onzième	undici/undicesimo(a)
douze/douzième	dodici/dodicesimo(a)
treize/treizième	tredici/tredicesimo(a)
quatorze/quatorzième	quattordici/quattordicesimo(a)
quinze/quinzième	quindici/quindicesimo(a)
seize/seizième	sedici/sedicesimo(a)
dix-sept/dix-septième	diciassette/diciassettesimo(a)
dix-huit/dix-huitième	diciotto/diciottesimo(a)
dix-neuf/dix-neuvième	diciannove/diciannovesimo(a)
vingt/vingtième	venti/ventesimo(a)
vingt et un/vingt-et-unième	ventuno/ventunesimo(a)
vingt-deux/vingt-deuxième	ventidue/ventiduesimo(a)
vingt-trois/vingt-troisième	ventitré/ventitreesimo(a)
trente/trentième	trenta/trentesimo(a)
quarante	quaranta
cinquante	cinquanta
soixante	sessanta
soixante-dix	settanta
soixante et onze	settantuno
soixante-douze	settantadue
quatre-vingts	ottanta
quatre-vingt-un	ottantuno
quatre-vingt-dix	novanta
quatre-vingt-onze	novantuno
cent/centième	cento/centesimo(a)
cent un/cent-unième	cento uno/centunesimo(a)
trois cents	trecento
trois cent un	trecento uno
mille/millième	mille/millesimo(a)
deux mille deux cent deux	duemiladuecentodue
un million/millionième	un milione/milionesimo(a)